스펄전 설교전집 25

요한복음 Ⅱ

스펄전 설교전집
요한복음 Ⅱ

이광식 옮김

차례

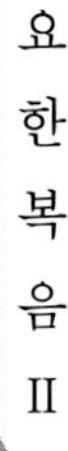

요 한 복 음 II

제
47
장

—

황금의 기도

—

**"아버지여, 아버지의 이름을
영광스럽게 하옵소서."** ― 요 12:28

오늘 아침 설교의 첫 부분에서, 나는 우리 주 예수 그리스도께서 하신 이 본문의 말씀에 충실할 것입니다. 또한 이 본문이 그분에 대해 우리에게 가르치는 바를 드러내기 위해 애쓸 것입니다. 이 본문은 주님이 친히 하신 말씀이며, 그러므로 먼저 주님의 입술에서 떨어진 그대로의 말씀으로서 그 의미를 살피지 않으면 온당치 못할 것입니다. 이 본문의 귀한 의미는 주님의 신성한 얼굴 빛 가운데서 살펴야 합니다. 다음으로, 이 설교의 두 번째 부분에서, 이 기도가 어떻게 우리에게 활용될 수 있는지를 제시할 것입니다. 우리에게 하나님의 은혜가 임하여 이 기도가 우리 마음에 새겨지기를 바랍니다. 우리 각 사람이 매일 성령의 가르침을 받고서 이렇게 고백할 수 있게 되기를 바랍니다. "아버지여, 아버지의 이름을 영광스럽게 하옵소서." 내년을 위해, 나는 이 고백이 이 교회에 있는 모든 주의 백성의 모토가 되길 바라며, 전 삶으로 이어지는 기도가 되길 바랍니다. 이 기도는 성숙한 신자뿐 아니라 은혜의 초심자에게도 어울리는 기도입니다. 진정 이 기도는 믿음의 좁은 입구에 서 있는 자나 영광의 큰 정문 앞에 서 있는 자 모두에게 적절합니다. "아버지의 이름을 영광스럽게 하옵소서"라고 하는 이 기도를, 이 땅에서 우리 생애의 전 기간 동안 미치 아름다운 무지개처럼 우리 위에 드리우도록 만드십시오. 지금 이 순간 나는 이보다 더 나은 간구를 제안할 수가 없습니다. 아니 우리 순례의 과정 어느 때에도 이보다 더 훌륭한 기도는 없을 것입니다. 지나가는 한 해를 이 기도로 마치고, 같은 기도로써 새해의 문을 열기를 바랍니다. 지난 과거에 대해서, "아버지여, 아버지의 이름을 영광스럽게 하옵소서." 지금 이 순간 이 열망이 당신의 종들에게 임하게 하시고, 미래에는 그 열망이 더욱 풍성하게 하옵소서.

1. 이 기도와 우리 주님의 관련성

먼저, 우리 주 예수 그리스도와 관련하여 이 기도를 살펴보도록 합시다. 그분은 죽은 가운데서 나사로를 일으키시는 놀라운 기적을 행하셨습니다. 그 기적의 명성으로 인해 많은 사람들이 그분의 말씀을 듣기를 원했습니다. 열광적인 군중들이 모여들었습니다. 그분의 인기가 엄청나게 높아지자 바리새인들이 이렇게 말했습니다. "온 세상이 그를 따르는도다"(19절). 사람들은 그분을 왕으로 삼으려 했고, 많은 군중들이 종려나무 가지를 흔들면서 "호산나 찬송하리로다 주의 이름으로 오시는 이 곧 이스라엘의 왕이시여"(13절)를 외쳤습니다. 우리 주님께서는 왕으로서, 그러면서도 소박한 행렬 속에서, 나귀새끼를 타시고 예루살렘 거리를 지나셨습니다. 이 공개적인 시위, 기적의 명성, 대중들의 일반적인 대화들이, 낯선 자들조차 그분에 대해 묻고 또한 그분의 말씀을 듣도록 만들었습니다. 그리하여 어떤 지적인 헬라인들이 아주 정중한 절차를 거쳐서, 빌립을 통해, 예수님을 만나 뵙기를 요청했습니다. 그들은 단지 거리에서 그분을 보기보다는 그분을 알현하기를 원했습니다. 길에서 보기를 원했다면 굳이 빌립에게 소개를 부탁하지 않아도 볼 수 있었을 것입니다. 하지만 그들은 그분과 대화하기를 원했고, 그분의 가르침과 주장에 대해 좀 더 알기를 원했습니다. 나는 이 헬라인들을 만나 보는 것이 주님의 마음을 기쁘시게 했다고 생각합니다. 사람들이 빛 가운데로 들어오는 것을 그분이 기뻐하시기 때문입니다. 그분이 속으로 이렇게 말씀하신 듯이 여겨집니다. "보라 열방들이 내게로 오는구나. 이방인들이 일어나 그들의 주를 보리라." 그분은 그 헬라인들에게서 이방 세계의 전위대(前衛隊)를 보셨습니다. 그분은 그 낯선 자들을 기쁘게 바라보셨고, 땅 끝에서와 바다의 섬들로부터 그분에게 몰려올 수많은 사람들의 첫 대표자들로 간주하셨습니다. 우리 주님의 영은 기뻐하셨고, 그분의 마음은 즐거우셨습니다. 그분은 주변의 사람들과 그 군중들 속에 섞여 있는 헬라인들에게 말씀을 전하기 시작하셨습니다. 바로 그 순간 주님에게 이런 생각이 스쳤습니다. '하지만 장차 거듭나서 내게로 올 이방 민족들이 출산의 고통 없이는 태어날 수 없을 것이며, 내가 그들의 구속자로서 말할 수 없는 고통을 견디지 않고는 구원받지 못한다.' 이 사실이 우리 주님의 마음에 생생하게 떠올랐으며, 마치 격류처럼 그분의 심령에 몰려들었습니다. 그분은 자신이 먼저 땅에 떨어져 죽지 않고서는 거대한 추수의 씨앗이 될 수 없다는 것을 보셨습니다. 그분은 자신에게 모든 사람의 운명이 달려 있는 한 알의 밀이었습니다. 안락함과 생명을 잃어버려야 하고 땅에 묻혀야 하는 씨, 만일 죽지 않으면 한 알 그대로 살 수는 있겠지만 아무런 열매를 기대할 수 없는 한 알의 씨였습니다. 그분은 대속의 죽음과 고난이 자신이 가야 할 길임을 보셨습니다.

우리 주님께서 죽음을 두려워하셨다고는 상상하지 마십시오. 그분에게는 그분의 어떤 종들보다도 훨씬 뛰어난 거룩한 용기와 정신적 힘이 있었습니다. 그분의 종들 중에서 많은 이들이 죽음을 기꺼이 맞이하였고, 그 중에서도 순교자들은 끔찍한 형태의 죽음도 두려움 없이 견디었으며, 심지어 그들의 죽음의 고통에 의해 하나님의 이름이 영광스럽게 되는 것에 대해서 거룩한 기쁨을 표현하였습니다. 이생을 떠나는 문제에 있어서, 우리 주님의 용기는 결코 그들보다 적지 않습니다. 하지만 그리스도의 죽음이 매우 독특하며, 사실상 유일하게 특이한 죽음이라는 것을 잊지 마십시오. 그분의 죽음은 정의의 옹호(vindication of justice)이며, 죄를 짊어지신 분(sin-bearer)으로서 희생적이고, 대리적이며, 보상적인 차원에서 죽으신 죽음입니다. 이는 용서받고 의롭게 된 신자의 죽음, 곧 속죄를 확신하며, 저 위대한 희생 제물에 의해 하나님과 화목하게 된 것을 의식하면서 세상을 떠나는 자의 죽음과는 매우 다릅니다. 우리 주님은 인간의 거대한 죄의 짐을 짊어지셔야 했습니다. 그분의 거룩한 영혼 위로 인간의 죄라고 하는 어두운 그늘이 드리웠고, 그분의 민감한 심령이 우리 모두의 죄악과 직면해야 했습니다. 성도들의 죽음은 그분이 보시기에 복된 것입니다. 하지만 우리가 그분 안에서 복된 자들이 되도록 하시기 위해 그분 자신은 우리를 위해 저주를 감당하셔야 했습니다. 그리스도의 정신은 이방인들을 얻는 승리의 기쁨을 얻는 과정에 저주의 죽음이 있음을 분명히 의식하셨기에, 그분 속에서 치열한 싸움이 있었으며, 그 싸움은 모여든 사람들 앞에서도 드러났습니다. 그 헬라인들은 예수님을 뵙기를 바랐으며, 또한 실제로 그들이 주님을 보았을 것이지만, 그들은 그분을 보고서 놀랐을 것임에 틀림이 없습니다. 그들은 왕의 모습을 보기를 기대했을 것입니다. 하지만 그들은 그분에게서 보통 사람들에게서도 볼 수 있는 고뇌의 모습을 보았습니다. 그들은 그분에게서 영혼의 위대함과 정신의 힘을 보기를 바랐을 것입니다. 하지만 그들이 본 것은 영광으로 가득한 모습이 아니라, 고뇌로 그 아름다움을 흐리고 있는 분의 모습이었습니다. 여기서 우리가 겟세마네에서의 모습을 공중 앞에서 미리 보고 있다고 말해도 지나치지 않을 것입니다. 우리 주님의 마음은 괴로웠고, 또 그렇다고 말씀하십니다. "지금 내 마음이 괴로우니"(27절). 그분은 "내 마음이 매우 고민하여 죽게 되었으니"(마 26:38)라고 하셨던 그날 밤에 대한 일종의 예시(豫示)와 전조(前兆)를 느꼈습니다. 그런 고뇌에서 이 본문의 말씀이 나왔습니다. 주님이 군중 앞에서 "아버지여, 아버지의 이름을 영광스럽게 하옵소서"라고 하신 이 말씀은, 사실상 그분이 겟세마네에서 "나의 원대로 마시옵고 아버지의 원대로 하옵소서"(마 26:39)라고 하신 기도와 혹은 골고다의 수난 중에서 "다 이루었다"(요 19:30) 하신 말씀과 일맥상통합니다. 그것은 거대한 정신적 싸움의 절정이자, 승리입니다. 이 말씀을 하시고서 그분은 슬픔을 떨어내신 듯하며, 여전히 그 슬픔의 기억이 남아 있지만, 얼굴을 부싯돌처럼 굳게 하고서, 저 쓰라리면서도 영광스러운 목적지를 향해 앞으로 나서시는 듯 보입니다. 바로 이 말이 그분의 슬로건입니다. "아버지여, 아버지의 이름을 영광스럽게 하옵소서."

사랑하는 친구들이여, 먼저 **구속주의 영혼의 괴로움**(trouble of the Redeemer's soul)을 주목하시길 바랍니다. 나는 복되신 주님의 내적인 싸움에 대해 말하려 할 때마다 나 자신이 내적으로 떨고 있음을 느낍니다. 바른 지식이 없이는 말을 실수하기가 쉽고 더욱 혼란스럽게 할 수 있기 때문입니다. 그분의 인격은 복합적이며, 그에 대해 우리는 구분 없이 혼동하기가 쉽습니다. 하지만 그분은 한 분이시며, 지나치게 구분하려는 것 역시 마찬가지로 위험합니다. 우리 주님의 영예에 대한 사랑의 열심이 우리로 하여금 그분에 대해 말하는 것을 조심스럽게 느껴지도록 합니다. 나는 어떤 열렬한 미술 애호가가 어떤 유명한 그림의 아름다움을 지팡이로 가리키다가, 그 지팡이로 화폭을 뚫어서 망가뜨린 것을 기억합니다. 우리가 주님의 삶과 죽음에 관심을 가지고서 열정적으로 그 아름다움을 가리키려 하다가 그 모든 것을 망쳐 버릴 가능성이 있습니다. 내가 혹시 무지로 인해 나의 주님의 명예를 훼손할 것이 나는 두렵습니다. 그분의 명예를 위해서라면 나는 기꺼이 목숨을 내놓고 죽을 수도 있습니다. 오 성령님, 저를 도와주소서!

이 점만은 분명합니다. 우리 구주의 마음에 괴로움이 가득했다는 것입니다. 바다를 잠잠케 하고 바람을 꾸짖어 물러가게 하실 수 있었던 그분이었지만, 그분의 영혼 속에 폭풍이 불고 있었습니다. 열병을 꾸짖어 낫게 하시고, 군대 귀신을 바다 깊은 곳으로 보내실 수 있었던 그분이었지만, 심령의 괴로움을 느끼고 이렇게 외치셨습니다. "지금 내 마음이 괴로우니 무슨 말을 하리요"(27절). 세상의 주관자이시며, 천사들보다 뛰어나시며, 아버지의 우편에서 찬미를 받으시는 그분이었지만, 지금 이렇게 토로하고 계십니다. "지금 내 마음이 괴롭다." 모든 것의 주(主)이시지만, 그럼에도 불구하고 그분은 받으신 고난을 통해 순종을 배우셨습니다. 그분이 자신을 얼마나 우리와 가깝게 하셨는지요! 얼마나 인간적인지요! 얼마나 약함으로 에워싸이셨는지요! 우리는 그분을 경배하며, 마땅히 그러해야 합니다. 하지만 그럼에도 그분은 사람이시고, 슬픔의 사람이십니다. 우리는 그분을 "선생이요 주"(Master and Lord)로 부르며, 그렇게 부르는 것이 당연합니다. 그럼에도 그분은 자기 제자들의 발을 씻기셨을 뿐 아니라, 거친 길을 가시는 동안 발의 통증을 느끼신 분입니다. 우리의 마음을 슬프게 하고 애간장을 녹게 만드는 심령의 동요를 그분 역시 동일하게 느끼셨습니다. 우리 주 예수님이야말로 "위급한 때를 위하여 난 형제"이시며(잠 17:17), 운명을 나누는 신실한 남편이자, 우리의 뼈 중의 뼈요 살 중의 살이 아니십니까! 당신이 고통 중에 "지금 내 마음이 괴롭다"고 외쳤습니까? 그렇다면 당신의 주님 역시 같은 말로 외치셨다는 것을 기억하십시오. 마음이 산란합니까? 생각이 갈피를 잡지 못하고 이리저리 요동합니까? "내가 무슨 말을 하리요?"라고 한 적이 있습니까? 예수님 역시 그것이 무엇인지를 공감하시며 당신을 이해하십니다. 주위를 둘러보며 어찌해야 할지 모르겠다고 느낍니까? 떨리는 심령으로 이렇게 기도하고 싶습니까? "아버지여 나를 구원하여 이 때를 면하게 하여 주옵소서"(27절). 이 모든 일에서 당신은 당신을 사랑하시는 그분의 발자취를 발견할 수 있습니다. 당신은 새롭고 낯선 길을 따라 걷는 것이 아니며, 그분이 앞서 가신 길보다 더 어둡지 않은 길로 당신을 인도하고 계십니다. 비슷한 고통들을 그분이 겪으셨기에, 체휼하시는 그분의 마음에 새롭고 당황할 만한 일은 없습니다.

사랑하는 친구들이여, 여러분에게 이 점을 숙고해 보기를 권합니다. 우리 주님은 이렇게 고통을 당하셨을 뿐 아니라, 그 모든 고통 중에서도 죄가 없으셨다는 것입니다. 이를 생각하면 즐겁습니다. 이를 통해 우리가 알 수 있는 것은,

정신적인 갈등 그 자체는 죄가 아니며, 고통으로부터 우리의 육체가 움찔하여 뒤로 물러서는 것까지도 반드시 악한 것은 아니라는 것입니다. "내가 무슨 말을 하리요?"라고 말하는 것이나, 앞으로 닥칠 일로 인해 일시적으로 심령이 근심하는 것도 그 자체로 죄를 짓는 것은 아닙니다. 주 예수님에게는 죄가 있을 수 없었습니다. 그로써 우리가 아는 것은 내적인 갈등들이 그 자체로 반드시 죄는 아니라는 것입니다. 물론 내적 갈등들 속에서 우리가 아무런 잘못도 범하지 않기를 바라기란 쉽지 않을 것입니다. 우리 주님의 성품은 너무나 순결하셨기에 속에서 아무리 크게 요동하였더라도 여전히 깨끗하였습니다. 하지만 우리의 경우에는, 요동하는 것 자체가 죄는 아니지만, 그로 인해 우리 속에 있는 죄가 활동하게 되고, 따라서 우리는 더럽혀지게 됩니다.

하지만 그럼에도 불구하고 나는 이렇게 믿습니다. 병약한 자들의 심령에 찾아오는 침울함들, 열병을 앓는 중에 찾아오는 정신의 방황, 고통으로 인한 떨림과 위축, 이런 것들이 우리의 하늘 아버지에 의해 죄로 규정되지는 않는다는 것입니다. 만일 그것들이 그 자체로 죄라면, 이런 성경 구절은 삭제되었을 것입니다. "아버지가 자식을 긍휼히 여김 같이 여호와께서는 자기를 경외하는 자를 긍휼히 여기시나니"(시 103:13). 그분은 비난하고 정죄하기보다는 불쌍히 여기십니다. 당신은 당신의 자녀들이 고통으로 괴로워하거나 병으로 기진맥진할 때에 그들이 말하는 것에 대해 좀처럼 판단하지 않을 것입니다. 당신은 그들의 사소한 변덕과 투정들을 받아줍니다. 그런 일로 나중에라도 그들을 힐책하지 않습니다. 나로서는, 우리의 하늘 아버지께서 우리가 반쯤은 정신이 나간 상태에서 그분의 사랑을 깨닫지 못한다고 해서, 그리스도께 대한 우리의 관심을 의심하신다고 생각할 수 없습니다. 또한 열병을 앓는 듯한 우리의 생각들이 거의 절망에 가까워졌다고 해서, 우리 속에 있는 은혜에 대해 의문을 가지신다고 생각할 수도 없습니다. 참된 마음은 사랑하고 신뢰하고 순종하기 위해 사투를 벌이고, 그와 동시에 가련한 정신은 어두운 생각들로 고통을 당할 때에, 그 갈등이 전부 죄는 아니며, 또한 그런 생각들 중 어느 것이라도 필연적인 죄는 아닙니다. 영혼 속에 끔찍한 싸움이 있을지라도 아버지께서 영광을 받으실 수 있습니다. 죄는 그 투쟁 자체에 있는 것이 아니라, 그 투쟁에서 지는 경우, 그 패배에 있습니다. 죄는 고통으로 움츠러드는 것에 있는 것이 아니라, 그 자연발생적인 느낌이 우리의 의무를 방해하게 하거나 혹은 우리로 하여금 징계에 반발하도록 허용하는 것에 있습니다. "만일 할 만하시거든 이 잔을 내게서 지나가게 하옵소서"(마 26:39)라는 말은 그 다음에 "그러나 나의 원대로 마시옵고 아버지의 원대로 하옵소서"라는 말이 뒤따른다면, 그 자체로 죄의 발설이 아닙니다.

나는 우리 주님께서 이 내적 갈등을 겪으면서 그분의 느낌을 입 밖으로 표현하신 것을 생각하며 즐거운 느낌이 듭니다. 그분이 그렇게 하신 것은 교훈적입니다. 그분에게는 스스로를 억누르는 태도를 견지하고 또한 고뇌를 속으로 삭일 정신의 힘이 있었습니다. 하지만 그분이 다른 사람이 듣도록 말씀하신 이 경우에나, 혹은 겟세마네에서 함께 기도하도록 세 명의 제자를 데리고 가신 경우에나, 혹은 십자가에서 "나의 하나님, 나의 하나님, 어찌하여 나를 버리셨나이까?"라고 외치신 경우에서도, 그분이 결코 자신의 감정을 다른 사람들에게 숨기려고 애쓰지 않았다는 것을 주목하십시오. 아마도 그분은 이로써 우리에게 지혜를 가르치려 하신 듯합니다. 그분은 자신의 본보기로써 우리가 너무 많은 것을 속으로만 간직하는 것이 좋지 않다는 것을 보여주셨습니다. 당신의 슬픔을 질식시키지 마십시오. 그것을 입 밖으로 내어 말하십시오. 그렇지 않으면 그것이 통제할 수 없는 화병이 될 것입니다. 울 수도 없고 통곡할 수도 없는 슬픔이야말로 최악의 슬픔입니다. 수문을 열고, 갇혀 있는 감정을 터뜨려 내보내십시오. 당신의 이야기를 듣는 사람이 아이라고 할지라도, 그것을 말하면 당신의 마음이 한결 가벼워질 것입니다. 화(火)를 모아두고, 그 모든 열기를 영혼 속에 저장해 두는 것보다는 훨씬 낫습니다. 스토아 철학자들처럼 행동하지 마십시오. 당신이 사람인 것을, 다른 사람들처럼 슬퍼하고 괴로워할 수 있는 사람인 것을 알리기를 부끄러워하지 마십시오. 때로는 이렇게 말한 시인의 조언에 따르는 편이 좋습니다.

> "참고 또 참고 침묵하라,
> 　당신의 슬픔을 누구에게도 알리지 마라."

하지만 나는 그런 경우가 아주 빈번하다면 어찌할 것인지 묻고 싶습니다. 하여간, 그런 조언은 우리 주님의 명령이 아니며, 그분이 보이신 모범도 그런 방향으로 지시하지 않습니다.

그분 자신이 입 밖으로 내어 말씀하심으로써, 우리 주님은 우리 역시 그렇게 하도록 허용하셨습니다. 우리는 이렇게 말할는지도 모릅니다. "아니요, 나는 내 속에서 무슨 일이 일어나는지를 말하지 않을 것입니다. 내 약함이 하나님의 영예를 가리지 않기를 바랍니다." 자, 우리는 우리 주님께서 "지금 내 마음이 괴로우니"라고 말씀하시고 또한 영혼의 내적 고통을 드러내심으로써 아버지의 영예를 가리지 않았다는 것을 배웁니다. 우리가 슬픔을 입 밖으로 표현하는 것 역시 반드시 하나님의 영광을 가리지는 않을 것입니다. 예수님이 우셨고, 우리도 울 수 있습니다. 예수님이 친구들에게 자신의 슬픔을 이야기하셨고, 우리도 그렇게 할 수 있습니다.

이렇게 말씀하심으로써, 주님은 우리에게 최상의 도움을 주십니다. 그분의 공감(fellow-feeling)이 우리에게는 큰 지지가 됩니다. 그분이 "지금 내 마음이 괴로우니"라고 말씀하시지 않았습니까? 또한 무슨 말을 해야 할지도 모르겠다고 말씀하시지 않았습니까? 하지만 그분은 마침내 승리하셨고 자기 자신을 아버지의 손에 맡기셨습니다. 동일한 능력으로 허리를 두르고서, 우리 역시 우리의 한계를 넘는 동일한 슬픔에 맞설 수 있고, 그분이 하셨듯이 인내한 후에 마침내 승리할 수 있습니다. 비록 그 승리 속에서조차 우리의 개인적인 연약함이 분명히 드러날 것이지만, 우리는 그것을 유감스럽게 여기지 않을 것입니다. 왜냐하면 바로 그 약한 수단을 통해 우리 하나님이 그분의 능력을 분명히 드러내심으로써 더욱 확실히 영광을 얻으실 것이기 때문입니다.

우리 주님의 고통에 대해서는 더 말하지 않겠습니다. 이제 잠시 동안 여러분의 생각을 이 본문이 보여주는 **확고한 결심(firm resolve)**에 고정해 주길 바랍니다. 싸움이 있었습니다. 하지만 시작의 순간부터 마지막까지, 우리 주님의 정신 속에는 그분이 무엇을 해야 할 것인지에 대해서는 전혀 의문이 없었습니다. 소란에도 불구하고 그분의 의도는 확고했습니다. 그분의 정신의 표면은 흔들렸지만, 저 구속주의 마음 깊은 곳에서 흐르는 물결은 정해진 수로를 따라 흐르고 있었으며, 어떤 것도 그 물결을 막을 수 없었습니다. 그분은 심지어 예정된 세례를 받기까지 답답함을 느끼실 정도였습니다(참조. 눅 12:50). 질문이 제기되고, 이 요청이 채 끝나기도 전에 그분의 마음속에서 어떤 대답이 나오는지를 주목해 보십시오. "지금 내 마음이 괴로우니 무슨 말을 하리요 아버지여 나를 구원하여 이 때를 면하게 하여 주옵소서." 예수님이 저 폭풍을 면하시면 인간들이 구원받지 못하는 것이 분명하지 않습니까? 만일 그렇다면 저 헬라인들이 예수님을 뵙기를 청할 필요도 없었을 것입니다. 그분을 뵙는다고 생명을 얻는 것이 아니니까요. 또한 제자들도 그들을 돕기 위해 예수님께 매달릴 필요가 없었을 것입니다. 그분이 사람들을 구속하기 위해 죽지 않으시면, 그분을 만나도 도움을 얻지 못할 테니까요. 그러면 인간이 구속을 얻지 못하는 것이 아닙니까? 속죄의 피가 뿌려지지 않으면, 어떤 인간도 저 구덩이에 떨어지는 것에서 값을 주고 구해낼 수 없지 않습니까? 저 한 알의 밀이 심어지지 않으면, 그분 홀로, 한 알 그대로 있지 않겠습니까? 만일 그렇게 되면 그분이 행복하시고 영광을 얻으실까요? 하늘이 그분에게 속한 것으로만 만족하시고, 인류가 그분을 칭송하는 일은 그분에게 불필요한 일인가요? 그분은 벌레와 티끌에 불과한 존재들로부터는 그분을 영화롭게 하는 일을 요구하지 않으시는 걸까요? 만일 그분이 그대로 계신다 해도, 그분은 여전히 하나님이시고 주님이실 것입니다. 하지만, 저 죽음의 형벌을 인간이 스스로 짊어지도록 내버려 두어야 할까요? 죄를 지은 인간이 죄에 합당한 벌을 받도록 버려두어야 할까요? 십자가도 없고, 골고다도 없고, 열린 무덤도 없으며, 부활도 없고, 다가오는 영혼들을 위해 활짝 열린 천국 문도 없어야 할까요? 그것이 질문이었고, 당신은 예수님께서 어떻게 확고하게 그 질문에 답하는지를 볼 수 있습니다. "아버지여, 아버지의 이름을 영광스럽게 하옵소서. 이를 위하여 내가 이 때에 왔나이다. 내 고뇌와 피 같은 땀으로써, 나의 십자가와 수난으로써, 내가 사람들을 구원할 것입니다. 내가 어떤 값을 치르더라도, 반드시 그들을 속량할 것입니다. 비록 지옥이 나를 향해 덮치고 그 불의 물결이 나를 향해 몰려온다 해도, 내가 그 형벌을 감당하기를, 당신의 율법을 존중하고 성취하기를 결심했나이다. 나는 십자가를 참을 것이며, 그 수치를 조롱할 것이며, 당신을 영화롭게 할 것입니다. 내 아버지여."

　　이 본문이 우리 주님의 결심을 굳게 한 깊은 의도(deep intent)를 보여주고 있음에 주목하십시오. 왜 그리스도께서는 죽기를 결심하십니까? 인간을 구하기 위해서입니까? 예, 하지만 그것이 주된 이유는 아닙니다. 그분의 첫째 기도는 "아버지여, 나의 백성을 구원하소서"가 아니며, "아버지여, 당신의 이름을 영광스럽게 하옵소서"입니다. 하나님의 영광이 우리 주님의 삶과 죽음의 주된 목적입니다. 예수님께서 인간의 영혼을 구속하시려는 것은 아버지의 이름이 높임을 받도록 하기 위함입니다. 그분의 열정은 하나님의 속성을 드러내고자 하는 주된 목적에 집중되어 있습니다. 형제들이여, 그분이 여호와의 이름을 얼마나 완벽하게 영화롭게 하셨던가요! 십자가에서, 저 위대한 대속자의 피 흘리는 상처에서, 우리는 하나님의 공의를 봅니다. 죄를 짊어지셨을 때, 하나님의 아들이 죽으셔야 했습니다. 거기서 당신은 또한 무한한 지혜를 봅니다. 하나님 자신도 의로우시며 또한 그를 믿는 자도 의롭게 하시는 방법을 생각해 낸 저 흠 없는 지혜를 보십시오. 거기서 우리는 또한 사랑을 봅니다. 구속자의 죽음에서가 아니면 결코 볼 수 없는 넘치는 사랑, 자유로운 사랑, 한없는 사랑을 봅니다. 저 속죄에서만큼 하나님의 정의와 지혜와 사랑을 분명하게 드러낸 것이 달리 무엇이 있을까요? 그 속죄를 통해 하나님의 모든 속성들이 영예를 얻었습니다. 그 속성들 중 어느 하나도 다른 속성의 영광을 조금도 손상시키지 않고서 온전한 영광을 드러냈습니다. 복되신 우리 주님께서는 아버지의 이름이 영광스럽게 되도록 하기 위해, 그분이 처음에 의도했던 것을 끝까지 밀고 갔습니다. 그분의 생각 속에 어떤 투쟁이 있었더라도, 그분의 마음은 우리의 죗짐을 짊어지고서 끝까지 그 형벌을 견디려는 의도로 확고하셨습니다.

형제들이여, 여기서 한 가지 생각만 더 다루겠습니다. 그것은 바로 그 투쟁의 위대한 결과(grand result)로서, 하나님께서 진실로 영광을 얻으셨다는 것이며, 그 사실이 특별하게 증언되었습니다. 하늘에서 이 음성이 들려왔습니다. "내가 이미 영광스럽게 하였고 또 다시 영광스럽게 하리라"(28절). 그 목소리는 과거에 대해 말합니다. 그리스도의 성육신이 하나님의 이름을 영광스럽게 했습니다. 나는 말씀이 육신이 되어 우리 가운데 거하셨다는 그 사실에 의해 하나님의 사랑의 광채가 얼마나 더 빛나는지를 다 묘사할 수가 없습니다. 창조주께서 피조물의 본성을 취하시고, 사람의 모양으로 나타나셨다는 것은 신비 중의 신비이며, 모든 기적들 중의 기적입니다. 오, 베들레헴이여, 그대는 하나님의 낮아지심으로 크게 존귀를 입었도다! 천사들이 이렇게 노래한 것은 합당합니다. "지극히 높은 곳에서는 하나님께 영광이요 땅에서는 하나님이 기뻐하신 사람들 중에 평화로다"(눅 2:14). 베들레헴뿐 아니라 나사렛과, 또한 우리 주님께서 지상에서 보내셨던 그 삼십 년의 시간 역시 하나님의 겸손과 긍휼과 오래 참으심을 잘 예증해주고 있습니다. 하나님께서 우리들 가운데 삼십 년을 함께 사셨습니까? 그분이 겸손하게도 그 삼십 년의 세월 중 최상의 시절을 목수의 가게에서 거주하셨단 말입니까? 그리고 그 후에는 가난한 사람으로, 농부들의 교사요, 죄인들의 친구요, 슬픔의 사람이요, 사람들의 멸시와 거부를 받는 사람으로 나타나셨단 말입니까? 그토록 거룩하고 의로우시며, 무한하고 영광스러우신 분이, 그분의 무한을 그토록 작은 공간 속에 제한하시고, 그분의 신성을 심한 가난과 수치에 결합시키셨단 말입니까? 그러했습니다. 그렇다면 스랍 천사들이여, 그대들의 수금으로 "임마누엘, 하나님이 우리와 함께하시다"고 하는 놀라운 사랑과 겸손의 노래를 연주하여 주시오! "내가 이미 영광스럽게 하였다"고 한 하늘의 소리는 옳습니다.

하지만 다시 들어보십시오. 그 소리는 이 말씀을 더합니다. "또 다시 영광스럽게 하리라." 내 생각에, "다시"라는 말씀은 마치 내가 알프스에서 들었던 소리와도 같다고 여겨집니다. 나팔소리가 울려 퍼지면 다음에는 메아리가 따라옵니다. 두 번, 세 번, 아니 아마 오십 번이라도 그 음악소리는 또렷이 반복될 수 있습니다. 크기가 점점 줄어들면서 소리들은 연이어서 반복됩니다. 그 비유는 완벽하지 않습니다. 이 경우에 메아리 소리는 그 크기가 증대되기 때문입니다. 줄어드는 대신 갈수록 커집니다. 보십시오, 예수님이 십자가에 달려 죽으십니다. 하나님께서 영광을 받으십니다. 공의가 당연한 보응을 얻기 때문입니다. 그분은 사흘째 아침까지 무덤에 누워 계십니다. 하지만 그분이 죽음의 속박을 끊으십니다. 보십시오, 하나님의 크신 이름이 다시 영광을 얻으십니다. 하나님의 능력과 진리와 신실하심이 그리스도의 부활에서 나타나기 때문입니다. 몇 날 후에 그분이 하늘로 올라가십니다. 인간이시며 하나님이신 그분을 더 이상 볼 수 없도록 구름이 우리 시야를 가립니다. 사로잡힌 자들을 이끌어 가심으로써 그분이 아버지의 이름을 다시 영화롭게 했습니다. 그 후 오순절이 옵니다. 복음이 이방인들 중에도 전해지고, 성령이 부어짐으로써 하나님의 이름이 다시 영광스럽게 됩니다. 죄인들의 모든 회심과, 신자들의 모든 성화가 새롭게 아버지의 이름을 영광스럽게 합니다. 또한 성도들이 천국에서 온전한 자로 받아들여질 때마다, 그들이 날마다 천성 문을 통과할 때마다, 성도의 무리가 전능자의 사랑에 이끌리어 저 하늘의 언덕을 오를 때마다, 저 낙원에 들어가는 모든 자들이 여호와의 이름을 다시 영광스럽게 한다고 나는 말합니다. 또한 형제들이여, 이윽고 온 땅이 그분의 영광으로 가득하게 될 때, 그 때 아버지께서 그 이름을 다시 한 번 영화롭게 하실 것입니다. 때가 되어 주님께서 하나님의 나팔 소리와 천사장의 외치는 소리와 더불어 하늘에서 내려오실 때, 그분이 영광스럽게 다스리실 때, 그 때 우리는 저 즐거운 함성 소리를 듣게 될 것입니다. "할렐루야 주 우리 하나님 곧 전능하신 이가 통치하시도다"(계 19:6). 그리고 마지막이 옵니다. 그분이 만유의 주로서 만유 안에 계실 것이며, 위대하신 아버지 하나님의 영광들이 영원토록 반복되어 메아리칠 것입니다. 한 분이신 여호와의 영광스러운 이름이 온 우주에서 영원히 높임을 받을 것이며, 한때 고난을 당하셨으나 이제는 높임을 받으신 구주의 기도가 온전히 성취될 것입니다. "아버지여, 아버지의 이름을 영광스럽게 하옵소서."

2. 이 기도와 우리들 자신의 관련성

형제와 자매들이여, 이제 우리는 이 본문을 우리 자신과 관련하여 활용하도록 하겠습니다. 이 과정에서 성령님이 우리를 가르쳐 주시길 바랍니다. 지금 이 시간부터 이 본문의 기도가 우리의 기도가 되기를 원합니다. "아버지여, 아버지의 이름을 영광스럽게 하옵소서." 사랑하는 여러분, 당신은 이 기도를 한 적이 있습니까? 나는 이 기도가 많은 이들의 친숙한 열망을 표현한다고 믿습니다. 하지만 여기 있는 중에 누구라도 고통과 슬픔의 압박을 받는 중에 진지하게 이렇게 기도한 적이 있는지에 대해서는 확신하지 못합니다. 하나님의 새들은 종종 새장 안에서 노래를 가장 잘 부릅니다. 한동안 풀어 둔 채로 있어서 그들의 목소리가 맥이 빠질 때, 잠시 격리하고 날개를 꺾어놓으면 그들은 다시 목소리를 조율합니다.

우리 자신과 관련하여 이 본문을 사용하자면, 본문은 **갈등의 종결**(conflict ended)을 보여줍니다. 때때로 우리는 어디로 나아가야 할지 모르는 상황에 처합니다. 큰 고통 속에 빠집니다. 마음의 고생에 비하면 외적인 난관은 그리 크지 않습니다. 내적인 고통이야말로 최악이지요. 배에 물이 새어 들어오고(into) 있습니다. 그것이 배가 떠 있는 대양보다 더 위험합니다. 배에 물이 차기 시작하고, 양수기를 사용해 보아도 가라앉는 것을 막지 못합니다. 그럴 때에 당신은 이렇게 외칩니다. "내가 무엇을 하리요? 내가 무엇을 말하리요? 내가 어디를 보아야 하리요? 내 심령이 근심으로 눌리고 있도다." 하지만 당신이 방향을 돌려 이렇게 외칠 때 그 갈등은 끝이 납니다. "아버지여! 아버지여!" 어린 아이는 길을 잃을 수 있고 또 근심으로 훌쩍일 수도 있습니다. 하지만 그가 아버지를 보는 순간 그는 더 이상 길 잃은 자가 아닙니다. 그는 길을 찾았고, 안식을 얻습니다. 비록 당신의 처지에 변화가 없고, 당신의 환경에 변화가 없어도, 당신이 하늘의 아버지를 볼 수 있다면, 그것으로 충분합니다. 당신은 더 이상 길을 잃은 아이가 아닙니다. "아버지여, 아버지의 이름을 영광스럽게 하옵소서"라고 당신이 기도할 수 있을 때, 더 이상 "내가 무엇을 말하리요?"라고 할 필요가 없습니다. 당신은 이미 옳은 말을 했고, 뒤의 의문을 끝낸 것입니다.

　　형제들이여, 다가오는 새해와 관련하여, 나는 여러분 모두에게 행복한 해가 되기를 진정으로 간절히 소망합니다. 하지만 새해가 아무런 고통이 없는 해가 될지는 누구도 확신하지 못합니다. 정반대로, 그렇지 않으리라는 것을 어느 정도 짐작할 수 있습니다. 왜냐하면 불꽃이 위로 날아가는 것 같이 사람은 고생을 위해 났기 때문입니다(참조. 욥 5:7). 사랑하는 친구들이여, 우리 각자에게는 우리가 기뻐하고 오래도록 우리에게 미소를 지어주는 사랑하는 얼굴들이 있습니다. 하지만 내년에 이런 사랑하는 이들에게 슬픔이 닥칠 수도 있음을 기억해야 합니다. 우리의 자녀는 불멸이 아니고, 우리의 남편이나 아내도 불멸이 아니며, 우리의 친구들 역시 마찬가지입니다. 따라서 머지않아 그들 중 몇몇이 일년 안에 죽을 수도 있습니다. 더 나아가 우리가 지금 누리고 있는 위안들이 내년이 오기도 전에 스스로 날개를 달고 날아가 버릴 수도 있습니다. 이 땅의 기쁨들은 마치 눈으로 만들어진 것 같아서, 서리처럼 녹아 버리며, 그것들이 찾아온 것에 채 감사의 말을 마치기도 전에 떠나가 버립니다. 당신에게 빵이 부족한 해가 찾아올 수도 있고, 수확이 적어 고생스러운 해가 올 수도 있습니다. 아아, 더 나아가서, 다가올 새해에 어쩌면 당신이 발을 침상에 모으고 숨을 거두고, 당신의 열조의 하나님을 뵙게 될지도 모릅니다. 자, 그러면, 다가올 새해에 슬픔의 가능성들이 있다고 해서 우리가 우울해하고 낙심해야 할까요? 차라리 나지 말기를 바라고 죽기를 바라야 할까요? 결코 그렇지 않습니다. 정반대로 경솔하게 모든 것을 냉소하는 태도를 가져야 할까요? 아닙니다. 그런 태도는 하나님의 자녀들에게 어울리지 않습니다. 우리가 무엇을 해야 할까요? 이 기도를 호흡처럼 해야 합니다. "아버지여, 아버지의 이름을 영광스럽게 하옵소서." 달리 말하자면 이렇게 기도하는 것입니다. "설혹 내가 내 재산을 잃어버린다 하더라도, 나의 궁핍을 통해서도 당신의 이름을 영광스럽게 하옵소서. 내가 사랑하는 사람을 잃어버린다 하더라도, 나의 슬픔 속에서도 당신의 이름을 영광스럽게 하옵소서. 내가 죽게 된다 하더라도, 나의 떠남을 인히 여시도 당신의 이름을 영광스럽게 하옵소서." 당신이 그런 식으로 기도할 때, 당신의 갈등은 끝이 나고, 외적인 놀람이나 내적인 두려움이 더 이상 남지 않게 됩니다. 그 기도가 마음속에서 우러나온다면, 당신은 모든 우울한 징조들을 무시할 수 있고, 신중하면서도 평온하게 알려지지 않은 내일의 길 안으로 걸어갈 수 있을 것입니다. 오, 사막의 길 없는 곳으로 들어가는 여행객들이여! 미래의 광야 속으로 계속해서 들어가십시오. 우리의 육신의 눈으로는 볼 수 없지만, 저기 불과 구름 기둥이 그 길을 줄곧 인도할 것입니다. "아버지여, 아버지의 이름을 영광스럽게 하옵소서"가 우리의 구름 기둥입니다. 그 그늘 곁에서 우리는 보호를 받을 것이며, '형통이라는 열기'에 의해 해를 입지 않을 것입니다. "아버지여, 아버지의 이름을 영광스럽게 하옵소서"가 밤에는 우리의 불 기둥입니다. '역경의 어둠'이 우리를 망하게 하지 못할 것은, 주께서 우리의 빛이 되시기 때문입니다. 계속 행진하십시오, 그대 순례자들이여. 두려움 때문에 잠시라도 지체하지 마십시오. 한순간이라도 꾸물거리지 말고, "아버지의 이름을 영광스럽게 하옵소서"가 여러분의 깃발의 표어가 되게 하십시오. 모든 문제에서 저 영광스러운 이름을 선명히 바라볼 수 있을 때, 미래에 대한 의심들과 불안한 조짐들은 모두 끝이 납니다.

둘째로, 이 본문은 자기 포기(surrender of self)의 정신을 표현하고 있습니다. 사람이 진정으로 "아버지의 이름을 영광스럽게 하옵소서"라고 말할 수 있을 때, 그는 우리 주님께서 한 알의 밀이 땅에 떨어져 죽는 것에 대해 말씀하신 것을 진정으로 이해할 수 있습니다. 왜냐하면 그 기도는 이런 의미를 담고 있기 때문입니다. "주님, 당신께서 제게 원하시는 일을 하소서. 저는 어떤 조건도 내세우지 않을 것이며, 모든 것을 당신께 맡기겠습니다. 제가 진토인 것을 기억하시고, 저를 부드럽게 다루어 주소서. 하지만 무엇보다 당신의 이름을 영광스럽게 하옵소서. 만일 당신의 영광이 가리어지는 경우라면 저를 아끼지 마소서. 저의 어리석은 욕망이나 유치한 소원을 따라 행하지 마시고, 오직 어떤 수단을 통해서라도 제 안에서 당신의 이름을 영광스럽게 하옵소서." 당신의 기도는 이러한 의미입니다. ― "당신의 뜻이 이루어진다면 저 자신은 기꺼이 아무것도 아닌 자가 되고자 합니다. 당신의 이름이 높임을 받는다면 저는 기꺼이 죽고, 장사되고, 잊혀진 자가 되기를 원합니다. 저는 기꺼이 땅에 뿌려지고 묻혀지기를 원합니다. 왜냐하면 바로 이 길이 제가 자라고 열매를 맺어 당신께 영광을 돌리는 길임을 믿기 때문입니다."

이 포기에는 순종의 섬김이 내포되어 있습니다. 우리 주님이 계속해서 이렇게 말씀하시기 때문입니다. "사람이 나를 섬기려면 나를 따르라"(26절). 진정한 자기 부인은 그 자체로 순종적이며, 그리스도를 닮는 것입니다. "아버지여, 아버지의 이름을 영광스럽게 하옵소서"는 주님의 말씀을 기다리며 그분의 길로 달려가겠다는 의미입니다. 만일 이 기도를 좀 더 길게 기록한다면 이렇게 표현할 수 있을 것입니다. "주님을 본받도록 저를 도우소서. 저를 도우셔서 그분의 복되신 발자취를 따라가게 하소서! 저의 소원은 이것입니다. 곧 수동적으로는 주님의 뜻을 받아들임으로써 하늘에 계신 내 아버지를 영광스럽게 하는 것이며, 능동적으로는 주님의 뜻을 행함으로써 그분의 이름을 영광스럽게 하는 것입니다. 주여, 저를 도우시어 이 두 가지를 모두 행하게 하시되, 저로 하여금 제가 저 자신의 것이 아니라 온전히 주님의 것임을 잊지 않게 하소서."

　　내가 보기에 이 기도는 개인적인 기도가 될 때 아주 적절히 활용되는 것으로 보입니다. "아버지여, 제 속에서(in me) 아버지의 이름을 영광스럽게 하옵소서. 저는 너무나 많은 은혜를 받은 자이니, 저를 통해 영광을 얻으시기를 기도합니다." 사랑하는 여러분, 나는 여러분이 이 세상에서 이런 사실을 주목했으리라고 생각합니다. 즉 진정으로 사는 사람은 자기 자신보다 다른 사람들과 하나님을 위해 살기를 배운 자라는 것입니다. 당신은, 그 목적이 자기 능력을 과시하는 것에 있는 설교자에게 관심을 기울이지 않습니다. 그런 사람이 멋지게 연설한다 해도 듣고 난 후에 당신은 실망하며 갈 것입니다. 하지만 어떤 사람이 오직 당신의 영혼의 유익과 하나님의 영광만을 바란다면, 당신은 그 사람의 별난 점까지도 참아줄 것이며, 그의 많은 약점들을 용인할 것입니다. 왜냐하면 당신은 본능적으로 자기 자신을 잊어버린 그 사람을 사랑하고 신뢰하기 때문입니다. 자, 당신이 설교자들을 보는 관점으로 당신 자신에 대해서 숙고해 보라고 권합니다. 여러분 중 누구라도 당신 자신을 위해 살고 있다면 당신은 사랑스럽지 못한 사람일 것입니다. 설혹 당신이 사랑받고자 하는 야심으로 행동한다고 해도 성공하지 못할 것입니다. 하지만 당신이 순수하게 사랑하려 하고, 그리스도와 닮기를 추구하고, 당신의 동료들을 축복하려 하고, 하나님을 영광스럽게 하고 그분의 나라를 증대시키기 위해 당신 자신을 포기한다면, 당신은 가장 높고 고상한 의미에서 사는 것입니다. 당신 자신이 위대하게 되기를 애쓰지 말고, 예수님을 위대한 분으로 나타내기 위해 애쓰십시오. 그러면 당신은 살 것입니다. 그리스도인들은 죽음으로써 사는 것입니다. 자아를 죽이면 그리스도께서 당신 안에서 사실 것이며, 그러면 당신 자신도 진실로 살게 됩니다. 참된 생명과 명예에 있어서 올라가는 길은 자기 포기 속에서 아래로 내려가는 것입니다. 모든 것을 포기하십시오, 그러면 부요하게 될 것입니다. 아무것도 가지지 마십시오, 모든 것을 가지게 될 것입니다. 무언가가 되려고 애쓰면, 아무것도 아닌 자가 될 것입니다. 그분을 위해 기꺼이 죽고자 하면 진정으로 살게 될 것입니다. 그것이 예수님께서 우리에게 가르치려 하신 위대한 교훈이지만 우리는 그 교훈을 배우는데 더딥니다. "아버지여, 아버지의 이름을 영광스럽게 하옵소서"는 한 알의 밀이 묻혀서 보이지 않게 되어, 그 씨의 생장을 통해서 자기 자신을 잃어버리는 것을 의미합니다. 오 자아여, 너는 죽었으니, 무덤 속 깊은 곳에 누워 있으라! 그대 썩은 송장이여, 예수님이 나를 위해 죽으신 이후로 그대는 내게 불쾌한 존재가 되었도다! 물러가라! 내 생명을 오염시키지 말고, 내 목적을 흐리지 말며, 내 의도를 망치지 말며, 나의 자기 부인을 방해하지 말고, 내 마음의 정결을 더럽히려 하지 말라! 그대는 나로 하여금 육신을 위해 살게 하려 하지만, 멀리 물러가거라, 멀리 떠나가거라! "아버지여, 아버지의 이름을 영광스럽게 하옵소서."

다음으로, 이 본문에서는 새로운 관심(new care)이 대두됩니다. 이 기도를 하는 사람은 자아를 잊어버리고, 자아를 한 알의 밀처럼 땅에 묻습니다. 하지만 그는 이제 하나님의 영광을 위해 관심을 가지기 시작합니다. 그는 이렇게 부르짖습니다. "아버지여, 아버지의 이름을 영광스럽게 하옵소서." 오, 만일 당신이 자아를 죽일 수 있다면 하나님의 이름이 영광스럽게 되기를 바라는 열망이 매일같이 강렬해지는 것을 마음으로 느낄 것입니다. 당신은 때때로 이 시대를 보고서 마음이 아프다고 느끼지 않습니까? 모든 것이 어긋난 것을 보고서 나는 종종 내 영혼이 속에서 탄식하는 것을 느낍니다. 우리가 거룩한 진리라고 간주했던 모든 것이 우리의 젊은 세대들로부터 외면당하고 있습니다. 성경의 무오성이 부인되고 있습니다. 성경 중 일부분의 진정성이 도전을 받고, 다른 부분의 영감이 의문시되고 있으며, 맹목적인 비평가들에 의해 이 오래되고 선한 책이 여러 조각으로 찢기고 있습니다. 오직 노골적인 불신자들만이 공공연히 반대하던 영원한 진리들이 이제는 그리스도의 사역자들이라고 공언하는 자들에 의해 의문시되고 있습니다. 우리의 선조들이 결코 의심하지 않았던 교리들이 이제는 진창 속에서 더럽혀지고 있으며, 더욱이 그런 일이 하나님의 말씀의 교사들이라고 공언하는 자들에 의해 자행되고 있습니다. "아버지여, 아버지의 이름을 영광스럽게 하옵소서"라는 기도가 우리 입술로 튀어나오는 것은 우리 속에 불이 붙었기 때문입니다. 사람들의 반역에 대한 거룩한 분노의 불이 우리 속에 타오릅니다. 우리의 질투에서 솟아나는 분노가, 우리 심령의 열심이 이렇게 외칩니다. "오, 하나님의 이름이 영광스럽게 되게 하소서!" 우리 중 많은 이들에게 이것이 가장 중한 관심사입니다.

형제들이여, 우리는 고난 중에 인내함으로써, 그리고 수고하는 중에 지치지 않음으로써, 우리 주님의 이름이 우리 속에서 영광스럽게 되기를 열망합니다. 우리는 하늘의 아버지께 우리의 이기심을 멸해 주시도록 호소하며, 우리의 교만을 버리게 해 주시고, 또한 우리에게서 하나님의 이름이 영광스럽게 되는 일을 방해하는 우리의 모든 악한 성향들을 이길 수 있게 해 주시길 간청합니다. 우리의 영혼은 포도원 주인에게 속한 포도송이와도 같습니다. 우리의 전 본성은 저 위대한 포도원 농부가 기다리시는 열매들입니다. 위대하신 주여, 여기 포도주 틀에 저를 던지시고, 모든 포도송이와 포도알들이 부서져 모이게 하소서. 나의 전 영혼이 당신에게로 흐르게 하소서. 저 붉은 포도즙이 오른쪽과 왼쪽으로 터져 나오게 하시고, 제 생명의 풍성한 첫 음료가 다 떨어지거든, 그 때는 제 생의 찌꺼기라도 눌러 짜서 생명의 마지막 한 방울이 흘러나올 때까지 당신에게 영광을 돌리게 하소서. 당신의 영광을 위해 사용되지 않는 모든 것을 버리게 하시고, 모든 것이 당신의 이름을 영광스럽게 하는 일에 최대한 사용되게 하소서. 오 내 영혼의 위대한 아버지시여, 당신의 자녀의 관심은 당신을 영화롭게 하는 것입니다. 당신이 아버지이시면 자녀들에게서 영광을 얻으셔야 하기 때문입니다. "네 아버지와 어머니를 공경하라"는 약속이 있는 첫 계명이며(엡 6:2), 우리 눈이 보기에 귀한 계명입니다. 마음속 깊은 곳으로부터 우리는 이렇게 기도합니다. "하늘에 계신 우리 아버지여, 이름이 거룩히 여김을 받으시오며, 나라가 임하시오며"(마 6:9-10).

이제, 어떻게 하나님의 영광에 대한 관심으로 인해 모든 슬픔이 제거되는지를 보십시오. 본문의 기도는 "아버지여, 어버지의 이름을 영광스럽게 하도록 나를 (me) 도와주소서"가 아니라 "아버지여, 아버지의 이름을 영광스럽게 하옵소서" 입니다. 주여, 당신의 영광이 너무나 커서 저는 다 헤아릴 수가 없습니다. 당신이 친히 영광을 받으소서! 당신의 섭리 안에서, 당신의 이름을 영화롭게 힐 수 있도록 저의 위치와 상황을 조정하소서! 당신의 은혜로써, 저를 붙드시고 성화되게 하시어 저로 당신을 영화롭게 하게 하소서. 저는 그렇게 할 수 없지만 당신은 하실 수 있습니다. 또한 전에 제가 기쁘게 느꼈던 소원들을 믿음으로 기꺼이 당신께 바치나이다. "아버지여, 아버지의 이름을 영광스럽게 하옵소서."

자, 형제들과 자매들이여, 만일 여러분이 그런 식으로 기도할 수 있다면 여러분은 담대함을 되찾을 것입니다. 당신이 크게 혼란스러웠다 할지라도, 차분한 평화가 다시 찾아올 것이며, 이렇게 말하게 될 것입니다. "나는 주의 뜻을 받아들일 것이며, 그 뜻에 만족할 것이다. 나의 주님께서 어떻게 나를 다루시든 그 문제로 더 이상 싸우지 않을 것이다. 나는 그분의 이름이 영광스럽게 되도록 그분께 기도했으며, 그분이 행하시는 일에 대해서 불평할 수 없다는 것을 안다. 내 아버지를 진정으로 영화롭게 하는 일에 대해 내가 어찌 다툴 수 있는가?' 당신의 마음은 더 이상 의문을 제기하면서 요동하기를 멈출 것이며, 저 영원한 날개 그늘 아래 깃들여 깊고 행복한 평화에 잠길 것입니다. 인내로 가득하여, 당신은 쓴 잔을 받아들일 것이며, 비록 열성적이지는 않다 하더라도 기꺼이 그 잔을 받아들게 될 것입니다. 당신은 말합니다. "하나님의 영광을 위한 것입니다. 이 잔을 받는 것은 모두가 그분의 영광을 위한 것입니다." 그런 후 당신은 그 잔을 입술에 갖다대고서 한 번에 들이킬 것입니다. 마지막 한 방울도 남지 않을 때까지, "다 이루었다"는 것을 보기까지, 끝까지 마실 것입니다. 당신이 진정으로 이 기도의 힘을 느낀다면 그 일에서 결코 실패하지 않을 것입니다. "아버지여, 아버지의 이름을 영광스럽게 하옵소서." 아아, 만일 순교에 의해서 하나님을 영화롭게 할 수 있다면, 화형대에서 불태워져서 빨리 죽도록 기도하는 것이 가치 있게 여겨질 때가 종종 있습니다. 내가 그런 죽음을 열망하지는 못하더라도, 어떤 면에서 나는 종종 순교자들을 부러워해 왔습니다. 그들은 사랑하는 주님 발 아래 자신들의 진주 면류관을 벗어 드릴 것입니다. 그토록 많은 고난을 통해 하나님의 이름을 영광스럽게 하는 일이 얼마나 고귀합니까? 진정 하나님을 가장 영화롭게 하는 자가 하나님이 만드신 가장 위대한 피조물입니다. 그런 존재가 누구입니까? 밀턴(Milton)이 노래했던 자 곧 커다란 돛대조차 막대기로 사용할 만한 저 거대한 천사장이 아닙니다(「실락원」에서 타락한 천사장 루시퍼가 외모로는 거대한 위용을 갖춘 것으로 묘사되기도 했음 ― 역주). 오히려 오래도록 병약하여 침상에 누워 있으면서도 온전한 인내로 주님을 찬송했던 무명의 여인과 같은 사람이, 아마도 아버지의 영광을 가장 크게 드러내는 존재일 것입니다. 아마도 하나님이 지으신 가장 작은 피조물들이, 깊은 물을 주전자처럼 끓게 하고 거품을 일으키는 거대한 리워야단(leviathan)보다 그분께 더 큰 영광을 돌려드릴 것입니다. 철저하게 자신을 하나님께 맡기는 존재, 온전히 자신을 죽이고 영원하신 분에게로 향하는 존재야말로 그분을 가장 영화롭게 합니다. 하나님께서 무한한 자비로써 우리에게 이 자기 포기를 허락하시길 빌며, 오직 그분의 영광에만 관심을 두게 하시길 바랍니다. 사랑하는 여러분, 성령의 능력을 힘입어, 하나님의 영광을 힘써 추구하십시오.

이 설교에 전혀 공감하지 않는 자들을 위해 한 마디 하겠습니다. 당신이 아는 찬송가사 중에 탐구자들이 이렇게 묻는 대목이 있습니다.

> "내가 만일 그분을 찾으면, 내가 만일 그분을 따르면,
> 이 일에 어떤 보상이 있을까?"

그 대답은 이것입니다.

> "많은 수고, 많은 슬픔,
> 그리고 많은 눈물이 있으리라."

이는 아주 실망스럽습니다, 그렇지 않습니까? 즐거움과 이기적인 쾌락을 찾는 당신은 불쾌하여 고개를 돌릴 것입니다. 하지만 그 찬송가사는 아주 참됩니다. 예수님이 친히 이렇게 말씀하셨습니다. "누구든지 자기 십자가를 지고 나를 따르지 않는 자도 능히 내 제자가 되지 못하리라"(눅 14:27). 하지만 잘 알아두십시오. 그리스도를 위해 기꺼이 고난받고자 한 사람들이 유일하게 건전한 사람들로 간주되는 날이 올 것입니다. 기회만 붙들려 하고, 자기 자신에게만 관심을 두고, 하나님과 그리스도께 대한 믿음은 안중에도 없이 인간 동료들만 사랑한 자들이 멍청이들이요 허튼 자들임이 드러나는 날이 올 것입니다. 당신은 이 비유를 들으십시오. 봄철입니다. 저기에 밭고랑 사이를 다니면서 씨를 뿌리는 농부가 있습니다. 경작에 대해 아무것도 모르는 자들이 그가 씨를 낭비한다고 비웃습니다. 그가 좋은 양식을 쓸데없이 낭비하는 것이 결코 아닙니다. 창고 문을 걸어잠그고 곡식을 보전하는 사람이 지혜롭습니까? 왜 그가 차갑고 배은망덕한 토

양에 씨를 뿌리는 걸까요? 유월말까지 기다려 보십시오. 그 때 밀이 솟아오릅니다. 7월과 8월까지 기다려 보십시오. 수확의 달이 찾아옵니다. 그러면 밀을 뿌려 죽게 한 사람이 "추수 때가 왔다"고 함성을 지를 때, 당신은 그를 지혜롭고 신중한 사람이었다고 간주하게 될 것입니다. 반면, 곡식 창고의 문을 걸어잠근 자는, 자신의 게으름과 이기심으로 인해, 저기 정신병원에 가기에 알맞은 사람으로 간주될 것입니다. 한 무더기의 잡초 외에는 아무것도 수확하지 못했기 때문입니다. 뿌리십시오, 당신의 생명을 다른 사람들을 위해 뿌리십시오! 당신 자신을 예수님께 드리십시오. 이런 관점에서 자기 목숨을 미워하는 자는 찾을 것이며, 그것을 지키려 하는 자는 잃을 것입니다. 더 나아가, 오 경건하지 못한 당신이여, 만일 당신이 당신 자신을 위해 산다면, 하나님께서 당신으로부터 어떤 영광도 얻지 못하실 것입니다. 당신 역시 그분에게서 영예를 얻지 못할 것이며, 그분의 보좌에서 보석 하나라도 얻지 못할 것입니다. 하나님은 당신에 의해, 당신 안에서, 이런저런 형태로 영광을 얻으실 것입니다. 당신의 이기적인 잘못들로 인한 영원한 후회가 하나님의 공정성과 지혜를 영원토록 정당화할 것입니다. 미래의 처지에서는, 비록 당신이 고통과 슬픔 속에서 오른팔을 물어뜯는다 하더라도, 당신은 어쩔 수 없이 복음의 경고가 옳았고 하나님이 공정하셨음을 인정하게 될 것입니다. 당신이 당연히 받게 될 고통이, 하나님의 지혜와 선하심을 영원히 기념하는 노래 장단을 구성하는데 도움이 될 것입니다. 당신은 예수님이 옳으셨고 당신이 틀렸음을 고백하게 될 것입니다. 그분을 믿고 그분의 제자가 되는 것이 옳은 일이고, 그분을 멸시하고 자기 자신을 위해 사는 것은 그분이 말씀하신 대로 파멸이요 멸망임을 인정하게 될 것입니다. 예수님을 위해서 하나님이 당신에게 은혜 주시길 빕니다. 아멘.

제
48
장

—

기적의 자석

—

"내가 땅에서 들리면 모든 사람을 내게로 이끌겠노라 하시
니, 이렇게 말씀하심은 자기가 어떠한 죽음으로 죽을 것을
보이심이러라." ― 요 12:32-33

예수님은 여기서 자신의 죽음에 대해서, 그리고 그 죽음에 뒤따르는 결과에
대해 말씀하십니다. 모든 사람들을 그분 자신에게로 이끄시는 우리 주님의 능력
은 주로 그분의 십자가에 있는 듯이 보입니다. 십자가에서 죽으시고 땅에서 들
리심으로써 그분은 모든 사람들을 자신에게로 이끄십니다. 우리 주님의 인격과,
그분의 삶과, 그분의 가르침에는 끌어당기는 힘이 있습니다. 하지만 그 매력의
주된 힘은 십자가에서의 죽음에 있습니다. 분명 이 일은 아주 희귀하고 낯선 것
입니다. 위대한 종교 지도자가 죽을 때, 그의 인격적인 힘도 대부분은 사라져 버
립니다. 종교 지도자의 태도상의 매력, 인격적 확신에서 풍기는 인상, 일상의 고
상한 열정 등, 이런 것들은 그들이 우리와 함께 있을 때에 우리에게 큰 도움이 됩
니다. 그런 고상한 요소들은 종교 지도자가 죽을 때에 함께 잃어버릴 가능성이
큽니다. 많은 사람들이 지도자의 생애를 그가 죽은 뒤에 한동안은 기억합니다.
그 지도자가 훌륭한 인물이었다면 아주 열정적으로 추모합니다. 우리는 의인들
에 대해 이렇게 말합니다. "비록 재가 된다 해도 그들의 생전의 불꽃은 여전히 살
아 있습니다." 하지만 그 대부분은 단지 기억에 의한 영향력에 지나지 않습니다.
지도자가 떠난 후, 잠시 후면 연약한 대중들은 어느 사인가 떨어져나가고, 위선

자들은 공개적으로 떠나고, 미온적인 추종자들의 수도 줄어드는 일이 얼마나 자주 있습니까? 죽은 지도자의 후계자들은 그의 원칙들을 버리며, 혹은 유지하더라도 그다지 힘과 열정을 다하지 않으며, 그리하여 한때는 희망에 넘친 노력들이 꺼져가는 심지처럼 소멸되고 맙니다. 다른 사람들에 대해 영향력을 끼치는 점에 있어서, 종종 죽음은 치명적인 손실입니다. 하지만 우리 주 예수 그리스도의 경우에는 죽음이 오히려 영향력을 증대시킵니다. 그리스도께서 사람들에게 아주 강력한 영향력을 끼치시는 것이 그분의 죽음에 의해서라는 사실이 특이하지 않습니까? 예수님이 죽으셨기 때문에, 그분은 오늘날 인간의 정신의 가장 강력한 지배자가 되시고, 모든 사람들의 마음을 끌어당기는 구심력(求心力)의 중심이 되셨습니다.

우리 주 예수 그리스도는 아주 수치스러운 죽음으로 죽으셨다는 점을 또한 기억하십시오. 사람들은 십자가를 장식물로 사용하게 되었고, 어떤 이들에 의해서는 그것은 숭배의 대상으로 간주되기도 합니다. 하지만 아주 분명히 말하자면, 고대 사람들에게 있어서 십자가란 지금의 우리에게 교수대와 같은 것이었으며, 정확히, 범죄자들을 죽이기 위한 불쾌한 도구에 지나지 않았습니다. 특정한 흉악범들의 경우를 제외하고는, 십자가 죽음은 로마 시민들에게는 내려지지 않던 형벌이었습니다. 그것은 노예의 사형으로 간주되었습니다. 그것은 고통스러울 뿐 아니라, 수치스럽고 굴욕적이었습니다. 우리 주님의 시대에 어떤 사람이 십자가에 달렸다고 말하는 것은, 정확하게 우리 시대에 그가 교수대에 달렸다고 말하는 것에 해당합니다. 십자가는 그런 의미입니다. 따라서 우리는 십자가의 죽음을 나무에 매달려 죽는 교수형처럼 커다란 수치로 간주해야 합니다. 그렇지 않으면 예수님과 그분의 제자들에게 십자가가 어떤 의미였는지를 이해하지 못합니다. 자, 틀림없이, 만일 어떤 사람이 나무에 달렸다고 한다면, 사람들에 대한 그의 영향력은 끝입니다. 내가 영어로 된 모든 성경 주석들을 살펴보다가 속표지에 코크(Coke) 박사의 저작으로 표시된 책을 한 권 발견했습니다. 그런데 좀더 조사해 보니 그 책이 도드(Dodd) 박사의 책인 것을 알게 되었습니다. 그는 위조죄로 사형을 당한 인물입니다. 그가 교수대에 달린 후에, 당연히 출판사들은 그의 이름으로 주석을 팔수가 없었습니다. 그래서 그들은 다른 학식 있는 박사를 고용하여 그 주석을 그의 비호 아래 두기로 한 것입니다. 그 사람은 교수형을 당했고, 그래서 사람들이 그의 책을 읽지 않으려 했을 것이며, 따라서 일이 그렇게 처리된 것입니다. 하지만 여기에 놀라운 일이 있습니다. 주 예수님은 나무에 달리시고도 영향력을 전혀 잃어버리지 않으셨습니다. 아니, 오히려 그분이 모든 사람들을 그분에게로 이끄실 수 있는 것은 그분의 수치스러운 죽음 때문입니다. 그분의 영광은 그분의 수치에서 발생합니다. 그분의 위대한 정복은 그분의 굴욕스러운 죽음에서 가능했습니다. 그분이 십자가에 죽기까지 순종하셨을 때, 그 수치의 죽음이 그분의 목적을 수치스럽게 하지 못했고, 오히려 영광으로 치장하였습니다. 그리스도의 약한 죽음이 기독교를 약하게 하지 못했습니다. 오히려 그 약함이 그분의 능력의 오른팔입니다. 죽음의 수난이라는 표지로써 교회는 승리를 쟁취해 왔으며, 앞으로도 그럴 것입니다. 죽음처럼 강한 사랑으로써 교회는 언제나 승리했고, 앞으로도 영원히 그럴 것입니다. 교회가 앞에 있는 십자가를 부끄러워하지 않았을 때, 교회 역시 결코 수치를 당하지 않았습니다. 하나님이 교회와 함께 하셨고, 예수님께서 모든 사람을 그분에게로 이끄셨기 때문입니다. 십자가에 못 박히신 그리스도에게는 거부할 수 없는 매력이 있습니다. 그분이 자기를 낮추어 가장 잔혹한 사람조차 측은히 여길 극심한 고통과 멸시를 받으셨습니다. 살아 계신 구주를 사람들은 **사랑할 수 있습니다**(may love). 하지만 십자가에 못 박히신 구주를 사람들은 **사랑해야 합니다**(must love). 그분이 그들을 사랑하여 자기 자신을 주신 것을 그들이 알게 되면, 그들의 마음은 그분께 빼앗기고 맙니다. 임마누엘 황태자께서 반역자들의 눈앞에 죽음으로 보이신 사랑의 아름다움을 드러내실 때, 인간 영혼의 도성은 공격이 시작되기 전에 항복하게 됩니다.

사랑하는 친구들이여, 십자가에 못 박히신 그리스도를 전하기를 결코 부끄러워하지 맙시다. 높이 달려서 범죄자들 중 하나로 헤아림을 입고 죽으신 하나님의 아들을 부끄러워하지 맙시다. 주일학교에서 가르치는 사람들이나, 혹은 거리에서 전도하는 사람들이나, 혹은 다른 여러 방식으로 복음을 전하는 사람들은, 언제나 십자가에서 죽으신 그리스도를 전면에 내세워야 합니다. 십자가 없는 그리스도는 전혀 그리스도가 아닙니다. 그분이 영원한 하나님이심을 결코 잊지 마십시오. 하지만 그 진리와 함께 그분이 로마의 사형대에 못 박혔다는 사실 또한 잊지 마십시오. 그분이 사탄을 이기신 것은 십자가 위에서였으며, 세상을 이기는 것 역시 십자가에 의해서입니다. "내가 땅에서 들리면 모든 사람을 내게로 이끌겠노라 하시니, 이렇게 말씀하심은 자기가 어떠한 죽음으로 죽을 것을 보이심이러라."

이 본문의 위대한 진리를 여러분에게 제시했습니다. 이제 그것을 좀 더 확대해 보고자 합니다.

1. 십자가에 달리신 구주의 끌어당기는 힘

먼저 십자가에 달리신 구주의 끄는 힘(attractive force)에 대해 말하고자 합니다. 그에 대해서는 그분 자신이 그분 자신에게로(Himself to Himself)라는 말로 간략하게 이렇게 요약할 수 있을 것입니다. "모든 사람을 내게로 이끌겠노라." 그리스도께서 모든 사람을 가시적인 교회로 이끄신다고 하신 것이 아닙니다. 진정 주 예수 그리스도는 사람들을 특정한 종교적 분파로 이끄시는 것이 아닙니다. 그분은 언제나 사람들을 진리와 의로 이끄시지, 죽은 형식이나 무의미한 종파적 특징으로 이끄시지 않으며, 또한 전(前)의 잘못이나 분파의 승리에 대한 기억으로 이끄시는 것도 아닙니다. 만일 주님께서 사람들을 저 대성당이나, 혹은 특정 교파의 예배당으로 이끄신다 해도, 각 사람이 그분 자신을 발견하지 않는다면 그것이 그들에게 그다지 도움이 되지 않을 것입니다. 정말 중요하고 필요한 일은 사람들이 그분에게로 이끌리는 것이며, 또한 그분 자신이 아니고는 어느 누구도 사람들을 그분에게로 이끌지 못합니다.

아마도 여러분은 그린란드(Greenland)에 있는 선교사들에 관한 이야기들을 종종 들었을 것입니다. 우리의 모라비안(Moravian) 형제들은 불 같은 열정과 자기 부인으로 가득하여, 그린란드의 무지한 사람들에게로 들어갔으며 그들을 회심시키기를 열망했습니다. 그들은 이런 식으로 신중하게 생각했습니다. '이 사람들은 너무나 무지하여 처음부터 그리스도를 전하는 것은 소용이 없을 것이다. 그들은 하나님이 계신지조차 알지 못한다. 그러므로 우선은 그들에게 하나님의 본성에 대해 가르치고, 옳고 그른 것을 들려주고, 그러면서 속죄의 필요성을 증명하고, 의인들의 보상과 악한 자들의 형벌에 대해 제시하도록 하자.' 이렇게 하는 것이 아주 적절한 준비 작업이라고 판단되었습니다. 그런데 그 결과를 보십시오! 수년이 지나갔지만, 회심자는 아무도 없었습니다. 회심자들이 아무도 없는데 훌륭한 예비적인 가르침이 무엇이란 말입니까? 그린란드 사람들의 마음에 예수님이 들어가실 수가 없었습니다. 예수님이 그들의 마음에 들어가시길 원했던 사람들에 의해서 말입니다. 하지만 어느 날 우연히 그 선교사들 중 한 분이 한 가련한 그린란드인에게 십자가에서 피 흘리시는 예수님에 대한 이야기를 읽어 주었습니다. 또한 하나님께서 어떻게 자기 아들을 죽음에 내어주셨는지에 대해 서와, 이는 "그를 믿는 자마다 멸망하지 않고 영생을 얻게 하려 하심이라"는 이야 기를 들려주었습니다. 그러자 그 그린란드인이 말했습니다. "그 부분을 다시 읽 어주시겠어요? 얼마나 아름다운 말입니까! 하나님의 아들이 우리 같이 가난한 그린란드 사람들을 살리기 위해 죽으셨단 말인가요?" 그 선교사가 그렇다고 대 답하자, 그 원주민은 손뼉을 치면서 이렇게 소리쳤습니다. "왜 당신은 전에 그 말 을 해주지 않았습니까?" 아, 바로 그렇습니다! 왜 즉시로 그에 대해서 말하지 않 고, 왜 처음부터 분명하게 말해주지 않는 것입니까? 그것이 출발점입니다. 우리 는 세상 죄를 지고 가신 하나님의 어린 양에서부터 출발합시다. "하나님이 세상 을 이처럼 사랑하사 독생자를 주셨으니 이는 그를 믿는 자마다 멸망하지 않고 영생을 얻게 하려 하심이라"(요 3:16). 내 생각에는 그것이 시작해야 할 출발점이 며, 계속해서 나아가야 할 요점입니다. 예, 그것이 또한 결론으로 맺어야 할 진리 입니다. 원수들을 사랑하신 성육하신 하나님께서, 그들을 대신하여 자기 자신을 죽음에 내주시고, 그분을 통해서 그들을 살게 하신 이 장엄한 이야기보다 더 좋 은 결론이 어디 있겠습니까? 예수님께서 죄인들을 자신에게로 이끄시어 그들이 그분을 통해 살게 된다는 것이 곧 복음입니다. 사랑하는 여러분, 이것이 무슨 의 미인지 알겠습니까? 많은 사람들이 알고 있으며, 또한 그 때문에 행복할 것이라 고 생각합니다. 왜냐하면 이 지식에 생명이 있기 때문입니다. 모든 사람이 그리 스도 안에 있는 이 사랑의 힘을 알게 되면, 그리하여 그 강력한 사랑에 이끌리면, 그 반응으로 그들 역시 온 마음과 성품과 힘을 다해 하나님을 사랑하지 않겠습 니까? 우리에게 일어날 수 있는 최상의 일은 그리스도께서 우리를 그분께로 이 끄시는 것을 느끼는 일이며, 우리 자신이 구주의 부드러운 이끄심에 즐거이 복 종하는 일입니다.

　본문은 예수 그리스도께서 모든 사람을 자기에게로 이끄신다고 말합니다. 그런데, 예수 그리스도에 관해 듣는 모든 사람이 그분에게로 이끌리지는 않으 며, 모든 사람이 그 이끄심에 따르는 것은 아닙니다. 어떤 사람들은 버티면서 뒤 로 물러납니다. 사람에게 일어날 수 있는 가장 끔찍한 일은 그가 뒤로 물러갈 때 예수님이 그를 가도록 내버려 두시는 것입니다. 그 이끄시는 힘이 거두어질 때 의 타락이란 어떤 것이겠습니까? 뒤로 물러가는 사람은 파멸에 떨어지게 되며,

그것은 그가 스스로 선택하여 영원한 생명을 거절하고 구주의 힘에 저항한 결과 입니다! 자기 구원을 힘써 막은 그 영혼은 얼마나 불행한지요! 복음을 듣는 모든 사람은 그 속에서 어느 정도의 끄는 힘을 느낍니다. 나는 복음을 듣는 일에 익숙 한 사람들에게 호소합니다. 예수님께서 이따금씩 양심의 줄로써 당신을 세게 당 기시지 않던가요? 그리고 당신이 뒤로 빼는 데도 불구하고 그분이 반복하여 당 신을 끌어당기시지 않던가요? 나는 그분이 어린 시절에 나를 어떻게 끌어당기셨 는지를 기억하고 있습니다. 비록 내가 그분에게서 뒤로 물러나려 했지만, 그분 은 나를 멀리 떨어지도록 내버려 두지 않으시고 마침내 경계선을 넘도록 이끌어 주셨습니다. 틀림없이 여러분 중 일부는 어머니의 부드러운 말에 의해 이끌렸던 것을 잘 기억하고 있을 것입니다. 진지한 교사의 호소와, 아버지의 훈계와, 누이 의 눈물과, 목사의 탄원에 의해 이끌렸던 것을 기억할 것입니다. 당신의 기억을 활용하도록 허용해 주십시오. 마음의 눈으로, 당신을 사랑하여서 예수님을 위해 당신의 영혼을 얻으려고 상한 심령으로 기도했던 사람들을 그려보십시오. 예, 당신은 그렇게 해서 예수님께 이끌렸습니다.

　　나는 여러분 모두가 어느 정도의 이끄심을 느꼈다고 생각합니다. 다른 관점 에서, 모든 민족들이 그분에게로 이끌린다는 것은 단지 복음을 듣는 것이 아니 라 예수님과 그분의 사랑의 영향력 아래 있게 된다는 것입니다. 지금 이 순간에 도 기독교의 영향력은 지구상의 모든 구석에서 느껴지고 있으며, 그것은 결코 과장이 아닙니다. 내게 웅변가의 능력이 있다면, 나는 모든 민족들 위에 사랑의 황금 밧줄을 던지고 있는 나의 구주의 모습을 묘사하고 싶습니다. 선교사들이 가서 예수의 이름을 전하는 곳이라면 어디에서든지 그분은 그렇게 하고 계십니 다. 주님께서는 마치 사람이 야생 짐승을 어느 정도까지 복종시키듯이 열방들을 길들이고 계십니다. 예수님은 점차로 이방인들을 그분에게로 이끌고 계십니다. 그분은 인도에서 오랫동안 힘써 당기고 계십니다. 죽은 듯이 처져 있어 잘 끌려 오지 않지만, 언젠가는 반드시 오게 될 것입니다. 언젠가는 복종하게 될 것입니 다. 동양 쪽은 좀처럼 움직이지 않는 듯이 보입니다. 하지만 어떤 움직임이 있다 면, 그 방향은 그리스도로 향할 것입니다. 예수님은 중국을 천천히 끌고 계십니 다. 일본은 마치 그물 안에 있는 듯이 끌려오고 있습니다. 그리스도가 전파되는 곳에는 우상들이 흔들리기 시작하고, 우상의 사제들조차 변화가 오고 있다고 시 인합니다. 모든 세기마다 사람들은 세상의 상태에 괄목할 진전이 있는 것을 봅니다. 그리고 교회가 책임감에 눈을 뜨고, 선교사들에게 성령이 부어지고, 우리가 어떤 식으로든 그리스도의 복음을 전하게 될 때, 우리는 더 빠른 속도로 진전할 것입니다. 예수님은 이끄시고, 또 이끄시고, 또 이끌고 계십니다. 하나님께서 인류가 흩어지기를 원하실 때 그들은 흩어지려고 하지 않았습니다. 그들은 한가운데에 탑을 세우고 뭉치려 하였습니다. 하지만 언어가 혼잡해짐으로써 그들은 서로의 말을 이해할 수 없었고, 하나의 무리로 남아 있으려는 그들의 결의는 무산되고 말았습니다. 하지만 이제는 보십시오. 온 땅을 사람들이 덮고 있습니다. 아담의 아들들이 모든 지역에 살고 있습니다. 이제 그들을 주님의 구속받은 한 백성으로 모으려는 것이 아버지의 뜻입니다. 그러므로 아버지께서는 저 위대한 실로(Shiloh, 평화라는 뜻으로서, 여기서는 평화를 가져오는 메시야의 고유명사로 쓰임 – 역주)를 그들 중에 세우셨습니다. 그 실로에 대해서는 이렇게 예언되었습니다. "그에게 모든 백성이 모이리로다(창 49:10, KJV. 한글개역개정판은 "복종하리로다"로 되어 있음). 방황하는 인류는 아버지의 부르심에 응답하지 않습니다. 그들은 저 '맏형'의 통치 아래로 들어오기를 원치 않습니다. 하지만 그들은 오게 될 것입니다. 그리고 반드시 그분이 다스리실 것입니다. 이방인이건 유대인이건, 아프리카 사람이건 유럽 사람이건, 그들 모두가 전 인류의 중심인 십자가에서 만날 것입니다. 그리스도께서 땅에서 들리셨고, 그분이 모든 사람을 자기에게로 이끄시기 때문입니다.

하지만 모든 사람들이 구원받는 것은 아닙니다. 그렇지 않습니다. 끌림을 받을 때에도 오지는 않기 때문입니다. 하지만 못 박히신 그리스도는 모든 종류의 사람 중 일부 사람들을 이끌어 영원한 생명에 이르게 하십니다. 예수님이 십자가에서 죽으셨을 때, 그 죽으심은 고귀한 사람들만 위한 것이 아니며, 노동자들만을 위한 것도 아니며, 모든 종류의 사람들을 위한 것이었기 때문입니다.

> "왕과 왕후들에게 은혜가 주어질 때
> 가난한 자도 그들의 몫을 얻으니,
> 어떤 죽을 인생도 겉모양으로
> 실망하고 멸망치 않게 하려 함이라."

가장 좋은 교육을 받은 사람도 종종 주님의 압도적인 매력에 이끌려 예수님께 옵니다. 가장 학식 있는 사람들 중에 일부가 즐거이 그리스도께로 왔습니다. 하지만 가장 거친 문맹자도 동일하게 예수님께로 이끌렸으며, 그들 역시 오기를 즐거워하였습니다. 나는 가난한 사람들 중에서도 가장 가난한 자에게 복음이 전파된다거나, 전에 복음이 전해진 적이 없는 사람들에게 복음이 전파되고 있다는 소식을 들으면 너무나 기쁩니다. 하나님께서는 비천하고 낮은 자들에게 예수님을 전하려는 모든 노력을 기뻐하십니다. 단순히 고함만 지르는 것이 아니라 복음을 전하는 것이라면, 하나님께서 모든 파격적인 전도에도 진척이 있게 해 주시기를 우리는 바랍니다. 우리의 두려움은 예수님이 더 이상 전해지지 않을 때에 시작됩니다. 우리는 런던의 서쪽에도 복음을 전파해야 하며, 그래서 우리의 귀족들이 예수 그리스도를 통해 생명을 얻도록 해야 합니다. 그런 움직임이 곧 일어나기를 빕니다. 회심한 공작(公爵)이 복음을 공개적으로 말하는 것을 듣기를 내가 얼마나 바라는지요. 혹은 회개한 기사가 죄인 중에 괴수를 향한 은혜를 선포하는 것을 듣기를 얼마나 바라는지요! 안될 이유가 무엇입니까? 복되신 하나님께서, 높이 들리신 우리의 구주께서, 모든 종류의 사람들, 곧 모든 계층의 사람들 중 일부를 그분에게로 이끄십니다. 유대인뿐만 아니라, 이방인들 중에서도 부르십니다.

> "아무도 제외되지 않으니
> 오직 스스로 제외시킨 사람들만 제외된다네.
> 배워서 교양 있는 사람들도 좋고
> 무지하고 거친 사람들도 환영한다네."

그리스도 예수 안에 있는 하나님의 은혜에서 어떤 특정한 부류의 사람들도 제외되지 않습니다. "내가 땅에서 들리면 모든 사람을 내게로 이끌겠노라." 교회의 역사는 이 말씀이 얼마나 참된지를 증명합니다. 회심한 사람들의 소집 명부에는 왕자들과 빈민들, 귀족들과 땜장이들이 포함되어 있습니다.

하지만 십자가에 달리신 구주에게로 사람들을 이끄는 이 힘은 무엇입니까? 그들이 옵니다. 그것에 대해서는 의심의 여지가 없습니다. 여러분들이여, 보십시오. 세상에서 사람들이 복음처럼 즐겁게 듣는 것은 없습니다. 내가 이 회중들에게 말씀을 전하려고 이 자리에 선 지가 몇 해가 지났습니까? 많은 무리가 정해진 시간에 규칙적으로 이곳을 찾아옵니다. 주일마다, 아침과 저녁에, 해마다 이곳을 찾아옵니다. 내가 과학적인 주제를 전하려고 임명되었다고 가정해 보십시오. 이런 청중들을 어찌 모을 수 있었겠습니까? 내가 만일 나의 주제를 나 스스로 이끌어 내야 한다면 나는 이미 오래 전에 지쳐 떨어졌을 것입니다. 만일 내가 십자가에 못 박히신 그리스도 외에 다른 교리를 전해 왔다면, 나는 수년 전에 내 청중을 바람 속으로 흩어버리고 말았을 것입니다. 하지만 옛 주제가 언제나 새롭고, 언제나 신선하고, 언제나 매력적입니다. 예수 그리스도를 전하는 것입니다. 그것이 사람들의 귀를 사로잡고 사람들의 마음을 붙들어 매는 비결입니다. 예수의 이름은 사람들의 마음에 가장 강력한 매력입니다. 사람들의 귀가 그것을 바라는 것은 마치 아침이 태양을 기다리는 것과 같고, 혹은 바싹 마른 대지가 소낙비를 기다리는 것과 같습니다. 예수님의 이름이 울려 퍼지게 하십시오. 그것이 언제 불러도 가장 달콤한 노래입니다. 두려움도 제한도 없이 그 이름을 널리 퍼지게 하십시오. 그것은 마치 오월의 꽃들처럼 언제나 환영받을 것입니다. 꽃들이 햇빛을 싫어하지 않고 풀들이 이슬에 싫증내지 않듯이 사람들은 결코 복음에 싫증내지 않을 것입니다. 언덕과 골짜기들마다 저 복된 은종(silver bell)의 소리를 울려 퍼지게 하고, 첫 번째 크리스마스 밤에 천사들이 부른 노래처럼 달콤한 저 음악을 널리 들려지게 하십시오. "지극히 높은 곳에서는 하나님께 영광이요 땅에서는 하나님이 기뻐하신 사람들 중에 평화로다"(눅 2:14). 골고다의 사랑에는 무한한 힘이 있으며, 그 힘은 세상이 서 있는 동안에는 결코 소멸되지 않을 것입니다. 그것이 무엇입니까? 이 우주적인 매력의 힘은 어떤 것입니까?

우선, 그것은 사랑(love)의 힘입니다. 예수 그리스도는 사랑의 화신이십니다. 그분에게서 당신은 자신의 모든 영광을 스스로 벗어버린 분의 모습을 봅니다. 죄인들을 구원하시기 위해 그분은 이 땅에 내려오셨고, 부와 명성을 추구하지 않으시고 오직 인간들을 구원하시는 착한 일을 행하셨습니다. 그분은 자기 명예와 영광을 내려놓으시고 마침내 자기 목숨까지 버리셨습니다. 이 모든 것이 사랑을 위한 것이었습니다. 그 사랑은 슬픈 반응으로 되돌아왔지만, 결국 그 사랑이 큰 구원으로 그 사랑의 대상들을 구하였습니다. 어떤 철학자는 다른 사람이 우리를 사랑하는 것을 알 때, 우리가 그에 대한 반응으로 어느 정도의 사랑을 되돌려 주지 않을 수 없다고 말했습니다. 나는 그 말이 진실이라고 믿습니다. 분명, 그리스도의 사랑과 같은 사랑은, 단순하게 들려주기만 하면, 사람들이 그것을 이해할 수 있을 것입니다. 또한 그런 사랑은 사람들의 관심을 불러일으키고, 주의를 끌며, 더 나은 것들을 행해 이끌어줄 것입니다. 아주 종종 이 사랑은 그 사랑을 목격하는 자들을 원수들에서 친구들이 되도록 변화시킴으로써 그 힘을 입증합니다. 그들이 비록 처음에는 구속의 주를 멸시하였더라도, 그분의 사랑이 그들을 강권하여, 마침내 그분을 믿고 칭송하도록 만듭니다. 내가 만일 십자가에 못 박히신 구주의 매력의 비밀에 대해서 질문을 받는다면, 불굴의 사랑이 그 비밀이라고 나는 대답할 것입니다. 예수님께 돌릴 수 있는 유일한 잘못이 있다면 어느 시인이 "과도한 사랑의 잘못"이라고 노래한 것입니다. 바로 모든 이성을 초월한 사랑이며, 모든 한계를 넘은 사랑이고, 전에 누구도 보인 적이 없던 사랑입니다. 설혹 인간의 사랑의 모든 강물들이 한 곳으로 모여 흐른다 해도 구주 예수님의 마음속에 있는 사랑의 대양(大洋)을 다 채우지는 못할 것입니다. 이 독특하고 비길 데 없는 사랑, 바로 이 사랑이 사람들을 예수님께로 이끄는 것입니다. 사랑으로 사무치는 그리스도의 마음은 다른 모든 사람들의 마음을 끌어당기는 자석입니다.

의심의 여지 없이, 십자가에 못 박히신 구주에게는 이런 면도 있습니다. 즉 그분이 자기의 죽음이 사람들에게 제공하는 놀라운 안식(wonderful rest)으로써 사람들을 이끄신다는 것입니다. 가장 진지한 그리스도인도 때로는 자기가 모두 옳은지에 대해 의심을 가집니다. 더욱 진지한 사람일수록 스스로를 속이는 일이 없도록 하기 위해 더욱 떨며 긴장합니다. 그대 선한 형제여, 당신에게 그런 개인적인 걱정이 있습니까? 나 역시도 마찬가지입니다. 하지만 십자가에 달리신 예수님께로 나의 시선을 돌릴 때, 그리고 그분의 머리와 그 가시 면류관을 바라보고, 울어서 붉어진 그분의 눈과, 나무에 단단히 못 박힌 손들과, 피가 흘러나오는 발을 쳐다볼 때, 그리고 그분이 이토록 수치스러운 죽음을 나를 향한 사랑 때문에 참으셨음을 기억할 때, 나의 심령은 평온해지고 행복해집니다. 그로 인해 내 생명의 강물이 어찌나 평화롭게 흐르는지 다 표현할 수가 없습니다. 하나님께서 나의 중대한 잘못을 반드시 용서하십니다. 나의 구속자께서 나의 잘못으로 인해 중한 고통을 받으셨기 때문입니다. 예수님이 죽으신 것을 볼 때, 그때부터는 하나님의 정의가 죄인의 편이라는 것을 나는 이해합니다. 주 하나님께서 어찌 같은 잘못을 두고 두 번씩 벌하실 수 있겠습니까? 먼저는 대속자에게 죄의 형벌을 내리시고, 그런 후에 그 대속자가 피 흘려 살리려 하신 인간들을 다시 벌하시겠습니까? 그리스도께서는 그를 믿는 모든 사람들을 위하여 대속자로서 피를 흘리셨습니다. 오 형제들이여, 당신이 근심으로 고통당할 때, 우리와 함께 안식하십시오. 골고다를 바라봄으로써 그렇게 하십시오. 만일 한 번 보고서도 당신의 마음이 잠잠해지지 않으면, 다시 바라보고 또 바라보도록 하십시오. 예수님이 죽으신 곳에서 모든 슬픔이 사라질 것입니다. 우리의 가장 큰 위로를 위해서라면, 크리스마스 별들이 빛난 베들레헴을 바라보지 말고, 한낮에 해가 어두워진 곳, 영원한 사랑의 얼굴이 가리어진 저 골고다를 보십시오. 생명과 영광의 주께서 극한의 죽음을 당하셨기에, 우리를 위해서 죽음의 고통을 겪으셨기에, 그분의 상처에서 죄인들의 상처를 치유하는 최상의 향유가 흘러나옵니다. 사람들은 이것을 압니다. 성경을 읽으면서, 그들은 곧 그것을 발견합니다. 사람들은 그리스도께서 그들을 대신하여 고난당하셨음을 보기까지는, 하나님의 진노에 대해서나 유죄를 고발하는 양심에 대해서 위로를 얻지 못합니다. 양심은 말할 수 없는 기쁨으로 바쳐진 희생제물을 바라보고, 예수님의 머리에 즐거이 손을 올리고, 죄를 그분에게로 전가시키고, 그분이 형벌 받으시는 것을 보고서야 마침내 하나님의 안식과 같은 참된 안식을 발견합니다. 예수님의 속죄의 죽음 안에서 율법은 정당화되고, 하나님은 자기도 의로우시며 또한 예수를 믿는 자를 의롭게 하십니다(롬 3:26). 사랑하는 친구들이여, 내 말을 믿으십시오. 예수님은 자기에게로 오는 모든 사람의 마음에 완벽한 안식이라는 값진 선물을 주십니다. 그분이 영혼을 채우시면 더 이상의 목마름이 없습니다. 당신은 U자 모양의 자석을 알고 있지요? 그것이 얼마나 신속하게 쇠 조각들을 모으는지 보았을 것입니다. 그 자석의 양 끝에 쇠 조각을 가로질러 놓아본 적이 있습니까? 그러면 그 자석은 다른 어떤 것도 끌어당기기를 멈추게 됩니다. 자기 회로(magnetic circuit)가 완벽해지고, 자석은 완벽하게 고요한 상태에 머물고, 완벽히 만족한 상태에서 그 회로의 원의 경계를 넘어서기를 거부합니다. 내 영혼이 예수님으로 가득 채워질 때 그분은 내 영혼의 열정과 갈망의 회로를 완벽하게 하십니다. 그분이 내 구원의 전부이시고 내 소망의 전부이십니다. 당신은 그것을 알고 있습니까? 당신의 영혼은 그리스도께로 옴으로써 완벽하게 안식하는 상태에 있습니까? 그분이 친히 당신을 그분에게로 이끄실 때, 당신은 안식으로 들어오게 되지 않던가요? 그런 안식을 얻을 수 있는 것을 알기에 사람들이 그리스도께로 오는 것입니다. 그분은 바로 이것을 사람들이 왜 그분에게로 와야 하는지에 대한 근거로 제시하십니다.

격려가 되는 이 말씀을 기억하십시오. "수고하고 무거운 짐 진 자들아 다 내게로 오라 내가 너희를 쉬게 하리라"(마 11:28). 이것이 십자가에 달리신 구주 안에 있는 끌어당기는 힘의 일부입니다.

다음으로, 그리스도에게는 마음을 끄는 커다란 힘이 있습니다. 그분의 활동이 사람 안에서 일으키는 변화를 볼 때 우리는 그것을 분명히 알 수 있습니다. 술주정꾼이 그리스도인이 된 것이나, 절도범이 정직한 사람이 된 경우를 알고 있지 않습니까? 창기가 정숙한 여인이 되는 것을 보았지 않습니까? 우리 주변에서 회심의 형태로 일어나고 있는 현대의 기적들을 생생히 보았지 않습니까? 만일 당신이 이런 표적들과 기사들을 보고 기뻐하였다면 또한 이렇게 말했을 것입니다. "주여, 저 역시 당신에게로 와서 회심하게 해 주소서." 사람들을 고상하게 하고 거룩하게 하는 예수님의 능력을 목격한 것이 당신을 그분에게로 이끌었습니다. 당신은 그분 발 아래 엎드렸습니다. 십자가를 통해서가 아니면 참되고, 깊고, 소중하고, 살아 있는 회심은 있을 수 없습니다. 하나님께 배운 사람들은 즐거이 그리스도께로 옵니다. 죄가 그들 속에서 정복되도록 하기 위해, 돌 같은 마음이 제거되고 살처럼 부드러운 마음을 얻기 위해, 아름다우신 주님의 본을 따라서 거룩의 복된 길을 걷기 위해 즐거이 그리스도께로 오는 것입니다.

나는 계속해서 이 매력의 힘이 무엇인지를 제시할 수 있습니다. 하지만 당신이 지치지 않도록 한 가지만 더 말하도록 하겠습니다. 그 힘은 그분의 고난 자체(His sufferings themselves)에 있습니다. 고난이 끄는 힘이라니 이상하지 않습니까? 예, 그 이상입니다. 자기를 낮춘 고난이 승리했습니다. 고난은 보좌에 여왕으로 앉게 되었고, 자기 포기의 위엄으로 다스립니다. 교회의 배는 피의 바다를 힘겹게 헤치며 나아갑니다. 돛대 위에는 피로 물든 십자가를 달고서, 붉은 물결을 일으키며, 캄캄한 밤중에도 계속해서 나아갑니다. 교회는 박해 때문에 결코 멈춘 적이 없고, 고통이나 죽음 때문에 멈추지도 않았습니다. 그런 것들은 거친 바람과도 같지만, 오히려 돛에 바람을 받게 하여 배를 전속력으로 가게 만듭니다. 거룩한 고난이 올 때보다 더 확실한 진전이 있을 때는 없습니다. 교회의 원수들은 그리스도의 제자들을 붙잡아 불태웠습니다. 하지만 그들의 죽음이 달콤한 생명의 향기를 발했습니다. 불 병거를 타고서 높이 올라가는 경우(화형)보다, 사람의 영향력이 더 커질 수 있는지는 의문입니다. 무엇이 우리를 오랜 세월에 거쳐 신교 국가가 되게 했을까요? 나는 우리가 지금 '저항자들(Protestants)'이라고 말하는 것이 아닙니다. 하지만 무엇이 우리로 하여금 그토록 오랜 세월 동안 열정적인 반교황주의자들이 되게 했을까요? 스미스필드(Smithfield, 런던의 북서부 방향 외곽 지역 - 역주)의 화형대가 그렇게 했습니다. 많은 남자와 여자들이 그곳에 서서 순교자들이 불에 타는 것을 보았습니다. 그들은 순교자들이 죽는 것을 보고서 말했습니다. "이 사람들이 옳다. 불에 타 죽기까지 했던 그들의 대의(大義)는 진실하다." 그 순교의 죽음이 주 예수님께서 영국인들의 마음속으로 들어가실 길을 내었습니다. 그렇게 그분이 영국인들의 마음에 들어오신 것입니다. 순교자들이 고통스러운 죽음으로써 이룬 일이, 모든 순교자들의 우두머리이시며 모든 증언자들의 머리이신 분에 의해, 지금도 이어지고 있는 것입니다. 예수님의 고난에 의해 사람들의 애정이 동하고 그들의 마음이 매혹당하는 것입니다.

여러분 중에 회심하지 않은 사람이 있습니까? 그리고 회심하기를 원합니까? 사복음서에 기록된 대로 그리스도의 죽음에 관한 이야기를 반복하여 읽어 보십시오. 나는 그보다 더 좋은 방안을 제안할 수가 없습니다. 당신이 그것을 한 번 읽었으면, 다시 읽어보십시오. 그것을 읽으면서 이렇게 말하십시오. "주여, 저는 슬프게도 굳은 마음을 가지고 있는 것이 틀림없습니다. 그렇지 않다면 이 이야기가 나를 감동하여 눈물을 흘리게 만들었을 것입니다." 그리고서 다시 그 이야기를 읽으십시오. 마침내, 반드시, 그 이야기는 당신을 감동시킬 것입니다. 성령 하나님께서 은혜를 주시면 당신은 그 이야기에 감동할 것이고, 당신은 예수님의 인격적인 힘에 의해 그분께로 이끌린 "모든 사람들" 중의 한 사람이 될 것입니다.

이 힘이 무엇인지에 대해서는 이 정도로 말하겠습니다.

2. 이 힘은 어떻게 발휘되는가?

매우 간략하게, 나의 두 번째 요점은 이 힘이 어떻게 발휘되는가에 관한 것입니다. 이 힘은 성령을 통해서 발휘됩니다. 그리스도에 관한 진리에 힘을 불어넣는 분은 하나님의 영입니다. 그런 다음 인간이 그 진리를 느끼고, 그리스도께로 와서 살게 되는 것입니다. 하지만 우리의 복되신 주님은 **도구들을 활용하십니다**(uses instruments). 그리스도의 사랑의 힘은 때때로 이미 그분을 사랑하는 사람들에 의해 나타납니다. 한 신자가 다른 사람들을 믿음으로 인도합니다. 내가 제시한 자석의 은유로 돌아가 봅시다. 당신은 코일이 감긴 건전지를 본 적이 있을 것입니다. 만일 당신이 못을 그 코일에 붙여놓으면, 그 못은 강력한 자석이 됩니다.

그 못이 자석으로 변하는 것을 볼 수 있습니다. 다른 못을 가지고, 그 못의 끝에 대어보십시오. 그 못은 두 번째의 못을 신속하게 끌어당길 것입니다. 한번 해 보십시오. 세 번째 못을 갖다대어 보십시오. 그것 역시 신속하게 들러붙을 것입니다! 세 개의 못이 하나의 자석이 된 것입니다. 또다른 못으로 다시 시도해 보십시오. 그것 역시 결사적으로 달라붙을 것입니다. 이제 네 번째의 못도 하나의 자석이 되었습니다. 또다른 못을 가져와도 같은 영향을 받습니다. 다섯 번째의 못도 역시 자석이 됩니다. 계속해서 그런 식입니다. 이 못에서 저 못 끝까지 계속해서 자력(磁力)이 흐릅니다. 하지만 이제 그 건전지를 보십시오. 그리고 그 줄의 하나를 끊어보십시오. 못들은 즉시 떨어지게 됩니다. 코일이 자석이 되기를 멈추었기 때문입니다. 그 자석 전체의 힘은 처음 그것이 출발했던 곳에서 나옵니다. 그리고 출발점에서 자력이 끊어지면 전체가 힘을 잃어버립니다. 진정, 예수 그리스도는 위대한 자석이십니다. 모든 것이 그분에게서 시작되고 그분에게서 끝이 납니다. 예수님이 우리를 붙드실 때 우리 역시 한 형제를 붙들 수 있습니다. 그리고 머지않아 그 형제 역시 자석이 될 것입니다. 그런 식으로 한 사람에게서 또 다른 사람에게로 그 신비한 영향력이 계속해서 이어집니다. 하지만 그 전체의 힘은 예수님 안에 있습니다. 나라가 점점 더 커질수록, 그 힘은 계속해서 뻗어갈 것입니다. 하지만 그렇게 자라고 뻗어가는 모든 힘은 그분에게서 나옵니다. 예수님의 활동은 바로 그런 것입니다. 먼저는 자기 자신에 의해, 그 다음에는 그분 안에 있는 모든 자들에 의해 사람들을 끌어당기는 것입니다. 주님께서 우리 모두를 그분을 위한 자석으로 삼아 주시길 바랍니다! 예수님이 말씀하십니다. "내가 땅에서 들리면 모든 사람을 내게로 이끌겠노라." 하지만 그분은 모든 감사하는 마음들이 그분의 일에 동역할 수 있는 여지를 남겨두십니다.

예수님은 사람들을 점진적으로(gradually) 끌어당기십니다. 어떤 사람들은 한순간에 그리스도께로 이끌려옵니다. 하지만 많은 사람들이 천천히 점진적으로 이끌려옵니다. 태양은 세상의 어떤 지점에서는 어느 한순간에 수평선 위로 솟아오릅니다. 하지만 우리나라에서는, 지금 이 계절에, 새벽 동트는 모습이 아름답습니다. 처음에는 어스레한 회색빛에서 날이 밝아옵니다. 어두운 것인가요, 아니면 밝은 것인가요? 자, 그것은 아주 어둡지 않습니다. 그것은 볼 수 있는 어둠입니다. 점차 빛이 밝아집니다. 태양이 아직 떠오르지 않았어도 빛은 점점 증대되고, 마침내 동쪽에서부터 태양이 작열하기 시작하며 서쪽도 그 광채를 반사합니다. 그렇게 점진적으로 저 한낮의 위대한 왕이 떠오르는 것입니다. 그와 마찬가지로 주님께서도 많은 사람들을 부드럽고도 서서히 자신에게로 이끄십니다. 그들은 언제 회심했는지는 알지 못하지만, 회심했습니다. 그들이 그리스도께로 왔기 때문입니다. 그분이 당신을 되돌려 보내지 않을 것을 확신하고 안심하십시오. 이렇게 말하지 마십시오. "내가 위대한 변화의 순간에 대해 모르는 것을 보니, 나는 회심하지 않았나봅니다." 나는 자신의 생일을 알지 못하는 고령의 부인을 알고 있습니다. 하지만 나는 그녀가 생일을 모른다고 해서 그녀가 태어나지 않았다고 결코 말하지 않습니다. 그녀가 존재하고 있기 때문입니다. 만일 당신이 언제 그리스도인이 되었는지를 모른다 하더라도, 당신이 그리스도인이라면, 어떻게 해서 그리스도인이 되었는지는 그다지 중요하지 않습니다. 만일 당신이 진정으로 하나님에게서 났다면, 당신의 새로운 출생일은 호기심 면에서는 흥미롭겠지만 경건에는 그리 중요하지 않습니다. 구원은 종종 아주 긴 과정을 통해 완성됩니다. 내가 들은 이야기로는, 예전에 사람들이 어떤 큰 간격을 이으려고 할 때, 그들은 가느다란 실을 맨 화살이나 총알을 강 건너편으로 쏘았다고 합니다. 그것이 이 강둑에서 저 강둑 사이의 의사소통의 전부였으며, 흐르는 격류는 훨씬 아래에 있었습니다. 사소한 일들이 일어나는 날을 무시하지 마십시오! 그리 눈에 띄지 않는 시작이 거대한 결과들을 예고하는 징조일 수도 있습니다. 그 작은 실을 수단으로 하여 꼬아서 만든 실을 연결하여 보내고, 반대편에서 그것을 안전하게 붙잡으면 그 꼰 실에 밧줄을 연결하여 보내고, 다음에는 그 밧줄에 쇠줄을 연결하여 보냅니다. 그렇게 하다가 이제는 쇠줄로 연결된 다리가 놓여지게 되고, 그 위로 콧김을 내뿜는 말이 무거운 짐을 지고 다닐 수 있게 되는 것입니다. 예수님도 그런 식으로 우리를 그분에게로 연결하십니다. 그분은 처음에는 사소하게 보이는 생각의 실을 활용하십니다. 다음에는 즐거운 관심이나 느낌을 활용하시고, 다음에는 좀 더 깊은 느낌을, 다음에는 절박한 감정을, 다음에는 희미한 믿음을, 다음에는 그보다 강한 믿음을, 다음에는 그보다 더 강한 믿음을 활용하셔서, 마침내 우리가 그리스도께 견고하게 결속되도록 하시는 것입니다. 오, 당신에게 예수님과 의사소통을 위한 실만 있더라도 얼마나 감사한지요! 그것이 당신을 그 이상으로 이끌어줄 것이기 때문입니다. 머지않아 그 깊고 먼 간격을 가로질러 너욱 희망적인 것들이 연결될 것입니다. 나는 그것을 보게 되기를 열망합니다. 그리스도의 매력은 종종 아주 점진적으로 나타나며, 그 승리의 힘이 단번에 모두 느껴지지는 않습니다.

또한, 우리 주님이 끌어당기시는 밧줄은 매우 은밀합니다(secret). 여러분은 우리 교회 지붕 주변에서 제비들이 지저귀며 날아다니는 모습을 보았을 것입니다. 구름 속으로 솟구쳐 오르기도 하고, 우리 귓가를 스치듯 지나가기도 합니다. 지금은 여름이고, 이 때쯤이면 그들은 연례적으로 우리를 방문합니다. 그들은 당분간 여러분과 함께 지낼 것입니다. 어느 순간 여러분은 이 오랜 집의 처마 근처로 그들이 모여드는 것을 보게 될 것이며, 떠들썩하게 모여들어서 중요한 문제들을 토론하는 것을 볼 것입니다. 새들의 주님께서 영국에 있는 모든 제비들을 부드럽게 이끄셔서 남쪽 아프리카 해안으로 내려가게 하십니다. 은밀한 부르심이 그들에게 도달하면 그들은 예외 없이 모두 떠날 것입니다. 그들은 그 길에 대해 거의 알지 못합니다. 하지만 그들의 비행은 그것 때문에 혹은 그 길의 불확실성으로 인해 지체되지 않습니다. 수천 마일이 넘는 바다와 육지 위로 그들은 계속해서 날아갈 것이며, 마침내 그들의 안식처에 이를 것입니다. 그 다음에, 다음 봄이 되면, 그들을 남쪽으로 이끌었던 같은 힘이 그들을 다시 북쪽으로 이끌 것입니다. 그들은 이곳으로 찾아올 것이며, 우리는 그들의 즐거운 지저귀는 소리를 들으며, 이렇게 말하겠지요. "제비들이 다시 찾아오는 것을 보니, 여름이 오고 있구나." 그와 같이 은밀한 힘으로써, 예수님은 그분이 은혜로 택하신 낯선 자들과 외국인들을 불러들이십니다. 그들은 서로 말합니다. "오라, 우리가 주님의 집으로 올라가자, 우리 구주의 얼굴을 힘써 구하자." 끌어당기시는 그리스도의 신비한 힘이 그분을 알지 못하는 많은 사람들을 은밀하게 당기고 있으며, 이제 그들은 시온으로 가는 길을 찾으며 그 얼굴을 시온으로 향하고 있습니다. 태양이 행성들을 어떻게 끌어당기는지를 보십시오. 어디로 가는지는 내가 알 수는 없지만, 태양은 강력한 힘으로 우주 공간을 달리고 있으며, 태양계를 구성하는 모든 세계들을 자신에게로 끌어당깁니다. 이 모든 일들이 태양의 장엄한 행진과 은밀하게 조화를 이룹니다. 그리스도께서도 그러하십니다. 그분은 위대한 태양처럼 중심에 계십니다. 그분의 모든 백성이 그분의 이끄심을 따라 그분을 따릅니다. 바닷가에 서서 달이 무엇을 하는지를 관찰해 보십시오. 한낮이기 때문에 달을 볼 수는 없습니다. 하지만 여기 물결이 몰려오고, 다시 물결이 몰려오며, 또 다시 물결이 몰려옵니다. 조수의 높이는 어제보다는 오늘이 조금 더 높습니다. 이 생명의 박동의 원인은 무엇이며, 저 깊은 물의 심장이 고동치는 원인은 무엇입니까? 달의 인력(引力)은 바다로부터 물을 끌어당깁니다. 우리의 영광스러운 그리스도께서도 그러하십니다. 우리에게는 알려지지 않은 방법으로, 그분의 강력한 영으로써, 사람들의 마음을 어느 곳이든 그분이 원하시는 곳으로 이끄십니다. "내가 땅에서 들리면 모든 사람을 내게로 이끌겠노라."

　　그분이 그 일을 얼마나 부드럽게(how gently) 행하시는지를 잘 관찰하십시오! 어떤 고상한 이교도는 비둘기가 끄는 전차를 타는 것으로 묘사되었던 여신을 숭배했습니다. 분명 부드러운 방식의 힘, 강제력이 아닌 힘, 감정에서 우러나오는 움직임 때문일 것입니다. 우리들 중 어떤 이들은 그처럼 부드러운 서풍(西風)을 타고서 예수님께로 왔을 것입니다. 우리를 대하시는 예수님의 부드러움과 상냥함이 우리에게 어떤 무력으로도 끼칠 수 없는 영향을 끼쳤으며, 우리는 굴복하지 않을 수 없었습니다. 마음은 부드러운 것이지만, 쇠 지렛대로도 억지로 열 수는 없습니다. 마음의 문은 열쇠를 가진 자에게만 부드럽게 열립니다. 마음을 만드신 분, 귀한 피로써 그 마음을 사신 분이 아니면, 그 열쇠를 가진 이가 누구이겠습니까? 예수님께서 사람들을 그분에게로 이끄실 때 부드러움은 힘에 못지않습니다.

　　그러나 오, 얼마나 효과적으로(how effectually) 그렇게 하시는지요! 이 본문을 묵상하다가, 나는 노르웨이 북쪽 근해에서 볼 수 있는 소용돌이와 같은 큰 소용돌이를 보았다고 생각했습니다. 그 소용돌이는 너무나 거대하여, 다양한 형태의 배들과 같은 모든 영혼들이 그 소용돌이에 휘말려 들어가고 있습니다. 깊은 한숨을 쉬며 나는 이 엄청난 죽음을 응시했습니다! 화로다, 저 무서운 소용돌이에 빠져 들어가는 자들이여! 거기에서는 빠져나올 수가 없습니다! 이 소용돌이는 배들이 지나는 길을 가로막고, 그 괴물처럼 거대한 입으로 모든 것을 삼키려 합니다. 어떤 선박도 그 소용돌이를 지날 때 해를 입지 않을 수 없습니다. 나는 이 거대한 악을 생각하다가, 그리고 이 거대한 지옥의 입을 피하려면 나의 배가 어떻게 항해해야 하는지를 생각하다가, 손바닥에 못 자국이 나 있는 한 손을 보았습니다. 보십시오, 그 손에는 어떤 바다의 폭풍보다 더 강력한 힘으로 모든 배들을 끌어당기는 자석이 쥐어져 있습니다! 이 자석은 많은 배들을 끌어당겨 즉시로 그곳으로 피하게 하고, 또한 저 폭풍의 이빨 속에서 배들을 부드럽게 이끌어내어 배들이 바라는 항구로 인도해 주었습니다. 나는 다른 배들을 보았습니다. 그 배에 탄 선원들은 이 자석의 영향력에서 애써 벗어나려고 돛을 올렸습니다.

심지어 거기에서 벗어나기 위해 힘써 노를 젓기까지 했습니다. 그리고 그들 중에서 일부는 그렇게 벗어났습니다. 오호라, 그들은 점점 더 멀리 표류하다가 저 파괴적인 소용돌이에 삼켜져 파멸로 떨어지고 말았습니다. 그들은 어리석게도 애써 은혜에 대항하였고, 멸망을 당하기로 결심한 것입니다. 우리가 그렇게 미처 행동하도록 방치되지 않은 것이 감사할 뿐입니다.

여러분은 종종 큰 배를 강 하류로 끌고 가는 광경을 목격했을 것입니다. 한 거대한 배가 인도로 출항하려 합니다. 그런데 그 배를 어떻게 바다에 접한 항구까지 끌고 갈까요? 거대한 선박을 움직이기란 매우 어렵습니다. 큰 배가 이런 상황에서는 꼼짝할 수 없습니다. 여기 증기 예인선이 옵니다. 거대한 선박이 밧줄을 예인선으로 연결합니다. 예인선이 증기를 뿜어냅니다. 칙칙, 칙칙, 칙칙. 증기선의 바퀴가 회전합니다. 그리고 그 큰 배가 증기선이 끄는 대로 뒤따르기 시작합니다. 이제 그 배는 움직이기 시작했고, 머지않아 넓은 바다를 헤치며 나아갈 것입니다. 즐거운 광경입니다. 예인선이 그 배를 바다에 이르기까지 부드럽게 끌어주는 것입니다. 그리고 바다에 이르면 먼 항해를 할 수 있도록 그 배를 놓아줍니다. 마찬가지로 예수님께서도 당신을 죄의 쾌락과 자기 의(self-righteousness)에서 멀리 떨어지도록 끌어당겨 주십니다.

3. 이 모든 것이 무엇을 의미하는가?

이제 두세 가지 교훈을 제시함으로써 설교를 마치려 합니다. 이 모든 것이 무엇을 의미합니까? "내가 땅에서 들리면 모든 사람을 내게로 이끌겠노라."

자, 그것은 우선 이런 의미입니다. 인간이 본성적으로 그리스도로부터 멀리 떨어져 있다는 것입니다. 당신은 회심한 채로 태어나지 않았습니다. 나는 그것을 확신합니다. 당신은 그리스도인으로 태어나지도 않았습니다. 비록 당신이 유아 세례를 받았어도, 그리고 사람들이 당신에 대해 "교회의 구성원이요, 하나님의 자녀요, 하나님 나라의 상속자"가 되었다고 말한다 해도, 그 말 속에는 참된 말이 한 마디도 없습니다. 왜냐하면 당신은 하나님의 자녀라 하면서도 죄를 사랑했고, 그리스도의 지체라 하면서도 그분에 대해 전혀 알지 못했고, 하나님 나라의 상속자라 하면서도 하나님이 당신을 구원하시지 않으면 그곳에 갈 수 없기 때문입니다. 나는 그런 식으로 그리스도인이 된 사람들에 대해 말할 수 있습니다. 그들은 "입이 있어도 말하지 못하며, 눈이 있어도 보지 못하며, 목구멍이 있어도 작은 소리조차 내지 못합니다"(시 115:5,7). 두렵지만 나로서는 이 말을 더해야겠습니다. "우상들을 만드는 자들과 그것을 의지하는 자들이 다 그와 같으리로다"(시 115:8). 그런 기괴한 어리석음에 의해 만들어지는 것은 가련한 기독교입니다. 당신은 거듭나야 합니다. 하나님의 영으로 새롭게 태어나지 않으면 당신은 하나님 나라에 들어갈 수 없습니다. 사람은 그리스도로부터 멀리 떨어져 있으며, 따라서 그리스도께서 가까이 끌어당기셔야 합니다. 친구여, 당신을 끌어당기시도록 그분에게 요청하십시오.

또 다른 교훈을 얻을 수 있습니다. 사람들은 그리스도께서 이끄시지 않으면 그분에게로 오지 않는다는 것입니다. 때때로, 내가 설교를 준비할 때에, 나는 스스로에게 말하곤 합니다. "왜 내가 이런 수고를 해야 할까?" 만일 사람들에게 바른 분별이 있다면 그들은 부르지 않아도 그리스도께로 달려갈 것입니다. 왜 우리가 이 문제로 사람들의 마음을 끌려고 애써야 하는 것입니까? 왜 우리가 호소해야 합니까? 왜 우리가 그렇게 열성을 내야 합니까? 사람들이 자기 구주에게로 오려 하지 않기 때문입니다. 그들은 자신들의 죄를 용서받기를 바라지 않습니다. 그들은 마음이 새로워지기를 원하지 않습니다. 그들은 오려 하지 않습니다. 그리스도를 보내신 분이 사람들을 그리스도께로 이끄시지 않으면 어느 한 사람도 그리스도께로 오려 하지 않습니다. 우리 중 누구에게든지, 주 예수님을 영접하려면 마음속의 은혜의 활동이 절대적으로 필요합니다. 예수님이 말씀하셨습니다. "너희가 영생을 얻기 위하여 내게 오기를 원하지 아니하는도다"(요 5:40). 우리 주님이 하신 말씀은 지금도 진실입니다. 인간은 조금도 나아지지 않았습니다.

하지만, 거기서 또 하나의 교훈을 배울 수 있습니다. 여기에 그리스도께서 이끄시는 사람이 있다면, 그는 "제가 그리스도께 와도 되나요?"라고 물어볼 필요가 없습니다. 물론입니다. 오도록 끌리는 것을 느끼면 당신은 올 수 있습니다. 그분께 오고자 합니까? 오십시오, 환영합니다. 그리스도께서는 그분께로 오는 영혼을 쫓아내지 않으시며, 단 한 영혼도 그렇게 하지 않으십니다. "내게 오는 자는 내가 결코 내쫓지 아니하리라"(요 6:37). 만일 그분이 당신을 이끌고 계시면, 달려오십시오. 성경이 그렇게 해도 좋다고 보증하고 있습니다. "나를 인도하라 우리가 너를 따라 달려가리라"(아 1:4). 만일 오늘 밤에 마음이 끌리는 것을 당신이 느낀다면 잠시라도 지체하지 마십시오. 서둘러 오십시오. 하나님이 이끄실 때가 당신이 움직일 때입니다. 뱃사람들이 무어라고 말합니까? "순풍이 불고 있다,

잭. 젊은이들이여, 닻을 올려라. 지금이야말로 돛을 펼칠 때이다. 지금이 우리가 순항할 때이다." 당신은 어떤 순풍 같은 것을 느낍니까? 성령의 숨결이 당신에게 어느 정도 감지되고 있습니까? 이렇게 말하고 싶은 기분입니까? "나는 예수님께로 갈 테야." 그렇다면, 순풍을 맞으며 돛을 모두 올린 배처럼 신속하게 오십시오. 하나님의 도우심에 의해 당신은 곧 영원한 구원의 항구에 도달할 것입니다.

이 말로써 마치도록 합시다. 만일 그리스도께서 친히 이끄실 것이라고 말씀하셨다면, 그분은 오늘 밤에도 이끄실 것입니다. 주 예수님의 이끄심은 계속적입니다. 그분은 이끄시고, 항상 이끄실 것입니다. 그분은 지금도 이끌고 계십니다. 뒤로 물러나지 마십시오. 그분이 이끄심을 멈추어 당신이 멸망하는 일이 없도록 하십시오. 오히려 마음으로 이렇게 노래하십시오.

"그분이 나를 이끄시니, 나는 계속 따라가리라,
그 음성에 매혹되었음을 고백하며 그분을 따르리라."

오! 하나님의 영이시여, 사람들을 예수님께로 이끄소서. 이것이 구원의 길입니다. 그리스도를 신뢰하십시오. 그러면 구원을 얻습니다. 전적으로 그리스도를 의지하고, 그분이 하신 일을 신뢰하십시오. 그러면 구원을 얻습니다. 바로 그 행위가 당신 안에 일어난 변화를 말해주며, 또한 그 변화는 당신의 성품 속에서 지속적으로 나타날 것입니다. 예수 그리스도를 믿는 자는 하나님의 자녀이며 또한 거듭난 사람이기 때문입니다. 예수님을 바라보는 믿음과 예수님 안에 있는 생명은 함께 옵니다. 새로운 출생과 믿음 중에서, 어느 것이 먼저인지 나는 알지 못합니다. 당신은 그 중 어느 바퀴가 먼저 움직이는지 말할 수 있습니까? 아닙니다. 이 둘은 실상은 하나이며 동일한 바퀴입니다. "아들을 믿는 자에게는 영생이 있고"(요 3:36). 오! 그분을 믿으십시오. 그분을 신뢰하십시오. 그분을 붙드십시오. 그분을 영접하십시오. 그리고 평안히 길을 가십시오. 산들과 언덕들이 당신 앞에서 소리를 높여 노래할 것이며, 들의 나무들이 손뼉 치며 화답할 것입니다. 아멘, 그렇게 되게 하소서!

제
49
장

—

죽음보다 강한 사랑

—

**"유월절 전에 예수께서 자기가 세상을 떠나 아버지께로 돌
아가실 때가 이른 줄 아시고 세상에 있는 자기 사람들을 사
랑하시되 끝까지 사랑하시니라."** — 요 13:1

이 말씀은 발 씻기신 이야기의 일종의 서문입니다. 3절 및 4절과 결부시켜
생각할 때 이는 매우 아름다운 서문입니다. 뒤의 두 구절을 읽어드리겠습니다.
"저녁 먹는 중 예수는 아버지께서 모든 것을 자기 손에 맡기신 것과 또 자기가
하나님께로부터 오셨다가 하나님께로 돌아가실 것을 아시고 저녁 잡수시던 자
리에서 일어나 겉옷을 벗고 수건을 가져다가 허리에 두르시고"(3-4절). 이것이
오늘 우리에게 제시된 본문 말씀의 배경이 되는 장면입니다. 그것을 내가 무엇
에다 비유할까요? 그것은 마치 황금성의 문과도 같으며, 그 문은 전체가 하나의
진주로 되어 있습니다. 확실히 이 구절은 값으로 가치를 잴 수 없는 보석입니다.
발을 씻기시는 그림은 이 고귀한 액자 속에 담겨져 있습니다.

우리 주님께서 여기 이 땅에 머무시던 시기의 끝 무렵에, 기억에 오래 남는
상징적인 행동을 하셨습니다. 수난이 그분 생애의 끝이었습니다. 우리는 그 수
난이 이제 막 시작되려 하는 것을 고려해야 합니다. 바로 그 전날 밤 그분은 겟세
마네로 가려고 하셨으며, 그리고 네 시간에서 이십 시간 이내로, 제자들의 발을
씻기신 그 귀한 손이 저 저주받은 나무에 못 박힐 것입니다. 그리고 자기를 따르
는 적은 무리에게 그토록 따뜻하게 말씀하시던 그분은 죽음의 고통에 처하시게

될 것입니다.

사람이 자기 삶에 진정한 위기가 찾아올 때 어떻게 느껴야 할지를 아는 것은 중요한 문제입니다. 일생 동안 사람은 매우 다양한 느낌을 경험했을 터이지만, 죽음의 순간에 사랑의 열정은 어떻게 될까요? 압도적인 수난이 다가올 때 그 열정은 어떻게 될까요? 이제 당신은 그것을 보게 될 것입니다. "지배적인 열정은 죽음에서도 강하다(the ruling passion is strong in death)"라는 속담이 있는데, 그 말에는 큰 진리가 담겨 있습니다. 사람이 생을 마감하고 떠날 때에, 우리는 그 사람을 진정으로 지배했던 힘이 무엇인지를 보게 될 것입니다. 우리의 거룩하신 주님의 경우에도 마찬가지였습니다. 그분은 자신의 지상의 생애에서 거의 막바지에 이르셨습니다. 끔찍한 고뇌의 때가 다가왔습니다. 그분은 십자가의 크고 무서운 죽음을 감당하셔야 하며, 그것으로써 자기의 모든 백성들을 위해 영원한 속량을 이루려 하십니다. 지금 그분의 생각 속에 맨 먼저 떠오르는 것이 무엇일까요? 다른 생각할 것이 많은 이 때에, 죽음이 임박하게 다가오고 있으며, 겟세마네의 고뇌와 피땀이 그토록 가까운 때에, 제자들에 대해 그분이 무엇을 생각하고 계실까요? 이와 같은 때에, 이런 상황 속에서, 예수님은 제자들에 대해 어떻게 생각하고 계실까요? 이 본문은 그 질문에 답을 주고 있습니다. "예수께서 자기가 세상을 떠나 아버지께로 돌아가실 때가 이른 줄 아시고 세상에 있는 자기 사람들을 사랑하시되 끝까지 사랑하시니라." 그분의 사랑은 전에 불타던 것처럼 유월절 만찬의 때에도 밝게 타오르고 있었습니다. 아아, 요한복음 17장에 기록된 놀라운 기도와 그에 수반된 아름다운 대화에서 볼 때, 예수님의 사랑의 불꽃은 전에 비해서 조금도 수그러진 것 같지 않습니다! 그 때 거대한 횃불이 타오르고 있었고, 주님 주변에서 부는 격렬한 바람들은 그 불꽃의 힘을 더욱 커지게 만들었습니다. 이제 당신은 예수님에 대해 이렇게 말할 수 있습니다. "보라, 그분이 자기 제자들을 어떻게 사랑하셨던가!" 생의 마지막에서도 그분은 전에 사랑하셨던 자들을 여전히 사랑하셨습니다.

이제 그 생각을 염두에 두고서, 나는 이 본문을 몇 부분으로 나누고, 그 하나하나를 숙고하려 합니다. 나를 따라와 주시겠습니까?

1. 주님의 사랑의 대상

먼저, 우리의 복되신 주님이 사랑하신 대상에 대해서, 이 본문이 말하고 있는 대상에 대해 숙고해 보도록 합시다. 그들은 "자기 사람들(his own)"이라고 간략히 묘사됩니다. 하지만 그것으로도 충분하고 아름답습니다. "세상에 있는 자기 사람들을 사랑하시되 끝까지 사랑하시니라."

　"자기 사람들." 주님 주변에는 하나의 원이 있었고, 때로는 넓은 원(wide circle)이 있었습니다. 일반 대중들과 죄인들로 구성된 원이지요. 그분의 사랑의 범위에는 그들 모두가 포함됩니다. 주님은 그들에 대해 선의로 대하셨고, 그들 모두를 축복하길 원하셨습니다. 하지만 좀 더 중심적인 원(inner circle)이 하나 있었습니다. 그 원에는 주님을 가까이서 따랐던 열두 사도들과 몇몇의 경건한 여인들이 포함됩니다. 이 사람들이 "자기 사람들"입니다. 그들에게 주님은 종종 무리들에게는 설명하지 않으셨던 비유의 숨겨진 의미들을 풀어 주셨습니다. 그들에게 그분은 종종 그들의 식탁을 위해 특별히 예비된 진미(珍味)들을 내주셨고, 무리들에게는 그것들을 주시지 않았습니다. 그분은 떡과 물고기를 무리에게 주셨습니다. 하지만 그분은 "자기 사람들"을 위해서는 더 귀한 요리를 마련해 주셨습니다. 그들은 특별한 백성이었습니다. 많은 사람들이 그들을 알았고, 많은 사람들이 그들을 멸시했지만, 예수님은 그들을 사랑하셨습니다. 그들을 "자기 사람들"이 되도록 만든 것은 바로 이 특별한 사랑이었습니다.

　당신은 그들이 어떻게 "그분의 사람들"이 되었는지 알 것입니다. 그분이 그들을 선택하셨습니다(chose them). 사람이 자기 아내를 선택하듯이, 그리스도께서 자기 배우자를 선택하셨고, 자기 교회를 선택하셨습니다. 성경이 있는 한, 그 교리는 결코 지워질 수 없습니다. 해와 별들이 자기 위치를 알기도 전에, 혹은 행성들이 자기 궤도를 달리기도 전에, 그리스도께서는 자기 사람들을 선택하셨고, 그들을 만드셨고, 그들을 세우셨습니다. 그분은 사랑 때문에 그들을 선택하셨고, 또한 선택하셨기에 그들을 사랑하시는 것입니다.

　그들을 사랑하셨고, 또 그들을 선택하셨기에, 그분은 그들을 자기의 아내로 삼으셨습니다(espoused them). "그들은 나의 것이다. 내가 그들에게 장가들 것이다. 내가 그들의 뼈 중의 뼈가 되고 살 중의 살이 될 것이다"라고 그분이 말씀하셨습니다. 결과적으로, 때가 찼을 때 그분이 이리로 오시고 우리와 같은 모습의 인간이 되신 것은, 그분이 "자기 사람들"의 참된 남편(true Husband)으로 등장하시기 위함이었습니다. 선택에 의한 "자기 사람들"이며, 결혼에 의한 "자기 사람들"입니다.

그들이 "자기 사람들"인 것은 또한 아버지께서 그분에게 그들을 주셨기(gave them) 때문입니다. 아버지께서는 그들을 그분의 손에 맡기셨습니다. 예수님이 말씀하셨습니다. "그들은 아버지의 것이었는데 내게 주셨으며"(요 17:6). 아버지께서 아들을 사랑하시고 모든 것을 그분의 손에 맡기셨지만, 특히 그분의 택하신 백성들을 맡기셨습니다. 아버지는 그들을 아들에게 주셨고, 아들은 그들을 대표하여 아버지와 확실한 언약을 맺으셨습니다. 그들은 그분의 양이며, 그분의 책임 하에 맡겨졌기에, 그분은 그들을 구원하려 하셨으며, 그들 중 하나라도 늑대에 찢기거나 혹은 추위나 더위로 죽는 일이 없도록 하고자 하셨습니다. 그러기 위해서 그들 모두가 목자의 지팡이 아래로 들어와야 했습니다. 저 위대하신 목자께서 자기에게 맡겨진 모든 양 떼를 돌보실 것이며, 그 중에서 하나라도 잃어버리지 않으실 것입니다. 마지막에 예수님은 이렇게 말씀하실 것입니다. "아버지여, 내가 여기 있나이다. 그리고 당신께서 내게 주신 자녀들도 여기 있습니다. 당신이 내게 주신 이들을 하나도 잃어버리지 않았습니다." 이렇게 그들은 그분의 선택과 결혼에 의해 "자기 사람들"이며, 또한 아버지께서 주신 선물이기에 "자기 사람들"입니다.

하지만 그분이 "자기 사람들"이라고 부르시는 이들은 곧 놀라운 구매(wondrous purchase)에 의해 그분의 것이 될 것입니다. 그분은 그들의 속량(redemption)을 이미 성취된 일로 바라보셨습니다. 기도에서 아버지께 이렇게 말씀하셨기 때문입니다. "아버지께서 내게 하라고 주신 일을 내가 이루어 아버지를 이 세상에서 영화롭게 하였사오니"(요 17:4). 사랑하는 친구들이여, 그리스도께서 우리를 속량하심으로써 우리가 그분의 귀한 소유가 되었다는 생각을 해 본 적이 있습니까? "너희는 값으로 사신 것이니"(고전 7:23). 당신을 위해 지불된 값에 대해서 제대로 인식해 본 적이 있습니까? 나는 이따금씩 그것을 생각합니다. 내가 만일 그곳에 있었더라면 나는 이렇게 말했을 것입니다. "오 위대하시고 영광스러우신 주님, 저를 위해 그런 값을 치르지 마시길 탄원합니다. 저의 죄를 속하기 위해, 제가 당신 안에서 의롭게 되도록 하기 위해, 당신께서 자신을 내주시는 것은 너무나도 큰 희생입니다!" 하지만 그분은 그렇게 하기를 원하셨습니다. 그분은 자신을 사랑하기보다 우리를 더욱더 사랑하셨습니다. 그분은 그렇게 하기를 원하셨습니다. 값을 치르고 우리를 사셨고, 우리는 그분의 것이 되었습니다. 따라서 우리는 그분의 것이라는 이 즐거운 고백에서 뒤로 물러서지 않을 것입니다. 그분이 우리를 속량하시기 위해 그토록 큰 대가를 치르셨으니, 우리는 그분이 우리를 "자기 사람들"이라고 부르시는 것이 좋습니다.

또한 우리가 "그분의 사람들"이 된 것은 그분이 우리를 정복하셨기(conquered) 때문입니다. 그분은 은혜로서 자기 제자들을 부르셨습니다. 그분은 그들 각 사람을 사랑의 줄로 끌어당기셨고, 그래서 그들이 그분을 따르게 된 것입니다. 그것은 당신과 나의 경우에도 마찬가지입니다. 그분이 당신을 이끄셨던 때를 기억할 것입니다, 그렇지 않습니까? 그 사랑의 줄이 당기는 힘에 굴복하던 마지막 순간을 어찌 잊을 수 있겠습니까? 그 이후로 종종 당신은 이렇게 노래했습니다.

> "오, 행복한 날이여, 나의 주 나의 하나님께로
> 내 마음이 확정된 날이여!
> 이 타오르는 마음의 기쁨을,
> 이 환희를 널리 전하리라.
>
> 이루어졌도다. 위대한 거래가 이루어졌도다.
> 나는 주님의 것이고, 그분은 나의 것이니,
> 그분이 나를 이끄시고, 나는 그분을 따라가리라.
> 황홀한 기쁨으로 고백하며 노래하나이다."

사랑하는 이여, 당신은 "그분의 사람"입니다. 왜냐하면 이제 당신이 그분에게 당신 자신을 양도하였기(yielded) 때문입니다. 당신이 그리스도의 것임을 느끼는 것보다 당신에게 큰 기쁨은 없습니다. 당신이 진실로 그리스도의 소유라는 사실이 말할 수 없는 기쁨과 마음의 행복감의 원천입니다. 예수님은 우리를 "자기 사람들"이라고 부르십니다. 자기 양, 자기 제자들, 자기 친구들, 자기 형제들, 자기 몸의 지체들이라고 부르십니다. "자기 사람들"이라고 하는 이 호칭을 얻는 것이 얼마나 놀라운지요! 나는 어떤 사람들이 "마귀의 소유"라고 불리는 것에 영예를 느낀다고 하는 것을 들었습니다. 나는 당신이 그런 호칭에서 벗어나게 되었다고 믿습니다. 이제 당신은 그리스도의 소유입니다. 얼마나 많은 사람들이 '왕의 사람', '여왕의 사람', '왕자의 사람'이라고 불리는 것에 기쁨을 느낍니까? 오, 하지만 우리는 '그분의 사람'입니다! 그분이 우리를 소유하십니다. 그분이 우리를 "자기 사람들"이라 부르십니다. 이로써 그분은 우리를 다른 사람들과 구분하시고, 우리를 그분을 위해 따로 구별하셨습니다. "그들이 내 이름으로 일컬음을 받으리라"고 그분이 말씀하십니다. 그들은 "그분의 사람들"입니다. 분명 이것은 마지막 날에 우리에게 부여될 수 있는 가장 높은 영예입니다. "만군의 여호와가 이르노라 나는 내가 정한 날에 그들을 나의 특별한 소유로 삼을 것이요"(말 3:17).

우리는 직업을 통해서 그리스도를 섬기기를 바란다고 말할 수 있습니다. 나는 그리스도를 섬기는 것에 전 시간을 쓰고 온 힘을 기울이는 것이 가능한 직업에 종사하는 것에 대해 매우 행복하게 느낍니다. 우리는 "그분의 사람들"입니다. 하지만 당신 역시 "그분의 사람"입니다. 당신이 그분을 믿는다면, 당신은 다락방에서도 그리스도의 것이고, 세탁실에서도 그리스도의 것이며, 들에서 쟁기질을 할 때도 그리스도의 것이며, 건초를 말리고 있는 동안에도 그리스도의 것입니다. 나는 지금 이 말을 하면서 주제에서 벗어나고 있는 것이 아닙니다. 그리스도께서 이 모든 계층의 사람들 중에서 "자기 사람들"을 삼으셨기 때문입니다. "그분의 사람들"은 어부들이었고, 갈릴리 바다에서 그물을 던지고, 그것을 물가로 끌어올리던 사람들이었습니다. "그분의 사람들"은 그 당시 세상에서 가난한 자들이었습니다. 그분이 택하신 사람들, 그분의 사람들, 그분의 최상의 친구들이자 추종자들은 그런 사람들이었습니다. 그들은 학식이 없었고 무지한 사람들이었지만, 그럼에도 불구하고 그들은 "그분의 사람들"이었습니다. 그래서 사도는 이렇게 말합니다. "그러나 하나님께서 세상의 미련한 것들을 택하사 지혜 있는 자들을 부끄럽게 하려 하시고 세상의 약한 것들을 택하사 강한 것들을 부끄럽게 하려 하시며, 하나님께서 세상의 천한 것들과 멸시 받는 것들과 없는 것들을 택하사 있는 것들을 폐하려 하시나니, 이는 아무 육체도 하나님 앞에서 자랑하지 못하게 하려 하심이라"(고전 1:27-29). 오, 하나님의 사랑의 주권이 얼마나 아름다운지요! 나는 오늘 밤 여기에 그리스도께서 "자기 사람들"로 부르시는 이들이 몇몇 있다고 믿습니다. 그런데 그들은 아직 그것을 알지 못할 수도 있습니다. 피로 값주고 사셨는데, 아직 그것을 알지 못합니까? 세상의 기초가 세워지기 전에 선택하셨는데, 아직 그것을 깨닫지 못했습니까? 주님께서 그분의 영원한 사랑을 당신에게 나타내 주시길 빕니다. 당신을 도우셔서, 이 시각부터 당신을 향한 그분의 부르심과 택하심을 확신하게 해 주시길 빕니다!

지금까지 시간이 허락하는 대로, 우리 주님께서 어떤 사람들을 "자기 사람들"로 삼으셨는지, 어떤 사람들을 사랑의 대상으로 삼으셨는지에 대해 말했습니다.

2. 자기 사람들을 향한 예수님의 사랑

이제 두 번째로, 우리는 그 때에 예수님께서 자기 사람들을 향해 어떻게 느끼셨던가에 대한 묘사를 볼 수 있습니다. "자기 사람들을 사랑하시되 끝까지 사랑하시니라."

한 번의 붓놀림으로 얼마나 많은 것을 표현할 수 있는지요! 나는 이따금씩 위대한 미술가가 한 번의 붓 터치로 얼마나 위대한 것을 표현하는지를 보고 놀라곤 합니다. 작품이 아직 완성되지 않은 듯이 보일 때, 그가 붓을 가지고 옵니다. 그리고 화폭 위에 단지 몇 번 붓을 움직임으로써 마치 죽은 것이 살아난 것처럼 보이게 만듭니다. 자, 요한은 '말씀의 그림(word-painting)'이라는 예술의 거장입니다. 그리스도께서 그분의 제자들을 어떻게 대하셨는지에 대해 그 긴 이야기를 이 몇 마디로 근사하게 표현하고 있습니다. "자기 사람들을 사랑하시되 끝까지 사랑하시니라."

기억하십시오. 그분은 그들을 시작부터 사랑하셨습니다. 그들은 가난하고 보잘것없는 자들이었습니다. 하지만 그분은 그들을 사랑하셨습니다. 그들을 제자로 부르심으로써 자기 사랑을 그들에게 보이셨습니다. 그 사랑이 그들의 마음을 움직였고, 그들로 하여금 그분의 부르심에 순종하게 했습니다. 그분은 그들을 사랑하심으로써 출발하셨습니다. 히스기야는 이렇게 말했습니다. "주께서 내 영혼을 사랑하사 멸망의 구덩이에서 건지셨고"(사 38:17). 나는 회심과 구원을 묘사할 더 이상의 아름다운 말을 알지 못합니다. 하나님이 우리를 사랑하여 구덩이에서 건지셨으며, 우리를 사랑하여 그리스도께 오도록 하셨습니다. 그처럼 그리스도께서는 자기 백성을 처음부터 사랑하셨으며, 그들을 자기에게로 이끄심으로써 그 사랑을 입증하셨습니다. 그분이 그들을 끌어당기는데 사용하신 줄은 바로 그분의 사랑의 줄입니다.

그들을 사랑하기 시작하신 이후로, 그분은 계속해서 그들을 가르치셨습니다. 하지만 그분의 모든 가르침은 사랑이었습니다. 그들은 아주 둔하고, 쉽게 잊어버리고, 더디게 기억하는 학생들이었기 때문에, 계속해서 그들을 사랑하시지 않았더라면 그들을 교육하고 훈련하는 일에 지치고 싫증이 났을 것입니다. "빌립아 내가 이렇게 오래 너희와 함께 있으되 네가 나를 알지 못하느냐 나를 본 자는 아버지를 보았거늘 어찌하여 아버지를 보이라 하느냐"(요 14:9). 그 물음에는 큰 사랑이 내포되어 있습니다. 그분은 도마를 그렇게 대하셨습니다. 의심하는 제자들의 시험에도 그분은 부드럽게 응대하여 주셨습니다. 그분이 역시 도마에게 말씀하셨습니다. "네 손가락을 이리 내밀어 내 손을 보고 네 손을 내밀어 내 옆구리에 넣어 보라 그리하여 믿음 없는 자가 되지 말고 믿는 자가 되라"(요 20:27). 그분의 모든 가르침은 사랑의 입술에서 나왔으며, 그분의 모든 훈계에는 사랑이 담겨 있었습니다.

주님은 계속해서 제자들을 사랑하셨습니다. 비록 그들의 기질이 놀랍도록 불완전하였지만, 그들 모두를 계속해서 사랑하셨습니다. 그들 중에는 전반적으로 온전하다고 할 만한 사람이 하나도 없었습니다. 심지어 요한조차도 성미가 급했고, 어떤 사마리아인들 위에 하늘에서 불이 내리기를 바랄 정도였습니다. 하지만 주님은 계속해서 그들을 사랑하셨습니다. 그분은 그들을 사랑하기로 결심하셨고, 그들과 함께 하시는 동안 그들을 사랑하기를 멈추신 적이 없으며, 그 이후로도 계속해서 그들을 사랑해 오셨습니다. 예수님이 세상을 떠나 아버지께로 돌아가실 때가 이르렀을 때, 그들은 여전히 발을 씻겨줄 필요가 있었으며, 예수님은 그들을 너무나 사랑하셔서 그들을 섬기기 위해 겸손히 자기를 낮추셨습니다. 약점이 많고, 불완전하며, 육적이고, 둔하며, 느려터진 그들이었으며, 또한 그분은 그들보다 더 정확하게 그런 문제들을 보셨지만, 그런 것들이 그분의 사랑을 멈추게 하지는 못했습니다. "세상에 있는 자기 사람들을 사랑하시되 끝까지 사랑하시니라."

모든 사람에게 너무나 기이한 것은, 그분이 눈을 떠 미래를 내다보셨을 때, 그리고 그들이 곧 겁을 먹고 믿음 없는 모습이 될 것임을 보셨을 때, 그 때에도 여전히 그들을 사랑하셨다는 것입니다. "오늘 밤에 너희가 다 나를 버리리라"(마 26:31)고 그분이 말씀하셨습니다. 그리고 그 일이 실제로 일어나서, 그들 모두 예수님을 버리고 도망쳤습니다. 그분은 베드로에게 그가 세 번 그분을 부인할 것이라고 말씀하셨습니다. 실제로 그렇게 되었습니다. 하지만 그 모든 일에도 불구하고 이 말씀은 진실입니다. "세상에 있는 자기 사람들을 사랑하시되 끝까지 사랑하시니라." 이 말씀이 모든 것을 요약해 줍니다. 제자들을 향한 예수님의 태도에는 미움의 감정이 조금도 없었으며, 어떤 분노도 없으며, 싫증내는 것도 없고, 미지근한 것도 없었습니다. 언제나 이러하셨습니다. "세상에 있는 자기 사람들을 사랑하시되 끝까지 사랑하시니라." 그것이 택하신 자들을 향한 그리스도의 사랑입니다. 또한 그것이 나를 향한 그리스도의 사랑입니다. 나는 "그리스도의 생애(Life of Christ)"를 기록한 저 신사들이 이 부분에 대해서는 기록할 수 없었을 것이라고 생각합니다. 그리스도의 생애에 있어서 이 부분은 글로 기록될 수 있는 부분이 아니며 오히려 마음속에, 그리고 영혼 속에 알려지는 것입니다.

당신은 어떻게 해서 그리스도를 발견하게 되었습니까, 나의 형제여? 당신이 그분을 안다면, 그분이 지금까지 당신을 어떻게 대해 주시던가요? "사랑(Love)"이라고 당신은 대답합니다. 나에 대해서 말하자면, 그분과 같은 연인을 알지도 못하고, 들어본 적도 없습니다. 그분이 나에게 이렇게 대해 주시리라고는 꿈도 꾸지 못했습니다. 오, 내가 얼마나 그분의 은혜로우신 마음을 노엽게 하고 근심하게 했는지요. 하지만 그분으로부터 내가 받은 것은 오직 사랑뿐입니다! "자기 사람들을 사랑하시되." 그 표현이 택하신 백성들을 향한 그리스도의 모든 행동을 요약해 줍니다. 그것은 마치 작은 그림과도 같습니다. 그 그림에 그분의 모든 성품의 특징이 묘사되어 있습니다. 사랑이 있고, 사랑이 전부입니다. 현미경을 가지고 당신이 원하는 대로 그분의 생애를 자세히 들여다보십시오. 오직 한 가지만 있다는 것을 발견할 것입니다. "자기 사람들을 사랑하시되 끝까지 사랑하시니라."

여기까지 당신은 주님께서 제자들을 어떻게 대하셨는지, 오직 사랑만을 그들에게 나타내셨다는 것을 배웠습니다.

3. 그분에게 다가오는 변화

하지만 이제, 세 번째로, 그분에게 어떤 변화가 다가오고 있습니까! "예수께서 자기가 세상을 떠나 아버지께로 돌아가실 때가 이른 줄 아시고."

사랑하는 친구들이여, 그분에게 놀라운 변화가 다가오고 있었습니다. 첫째로, 비록 여기서 부드럽게 묘사되고 있기는 하지만, 그분은 자신이 죽을 것을 아셨습니다. 당신은 내가 십자가를 둘러싼 모든 일들을, 그리고 쑥과 쓸개가 섞여 있는 그 잔에 담긴 모든 고통과 저주를 다 말하기를 원하지 않을 것입니다. 당신은 그분이 당신을 위해 고난당하셨을 때의 고통과 상처를 결코 잊지 못할 것입니다. 자, 만일 당신과 내가 그리스도께서 당하신 고통을 당해야 했다면, 우리의 생각은 온통 거기에 몰두되었을 것이며, 그것 외에는 달리 어떤 생각도 할 수 없었을 것입니다. 하지만 우리 주님의 생각은 거기에만 몰두되지 않았습니다. 그분은 여전히 "자기 사람들"을 생각하셨습니다. 그분은 "자기 사람들"을 끝까지 사랑하셨습니다. 그분은 여전히 차분하고, 확고하고, 결의에 찬 사랑을 전과 다름없이 그들에게 나타내 보이셨습니다. 그분은 부싯돌처럼 얼굴을 굳게 하시고 예루살렘으로 오르려 하셨습니다. 하지만 그분의 마음은 냉혹하지 않았으며, 그 마음이 얼굴에도 나타났습니다. 그분은 자기 백성의 구속의 일을 착수하셨고, 그 일을 끝내셔야 했습니다. 죽음 자체가 그분의 사랑을 변화시킬 수 없었습니다. 당신은 솔로몬이 아가서의 끝에서 부른 노래를 알 것입니다. "많은 물도 이 사랑을 끄지 못하겠고(KJV, 한글개역개정판은 '알지 못하겠고'로 되어 있음) 홍수라도 삼키지 못하나니"(8:7). 그는 또 이렇게 말합니다. "사랑은 죽음 같이 강하고"(8:6). 진실로 우리 주님의 경우에 사랑은 죽음보다 강했습니다. 그분이 죽고자 하신 것은 우리를 살게 하시려는 사랑 때문이었습니다. 이제 그분의 큰 시련의 "시간"입니다. 하지만 그분은 "자기 사람들"에게 이 무서운 시간에도 진실하셨습니다. 그분은 곧 죽으실 터이지만, 여전히 그분은 "자기 사람들"을 사랑하십니다.

사랑하는 형제들이여, 그것이 전부가 아닙니다. 예수님은 이 세상을 막 떠나려 하셨습니다. 제자들에게서 떠나려 하셨습니다. 잠시 후에, 그분은 자기 육체의 눈으로는 더 이상 그들을 보실 수가 없습니다. 그들 역시 그들을 인도하시고 가르쳐 주시던 그분의 음성을 들을 수 없습니다. "떨어져 있으면 애정이 더욱 절실해진다(Absence makes the heart grow fonder)"는 말은 사실일 수 있습니다. 하지만 아아, 우리는 수많은 사례들에서 한때는 바다가 서로를 가로막더라도 사랑하리라고 고백했던 사람들이 서로를 쉽게 잊어버리는 것을 보았습니다. 땅과 하늘 사이의 거리가 곧 우리 주님과 그분의 제자들 사이를 가로막을 것입니다. 하지만 그분은 그들을 사랑하셨고, 여전히 그들을 사랑하십니다. 어떤 먼 거리도 예수님과 "자기 사람들" 사이를 변하게 하지 못합니다. "세상에 있는 자기 사람들을 사랑하시되 끝까지 사랑하시니라."

하지만, 다른 면에서도 주님께 놀라운 변화가 오고 있다는 것을 기억하십시오. 그분은 아버지께로 가실 예정입니다. 그분이 지금 아버지와 함께 계신다는 생각을 조금이라도 해 보았습니까? 나는 그분의 보좌의 뛰어난 영광과, 구속받은 백성들이 그분의 발치에서 누리는 행복과, 그룹과 스랍 천사들이 그분 앞에서 끊임없이 부르는 노래들을 다 묘사할 엄두를 내지 못합니다. 하지만 우리는 이 구절을 좋아하며, 우리도 진실로 이렇게 노래할 수 있습니다.

> "이제 그분은 높은 곳에서 다스리시지만
> 그분의 사랑은 여전히 크도다.
> 그분은 골고다를 잘 기억하시고,
> 그분의 성도들도 잊지 않도록 하시네."

　생명에서 죽음으로, 죽음에서 부활로, 부활에서 승천으로, 승천에서 아버지 보좌의 영광으로! 나는 우리 주님의 이 놀라운 변화들을 다 묘사할 수 없습니다. 이 모든 변화들이 그분에게 어떤 변화를 가져올까요? 아닙니다. 사랑에 있어서 그분은 변하지 않으십니다. "세상에 있는 자기 사람들을 사랑하시되 끝까지 사랑하시니라."

　나는 이제 그 문제에 대해 말하고자 하며, 그것이 마지막 요점이 될 것입니다. 하지만 그 주제에 들어가기 전에, 우리는 "그분의 사람들"의 상태가 어떠한지를 살펴보아야 합니다. 나는 그리스도의 상태가 어떠한지를 제시하였고, 그분에게 일어날 변화에 대해 말했습니다.

4. 제자들의 상태

네 번째로, 제자들의 상태는 어찌되는 것입니까?

　그들은 여전히 그대로일 것입니다. "세상에 있는 자기 사람들." 나에게는 이 "세상에 있는"이라는 표현에 아주 심오한 의미가 담긴 듯이 보입니다. 여기 있는 어떤 사람들은 다른 사람들보다 이것이 무엇을 의미하는지에 대해 더 잘 알 것입니다. 런던에 있는 하나님의 교회는 이교도국 한가운데에 있는 하나의 진영에 불과합니다. 이 엄연한 진실을 우리가 더 빨리 믿을수록 더 좋습니다. 실제로 그러하기 때문입니다. 세상에 있는 하나님의 교회는 악한 자의 수중에 있는 세상을 통과하며 여행하고 있는 장막에 지나지 않습니다. 우리는 "세상에 있습니다." 자, 여러분 중 일부는 "세상에 있는" 것이 무엇인지를 압니다. 당신이 오늘밤 집으로 돌아가면 저주와 욕설을 들을지도 모릅니다. 하나님의 사랑하시는 백성 중에서 일부는, 그분이 온 마음으로 사랑하시지만, 여전히 세상 속에 있습니다. 소돔 사람들의 추한 말을 듣고 당혹스러워했던 롯처럼, 이 세상에서 당혹스럽게 하는 일들을 많이 보게 됩니다. "세상에 있는(in the world)!" 이제 그리스도께서 그들을 세상에 남겨두고서, 악과 우상 숭배와 비방이 가득한 불경건한 세대 속에 남겨두고서, 곧 떠나려 하십니다. 예, 그분은 그들을 "세상 속에" 남겨두셨습니다.

당신이 알다시피, 세상에 있으면서 그들은 박해당하기 시작합니다. 그들은 돌에 맞았습니다. 그들은 옥에 갇혔습니다. 그들은 원형경기장으로 끌려가서 사자들에 의해 찢겨졌습니다. 하지만 그분은 그들을 끝까지 사랑하셨습니다. 당신은 저 복된 로마서 8장이 어떻게 끝나는지를 알고 있습니다. "누가 우리를 그리스도의 사랑에서 끊으리요 환난이나 곤고나 박해나 기근이나 적신이나 위험이나 칼이랴? 기록된 바 '우리가 종일 주를 위하여 죽임을 당하게 되며 도살 당할 양 같이 여김을 받았나이다' 함과 같으니라. 그러나 이 모든 일에 우리를 사랑하시는 이로 말미암아 우리가 넉넉히 이기느니라. 내가 확신하노니 사망이나 생명이나 천사들이나 권세자들이나 현재 일이나 장래 일이나 능력이나 높음이나 깊음이나 다른 어떤 피조물이라도 우리를 우리 주 그리스도 예수 안에 있는 하나님의 사랑에서 끊을 수 없으리라"(36-39).

박해 뿐 아니라, 그들은 심각하게 유혹당하기 쉽습니다. 그들의 길에서 모든 종류의 뇌물이 제공될 것입니다. 모든 종류의 쾌락과 탐욕들이 그들에게 제공될 것입니다. 그들도 우리와 마찬가지의 성정을 가진 사람들이었기에, 이런 유혹들은 그들에게 매우 실제적이었습니다. 그들은 "세상 속에" 있고, 예수님은 하늘로 가셨습니다. 그들은 "세상 속에서" 또한 **고통**을 겪게 됩니다. 아, 사랑하는 친구들이여, 이런 의미에서 우리 역시도 "세상 속에" 있습니다. 우리가 하나님을 아무리 가까이 하고 살아도, 우리는 육체의 고통을 갖고 있으며, 우리가 사랑하는 가까운 사람들이 고통을 겪는 것을 보고서 신음할 수밖에 없습니다. 우리가 세상 속에 있기 때문에, 우리는 많은 것을 잃어버리고 많은 어려움을 겪습니다. 하나님의 저주는 여전히 땅 위에 머물러 있습니다. "땅이 네게 가시덤불과 엉겅퀴를 낼 것이라"(창 3:18). 당신은 어떻게 하더라도, 땅에서 가시덤불과 엉겅퀴가 솟아나는 것을 막을 수는 없습니다. 마치 흙에서 난 존재가 흙으로 돌아가야 하는 것이 확실하듯이, 그것들은 계속해서 솟아날 것입니다.

세상 속에서, 그들은 당연히 큰 **수고**를 감당해야 합니다. 그들이 세상에 남겨진 것은 그것을 바꾸기 위해서이며, 혹은 적어도, 복음을 모든 사람들에게 전함으로써 그리스도께 속량 받은 백성들을 사람들 중에서 불러내기 위해서입니다. 또한 세상에 있기 때문에, 그들은 연약함으로 둘러싸입니다. 육신의 약함과 정신의 약함으로 인해 그들은 언제나 주님을 부르며 도움을 요청해야 합니다. 그분은 저 위의 보좌에 계시고, 그들은 이 아래 지하 감옥에 있습니다. 그분은 위에서 모든 능력으로 옷 입고 계시지만, 그들은 이곳 아래에서 모든 약함으로 둘러싸여 있습니다.

5. 예수님이 그들에게 어떻게 행동하실까?

자, 예수님께서 그들에게 어떻게 행동하실까요? 그것이 우리의 마지막 질문입니다. 우리는 그 질문으로 시작했고, 그 질문으로 마칠 것입니다. 자, 여기 대답이 있습니다. "세상에 있는 자기 사람들을 사랑하시되 끝까지 사랑하시니라." 이 문장의 의미가 무엇일까요?

우선, 나는 그것이 그분이 계속해서 그들을 사랑하신다는 의미라고 생각합니다. "그 인자하심이 영원함이로다"(시 107:1; 118:1)는 히브리 표현은 이렇게 바꿀 수 있습니다. "그분의 인자하심은 끝까지 지속됨이라." 즉, 끝이 없는 끝까지, 그분의 인자하심은 결코 끝이 없으며, 영원히 끝나지 않는다는 것입니다. 그리스도께 대해 말하자면, 그분의 수난이 끝났다고 말할 수 있기 때문에, 그분이 죽기까지 제자들을 사랑하셨다고 할 수 있습니다. 하지만 그것은 그분이 그들을 끝없이 사랑하신다는 의미, 영원토록 사랑하신다는 의미입니다. 세상에서 그들과 함께 하시는 동안 그들을 사랑하셨기 때문에, 그분은 계속해서 그들을 사랑하시며, 또한 시간이라는 것이 없어질 때에도 항상 그들을 사랑하실 것입니다.

사랑하는 친구들이여, 나는 여러분이 자기 백성을 향한 하나님의 영원한 사랑을 믿는다고 확신합니다. 누구라도 그렇지 않은 사람이 있다면, 그는 성경에서 발견되는 가장 큰 위안을 빼앗기는 셈입니다. 만일 주님이 변하실 수 있다면, 우리는 어디에 있을까요? 그분의 영원한 사랑이 사라지면 모든 것이 사라지는 것입니다. 나는 즐거이 믿습니다. 산들이 떠나가고, 언덕들이 없어질지라도, 그분의 인자하심은 결코 나를 떠나지 않을 것이며, 그분의 평화의 언약은 결코 없어지지 않을 것입니다. 그것은 영원무궁토록 견고히 설 것입니다.

하지만 그 문장은 이렇게 바꿀 수도 있습니다. "그분이 그들을 완벽하게 사랑하셨다.""세상에 있는 자기 사람들을 사랑하시되 끝까지 사랑하시니라." 그분의 사랑은 완벽하여, 그보다 더 뛰어나게 사랑하실 수 없었고, 그보다 더 지혜롭게 사랑하실 수 없었고, 그보다 더 강하게 사랑하실 수 없었습니다. 그것은 불가능하며, 생각할 수도 없습니다. 완벽한 사랑이라는 것이 있다면, 그것은 예수 그리스도께서 자기 사람들에게 보이신 사랑입니다. 자기 백성을 향한 그리스도의 사랑과 같은 사랑은 달리 세상에 없습니다. 지금까지 인간들 사이에 존재했던 사랑들 곧 남녀의 사랑과, 부모와 자녀의 사랑과, 친구들의 사랑 등을 모두 합친다고 해도, 예수님의 사랑이 그 모두를 합친 것보다 훨씬 뛰어납니다. 인간의 사랑이란 어느 누구의 사랑도 완벽하지 않으며, 오직 예수 그리스도만이 완벽하게 사랑하십니다.

개정판 성경(Revised Version)은 끝부분을 "지극히(to the utmost)"라는 말로 표현하였습니다. "세상에 있는 자기 사람들을 사랑하시되 지극히 사랑하시니라." '최대한으로(uttermost), 가장 멀리까지(farthest), 아주 멀리까지(most distant)' 사랑하셨다는 것입니다. 혹은 다른 식으로 표현하자면, 나는 "그분이 그들을 '완전히(utterly), 말로 표현할 수 없을 정도로(unutterably)' 사랑하셨다"라고 말하겠습니다. 그분이 자기 백성들을 얼마나 사랑하셨는지는 다 말할 수도, 생각할 수도, 묘사할 수도, 혹은 가늠해 볼 수도 없을 정도입니다. 그분은 최대한의 크기로 자기 백성을 사랑하셨습니다. 그렇기 때문에, 그분의 사랑과 같은 사랑은 없으며, 또한 방금 내가 말했듯이, 세상의 모든 사랑을 다 합쳐도 그분의 사랑에는 비기지 못합니다. "세상에 있는 자기 사람들을 사랑하시되 지극히 사랑하시니라."

이제, 이 진리가 몇몇 가련한 영혼들의 마음을 끌어 그 사랑을 누리고 싶은 소원을 갖게 하는 듯이 보입니다. 한 사람이 말합니다. "오! 제가 그 사랑을 얻는다면 결코 그것을 잃어버리지 않을 겁니다. 오, 저는 그분이 지극히 사랑하시는 그분의 백성들 사이에 끼어들고 싶습니다!' 당신을 향한 그리스도의 사랑을 발견하는 길은 당신이 그분을 신뢰하기 시작하는 것입니다. 그리고 분명히 그분은 이 일에서 당신을 도우실 것입니다. 그분은 너무나 진실하시고, 너무나 선하시고, 끝까지 구원하실 능력이 있습니다. 그러므로 만일 당신이 그분에게 와서 그분을 믿고자 한다면, 전적으로 그분을 신뢰하고, 바로 지금 신뢰하고, 당신의 있는 모습 그대로 그분을 신뢰하십시오. 그러면 그분이 당신을 끝까지 구원하실 것이며, 그분의 사랑을 끝까지 당신에게 보이실 것입니다. 나는 하나님의 백성들을 위로할 것이라고 여겨지는 메시지를 전했습니다. 하지만 그것을 통해 몇몇 가련한 영혼들이 그리스도께 오게 되기를 또한 소망합니다. 나는 그것이 복음을 전하는 옳은 방식이라고 믿습니다. 당신은 저 탕자의 이야기에서 아버지가 한 말을 주목해 보았습니까?"제일 좋은 옷을 내어다가 입히고 손에 가락지를 끼우고 발에 신을 신기라"(눅 15:22). 계속해서 그가 말하는 것을 들어보십시오. 그는 "그에게 먹게 하라"고 말하지 않았습니다. 그가 한 말을 기억하고 있습니까? 바로 이 말입니다. "우리가 먹고 즐기자"(눅 15:23). "그렇지만, 저는 그가 자기 아들을 생각하고 있다고 여겨지는데요." 예, 그리고 아버지가 이렇게 말합니다. "우리가 먹자." 그리스도 안에서 사랑하는 형제와 자매들이여, 우리가 먹읍시다. 그러면 죄인들이 자기들의 입에서 침이 고이는 것을 느낄 것이고, 그들 역시 먹기를 원하게 될 터이며, 잔치에 참여하게 될 것입니다. 이것이 그들을 먹게 만드는 유일한 길입니다. 말을 물 있는 곳으로 데려갈 수는 있지만, 억지로 물을 마시게 하지는 못합니다. 하지만 다른 말이 물을 마시는 것을 보게 하면 그 말도 물을 마시게 할 가능성이 큽니다. 그와 마찬가지로, 당신과 내가 그리스도의 사랑의 달콤함을 누린다면, 모여드는 사람들이 있을 것이고, 그중에 어떤 이들은 물가로 내려오며 이렇게 말할 것입니다. "우리도 그것을 알고 싶습니다." 그들이 그것을 바라게 되면, 그것이 바로 그들을 먹게 만드는 방법입니다. 주님께 기도합니다. 주님의 영으로써, 그들이 사랑의 구주를 믿게 하시고, 그들 각 사람이 이렇게 말하도록 이끌어주소서!

> "예수, 내 영혼의 연인이시여,
> 　저로 당신의 품에 안기게 하소서."

당신이 그 품에 안기도록 그분이 허락하실 것입니다.

> "오라, 어서 오라, 죄인이여, 어서 오라!"

제
50
장

—

제자들의 발을
씻으시는 예수님

—

"시몬 베드로에게 이르시니 베드로가 이르되
주여 주께서 내 발을 씻으시나이까." — 요 13:6

우리 주님은 확고하게 수난의 고통들을 바라보고 계셨기에, 실제로 그것들이 닥쳐올 때 조금도 당황하거나 흔들리지 않으셨습니다. 만일 당신이 내일 아침에 일어날 일을 완벽하게 알고 있다면, 무서운 고뇌의 밤이 지난 후에 당신이 잔인하고 수치스러운 죽음으로 끌려갈 것을 알고 있다면, 당신은 아마도 끔찍한 상상으로 정신이 나간 사람처럼 느낄 것입니다. 설혹, 은혜로 인하여 어느 정도 침착하고 평화로울 수 있다고 해도, 당신의 생각이 다른 사람을 위로한다거나 또는 당신의 친구들을 교훈하기 위해 새로운 방법들을 고안해 낼 정도의 상태는 되지 못할 것입니다. 하지만 당신의 주님을 보십시오! 때는 그분이 배반당하시던 바로 그날 밤의 저녁 무렵입니다. 그분은 한두 시간 이내에 피와 같은 땀으로 온 몸을 적시게 될 것을 미리 알고 계십니다. 지금 함께 빵을 먹고 있는 사람이 그 밤에 자신을 배반할 것을 잘 알고 계십니다. 그분은 로마 병정의 채찍을 맞아야 하고, 유대인들의 비방의 대상이 되어야 할 것을 미리 내다보십니다. 그분은 자기 백성을 위해서 하나님의 진노를 모두 감당해야 할 것을 잘 알고 계십니다. 하지만 그분은 저녁 식사 자리에 앉아 계십니다. 마치 특별한 먹구름은 몰려들고 있지 않는 듯이 식사하시고, 저녁 식사가 끝나자, 그분은 제자들의 교훈을 위한 놀라운 계획을 생각해 내십니다. 저녁 드시던 자리에서 일어나 겉옷을 벗으시고, 수건을 가져다가 허리에 두르십니다. 그리고서 식탁 주위로 길게 늘어져 있는 제자들에게로 가시고서, 한 사람씩 그들의 발을 씻기 시작하십니다. 얼마나 복되고도 침착한 정신입니까! 오 우리의 마음도 시련과 고통의 때에 그와 마찬가지로 하나님께 고정되기를 바랍니다!

우리는 거기에서 더 나아갈 수 있습니다. 그리고 어떤 외부인도 들어갈 수 없는 예수님의 마음속에는, 죽음이 가까이 다가오는 중에도, 어떤 기쁨이 있다는 것을 알아볼 수 있습니다. 지금이 그분이 열망해 오던 것이 곧 성취될 때입니다. 그분이 이렇게 말씀하시지 않았던가요? "나는 받을 세례가 있으니 그것이 이루어지기까지 나의 답답함이 어떠하겠느냐"(눅 12:50). "내가 고난을 받기 전에 너희와 함께 이 유월절 먹기를 원하고 원하였노라"(눅 22:15). 이것이 저 음울한 밤에 그분이 찬미하신 것에 대한 설명이 되지 않을까요? "이에 그들이 찬미하고"(마 26:30; 막 14:26). 그들은 식사 후에 찬미했던 것입니다! 지금이 그분이 영광을 받으실 때이며, 아버지께서 그분 안에서 영광을 받으실 때입니다. 이제 고통의 깊은 샘물이 막 터져나려 할 때에, 그리고 마음이 근심의 급류에 휩쓸려 "내 마음이 매우 고민하여 죽게 되었으니"(마 26:38)라고 곧 외치실 그 무렵에, 자기 백성들을 위해 그분이 곧 성취하실 일에 대한 전망 속에서 그분의 기쁨이 가장 크게 고조되었던 것입니다. 오, 그분의 기쁨을 알고 싶습니다! 죽음에 이르러서 최고조에 이른 사랑의 기쁨이여!

와서 주님의 가르침을 듣도록 합시다. 특별한 관심을 가지고 이 가르침에 주목합시다. 왜냐하면 그것은 그분의 유언적인(dying) 가르침이기 때문입니다. 그분이 수건을 허리에 두르시는 모습을 보십시오. 이제 곧 그분이 죽음의 띠를 두르실 것임을 기억하십시오. 더 깊은 관심을 가지고 그분을 보라고 나는 말합니다. 왜냐하면 이제 곧 여호와의 공의의 모든 파도와 물결들이 그분에게로 덮칠 것이기 때문입니다. 그분의 설교가 시작됩니다. "너희는 마음에 근심하지 말라"(14:1)가 그분의 '백조의 노래'(swan-song, 백조가 죽을 때 부른다고 하는 노래 — 역주)입니다. 그분이 보내고 있는 지금 이 시간이 그분 생의 마지막 순간입니다. 그분이 제자들의 발을 씻기시는 것을 볼 때, 세상을 떠나는 마지막 엄숙한 시간에 어울리는 최상의 사랑을 우리는 목격하게 됩니다.

우리는 이 본문을 네 가지 면에서 살펴볼 것입니다. 첫째로, 여기에는 질문해야 할 문제(matter for inquiry)가 있습니다. "주여, 주께서 내 발을 씻으시나이까?" 둘째로, 여기에는 탄복의 요소(matter for admiration)가 있습니다. "주여, 주께서 내 발을 씻으시나이까?" 셋째로, 여기에는 감사할 문제(matter for gratitude)가 있습니다. 넷째로, 여기에는 본받음의 문제(matter for imitation)가 있습니다.

1. 질문해야 할 문제(Matter for Inquiry)

우리는 구주께서 베드로의 발을 씻기셨다는 것을 압니다. 하지만 그분이 우리의 발도 씻기십니까? 물론 우리는 그런 일들이 문자 그대로 일어나리라고 기대하지는 않습니다. 하지만 그리스도의 행동에는 지금도 지상에서 베드로의 발을 씻기신 것과 유사한 것이 있습니까?

그분은 모든 신자들의 발을 씻기셨습니다(has washed). 단번에 영원히, 그분의 보혈로 씻으셨습니다. 하지만 오늘 아침에 우리는 이 문제에 대해 말하는 것이 아닙니다. '씻음(cleansing)'은, 정의의 법정 앞에서, 모든 택하신 자들을 위해 골고다에서 피 흘리신 저 위대하신 분에 의해 온전히 성취되었습니다. 그것은 이루어진 일이며, 그 일 때문에 하나님께서 믿는 자들에게 영원토록 복을 주시는 것입니다. 예수의 피를 통해 우리는 깨끗합니다. 하지만 여기에 또다른 종류의 씻음(washing)이 있습니다. 사람 전체를 씻는 것이 아니라 발만 씻는 것입니다. 피로 씻는 것이 아니라 물로 씻는 것입니다. 구주의 혈관에서 솟아나는 샘물에 담그는 것이 아니라 물이 채워진 대야에서 씻는 것입니다. 우리 주 예수님께서는 이런 종류의 일을 지금도 하고 계실까요? 자신을 그토록 낮추시는 일이 여전히 우리에게도 필요한 일일까요? 나는 '예'라고 대답합니다. 그분은 그렇게 하십니다.

먼저, 주님께서는 자기 백성들의 현세의 사정들(temporal affairs)을 돌보실 때 이와 유사한 행동을 하시지 않을까요? 사랑하는 이여, 당신의 머리털 하나가 땅에 떨어지는 것까지도 그분은 관심을 기울이십니다. 당신의 모든 고통 속에서 그분도 고통을 겪으시고, 그분의 임재의 천사가 당신을 구하시고 당신을 이끄십니다. 당신의 아주 사소한 고민거리도, 마치 히스기야가 산헤립의 편지를 주 앞에 펼쳐놓고 호소했던 것처럼(왕하 19:14), 구원을 확신하고서 기도 중에 그리스도께 아뢸 수 있습니다. 예수님은 사랑하는 자기 사람들에게 기꺼이 은혜를 베푸십니다. 우리가 모든 일에서 위대하신 우리의 목자요 친구이신 분의 섭리적인 돌봄 (Providential care)에 탄복하는 것은, 그분의 어깨 위에 정사(政事)가 놓였기 때문입니다(사 9:6). 예수님께서 이렇게 당신의 작은 일들을 감독하시고, 당신 가족의 어려움들을 돌보시고, 당신 가정의 근심거리들을 짊어지시면서, 당신에게 이렇게 말씀하십니다. "너의 모든 염려를 내게 맡기라. 내가 너를 돌보리라." 이것이 곧 그분이 베드로에게 하신 일을 실제적으로 당신에게 하시는 것이 아닌가요? 곧 그분이 당신의 천한 문제에도 관심을 가지시며, 당신의 먼지 묻은 육신의 문제까지도 돌보심으로써, 당신의 발을 씻기시는 것입니다. 오, 영광의 왕이시여! 별들이라도 당신의 왕관으로 합당하지 않습니다. 폭풍우조차 당신의 영광에 비하면 초라한 수레에 지나지 않습니다. 바람조차도 당신의 병거를 끌기에는 너무 느린 군마(軍馬)에 불과합니다. 그런데도 당신께서는 스스로 낮추시어 사람을 살피시고, 벌레만도 못한 저를 살피시고, 당신의 모든 성도들 중에 가장 작은 자보다 못한 저까지도 마치 어머니가 자기 자녀를 돌봄같이 돌보시는 것입니까? 바로 그렇습니다. 그분은 그렇게 하고 계십니다. 이런 의미에서 그분은 자기 백성들의 발을 씻기십니다.

예수 그리스도께서 날마다 우리의 결점들과 죄들을 치우실 때에, 그분이 우리의 발을 씻어주시는 것이 아닐까요? 지난 밤, 당신이 엎드려 무릎을 꿇었을 때, 당신은 한 주간의 삶에서 당신의 신분과 신앙고백에 합당치 않은 많은 일들을 고백하지 않을 수 없었을 것입니다. 그리고 오늘 밤에도, 오늘의 일과가 모두 끝났을 때, 당신은 어리석게도 수주 전에 회개했던 바로 그 죄들을 범한 것으로 인해, 혹은 오래 전에 특별한 은혜로 벗어날 수 있었던 죄의 구렁텅이로 다시 떨어진 것으로 인해, 슬퍼해야 할지 모릅니다. 하지만 예수 그리스도는 큰 인내로써 당신을 대하실 것입니다. 그분은 당신의 죄의 고백을 들으실 것이며, 이렇게 말씀하실 것입니다. "내가 원하노니 깨끗함을 받으라"(마 8:3). 그분은 다시 피 뿌리는 일을 적용하십니다. 그분은 당신의 양심에 평화를 말하실 것이며, 모든 더러움을 제거하실 것입니다. 오, 그리스도께서 단번에 영원히 죄인을 사면하시고, 그를 율법의 지배에서 건져내시고, 하나님의 가족이 되게 하신 것은 영원한 사랑의 행위입니다. 하지만 구주께서 그토록 많은 은혜를 받은 자의 어리석은 행위들을 날마다, 매일 같이, 시간마다 참으시고 그 모든 죄와 허물들을 씻어주시는 것은 크신 인내이며 오래 참는 사랑인 것입니다. 범람하던 죄의 홍수를 밀려비리는 것은 놀라운 일입니다. 하지만 방울처럼 매일 같이 지속적으로 떨어지는 죄를 참는 것은, 끊임없이 인내를 시험하는 것이며, 그것을 견딘다는 것은 진정으로 신적인 일입니다! 먹구름 같은 모든 죄를 제거하는 것은, 은혜이면서 또한 위대하고 비길 데 없는 능력입니다. 하지만 매일 아침의 안개를 제거하고, 매일 밤의 습기를 제거하는 것은; 오! 이것은 말할 수 없는 겸손입니다. 그것을 어떻게 묘사해야 할지 모르겠습니다. 그것은 놀라운 겸손이며, 주님이 베드로의 발을 씻기시던 일에서 잘 상상해 볼 수 있습니다.

또한 우리의 가련한 기도들을 생각해 보십시오. 그것은 우리 영혼의 발과 같아서, 그것으로써 우리는 하늘에 오르며, 하나님께로 달려갑니다. 우리의 가련한 기도들은 항상 씻어야 할 필요가 있습니다. 형제들이여, 다른 사람들이 망쳐 놓은 일을 수습하거나 땜질을 하는 것보다는 아예 새롭게 일을 시작하는 것이 종종 더 쉽습니다. 그런데 그리스도의 경우에는 얼마나 많은 인내가 요구될까요? 내 초라하고, 불완전하고, 오염된 기도들을 가지고서 아버지 앞에 올려드려야 하니 말입니다! 나를 위해 그분이 친히 하시는 기도들이 있습니다. 그것에 대해 나는 그분께 감사하며, 그 기도들은 효력이 있습니다. 하지만 나는 또한 그분이 나의 기도들을 가지시고, 그것들을 향로에 담아 아버지 앞에 드리시는 것에 대해 그분을 찬미하지 않을 수가 없습니다. 그 기도들이 드려지기에 합당하려면 먼저 아주 많이 씻겨져야 한다고 확신하기 때문입니다. 요한은 그분이 "성도들의 기도"를 드리신다고 우리에게 말합니다. 이것은 정말이지 그분 자신을 낮추시는 일입니다! 오, 우리가 바라지 말아야 할 것들을 위해 청원을 드렸을 때, 우리의 기도에서 제거해야 될 불필요한 것들이 얼마나 많겠습니까! 우리가 아주 필요로 하는 것들을 위해 기도할 것을 잊어버렸을 때, 그 빠뜨린 것들을 위해 얼마나 많은 것을 보충해야 하겠습니까! 우리의 기도에서 얼마나 많은 불신앙을 제거해야 하겠습니까! 우리의 기도는 얼마나 형식적이고, 얼마나 생각이 산만합니까! 오, 우리의 기도가 만군의 주 하나님의 귀에 들려지기에 합당하려면, 우리의 사랑하는 구주께서 얼마나 많은 거룩한 생명과 감동과 경건한 믿음과 기쁨을 우리의 기도에 불어넣으셔야 하겠습니까! 예, 나의 기도들을 인내하며 감당해 주심으로써 그분은 날마다 내 발을 씻어주십니다.

다시 생각해 보십시오. 예수님은 우리의 행위들을 받아들여지도록 만드십니다. 우리의 행위들이 우리 영혼의 발에 비유될 수 있습니다. 발로써 사람은 자신의 활동을 표현합니다. 그리스도인의 행보(walk), 이는 우리 그리스도인이 자기 주님을 위해 수행하는 선한 행위들을 의미합니다. 하지만 우리의 행위들을 보십시오. 만일 그리스도께서 우리의 모든 선행들을 단순히 쌓아만 두시면, 그것들은 아주 짧은 시간에 썩고 말 것입니다. 그분이 우리의 구제, 우리의 전도, 다른 사람들을 가르치는 일, 우리의 기도, 생각들, 그리고 다른 모든 행동들을 취하셔서, '도벳의 불' 속으로 던지신다(렘 7:31) 해도, 우리가 어떻게 불평할 수 있겠습니까? 하지만 그분은 우리의 믿음의 행위와 사랑의 수고들을 잊지 않으시며, 그것들을 우리가 맺은 열매들로 보시고, 아버지께 영광을 돌리는 것으로 간주하십니다. 오래된 과일 껍질들에서 설탕을 만드는 사람에 대해 들었던 기억이 있습니다. 하지만 그 때 설탕을 만드는 비용이 설탕 자체의 가치보다 훨씬 더 크다고 했습니다. 만들어 낸 상품의 가치보다 가공하는 데 드는 비용이 훨씬 컸던 것입니다. 예수 그리스도께서도 우리의 선행의 빈약한 껍데기에서 달콤한 설탕을 만드십니다. 확실히 내가 말할 수 있는 것은, 원 재료의 가치보다도, 혹은 완성되었을 때의 그 일의 가치보다도, 그분이 그것들을 가공하는데 드는 비용이 훨씬 크리라는 것입니다. 다만 그분은 그렇게 평가하시지 않습니다. 만일 그분이 원하신다면, 우리의 전도가 없이도 사람들을 회심하게 하실 수 있지 않을까요? 하지만 그분은 그렇게 하지 않으십니다. 그분은 우리의 불완전한 설교와 전도에 의해서 사람들을 오게 하기를 원하시며, 그러므로 우리의 설교와 전도를 씻어 주십니다. 우리의 발을 씻어 주시는 것입니다. 그분이 당신 없이 죄인들을 구원하실 수 없을까요? 자매여, 형제여, 당신 없이 그렇게 하실 수 없을까요? 하지만 그분은 당신으로 하여금 영혼들을 애타게 찾게 하시고, 당신의 입을 열어 그들에게 선한 말을 하게 하시며, 그리고 당신이 행하는 것을 그분이 받아 주십니다. 하지만 오! 그분은 이 일에서 얼마나 자기를 낮추시고 친절을 보여 주시는지요! 그분이 당신의 행위들을 씻어 주시는 것입니다! 그런 일은 그분이 천사들에게 하신 일 이상입니다. 천사가 자기 섬김을 더럽혔을 때, 그분은 그를 하늘에서 내쫓으셨습니다. 하지만 섬김에 있어서 우리의 모든 불완전함에도 불구하고, 우리는 그리스도 안에서 이런 말과 더불어 천국에 받아들여질 것을 기대합니다. "잘 하였도다 착하고 충성된 종아"(마 25:1).

　　만일 당신이 다른 경우에서 그리스도의 친밀한 겸손을 보고자 한다면, 그분이 얼마나 참을성 있게 자기 백성들의 고통에 동참하셨는지를 당신에게 상기시키고 싶습니다. 당신의 머릿속에 가득 차 있는 고통 중에서 예수님이 알지 못하고 느끼지 못하시는 것이 하나도 없습니다. 마음을 무겁게 하는 슬픔 중에서 그리스도께서 나누지 않으시는 슬픔은 하나도 없습니다. "그가 병든 때에 그의 모든 침상을 만드시리이다"(시 41:3, KJV. 한글개역개정판은 "그가 누워 있을 때마다 그의 병을 고쳐 주시나이다"로 되어 있음). 오! 이 얼마나 복된 구절인지요! 어느 나이든 설교자는 이런 식으로 말했습니다. "단지 그의 베개를 만드는 것이 아니며, 베개 밑의 받침대도 만들고, 그의 모든(에) 침상을 만드는 것입니다. 그의 다리를 누일 수 있고, 머리를 누일 수 있고, 온 몸을 누일 수 있고, 모든 것을 누일 수 있는 침상을 만드는 것입니다. 주께서 오셔서 그의 모든 고통을 공감하시고, 시작부터 끝까지 함께 하여 그의 힘을 돋우시며, 그분의 거룩한 위로로써 고통의 한 가운데서도 그를 행복하게 하시는 것입니다." "그가 병든 때에 그의 모든 침상을 만드시리이다." 당신의 최악의 때에 그리스도의 최상의 임재를 경험한 적이 없습니까? 당신의 특정한 상황에 정확히 어울리도록 그분이 자기를 나타내보이서서, 당신을 방문한 그 사랑과 겸손에 당신은 어떻게 탄복했는지요! 당신의 침상 곁에 앉으시고, 전적으로 당신의 처지에 동참하시고, 당신이 느끼는 대로 느끼시고, 당신의 상황에 꼭 필요한 말씀을 들려주시던 그분입니다. 주 예수님은 자기 백성들을 너무나 사랑하시어 그들의 발을 매일 씻어 주고 계십니다. 그들의 보잘것없는 행실들을 받아주시고, 그들의 가장 깊은 슬픔을 느끼시며, 희미하게 들리는 그들의 갈망에도 귀를 기울이시고, 그들의 가장 큰 죄까지도 용서하십니다. 여전히 그분은 그들의 친구이시며, 그들을 섬기는 자이십니다. 여전히 그분은 대야를 가지시고, 여전히 그분은 수건을 두르십니다. 그분이 모자를 머리에 쓰시고, 번쩍이는 보석 흉배를 차시고, 대제사장으로서 중보의 역할을 수행하시는 일은 장엄합니다. 하지만 그분이 자기 백성들 가운데 행하시며 발을 씻어 주시는 일은 마치 종처럼 낮아져 인내하셔야 하는 일입니다. 오 하나님, 저로 하여금 이와 같은 주제를 제대로 말할 수 있게 해 주소서. 당신의 경험이 말해주듯이, 그분이 "우리를 비천한 가운데서도 기억하시며, 그 인자하심이 영원하다"는 말씀은 진실입니다(시 136:23).

　　이 요점을 넘어가기 전에, 여기서 물어보아야 할 문제가 있습니다. "주여, 주께서 내 발을 씻으시나이까?" 여러분 중 어떤 이들은 그리스도에 의해 씻기어지지 않았으며, 그분을 생각하지도 않으면서 살고 있습니다. 한 사람이 말합니다.

"나는 내가 아는 누구에게도 해를 끼치지 않았습니다." 당신에게 다른 질문을 하겠습니다. 당신은 그리스도를 위해 무언가를 한 적이 있습니까? 당신은 이렇게 대답할 수밖에 없을 것입니다. "그분을 위해 한 일이 아무것도 없습니다." 아! 그렇다면, 만일 당신이 지금까지 그분을 위해 어떤 일도 하지 못했다면, 나는 그 이유가 당신이 부주의하게 살면서 그분을 염두에 두지 않았기 때문이라고 생각합니다. 하지만 만일 그분이 당신의 발을 씻기신 적이 있다면, 당신은 그분을 잊을 수가 없습니다. 아무리 적은 일이라 할지라도, 당신은 무언가를 하려 했을 것이며, 지금도 당신은 그 이상의 일을 하기를 바랄 것입니다. 아! 나의 청중이여, 여러분 중에서 어떤 이들은 매일 발 씻음 받는 삶과는 거리가 멉니다. 전혀 발 씻음을 받아 본 적이 없습니다. 피로 가득한 샘이 있지만, 당신은 그것과 아무런 관련이 없습니다. 구주가 계시지만, 당신은 구원받지 못했습니다. 길르앗의 향유가 있지만, 당신은 치유 받지 못했습니다. 위대한 의사가 계시지만, 당신은 여전히 아픕니다. 그리스도 안에 생명이 있지만, 당신은 죽었습니다. 놋뱀이 높이 들렸지만, 당신은 불뱀에 물려 죽어가고 있습니다. 예수님을 한 번 쳐다보면 살 수 있지만, 당신은 그분을 쳐다보지 않았습니다. 당신에게는 하나님도 없고, 그리스도도 없고, 소망도 없으니, 당신은 "이스라엘 나라 밖의 사람"(엡 2:12)입니다. 성령 하나님께서 죽은 자를 소생시키시는 능력으로 당신을 방문하시고, 오늘 아침에 당신의 죄를 자각하게 해 주시길 빕니다! 당신이 그리스도를 발견하기까지 그분이 당신을 불편하게 하시길 바랍니다! 그분이 당신에게 주리고 목마른 심령을 주셔서 그리스도를 찾게 하시고, 당신이 그분을 꼭 붙들고서 "그리스도는 나의 것입니다"라고 말하기까지는 결코 만족하지 못하게 하시길 빕니다! 나는 이런 말을 하지 않을 수 있기를 하나님 앞에 바랍니다만, 당신의 영혼을 향해 정직하게 이 말을 하지 않을 수 없습니다. 당신은 이렇게 대답해야 합니다. "아니요, 아니요, 아니요, 주 예수님이 제 발을 씻어 주신 적이 없습니다." 하지만 그렇다면, 이 기도를 올려드리십시오. "주여, 그렇게 행하소서. 주여, 당신의 사랑으로 인하여 제 발을 씻어 주소서."

2. 탄복의 요소(Matter for Admiration)

두 번째로, 이 본문에는 탄복의 요소(matter for admiration)가 있으며, 몇 가지 관점에서 그것을 살펴보도록 하겠습니다.

우리가 이 행위의 너그러움(the freeness of the deed)을 생각할 때, 그것은 탄복할 문제입니다. "주여, 주께서 내 발을 씻으시나이까?" 우리가 거의 바랄 수 없는 행동을 그분이 보이셨다는 것이 정말이지 놀랍습니다. 이 장 전체를 읽어보면, 베드로가 그리스도께 그렇게 하시도록 요청하지 않았다는 것을 알 것입니다. 베드로는 비스듬히 누워 있었고, 저녁 식사를 막 끝냈습니다. 그리스도께서 그의 발을 씻기시리라고는 생각조차 못했습니다. 그 열둘 중에 그런 일을 상상이라도 한 사람은 아무도 없었습니다. 주께서 한 사람의 발을 씻기기 시작하실 때, 다른 제자들이 이렇게 말하지 않았습니다. "주여, 오셔서 저에게도 똑같이 해 주소서." 아닙니다. 그 일은 누구도 부탁한 적이 없고, 예상치도 못한 일이었습니다. 그분이 오십니다. 그들의 입장에서 어떤 기도도 간청도 드린 적이 없는데, 그분이 그들의 발을 씻기기 시작하십니다. 베드로는 놀랐습니다. 우리가 요청한 일을 그리스도께서 행하시는 것은 큰 친절입니다. 우리가 절실하게 필요를 느낄 때에 우리의 기도를 들으시는 일이 그런 것입니다. 하지만 그분이 우리를 위해 그토록 천하고, 너그러운 행동을 하시다니요? 요청받은 것도 없이 우리의 발을 씻기시다니요? 오! 사랑하는 여러분, 만일 그리스도께서 우리가 그분에게 해 주시도록 바라는 이상의 일을 행하시지 않는다면, 우리는 멸망할 것입니다. 왜냐하면 그분이 우리에게 주시는 것들 중에서 열에 아홉은 우리가 요청한 적이 없는 것이기 때문입니다. 우리는 진정으로 우리에게 필요한 것들 중에서 사분의 삼 정도는 알지 못한다고 말할 수 있습니다. 우리는 우리 자신의 필요들을 알지 못합니다. 우리는 우리의 필요들에 대해 전체적이고 일반적인 시각을 가지고 있습니다. 하지만 우리의 일상의 필요들, 우리의 일상에서 부족한 것들을, 우리 중에 누가 다 안다고 할 수 있겠습니까? 그리스 정교의 기도서에 따르면, 그리스도의 고난의 깊이는 알려지지 않는다고 표현되어 있습니다. "당신의 알려지지 않은 고난(Thine unknown sufferings)." 그 알려지지 않은 고난들을 그리스도께서는 우리의 알려지지 않은 죄들을 위해, 그리고 우리의 알려지지 않은 필요들을 채우시기 위해 견디신 것이 아닌가요? 그리하여 우리로 하여금 "알려지지 않은 은혜들(unknown mercies)"이라고 부를 수 있는 많은 은혜들을 얻게 하도록 하심이 아닌가요? 우리는 우리가 알고 있는 은혜들로 인해서만 하나님을 찬송해서는 안 됩니다. 아마도 우리에게 알려지지 않은 은혜들이 알려진 은혜들보다 큰 비중을 차지할 것입니다. 여러분은 그리스도인들이고, 여러분 중 어떤 이들은 십 년 혹은 이십년 간 그리스도를 믿어 왔습니다. 그 세월 동안, 특정한 죄를 깨닫지도 못하고, 또한 그 죄를 씻어 주시기를 요청하는 기도도 하지 않고서, 잠자리에 들었던 밤들이 수없이 많았을 것입니다. 그렇지 않습니까? 당신은 씻음을 요청하는 것을 잊어버렸던 것입니다. 하지만 그분은 결코 그것을 잊으신 적이 없습니다. 그분은 자발적으로 당신의 발을 씻기셨습니다. 아침에 일어날 때, 당신은 어떤 특별한 위험이 당신에게 다가오는지를 알지 못했습니다. 특별한 보호를 위해 기도하지 않았습니다. 하지만 그분은 그것을 아셨습니다. 그리고 당신이 요청하지도 않고 생각하지도 않았지만, 그분이 당신을 따라가시고, 당신의 방패가 되어 주시고, 당신을 위험으로부터 보호해 주셨습니다. 그분은 당신이 바라지 않았어도 당신의 발을 씻겨 오셨고, 당신이 의식하지도 못하는 동안에 그렇게 해 주셨습니다. 이로 인해 그분의 이름을 찬송합니다. 구하지 않았음에도 베푸신 호의들과 말로 다할 수 없는 사랑, 졸지도 않고서 지켜주시는 지속적인 은혜들, 이제 우리가 깨어서 이런 것들에 대해 감사합시다. 이제는 우리가 놀라면서 이렇게 말할 수 있습니다. "주여, 그러하십니까? 당신께서 언제나 제 발을 씻어 주십니까?"

　　우리가 탄복할 다음 주제는 그분의 인격의 영광(the glory of the person)입니다. "주! 왕! 스승! 하나님! 영원하신 분! 전능자! 왕 중의 왕이요 만주의 주! 그런 당신께서 제 발을 씻으시나이까? 당신은 별들을 그 이름대로 부르시고, 그들은 당신에 의해 빛을 발합니다. 제 철이 되면 하늘의 큰 광명이 당신의 명을 따라 등장하고, 또 작은 광명과 그 아들들이 당신의 인도를 따릅니다! 하늘이 당신의 것이며, 땅도 당신의 소유입니다. 당신은 지구라는 원 위에 좌정하시고, 그 거주민들은 메뚜기들과도 같습니다. 당신은 바닷물들을 손바닥 위에 모아 간직하시고, 손뼘으로 하늘의 크기를 재십니다. 주여, 주께서 제 발을 씻으시나이까? 주께서 지상에 계실 때, 당신은 물 위를 걸으셨습니다. 당신은 그 깊이를 아셨고, 마치 대리석을 밟고 가시듯 물 위를 걸으셨습니다. 나사로에게 명하여 무덤에서 나오게 하셨을 때에, 당신은 냉혹한 죽음 그 자체를 놀라게 하셨습니다. 열병도 당신을 알아보았습니다. 나병, 중풍병, 간질병도 주님의 목소리를 알았고, 당신의 명령에 떠나갔습니다. 당신의 뜻에 따라 바람도 잠잠했으며, 귀신들도 당신에게 복종하였습니다. 비록 당신은 인성의 옷을 입으셨어도, 당신의 피조물들은 당신의 위대함을 알아보았습니다. 천사들이 당신께 수종들었으며, 하늘도 당신을 위해 열렸습니다. 주여, 주께서 제 발을 씻으시나이까?" 오 나의 형제들이여, 이것을 묵상하십시오! 이것은 말하기보다는 묵상할 주제입니다. 천사들이 경배하는 그분이 수건을 가져다가 허리에 두르십니다. 저 노래에 귀를 기울이십시오. "거룩하다 거룩하다 만군의 여호와여(사 6:3)! 하늘과 땅에 당신의 영광이 충만하나이다. 온 땅이 아버지의 영원한 아들이신 당신께 경배하나이다.""주여, 주께서 제 발을 씻으시나이까?" 오! 이것을 생각하십시오. 그대 영적인 사람들은 당신의 마음이 사랑으로 녹을 때까지 생각하십시오. 다른 누구도 우리를 씻을 수 없습니다. 오직 무한하신 하나님이 자기 백성의 죄의 무한한 더러움과 오물을 씻어내십니다! 이 얼마나 자기를 숙여야 하는 일입니까! 이 경이로움을 생각하며 눈을 듭시다. 목소리를 높여 그분의 이름을 찬미합시다. 그분이 우리의 발을 씻으시다니요!

방향을 바꾸어, 이 일의 비천함(lowliness of the office)을 주목하십시오. "주여, 주께서 내 발을 씻으시나이까?" 여기 먼 거리를 걸어 온 한 여행객이 있습니다. 그는 매우 지쳤습니다. 그의 신발에는 많은 먼지가 묻었습니다. 여행으로 그의 발에는 때가 많이 묻었습니다. 그를 맞아주는 집의 문지방을 넘자마자, 한 흑인 노예가, 어떤 고용된 하인이, 그의 신발을 벗깁니다. 대야를 가져옵니다. 큰 주전자에 물을 가득 담아옵니다. 그리고 그의 발에 물을 붓기 시작합니다. 먼저 그의 신발 끈을 풀어 신발을 옆으로 치워둡니다. 주인은 이 일을 하려고 허리를 숙이지 않습니다. 발을 씻기는 일은 주인이 할 일이 아닙니다. 그것은 낮고, 천하고, 굴욕적인 일입니다. 하지만 동양에서 모든 일 중에서도 가장 천한 이 일을, 우리 주님께서 하십니다. 어떤 비유로나 이야기로가 아니라 실제로, 우리 모두를 위해 그 일을 수행하십니다. "주여, 주께서 내 발을 씻으시나이까? 주님께서 제 머리를 씻어 주시는 것도 매우 은혜로운 일입니다. 저의 정신에서 악한 생각들을 씻어 주시는 것은 아주 사랑스러운 일입니다. 제 손을 씻어 주시는 것이나, 제 마음을 씻어 주시는 것은 매우 너그러운 일입니다. 하지만 당신께서 종이 할 일을, 곧 제 발을 씻기시다니요? 주여, 당신께서 저의 가장 천한 부분을 씻어 주시는 것입니까? 저는 당신께서 저의 영과 마음을 정결하게 하실 것이라고 말씀하신 것을 알며, 충분히 이해하겠습니다. 하지만 당신께서 저의 몸을, 저의 발을, 사람의 가장 낮고 천한 부분을 역시 씻어 주려 하십니까? 저의 어느 부분이든 점이나 주름이 있는 것을 두고는 만족하지 않으시는 것입니까? 그래서 스스로를 가장 낮은 곳까지 낮추시고, 모든 것 중에서도 가장 비천한 일 곧 저의 발 씻는 일을 하시는 것입니까?" 사랑하는 여러분, 진실로 이것은 경이로운 주제입니다. 하지만 그 경이로움은 그분이 종의 삶을 사셨을 뿐 아니라 종의 죽음에도 참여하셨음을 기억할 때 한층 더 고조됩니다. 그분은 은 삼십에 팔리셨고, 그런 후에 손과 발에 못 박히셨습니다. 나는 이 사랑의 행위를 대조하며 제시합니다. 그분이 지금 가장 높은 하늘에 계신 것을 생각하십시오. 하늘과 땅과 지옥의 열쇠들을 그분의 허리춤에 차고 있습니다. 은으로 된 홀을 쥐고서 그분은 모든 피조물들을 다스리십니다. 모든 무릎들이 그 앞에 꿇고서 모든 입이 그분이 주이시며 하나님 아버지의 영광이시라고 고백할 때에, 그분의 모습을 그려볼 수 있습니까? 하지만 그 동일하신 분이, 하늘의 영광에서 내려오시고, 그 무한한 영광의 광채를 벗어두시고, 종의 차림을 하시고서 제자들의 발을 씻으십니다! 오, 이 사랑의 기적 앞에 우리는 그저 탄복할 수밖에 없습니다.

또한, 만일 당신이 내가 강세를 두고 발음하는 단어에 주목한다면, 또 하나의 놀라운 요소를 발견하게 될 것입니다. "주여, 주께서 내(my) 발을 씻으시나이까?" 아마도 여러분 중에 어떤 이들에게는 이것이 가장 놀라운 일일 것입니다. "주께서 내 발을 씻으시나이까?" 주께서 저와 같이 천한 자의 발을 씻으시다니요! 주님께서는 모든 사람들보다도 제게 더 많은 은혜를 베풀어 주셨습니다. 주님의 너그러우심으로 저를 압도하셨습니다. 그럼에도 불구하고 제 마음은 주님을 향해서 완고합니다. 저는 종종 믿지 못하고, 은혜를 망각하고, 게으르고, 부주의합니다. 주님께서 저를 영원히 버리시더라도 당연한 일이며, 저의 배은망덕으로 인해 주님께서 이렇게 말씀하셔도 마땅합니다. "나를 떠나라, 나는 너와 이제 더 이상 상관하지 않겠다. 나는 충분히 참아왔다. 너의 악행을 더 이상 참을 수 없다!" 그런데도 주여, 주님께서는 그토록 자신을 낮추시고 저의 발을 씻으시나이까? 여기에서 주님께서는 주님이 얼마나 선하고 영광스러운 분이신지를 다른 어느 때보다 잘 나타내 보이십니다. 주님의 은혜는 단순한 은혜를 초월한 것입니다. 설교자는 이렇게 말하고 싶습니다. 그리고 당신 역시 그분을 따를 것을 고백하리라고 생각합니다. 당신은 이렇게 말합니다. "주여, 저는 한때 주님의 면전에서 주님을 저주했습니다. 한때 저는 안식일을 장사하기에는 최상의 날이라고 여겼습니다. 그 때 주님의 집은 제가 혐오하는 곳이었습니다. 주님의 책은 읽혀지지 않은 채 방치되었습니다. 주님께 무릎을 꿇어본 적이 없습니다. 저는 더럽고 추한 죄인이었을 때에도 저 자신의 의를 자랑했었습니다. 그런데 주께서 저의 발을 씻으시나이까?" 나는 한 자매가 특별한 애정으로 이렇게 말하는 것을 듣습니다. "오 예수님, 저는 제 눈물로 주님의 발을 씻고, 제 머리카락으로 닦아드리고 싶습니다. 저는 지금껏 죄인이었기 때문입니다. 그런데 주께서 제 발을 씻으시다니요!" 또 다른 사람이 말한다고 생각합니다. "주여, 저는 한때 당신을 부인했습니다. 당신을 믿는다고 고백은 했지만, 시험의 때에 저는 넘어졌고, 죄 속에 빠지고 말았습니다. 저는 '나는 그 사람을 알지 못하노라'(마 26:72)'고 말했습니다! 그런데 주께서 저의 발을 씻으시나이까?" 또 한 사람이 말하는 것을 듣습니다. "주여, 주님은 저의 사적인 죄들을 아시며, 저의 은밀한 악행들을 아십니다. 저는 제가 빠진 그 잘못들을 감히 저의 동료들의 귀에 대고 말할 수 없습니다. 저는 저 지옥불의 장작이 되기에 합당합니다. 제 속에는 저주스러운 것 말고는 아무것도 없습니다. 저는 **전적으로** 부정한 자입니다. 그런데 주께서 제 발을 씻으시다니요!" 오, 하나님의 백성인 여러분이여, 여기에서 놀랄 만한 특별한 이유를 발견하지 못했습니까? 여러분 중에는 너무나 가난하여, 심지어 여러분의 동료 그리스도인들조차 안다고 시인하기를 부끄러워하는 이들이 있을 것입니다. 하지만 예수 그리스도는 당신의 발을 씻기십니다! 당신의 옷은 육 펜스(pence)에도 팔리지 않을 가격이지만, 그분은 당신의 발을 씻기십니다! 당신에게 추위로부터 발을 보호해 줄 변변한 가죽신이 없을지라도, 그분이 그 발을 씻기십니다! 당신이 비웃음을 받고, 멸시를 당하고, 조롱을 받아왔다 하더라도, 당신에게는 당신의 발을 씻어 주시는 그리스도가 계십니다! 당신의 이름이 언급되는 순간 즉시로 당신을 비방하고 욕할 사람들이 더러 있을 것입니다. 하지만 예수님은 친절하게도 당신을 너무나 사랑하셔서 당신의 가장 더러운 부분을 씻어 주십니다. 당신 스스로 생각해 보십시오. 나는 더 이상 말할 수 없습니다. 이와 같은 귀중한 구절을 당신이 계속해서 생각해 보도록 남겨두는 수밖에 없습니다. 분명 하늘의 천사들까지도 어떻게 이런 일이 가능한지 놀라면서 결코 이 주제를 잊지 못할 것입니다. 그들의 왕이시며, 그들의 황태자이시며, 그들의 지도자이신 그분이 스스로 낮추시어 종들의 종이 되시다니요! 자기 백성 중에서 아주 천한 자들에게 친히 그들의 발을 씻긴다고 선언하시고, 또 그렇게 하시다니요!

또 하나의 경이로운 주제가 있습니다. 그리스도께서 그처럼 완벽하게 (completely) 우리의 발을 씻어 주신다는 사실이 아주 놀라운 일로 기억되어야 합니다. "주여, 주께서 내 발을 씻으시나이까? 그러면 거기에는 어떤 오물도 있을 수 없습니다. 주께서 내 발을 씻으시나이까? 그렇다면 그것은 틀림없이 깨끗할 것입니다. 주께서 씻어 주실 때에 오물이 남아 있는 일은 있을 수 없습니다." 부주의한 종들이 어떤 물건들을 씻었을 때, 다시 씻어야 할 때가 있습니다. 하지만 무엇이든 예수님의 사랑의 손에 의해 씻어졌을 때, 하늘과 땅을 지으신 그분의 손에 의해 씻어졌을 때, 분명 어설프게 씻는 일은 있을 수 없습니다. 그러므로, 지난 주간에 계속해서 죄를 지었던 여러분이여, 오십시오. 하나님의 백성들이며 그리스도를 믿는 자들이면서, 양심의 가책을 느끼고, 그것을 지울 수 없어서 한숨짓고 울고 있는 여러분이여, 이렇게 묻고 말해 보십시오. "주여, 주께서 내 발을 씻으시나이까? 그렇다면 제가 당신께 오겠나이다. 만일 깨끗이 씻을 수 있는 대야가 있다면 온통 더러워진 저의 발 그대로 당신께 오도록 하겠습니다. 나의 죄들이 내게 돌아오고, 그 가책이 내 양심에 여전히 남아 있는 것이 발견될 때, 만약 주께서 저의 현재적인 죄와 더러움을 씻기 위해 기다려 주신다면, 그렇다면 주여, 제가 여기 있나이다. 처음에 제가 주께 왔을 때처럼, 다시 주님께 옵니다. 오직 주님의 은혜만을 의지하고 나아옵니다. 오직 주님의 사랑만이 저의 확신입니다. 저를 주님께 맡기나이다. 저를 있는 모습 그대로 받으시고 저를 씻어 주소서." 나는 이것이 감탄과 찬미의 주제라고 말합니다. 그리스도께서 얼마나 철저하게 자기 백성을 씻어 주시는지, 그들은 실제로 이렇게 외칠 수 있습니다. "심지어 내 발에도, 티나 주름 잡힌 것이나 이런 것들이 없습니다(엡 5:27). 나는 예수 그리스도 나의 주님을 통해, 하나님 앞에서 비난받거나 책망 받을 것이 없이 거룩한 모습으로 나타날 것입니다."

3. 감사의 문제(Matter for Gratitude)

이제 우리는 감탄에서 좀 더 실제적인 감사(GRATITUDE)의 주제를 살펴보고자 합니다. 나는 우리가 하늘에서 내려온 불꽃으로 우리의 영혼이 타오르는 것을 이미 느끼기를 희망합니다.

여기에서 감사의 문제를 발견할 수 있습니다. 일전에 있었던 기도 모임에 대한 이야기를 하고자 합니다. 일월 첫 주에 있었던 대기도회에서 놀랍게도 자기 죄를 고백한 바 있던 나의 친애하는 형제인 오포드(Offord) 씨는 다른 죄를 고백해야겠다는 감동을 받았습니다. 그래서 전과 유사한 방식으로 죄를 고백했으며, 전 회중들이 크게 감동을 받았습니다. 하나님의 백성들이 자신들의 쇠를 고백하는 동안에 흐느끼며 우는 사람들이 있었습니다. 오포드 씨가 그렇게 한 이후 얼마 지나지 않아 어떤 형제가 회중 가운데에서 일어서더니 자기는 죄의 고백에 동참하지 않을 수 있어서 감사하다고 말했습니다. 자신의 죄가 모두 사해졌기 때문에, 고백할 죄가 없다고 했습니다. 자신은 그리스도 안에서 하나님께 받아들여졌으며, 따라서 어떤 고백할 만한 죄도 없다고 말했습니다. 그의 기도는 그 기도회를 망쳐 놓았으며, 하나님의 백성들을 슬프게 했습니다. 나는 이따금씩 이렇게 오류에 빠진 형제들을 만납니다. 그들은 이렇게 말합니다. "나는 결코 죄의 고백을 하지 않습니다." 한 사람이 내게 말했습니다. "나는 수개월 동안 기도해 왔으며, 그 기간 동안 어떤 죄의 고백도 한 적이 없습니다. 나는 나의 모든 죄가 사해졌다고 믿으며, 따라서 내게는 고백할 죄가 없습니다." 자, 이런 말을 처음 들었을 때 당신은 충격을 느낍니까? 하나님의 자녀의 거룩한 감수성은 그처럼 회개할 것이 없다고 여기는 사고방식에서 큰 충격을 느낍니다.

나는 플리머스 형제단(Plymouth Brethrenism)에 물든 사람들로부터 괴이한 말을 들으면 충격을 받지 않을 수 없습니다. 그 분파에 대해서는, 그 구성원들 중의 많은 사람들을 내가 사랑하고 존중하기는 하지만, 이렇게 말하지 않을 수가 없습니다. 즉 그들이 내일 무엇을 가르칠 것인지에 대해서는 오직 하나님만이 아실 것입니다. 왜냐하면 그들은 자신들의 허영에 찬 정신으로부터 수도 없이 헛된 망상들을 궁리하고 날조하기 때문입니다. 그들은 그들이 혐오한다는 바빌론의 한 표지를 지니고 있습니다. 그들의 이마에 비밀(MYSTERY)이라는 이름이 기록되었기 때문입니다(참조. 계 17:5). 나는 그 무리들로부터 우리의 젊은이들을 지켜주시길 하나님께 기도합니다. 그들의 공언하는 말들과 구실들이 할 수 있다면 택한 자들마저도 미혹할 정도로 강력하기 때문입니다. 그들이 '은혜로운' 사람들이라는 것은 인정하겠지만, 그들의 교리는 마치 삼월 교미기의 토끼들처럼 변덕스럽고, 멍에 메기에 익숙하지 않은 수소들처럼 고집스럽습니다. 죄를 고백하지 않는다는 이 교리에 대해 내가 처음 전해 들었을 때, 나는 놀랐습니다. 그런 식으로 말할 수 있는 사람과는 더 이상 교제를 나눌 수 없을 것 같이 느꼈습니다. 무릎을 꿇고 있으면서, 죄를 고백하지 않는다고요? 나의 사랑하는 친구들이여, 나로서는 죽을 때에 내 입술로 이렇게 고백하기를 원합니다. "잃은 양 같이 내가 방황하오니 주의 종을 찾으소서 내가 주의 계명들을 잊지 아니함이니이다"(시 119:176). 회개와 죄의 고백을 거부하는 자는, 전적으로 그리스도 밖에 있는

자라고 나는 주장합니다. 나는 나의 죄들이 용서된 것을 압니다. 그리스도께서
자기 백성의 모든 죄를 완전히 영원히 속죄하셨다는 교리를 세상에서 나보다 많
이 전하는 자는 없습니다. 하지만 죄를 고백하지 않는다고요? 하나님께서는 아
주 비복음적(ungospel-like)이고, 비기독교적인(un-Christlike) 그런 말을 입으로
내뱉는 것을 금하십니다!

　　이 문제를 당신 앞에 아주 명확하게 제시하고자 합니다. 그리스도의 보혈로
씻음받은 자들이 재판장이신 하나님 앞에서 죄를 고백할 필요가 없다는 것은 확
실합니다. 왜냐하면 더 이상 재판장으로서의 하나님 아래에 있지 않기 때문입니
다. 그들은 율법의 원리에 따라 통치나 지배를 받는 것이 전혀 아닙니다. 법정적
인 의미에서 그리스도께서는 그들의 모든 죄를 영원히 가져가셨으며, 그러므로
어느 누구도 그들에게 죄를 물을 수 없으며, 그들로서는 고소할 이가 없는 곳에
서 죄를 고백할 필요도 없는 것입니다. 예수님의 피가 자기 백성들을 율법 아래
에 있는 죄수들의 처지에서 완전히 해방하였습니다. 그들은 정죄당할 수 있는
곳에 서 있지 않습니다. 그들은 더 이상 피의자나 범죄자들이 아닙니다. 그들은
정죄당할 영역에서 벗어났습니다.

　　하지만 하나님의 백성은 어떤 사람들입니까? 그들은 자녀들입니다. 하나님
께서 그들의 아버지이신 한, 그들은 자녀들이며, 동시에 불완전한 자녀들입니
다. 본성은 죄를 고백하는 것이 아버지께 대한 자녀들의 의무인 것을 가르쳐 줍
니다. 만일 내 아들이 어떤 잘못을 저지른다면, 그런 일이 일어나지 않도록 하나
님께서 막아주시길 빕니다만 그 일이 어떤 사소한 도둑질이라고 가정합시다. 그
럴 경우 나는 이렇게 말할 것입니다. "내 아들아, 그 도둑질에 대해서, 어떤 경찰
도 너를 잡아가진 않을 거다. 너는 그 일 때문에 법정에 끌려가거나 감옥에 들어
가진 않을 것이다. 그 문제에 대해서 너는 용서를 받았다." 나는 그가 치안판사
앞에 가서 죄를 고백하도록 하길 원치 않습니다. 하지만 그는 아버지로서의 내
게 잘못을 범했습니다. 나는 그의 아버지로서 그가 내게 한 잘못을 시인하기를
기대합니다. 그리고 만일 그가 그렇게 하지 않으면, 나는 그를 징벌할 것입니다.
형벌의 고통을 가하는 방식으로가 아닙니다. 그런 식으로 하는 것은 아버지로서
내가 할 일이 아닙니다. 나는 내 자녀들에게 어떤 형벌도 가하지 않습니다. 단 징
계의 방식으로 그리 할 것입니다. 그리하여 그가 자기 잘못을 보게 할 것이며, 그
런 일을 다시 하지 않도록 할 것입니다. 침착한 아버지라면 누구라도 자기 자녀

를 잘못 자체에 대해서 형벌을 내리듯이 벌하지는 않을 것입니다. 그런 일은 아버지로서 내가 할 일이 아닙니다. 율법을 어긴 죄는 하나님에 의해 벌을 받아야 하며, 나라의 법을 어긴 것이라면 나라의 법에 의해 벌을 받아야 합니다. 이제 하나님께서는 자기 백성들을 그들 속에 있는 어떤 죄로 인해 결코 형벌을 내리지 않으십니다. 그분이 이미 그들을 대신해서 그리스도에게 형벌을 내리셨기 때문입니다. 이 사실은 분명합니다. 하지만 이제 그들이 자녀들이 되었기 때문에, 자녀로서 잘못한 것에 대해서는, 그들이 매일 하늘의 아버지께로 가서 죄를 시인하고 고백해야 하지 않겠습니까? 마음속에 있는 하나님의 은혜는 우리 모두에게 그렇게 해야 한다고 가르쳐 줍니다.

우리는 자녀로서 매일 잘못하는 것이 있습니다. 우리가 자녀가 아니라면 범하지 않을 그런 잘못들을 범합니다. 예를 들어 나는 나의 아버지를 의심합니다. 그분을 향한 사랑의 결핍이라는 죄를 느끼고, 혹은 그분께 대한 순종의 결핍이라는 잘못을 느낍니다. 이런 잘못은 내가 그분의 자녀가 아니라면 범하지 않는 잘못입니다. 내 아버지께 대한 이런 잘못이 주 예수님의 능력에 의해 깨끗이 씻어지지 않는다고 가정해 보십시오. 그 결과가 어떻게 되겠습니까? 나는 나쁜 습관의 속박에 갇히게 될 것입니다. 나는 본성이 더러워지는 것을 느낄 것이며, 내가 범한 잘못들을 계속해서 반복할 것이며, 마침내 그런 잘못을 범하는 것이 습관이 되고 말 것입니다. 내가 만일 내 아버지께 범한 이런 죄들에서 씻음을 받지 못한다면, 나는 그분에게서 멀어진 것을 느낄 것입니다. 나를 향한 그분의 사랑을 의심하게 될 것이며, 그분을 두려워할 것이며, 아마도 그분께 기도하는 것조차 두려워지게 될 것입니다.

나는 자녀이면서도 아버지를 멀리 떠난 저 탕자처럼 될 것입니다. 내가 만일 씻겨지지 않으면, 나로서는 곧 회초리를 맞아야 할 것처럼 느낄 것이고, 실제로 그렇게 될 것입니다. 하지만 오! 사랑하는 여러분, 만약 주 예수 그리스도께서 날마다 내게 오셔서 내 발을 씻어 주시고, 내 아버지께 지은 나의 죄의 오물들을 제거해 주신다면, 나는 저 회초리를 충분히 면할 수 있을 것입니다. 나는 내 아버지께 거룩한 사랑을 느낄 것이고, 그분의 얼굴 앞에서 행할 것이며, 믿음을 통해서 기쁨과 평화를 누릴 것이며, 구원을 얻은 자로서 뿐 아니라 내 주 예수 그리스도를 통해 하나님 안에서의 현재적인 평화를 누리는 자로서 신앙의 길을 걸을 수 있을 것입니다.

　　나는 그리스도께서 죄를 피로 씻으시는 것과 물로 씻으시는 것의 차이를 당신이 구별할 수 있다고 생각합니다. 당신이 피의자로서(as a culprit) 죄를 고백하는 것과 자녀로서(as a child) 죄를 고백하는 것의 차이를 구별할 것이라고 생각합니다. 그리스도께서 당신을 율법으로부터 자유롭게 하신 이후로도, 당신이 그리스도께 얼마나 많이 감사해야 하는지를 깨달을 수 있을 것이라고 생각합니다. 그분은 날마다 당신의 맏형(Elder Brother)으로서 당신을 우편에 대동하고 아버지 앞에 나가시며, 또한 당신이 어떤 죄나 잘못으로 더럽혀졌을 때마다 당신의 발을 씻어 주십니다. 그리하여 당신으로 하여금 양심의 평화를 누리고, 마음의 기쁨을 누리도록 하시며, 당신의 가슴이 아버지의 사랑으로 가득하도록 하십니다. 바로 여기에 감사의 문제가 있습니다. 그분이 피로써 머리와 손과 발을 씻으신 이후에도, 여전히 날마다 내 발을 물로 씻으시는 것입니다. 나로서는, 계속해서 이런 기도를 할 작정입니다. "우리가 우리에게 죄 지은 자를 사하여 준 것 같이 우리 죄를 사하여 주시옵고"(마 6:12). 이 말씀은 나의 즐거움이 될 것입니다. "만일 누가 죄를 범하여도 아버지 앞에서 우리에게 대언자가 있으니 곧 의로우신 예수 그리스도시라"(요일 2:1). "그 아들 예수의 피가 우리를 모든 죄에서 깨끗하게 하실 것이요"(요일 1:7).

4. 본받음의 문제(Matter for Imitation)

　　마지막 요점은 본받아야 할 문제(matter for imitation)입니다. 예수님이 우리의 발을 씻어 주십니까? 그렇다면 우리도 서로의 발을 씻어 주어야 합니다. 우리의 형제들 중에서 스코틀랜드 침례교인들(Scotch Baptists)은 문자 그대로 성도들의 발을 씻기는 일에 익숙합니다. 나는 그것이 일부 성도들에게 큰 상처를 주는 행위가 아니라고 담대하게 말합니다. 하지만 여전히, 우리가 구주의 모범을 문자 그대로 수행하는 것이 원래의 의도는 아닙니다. 여기에는 영적인 의미가 있으며, 그 의미는 이것입니다. 만일 하나님의 백성 중에서 아주 천하고 눈에 띄지 않는 자들을 위해 우리가 할 수 있는 어떤 친절이나 사랑의 행위가 있다면, 우리는 기꺼이 그 일을 해야 합니다. 하나님의 종들의 종들(servants of God's servants)이 되는 것이며, 마치 아비가일이 다윗에게 이렇게 말했을 때 그녀처럼 느끼는 것입니다. "내 주의 여종은 내 주의 전령들(servants)의 발 씻길 종(servant)이니이다"(삼상 25:41). 아비가일은 다윗의 아내가 되었습니다. 그것이 모든 그리스도인의 참된 지위입니다. 하지만 그녀는 자신이 다윗의 종들의 발을 씻기기에도 합당치 못하다고 여겼습니다. 그것이 우리의 정신이어야 합니다.

당신은 병상에서 고통을 겪고 있는 영혼을 알고 있습니까? 가서 그 가련한 여인 혹은 가련한 남자와 대화하십시오. 그의 누추한 처소로 찾아가서 그 딱한 사람을 위로하도록 하십시오. 당신은 성미가 급해서 화를 잘 내는 어떤 형제를 알고 있습니까? 그는 누군가 자기에게 친절하게 대해 주기를 바라지만, 다른 사람들은 "나는 그런 사람과는 이야기하지 않을 거야"라고 말하는 것을 알고 있습니까? 나의 형제여, 당신은 그에게 가서 친절하게 대해 주십시오. 가서 그의 발을 씻어 주십시오! 믿음의 길에서 방황하는 사람을 알고 있습니까? 누군가 이렇게 말합니다. "나는 그런 사람과는 교제하고 싶지 않아." 내 사랑하는 친구여, 당신은 영적인 사람입니다. 가서 심령이 연약한 그런 사람을 회복시켜 주십시오. 그의 발을 씻으십시오! 아주 뽐내며 거만하게 구는 다른 사람이 있습니다. 누군가 말합니다. "나는 그런 사람에게 절대로 굽히지 않을 테야." 나의 사랑하는 형제여, 그에게 가서, 그의 발을 씻어 주십시오! 하나님의 자녀에게 어떤 오물이 묻었을 때마다, 당신은 그 하나님의 자녀가 죄의 희생자가 되기 전에 그에게 가서, 겸손한 태도로 그 사람의 허물을 지적해 주고 제거하도록 도울 수 있습니다.

특별히 우리 중에 아주 고상한 사람들이 가장 천한 일을 하도록 애써야 합니다. "너희 중에 누구든지 으뜸이 되고자 하는 자는 모든 사람의 종이 되어야 하리라"(막 10:44). 그리스도 안에서 높아지는 길은 낮아지는 것임을 기억하십시오. 그분이 낮아지심으로써 높이 오르셨습니다. 우리 역시 그러해야 합니다. 모든 영예와 영광을 버리는 것이 우리의 가장 높은 영예이자 가장 큰 영광이라고 항상 간주합시다. 그리스도 예수를 위하여 수치와 능욕을 당하는 것이 영예와 영광을 얻는 길이라고 항상 기억합시다. 나는 이것이 이 교회에서 행해진다고 믿습니다. 나는 우리가 모든 계급의식에서 벗어나기를 바랍니다. 하나님께서 우리들을 계급의식의 모든 잔재들에서 건져 내시기를 바랍니다! 여러분은 형제들입니다. 서로 사랑하십시오. "낮은 형제는 자기의 높음을 자랑하고 부한 자는 자기의 낮아짐을 자랑할지니"(약 1:9-10). 여러분은 형제들이며, 여러분의 주님도 한 분이시며, 그리스도도 한 분이십니다. 여러분 모두가 여러분의 주님의 가르침을 최대한 이행하여, 서로의 발을 씻어 주기를 바랍니다. 여러분에게는 오늘 연보함에서 그 일을 행할 기회가 있습니다. 여기에 크게 빈궁한 연로한 사역자

들이 있습니다. 기부를 통해서, 당신이 이 하나님의 종들의 발을 씻을 수 있다고
믿습니다.

제
51
장

—

그분의 품에 기대어

—

"예수의 제자 중 하나 곧 그가 사랑하시는 자가 예수의 품에
의지하여 누웠는지라. 시몬 베드로가 머릿짓을 하여 말하되
말씀하신 자가 누구인지 말하라 하니, 그가 예수의 가슴에
그대로 의지하여 말하되 주여 누구니이까? 예수께서 대답
하시되 내가 떡 한 조각을 적셔다 주는 자가 그니라 하시고
곧 한 조각을 적셔서 가룟 시몬의 아들 유다에게 주시니" —
요 13:23-26

주님과 그분의 제자들이 성찬을 나누는 광경을 그려보십시오. 여기에 관심
을 집중하시기 바랍니다. 이상하게도 이 장면에서 서로 다른 두 인물이 만납니
다. 만났다가, 잠시 후에 헤어지고, 그리고 다시는 만나지 못합니다. 그들은 모두
예수님의 제자들인 것처럼 보입니다. 그 중 한 사람은 주님의 가슴에 의지한 채
로 있고, 또 한 사람은 '자그마한 가게'의 돈궤를 맡은 자입니다. 그들은 모두 저
위대하신 주님을 따르는 자들로 동등하게 신뢰를 받고 영예를 얻은 듯합니다.
겉으로만 보아서는 요한과 유다 중에 누가 더 좋은 사람인지 구분할 수 없습니
다. 아마도 당신은 요한의 부드러운 태도를 더 좋아했을지도 모릅니다. 하지만
우리 주님께서는 자질도 없는 자를 어떤 직무를 맡도록 선택하지 않으셨다는 차
원에서 볼 때, 아마도 차분하고 빈틈없으며 조용히 일을 처리하는 재능을 가진
유다도 칭찬할 수 있었을 것입니다. 의심할 여지 없이 당신은 그가 뛰어난 회계

담당자라고 여겼을 것입니다. 그들은 한 식탁에 앉았으며, 같은 일에 종사했으며, 상당히 같은 종류의 사람들처럼 보였습니다. 우리들 중에 누구도 그들 중 하나인 요한은 경건한 사람이고, 다른 하나인 유다는 악한 사람이라고 상상하지 못했을 것입니다. 둘 중 하나는 계시록을 기록한 선견자이며(seer), 다른 하나는 멸망의 자식이었습니다.

　　확실히 오늘 밤 바로 이 집에도 이상한 인물이 섞여 있을 것입니다. 그는 예수님이 사랑하시는 제자들의 식탁에 찾아옵니다. 우리는 그를 환영하며 이렇게 말합니다. "들어오세요, 주의 은혜를 받은 당신이여." 오호라! 여기에 멸망의 자식이 들어올 수 있습니다. 우리가 그를 쫓아낼 수 없는 것은, 우리가 그의 마음을 읽을 수 없기 때문입니다. 그런 사람도 한동안은 같이 행동하고 심지어 느끼는 점도 비슷합니다. 수년 동안 그런 상태가 지속될 수 있습니다. 겉으로 보아서 그들은 똑같이 진지한 듯합니다. 하지만 결정적인 날이 올 것입니다. 그 날에 우편에 있는 자 곧 신실한 제자는 사랑과 고결함을 유지한 채 주님의 품에 영원히 기대게 될 것이며, 좌편에 있는 자 곧 위선자는 반역자들에게 합당한 지옥의 끔찍한 종말을 면할 수 없을 것입니다. 이 모임에는 매우 엄중한 무언가가 있습니다. 하나의 공통적인 행위 속에, 동일한 주님을 섬긴다고 하는 무리 속에, 아주 이상하게도 서로 다른 성격의 인물들이 섞여 있는 것입니다. 요한이 여기 있습니다. 유다도 여기 있습니까? "주여, 나는 아니지요(Lord, is it I)?"라는 질문으로 출발해야 할 것 같습니다(마 26:22). 주님의 품에 가장 가까이 있는 자는 결코 배반자가 될 것 같지 않습니다. 요한처럼 그런 자리를 차지한 사람은 배반자가 아닙니다. 오, 예수님이 사랑하셨던 제자처럼, 예수님의 품에 의지하여 누웠던 그 제자처럼, 사랑의 열망이 우리에게 불타오르기를 바랍니다! 그렇다면, 우리가 비록 "주여, 나는 아니지요?"라는 질문을 한다 하더라도, 그 질문이 우리 마음에 오래 머물지는 않을 것입니다. 그분의 사랑이 우리 마음에 흘러들면 우리는 자기 점검의 모든 질문에 답하면서 이렇게 외칠 것이기 때문입니다. "주님 모든 것을 아시오매 내가 주님을 사랑하는 줄을 주님께서 아시나이다"(요 21:17). 만찬의 식탁에서 당신 자신과 당신의 형제들을 보십시오. 우리가 그 식탁에서의 열두 사람들과 같은 것은 아닐까요? 베드로, 야고보, 요한, 유다 등이 모두 살아서 오늘 밤 이 모임에서 떡을 떼고 있는 것은 아닐까요?

　　우리의 강해는 매우 단순할 것입니다.

1. 어떤 제자들은 주님의 특별한 사랑을 받는다.

첫 번째는 이것입니다. 어떤 제자들은 주님으로부터 특별한 사랑을 받습니다(are specially loved). 우리는 선택의 교리를 믿습니다. 하지만 선택의 교리는 일부 사람들이 생각하는 것보다 훨씬 더 멀리까지 확대됩니다. 선택 중에서도 선택(election in the midst of the election)이 있으며, 선택 안에 또 하나의 선택이 있습니다. 좀 더 넓은 원이 내부에 또 하나의 원을 포함하고 있으며, 훨씬 더 선별된 구성원들이 가장 내부적인 원을 형성합니다. 주님 주위에는 제자들이 있었습니다. 그들 중에 열둘이 있었습니다. 그 열둘 중에 셋이 있었습니다. 그 셋 중에 그분이 사랑하신 한 제자가 있었습니다. 주님이 지상에 계실 때 그분을 둘러싸고 일어났던 일은 좀 더 큰 차원에서 오늘날에도 교회의 중심이신 그분을 둘러싸고 일어나고 있다고 생각합니다. 아마도 요한에 대한 우리 주님의 애정은 부분적으로는 인간적인(human) 것이었습니다. 인간적인 부분에 대해서는, 비록 우리가 그리스도도 육신을 따라 알았으나 이제부터는 그렇게 알지 않습니다(고후 5:16). 요한에 대해 우리 주님이 가지셨던 단순한 인간적인 애정은 지나가버릴 수 있는 것이었습니다. 우리 주님께서 요한에 대해 가지셨던 애정은 마치 어떤 저명한 그리스도인이 다른 특정 신자들을 향해 가질 수 있는 애정, 즉 주님에 의해 교회의 지도자로 세워진 어떤 그리스도인이 그리스도의 사랑스러운 특징을 지닌 교회의 특정 구성원에 대해 가질 수 있는 애정과도 같은 것일 수 있습니다. 나로서는 그렇게 생각하지 않을 수 없습니다. 하지만 우리 주 예수 그리스도께서, 인자로서뿐 아니라 하나님의 아들로서의 전 인격으로, 요한을 다른 사람들보다 어느 정도 더 사랑하셨다는 것은 나에게 충격적입니다. 우리는 그분이 제자들 모두를 사랑하셨다는 것을 압니다. 우리 형제가 방금 요한복음 13장을 읽었을 때 이 말씀들이 얼마나 아름다운 음악처럼 들렸던가요? "세상에 있는 자기 사람들을 사랑하시되 끝까지 사랑하시니라"(1절). 그분은 제자들 중 일부만을 사랑하신 것이 아니며, 그들 모두를 사랑하셨습니다. 그분은 그 때 자기 사람들 모두를 사랑하셨으며, 지금도 자기 사람들 모두를 사랑하십니다. 예수님의 마음속에는 자기의 모든 백성들을 향한 무한한 사랑이 있습니다. 만일 그 사랑에 어떤 등급들이 있다면, 가장 낮은 등급의 사랑도 상상할 수 없을 정도로 큽니다. 하나님의 가족 중에 가장 작은 자일지라도 "그분이 나를 사랑하셨고, 나를 위해 그분을 주셨습니다"라고 말할 수 있습니다. 그분은 인간의 모든 생각을 뛰어넘는 사랑으로 우리를 사랑하셨기 때문에, 인간의 모든 표현으로도 그것을 다 표현하지 못합니다. 영원하신 아버지의 크신 가슴, 영원하신 아들의 크신 가슴, 복되신 성령님의 크신 가슴, 삼위일체 하나님의 크신 가슴은 하나님의 백성으로 택함을 입은 모든 자들을 향해, 구속받은 모든 자들을 향해, 부름을 받은 모든 자들을 향해, 거룩하게 된 모든 자들을 향해 사랑으로 박동합니다. 우리는 이것을 확신하고 있습니다. 하지만 그 사랑에도 이러한 차이가 있으며, 지상에서 어떤 이들은 다른 사람들보다 그 사랑을 더 크게 누리고 있습니다.

　　사실, 하나님의 사랑이 다른 사람들의 경우보다 어떤 사람들에게 더 분명하게 나타나는 것은 확실합니다. 내 사랑하는 형제들이여, 여러분은 이런 경우가 있다는 것을 알아야 합니다. 우리들 가운데는 하나님과 동행하며, 여호와의 얼굴빛을 항상 즐거워하는 사람들이 있습니다. 그들은, 고통으로 눌릴 때에 그들의 짐을 주께 맡기는 기술을 습득했으며, 곧 그 짐으로부터 벗어납니다. 당신이 그들을 알듯이, 그 형제들은 언제나 노래하고 있는 듯이 보입니다. 예수님께서 그들의 친구이시고, 그들은 그분 안에서 즐거워하기 때문입니다. 구약 성경에는 "큰 사랑을 받은 사람"(a man greatly beloved, KJV. 한글개역개정판은 "큰 은총을 받은 사람"으로 되어 있음)이라고 불렀던 이가 있었습니다(단 9:23; 10:19). 지상에는 지금도 '다니엘들'(Daniels)이 있습니다. 여전히 그리스도께는 여성들 중에서 그분이 사랑하시는 '마리아들'(Marys)이 있습니다. 그분은 마르다 역시 사랑하셨습니다. 하지만 마리아를 위한 특별한 사랑의 여지가 있었습니다. 예수님에게는 여전히 그분이 특별히 사랑하시는 요한들(Johns)이 있습니다. 그분은 베드로와 니고데모와 나다나엘을 사랑하시며, 그들 모두를 사랑하십니다. 하지만 여전히 다른 사람들보다 그분의 사랑을 더 많이 알고 있고, 더 많은 사랑 속에 살며, 더 많은 사랑을 받아들이고, 더 많은 사랑을 반사하는 사람들이 있습니다. 나중 된 자들 뿐 아니라 먼저 된 자들이 있습니다. 모두가 이스라엘일 수 있습니다. 하지만 모든 지파들이 유다 지파는 아니며, 유다 지파의 모든 사람들이 다윗은 아닙니다. 은혜에도 등급(degrees)이 있다는 것을 누가 부인하겠습니까? 우리들 중에는 아기들도 있으며, 젊은이들도 있으며, 아버지들도 있지 않습니까? 먼저 잎이 나고, 다음에 이삭이 나고, 다음에 이삭 속에 가득한 알갱이가 나는 것이 아닙니까? 비록 내가 은혜의 등급을 적극 찬동하거나 혹은 적극 반대하는 주장을 펼치지는 않겠지만, 그럼에도 확실한 것은, 은혜에도 정도의 차이가 있으며 특히 예수님의 사랑을 누리는 정도에서 차이가 있음을 우리가 눈으로 목격한다는 것입니다. 주님을 진정으로 사랑하는 이들 중에서 그분께 진정으로 사랑을 받는 이들이 있으며, 별과 별의 영광이 다르듯이(고전 15:41), 사랑의 영광에 있어서 다른 사람들과 다른 이들이 있습니다.

왜 요한이 "그가 사랑하시는 자"라고 표현했겠습니까? 분명 그것이 그가 다른 사람들보다 자연적으로 서열상 더 높기 때문은 아닙니다. 다른 대부분의 제자들처럼 그는 어부였고, 출생에 있어서 야고보와는 동일하며 그의 형제였습니다. 우리 복되신 주님께서는 어떤 재능의 뛰어남 때문에 요한을 더 사랑하신 것도 아니었습니다. 요한의 계시록과 복음서가 어떤 면에서는 계시된 성경 중에서도 아주 고상하며, 가장 단순하면서도 가장 신비로운 부분이기는 합니다. 하지만 우리는 그것 때문에 요한이 원래부터, 혹은 바울처럼 교육에 의해, 아주 위대한 정신을 가진 사람이었다고 말해서는 안 됩니다. 그는 주님이 주신 만큼의 재능을 가지고 있었으며, 그 자신으로서는 사랑을 받을 이유가 될 만한 특별한 재능이 아무것도 없었습니다. 그런 생각을 깨끗이 사라지도록 하기 위해 한 마디 하자면, 예수님은 결코 재능 때문에 사람들을 사랑하시지 않습니다. 만일 우리 자신들도 재능 때문에 누군가를 사랑한다면 지혜롭지 못합니다. 이런 것들은 그 사람의 외부적인 것들입니다. 우리 주님이 요한을 특별히 사랑하신 것은, 그보다는 더 나은 이유 때문입니다.

왜 우리의 복되신 주께서 요한을 다른 사람들보다 더 사랑하셨을까요? 나는 그분이 선택의 주권을 행사하신다고 대답하는 수밖에 없습니다. 저 신성한 마음의 활동에 대해서 "왜, 무엇 때문에"라고 묻는 것은 우리의 할 일이 아닙니다. 분명, 하나님의 아들의 사랑보다 자유로운 것은 없습니다. 그분의 뜻대로 사랑하실 뿐입니다. 질문의 여지 없이 그분에게는 그렇게 하실 권리가 있습니다.

하지만 우리가 만일 경건한 마음으로 예수님의 친밀한 사랑을 들여다보기로 시도한다면, 우리는 요한에게서 은혜로 말미암은 아주 사랑스러운 영(loving spirit)을 볼 수 있을 것입니다. 사람들은 자기와 닮은 사람들을 좋아합니다. 예수님께서도 인간으로서 요한을 사랑하신 것은, 은혜의 과정을 통해 요한 속에 예수님의 형상이 잘 나타났기 때문입니다. 요한은 그의 주님을 닮았고, 그래서 많은 사랑을 받았습니다. 그에게는 베드로와 야고보와 다른 뛰어난 사람들에게 있는 어떤 자질들이 부족했을 것입니다. 하지만 사랑에 있어서는 그들 모두를 능가했습니다. 그는 애정으로 가득했고, 그래서 주님께서 한때 그를 최상의 동료이자 최상의 친구로 선택하신 것입니다. 거기서 당신은 그리스도의 마음에 이르는 길을 배웁니다. 당신 자신의 마음이 사랑으로 가득하게 하십시오. 그러면 그분의 사랑을 알 것입니다. 당신이 아시다시피, 그분이 당신을 사랑하시는 것은 당신 속에 있는 어떤 것과도 무관하며, 오직 그분의 풍성한 은혜와 주권입니다. 하지만 그 사랑의 특별한 현시(顯示)와, 그 사랑의 개인적인 향유를 위해서, 당신은 그분을 많이 사랑해야 합니다. 당신에게 크게 필요한 것은 큰 머리가 아니라 큰 가슴입니다. 당신은 더 많은 지식이 아니라, 더 많은 애정을 가져야 합니다. 사회에서의 더 높은 서열이 아니라, 예수님과 당신의 동료 인간들을 사랑할 능력에 있어서 더 높은 서열이 필요합니다. 자신을 더 적게 사랑하고, 예수님을 더 많이 사랑하면, 그 때 당신은 그분의 사랑을 더 많이 누릴 것입니다.

요한에게 이 사랑의 영(loving Spirit)이 있었기에 우리 주 예수 그리스도께서 그를 다른 사람들보다 더 사랑하셨으며, 이 사실에서 요한은 다른 사람들이 갖지 못한 확신을 얻을 수 있었습니다. 그 이상을 제시하도록 하겠습니다. 확실히, 요한은 예수님에 의해 유언집행자로 지명되어, 그분의 유언과 지상의 모든 재산들에 대한 처분권을 맡은 듯이 보입니다. 당신은 내게 이렇게 말할 것입니다. "주님에게 무슨 재산이 있었던가요?" 물론이지요. 그분에게는 매우 아끼는 재산이 한 가지 있었습니다. 그리고 마지막 유언으로써 지상에서의 그 한 가지 재산에 대한 처분을 당부하기까지는 죽으실 수가 없었습니다. 그것은 바로 그분의 모친이었습니다. 예수님은 모친을 사랑하셨고, 그녀를 많이 걱정하셨습니다. 그래서 마지막 순간에 요한에게 그녀를 부탁하는 당부를 남기셨던 것입니다. 예수님이 "여자여 보소서 아들이니이다"라고 하시고 또한 "네 어머니라"고 말씀하셨을 때(요 19:26-27), 만일 그 이전에 그 문제에 대해 조용한 언급이 없었더라면, 요한은 그 의미를 이해하지 못했을 것입니다. 나는 예수님께서, 인간으로서, 지상에서의 유일한 걱정거리를 요한에게 말씀하셨다는 것과, 그분이 떠나서 무덤에 잠들어 계신 동안에도 모친이 여전히 돌봄을 받기를 원하셨으며, 그래서 요한의 돌봄에 그녀를 맡기셨다는 것을 의심하지 않습니다. 만일 당신이 예수 그리스도를 매우 많이 사랑한다면, 그분은 당신의 책임 하에 무언가를 맡기실 것이 틀림없습니다. 당신이 그분을 더 많이 사랑할수록, 그분은 다른 사람에게 맡길 수 없는 더 많은 것을 사랑의 당부와 함께 당신에게 맡기실 것입니다. 지금껏 내가 알아왔던 그분은 어떤 사랑하는 자녀나 혹은 어떤 연로한 성도를, 그가 사랑하시는 신자에게 돌보라고 맡기시는 분이었습니다. 그들은 만일 예수님이 이렇게 말씀하시지 않았더라면 돌봄을 받지 못했을 사람들이었습니다. "나는 이 연로한 성도를 사랑한다. 그를, 그녀를 누구의 돌봄에 맡긴다. 그가 나를 사랑하므로 그는 나를 위해 이 가련한 성도를 돌보아 줄 것이다." 여러분 중에 어떤 이들은 아무도 돌보지 않습니다. 그리스도께서 당신에게 무언가를 맡기시는 것에 대해 당신은 거의 알지 못합니다. 그분이 당신에게 어떤 것도 맡기지 않으셨습니다. 그분의 특별한 사랑의 증표가 없는 것을 생각하면 당신은 슬프지 않습니까? 예수님과 어떤 영혼 사이에 친밀한 사랑이 확실히 있다면, 그분은 그 영혼에게 감당해야 하고, 돌보아야 하고, 슬퍼해야 하고, 혹은 어떤 식으로든 거룩한 위임이 될 만한 무언가를 맡기십니다. 이런 식으로 사랑은 할 일과, 증거와, 표현을 얻는 것이며, 사랑은 그런 것을 갈망합니다. 나는 나의 주님이 나를 사랑하시는 것을 압니다. 그리고 나는 그분의 사랑 안에서 즐거워합니다.

그리고 때때로 내가 이 큰 교회와, 대학과, 고아원과, 그 외에도 섬겨야 할 많은 일들을 생각할 때에, 나는 이렇게 하소연해 왔습니다. "내가 이 모든 무리를 낳았나이까? 내가 어찌 그들 모두를 내 품에 안고서, 그들의 슬픔을 지고, 그들의 고통으로 함께 고통을 당해야 합니까?" 그리고 그에 대한 응답은 내게 언제나 이런 식으로 오는 듯 하였습니다. "네가 나를 사랑하니, 내가 너에게 이 영혼들을 맡기고, 나를 위해 그들을 돕고 돌보라고 하는 것이다." 당신도 마찬가지로 돌보아야 할 주일학교 학급이 있으며, 혹은 돌보아야 할 가정들이 있습니다. 예수님을 위해서 그들을 돌보십시오. 오직 소자 한 사람만 있더라도, 예수님이 하시는 말씀을 들어보십시오. "나를 위해 이 아이를 맡아 돌보아 주거라. 내가 너에게 상을 주리라." 여러분 각자는 맡은 것이 있습니다. 만일 없다면, 나는 당신이 유다일까 염려스러우며, 당신이 요한이라고는 생각할 수가 없습니다. 당신과 주님 사이에 요한과 예수님 사이에 있었던 사랑이 있었더라면, 예수님께서 당신의 귀에 속삭이며 누군가에 대해 이렇게 말씀하셨을 것입니다. "그를 돌보라. 나를 위해 그를 돌보아 주거라." 그리고 당신은 이렇게 대답했을 것입니다. "주님, 그렇게 하겠습니다. 저에게 주님을 위해 해야 할 더 많은 일을 주신다면, 저는 더 행복할 것입니다. 왜냐하면 제가 주님을 사랑하기 때문이며, 또한 이것이 주님이 저를 사랑하심을 증명하기 때문입니다."

여기까지가 첫 번째 요점입니다. 우리는 예수님께서 제자들 중 어떤 이들을 다른 사람들보다 더 사랑하시는 것을 보았습니다.

2. 예수님의 사랑을 받는 이들은 그것을 가장 큰 영예로 간주한다.

이제 두 번째로, 예수님의 사랑을 받는 이들은 그것을 그들의 가장 큰 영예(their greatest honour)로 간주한다는 것을 살펴볼 것입니다. 이는 본문에서 아주 명백하게 나타납니다. 이 말씀을 기록했던 요한은 자기 자신에 대해 이렇게 부릅니다. "예수의 제자 중 하나 곧 그가 사랑하시는 자"(23절). 나는 이 외에도 그가 자신에 대해 "예수님이 사랑하시는 그 제자"(that disciple whom Jesus loved)라고 세 번이나 말했다고 생각합니다(참조. 요 19:26; 20:2; 21:7,20). 그는 주님의 사랑을 받은 것을 자기 이름처럼 여겼으며, 그는 명백히 주님의 사랑을 가장 큰 영예로 간주했습니다. 이것이 요한의 아주 유명한 칭호였습니다. 마치 영국 여왕의 종이, 여왕을 섬기는 일에서 인정을 받고 어떤 지역의 영주가 되고서, 그곳 지명을 일종의 영예의 이름으로 간주하는 것처럼(예를 들어 'Earl of Essex: 에식스 백작'처럼 - 역주), 요한은 출생 시에 받은 이름을 빠뜨리고 그 대신 "예수님이 사랑하시는 그 제자"의 칭호를 쓰고 있습니다. 마치 가터(Garter) 혹은 황금의 양털(Golden Fleece)에 속한 기사가 국왕의 영예의 표지를 부착하고 있는 것과도 같습니다. 하지만 사랑하는 여러분, 그가 그것을 영예로 간주하였지만, 조금도 그것을 자랑하는 기미는 없으며, 그것으로써 육신의 영광을 취하려는 시도도 전혀 없습니다. 사랑의 느낌은 우리를 행복하게 하는 것이지, 거만하게 하는 것이 아닙니다. 예수님이 나를 사랑하시는 것을 내가 어떻게 거만하게 자랑할 수 있겠습니까? 당신이 그분의 사랑을 받는다면, 당신은 그것을 전혀 당신 자신의 공로로 느끼지 않을 것입니다. 오직 그분이 당신을 사랑하시는 것에 놀라워하고, 그분이 사랑하시는 것에는 당신에게 그럴만한 이유가 있기 때문이라는 생각은 결코 머릿속에 들어오지 않을 것입니다. 당신은 사랑의 칭호를 얻을 것이지만, 그 영예를 다시 예수님께 돌려드릴 것이며, 종종 이렇게 말할 것입니다.

"내가 죽게 될 때, '저를 받아주소서'라고 외치리라.
예수님이 나를 사랑하신 것에 대해, 나는 이유를 알 수가 없네."

당신은 주님께서 당신을 왜 그토록 특별히 사랑하시는지에 대해 말할 수 없을 것입니다. 이것은 영원한 경이(驚異)일 것입니다. 하지만 주님의 사랑을 받는 경험에는 어떤 교만도 없을 것이며, 자기 칭찬을 부추길 어떤 것도 없을 것입니다. 당신은 그분의 비길 데 없는 사랑을 부인하는 일을 악하다고 느낄 것이지만, 그러면서도 그것 때문에 다른 사람들에게 육신적으로 뽐내지는 않을 것입니다. 예수님의 사랑을 의심하는 걸치레의 겸손에는 교만이 있을 수 있지만, 그 사랑의 수용에는 어떤 교만도 없습니다. 왜냐하면 당신 자신은 너무나 명백하게 그 사랑을 받을 가치가 없으며, 어느 누구도 당신 속에 있는 어떤 선함 때문에 예수님이 당신을 사랑하실 수 있었다고는 꿈도 꾸지 않을 것이기 때문입니다.

자, 만일 요한이 교만했더라면 그는 이 칭호를 이렇게 바꾸었을 것입니다. 그는 "예수님을 사랑했던 그 제자"(that disciple who loved Jesus)라고 말했을 것입니다. 이것은 사실일지는 모르지만, 겸손하지는 않은 것입니다. 요한과 예수님 사이에는 사랑의 상호관계가 있었으며, 요한의 마음도 그것을 인지했을 것입니다. 만일 예수님이 그를 사랑하셨다면, 그도 예수님을 사랑했을 것입니다. 하지만 요한은 결코 그 자신을 "예수님을 사랑했던 그 제자"라고 부르지 않았습니다. 예수님의 사랑의 임재 안에서, 그는 자기 자신의 사랑은 전적으로 언급할 가치조차 없는 것으로 느꼈습니다.

이 칭호를 취함에 있어서 교만이 없었음을 우리에게 보여주기 위해, 그가 "요한이 예수님이 사랑하시는 그 제자였다"라고 말하지 않는 것에 또한 유의하십시오. 우리는 다른 사실들을 통해 그가 요한이었다는 것을 압니다. 초대 교회의 모든 전통과 전승들이 그가 요한이었다고 증언합니다. 우리들 중 누구도 그가 요한이었다는 사실을 의심하지 않습니다. 사실 그것은 이미 누설되었습니다. 하지만 요한은 어디에서도 자신이 바로 그 사람이라고 말하지 않습니다. "예수님이 사랑하시는 그 제자"가 그가 말한 전부입니다. 그렇게 함으로써 그는 그 사랑을 받은 사람보다도 그 사랑 자체를 더 두드러지게 합니다. 우리는 많은 근거들을 통해 그가 요한임에 틀림없다는 것을 압니다. 하지만 그는 여전히 그렇게 말하지 않습니다. 그는 요한을 예수님의 사랑 뒤에 감춥니다. 그것이야말로 요한이 그리스도의 사랑을 드높였으며, 자기중심적으로 그것을 자랑하지 않았다는 것을 입증합니다. 벵겔(Bengel)에 따르면 요한의 이름은 '여호와의 사랑'을 의미합니다. 크루덴(Cruden)의 성구사전에서, 인명의 의미에 관한 용어 색인을 찾

아보면, 그가 요한의 이름을 '여호와의 은혜' 즉 '하나님의 은혜'로 표현한 것을
알 수 있을 것입니다. 벵겔은 그것을 '주의 사랑'으로 읽었습니다. 요한은 그런
식으로 그 이름을 약간 바꾸어서 '예수님이 사랑하시는 자'로 표현한 것입니다.
그가 이름을 히브리 식으로 표현했다면 그 의미를 제대로 표현하기가 어려웠을
것이므로, 약간 바꿀 필요가 있었을 것입니다. 때때로 사람들이 신분을 이어받
을 때, 그런 상황에서 이름을 바꾸기도 합니다. 이런 경우 그 이름은 "하나님의
사랑을 받은 자"에서 "예수 그리스도의 사랑을 받은 자"로 약간 바뀌었습니다.
그러므로 실제적인 의미에서는 달라진 것이 없습니다. 그렇지 않습니까? 그가
"예수님이 사랑하신 그 제자"라고 말했을 때, 그것은 실상 요한이라는 이름을
"길게 늘여서 쓴"(written large) 것이었습니다. 그것이 전부입니다. 그 칭호는 신
약성경 시대에 약간 변경된 요한입니다. 예수 그리스도께 밀접하게 연관됨으로
써, 옛 이름이 더 아름답고 향기로운 이름이 된 것입니다. 예수님과 친밀하게 연
관됨으로써, 예수의 이름을 제외하고는 요한보다 더 달콤한 이름은 없습니다.
이반(Ivan)이나 에반(Evan)처럼, 그 이름은 아주 복음적으로 들립니다. 그 이름
은 기독교권에서 많은 다양한 형태로 존재하는 흔한 이름입니다. 가장 고상한
제자들 중에 많은 사람들이 그 이름을 가지고 있습니다. 요한 크리소스톰(John
Chrysostom)에서부터 요한 칼빈(John Calvin)에 이르기까지, 또한 존 번연(John
Bunyan)에서부터 존 웨슬리(John Wesley)와 존 뉴턴(John Newton)에 이릅니
다. 어떤 경우든 예수님의 사랑을 받는 영예는 요한이라는 그 이름 자체보다도
더 큽니다. 그러므로 그렇게 주장할 수 있는 사람은 복됩니다!

　　이와 같이 예수님이 다른 사람들보다 더 사랑하신 어떤 사람들이 있으며,
또한 이 사람들은 언제나 그 사랑을 가장 높은 영예로 간주했습니다.

3. 이 특별한 사랑은 특별한 은혜들을 가져다준다.

　　한 단계 더 나아가도록 합시다. 세 번째의 요점으로서, 이 특별한 사랑은 그 사
랑을 받는 사람들에게 특별한 은혜들(special privileges)을 가져다줍니다.

　　먼저, 그 사랑은 요한에게 그의 주님이신 예수님을 아주 가까이 하는(being very
near to Jesus) 특전을 가져다주었습니다. 그 저녁 식탁에서 그는 예수님이 자리
잡으신 곳 가장 가까이에 있었습니다. 여러분이 아시다시피 그들은 식탁을 따라
기대고 있었으며, 왼손으로는 기대고 오른손으로는 음식을 널어 먹는 모양이었

습니다. 자, 여기 요한이 있는 바로 그곳에 예수 그리스도께서도 자리를 잡고 계십니다. 요한이 몸을 약간 뒤쪽으로 기울이면 거기에 그가 머리를 기댈 수 있는 예수님의 가슴이 있습니다. 나는 요한이 "주여 누구니이까?"라고 물었을 때(25절), 그는 고개를 돌리고서 예수님의 귀에 대고서 말했다고 추측합니다. "그가 예수의 가슴에 그대로 의지하여 말하되 주여 누구니이까?" 아무도 그가 한 말을 듣지 못했습니다. 그가 머리를 저 거룩하신 품에 의지하여 누웠을 때 그가 한 말은 귀에 대고 하는 속삭임이었습니다. 그 대답 역시 요한을 제외하고는 누구에게도 들리지 않았습니다. 그가 가장 가까운 위치에 있었던 것은 그가 가장 사랑을 많이 받았기 때문이었습니다. 그가 사랑에 있어서 가장 친밀했기에 교제에 있어서도 가장 가까웠던 것입니다. 자, 사랑하는 여러분, 만일 당신이 그리스도에게 최상의 사랑을 받는다면, 당신은 그분 가장 가까이에서 살게 됩니다. 나는 그것을 확신합니다. 만일 당신이 그분을 최상으로 사랑하면, 그분이 당신을 최상으로 사랑하시며, 당신은 다른 사람들보다 더 많이 기도할 것이며, 다른 그리스도인들보다도 예수님과 단 둘이 보내는 데에 더 많은 시간을 쓸 것입니다. 당신은 간구와 찬미에서 더 풍성해질 것입니다. 그분의 말씀을 더 부지런히 읽을 것이며, 그 속에서 더 큰 기쁨을 얻을 것입니다. 또한 당신은 그분을 위해서 더 구별된 모습으로 살 것입니다. 당신의 전 시간을 그분과 동행하며 보낼 것입니다. 집에서나, 들에서나, 혹은 가게에서 일할 때에도, 당신은 여전히 그분과 함께 있을 것입니다. 만일 당신이 다른 사람들보다 더 사랑을 받는다면, 당신은 매일같이 이런 노래를 부를 것입니다.

> "주님 생각을 하지 않으면
> 낮도 어둡고 밤은 길며,
> 주님에 대한 주제가 아니라면
> 달콤한 노래도 침울할 뿐이랍니다."

그런 사람은 언제나 주님으로 인해 즐거워하고, 항상 마음을 청결하게 유지합니다. 우리 주님의 기쁨은 그분을 기뻐하는 자들과 함께 하시는 것입니다. 당신이 예수님께 사랑스러운 자라면 그분과 가까워질 것입니다. 그 두 가지는 동반하는 것입니다. 만일 당신이 깨어진 교제의 관계 속에서 멀리 떨어져 추운 곳에 살고 있다면, 당신의 주님이신 예수 그리스도의 사랑을 의식하며 즐거워하는 것도 매우 희박할 것이라고 나는 확신합니다. 가장 사랑스러운 자가 가장 가까이에 있는 법입니다. 그것이 첫 번째 특전입니다.

　두 번째 특전은 총애의 증표들을 받고 활용하는 것(using and receiving tokens of endearment)이었습니다. 요한은 예수님의 품에 머리를 기대고서 그분의 얼굴을 쳐다보았으며, 예수님 역시 그를 내려다보셨습니다. 상호간의 애정이 있었습니다. 예수님께서 그를 사랑하셨고, 그도 예수님을 사랑했습니다. 그날 밤, 복되신 주님께서 고민되실 때, 그분은 함께 있을 친구를 원하셨고, 요한이 필요하다고 느끼셨습니다. 비록 그가 그분을 도울 수 없었더라도 말입니다. 예수님은 요한의 교제와 공감이 필요하다고 느끼셨고, 그것이 요한으로 하여금 더 쉽게 그 머리를 예수님의 품에 기댈 수 있게 했습니다. 요한으로서는, 이렇게 주님의 품에 기대고 있는 것이 이 땅에서 천국을 누리는 것과도 같았을 것입니다. 그는 그것을 세 번씩 언급합니다. 두 번은 이 단락에서 언급하고(23,25절), 한번은 이 복음서의 마지막 장에서 언급하는데(21:20) 거기서는 굳이 언급할 필요가 없었습니다. 그는 주님의 품에 머리를 기대었던 적이 있었음을 생생히 기억하고 있었으므로, 베드로와 그 자신에 대해 말할 때에 그것을 언급해야 했던 것입니다. 그는 이렇게 말합니다. "그는 만찬석에서 예수의 품에 의지하여 '주님, 주님을 파는 자가 누구오니이까?' 묻던 자더라"(21:20). 그가 그 사실을 반복할 필요가 있었던 것은 그 일이 그에게 너무나 큰 기쁨이었기 때문입니다. 오 사랑하는 여러분, 우리는 이제 육체를 따라서는 예수님의 품을 만질 수도 없습니다. 그분이 높은 곳에 오르셨기 때문입니다. 하지만 여전히 주 예수님과 그분이 사랑하시는 제자들 사이에는 아주 달콤한 영혼의 애정이 있습니다. 나는 그 사랑의 비밀들을 널리 퍼뜨릴 수는 없습니다. 이런 것들은 그 비밀들을 아는 자들을 위한 것이며, 누구에게나 개방된 것은 아니기 때문입니다. 참된 마음들 사이에서 나누는 최상의 밀담은 거리에 공표되는 것이 아닙니다. 조롱의 주제가 되지 않도록 하기 위함입니다. 진주를 돼지에게 던져서는 안 됩니다. 하지만 내 말을 믿으십시오. 지금 이 순간 우리는 예수님의 사랑을 친밀하게 누리고 있으며, 혹은 적어도 우리가 누리는 것이 가능합니다. 설혹 그분이 여기에 계시고, 우리가 그분의 품에 우리 머리를 기댈 수 있다고 해도, 그것이 우리의 영혼에 아낌없이 부어지는 애정보다 더 달콤하거나 더 확실한 것은 아닙니다. 진실로 우리는 예수님과 교제를 나누고 있으며, 그 교제는 꿈이나 공상이 아닙니다. 우리는 꾸며낸 이야기를 말하는 것이 아니며, 다른 사람들이 경험해 온 것을 간접적으로 전하는 것도 아니며, 오직 우리가 개인적으로 누리고 있는 것들에 대해 말하는 것입니다. 예수님이 많이 사랑하시는 자들이 사적으로 누리는 특전들 중의 하나는 친밀한 교제입니다. 우리가 그것을 아는 것은, 그것이 우리의 특전이었기 때문입니다. 나는 여러분 중 많은 이들이 구주의 친밀한 사랑을 향유하는 복된 삶에 대해서 알기를 바랍니다. 그것을 결코 잃어버리지 말기를 바랍니다!

세 번째 혜택이 있습니다. 총애를 받아 주님을 가까이하는 것뿐 아니라, 주님을 향한 담대함(confidence towards the Lord)에 관계된 혜택입니다. 확실히, 요한이 그의 머리를 그리스도의 품에 기댄 것은 담대한 것이었습니다. 주님께서는 이렇게 말씀하시지 않았습니다. "안 된다, 요한. 나는 너의 스승이자 너의 주님이다. 마치 내가 너와 동등한 것처럼 이렇게 행동해서야 되겠느냐?" 그렇게 하지 않으셨습니다. "내게 오는 자는 내가 결코 내쫓지 아니하리라"(요 6:37)는 저 복된 말씀의 의미는, 우리가 일반적으로 생각하는 것 외에 다른 방향으로도 흘러갑니다. 만일 당신이 가장 열정적인 방식으로 예수님께 온다고 해도, 그분은 당신을 쫓아내지 않으실 것입니다. 당신의 머리를 그분의 품에 기댄다고 해도, 그분은 당신의 머리를 밀어내지 않으실 것입니다. 설혹 요한이 담대하게 실행했던 것보다 더 친밀한 방식으로 당신의 품을 그분의 품에 밀착시킨다 해도, 이전에 그분께 오던 모든 방식을 뛰어넘어 그분께 온다고 하더라도, 예수님은 그분을 믿는 백성 중 어느 누구의 접근도 싫어하시지 않습니다. 우리는 예수님을 향해 너무 형식적이고 너무 거리를 두기 때문에, 그분과의 사랑의 교제에서 상당 부분을 잃어버리고 있습니다. 우리는 예수님에 대해 이렇게 생각하는 듯이 보입니다. 즉 그분이 사람들 가운데 오신 것은 그들이 하나님으로부터 얼마나 떨어져 있는지를 보이기 위해서이며, 그들의 형제가 되시고 또한 그들에게 하나님을 나타내시기 위해서가 아닌 것처럼 생각하는 듯합니다. 예수님은 우리의 마음에 다가오시기를 원하십니다. 그분은 우리의 사소한 것에도 관심을 기울이십니다. 용기를 내어 그분을 가까이 하도록 합시다. 우리의 찬양이 그것을 잘 표현하고 있습니다.

"그분에 대해 단순해지도록 하세,

주저하지도 말고, 경직되거나, 냉정하지도 말길 바라네.
마치 옛 시내 산이었던 것이
우리의 베들레헴 동네가 될 수 있었듯이."

　그분에게 기대십시오. 그리스도의 품에 기대십시오. 그분은 우리를 사랑하시며, 우리를 위해 자기 자신을 내주셨습니다. 당신의 주님을 신뢰하고 담대하십시오. 당신의 근심의 모든 짐을 맡기고, 당신의 모든 무거운 짐과 관심사들을 그분께 맡기십시오. 그러고 나서 즐거이 그분의 품에 기대도록 하십시오. 요한에게는 은혜의 담대함이 주어졌고, 그는 그것을 주님을 향해 옳게 활용했습니다.

　확실히 그에게는 큰 자유(great liberty)가 주어졌습니다. 요한이 이렇게 머리를 주님께 기댐으로써 버릇없이 행동했다고 말한 사람들이 있었습니다. 어떤 왕이나 왕후도 주님의 품에 감히 머리를 기대기를 바랄 수 없습니다. 그래서 어떤 이들은 그가 모든 사람들 중에 가장 큰 영예를 얻었기는 했지만, 크게 버릇없이 굴었다고 말하곤 했습니다. 하지만 요한은 버릇없이 굴지 않았습니다. 주님께서 친히 그렇게 가까이 할 수 있는 담대함을 주신 것입니다. 큰 사랑에는 어떤 것에도 방해받지 않고 담대하게 나아갈 수 있는 담대함이 있습니다. 사랑은 아버지 집의 모든 방문을 열 수 있는 열쇠를 가지고 있습니다. 사랑은 낙원의 어디든 다닐 수 있습니다. 사랑은 하나님의 마음을 읽을 수 있습니다. 사랑은 원하는 곳에 갈 수 있고, 어떤 제재도 받지 않습니다. 요한은 우리 구주께 이렇게 말했습니다. "주여 누구니이까?" 예수님이 그를 내려다보시고 말씀하실 때, 마치 다른 사람들은 전혀 알기를 원치 않으시는 듯이 그에게 대답하셨습니다. "내가 떡 한 조각을 적셔다 주는 자가 그니라"(26절). 요한은 잠시 동안 지켜보아야 했습니다. 이런 일이 있을 법한 일이 아닌지는 모르겠습니다. 요한이 여기에 있고, 다음에 예수님이 계시고, 그 다음에 유다가 있는 것입니다. 유다가 예수님께 상당히 가까이 있었을 개연성이 큽니다. 만일 사람이 당신의 지갑을 가졌다면 당신은 그가 가까이 있기를 바랄 것입니다. 그래야 그에게 그 돈으로 해야 할 일이 무엇인지를 일러줄 수 있기 때문입니다. 예수님께서 몸을 돌이켜 떡 한 조각을 적셔서 유다에게 주셨을 때, 요한은 그 행동의 의미를 알았습니다. 구주께서 "내 떡을 먹는 자가 내게 발꿈치를 들었다"(18절)는 말씀을 하시고 또한 제자들이 각각 "주여,

나는 아니지요(Lord, is it I)?'라고 물었을 때, 유다의 양심이 괴로웠을 것이라고 나는 생각합니다. 유다 스스로도 그 질문을 한 번 하였습니다(참조. 마 26:25). 하지만 이내 그는 잠잠했고, 안심했으며, 주님께서 동양의 습관대로 떡 조각을 접시의 소스에 찍어서 그에게 건네 주시기까지는 발각되지 않을 것이라고 생각했습니다. 심지어 그 때조차 유다는 이렇게 생각했을 것입니다. '이것은 큰 우정의 행동이야. 그분은 분명히 나를 아주 신뢰하고 있어서, 내 일을 알아채지 못하셨을 거야.' 떡 한 조각을 적시어 주는 것이 발각된 반역의 징표인 것을 그는 알아차리지 못했습니다. 그 때 유다는 기분 좋은 대답을 얻을 것을 기대하면서 이렇게 말했습니다. "랍비여 나는 아니지요?" 하지만 예수님은 "네가 말하였도다"라고 대답하시고(마 26:25) 이런 말씀까지 더하셨습니다. "네 하는 일을 속히 하라"(요 13:27). 그렇게 해서 그 문제는 종결되었습니다. 하지만 요한은 여기에서 보듯이 그리스도 편에서 친근한 확신을 얻었습니다. 그는 예수님의 심중에 대해 여쭈었고, 예수님께서는 그분의 심중에 있는 일을 그에게 말씀해 주셨습니다. 그는 그리스도께 갈 수 있는 자유가 있었습니다. 아, 형제들이여! 당신은 기도의 생활에 있어서, 마치 어떤 제약 때문에 기도할 수 없는 듯이 느껴지는 때가 없습니까? 최상의 성도들도 어떤 점에서는 제한을 받을 것입니다. 사람들이 당신을 찾아와서 이 문제로 기도해 주기를 요청합니다. 하지만 당신이 보좌로부터 그럴 자유를 얻지 않으면 그렇게 기도할 수 없습니다. 하나님께서 믿음의 기도를 하도록 당신에게 허락하시면, 당신은 그 기도를 할 수 있습니다. 하지만 당신 자신의 뜻대로 기도할 수는 없습니다. 아주 자주 믿음의 기도를 할 수 있는 사람, 그리스도의 신비들을 가장 멀리까지 들여다볼 수 있는 사람, 이 신비한 삼손의 수수께끼를 읽을 수 있는 사람, 그런 사람은 예수님을 가장 사랑하는 사람이며 그 머리를 주님의 품에 기대고 있는 사람입니다. 이 점을 분명히 아시기 바랍니다. 당신이 많이 사랑하면, 당신은 주님의 비밀을 알 것입니다. 그분을 경외하는 자들에게 그분은 그분의 언약을 보이시기 때문입니다. "여호와의 친밀하심이 그를 경외하는 자들에게 있음이여 그의 언약을 그들에게 보이시리로다"(시 25:14).

한 걸음 더 나아가, 이 특별한 사랑은 특별한 지식(special knowledge)을 만들어 냅니다. 나는 단지 당신의 기억을 도우려 할 뿐입니다. 나는 이미 그것을 사실로서 숙고했기 때문입니다. 이 특별한 사랑의 특전은 그리스도께 대한 특별한 지식으로 이끌어줍니다. 나는 그 저녁 만찬의 자리에서 다른 어떤 제자도 그리스도의 감정과 기분의 문제에 있어서 요한보다 더 잘 알지는 못했을 것이라고 생각합니다. 요한은 이렇게 기록합니다. "예수께서 이 말씀을 하시고 심령에 괴로워"(21절). 요한은 주님께 아주 가까이 있었고, 그의 머리를 그분의 품에 기대고 있었기에, 그분의 가슴의 요동침을 느끼며 그분의 심령이 괴로웠다고 말할 수 있었습니다. 하나님의 마음은 이제는, 어떤 사람이 선지자처럼 미래를 예언한다고 주장할 수 있을 정도로, 그렇게 계시되지 않습니다. 하지만 이 점을 주목하십시오. 성도들 중에서도 최상의 성도들은 많은 일들에 관해 하나님의 마음에 대한 암시(intimation)를 받습니다. 궁정에 사는 사람들은 종종 왕의 움직임을 예견할 수 있으며, 다른 사람들은 그렇게 하지 못합니다. 호의를 입은 신자들이 위로부터의 징표들과, 경고들과, 암시들을 얻는다는 것이 나의 견고한 확신입니다. 주님께서 "내가 하려는 것을 아브라함에게 숨기겠느냐"(창 18:17)라고 말씀하시지 않았습니까? 가장 뛰어난 성도들도 주님의 심중을 전혀 이해하지 못할 수 있습니다. 하지만 만일 누군가 미래에 대해 무언가를 읽을 수 있다면, 그 사람은 바로 예수님의 품에 머리를 기댄 사람일 것입니다. 오, 그리스도를 알기를! 한 날이 올 것입니다. 하나님의 성도들 중에서 위대한 문호들, 수학자들, 천문학자들, 그리고 모든 과학 분야에서 숙달된 경건한 사람들이, 그들의 학문에 대한 모든 지식도 그들의 주님이신 예수 그리스도를 아는 지식의 탁월함에 비하면 아주 보잘것없다고 여길 날이 올 것입니다. 형제 여러분, 우리는 지식, 문화, 과학의 가치를 인정합니다. 하지만 그것들을 아무리 높게 평가한다 해도, 그 모든 것이 예수님을 아는 지식에 비하면 무엇이겠습니까? 이것이 나의 한 가지 열망입니다. 즉 내가 그분을 알고, 모든 성도들과 더불어 지식에 넘치는 그리스도의 사랑의 높이와 깊이와 길이와 넓이를 아는 이것입니다. 만일 당신이 주님을 사랑한다면, 당신은 그분의 가르침에 대해서 알 것입니다. 당신이 그분 가까이에서 살아간다면, 그분의 감정을 이해할 것입니다. 만일 그분의 비밀이 당신에게 있다면, 당신은 선지자들과 왕들이 알기를 바랐던 것을, 그리고 천사들조차 들여다보기를 바랐던 것을 아는 것입니다. 주님께서 여러분에게 은혜를 주시고, 하나님의 백성인 여러분 각 사람을 이러한 행복한 상태로 이끌어 주시길 빕니다.

마지막으로 두 가지를 살펴본 후에 마치고자 합니다. 첫째는 이것입니다. 요한처럼 특전을 얻은 위치에 있다고 해서, "주여, 나는 아니시요(Lord, is it I)?"라고 물어볼 필요성에서 면제되는 것은 아닙니다. 사실 요한에게는 어떤 혐의도 없으며, 그에게 혐의를 품을 어떤 이유도 없습니다. 하지만 그의 마음이 바른 상태에 있었기에, 그래서, 바로 그것 때문에, 그는 다른 사람들과 마찬가지로 "주여, 나는 아니지요?"라고 물어볼 필요를 느꼈습니다. 내가 이런 말을 하는 것은 "주여, 나는 아니지요?"라고 말하지 않는 바로 그 사람들이 그렇게 말해야 하는 사람들이기 때문입니다. 만일 당신이 생의 어느 때보다도 오늘 밤에 하나님의 사랑을 더 크게 느낀다 할지라도, 자기 점검의 필요가 없는 것처럼 말하지 마십시오. "당신은 진정으로 그분의 사람입니까?"라는 질문이 다가올 때에, 마치 무례한 질문인 듯 그 질문을 배격하지 마십시오. 오히려 그 질문을 환대하고 충분한 대답으로 만족을 얻을 때까지 직면하십시오. 어떤 신앙고백자들은 거룩한 근심을 경멸합니다. 나는 결코 그들 중의 하나가 되고 싶지 않습니다. 나는 그들이 이 질문을 조롱하는 것을 들었습니다.

> "나는 주님을 사랑하는 것일까, 아닐까?
> 나는 그분의 것일까, 또는 아닐까?"

자, 나는 주저 없이 말합니다. 주님을 사랑하는 모든 사람은 그 질문을 해 왔으며, 또한 진리와 주님에 대한 사랑이 그들로 하여금 주님을 더욱 열망하게 할수록 그 질문을 더욱 많이 해 왔습니다. 그런 사람은 자기의 사랑이 어떠해야 하는가에 대한 예민한 감각을 가지고 있으며, 그래서 만일 그 사랑이 부족하다는 의식이 들면 틀림없이 이렇게 말합니다. "나는 주님을 사랑하는 것일까?" 철면피한 말쟁이는 결코 자기 영혼을 사랑하는 자가 아닙니다. 치명적인 자기 확신이란 것이 있습니다.

> "자기 상태에 대해 결코 의심하지 않는 그 사람
> 어쩌면 그가, 너무 늦은 사람일지 모른다네."

만일 당신이 "나는 부자라 부요하여 부족한 것이 없다"고 말한다면 당신이야말로 헐벗고, 가난하고, 곤고한 사람일 수 있습니다(계 3:17). 그것은 슬픈 기만일 것이며, 거기에서 깨어나면 더욱더 슬퍼질 것입니다.

하지만 만일 당신이 "오 나의 구주를 더 사랑하였더라면 좋았을 것을! 오 내가 그분을 더 잘 섬겼더라면 좋았을 것을! 하지만 나는 그분을 사랑한다네. 내 마음은 그분의 것이고, 그분은 나를 사랑하시네"라고 말할 수 있다면, 그렇다면 당신은 이 질문에 잘 대답한 것입니다. "주여, 나는 아니지요?" 이제 당신은 안심하고서 당신의 길을 갈 수 있습니다.

마치기 전에 해야 할 또 한 가지의 진술은 이것입니다. 요한이 그리스도를 가까이 하였다고 해서, 그것이 그에게 자기 동료 제자들 중 어느 누구를 판단할 권한을 부여한 것은 아닙니다. 요한이 다른 제자들을 판단할 수도 있는 때였습니다. 그는 자기 형제 야고보와 더불어 이스라엘 열두 지파들을 판단할 자리에 앉기를 바라던 인물이 아니었습니까? 하지만 이제 그는 주님의 품에 머리를 기대고 앉아 있습니다. 그는 판단하기를 바라지 않으며, 오히려 그것과는 딴판입니다. 그의 형제들이 계속해서 묻고 있습니다. "주여, 나는 아니지요?" 베드로가 신호를 보냈습니다. 어부들은 서로에게 대화하는 그들만의 방식이 있습니다. 베드로는 말을 하지 않으면서도 이렇게 말하는 듯이 보입니다. "주님께 알아보라." 요한은 배반자의 이름에 대해서 주제넘게 추측하려고 하지 않으며, 다만 부드럽게 이렇게 말할 뿐입니다. "주여, 누구니이까?" 그는 주님께 그렇게 여쭈었습니다. 하지만 그는 스스로 유다를 지목하지 않았습니다. 그렇게 하지 않았습니다. 어쩌면 그는 결백하지 못했던 다른 누군가에게 혐의를 두고 있었을 수도 있습니다. 그 문제를 주님께 여쭈어보는 것이 지혜로웠습니다. 어떤 이들은 자기들이 예수님 매우 가까이에 산다고 말합니다. 사람이 스스로 자기 자신의 성취를 언급하는 것은 악한 표징입니다. 이런 사람들은, 바로 그 다음 순간에, 다른 사람들을 정죄하기 시작합니다. 하지만 그것은 사랑을 받은 요한의 방식을 따르는 것이 아닙니다. 어떤 사람들은 영광 중에서 특별히 좋은 위치를 얻을 것이라고 그들 스스로 단정합니다. 나는 그들의 이론을 이해하지 못하겠습니다. 하지만 나의 주님의 종들 중에 어떤 이들이 어떤 특별한 영예를 갈망하더라도 그에 대해 불평하지는 않겠습니다. 내가 그들을 이해하는 한, 천국에는 그들을 위한 구별된 자리가 있어야 하며, 그리고 우리 불쌍한 보통의 그리스도인들은 구원을 받지만 그들보다 낮은 공간을 차지해야 합니다. 그렇게들 생각하라고 하십시오. 우리는 우리 형제들의 진급을 기뻐할 것입니다. 나로서는, 설혹 내가 천국에서 귀족 계층에 속하는 최고의 거리에 사는 득선을 얻는다 해도, 나는 차라리 다른 구역을 선호할 것이라고 생각합니다. 나는 지상에서 매우 가난한 형제들과 교분을 유지했으며,

그들을 너무나 사랑하는 것을 알게 되었습니다. 그래서 차라리 천국의 좀 더 낮은 층에서 그들과 함께 사는 것이 천국의 최상류 계층에 올라가는 것보다 더 좋습니다. 나는 하나님의 백성 중에서 더 가난한 계층의 사람들, 생활고와 싸우며 더 고통을 겪는 사람들과 함께 지내는 것을 좋아합니다. 나는 죄, 의심, 두려움 등과 힘겹게 씨름하는 하나님의 백성들과 함께 있는 것을 좋아합니다. '아주 지체 높은'(very superior) 형제들에 대해 툭 터놓고 말하자면, 나는 그들과의 교제에서 거의 기쁨을 얻지 못하는 것을 발견합니다. 힘겨운 싸움에서의 자유, 그리고 모든 악한 성향으로부터의 온전한 구원이라는 놀라운 경험에 대해서, 그들로부터 아는 것이 없기 때문입니다. 나로서는 치열하게 싸우지 않고서는 천국으로 가는 길에서 조금도 서 있을 수 없었습니다. 나는 나의 부족함과 결점들로 인해 슬퍼하지 않고서 한 날도 살아본 적이 없습니다. 나는 때때로 하나님께 가까워집니다. 하지만 그 때에도 나는 나의 결점과 실패들로 인해 슬피 웁니다. 비록 사람의 방식을 따라 이렇게 터놓고 말하는 것이지만, 나는 이렇게 뛰어난 존재들(superior beings)에 대해 믿지 않으며, 그들의 더 높은 천국(their superior heaven)에 대해서도 믿지 않습니다. 가능하다면, 나는 사냥개들과 더불어 앞서서 달리는 것보다는 양 떼들과 더불어 뒤따라가는 편을 택하겠습니다. 이 형제들은 우리를 판단하고, 우리를 비난합니다. 그들은 우리가 "천국의 신비"나 혹은 그와 같은 것을 이해하지 못한다고 말합니다. 하지만 우리는 예수 그리스도를 압니다. 예수님이 그들에게나 우리에게나 그리스도이신 것을 압니다. 우리는 그들의 경건이나 은혜를 부인하지 않을 것이며, 오히려 그들이 그렇게 많이 가진 것에 대해 하나님을 찬송할 것입니다. 그렇지만, 우리는 그들과 마찬가지로 천국에 가기를 바라며, 그들과 마찬가지로 영광에 들어가기를 소망합니다. 그리고 주님께서 그것을 허락하시면 즐거워할 것입니다. 자기를 높이고, 다른 사람들을 비난하는 영이, 이따금씩 당신에게도 찾아오는 것을 발견합니까? 성령의 능력으로 즉시 그것을 물리치십시오. 우리에게 금해진 것을 판단하는 일을 멈추도록 합시다. 진지하게 진리를 위해 매진합시다. 하지만 사람들의 마음에 대해서는, 예수님에게 맡겨두도록 합시다.

이 말로써 마치겠습니다. 당신은 예수님이 베드로에게 하신 말씀을 기억할 것입니다. 베드로는 언제나 조금씩 성급했습니다. 그래서 그는 그와 관계되지 않은 일들을 들여다보려고 시도했습니다. 그래서 그는 요한을 보고서 예수님께 이렇게 여쭈었던 것입니다. "주여, 이 사람은 어떻게 되겠사옵나이까"(요 21:21). 그는 형제 요한을 나쁘게 생각하지 않았습니다. 만일 베드로가 그랬더라면 나는 그를 부끄러워했을 것입니다. 하지만 그는 이렇게 말했습니다. "주여 이 사람은 어떻게 되겠사옵나이까?' 우리의 복되신 주님께서는 그에게 이렇게 대답하셨습니다. "네게 무슨 상관이냐? 너는 나를 따르라"(요 21:22). 그와 마찬가지로, 당신이 은혜 안에서 성장하고 어떤 어엿한 인물이 되는 것으로 인해, 이렇게 말하고 싶을 때가 있을 것입니다. "주여, 이 가련한 지체는 어떻게 되겠습니까? 그리고 이 불완전한 형제는 어떻게 되겠습니까? 저 가련하고 어설픈 새로운 회심자는 어떻게 되겠습니까?' 예수님의 말씀을 기억하십시오. "네게 무슨 상관이냐? 너는 나를 따르라." 당신의 주님께 관심을 기울이고, 당신 자신에 신경을 쓰고, 당신의 형제들이 설 것인지 넘어질 것인지에 대해서는 주님께 맡기십시오. 자, 와서 당신의 머리를 주님의 품에 기대십시오. 결코 베드로를 신경 쓰지 마십시오. 하나님이 그리스도를 위하여 당신에게 복을 주시길 빕니다.

제
52
장

—

그리스도의 새 계명

—

"새 계명을 너희에게 주노니 서로 사랑하라 내가 너희를 사
랑한 것 같이 너희도 서로 사랑하라. 너희가 서로 사랑하면
이로써 모든 사람이 너희가 내 제자인 줄 알리라" —요
13:34-35

나는 내가 사랑하는 사람들의 나에 대한 애정을 결코 의심할 수 없으며, 한 순간도 불신할 수 없습니다. 나는 진정 여러분에게 더 많은 사랑을 요구할 수도 없습니다. 왜냐하면 내가 이미 더할 수 없을 만큼 많은 사랑을 받았으며, 아마도 내가 받을 만한 훨씬 이상의 사랑을 받았기 때문입니다. 그러므로 나는 전적으로 나 자신의 입장을 배제하고서, 이렇게 권면할 수 있습니다. "형제 사랑하기를 계속하고"(롬 13:1), 서로를 향한 따뜻한 애정이 더욱 증대되도록 하십시오. 내가 이렇게 말하는 것은 교회에 어떤 분열이나 불화가 있다는 것을 암시하는 차원이 아닙니다. 하나님께 감사하게도, 아무리 현미경을 살펴보아도 그런 종류의 문젯거리를 발견할 수 없을 것이라고 생각합니다. 사람들 중에는 특정한 사람들에 대해서는 다른 사람들과 마찬가지로 좋아하지 않는 경우도 있을 수 있습니다. 나는 그것에 대해 이상하게 생각하지 않습니다. 최상의 친구들 사이에서도 언제나 어느 정도의 편애가 있기 때문입니다. 우리 주 예수님께는 열두 명의 사도들이 있었습니다. 그리고 그 열둘 중에서, 셋이 특별히 총애를 입은 자들입니다. 그리고 그 셋 중에서 한 사람은 그분의 가슴에 기댄 사람입니다. 다른 사람들에 비

해 더 사랑스러운 사람들이 있으며, 우리는 그들을 다른 사람들보다 더 사랑하지 않을 수가 없습니다. 하지만, 그런 종류의 사랑에 대해서는 내가 이 설교를 해야 할 특별한 이유를 찾을 수 없습니다. 나는 여러분의 있는 모습 그대로가 사랑스러운 것으로 인해 주님께 감사하며, 또한 서로를 향한 여러분의 사랑이 더욱 증대되도록 기도합니다.

나는 이 본문을 통해 다음에 대해 말하고자 합니다. 첫째로, 우리 주님께서 이 계명에 부여하신 명칭(title)입니다. 그분은 그것을 "새 계명"이라고 부르셨습니다. 둘째로는 이 계명의 본보기(example)로서, 주님은 그 본을 통해 새 계명을 상세히 설명해 주셨습니다. 셋째로는 새 계명의 결과(result)에 대한 것인데, 그 결과로써 그분은 새 계명을 더욱 강조하셨습니다. "너희가 서로 사랑하면 이로써 모든 사람이 너희가 내 제자인 줄 알리라"(35절).

1. 그리스도께서 이 계명에 부여하신 명칭

첫째로, 그리스도께서 이 계명에 부여하신 명칭(title)을 살펴봅시다. 그것은 "새 계명"입니다. 여러분 중에 많은 사람들이 어서(Usher)의 대주교와 러더퍼드(Rutherford) 목사에 대한 이야기를 알고 있을 것입니다. 그 이야기가 이 주제에 너무나 적절하기에 그 이야기를 다시 언급하지 않을 수 없습니다. 그 대주교는 러더퍼드 목사의 독실한 신앙에 대해, 그리고 그의 가정의 질서의 독특한 아름다움에 대해 이야기를 들었으며, 그 자신이 직접 그것을 목격하고 싶었습니다. 하지만 어떻게 하면 좋을지를 생각하다가, 마침내 한 가난한 여행자로 변장을 해야겠다는 생각이 떠올랐습니다. 그렇게 하여, 해질 무렵에 그는 러더퍼드 목사 집 문을 두드렸고, 러더퍼드 부인의 영접을 받았습니다. 그는 그날 밤에 묵을 곳을 얻을 수 있는지를 물어보았고, 그녀는 "예"라고 대답했습니다. 그들은 낯선 여행객들을 맞아주었기 때문입니다. 그녀는 그를 부엌으로 안내했고, 그에게 먹을 것을 가져다주었습니다. 토요일 저녁에, 그녀가 자녀들과 하인들을 대상으로 문답식 교리 교육을 하는 것은 평상시 가정 신앙 훈련의 일환이었습니다. 당연히 그 가난한 여행객도 그들과 함께 부엌에 있었습니다. 러더퍼드 부인은 그들 모두에게 계명에 관한 몇 가지 질문들을 했습니다. 그리고 이 가난한 사람을 향해서는 이렇게 질문했습니다. "세명에는 몇 가지가 있지요?" 그는 "열한 가지요"라고 대답했습니다. 그녀가 대답했습니다. "아! 당신처럼 백발이 될 정도로 나이 많으신 분이 계명에 몇 가지가 있는지조차 알지 못하는 것은 슬픈 일입니다. 우리 교구에서는 여섯 명 이상의 아이들에게 물어도 그것을 모르는 아이가 없답니다." 그 가난한 여행객은 아무 대꾸도 하지 않았으며, 그저 오트밀 죽을 먹고 잠자리에 들었습니다. 조금 후, 그는 일어나서 러더퍼드 목사가 한밤중에 기도하는 소리에 귀를 기울였습니다. 그는 그 기도에 매혹되었고, 자신이 누구인지를 그에게 알렸으며, 그에게서 좀 더 좋은 외투를 빌려 입고서, 주일 아침에 그를 위해 설교를 했습니다. 그 때 그는 "새 계명을 너희에게 주노니"라는 이 본문을 택함으로써, 그리고 이 본문이 열한 번째 계명으로 불리는 것이 아주 적절하다는 진술로 설교를 시작함으로써, 러더퍼드 부인을 놀라게 했습니다. 얼마 후 그 대주교는 길을 떠났고, 그와 러더퍼드 목사는 피차간에 마음이 흡족했습니다. 그것은 열한 번 째 계명입니다. 그리고 만일, 다음 번에 누군가 우리에게 계명에는 몇 가지가 있느냐고 묻는다면, "열하나"라고 대답해도 바르게 대답했다고 할 수 있습니다.

하지만 그것이 왜 새 계명일까요? 그것은 십계명에 포함되지 않는 것입니까? 당신은 우리 주님께서 한 율법교사가 십계명을 요약하여 한 말을 어떻게 승인하셨는지를 알 것입니다. "대답하여 이르되 네 마음을 다하며 목숨을 다하며 힘을 다하며 뜻을 다하여 주 너의 하나님을 사랑하고 또한 네 이웃을 네 자신 같이 사랑하라 하였나이다"(눅 10:27). 그러면 "서로 사랑하라"는 이것이 어떻게 새로운 계명일까요?

우선, 그것은 사랑의 정도(the extent of the love)에 있어서 새로운 것입니다. 우리는 이웃을 우리 자신처럼 사랑해야 합니다. 하지만 우리는 동료 그리스도인들을 그리스도께서 우리를 사랑하신 것처럼 사랑해야 하며, 그것은 우리가 우리 자신을 사랑하는 것을 훨씬 넘어서는 것입니다. 그리스도께서는 자기 자신보다 우리를 더 사랑하셨습니다. 그분은 우리를 너무나 사랑하셔서 우리를 위해 자기 자신을 주셨으며, 그리하여 지금 우리 중 어느 누구도 이렇게 말하지 못합니다. "나는 내 친구, 내 형제, 내 동료 인간들을 나 자신을 사랑하듯이 사랑해야 합니다." 오히려 우리는 그리스도의 계명을 이렇게 해석해야 합니다. "나는 내 동료 그리스도인들을 사랑하기를, 나를 위해 죽으신 예수 그리스도께서 나를 사랑하신 것처럼 사랑해야 합니다." 이 사랑은 우리가 이웃들에게 나타내야 할 사랑보다도 더 고귀한 종류의 사랑입니다. 이웃 사랑은 선의의 사랑이지만, 새 계명의 사랑은 친근하고 밀접한 교제의 사랑입니다. 이 사랑은 모세의 율법에서 요구되는 것보다, 혹은 자신을 사랑하듯 서로를 사랑해야 한다는 계명에 대해 대다수 사람들이 이해하고 있는 것보다, 더 높은 차원의 자기희생이 관련되어 있습니다.

다음으로, 그것이 새 계명인 것은 새로운 이유(new reason)에 의해 지지되기 때문입니다. 옛 계명은 이 선언에 지지를 받습니다. "나는 너를 애굽 땅, 종 되었던 집에서 인도하여 낸 네 하나님 여호와니라"(출 20:2). 이스라엘 백성이 그 계명을 순종해야 하는 이유는 하나님께서 그 백성을 애굽에서 이끌어 내셨기 때문입니다. 하지만 우리가 서로 사랑하라고 명령을 받는 것은 그리스도께서 우리를 애굽보다 훨씬 더 심한 속박으로부터 건져 내셨기 때문이며, 수많은 유월절 양의 제물보다도 훨씬 더 값진 희생을 치르셨기 때문입니다. "우리의 유월절 양 곧 그리스도께서 희생되셨느니라"(고전 5:7). 그분은 죄와 사탄이라는 철의 멍에 아래에서 우리를 이끌어 내셨고, 우리를 속박하는 굴레를 산산이 깨뜨리셨습니다. 우리의 대적들이 우리를 추격해 왔지만, 그분이 그들을 바다 곧 홍해에서 멸하셨습니다. 그분은 자기 심장의 피로써 우리를 속량하셨으며, 따라서 그분의 새 계명이 가장 큰 힘으로 우리에게 다가오는 것입니다. "내가 너희를 사랑한 것 같이 너희도 서로 사랑하라."

이것이 새 계명인 것은 사랑의 정도 때문이며, 또한 그 계명을 지지하는 새로운 이유 때문입니다.

또한 그것이 새 계명인 이유는, 그것이 새로운 본성(new nature)에서 솟아나서 새로운 본성을 포용하는 새로운 사랑(new love)이기 때문입니다. 한 인간으로서, 나는 동료 인간을 사랑해야 합니다. 하지만 나는 거듭난 사람으로서, 동료 그리스도인을 그 역시 거듭난 사람이라는 이유로 더욱 사랑해야 합니다. 우리는 지금보다도 훨씬 더 피의 결속을 인식해야 합니다. 우리에게는 하나님께서 "인류의 모든 족속을 한 혈통으로 만드사 온 땅에 살게 하신"(행 17:26) 사실을 쉽게 잊어버리는 경향이 있습니다. 우리는 한 혈통이라는 결속에 의해서 모두가 형제들입니다. 하지만 사랑하는 여러분, 은혜의 결속은 피의 결속보다 훨씬 더 강합니다. 만일 여러분이 진정으로 하나님에게서 났다면, 같은 요람에서 눕고 같은 품에서 젖을 먹었던 자연적인 형제 관계보다 훨씬 더 강한 의미에서 여러분은 형제들입니다. 육을 따라서 된 형제들은 영원히 떨어질 수 있기 때문입니다. 한 사람에게는 왕의 오른편 자리가 주어질 수 있고, 또 한 사람에게는 왕의 왼편 자리가 할당될 수 있습니다. 하지만 진정으로 하나님에게서 난 형제들이라면, 영원히 지속되는 형제의 관계를 맺게 됩니다. 이제 그리스도 안에서 형제들인 그들은 영원토록 형제일 것입니다.

우리가 서로를 사랑할 수 있다는 것은 매우 복된 일입니다. 왜냐하면 우리 중 어느 한 사람에게 있는 은혜는 다른 사람 속에 있는 은혜를 보기 때문이며, 또한 그 사람 속에서 그리스도와의 유사성을 알아보며, 그리스도를 위해서 그 사람을 사랑해야 함을 인식하기 때문입니다. 세상에 속한 자를 세상이 사랑하는 것과 마찬가지로, 우리가 성령께 속했다면 성령께 속한 자를 사랑할 것입니다. 구속받은 그리스도의 모든 가족은 서로 견고하게 결속되어 있습니다. 우리 자신이 하나님께로 난 자들이기에, 우리는 거듭난 자 곧 "썩어질 씨로 된 것이 아니요 썩지 아니할 씨로 된"(벧전 1:23) 자들을 보기 위해 찾아다니며, 또한 우리가 그들을 보게 될 때에는 그들을 사랑하지 않을 수 없는 것입니다. 우리들 사이에는 즉각적으로 하나로 결합되는 유대가 있습니다. 어떤 형제들은 그리스도인들 간의 친교에 제한이 있어야 한다고 주장합니다. 그들은 말하기를, 만일 신자들이 불순종하면, 특히 세례와 관련하여 그렇다면, 그들을 친교에서 제외시켜야 한다고 합니다. 나는 그런 견해를 가진 내 형제들을 판단하지 않습니다. 하지만 나는 주저 없이 그들이 실행 불가능한 견해를 가졌다고 말합니다. 만일 그들이 그리스도의 몸 안에 있다면, 그들은 필연적으로 그리스도의 신비로운 몸에 있는 다른 모든 지체들과 교류해야 합니다. 그들은 스스로를 도울 수가 없습니다. 내 작은 손가락이 적절하게 씻기어지고 깨끗하게 되었지만, 내 손의 나머지 부분이 그다지 깨끗하지 못하다고 가정해 보십시오. 그리고 그 때문에 내 손가락이 내 손의 다른 부분들과의 모든 교류를 단절해야 한다는 주장을 내세운다고 가정해 보십시오. 그럴 수는 없습니다. 손가락을 잘라내지 않는 한 그런 일은 불가능합니다. 몸의 한 지체는 몸의 다른 부분과 교류해야 하며, 씻기어졌든지 그렇지 못하든지 그렇게 해야 합니다. 세례를 받지 않았다는 이유로 외적인 형태의 교제를 거부할 수는 있습니다. 하지만 그보다 훨씬 중요한 내적인 교제를 거부하지는 못합니다. 당신은 하나님께 결속되어 있으며, 그러므로 하나님께 결속된 다른 모든 사람들과도 교제해야 하며, 당신이 그들을 좋아하든 아니든 그렇게 해야 합니다. 그것은 교회의 규율로 통제할 문제가 아닙니다. 그것을 강제로 통제할 수 없는 것은, 끊임없이 움직이는 공기의 파장을 통제할 수 없는 것과 같습니다. 바람이 임의로 불듯이(요 3:8), 하나님의 교제의 숨결도 임의로 임합니다. 그리고 하나님의 생명은 그리스도의 몸에 있는 모든 지체들 속에서 나타납니다. 당신이나 그 어떤 것도 그것을 억제할 수는 없습니다.

그리스도께서 제자들 상호간에 실천하라고 명하신 이 사랑은 인간 대 인간의 통상적인 사랑이 아니며, 새로 태어난 사람(the new-born man) 대 새로 태어난 사람 간의 사랑입니다. 주님을 사랑하는 우리들은 그런 의미에서 서로를 뜨겁게 사랑하도록 합시다. 이는 전적으로 새로운 연합에서 발생하는 사랑입니다. 한 사람의 그리스도인은 하나의 매우 특별한 가족에 속합니다. 그 가족의 범위는 모든 인류를 포함하지 않습니다. 그것은 모든 인류로 구성된 가족 내부의 한 가족이지만, 내적인 영적 생명으로써 전체 인류 가족과 구별됩니다. 구원받은 자들과 구원받지 못한 자들 사이의 간격은 마치 거대한 심연과 같다고도 말할 수 있을 것입니다. 전능하신 하나님의 은혜에 의해, 그 심연을 가로지르는 한 길이 있으며, 많은 사람들이 그 길을 지나가는 것이 사실이지만, 그 심연은 매우 깊고도 넓습니다. 하지만 사람이 하나님을 향해 태어나는 그 순간에, 그는 그 내적인 범주 속으로 들어가게 되고, 하나의 새로운 가족의 구성원이 됩니다. 선택의 사랑(electing love)이라고 하는 그 신성한 범주 속에서 국가적인 모든 유대는 영원히 해체되고 맙니다. 거기에서, 우리는 더 이상 프랑스 사람도 영국 사람도 아니며, 미국인이나 러시아인도 아니며, 흑인도 백인도 아니고, 노예나 자유인도 아닙니다. 그리스도 예수 안에서는 우리 모두가 하나입니다. 거기에서, 할례도 무할례도 소용이 없습니다. 거기에서는 야만인이나 헬라인의 구분이 따로 있는 것이 아니며, 오직 구속받은 가족의 각기 다른 지체들만 있을 뿐입니다. 그리스도 안에서 우리는 형제들이며, 모두가 하나의 가족입니다. 그러므로 우리가 새로운 종류의 사랑으로 부르심을 받는 것입니다. 그 사랑은 한 가족의 형제들 간의 사랑과도 같은 사랑이면서, 그 밑바탕에는 더욱 훌륭한 이유가 있기 때문에, 혈족 간의 사랑보다도 더 숭고한 사랑인 것입니다.

또한 사랑하는 친구들이여, 이것이 새로운 계명인 것은, 그것이 새로운 필요성(new necessities)에 의해 시행되는 것이기 때문입니다. 그리스도인들은 그들의 구주이면서 동시에 왕이신 분의 백성들이기에 서로 사랑해야 합니다. 우리는 큰 무리의 원수들 한가운데에 있는 적은 무리의 형제들입니다. 그리스도께서 제자들에게 이렇게 말씀하셨습니다. "보라 내가 너희를 보냄이 양을 이리 가운데로 보냄과 같도다"(마 10:16). 여러분이 진정한 그리스도인들이라면, 여러분은 속물들을 사랑하지 않을 것이며, 그런 사랑이 가능하지도 않을 것입니다. 그들은 틀림없이 여러분을 조롱할 것이며, 여러분을 바보라고 부르든지, 위선자들이나 혹은 그와 유사한 불쾌한 이름으로 여러분을 부를 것입니다. 그러므로 서로에게 더욱 가까이 밀착하도록 하십시오. 여러분이 외부에서 어떤 반대에 직면하더라도, 그것이 여러분을 더욱 결속시키게 하고, 더욱 견고한 연합을 이루게끔 하십시오. 우리는 원수의 나라 한가운데 있는 적은 중대 규모의 군인들과도 같으며, 우리를 대항하여 더 큰 규모의 부대들이 강력하게 진을 치고 있습니다. 그러므로 우리는 서로 뭉쳐야 하며, 마치 한 사람처럼 되어야 하며, 우리의 위대한 지휘관이 명하신 대로 가장 밀접한 친교에 의해 결속되어야 합니다. 하나님이시여, 우리가 원수의 나라 가운데 있다는 바로 그 사실이, 우리로 하여금 그 어느 때보다도 더욱 온전히 하나가 되는 결과로 이어지게 하소서! 어떤 그리스도인이 자기의 목사를 흠잡는 말을 하는 것을 들을 때, 나는 언제나 마귀가 이 더러운 일을 할 만한 다른 누군가를 찾아냈더라면 하고 바랍니다. 나는 여러분 중에 어느 누구도 주님의 대의를 섬기기 위해 최선을 다하고 있는 하나님의 종들을 향해 불평하지 않기를 바랍니다. 하나님의 종들을 흠잡으려 하는 사람들은 얼마든지 있습니다. 그리고 그들에게 잘못들이 있다면, 그 잘못들은 같은 가족에 속한 자에 의해서 지적되기보다는 원수에 의해 지적당하는 편이 훨씬 낫습니다. 설혹 당신이 어떤 신앙고백자가 위선자인 것을 알았다 하더라도, 이렇게 말하는 것이 그리스도인의 의무일 것입니다. "그가 다른 사람의 손에 의해 넘어지기를! 나는 그에게 불리한 증언을 하지 않으리라." 나의 주님께서 "너희 중 하나가 나를 팔리라"(21절)고 말씀하시는 것을 들을 때, 나로서는 그분이 유다를 언급하고 있다는 희미한 혐의를 가질 수 있습니다. 하지만 나로서는 "주여, 그 자가 유다입니까?"라고 묻기보다는 "주여, 나는 아니지요?"라고 말하는 편이 더 현명할 것입니다.

더 나아가, 사랑하는 형제들이여, 이것이 새 계명인 이유는 그것이 새로운 특징들(new characteristics)에 의해 제안되기 때문입니다. 우리의 동료 인간들에게는 어떤 사랑스러운 것이 있을 수 있습니다(may be). 하지만 우리의 동료 그리스도인들에게는 사랑스러운 무언가가 **틀림없이** 있습니다(must be). 그들이 하나님을 향해 막 새로이 태어났다고 가정할 때, 나로서는 새로 태어난 그리스도인보다 더 아름다운 모습은 없는 듯합니다. 나는 막 회심한 사람의 기도를 듣는 것을 좋아합니다. 그 기도에는 많은 실수와 부족함이 있을 것입니다. 하지만 그것이 기도를 망치지는 않습니다. 어린 양은 다 큰 양이 우는 것과 같은 소리로 울지 않습니다. 하지만 어린 양은 매우 아름다운 대상이기에 그 가녀린 울음소리가 듣기 좋은 것입니다. 그리스도의 양 무리에 속한 어린 양들에게는 아름다움이 있으며, 그것은 다 자란 양들에게서도 마찬가지입니다. 하나님과 매우 가까이 살아왔던 나이든 신자보다 더 사랑스러운 것은 온 세상에서 찾아볼 수 없습니다. 저 노신사의 심령은 얼마나 평화로운지요! 그가 하나님에 관한 일들을 말하기 시작할 때, 그리고 그의 주님의 사랑에 대한 일들을 증언하기 시작할 때, 그는 얼마나 매혹적으로 말하는지요! 모든 진실한 그리스도인들에게는 아름다운 면이 많이 있습니다. 그러므로 우리는 그들의 결점들보다는 그들의 뛰어난 점들을 찾아내도록 노력합시다. 만일 우리 마음이 바른 상태에 있다면, 우리는 다른 사람들 속에 있는 선한 것들을 보고서 더욱 감탄하게 될 것입니다. 마치 '자비심'(Mercy)과 '크리스티아나'(Christiana, 천로역정에 등장하는 인물 ― 역주)가 목욕통에서 갓 나왔을 때 서로를 보고서 칭찬하는 것과도 같습니다. 사랑하는 이여, 그 은혜로운 여인들을 본받으라고 조언하고 싶습니다. 당신의 친구에게는 당신에게는 없는 아름다움이 있을 것입니다. 언제나 거울만 쳐다보지 마십시오. 거울에서 보는 것보다 더 근사한 모습들이 있습니다. 당신의 동료 그리스도인들의 얼굴을 쳐다보십시오. 동료의 모습에서 어떤 성령의 역사를 볼 수 있다면, 그 이유 때문에 그를 사랑하도록 하십시오.

한 가지 더, 이것이 새 계명인 것은 그것이 우리가 이전까지 누려왔던 것보다 더 나은 전망을 위한 일종의 준비(preparation for better prospects)이기 때문입니다. 예수님을 믿는 우리들은 천국에서 영원무궁토록 함께 살 것입니다. 따라서 우리는 여기 이 땅에 있는 동안 서로 좋은 친구들이 되는 것이 마땅합니다. 공동으로 누리는 영광 속에서 우리는 서로를 보게 될 것이며, 공동의 일 곧 우리 주님을 찬미하는 일에 영원토록 종사할 것입니다. 이 진리를 기억하고서 현재의 사회 속에서 존재하는 많은 장벽들을 무너뜨려야 합니다. 어떤 부요한 그리스도인이 있었습니다. 그는 습관적으로 자신이 속한 계층보다 훨씬 더 낮은 계층에서 경건한 사람들을 식별해 내었습니다. 그는 쟁기질하는 농부나 대장간의 대장장이를 자기 집의 식탁으로 데려왔습니다. 그것을 보고 그의 부자 친구들 중의 한 사람이 그런 사람들과 교제한다고 그를 조롱했습니다. 하지만 그는 이렇게 대답했습니다. "나는 자네가 나보다 더 낮은 계층의 사람들을 데려온다는 이유로 나를 조롱해서는 안 된다고 생각하네. 내가 식탁으로 데려오는 그 남자와 여자들은, 내가 믿기로는, 천국에서 나보다도 훨씬 더 하나님 보좌 가까이에 있을 사람들이기 때문일세. 그들은 매우 가난하지만 나보다 더 선하고, 더 경건하고, 더 은혜로운 사람들이며, 따라서 내가 이 땅에 있는 동안 고를 수 있는 최상의 동료라고 생각하네." 나는 그 신사의 생각을 좋아합니다. 그리고 또한 증언할 수 있습니다. 가난하지만 경건한 사람과 나누는 한 시간의 대화에서 배우는 것이, 많은 교육을 받았지만 하나님의 일에 대해서는 거의 알지 못하는 사람에게서 배우는 것보다 훨씬 더 큽니다. 입은 옷을 보고서 사람을 판단하지 말고, 사람 자체를 보고 판단하십시오. 여러분과 내가 높이 평가하고 사랑해야 할 것은 사람의 마음이며, 무엇보다도 그 사람의 마음속에 거하는 하나님의 은혜입니다. 그렇게 할 수 있도록 하나님께서 우리를 도우시길 빕니다!

지금까지, 나는 그리스도께서 제자들에게 주신 새 계명에 대해 충분히 말했다고 생각합니다.

2. 이 계명의 본보기

이제 두 번째 요점으로 넘어가도록 하겠습니다. 그것은 이 계명의 본보기(example)로서, 주님께서는 그 본을 통해 이 계명을 상세히 설명해 주셨습니다. "내가 너희를 사랑한 것 같이 너희도 서로 사랑하라."

첫째로, 그리스도께서는 그들을 사심 없이(unselfishly) 사랑하셨습니다. 분명 그분으로서는 그들과의 교제에서 얻을 것이 없었으며, 그들로부터 배울 일도 없었습니다. 그분의 대의(大義)를 확대하는 일을 돕도록 그들을 쓰신 것은 사실입니다. 하지만 그분은 먼저 그들이 쓸모 있게 되도록 만드셨습니다. 그분이 그들에게 빚진 것은 아무것도 없으며, 오히려 그들이 모든 것을 그분에게 빚졌습니다. 처음에 그분이 그들을 부르실 때 그들 속에는 아무것도 없었으며, 마지막까지도 그들 속에는 그분의 은혜가 담아 주신 것 이외에는 그 속에 아무 선한 것이 없었습니다. 그들에게는 또한 도달해야 할 수준에 도무지 도달하지 못했으며, 그래서 예수님께서 이렇게 말씀하셔야 했습니다. "빌립아 내가 이렇게 오래 너희와 함께 있으되 네가 나를 알지 못하느냐"(요 14:9). 그리스도인들이여, 여러분이 서로를 사랑해야 하는 이유는, 서로에게서 유익을 얻기 위해서가 아니라, 다른 사람에게 선을 끼치기 위해서여야 합니다. 나는 언젠가 어느 목사님이 침례 교단에 대해 매우 불평스럽게 말하는 것을 들었습니다. 그는 이렇게 말했습니다. "나는 이 교단이 대체 나를 위해 해 준 것이 무엇인지 모르겠습니다." 나는 속으로 이렇게 생각하지 않을 수 없었습니다. "글쎄요, 그런 질문은 나로서는 생각해본 적이 없고, 또 앞으로도 그런 생각을 할 것 같지는 않군요. 나에게 떠오르는 질문은 '내가 교단을 위해 무엇을 할 수 있을까?'입니다." 나는 모든 기독교 목사는 교단과 관련해서 뿐 아니라 그리스도인들 전체와 관련해서, 그런 식의 질문을 해야 한다고 생각합니다. 우리는 이런 식으로 물어서는 안 됩니다. "이 사람들이 내게 무엇을 해 줄 수 있을까?" 안 됩니다. 그런 식의 생각은 단호히 배격하고 이렇게 생각하도록 하십시오. "내가 이 사람들을 위해 무엇을 할 수 있을까?" 만일 당신이 한 사람을 사랑한다면, 그가 당신에게 친절을 베풀 것을 기대해서는 안 됩니다. 오히려 당신이 그에게 친절을 베풀어야 하며, 그러면 그를 사랑하게 될 것입니다. 당신의 마음속에서 다른 사람에 대한 관심이 어느 정도 솟아나는 것을 발견하지 않고서는 그 사람에게 선을 행할 수 없습니다. 아이는 그 어머니를 잊을 수 있고, 자기 생명과, 양육과, 어린 시절의 모든 돌봄을 어머니로부터 얻었다는 사실을 잊어버릴 수 있습니다. 하지만 어머니는 자녀가 약할 때부터 돌보고 강해질 때까지 양육한 것을 잊지 못합니다. 만일 당신이 한 사람을 사랑하기 원한다면, 그 사람에게 어떤 사랑스러운 일을 행하십시오. 그러면 그 사람을 향한 사랑이 당신의 영혼 속에서 솟아날 것입니다. 우리 주 예수 그리스도께서는 그의 제자들을 사심 없이 사랑하셨습니다. 우리도 같은 사랑을 합시다.

그분은 또한 그들을 매우 신뢰하며(trustingly) 사랑하셨습니다. 비록 주님은 어리석은 분이 아니며 또한 사람을 의지하지 않으셨지만, 그럼에도 우리는 우리가 부르는 찬송을 조금 바꾸어서 이렇게 말할 수 있습니다. "오, 예수께서 제자들의 유치한 사랑을 얼마나 신뢰하셨는지를 보라!" 그분은 그들과 함께 있을 동안에는 어떤 갑옷도 입지 않으셨습니다. 혐의를 찾으려는 서기관들과 바리새인들 가운데 계실 때에, 우리는 무장을 갖춘 사람처럼 서 계신 그분의 모습을 볼 수 있습니다. 하지만 제자들과 함께 있을 때, 그분은 곧장 그들에게 마음을 여시고, 다른 사람들에게 들려주시지 않았던 많은 일들을 그들에게는 들려주셨습니다. 너무나 많은 일들을 들려주셨기에, 한 번은 그들에게 이렇게 말씀하셨습니다. "그렇지 않으면 너희에게 일렀으리라"(요 14:2). 마치 그들에게는 어떤 비밀도 없는 듯이, 마음을 열어 그들에게 보여주셨습니다. 물론, 여러분은 신앙을 고백하는 모든 그리스도인들에게 철저한 수준으로 그렇게 행할 수는 없습니다. 하지만, 그럼에도 불구하고, 여러분이 동료 그리스도인들과 함께 있을 때에는, 모든 사람을 향해 어떤 의심도 품지 마십시오. 나로서는 진실한 마음을 가진 한 사람을 부당하게 의심하느니, 차라리 천 번이라도 붙잡혀 가는 편을 택하겠습니다. 여러분 중 어느 누구라도 동료 그리스도인들과 함께 있으면서 속으로 이렇게 말하고 싶은 충동을 느낀다면 부끄러운 일입니다. "나는 당신들 중에 많은 이들이 위선자들이 아닐까 염려스럽습니다." 선생이여, 나는 그런 생각을 하는 당신 자신이 위선자가 아닐까 크게 염려됩니다. 대부분의 사람들은 자기를 표준으로 남을 헤아리기 때문입니다. 따라서 만일 당신이 다른 사람들을 나쁘게 생각한다면, 아마도 그 죄가 당신 속에 있을 것입니다. 내가 종종 말해 왔듯이, 만일 내가 아주 편하게 느끼는 곳이 있다면, 그것은 곧 나의 회중들과 함께 있는 곳입니다.

> "나의 가장 친한 벗들, 나의 친족들이 사는 곳,
> 그곳에서 나의 구주, 나의 하나님이 다스리시네."

같은 그리스도를 사랑하는 사람들 사이에는 건강한 신뢰의 정신이 있어야 합니다. 그렇지 않으면 그들 사이의 지속적인 연합은 불가능합니다.

다음으로, 그리스도께서는 제자들을 **동정적으로(sympathetically)** 사랑하셨습니다. 그들의 슬픔에 그들과 함께 슬퍼하셨고, 그들의 기쁨에 함께 기뻐하셨습니다. 그들과 아주 친밀한 교제로 들어가서서 다양한 경험들을 그들과 함께 나누셨습니다. 우리 역시 그리스도 안에서 우리의 형제와 자매들에게 그렇게 하도록 합시다. 우는 자들과 함께 울고, 즐거워하는 자들과 함께 즐거워하도록 합시다. 사랑의 동정심만큼 인생의 바퀴에 윤활유 역할을 크게 하는 것은 없습니다. 어디든 필요한 곳이라면 기꺼이 선을 베풀도록 합시다.

우리 주님은 또한 제자들을 **인내하며(patiently)** 사랑하셨습니다. 그들은 종종 무지와 불신으로써 그분을 근심하도록 했음에 틀림없습니다. 만일 우리 중 누가 그분의 입장에 있었다면 이렇게 말했을 것입니다. "너희는 하나같이 어리석으니, 더 이상 너희를 참아줄 수가 없다." 하지만 우리의 사랑의 주님께서는 그런 식으로 말씀하시지 않았습니다. 그분이 그들에게 진리를 스무 번씩이나 말씀하신 후에도, 여전히 그들은 그것을 알지 못했지만, 그분은 조금도 태도를 바꾸지 않으시고 그들이 알 때까지 반복하고 또 반복해서 말씀해 주셨습니다. 그분이 제자들에게 그처럼 인내하셨으므로, 마찬가지로 불완전한 우리들이 우리의 동료 그리스도인들에 대해서 이런 식으로 말한다면 매우 악한 일일 것입니다. "나는 누구누구에 대해서는 어떤 애정도 느끼지 못합니다." 혹은 "나는 그러저러한 사람들과는 어떤 교제도 나눌 수 없습니다." 당신은 그들에게서 결점을 발견했다고 해서 그런 식으로 말하는 것입니까? 하지만 내 친애하는 형제여, 당신 역시 많은 결점들을 가지고 있지 않습니까? 만일 당신이 다른 사람을 바라보는 차가운 시선으로 다른 누군가가 당신을 바라볼 수도 있으며, 당신이 그 사람에게서 발견하는 정도의 잘못을 그 역시 당신에게서 발견할 수 있습니다. 우리 주 예수 그리스도께서 우리에게 그토록 참아 주셨음에도 우리가 서로에게 참아 주지 못한다면, 그야말로 크게 유감입니다.

한 가지 더, 우리 주님은 제자들을 실제적으로(practically) 사랑하셨습니다. 그분의 사랑은 단순하고 변덕스러운 감정의 흥분에 있지 않았으며, 혹은 오직 말뿐인 사랑도 아니었습니다. 오히려 그분은 그들을 깊이 사랑하셨고, 자신이 가진 모든 것을 그들과 나누셨습니다. 심지어 그분은 마치 그들의 종이라도 되신 것처럼 겸손히 그들의 발을 씻기셨습니다. 그분이 그들을 위해 더 이상 무엇을 하실 수 있었을까요? 하지만 그분은 그 이상의 일을 하셨으며, 곧 자기 목숨을 그들을 위해 주셨습니다. 그분은 자신이 가진 모든 것을 그들에게 주셨습니다. 자기 백성을 구하시기 위해 신체의 모든 지체들과, 정신의 모든 능력들과, 영혼의 모든 힘을 쏟아 부으셨습니다. "세상에 있는 자기 사람들을 사랑하시되 끝까지 사랑하시니라"(요 13:1). 그분이 말씀하셨습니다. "내가 너희를 사랑한 것 같이 너희도 서로 사랑하라." 우리를 구원하시기 위한 예수 그리스도의 전 생애와 죽음 자체가 이 계명의 놀라운 해설입니다! 우리 앞에서 분명하게 본보기로 보이신 그 길을 따라가도록 은혜가 우리에게 임하기를 바랍니다!

3. 새 계명의 결과

이제 세 번째로, 새 계명의 결과(result)에 대해 말하고자 합니다. 주님은 따라오는 결과로써 새 계명을 더욱 강조하셨습니다. "너희가 서로 사랑하면 이로써 모든 사람이 너희가 내 제자인 줄 알리라"(35절).

우리가 그리스도의 제자인 줄을 아는 모든 사람들 사이에서, 매우 중요한 한 사람이 있는데, 그것은 바로 당신 자신입니다. 만일 당신이 그리스도의 제자들을 사랑한다면, 당신은 자신이 그분의 제자들 중 하나인 것을 알게 될 것입니다. 그 사랑을 받은 사도 요한은 그것을 어떻게 표현하고 있습니까? "우리는 형제를 사랑함으로 사망에서 옮겨 생명으로 들어간 줄을 알거니와"(요일 3:14). 그리스도를 위하여, 당신이 구속받은 하나님의 모든 가족들을 사랑하는 것을 인식할 때, 그것은 당신이 진정으로 예수님의 제자임을 당신 자신의 마음에 입증하는 가장 분명한 증거들 중의 하나가 될 것입니다. 이러한 검증으로써 사람들은 당신이 그분의 제자인 것을 알 것이며, 당신 스스로도 그것을 통해 당신이 제자인 줄을 알 것입니다.

이 사랑의 검증으로써 여러분의 동료 그리스도인들도 여러분이 그리스도의 제자인 줄을 알 것입니다. 한 그리스도인을 동료 그리스도인들에게 추천할 때에, 그가 참된 사랑의 정신을 가졌다고 하는 것보다 더 좋은 추천을 나는 알지 못합니다. 나는 많은 논쟁적인 서적들을 읽었으며, 그들 중 많은 이들에게 논증의 힘이 있음에 감탄해 왔습니다. 하지만 내가 그것들을 읽고 음미하는 과정에서, 그 저자들이 분명하게 그리스도를 따르는 자들이라는 인상을 받지 못했습니다. 그들이 제자였을지도 모릅니다. 그 문제에 대해 판단하는 것이 내가 할 일은 아닙니다. 그들은 성도들에게 믿음에 대해 단호히 논증할 때에는 뛰어난 자질들을 나타내 보였지만, 그리스도인의 사랑의 은혜에 있어서 언제나 분명했던 것은 아닙니다. 예를 들어, 여러분이 웨슬리(Wesley) 목사와 토플래디(Toplady, 1740-78, 영국 국교회 목사이면서 찬송가 작사자 - 역주) 목사 사이에 있었던 논쟁에 대해 읽으면, 나로서는 둘 중에 누가 더 나쁜지 모르겠습니다. 그들은 둘 다 논쟁을 시도할 때에 매우 날카롭게 말했으며, 마귀는 그들을 도와서 더 날카롭게 말하도록 했습니다. 하지만 그들은 둘 다 선한 사람들입니다. 서로에 대해 나쁜 말을 하는 것이 그들 중 어느 누구의 본성에도 어울리지 않습니다. 휫필드(Whitefield) 목사가 웨슬리 목사와 어떻게 논쟁했는지를 살펴보는 것은 상당히 위안이 됩니다. 내가 그 기록을 읽으면서 나는 속으로 이렇게 말했습니다. "이 사람은 그리스도인이다. 그리고 실수를 하지 않았다." 휫필드 목사가 어느 날 당파주의자에게 이런 질문을 받았다고 알려져 있습니다. "당신은 우리가 천국에 갔을 때, 거기서 존 웨슬리를 볼 수 있다고 생각하십니까?' 조지 휫필드는 이렇게 말했습니다. "아니요, 나는 우리가 볼 수 없다고 생각합니다." 질문한 사람은 그 대답을 듣고 매우 기뻐했습니다. 하지만 휫필드 목사는 이런 말을 덧붙였습니다. "나는 존 웨슬리 목사가 하나님의 보좌 매우 가까운 곳에 있을 것이라고 믿습니다. 그리고 당신이나 나 같이 가련한 인간은 그를 쳐다보기 어려울 정도로 멀리 떨어져 있을 것입니다." 휫필드 목사가 했던 그런 말을 읽으면서, 나는 스스로에게 말했습니다. "한 사람의 그리스도인으로서, 나는 이로써 그가 그리스도인임에 틀림없었음을 알겠구나." 비록 교리상의 어떤 문제들에서 웨슬리와 견해를 크게 달리했음에도 불구하고, 그가 자기 형제 웨슬리를 사랑했다는 것을 나는 보았습니다. 그렇습니다. 사랑하는 형제들이여, 의견이 다르더라도 우리는 서로를 사랑해야 합니다. 만일 우리가 각각의 형제가 각자의 길에서 하나님을 섬기도록 허용하지 않는다면, 그들 나름의 방식을 따라 일할 자유를 용납할 수 없다면, 우리는 동료 그리스도인들에게 우리 자신이 그리스도인들이라는 것을 납득시키지 못할 것입니다.

하지만 우리 주님의 진술의 요점은 여기에 있습니다. "너희가 서로 사랑하면 이로써 모든 사람이 너희가 내 제자인 줄 알리라." 즉, 외부의 세상 사람들도 그것을 알게 된다는 것입니다. 아주 두드러진 한 가지 사례를 말씀드리겠습니다. 기독교의 초창기에, 알렉산드리아(Alexandria)에서 끔찍한 전염병이 발생했습니다. 그 병에 걸린 사람에게 가까이 가서, 거의 죽은 것이나 다름없는 그런 사람과 접촉하는 것은 매우 위험했습니다. 그 역병이 발생했을 때, 알렉산드리아의 이교도들은 그런 질병의 징후를 조금이라도 보이는 사람들을 모두 그들의 집에서 쫓아냈으며, 그들을 굶주림에 방치했고, 심지어 전염될까 두려워 시신을 묻어 주려 하지도 않았습니다. 하지만 그리스도인들은 역병에 걸렸을 때 서로를 방문했으며, 그리스도인 중에서는 돌봄을 받지 못한 채 죽도록 방치되는 이가 없었습니다. 그들은 열성적으로 서로를 찾아 방문하였고, 전염될 가능성이 있다는 것을 알고서도 그렇게 했습니다. 알렉산드리아의 성벽 바깥에 방치된 시신들 중에서 그리스도인의 시신은 단 하나도 발견되지 않았습니다. 그들은 부활과 영생에 대한 확실한 소망 가운데 그들의 사랑하는 이들의 시신들을 정성을 다해 보살피며 땅에 묻었습니다. 그래서 이교도들은 서로에게 이렇게 말했습니다. "이것이 무슨 의미인가?" 그 대답은 이집트 전역으로 퍼져 나갔습니다. "이것은 나사렛 예수의 종교이며, 이 그리스도인들은 서로를 사랑하는구나." 그리스도의 사랑을 진실하게 드러내는 것보다 세상을 향한 더 웅변적인 설교는 없습니다. 또한 하나님께서 그분의 교회에 참되고, 따뜻하고, 신실한 그리스도인의 사랑을 회복시키실 때 ― 나는 우리가 그것을 다 잃어버리지는 않았다고 믿습니다 ― 그분이 우리에게 더 많은 사랑을 부어 주실 때, 그럴 때 세상은 지금보다도 복음에 더 많은 감명을 받을 것입니다.

한 가지 일화를 들려드리겠습니다. 몇 배로 늘어난 이야기이긴 하지만, 사실입니다. 부흥의 시기에, 한 젊은 여인이 어떤 집회에 참석했고, 그 예배에 감명을 받았습니다. 그녀는 기독교회가 연합과 사랑의 가정이라고 들었으며, 사실상 작은 천국이라고 들었습니다. 그리고 아마도 그리스도의 아름다움에 의해서보다는 교회의 아름다움에 더 매혹되어서, 그녀는 거기에 있는 신자들의 교제에 참여했습니다. 얼마 후에, 그녀는 어떤 그리스도인들이 다른 사람들에 대해 매우 심하게 말하는 것을 들었습니다. 정말이지 남의 잘못을 말하면서, 그것으로 인해 전혀 슬퍼하는 것 같지 않았고, 오히려 동료 그리스도인들에게 흠잡을 무언가를 발견한 것을 기뻐하는 듯이 보였습니다. 즉시로 그 젊은 여인에게 이런 생각이 스쳤습니다. "나는 속았다. 기독교회는 내가 믿었던 것처럼 거룩하고 행복한 집이 아니다." 그런 확신은 그녀가 거기에서 배웠던 많은 교리들에 대해 의구심을 갖도록 이끌었습니다. 그녀는 은혜의 수단들을 소홀히 했고, 구주께 대해서도 회의적이 되었습니다. 이 모든 현상은 그녀가 그리스도인의 사랑과 연합을 발견하리라고 기대했던 곳에서 불화를 발견한 결과에 따른 것입니다. 그녀를 구세주의 발 아래로 돌아오게 한 것은 주님을 기쁘시게 한 일이었습니다. 하지만 오랫동안 그녀는 큰 의심과 내적 갈등의 희생자가 되었으며, 그리스도인들 사이에서의 사랑의 결핍이 그 원인이었습니다. 오 사랑하는 여러분, 여러분 사이에서는 그런 일이 없기를 바랍니다! 만일 우리 교회가 서로 사랑하는 교회가 아니라면, 나는 헛되이 수고한 것이며, 내 힘을 헛되이 쏟아 버린 셈입니다. 여러분이 서로를 사랑하지 않는다면, 분명 여러분은 구주를 사랑하지 않는 것입니다. 하지만 여러분이 사랑 안에서 서로 결합되어 있다면, 그 때 우리의 기쁨은 여러분 안에서 충만할 것이며, 그리스도께서도 여러분으로 인해 기뻐하실 것입니다.

그리스도의 가족 바깥에 있는 자들에게 한두 마디 권면을 함으로써 이 설교를 마치고자 합니다. 사랑의 주님이 가장(Head)이신 가족의 구성원이 되지 못한 것은 매우 슬픈 일입니다. 그분이 가장이신 가정에서 지배적인 법은 사랑의 규칙이며, 그 가족의 모든 구성원의 두드러진 특징은 서로를 사랑하는 것입니다. 우리가 반드시 그 가족에 소속되든지, 혹은 다른 가족 즉 맏아들로서 자기 형제를 죽인 가인의 가족에 소속되어야 하는 것이 사실이라면, 그것은 매우 중대한 문제입니다. 세상에는 두 종류의 자손들이 있습니다. 만일 당신이 살아 계신 그리스도께 속해 있지 않다면, 당신은 뱀의 후손에 속합니다. 하나님의 가족에 속하지 않은 사람에게는 화가 있습니다! 이스라엘 백성들이 피 뿌린 문 인방 아래에서 노래하며 기뻐 외칠 수 있던 바로 그날 밤에, 애굽 사람들은 울며 통곡해야 했습니다. 하나님께서 저 복수의 천사를 보내시는 날에, 당신이 저 사랑의 가족에 속하지 않는다면, 살아 계신 하나님의 백성의 무리에 속하지 않는다면, 당신에게 화가 임할 것입니다!

한 사람이 묻습니다. "어떻게 하면 제가 그 사랑을 가질 수 있을까요?" 사랑은 믿음의 길을 따라 옵니다. 먼저 주님을 신뢰하십시오. 그러면 당신은 곧 그분의 종들을 사랑하기를 배울 것입니다. 구주를 의지하십시오. 그러면 당신은 구원받은 모든 사람들에게 애정을 느낄 것입니다. 죄인들을 위해 못 박히신 그분의 손에 당신을 의탁하십시오. 그러면 곧 당신은 그리스도께서 보혈을 흘려 구원하신 자들을 즐거이 사랑으로 포옹하게 될 것입니다. 우리 주 예수님을 위하여 우리 모두 천국에서 만나기를, 사랑이 통치하는 그곳에서 만나기를 빕니다. 아멘.

제
53
장

—

너희는 마음에 근심하지 말라

—

"너희는 마음에 근심하지 말라 하나님을 믿으니 또 나를 믿으라. 내 아버지 집에 거할 곳이 많도다 그렇지 않으면 너희에게 일렀으리라 내가 너희를 위하여 거처를 예비하러 가노니, 가서 너희를 위하여 거처를 예비하면 내가 다시 와서 너희를 내게로 영접하여 나 있는 곳에 너희도 있게 하리라. 내가 어디로 가는지 그 길을 너희가 아느니라." ─요 14:1-4

구약과 신약에 그 생애가 기록되어 있는 하나님의 사람들이 우리와 같은 성정을 지닌 사람들이라는 사실에 우리가 기뻐하는 것은 당연합니다. 나는 많은 불쌍한 죄인들이 은혜로 구원을 받은 자들의 죄들과 갈등들을 보고서 희망을 갖는 것을 알고 있습니다. 또한 많은 천국의 상속자들이, 그들과 마찬가지로 불완전한 자들이 기도하여 하나님의 응답을 얻고 고통의 때에 구원을 받는 것을 보고, 위안을 얻는다는 것을 알고 있습니다. 나는 사도들이 완벽한 사람들이 아니었다는 사실에 크게 기뻐합니다. 그들이 완벽한 사람들이었다면 예수님이 하신 모든 말씀을 즉시로 이해했을 것이며, 우리로서는 주님께서 그들을 깨우치려고 하신 설명들을 얻지 못했을 것입니다. 그들이 완벽한 사람들이었다면, 그들은 마음의 모든 근심을 초월하여 살았을 것이며, 주님께서 이런 귀한 말씀을 들려주시지도 않았을 것입니다. "너희는 마음에 근심하지 말라."

하지만, 이 본문을 통해서 매우 분명히 알 수 있는 것은, 주님의 종들이 마음에 근심하는 것은 주님의 뜻에 따른 것이 아니라는 것입니다. 그분은 자기 백성들의 의심과 불안을 기뻐하지 않으십니다. 그들에게 하신 말씀으로 인해 사도들의 마음에 슬픔이 가득한 것을 보셨을 때, 그분은 크신 사랑으로 그들을 권면하셨으며, 그들이 위로를 얻기를 바라셨습니다. 마치 어머니가 자녀를 위로할 때처럼, 그분은 이렇게 외치십니다. "너희는 마음에 근심하지 말라." 나의 친구여, 만일 당신이 풀죽은 사람들 중의 한 사람이라면, 예수님은 당신에게도 동일하게 말씀하십니다. 그분은 당신이 슬퍼하기를 바라시지 않습니다. "너희는 위로하라 내 백성을 위로하라, 너희는 예루살렘의 마음에 닿도록 말하며 그것에게 외치라"(사 40:1-2)는 심지어 구약 시대의 명령이었으며, 신약의 더 분명한 계시의 때에는 주님께서 자기 백성이 상심(傷心)으로부터 벗어나기를 원하신다고 나는 확신합니다. 위로가 효과적으로 이루어지도록 하기 위해 성령께서 특별히 위로의 사역을 수행해 오시지 않았습니까? 시련들이 하나님의 자녀들의 마음을 짓누르며, 아주 상냥한 목사조차도 위로를 주는 일에 실패합니다. 그 때 그 실패한 위로자가 실패가 없으신 위로자(the unfailing Comforter)를 기억하고, 그 슬픔에 빠진 심령의 형편을 거룩하신 손에 부탁드리는 것은 매우 달콤합니다. 복되신 삼위일체의 한 위격이 위로자의 역할을 수행하시는 것을 보고서, 우리는 우리의 마음이 위로로 가득해야 하는 것이 얼마나 중요한지를 알게 됩니다. 우리의 종교는 행복한 종교이고, 기뻐하는 것이 우리의 의무입니다! 복된 복음은 우리가 마음에 근심하는 것을 금하고 있습니다!

　　주 예수님께서 이러한 때에 그분의 친구들을 주의 깊게 생각하셨다는 것이 매우 놀랍지 않습니까? 큰 개인적인 슬픔이 있을 때는 다른 사람들의 근심을 어느 정도 간과하더라도 흠이 되지 않습니다. 예수님께서는 마지막 쓰라린 고통 곧 죽음을 향해 가실 참이었습니다. 하지만 그런 속에서도 그분은 제자들을 향한 동정심으로 가득하셨습니다. 만일 여러분이나 나였다면, 우리는 우리 자신을 위한 동정을 구했을 것입니다. 우리는 이렇게 외쳤을 것입니다. "나의 친구야 너희는 나를 불쌍히 여겨다오 나를 불쌍히 여겨다오 하나님의 손이 나를 치셨구나"(욥 19:21). 하지만 우리 주님께서는 자신의 압도적인 슬픔을 뒤로 제쳐두시고, 그보다 훨씬 적은 근심에 눌리고 있는 택하신 자들을 위로하는 일에 마음을 기울이셨습니다. 그분은 자신이 곧 "마음이 매우 고민하여 죽게 되었으니"(마 26:38)라고 말씀하실 것을 아셨습니다. 그분은 '우리의 평화를 위한 징계'(the chastisement of our peace)를 감당하심으로써 고난을 겪으셔야 할 것을 아셨습니다(참조 사 53:5). 하지만 그 슬픔의 심연 속으로 뛰어들기에 앞서, 그분은 친히 너무나 사랑하셨던 자들의 눈물을 닦아 주셔야 했습니다. 그래서 그분의 말씀이 더욱 마음에 다가옵니다. "너희는 마음에 근심하지 말라."

나는 이처럼 겸손하고도 부드러운 사랑에 감복함과 동시에, 우리 주님의 놀라운 확신에 감탄을 금치 못합니다. 그분은 자신이 수치스러운 죽음에 처해지실 것을 아시고도, 어떤 두려움도 느끼지 않으셨고, 제자들에게 절대적으로 자기를 신뢰하라고 명하셨습니다. 끔찍한 한밤의 어둠이 그분을 감싸기 시작했지만, 그분의 말씀은 얼마나 용감한지요. "나를 믿으라!" 그 두려운 시간 중에도 그분은 자신이 아버지에게서 오신 것과, 그가 아버지 안에 계시고 아버지가 그 안에 계신 것을 아셨습니다. 그래서 이렇게 말씀하신 것입니다. "하나님을 믿으니 또 나를 믿으라." 주님의 침착한 태도가 제자들을 믿음 안에서 굳세게 하는 일에 크게 이바지했음에 틀림없습니다.

우리가 여기서 사람으로서의 그분의 확신을 살펴보는 것이지만, 그와 동시에 우리는 그분의 말씀이 단지 선한 사람으로서는 결코 내뱉을 수 없는 말씀인 것을 느낍니다. 왜냐하면 어떤 인간도 이처럼 자기 자신을 하나님과 나란히 비교할 수는 없기 때문입니다. 예수님이 선하신 분임에는 의문의 여지가 없습니다. 그분이 하나님이심에 틀림없다는 사실이 이 말씀에 의해 입증됩니다. 예수님께서 우리에게 육신의 팔을 의지하라고 말씀하셨던가요? 성경에 이렇게 기록되지 않았던가요? "사람을 신뢰하는 사람과 육신을 그의 무기로 삼는 사람은 저주를 받으리라"(렘 17:5). 하지만 거룩하신 예수님께서 말씀하십니다. "너희는 하나님을 믿으니 또 나를 믿으라." 고난의 때에 인간이 신뢰할 대상으로서 그분이 자신과 하나님을 연계하시는 것은, 자신의 신적 능력과 신성(Godhead)에 대한 의식을 드러내는 것입니다. 우리 주 예수님 안에 있는 믿음을 보고서, 또한 그분 안에 있는 하나님의 신실하심을 보고서, 고난의 때에 우리의 신앙이 기뻐할 수 있다는 것은 하나의 신비입니다.

사랑하는 여러분, 오십시오. 우리가 본문의 말씀을 좀 더 가까이 들여다볼 때에, 하나님의 성령께서 우리와 함께 해 주시길 바랍니다! 이 본문을 또렷하게 다시 읽도록 하겠습니다. 여러분이 이 말씀을 사도들이 느꼈던 것보다도 훨씬 더 강력하게 느낄 수 있기를 바랍니다. 그들은 아직 보혜사(Comforter)를 받지 못했으며, 따라서 아직도 모든 진리 가운데로 인도받지는 못하고 있습니다. 이 점에서 우리는 그 날 밤의 제자들을 능가합니다. 그러므로 우리는 희망을 가지고 우리 주님의 말씀에 담긴 영광을 알도록 기도합시다. 그리고 그 말씀이 성령에 의해 우리들의 영혼에 들려지도록 기도합시다. "너희는 마음에 근심하지 말라, 하나님을 믿으니, 또 나를 믿으라. 내 아버지 집에 거할 곳이 많도다. 그렇지 않으면 너희에게 일렀으리라. 내가 너희를 위하여 거처를 예비하러 가노니, 가서 너희를 위하여 거처를 예비하면 내가 다시 와서, 너희를 내게로 영접하여 나 있는 곳에 너희도 있게 하리라. 내가 어디로 가는지 그 길을 너희가 아느니라."

이 말씀은 그 자체로 어떤 설교보다도 훨씬 낫습니다. 우리의 강론이 주 예수님의 말씀 안에 내포되어 있는 본질적인 위로의 정신에 물을 타는 역할밖에 더 하겠습니까? 자, 첫째로, 마음의 근심의 쓴 물(bitter waters of heart-trouble)을 맛보도록 합시다. 둘째로, 하나님의 위로의 단 물(sweet waters of divine consolation)을 깊이 들이키도록 합시다.

1. 근심의 쓴 물

첫째로, 쓴 물을 맛보도록 합시다. "내가 이런 일을 너희에게 말하므로 슬픔이 너희 마음에 찼도다"(요 16:6). 나는 이 위로를 어떤 한 가지 형태의 고통에만 제한하지 않겠습니다. 왜냐하면 그것은 모든 상처를 위한 연고이기 때문입니다. 그렇지만 제자들의 특별한 고통이 무엇이었을지 생각해 보는 것도 좋을 것입니다. 어쩌면 우리들 중에 어떤 이들이 지금 그 고통을 겪고 있을지 모르며, 또 머지않아 우리가 그 속에 빠지게 될지도 모르기 때문입니다.

제자들의 근심은 예수님이 곧 죽으신다는 것입니다. 그들의 주님이, 그들이 진실로 사랑했던 분이, 이제 곧 수치스럽고도 고통스러운 죽음에 의해 그들을 떠나실 것입니다. 여린 마음이 그런 생각을 어찌 감당하겠습니까? 그분은 그렇게 될 것이라고 그들에게 말씀하셨고, 그래서 그들은 그분이 이전에 하셨던 말씀 곧 인자가 배반을 당하고, 악한 자들의 손에 넘겨지고, 채찍질당하고, 죽을 것이라고 하셨던 말씀을 기억했습니다. 그들은 고발을 당하고, 정죄를 받고, 십자가에 죽으실 그분을 보게 되는 모든 고통을 겪게 될 것입니다. 짧은 시간 안에 그분은 실제로 체포당하고, 묶이고, 대제사장의 집으로 끌려가고, 빌라도에게로 호송되었다가, 다시 헤롯에게로 이송되었다가, 또다시 빌라도에게로 되돌아와서, 옷이 벗겨지고, 채찍에 맞고, 조롱과 모욕을 당하셨습니다. 그들은 그분이 십자가를 짊어진 채로 예루살렘 거리들을 지나 호송되는 것을 보았습니다. 그들은 그분이 두 강도 사이에서 나무에 달리는 것을 목격했고, 이렇게 외치시는 것을 들었습니다. "나의 하나님, 나의 하나님, 어찌하여 나를 버리셨나이까?" 이 얼마나 쓴 잔입니까! 그들이 주님을 사랑한 만큼 그들은 그분으로 인해 깊은 슬픔을 맛보아야 했습니다. 그래서 그들에게 주님이 이렇게 말씀하실 필요가 있었던 것입니다. "너희는 마음에 근심하지 말라." 오늘날 주 예수님을 사랑하는 자들은 그분이 사람들의 손에 수치스럽게 취급당하시는 일이 영적으로 반복되는 것을 목격해야만 합니다. 지금도 그분은 십자가를 거치는 돌로 여기고, 십자가를 전하는 일을 어리석은 짓으로 간주하는 자들에 의해 새롭게 못 박히십니다. 아, 내가 어찌해야 하는지요! 그리스도께서 여전히 오해를 받으시고, 잘못 전해지고, 멸시를 받고, 조롱당하고, 사람들에게 거부를 당하시는 것을 어찌해야 하는지요! 그들은 실제로 그분에게 손을 대지는 못합니다. 그분은 저기 높은 천국의 보좌에 앉아 계시기 때문입니다. 하지만 그들은 할 수만 있다면 그분을 다시 죽이려 하고 있습니다. 한때 그리스도의 인격을 향했던 악한 의도가 이제는 복음을 향해 나타나고 있습니다. 어떤 이들은 야비하고 불경스런 말들을 쏟아내고, 적지 않은 이들이 성경에 대해서 교활한 공격을 가합니다. 그렇게 함으로써 그들은 여자의 후손의 발꿈치를 상하게 하려고 온 힘을 기울이고 있습니다. 인류의 다수가 마치 구주의 죽음이 아무것도 아닌 것처럼, 그들에게 최소한의 의미도 없는 것처럼, 눈을 돌린 채로 십자가 곁을 지나고 있으며, 그것을 바라보기란 너무나 큰 슬픔입니다. 저 십자가에 달리신 분을 위하여, 그리고 그분의 구원의 진리에 대하여 열정을 느끼는 정도에 비례하여, 이 불신앙의 시대에 살아가는 것이 마치 쑥과 쓸개처럼 쓰게 느껴집니다. 그리스도 예수께서 미신과 불신앙의 두 강도들 사이에 못 박히시고, 그분 주위에는 무례한 자들과, 세련된 자들과, 무지한 자들과 지혜로운 자들의 격렬한 반대가 들끓고 있습니다.

이에 더하여, 사도들은 그들의 주님이 그들에게서 떠나실 것이라는 예상을 하게 되었습니다. 그들은 처음에는 "조금 있으면 나를 보지 못하겠고 또 조금 있으면 나를 보리라, 내가 아버지께로 감이라"(요 16:16-17) 하신 말씀을 이해하지 못했습니다. 이제는 그들이 마치 목자 없는 양처럼 남게 되리라는 생각이 들기 시작했습니다. 그들의 주님이시며 머리 되신 분이 그들을 떠날 것이기 때문입니다. 이것이 그들에게는 두려움과 낙담의 원인이었습니다. 그들은 속으로 이렇게 말했습니다. "우리가 그분 없이 무엇을 할 수 있단 말인가? 우리는 적은 무리이다. 그분이 떠나시고, 또 늑대가 접근해 올 때, 우리가 어떻게 보호를 받을 것인가? 서기관들과 바리새인들이 우리에게로 몰려올 때, 우리가 어떻게 대답할 수 있을까? 우리 주님의 대의와 나라에 대해서는, 떨고 있는 우리의 손으로 어떻게 그것을 지켜낼 수 있을까? 아아, 예수님이 우리와 함께 하시지 않을 때 구원의 복음은 어떻게 될 것인가!" 이는 사무치는 슬픔이었습니다. 우리가 하나님의 궤로 말미암아 떨 때에(참조 삼상 4:13) 종종 이런 종류의 느낌이 찾아옵니다. 우리들의 신앙 상태를 볼 때 내 마음은 슬픕니다. 오, 이토록 어두운 시대에 인자께서 한 시간 만이라도 계시다면 얼마나 좋을는지요! "말세에 조롱하는 자들이 올 것"(벧후 3:3)이라고 기록되어 있습니다. 그리고 그들은 왔습니다. 하지만 오, 주님께서 친히 몸으로 이곳에 와 계시다면 얼마나 좋을는지요! 오, 주님께서 그분의 오른손을 펼쳐 우리에게 오순절의 기적들을 다시 한 번 보이시어, 그분의 대적들을 당황하게 하시고 그분의 벗들에게는 기쁨을 주신다면 얼마나 좋을는지요! 그분은 아직 오시지 않았습니다! 그분이 떠나신지 거의 이천년이 흘렀습니다. 밤은 어둡고, 새벽의 조짐은 아직 없습니다. 교회라고 하는 배는 폭풍에 흔들리고, 예수님이 우리에게 오시지 않았습니다. 우리는 그분이 영적인 의미에서 우리와 함께 계시는 것을 압니다. 하지만 오, 우리는 능력과 영광 중에 거하시는 그분이 우리에게 계셨으면 좋겠습니다! 진정 그분은 우리의 필요와 시대의 긴박함을 알고 계십니다. 하지만 우리는 이렇게 부르짖고 싶습니다. "그들이 주의 법을 폐하였사오니 지금은 여호와께서 일하실 때니이다"(시 119:126).

　　하지만 그들은 또다른 차원에서도 슬픔을 느낍니다. 그것은 그분이 그들 중 하나에 의해 배반을 당하신다는 것입니다. 그 열둘은 선택받은 자들이었지만 그들 중 하나는 마귀였고 자기 주님을 팔았습니다(요 6:70). 인자가 배반으로 넘겨진다는 사실이 신실한 자들의 마음을 찌릅니다. 그분은 공개적인 체포로 넘겨지는 것이 아니라, 그분이 적은 돈궤를 맡기셨던 자에 의해 은 삼십에 팔리십니다. 그분과 함께 접시에 떡을 찍었던 사람이 하찮은 돈을 받고 그분을 팝니다. 이것이 주님의 마음을 아프게 했던 것처럼, 그들의 마음도 칼에 벤 듯이 아프게 합니다. 우리 주님께서 친구로부터 배반을 낭하셨던 것입니다. 이러한 때에 신실한 자들은 쓴 물을 마시게 됩니다. 우리가 이 시대에서 무엇을 봅니까? 우리가 도처에서 보는 것은, 복음의 사역자들이라고 평판을 얻은 자들이 주로 하는 일이라고는 우리의 거룩한 믿음을 손상시키고, 기독교회에서 공통적으로 받아들여진 진리들을 쓰러뜨리고 있는 것입니다. 그들 중에 어떤 이는 마치 하나님에게서 임명된 것이 아니라 마귀에게서 임직을 받은 듯이 설교합니다. 그들은 성령에 의해 기름 부음받은 것이 아니라, 거짓 영의 세례를 받은 듯합니다. "진보된 사고"(advanced thought)라는 깃발 아래, 그들은 신앙의 고백자들이 지키려 싸웠고 순교자들이 피를 흘렸으며 옛 시대의 성도들이 죽음의 순간에서 힘을 얻었던 영원한 진리들과 전쟁을 벌이고 있습니다. 그 상대는 원수가 아닙니다. 그랬더라면 우리가 견디고 대응할 수 있었을 것입니다. 만일 표면적으로 드러난 공공연한 무신론자가 성경의 영감설을 공격한다면, 그렇게 하도록 내버려 두십시오. 이 나라는 자유 국가이기에, 그로 하여금 말하게 버려두십시오. 하지만 누군가 우리의 강단을 차지하고, 거룩한 책을 펼치고, 그러고서 그 책이 성령으로 감동되었음을 부인한다면, 대체 왜 그가 거기에 있는 것입니까? 그토록 왜곡하는 일을 하도록 어떻게 그의 양심이 허락하는 것일까요? 늑대를 목자로 삼는 꼴이고, 도끼를 가지고 포도나무 뿌리를 자르는 자를 포도원지기로 삼은 꼴입니다. 교회 편에서 볼 때, 이런 일은 이해할 수 없는 어리석음입니다. 유다가 기독교회에서 그리스도의 일꾼들이라고 공언하는 수많은 자들을 대표하고 있다는 사실이, 모든 신자들의 마음을 찌르는 비수입니다. 그들은 입맞춤으로 그들의 주님을 배반합니다.

그 뒤로 또다른 고통이 찾아왔습니다. 그들 중의 하나는, 비록 진실한 마음을 가졌고 충성스러웠지만, 그날 밤에 자기 주님을 부인할 것입니다. 많은 면에서 그 적은 무리의 리더였던 베드로는 겁쟁이처럼 행동하고 격렬하게 자기 주님을 부인할 것이라는 예고를 들었습니다. 하나님의 교회를 사랑하는 이들이 공개적으로 술을 마시도록 강요당하고, 사람들을 두려워함으로써, 혹은 시대의 풍조를 따라서, 우리가 예수 그리스도의 제자라고 알고 있던 사람들이 시험에 빠지는 모습을 보는 것은 정말이지 슬픈 일입니다. 그럼으로써 그리스도와 그분의 복음이 실질적으로 그들에 의해 부인되고 있는 것입니다. 교조적이라든지(dogmatic) 혹은 청교도적이라는(puritanic) 평가를 받는 것에 대한 두려움이, 예수님을 반대하는 모든 도전을 무릅쓰고서 그분이 하나님의 아들이시라고 힘 있게 선포해야 하고 그분의 영광스러운 위엄을 높여야 할 많은 입들을 닫게 만듭니다. 그분을 따른다고 공언하면서도 세속적이고 미적지근한 많은 이들을 보면서, 예수님을 가장 사랑하는 일부 사람들의 마음은 무거워집니다.

이제 여러분에게 이 본문의 단물에 대해 소개할 적절한 때가 된 것으로 여겨집니다. 당신의 입에 남아 있는 모든 쓴 맛의 흔적이 다 사라질 때까지 그 단물을 마시기를 바랍니다. 주님이 말씀하신 것은 바로 당신을 위해 하신 말씀입니다. "너희는 마음에 근심하지 말라 하나님을 믿으니 또 나를 믿으라."

2. 위로의 단물

이제 두 번째 주제로서, 단물(sweet waters)을 마시고서 우리의 영혼을 새롭게 하도록 합시다.

첫째, 이 놀라운 본문에서 우리 주님은 모든 종류의 근심 아래에서 참된 위로의 수단이 무엇인지를 우리에게 알려주고 계십니다. 그분이 그것을 어떻게 표현하십니까? "너희는 마음에 근심하지 말라 … **믿으라**(believe)!" 성경을 찬찬히 살펴보면 이 교훈이 반복되고 있음을 발견할 것입니다. 그분은 11절의 상반절에서도 "믿으라" 말씀하시고, 이어 후반절에서도 "믿으라"고 말씀하십니다. "내가 아버지 안에 거하고 아버지께서 내 안에 계심을 믿으라 그렇지 못하겠거든 행하는 그 일로 말미암아 나를 믿으라." 나는 이 거룩한 말씀의 의미를 캐려고 시도하면서, 예수님께서 내 곁에서 세 번씩이나 이렇게 말씀하시는 것을 들었다고 생각합니다. "나를 믿으라! 나를 믿으라! 나를 믿으라!" 주님과 함께 있었던 열한 명의 제자들 중 누구 하나라도 현재 그들의 눈앞에 계신 주님을 믿지 않을 수가 있었을까요? 마치 믿음을 갖도록 권면할 큰 필요가 있었던 것처럼 그분이 이렇게 말씀하십니다. "나를 믿으라! 나를 믿으라! 나를 믿으라!" 그렇다면, 근심하는 마음을 위해서 다른 치료제란 없는 것일까요? 다른 것이 필요하지 않습니다. 하나님이 주시는 이 믿음만으로 충분합니다. 당신이 예수님을 믿으면서도 여전히 근심한다면, 그분을 재차 믿고, 더욱 철저하고 진심으로 믿으십시오. 만일 그러고서도 마음의 불안이 가시지 않는다면, 단계를 한층 더 높여서 그분을 믿고, 더 단순하고도 더 힘 있게 믿으십시오. 이것이 두려움과 근심의 질병에 대한 유일한 치료제라고 간주하십시오. 예수님은 이렇게 처방하십니다. "믿으라, 믿으라, 나를 믿으라!" 어떤 교리들을 믿을 뿐 아니라, 예수님 자신을 믿으십시오. 친히 하셨던 모든 약속을 이행하실 수 있는 분으로서 그분을 믿으십시오. 하나님을 믿는 것처럼 그분을 믿으십시오. 어떤 사람은 이따금씩 하나님을 믿는 것보다 예수님을 믿는 것이 더 쉽다고 생각하는 경향이 있지만, 그것은 영적인 유아의 생각입니다. 더 성숙한 신자들은 그렇지 않다는 것을 압니다. 틀림없이 유대인에게는 하나님을 믿고 예수님을 믿는 것이 올바른 순서이며, 이것은 오랫동안 믿어온 이방인들에게도 마찬가지라고 생각합니다. 오래 믿어온 우리는 하나님을 믿는 것을 당연한 일로 받아들이며, 따라서 예수님께 대한 믿음은 더 깊은 확신을 요구합니다. 나는 창조에 있어서(in creation) 하나님의 능력을 믿습니다. 그분은 원하시는 것을 지으실 수 있고, 또한 지으신 것의 형체를 완성하실 수 있습니다. 나는 섭리에 있어서(in providence) 그분의 능력을 믿습니다. 그분은 그분의 영원한 목적을 실현하실 수 있고, 하늘의 천군들과 이 땅의 거주민들 사이에서 뜻하시는 것을 행하실 수 있습니다. 나는 하나님께는 모든 것이 가능하다는 것을 믿습니다. 바로 그런 식으로 내가 예수님을 믿어야 합니다. 곧 그분이 능력에 있어서 전능하실 뿐 아니라, 모든 자연 만물의 힘의 원천으로서 역사하고 계시는 것을 믿어야 합니다. 또한 섭리의 역사 속에서 하나님이 자신의 목적을 성취하시는 것처럼 예수님도 자기 목적을 반드시 성취하시는 것을 믿어야 합니다. 모든 건전한 정신을 가진 사람들이 하나님을 향해 갖는 절대적인 믿음으로 구주 예수를 의지해야 합니다. 그것이 우리 주님이 정당하게 요구하시는 믿음으로 그분을 의지하는 것입니다. 그분은 신실하시고 참되며, 그분의 능력은 약속을 이루실 수 있습니다. 그러므로 그분을 신뢰하고 의지합시다. 그러면 온전한 평화가 우리 마음에 찾아올 것입니다. 이 제자들은 구주께서 그들을 떠나실 것이기에 그분을 볼 수도 없고 그분의 음성도 듣지 못할 것이라고 생각했습니다. 그것이 무엇입니까? 우리가 하나님을 믿을 때에도 그렇게 생각하는 것입니까? "본래 하나님을 본 사람이 없습니다"(요 1:18). 하지만 당신은 보이지 아니하시는 하나님께서 만물 중에 역사하시고 만물을 붙들고 계신 것을 믿지 않습니까? 그와 마찬가지 방식으로, 눈으로는 떠나계시고 보이지 아니하시는 그리스도를 믿으십시오. 그분이 물 위를 걸으시고, 보리떡으로 큰 무리를 먹이시고, 병자를 치유하시고, 죽은 자를 살리시는 것을 눈으로 볼 때와 마찬가지로, 그분에게 여전히 능력이 있으신 것을 믿으십시오. 그분을 믿으십시오. 그러면 슬픔과 탄식이 물러갈 것입니다.

영원히 사시는 분으로서 예수님을 믿으십시오. 하나님의 영원성을 믿듯이 예수님을 믿으십시오. 당신은 눈으로 본 적이 없는 지존자의 영원한 존재를 믿습니다. 바로 그렇게 하나님의 아들의 영원한 생명도 믿으십시오. 그렇습니다. 설혹 당신이 그분이 숨을 거두시는 것을 보아도, 그분이 무덤에 누이시는 것을 보아도, 그분이 결코 죽지 않으신다는 것을 믿으십시오. 당신이 하나님을 믿는 것과 마찬가지로, 그분이 다시 나타나실 것을 기대하십시오. 예, 그분이 당신에게서 떠나셨을 때에도, 구름 속으로 들어가 당신의 눈에서 사라지셨을 때에도, 하나님이 살아 계시듯이 그분이 살아 계시는 것을 믿으십시오. 또한 그분이 사시기에 당신 역시 살게 될 것을 믿으십시오. 당신은 하나님의 지혜를 믿으며, 하나님의 신실하심을 믿으며, 하나님의 선하심을 믿습니다. 예수님이 말씀하십니다. "하나님을 믿듯이, 나를 믿으라." 영원히 사시는 신적인 분으로서의 예수 그리스도께 대한 믿음은 모든 종류의 두려움에 대한 최상의 안정제입니다. 그분은 "영원하시며, 썩지 아니하고, 보이지 아니하시는 왕"이시며(딤전 1:17), "기묘자, 모사, 전능하신 하나님, 영존하시는 아버지요, 평강의 왕"이십니다(사 9:6). 그러므로 당신은 그분을 의지하고 안전할 수 있습니다. 이것이 이 값진 위안의 첫 번째 요소입니다.

하지만 더 나아가서, 우리 주님은 곧 제자들을 떠나실 것이지만, 아버지의 집으로 가시는 것이라고 말씀하십니다. "내 아버지 집에 거할 곳이 많도다." 아아, 이 얼마나 달콤한 위로인지요! 그분은 말씀하셨습니다. "나는 갈 것이다. 그리고 내가 가는 길에서 너희들은 내가 매를 맞고, 피를 흘리며, 조롱과 멸시를 당하는 것을 볼 것이다. 하지만 나는 이 모든 것을 뚫고서 내 아버지 집의 기쁨과 안식과 영광에 이를 것이다." 하나님은 어디에나 계십니다. 하지만 그분은 지상에서 성막을 세우게 하시고 그곳에서 자신의 특별한 임재를 나타내셨습니다. 그래서 그곳은 그분이 독특한 방식으로 자신을 계시하시는 장소가 되었습니다. 성전은 눈으로 볼 수 없는 하나님의 영광의 임재를 나타내는 하나의 모형입니다. 우리는 그것을 천국이라고도 하고, 하나님의 성막이라고도 하며, 거룩한 천사들과 순수한 영혼들이 그분의 친밀한 임재 속에 살아가는 집이라고 부르기도 합니다. 천국에서 하나님은 특별히 그분의 거처를 가지고 계시다고 할 수 있으며, 예수님은 그곳으로 가실 것이며, 그분의 사명이 완수되기를 기다리고 있던 모든 영광으로 귀환하실 것입니다. 사실 그분은 집으로 가시는 것이며, 아들로서 아버지의 심부름을 받고 잠시 떠났던 아버지 집으로 되돌아가시는 것입니다. 그분은 아버지와 함께 있을 수 있는 곳으로 가시는 것입니다. 완벽하게 안식하실 수 있는 곳으로, 악한 자들의 공격이 미치지 못하는 곳으로, 다시는 고통하는 것이나 죽는 일이 없는 곳으로 가시는 것입니다. 그분은 세상이 있기 전부터 아버지와 함께 누렸던 영광을 다시 얻기 위해 가시는 것입니다. 오, 만일 제자들이 이를 온전히 이해했더라면, 그들은 구주의 이 말씀을 제대로 이해했을 것입니다. "나를 사랑하였더라면 내가 아버지께로 감을 기뻐하였으리라"(요 14:28). 아무리 상상력을 동원해도 우리 주님의 천국 귀환의 영광을 다 그릴 수 없습니다. 저 영원한 도시로 그분이 오심을 알리는 영예로운 호위대의 광경, 위대한 정복자가 하늘로 되돌아오심을 맞이하는 저 뜨거운 환영을 다 묘사할 수 없습니다! 시편 기자의 말에 근거하여, 우리는 주님이 승천하실 때 하늘의 천사들이 그분을 맞이하면서 이렇게 외쳤을 것이라고 믿을 수 있습니다. "문들아 너희 머리를 들지어다 영원한 문들아 들릴지어다 영광의 왕이 들어가시리로다"(시 24:7). 저 빛나는 스랍들과 섬기는 천사들이 이렇게 했으리라고 우리는 상상할 수 있습니다.

> "높은 곳에서부터 그분의 전차를 가지고 와서
> 그분을 태우고서 보좌로 안내하네.
> 승리의 날갯짓으로 갈채를 보내며 이렇게 외치네,
> '영광스러운 임무가 완수되었도다!'"

그분은 "천사들에게 보이시고"(딤전 3:16), 영원한 문들이 영광의 왕을 맞이하며 머리를 드는 가운데 즐거이 재입성하셨습니다. 사로잡힌 자들을 사로잡으시고 사람들에게 선물을 주신(엡 4:8) 그분의 승리를 천사들이 목격하였습니다. 그들은 잠시 동안 천사들보다 조금 못하게 되시고 죽음의 고통을 맛보셨으나 그런 후에 영광과 존귀의 관을 쓰신 예수님의 즉위식을 보았습니다. 이런 것들은 나의 이 어눌한 입술로는 제대로 묘사할 수 없는 것입니다. 오직 그것은 주의 영이 임하실 때에 여러분이 깊이 숙고할 주제입니다. 큰 안위와 즐거움을 위해 그것을 곰곰이 묵상해 보십시오.

예수님께서는 골고다 길을 통해 아버지 집으로 올라가셨습니다. 그분의 모든 할 일을 끝내시고, 사람이 되시어 사람들 가운데에 머무셨던 일에 보상을 얻으셨습니다. 사명을 수행하시기 위해 꼭 겪으셔야 했던 수치가 떠나가고 이제 그분은 중보자적 통치의 영광 중에 거하십니다. 그러므로 하나님의 백성들이여, 더 이상 근심하지 마십시오. 여러분의 주님은 왕이시며, 여러분의 구주가 다스리십니다! 사람들이 여전히 그분을 향해 조롱할 수는 있어도, 그분에게서 영광의 광채를 빼앗지는 못합니다! 그들이 그분을 거절할 수는 있어도, 전능의 주 하나님께서 그분을 높이셨습니다! 그들이 그분의 살아 계심을 부인한다 해도, 그분은 살아 계십니다! 그들이 반역적으로 이렇게 외칠지 모릅니다. "우리가 그들의 맨 것을 끊고 그의 결박을 벗어버리자"(시 2:3). 하지만 여호와께서 그 왕을 그의 거룩한 시온에 세우셨으며(시 2:6), 누구도 그분을 그의 보좌에서 밀어낼 수 없습니다. 할렐루야! "하나님이 그를 지극히 높여 모든 이름 위에 뛰어난 이름을 주사 하늘에 있는 자들과 땅에 있는 자들과 땅 아래 있는 자들로 모든 무릎을 예수의 이름에 꿇게 하시고"(빌 2:9-10). 그러므로 시끄럽게 논쟁하는 소리들과, 이 악한 세대의 훼방과 비방으로 인해 근심하지 마십시오. 비록 바다가 노하여 일어나고, 악한 물결이 몰려와 여호와와 그 기름 부음받은 자를 대적하여 요동친다 하여도, 주께서는 그 물 위에 앉으시고, 왕으로서 영원토록 다스리십니다. 함께 "할렐루야"를 외칩시다. 왕이 자기 자리에 다시 오르셨고, 그분이 아버지의 궁정에 다시 들어가셨으며, 하늘이 그분을 환대해 주었으니, 왜 우리가 근심하는 것입니까?

셋째로, 우리 주님께서는 자기 종들에게 다른 방식으로도 위로를 주십니다. 그분은 무수히 많은 사람들이 그분을 따라 아버지의 집에 가게 될 것을 넌지시 알려주셨습니다. 그분은 그들에게 자신이 아버지의 집에 가시는 것을 확신시키실 뿐 아니라, 이런 말씀도 하셨습니다. "내 아버지 집에 거할 곳이 많도다." 이 처소들은 그냥 비워두시려고 세우신 것이 아닙니다. 하나님께서는 헛된 일을 하시지 않습니다. 그러므로 많은 영혼들이, 셀 수 없는 무리들이, 정한 때가 되면 아버지의 집으로 올라와 많은 처소들을 차지하게 될 것이라고 결론을 내리는 것이 자연스럽습니다. 나는 이것이 제자들에게 큰 위로가 된다고 생각합니다. 왜냐하면 의심의 여지 없이, 그들은 주님이 안 계시면 그분의 나라도 무너질 것이라고 두려워했기 때문입니다. 그분이 십자가에서 죽으시면 어떻게 회심자들이 생겨날 수 있을까요? 그들처럼 초라한 인물들이 어떻게 지상에서 의의 왕국을 세울 것이라고 기대할 수 있을까요? 만약 그들 머리 위로 그분의 강력한 오른팔이 함께 하시지 않는다면, 그들이 어떻게 세상을 뒤집어엎고, 또 많은 사람들을 인도하여 그들을 속량하려고 피 흘리신 그분의 발 아래로 데려올 수 있을까요? 주 예수님께서는 실질적으로 이런 의미로 말씀하신 것입니다. "나는 떠날 것이다. 하지만 나는 수많은 무리들을 위해 앞서 길을 인도할 것이며, 그들을 예비된 처소로 이끌 것이다. 땅에 떨어져 죽은 밀알처럼 나는 많은 열매들을 맺을 것이며, 그들은 영원한 안식의 처소에 거하게 될 것이다." 이것이 지금 이 시간 우리 위로의 일부입니다. 사람들이 복음을 대적하는 것이 얼마나 무모한 짓인지요. 주께서 자기에게 속한 자들을 아시고, 자기 피로써 속량하신 자들을 능력으로 구원하실 것이기 때문입니다. 그분은 은혜의 선택을 따라서 많은 사람들을 불러 모으실 것입니다. 비록 그들이 지금은 소수의 남은 자들에 불과한 듯이 보이지만, 그분은 그 많은 거처들을 모두 채우실 것입니다. 이는 바위처럼 견고하게 서 있는 진실입니다. "아버지께서 내게 주시는 자는 다 내게로 올 것이요 내게 오는 자는 내가 결코 내쫓지 아니하리라"(요 6:37). 어떤 이들은 "그리스도께로 결코 오지 않을 것이다"라고 큰소리치지만, 하나님의 영은 그들이 주의 구원을 거절할 것임을 미리 예견하셨습니다. 그와 같은 자들에게 예수님이 무어라고 말씀하셨습니까? "너희가 내 양이 아니므로 믿지 아니하는도다. 내 양은 내 음성을 들으며 나는 그들을 알며 그들은 나를 따르느니라. 내가 그들에게 영생을 주노니 영원히 멸망하지 아니할 것이라"(요 10:26-28). 사람들의 악한 불신앙은 그들 자신에 대한 정죄입니다. 하지만 예수님은 자기 수고의 보상을 잃어버리시지 않습니다. 그리스도를 멸시하는 자들의 면전에, 우리는 그들이 그분을 향해 쏟아냈던 조롱을 되돌려줍니다. 그리고 그들에게 이 점을 상기시켜 두겠습니다. 즉 그분을 멸시하는 자들 이름이 땅에 새겨질 것이며, 그들 자신이 멸시를 당하게 되리라는 것입니다. 그들이 그리스도께 오지 않는다고 해서 무슨 대수입니까? 그들 자신의 손해입니다. 그리스도께서 그들에 대해 잘 말씀하셨습니다. "내 아버지께서 오게 하여 주지 아니하시면 누구든지 내게 올 수 없다 하였노라"(요 6:65). 그들의 악함은 그들의 무능이면서 그들의 파멸입니다. 그리스도를 반대함으로써, 그들은 자기들이 지존자의 선택받은 자들이 아니라는 사실을 무심코 드러냅니다. 하지만 "여호와께 구속받은 자들은 돌아와 노래하며 시온으로 들어오니 영원한 기쁨이 그들의 머리 위에 있을" 것입니다(사 51:11). 또한 그리스도께서는 "자기 영혼의 수고한 것을 보고 만족하게 여길" 것입니다(사 53:11). 이 문제는 인간의 자유 의지에 맡겨진 것이 아닙니다. 그랬더라면 예수님이 결국 실망하실 수도 있을 것입니다. 오, 하지만 그렇지 않습니다. 그들이 영생을 얻기 위하여 그분께 오기를 원하지 않습니다(참조. 요 5:40). 하지만 영원한 성령께서 인간의 양심과 의지를 통제할 힘을 가지고 계시며, 또한 그분의 능력의 날에 인간으로 하여금 믿음의 소원을 가지게 하실 수 있다는 것을, 그들은 알지 못할 것입니다. 승천하신 예수님께서는 자기에게 속한 모든 자들을 자기에게로 이끄실 것입니다. 비록 앞서 언급한 자들이 하나님의 지혜를 거부한다고 해도, 주님의 구속 역사에는 실패가 있을 수 없습니다. 자기 피로 값 주고 사신 자들을 예수님은 결코 잃어버리지 않으십니다. 그분이 죽음으로써 성취하려 하신 일을 그분은 반드시 성취하실 것입니다. 또한 지옥의 모든 악귀들과 지상의 불신자들이 합세하여 그분을 대적한다 해도, 그분은 부활로써 이루고자 하신 일을 반드시 이루실 것입니다. 오, 그대 원수여, 메시야의 대의를 거역하고서 기뻐하지 말라! 비록 그것이 실패한 듯이 보여도 다시 일어설 것이기 때문이라!

하지만 우리 주님은 거기에서 훨씬 더 나아가십니다. 그분은 이렇게 말씀하셨습니다. "내가 너희를 위하여 거처를 예비하러 가노니." 나는 그분이 우리의 영혼들이 거할 곳(mansions)만 언급하신 것이 아니라 우리의 부활한 몸들을 위한 궁극적인 거처(place)도 언급하신 것이라고 생각하며, 그에 대해서는 곧 말하도록 하겠습니다. 우리 주님이 떠나심으로써, 그분은 아버지와 함께 영원히 거하실 뿐 아니라, 자기 사람들을 위한 거처를 예비하는 일을 하십니다. 그분은 길에 놓인 모든 장애물들을 치우려 하십니다. 그들의 죄가 도로를 막았습니다. 마치 산과 같은 그들의 불법이 모든 통로를 막았습니다. 하지만 이제 그분이 떠나셨으며, 이렇게 말할 수 있습니다. "파쇄기(breaker)가 그들 앞서서 올라왔으며, 그들의 머리가 되신 주님께서 앞서 올라오셨도다." 그분은 모든 막힌 담들을 허무시고, 모든 철문들을 여셨습니다. 그 나라로 들어가는 길이 모든 신자들에게 활짝 열렸습니다. 그분은 죽음을 통과하여 부활에 이르셨고, 부활을 지나 승천하셨으며, 우리의 길에 놓인 모든 방해물들을 제거하셨습니다.

또한 그분이 우리를 떠나신 것은 모든 조건들을 충족시키기 위해서였습니다. 천국에 들어가는 모든 자는 완전한 의의 옷을 입어야 하며, 성품에서 온전해져야 하며, 저 거룩한 도성에 들어갈 때에 어떤 죄도 발견되지 않아야 합니다. 성도들은 그분의 보혈로 씻어지고 성령에 의해 새롭게 되지 않으면 온전해질 수 없습니다. 그래서 구주께서 십자가의 죽음을 견디신 것입니다. 하늘에 오르셨을 때 그분은 우리에게 거룩하게 하는 영을 보내셨으며, 우리로 그분의 안식에 들어가기에 합당한 자가 되게 하셨습니다. 그러므로 그분이 천국의 입성을 막는 죄를 치워버리심으로써, 우리의 안식의 처소를 예비하셨다고 말할 수 있습니다.

또한 그분이 떠나신 것은 먼저 자리를 잡으시고서 자기 백성들을 위한 거처를 안전하게 하시기 위함이었습니다. 그분은 저 영광의 땅에 우리의 선구자(Forerunner)로 들어가셨습니다. 우리의 이름으로 그 처소를 차지하시고, 자기 백성의 대표자로서 천국을 소유하셨습니다. 그분이 떠나시는 것은 천국에서 중보자(Intercessor)의 역할을 하시기 위함이었습니다. 보좌 앞에서 우리를 위해 탄원하시고, 그리하여 그를 힘입어 하나님께 오는 모든 자들을 온전히 구원하려 하신 것입니다. 거기서 섭리(Providence)의 고삐를 쥐시고, 만유를 그분의 발 아래 두시고, 하늘과 땅의 모든 권세를 가지심으로써 자기 백성들에게 풍성한 복을 주려 하신 것입니다. 천국에 계심으로써 우리 주님께서는 사랑의 목적을 확실하게 성취하기 위한 유리한 위치를 차지하신 것입니다. 마치 요셉이 애굽에 먼저 들어가서 곡식을 저장해 두고, 이스라엘이 고센 땅에 정착하도록 예비하고, 그들을 보호할 수 있는 높은 자리에 앉은 것처럼, 우리 주님께서도 우리의 유익을 위해 영광으로 들어가셨습니다. 그리고 그분은 그분의 보좌에 앉아서 여기 있는 우리를 위해 취할 수 있는 모든 유익한 조치를 취하고 계십니다.

그와 동시에, 나는 이 말씀에서 천국에서 우리를 위하여 거처를 예비하시는 것 이상의 특별한 의미를 생각하고 싶습니다. 나는 우리 주 예수님께서 "내가 너희를 위하여 거처를 예비하러 가노니"라고 하신 말씀에는, 결국에 제자들의 전 인격(entire manhood)을 위한 거처가 있을 것이라는 의미라고 생각합니다. "거처(a place)"라는 말에 주목하십시오. 우리는 죽은 자의 부활에 도달한 자들의 궁극적인 상속(ultimate inheritance)이라고 하는 모호한 개념을 반기는 경향이 있습니다. "천국은 하나의 상태이다"(Heaven is a state)라고 누군가 말합니다. 예, 확실히 천국은 하나의 상태입니다. 하지만 그것은 또한 하나의 거처(a place)이기도 합니다. 그리고 장래에 그것은 더욱 분명하게 하나의 거처가 될 것입니다. 우리의 복되신 주님께서 몸으로 떠나신 사실을 주의 깊게 생각해 보십시오. 육체에서 분리된 영(disembodied spirit)으로서가 아니라, 제자들과 함께 음식을 드셨던 분으로서, 그리고 그들이 손으로 직접 만져본 분으로서 천국에 가셨습니다. 그분의 몸은 "거처"를 필요로 했으며, 또한 그분은 우리를 위한 거처를 예비하기 위해 가셨습니다. 그 처소는 우리가 순수한 영으로서 머물 곳일 뿐 아니라, 몸과 혼과 영을 가진 존재로서의 우리가 궁극적으로 머물 곳입니다. 하나님의 자녀가 죽을 때에, 그 영은 어디로 가는 것입니까? 그 문제에 대해서는 의문의 여지가 없습니다. 우리는 영감 받은 사도에 의해 그것을 배웠습니다. "몸을 떠나 주와 함께 있는 그것이라"(고후 5:8). 하지만 그것은 영적인 문제이며, 아직 무언가가 남아 있습니다. 내 영혼이 내 존재의 전부는 아닙니다. 왜냐하면 나는 나의 총체적인 자아의 귀중한 일부로서 몸을 존중하도록, 하나님의 성전으로 여기도록 배우기 때문입니다. 주 예수 그리스도는 나의 영혼만을 구속하신 것이 아니며, 내 몸도 역시 구속하셨습니다. 따라서 그분이 "거처"를 가진다고 하신 것은 거기에서 내가, 여기에 있는 이 사람이, 총체적인 인격체로서 영원히 안식한다는 의미입니다. 예수님은 자기의 택하신 자들의 전 인격을 위한 처소를 만들기를 원하십니다. 그리하여 그분이 계신 곳에 그리고 그분이 계신 그대로(where He is and as He is) 그들도 함께 있기를 원하십니다. 우리의 궁극적인 처소는 복된 나라일 것이지만, 그것은 또한 틀림없이 우리 부활한 몸들을 위한 거처(place)이기도 할 것입니다. 그러므로 천국은 단지 하나의 이상향(cloudland)이 아니며, 어떤 환상적이고, 만질 수 없는, 꿈 같은(dreamy) 무언가가 아닙니다. 오, 그렇지 않습니다. 그것은 이 지구가 하나의 거처이듯이 실재하는 하나의 거처입니다. 우리의 영광스러운 주님은 자기 백성을 위한 적절한 거처를 예비하는 마지막 목적을 위해서 떠나셨습니다. 만일 영혼도 거처를 필요로 한다면, 그들의 영혼을 위한 거처가 있을 것입니다. 하지만 그분은 몸과 혼과 영을 가진 존재로서의 그들을 위해 거처를 예비하러 가셨습니다. 나는 예수님이 영으로 떠나신 것이 아니라 부활하신 몸으로, 그 상처의 흔적들을 지니시고서 떠나셨음을 기억하고서 기뻐합니다. 오십시오. 부활하지 못할 것이라고 생각하는 그대여, 진토가 흩어지면 몸의 회복에 대한 모든 소망이 없어진다고 생각하는 그대여, 오십시오. 우리는 그리스도께서 가신 곳에 갈 것이며, 또한 가신 그분처럼 될 것입니다. 그분은 그 몸으로 그 길을 앞서가셨고, 우리 역시 우리 몸으로 그분을 따를 것입니다. 궁극적으로 값 주고 사신 자들의 온전한 구속이 있을 것이며, 죽음의 지역에는 하나의 뼈도 남지 않을 것이고, 마귀가 자랑할 만한 어떤 잔재도 남지 않을 것입니다. 예수님이 마리아에게 말씀하셨습니다. "네 오라비가 다시 살아나리라"(요 11:23). 그분은 '네 오라비의 영혼이 죽지 않고 살리라'고 말씀하실 필요가 없었으며, 오직 그가 "다시 살아나리라"(shall rise again)고 하시며 그의 몸이 무덤에서 나올 것을 말씀하셨습니다. 주님이 거처를 예비하시는 복된 용무로 가려 하신다는 것을 알게 되었을 때, 사도들의 마음은 크게 위로를 얻었을 것입니다!

넷째 위로는 그분이 확실히 돌아오신다는 약속입니다. "가서 너희를 위하여 거처를 예비하면 내가 다시 와서." 다시 귀 기울여 들어보십시오! 예수님이 다시 오십니다! 하늘에 올라가신 그대로 다시 돌아오실 것입니다. 즉 진정으로, 문자 그대로, 몸의 형체로 오신다는 것입니다. 그분이 비유도 쓰시지 않고 매우 분명한 어투로 "내가 다시 오리라"고 말씀하셨을 때, 혹은 더 부드럽게 표현하자면 "내가 갔다가 너희에게로 다시 오리라"고 말씀하셨을 때는, 말의 유희를 할 의도가 아닌 것이 분명합니다. 이것이 우리가 크게 기뻐하며 소리를 높여 외칠 말입니다. "보라, 그분이 오신다!" 이는 결코 쇠하지 않는 우리의 위로입니다. 이 현장에서, 구주께서는 죽음에 대해서 아무 말씀도 하지 않으셨으며, 또한 그분이 오실 때까지 신자들의 평화와 위로에 대해서도 아무런 말씀을 하지 않으셨다는 것에 주목하십시오. 그분이 지금 끝을 바라보고 계시기 때문입니다. 모든 진리를 반드시 한 문장으로 표현할 필요는 없습니다. 마찬가지로 우리 주님은 우리 소망의 가장 밝은 부분을 언급하시는 것에 만족하시며, 다른 축복들에 대해서는 다른 때에 언급하도록 남겨두십니다. 여기서 우리가 얻을 수 있는 위로는 그분이 오신다는 것이며, 오셔서 개인적으로 우리들을 모으신다는 것입니다. 그분은 천사들을 보내시지 않고, 우리를 영원한 상태로 불러 모으도록 그룹 천사들을 보내시는 것이 아닙니다. 주님께서 친히 하늘에서 내려오실 것입니다. 그 날이 우리의 결혼식 날이며, 저 영광스러운 신랑께서 몸소 오실 것입니다. 신부가 신랑을 맞을 준비가 되었을 때, 신랑이 그 집으로 그녀를 부르러 오는 것이 아니겠습니까? 오 사랑하는 이여, 우리 주님의 생각이 어디에 있는지를 이해하지 못하겠습니까? 그분은 최종적인 승리의 복된 날을 생각하고 계시며, 그 때 그분은 오셔서 모든 신자들에게서 찬미를 받으실 것입니다. 그분은 자기 백성들의 생각이 그곳에 있기를 원하십니다. 하지만 오호라! 그들은 그분이 오실 것을 잊고 있습니다. 주님은 오실 것입니다. 여러분은 온 마음으로 그 날을 고대하길 바랍니다. 그분이 오시는 것을 원수들이 막을 수 없습니다! "너희는 마음에 근심하지 말라." 원수들이 그분을 미워할 수 있지만, 그분을 막지는 못합니다. 그들은 그분의 영광스러운 귀환을 단 한순간도 지연시키지 못합니다. 그분의 오심이 모든 대적들에게 어떤 보응이 되는지요! 그들이 그분 때문에 얼마나 울며 부르짖게 되는지요! 그분이 사시건대, 그분은 진정 다시 오십니다. 이 일이 그분의 신성을 논박하며 그분의 속죄를 조롱하고 있는 이 세대의 지혜로운 자들을 얼마나 당황하게 할는지요! 다시 말하거니와, 이 세대의 신앙 상태를 바라보고 "마음에 근심하지 마십시오." 오래 지속되지 않을 것입니다. 혹 이 사람이 배반자로 판명되고, 혹 저 사람이 배교자가 된다 하여도, 당신은 염려하여 불신앙에 빠지지 마십시오. 시간의 수레바퀴는 우리 주님께서 하늘로서 나타나실 저 영광스러운 날을 향하여 서둘러 돌고 있습니다! 모든 거룩한 천사들과 함께 그분이 하늘에서 내려오시고 그분의 백성들을 영화롭게 하실 때에, 온 세상은 얼마나 놀라게 되는지요!

　　다섯째 위로는 이것입니다. 그분이 우리를 영접하실 것입니다. 그분이 오실 때 그분은 자기를 따르는 자들을 궁정의 접대(courtly reception)로 영접하실 것입니다. 그것은 결혼 피로연이 될 것이며, 하나님의 아들의 혼인 잔치가 될 것입니다. 그 때 새 예루살렘이 신랑을 위한 신부로 단장되어서 하늘로부터 내려올 것입니다. 그 때 부활의 날이 올 것이며, 죽은 자들이 그리스도 안에서 일어날 것입니다. 그 때 재림의 때에 생존해 있는 그분의 모든 백성들이 별안간 변화될 것이며, 죽을 수밖에 없는 몸의 모든 약함과 불완전에서 구속을 받을 것입니다. "죽은 자들이 썩지 아니할 것으로 다시 살아나고 우리도 변화되리라"(고전 15:52). 그 때 우리의 영과 혼과 몸은 "티나 주름 잡힌 것이나 이런 것들이 없이"(엡 5:27) 나타날 것입니다. 우리의 성화된 인성의 깨끗하고도 절대적인 완벽함 속에서, 우리는 그리스도 앞에 나타날 것입니다. 천국에 대해 할 수 있는 가장 달콤한 생각은 바로 이것입니다. 즉 우리가 그리스도와 함께 있을 것이며, 그분을 보게 될 것이며, 그분에게 말하고, 그분과 함께 친밀하게 교제하며, 그분을 영화롭게 하고, 그분이 우리를 영화롭게 하실 것이며, 영원무궁토록 우리는 그분과 헤어지지 않을 것입니다. "너희는 마음에 근심하지 말라." 이 모든 것이 가까우며, 우리 주님께서 멀리 떠나시면서 그것을 우리에게 확증해 주셨습니다.

　　이것이 마지막 위안의 요점입니다. 주님이 오셔서 자기 백성들을 영접하실 때, 그분은 그들을 영원히 그분이 계시는 곳에 있게 하실 것이며, 그리하여 그분과 함께 지내도록 하실 것입니다. 오, 기쁨! 기쁨! 기쁨이여! 말할 수 없는 기쁨이여! 우리를 위해 예비된 끝없는 복락을 전망하면서, 우리는 단번에 모든 두려움을 물리칠 수 있지 않습니까?

"얼마나 눈부신지, 저 영광을 보라!
상상으로 그리던 것보다 훨씬 빛나도다!
그곳에서 뛰어난 위엄으로
예수께서 다스리시니, 그가 성도들의 왕이시라.
내 영혼아, 네 날개를 펼쳐 날아서
저 기쁨의 세계로 곧장 가거라.

기뻐하는 무리들이 그분의 보좌를 둘렀고,
그분의 사랑을 황홀하게 노래하네.
온 천국에 찬미의 노래가 울려 퍼지니
하늘의 궁정에 그 소리 온통 가득하도다.
내 영혼아, 네 날개를 펼쳐 날아서
저 기쁨의 세계로 곧장 가거라."

주님은 마치 우리가 그분이 어디로 가시는지 또 어떤 길로 가시는지 알고 있는 듯이 말씀하십니다. 사실 우리는 주님의 말씀대로 모든 실제적인 목적들에 관해서 알고 있습니다. 그분이 말씀하십니다. "내가 어디로 가는지 그 길을 너희가 아느니라." 그분은 알지 못하고, 멀리 떨어져 있고, 위험한 곳으로 가신 것이 아닙니다. 그분은 그저 집으로 가신 것입니다. "내가 어디로 가는지 너희가 아느니라." 어머니가 자기 아들을 호주로 보낼 때, 그녀는 아들을 다시 볼 수 없게 될 수도 있기 때문에 근심하게 마련입니다. 하지만 아들은 이렇게 대답합니다. "사랑하는 어머니, 이제 그 거리는 아무것도 아닙니다. 지금은 불과 몇 주일이면 바다를 건넌답니다. 저는 속히 다시 돌아올 겁니다." 그러면 어머니는 기운을 냅니다. 그녀는 그 대양을 마치 자신과 아들 사이에 놓여 있는 작은 해협 정도로 여기며, 만일 필요하다면 아들이 언제라도 돌아올 것이라고 기대합니다. 그와 마찬가지로 구주께서 이렇게 말씀하십니다. "내가 어디로 가는지 너희가 아느니라." 마치 이렇게 말씀하시는 것과 같습니다. "내가 너희에게 말했듯이, 나는 바로 너희들의 아버지의 집으로 가는 것이며, 너희 영혼이 곧 오게 될 처소로 가는 것이며, 너희를 영원토록 영접할 준비를 하려는 복된 목적을 가지고 가는 것이다. 너희는 이처럼 내가 떠나는 것과 내가 할 일에 대해 모든 것을 알게 되었다. 나는 눈으로는 볼 수 없는 영광스러운 곳으로 간다. 하지만 나의 영이 그곳을 너희에게 보여줄 것이다. 너희는 내가 가는 곳을 알고 있으며, 또한 내가 어떤 길로 가는지를 알고 있다. 나는 고난과 죽음을 거쳐서 가며, 속죄와 의의 길을 통해서 갈 것이다. 이것이 너희들에게도 천국에 이르는 길이며, 너희는 내 안에서 그 모든 것을 알게 될 것이다. 너희는 정해진 때가 되면 나의 속죄와, 나의 죽음과, 나의 희생에 의해 천국에 들어올 것이다. 바로 내가 그 길(the Way)이기 때문이다. 너희는 그 길을 안다. 하지만 그것이 길에 불과하며 끝이 아니라는 것을 기억해라. 악한 자들이 나를 죽일 수 있을 것이라고 생각하지 마라. 십자가 위의 그리스도가, 무덤 속의 그리스도가 끝이 아니며, 길이라는 것을 믿으라." 사랑하는 이여, 이것이 우리 주님의 길이며 또한 우리를 위한 길입니다. 그분은 십자가가 아니고서는 자기 영광에 이르실 수 없었으며, 죽음이 아니고서는 중보자의 영광에 이르실 수가 없었습니다. 하지만 그분이 일단 그 길을 만드신 후로는, 그 길은 그분을 믿는 모든 자들을 위해 열려 있습니다. 이와 같이 여러분은 주님이 어디로 가셨는지를 알고 있으며, 그 길도 알고 있습니다. 그러므로 용기를 내십시오. 그분은 멀리 가지 않으셨습니다. 그분은 도달할 수 없는 곳에 계시지 않습니다. 여러분은 곧 그분과 함께 있게 될 것입니다. "너희는 마음에 근심하지 말라."

　　오, 용감하신 주님, 겁쟁이들이 당신을 따를 수 있을는지요? 그렇지 못할 것입니다. 하지만 우리는 이 시대의 시련을 지나면서도 낙심하지 않을 것입니다. 오, 거룩하신 주님, 당신께서는 노래로써 죽음을 맞이하셨습니다. 이렇게 기록된 것을 보고 우리는 그것을 알 수 있습니다. "이에 그들이 찬미하고 감람 산으로 나아가니라"(마 26:30). 우리는 즐거운 신뢰로써 슬픔을 통과하도록 하겠습니다. 오, 담대하신 주님, 하나님을 믿듯이 당신을 믿으라고 우리에게 명하시니, 우리는 당신을 믿습니다. 그리고 우리 역시 담대하겠습니다. 당신의 요동하지 않는 믿음의 평온함을 우리 영혼에 부어 주시고, 우리로 강하게 하여 주소서. 주님께서 예루살렘에서 성취되어야 할 일로서 자신의 죽음에 대해 용감히 말씀하시는 것을 들으며, 우리 역시 경건하지 않은 자들의 모든 반대 중에서도 희망을 가질 것이며, 주님이 나타나시기를 고대할 것이며, 저 복된 소망으로 우리 자신을 위로할 것입니다. 오 우리의 주님이시여, 지체하지 마소서! 아멘.

제
54
장

—

길

—

**"예수께서 이르시되 내가 곧 길이요 진리요 생명이니 나로
말미암지 않고는 아버지께로 올 자가 없느니라."— 요 14:6**

가장 고귀한 것들은 가장 작은 영역 안에 있습니다. 다이아몬드는 작지만 큰 가치가 있습니다. 가장 풍성한 의미를 담고 있는 성경 말씀 중에서 상당수가 짧은 몇 마디 속에 담겨 있습니다. "하나님은 사랑이심이라"(요일 4:8), 혹은 "하나님은 빛이시라"(요일 1:5)는 문장의 깊은 의미를 누가 측량할 수 있겠습니까? 누가 "그리스도는 만유시요"(골 3:11)라는 선언의 길이와 넓이를 알 수 있겠습니까? "너희는 그 은혜에 의하여 믿음으로 말미암아 구원을 받았으니"(엡 2:8)라고 하는 이 짧은 행 속에 복음의 전체가 얼마나 선명하게 집약되어 있는지요! 이외에도 비슷한 특성을 가진 거룩한 말씀들이 많이 있습니다. 짧으면서도 매우 달콤하고, 간결하면서도 비할 바 없이 고귀한 구절들이 있습니다. 오늘 우리의 본문은 네 개의 영어 단어로 구성되어 있으면서, 그 네 단어 모두가 단음절어(單音節語)입니다. 각각의 단어 모두가 세 개의 철자를 넘지 않는 이 구절은 짧게 축약된 점에서 성경의 여러 구절들 중에서도 으뜸입니다. "내가 곧 길이요"(I am the way). 이와 같은 본문을 주제로 삼을 때, 설교가 단순하지 않고 어렵다면, 어려운 만큼 악한 것입니다. 하나님께서 나의 단순한 증언을 통하여 여러분 중 몇 사람을 천국에 이르는 길로 이끌어 주시길 빕니다. 이미 그 길에 있는 사람들을 강하게 하시고, 위로하시며, 기운을 회복하게 해 주시기를 빕니다. 하나님이 영

광을 받으시고, 죄인들이 회심하며, 그리하여 우리의 마음이 큰 기쁨을 누릴 수 있기를 빕니다.

1. 왜, 어떻게 해서 예수님이 길이신가?

즉시 본문으로 들어가서, 가장 첫 번째로 어찌하여 예수 그리스도께서 길이시며, 그분이 어떻게 해서 그렇게 되셨는지(How Jesus Christ Is The Way, and How He Comes To Be So)를 숙고해 보도록 하겠습니다.

어찌하여 그분이 길이실까요? 길이라는 것은 두 지점을 전제하며, 곧 어느 곳에서 어느 곳까지입니다. 그리스도는 인간의 타락에서부터(from man's ruin) 아버지께로(to the Father) 이르는 길입니다. 우리 주님은 인간이 아버지께로 오는 것에 대해 말씀하고 계십니다. 그래서 우리는 그 길이 우리를 어디로 인도하는지를 알며, 그 길이 우리의 본성의 위치 곧 멸망과 진노의 위치까지 이어지지 않으면 아무런 도움이 되지 못한다는 것을 잘 알고 있습니다. 그리스도는 멸망성으로부터(from the City of Destruction) 시작하여 천성까지(to the Celestial City) 이르게 하는 길이며, 또한 우리 조상 아담의 타락 상태로부터 하늘에 계신 우리 아버지의 영광에 오르게 하는 길입니다.

첫째로, 그리스도는 범죄의 자리에서 아버지께 가는 길입니다. 가장 큰 어려움은 어떻게 죄를 제거하느냐 하는 것입니다. 죄를 없애려는 많은 시도들이 있어 왔습니다. 하지만 예수 그리스도가 아니고서는 죄에서 벗어날 길이 없습니다. 어떤 이들은 미래의 선행을 통해서 과거의 죄에 대한 용서를 기대하였지만, 우리가 모두 알다시피 미래의 빚을 갚았다고 해서 과거의 빚이 없어지는 것은 아닙니다. 설혹 인간이 장래에 완벽한 순종을 할 수 있다고 해도, 그것이 그의 과거의 죄들을 해결하지는 못합니다. 그러므로 자기 의(self-righteousness)라고 하는 것은, 비록 완벽하다고 하더라도, "그 길"이 되지 못합니다. 어떤 이들은 하나님의 자비로부터 많은 것을 기대합니다. 하지만 율법은 주권자의 자비의 행위에 의해 죄인의 죄를 깨끗이 하는 것에 대해 알지 못합니다. 그런 일은 있을 수 없습니다. 만일 그렇게 되면 하나님의 정의가 논란이 될 것이며, 그분의 율법은 실질적으로 무효화되기 때문입니다. 그분은 결코 죄를 그냥 사하시지 않습니다. 모든 범법은 그 정당한 보응을 받아야 하며, 따라서 하나님의 절대적인 자비가 죄에서 벗어날 길이 되지 못합니다. 자비는 응징하는 정의에 의해 길이 막히며, 절대적인 자비라고 불리는 희망의 별에서 오는 빛을 월식(月蝕)의 그림자가 가로막고 있습니다. 하나님은 은혜로우실 뿐 아니라 의로우시기 때문입니다. 예수 그리스도 안에서 계시된 길이 아니고는 죄인이 죄책에서 도망칠 길이 없습니다. 하나님은 자기 아들, 곧 독생자를 보내셨습니다. 말씀이 육신이 되어 율법 아래에 나셨습니다. 한 인격 속에 신성과 인성을 모두 결합하신 저 신비로우신 분에게, 여호와께서는 우리 모두의 죄악을 담당시키셨습니다. 선택된 백성들의 죄가 그들의 언약의 머리이신 분에게 전가되었고, 그에 따라 그분은 범죄자들 중 하나로 헤아림을 받았으며, 많은 사람의 죄를 친히 담당하신 것입니다. 그분이 자발적으로 택하신 자들을 위한 대리자요 언약의 보증이 되어주셨습니다. 그리고 이런 방식 곧 죄인의 죄를 그리스도께 옮기는 방식에 의해, 죄인이 더 이상 죄인으로 간주되지 않으며, 그의 죄는 제거되는 것입니다. 그의 죄는 그리스도께 옮겨졌습니다. 죄가 없으신 그분이, 지금껏 믿었고 또 앞으로 믿을 모든 죄인들을 위한 대속자가 되셨습니다. 산처럼 쌓여 있던 신자들의 모든 죄가 더 이상 그들에게 있지 않고 그리스도께로 옮겨진 것입니다. 그분은 그들의 허물을 짊어지셨고, 그들의 죄악을 담당하셨으며, 그들의 모든 죄를 그들에게서 옮겨 그분이 가져가셨습니다. 이제 귀를 기울이십시오! 우리 중 어느 누구에게서든지 죄가 제거될 수 있는 방법은 이 방법 외에는 없습니다. 죄가 우리에게 돌려지는 것이 아니라 그분에게 돌려지는 것입니다. 하지만 예전에 그리스도께 옮겨진 죄가 지금도 그분에게 남아 있다고 생각하지는 마십시오. 그렇지 않습니다. 그 모든 죄에 대한 형벌을 요구하는 날이 왔고, 인간의 죄에 대한 복수의 칼이 일어섰으며, 그 칼이 모든 양들을 치고 멸하려 하였습니다. 하지만 그 목자(the Shepherd)가 양들의 자리를 대신하였고, 그 칼을 대신 맞았습니다. 그리고 한때는 저줏거리였으나 이제는 영원히 복된 저 나무 위에서, 구주께서 죄로 인한 하나님의 진노를 모두 감당하셨습니다. 이제, 그 백성들의 죄는 어디에 있습니까? 그분이 바다 깊은 곳으로 던지셨습니다! 그분이 모든 형벌을 받으심으로써 더 이상 죄책이 남아 있지 못하게 하셨습니다. 마치 존재하지도 않았던 것처럼 되었습니다. 그것은 소멸되었고, 사라졌습니다. 아무리 찾는다고 해도, 더 이상 찾지도 못합니다. 예수 그리스도께서는, 죄를 짊어지시고 또한 하나님께 갚아야 할 모든 죄의 빚을 갚으심으로써, 영원토록 죄를 끝내셨습니다. 이 말을 주목하십시오. 그분이 자기 백성들을 위해 죄를 끝내셨습니다. 그리고 그들에게 영원토록 지속되는 의를 가져다주셨습니다. 자, 죄인이여, 만일 당신이 당신의 죄에서 벗어나기를 원한다면, 그리스도가 그 길입니다. 이 길이 바로 당신이 죄에서 도망칠 수 있는 길입니다. 내가 이미 말했듯이, 당신이 미래에 개과천선(改過遷善)한다고 해서 과거의 죄를 지우지는 못합니다. 하나님의 자비조차도, 그 특성을 고려할 때, 당신의 죄를 그냥 깨끗하게 하실 수는 없습니다. 하지만 그리스도의 이 놀라운 사랑과 지혜의 행동이, 하늘과 땅을 감사의 노래로 울려 퍼지게 하고 영광스러운 천사들조차 살펴보기 원하며 놀라워하는 이 경이로운 일처리가, 이미 우리 중 많은 사람들의 죄를 깨끗하게 했듯이 당신의 죄도 깨끗하게 할 수 있습니다. 우리는 오늘 하나님 앞에 의롭기 때문에, 그 누구도 그 어떤 것으로도 우리를 비난하지 못합니다. 우리 자신은 죄인들이지만, 하나님의 심판대 앞에선 죄인들이 아닌 것은, 예수님이 우리를 깨끗하게 하셨기 때문입니다. 우리의 위대하신 속죄의 대리자에 의해, 우리는 눈보다 희게 되었고, 마치 동이 서에서 먼 것처럼 우리의 죄는 멀리 치워졌습니다. 여기에 하나님의 정의와도 조화되는 한 길이 있습니다. 당신의 필요와도 정확히 부합되는 그 길입니다. 오, 하나님께 기도합니다. "내가 곧 길이요"라는 말씀을 들을 때에, 당신의 영혼이 이렇게 말할 수 있도록 기도합니다. "주의 이름이 찬송을 받으소서. 예수님이 나의 길이 될 것입니다. 나는 오늘 그분을 믿을 것이며, 그리하여 나의 죄로부터 벗어날 것입니다."

　본문에서 죄에 대해 언급하고 있지만, "내가 곧 길이요"라는 말씀은 사실 죄로 인한 하나님의 분노에 관한 말씀이기도 합니다. 당신은 그것을 금방 이해할 것이기 때문에 내가 많은 말로 설명할 필요가 없을 것입니다. 즉 분노에서 벗어나는 길은 그 분노를 야기한 죄에서 벗어나는 것입니다. 이유를 제거하면, 결과도 제거되는 것입니다. 자, 하나님의 백성들의 죄가 그들에게서 그리스도께로 옮겨졌을 때, 하나님의 진노는 죄가 이동한 곳으로 이동하며, 곧 그리스도에게 떨어지는 것입니다. 그래서 그리스도께서 이렇게 외치신 것입니다. "나의 하나님, 나의 하나님, 어찌하여 나를 버리셨나이까?" 그리스도께서 그 진노의 쓴 잔을 한 방울도 남기지 않고 다 마셨을 때, 영원토록 그 잔을 다 비우셨을 때, 이제 믿는 영혼에게는 맛보아야 할 쓴 잔이 한 방울도 남지 않은 것입니다. 믿는 자를 향하여 하나님의 진노는 그치고, 의롭게 된 사람을 향해서 하나님께는 조금의 언짢은 생각도 없게 되는 것입니다. 그리스도를 믿는 자라면 누구는지, 그 죄가 그리스도께 옮겨졌고, 그리스도 안에서 죄의 보응을 받은 것입니다. 하나님께서는 예수님이 대속자가 되어 주신 사람에게 진노하시지 않으며 또 그러실 수도 없습니다. 왜냐하면 그에게는 하나님이 노하실 죄가 없기 때문입니다. 당신이 이렇게 말하는군요. "오, 하지만 그가 죄를 짓지 않나요?" 그렇습니다. 그는 죄를 짓습니다. 하지만 시편 32편의 말씀에 따르면, 그것이 그의 탓으로 돌려지지 않습니다. "허물의 사함을 받고 자신의 죄가 가려진 자는 복이 있도다. 여호와께 정죄를 당하지 아니하는 자는 복이 있도다"(1-2절). 그는 죄를 범합니다. 하지만 죄책이 그에게로 귀속되지 않으며, 진노는 결코 그에게 임하지 않습니다. 그는 죄와 진노에서 벗어났습니다. 하나님은 그를 사랑하시며, 그것도 무한한 사랑으로 사랑하십니다. 비록 그분이 그를 징계하실 수는 있지만, 진노가 아닌 사랑의 목적으로 징계하시는 것이며, 영적이고도 지속적인 유익을 위한 것입니다. 이와 같이 그리스도는 우리의 죄뿐 아니라 하나님의 진노로부터 벗어날 길이십니다.

들어보십시오. 주께서 우리로 하여금 죄를 보게 하실 때에는, 죄에 따른 결과가 우리에게 오는데, 곧 깊고도 끔찍한 영혼의 침울함이 찾아옵니다. 어느 정도 다소의 차이는 있겠지만, 모든 신자들의 경우에서 이는 피할 수 없는 현상입니다. "계명이 이르매 죄는 살아나고 나는 죽었도다"(롬 7:9). 죄란 것은, 영혼 속에서 실제로 죄로 느껴지자마자, 우리를 죽입니다. 우리의 이전의 희망을 꺾어버리고, 우리의 교만을 부수고, 마치 멍들고 사지가 결딴난 사람처럼 저 불붙은 정의의 보좌 앞에 엎드러지게 만듭니다. 이따금씩 우리의 영혼은 이렇게 외치는 소리를 들어왔습니다. "주의 진노로 말미암아 내 살에 성한 곳이 없사오며 나의 죄로 말미암아 내 뼈에 평안함이 없나이다. 내 죄악이 내 머리에 넘쳐서 무거운 짐 같으니 내가 감당할 수 없나이다. 내 상처가 썩어 악취가 나오니 내가 우매한 까닭이로소이다"(시 38:3-5). 깨어 있는 청중이여, 아마도 당신은 그런 식의 표현을 입 밖으로 낸 적이 있을 것입니다. 하지만 오! 만일 당신이 이 모든 죄가 당신에게서 없어진 것을 본다면, 그리스도 예수 안에서 하나님께서 당신의 죄를 당신의 구주에게로 옮기고 그분으로 하여금 죄의 형벌을 감당하게 하신 것을 본다면, 내가 말하거니와 당신은 즉시 기뻐할 것입니다. 즉시로 저 진노의 물결은 당신에게서 물러가고, 당신의 영혼은 이렇게 노래할 것입니다. "너는 하나님께 소망을 두라 나는 그가 나타나 도우심으로 말미암아 내 하나님을 여전히 찬송하리로다"(시 42:11). 나는 압니다. 진실로 각성한 양심은 먼저 속죄가 이루어지지 않고서는 죄의 용서를 믿지 않습니다. 하지만 당신이 그 속죄가 이루어졌음을 들을 때, 그리스도께서 당신을 대신하여 고난당하신 것을 들을 때, 그분의 죽음이 하나님의 공의를 충족시키시되 당신의 영혼이 지옥에 떨어지는 것보다 더욱더 충족시키셨음을 들을 때, 또한 당신이 영원히 파멸을 당하는 것보다 그분의 속 죄로 인해 손상을 입은 하나님의 율법이 정당화된 것을 들을 때, 당신은 그것을 이해할 수 있지 않겠습니까? 그것을 굳게 붙들지 않겠습니까? 또한 당신의 마음 이 복되신 하나님의 이 영광스러운 복음의 소리를 듣고서 기뻐 뛰지 않겠습니 까? 그와 같이 그리스도는 당신의 죄(sin)에서 벗어나는 길이며, 당신의 죄로 인 한 하나님의 진노(wrath)에서 벗어나는 길이며, 또한 그 진노의 느낌(sense of wrath)에서 벗어나는 길이십니다.

더 나아가, 그리스도는 죄의 권능(power of sin)에서 벗어나는 길입니다. 참회 하는 영혼의 큰 목적은 악한 습관과 부패한 욕망의 억압과 굴레로부터 벗어나는 것입니다. 사람은 도움을 받지 않고서 자신만의 노력으로 죄의 일부를 끊어버릴 수 있습니다. 예를 들어, 어느 누구도 어쩔 수 없이 술주정꾼이 되는 것은 아닙니 다. 일반적인 결심으로도 취하게 만드는 술잔들과 결별할 수 있습니다. 누구도 억지로 거짓 맹세자가 되는 것은 아닙니다. 그 죄의 방자함을 그가 깨닫는다면 그는 아마도 그 죄를 그만둘 것입니다. 하지만 죄는 타락한 인간 내부에 거주하 며, 마음에서 솟아나는 생각들이 악하며, 그것도 지속적입니다. 부정한 것에서 정한 것을 꺼낼 수 있는 사람이 누구입니까? 인간이여, 당신이 죄를 끊지 못하는 것은 당신의 본성이 악하기 때문입니다. 하지만 인간이여, 당신을 능가하고 초 월하는 능력이 있으며, 그 능력은 당신을 죄의 권능에서 건져낼 수 있으며, 당신 을 거룩하게 만들 수 있습니다. 그 힘은 그리스도 예수 안에서, 곧 오늘 내가 당 신에게 전하고 있는 그리스도 예수 안에서 발견되는 것입니다. 나 자신의 경험 을 들려주겠습니다. 나는 내가 죄를 지었다고 느낄 때마다, 그리고 앞으로 그 죄 를 이기고 싶다고 느낄 때마다, 그와 동시에 마귀가 나를 찾아와서 이렇게 속삭 입니다. "너처럼 이렇게 죄를 짓는 자가 어떻게 용서받은 사람이 되고 하나님께 받아들여질 수 있을까?" 내가 만일 이 소리에 귀를 기울인다면 나는 의기소침에 빠집니다. 그리고 만일 그 상태를 지속한다면 절망에 빠지고 말며, 이전보다 더 자주 죄를 짓게 됩니다. 하지만 하나님의 은혜가 찾아와서 내 영혼에게 이렇게 말합니다. "너는 죄를 지었다. 하지만 예수님이 오신 것은 죄인들을 구원하기 위 해서가 아니냐? 네가 의롭기 때문에 구원받는 것이 아니다. 왜냐하면 그리스도께서 경건하지 못한 자들을 위해 죽으셨기 때문이다." 그러면 나의 믿음은 이렇게 말합니다. "비록 내가 죄를 지었지만, 나에게는 '아버지 앞에서 대언자가 있으니 곧 의로우신 예수 그리스도이시다'(요일 2:1). 비록 내가 죄인이어도 은혜로써 나는 구원받았다. 그리고 여전히 하나님의 자녀이다." 그 다음엔 어떻게 될까요? 눈물이 흐르기 시작하고, 나는 또 이렇게 말합니다. "내게 이토록 선하신 하나님께 내가 어떻게 죄를 지을 수 있을까? 이제 나는 그 죄를 이길 것이다." 나는 내가 하나님의 자녀라는 그 확신을 통해서 강해지고 죄와 싸워 이기게 됩니다. 의심과 두려움들, 그리고 하나님이 노하셨다는 생각은 당신을 더 깊은 죄로 몰고 갈 뿐입니다. 하지만 믿음이란 죄에도 불구하고 여전히 하나님의 사랑을 믿는 것이며, 여전히 그리스도께서 베푸신 온전한 용서를 믿는 것이고, 하나님께서 그 용서를 무효화하실 수 없다는 것을 믿는 것입니다. 죄에도 불구하고 그 거룩한 믿음은 여전히 십자가를 붙들며 이렇게 외칩니다. "내가 죽으면 죽으리라. 하지만 나는 이 속죄의 제물을 붙들리라." 그 믿음이 죄와 맞설 수 있도록 당신을 강하게 하는 것입니다. 영광 중에 있는 저 성도들은 어린 양의 피로써 이긴 자들입니다. 죄를 이기는 다른 길은 없습니다. 저 속죄의 보혈이 뿌려지는 곳마다 죄는 죽고, 그 피를 온전히 믿는 자는 살아서 죄의 습관으로부터도 정결하게 됩니다. 바로 이 귀한 성경 구절이 말하는 바와 같습니다. "그가 빛 가운데 계신 것 같이 우리도 빛 가운데 행하면 우리가 서로 사귐이 있고 그 아들 예수의 피가 우리를 모든 죄에서 깨끗하게 하실 것이요"(요일 1:7). 그것은 그리스도 안에 나타난 하나님의 사랑을 느끼며 살아가는 것이고, 그리스도의 피로 말미암은 용서의 확신 속에 걸어가는 것입니다. 그 피가 죄의 지배적인 힘으로부터 우리를 해방한 것입니다. 그러므로 영혼이여, 예수 그리스도는 죄와, 죄책과, 죄에 대한 진노와, 죄로 인한 두려움과, 죄의 권능에서 벗어나는 "그 길(the way)"입니다.

그 길의 다른 종착지(end)에 대해서도 한두 마디 언급하고자 합니다. 나는 그것이 죄로부터(from sin) 벗어나는 길이라고 말했는데, 또 어디에 이르는(to) 길이라고 말했습니까? 아버지께(to the Father) 이르는 길입니다! 아버지께 이르는 길은 오직 예수 그리스도입니다. 우리는 이를 그리스도의 직접적인 말씀으로 확인할 수 있습니다. "나로 말미암지 않고는 아버지께로 올 자가 없느니라." 우리는 자연적인 본성으로도 하나님 아버지께 이를 수 있다는 말을 듣지만, 하지만 그 사다리는 너무 짧아서 저 무한하신 분에게 이를 수 없습니다. 우리는 하나님을 그분이 행하신 일들(works)을 통해서 어느 정도 볼 수 있습니다. 하지만 하나님이 행하신 가장 위대한 일들을 보고, 또한 그리스도 안에서 하나님을 본 사람들은 이렇게 말할 것이라고 나는 믿습니다. 즉 '그분이 행하신 일들을 통해서 하나님을 본다는 것은 온 우주를 이슬방울 속에서 보는 것과 다름없다'고 말입니다. 지구는 하나님의 형상을 반영하기에는 그리 넓지 않습니다. 그분의 모습은 바다에서도 비쳐지지 않습니다. 바다는 그분의 신성을 보여주기에는 너무 작은 거울입니다. 그분은 우리가 사는 이 세계의 물질을 통해서는 그분의 전체 영광을 나타내실 수가 없습니다. 그런 차축(車軸)은 하나님의 신성의 무게를 짊어진다면 힘겹게 삐걱대는 소리를 낼 뿐입니다. 당신이 해와 달과 별들을 다 불러모으고 천체의 비밀들을 다 읽을 수 있다고 해도, 여호와께서 모든 만물보다도 그분 자신을 더 온전히 드러내시는 것은 그리스도 안에서입니다. 그분은 시간과 공간 속에서 자신을 나타내시는 것보다 그리스도 안에서 자신을 온전히 나타내십니다.

그러므로 아시기 바랍니다. 우리는 아들을 통해서 아버지를 가장 잘 알 수 있습니다. "나를 본 자는 아버지를 보았거늘"(요 14:9). 우리가 하나님의 아버지 되심을 깨닫는 것은 오직 그리스도에 의해서입니다. 어느 누구든 하나님의 부성애를 조금이라도 알게 되는 것은, 그가 예수 그리스도께서 많은 형제들 중의 맏아들이 되시는 것을 알 때에라야 가능하다고 나는 믿습니다. 하나님이 우리 모두의 아버지가 되신다고 하는 일반적인 가르침은 그분이 우리 모두를 만드셨다는 의미이지, 가장 실제적이고 친밀한 의미에서 아버지 되심을 의미하는 것은 아닙니다. 토기장이는 일만 개의 그릇들을 만듭니다. 하지만 그가 토기들의 아버지는 아닙니다. 사람이 그것들을 만들었다고 해서 그가 그것의 아버지가 되는 것은 아니며, 설혹 그렇게 불린다고 하더라도, 그것은 어떤 완곡한 의미에서만 그런 것입니다. 우리는 그리스도 예수 안에서 새롭게 창조될 때에만 하나님의 자녀들입니다. 거듭남이 우리를 신의 성품에 참여하는 자들로 만듭니다. 아들 됨은 모든 인류에게 공통된 일반적인 특권이 아니며, 오직 선택받은 자들에게만 주어지는 높은 특권입니다. 성경이 이렇게 말하고 있기 때문입니다. "보라 아버지께서 어떠한 사랑을 우리에게 베푸사 하나님의 자녀라 일컬음을 받게 하셨는가, 우리가 그러하도다 그러므로 세상이 우리를 알지 못함은 그를 알지 못함이라"(요일 3:1). 우리가 하나님의 가족으로 입양될 때, 그 때에야 비로소 우리는 하나님을 아버지로 알게 되는 것입니다. 믿지 않는 자들에 대해서 말하자면, 그들은 아버지를 알지 못합니다. 주님께서 "의로우신 아버지여 세상이 아버지를 알지 못하여"라고 말씀하셨기 때문입니다(요 17:25). 그리스도를 본 자는 아버지를 본 것이며, 또한 오직 그런 자만 아버지를 본 것입니다. 하지만 그리스도의 본 모습을 볼 수 있는 것은 그분의 속죄의 죽음에서이며, 따라서 우리가 독생자의 속죄를 믿지 않고서는 하나님의 아버지 되심을 결코 깨닫지 못합니다. "아들을 부인하는 자에게는 또한 아버지가 없으되 아들을 시인하는 자에게는 아버지도 있느니라"(요일 2:23). 진정 우리가 예수님을 알아야만 아버지를 알 수 있기에, 예수님은 아버지를 알 수 있는 유일한 길입니다.

또한, 예수님은 우리의 양심이 하나님께 받아들여지는 길입니다. 마음에 근심이 있는 내 사랑하는 친구여, 아마도 당신은 하나님이 당신을 받아 주시는 것과, 당신을 사랑해 주시는 것과, 당신이 그분의 사랑스러운 자녀인 것을 알게만 된다면, 그분이 무엇이든지 줄 수 있다고 느낄 것입니다. 자, 당신이 먼저 십자가로 나아오기까지는, 거기에서 당신과 그분을 의지하는 모든 자들의 대속자로서 죽으시는 예수 그리스도를 보기까지는, 당신은 결코 그것을 알 수 없습니다. 먼저 그분을 신뢰하십시오. 당신의 죄를 그분께 맡기십시오. 그리고 깨끗함을 받으십시오. 바로 그 다음에 당신의 영혼은 이렇게 느끼게 될 것입니다. "나는 그리스도 안에서 용서를 받았다. 그뿐 아니라 그리스도 예수 안에서, 그리스도 때문에, 하나님께 받아들여졌다. 이제 나는 그리스도와 하나가 되었으니 하나님께 사랑스러운 존재가 되었다. 내가 하나님께 대하여 예수 그리스도께서 그러하시듯 사랑스러운 존재가 되었다니, 이 얼마나 놀라운 일인가! 나는 그리스도께 가까이 왔으며, 그분이 계신 곳에 내가 있다. 그분은 한때 죄에 있어서 나의 대리자가 되시어 내가 받을 진노를 감당하셨고, 이제는 영광에 있어서도 나의 대표자가 되셔서 나를 위해 헤아릴 수 없는 복과 은혜를 확보해 놓으셨구나." 이 얼마나 복된 일인지요! "아버지께서 친히 너희를 사랑하심이라"(요 16:27). "그리스도의 피로 가까워졌느니라"(엡 2:13). "사랑하는 자들아 우리가 지금은 하나님의 자녀라 장래에 어떻게 될지는 아직 나타나지 아니하였으나 그가 나타나시면 우리가 그와 같을 줄을 아는 것은 그의 참 모습 그대로 볼 것이기 때문이니"(요일 3:2). 우리에게 그리스도를 선물로 주신 것은 하나님의 사랑의 완벽한 증거입니다. 그리스도를 영접하는 자마다 그리스도가 하나님의 사랑의 증거인 것을 알 수 있습니다.

또한, 아버지와의 교제를 나누기 위한 길 역시 동일합니다. 한 사람이 말합니다. "오, 내가 하나님과 대화할 수 있기를 얼마나 열망하는지요. 그분은 멀리 떨어져 계신 듯이 보이며, 짙은 어둠이 나를 가려 그분을 볼 수 없게 합니다. 오 내가 그분에게 말할 수 있다면, 돌아오는 탕자처럼 '아버지, 내가 하늘과 아버지께 죄를 지었습니다'(눅 15:18)라고 한 마디라도 할 수 있으면 좋으련만." 사랑하는 여러분, 당신이 그 몸으로 당신의 죄를 짊어지시고 나무에 달리신 예수 그리스도를 볼 때, 그분이 하늘에 올라가시는 것을 볼 때, 당신은 하나님께 나아갈 담력을 얻습니다. 그리스도께서 당신을 위하여 휘장 안으로 들어가셔서 하나님 앞에서 계시기 때문입니다. 당신은 예수 그리스도 안에서 하나님께 가까이 나아가서 말할 수 있습니다. 당신의 모든 죄가 그리스도로 말미암아 제거되었다는 것, 그분으로 말미암아 당신이 받아들여졌다는 것, 몸의 지체가 몸 안에 거하듯이 당신이 그분 안에 산다는 것, 그분이 당신의 언약의 머리 되시는 것, 그분의 영예와 영광의 빛이 당신에게 비치고 있는 것을, 예수 그리스도 안에서 확신할 수 있습니다. 이 확고한 믿음이 당신을 하나님 가까이로 이끌어 주며, 마치 사람이 자기 친구에게 말할 때처럼 당신으로 하여금 그분과 교제할 수 있게 해 줍니다. "우리의 사귐은 아버지와 그의 아들 예수 그리스도와 더불어 누림이라"(요일 1:3).

또한, 우리는 예수님에 의해 아버지를 닮습니다. 하나님의 아들의 인격 안에서 하나님의 사랑을 배우지 않고는, 아버지를 닮을 길이 없습니다. 여기서도 역시 그리스도가 길이십니다. 당신이 그리스도를 본받으면, 아버지를 닮아가는 것입니다. 당신이 예수 그리스도와 교제하며 그분과 대화하면, 그분의 성품이 당신에게로 신비하게 스며들며, 당신은 영광에서 영광으로 변화되어 주님의 형상을 이루어가게 됩니다. 사랑하는 형제들이여, 우리가 그리스도를 잊는 순간부터, 그리고 스스로 성화를 추구하는 순간부터, 우리는 신앙 여정의 목적지로 가는 길에서 퇴보하여 내리막길을 걷게 될 것입니다. 나는 그렇게 믿습니다. 끊임없이 십자가 아래에 거하지 않고서는 은혜에서 자라기란 불가능하다고 나는 알고 있습니다. 나는 믿음에 의해, 다른 어떤 증거에 의해서가 아니라 믿음에 의해, 예수님이 나를 사랑하시고 나를 위해 자기를 버리신 것을 압니다. 나는 죄 속에서 그분의 은혜를 확대해서 보고, 내 죄를 짊어지신 그분에게서 공의를 확대해서 봅니다. 또한 은혜와 공의가 서로 손을 맞잡고 모든 위험과 두려움에서 나를 지키려 엄숙히 언약을 맺는 것을 봅니다. 그럴 때에 나는 죄를 이기는 것을 느끼며, 그럴 때에 나는 내 영혼이 하나님을 사랑하고, 그분을 갈망하고, 그분을 가까이 하려 하는 것을 느낍니다. 내 영혼이 이전보다 더욱 하나님을 닮아가는 것은 바로 그런 때입니다. 그러므로 우리는 확실히 말할 수 있습니다. 그리스도는 죄로부터 벗어나 아버지께로 가는 길이며, 그분의 보좌에서 흘러나오는 모든 축복에 이르는 길입니다.

2. 그리스도는 어떤 길이며, 어떤 사람들을 위한 길인가?

우선, 그분이 왕의 대로(the king's highway)라고 말하고 싶습니다. 무슨 뜻인가 하면, 그분이 죄에서 아버지께로 이르도록 하나님이 정하신 길이라는 의미입니다. 사랑하는 친구들이여, 우리가 구원을 찾고 있는 여러분에게 자비의 길에 대해 말한다면, 여러분은 자연히 이런 질문을 할 것입니다. "그것이 길이라고 누가 말했습니까? 누가 그렇게 정했나요?" 그것에 대해 만일 우리가 로마의 마지막 공의회에서 정했다고 말한다면, 당신이 그 문제에 대해 심각한 의심을 품고서 인간의 공의회가 오류 없이 은혜의 길을 결정할 수 있는지 의문을 제기하더라도 이상하게 여기지 않겠습니다. 하지만 나는 오늘 당신에게 예수 그리스도는 하나님이 지정하신 "그 길"이라고 말합니다. 성경은 이렇게 말하고 있습니다. "그리스도 예수 안에 있는 속량으로 말미암아 하나님의 은혜로 값없이 의롭다 하심을 얻은 자 되었느니라. 이 예수를 하나님이 그의 피로써 믿음으로 말미암아 화목제물로 세우셨으니 이는 하나님께서 길이 참으시는 중에 전에 지은 죄를 간과하심으로 자기의 의로우심을 나타내려 하심이니, 곧 이 때에 자기의 의로우심을 나타내사 자기도 의로우시며 또한 예수를 믿는 자를 의롭다 하려 하심이라"(롬 3:24-26). 하나님 아버지께서는 이 구원의 계획을 고안하셨습니다. 곧 그리스도께 죄를 전가하는 방법에 의해, 또한 그리스도께서 대리자로서 우리를 대신하여 형벌을 받으시는 방법에 의해 구원이 이루어지게 하신 것입니다. 만일 하나님이 그 방법에 만족하신다면, 나 역시 그 방법으로 만족해야 하는 것이 분명합니다. 만일 기분이 상하신 당사자인 그분이 그리스도께서 그 일을 완성하셨다고 느끼신다면, 또한 이제는 그분이 우리를 정당하게 용서하실 수 있게 되었다고 느끼신다면, 왜 우리가 의문을 제기할 필요가 있을까요? 오 하나님, 만일 당신께서 예수님을 보시고 그분을 크게 기뻐하신다면, 진정 저도 그럴 수 있습니다. 만일 당신께서 당신의 독생자의 고난과 죽음에 온전히 만족하신다면, 분명 저도 그럴 수 있습니다. 자, 나의 청중들이여, 그리스도는 왕의 대로이십니다. 나는 이 점을 매우 분명하게 선언합니다. 만일 당신이 하나님이 지정하신 길로서 그리스도를 신뢰한다면, 그런데도 그분이 당신의 기대를 저버린다면 ─ 물론 그분은 그러실 수 없습니다 ─ 그 책임은 당신에게 있지 않으며 그 길을 지정하신 분에게 있는 것입니다. 나는 공손한 마음으로 말합니다. 하지만 그분이 지정하신 그 길은 결코 기대를 저버리지 않습니다. 왜냐하면 그분은 무한한 지혜이며 무한한 능력이시기 때문입니다.

다음으로, 왕의 대로로서 그 길은 열린(open) 길입니다. 나는 그 길에 올 수 있으며, 다른 사람의 허락을 받을 필요가 없습니다. 내가 왕의 대로를 걷는다 해도, 거기에서 나는 불법침입자가 되지 않습니다. 가련한 죄인이여, 그리스도는 당신의 죄에서 하나님께 이르는 길이며, 또한 당신은 예수 그리스도를 통해 하나님께 오기 위해 다른 누구의 허락도 요청할 필요가 없습니다. "자기를 힘입어 하나님께 나아가는 자들을 온전히 구원하실 수 있으니"(히 7:25). "내게 오는 자는 내가 결코 내쫓지 아니하리라"고 그분이 말씀하셨습니다(요 6:37). 그러므로 그대여, 오십시오, 환영합니다. 하나님이 그 길을 지정하셨고, 그분이 그 길을 지정하신 것에 대해 요한일서 2장 2절은 이렇게 표현하고 있습니다. "그는 우리 죄를 위한 화목 제물이니 우리만 위할 뿐 아니요 온 세상의 죄를 위하심이라." 온 세상에 있는 어떤 죄인도 그리스도를 통하여 아버지께로 오고자 한다면, 자기 죄가 예수님께 옮겨진 것을 알고서 용기를 낼 수 있을 것입니다.

또한 그것은 완벽한(perfect) 길입니다. "내가 곧 길이요." 그리스도에 의해 죄로부터 아버지께로 이르는 그 길은 완벽합니다. 그 길이 당신에게로까지 내려오지 않았더라면 완벽하지 않을 터이지만, 하지만 그 길이 내려왔습니다. 당신은 어디에 있습니까? 목까지 차도록 술을 마시고 취해 있습니까? 당신은 어디에 있습니까? 악한 생활로 더럽혀져 있습니까? 영혼이여, 당신이 있는 곳으로부터 저 위 하나님 우편의 완벽한 순결에 이르는 길이 있으며, 그 길은 바로 그리스도이십니다. 당신이 그리스도께 가기 위해 길을 만들 필요는 없습니다. 그리스도께서 당신이 있는 곳으로 당신을 찾아오십니다. 저 선한 사마리아인은 부상을 입어 거의 죽게 된 사람에게 오라고 요구하지 않았으며, 그러면 상처를 돌보아 주겠다고 약속하지 않았습니다. 오히려 그는 그 아픈 사람에게로 가까이 와서 상처에 기름과 포도주를 붓고 싸매어 주었습니다(눅 10:34). 그리스도께서 당신이 있는 곳으로 오실 것입니다. 다소의 사울이 그리스도를 만나기 위해 멀리 가지 않았습니다. 그는 할 수 있는 대로 신속하게 마귀에게로 달려가고 있었습니다. 하지만 그는 갑자기 엎어졌고, 그 때 그가 엎어져 있던 그곳에, 그의 있는 모습 그대로의 상태에서, 예수님이 오셔서 그에게 말씀하셨습니다. 그분은 당신에게 도 똑같은 일을 하실 수 있습니다. 당신은 어떤 준비를 해야 한다고 생각하고, 어 떤 감정을 느껴야 한다고 생각하며, 그리스도께서 당신의 죄를 가져가셨음을 믿 기 위해서는 먼저 이것저것 무언가를 수행해야 한다고 생각합니다. 하지만 그리 스도께 적합하게 되기 위해 당신이 할 수 있는 것이라고는 모두 당신 스스로를 부적합하게 하는 것들뿐입니다. 당신이 하는 모든 준비들은 불결한 잡동사니뿐 이니, 그것들을 모두 치우십시오. 당신은 있는 모습 그대로 와야 하며, 죄인으로 서 와야 합니다. 예수님은 의인을 부르러 오신 것이 아니며 죄인을 불러 회개시 키러 오셨기 때문입니다. "건강한 자에게는 의사가 쓸 데 없고 병든 자에게라야 쓸 데 있느니라"(마 9:12). 만일 당신이 있는 모습 그대로 하나님의 길에 와서, 당 신을 구해주실 분으로서 예수님을 전심으로 의지한다면, 당신은 그분이야말로 당신이 필요로 하는 구주시라는 것을 틀림없이 알게 될 것입니다. 그분은 너무 나 완벽한 길이시기에, 출발할 때에 당신이 따로 준비할 것은 없으며, 또한 마칠 때에도 달리 필요한 것이 없습니다. 어떤 사람들은 생각하기를, 속죄의 제물을 믿는 믿음이 우리를 어떤 길로 데려다 주며, 그 후에는 우리가 다른 발판 위에 서 있어야 한다고 합니다. 선한 행위를 반대하는 것에 대해서는 내가 한 마디라도 하는 것을 하나님이 금하십니다. 일전의 어느 주일 아침에 내가 이런 말씀으로 설교를 하지 않았던가요? "거룩함을 따르라 이것이 없이는 아무도 주를 보지 못 하리라"(히 12:14). 하지만 선행은 천국에 이르는 길이 아닙니다. 전체적으로나 부분적으로나 마찬가지입니다. 선한 행실들은 구원의 열매들입니다. 선행은 구 원받은 자들의 확실한 열매이지만, 그것이 사람을 구원하지는 않습니다. 아무런 행실도 수반하지 않는 믿음은 어느 누구도 구원하지 않습니다. 하지만 인간을 구원하는 것은 믿음에서 나는 행위가 아니라, 믿음 그 자체이며, 예수 그리스도 를 믿는 믿음입니다. 구원의 꼭대기와 바닥, 시작에서 끝은, 저 구속자 안에 있는 것이지 우리에게 있는 것이 아닙니다. 주께서 말씀하십니다. "나는 알파와 오메 가요 처음과 마지막이요 시작과 마침이라"(계 22:13). 만일 당신이 그리스도의 의의 옷에 헝겊을 대고 수선하려든다면, 혹은 예수님이 시작하시고 당신이 마치려 한다면, 당신은 그리스도에 대해 알지 못하는 것이며 또한 당신 자신에 대해서도 더 알아야 할 필요가 있습니다. 전부가 그리스도가 아니라면 그리스도가 아닌 것이고, 전부가 은혜가 아니라면 은혜가 아닙니다. 은혜가 기초를 놓아야 하고, 역시 은혜가 맨 위층을 세워야 합니다. 그렇지 않으면 구원이 있을 수 없습니다. 그러므로 "내가 곧 길이요"라는 말씀은, 그리스도께서 현재 죄인이 처해있는 곳으로부터 하나님이 계시는 저 위까지 이르는 길이라는 의미이며, 또한 그리스도께 오는 자는 아버지께 오게 된다는 의미입니다.

그리스도는 **값없이(free)** 들어가는 길이십니다. 거기에는 통행세 징수를 위한 차단 막대기(toll-bar)가 설치되어 있지 않습니다. 많은 사람들이 천국으로 가는 이 길에 들어서기를 주저하는 것은 요금을 지불할 능력이 없기 때문입니다. 하지만 요금은 전혀 없습니다. 누구든지 그리스도를 얻고자 하는 자는 그분을 얻을 수 있습니다. 그리스도를 얻기 위해 무언가를 지불하려고 하는 자들은 전혀 그분을 얻을 수 없습니다. 당신은 단지 요청함으로써 그분을 얻을 수 있습니다. 그러면 그분이 값없이 당신에게 주어질 것입니다. 당신이 그리스도를 얻는 방법은 물을 얻는 방법과 비슷합니다. 즉, 마심으로써 물을 받아들이듯이 그리스도를 받아들이면 되는 것입니다. "영접하는 자 곧 그 이름을 믿는 자들에게는 하나님의 자녀가 되는 권세를 주셨으니"(요 1:12)라고 했기 때문입니다. 구원을 위한 법적인 조건들은 어디에도 없습니다. 나는 이따금씩 회개와 믿음이 그 조건들이라는 말을 듣습니다. 어떤 관점에서는, 그리고 어떤 면에서는, 그 말을 용인할 수 있습니다. 하지만 진실로 하나님과 죄인 사이에는 어떤 거래도 없습니다. "네가 이것을 하면 나는 저것을 하겠다"는 식의 거래는 결코 없습니다. 언제나 이런 식입니다. "나는 이것을 너를 위해 할 것이다. 그러면 너는 그 결과로서 믿고 회개할 것이다." 만일 믿음이 어떤 면에서 하나의 조건이라면, 또 다른 면에서 그것 역시 하나님의 선물입니다. 그리고 비록 우리가 회개하라는 명을 받는다고 해도, 여전히 예수님이 그 회개를 가능케 하시는 분으로 높임을 받아야 합니다. 그러므로 가련한 죄인들이여, 회개의 마음을 갖지도 않았고, 또 스스로 그 어떤 것도 갖지 못한 사람들이여, 나는 여러분이 모든 것을 얻기 위해 예수 그리스도께로 오라고 권합니다. 그분이 길이시며, 그분이 전체 길이십니다. 이 길은 값없는 길입니다. 지불할 것도 없고, 할 것도 없고, 있어야 할 것도 없으며, 가져와야 할 것도 없고, 공로나 자격을 요구하지 않으며, 어떤 준비도 필요가 없습니다. 모든 것이 은혜입니다. 이 길에서는, 하나님의 모든 선물이 가장 악하고 악한 죄인들에게도 그저 주어집니다. 오, 그것은 때때로 너무나 어마어마해서 믿기가 어렵습니다. 아무것도 없어도 나 같은 큰 죄인이 용서받을 수 있다니요! 하지만 구주가 어떤 분이신지를 내가 생각할 때, 곧 그분이 하나님이시며, 하늘에서 내려오시고, 나를 위해 인간이 되신 분이신 것을 생각할 때, 그분이 하나님-인간(God-man)이시고, 임마누엘이시고, 사람으로 태어나서 죽으시고, 하나님의 진노를 감당하신 것을 생각할 때, 나는 그것을 믿을 수 있습니다. 그리고, 오 나의 주님, 당신의 귀한 아들의 공로에 감히 제가 저 자신의 하찮은 공로들을 조금이라도 보탤 수 없는 것은, 마치 더러운 오물이 묻은 누더기 조각을 황금의 실로 지은 의복에 붙일 수 없는 것과 마찬가지입니다! 제가 어떻게 아무 가치도 없는 것을, 오직 나의 어리석음만이 어떤 가치가 있다고 부르는 것을, 당신의 귀한 아들의 귀한 공로들 곁에 나란히 둘 수 있겠습니까?

더 말하자면, 그것은 영원한(permanent) 길입니다. 예수님이 말씀하십니다. "내가 곧 길이다(I am the way). 나는 아브라함과 이삭과 야곱만을 위한 길이 아니요, 너를 위한 길이다. 사도들과, 순교자들과, 초대교회의 성도들만 위한 길이 아니라, 바로 너를 위한 길이다."

> "그분의 귀한 피는
> 결코 그 힘을 잃어버리지 않네.
> 값 주고 사신 하나님의 교회가
> 구원받아 더 이상 죄를 짓지 않을 때까지."

그것은 지금껏 끊어진 적이 없고, 또 결코 끊어지지 않을 길입니다. 그분의 백성들의 모든 죄의 홍수가 몰려와도 이 복된 길을 습지나 수렁으로 만들지 못했습니다. 우리의 반역적 본성의 동란(動亂)이나 지진들이 이 영광스러운 길을 갈라지게 하거나 틈을 만들지 못했습니다. 본성상 죄인들이 머물고 있는 지옥의 문 앞에서부터 저 천국의 언덕 꼭대기까지, 이 영광스러운 둑(제방) 길은 끊어지지 않고 곧장 이어지며, 또한 모든 선택된 자들이 안전하게 저 영원한 집으로 모일 때까지 앞으로도 계속 그럴 것입니다.

또한 그것은 즐거운(joyful) 길이기도 합니다. 우리는 성경에서 구속받은 자들이 돌아와 노래하며 그들의 머리 위에는 영원한 즐거움이 있다는 것을 보았습니다(사 51:11). 그처럼 그리스도 안에서 모든 신자들은 행복하고 즐거워하는 백성입니다. 한 사람이 말합니다. "하지만, 나는 신자들이 슬피 우는 것을 보았습니다!" 그것은 그들이 길에서 벗어나 방황하기 때문입니다. 만일 그들이 계속해서 그리스도의 대속을 단순하게 믿는다면, 만일 그들이 그분에게, 그리고 그분에게만 눈을 고정한다면, 그들은 슬픔을 알지 못할 것입니다. 죄가 없는 곳에 슬픔도 없습니다. 신자가, 그리스도 안에서 죄가 제거되었기 때문에 자기에게 죄가 없는 것을 알 때, 그 때 그의 슬픔도 역시 제거됩니다. 그의 평화는 강같이 흐릅니다. 왜냐하면 그의 의는 이제 바다같이 깊어졌기 때문입니다. 사랑하는 성도여, 만일 행복해지고자 한다면, 그리스도께로 오십시오. 그리고 그분과 함께 거하십시오.

이 요점에 대해서 마지막으로 말하자면, 그분은 유일한(the only) 길이십니다. 그분이 유일한 길이시기 때문에, 만일 당신이 다른 무언가를 의지한다면 당신은 구원을 받지 못합니다. 하나님께서 저 대속자(the Substitute)로 하여금 죄를 담당하도록 계획하신 이 길은 유일하게 죄를 해결할 수 있는 길입니다. 따라서 만일 당신이 거기에 다른 것을 덧붙이려고 한다면, 하나님은 당신이 그분의 지혜와 은혜를 모독한다고 간주하실 것입니다. 당신 자신의 느낌이나 혹은 당신 자신의 행위들에 의해 길을 찾으려 시도하지 마십시오. 그런 길은 없습니다. 이렇게 시도된 길들은 결국은 실망과 파멸로 끝날 것입니다. 예수 그리스도는 단 하나의 터입니다. 그분 위에 집을 세우십시오. 하나님이 당신을 도우셔서 이렇게 고백하게 만드시기를 바랍니다. "나는 이제 철저히 그리스도만 의지할 것이며, 나 자신을 신뢰하지 않을 것이다. 나는 그분을 나의 확신으로 삼을 것이며, 그분이 나의 전부가 되실 것이다." 당신이 그렇게 했다면, 당신은 구원받은 자입니다. 평안히 길을 가고, 말할 수 없는 기쁨으로 즐거워하십시오.

이와 같이 우리는 그것이 어떤 종류의 길인지를 보았습니다. 그런데 그 길은 어떤 종류의 사람들을 위해 만들어졌을까요? 서둘러서, 두세 마디 짧은 말로, 나는 모든 종류의 사람들을 위해서라고 대답하겠습니다. 그리스도는 천국에 이르는 길로서, 그 길로 인도받는 사람은 누구나 그 길 안에서 걸을 수 있습니다. 가련한 방랑자여, 비록 당신이 우울한 기분을 쫓으려고 극장과 음악회를 쫓아다니고,

혹은 그보다 더 나쁜 장소를 찾아다녔다 해도, 그리스도는 천국에 이르는 길로서 당신을 위한 길입니다. 예수께로 오십시오. 그분은 평화에 이르는 길이며, 바로 당신과 같은 방랑자를 위한 길입니다. 그리스도는 유랑자들과, 쫓겨난 자들과, 한때 하나님 안에서 즐거워하였으나 오랫동안 그분의 얼굴을 뵙지 못한 자들을 위한 길입니다. 배교자여, 만일 당신이 당신의 하나님께로 돌아오고자 한다면, 그리스도가 그 길입니다.

그리스도는 갇힌 자들을 위한 길입니다. 당신은 오늘 당신을 묶은 사슬이 철커덕거리는 소리를 듣습니다. 당신은 결코 자유로울 수 없다고 느끼고 있습니다. 그런 당신도 용기를 얻으십시오. 기운을 내십시오. 아직 벗어날 길이 있습니다. 그리스도가 바로 그 길입니다. 필사적으로 그분에게로 나아가면서 이렇게 말하십시오. "그분의 팔에 나를 의탁하리라. 만일 그분이 나를 거절하시면, 내가 첫 번째로 거절당한 사람이 되겠지. 그래도 나는 갈 것이며, 내 무거운 죄들을 인하여 피 흘려 제물이 되신 하나님의 아들을 의지하리라. 내 무거운 죄들, 내 중한 죄들을 위해, 피 흘리신 그분을 의지하리라."

더하자면, 그리스도는 가난한 자 중에서도 가장 가난한 자들을 위한 길입니다. 우리 주님께서는 잔치를 여실 때 우리를 보내시며 "길과 산울타리 가로 나가서 사람을 강권하여 데려다가 내 집을 채우라" 하십니다(눅 14:23). 길에 있는 사람, 울타리에 서 있는 사람, 집이나 친구가 없는 사람들을 데려오라 하십니다. 낮은 자 중에서도 낮고, 천한 자 중에서 천한 자들, 이미 정죄를 받아 지옥에 있는 자들만 빼고 모두 오라 하십니다. 어두운 지옥 문 앞에 누워 있는 자들, 쇠고랑에 매여 고통당하는 자들, 자비에서 배제되었다고 생각하는 자들, 그 모든 자들을 위해 그리스도는 길이십니다. 죄에서 벗어나기를 바라는 모든 자들을 위해, 하나님께 오고 싶어하는 모든 자들을 위해, 자비를 바라고 영원한 생명을 갈망하는 모든 자들을 위해, 그리스도는 길이십니다. 큰 나팔이 울려 퍼집니다. 곧 죽어가는 사람도 올 수 있고, 가장 곤궁하고 비참한 사람도 올 수 있으며, 길을 잃어버리고 스스로를 정죄하는 사람도 올 수 있습니다. 이렇게 말하십시오. "나는 이제 예수께로 올 것이다. '의인으로서 불의한 자를 대신하여 죽으시고 우리를 하나님 앞으로 인도하려 하신'(벧전 3:18) 예수를 의지할 것이다."

3. 어떻게 그리스도를 우리의 길로 삼을 것인가?

마지막 요점은 우리가 어떻게 그리스도를 우리의 길로 삼을 것이며, 또한 그분이 지금 우리의 길이신가에 대한 것입니다.

우리는 어떻게 그리스도를 우리의 길로 삼을 수 있을까요? 우리가 어떤 다른 길을 우리 길로 삼을 때처럼 해야 할까요? 우리는 어떤 사람이 이렇게 말하는 것을 듣습니다. "이것이 내 길이다." 그는 어떻게 해서 그것을 그의 길로 삼았을까요? 그가 그에 대한 권리 증서를 가지고 있는 것일까요? 그는 주권자에게서 그렇게 할 허가서를 얻은 것일까요? 아니요, 그런 식과는 전혀 관련이 없습니다. 설교를 마친 후에, 내가 클라팜 가(Clapham Road)를 나의 길로 삼는 방법은 그 길로 들어서는 것입니다. 그리고 그리스도께서 죄인의 길이 되시는 것은 단순히 그가 그리스도께로 가는 방법에 의해서입니다. 그것이 전부입니다. 그 길로 다니기 위한 법적인 권리가 따로 없으며, 어떤 형식들이나 예식들이 따로 있는 것도 아닙니다. 당신은 단지 그리스도를 의지함으로써 그 왕의 대로에 들어서면 되는 것입니다. 그러면 그리스도께서 당신의 것이 되는 것입니다. 한 사람이 말합니다. "하지만 제가 어떤 보증도 없이 와서 그리스도를 신뢰할 수 있나요?" 무슨 보증을 원합니까? 유일한 보증은 하나님의 허락입니다. 또한 허락을 넘어서서, 당신은 그렇게 하라는 하나님의 명령을 받았습니다. 그분이 이렇게 말씀하셨습니다. "너희는 온 천하에 다니며 만민에게 복음을 전파하라. 믿고 세례를 받는 사람은 구원을 얻을 것이요 믿지 않는 사람은 정죄를 받으리라"(막 16:15-16). 믿는 것에 있어서, 당신은 그분의 명령에 의해 복음의 보증을 얻은 것입니다. "주 예수를 믿으라 그리하면 너와 네 집이 구원을 받으리라"(행 16:31)는 하나님의 말씀입니다. 당신에게는 하나님이 당신에게 하라고 명하신 일을 할 수 있는 권리가 틀림없이 있습니다. 그리스도를 믿을 수 있는 당신의 권리는 하나님의 명령에 근거한 것입니다. 그분은 그리스도께서 행하신 일을 통하여 당신을 구원하리라고 말씀하십니다. 당신은 그분을 믿겠습니까? 그분을 믿고, 그리스도께서 행하신 일들을 오늘 신뢰하겠습니까? 당신이 그렇게 하지 않으면, 당신은 하나님을 거짓말하는 자로 만드는 것입니다. 당신이 그렇게 한다면, 당신은 하나님의 증언을 믿음으로써 그분을 영화롭게 하는 것이며, 그분의 아들이 행하신 일을 신뢰함으로써 아들까지도 영화롭게 하는 것입니다. 그리고 당신은 구원을 받은 것입니다.

자, 그 길을 당신의 길로 간직하기 위해서, 당신이 할 일의 전부는 그 안에서 계속 머무는 것입니다. 당신은 어떤 다른 길을 어떻게 당신의 것으로 유지할 수 있습니까? 당신이 처음에 갖지 못한 어떤 문서, 어떤 새로운 권리로써 그렇게 하는 것입니까? 전혀 그렇지 않을 것입니다. 나는 이렇게 말합니다. "내가 계속해서 그 길 안에서 걷는 동안은, 이 길은 내 길이다." 만일 내가 다른 길로 들어선다면, 나는 그것이 내 길이라고 말할 수 없으며, 적어도 내가 정반대의 방향으로 가고 동안에는 그것이 내 길이라고 누구도 믿어주지 않을 것입니다. 만일 내가 울타리를 넘어서 다른 방향으로 멀어지면서도 "이것이 내 길이다"라고 말한다면, 나는 거짓말을 하는 셈입니다. 살아 있는 사람이여, 당신이 걷는 길이 당신의 길입니다. 그 길에 대한 소유는 당신이 계속해서 그 길을 걷는 것에 달려 있습니다. 그러므로 그리스도인이여, 그리스도께서는 처음에 당신의 길이 되신 것과 똑같은 방식으로 계속해서 당신의 길이 되십니다. 즉, 당신이 행하는 어떤 것이나, 당신 힘으로 이루는 어떤 것이나, 혹은 당신 안에 있는 어떤 것에 의해서가 아니라, 당신이 잠잠히 그분을 신뢰하는 것에 의해 그분은 계속해서 당신의 길이 되십니다. 예수님이 사시기 때문에 당신 역시 사는 것이지, 당신이 무언가를 행함으로써 당신이 사는 것이 아닙니다. "의인은 믿음으로 말미암아 살리라"는 말씀을 다른 의미로 이해할 수 없습니다. 당신은 성령 안에서 시작하고서, 그 후에 육체 안에서 완벽해지려 해서는 안 됩니다. 그리스도를 신뢰함으로써 걷기 시작하고서, 그 후에 당신 자신의 행위나 미덕을 신뢰함으로써 걸으려 해서도 안 됩니다. 당신의 행위나 미덕은 당신이 그것들을 가장 하찮은 것으로 여길 때 언제나 가장 크게 빛이 나며, 당신이 그것들 자체가 아닌 하나님의 아들을 가장 귀한 분으로 여길 때 언제나 가장 밝게 빛납니다. 만에 하나라도 당신이 당신의 최선의 미덕이나 성화의 요소를 소망의 근거로 삼는다면, 당신은 시련의 때에 무너져 내릴 기초 위에 집을 세우고 있는 것입니다. 오직 당신은 이런 태도를 견지하십시오. "내가 여전히 죄인일지라도, 나는 여전히 피로 씻음을 받습니다. 여전히 내게는 죄가 있지만, 나의 어떤 죄의 벌도 나에게로 돌아오지 않습니다. 모든 죄의 형벌을 나의 대속자께서 감당하셨기 때문입니다. 나의 최선의 기도, 나의 최선의 찬송, 자선, 기부, 전도, 그 어떤 것이든 모두 오염되어 있지만, 내 발을 씻기시며 그 보혈로 나를 깨끗하게 하시는 그분을 통해서 나는 깨끗합니다." 이것이 사는 길이며, 초심자로서 뿐 아니라 은혜 안에서 성장하였을 때에도 계속해서 사는 길입니다. 그것이 당신이 나이 지긋한 부인이나 혹은 퇴역한 군인이 되었을 때에나, 또한 당신이 숨질 때에도 사는 길입니다. 특별히, 그리스도께서 하신 일 외에는 모든 것이 날아가 버린 마지막 순간에도, 그것은 우리가 살 수 있는 길입니다. 전에 우리는 아마도 표징들이나 증거들의 문제로 많은 고심을 했을 것입니다. 하지만 마지막 순간이 되면, 우리는 마치, 침상에 누워 자신의 행위들 중에서 무엇이 좋은 일이었고 무엇이 나쁜 일이었는지를 구분해 보려고 애썼던 저 선한 사람처럼 될 것입니다. 하지만 그는 이렇게 말했습니다. "아무리 오랫동안 그것들을 판단해 보려고 해도, 그것이 너무나 어려운 일이었기 때문에 마침내 그 모든 것을 한 묶음으로 묶어서 던져 버리고, 오직 그리스도만 의지하기로 했습니다." 그것이 바로 지금 우리들에게도 할 수 있는 최선의 일입니다.

> "예수 외에는 아무것도 없네, 오직 예수만 있네.
> 그것이 무력한 죄인이 할 수 있는 최선이라네."

이것이 당신을 불경건하게 만드는 것이 아니라 오히려 경건하게 만듭니다. 당신이 이것을 믿으면, 당신은 하나님을 기쁘시게 하고 영화롭게 하기 위해 온 힘을 다할 것이며, 그리고 당신이 모든 일을 행한 후에도 여전히 무익한 종일 뿐이라고 느낄 것이며, 숨질 때에도 저 못 박힌 손이 계속해서 당신을 안아 주시고 안전히 지켜 주시도록 기도하게 될 것입니다.

자, 마지막으로 할 질문은 이것입니다. "오늘 그리스도께서 나의 길이십니까?" 오, 여러분 중에 얼마나 많은 사람이 일어서서 이렇게 말할 수 있는지를 나는 알고 있습니다. "예, 그분은 나의 길이십니다. 그분은 나의 구원이시며 나의 모든 소망이십니다."

> "내 손에 아무것도 들려진 것이 없어,
> 그저 당신의 십자가만 의지합니다."

나의 하나님이시여, 당신은 모든 것을 아시오니, 당신은 내 영혼이 오직 죽으시고 부활하시고 영원히 사시는 당신의 아들만을 의지하는 것을 아십니다. 그분이 나의 소망이시며, 나의 전부이신 것을 아십니다!

하지만, 아마도 여기에는 이 길에 있지 않은 사람들도 있을 것입니다. 그것은 그들이 그 길에 대해서 알지 못하기 때문입니다. 나는 영국 땅에서 복음으로서 이보다 적게 알려진 가르침이 없다고 믿습니다. 무수히 많은 교리들이 전파되고 있는 동안에도 ─ 물론 그렇게 하는 것이 정당하기는 하지만 ─ 또한 그토록 많은 계명들이 전파되고 있는 동안에도, 여전히 수 년 동안 설교를 듣고서도 이 기초 즉 복음의 본질적인 가르침에 대해서 알지 못하는 사람들이 있습니다. 그 기초란, 하나님이 우리 죄를 없애시려고 그리스도께 죄를 담당시키셨다는 것입니다. 또한 그렇게 하심으로써 그분이 정당한 방법으로 경건하지 않은 자를 의롭다 하신 것입니다. 비록 당신이 전에 그것을 들어본 적이 없다고 해도 이제는 들었습니다. 그러므로 그 이유 때문에 멸망하지는 않을 것입니다. 만일 당신이 구원의 길을 외면한다면, 그것은 당신이 그것을 듣지 못했기 때문이 아닙니다. 만일 당신이 망한다면, 당신은 어떤 핑계도 댈 수 없습니다.

하지만 이것이 하나님의 계획이라고 믿지 않는 이들이 있습니다. 그들은 그것을 듣고 이해하고서도 그것을 비웃습니다. 어떤 이들은 그것이 도덕의 추구와 조화되지 못한다고 말합니다. 다른 이들은 그것이 터무니없다 하거나 혹은 부당하다고 말합니다. 어떤 사람은 이렇게 말하고, 다른 사람은 저렇게 말할 것입니다. 하지만 비록 그리스도의 십자가가 멸망하는 자들에게는 어리석은 것이지만, 구원을 받는 우리에게 그것은 하나님의 지혜이며, 하나님의 능력입니다. 하나님께서는 우리가 다른 복음을 여러분에게 전하는 것을 금하십니다. 심지어 더러는 복음을 증오하는 사람들도 있습니다. 그들은 다른 이의 공로를 통해 용서를 받는다는 생각에 이를 갑니다. 그들의 의로운 자아가 마치 시장에서 팔려고 내놓은 것 같이 모욕을 받는다고 느끼며 분개합니다. 아, 하나님을 향한 무지한 증오심으로 당신의 영혼을 버리지 마십시오. 오히려 하나님이 오늘 왕으로 세우신 그분에게 입 맞추며, 멜기세덱의 반차를 따라 영원히 제사장이 되신 그분을 신뢰하며, 그분의 위대한 희생 제물에 의해 죄를 용서받도록 하십시오. 지금 그분에게로 오십시오. 그분이 주시는 속죄와 평화의 은혜를 받아들이십시오. 어떤 이들은 이 길에 나아오기를 너무나 두려워하기 때문에 구원을 받지 못합니다. 하지만 그런 분들에게도 나는 매우 부드럽게 말하겠습니다. 그분은 상한 갈대를 꺾지 않으시며, 꺼져가는 심지도 끄지 않으십니다. 당신의 죄의식 때문에 나의 주님을 경시하지 마십시오. 당신은 큰 죄인입니다. 하지만 그분은 당신보다 크신 구주이십니다. 당신이 그리스도와 비길 수 있다고 말하지 말며, 혹은 그분을 능가할 수 있다고 말하지 마십시오. 골리앗 같은 죄인이여, 오십시오. 다윗의 후손이 당신을 이길 것이며, 그러면서도 당신을 구원하실 것입니다. "너희의 죄가 주홍 같을지라도 눈과 같이 희어질 것이요 진홍 같이 붉을지라도 양털 같이 희게 되리라"(사 1:18). 다윗을 생각해 보십시오. 그가 얼마나 추한 죄를 지었습니까? 하지만 그 모든 정욕의 더러움에도 불구하고, 그 살인의 오점에도 불구하고, 그는 믿음으로 이렇게 말했습니다. "우슬초로 나를 정결하게 하소서 내가 정하리이다 나의 죄를 씻어 주소서 내가 눈보다 희리이다"(시 51:7). 그와 마찬가지로 그리스도의 피의 제물의 효력이 당신에게 미치면, 당신도 눈보다 희어질 것입니다. 바로 오늘 아침 당신이 단순히 그분을 의지하면 그렇게 될 것입니다. 영원하신 나의 성령 하나님, 복되신 나의 성부 하나님, 나의 하나님 곧 성자 예수님이시여, 지금 주저하는 많은 심령들을 이끄시어 그들로 주님의 찬송이 되게 하여 주소서! 아멘.

제
55
장

—

사랑의 계명과 순종의 삶

—

"(만약) 너희가 나를 사랑하면 나의 계명을 지키리라."
— 요 14:15

이 장은 독특하게도 단정적인 표현들로 가득하며, 또한 "만약(if)"이라는 표현이 점점이 박혀 있습니다. 이 장에서 아주 큰 일들이 언급될 때마다 예외 없이 "만약(if)"이라는 표현이 있습니다. 이 장에서는 "만약"이라는 단어가 적어도 일곱 번씩이나 등장하며, 그리고 그 "만약"은 사소한 것에 대해서가 아니라 가장 엄숙한 주제들에 대해 등장한다고 나는 생각합니다. 이 "만약"이라는 단어가 등장할 때마다, 그에 수반되는 것이라든지, 그 속에 내포된 것이라든지, 혹은 그와 관계된 무언가가 결합되어 있습니다.

2절을 보십시오. "내 아버지 집에 거할 곳이 많도다. 그렇지 않으면(if it were not so) 너희에게 일렀으리라." 저 영광의 땅에 그런 처소가 없었다면 예수님이 우리에게 그렇다고 일러주셨을 것입니다. 만약 계시되지 않은 어떤 진리가 우리의 소망을 어리석은 것으로 만든다면, 우리 주 예수님께서 그에 대해 우리에게 경고해 주셨을 것입니다. 그분은 우리를 바보들의 낙원으로 불러들여서 마지막에 우리를 속이기 위해서 오신 것이 아니기 때문입니다. 그분은 지혜로운 믿음과 확실한 소망을 위해서 우리가 알아야 할 필요가 있는 것들을 모두 말씀해 주실 것입니다. 주님은 비밀스럽게 이야기하신 것이 아니며, 땅 속 어두운 곳에서 말씀하신 것이 아닙니다. 그분은 계시된 말씀에 반하는 어떤 말씀도 하시지 않았습니다. 은밀한 계명이나 감추어진 목적들은 없으며, 따라서 그런 것들이 우리의 확신을 흔들거나 소망을 흐리게 하지 못합니다. "그렇지 않으면(If it were not so) 너희에게 일렀으리라." 당신의 소망을 손상시키는 어떤 비밀스러운 것이 있었더라면, 그것은 당신을 속이지 못하도록 빛 가운데로 끌려 나와야만 했습니다. 주 예수님은 혐오스러운 진리를 은폐함으로써 제자들을 얻기를 바라지 않으시기 때문입니다. 마지막에 당신의 소망을 속이는 것으로 판명될 어떤 것이 있다면, 당신은 이미 그에 대해 통지를 받았을 것이며, 예수님이 친히 그 슬픈 소식을 당신에게 알리셨을 것입니다. 그분은 당신이 미처 통지받지 못한 것을 나중에 알게 되어 두려움에 빠지는 것을 바라시지 않습니다. 그분은 친절하게도 이렇게 선언하십니다. "너희에게 일렀으리라."

3절을 주목해 보십시오. 또다시 우리는 "만약"과 그에 따른 결과를 접하게 됩니다. "가서 너희를 위하여 거처를 예비하면(If I go and prepare a place for you) 내가 다시 와서 너희를 내게로 영접하여 나 있는 곳에 너희도 있게 하리라." 만약 주 예수님께서 떠나시면(이는 더 이상 가정이 아닙니다. 그분은 떠나셨습니다), 그 후에 그분은 정해진 때에 다시 돌아오실 것입니다. 그분이 가셨으므로, 그분이 다시 오시는 것입니다. 후자가 전자의 결과에 따르게 하신 것입니다. 우리는 그분이 천국에 올라가셨다는 것에 의문을 갖지 않습니다. 그분은 따르는 무리들이 있는 중에 올라가셨고, 그들은 그분이 하늘로 올라가시는 것을 보았습니다. 그들은 그분이 구름 속으로 들어가 보이지 않게 된 사실에 대해서 어떤 종류의 의문도 품지 않았습니다. 게다가, 그들은 하늘로부터의 확증을 얻었습니다. 흰 옷을 입은 천사들이 이렇게 말했습니다. "너희 가운데서 하늘로 올려지신 이 예수는 하늘로 가심을 본 그대로 오시리라"(행 1:11). "가서 너희를 위하여 거처를 예비하면 내가 다시 와서 너희를 내게로 영접하여 나 있는 곳에 너희도 있게 하리라." 그분이 집으로 가신 것은 그분이 오실 것을 보증하며, 또한 우리로 하여금 그분을 고대하도록 만듭니다.

다음번 "만약"은 7절의 초반부에 등장합니다. "(만약) 너희가 나를 알았더라면(If you had known me) 내 아버지도 알았으리로다." 만약 우리가 예수 그리스도를 진정으로 안다면, 우리는 하나님을 압니다. 사실상, 하나님의 아들 예수님을 통해서가 아니면 결코 하나님을 올바로 알지 못합니다. 사람들이 단순한 유신론에 오래도록 집착하지 않는 것은 너무나 분명한 사실입니다. 만약 과학적으로 따지는 사람들이 그리스도 곧 성육하신 하나님으로부터 멀어진다면, 그들은 머지않아 전적으로 하나님으로부터 멀어질 것입니다. 그들이 성육하신 하나님을 버릴 때, 그들은 유신론의 산에서 미끄러지기 시작합니다. 더 이상 그들이 서 있을 발판이 없기 때문입니다. 아들에 의하지 않고서는 누구도 아버지께로 올 수 없으며, 아들에 대한 믿음을 갖지 않고서는 누구도 아버지께 대한 믿음을 갖지 못합니다. 그리스도를 아는 자들은 하나님을 압니다. 하지만 구주에 대해서 무지한 자들은 하나님에 대해서도 무지합니다. 그들이 아무리 많이 그들의 종교에 대해서 자랑한다고 해도 그렇습니다. 그들이 다른 하나님을 알 수는 있겠지만, 오직 살아 계시고 참되신 하나님은 예수님을 영접한 사람들을 제외하고는 알려지지 않습니다. 하나님의 아버지 되심(Fatherhood)에 대해서는 우리가 요한복음의 여러 곳에서 많이 들었으며, 그것은 오직 예수님의 성육신과 희생이라고 하는 창을 통해서만 볼 수 있습니다. 우리가 저 무한하시고, 측량할 수 없으며, 보이지 않으시는 분을 얼핏이라도 볼 수 있기 위해서는, 먼저 예수님을 보아야만 합니다. 하나님이 인간의 몸으로 오시고서야 인간의 제한된 지각은 그분을 인식할 수 있습니다. 성육하신 그분에게서 우리는 하나님의 영광을 보며, 은혜와 진리가 충만하신 것을 봅니다.

또다른 "만약"은 이 장 좀 더 밑으로 내려가서 14절에서 볼 수 있습니다. "(만약) 내 이름으로 무엇이든지 내게 구하면(If you shall ask anything in my name) 내가 행하리라." 여기서 "만약(if)"은 우리 기도에 대한 확실성과 관련되어 있습니다. 우리가 예수님의 이름으로 은혜를 구하는 것이 허락되었다고 간주하면, 영광스러운 확신을 가질 수 있습니다. 예수님이 말씀하십니다. "내가 행하리라." 여기서 우리 주님은 군주와 같은 어투로 말씀하십니다. 우리는 "내가 행하리라"는 식으로 말하지 못합니다. "내가 행하리라"는 표현은 그리스도께 속한 것입니다. 그분은 응답하실 수 있고, 또 응답하실 권리를 가지고 있습니다. 따라서 그분은 기탄없이 "내가 행하리라"고 말씀하십니다. "내 이름으로 무엇이든지 내게 구하면 내가 행하리라." 오, 우리는 "만약"이라고 표현된 부분과 함께, 예수님의 이름이 서명된 청원서들을 계속적으로 주님의 궁정에 올릴 수 있습니다. 저 당당한 이름으로 보증된 기도를 할 때에 우리는 끈질기게 요청할 수 있습니다. 그분의 이름과 권위를 담대하게 사용하면서, 실패의 우려를 잠재울 수 있습니다. 하늘에 계신 아버지께서는 그 아들의 이름의 권위를 무시하지 않으시며, 그 아들 자신도 자신이 서약한 것을 결코 무르지 않으십니다. 참된 기도는 마치 자연의 법칙들과 마찬가지로 틀림없이 작동합니다. "또 여호와를 기뻐하라 그가 네 마음의 소원을 네게 이루어 주시리로다"(시 37:4). 오 우리가 저 거룩하신 이름과 성품을 더욱 기뻐한다면, 우리의 기도는 언제나 신속하게 보좌에 도달할 것입니다!

이제 오늘 본문의 "만약(if)"에 도착했습니다. 이에 대해서는 우선 당장은 자세히 말하지 않겠습니다. "(만약) 너희가 나를 사랑하면(If you love me) 나의 계명을 지키리라." 여러분은 다른 구절에서와 마찬가지로, 이 "만약"이 다른 무언가와 연결되어 있는 것을 볼 수 있습니다. 만약(if) 무언가가 있으면, 그러면(then) 무언가가 따라옵니다. "만약 너희가 나를 사랑한다면"에서 순리적으로 "내 계명을 지키리라"로 귀결됩니다.

다음번 "만약"은 23절에 나옵니다. "예수께서 대답하여 이르시되 (만약) 사람이 나를 사랑하면(If a man loves me) 내 말을 지키리니." 그분의 지혜에 대한 존경, 그리고 그분의 권위에 대한 순종은, 사랑에서 자라납니다. "그리스도의 사랑이 우리를 강권하시는도다"(고후 5:14). 우리는 그 구절이 종종 이렇게 인용되는 것을 듣습니다. "그리스도의 사랑이 우리를 강권해야(ought to constrain) 합니다." 하지만 그것은 본문을 손상하는 것입니다. 사도는 그것이 우리를 강권한다고 말합니다. 만일 그것이 진정으로 마음속에 들어온다면, 그렇게 할 것이라는 것입니다. 그 사랑은 능동적이고, 움직이는 힘이며, 내적 생명에 영향을 끼치는 것이고, 그 다음에 외적인 행위에도 영향을 끼칩니다.

> "순종으로 우리의 발을 신속히 움직이게 하는 것은
> 다름 아닌 사랑이라네."

"사람이 나를 사랑하면 내 말을 지키리니." 그 사람은 주의 말씀이 성령으로 감동된 것을 믿을 것입니다. 그는 그분의 가르침에 오류가 없는 것을 믿을 것입니다. 그 말씀에 귀를 기울이고 기억할 것입니다. 그것을 넘어서, 그는 행동으로 주님의 말씀을 지킬 것이며, 가능한 최상의 방식으로 매일의 삶에서 간직하고 준행할 것입니다.

이 장은 서의 끝부분인 28절에서는 이렇게 말하고 있습니다. "(만약) 너희가 나를 사랑하였더라면(If you loved me) 내가 아버지께로 감을 기뻐하였으리라 아버지는 나보다 크심이니라.” 우리가 그리스도를 분별 있게 사랑한다면, 우리는 비록 우리 자신에게 손해가 되는 것처럼 보일지라도, 그리스도께 유익되는 것을 기뻐할 것입니다. 주님께서 육체상으로 우리들에게서 떠나신다면 우리에게는 큰 손실처럼 보일 것입니다. 하지만 그것이 그분에게는 더 큰 영광이기 때문에 우리는 그것을 기뻐할 수 있습니다. 만일 그분이 영광의 보좌에 오르신다면, 우리는 무모하게 그분의 부재를 한탄하지 않을 것입니다. 우리의 사랑은 그분이 떠나시는 것에 동의하고, 더 나아가 그것을 기뻐할 것입니다. 그분을 높여 드리는 것이라면 무엇이든지 내게도 달콤하기 때문입니다. 바로 이 순간, 우리가 그분을 사랑하기 때문에, 그분이 아버지께로 가신 것을 기뻐하도록 합시다.

이렇게 해서 여러분은 이 장을 살펴보았습니다. 고상한 단정적인 표현들이 풍부하면서도, “만약”이라는 단어가 곳곳에 뿌려져 있다는 것을 보았습니다. 마치 많은 바위들 틈에서 맑은 물을 솟구쳐내는 작은 샘처럼, 이 “만약”들은 하늘의 빛을 발산하며, 우리가 그것을 쳐다보기만 해도 우리의 기운을 소생시킵니다.

이제 우리의 본문에 대해 생각해 봅시다. 성령께서 은혜의 내실(內室)까지 우리를 인도해 주시길 빕니다! “(만약) 너희가 나를 사랑하면(If you love me) 나의 계명을 지키리라.” 우리가 대하고 있는 이 “만약”은 중요한 것입니다. 그것을 우리의 첫 번째 주제로 삼도록 합시다. 두 번째로, 그것과 관련된 검증(test)은 매우 적절한 것입니다. “(만약) 너희가 나를 사랑하면 나의 계명을 지키리라.” 세 번째로, 개정판(Revised Version)에 근거해서 말하자면, 참된 사랑은 이 검증을 통과할 것입니다.

1. 이 본문에서의 ‘만약’은 매우 중요하다.

우선, 이 본문의 ‘만약’은 아주, 매우 중요합니다. 문제의 뿌리는 여기에 있습니다. 사랑은 마음에 속한 것입니다. 모든 의사들은 마음의 질병을 가볍게 여겨서는 안 된다고 말할 것입니다. 어떤 현명한 의사가 내게 말했습니다. “나는 머리나 가슴을 건드리는 질병만 아니라면 그다지 염려하지 않습니다.” 솔로몬은 이렇게 말했습니다. “모든 지킬 만한 것 중에 더욱 네 마음을 지키라 생명의 근원이 이에서 남이니라”(잠 4:23). 태엽이 고장 나면 시계의 모든 작동은 멈추게 됩니다. 사랑이 생명의 핵심이기 때문에 우리는 사랑에 관련된 문제에 의문을 품을 수가 없습니다. 오 친구들이여, 나는 예수님을 향한 우리의 사랑에 대해 의문의 여지가 없기를 바랍니다.

우리 구주께서 사랑에 관련된 이 "만약"을 어떤 방식으로 표현하시고, 그로 써 사랑이 순종에 우선되어야 한다(love must be prior to obedience)는 것을 우리에게 어떻게 가르쳐 주셨는지를 주목해 보십시오. 본문은 "내 계명을 지키라, 그리고 그 다음에 나를 사랑하라"고 말하지 않습니다. 그렇지 않습니다. 우리는 샘의 근 원이 깨끗해질 때까지는 깨끗한 물이 흐를 것을 기대하지 않습니다. 그분은 이 렇게 말씀하시지도 않습니다. "내 계명을 지키라, 그리고 동시에 나를 사랑하라." 물론 그렇게 해도 어느 정도 진리에 부합되기는 하겠지만, 마치 순종과 사랑이 개별적인 두 가지 일처럼 말씀하시지 않습니다. 오히려 사랑이 먼저 옵니다. 왜 냐하면 그것이 중요성에 있어서도 우선이고, 경험에 있어서도 우선이기 때문입 니다. "너희가 나를 사랑하면!" 우리는 사랑에서 출발해야 합니다. 그 다음에 "나 의 계명을 지키리라"입니다. 순종은 사랑을 그 어머니로, 보호자로, 양식으로 삼 아야 합니다. 순종의 본질은 진심어린 사랑에 있으며, 그것이 행위를 유발하는 것이지, 행위 그 자체가 순종은 아닙니다. 나는 어떤 사람이 그의 외적인 생활에 있어서 그리스도의 계명들을 지키면서도, 그 행위들이 하나님께는 전혀 용납되 지 않는 일이 있을 수 있다고 생각합니다. 만일 그가 강제력에 의해 고분고분하 게 되었지만, 반대로 도전적인 태도로 돌변하여 불순종할 수도 있다면, 그의 마 음은 하나님 앞에서 올바르지 못하며, 또한 그의 행위들은 아무런 가치가 없습 니다. 계명들은 그 계명들을 주신 분을 향한 사랑으로 지켜져야 합니다. 사랑하 는 것이 순종의 삶을 사는 것입니다. 우리가 그리스도를 사랑하면 우리는 그리 스도의 삶을 삽니다. 주님을 향한 사랑이 우리가 드리는 희생 제물들의 소금입 니다. 아주 실제적으로 표현해 보겠습니다. 나는 종종 스스로에게 이렇게 말합 니다. "오늘 나는 내 일과 관련된 모든 의무들을 완수했다. 하지만 나의 주님의 사랑 안에 거하려고 신중했었던가? 나는 내가 할 수 있는 모든 일을 행함에 있어 서 실패하지 않았다. 이른 아침부터 늦은 밤까지 매 시간 최대한 할 수 있는 만큼 의 일을 수행하고, 또 그것을 성심으로 하려고 노력했다. 하지만 나는, 결국, 이 일들을 주님께 하듯이 했고 또 그분을 위해서 했던가?" 나는 내가 단지 목사라는 이유 때문에, 그리고 그분의 말씀을 전하도록 부름을 받았기 때문에 주님을 섬 기지는 않는지 떨며 돌아봅니다. 혹은 그런 일들을 단지 틀에 박힌 일상의 업무 이기 때문에 실행하는 것은 아닌지 떨며 경계합니다. 나는 힘이 아닌 예수님의 사랑으로 강권되기를 걱정스럽게 갈망합니다. 종종 이런 두려움이 진토에 엎드리도록 나를 낮추어 주고, 내가 한 일에서 스스로 영광을 취하지 못하도록 막아 줍니다. 오직 우리의 주님을 사랑할 때에만 우리는 참되고도 하나님이 받으실 만한 순종을 드릴 수가 있습니다. 우리 삶의 주된 관심은 옳은 일을 행하는 것이어야 하며, 또한 주님을 사랑하기 때문에 그 일을 행하는 것이어야 합니다. 우리는 아브라함이 그랬듯이 주님 앞에서(before the Lord) 행해야 하며, 노아가 그랬듯이 주님과 함께(with the Lord) 행해야 합니다. 주 예수 그리스도의 사랑으로 끊임없이 강권함을 받지 않으면, 우리는 끔찍하게 실패할 것입니다.

> "오호라! 지식은 모두 헛되고,
> 우리의 두려움도 헛되며,
> 우리의 수고와 애쓰는 것에 사랑이 없다면,
> 그 모든 것이 헛되고 헛되도다."

사랑하는 친구들이여, 여기에서 참된 내적 경건을 보십시오! 그것이 모든 외적인 형식주의를 어떻게 능가하는지를 보십시오! 참된 은혜가 얼마나 깊이 자리 잡고 있는지를 보십시오! 당신의 마음이 새로워지기 전에, 당신은 결코 그리스도께서 미소 지을 만한 일을 할 수 없습니다. 하나님과 원수 되어 있는 마음이 단순히 경건의 행동을 한다고 해서 받아들여질 수는 없습니다. 당신의 손이 하는 일과, 당신의 입술이 말하는 것이 중요하지 않습니다. 당신의 마음이 의향과 소원을 가지는 것이 중요합니다. 당신의 애정은 어디로 향하고 있습니까? 삶의 기계를 돌리는 저 거대한 속도조절 바퀴는 마음에 고정되어 있습니다. 따라서 모든 동기들 중에서도 이것이 가장 중요합니다. "너희가 나를 사랑하면!" "너희가 나를 사랑하면"은 양심을 탐색하는 소리입니다. 그 말씀을 들을 때 나는 깜짝 놀랍니다. 구원을 위해 주 예수 그리스도를 믿는 사람은, 그리스도를 향한 사랑을 그분에 대한 믿음의 첫 열매로 맺습니다. 이 사랑이 우리 속에 있어야 하고, 또 풍성하게 있어야 합니다. 그렇지 않으면 옳은 것이 아무것도 없습니다. "사랑"이라고 부르는 달콤한 열매들을 바구니 가득 거두어들이면, 모든 경건의 일들을 알게 될 것입니다. 하지만 당신에게 사랑이 없다면, 당신이 가진 것이 무엇입니까? 당신의 손가락들이 고된 섬김으로 뼈만 앙상하다고 해도, 뉘우침으로 눈물을 쏟아낸다 해도, 딱딱하게 굳을 정도로 무릎을 꿇는다 해도, 또한 목이 닳도록 외친다 해도, 만일 당신의 심장이 사랑으로 박동하지 않으면, 당신의 경건은 마치 가을의 시든 나뭇잎처럼 땅바닥에 나뒹굴고 맙니다. 사랑은 순종의 팔찌를 장식하는 최고의 보석입니다. 여기 본문의 음성을 듣고 잘 새기시길 바랍니다. "(만약) 너희가 나를 사랑하면 나의 계명을 지키리라."

오 선생들이여, 이 본문에 의해 얼마나 많은 종교적인 행위들이 무가치한 것으로 내던져지는지요! 사람들이 빠지지 않고 예배당에 출석하기도 하고, 신앙심이 깊을 수도 있으며, 아마도 전 생애 동안에 걸쳐 그렇게 살 수도 있습니다. 겉으로 보아서, 그들은 도덕적인 행위에서도 흠잡을 데가 없습니다. 하지만 그 모든 것이 아무것도 아닐 수도 있습니다. 그들의 신앙 고백의 밑바닥에 저 복되신 그리스도를 향한 사랑이 없기 때문입니다. 이방인들이 짐승 내장을 보고서 앞일을 점치기 위해 제물을 죽일 때에, 그들이 최악의 점괘를 얻을 때는 제사장이 그 제물을 살펴보아도 심장을 찾지 못할 때이거나, 혹은 그 심장이 작고 쪼그라들었을 때입니다. 그럴 경우 점쟁이들은 예외 없이 그것이 틀림없는 재난의 징조라고 선언합니다. 제물의 심장이 없거나 결함이 있다면 모든 징조들이 악한 것입니다. 종교의 행위에 있어서나, 종교심이 깊은 개개인에 있어서도 그와 마찬가지입니다. 우리를 감찰하시는 그분은 주로 우리의 마음을 살피십니다. 온 인류의 마음을 재어보시는 그분은 주로 사람들의 애정을 재어보십니다. 그 주님이 오늘 밤 우리들 가운데 계십니다. 발 아래로 끌리는 희고 긴 의복을 입으시고서, 소리 없는 발걸음으로 이 복도를 지나다니시며 황금의 다림줄로 사람들을 재어보십니다. 보십시오, 그분이 우리들 각 사람 앞에 멈추어 서서 부드럽게 묻고 계십니다. "네가 나를 사랑하느냐?" 그분은 세 번씩이나 같은 질문을 반복하십니다. 대답을 기다리십니다. 그것은 중요한 질문이니, 대답을 거부하지 마십시오. 오 주의 성령께서 당신으로 하여금 진심으로 이렇게 대답하며 말하게 해주시기를 빕니다. "주여, 주께서 모든 것을 아시오니, 제가 주님을 사랑하는 줄 주께서 아시나이다!"

예수님께 대한 이 사랑의 문제는 다른 모든 것에 우선합니다. 왜냐하면 그것이 그분께 대한 우리의 순종을 위한 최선의 이유이기 때문입니다. 주의해서 들어보십시오. "너희가 나를(Me) 사랑하면 나의(My) 계명을 지키리라." 인격적인 사랑이 인격적인 순종을 낳습니다. 이 말씀의 취지를 이해하겠습니까? 복되신 예수님께서 말씀하십니다. "너희가 나를(Me) 사랑하면 나의(My) 계명을 지키리라." 왜냐하면,

진실로, 한 사람에 대한 사랑이 효력을 발생하듯이, 우리 주님을 향한 사랑이 그분의 계명에 대한 순종의 효력을 낳습니다. 당신에게는 무엇이라도 해 주고 싶은 사람들이 있을 것입니다. 당신은 그들의 뜻에 기꺼이 따르려 합니다. 만일 그런 사람이 당신에게 "이 일을 해 주시오"라고 말한다면, 당신은 묻지도 않고 그 일을 행할 것입니다. 아마도 그는 당신에게 상전의 관계에 있는 사람일 수도 있고, 그리고 당신은 그의 자발적인 종입니다. 아마도 그는 존중받는 친구일 수도 있습니다. 당신이 그를 존중하고 사랑하기 때문에, 그의 말은 당신에게 법입니다. 구주께서는 다른 누구보다도 확고하게 그런 위치를 차지할 만한 분이십니다. 당신의 사랑의 왕좌에서 그분이 말씀하십니다. "네가 나를 사랑하면, 네 마음이 진정으로 나를 향한다면, 그러면 내 말을 계명으로 여기라. 내 계명을 기억에 간직하고, 더 나아가 너의 삶에서도 그것을 지키라." 그런 식으로 당신은 왜 주님께서 마음에서 시작하시는지 이유를 이해할 것입니다. 그분이 우리의 마음에서 소중한 분으로 모시어지지 않으면, 우리의 행동에서 그분을 향한 참된 순종을 기대할 수 없기 때문입니다. 이것이 모든 거룩한 삶의 샘이며 원천입니다. 저 거룩하신 분을 사랑하십시오! 사랑하는 친구들이여, 여러분은 예수님의 아름다움에 매혹당한 적이 있었나요? 그리고 당신을 속량하신 주님의 감탄스러운 성품에 거룩한 포로가 되어 있나요? 그렇다면 당신 속에는 그분의 계명을 지키도록 강권하는 추진력이 있는 것입니다.

우리 주님께서 제자들에게 이렇게 말씀하시는 것이 매우 필요했습니다. 예, 그 사도들에게도 이렇게 말씀하셔야 할 필요가 있었습니다. 그분은 택하신 열둘에게 "너희가 나를 사랑하면"이라고 말씀하십니다. 우리는 그들 중 어느 누구도 의심하지 않았을 것입니다. 지금 우리는 결과에 의해 그들 중 하나가 주님의 배반자이며 은 몇 푼에 그분을 팔았다는 것을 압니다. 하지만 제자들 중 어느 누구도 그를 의심하지 않았습니다. 그는 그들 중 누구와도 마찬가지로 충성스럽게 보였기 때문입니다. 아! 만일 "너희가 나를 사랑하면"이라고 하는 그 질문이 저 경건한 열두 명의 무리에게도 제기될 필요가 있었다면, 하물며 오늘의 교회에서는 심문하고 검증하기 위해 그 질문이 얼마나 더 허용되어야 하겠습니까? 형제들이여, 이 말은 지금 이 회중에게도 꼭 필요한 말입니다. 그 소리를 들어보십시오. "너희가 나를 사랑하면." 여러 사람들이 섞여 있는 이 무리는 타작마당의 곡식더미에 비유될 수 있으며, 키질하는 도구가 필요합니다. 아마도 여러분은 당연히 예수님을 사랑해 왔다고 여길 것입니다. 하지만 그것을 당연하게 간주해서는 안 됩니다. 여러분 중에 어떤 이들은 신앙적인 환경 속에서 태어났을 것이며, 경건한 사람들 중에서 살아 왔을 것이며, 악한 세상 속에서 어리석은 자들의 유혹을 받아본 적이 없을 것입니다. 그래서 즉각적으로 주님을 사랑한다고 쉽게 결론을 내립니다. 이는 지혜롭지도 못하고 위험하기도 합니다. 검증받지 않은 일을 의기양양하게 자랑하지 말고, 시련을 견디지 않고서도 그리스도를 사랑한다고 안주하지 마십시오. 만일 속고 실수한 것이라면 얼마나 끔찍한 일일까요! 구주께서는 친절하게도 당신의 사랑에 대해 물어보시며, 이로써 여러분 스스로를 돌아보고 여러분의 마음이 정직한지를 살필 기회를 주시는 것입니다. 혹 잘못된 것이 없는지를 염려하고, 올바른지를 확인하는 것은, 스스로 옳다 단정하고 자신의 소망의 근거를 조사해 보지 않는 것보다 훨씬 더 당신을 나은 목적지로 데려다줄 것입니다. 나는 당신이 예수님께 대한 당신의 사랑을 온전히 확신하기를 바랍니다. 하지만 나는 당신이 그분을 사랑하지도 않으면서 사랑한다고 하는 허황된 믿음에 속지 않기를 바랍니다. 주여, 우리를 살피시고 우리의 마음을 시험하소서!

　　기억하십시오. 누구든지 주 예수 그리스도를 사랑하지 않는 사람은 "아나테마 마라나타"(아람어에서 유래한 말로 각각 '저주'의 뜻과 '주님이 오신다'는 뜻— 역주), 곧 주님이 오실 때 그 사람에게 저주가 있을 것입니다(고전 16:22). 이는 모든 사람에게 해당되며, 그가 아무리 유명한 자라 할지라도 예외가 아닙니다. 한때 사도였던 사람이 멸망의 자식으로 판명되었다면, 당신도 그렇게 될 가능성이 있지 않을까요? 모든 사람은, 비록 그가 학식 있는 주교이든지, 인기 있는 목회자이든지, 혹은 널리 이름이 알려진 전도자이든지, 덕망 있는 장로이든지, 활동적인 집사이든지, 혹은 가장 정통적인 교단에서 가장 오래된 회원이든지 간에, 주를 사랑하지 않는 자로 판명될 수 있습니다. 비록 그 사람이 선택받은 무리 속에서 저 거룩한 이름으로 떡을 뗀다고 해도, 그가 주 예수 그리스도를 진실로 사랑하지 않는다면, 그가 누구이든지 간에 저주가 그에게 임할 것입니다. 그러므로 우리는 이 때에 주님의 입술에서 우리 마음을 살피게 만드는 그 말씀을 새겨야 합니다. "너희가 나를 사랑하면 나의 계명을 지키리라." 마치 이 말씀을 우리 각 사람에게 개인적으로 하신 것처럼, 인격적으로 받고 간직해야 합니다.

　　본문을 숙고하면서, 각 사람은 자기 자신을 따로 떼어서 생각해야 합니다. 이 문제에 있어서, 당신이 다른 사람의 포도원에서 할 일이 무엇이 있겠습니까?

오직 당신 자신의 마음을 살피십시오. 본문은 "만일 그 교회가 나를 사랑하면"이라고 말하지 않습니다. "이러저러한 목사가 나를 사랑하면"이라고 말하지도 않으며, 혹은 "너희 형제들이 나를 사랑하면"이라고 말하지도 않습니다. 오직 본문은 "너희가(you) 나를 사랑하면, 나의 계명을 지키리라"고 말합니다. 우리 각 사람이 대답해야 할 가장 중요한 질문은, 그가 자신의 구주에게 인격적인 애정을 가지고 있느냐 하는 것과 관련되어 있으며, 그리고 그 애정에서 비롯된 인격적인 순종과 관련되어 있습니다. 나는 이 질문을 각 사람에게 제기합니다. 그것이 사소하고 일반적인 질문으로 보이겠지만, 그러나 그것은 우리 회중 모두가 반복해서 직면해야 할 문제입니다. 설교자 역시 이런 질문을 대할 필요가 있습니다. 그는 자기 성경을 다른 사람들을 위해 읽어 주는 습관에 빠질 수 있습니다. 주일학교 교사에게도 이 질문이 필요합니다. 그 역시 자기 자신을 위해서보다는 자신이 맡은 학급을 위해 성경을 연구하기가 쉽습니다. 우리 모두는 진리를 마음에 간직해서 인격적이고도 책임 있게 적용할 필요가 있습니다. 왜냐하면 우리에게는 유쾌하지 않은 질문들을 언제나 다른 사람에게로 돌리는 경향이 있기 때문입니다. 귀먹은 사람들이라도, 손을 모아 소리에 집중할 때에는, 귓속으로 분명한 소리를 들을 수 있습니다. 본문의 음성이 개별적으로 여러분 귓속에서 들려지기를 바랍니다. "너희가 나를 사랑하면 나의 계명을 지키리라."

그 질문은 대답할 수 있는 것입니다. 그것은 사도들에게 제기된 질문이며, 그들은 그 질문에 대답할 수 있었습니다. 베드로는 "내가 주를 사랑하는 줄 주님께서 아시나이다"라고 대답했으며(요 21:15), 다른 열한 명의 사도들과 같은 대답을 했을 것입니다. 그것은 판단할 수 없는 분야의 신비에 관한 질문이 아닙니다. 그것은 아주 명백한 사실에 대한 질문입니다. 사람은 그가 주님을 사랑하는지 아닌지를 알 수 있으며, 또한 알아야 합니다. 자기 자신을 지키기에 급급해서 주님을 사랑한다고 단호하게 대답하지 못하는 사람은, 그 상태에서 더 나아가 진실로 주님을 사랑하는 자가 되어야 합니다. 이 질문에 대해 가슴속에서부터 훨씬 더 분명하게 대답할 수 있는 사람이, 육체적으로 안전하기 때문에 아예 그런 질문을 생각조차 않는 사람보다 더욱 거룩한 주의를 기울입니다. 단지 예수님을 사랑하기를 바라는 수준에서 만족하지 마십시오. 혹은 당신이 그분을 사랑하는지 알기를 바라는 수준에서 머물지 마십시오. 당신이 주 예수님을 사랑하는지 알지 못하는 것은 너무나 위험한 마음 상태이며, 나는 당신이 그 상태에서 벗어날 때까지는 결코 잠들지 말라고 권고하는 바입니다. 내가 이미 말했듯이, 그 질문이 몹시 불안정한 상태에 있는 동안에는, 사람은 미소 지을 권리도 없으며, 빵을 먹거나 물을 마실 권리도 없습니다. 그것은 분명히 결정되어야 합니다. 그것은 결정될 수 있는 문제이며, 또한 즉시로 결정되어야 하는 문제입니다. 예수님을 사랑하지 않습니까? 나로서는 그분을 사랑하지 않느니 차라리 살지 않는 편이 낫겠습니다. 그리스도를 사랑하지 않습니까? 그 끔찍한 사실이 울고 있는 내 눈에서 결코 감추어지지 않기를 바랍니다! 그래야만, 아마도 주님을 사랑하지 않는다는 그 무서운 발견이 나로 하여금 더 나은 상태로 가도록 이끌어 줄 것입니다. 내가 나의 주님을 사랑한다면, 나로서는 결코 내 사랑의 삶을 어둡게 하는 의심의 그늘 아래서 결코 안주하지 못할 것입니다. 그런 의문은 나로서는 견디기 어렵습니다.

형제들이여, "만일"이라는 짧은 한 마디로 제기될 수 있는 그 질문에 귀를 기울이십시오. 그 문제를 잘 생각하고, 이렇게 말할 수 있을 때까지는 안주하지 마십시오. "여호와께서 내 음성과 내 간구를 들으시므로 내가 그를 사랑하는도다" (시 116:1).

> "제 영혼 깊은 곳에서 당신을 사랑하지 않는 것일까요?
> 그렇다면 저로 아무것도 사랑하지 않게 하소서.
> 사랑으로 예수님을 감동시키지 못하면
> 제 마음은 모든 즐거움에 대해 죽은 것이나 다름없나이다.
>
> 당신의 이름을 높이기 위해서라면
> 내 심장의 피라도 쏟으려 하고,
> 불멸의 불꽃을 꺼뜨리려 하는
> 저 차가운 지옥의 손에 맞설 것입니다.
>
> 사랑하는 주님, 제가 주를 사랑하는 줄 주님은 아시나이다.
> 하지만 오, 사라질 즐거움들의 영역을 넘어서
> 내 사랑이 높이 솟아오르길 갈망하오니,
> 당신을 더욱 사랑하는 법을 배우게 하소서."

지금까지 이 "만약"과 관련된 진지한 문제를 살펴보았습니다.

2. 본문에서 제시되는 검증은 매우 적절하다.

두 번째로, 이 본문에서 제시되는 검증은 매우 적절하다는 것에 대해 살펴보도록 합시다. "(만약) 너희가 나를 사랑하면 나의 계명을 지키리라." 이것이 사랑의 최상의 증거입니다.

여기에 제시된 본문은 무법한 자유(lawless liberty)를 암시하지 않습니다. 우리가 율법 아래 있지 아니하고 은혜 아래 있다는 것은 사실입니다. 하지만 우리는 그리스도의 법 아래에 있으며, 따라서 우리가 그분을 사랑한다면 우리는 그분의 계명들을 지켜야 합니다. 신자들에게는 지켜야 할 어떤 계명도 없다고 믿는 자들의 조언을 결코 받아들이지 맙시다. 의무를 무시하는 자들은 죄도 무시하며, 결과적으로 구주까지도 무시합니다. "너희가 나를 사랑하면 무엇이든 내키는 대로 행하라"고 기록되지 않았습니다. 예수님은 "너희가 나를 마음으로 사랑하면 나는 너희들의 삶에 대해서는 신경을 쓰지 않겠다"고 말씀하시지 않습니다. 이 거룩한 책에는 첫 표지부터 마지막 표지까지를 살펴보아도 그런 가르침이 없습니다. 그리스도를 사랑하는 자는 가장 자유로운 사람이지만, 그는 또한 가장 속박에 매인 사람이기도 합니다. 그는 자유롭습니다. 그리스도께서 그의 속박을 풀어 주셨기 때문입니다. 하지만 그는 감사에서 우러나온 사랑에 의해 그리스도께 묶여 있습니다. 그리스도의 사랑이 그로 하여금 그를 사랑하사 그를 위해 죽으시고 다시 사신 주님을 향해 살도록 강권합니다. 사랑하는 친구들이여, 우리는 결코 무법한 생활을 바라는 것이 아닙니다. 정죄하는 힘으로서의 율법 아래에 있지 않는 자는, 그 사실에도 불구하고, 그 마음이 하나님의 법을 즐거워한다고 말할 수 있습니다. 그는 온전한 거룩함을 갈망하며, 그의 영혼은 주 예수님의 계명들에 대해 진심어린 경의를 표합니다. 사랑은 법입니다. 사랑의 법은 모든 법들 중에서 가장 강력합니다. 그리스도는 우리의 주님이시자 왕이 되셨고, 그분의 계명들은 무겁지 않습니다.

본문은 또한 아무런 광적인 행위(fanatical challenge)를 내포하지 않습니다. 우리는 "너희가 나를 사랑하면 어떤 특별한 행동을 하라"고 읽지 않습니다. 요구되는 검증은 극단적 행위의 표출이 아니며, 혹은 흥분된 정신상태에서 야심 찬 계획을 실현하려는 시도도 아닙니다. 전혀 그런 유가 아닙니다. 은둔자들, 수도사들, 그리고 종교적으로 혈기에 넘치는 사람들은 여기에서 어떤 본보기나 계명을 찾을 수 없습니다. 어떤 사람들은 그들이 만일 예수님을 사랑한다면 반드시 수도원에 들어가야 하고, 독방에서 은둔하고, 기이한 복장을 하고, 혹은 머리를 밀어야 한다고 생각합니다. 어떤 사람들은 이런 식으로 생각해 왔습니다. '만일 우리가 그리스도를 사랑한다면 우리가 가진 모든 것을 다 벗어서 내어주고, 베옷을 입고, 끈으로 허리를 동이고, 사막에서 고행을 하면서 지내야 한다.' 다른 사람들은 기이한 의상과 행동을 하는 무리가 되는 것이 지혜롭다고 생각해 왔습니다. 구주께서는 그런 것에 대해서는 아무런 말씀도 하지 않으시며, 오직 이렇게 말씀하십니다. "너희가 나를 사랑하면 나의 계명을 지키리라." 종종 우리는 예수님께 대한 사랑을 보이기 위해 생업과 직업을 버려야만 한다고 여기는 지체들을 봅니다. 자녀들은 굶주리고 아내들은 생고생을 합니다. 그들은 예수님을 위한 사랑으로 이처럼 무모하고도 별난 행동들을 감행합니다. 그러한 감흥 속에서 그들은 성급하게 모든 종류의 어리석은 행동들을 하고, 자신들의 성품마저 망칩니다. 그들은 온건한 조언을 받아들이려 하지 않으며, 여기서 우리 주님께서 친히 제시하신 사랑의 위대한 검증으로 만족하지 못합니다.

　본문이 이러한 분별없는 태도들에 대해서 일일이 비난하지는 않지만, 훨씬 합리적인 검증을 제시함으로써 그런 무분별을 총체적으로 비난하고 있습니다. "너희가 나를 사랑하면 나의 계명을 지키리라." 흥분한 머리로 장황한 이론을 만들어 내지 말고, 무모하게 이런저런 행동을 하겠노라고 섣불리 맹세하지 마십시오. 아마도 당신은 주님의 영광을 추구하는 것이 아니라, 당신 자신을 위한 명성을 바라고 있는지도 모릅니다. 당신은 최상의 헌신을 목표로 하고 있으며, 그래서 눈에 띄는 사람이 되고 싶어하며, 사람들이 당신의 뛰어난 '성자다움(saintship)'에 대해 말해 주기를 바라고 있는지 모릅니다. 당신은 심지어 이기적인 동기에서 박해를 초래하는 지경에까지 이를 수도 있습니다. 지혜로우시고 사람들 속에 무엇이 있는지를 아시는 구주께서는, 그분을 향한 참된 사랑을 검증하는 가장 확실한 길이 무엇인지를 또한 잘 아시고, 이렇게 말씀하십니다. "너희가 나를 사랑하면 나의 계명을 지키리라." 이것이 광적인 정신의 명령들보다도 따르기가 훨씬 너 어려운 것입니다.

　왜 구주께서는 우리에게 이것을 하나의 시험(test)으로 주실까요? 나는 그 한 가지 이유가 그것이 당신이 그리스도의 바른 지위를 인정하며 그분을 사랑하는지, 혹은 당신 자신이 만들어 낸 그리스도를 당신 자신의 편의대로 사랑하는지의 여부를 시험하기 때문이라고 생각합니다. 절반의 그리스도(half Christ)를 바라고, 전체로서의 그리스도(whole Christ)를 거절하기가 쉽습니다. 또한 당신이 스스로 만들어 낸 그리스도, 즉 적그리스도(antichrist)를 따르기가 쉽습니다. 실제의 그리스도는 너무나 위대하고 영광스러우시어 계명을 주실 만한 권리가 있습니다. 모세는 우리 구주께서 여기서 사용하신 표현을 쓴 적이 없습니다. 그는 "하나님의 계명들을 지키라"고 말할 수 있을 뿐이며, 결코 "나의 계명을 지키라"고 말한 적이 없습니다. 우리가 주님이라고 부르는 고귀하고 거룩하신 분은 여기서 이렇게 말씀하십니다. "나의 계명을 지키리라." 그분이 얼마나 당당하게 명령하는 분이신지요! 자기 성도들 사이에 그분은 얼마나 크신 분이신지요! 만일 당신이 그분의 계명을 지키면, 당신은 그분이 주장하시는 그분의 바른 지위를 인정하는 것입니다. 순종으로써 당신은 그분의 주권과 신성을 인정하는 것이며, 도마와 더불어 이렇게 말하는 셈입니다. "나의 주님이시요 나의 하나님이시니이다"(요 20:28). 너무나 많은 사람들이 그리스도를 온유하고 겸손한 분으로 알고, 또한 구원자로서는 알고 있지만, 그들의 주(Lord)로서 예수 그리스도를 알지 못하는 것은 아닌지 두렵습니다.

오호라! 나의 친구들이여, 그러한 사람들은 거짓 그리스도를 세우는 것입니다. 만일 예수님이 우리의 주님이시자 우리의 하나님이 아니시라면, 우리는 그분을 전혀 사랑하는 것이 아닙니다. 그것은 전적으로 거짓이며 위선입니다. 그리스도께 대한 그런 사랑은 그분으로부터 신성을 강탈하려는 짓입니다. 나는 그리스도를 왕 중의 왕이요, 만유의 주님으로 인정하지 않는 사랑을 혐오합니다. 그런 사랑은 그분을 비하시키는 것입니다! 그것은 터무니없는 짓입니다. 그분의 뜻보다 당신 자신의 뜻을 더 선호하여 따르면서, 그러고서 그분에 대한 사랑을 말하다니요! 우스꽝스럽습니다! 이런 것은 사랑에 대한 마귀의 모조품에 불과합니다. 그것은 모든 참된 사랑에 모순되는 것입니다. 사랑은 충성하는 것이며, 순종으로써 주님께 관을 씌워드리는 것입니다. 만일 당신이 예수님을 올바르게 사랑한다면, 당신은 그분의 모든 계명을 하나님의 계명과 마찬가지로 간주할 것입니다. 만일 당신이 구원하시는 그리스도뿐 아니라 명령하시는 그리스도를 사랑한다면, 그리고 당신의 죄의 용서만을 위해서가 아니라 당신의 삶의 인도를 위해서 그분을 바라본다면, 당신은 참된 그리스도를 사랑하는 것입니다.

또한 이 본문이 매우 적절한 이유는, 그것이 당신의 사랑의 대상의 살아 계신 현존을 입증하기 때문입니다. 사랑은 언제나 그 대상을 가까이 두기를 원하며, 또한 그 대상을 가까이 끌어당기는 능력이 있습니다. 만일 당신이 누군가를 사랑한다면, 그 사람이 멀리 떨어져 있다 해도, 당신의 생각 속에서 그는 매우 가까이에 있습니다. 사랑은 사랑의 대상을 가까이 끌어오기 때문에 그 대상에 대한 생각이 삶에 영향을 미칩니다. 어떤 신사에게 충성스러운 종들이 있었습니다. 그가 멀리 떠나게 되었을 때, 그의 집을 종들에게 맡기고 외국으로 갔습니다. 하지만 그는 자기 종들에게 여전히 가까이 있습니다. 종들은 매일 마치 그가 집에 있는 것과 마찬가지로 일을 수행합니다. 그는 곧 집으로 올 것입니다. 그들은 그 때가 언제인지를 알지 못하지만, 그 때가 언제라 할지라도, 그가 돌아올 때를 기다리며 모든 일들을 예비해 둡니다.

그들은 눈앞에서만 비위를 맞추는 종들이 아니며, 그러므로 주인이 없다는 이유로 일을 조금도 태만히 하지 않습니다. 비록 그가 그들을 보고 있지 않아도, 그들의 사랑의 눈은 언제나 그를 보고 있으며, 따라서 그들은 마치 그가 집에 있는 듯이 일을 합니다. 그들의 애정이 그를 언제나 가까이에 있게 합니다. 사랑하는 아버지가 죽었습니다. 그리고 그에 대한 기억을 고이 간직하는 아들에게 자기 재산을 남깁니다. 아들이 어떻게 합니까? 아버지가 관대했듯이 그 역시 관대합니다. 왜 그렇게 너그러운지 질문을 받을 때, 그는 이렇게 대답합니다. "나는 내 사랑하는 아버지가 여기 계셨다면 어떻게 하셨을 것이라고 믿는 대로 똑같이 행합니다.""왜요?""왜냐하면 내가 그분을 사랑하기 때문이지요." 사람이 죽어서도 그를 사랑하는 자들에게 여전히 사는 것이 아닙니까? 그리스도도 마찬가지입니다. 그분은 죽지 않고 살아 계시고, 단지 멀리 떠나 계실 뿐이며, 우리의 실제적인 사랑에 의해 우리에게 현존해 계십니다. 우리의 사랑의 증거는 예수님이 너무나 가까이 현존하셔서 우리의 행동을 강권하신다는 것이며, 우리의 삶의 동기에 영향을 미치신다는 것이며, 우리의 순종의 이유가 되신다는 것입니다. 예수님은 이렇게 말씀하시는 듯합니다. "너희가 나를 사랑하면, 이제 내가 떠나 있는 동안에, 너희는 내가 여전히 함께 있어서 너희를 바라보고 있을 때와 마찬가지로 행동할 것이다. 너희는 내가 함께 있을 때와 마찬가지로 계속해서 나의 계명을 지킬 것이다."

그것이 아주 적절한 검증인 또다른 이유는, 우리 주님의 계명들을 지킴으로써, 우리가 그분을 기쁘시게 하며 또한 그분을 크게 영화롭게 하기 때문입니다. 어떤 열광적인 감리교도는 이렇게 외칩니다.

"오, 내 구주를 높이기 위해 내가 무엇을 할까?"

내 형제여, 귀를 기울여 들으십시오. 만일 당신이 구주를 사랑하면, 그분의 계명을 지키십시오. 이것이 당신이 행해야 할 전부이며, 또한 무엇보다 위대한 일입니다. 그 외의 일들 중에서는, 와서 세례를 받고 진지하게 주님을 찬미할 수 있습니다. "너희가 나를 사랑하면 나의 계명을 지키리라." 여기에 모든 열광적인 질문들에 대한 대답이 있습니다. 예수님은 우리가 오직 예배에서만 나타내 보일 수 있는 과도한 열정에 의해서보다, 그분의 계명에 대한 지속적인 순종에 의해 더욱 영광을 얻으십니다. 예수님은 전자에 대해서 명령하신 적이 없습니다. 만일 당신이 향유 옥합을 깨뜨리고 온 집을 그윽한 향기로 가득하게 하고자 한다면, 또한 가장 귀한 보석으로 관을 만들어 그분의 머리를 장식하고자 한다면, 그 방법이 바로 당신 앞에 있습니다. "나의 계명을 지키리라." 결국, 당신이 주님께 최상의 호의를 보이고 그분에게 실제적인 영예를 드릴 수 있는 길은, 그분의 모든 계명들에 대해 지속적이고도 진심어린 순종을 나타내는 것입니다.

더 나아가, 구주께서는 "너희가 나를 사랑하면 나의 계명을 지키리라"는 이 시험을 제시하실 때, 그것이 우리로 하여금 다른 어떤 면에서도 그분을 존중하고 찬미하도록 준비되게 할 것임을 아셨습니다. 이 문맥을 읽어 보십시오. "너희가 나를 사랑하면 나의 계명을 지키리라. 내가 아버지께 구하겠으니 그가 또다른 보혜사를 너희에게 주사 영원토록 너희와 함께 있게 하리니"(15-16절). 당신이 성령으로 충만하게 되면 그리스도를 크게 영화롭게 할 수 있습니다. 하지만 당신이 그리스도의 계명을 지키지 않으면 성령으로 충만해질 수 없습니다. 보혜사(Comforter)로서 하나님의 영은 언제나 거룩하게 하시는 분(Sanctifier)으로서 오십니다. 그분은 우리를 거룩하게 하심으로써, 우리를 쓸모 있게 만드십니다. 구주께서 "너희가 나를 사랑하면 나의 계명을 지키리라"고 말씀하시는 것은, 그럴 때에 우리가 그분의 이름을 영화롭게 할 수 있는 성령의 선물을 얻을 수 있기 때문입니다. 당신이 사랑의 섬김을 열망한다면, 주님께 대한 당신의 순종이 바로 그 방법입니다.

하지만, 정녕, 나로서는 여기 서서 논증할 필요가 없습니다. 어떤 친구가 죽어가면서 당신에게 이러저러한 행동으로써 사랑을 입증하라고 요청할 때, 그는 자신이 원하는 것을 요청할 수 있습니다. 당신은 그에게 백지 위임장(carte blanche)을 내밉니다. 그것은 가장 단순한 일일 수도 있고 가장 어려운 일일 수도 있습니다. 하지만 그가 그것을 사랑의 검증으로 규정한다면, 당신이 그에게 아니라고 말하지 않을 것입니다. 당신의 아내가 당신에게 이렇게 말한다고 가정해 봅시다. "당신은 나를 떠나서 멀리 여행을 떠날 것입니다. 여러 날 동안 나는 당신을 보지 못하겠지요. 그러니 내 사진을 당신의 시계 갑(watch-case) 속에 넣어 주기를 바랍니다." 당신은 그 일을 거절하지 않겠지요. 간직된 사진은 아주 단순하지만, 당신에게는 아주 소중할 것입니다. 세례와 주의 만찬은 진심으로 예수님을 사랑하는 자들에 의해 결코 경시되지 않을 것입니다. 그 의식들은 사소해 보일지 모르지만, 주 예수님이 그 일들을 명하셨다면 소홀히 취급될 수 없습니다. 당신의 결혼반지를 버리는 일은 심각한 죄가 될 것입니다. 사랑하는 아내라면 결코 그런 행동을 하지 않습니다. 심지어 외적인 의식들을 사랑의 증표들로 간주하지 않는 사람들조차 그 일들을 소홀히 여기지 않습니다. 우리의 문제는 머리로 따져볼 필요가 없습니다. 우리의 문제는 그 행위가 본질적이냐 본질적이지 않느냐를 논쟁할 성격이 아닙니다. 우리의 문제는 사랑으로 순종하는 것입니다. 우리 마음의 신랑이시여, 당신께서 원하시는 것을 말씀하소서! 우리가 당신께 순종하겠습니다! 당신께서 미소 지으시고 우리에게 힘을 주시기만 하면, 아무리 큰 일이라도 불가능하지 않을 것이며, 아무리 작은 일이라도 시시하지 않을 것입니다.

3. 참된 사랑은 이 검증을 통과한다.

시간이 거의 지나갔습니다. 시간이 많이 남았더라면 이 세 번째 요점을 충분히 숙고하였을 터인데, 이제 그 요점은 남겨둘 수밖에 없고, 그저 하나님께 그 진리를 입증시켜 주시도록 기도할 뿐입니다. 세 번째로 다루고자 했던 요점은 이것이었습니다. 참된 사랑은 이 검증을 통과합니다. "너희가 나를 사랑하면, 너희는 나의 계명을 지킬 것이다." 이것은 개정판(Revised Version)에 따른 번역인데, 나는 그 구절이 우리의 '개정된(revised)' 삶에 대문자로 기록되기를 희망합니다! 우리는 순종할 것이며, 순종해야 합니다. 왜냐하면 계명을 주시는 그분을 우리가 사랑하기 때문입니다.

그러므로 오십시오, 형제들과 자매들이여, 시간이 다 지났으므로 이 정도만 여러분에게 말하도록 하겠습니다. 만일 여러분이 그리스도를 사랑한다면, 그분의 계명이 무엇인지를 깨닫기 위한 일에 착수하십시오. 의문이 드는 모든 점에 대해서 성경을 연구하십시오. 이 거룩한 계시의 말씀이 당신을 인도해 줄 것입니다.

다음으로, 그리스도의 계명들에 관하여 당신이 깨닫는 것에 언제나 진실하십시오. 모든 위험을 무릅쓰고라도 그 계명들을 준수하고, 즉각적으로 수행하십시오. 이렇게 말하는 것은 사악한 것입니다. "나는 여기까지 순종했지만 여기에서 멈추어야겠다." 우리는 주님의 모든 뜻에 대해, 그것이 무엇이건 간에, 절대적인 순종으로 헌신해야 합니다. 당신은 이러한 출발점에 대해 동의하겠습니까? 만일 당신이 그분을 사랑한다면 이의를 제기하지 않을 것입니다.

당신과 관련된 모든 계명에 주의를 기울이십시오. 내가 한두 가지를 언급할 터인데, 당신이 그것을 들을 때에 순종하게 되기를 바랍니다. "너희는 온 천하에 다니며 만민에게 복음을 전파하라"(막 16:15). 나의 형제여, 이 말씀은 당신을 선교사로 부르시는 음성이 아닙니까? 당신은 그 음성을 듣습니까? 이렇게 말하지 않겠습니까? "내가 여기 있나이다 나를 보내소서"(사 6:8). 또 다른 사람은 오늘 밤 중 오심으로 가득한 채로 이 예배당에 들어왔습니다. 누군가 그를 매우 나쁘게 대했으며, 그는 그것을 잊지 못합니다. 나는 그에게 주님의 명령을 듣도록 요청합니다. "그러므로 예물을 제단에 드리려다가 거기서 네 형제에게 원망들을 만한 일이 있는 것이 생각나거든, 예물을 제단 앞에 두고 먼저 가서 형제와 화목하고 그 후에 와서 예물을 드리라"(마 5:23-24). 또한 이 말씀이 있습니다. "새 계명을 너희에게 주노니 서로 사랑하라 내가 너희를 사랑한 것 같이 너희도 서로 사랑하라"(요 13:34). 여러분 중에 누가 빚을 지고 있거든, 이 계명에 순종하십시오. "피차 사랑의 빚 외에는 아무에게든지 아무 빚도 지지 말라"(롬 13:8). 만일 당신이 가난한 자들을 무시하면서 인색하게 살고 있다면, 이 계명을 들으십시오. "네게 구하는 자에게 주며 네게 꾸고자 하는 자에게 거절하지 말라"(마 5:42). 이 모든 말씀들의 뒤에 이 말씀이 따라옵니다. "너희가 나를 사랑하면 나의 계명을 지키리라." 나는 여기에 멈추어 서서 밤이 맞도록 나의 청중들 각각에게 특별히 적용될 수 있는 계명들을 하나씩 언급하고 싶습니다. 하지만 성령님께서 당신에게 모든 계명들을 기억나게 해 주시기를 기도합니다.

만일 당신이 달가워하지 않는 계명이 있다면, 그것은 틀림없이 당신의 마음속에 바로잡아야 할 그릇된 무언가가 있다는 경고입니다. 만일 당신이 그리스도의 계명들 중의 어느 하나와 다투고 있다면, 다른 모든 것을 제쳐 두고 특별히 거기에 관심을 집중함으로써 그 문제와의 다툼을 끝내십시오. 저 인색한 사람이 단호하게 자기 욕심을 정복했을 때처럼 행하십시오. 그는 그리스도인이었으며, 교회에 일 파운드의 금화를 바치기로 약속했습니다. 하지만 마귀가 속삭였습니다. "너는 돈을 원한다. 헌금하지 마라." 그 사람은 발을 크게 구르고서 말했습니다. "나는 두 배로 바칠 것이다." 그러자 마귀가 말했습니다. "정말 너는 미쳐가고 있구나. 돈을 아껴야지." 그 사람은 지지 않으려고 애쓰며 사 파운드를 바칠 것이라고 대꾸했습니다. 사탄이 말했습니다. "이제, 너는 미친 것이 틀림없구나." 그 때 그 사람이 말했습니다. "나는 팔 파운드를 바치겠다. 그리고 만약 네가 시험하기를 그치지 않는다면, 나는 십육 파운드를 바칠 것이다. 나는 더 이상 탐욕의 노예가 되지 않을 것이기 때문이다." 이 예화의 요점은 당신이 유혹을 받아서 가장 태만하기 쉬운 바로 그 의무에 온 힘을 기울이라는 것입니다. 예수님은 너희가 나를 사랑하면, 이 계명이나 혹은 저 계명을 지키라는 식으로 말씀하시는 것이 아니라, 사랑으로써 모든 계명을 지키라고 말씀하십니다.

여러분 중에 많은 사람들이 나의 주 예수 그리스도를 사랑하지 않습니다. 이에 대해 나는 여러분을 설복시키려 하지 않았습니다. 하지만 바로 그 사실이 여러분으로 하여금 생각에 잠기도록 만들 것입니다. 여러분이 주 예수 그리스도를 사랑하지 않으며, 그 때문에 그분의 계명을 지키지 못한다는 것에 대해, 집에 가서 깊이 생각해 보도록 하십시오. 검은 색 펜으로 이렇게 분명히 쓰십시오. "나는 주 예수 그리스도를 사랑하지 않습니다." 만일 정말 그렇다면, 정직하게 그것을 적어두고서, 곰곰이 생각해 보십시오. 만일 여러분이 예수님을 사랑한다면, 당신은 기쁘게 이렇게 쓸 수 있습니다. "나는 주 예수님을 사랑합니다. 오, 은혜로써 그분을 더욱 사랑하게 하소서!" 하지만 만일 당신이 그분을 사랑하지 않는다면 이렇게 기록하는 것이 정직할 것입니다. 굵은 글씨로 이렇게 쓰십시오. "나는 주 예수 그리스도를 사랑하지 않습니다." 그것을 쳐다보고, 반복해서 쳐다보도록 하십시오. 오, 성령께서 당신을 인도하셔서, 당신이 예수님을 사랑하지 않는 죄를 회개하게 되기를 바랍니다. 예수님은 너무나도 사랑스러운 분이시며, 영혼들의 위대한 연인(Lover)이십니다! 오, 즉시로 당신이 그분을 사랑하게 되길 바랍니다! 아멘, 아멘.

제
56
장

—

보혜사

—

**"내가 아버지께 구하겠으니 그가 또 다른 보혜사를 너희에
게 주사 영원토록 너희와 함께 있게 하리라." — 요 14:16**

하나님의 아들이라고 하는 말할 수 없는 선물에 이어, 그와 동등하게 귀중
한 선물인 성령님이 뒤이어 주어졌습니다. 우리가 성령님의 귀중함을 제대로 인
식하지 못하고 있는 것을 인정해야 하지 않을까요? 나는 우리가 아무리 구주를
높이고, 또한 아무리 빈번하게 그분을 우리들의 묵상의 주제로 삼아도 결코 지
나치지 않다고 확신합니다. 하지만 그와 동시에, 우리 구주 예수님에 비해, 우리
가 성령님께 대해서는 그분께 어울리지 않는 대우를 하고 있다고 생각합니다.
우리가 성령님을 소홀히 대함으로써 그분을 근심하게 하지 않는지 염려스럽습
니다.

성령님의 특별한 사역에 대한 경건한 묵상으로 여러분을 초대하고자 합니
다. 그러한 초대는 필요합니다. 이 주제가 진부하지 않은 것은, 우리가 좀처럼 그
주제에 대해 생각하지 않기 때문입니다. 우리는 하나님의 영을 높여드리는 일에
과도하게 몰두해 본 적이 없습니다. 그런 잘못은 거의 혹은 결코 행해지지 않습
니다. 우리는 일부 무지한 사람들이 예수님의 사랑이 아버지의 사랑을 능가한다
고 칭송하는 것을 보았으며, 또한 아버지의 계명들에 너무나 몰입되어서 아들의
사역을 뒤로 제쳐 두는 사람들도 있는 것을 보아 왔습니다. 하지만 성령에 대한
교리에 있어서는, 적정한 수준을 넘을 정도로 깊이 생각하는 사람들이 거의 없

습니다. 잘못이 있다면 거의 예외 없이 정반대 방향에서 찾을 수 있습니다.

　복되신 삼위일체에서 제삼의 위격(the Third Person)이신 분의 칭호는 "영" (the Spirit) 혹은 "성령"(the Holy Spirit)이십니다. 그 단어들은 거룩하며, 영적이며, 비물질적인 존재로서의 그분의 속성을 묘사하며, 또한 존재와 사역에 있어서 탁월하게 거룩하신 그분의 성품을 나타냅니다. 우리는 일반적으로 그분을 "거룩한 영"(Holy Ghost)이라고 부르지만, 이제 그 이름은 잘못된 것입니다. 현재 우리가 쓰는 성경이 번역되었을 무렵에, "ghost"는 "spirit"과 같은 뜻의 단어였습니다. 하지만 이제 그 단어는 대중들에게 "spirit(영)"이라는 의미를 나타내지 않습니다(지금은 유령, 환영, 허깨비라는 뜻이 강함 － 역주). 미신이 한때 고상했던 그 단어의 의미를 저하시킨 것입니다. 따라서 우리는 그 단어를 전적으로 빼버리고 좀 더 정확한 단어인 "성령"(Holy Spirit)이라는 표현을 한정해서 사용하는 편이 좋습니다. "성령"(Holy Spirit)이라는 용어가 그분의 인격적인 칭호입니다. 또한 우리는 본문의 구절에서 그분의 공식적인 칭호를 볼 수 있습니다. 그분은 영어 성경에서는 "위로자"(Comforter)로 불리시지만, 원문에서 사용된 단어는 그보다 훨씬 폭넓은 의미를 지니고 있으며, 오늘 아침에 우리는 그것에 대해 묵상해 볼 것입니다. 그 단어는 "파라클레토스"이며, 우리는 지금 찬송가에서 그 단어를 영어식으로 표기하여 "파라클레테(Paraclete)"라고 사용하고 있습니다(한글성경에서는 "보혜사(保惠師)"로 표기됨).

　　"우리의 낙심한 마음을 위로하시니
　　당신은 거룩한 보혜사이십니다.
　　우리 구주의 발 앞에
　　겸손한 소망을 갖고 엎드리게 하소서."

　어떤 관점에서는 "위로자"라는 호칭이 적절한 번역인 것은 사실입니다. 하지만 그것은 그 단어의 전체 의미에서 일부를 번역한 것에 지나지 않습니다. 그 빛이 본문에서 발산되는 것은 사실이지만, 그것은 일곱 가지 무지개 빛 색깔의 하나에 불과하며, "파라클레테(보혜사)"라고 하는 교훈적이고도 놀라운 칭호의 빛 전체를 담고 있지는 않습니다. 그러므로 우리가 이 아침에 성령의 공식적인 칭호에 대해 숙고해야 하는 것을 이해하시기 바랍니다. 그분의 은혜로운 활동과 그분의 공식적인 칭호를 배우는 동안 우리에게 사랑의 공경심이 가득하기를 바랍니다.

1. 하나님의 영이 어떻게 해서 보혜사이신가?

첫째로, 오늘 아침에 나는 하나님의 영이 어떻게 보혜사이신지를 설명하고자 합니다. 보혜사의 뜻은 너무나 풍부하여, 그 의미를 여러분에게 전부 전하기란 매우 힘듭니다. 그것은 마치 작은 영역 속에 매우 많은 뜻을 담고 있는 히브리 단어들과 같습니다. 그것은 아주 소박하고 단순하면서도 많은 의미들을 내포하고 있습니다. 문자적으로, 그것은 다른 누군가를 돕기 위해 "~에게 부름을 받은(called to)", 혹은 "~의 곁에 부름을 받은(called beside)"이라는 뜻입니다. 그것은 축어적으로(verbally) 라틴어의 아드보카투스(advocatus, 옹호자, 변호자)와 동의어이며, 곧 우리를 옹호하는 입장에서 말하도록 불러온 자를 말합니다. 하지만 우리가 "옹호자"(advocate)라는 단어를 사용할 때, 그 단어는 "위로자"(comforter)라고 하는 단어와 마찬가지로 보혜사의 의미를 일부 전달하기는 하지만, 그 전체 의미를 담아내지는 못합니다. 보혜사는 "옹호자" 혹은 "위로자"보다 더 넓은 의미를 담고 있습니다. 나는 "보혜사"라고 하는 말의 의미가 두 가지 방향으로 표현될 수 있다고 보는데, 곧 "~에게 부름을 받은(called to)"과 "~을 부르는(calling to)"입니다. 그분은 부름을 받은(called to) 분입니다. 즉, 그분은 우리를 돕기 위해, 우리의 연약함을 돕기 위해서, 우리에게 무언가를 기억나게 하시고, 우리를 옹호하시고, 우리를 안내하시는 등등의 일을 위해 오신 분입니다. 그리고 결과적으로는 우리의 유익을 위해 우리를 부르시는(calls to) 분입니다. 그래서 어떤 이들은 그 말을 충고자(monitor)의 개념으로 이해합니다. 분명 저 복되신 보혜사는 우리에게 교사이시며, 기억나게 하시는 분이시며, 격려자이시고, 위로자이십니다. 우리를 돕기 위해 부름을 받은 분으로서의 그분의 주된 활동은, 훈계와 교훈과 격려에 의해서, 또한 교사와 위로자로서 할 수 있는 다양한 활동들에 의해서, 우리를 강하게 하시는(strengthening) 것입니다.

이 호칭을 언급하고 있는 요한복음 14장, 15장, 16장의 모든 구절들을 찾아 신중하게 살펴보도록 합시다. 먼저 우리의 본문에서, 우리는 보혜사로서의 성령님과 우리 모두의 관계는 예수님과 그 제자들의 관계와 같다는 것을 배웁니다. 본문을 읽어보십시오. "내가 아버지께 구하겠으니 그가 또 다른(another) 보혜사를 너희에게 주사." 주 예수 그리스도께서 첫 번째 보혜사이시라는 것과, 성령님이 두 번째 보혜사로서 생전의 예수님이 차지하셨던 위치를 그대로 차지하신다는 것을 명백하게 가르치고 있습니다. 예수님이 제자들과 함께 지내시는 동안, 그분이 제자들에게 어떤 분이셨는지에 대해 모두 묘사하기란 쉽지 않을 것입니다. 만일 우리가 그분을 그들의 "안내자와, 상담자와, 친구"로 부른다면, 우리는 그분의 친절함의 목록의 앞부분을 조금 언급한 것에 지나지 않습니다. 함께 있어 주는 것으로 자기 군대에 용기를 북돋우며, 그 지혜와 능력으로써 승리로 이끌어주고, 전투의 날에 기운을 내도록 영향력을 끼치는 용감한 지도자는 얼마나 대단한지요! 예수 그리스도는 그분의 제자들에게 그 모든 것이었으며, 아니 그 이상이었습니다. 양들이 어리석지만 목자 홀로 지혜로울 때, 양들은 스스로를 방어할 수 없지만 목자가 강해서 그들을 보호할 때, 양들은 스스로에게 필요한 것을 조달할 능력이 전혀 없지만 목자가 그들이 요구하는 모든 것을 줄 수 있을 때, 그 양 떼에게 그 목자란 어떤 존재일까요! 예수 그리스도는 자기 사람들에게 그 모든 것이셨습니다. 소크라테스가 자기 학생들 중에 있을 때, 그 위대한 철학자는 자기 학교의 우두머리였지만, 그의 어떤 제자는 그가 가르친 것을 더욱 발전시킬 수 있었습니다. 자, 예수님을 생각할 때, 그분의 제자들은 그들의 선생에 비하면 어린 아이들에 불과했습니다. 그 학교는 만일 그 위대한 교사가 떠나면 즉시로 문을 닫을 정도였습니다. 그분은 우리 신앙 체계의 설립자이실(Founder) 뿐 아니라 완성자이십니다(Finisher). 제자들에게 예수님은 가르치는 교사이실(doctor) 뿐 아니라 가르침의 내용인 교리(doctrine)이기도 하십니다. 그분은 길이요, 진리요, 생명이십니다. 그리스도의 제자는 예수님이 표현할 수 없을 정도로 귀한 분이라고 느낍니다. 그는 그리스도께서 얼마나 많은 면에서 소용이 되는지를 다 알지는 못해도, 이것만은 확실히 알고 있습니다. 즉 그리스도가 그에게는 모든 것이 되신다는 겁니다. 근동 지방의 사람들은 종려나무에 대해 말할 때에, 그 나무의 모든 부분이 소용이 있고, 집안 내부의 장식이나 구조에서 어느 형태로든 종려나무가 없는 집을 찾기 힘들다고 말합니다. 그와 마찬가지로, 예수 그리스도는 자기 백성들에게 모든 면에서 유익하며, 그들이 선하고 뛰어나다고 느끼거나 아는 것 중에서 예수님과 무관한 것은 아무것도 없습니다. 저 소수의 제자들 무리가 주님이 없이 예루살렘 거리를 지날 때에 어떤 모습이었을까요? 그분이 안 계시고, 그분의 위치를 채울 다른 보혜사도 안 계신 경우를 생각해 보십시오. 우리는 그들에게서 더 이상 세상을 변혁시킬 만한 강력한 교사들의 무리를 볼 수 없을 것이며, 그저 지성도 영향력도 없는 한 무리의 어부들, 조만간 불신앙과 비겁의 영향 아래로 녹아져 버릴 집단을 볼 것입니다. 그리스도께서는 지상에 계시는 동안 자기 백성들에게 모든 것의 모든 것이셨습니다. 자, 예수님이 제자들에게 모든 것이셨듯이, 이제는 하나님의 영이 교회에 대해서 그러하십니다. 그분은 "영원토록 우리와 함께 있을 또 다른 보혜사"이십니다. 만일 오늘날 하나님의 교회 안에 어떤 능력이 있다면, 그것은 성령께서 그 가운데 계시기 때문입니다. 만일 교회가 어떤 영적인 기적들을 행할 수 있다면, 그것은 그분의 내주하시는 능력을 통해서입니다. 만일 교회의 가르침에 어떤 빛이 있다면, 만일 교회 사역 안에 어떤 생명력이 있다면, 만일 사람들 가운데 일어난 어떤 선한 역사가 있다면, 그것은 전적으로 성령께서 교회와 함께 하시기 때문입니다. 전체로서의 교회나 개별적인 그리스도인들 모두에게 미치는 영향력은 전적으로 거룩한 보혜사의 임재로부터 나옵니다. 따라서 형제들이여, 우리는 마치 그리스도께서 우리들 가운데 계시다면 그분을 잘 대해드리듯이, 성령님을 잘 대해드리는 것이 마땅합니다. 우리 주님의 제자들은 그분에게 그들의 고충을 아뢰었습니다. 우리는 우리들의 고충을 저 위로자(the Comforter)에게 아뢰고 맡겨야 합니다. 제자들은 대적에 의해 방해를 받는다고 느낄 때마다, 그들은 그들의 지도자(Leader)의 능력을 의지했습니다. 우리 역시 성령의 도움을 요청해야 합니다. 그들이 안내를 필요로 할 때 그들은 예수님께 방향 제시를 요청했습니다. 우리 역시 성령의 인도하심을 구하며 그 인도하심에 따라야 합니다. 그들이 무엇을 행해야 할지를 알지만, 스스로 그것을 성취하기에는 약하다고 느낄 때, 그들은 주님께서 힘을 주시기를 바라며 기다렸습니다. 우리도 모든 은혜의 영이신 성령님께 대해 그렇게 해야 합니다. 구주에게 합당한 사랑과 신중한 존경심으로 성령님을 대하십시오. 그러면 하나님의 아들이 그분의 제자들을 대해 주셨던 것처럼 하나님의 영이 당신을 대해 주실 것입니다.

자, 사랑하는 이여, 우리가 보혜사와 관계된 성경 구절들을 살펴보면서 그 구절들이 다섯 구절에 불과하다는 것을 기억합시다. 우리는 성령께서 그분의 임재와 내주하심이라는 단순한 사실만으로도 하나님의 백성들을 위로하시는 것을 압니다. "내가 아버지께 구하겠으니 그가 또 다른 보혜사를 너희에게 주사 영원토록 너희와 함께 있게 하리니." 곧이어 17절에서 이렇게 말씀하십니다. "그는 진리의 영이라 세상은 능히 그를 받지 못하나니 이는 그를 보지도 못하고 알지도 못함이라 그러나 너희는 그를 아나니 그는 너희와 함께 거하심이요 또 너희 속에 계시겠음이라." 사랑하는 이여, 나는 성령의 임재라는 사실만으로도 성도들에게 위로가 된다고 말했습니다. 그렇지 않습니까? 예수님은 여러분을 고아로 남겨두지 않으셨습니다. 오, 여러분은 그분이 택하신 친구들입니다. 그분은 떠나셨지만, 그분과 동등하게 신적 대리자(divine Substitute)이신 성령님을 남겨두셨습니다. 설혹 이 순간에 여러분이 그분의 능력을 느끼지 못한다 해도, 심지어 여러분이 본성적으로 죽은 것을 느끼고 부르짖는다고 해도, 성령이 계시다는 것이, 또한 그 성령님이 지금 이 시간 여러분 안에 거하신다는 것이 위로가 되지 않습니까? 당신은 이런 식의 기도로써 성령님을 하늘에서 내려오시도록 할 필요가 없습니다.

> "오소서 성령이시여, 천상의 비둘기시여,
> 소생케 하시는 당신의 모든 능력으로 오소서."

　　그분은 이미 하늘에서 내려오셨으며, 다시 되돌아가신 적이 없습니다. 그분은 그분의 교회에 영속적으로 거하시며, 높은 곳에서 모시고 오지 않아도 됩니다. 그분이 우리 속에서 일하시도록 요청하는 것이야 정당하지만, 그분은 언제나 우리 속에 계십니다. 당신은 말합니다. "오, 그렇다면 나는 희망을 가져야겠군요. 하나님의 영이 내 속에 계시다면, 그분이 나의 죄를 쫓아내실 것을 나는 압니다. 만일 나 혼자라면, 그리고 도움을 받지 않고 영적인 싸움을 싸워야 한다면, 나는 절망할 것입니다. 하지만 만일 영원하신 하나님이 친히 전능의 위엄으로 내 마음속에 거하신다면, 그렇다면, 내 마음이여, 크게 위로를 얻고 용기를 내라! 네 속에 계시는 주님이 너를 대적하는 모든 자보다도 강하시도다!' 사탄이 울부짖고, 육체의 정욕이 반항하고, 세상의 유혹이 공격하여도, 성령님이 진실로 신자들의 마음속에 거하신다면, 그렇다면, 언젠가 온전하게 되는 날이 올 것이며, 최후의 원수는 짓밟힐 것입니다. 성령님이 우리 안에 거하심을 아는 것이 우리에게는 위로입니다. 그분은 그분의 임재(presence)와 내주하심(indwelling)의 단순한 사실만으로도 위로자의 칭호를 얻기에 합당하십니다.

　　계속해서 26절에 의하면, 하나님의 영은 그분의 가르침으로써 보혜사로서 직무를 수행하시고 우리를 위로하시는 것을 알 수 있습니다. "내가 아버지께로부터 너희에게 보낼 보혜사 곧 아버지께로부터 나오시는 진리의 성령이 오실 때에 그가 나를 증언하실 것이요." 예수님이 가르치신 것을 우리가 이해하도록 만드는 것이 성령의 역사의 일부입니다. 만일 그분이 단순히 예수님의 말씀을 기억나게만 하신다면 우리에게 주는 유익이 그리 크지 않을 것입니다. 마치 어린이가 요리 문답 과정을 배우고도 그것을 이해하지 못할 때, 단지 질문과 대답의 말만 기억나게 하는 것이 그다지 유익하지 못한 것과 마찬가지입니다. 하지만 그에게 먼저 그 의미를 가르치고, 그 다음에 그 말을 기억나게 하면, 그에게 곱절의 귀중한 유익을 얻도록 할 수 있습니다. 자, 우리는 글자를 읽어 내려가면서, 성경으로부터 우리를 위한 예수님의 말씀을 배울 수 있습니다. 하지만 그 가르침들을 이해하는 것은 오직 하나님의 영의 선물입니다. 그분이 열쇠를 가지시고 우리로 하여금 주님의 말씀의 내적인 의미 속으로 들어가도록 이끌어 주실 때에, 그분이 우리로 하여금 경험상으로나 내면적으로 그리스도께서 계시하신 진리의 힘과 능력을 알게 하실 때에, 그 때에야 비로소 우리의 정신이 예수님의 말씀들을 대면하는 것이 매우 유익하며, 또한 그 말씀들이 우리에게 아주 달고 능력 있는 말씀으로 다가옵니다. 사랑하는 여러분, 이제 당신은 "위로자"라는 단어로는 보혜사의 단어가 내포하는 의미를 다 알 수 없다는 것을 인식할 것입니다. 하지만 그분의 모든 활동은 우리의 위로에 도움을 주며, 교사로서의 성령님은 우리를 위로하는 진리를 가르치십니다. 말씀을 제대로 이해한다면, 예수님의 말씀처럼 위로가 되는 것이 세상에 무엇이 있을까요? 예수 그리스도 그분 자신이 "이스라엘의 위로"(눅 2:25)가 아니십니까? 그러므로 그분에게서 나오는 모든 것이 이스라엘에게는 충만한 위로입니다. 만일 하나님의 영이 우리로 하여금 그리스도의 가르침들을 이해하게 하시면, 예를 들어, 믿음에 의한 죄의 용서와, 회개하는 자를 향한 하나님의 사랑에 관한 그리스도의 가르침을 이해하게 하시고, 또한 그리스도의 인격 안에서 대속자의 필요성과 예비하심에 대한 가르침을 이해하게 하시면, 그런 일들이 진정으로 우리 영혼에 가르쳐지면, 보혜사는 정녕 우리에게 큰 위로자가 되십니다. 내가 하나님의 도우심에 힘입어 하나님의 말씀을 여러분에게 가르칠 수는 있습니다. 하지만 여러분에게 효과적으로 유익을 끼치고 구원을 얻도록 가르치시는 분이 계십니다. 그분이 여러분 각 사람에게 역사해 주시기를 빕니다.

더 나아가, 우리가 성령으로 말미암아 평화를 얻는다는 것에 주목합시다. 바로 그 다음 구절을 보십시오. "평안을 너희에게 끼치노니 곧 나의 평안을 너희에게 주노라 내가 너희에게 주는 것은 세상이 주는 것과 같지 아니하니라"(27절). 하나님께 배운 사람은 자연스럽게 평안을 누립니다. 내가 나의 죄를 예수님이 담당하셨으며 내가 평화를 누리도록 그분이 징계 받으신 것을 배운다면, 어찌 평화를 얻지 않을 수 있을까요? 예수님께서 저 영원한 보좌 앞에서 나를 위해 간구하시고 또한 속죄의 피를 성소에 들고 가신 것을 배운다면, 내가 어찌 평화를 누리지 않을 수 있을까요? 또한 내가 하나님의 약속에 대해 배우게 되고, 그 약속들이 "얼마든지 그리스도 안에서 예가 되는"(고후 1:20) 것을 배운다면, 어찌 내가 평화를 누리는 일에 방해를 받겠습니까? 나는 이렇게 노래할 수 있습니다.

> "복음이 내 영혼을 지탱해 주고,
> 신실하사 변치 않으시는 하나님이
> 내 소망을 위한 기초를
> 맹세와, 약속과, 피 안에 두셨도다!"

하나님의 영이 하나님을 영원하신 하나님으로 당신에게 계시해 주시길 바랍니다. 세상이 있기 전에 여러분을 사랑하신 하나님은, 변치 않으시는 하나님으로서, 지금도 당신을 향한 그분의 마음을 바꾸지 않으십니다. 이보다 당신을 크게 기뻐하고 즐거워하게 만드는 것이 무엇이 있습니까? 하나님의 영이 당신에게 예수님의 못 박힌 손과 발을 계시해 주시길 바라며, 당신으로 하여금 손가락을 내밀어 그분의 못 자국에 넣어보고 그분의 발에 난 상처를 만져보게 하시기를 빕니다. 그리하여 당신의 마음이 그분에게로 이끌리게 하시길 빕니다. 어쩌면 당신은 평화를 얻지 못하고, 몹쓸 낙심과 우울증에 빠져 있을 수 있습니다. 하지만 당신이 예수 그리스도를 얻게 될 때 반드시 안식을 얻을 것입니다. 그러한 안식을 예수님은 "나의 평안"이라고 부르십니다. 바로 그리스도의 마음속에 있는 그 평안이며, 세상을 이기시고 하나님이 주신 모든 사명을 완수하신 구주의 고요한 평안입니다. 보혜사께서 우리에게 가져다주시는 평안이 얼마나 풍성한지요!

아직 우리는 모든 의미를 끌어내지는 못했습니다. 이미 언급한 바 있듯이 보혜사라고 하는 단어는 옹호자/대언자(advocate)라는 뜻을 내포합니다. 여러분은 사도 요한이 그의 첫 번째 서신에서 이런 표현을 사용한 것을 기억할 것입니다. "만일 누가 죄를 범하여도 아버지 앞에서 우리에게 대언자(advocate)가 있으니 곧 의로우신 예수 그리스도시라"(요일 2:1). 헬라어에서 그 구절은 이렇게 되어 있습니다. "만일 누가 죄를 범하여도, 아버지 앞에서 우리에게 보혜사(Paraclete)가 있으니." 요한복음의 흠정역 본문에서 위로자(Comforter)로 묘사된 것과 같은 단어입니다. 그런데 요한일서에서는 그 단어가 위로자로 묘사되지 않았습니다. 만일 그랬다면 그 구절은 "만일 누가 죄를 범하여도 아버지 앞에서 우리에게 위로자가 있으니"로 읽게 될 터인데, 그것은 매우 어색합니다. 보혜사라고 하는 단어에는 대언자/옹호자의 의미가 있으며, 요한일서에서는 그 의미가 어울립니다. 하나님의 영은 우리를 위해 대언자의 역할을 수행하십니다. 하지만 그분은 하늘에서 우리를 위해 대언하시거나 중보하시는 것이 아닙니다. 하늘에서 그 일은 우리 주 예수 그리스도께서 하십니다. 성령님은 성도들을 위해서(for) 간구하실 뿐 아니라 하나님의 뜻을 따라 성도들 안에서(in) 간구하십니다(롬 8:26-27). 성자 하나님은 아버지 앞에서 성도들을 위하여 간구하시며, 성령 하나님은 성도들 안에서 간구하십니다. 우리가 살펴보고 있는 장들을 다시 살펴봄으로써 어떻게 해서 그렇게 되는지를 제시하도록 하겠습니다. 요한복음 15장에서 우리는 구주께서 성도들을 그분으로 인해 세상에서 미움과 박해를 받는 자들로 묘사하시는 것을 봅니다. 그분은 그들에게 그 점을 예상하라고 말씀하십니다. 하지만 그분은 26절과 27절에서 그들을 위로하십니다. "내가 아버지께로부터 너희에게 보낼 보혜사 곧 아버지께로부터 나오시는 진리의 성령이 오실 때에 그가 나를 증언하실 것이요, 너희도 처음부터 나와 함께 있었으므로 증언하느니라." 그 구절의 의미는 바로 이것입니다. 예수 그리스도께서 이 땅에 계실 때에, 누구든지 그분에 대해서나 그분의 제자들에 대해 비방할 말이 있으면 그분 면전에서 말했으며, 그분은 즉시로 대적들의 비방을 무력화시키셨습니다. 그래서 그들도 이렇게 인정하는 수밖에 없었습니다. "그 사람이 말하는 것처럼 말한 사람은 이때까지 없었나이다"(요 7:46). 이제 우리의 주님이시자 머리이신 분은 우리에게서 떠나셨습니다. 우리는 세상의 공격에 대해 어떻게 대답해야 할까요? 자, 우리에게는 또 다른 보혜사가 계시어, 그분이 우리 앞에 나서시어 우리를 옹호하여 말씀하십니다. 사랑하는 여러분, 우리가 그분을 신뢰하기만 하면, 그분은 어느 때보다도 더욱 큰 소리로 우리를 위해 말씀하실 것입니다. 하지만 우리가 이 일을 그분의 손에 의탁할 때마다, 그분이 다음의 두 가지를 행하신다는 것을 배웁니다. 첫째로는 그분이 친히 우리를 위해 말씀하시며, 둘째로는 그분이 우리로 하여금 증언할 수 있도록 하십니다. 이 시대에는 많은 교리적인 문제들이 토의되고 있으며, 진리에 대해 많은 반대들이 제기되며, 기독교의 뿌리에 도끼를 두고서 마치 썩은 나무처럼 베려고 하는 자들도 많이 있습니다. 우리의 대답은 무엇입니까? 내가 말하겠습니다. 현대의 철학들에 답하기 위해 저술된 거의 모든 책들이 시간 낭비이며 종이 낭비입니다. 교회가 비방자들에 맞서서 대응할 수 있는 유일한 방법은 하나님으로부터 오는 실제적인 능력입니다. 교회가 세상을 위해 무언가를 했습니까? 교회가 그 결과를 만들어 냈습니까? 그 열매로써 교회는 열방들을 향해 생명나무인 것이 입증될 것이기 때문입니다. 만일 우리가 성령을 의지하고, 인간의 학식과 꾀와 재주와 웅변술과 말의 수사와 그 외의 모든 우상 숭배를 포기한다면, 성령께서 친히 우리의 대적들을 상대해 주실 것입니다. 마치 그분이 다소의 사울을 상대하여 박해자에서 사도로 변화시키신 것처럼, 그분은 오늘도 그들 중 일부를 회심시키심으로써 침묵하게 하실 것입니다. 그분은 또한 다른 대적자들을 혼란하게 만드심으로써 침묵하게 하실 터인데, 곧 그들의 자녀들이나 친척들이 진리로 인도된 것을 보게 하심으로써 그렇게 하실 것입니다. 이 시대에 하나님의 교회에 기적적이며 영적인 능력이 하나도 없다면, 그 교회는 이름만 사칭한 교회입니다. 이 순간 교회의 존재를 정당화하는 유일한 길은 우리 가운데 거하시는 보혜사의 임재와 활동입니다. 여전히 그분이 그리스도를 위하여 일하시고 증언하고 계십니까? 나는 그분이 어떤 교회들에는 계시지 않을까 두렵습니다. 하지만 여기에서(here) 우리는 그분을 봅니다. 이곳에서의 그분의 활동들을 바라보십시오. 거의 이십 년 전에 우리의 사역이 이 도시에서 시작되었습니다. 많은 반대와 적대적인 비평 속에서, 설교자는 평민에다가 학식이 없고 곧 잊혀질 사람에 불과하다는 비난을 받았습니다. 사람들이 이전까지 익숙하게 들어왔던 것보다 더 단순한 언어로 예수 그리스도가 전파되었습니다. 그리고 모든 설교에는 옛 방식의 복음으로 가득했습니다. 수많은 다른 강단들이 지성적이었을 때, 우리는 청교도적이었습니다. 화려한 수필문 같은 상품을 대부분의 설교자들이 팔고 다니는 동안, 우리는 사람들에게 복음을 주었습니다. 우리는 세상에 옛 개혁자들의 교리들, 칼빈주의 진리, 아우구스티누스의 가르침, 바울의 신조를 내놓았습니다. 똑똑한 체하는 사람들이 우리를 "과열된 복음전도의 모방"이라고 부르는 것을 우리는 부끄러워하지 않았습니다. 우리는 십자가에 못 박히신 그리스도를 전했습니다. 그런데 이 이십년의 세월 동안 우리의 회중석이 빈 적이 있었습니까? 이 넓은 예배당이 사람들로 가득하지 않은 적이 있었습니까? 우리에게 회심자들이 없었습니까? 회심자 없이 한 주일이라도 지나간 적이 있었습니까? 파크 스트리트(Park Street)에서 작게 출발했던 때로부터 지금에 이르기까지, 이 교회의 역사는 승리의 행진이 아니었습니까? 사람들의 마음과 영혼들을 전쟁의 전리품으로 얻었으며, 우리 군기(軍旗)는 십자가에 못 박히신 그리스도였습니다. 모든 면에서 그러하였습니다. 사람들이 복음으로 되돌아와서 그것을 열렬히 전할 때에, 말의 우아함과 세련된 연설의 겉치레로서가 아니라 그들을 강권하는 불타는 심장으로 전할 때, 하나님의 영이 그것을 말하도록 그들을 가르치실 때, 그 때에 위대한 표적들과 기사들이 목격될 것입니다. 하나님의 영의 능력 안에서 계속해서 그리스도를 전하고 구주를 영광스럽게 하는 것이 우리의 일이었습니다. 예수님께서 언제나 대적자들을 순식간에 상대하시고, 그래서 제자들이 다른 수호자를 필요로 하지 않았듯이, 우리에게는 또다른 보혜사가 계시기에, 그분이 기도의 응답으로 복음을 옹호하실 것이며 그분의 택하신 자들을 위해 영광스럽게 보복하실 것입니다.

형제들이여, 동일하신 성령께서 우리를 증언자로 만드실 것이라고 주님이 약속하셨습니다. 우리가 그리스도를 증언할 때에 우리에게 할 말이 주어질 것입니다. 로마의 법정에 끌려온 그리스도인들은 종종 그들의 대적들을 난처하게 했습니다. 말의 뛰어남이나 인간적인 지혜로써가 아니라, 그들이 가진 거룩한 단순성과 열정으로 그렇게 했습니다. 그리스도께서 그분의 영이신 성령에 의해 초기의 성도들 가운데 명백히 나타나셨고, 그들은 그들과 함께 하신 또다른 보혜사를 통해 승리할 수 있었습니다.

더 나아가, 형제들이여, 성령의 대언은 단지 불경건한 자들에 대해서만 해당되는 것이 아니며, 우리 자신들과도 관련이 있습니다. 하나님의 영은 우리와 함께 하시고, 또 우리 속에 계시는 대언자이십니다. 그분은 우리를 인도하여 위로를 얻게 하시고, 우리 양심의 심판대 앞에서 우리에게 호소하십니다. 그분은 혈과 육의 관점에서는 낯선 방식으로 이 일을 행하십니다. 사랑하는 이여, 만일 성령께서 당신 안에 계신 대언자시라면, 당신의 내면에서 예수 그리스도로 말미암은 평화를 그분이 말씀하신다면, 그분이 어떻게 당신에게 호소하시는지 내가 말하지요. 첫째로, 그분은 당신에게 죄를 깨닫게 하실 것입니다. 그분은 당신이 전적으로 잃어버린 자이며, 타락하고, 파멸한 상태인 것을 보게 하실 것입니다. 당신의 자기 의(self-righteousness)가 깨끗이 제거될 때까지 양심의 위안은 없을 것입니다. 그분은 당신에게 죄 중의 으뜸이 그리스도를 믿지 않는 것임을 납득시키실 것이며, 당신으로 하여금 시내 산 밑에서 뿐 아니라 십자가 밑에 엎드리도록 만드실 것이며, 당신이 율법에 대해서 뿐 아니라 사랑에 대해서도 죄인이라고 느끼게 하실 것입니다. 하나님의 십계명에 대해서 뿐 아니라 예수님의 다섯 가지의 상처에 대해서도 반역자인 것을 깨닫게 하실 것입니다. 그분이 이 일을 행하셨을 때 그분은 당신에게 의에 대해 깨닫게 하십니다(요 16:10). 말하자면, 그리스도의 의가 당신을 온전히 하나님께 받아들여지도록 했음을 보여주실 것입니다. 실상, 그분은 "예수는 하나님으로부터 나와서 우리에게 의로움이 되셨음"을 당신에게 보여주실 것입니다(고전 1:30). 그 다음에 하나님의 영은 당신으로 하여금 심판을 뼈저리게 느끼게 하심으로써 당신을 다시 위로하실 것입니다. 그분은 당신과 당신의 죄 모두가 골고다에서 심판받고 정죄되었음을 보여주실 것입니다. 그분은 지금 당신을 지배하려는 악이 그 때 거기서 심판받고 정죄당하여 죽은 것을 보이실 것이며, 그리하여 지금 당신이 맞서서 싸우고 있는 옛 본성의 적수가 잠시 동안은 머무르겠지만, 그가 그리스도와 함께 십자가에 못박혔으므로 결국에는 완전히 죽게 될 것을 보여주실 것입니다. 성령께서 이런 일들을 당신에게 깨닫게 하시고 느끼게 하실 때, 그분이 당신에게 얼마나 귀한 대언자가 되시는지요! 그분이 이렇게 말씀하실 것입니다. "네가 어찌 낙망하느냐? 너는 무엇 때문에 낙심하느냐? 너의 죄를 예수께서 담당하셨다. 무엇 때문에 너는 두려워하느냐? 오 영혼이여, 의의 결핍 때문에 한탄하고 있느냐? 너는 예수 안에서 그 모든 것을 가졌다. 왜 당신은 떨고 있느냐? 다가오는 심판을 두려워하는 것이냐? 너는 이미 그리스도 안에서 심판과 정죄를 받았다. 그러므로 네 속에 있는 죄는 죽을 것이고, 너의 내적인 생명은 영원히 살 것이다." 하나님의 영이 우리의 양심 안에서 이렇게 변론하시는 것은 실로 복된 일입니다. 우리의 기억은 이렇게 말할 것입니다. "너는 이러저러한 행동을 했다. 그것이 너를 정죄할 것이다." 하지만 하나님의 영은 이렇게 대답하십니다. "그 죄는 이미 알려졌다. 내가 이미 이 죄를 정죄하였다. 하지만 그것은 저 위대한 아사셀(Scape-goat)의 머리에 옮겨져 멀리 사라져 버렸다." 다음에는 두려움이 찾아와서 말할 것입니다. "주께서 임하여 이 사람의 죄를 벌할 것이다." 하나님의 영이 다시 이렇게 변호하며 물으실 것입니다. "누가 능히 하나님께서 택하신 자들을 고발하리요(롬 8:33)? 하나님이 사랑하는 아들의 일과 수고를 잊어버리시는 불의한 분이시란 말이냐?" 그렇게 복된 변론의 능력으로써, 거룩하신 위로자는 우리의 영혼 속에서 우리를 위해 호소하고 간구하시며, 우리로 위로를 얻게 하시는 것입니다.

또한, 16장 13절에 따르면, 성령님은 우리를 모든 진리 가운데로 인도하시는 면에서 보혜사이십니다. 모든 진리 가운데로 인도하시는 것이란, 내가 생각하기에, 우리에게 모든 진리를 가르치신다는 이상의 의미입니다. 세상의 어느 지역에, 번쩍이는 종유석(鐘乳石)들로 가득한 많은 동굴들이 있었습니다. 자, 당신이 여행을 할 때에, 이 동굴들이 어디에 있는지를 배운다면 좋은 일입니다. 말하자면 그것은 당신에게 진리를 가르치는 것입니다. 하지만 더 좋은 일은 안내자가 불붙는 횃불을 들고서, 저 구불거리는 통로들을 따라서 당신을 앞서 인도하는 것입니다. 그래서 거대한 지하 동굴의 방들을 보여주며, 횃불을 높이 들고 비추어서, 저 수천 개의 수정들, 곧 별들과도 같고 무지개와 그 색을 겨루는 아름다운 보석들을 당신에게 직접 보여주는 것입니다. 하나님의 영은 당신으로 하여금 이러저러한 가르침이 진리라는 것을 당신에게 이해시켜 주십니다. 그것을 아는 것만으로도 굉장한 것입니다. 하지만 그분이 당신을 그 속으로 인도하실 때, 그리하여 당신으로 하여금 그것을 경험적으로 알게 하시고, 그것을 맛보고, 그것을 느끼게 하실 때, 오, 그 때 당신은 보석들이 가득한 동굴 속 깊은 곳으로 인도를 받은 것입니다. 그곳은 다이아몬드가 동굴 깊은 곳에서 빛을 발하고 있는 곳입니다. 하나님의 영이 우리를 모든 진리 가운데로 인도하실 때에 그 일은 너무나 복된 일입니다. 너무나 많은 그리스도인들이 그 진리 안으로(into) 들어가지 못합니다. 그들은 그저 진리의 바깥에 앉아 있고, 그 속으로 들어가지 않습니다. 진리는 그들에게 마치 커다란 호두와도 같아서, 그들은 그 껍질을 닦고 칭찬하기는 하지만, 속으로 뚫고 들어가서 그 열매의 내부에 있는 것을 맛보지는 못합니다. 그렇게 한다면 크게 위로를 얻을 텐데도 말입니다. 존 번연은 달군 인두로 새기듯 진리가 속으로 새겨져야, 비로소 진리를 아는 것이라고 말하곤 했습니다. 나는 그 표현에 깊이 공감합니다. 성경의 어떤 진리들에 대해서 어느 누구도 나에게 의심을 심을 수 없습니다. 그 진리들이 나의 생명력과 결속되어 있기 때

문입니다. 또 어떤 진리들은 내 속 깊은 영혼에 너무나 유익하기에 나로서는 그
것들을 포기할 수가 없습니다. 그 진리들은 내 존재의 생명이며 기쁨입니다. 일
년에 일만 파운드를 받는 어떤 주교에 대한 오래된 이야기가 있습니다. 그는 어
떤 젊은이와 주교직의 정당성에 대해서 논쟁을 벌이다가, 마지막에 상대방에게
이렇게 반박했습니다. "이 젊은이가 나를 설득해서 나로 하여금 일년에 일만 파
운드를 포기하게 만들 수 있다고 생각하는 것인가?" 그 주교의 경우에는 자기 이
익(self-interest)이 자신의 주장의 근거가 된 것입니다. 그보다 훨씬 높은 차원에
서, 그보다 훨씬 영적인 의미에서, 그런 일이 나에게도 적용됩니다. 만일 내가 여
러분에게 전하는 교리들이 진실이 아니라면, 나는 잃어버린 사람이며, 내 삶은
아주 괴로운 실망으로 그칠 것이고, 나의 죽음은 끔찍한 재앙이 되고 말 것입니
다. 나는 복음이 진실인 것을 압니다. 왜냐하면 내가 그 능력을 시험해 보고 입증
했기 때문입니다. 나는 겉으로 뿐 아니라 속으로도 복음을 압니다. 나는 단지 복
음의 어떤 신조들을 믿는 것이 아닙니다. 복음의 진리들은 내게 현실적이면서도
실제적입니다. 그래서 나는 이렇게 말합니다. "저 바보가 나와 논쟁해서 주님 안
에 있는 내 마음의 평화와 기쁨을, 천국에 대한 나의 소망을 포기하게 만들 수 있
다고 생각하는 것인가?" 그럴 수 없습니다. 복음을 경험한 신자는 머리에서부터
발끝까지, 회의주의(skepticism)의 입장에서 가해지는 그 어떤 공격으로부터도
해를 입지 않습니다. 우리는 마치 우리 자신의 존재를 확신하듯이 복음의 진리
를 확신합니다. 예전의 어느 철학자는 어떤 사람에게서 우리가 존재하지 않는다
고 단언하는 말을 들었습니다. 그의 유일한 반응은 일어서서 걷는 것이었습니
다. 그와 마찬가지로 우리의 거룩한 신앙에 반대하는 주장들을 들을 때에, 우리
가 해야 할 일은 그저 성령의 능력 안에서 살아가는 것이며, 그렇게 함으로써 말
쟁이들을 침묵시키는 것입니다. 이런 식으로 성령께서 여러분을 모든 진리로 인
도하시기를 빕니다! 그분이 주의 비밀 속으로 여러분을 안내하시고, 그곳에서
여러분에게 기름진 것들과, 골수로 가득한 것들과, 잘 정제된 포도주로 잔치를
베푸시길 빕니다!

　　또한, 16장 14절에서, 보혜사는 그리스도의 것을 우리에게 알리심으로써 그
리스도의 영광을 나타내시는 것을 볼 수 있습니다. "그가 내 영광을 나타내리니
내 것을 가지고 너희에게 알리시겠음이라." 무한한 지혜가 수심에 잠긴 영혼을
위로하기 위해서 "그리스도의 일들"(the things of Christ)보다 더 달콤한 주제를

고를 수가 있을까요? 아! 사람들이여, 여러분이 상심한 자들에게 그리스도의 일들을 말할 때, 여러분은 바른 주제를 고른 것입니다. 여러분은 모세나 다윗의 일들을, 혹은 솔로몬이나 다니엘의 일들을 전할 수도 있겠지만, 그것을 어찌 그리스도의 일들과 비교할 수 있겠습니까? 내게는 그리스도의 일들을 알려 주십시오. 이것이 길르앗의 향료(의약품의 일종)이며, 이것이 아픈 상처를 치료하는 연고가 될 것입니다. 이것이 병든 영혼들을 위한 진정한 치료약입니다. 그러므로 성령님은 무한하신 지혜로써 우리에게 예수님을 높이시고, 우리로 하여금 그분을 높이 평가하게 하시며, 우리의 마음에서 그분을 영광스럽게 하시며, 곧바로 우리의 영혼이 위로로 가득하게 하십니다. 다른 방식으로 어찌 그런 일이 가능하겠습니까?

이 주제가 오늘 아침 주어진 시간에 다루기에는 너무 길지 않을까 하는 생각이 듭니다. 따라서 이 첫 번째 요점을 넘어가고, 내가 길게 다루기를 바랐던 두 번째 요점에 대해서는 좀 짧게 다루고자 합니다.

2. 성령의 위로

이제 우리는 성령의 위로에 대해 언급할 터인데, 간략하게 말하도록 하겠습니다.

우리가 오늘 아침에 읽은 구절들에서, 하나님의 영의 위로는 그분의 성품과 떼어서 생각할 수 없다는 점이 명백합니다. 요한복음 14장 15절과 16절 상반절은 이렇게 말합니다. "너희가 나를 사랑하면 나의 계명을 지키리라. 내가 아버지께 구하겠으니 그가 또 다른 보혜사를 너희에게 주사." 하나님의 영은 죄 속에(in) 있는 자를 결코 위로하지 않으십니다. 불순종하는 그리스도인들은 위로를 기대할 수 없습니다. 성령은 먼저 정결하게 하시고, 다음에 위로하십니다. 강아지풀처럼 힘없이 고개를 숙이고 다니는 이들이여, 먼저 자신을 살피십시오! 당신을 슬프게 만드는 죄가 무엇인지 보십시오. 먼저 순종하십시오. 그러면 위로를 얻을 것입니다.

다음으로, 하나님의 영은 단순히 위로 자체만을 목적으로 일하시지 않습니다. 오히려 그분은 다른 거룩하고 유용한 과정들의 결과로서 마음의 평화를 만들어 내시는 분이십니다. 그분이 우리를 위로하시는 것은, 애정으로 눈먼 어머니가 버릇없는 자녀의 어리석은 소원까지 다 들어줌으로써 자녀를 기쁘게 하는 것과는 다릅니다. 그런 어머니는 자녀에게 어느 것도 가르치지 않으며, 그 아이의 몸을 씻어 주거나, 혹은 위로를 주기 위해 먼저 마음을 순화시키지 않습니다. 아마도 그녀는 그 어린 아이를 기쁘게 하려고 이런 일들을 소홀히 할 것입니다. 하지만 성령님은 결코 그렇게 분별없이 행하시지 않습니다. 그분은 먼저 우리를 정결하게 하시고 그 다음에 평화를 주심으로써 우리를 복되게 하십니다. 사람이 통증을 느낄 때에, 그는 의사가 그 불편한 증세를 즉시로 멈추게 할 어떤 약을 처방해 주기를 바랍니다. 하지만 의사는 그런 식의 일을 하기를 거부합니다. 오히려 의사는 그 통증 깊은 곳에 있는 병의 원인을 제거하려고 애씁니다. 그래야 바른 의사가 아니겠습니까? 하나님의 성령도 그렇게 일하십니다. 우리의 무지를 제거하시고 우리에게 지식을 주심으로써, 우리의 오해들을 제거하시고 분명한 이해를 주심으로써, 또한 우리의 무감각을 제거하시고 죄와 의와 심판에 대해서 깨닫게 하심으로써, 우리를 위로하십니다. 단지 어떤 달콤한 본문들을 읽어 내려감으로써 위로를 얻으려 기대하지 마십시오. 듣기에는 좋지만 당신에게 설탕탄 교리 외에는 아무것도 주지 않는 설교자들에게서 위로를 얻으려 기대하지 마십시오. 오직 거룩하고, 책망하며, 겸손하게 하고, 격려하며, 성화에 이르게 하는 과정을 통해 위로를 찾으려 하십시오. 그런 일들이야말로 거룩한 보혜사의 활동입니다.

다음으로, 성령의 위로는 숨김에 근거한 위로가 아님을 주목하십시오. 어떤 사람들은 편리하게도 괴로운 사실들을 잊음으로써 위로를 얻으려 합니다. 하지만 성령은 사실 전체를 우리 앞에 펼쳐 보이십니다. 그분은 모든 진리를 생각나게 하시고, 아무것도 우리에게 감추지 않으십니다. 그러므로 우리가 그분에게서 얻는 위로는 그만한 가치가 있습니다. 그 위로는, 바보들의 위로가 아닌 현자들의 위로이며, 그 평화는, 눈먼 박쥐들의 평화가 아닌 눈이 밝은 독수리들의 평화입니다. 그 평화는 세월과 경험이 무효화시키지 못하며, 오히려 세월과 경험이 더 깊어지게 하는 평화이며, 우리로 하여금 성숙하게 하고 강해지도록 하는 위로입니다.

또한 이 점을 주목하고 기뻐하십시오. 즉 그 위로는 언제나 예수님과의 관계에서 오는 위로입니다. 당신이 묵상 중에서 예수님을 가까이 할 때, 당신은 성령님이 주시는 위로가 다가오는 것을 느낄 것입니다. 오, 사랑하는 여러분, 단순히 미래의 예언에서 성급하게 위로를 얻으려 하지 말고, 혹은 지나간 과거를 아런하게 회상함으로써 위로받으려 애쓰지 마십시오. 십자가 가까이에 깨끗하고 깊은 위로의 샘이 있습니다. 거기에서 저 영원한 성령께서 그분의 목마른 백성들을 위해 두레박 가득히 위로를 길어 올리십니다. 진리에 기초하지 않은 위로를 조심하십시오. 그리스도에게서 오지 않은 위로를 미워하십시오. 베들레헴 우물에서 길어온 물이야말로 당신이 원하는 물입니다.

그것은 또한 언제든지 얻을 수 있는 위로입니다. 성령의 위로는 건강, 힘, 재물, 지위, 사람의 우정 같은 것에 의존하지 않습니다. 성령님은 진리를 통해서 우리를 위로하시며, 그 진리는 변하지 않습니다. 그분은 예수님을 통해 우리를 위로하시며, 그분은 하나님의 모든 약속에 대해 "예와 아멘"이 되십니다. 그러므로 우리의 위로는 우리가 아주 왕성하고 건강할 때뿐 아니라 우리가 죽어갈 때에도 생생한 것이며, 지갑이 텅 비고 기름병의 수위가 낮아졌을 때에도, 세상적인 재물과 갈채가 넘칠 때보다도 더욱 풍성할 수 있습니다. 사랑하는 여러분, 이것이 오랜 세대 동안에 성도들의 버팀목이 되었던 그 위로입니다. 그것은 성령의 위로로서, 순교자들로 하여금 박해자들 앞에 당당히 서게 하고, 겁먹지 않은 얼굴로 죽음에 직면할 수 있게 했던 그 위로입니다. 그것은 성령의 위로로서, 발도파 성도들(Waldenses, 12세기에 프랑스인 피에르 발도에 의해 비롯된 기독교 종파 ─ 역주)로 하여금 박해 속에서도 그들의 목숨을 귀한 것으로 여기지 않을 수 있게 했던 그 위로입니다. 그 위로가 루터로 하여금 죽음 앞에서도 용감하게 했으며, 래티머(Latimer)로 하여금 화형대에서도 그토록 기뻐할 수 있도록 했습니다. 많은 남자들이 이 위로의 힘으로 황홀경 속에서 죽을 수 있었으며, 많은 여자들이 질병으로 서서히 수척해가는 동안에도 즐거워할 수 있었습니다. 비록 그들의 마음과 육체는 쇠잔해졌어도, 이 위로가 그들의 영혼에 힘이 되었기 때문입니다. 만일 당신이 보혜사로서 성령님을 알 수 있다면, 다른 어떤 위로를 바랄 필요가 없습니다.

3. 전체 주제에 대한 몇 가지 생각들

이제 전체 주제에 대한 몇 가지 생각들을 말하도록 하겠습니다.

첫째는 신자에 대한 것입니다. 사랑하는 형제여, 예수 그리스도께서 임재하신다면 그분을 높여드리듯이 하나님의 영을 높여드리십시오. 만일 예수 그리스도께서 당신의 집에 거하신다면 당신은 그분을 무시하지 않을 것입니다. 당신은 그분이 거기 계시지 않은 것처럼 당신의 일에만 매달리지 않을 것입니다. 당신의 영혼 안에 계신 성령의 임재를 무시하지 마십시오. 당신에게 호소합니다. 성령이 계신 것을 듣지도 못한 사람처럼 살아가지 마십시오. 그분에게 지속적인 찬미를 드리십시오. 당신의 몸을 그분의 신성한 거처로 삼으신 저 존엄하신 손님을 숭배하십시오. 그분을 사랑하고, 그분에게 순종하고, 그분께 경배하십시오.

결코 당신의 헛된 상상과 공상들을 그분에게 돌리지 않도록 주의하십시오. 나는 사람들에 의해 하나님의 영의 명예가 훼손되는 것을 보아왔습니다. 나는 그들이 미친 자들이기를 바라는데, 그들은 이런저런 계시를 받았다고 말합니다. 위선자들과 미치광이들이 받았다고 하는 계시들 때문에, 수년 동안 내가 골치를 썩이지 않은 때가 한 주간도 없었습니다. 반쯤은 정신이상인 자들이 주께로부터 받았다고 하는 전갈을 듣고서 나를 찾아오기를 좋아합니다. 그리고 내가 그들의 어리석은 전갈들을 전혀 받아들이지 않는다고 말하면 그것이 그들에게는 상당한 근심이 되는 모양입니다. 나의 주님께서 나에게 주실 어떤 전갈이 있다면 그분은 내가 여기에 있는 것을 아십니다. 그분은 그것을 직접 내게 보내실 것이며, 분별없는 자들을 통해 전갈을 보내지 않으실 것입니다. 천국으로부터 사건들이 당신에게 계시되기를 바라거나, 혹은 자신들의 소란스러운 바보짓을 성령의 탓으로 돌리는 저 멍청이들처럼 되기를 결코 꿈꾸지 마십시오. 허튼 소리를 말하고 싶어 혀가 근질거린다고 느껴지거든, 그 출처를 마귀에게 돌릴 것이며, 하나님의 성령께로 돌리지 마십시오. 무엇이든 하나님의 영에 의해 우리에게 계시되는 것은 이미 하나님의 말씀 안에 있습니다. 그분은 성경에 어떤 것도 더하지 않으시며, 앞으로도 결코 그러지 않으실 것입니다. 이것이나, 저것이나, 계시들을 받았다고 하는 사람들에게 가서 잠이나 자고 깰 때에는 정신을 차리라고 하십시오. 나는 그들이 내 조언을 따라서, 더 이상 허튼 소리를 하나님의 성령의 탓으로 돌려 그분을 모독하지 않기를 바랍니다.

그와 동시에, 사랑하는 이여, 성령님께서 당신과 함께 계시기에, 모든 배움의 과정에서 그분께 가르쳐 주시기를 요청하고, 모든 고통 중에서 그분께 힘주시기를 요청하십시오. 또한 당신이 가르칠 때에는 올바른 말씀을 주시도록 요청하고, 예수님을 증언할 때에 지혜를 주시도록 요청할 것이며, 모든 섬김에 있어서 그분의 도우심을 의지하도록 하십시오. 성령님을 믿고 신뢰하십시오. 우리의 계산으로 그분을 평가하려 해서는 안 됩니다. 우리는 선교사들의 수를 세어 보고, 돈을 세어 보고, 많은 학교들을 세어 보면서, 그 목록이 우리의 힘이라고 간주합니다. 성령님은 우리가 크게 필요로 하는 분이시며, 단지 배움이나 교양의 차원이 아닙니다. 지식이 적거나 많거나, 하나님의 영이 함께 하시면 차이 없이 잘 대답할 수 있습니다. 하지만 그분이 함께 하시지 않으면 당신의 모든 지식도 쓸모없이 될 것입니다. 하나님의 영이 임하시면, 모든 것이 바르게 됩니다. 언제나 우리가 성령의 능력을 깊이 숙고하기를 바랍니다. 학교에서 담당하고 있는 한 학급이 있고, 당신은 그들을 가르치기에 부족하다고 느낄 수 있습니다. 도와주시도록 그분에게 요청하십시오. 그분이 얼마나 잘 가르쳐 주실지 어떻게 알겠습니까? 당신은 설교하도록 부름을 받고도, 그럴 수 없다고 느낄지도 모릅니다. 당신은 좀 따분하고, 당신의 말은 평범하고, 진부하며, 유익하지도 않다고 느낄 수 있습니다. 성령님이 설교에 개입하시도록 요청하십시오. 만일 그분이 당신을 불붙게 하시면, 당신이 긁어모은 빈약한 재료를 가지고도 청중들을 불붙게 할 수 있을 것입니다. 우리는 성령님을 우리의 주된 힘으로 간주해야 합니다. 아니, 그분이야말로 우리의 유일한 힘이라고 말할 수 있어야 합니다. 그렇지 않으면 우리는 성령님을 크게 근심하게 해 드리는 것입니다. 성령님을 사랑하고, 성령님께 경배하고, 성령님을 의지하고, 성령님께 순종하십시오. 또한 교회로서 성령님께 힘을 다해 부르짖으십시오. 그분의 강력한 능력이 여러분 중에 알려지고 느껴지도록 호소하십시오. 주께서 여러분의 마음을 이 거룩한 불꽃으로 타오르게 하시면, 바로 그 날이 모든 날 중에서 오순절이 될 것이며, 바로 그 해가 모든 해 중에서도 가장 두드러진 해가 될 것입니다. 오소서, 성령이여, 지금 오소서! 당신은 우리와 함께 하시지만, 그러나 능력으로 임하셔서 우리로 당신의 거룩한 능력을 느끼게 하여 주소서!

회심하지 않은 자들에게 몇 마디 당부합니다. 사랑하는 친구여, 만일 당신이 구원을 받으려면, 당신에게 성령님이 꼭 필요합니다. 당신이 위로부터 거듭나지 않으면, 당신은 결코 하나님 나라를 볼 수 없으며, 그 나라에 들어가기는 더욱 불가능합니다. 성령이 없다면 당신은 죽은 자입니다. 그분이 당신을 소생시키시지 않으면 당신은 결코 살아날 수 없습니다. 성령이 아니시면, 십자가에 달리신 구주께서도 당신을 위한 구원자가 되시지 않을 것입니다. 오직 성령이 임하셔서 당신의 눈을 뜨게 하여 그분을 보게 하실 때에, 그리고 당신의 마음을 열어 그분을 받아들이게 하실 때에, 구주께서 당신의 구원자가 되실 것입니다. 그것을 기억하십시오. 그러므로 나는 당신에게 성령님을 존중하라고 권고하며, 그분을 거역하는 말을 하지 말도록 권면합니다. 지금 이 세상에서나 장차 올 세상에서나, 성령을 거역하는 죄는 사함을 얻지 못하기 때문입니다. 당신에게 이렇게 묻고 싶습니다. 그분이 당신에게 그리스도 안에서가 아니면 의가 없다는 것을 깨닫게 하셨나요? 하나님께서는 당신과 모든 인류를 예수 그리스도의 복음에 따라 심판하신다는 것을 그분이 깨닫게 해주셨나요? 만일 그렇다면, 그분이 이토록 큰 일을 당신을 위해 해주셨으므로, 그분에게 이제는 그리스도의 일들(the things of Christ)을 당신에게 보여주시도록 간청하십시오. 바로 거기에 당신의 소망이 있습니다. 죄인의 구원은 전적으로 예수님 안에 있으며, 하나님의 영이 예수님을 당신의 마음속으로 영접하게 하실 때에, 구원이 당신에게 임하는 것입니다. 오, 가련한 마음이여, 성령께서 예수의 일들을 당신에게 알려 주시지 않으면, 당신은 결코 의심의 성(Doubting Castle)에서 벗어날 수 없고, 포로 된 상태에서 해방될 수 없습니다. 성령께서 속히 그리스도 예수의 일들을 당신에게 알려 주시길 기도합니다. 당신은 그분이 가르치시는 모든 것에 대해 지금 순복하십시오. 그분이 계시하시는 진리를 믿으십시오. 무엇보다도, 이 위대한 계명에 귀를 기울여 듣고 순종하십시오. "주 예수를 믿으라 그리하면 너와 네 집이 구원을 받으리라"(행 16:31). "너희는 귀를 기울이고 내게로 나아와 들으라 그리하면 너희의 영혼이 살리라 내가 너희를 위하여 영원한 언약을 맺으리니 곧 다윗에게 허락한 확실한 은혜니라"(사 55:3). "악인은 그의 길을, 불의한 자는 그의 생각을 버리고 여호와께로 돌아오라 그리하면 그가 긍휼히 여기시리라 우리 하나님께로 돌아오라 그가 너그럽게 용서하시리라"(사 55:7). 하나님의 성령께서, 겸손히 죄를 고백하고, 회개하고, 예수님을 믿는 길로 여러분을 인도하시길 빕니다. 그러면 우리는 천국에서 아버지와 아들과 더불어 저 영원한 보혜사를 영원토록 찬미할 것입니다. 아멘.

제
57
장

—

그리스도 안에 있는 생명

—

"조금 있으면 세상은 다시 나를 보지 못할 것이로되
너희는 나를 보리니 이는 내가 살아 있고
너희도 살아 있겠음이라." — 요 14:9

이 세상은 잠시 동안 우리 주 예수님을 보았으나, 이제 더 이상 그분을 보지 못합니다. 세상은 오직 외적이고 육적인 눈으로 그분을 보았기에, 그분의 모습이 구름 속으로 사라졌을 때에, 영적으로 눈먼 이 세상은 그분을 전혀 볼 수가 없게 되었습니다. 하지만 여기저기, 보지 못하는 무리 중에서도, 소수의 택한 자들에게는 영적인 시력이 있었습니다. 그리스도께서 그들에게 빛이 되시고 그들의 눈을 뜨게 하셨습니다. 그래서 그들은 세상이 그분을 보지 못할 때에 그분을 볼 수 있었습니다. 아주 높고도 고상한 의미에서 그들은 "우리는 주님을 보았습니다"라고 말할 수 있었습니다. 그들은 어느 정도 그분의 신성을 알아보았고, 그분의 사명을 인식했으며, 그분의 영적인 성품을 배웠습니다. 영적인 시력이란 그 대상의 육체적인 현존에 의지하는 것이 아니기에, 영적으로 예수님을 본 자들은 그분이 세상을 떠나 아버지께로 가신 이후에도 그분을 보았습니다. 같은 시력을 가진 우리들 역시 그분을 봅니다. 우리 앞에 있는 이 구절의 말씀을 주의해서 읽어보십시오. "조금 있으면, 세상은 다시 나를 보지 못할 것이로되, 너희는 나를 보리니." 예수님이 육체의 눈으로 보이지 않을 때에 여전히 그분을 보는 것, 그것이 바로 예수님의 참된 제자의 두드러진 특징입니다. 그런 사람은 예수님을 지성적으로도 보고 영적으로도 봅니다. 그는 자기 주님을 압니다. 그분의 성품을 이해하며, 믿음으로 그분을 식별하며, 감탄하면서 그분을 응시하고, 자신의 모든 필요를 위해 그분을 앙망합니다. 나의 형제들이여, 우리가 처음 그리스도를 바라보았을 때에 영적인 생명 안으로 들어오게 되었던 것을 기억합시다. 그분을 바라보았을 때 우리는 구원을 얻었습니다. 또한 그 후로도 그리스도를 영적으로 계속 바라봄으로써 우리의 영적인 생명이 지속되었습니다. 우리는 그리스도를 바라봄으로써 살았고, 여전히 그분을 바라봄으로써 살고 있습니다. 믿음은 한결같은 매개체로서 생명의 주님으로부터 우리에게 생명을 가져다줍니다. 성도가 예수님만을 바라보아야 하는 것은 그가 그리스도인으로서 삶을 처음 출발하는 날뿐만 아니라, 그의 마지막 날까지도 지속되어야 하는 일입니다. "믿음의 주요 또 온전하게 하시는 이인 예수를 바라보자"(히 12:2)가 변함없는 그의 모토여야 합니다. 세상이 더 이상 그분을 보지 못하는 것은, 그분을 올바로 바라본 적이 없기 때문입니다. 하지만 성도 여러분은 그분을 보고 살았으며, 또한 지금, 계속해서 그분을 바라봄으로써 생명 안에 머무르고 있습니다. 믿음과 영적인 생명의 밀접한 관계를 언제나 기억하도록 합시다. 믿음은 '생명의 주시'(life-look)입니다. 우리가 행위나, 느낌이나, 의식들에 의해 살게 된다고 생각해서는 안 됩니다. "오직 의인은 믿음으로 말미암아 살리라"(롬 1:17). 우리는 경건하지 못한 죄인에게 율법 행위로써 생명을 얻는 길을 가르치려 해서는 안 되며, 가장 성숙한 신자에게도 율법적인 수단으로써 생명을 유지하는 길을 주장해서도 안 됩니다. 그런 경우 우리는 사도 바울의 이런 훈계를 듣게 될 것입니다. "너희가 이같이 어리석으냐 성령으로 시작하였다가 이제는 육체로 마치겠느냐"(갈 3:3). 우리의 생명은 우리 자신에게 달린 것이 아니라 오직 우리 주님께 달려 있으며, 우리 생명은 그분 안에서 안전합니다. 사도 바울이 고백했듯이, 이것이 우리의 자랑입니다. "내가 그리스도와 함께 십자가에 못 박혔나니 그런즉 이제는 내가 사는 것이 아니요 오직 내 안에 그리스도께서 사시는 것이라 이제 내가 육체 가운데 사는 것은 나를 사랑하사 나를 위하여 자기 자신을 버리신 하나님의 아들을 믿는 믿음 안에서 사는 것이라"(갈 2:20). 그분이 사시기 때문에, 우리가 살고, 또한 영원히 살 것입니다. 하나님께서는 우리의 생명이신 예수님을 계속해서 선명히 바라볼 수 있도록 허락하십니다. 우리 구주 외에는 어떤 것도 의지하지 말기를 바랍니다. 우리의 시선을 그분에게 고정하고, 우리의 모든 것 되시는 그분을 바라보는 우리의 시야를 그 무엇으로도 가리는 일이 없기를 바랍니다.

본문은 매우 중대한 진리를 담고 있으며, 우리가 이 아침에 끌어낼 수 있는 것 이상을 포함하고 있습니다. 첫째로, 우리는 이 본문에서 생명(life)을 보며, 둘째로, 그 생명의 보존(that life preserved)을, 셋째로, 그 생명이 보존되는 이유(the reason for the preservation of that life)를 봅니다. "이는 내가 살아 있고 너희도 살아 있겠음이라."

1. 생명

첫째로, 우리는 본문이 생명(life)에 대해 말하는 것을 듣습니다. 우리는 이 생명을 존재(existence)와 혼동해서는 안 됩니다. 만일 우리가 본문을 이런 식으로 읽으면 이 풍성한 본문을 매우 초라한 문장으로 축소시키는 셈입니다. "내가 존재하기 때문에, 너희도 존재하겠음이라." 만일 우리가 이 표현을 그런 식으로 사용한다면, 물을 포도주로 변화시키는 것이 아니라 포도주를 물로 변화시키는 것처럼, 귀한 진리를 평범한 말로 바꾸는 셈입니다. 제자들이 예수님을 믿기 전에도 그들은 존재했으며, 그들의 영적인 생명이신 그분과의 관계와 무관하게, 그들의 존재는 지속되었을 것입니다. 여기서 우리 주님께서 언급하시는 것은 단지 존재의 불멸성이 아니라, 그보다 훨씬 높은 차원의 생명에 관한 것입니다.

생명, 그것이 무엇입니까? 우리는 그것을 실제로는 알고 있지만 말로 표현하기란 어렵습니다. 우리는 생명을 알고 있지만, 또한 그것이 매우 다양한 차원의 신비임을 알고 있습니다. 모든 육체가 같은 육체가 아니며, 모든 생명이 같은 생명이 아닙니다. 식물에도 생명이 있고, 레바논의 백향목이나 담장에서 자라는 우슬초에도 생명이 있습니다. 동물들의 생명에는 그보다 현저한 진보가 있습니다. 독수리나 황소를 생각해 보십시오. 동물의 생명은 식물과는 다른 세계에서 움직이며 활동합니다. 감각, 식욕, 본능 등에 있어서 식물은 동물에 대해 무감각하다고 할 수 있습니다. 식물들에게서도 유사한 점을 다소 발견할 수는 있지만 차원이 다릅니다. 동물의 생명은 들에 피는 꽃의 경험이나 감각을 훨씬 초월합니다. 다음으로는 정신적인 생명이 있습니다. 이는 우리 인간이 소유하는 것이며, 바로 이것이 우리에게 단순한 짐승들이 거주하는 곳과는 상당히 다른 영역을 소개해 줍니다. 판단하고, 미래를 예측하고, 상상하고, 발명하고, 도덕적인 행동을 수행하는 이 모든 것들은, 황소에게는 없는 새로운 기능들이 아니겠습니까? 자, 이제 여러분에게 선명하게 제시할 수 있는 것은, 정신적인 생명 훨씬 위에 또다른 형태의 생명이 있다는 것입니다. 단순한 육적인 인간은 그 생명에 대해 아무것도 알지 못합니다. 마치 식물이 동물을 이해하지 못하고, 동물이 시인을 이해하지 못하는 것과 마찬가지입니다. 육적인 정신이 영적인 것들에 대해 알지 못하는 것은, 영적인 지각 능력이 없기 때문입니다. 동물이 철학자가 추구하는 것을 이해하지 못하듯이, 자연적인 인간은 영적인 사람의 경험을 이해하지 못합니다. 그래서 성경이 이렇게 말하고 있는 것입니다. "육에 속한 사람은 하나님의 성령의 일들을 받지 아니하나니 이는 그것들이 그에게는 어리석게 보임이요, 또 그는 그것들을 알 수도 없나니 그러한 일은 영적으로 분별되기 때문이라. 신령한 자는 모든 것을 판단하나 자기는 아무에게도 판단을 받지 아니하느니라"(고전 2:14-15). 신자들에게는 다른 사람들에게서 발견되지 않는 생명이 있습니다. 자연인이 많은 교육을 받아도 입문할 수 없고, 아무리 수련해도 도달할 수 없는, 훨씬 더 고상하고 거룩한 차원의 생명이 있습니다. 아무리 최선을 다해도"육으로 난 것은 육이요"(요 3:6), 모든 사람은 겸손하게 이 진리의 말씀을 들어야 합니다. "네가 거듭나야 하겠다"(요 3:7).

그리스도 안에 있는 우리의 생명에 관하여 반드시 언급되어야 할 것은, 그것은 아담의 죄로 인해 인류에게 임한 형벌의 면제라는 것입니다. "선악을 알게 하는 나무의 열매는 먹지 말라 네가 먹는 날에는 반드시 죽으리라"(창 2:17)는 것이 우리 인류의 대표이자 첫 번째 선조에게 하신 하나님의 경고였습니다. 그는 그 열매를 먹었고, 또한 하나님은 참되시고 그분의 말씀은 결코 폐하여지지 않기 때문에, 우리는 이 점을 확신할 수 있습니다. 즉 바로 그 날에 아담이 죽었다는 것입니다. 그가 더 이상 존재하지 않게 되었다는 것이 아닙니다. 죽는다는 것은 그것과는 상당히 다른 것입니다. 하나님의 경고는"그가 결국에는 죽게 될 것이다"가 아니라, "네가 먹는 날에는 반드시 죽으리라"였습니다. 그리고 하나님께서 그 말씀을 문자 그대로 지키셨다는 것을 전혀 의심할 수 없습니다. 만일 그 첫 번째 경고가 실현되지 않았더라면 우리는 그분의 다른 모든 말씀들을 업신여기고 제멋대로 굴었을 것입니다. 따라서 그 경고가 정확히 실현되었다고 확신할 수 있습니다. 영적인 생명이 아담에게서 떠났습니다. 그는 더 이상 하나님과 하나가 아니었습니다. 더 이상 하나님이 계신 영역에서 살면서 숨쉴 수가 없었습니다. 그는 자신의 첫 번째 지위에서 떨어졌습니다. 그가 영적인 생명으로 들어

가려면 반드시 거듭나야 했으며, 그것은 여러분이나 나에게도 마찬가지입니다. 그가 자신을 지으신 분을 피하여 숨고, 또한 헛된 변명들을 그의 하나님 앞에서 늘어놓을 때에, 여러분은 그가 하나님의 생명에 대해서 죽고, 죄와 허물 속에서 죽은 것을 볼 수 있습니다. 우리 역시 그 타락을 통해 죽었고, 허물과 죄에서 죽었으며, 본질상 진노의 자식이 되었습니다. 따라서 만일 우리가 영적인 생명을 얻으려면, 반드시 이 말씀이 우리에게 이루어져야 합니다. "그는 허물과 죄로 죽었던 너희를 살리셨도다"(엡 2:1). 우리는 반드시 "죽은 자 가운데서 다시 살아난 자"가 되어야 합니다(롬 6:13). 이 세상은 마른 뼈들로 가득한 골짜기이며, 은혜는 택하신 자들을 새로운 생명으로 일으키십니다. 타락은, 심오하고도 영적인 의미에서, 모든 인류에게 보편적인 죽음을 가져왔습니다. 예수님은 우리 속에 영적인 생명을 주입하심으로써 타락의 결과에서 우리를 건져 내십니다. 다른 어떤 수단으로도 이 죽음은 제거될 수 없습니다. "아들을 믿는 자에게는 영생이 있고 아들을 순종하지 아니하는 자는 영생을 보지 못하고 도리어 하나님의 진노가 그 위에 머물러 있느니라"(요 3:36). 영적 신생(regeneration), 즉 새로운 생명이 주입되는 일은, 타락으로 망가진 것을 회복시킵니다. 왜냐하면 우리가 거듭나는 것은 "썩어질 씨로 된 것이 아니요 썩지 아니할 씨로 된 것이니 살아 있고 항상 있는 하나님의 말씀으로" 되는 것이기 때문입니다(벧전 1:23). 하지만 그 신적인 생명을 받은 후에도 여전히 죄가 우리 속에 남아 있다는 것을 상기해야 합니다. 나는 그것을 잘 알고 있습니다. 죄는 "사망의 몸"(롬 7:24)으로 불리기도 하며, 그것이 바로 새로운 생명이 싸워야 할 대상입니다. 우리 속에는 큰 다툼이 있습니다. 첫째 아담 안에 있는 죽음의 힘과 둘째 아담 안에 있는 생명의 힘 사이에서 발생하는 다툼입니다. 하지만 저 하늘의 생명이 궁극적으로 죄와 죽음의 권세를 이길 것입니다. 구원을 얻은 이후에도 우리 속에 있는 생명은 신음하며 이렇게 탄식합니다. "오호라 나는 곤고한 사람이로다 이 사망의 몸에서 누가 나를 건져 내랴"(롬 7:24). 하지만 그 탄식은 다음의 감사의 노래와 섞여 있습니다. "우리 주 예수 그리스도로 말미암아 하나님께 감사하리로다"(롬 7:25).

이 생명은 순수하게 영적인 생명입니다. 우리가 일반적인 정신적 생명에서 유사점들을 발견하기는 하지만, 그것은 그저 유사한 것에 불과합니다. 영적인 생명은 육적인 생명을 훨씬 초월합니다. 육적인 정신으로는 그것을 전혀 볼 수 없으며, 어떤 말로도 표현하지 못합니다. 이 생명이 무엇인지를 알기 위해서는,

당신이 그 생명을 소유해야 하며, 그 생명이 당신 자신의 가슴에서 박동해야 합니다. 왜냐하면 다른 것으로는 이 생명이 무엇인지를 설명할 도리가 없기 때문입니다. 그것은 주님의 비밀들 중의 하나입니다. 우리가 아무리 뛰어난 재주를 가졌다 해도, 말에게 상상력이 무엇인지를 이해시키기는 불가능합니다. 마찬가지로, 우리가 어떤 말로 설명하려고 애를 쓴다 해도, 육적인 정신에게 주님과 하나의 영으로 연합한다는 것이 무엇인지를 납득시키기란 불가능합니다. 그 영적인 생명에 대해 우리가 아는 한 가지는, 그것이 영혼 안에 성령의 내주하심(indwelling)과 밀접히 관련되어 있다는 것입니다. 그분이 임하실 때 우리는 "위로부터 거듭나며", "성령으로 태어납니다." 그분이 우리 안에서 강하게 역사하시는 동안 우리의 생명은 활발해지고 힘이 넘칩니다. 만일 그분이 역동적인 활동을 멈추시면 우리의 새 생명은 약해지고 병이 듭니다. 그리스도는 우리의 생명이십니다. 하지만 그분은 우리 안에 영원히 거하시는 성령을 통하여 우리 안에서 일하십니다.

더 나아가, 우리는 이 생명이 하나님과의 연합에 크게 달려 있다는 것을 압니다. "육신의 생각은 사망이요 영의 생각은 생명과 평안이니라. 육신의 생각은 하나님과 원수가 되나니 이는 하나님의 법에 굴복하지 아니할 뿐 아니라 할 수도 없음이라. 육신에 있는 자들은 하나님을 기쁘시게 할 수 없느니라"(롬 8:6-8). 몸의 죽음이란 영혼이 몸으로부터 분리되는 것이듯, 영혼의 죽음이란 그 영혼이 하나님으로부터 분리되는 것입니다. 영혼에게 있어서, 하나님과의 연합이야말로 최고의 생명입니다. 하나님의 임재 안에서 영혼은 마치 꽃이 봉오리를 펼치듯이 생명의 봉오리를 펼칩니다. 반대로 하나님에게서 멀어지면 곧 시들고, 그 모든 아름다움과 탁월함을 잃어버리며, 결국에는 멸망하게 됩니다. 하나님께 순종하고, 거룩하고, 청결하고, 은혜로 채워질 때, 영혼은 행복해지며 진정으로 살게 됩니다. 하지만 하나님에게서 멀어질 때, 영혼은 메마르고, 죽고, 멸망에 이르게 됩니다. 그것은 무서운 죽음 안에 존재하는 것입니다. 모든 참된 평화, 존엄, 영광은 모두 사라집니다. 그것은 끔찍한 파멸이며, 시체에 불과합니다. 새로운 생명은 우리를 하나님 가까이로 이끌어주며, 우리로 하여금 그분을 생각하게 하고, 그분을 사랑하게 만들며, 궁극적으로는 우리를 그분처럼 되게 합니다. 나의 형제들이여, 여러분이 그 생명을 얼마나 풍성히 누리느냐의 여부는, 여러분이 얼마나 하나님을 가까이 하느냐의 여부에 달려 있습니다. 그 생명은 예수 그리스도께서 여러분에게 주시는 것이고, 또한 여러분 안에 보존하시는 것입니다. "그의 은총은 평생(life)이로다"(시 30:5). "여호와를 경외하는 것은 생명의 샘이니"(잠 14:27). 사람이 하나님께 돌이키는 것은 "생명 얻는 회개"(행 11:8)이며, 하나님을 망각하는 것은 살아 있어도 죽은 것입니다. 하나님의 증언을 믿는다는 것은 세상을 이기는 믿음을 소유한다는 것입니다. "하나님의 아들을 믿는 자는 자기 안에 증거가 있고 하나님을 믿지 아니하는 자는 하나님을 거짓말하는 자로 만드나니 이는 하나님께서 그 아들에 대하여 증언하신 증거를 믿지 아니하였음이라. 또 증거는 이것이니 하나님이 우리에게 영생을 주신 것과 이 생명이 그의 아들 안에 있는 그것이라. 아들이 있는 자에게는 생명이 있고 하나님의 아들이 없는 자에게는 생명이 없느니라"(요일 5:10-12).

영혼 안에 있는 이 생명은 지상에서 의와 참된 거룩함의 열매를 맺습니다. 이 땅에서 하나님과 교제하며 향기로운 꽃들을 피우며, 천국에서는 하나님의 임재 속에서 완전해지는 열매를 맺습니다. 천국에서 영화롭게 된 영혼들의 생명은 여기 이 땅에서 의롭게 된 사람들의 생명과 다르지 않습니다. 그것은 동일한 생명이며, 단지 모든 장애물에서 해방되고, 그 힘의 완전함에 이른 생명일 뿐입니다. 천국의 생명은 지금도 모든 신자들 안에 있습니다. 죄인이 예수님을 믿는 순간, 그는 하나님으로부터 천국을 향해 떠나면서 지상의 재난들을 평온히 내려다보는 그 생명과 동일한 생명을 부여받는 것입니다. 영원한 생명을 가진 자, 신의 성품에 참여한 자, 위로부터 거듭난 자, 하나님에게서 나서 그 속에 생명의 씨를 가진 자, 이런 사람은 복됩니다! 그에게는 둘째 사망이 힘을 쓰지 못하며, 악한 자들이 영원한 형벌 속으로 떨어질 때 그는 영원한 생명을 누리게 될 것입니다!

이 생명에 관해서는 이 정도로 다루고, 이제 우리는 그것을 가졌는지에 대해 여러분 각 사람에게 물어보아야겠습니다. 여러분은 혈통으로나, 육정으로나, 사람의 뜻으로 나지 아니하고 오직 하나님께로 난 자들입니까? 당신에게 사망에서 생명으로 옮겨진 때가 있었습니까? 그게 아니면 당신은 여전히 죽음 가운데 거하고 있습니까? 당신은 하나님께서 주시는 영적인 힘으로 살아가고 있음을 스스로 증언할 수 있습니까? 전에 당신에게 없던 무언가가 당신 속에 있습니까? 교육에 의해 개선된 어떤 능력이 아니라, 하나님께서 친히 불어넣어 주신 생명이 있습니까? 당신은 육체적인 정신은 알지 못하는 어떤 내적인 열망, 곧 이 세상은 흥미도 없고 바라지도 않는 간절한 열망이 당신 속에 있다는 것을 느끼고 있습니까? 당신의 몸 안에 어떤 낯선 거주자가 있습니까? 익명의 왕자, 유배지에서 자신의 본국인 보이지 않는 나라를 그리워하는 한 영혼이 당신 속에 있습니까? 당신은 사람의 아들들 가운데에서 마치 낯선 인종처럼, 그리스도께서 그러하셨듯이 세상에 속하지 않은 것처럼 살아가고 있습니까? 당신은 저 사랑을 입은 사도와 더불어 이렇게 말할 수 있습니까?"또 아는 것은 하나님의 아들이 이르러 우리에게 지각을 주사 우리로 참된 자를 알게 하신 것과 또한 우리가 참된 자 곧 그의 아들 예수 그리스도 안에 있는 것이니 그는 참 하나님이시요 영생이시라"(요일 5:20). 오! 그렇다면, 이 일로 인해 하나님께 감사하십시오. 또한 당신의 생명이 지속되고 완전해지리라는 확실한 보장을 얻은 것으로 인해 더욱 하나님께 감사하십시오. 본문이 이렇게 말씀하고 있기 때문입니다."이는 내가 살아 있고 너희도 살아 있겠음이라."

2. 그 생명의 보존

우리의 두 번째 요지는 그 생명의 보존(that life preserved)에 대한 것입니다."이는 내가 살아 있고 너희도 살아 있겠음이라." 여기에 약속이 있습니다."너희도 살아있겠음이라." 하늘로부터 얻은 이 생명은 보존될 것입니다.

무엇보다도, "너희도 살아있겠음이라"고 하는 이 문장에서 생명의 **충만**(fullness)에 대해 주목하시길 바랍니다. 나는 이 문장에서 단지 표면적인 의미 이상을 본다고 생각합니다. 사는 것(living)이라는 말로 의미하는 모든 것이 우리에게 해당됩니다. 신자들은 은혜 언약 안에서 보장된 모든 차원의 삶을 얻을 것입니다. 게다가 당신의 새로운 본성이 살 것이며, 완벽하게 살 것이며, 영원토록 살 것입니다. 이 말로써, 거듭날 때에 우리에게 불어넣어진 영생이 결코 꺼지지 않으리라는 것이 확실합니다. 우리 주님이 말씀하신 대로 될 것입니다."내가 주는 물을 마시는 자는 영원히 목마르지 아니하리니 내가 주는 물은 그 속에서 영생하도록 솟아나는 샘물이 되리라"(요 4:14). 우리가 유혹을 받을 수는 있어도, 길을 잃고서 그리스도 안에 살기를 중단하지는 않을 것입니다. 우리가 은혜 안에서 쇠락할 수도 있습니다. 정녕 그것은 너무나 슬픈 일입니다! 하지만 우리가 완전한 배교자가 될 정도로 쇠퇴하지는 않을 것이며, 멸망의 자식이 되지는 않을 것입니다."하나님께로부터 나신 자가 그를 지키시매 악한 자가 그를 만지지도 못하느니라"(요일 5:18). 떨고 있는 하나님의 자녀들이여, 구주께서 여러분에게 이렇게 말씀하십니다. "너희도 살아 있겠음이라." 여러분은 결코 멸망하지 않을 것이며, 그 누구도 그분의 손에서 여러분을 빼앗을 수 없습니다. 이 귀한 말씀이 새 사람을 만드는 모든 영적인 은혜들을 언급하고 있다고도 볼 수 있습니다. 새 사람은 전혀, 부분적으로도, 죽지 않습니다. "너희도 살아 있겠음이라"는 말씀은 새로 태어난 우리 본성의 모든 부분들에 적용됩니다. 만일 여기에 자신이 바라는 대로 온전한 삶을 살지 못했던 신자가 있다면, 이 약속을 붙드십시오. 이 말씀이 새로운 본성의 모든 특징들의 보존을 약속하고 있음을 보고, 용기를 내어 더욱 건강한 삶을 추구하십시오. 그리스도께서 말씀하십니다. "내가 온 것은 양으로 생명을 얻게 하고 더 풍성히 얻게 하려는 것이라"(요 10:10). 그리스도인이여, 예수님을 향한 당신의 사랑이 불꽃처럼 뜨겁게 타오르지 못할 이유가 없습니다. 그 사랑이 살았으며, 영원토록 살 것이기 때문입니다. 당신의 믿음에 대해 말하자면, 그 속에도 역시 불멸의 생명력이 있습니다. 비록 그것이 지금은 약하고 비틀거려도, 늘어진 손을 들고 연약한 무릎을 일으키십시오. 당신의 믿음은 결코 꺼지지 않을 것입니다. 여기 주님의 약속의 말씀 안에는 당신의 영혼에 필수적인 기능들이 지속되리라는 보증이 있습니다. 그리스도 예수 안에서 당신에게 주어진 생명의 충만함에는 어떤 제한도 없습니다. 그리스도의 생명의 충만함 속에 사는 것이 어떠한 것이어야 한다고 내게 말해 줄 사람은 없을 것입니다. 해 아래 세계에서 나는 그것을 얻기 위해 수고할 것입니다. 하지만 궁극적으로 그것이 틀림없이 나의 것이 되리라는 여기에 나의 기쁨이 있습니다. 이 말씀은 신실하고 참되기 때문입니다. 내가 오늘 그리스도 예수 안에 있는 믿음으로 인하여 영원한 생명을 가진 것이 확실하듯이, 나의 생명이신 그리스도께서 나타나실 때에 내가 그 생명의 충만함에 이르게 될 것 역시 확실합니다. 여기 지상에서도 나는 이 생명의 장성한 분량에 이르기를 추구하도록 허락을 받았습니다. 아니, 나는 이 약속 안에서 그것을 추구하라고 하는 계명을 대합니다. "너희도 살아 있겠음이라"는 말씀은 새 생명이 멸절되지 않을 것이라는 의미이며, 더 나아가 그 본질적인 요소 중 어느 것도 파괴되지 않으리라는 의미입니다. 영적인 사람을 구성하는 모든 지체들이 안전할 것입니다. 우리 주님께 대한 예언의 말씀이 우리의 영적인 생명에도 적용됩니다. "그 뼈가 하나도 꺾이지 아니하리라"(요 19:36). 그리스도의 생명의 방패가 우리의 영적 본성의 모든 기능들을 보호해 줍니다. 우리는 절뚝거리거나 불구가 된 채로 영원한 생명으로 들어가는 것이 아닙니다.

오히려 그분은 우리를 그분의 영광의 임재 앞에 흠 없이 나타나게 하실 것입니다. 그분 앞에서 점이나 주름 잡힌 것이 없을 것이며, 죽어서 기능이 마비된 지체는 아무것도 없을 것입니다. 이 말씀은 위대한 약속으로서 마치 하나님의 날개처럼 우리의 영적인 생명을 보호하기에, 우리는 다윗이 시편 91편에서 했던 말을 우리에게 적용할 수 있습니다. "그가 너를 새 사냥꾼의 올무에서와 심한 전염병에서 건지실 것임이로다. 그가 너를 그의 깃으로 덮으시리니 네가 그의 날개 아래에 피하리로다. 그의 진실함은 방패와 손방패가 되시나니, 너는 밤에 찾아오는 공포와 낮에 날아드는 화살과 어두울 때 퍼지는 전염병과 밝을 때 닥쳐오는 재앙을 두려워하지 아니하리로다. 천 명이 네 왼쪽에서, 만 명이 네 오른쪽에서 엎드러지나 이 재앙이 네게 가까이 하지 못하리로다"(3-7절).

본문은 율법의 죽음의 형벌이 결코 신자들에게 내려지지 않음을 보증합니다. 소생한 사람은 그가 벗어난 옛 죽음으로 결코 다시 떨어지지 않습니다. 그는 죽은 사람으로 간주되지 않으며, 이생에서나 내생에서 정죄를 당하지 않습니다. 영적으로 살게 된 사람은 다시 죄 속에서 죽지 않습니다. 죽은 자 가운데서 살아나신 예수님께서 다시 죽으시지 않는 것처럼, 죽음이 더 이상 신자들을 지배하지 못하며, 죄도 다시 우리 위에 왕 노릇 하지 못합니다. 한때 한 사람의 범죄로 말미암아 사망이 우리 안에서 왕 노릇 했습니다. 하지만 이제는 한 분 곧 그리스도 예수 안에서 풍성한 은혜와 의의 선물을 받았으므로, 우리는 생명 안에서 왕 노릇 할 것입니다(롬 5:17). "곧 우리가 원수 되었을 때에 그의 아들의 죽으심으로 말미암아 하나님과 화목하게 되었은즉 화목하게 된 자로서는 더욱 그의 살아나심으로 말미암아 구원을 받을 것이니라"(롬 5:10). 우리는 오늘 영적인 생명의 끈으로써 그리스도에게 연합되었으며, 이 끈은 현재 일이나 장래의 일들이 결코 끊을 수 없습니다. 예수님과 우리의 연합은 영원합니다. 그것이 공격을 받을 수는 있습니다. 하지만 결코 붕괴되지는 않을 것입니다. 이 사망의 육신이 잠시 동안 이길 수도 있고, 헤롯 대왕처럼 어린 아이의 생명을 해하려고도 하겠지만, 그 생명은 결코 죽지 않습니다. 율법 아래 있지 않는 자를 누가 죽음으로 정죄하겠습니까? 전능자의 그늘 아래 거하는 자를 누가 죽일 수 있겠습니까? 죄가 사망 안에서 왕 노릇 한 것 같이, 은혜도 왕 노릇 하여 우리 주 예수 그리스도로 말미암아 영생에 이르게 할 것입니다(롬 5:21).

이 구절에서 강조된 생명의 **지속성**(the continuance)에 주목하시기 바랍니다.

지속성은 정녕 이 약속의 중요한 요소입니다. "너희도 살아 있겠음이라." 그것은 분명 우리가 이 몸 안에 거하는 동안에도 산다는 것을 의미합니다. 우리가 여기에 머무는 동안에 우리는 다시 죽음의 상태로 되돌아가지 않습니다. 죄와 사망의 법의 지배 아래로 우리를 끌고 가려는 시도가 일만 번이나 있다고 해도, 이 한마디로 그 모든 시도들을 물리칩니다. 당신의 영혼이 공격을 받아, 계속해서 그리스도를 붙들지 못할 것처럼 보일 때도 있습니다. 하지만 그리스도께서 당신을 붙드실 것입니다. 그 썩지 않는 씨가 부서지고, 상하고, 땅에 파묻힐 수는 있어도, 그 속에 있는 생명은 결코 소멸되지 않으며 다시 일어날 것입니다. "너희도 살아 있겠음이라." 성도들이여, 여러분의 주변에서 일천 가지 죽음의 요소를 본다고 해도, 이 말씀이 얼마나 위대한지를 깊이 생각하십시오. "너희도 살아 있겠음이라!' 은혜가 실패하는 일은 없을 것이며, 언약이 파기되는 일은 없을 것이며, 여러분이 아버지의 집에서 쫓겨나서 멸망하는 일은 없을 것입니다. "너희도 살아 있겠음이라."

이것이 전부가 아닙니다. 자연적인 죽음이 찾아올 때에도, 그것은 정녕 우리에게 더 이상 죽음이 아닙니다. 우리의 내적 생명은 어떤 해도 입지 않습니다. 그 생명은 한순간도 중지되지 않을 것입니다. 최후의 원수의 화살과 창들이 영적인 생명을 해하지 못하는 것은, 마치 단창으로 구름을 해하지 못하는 것과 마찬가지입니다. 아주 긴박한 위기의 때, 곧 영혼이 몸에서 분리되는 때에도, 영적인 본성에는 어떠한 위해도 가할 수 없습니다. 그리고 미래에 저 무서운 심판이 이루어질 때, 수많은 무리들이 소집되고, 오른편에는 의인들이 모이고 왼편에는 악인들이 모일 때에, 어떤 두려움과 공포가 찾아온다고 해도, 하나님의 자녀들은 살 것입니다. 앞으로 영원토록, 어떤 변화들이 전개된다고 해도, 하나님께서 주신 우리의 생명에는 아무런 영향을 끼칠 수 없습니다. 영원하고 복되신 하나님 자신의 생명처럼, 그 생명은 계속될 것입니다. 다른 모든 것이 덧없이 사라져버린다 해도, 의인은 반드시 살아 있을 것입니다. 단지 그들이 존재하게 된다는 의미가 아니라, "생명"이라는 말이 포함하는 가장 크고 충만한 의미에서 살게 된다는 의미입니다. 피조물로서 하나님의 성품에 참여하게 되는 문제에 있어서, 죽은 자 가운데서 살아나신 분이 그 약속의 확실성을 보증하십니다. "너희도 살아 있겠음이라."

더 나아가서 여기서 언급된 것은 보편적이며(universal), 모든 영적인 생명에 적용된다는 사실을 주목하시기 바랍니다. 약속은 이것입니다. "너희도 살아 있겠음이라." 말하자면, 하나님의 모든 자녀가 산다는 것입니다. 세상이 그리스도를 보는 것과 달리 그분을 바라보는 모든 자들은 지금도 살아 있으며 장래에도 살 것입니다. 나는 그러한 약속이 하나님을 가까이 하며 사는 훌륭한 성도들에게 주어진 것을 이해할 수 있습니다. 하지만 내 영혼은 공손한 사랑으로 보좌 앞에 엎드린 채로, "너희도 살아 있겠음이라"는 이 귀한 말씀을 모든 성도들 중에 가장 작고도 미천한 자에게까지 들려주시는지를 궁금히 여길 것입니다. 당신도 살 것입니다. 믿음이 꺼져가는 심지와도 같은 당신도 이 약속에서 제외되지 않았습니다. 주님께서는 그분의 백성들 중에서 가장 큰 자에게 뿐 아니라 가장 작은 자에게도 약속의 보증을 주십니다. 새로운 생명이 보존되는 이유는 가장 큰 자에게나 가장 작은 자에게나 마찬가지로 적용되는 것이 확실합니다. 만일 "너의 믿음이 강하기 때문에, 너는 살 것이라"고 말씀하셨더라면, 약한 믿음은 멸망하고 말 것입니다. 하지만 성경은 "내가 살아있고(because I live)"라고 기록되어 있습니다. 주님이 살아 계시는 것이 믿음이 큰 자나 적은 자 모두가 살게 되는 강력한 근거입니다. 나의 형제여, 그것을 마음에 새기십시오. 당신의 마음이 무겁거나 혹은 당신의 소망이 희미해져도, 예수님은 살아 계시며, 그래서 당신도 살게 될 것입니다.

또한 이 본문이 매우 광범위하다는 것에 주목하십시오. 그 넓이(breadth)에 주목하고, 그것이 어떻게 모든 반대에 맞서고, 또한 대적자의 모든 희망을 무산시키는지를 보십시오. "너희도 살아 있겠음이라." 우리 속에서 솟아나오는 타고난 부패성이 새로운 피조물을 질식시키지 못합니다. 거듭난 영혼은 이 사망의 역겹고 부패한 몸과 사슬로 묶여 있는 듯이 보이지만, 그 끔찍한 동행에도 불구하고 살아 있을 것입니다. 비록 당황스러운 죄들이 화살처럼 느껴지고, 육적인 정욕들이 뽑은 칼처럼 느껴져도, 은혜는 죽임을 당하지 않을 것입니다. 성급하게 흥분하는 열병이나, 소심한 무기력증이나, 탐욕의 나병이나, 옛 본성에서 솟아나는 다른 어떤 죄의 질병도 새로운 본성을 죽이지 못합니다. 외적인 환경들도 내적인 생명을 파괴하지 못합니다. "그가 너를 위하여 그의 천사들을 명령하사 네 모든 길에서 너를 지키게 하심이라. 그들이 그들의 손으로 너를 붙들어 발이 돌에 부딪히지 아니하게 하리로다"(시 91:11-12). 만일 섭리가 당신을 경건하지 못한 가족에게 던져 놓아, 거기서 당신의 삶이 마치 무덤 안에서 사는 것 같고, 당신이 숨쉬는 공기에 사망의 독소가 스며들었다 하더라도, 당신은 살 것입니다. 악한 본보기가 당신의 영혼에 해악을 끼치지 못하며, 치명적인 독을 삼킬지라도 그것이 당신을 해치지 못합니다. 당신은 악에게 굴복당하지 않을 것입니다. 당신은 솔깃한 유혹에 끌려가지 않을 것이며, 심한 박해에 겁먹지 않을 것입니다. 세상에 있는 자보다 당신 안에 계시는 그분이 더 강하시기 때문입니다. 사탄이 당신을 공격할 것이며, 그의 무기들은 치명적입니다. 하지만 당신은 모든 면에서 그를 격퇴할 것입니다. 당신은 사자와 독사를 밟을 것이며, 젊은 사자와 용이 당신의 발 아래에 짓밟힐 것입니다. 설혹 하나님께서 욥에게 그렇게 하셨듯이 당신으로 하여금 잠시 동안 심한 시련을 겪도록 허용하신다 하더라도, 그리고 마귀가 세상의 모든 도움을 받아서 당신의 영적 생명을 파괴하려고 시도하여도, 가난의 거름 무더기에 방치되거나 질병의 딱한 처지에 놓이게 되어도, 당신의 영혼은 여전히 거룩한 생명을 유지할 것입니다. 그리고 당신은 그 모든 것에도 불구하고 하나님을 찬송하고 높이는 것으로써 영적 생명의 승리를 입증할 것입니다. 우리 앞에 어떤 일이 닥칠는지 우리는 거의 알지 못합니다. 번영의 가파른 언덕을 오를 수도 있습니다. 미끄럽고도 위험하겠지만, 우리는 살 것입니다. 역경의 깊은 물 속으로 가라앉을 수도 있습니다. 큰 물결과 파도가 우리를 덮치겠지만, 우리는 살 것입니다. 역병이 퍼진 오류(error)의 습지대를 횡단할 수도 있고, 혹은 불신앙의 타는 듯한 사막을 통과해야 할지도 모릅니다. 하지만 신적인 생명은 사망의 영토 한가운데에서도 살아 있을 것입니다. 미래가 밝든지 어둡든지, 우리는 삶의 어느 페이지도 그냥 넘기기를 바라지 않습니다. 우리가 최상으로 평가하는 것, 즉 우리의 영적인 생명은 그리스도와 함께 하나님 안에 감추어져 있기 때문에 어떤 해도 미치지 못하며, 우리는 살아 있을 것입니다. 오랜 세월을 사는 것이 우리의 몫이라면, 우리의 면류관은 우리가 길고도 힘겨운 싸움을 다 싸울 때까지는 보류될 것입니다. 혹시 갑작스런 죽음이 이 땅에서 우리 시련의 때를 단축시킨다 해도, 우리는 이 말씀의 약속대로 충만한 삶을 살게 될 것입니다.

3. 그 생명이 안전한 이유

세 번째 요지는 그 영적 생명이 안전한 이유(the reason for the security of the spiritual life)입니다. 여기에서 제시된 이유는 이것입니다. "이는 내가 살아 있고 너희도 살아 있겠음이라.” 그리스도께서는 본질적으로 하나님과 같은 생명을 가지셨습니다. 그리스도는, 사람으로서, 일생의 사명을 수행하시고 인간의 죄를 완전히 속죄하셨기 때문에, 더 이상 죽지 않으십니다. 죽음이 더 이상 그분을 지배하지 못합니다. 그분의 생명이 우리에게 전해졌고, 우리 역시 살 것이라는 보증이 되었습니다.

먼저, 이것이 신자의 영적 생명의 유일무이한(the sole) 이유임을 주목하십시오. “이는 내가 살아 있고(because I live) 너희도 살아 있겠음이라.” 영혼이 용서받는 수단은 예수님의 보혈 안에서 발견됩니다. 영혼이 영적 생명을 획득하는 이유는 무엇보다도 그리스도의 완성된 사역 안에서 발견됩니다. 그리고 그리스도인이 죽음에서 소생한 이후에 지속적으로 사는 유일한 이유는, 사시고 죽으셨다가 영원토록 사시는 예수 그리스도 안에 있습니다. 내가 그리스도께로 처음 올 때, 나는 그분 안에서 모든 것을 발견해야 하는 것을 압니다. 나에게 아무것도 없음을 느끼기 때문입니다. 그러나 나의 전 생애동안 처음과 마찬가지로 절대적 의존(absolute dependence)을 인정해야 합니다. 나는 여전히 그분에게서 모든 것을 찾아야 합니다. “나는 포도나무요 너희는 가지라 그가 내 안에, 내가 그 안에 거하면 사람이 열매를 많이 맺나니 나를 떠나서는 너희가 아무것도 할 수 없음이라”(요 15:5). 유혹은 우리가 예수님을 바라보고 생명을 찾은 이후에 찾아옵니다. 미래에는 우리가 우리 안에 있는 어떤 수단으로써, 혹은 그리스도와는 별개로 어떤 추가적인 보충으로써, 영적 생명을 유지해야 하는 것으로 상상하는 것입니다. 하지만 그래서는 안 됩니다. 지난 과거와 마찬가지로 미래의 모든 과정에서도, 영적 생명은 주 예수님의 인격과 사역 안에 싸여 있습니다. 그분이 죽으셨기 때문에 우리가 용서받았습니다. 그분이 사시기 때문에 우리가 삽니다. 우리의 모든 생명은 길이요, 진리요, 생명이신 그분 안에 있습니다. 그리스도인의 생명은 그의 기도에 의존하는 것이 아닙니까? 기도하기를 멈춘다면 그를 그리스도인이라 할 수 있을까요? 우리는 그리스도인의 영적 건강은 그의 기도에 달려 있다고 대답합니다. 하지만 그 기도는 다른 무언가에 의존하고 있습니다. 시계 바늘이 움직이는 이유는 우선적으로 그 바늘을 돌게 하는 작은 태엽에서 발견됩니다. 하지만 원초적인 원인은 큰 태엽이나 추(錘)에서 찾을 수 있으며, 그것이 모든 작동의 근원입니다. 많은 이차적인 원인들이 영적 생명을 지탱하는 경향이 있습니다. 하지만 일차적인 원인은, 가장 우선적이고 가장 중요한 원인은, 예수님이 사신다는 것입니다. "나의 모든 근원이 네게 있다 하리로다"(시 87:7). 예수님이 사시기에, 그분이 성령을 보내십니다. 성령이 오셨기에, 우리가 기도합니다. 우리의 기도가 우리의 영적 생명의 증거가 되는 것입니다. "하지만 영적 생명의 유지에 선한 행위들이 필수적이지 않습니까?" 물론 그렇습니다. 선한 행실이 없다면, 영적 생명의 증거가 없는 것입니다. 나무는 때를 따라 열매와 잎사귀를 내게 마련입니다. 만일 외적인 표징이 없다면 내부의 생명의 활동이 없다고 우리는 의심합니다. 하지만, 나무에 있어서 열매가 생명의 원인은 아니며, 오히려 생명의 결과입니다. 그리스도인의 생명에 있어서 선한 행위들 역시 같은 관계입니다. 선한 행위들은 자연적인 열매이지 그 뿌리는 아닙니다. 그렇다면 나의 영적인 생명이 저하될 때에 내가 무엇을 바라보아야 하겠습니까? 나는 기도 자체를 바라보아서는 안 되며, 나의 행위에서 위로를 찾으려 해서도 안 됩니다. 기도나 행위에서 내가 얼마나 쇠약한지를 발견할 수는 있습니다. 하지만 만일 내 생명이 회복되기를 원한다면, 나는 내 생명의 근원인 예수님께로 달려가야 하며, 오직 그곳에서 나는 활력을 회복할 것입니다. 이 점을 기억하도록 합시다. 우리가 구원을 얻은 것은 우리에게 있는 어떤 것이나 혹은 우리가 행한 어떤 일 때문이 아닙니다. 또한 우리가 구원의 상태에 머물 수 있는 것 역시 우리의 존재나 행위의 어떤 것 때문이 아닙니다. 사람이 구원을 얻는 것은 그리스도께서 그를 위해 죽으셨기 때문이며, 그가 계속해서 구원의 상태에 머무는 것은 그리스도께서 사시고 그를 위하시기 때문입니다. 영적인 생명이 유지되는 유일한 이유는 예수님이 사시기 때문입니다. 이것은 큰 바위 위에 올라서서, 저 아래의 모든 것을 덮고 있는 안개를 내려다보는 것과 같습니다. 만일 나의 생명이 내 속에 있는 어떤 것에 의존한다면, 그렇다면 나는 오늘 살지만, 내일은 죽을 것입니다. 하지만 나의 영적인 생명이 그리스도 안에 있다면, 그렇다면 내가 가장 어두운 상황에 처해 있을 때에도, 죄가 사납게 날뛰며 내 영혼을 위협할 때에도, 여전히 나는 저 영원히 사시는 분 안에서 살아 있을 것입니다. 그분의 생명은 결코 변함이 없기 때문입니다.

둘째로, 그것은 우리의 생명을 위한 **충분한**(sufficient) 이유입니다. "이는 내가 살아 있고 너희도 살아 있겠음이라." 그리스도께서 사시는 것으로 충분히 신자들을 살게 만들 수 있습니다. 왜냐하면 우선, 그리스도의 생명은 자기 백성의 죄를 사면하신 그분의 사역의 완성을 입증하기 때문입니다. 만일 그분이 자기 백성들의 죄를 완벽하게 속죄하지 못하셨더라면, 그분은 이 시간까지도 무덤에 있었을 것입니다. 하지만 그분이 죽은 자 가운데서 살아나신 것은 곧 하나님의 증언이며, 하나님께서 자기 아들의 속죄를 받아들이셨다는 것을 입증합니다. 그분의 부활은 우리에게는 완벽한 무죄방면입니다. 만일 살아 계신 그리스도께서 우리 속죄의 완성이시라면, 하나님께서 그리스도의 부활로써 영원히 제거되었다고 선언하신 그 죄 때문에 다시 우리를 정죄하시겠습니까? 만일 예수님이 사시면, 어찌 우리가 죽을 수 있습니까? 하나의 죄에 두 가지의 죽음, 곧 그리스도의 죽음과 그분이 위해서 죽으신 자들의 죽음이 있단 말입니까? 하나님께서 구주께 그런 부당한 일이 일어나는 것을 금하십니다. 예수님이 사신다는 바로 그 사실이 우리의 죄가 속죄되었음을 입증하며, 우리가 무죄가 되었으며, 따라서 죽지 않는다는 것을 입증합니다.

예수님은 그분을 머리로 삼는 자들의 대표자이십니다. 대표자가 사시는데, 그분이 대표하시는 자들이 죽겠습니까? 어떻게 사시는 분이 죽은 자들을 대표할 수 있겠습니까? 오직 그분의 생명에서 나는 나 자신의 생명을 봅니다. 마치 레위가 아브라함의 허리에 있었듯이, 모든 성도는 그리스도의 허리에 속해 있으며, 그리스도의 생명은 그분의 모든 백성들의 생명을 대표합니다.

더 나아가, 그분은 자기 백성의 보증자로서, 증서와 맹세로써 구속받은 자들을 본향으로 안전히 데려가십니다. 그분이 친히 하신 선언입니다. "내가 그들에게 영생을 주노니 영원히 멸망하지 아니할 것이요 또 그들을 내 손에서 빼앗을 자가 없느니라"(요 10:28). 그분이 자신의 언약의 증서를 파기하실까요? 그분의 보증서가 바람에 날려가 버릴까요? 그럴 일은 없습니다. 예수님이 사신다는 그 사실이 우리의 생명을 영원토록 보증합니다. 기억하십시오. 만일 그분이 위하여 죽으시고 또한 그분이 영적 생명을 주신 백성들 중 하나라도 결국에 죽게 된다면, 그리스도께서는 자신의 뜻을 이루지 못하신 것이 되며, 그런 상상을 하는 것조차 심각한 불경이 될 것입니다. 그분이 오셔서 행하신 일을 그분은 앞으로도 행하실 것입니다. 아버지께서 그분에게 주신 자들을, 그분은 자기 수고의 보상으로 모두 소유하실 것입니다. 값 주고 사신 것을 헛되이 잃어버리지 않으실 것입니다. 그분이 나무에 달려 보여주신 놀라운 구속은 결코, 조금이라도, 실패로 돌아가지 않을 것입니다. 그분의 생명은, 그분의 수고가 끝났음을 입증하고, 그분이 수고의 보상으로 얻은 자기 백성의 구원이 확실하다는 것을 보증합니다. 내 형제들이여, 그리스도께서 영적 생명을 주신 자들 중 하나라도 궁극적으로 거기에서 떨어져 나가 죽게 된다면, 그것은 그분에게 그들을 지킬 능력이 없거나 혹은 그럴 의지가 없었다고 논박하는 것이나 다름없습니다. 그분에게 능력이 부족하다고 우리가 상상이나 할 수 있습니까? 그렇다면 그분이 어찌 전능의 하나님이시겠습니까? 그분에게 자기 백성을 지킬 의지가 없습니까? 그런 일을 상상이나 할 수 있습니까? 그런 반역적인 생각을 버리십시오! 그분은 진정 하실 수 있는 일을 바라시고, 또한 바라시는 일을 능히 하실 수 있습니다. 세상에 있는 동안 그분은 자기 사람들을 지키셨습니다. 자기 사람들을 끝까지 사랑하셨습니다. 그분은 "어제나 오늘이나 영원토록 동일하십니다"(히 13:8). 그분은 자기 백성 중 하나라도 멸망하는 일을 용인하지 않으실 것입니다.

영적인 생명을 가진 모든 사람이 그리스도 예수와 하나로 연합하였습니다. 이 점을 깊이 생각해 보십시오. 큰 용기를 얻을 것입니다. 예수님은 저 신비스러운 몸의 머리이시며, 그들은 그분의 지체들입니다. 그리스도의 신비의 몸의 지체들 중 하나라도 죽게 된다면, 공손한 마음으로 말하지만, 바로 그 순간부터 그리스도는 온전한 그리스도가 아닙니다. 몸이 없는 머리가 무엇이겠습니까? 너무 끔찍하지 않겠습니까? 오직 지체 중의 일부분만 있는 머리가 무엇이겠습니까? 분명 온전하지 못한 모습입니다. 온전한 몸을 구성하려면 모든 지체들이 있어야 합니다. 그러므로 우리는 이렇게 단정할 수 있습니다. 그대 형제여, 비록 당신이 스스로 생각하기에 몸의 가장 비천한 부분이라 할지라도, 그럼에도 불구하도 당신은 전체의 완전을 위해서 꼭 필요한 존재입니다. 그리고 그대 자매여, 비록 당신이 스스로를 몸의 아주 천한 지체들 중 하나에 불과하다고 생각할지라도, 당신은 거기에 있어야 합니다. 그렇지 않으면 그 몸은 온전하지 못하게 되고, 그리스도는 온전한 그리스도가 되실 수 없는 것입니다. 머리이신 그분으로부터, 생명이 각 지체들에게로 흘러들며, 그 머리는 완벽한 몸의 완벽한 머리로서 사시며, 또한 모든 지체들 역시 그렇게 사는 것입니다. 우리가 종종 말했듯이, 사람의 머리가 수면 위에 있는 한, 그 사람의 지체들은 익사당하지 않습니다. 그와 마찬가지로 우리의 머리이신 분이 영적인 죽음이 도달할 수 없는 저 위에 계시는 한, 그 어떤 무기도, 그 어떤 해악도, 지옥의 모든 화염도, 우리 속에 있는 영적 생명을 해치거나, 파괴하거나 태울 수 없습니다. 그 생명은 예수 그리스도 우리 주와 뗄 수 없는 하나이기 때문에 결단코 안전한 것입니다. 이 얼마나 큰 위로인지요!

우리 속에 새롭게 태어난 생명이 영원토록 지속되는 유일하면서도 충분한 이유가 바로 여기에 있습니다. "이는 내가 살아 있고 너희도 살아 있겠음이라."

　　또한 이 이유가 영속적인(abiding) 이유임을 기억하도록 하십시오. "이는 내가 살아 있고 너희도 살아 있겠음이라." 어느 때에나 동일한 힘을 가지는 이유입니다. 이유들이 다양하면 결과들도 다양합니다. 하지만 지속적인 이유들은 지속되는 결과를 낳습니다. 예수님은 항상 살아 계십니다. 사랑하는 형제여, 어제 당신의 마음은 그분과의 교제 안에서 크게 고무되었고, 산꼭대기 위에 서 있는 듯했습니다. 그 때 당신의 마음은 기뻤고, 당신의 영혼은 즐거워했으며, 이렇게 말할 수 있었습니다. "나는 그리스도 안에서 산다." 오늘, 어둠이 개입하였고, 당신은 어제와 같은 내적 생명의 활동들을 느끼지 못합니다. 하지만 그렇다고 해서 그 생명이 거기에 없다고 결론내리지 마십시오. 당신의 증거가 무엇입니까? 당신에게 언약의 무지개가 무엇입니까? 바로 예수님이 살아 계신다는 것이 아닙니까? 당신은 그분이 사시는 것을 의심합니까? 그러지는 않을 것입니다. 당신이 그분을 신뢰한다면, 당신이 사는 것도 의심하지 마십시오. 당신이 사는 것은 그분이 사시는 것만큼 확실하기 때문입니다. 또한 당신이 살 것을(shall live) 믿으십시오. 그것 역시 그분이 사시는 것만큼 확실한 사실입니다. 하나님께서는 노아에게 땅을 멸하지 않으시겠다는 한 증거를 주셨습니다. 그것은 무지개였습니다. 하지만 그 때에도 무지개는 종종 보이지 않았습니다. 무지개가 구름 속에 가리어지는 어떤 특정한 상황들이 있었습니다. 형제여, 당신은 성경의 본문 속에서 하나님의 언약의 증표를 받았으며, 그것은 언제나 보이는 것입니다. 그것이 나타나게 하려고 굳이 태양이나 소낙비가 필요하지 않습니다. 살아 계신 그리스도가 당신도 역시 산다는 증표입니다. 하나님께서 이스라엘에게 해와 달의 증표를 주셨습니다. 그분은 만일 낮에 해가 비치고 밤에 달이 비치는 법도가 폐하여지지 않는 한 이스라엘 자손을 버리지 않겠다고 말씀하셨습니다(참조. 렘 31:36-37). 하지만 해와 달이 보이지 않을 때도 있습니다. 그러나 당신이 가진 증표는 해와 달이 보이지 않을 때조차도 선명합니다. 그리스도께서 언제나 살아 계시기 때문입니다. 당신이 낙심될 때, 기도할 수 없을 때, 신음소리조차 내기 어려울 때, 한 가지 소원을 아뢰기조차 힘겨울 정도로 영적 생명이 희박해질 때, 그 때에도 당신이 예수님 곁에 붙어 있기만 한다면, 아버지 우편에 계신 그리스도 안에 생명이 있는 것처럼 확실히 당신 속에도 생명이 있는 것입니다.

마지막으로, 그것은 아주 **교훈적인(instructive)** 이유입니다. 그것은 많은 면에서 우리를 교훈합니다. 그 중에 세 가지만 언급하도록 하겠습니다. 그것은 그리스도의 겸손을 찬미하도록 우리에게 가르칩니다. 두 개의 대명사를 보십시오. "너희"와 "나"입니다. 그 둘이 서로 접촉할 수 있습니까? 예, 여기서 그 둘은 서로 밀접한 관계에 있습니다. 여기서 "나"는 스스로 있는 자(I AM)로서 무한하신 분이십니다. "너희"는 덧없는 피조물들입니다. 하지만 '무한자인 나(I the Infinite)'가 '유한자인 너희(you the finite)'에게 다가와서 연합하였습니다. '영원한 나(I the Eternal)'가 '덧없는 너희(fleeting you)'의 손을 잡고서, "내가 살기 때문에 너희도 살게 하리라"고 말합니다. 뭐라고요? 나와 그리스도 사이에 그런 결속이 있단 말입니까? 그분의 생명과 나의 생명 사이에 그런 연결이 있단 말인가요? 그분의 이름을 찬미하고, 그분의 무한한 겸손을 찬양합니다!

다음으로, 그것은 우리에게 풍성한 감사를 요구합니다. 그리스도가 아니라면 우리는 허물과 죄 가운데 죽은 자들입니다. 우리의 타락의 밑바닥을 쳐다보십시오! 하지만 그리스도 안에서 우리는 살았고, 그분의 생명으로 살게 되었습니다. 우리가 오르게 된 높이를 바라보십시오. 그리고 이 무한한 은혜에 합당한 감사를 드리십시오. 할 수 있다면 지옥의 밑바닥에서 천국의 높은 곳까지 측량해 보고, 당신을 죽음에서 생명으로 옮기신 그분께 큰 감사를 드리십시오.

마지막 교훈으로, 예수님과의 가까운 교제의 중요성을 직시하십시오. 그리스도와의 연합은 당신을 살게 합니다. 그 연합을 계속해서 즐거워하고 누림으로써, 당신의 생명을 분명히 인식하고 누리십시오. "당신께로 더 가까이, 나의 주님이시여, 당신께로 더 가까이 하게 하소서"라는 기도로 올해를 시작하십시오. 영적인 생명에 대해 더 많이 생각하고, 곧 끝나버릴 이 가련한 육적인 생명에 대해서는 좀 더 적게 생각하십시오. 영적인 생명을 증대시키기 위해서 생명의 원천으로 가십시오. 예수님께로 가십시오. 당신이 한 일보다 그분을 더 많이 생각하고, 그분에게 더 많이 기도하고, 당신의 간구를 올릴 때에 그분의 이름을 더 많이 활용하십시오. 그분을 더 잘 섬기고, 모든 면에서 그분을 닮아가도록 힘쓰십시오. 올해에 더욱 진보하십시오. 생명이란 자라는 것입니다. 당신의 생명은 그리스도에게 더 가까워짐으로써만 자랍니다. 그러므로 저 의의 태양 빛 아래에 사십시오. 시간은 당신을 그분 가까이로 데려갈 것이고, 당신은 곧 그분이 계시는 천국에 있게 될 것입니다. 은혜 또한 당신을 더욱 그분 가까이로 데려가도록 하십시오. 새로운 은혜가 임하면서 그분의 사랑을 더욱 맛보고, 그분에게 당신의 사랑을 더 많이 드리고, 그분과 더 많이 교제하도록 하십시오. 그분 안에 거하십시오. 그분의 말씀이 지금부터 영원토록 여러분 안에 거하기를 빌며, 또 여러분 모두가 그분에게 큰 기쁨이 되기를 바랍니다. 아멘.

제
58
장

—

복음의 황금 사슬

—

"예수께서 대답하여 이르시되 사람이 나를 사랑하면 내 말
을 지키리니 내 아버지께서 그를 사랑하실 것이요 우리가
그에게 가서 거처를 그와 함께 하리라." — 요 14:23

이것은 복음을 경험하는 복된 사슬입니다. 이 본문은 세상 사람들 곧 이 땅
의 삶에서 자기 분깃을 가진 사람들을 향하여 하신 말씀이 아닙니다. 오직 택하
신 자들, 부름받은 자들, 신실한 자들, 곧 그리스도의 제자라는 내적인 영역 안으
로 들어오고, 그분의 왕국의 신비를 이해하도록 가르침을 받는 자들에게 하신
말씀입니다. 이 말씀은 가룟인 아닌 유다의 질문에 대한 대답으로서, 그 질문은
그리스도께서 어찌하여 자신을 제자들에게는 나타내시고 세상에는 나타내지 않
으시는지에 대한 것입니다. 그리스도께서는 이 말씀으로써 그분에게 속한 백성
에게는 어떤 분명한 표지와 징표들이 있을 것임을 설명해주셨습니다. 그들은 그
분을 사랑하는 자들일 것이며, 그분의 계명을 지킬 것이며, 그리하여 아버지의
사랑을 얻을 것입니다. 그리고 아버지와 아들이 이 사랑스럽고 순종적인 제자들
에게로 오셔서, 그들과 거처를 함께 하실 것입니다. 하나님께서는 우리들 모두
가 여기에 언급된 각 단계들을 밟을 수 있으며, 그리하여 주님께서 세상에는 자
기를 나타내지 않으시되 우리에게는 자기를 친히 나타내시리라는 것을 인정하
십니다!

내가 여러분에게 말하고자 하는 주제는, 사람들 없이 설교자 혼자서는 다룰

수가 없습니다. 내가 이와 같은 주제를 다루는 동안 반드시 하나님의 백성들이 영으로 나와 함께 있어 주어야 합니다. 영국 교회의 예배 중에서, 어떤 곳에서는 성직자가 "나를 따라서 하시오"라고 말하는 곳도 있다는 것을 여러분은 알 것입니다. 그렇게 함으로써 목사 혼자서 기도문이나 신앙 고백을 말하는 것이 아니라, 그가 일종의 선창자(先唱者)로서, 나머지 회중을 인도하는 것이지요. 비슷한 방식으로, 나는 하나님의 백성들인 여러분이 성령의 도우심을 따라서 모든 생각과 힘을 이 말씀에 기울여 주기를 바라며, 나와 함께 이 영적인 단계들을 하나씩 밟아서 올라갈 수 있기를 바랍니다. 그리하여 여러분의 교제가 아버지와 그의 아들 예수 그리스도와 함께 하는 교제가 되기를 바랍니다.

1. 그리스도를 사랑하라.

우리의 본문에서 이 복음의 황금 사슬의 첫 번째 고리는 이렇게 시작됩니다. 즉 "그리스도를 사랑하라"입니다. "사람이 나를 사랑하면(If a man love Me)."

나에게는 이 "만일(if)"이 우리 본문의 입구에 서 있는 듯이 보입니다. 마치 어떤 궁전의 정문에서, 들어와서는 안 될 사람을 들어오지 못하게 막는 파수병처럼 보입니다. 이 "만일"을 여기 참석한 회중들에게 돌린다면, 이 집에 있는 모두가 주 예수 그리스도를 사랑하지는 않을 것입니다. 나로서는 그것이 염려됩니다. 만일 당신이 주 예수님께서 "네가 나를 사랑하느냐"라고 친히 물으시는 질문에 긍정적으로 답하지 못한다면, 당신은 이 구절의 나머지 부분과 아무런 관계가 없습니다. 진정 당신에게 그리스도를 향한 사랑이 없다면, 성경에서 계시된 특권들 중에서 어느 것 하나가 당신과 관계가 있겠으며, 혹은 거기에 약속된 은혜들 중에 그 무엇이 당신에게 해당되겠습니까? 그러므로 저 "만일"은 칼집에서 뽑은 칼과 같으며, 에덴 동산의 동쪽에서 불법적인 침입자를 막는 그룹 천사들과도 같습니다. 만일 당신이 주 예수 그리스도를 사랑하지 않으면 당신에게는 본문으로 들어갈 어떤 권리도 없습니다. "만일(lf) 사람이 나를 사랑하면."

사랑하는 청중이여, 당신은 주님을 사랑합니까? 그 질문을 곁에 두고서, 그분 앞에서 정직하게 대답해 보십시오. 왜냐하면 그분을 사랑하는 체하지만 실제로는 그렇지 않은 사람들이 더러 있기 때문입니다. 어떤 이들은, 요란하게 신앙을 공언하지만, 그들의 언어는 위선적입니다. 그들의 행위가 그 말과 일치하지 않기 때문입니다. 당신은 진심으로 주 예수님을 사랑합니까? 그분은 당신의 사랑을 받을 충분한 자격이 있으십니다. 여기 있는 회중 가운데 어느 누구도 이 질문을 그냥 지나치지 말기를 바랍니다. "네가 나를 사랑하느냐?"

또한 오직 고백으로만 그리스도의 제자인 사람들도 더러 있습니다. 그들이 그분에게 드리는 것이라고는 그분의 가르침에 대한 차가운 동의가 전부입니다. 그들의 머리는 신념으로 차 있고, 또한 그들의 삶이 그들의 신앙 고백과 전적으로 불일치하는 것은 아닙니다. 하지만 그들의 마음은 죽었습니다. 혹은 살아 있다고 하더라도, 마치 라오디게아 교회처럼 차지도 않고 뜨겁지도 않으며 미지근할 뿐입니다. 그것은 그리스도께서 혐오하시는 상태입니다. 그분은 우리 마음의 보좌를 차지하셔야 하고, 무엇보다 사랑을 받으셔야 합니다. 그렇지 않으면 우리에게 참된 기독교의 본질이 결핍되어 있는 것입니다.

"사람이 나를 사랑하면"이라고 그리스도께서 말씀하십니다. 여러분은 그분을 사랑하십니까? 물론 그러기도 해야겠지만, 나는 여러분이 그분의 신분이나 직무들을 사랑하느냐고 묻는 것이 아닙니다. 여러분은 그 선지자(the Prophet), 제사장(the Priest), 왕(the King), 목자(the Shepherd), 구주(the Saviour), 그 외에 그분이 취하신 신분들을 사랑합니다. 이러한 호칭들 각각은 여러분의 귀에 음악처럼 들립니다. 하지만 여러분은 그리스도 그분 자체를 사랑하십니까? 나는 여러분이 그분의 사역, 특히 헤아릴 수 없는 은혜들을 포함하고 있는 저 위대한 구속의 일을 사랑하는지를 묻지 않겠습니다. 물론 여러분이 그러기를 바랍니다. 하지만 여기서 말하는 것은 그리스도께 대한 인격적인(personal) 사랑입니다. 예수님이 말씀하십니다. "사람이 나를 사랑하면." 여러분은 그리스도께서 여전히 살아 계시고, 하늘에 오르셨으며, 곧 아버지의 영광과 천사들과 더불어 다시 오실 것임을 개인적으로(personally) 믿고 있습니까? 형제여, 자매여, 말해 보십시오. 당신은 그분을 사랑하십니까? "만일", "만일 사람이 나를 사랑하면"이라고 그리스도께서 말씀하십니다. 그렇다면, 비록 만족스럽게 대답하지 못하는 것을 안다고 하더라도, 우리들 각자가 스스로에게 그 질문을 제기해 보고서 이렇게 말하는 것이 정당하고 지혜로울 것입니다.

"예, 제가 당신을 사랑하며, 또한 경배하나이다.
오, 당신을 더욱 사랑하도록 은혜를 주소서!"

이 문제에 관해 조금이라도 의혹이 있다면, 우리는 그 질문을 다시, 정확하게, 거듭 반복해서 제기해야 하며, 명확한 대답을 할 수 있을 때까지 그 질문에서 빠져나가려 해서는 안 됩니다. 나의 마음이여 대답하라, 너는 구주를 진정으로 사랑하는가? 형제들과 자매들이여, 스스로에게 이 질문을 제기하십시오. 만일 여러분이 그분을 사랑한다면, 마치 강력한 간헐천 곧 아주 높이까지 분출되는 온천수처럼, 여러분의 사랑도 힘차게 분출되게끔 하십시오. 여러분의 사랑의 온천수가 예수님에게까지 튀어 오르고, 여러분 각자가 그분에게 이렇게 말할 수 있기를 바랍니다.

> "나의 예수님, 제가 당신을 사랑합니다.
> 당신이 나의 주님이심을 제가 압니다.
> 당신을 위해 모든 어리석은 죄를 버리나이다.
> 당신은 나의 구주, 나의 은혜로우신 구속자이십니다.
> 오, 나의 예수님,
> 제가 당신을 진정 사랑한 적이 있다면, 바로 지금입니다."

만일 여러분이 그렇게 고백할 수 있다면, 이런 고백도 할 수 있을 것입니다.

> "살아서도 당신을 사랑할 것이며,
> 죽어서도 당신을 사랑할 것입니다.
> 죽음의 차가운 이슬이 내 이마 위에 떨어질 때에도,
> 숨쉬는 동안에는 당신을 찬양하겠나이다.
> 오, 나의 예수님,
> 제가 당신을 진정 사랑한 적이 있다면, 바로 지금입니다."

기억하십시오. 만일 당신이 그분을 사랑한다면, 그분이 먼저 당신을 사랑하셨음에 틀림없습니다. 그분의 오래된 사랑을 생각하십시오. 땅이 생기기 전부터 당신에게 고정된 오랜 사랑을 생각해 보십시오. 그분이 오래 전 당신의 미래를 내다보셨을 때, 그리고 당신이 아담의 비참한 타락의 상태에 처하게 될 것을 보시고 또한 당신 자신의 개인적인 범죄들을 미리 보셨을 때에도, 그 모든 것에도 불구하

고 그분은 당신을 사랑하셨습니다. 그분을 생각하십시오. 때가 찼을 때, 스스로 영광을 내려놓으시고 저 무한한 위엄의 보좌에서 천한 구유에까지 내려오셨고, 한 아기의 모습으로 연약함 속에서 강보에 싸이셨던 그분입니다. 당신을 위해 하나님으로서 육신이 되신 그분을 사랑하지 않으렵니까? 그분의 전 생애를 통해서 그분을 생각해 보십시오. 가난한 일생이었습니다. 그분에게는 머리 둘 곳조차 없었으니까요. 거절당한 삶이었습니다. "자기 땅에 오매 자기 백성이 영접하지 아니하였으니" 말입니다(요 1:11). 고통의 삶이었습니다. 우리의 질고를 짊어지셨기 때문입니다. 수치와 능욕을 당한 삶이었습니다. 사람들에게 멸시받고 거절당하셨기 때문입니다. 겟세마네 동산에 계셨던 그분을 생각해 보시겠습니까? 땀방울을 핏방울처럼 흘리시는 그분을 보십시오. 들으심을 얻기까지 하나님께 호소하시는 그분의 신음소리를 듣고 그분의 눈물을 보십시오. 당신의 마음에 사랑이 솟아나지 않습니까? 재판정까지 그분을 따라가 보십시오. 당신이 견딜 수 있다면, 선동과 신성모독이라는 죄명으로 그분을 고소하는 소리들을 들어보십시오.

다음에 저 군인들을 보십시오. 그들이 그분의 얼굴에 침을 뱉고, 갈대를 제왕의 홀(笏)인양 그분의 손에 쥐어 주고, 가시로 만든 관을 머리에 씌워주며 그분을 희롱합니다. 끌려가서 매를 맞으시고 마침내 살이 잔혹한 채찍에 찢겨나가는 그분을 보십시오. 말로 형용할 수 없는 수모와 고통을 겪으셨습니다. 좀 더 멀리 그분을 따라가 보십시오. 그리고 십자가 아래에 서서 그분의 손과, 발과, 옆구리에서 흘러내리는 진홍빛 시내를 보십시오. 저 병사들이 그분의 심장을 찌를 때, 일어서서 그분을 보십시오. 당신의 용서와 죄 씻음을 위해 피와 물을 쏟으시는 그분을 보십시오. 그분이 이 모든 일을 당신을 위해 참으셨습니다. 그런데도 당신은 그 보답으로 그분을 사랑하지 않는 것입니까? 좀 더 그분이 가신 발자취를 따라가 볼까요? 그분은 당신을 위해 무덤에서 일어나셨고, 당신을 위해 하늘에 오르셨으며, 당신을 위해 커다란 선물들을 획득하셨습니다. 그리고 저기 아버지 앞에서, 그분은 당신을 위해 간구하십니다. 그리고 그곳에서 그분은 만왕의 왕이시며 만주의 주로서 모든 만물을 다스리십니다. 그곳에서 그분은 자기 백성들을 위하여 많은 거처들을 예비하시고, 다시 두 번째로 지상에 오실 준비를 하십니다. 자기 백성들을 영접하시어, 그분이 계시는 곳에서 그들도 영원토록 함께 있도록 하시기 위해서입니다. 이 모든 것을 생각하며 주님을 사랑하시기 바랍니다. 그분의 성도들이여, 그분의 피로 씻음받은 이들이여, 그분을 사랑하십시오! 흠도 점도 없는 그분의 의의 옷을 입고 있는 이들이여, 그분을 사랑하십시오! 그분을 "남편(Husband)"이라 부르는 이들, 그분과 혼인하고, 결코 뗄 수 없는 끈으로 연합된 이들이여, 그분을 사랑하십시오!

2. 그리스도의 말씀을 지키라.

이것이 여러분에게 사실이라면, 이제 다음 요점으로 넘어가도록 하겠습니다. 곧 "그리스도의 말씀을 지키기(Keeping Christ's Words)"입니다. 그리스도께서 말씀하십니다. "사람이 나를 사랑하면 내 말을 지키리니." 우리가 그분의 말씀을 얼마나 지키는지를 살펴봅시다.

우선, 우리가 그분의 말씀을 소중히 여기고 잘 간직함으로써 그분의 말씀을 지킨다고 나는 믿습니다. 형제들과 자매들이여, 그리스도께서 하신 모든 말씀을 존중하기를 바랍니다. 나는 우리가 그분 말씀의 모든 음절까지라도 소중히 여기기를 희망합니다. 복음서에 기록된 것 중에서, 그리고 성령의 감동으로 계시된 성경의 모든 페이지 중에서, 정금보다 귀하지 않은 그분의 말씀은 하나도 없습니다. 우리는 그분의 모든 말씀을 다 귀히 여겨야 합니다.

다음으로, 우리가 그리스도의 말씀을 알고자 노력함으로써 그분의 말씀을 지키는 것이라고 나는 믿습니다. 껍질을 뚫고 들어가야 알맹이를 얻을 수 있지 않겠습니까? 성령께서 여러분을 모든 진리 가운데로 인도하고 계십니까? 그게 아니면 여러분은 그저 믿음의 초보에 만족하며 머물고 있습니까? 이것이 그리스도의 말씀을 지키는 방법입니다. 즉, 그 말씀이 무엇을 의미하는지 이해하기 위해 최대한 노력하는 것입니다.

다음으로, 그 말씀의 의미를 알게 되었을 때, 그것을 마음에 간직하기 위해 노력합니까? 당신은 그리스도의 말씀을 사랑하고, 그래서 그 의미를 알고 기뻐하며, 또한 그 말씀이 그분의 가르침이기 때문에 사랑하는 것입니까? 당신은 그분의 발 아래에 앉아서, 그분이 나누어 주기 원하시는 교훈들을 기쁨으로 받습니까? 심지어 그분의 책망까지도 즐겨 듣는 단계에 이르렀습니까? 그분의 말씀이 당신에게 임하여 당신을 예리하게 책망하신다면, 그 때도 당신은 그 말씀을 사랑할 것인가요? 그리고 마음을 활짝 열어서 당신을 사랑하시는 친구의 신실한 책망을 기꺼이 받아들일 것입니까? 당신은 또한 그분의 계명들을 사랑합니까?

그분의 계명들이 당신에게 그분의 약속만큼이나 달콤합니까? 그게 아니면, 할 수만 있다면 성경에서 계명에 관계된 부분들을 잘라내고 없애버리면 좋겠다고 생각합니까? 오 형제들과 자매들이여, 예수 그리스도께서 하신 말씀 중 가장 사소한 것들이라도 세상의 모든 다이아몬드보다 더 귀하게 여겨질 때, 또한 그분의 말씀을 더 알기 원하고, 무엇이든 그분이 하신 말씀이라면 기쁘게 여길 때에, 그것이야말로 우리가 크게 은혜를 받았다는 복된 증거입니다.

"사람이 나를 사랑하면 내 말을 지키리니." 우리 주님의 이 선언은 이런 질문을 암시합니다. "우리가 그분의 말씀을 실제적으로 지키는가?" 그것은 아주 중요하며, 만일 여러분이 여기에서 넘어진다면 더 이상 나아갈 수 없을 것입니다. 실제적으로, 당신은 그분의 모든 도덕적 계명들을 지키기 위해 노력합니까? 당신의 삶 속에서, 할 수 있는 대로 그분처럼 되기 위해 애쓰고 있습니까? 혹 당신은 이기적이고, 불친절하며, 세속적이지 않습니까? 그분처럼 되려고, 그분의 본을 따라 배우고, 그분의 발자취를 따라가기 위해 애쓰고 있습니까? 정직하게 대답해 보십시오. 이것이 당신의 삶의 목적입니까? 당신은 성령에 의해 그분처럼 빚어지기를 원합니까? 복음의 계명들을 그리스도의 말씀으로 실제적으로 지키고 있습니까? 당신은 그분을 믿습니까? 그분을 믿고, 그분의 계명을 따라서 세례를 받았습니까? 세례를 받고, "이를 행하여 나를 기념하라" 하신 그분의 말씀을 따라서 그분의 성찬에 참여하고 있습니까? 혹시 당신은 발꿈치를 들고서, 이런 일들은 비본질적인 것이라고 말하고 있지는 않습니까?

사랑하는 이여, 만일 당신의 마음이 하나님께 대하여 올바르다면, 당신은 그분의 모든 말씀을 알기를 바랄 것이며, 그 말씀들을 실천하기를 원할 것입니다. 내가 지상 교회의 말에 관심을 기울일 이유가 무엇입니까? 그것은 그저 사람의 말에 불과할 뿐입니다. 오직 여러분은 그리스도의 말씀을 찾고 발견하십시오. 그분의 말씀이 당신을 어디로 인도하더라도, 비록 당신이 그 길로 인도된 유일한 사람이라고 하더라도, 그분이 인도하시는 곳이라면 어디든 따라가십시오. 진지하게 이렇게 말할 수 없다면 당신은 본문의 다음 단계로 들어갈 수 없습니다. "예, 주님, '만군의 하나님 여호와시여 나는 주의 이름으로 일컬음을 받는 자라 내가 주의 말씀을 얻어먹었사오니 주의 말씀은 내게 기쁨과 내 마음의 즐거움입니다'(렘 15:16). 제가 당신의 모든 율례와 계명 안에서 걷기를 원하며, 제 생애의 마지막 날까지 흠 없이 걷기를 원하나이다." 당신이 잘못할 수도 있고, 실수할 수도 있습니다. 죄를 범할 수도 있습니다. 하지만 당신의 마음의 의지는 반드시 그러해야 합니다. 주님을 사랑한다면, 당신은 내가 지금까지 언급했던 다양한 의미에서 그분의 말씀을 지킬 것입니다.

3. 고귀한 특권과 큰 기쁨

당신이 이 두 개의 관문을 통과할 수 있었다면, 이제 다음 관문에 도달한 셈입니다. 그 관문은 우리에게 "고귀한 특권과 큰 기쁨"이라고 말하고 있습니다. "사람이 나를 사랑하면 내 말을 지키리니 내 아버지께서 그를 사랑하실 것이요."

"내 아버지께서 그를 사랑하실 것이요", 이 얼마나 놀라운 말씀입니까! 그분이 그렇게 하시리라는 것은 분명합니다. 왜냐하면 사람이 예수님을 사랑할 때에, 그 점에서 그는 영원하신 아버지와 일치하기 때문입니다. 나의 형제들이여, 여러분은 아버지의 사랑이 그분의 독생자에게 고정되어 있다는 것을 압니다. 독생자는 신성의 본질에 있어서 아버지와 하나이시기에, 아버지는 영원 전부터 아들을 사랑하셨습니다. 더욱이 예수님께서 십자가에 죽기까지 복종하셨기 때문에(빌 2:8), 부활하시고 승천하신 우리 구주를 아버지께서 얼마나 만족스럽게 여기실지를 우리는 다 헤아릴 수 없을 정도입니다. 이것은 심오한 주제입니다. 아버지께서 그분의 영원하신 아들을 얼마나 참되고 얼마나 놀랍게 사랑하시는지, 인간의 정신으로는 그 깊이를 다 측량할 수 없으며 표현할 수도 없습니다. 그렇기 때문에, 형제들이여, 만일 우리가 예수 그리스도를 사랑하면 우리의 마음은 하나님의 마음과 일치됩니다. 아버지께서도 그분을 사랑하시기 때문입니다. 여러분이 여러분의 연약한 방식으로 예수 그리스도를 높이려고 애쓸 때, 하나님께서도 그분의 무한한 방식으로 언제나 그렇게 하고 계시다는 것을, 여러분은 느낀 적이 없습니까? 저 복되신 성령님은 지속적으로 예수님을 높이고 계십니다. 따라서 여러분이 동일한 일을 할 때, 하나님과 당신은, 비록 보폭은 일치하지 않겠지만 같은 길을 걷고 있는 것입니다. 그 점에서 당신은 하나님과 일치하고 있는 것입니다.

다음으로, 하나의 사랑의 대상을 가졌다는 점에서 아버지와 일치한다는 사실 이외에, 당신은 또한 성품과 관련해서도 그분과 일치합니다. 예수님이 말씀하셨습니다. "사람이 나를 사랑하면 내 말을 지키리니." 자, 당신이 그리스도의 말씀을 지킬 때에, 즉 성령께서 당신을 예수님께 순종하게 하시고 또한 그분처럼 되게 하실 때에, 당신은 하늘에 계신 아버지께서 당신에게 원하시는 바로 그 길을 걷고 있는 것입니다. 그래서 그분이 당신을 사랑하시는 것입니다.

이 점을 분명히 구분하도록 합시다. 나는 지금 모든 인류를 향한 하나님의 일반적인 사랑에 대해 말하고 있는 것이 아닙니다. 그 사랑은 감사하지 않는 악한 자들을 향해서도 나타나는 선의의 사랑입니다. 또한 나는 지금 택하신 자들을 향한 하나님의 본질적인 사랑에 대해서 말하고 있는 것도 아닙니다. 하나님은 그들을 영원 전부터 주권적으로 선택하셨기에, 그들의 성품과는 무관하게 그들을 사랑하십니다. 나는 지금 그분의 사랑에 대해 말하되, 특히 아버지로서 자녀들을 향하여 흡족해하시는 사랑에 대해 말하고 있는 것입니다. 여러분은 종종 여러분의 자녀들에게 이렇게 말합니다. "네가 이런저런 일을 한다면, 네 아버지는 너를 사랑할거야." 여러분은 아버지로서 자녀들을 자녀로서 사랑하는 것을 알며, 또한 설혹 자녀의 성품이 아버지가 바라는 것과 다를 때에도 그렇게 사랑해야 하는 것을 압니다. 하지만 착하고, 의무를 다하며, 순종적인 자녀에 대한 아버지의 사랑은 어떤 것일까요! 그 사랑은 아버지가 자녀에게 반복적으로 표현하는 사랑이며, 아주 상냥하고 따뜻한 말로 표현하는 사랑이며, 많은 호의를 베풀어 주는 행동으로써 보여주는 사랑입니다.

만일 자녀가 말썽부리고 고집스러운 아이라면 아버지는 그런 호의를 행동으로 나타내지 않을 것입니다. 우리들의 하늘의 아버지께서는 그분의 가정에서 지혜로운 규율을 시행하신다는 것을 잊지 말아야 합니다. 그분은 거역하는 자녀들에게 회초리를 드시고, 그분의 계명들을 지키는 자녀들에게는 미소를 보이십니다. 만일 우리가 그분의 뜻에 반하면, 그분도 우리의 뜻에 반대한다고 우리에게 말씀하실 것입니다. 하지만 우리의 길이 그분을 기쁘시게 하면, 그분이 우리에게 많은 은혜들을 베풀어 주십니다. 이 가르침은 율법적인 속박을 암시하지 않습니다. 우리는 율법 아래 있지 않고 은혜 아래 있기 때문입니다. 하지만 이것은 은혜의 법칙 아래에 있는 하나님의 집의 법칙입니다. 예를 들어, 만일 사람이 주의 계명들을 지키면, 그는 기도에 있어서 하나님이 주시는 능력을 얻을 것입니다. 하지만 사람이 습관적으로 죄 속에 살고, 혹은 이따금씩이라도 죄 속에 빠진다면, 그 사람은 기도의 응답을 얻지 못하며, 예전처럼 하나님이 그의 기도에 귀를 기울여 주시는 은혜를 얻지 못할 것입니다. 여러분이 잘 아시겠지만, 만일 여러분이 어떤 식으로든 주님의 뜻을 거스르면, 당신은 그 죄를 짓기 전에 누렸던 복음의 기쁨을 누릴 수 없게 될 것입니다. 성경은 당신에게 미소를 짓는 대신 당신을 위협하는 듯이 보일 것이며, 모든 본문과 모든 구절들이 당신을 대적하여 일어서고, 그 불붙은 글자들이 당신의 양심에 번져 타오르는 듯이 느껴질 것입니다.

주님께서 그분의 자녀들을 그들의 상태와 성품에 따라 각각 다르게 대하시는 것은 틀림없는 진실입니다. 그러므로 사람이 그리스도의 말씀을 지키는 마음 상태가 될 때, 하나님께서는 그의 성품을 보고서 흡족히 여기고 기뻐하시며, 바로 그런 의미에서 그 사람을 사랑하시는 것입니다. 아버지께서 우리를 사랑하심을 우리에게 알려 주시고, 우리에게 그 사랑을 확신시켜 주시고, 성령으로써 그 사랑을 우리 마음에 부어 주시는 때는 바로 이런 경우입니다. 섭리의 방식으로든 혹은 특별한 은혜의 방식으로든, 그분은 우리에게 특별한 호의들을 베푸실 것입니다. 그분은 우리에게 특별한 기쁨과 즐거움을 주실 것입니다. 우리의 뿔은 높이 들릴 것이며, 우리의 발은 지상의 높은 곳에 서게 될 것입니다. 모든 일들이, 심지어 시련들조차도, 하나님 앞에서 바르게 걷는 자들에게는 축복이 될 것입니다. 그렇게 되는 길은 그리스도를 사랑하는 것이며, 또한 그분의 말씀을 지키는 것입니다. 그런 사람들에 대해서 예수님이 이렇게 말씀하십니다. "내 아버지께서 그를 사랑하실 것이요."

4. 우리가 그에게 오리라.

여러분이 이 세 가지 관문을 통과하셨다면, 이제 또 다른 문에 도달한 셈인데, 그 문에는 이런 글이 새겨져 있습니다. "우리가 그에게 오리라(We Will Come Unto Him)."

여기서 주님은 독특하게도 복수 대명사를 사용하셨습니다. "우리가(We) 그에게 가서." 이는 아버지와 아들의 구별되는 인격성(distinct personality)의 증거입니다. 앞에서 나온 이 복음의 황금 사슬의 연결고리들을 잊지 마십시오. 예수님이 말씀하십니다. "만일 사람이 나를 사랑하면, 내 말을 지키리니, 내 아버지께서 그를 사랑하실 것이요." 그 다음에 "우리가 그에게 가서"라고 하는 이 은혜로운 보증의 말씀이 뒤따라옵니다. 이는 첫째로, 간격의 제거(distance removed)라는 의미가 아니겠습니까? 그 사람의 영혼과 하나님 사이에는 더 이상 간격이 없습니다. 그는 마음이 무거워지는 것을 느끼고 이렇게 말할지도 모릅니다. "나는 하나님께 가까이 갈 수가 없어." 하지만 그는 이런 위로의 메시지를 듣습니다. "우리가 그에게 오리라." 그리고 조만간, 마치 젊은 암사슴과 수사슴처럼 가로놓인 모든 산들을 뛰어넘어, 저 복되신 주님께서 오실 것입니다. 그리고 아직도 거리가 먼 때, 저 위대하신 아버지께서 자녀가 그에게로 돌아오는 것을 보시고는, 달려와서 그를 맞아주시고 그를 품에 안으실 것입니다. 그분이 오신다는 것이 얼마나 놀랍고 복된 일인지요! 그리스도와 그분의 아버지께서, 성령으로써, 너무나 은혜롭게도 믿는 자에게 방문해 주시는 것입니다. 그렇습니다. 사랑하는 이여, 만일 여러분이 그리스도를 사랑하고, 그분의 말씀을 지키면서 살고 있다면, 당신과 주님 사이의 먼 간격은 더 이상 존재하지 않을 것이며, 이 복된 말씀이 당신에게서 실현되는 것을 경험할 것입니다. "우리가 그에게 오리라."

또한, 이 말씀은 간격의 제거라는 의미뿐 아니라, 명예의 수여(honour conferred)라는 의미도 있습니다. 많은 귀족들이 왕이나 왕자를 자기 집에 초대하기 위해서 빈털터리가 되곤 했습니다. 왕을 접대하는 것은 자기 재산을 저당잡히는 것을 의미했습니다. 그것이 왕의 방문을 받는 영예의 대가였습니다. 하지만 나의 형제와 자매들이여, 그것이 우리에게는 얼마나 다른지를 보십시오. 주 예수 그리스도를 순종하며 사랑하는 자는 아버지와 아들의 방문을 받을 것이며, 그분들의 방문에 의해 그는 크게 부하게 됩니다. 그는 가난한 사람일지 모릅니다. 하지만 예수님이 말씀하십니다. "우리가 그에게 오리라." 그는 미천하고 배우지 못한 사람일 수 있습니다. 하지만 예수님이 말씀하십니다. "우리가 그에게 오리라." 사랑하는 친구들이여 여러분은 이 방문이 무엇을 의미하는지 아십니까? 아들이 오셔서 그분의 귀한 피로 당신의 양심을 씻어 주실 때 당신의 모든 죄가 용서받은 것을 느낀 적이 있나요? 시므온이 문자 그대로 행했듯이, 당신은 영적으로 예수님을 팔에 안고서 이렇게 고백한 적이 있었나요? "주재여 이제는 말씀하신 대로 종을 평안히 놓아 주시는도다. 내 눈이 주의 구원을 보았사오니"(눅 2:29-30). 당신의 믿음으로, 예수님께서 마치 당신과 한 식탁에 앉으시고 친밀하게 대화를 나누시는 듯이 가까이 느껴진 적이 있었습니까? 우리 중 어떤 이들에게는 그런 적이 있었으며, 또한 종종 그런 경험이 있습니다.

이 말씀은 또한 지식의 증대(knowledge increased)를 의미합니다. 예수님은 마치 엠마오로 가는 길에 두 제자들을 찾아오셨을 때처럼, 우리를 찾아오심으로써 자기를 우리에게 계시하셨습니다. 그에 더하여, 아버지께서 당신에게 찾아오시는 것에 대해 알고 있습니까? 거룩한 관계성 속에서, 당신이 그분의 자녀인 것을 느끼게 하시며, 마치 당신이 자녀를 사랑하듯이 그분이 진실로 당신을 사랑하시는 것을, 아니 인간의 사랑보다 훨씬 깊고도 뜨겁게 사랑하심을 깨닫게 해주시는 것에 대해 알고 있습니까? 당신은 그분의 손으로부터 오직 그분만이 주실 수 있는 선한 증거들, 은혜의 증거들을 받은 적이 있습니까? 저 거룩하신 아버지께서 당신에게 매우 가까이 오신 것을 느끼고, 하나님의 영이 당신으로 하여금 조금도 더듬거리지 않고서 "아바, 아버지"라고 부르짖게 하신 적이 있습니까? "우리가 그에게 오리라." 구주께서 오실 것이며, 아버지께서 오실 것이며, 저 복되신 성령께서 아버지와 아들을 신자의 마음속에 나타내실 것입니다.

이와 같이, "우리가 그에게로 오리라"는 말씀은 거리감의 제거, 영예의 수여, 지식의 증대를 의미합니다. 또한 그 말씀은 지원의 도착(assistance brought)을 의미합니다. 아버지와 아들이 우리에게 오시면, 우리가 더 이상 무엇을 필요로 하겠습니까? 우리 영혼에 그분이 은혜롭게 임재하시면, 우리에게는 전지하시고 전능하신 분이 함께 계신 것이며, 무한하시고 모든 것이 풍족하신 분이 우리 곁에 계신 것이며, 도움이 필요한 모든 때에 기꺼이 우리를 도울 호의를 가지신 분이 우리 편에 계시다는 것입니다.

5. 거처를 그와 함께 하리라.

본문의 마지막 절이자 가장 달콤한 부분은 이것입니다. "거처를 그와 함께 하리라(And Make Our Abode With Him)."

이 구절의 풍성한 의미를 파악할 수 있겠습니까? 예수님은 아버지와 아들이 우리를 방문하신다고 말씀하십니다. 마치 저 복되신 세 사람이 아브라함이 장막 문 앞에 앉아 있을 때 그에게 찾아오신 것과 같습니다(창 18장). 아브라함은 부지중에 여호와와 수행 천사 둘을 대접했습니다. 하지만 그들이 아브라함과 거처를 함께 하지는 않았습니다. 그들은 갈 길을 떠났으며, 아브라함은 마므레의 평지에 남았습니다. 하나님께서는 종종 아브라함을 방문하셨고, 그와 친밀하게 대화하셨습니다. 하지만 우리 구주의 약속은 그것을 뛰어넘는 것입니다. 이렇게 말씀하십니다. "우리가 그에게 가서 거처를(abode) 그와 함께 하리라." 당신이 어떤 사람과 거처를 함께 한다는 것은, 그 사람과 당신이 같은 집과 가정을 가진다는 것이며, 함께 산다는 것입니다. 본문의 경우에는, 주님께서 자기 백성들을 그분이 지속적으로 거하시는 성전으로 삼으신다는 의미입니다. "우리가 그에게 가서 거처를 그와 함께 하리라." 나는 그 말씀의 정수가 내 마음속에 들어올 때까지 이 말씀을 여러 방면으로 반복해서 숙고했습니다. 하지만 나로서는 내 생각과 마음에 있는 것을 여러분에게 다 전달할 수가 없습니다. 오직 성령께서만 그렇게 하실 수 있습니다.

이 표현이 무엇을 의미하는지를 살펴보십시오. 서로에 대한 어떠한 지식이 여기에 내포되어 있는지요! 당신은 한 사람에 대해 알기를 원합니까? 그러면 그와 함께 살아야 합니다. 그렇게 하기까지는, 당신이 그 사람에 대해 아무리 많이 안다고 생각할지라도, 그 사람을 진정으로 알지 못합니다. 하지만 오, 만일 아버지와 아들이 오셔서 우리와 함께 사신다면, 우리는 아버지와 아들을 알게 될 것입니다! 이는 육적인 생각을 가진 자들의 몫이 아닙니다. 그리스도인이라고 고백하면서도 우리 주님이 제시하신 조건들을 수행하지 않는 자들에게도 해당되지 않습니다. 오직 그것은 그리스도를 사랑하고, 그분의 말씀을 지키고, 의식적으로 아버지를 기쁘시게 하기 위한 삶을 살아가며, 성령 안에서 아버지와 아들과 교제하는 자들에게만 해당되는 일입니다. 하나님께서는 이렇게 은혜를 입은 각 사람들에게 자신의 삼위일체의 인격성을 드러내시며, 그분의 사랑과 은혜 언약 안에 있는 모든 것을 그들에게 알게 해 주십니다.

이 표현은 또한 거룩한 우정(sacred friendship)을 의미합니다. 하나님께서 사람들과 함께 거하시기 위해 오실 때 그분은 적대자들이 아니라 오직 그분을 사랑하는 자들과 함께 거하시며, 그들과 하나님 사이에 상호간의 공감이 있기 때문입니다. 오 사랑하는 이여, 만일 성부 하나님과 성자 하나님께서 진정 우리와 함께 거하기 위해 오신다면, 그것은 우리에게 놀라운 사랑과, 애정 어린 친밀감과, 가까운 우정의 증거일 것입니다! 만일 당신이 지상의 어떤 친구에게 가서 함께 거할 때에, 너무 오래 머물러서 미움을 사는 경우도 있을 수 있습니다. 하지만 하나님께서는 오셔서 함께 거하시는 그 사람의 모든 사정을 아십니다. 예수님이 "우리가 그에게 가서 거처를 그와 함께 하리라"고 말씀하신 것은, 성령이 그 사람의 마음을 깨끗이 정화시키셔서 주님을 영접할 준비가 되도록 하신 것을 아시기 때문입니다. 예레미야는 주님께서 잠시 동안만 머무는 분이 되지 마시라고 이렇게 호소했습니다. "이스라엘의 소망이시요 고난당한 때의 구원자시여 어찌하여 이 땅에서 거류하는 자 같이, 하룻밤을 유숙하는 나그네 같이 하시나이까"

(렘 14:8). 하지만 아버지와 아들께서는 우리를 그런 식으로 대하지 않으십니다. 예수님은 우리와 거처를 함께 하시겠다고 말씀하십니다. 이는 정녕 하나님과 우리 영혼 사이의 거룩한 우정을 내포하는 말씀이 아니겠습니까?

　　그 말씀은 또한 하나님 앞에서 그 사람의 완벽한 용납(complete acceptance)을 의미합니다. 누군가 당신에게 와서 당신과 함께 거한다는 것은, 당신이 그 사람을 환대한다는 것을 전제합니다. 그는 당신의 집에서 먹고 마십니다. 그리고 당분간 그는 당신과 함께 편히 지낼 것입니다. 당신은 이렇게 묻는군요. "하지만, 하나님께서 사람의 환대를 받아들이시는 일이 가능한가요?" 그럼요, 가능합니다. 그리스도께서 친히 하신 말씀에 귀를 기울여 보십시오. "볼지어다 내가 문 밖에 서서 두드리노니 누구든지 내 음성을 듣고 문을 열면 내가 그에게로 들어가 그와 더불어 먹고 그는 나와 더불어 먹으리라"(계 3:20). 오, 왕 중의 왕을 접대하는 일이 얼마나 복된 일인지요! 그분이 나의 우유와 포도주를 마시고, 내 영혼의 정원에서 재배한 상큼한 열매들을 드시는 것입니다! 내가 그분께 드리는 것들을 그분이 받아주시지 않을까요? 반드시 그러실 것입니다. 그렇지 않다면 그분이 왜 나의 집에 들어와 거하려 하시겠습니까? 아버지와 아들이 믿는 자의 영혼 안에 들어와 거하실 때에, 그 때에 그 사람이 행하는 모든 일이 용납될 것입니다. 만일 그 사람 자체가 용납된다면, 그의 생각과 말도 용납될 것이며, 그의 기도와 찬양, 또한 그리스도를 위한 그의 구제와 모든 수고들이 아버지와 아들에 의해 받아들여질 것입니다.

　　그 상태에 도달한다면 얼마나 복된 일입니까! 하나님 편에서, 우리가 드리는 것들을 받아주시면, 우리 편에서는 그분으로부터 그 일곱 배를 받게 될 것입니다. 성부 하나님과 성자 하나님께서 사람과 거처를 함께 하실 때, 그 사람이 처음 주님의 방문을 받을 때와 똑같은 상태로 지속되리라고 상상하지 마시길 바랍니다. 나의 형제들이여, 그렇지 않습니다. 주님께서는 자신의 숙박에 대해 충분한 값을 지불하십니다. 그분이 머무시는 곳에서는 그분이 손대시는 모든 것이 황금으로 변합니다. 그분이 인간의 마음속으로 들어오실 때, 그 마음이 어두웠을지 모르지만, 그분이 하늘의 빛으로 모든 어둠을 몰아내십니다. 이전에는 그 마음이 냉랭했겠지만, 그분이 강력한 사랑의 광선으로 따뜻하게 녹이십니다. 하나님의 내주하심이 없는 사람은 호렙의 떨기나무가 단순히 떨기나무에 불과했을 때와 같을 것입니다. 하지만 아버지와 아들이 그에게 찾아오실 때, 그 사람은 불이 붙었으나 타서 없어지지 않는 떨기나무처럼 될 것입니다. 주님께서 당신에게 오실 때 당신에게 천국이 임하게 하시며, 당신은 예기치 못한 천국의 기쁨으로 충만해질 것입니다. 모든 것이 당신의 것입니다. 왜냐하면 당신은 그리스도의 것이요, 그리스도는 하나님의 것이고(고전 3:23), 또한 그리스도와 하나님께서 오셔서 거처를 당신과 함께 하시기 때문입니다.

이제, "우리가 그에게 가서 거처를 그와 함께 하리라"는 우리 주님의 약속에 따르면, 거기에서 주님이 떠나지 않으시려는 의도가 포함되어 있습니다. 잠시, 이 복음의 복된 사슬의 앞부분의 고리로 되돌아가서, 만일 사람이 그리스도를 사랑하고 또한 그분의 말씀을 지킨다면, 그것이 "우리가 그에게 가서 거처를 그와 함께 하리라"는 주님의 약속과 관련되어 있음을 상기해 보십시오. 아버지와 아들이 여러분의 마음에 오셨습니까? 그렇다면, 여러분에게 당부합니다. 잠시라도 주님께서 여러분에게서 떠나실 원인이 될 만한 일을 하지 마십시오. 만일 당신이 저 거룩하신 분의 내주하심을 의식적으로 누릴 수 있기를 바란다면, 삼가 당신의 마음을 살펴서 주님으로부터 떠나는 일이 없게 할 것이며, 혹은 그분을 당신으로부터 떠나시게 하는 일이 없어야 할 것입니다. 저 사랑하는 배우자처럼 이렇게 말하십시오. "예루살렘 딸들아 내가 너희에게 부탁한다. 내 사랑하는 자가 원하기 전에는 흔들지 말며 깨우지 말지니라"(아 8:4).

아마도 여러분은 이렇게 물을 것입니다. "하지만 우리가 그분을 붙들어 둘 수 있나요? 우리가 그분을 언제까지라도 붙잡을 수 있을까요?" 그렇게 할 수 있다고 나는 믿습니다. 성령의 도움으로써, 곧 그분을 사랑하고 그분의 말씀을 지키도록 여러분을 가르치시는 분의 은혜의 도움으로써, 여러분은 몇 달이든지 몇 년이든지 항상 주님을 가까이 하고 그분과 교제할 수 있습니다. 나는 우리가 그리스도인의 교제, 그리스도인의 즐거움, 그리스도인의 풍성한 삶을 누릴 가능성과 관련하여, 너무 낮은 기준을 갖고 있다고 생각합니다. 생각할 수 있는 가장 높은 수준의 거룩함을 목표로 하십시오. 그리고 비록 여러분이 온전하지 못해도, 그에 대해 어떤 구실을 대지 마십시오. 언제나 여러분이 이미 도달한 것보다 더 높은 어떤 것, 훨씬 높은 어떤 것을 목표로 하십시오. 주님께 오셔서 영원토록 여러분과 함께 거하시도록 요청하십시오. 주님이 오셔서 함께 거하시는 이 은혜를 얻고, 그 상태만 유지한다면, 여러분은 행복한 그리스도인들이 될 것입니다. 그 상태에 이르기만 한다면, 우리는 진정 복된 교회가 될 것입니다. 하나님의 은혜의 도움으로써, 이 축복의 상태로 들어가도록 하십시오. 나의 형제여, 나의 자매여, 그렇게 하지 않겠습니까? 여러분에게 가능한 것보다 더 낮은 수준의 삶에 만족하여 살기를 원합니까? 그러지 않기를 바랍니다. 여기서 언급된 모든 단계들에 도달하고 또 오르게 되도록, 하나님께서 여러분을 도우시기를 기도합니다. "주여, 저를 도우사 예수님을 사랑하게 하소서. 내 영혼에 그분을 향한 사랑의 불을 붙여 주소서. 주여, 저로 그분의 모든 말씀을 지킬 수 있도록 하시고, 조금이라도 그분의 진리를 유희거리로 삼지 말게 하소서. 그런 다음에, 아버지여, 저를 흡족한 시선으로 바라보소서. 저로 당신의 기쁨이 될 수 있게 하소서. 제 속에 당신의 아들을 닮은 형상을 보소서, 당신께서 저로 그분을 닮도록 만드셨나이다. 그리고 아버지여, 또한 구주시여, 오셔서 영원토록 저와 함께 거하여주소서. 아멘." 진실로 이와 같은 기도를 드린다면 응답을 받을 것이며, 주께서 그 기도를 통해 영광을 얻으실 것입니다.

하지만, 오호라! 여러분 중에 많은 이들이 이 본문과 아무런 상관이 없습니다. 그리스도를 사랑하지 않기 때문입니다. 그런 사람들이 해야 할 첫 번째 일은 그분을 사랑하는 것에 대해 생각하는 것이 아닙니다. 먼저 그분을 신뢰하는 일에 대해 생각하십시오. 그리스도를 신뢰하는 것이 구원의 유일한 길이기 때문입니다. 만일 여러분이 그분을 신뢰하지 않는다면, 여러분은 구원의 길 안에 있지 않습니다. 믿지 않는 자가 어떤 자인지에 대해 생각해 본 적이 있습니까? 사도 요한은 말합니다. "하나님을 믿지 아니하는 자는 하나님을 거짓말하는 자로 만드나니, 이는 하나님께서 그 아들에 대하여 증언하신 증거를 믿지 아니하였음이라"(요일 5:10). 당신은 정말로 하나님을 거짓말하는 분으로 만들 작정입니까? 그럴 수 없습니다. 그런 생각을 잠깐이라도 하기에는 너무 끔찍합니다. 자, 그렇다면, 그분의 아들에 관한 그분의 증거의 기록을 믿으십시오. 그 증거의 기록은 그분이 우리 죄를 위한 속죄의 제물이시며, 그러기에, 만일 당신이 속죄 제물을 의지하고, 또한 속죄 제물이 되신 그분을 신뢰한다면, 당신이 구원을 받는다는 것입니다.

나는 종종 어떤 근심스러워하는 영혼이 내게 이렇게 말하는 것을 듣습니다. "하지만 목사님, 저는 믿을 수가 없어요. 믿을 수 있다면 좋겠습니다만." 그렇게 말하는 사람에게 대개 내가 하는 대답은 이렇습니다. "뭐라고요! 믿을 수가 없다고요? 지금 오십시오. 그 문제를 해결합시다. 당신은 하나님을 믿지 못합니까?

나를 믿지 못합니까?" 그러면 당연히 돌아오는 대답은 이렇습니다. "아, 예, 목사님, 제가 당신은 믿을 수 있지요!" 나는 또 이렇게 대답합니다. "예, 아마도 당신이 저를 믿는 것은 제 성품을 신뢰하기 때문이고, 또 내가 당신에게 거짓말하지 않는다고 믿기 때문이겠지요. 그렇다면, 선하고 타당한 이치에 따라 말하건대, 대체 어찌하여 당신이 하나님을 믿지 못하겠다고 말한단 말입니까? 그분이 거짓말하는 분이십니까? 당신이 '나는 당신을 믿지 못하겠어요'라고 말할 만한 어떤 원인을 그분이 제공하신 적이 있습니까? 당신의 말은 무슨 의미입니까? 당신이 하나님을 믿지 못하겠다고 하는 이유를 대 보시겠습니까? 그분이 어떤 일을 하셨기에 당신이 그분을 믿지 못하겠다는 것입니까?" 자, 대개 그런 사람들은 그 시각으로 문제를 보지 않습니다. 여전히 그들은 이 문장으로 되돌아오지요. "나는 믿을 수 없어요." 자, 좋습니다. 죄인이여, 만일 예수 그리스도께서 여기 계셔서 당신에게 이렇게 말씀하신다고 가정합시다. "나를 믿으라. 그러면 내가 너를 구원할 것이다. 내 약속을 믿으라, 그러면 너는 영생을 얻을 것이다." 당신은 그분의 얼굴을 쳐다보고서 이렇게 말할 것입니까? "나는 당신을 믿을 수 없어요." 그분이 당신에게 "왜 너는 나를 믿지 못하느냐?"고 물으시면, 당신은 어떻게 대답할 겁니까? 정녕, 사람은 참된 것을 믿을 수 있습니다. 내가 구주를 알게 된 이후로, 때때로 이런 때가 있었습니다. 아무리 해도 나의 주님을 의심할 수 없다고 여겨질 때입니다. 설혹 하늘과 땅과 지옥을 샅샅이 찾으며 돌아다녀도, 그분을 의심할 만한 한 가지의 이유도 찾을 수 없다고 여겨진 때가 있었습니다. 나는 그리스도를 신뢰하지 못할 만한 어떤 이유도 찾을 수 없다고 단언합니다. 어느 것 하나라도 생각해 낼 수 없습니다. 자, 사람들이 이유 없이 그분을 믿지 못한다고 말하는 어처구니없고, 정당하지 못하고, 비열한 행동을 계속할까요? 오호라, 그들은 그럴 것입니다.

　누군가 이렇게 말합니다. "하지만 내 영혼을 그리스도께 의지한다면, 그분이 나를 구원해 주실까요?" 그분을 시험해 보십시오. 그리고 보십시오. 당신에게는 그분이 친히 하신 약속, 즉 그분이 그분에게로 오는 자를 결단코 내쫓지 않겠다고 하신 약속의 말씀이 있습니다. 그렇기 때문에 만일 당신이 지금 이 순간 주 예수 그리스도를 믿으면, 바로 이 순간 당신은 구원을 받습니다. 더 이상 무슨 말이 필요합니까? 복되신 성령께서 당신으로 하여금, 실제적으로 하나님을 거짓말하는 자로 만드는 불신을 멈추게 하시기를 빕니다! 그리하여 당신이 지금 예수께로 나아와서, 자기 백성의 대속자요 보증이 되신 그분을 신뢰하게 되기를 빕니다! 그러면 당신의 지친 마음이 그분의 사랑의 품에서 쉼을 누리고, 영원토록 행복을 누릴 것입니다. 하나님께서 예수 그리스도를 위하여 여러분 모두에게 복을 주시길 빕니다. 아멘.

제
59
장

—

개인 교사

—

"나를 사랑하지 아니하는 자는 내 말을 지키지 아니하나니
너희가 듣는 말은 내 말이 아니요 나를 보내신 아버지의 말
씀이니라. 내가 아직 너희와 함께 있어서 이 말을 너희에게
하였거니와, 보혜사 곧 아버지께서 내 이름으로 보내실 성
령 그가 너희에게 모든 것을 가르치고 내가 너희에게 말한
모든 것을 생각나게 하리라." —요 14:24-26

아주 복된 이 장(章) 전체를 통해 사람은 초라한 모습을 드러냅니다. 말하는
사람이 누구이건, 빌립이건, 유다이건, 도마이건, 그들 각 사람은 어리석은 질문
을 하거나 혹은 그릇된 부탁을 함으로써 자신의 무지를 드러냅니다. 하지만 형
제들이여, 이 사도들은 결코 열등한 사람들이 아닙니다. 오히려 그들은 뛰어난
사람들이어서 그들과 비교하면 우리 자신이 보잘것없게 여겨질 정도입니다. 예
수님은 그들을 복음의 전령들로 삼으셨고, 그분의 교회의 중요한 건축자들이 되
게 하셨습니다. 만약 주 예수 그리스도께서 친히 개인적으로 그들에게 말씀하셨
을 때에도 그들이 그토록 무지를 드러냈다면, 우리가 큰 실수를 할 수 있다는 것
을 의아스럽게 여겨서는 안 됩니다. 또한 우리 자신이 미련하고 더디다는 것을
발견하더라도 실망해서는 안 됩니다. 만일 교회의 선조들조차도 성령으로부터
배워야 할 필요가 크게 있었다면, 하물며 우리는 얼마나 더 그럴 필요가 있겠습
니까? 만일 그들이 하나님의 영에 의해서가 아니고서는 아무것도 얻을 수 없었

다면, 하물며 우리가 그분의 가르침이 아니고서 무엇을 얻기를 바랄 수 있겠습니까? 우리의 위치는 주님 발 아래에 앉았던 마리아와 같아야 하며, 겸손히 우리 자신의 어리석음을 느끼며 주님 앞에 엎드리는 것이어야 합니다. 우리 앞에 있는 이 장(章)에는 위로의 시내가 흐르고 있습니다. 하지만 나로서는 그것이 겸손의 골짜기라고 고백합니다. 저 으뜸가는 성도들조차 홀로 남겨진다면 불쌍한 사람들에 지나지 않는다는 것을 목격하기 때문입니다.

하지만, 그와 동시에, 우리는 이 장 전체에서 자기 백성들의 연약함을 굽어살피시는 우리 하나님의 인자하심이 얼마나 아름답게 나타나는지를 볼 수 있습니다. 우리 본문의 한 구절인 26절에서, 우리는 삼위일체 전체가 믿는 자에게 역사하시는 것을 봅니다. "보혜사 곧 아버지께서 내 이름으로 보내실 성령." 성령과, 아버지와, 아들이, 택하신 자들을 깨우치시기 위해 거룩한 힘을 모으시는 것을 봅니다. 삼위일체의 각각의 위격은 다른 위격들이 더 잘 알려지도록 하기 위해 애쓰십니다. 아들은 아버지에게서 들으신 것을 말씀하시고, 성령은 아들의 것을 가지고 우리에게 계시해 주십니다. 전 삼위일체가 우리 안에서 역사하시면서, 자기의 기쁘신 뜻을 위하여 우리에게 소원을 두고 행하게 하십니다(빌 2:13). 나의 형제들이여, 우리 안에서 모든 것을 행하시는 그분(He)과 비교할 때, 우리(we) 자신이 누구인지는 그리 중요하지 않습니다. 우리가 비록 진흙에 불과할지라도, 저 위대한 토기장이께서 우리를 그분의 찬송이 되도록 빚으십니다. 중요한 것은 진흙이 무엇인가가 아니라, 토기장이가 그것으로 무엇을 만들 수 있느냐 하는 것입니다. 우리 자신의 약한 본성 때문에 낙심하지 맙시다. 오히려 우리 안에 착한 일을 시작하시고, 목적하신 일을 마치실 때까지 일을 멈추지 않으시는 하나님의 지혜와 능력을 기억하고서 기뻐하도록 합시다. 그러므로 이런 생각으로 서로를 위로하십시오. 겸손히 자기를 낮추는 자가 더욱 가르치기 쉬우며, 더 많은 것을 배울 소망이 있습니다. 여러분 자신의 무지를 고백하면서, 동시에 여러분을 가르치시는 주님의 능력을 신뢰하십시오. 여러분을 위해서도 고상한 목표가 있다는 것을 확신하십시오. 하나님께서 여러분에게, 그리고 여러분 안에서 그분 자신을 드러내실 것입니다. 그러면 여러분은 스스로에 대해서 알게 될 뿐 아니라, 하늘에 있는 통치자들과 권세들에게도 하나님의 각종 지혜를 선포할 수 있을 것입니다(엡 3:10).

이 본문을 다루면서 나는 전적으로 하나님의 성령의 능력 아래에 있기를 갈망합니다. 마음을 끌기 위해 사람의 지혜의 말을 전하려 하지 않을 것이고, 어리석게도 연설의 미사여구로 하나님의 능력의 말씀에 힘을 보탤 수 있을 것이라고 꿈꾸지도 않습니다. 오직 단순하고도 명백하게 이 본문을 통해 성령이 가르치시는 것을 전하고 싶습니다.

찬찬히 살펴볼 만한 것이 세 가지가 있는 것으로 보입니다. 한 가지는, 참된 신자의 검증(the test of a true believer)입니다. "나를 사랑하지 아니하는 자는 내 말을 지키지 아니하나니." 두 번째는, 참된 신자의 필요(the need of a true believer)입니다. 그는 성령의 가르침을 받는 것이 필요하며, 또한 동일한 은혜의 성령에 의해 기억을 새롭게 하는 것이 필요합니다. "그가 너희에게 모든 것을 가르치고 내가 너희에게 말한 모든 것을 생각나게 하리라." 세 번째로, 참된 신자의 특권(the privilege of a true believer)에 대해 생각해 봅시다. "내 이름으로 보내실 성령 그가 너희에게 모든 것을 가르치고 내가 너희에게 말한 모든 것을 생각나게 하리라."

1. 참된 신자의 검증

먼저 참된 신자의 검증에서 시작하겠습니다. 우리 각자가 검증받아야 하는 것에 동의하도록 합시다. 각 사람은 이 저울에 자신을 달아보고, 자기 무게가 얼마인지를 알도록 합시다. 주님은 각 사람의 마음을 달아보시는 분이시기 때문입니다. 자신을 결코 판단해 보지 않는 사람은 마지막 큰 날의 심판에서 망하게 될 것입니다.

성경의 다른 어떤 곳에서보다 이 본문에서, 사람들이 두 부류로 구분된다는 사실에 주의하시기 바랍니다. 중립적이거나 중간적인 부류에 대해서는 한 마디의 언급도 없습니다. 21절 말씀입니다. "나의 계명을 지키는 자라야 나를 사랑하는 자니." 24절은 그것을 부정적인 차원에서 언급하고 있습니다. "나를 사랑하지 아니하는 자는 내 말을 지키지 아니하나니." 명백하게도 세상에서 복음의 초청을 받는 사람들 중에 두 부류가 있습니다. 그리스도를 사랑하는 사람과, 그리스도를 사랑하지 않는 사람입니다. 만일 여러분이 복음을 한 번이라도 들었다면, 여러분은 결코 그것과 무관할 수 없습니다. 여러분은 그리스도의 친구가 되거나 아니면 원수가 되어야 하며, 혹은 그리스도의 제자가 되든지 반대자가 되든지 해야 합니다. 만일 한 번이라도 주 예수 그리스도께서 당신의 삶의 궤도를 스쳐 지나신 적이 있다면, 당신은 그 이후로부터는 결코 중립적일 수 없습니다. 당신은 그분을 거절하든지 혹은 영접하든지 해야 하며, 그분을 믿든지 혹은 그분을 거짓말쟁이로 만들든지 해야 합니다. 내가 여러분 각 사람에게 단순하면서도 엄숙한 진리를 전하는 것은, 어느 누구도 스스로를 이 설교의 범주에서 빠져나가지 못하도록 하기 위함입니다. 나는 그물을 아주 널리 쳐서 어떤 물고기도 이 망사(網絲) 바깥에 머물지 못하게 하기를 바랍니다. 복음이 그것을 듣는 당신에게 생명에 이르게 하는 생명의 향기가 되든지, 혹은 죽음에 이르게 하는 죽음의 냄새가 되기를 바랍니다. 이 복음으로써 당신은 판단을 받을 것입니다. 이 복음이 당신을 그리스도 예수 안에서 결코 정죄가 없는 곳으로 데려다 주거나, 혹은 당신을 하나님의 아들을 믿지 아니하므로 이미 정죄를 받은 곳에 남겨 두기도 할 것입니다. 그러므로 마치 그리스도가 계시지 않은 것처럼 살거나 죽기를 바라지 마십시오. "그분은 나와 무관하다"라고 감히 말하지 마십시오. 비록 당신이 십자가 옆을 지나치면서도 그리스도를 바라보기를 거절한다 해도, 저 십자가에 달리신 분이 당신을 바라보시고, 당신의 길에 그분의 그림자를 드리우실 것입니다. 그분의 피가 당신에게 임할 터인데, 그 피가 당신을 향하여 하나님의 아들을 죽인 자라고 외치든지, 혹은 당신을 모든 죄에서 씻기든지 할 것입니다. 당신의 주님에 대해서는, 당신이 그분을 사랑하느냐 혹은 사랑하지 않느냐가 명백히 드러날 것입니다. 반드시 그 둘 중 하나일 것입니다. 바로 이 시간 당신은 어떤 상태입니까? 이 주일에 교회당에 하나님의 백성들 중에 앉아 있는 당신은 주 예수님을 사랑하는 자입니까, 혹은 그분의 원수입니까?

하나님께서 타작마당의 키질에 복을 주셔서, 그 키질로써 쭉정이가 알곡으로부터 분리되게 해 주시기를 빕니다.

검증이란 곧 그리스도를 사랑하는 것(the loving of Christ)입니다. 그리스도를 사랑하는 것이 구원의 길은 아닙니다. 구원은 오직 믿음에 달려 있으며, 이렇게 기록된 것과 같습니다. "믿는 자는 영생을 가졌나니"(요 6:47). 하지만 믿음의 씨에서 피어나는 꽃은 사랑입니다. 또한 사랑으로써 역사하는 믿음이 아니면 참된 믿음이 아니며, 그 믿음이 마음을 깨끗하게 하지도 못합니다.

잘 보십시오. 그 사랑은 인격적입니다(the love is personal). "나를 사랑하지 아니하는 자는." 그분은 여기에서 교리에 대한 사랑을 말씀하시는 것이 아니라 그분 자신에 대한 사랑을 말씀하십니다. "나를(Me) 사랑하지 아니하는 자는." 그리스도는 인격적이시며, 그분은 우리 각 사람에 의해 개별적으로(individually) 사랑을 받으셔야 합니다. 그리스도를 단순히 역사적인 인물로 생각하지 마십시오. 왔다가 떠나신 분, 그 기억은 사랑스럽지만 인격적으로 현재적인 사랑의 대상은 될 수 없는 분으로 간주하지 마십시오. 만일 당신이 진실로 그분의 제자라면, 그리고 그분의 구원에 참여한 자라면, 당신은 그분을 사랑할 것입니다. 당신은 마치 당신의 자아처럼, 혹은 당신의 아내나 가까운 친구처럼, 그분을 살아 계신 인격체로 인식할 것입니다. 또 당신의 마음은 진실로 그분에게 매여 있을 것입니다. 당신의 애정의 담쟁이덩굴은 예수님께 꼭 매달려 있을 것이며, 그분께 꼭 붙은 채로 하나님께로 오를 것입니다. 당신은 아마도 언제나 틀림없이 그분을 사랑한다고 말하지 못할 수도 있습니다. 왜냐하면 정직하고자 하는 당신의 노력이 당신 안에 고통스러운 근심을 자아낼 수도 있고, 심지어 당신 자신의 신실함에 대해서 혐오할 수도 있기 때문입니다. 하지만 그분의 은혜에 의해 부르심을 받는다면 당신은 그분을 사랑할 것입니다. 만일 당신이 그분을 사랑하지 않으면 그분의 구원의 능력도 음미하지 못할 것입니다. 내가 방금 "나를 사랑하지 아니하는 자는"이라는 말씀을 읽었을 때, 나는 바울의 말도 반복해야 한다고 느꼈습니다. 아나테마 마라나타(Anathema Maranatha)! "만일 누구든지 주를 사랑하지 아니하면 저주를 받을지어다 우리 주여 오시옵소서"(고전 16:22). 그것은 예수님을 사랑하기를 거부하는 마음에게는 끔찍한 일이 아니겠습니까? 모든 것 중에서도 가장 사랑할 만한 대상은 예수님이십니다. 그토록 사랑스러운 분을 사랑하지 않는 것은 부자연스럽습니다. 시냇물이 자연스럽게 골짜기의 낮은 곳을 따라 흘러가듯이, 누구든지 우리를 위해 예수님이 그토록 낮아지신 것을 생각하면 자연스럽게 인간의 사랑은 그분에게로 흘러들고 또 그분에게 집중되기 마련입니다. 오호라, 우리의 본성은 너무나 부자연스럽기 때문에, 오직 성령께서 마음속에 새로운 사랑을 창조하실 때에만 우리가 저 영원토록 복되신 구주를 사랑할 수가 있습니다. 우리가 주 예수님을 사랑하지 않는 자들이라면, 모든 은혜의 성령께서 우리에게 예수님을 알고 신뢰하도록 역사하시지 않은 것입니다. 만일 우리가 예수님을 알고 신뢰했더라면, 우리의 마음도 반드시 그분에게 결속되었을 것입니다. 그리스도를 신뢰하는 사람은 그리스도를 사랑하기 마련입니다. 성령에 의해 하나님의 사랑이 우리 마음속에 부어질 때에 우리는 반드시 하나님을 사랑하게 됩니다. 그러므로 스스로를 판단해 보십시오. 당신은 예수님을 진실로 또한 최고로 사랑하십니까? 그분이 말씀하십니다. "아버지나 어머니를 나보다 더 사랑하는 자는 내게 합당하지 아니하고 아들이나 딸을 나보다 더 사랑하는 자도 내게 합당하지 아니하며"(마 10:37). 그분은 자기 백성의 마음에서 첫 번째의 자리를 요구하십니다. 그분은 온통 마음을 빼앗는 구주이시며, 우리의 모든 애정을 독점하실 때까지는, 우리의 마음을 위에 있는 보화에 두고서 그분과 함께 거하는 일에 몰두시키기까지는, 결코 만족하지 않으십니다. 그러므로 여러분 각자가 그것을 개인적인 검증의 문제로 삼으십시오. 부활하신 주님이 말씀하시는 것을 들으십시오. "네가 나를 사랑하느냐?" 시몬에게만 아니라, 요한, 당신에게도 물으시고, 마리아여, 당신에게도 이렇게 말씀하십니다. "네가 나를 사랑하느냐?" 이 아침에 그분이 여기 서 계십니다. 마치 한때 갈릴리 호숫가에 서 계실 때처럼 그분이 여기 서 계시며, 각각의 제자들에게 이 사랑의 질문을 하십니다. "네가 나를 사랑하느냐?" 그토록 사랑스러우신 분이 당신의 관심을 끄는 대상이 되지 못하는 것입니까? 당신은 그분의 발 앞에 엎드려 이렇게 말할 수 있습니까? "주여, 주께서는 모든 것을 아시오니 제가 주를 사랑하는 줄을 주께서 아시나이다. 제가 무엇을 행하길 원하시는지 알려주소서!'

더 나아가, 이 본문을 볼 때에, 우리의 애정과 감정을 측정하는 것이 항상 가능하지는 않기 때문에, 그 이상의 검증(further test)이 우리에게 제시됩니다. "나를 사랑하지 아니하는 자는 내 말을 지키지 아니하나니." 내가 주 예수 그리스도를 사랑하는지의 여부는 이 다음의 질문에 대답함으로써 알 수 있습니다. 내가 그분의 말씀을 지킵니까? 무슨 의미입니까? 그것은 우선, 주 예수 그리스도의 모든 가르침을 우리가 존중한다는 의미가 아닐까요? 우리는 주님의 가르침을 우리 교리의 표준으로, 또한 우리 삶의 규칙으로 받아들입니까? 사실상 신약성경뿐 아니라 구약성경에 있는 모든 내용도 그리스도의 말씀으로 간주되어야 합니다. 그분이 율법을 폐하기 위해서가 아니라 율법을 완성하러 왔다고 말씀하시기 때문입니다. 하늘과 땅이 사라질지라도, 율법의 일점일획도 없어지지 않을 것입니다. 성령의 감동으로 기록된 모든 내용이 그리스도에 의해 보증되었으며, 그분의 말씀이라고 말할 수 있습니다. 자, 여러분은 이 성스러운 책을 당신의 무오한 안내자로 받아들입니까? 예수님의 말씀이 곧 아버지의 말씀인 것을 기억하십시오. 예수님이 어떻게 말씀하시는지 주목해 보십시오. "너희가 듣는 말은 내 말이 아니요 나를 보내신 아버지의 말씀이니라." 나는 오늘날 하나님의 말씀을 너무 경박하게 취급하는 것을 볼 때마다 떱니다. 너무 성급하게 이것 저것을 비평하면서

의혹을 제기합니다. 성령의 감동에는 정도의 차이가 있다고 말하는 소리를 듣습니다. 만일 그렇다면, 우리는 어떤 것도 확신할 수 없습니다. 성령의 감동인지를 판정하기 위해 우리가 먼저 미묘한 문제들을 결정해야 하기 때문입니다. 그런 성경은 더 이상 성경이 아닌 것이나 다름없습니다. 형제들이여, 주의 말씀은 나에게 그런 취급을 받아서는 안 되며, 또한 여러분 중 어느 누구에 의해서도 그런 식으로 다루어져서는 안 된다고 나는 믿습니다. 만일 그렇게 되면, 여러분은 스스로에게서 위로를 빼앗는 셈이며, 거룩하신 주님께 심각한 불명예를 안기게 되는 셈입니다. 나는 우리가 그분의 모든 말씀에 대해서 이렇게 선언할 수 있기를 바랍니다. "제가 주의 말씀을 얻어먹었사오니 주의 말씀이 제게 꼭 필요한 양식과 같습니다." 이 말씀들은 정금 곧 순금보다도 더 바랄 만하며, 꿀 곧 송이 꿀보다도 답니다. 그것이 그리스도에게서 온 말씀입니까? 이 성경 속에서 진리를 나타내신 분이 그리스도이십니까? 그렇다면 판단하거나 의심하는 것이 우리의 할 일이 아닙니다. 우리의 할 일은 오직 확고한 믿음으로 그 말씀을 받아들이는 것입니다. 우리에게는 추론 대신에 예수님의 권위가 우선되어야 합니다. 우리가 그분을 공경하면 그분의 말씀도 진리로서 공경하게 될 것입니다.

더 나아가, 그분의 말씀을 지킨다는 것은 기억 속에 소중히 간직하는 것을 의미합니다. 이 말씀들을 지키는 것은 분명 그것을 마음에 간직하는 것을 의미합니다. 저 복된 동정녀가 "이 모든 말을 마음에 새기어 생각하니라"(눅 2:19)고 했듯이, 모든 그리스도인들이 그렇게 해야 합니다. "내가 주께 범죄하지 아니하려 하여 주의 말씀을 내 마음에 두었나이다"(시 119:11). 우리가 하나님의 말씀을 주일에만 듣는 것에 만족하지 않고, 주중의 매일에 그 메아리에 귀를 기울이는 것은 복된 일입니다. 우리는 묵상으로 끊임없이 말씀을 되새김질하고, 그렇게 함으로써 우리 영혼을 살찌게 합니다. 우리는 우리의 생각 속에 지속적으로 말씀을 간직함으로써 그 의미를 알게 되는 것을 기뻐합니다. 저 하늘에 속한 객체를 우리의 민감한 마음판에 오래 올려두고서, 그것이 마침내 우리 마음에 완벽히 새겨지도록 합니다. 그렇게 함으로써 우리 자신이 변화되어지고, 영광에서 영광으로 주님의 형상을 닮아가게 됩니다. 오, 형제들이여, 우리가 말씀을 존중하지 않으면, 그리고 가장 귀한 보배처럼 간직하지 않으면, 우리가 그리스도를 사랑한다는 증거는 없는 것입니다.

여기에서 더 나아가, 그리스도의 말씀을 지키는 것은 분명 이런 의미입니다. 즉 그것을 배우고 기억 속에 저장한 후에, 거듭되는 묵상(frequent contemplation)을 통해 마음속에 간직한다는 것입니다. 내가 염려스럽게 생각하는 것은, 신앙을 고백하는 많은 사람들이 이런 면에서 크게 실패한다는 것입니다. 하지만 예수님을 열렬하게 사랑하는 자들은, 그리고 성별된 모습으로 그분을 섬기는 이들은, 예수님의 말씀을 깊이 묵상하는 일에서 기쁨을 얻습니다. 세상의 근심은 우리의 짐이지만, 천상의 생각들은 우리의 안식입니다. 인간의 학문이란 잠시 보이다가 사라지는 그림자에 불과하지 않습니까? 하지만 영적인 묵상은 우리로 하여금 영원하고 본질적인 진리를 직시하게 해 줍니다. 나는 가정에서의 위로들을 즐거워하면서 속으로 이렇게 말하고는 합니다. "이런 일들은 오직 잠시 동안만 내게 허락된 것이다. 하나님께서는 여기까지 내 생명을 연장해 주셨다. 하지만 여기 보이는 것들은 언제라도 사라질 것이며, 나는 지금은 보이지 않지만 영원히 실재하는 곳에 있게 될 것이다." 이 세상과 관계된 것들은 모두 허상(虛像)에 불과합니다. 하지만 다가올 세상에 대해 말하자면, 그곳에 자기 소유가 있는 자가 진정으로 부한 자입니다. 우리의 생각이 최고의 것을 최대로 생각해야 하지 않을까요? 최상의 것을 최상으로 간주해야 하지 않을까요? 우리의 대부분의 시간을, 잠시 있다 사라질 것보다는 영원한 것을 생각하며 보내야 하지 않을까요? 예수님을 사랑하는 사람이라면 그분의 입에서 나온 귀한 말씀을 깊이 묵상할 것이라고 나는 확신합니다. 우리는 그분의 그늘에 앉아 있습니다. 그분이 우리에게 생명나무이시기 때문입니다. 그분에게서는 한 잎사귀도 시들지 않으며, 그분의 한 말씀도 땅에 떨어지지 않습니다.

　　또한, 나는 그리스도의 말씀을 지킨다는 의미가 그분에게 순종하는 것(obeying Him)이라고 믿어 의심치 않습니다. 사랑하는 친구들이여, 나는 어떤 가혹한 것을 말하고 싶지는 않지만, 많은 신앙고백자들이 놀랄 만한 질문을 제기하고자 합니다. 여러분은 아침부터 밤까지 온 종일을 분명하고 확고하게 그리스도를 높이는 일을 하면서 보내고 있습니까? 내 말의 의미는 여러분이 생업을 포기하였는지, 가족들을 버렸는지를 묻는 것이 아닙니다. 그런 이상한 행동들은 예수님을 높이지 못하며, 오히려 그 반대의 효과를 초래할 것입니다. 하지만 여러분은 예수님이 여러분의 주님이신 깃처럼, 그리고 여러분이 그분의 종인 것처럼 하루하루를 생각하며 행동하고 있습니까? 이렇게 말하고 생각하는 것이 습관화되어 있습니까? "나는 오직 그리스도께서 내 입장이라면 하시기 원하시는 일만을 할 것이다.

개인적인 이익이나 이기적인 편리를 추구하는 것을 내 삶의 규칙으로 삼지 않을 것이다. 오직 나는 '예수님은 무엇을 하기 원하실까? 그분은 내가 무엇을 하기를 원하실까?'를 내 삶의 최상의 규칙으로 삼을 것이다." 어떤 신앙고백자들은 건전한 신조를 유지하고, 신실한 목회자를 시중들고, 이따금씩 자선을 목적으로 기부하는 것이 신앙생활의 전부인 것처럼 생각합니다. 하지만 만일 여러분이 그런 문제들을 경건의 주된 내용이라고 간주한다면 전적으로 표적을 빗나가는 것입니다. 중요한 문제는 그리스도를 사랑하는 것이며, 그래서 그분을 위해 사는 것이며, 그분께 순종함으로써 그분을 높여드리는 것입니다. 우리 자신의 기분을 따라 살면서 그리스도를 섬길 수는 없습니다. 자기 자신의 기분을 따르는 자는 변덕쟁이이며, 오직 예수님께 순종하는 자만이 그분의 제자입니다. 예수님이 우리에게 명하시는 일을 행함으로써, 그분의 영의 인도하심을 따름으로써, 그분이 보시는 방식을 따라 사물과 문제들을 봄으로써, 그리고 하나님과 인간 모두를 향하여 그분의 방식대로 행함으로써, 우리는 사람들에게 우리가 영광스러운 주님을 섬기고 있음을 보여줄 수 있습니다. 우리는 삶 속에서 성령의 달콤한 열매들을 나타내야 하며, 그렇게 함으로써 사람들은 우리 주님을 칭송하는 마음으로 가득하게 될 것입니다. 하나님이시여 우리를 도우셔서 이렇게 행하게 하소서! 만일 우리가 거룩한 삶으로써 우리 주님의 말씀을 지키지 않으면, 우리에게는 그리스도를 사랑한다는 증거가 없습니다. 또한 우리가 그분을 사랑하지 않으면, 우리는 그분의 제자들이 아닙니다.

여러분에게 호소합니다. 나의 친애하는 형제들이여, 이 본문을 여러분 자신에게 적용하십시오. 주 예수님께서 여러분의 교사로서 여러분에게 공경을 받으시고 있습니까? 여러분은 그분의 말씀의 권위 앞에 엎드립니까? 여러분은 성경에 대해서 이렇게 말하고 있습니까?

> "이는 분쟁을 종결짓는 재판장이니
> 인간의 지혜와 이성이 그에 미치지 못하도다."

여러분은 여러분의 지성을 그분의 가르침에 복종시키고 있습니까? 이 시대의 이상한 사색가들은 자기들이 좋아하는 것을 믿고 내키는 대로 생각하면 된다는 식으로 상상하고 있습니다. 하지만 그렇지 않습니다. 그들은 실제로 이렇게 말하고 있는 셈입니다. "우리의 지성은 우리의 것이다. 하나님이 우리를 결코 지배할 수 없다." 이런 태도는 결코 성도에게 어울리지 않습니다. 우리 주 예수님은 우리의 전 존재의 왕이 되시든지, 혹은 전혀 우리의 왕이 아니시든지 둘 중 한 가지입니다. 나는 나의 주님을 위하여 지각과 이성의 영역을 요구합니다. 그것은 그분의 왕국의 일부이며, 그분은 그것을 원수의 손아귀에 맡겨두지 않으실 것입니다. 우리는 우리의 행동에 대해서와 마찬가지로 우리의 신념에 대해서도 책임이 있습니다. 우리 자신을 주님의 가르침에 공손하게 복종하기까지는 우리는 결코 그분께 완전히 복종한 것이 아닙니다. 우리가 그분을 선생이요 주님(Master and Lord)이라고 부르는 것은, 그분이 그러시기 때문입니다! 형제들이여, 여러분은 여러분의 전 삶을 예수님께 굴복시킵니까? 여러분은 온전한 순종을 바랍니까? 여러분의 잘못을 회개합니까? 그분에게 날마다 이렇게 부르짖습니까? "나의 주님, 당신의 뜻대로 저를 빚으소서. 당신의 형상을 본받는 것이 저의 열망입니다. 저는 당신의 삶을 '재생하기를(re-live)' 원하며, 당신께서 천국에서 저의 대리자가 되시는 것처럼, 제가 지상에서 당신의 대리자(representative)가 되기를 원합니다. 오, 제가 당신의 아버지 곧 나의 아버지에 대해 '내가 항상 그의 기뻐하시는 일을 행하므로'(요 8:29)라고 말할 수 있기를 원합니다."

2. 참된 신자의 필요

지금까지 제자도의 검증에 대해 다루었습니다. 이제 두 번째로, 잠시 동안 참된 신자의 필요(the need of a true believer)에 대해 말하고자 하니, 저를 잘 따라와 주시길 바랍니다.

신자는, 비록 주님을 진실하게 사랑한다고 해도, 슬프게도 심각한 결핍이 있고 많은 것을 필요로 하는 사람입니다. 그가 더 좋은 복음을 필요로 하는 것은 아닙니다. 주 예수 그리스도께서 우리에게 최상의 복음을 가르쳐 주셨고, 또한 다른 복음이란 있을 수 없습니다. 바울이 "다른 복음(another gospel)"에 대해 언급할 때에 그는 이런 말을 덧붙였습니다. "다른 복음은 없나니 다만 어떤 사람들이 너희를 교란하여 그리스도의 복음을 변하게 하려 함이라"(갈 1:7). 우리는 우리 주님께서 성도들에게 전해주신 가르침 외에, 더 지혜롭다거나, 더 충만하다거나, 혹은 더 낫다고 하는 다른 어떤 것도 원하지 않습니다. 나는 어떤 어미니가 그녀의 어린 아들에게 참되고 건전한 말로 타이르는 것을 들은 적이 있습니다.

바라는 것도 많고 호기심도 넘치는 그녀의 아들이 새로운 가르침과 습관에 빠져들자, 그녀는 아들에게 이렇게 말했습니다. "우리가 우리 목사님에게서 배운 것으로 충분하단다. 그 가르침은 성경에 따른 것이기 때문이야. 너의 아버지와 어머니는 이 복음에 따라 살아왔고, 그 가르침이 오늘날까지 수많은 역경들을 헤치고 오는 동안 큰 도움이 되었단다. 네 할아버지와 할머니도 같은 진리를 따라 사셨고, 돌아가실 때에도 소망에 찬 모습이었지. 그러니 그 가르침을 굳게 붙잡아라. 우리가 그 가르침의 진실성을 시험하고 검증했으니, 거기에서 결코 떠나지 말거라." 그것은 아주 이치에 맞는 말이었습니다. 나는 새로운 복음을 두려워합니다. 내가 직접 그것을 검증한 적은 없습니다. 하지만 다른 사람들에게서 나타난 결과들을 볼 때 나는 전율하게 됩니다. 갈대나 판자로 만든 배를 타고서 용맹스럽게 출항하는 자들을 나는 만족스럽게 여깁니다. 오랜 세월 동안 그러한 배들이 수많은 사람들을 세상의 마지막 날까지 태워다주고 다시 되돌아왔습니다. 오직 이 배를 타고서 나 역시 이 바다를 항해할 것입니다. 이 자부심 강한 세기에, 새로운 것들을 추구하는 자들은 주님을 자리에서 몰아내고 철학자들을 그분의 보좌에 앉히려 시도하고 있습니다. 그들은 이렇게 말하는 듯합니다. "갈릴리 인이여, 뒤로 물러서시오! 당신은 암흑시대에는 충분히 훌륭한 분이었지만, 이제 더 밝은 시대가 되었으니 우리에게는 더 밝은 빛이 필요합니다." 앞서 한 말로 되돌아가겠습니다. 우리는 하나님께서 그 아들 예수 그리스도 안에서 계시하신 것 외에 더 나은 복음을 필요로 하지 않습니다.

　제자들은 더 좋은 교사가 필요하지 않았습니다. 그들은 더 좋은 교사를 상상할 수조차 없었습니다. "그 사람이 말하는 것처럼 말한 사람은 이때까지 없었나이다"(요 7:46). 그분에게는 능력과 권세가 있었으며, 거룩하신 분의 기름 부으심이 있었습니다. 사랑하는 친구들이여, 이에 대해 무어라 말할지 모르겠습니다. 여러분은 종종 유능한 설교자에게도 한숨을 지을 때가 있기 때문입니다. 또 어떤 곳에서는 주일을 보내는 것이 갑갑하게 여겨질 수도 있습니다. 순전한 복음이 선포되어도 양들이 꼴을 먹지 못할 수도 있습니다. 하지만 이 사도들의 경우에는, 더 이상 좋은 교사가 있을 수 없었습니다. 그런데, 그럼에도 불구하고, 성령이 아직 충만하게 주어지지 않았기 때문에, 또한 성령이 그들 속에 내주하시지 않았기 때문에, 그들이 배운 것은 아주 적었습니다. 주 예수님이 친히 하신 말씀을 들어보십시오. "이 말을 너희에게 하였거니와(spoken)." 그분은 실제적으로 그들을 가르치셨다(taught them)고 말씀하시지 않습니다. 우리 본문의 끝 부분은 이렇습니다. "내가 너희에게 말한(said) 모든 것을." 우리가 그분을 단지 교사로서만 되돌아본다면, 예수님이 행하신 것은 말씀하시는 것(to speak and to say)이 전부였습니다. 성령이 아니시라면 그분은 마음을 가르치실 수 없었습니다. 지상에 계실 때의 그리스도와 그분의 제자들 사이에는 얼마나 먼 거리가 있었는지요! 그분은 겸손히 자기를 낮추시어 그들에게 가까이 오셨습니다. 하지만 저 지혜로우신 스승과 저 어리석은 제자들 사이에는 언제나 거대한 간격이 있었습니다. 이제는 성령님이 우리 안에 내주하심으로써 그 간격을 제거하십니다.

그 사도들 중에서 가장 많이 배운 자도 단지 예수님이 그들에게 말씀하실 때에는 그분의 말씀을 이해하지 못했습니다. 종종 제자들은 예수님이 하신 말씀을 지레짐작하기도 하고, 문자 그대로 생각하다가 영적인 의미를 전부 놓치기도 했습니다. 그들이 얼핏 영적인 의미를 깨달았다 싶을 때에도, 마치 연기로 시야를 흐리듯이, 그들 자신의 편견이나 전통으로 그 의미를 혼란스럽게 할 때가 많았습니다. 기억에 있어서는, 영적인 일들에 관련된 그들의 재능을 거의 보여주지 못했습니다. 그들은 주님이 말씀해 주신 일들을 끊임없이 잊어버렸고, 그분의 가르침과 본보기와는 정반대로 행동하곤 했습니다. 외적으로는 모든 것이 제공되었습니다. 그들을 위해 가장 고상한 외적인(outward) 사역들이 시행되었습니다. 하지만 그들 안에 무언가가 필요했습니다. 내적이고도(inward) 유능한 교사가 필요했으며, 눈에 띄지 않으면서도 강력한 기억상기자(remembrancer)가 필요했습니다. 더 나아가, 그들에게는 깨닫고 기억한 것으로 기뻐하게 만드는 어떤 요인이 필요했습니다. 그들에게는 교리의 벌집(honeycomb of doctrine)에서 위로의 꿀(honey of consolation)을 추출할 수 있는 위로자(Comforter)가 필요했습니다. 주님은 그들에게 위로가 될 만한 모든 종류의 진리들을 가르치셨지만, 여전히 그들에게 이렇게 말씀하셔야 했습니다. "너희는 마음에 근심하지 말라"(1절). 그분은 용기를 얻을 만한 최상의 근거들을 그들에게 제공하셨지만, 여전히 그들은 두려워했습니다. 그들은 그들에게 진리를 이해하게 해 주고, 그 진리를 기억나게 하며, 그 진리를 즐거워하게 만들어줄 조력자(Helper)가 필요했습니다. 바로 이것이 지금 여러분과 내게도 필요합니다. 우리는 유능한 설교자 밑에 앉아서도, 그의 말만 들을 뿐, 여전히 아무것도 배우지 못할 수가 있기 때문입니다. 우리는 최상의 가르침을 들으면서도, 여전히 그 가르침을 받아들이거나 그 가르침의 권세를 느끼지 못할 수가 있습니다. 하나님의 영이 아니라면, 진리는 영혼에 유익을 주지 못합니다.

설혹 당신이 진리를 이해한다고 해도 그것을 잊어버릴 수 있습니다. 내가 단정적으로 말할 수 있습니다. 여러분은 종종 좋은 말씀을 잊어버리고 한탄할 때가 있을 것입니다. 아주 큰 손실이지요. 왜 우리는 잊어버릴까요? 그것은 주로 무지나 이해의 결핍 때문이 아닐까요? 어린아이가 어떤 교훈을 이해하지 못하면 그는 곧 그것을 잊어버립니다. 진리에 대한 명확한 이해에 도달하지 못할 때 사람은 그것을 기억하는 일에 실패합니다. 마치 여러분이 흐릿한 불빛 속에서 잠시 동안 무심코 만난 사람을 곧 잊어버리는 것과 같습니다. 우리가 확고하게 파악하지 못한 것을 기억 속에 저장하기란 쉽지 않습니다. 또한, 우리가 하늘의 일들을 잊어버리는 것은 우리가 너무 세상의 일에 매여 있기 때문입니다. 우리의 근심거리들, 기쁜 일들, 즐거운 일들, 추구하는 일들이, 종종 하나님의 일들을 구석으로 몰아내고 심지어는 부주의하게 짓밟기까지 합니다. 당면한 이익들을 생각하느라고 영원한 소망을 망각하는 것입니다. 우리의 환경이 우리로 하여금 더 낮은 일들에 몰두하도록 만듭니다. 더 높은 문제들을 추구하며 살기 위해서는 우리에게 신성한 도움이 필요합니다. 우리에게는 거룩한 일들을 생각나게 해 주고, 우리의 정신과 마음을 더 높은 영역으로 끌어올려 줄 누군가가 필요합니다.

때때로 우리는 주님의 말씀들을 잊어버리고, 많은 역경의 때에 당황합니다. 화불단행(禍不單行), 즉 고난은 연이어서 옵니다. 우리는 어둠에서 더 깊은 어둠 속으로 빠져 들어가는 것을 경험하며, 큰 근심 속에서 모든 것을 잊어버립니다. 우리가 약속을 가장 필요로 할 때에 오히려 그것을 가장 쉽게 잊어버리는 경향이 있습니다. 절망의 수렁(Slough of Despond)을 가는 동안에도 줄곧 디딜 만한 단단한 부분들이 있습니다. 하지만 사람이 그 끔찍한 곳을 지날 때는 대개는 너무 서둘고 당황하다가 디딤돌들이 어디에 있는지를 찾지 못하고, 결국은 깊은 수렁 속으로 미끄러지고 맙니다. 이는 닻을 집에 두고 와서 폭풍을 만나는 꼴입니다. 필요치 않을 때는 약속의 말씀에 감탄하다가, 정작 필요할 때에는 잊어버리는 것입니다. 그래서 우리에게는 보이지 않는 곳에서 적절한 말을 일러주며 생각나게 하는 프롬프터(prompter, 연극에서 배우에게 대사를 일러주는 자)가 필요합니다. 그렇지 않으면 우리는 허둥대다가 실수하며, 우리의 역할을 제대로 수행하지 못합니다. 우리의 기억을 새롭게 하는 것이 성령이 하시는 일입니다.

때로는, 우리가 기억을 하지 못하는 이유가 특별히 생각하려고 애쓰지 않기 때문일 것입니다. 어떤 계명들은 육신적인 생각과는 정반대가 되기 때문에, 특별히 기억하려고 애쓰지 않는 한 당연히 잊어버립니다. 가정에서 하나님의 말씀을 읽을 때에 너무 내밀하거나 개인적인 부분들을 생략하기가 쉽다는 것을 여러분은 알 것입니다. 우리는 살을 베기 쉬운 면도날을 두려워합니다. 아랫사람들이 모두 모였을 때에, 당신이 화를 냈거나, 불친절했거나, 혹은 어떤 식으로든 부적절한 행동을 한 것 때문에 성경의 특정 구절을 읽기 어렵다고 느낀 적이 없었습니까? 아마 당신은 사람들이 "우리 주인의 행동과 성경은 일치하지 않아"라고 말하지 않을까 두려웠을 것입니다. 어떤 구절이 생각나지만, 그 구절이 당신이 소중히 여기는 어떤 계획을 반대하기 때문에, 당신은 그것을 무시하는 것이 편하다고 느낍니다. 당신의 의도대로 밀고나가기를 바라고, 그래서 불편한 본문에는 눈을 감아 버리는 것입니다. 하지만 하나님의 성령의 인도를 받는다면, 그분이 적절한 때에 우리의 의무를 상기시켜 주실 것이며, 우리는 때를 따라 합당한 열매를 맺을 것입니다. 우리에게는 어리석은 짓을 한 후에 지혜로워지고, 위험이 끝난 후에 비로소 침착해지는 경향이 있습니다. 밤이 다 지나고서야 양초를 발견하는 것입니다. 우리는 이렇게 외칩니다. "이런, 내가 오늘 느끼는 것을 어제 느꼈더라면 다르게 행동했을 터인데." 우리는 너무나 자주 때를 놓쳐 버립니다. 소를 잃고 나서야 외양간을 고칩니다. 철 지난 열매는 언제나 맛이 없는 법입니다. 한창 때에 비해 맛도 향기도 확연히 떨어집니다. 오, 우리가 시절에 맞는 열매를 맺을 수 있기를 바랍니다! 고난의 때에 인내의 열매를, 위험의 때에 용기의 열매를, 사는 동안에는 성결의 열매를, 죽을 때에는 소망의 열매를 맺기를 바랍니다! 우리가 이 일에 실패하는 이유는 우리 안에 있는 악한 본성이 적절한 때에 우리가 기억해야 할 것을 잊어버리도록 하기 때문입니다. 성령께서 하시는 일은 적절한 때와 시기에 그리스도의 말씀을 기억나게 하시는 것입니다. 여러분은 이분이 필요하지 않습니까?

3. 참된 신자의 특권

기도하는 마음으로 여러분이 주의를 집중해 주기를 바라며, 계속해서 **참된 신자의 특권**(the privilege of a true believer)에 대해 말하고자 합니다. 성령 안에서 개인교사(private tutor)와 격려자(prompter)와 위로자(Comforter)를 얻는 것이 참된 신자의 특권입니다.

주 예수님이 말씀하십니다. "보혜사 곧 아버지께서 내 이름으로 보내실 성령 그가 너희에게 모든 것을 가르치고 내가 너희에게 말한 모든 것을 생각나게 하리라." 그리스도의 말씀은 우리에게 완벽하고 오류 없는 교과서와 같습니다. 하지만 우리는 우둔함 때문에 교과서 이상을 필요로 합니다. 한 젊은이가 대학에 들어갔습니다. 모든 필요한 책들을 확보했습니다. 그 책들 속에는 그가 배워야 할 모든 내용이 들어 있습니다. 그와 마찬가지로 주 예수님께서는 우리가 알아야 할 모든 것들을 우리에게 말씀해 주셨습니다. 하지만 그 젊은이의 아버지는 아들이 학식 있는 사람이 되기를 바라고서, 책에 담긴 내용을 아들에게 가르쳐 줄 개인교사를 고용합니다. 개인교사의 도움으로, 책은 그 젊은이에게 이전보다 훨씬 더 쓸모 있게 됩니다. 어떤 대목이 어려우면 개인교사가 그것을 설명해 줍니다. 그는 그 젊은이에게 교과서를 읽고 그 속에 담긴 풍성한 가치를 파악하도록 이끌어 줍니다. 영적으로 이 일은 성령이 하시는 일입니다. 그분은 우리 스스로가 파악할 수 없는 신비들을 발견할 수 있도록 방법을 알려주십니다.

그분은 진정한 의미에서 우리를 가르치십니다. 당신을 가르치는(teach) 것은 당신에게 말하는(speak) 것과는 별개의 일입니다. 어떤 사람이 한 무리의 젊은이들에게 말하면서도, 아무것도 가르치지 못하는 경우도 있습니다. 만일 내가 어떤 면에서 한 형제를 가르치기를 바란다면, 나는 단지 그에게 말하는 것으로 그치지 않습니다. 나는 그 문제의 기본을 주의깊이 파악하고, 각각의 요점을 구별해서 제시하고, 의도적으로 나의 진술을 반복하며, 적절하게 예를 들어 줍니다. 하나님의 영은, 하나님의 자녀를 무리로부터 따로 데려가셔서, 그의 마음에 사적으로 말씀하시고, 진리가 선명해지고 기쁘게 이해될 때까지 그것을 반복하십니다. 우리에게 진리가 활짝 열려서 이해되어야 하고, 우리 마음에 새겨져야 하며, 실제적으로 파악되고, 생각에 적용되고, 마음속에 작용하며, 영혼에게 사랑을 받아야 합니다. 말씀을 듣는(hear) 것과 배우는(learn) 것은 별개입니다. 단지 듣기만 하는 것(to be told)과 가르침을 받는 것은(to be taught)은 아주 다른 것입니다.

성령은 성도들을 가르치십니다. 그리스도의 모든 진리를 단번에 많이 혹은 조금씩 서서히 가르치십니다. 그리스도의 전체 진리 중에서 어떤 부분들은, 병상에 높게 될 때나, 영혼의 깊은 낙망 속에서나, 사랑하는 사람을 잃어버릴 때나, 역경 속에서가 아니면, 결코 배우지 못할 것입니다. 반면에 다른 진리들은 오직 확신과 하나님과의 교제라고 하는 빛나는 산 위에서만 배울 수 있습니다. 진리를 영혼 속에서 불붙게 하고, 새롭게 된 마음에 새기며, 아는 바를 확신하게 만드는 일은, 성령님의 활동 영역입니다. 성령님이 우리 영혼에 전해 주신 것보다 더 확실한 지식은 없습니다. 내적인 가르침은 효과적인 가르침입니다. 하나님에게서 배운 사람은 배운 것을 알게 되고, 그가 아는 것에 대해 의문을 품을 수가 없습니다. 예전에, 내가 회의론자의 말을 들을 때마다 상처를 받고 다소 흔들리는 것을 느끼던 때가 있었습니다. 이제 나는 더 이상 그런 종잡을 수 없는 지껄임에 흔들리지 않습니다. 나 자신의 존재만큼 확신하는 진리들이 있습니다. 나는 그것을 보았고, 맛보았으며, 직접 만져보았습니다. 그래서 그것에 대해 아무것도 모르는 자들의 주장에 의해 흔들리던 때는 지나갔습니다. 만일 이 오랜 옛 복음이 진리가 아니라면, 나는 잃어버린 자입니다. 만일 속죄의 희생 제물을 믿는 믿음을 통해 은혜로 구원받는 것이 아니라면, 나에게는 구원의 길이 없습니다. 나는 내가 잃어버린 자가 아니라 확실히 구원받은 자인 것을 알듯이, 나를 구원한 말씀이 하나님의 진리라는 것을 압니다. 영적인 실재에 친숙한 사람들은 회의주의를 단호히 거부합니다. 그들에게는 수천 가지의 회의적인 주장들에 맞설 내적인 확신이 있습니다. 설혹 그들이 다른 사람들을 설득시키지 못하더라도, 그들 스스로는 확신에 서 있습니다. 우리는 하나님의 영에 의해 은밀하고도, 개인적이며, 의심할 수 없고, 효과적인 방식으로 가르침을 받아야 합니다. 우리는 영적인 감화에 의해 진리의 힘을 느껴야 하고, 그리하여 진리가 우리의 삶 속으로 들어오고, 우리 자신의 일부가 되도록 해야 합니다.

보혜사 성령께서 우리에게 **모든 것(all things)**을 가르치신다고 약속하셨습니다. 즉, 예수님이 말씀하시고 행하신 모든 것을 가르치신다는 의미입니다. 우리는 이렇게 놀라운 특권을 깨닫고 있습니까? 그리스도를 아는 지식에는 큰 다양성이 존재합니다. 누구도 그 모든 것을 파악할 수는 없습니다. 게다가 그리스도를 아는 지식에는 균형이 있어야 하며, 우리는 주님이 공표하신 모든 것을 알 필요가 있습니다. 비록 일부 신앙고백자들은 교리를 배우기 좋아하고, 오직 교리에만 집착하지만, 예수님은 교리만을 가르치시지 않습니다. 그분은 교리를 선포하시면서도, 놀랍게도 실천을 가르치십니다. 우리 주님은 체험이 빠진 채로 교리나 실천을 가르치시지 않으며, 우리의 신앙의 덕을 세우시기 위해 그 모든 것이 완벽하게 조화를 이루도록 하십니다. 어떤 하나님의 백성들은 오직 교리만을 강조하고, 또 다른 이들은 오직 실천만을, 또 다른 이들은 체험만을 강조하는데, 이런 태도가 그들을 망치고 왜곡시킵니다. 하나님의 영에 여러분 자신을 맡기십시오. 그러면 그분이 여러분에게 모든 것을 가르치실 것입니다. 여기서 조금, 저기서 조금씩 가르쳐 주실 것입니다. 여러분이 알아야 하는 것들에 대해서 조금, 여러분이 느껴야 하는 것들에 대해서 조금, 또한 여러분이 해야 할 것에 대해 조금씩 가르쳐 주실 것입니다.

역할에 있어서, 하나님의 영이 교사이신 것을 잘 기억하도록 하십시오. 한 소년이 어떤 수공업에 실습생이 되었습니다. 그가 어떻게 그 기술을 배울까요? 그의 스승이 하는 것을 보고서, 또한 자신이 직접 그 일을 해봄으로써 배웁니다. 처음에는 그가 재료만 망가뜨릴 것이고, 그의 스승이 그를 많이 참아 주어야 할 것입니다. 하지만 결국에는 숙련도가 높아지고, 그 실습생은 기술자가 됩니다. 하나님의 영은 우리로 하여금 어느 정도 인내가 필요한 일을 실습하도록 만드실 것입니다. 우리는 곧 그 일에 싫증을 냅니다. 그러면 그분은 우리에게 사랑을 증대시킬 기회를 주십니다. 곧 삶의 거친 바다에서 파선한 가련한 사람들을 향한 사랑이지요. 우리는 그들의 배은망덕에 낙심하기 쉽고, 우리 일의 지지부진함 때문에 지치기 쉽습니다. 성령께서는 우리를 훈련하시어 마침내 우리로 하여금 주님과 보조를 맞추어 걷도록 하시고, 또한 사람들로 하여금 우리가 예수님과 함께 있으며 그분에게서 배우는 자임을 알도록 하십니다.

형제들이여, 여러분은 주님의 말씀을 지키고 결코 그 말씀에서 넘어가면 안 됩니다. 하지만 그렇게 하기 위해서는 성령님의 개인 교습이 필요합니다. 그분이 아침마다 여러분을 깨우시고, 여러분의 귀를 열어 그분의 말씀을 듣게 하시고, 구원에 이르게 하는 교훈들을 여러분의 마음과 양심에 새기게 하시는 상태가 아니라면, 결코 만족해서는 안 됩니다.

이 외에도 우리에게 필요한 것이 있는데, 그것은 곧 새로운 발견의 은혜입니다. 우리는 기억력이 강해지기를 바랍니다. 거룩한 일들에 대해서는 우리의 기억력이 너무나 빈약합니다. 이미 말했듯이, 우리는 기억을 떠올려도 너무 늦기 때문에, 우리의 기억이 우리에게 도움이 되기보다는 후회스럽게 만드는 것으로 그칩니다. 그래서는 안 됩니다. 만일 우리가 하나님의 영의 가르침을 받게 된다면 그런 상태가 지속되지 않을 것입니다. 그분이 우리의 영적인 기억력을 강화시키실 것입니다. 그분이 종종 진리를 우리의 생각 속에 떠올려 주십니다. 여러분에게도 그런 일이 있지 않습니까? 여러분이 이 아침에 여기 앉아 있는 동안 섬광이 여러분을 비쳐줍니다. 우리가 앞으로 진행하는 동안 가느다란 길들이 우리 시야에 펼쳐집니다. 눈앞에 펼쳐지는 진리의 광경들이 우리를 기쁘게 합니다. 여러분은 경이로워하며 이렇게 외칩니다. "나는 전에는 그것을 본 적이 없어요!" 그것이 하나님의 영이 하시는 일입니다. 빈번하게 어떤 가르침이 여러분에게 새로운 발견의 힘으로 다가옵니다. 여러분은 이전에 그 진리를 들었지만 깨닫지는 못했습니다. 하지만 성령께서 그 진리를 생각나게 하시며 동시에 특별한 희열과 힘을 느끼게 하십니다.

성령님은 생생한 회상으로써 정신을 새롭게 하십니다. 그분은 애정 어린 감사로써 마음을 새롭게 하십니다. 나는 때때로 그리스도의 사랑을 회상하면서 기뻐서 눈물을 흘릴 때가 있습니다. 오, 성령님이 그리스도께서 행하신 모든 일을 기억나게 하실 때, 우리 마음에서 얼마나 큰 감사가 우러나오는지요! 또한 그리스도께서 십자가에서 이렇게 말씀하신 것을 듣게 될 때 우리의 마음은 어떠할까요? "내 너를 위하여 이 모든 일을 하였다. 너는 나를 위해 무슨 일을 했느냐?" 정신의 기억뿐 아니라 마음의 기억도 새롭게 하시는 일이 성령님의 일입니다. 꼭 즐거운 일이 아닐 수는 있지만, 그분이 때로는 양심의 기억을 새롭게 하시기도 합니다. 나는 수년 동안 그것이 나쁜지도 모르고 나쁜 일들을 행해 왔습니다. 나는 오랫동안 명백한 의무를 게을리해 왔습니다. 하지만 별안간 그 의무가 예수님께서 나에게 당부하신 일들 중의 하나로서 생생하게 기억납니다. 나는 성령님께서 이런 식으로 더 높은 싱결의 기준으로 이끌어 주시는 것을 찬송하며, 내가 가벼이 여기며 간과했던 어떤 일들을 중시하도록 깨우쳐 주시는 것에 감사합니다. 이것이 하나님의 성령이 하시는 일 중의 일부입니다. 그분은 그리스도께서 말씀하신 모든 것들을 우리에게 생각나게 하십니다.

나는 종종 성령께서 우리의 소망을 기억나게 하심으로써 우리에게 은혜를 주신다고 확신합니다. 아마도 이런 표현은 특이할 것입니다. 어떻게 우리가 소망을 기억으로 가질 수 있을까요? 하지만 내 말의 의미는 소망이 종종 망각되기 쉽다는 것입니다. 주께서 친히 말씀하셨습니다. "내가 과연 너희를 버리지 아니하고 너희를 떠나지 아니하리라"(히 13:5). 하지만 우리는 그 말씀을 잊어버리고,

장래의 소망이 있음도 잊어버립니다.

> "순수한 기쁨의 나라가 있네,
>   성도들이 영원히 다스리는 곳."

때때로 성령께서는 우리의 정신 속에 장차 다가올 세계에 대한 영광스러운 계시를 상기시켜 주십니다. 여러분은 이 땅에서 장래의 영광을 느껴본 적이 없습니까? 저기 활짝 열려 있는 진주 문들을 본 적이 없습니까? 성령 안에서 저 황금 길을 걷고, 당신의 면류관을 쓰고서, 다시 그것을 구주의 발 앞에 던져드린 적이 없습니까? 그런 적이 있다면 스스로에게 이렇게 말할 수 있을 것입니다. "나는 이 고통을 견딜 수 있다. 나는 이 압박과 불편한 일들을 참을 수 있다. 저 하늘에 결코 시들지 않는 생명의 면류관이 나를 위해 예비 되어 있음을 알기 때문이다." 하나님의 영은 이런 식으로 모든 일들을 우리에게 생각나게 하십니다.

이제 더 이상 말하지 않을 것이며, 오직 하나님의 영이 바로 오늘 여러분에게 임하셔서, 그리스도께서 여러분에게 말씀하신 모든 것을 생각나게 하시기를 기도할 뿐입니다. 화창한 기억들과 슬픈 기억들이 섞여 있을 것입니다. 하지만 그 모든 것이 복된 기억이 될 것입니다. 내가 오늘 아침에 한 가지 설교 주제를 준비하려고 하는 중에 이런 생각이 떠올랐습니다. "내가 오랜 세월 동안 설교해 온 것들이 모두 인쇄되었으니, 그것을 반복할 수는 없어. 내가 무엇을 해야 하지?" 그 때 이 진리가 내게 임했습니다. "그가 너희에게 모든 것을 가르치고." "그가 너희를 가르치고"라고 하셨으니, 나는 그분에게 내가 여러분(you)을 가르칠 수 있도록 나를(me) 가르쳐 주시도록 간청하였습니다. 나는 생각했습니다. '오호라, 때로는 번쩍이며 떠오르는 생각들이 많이 있는데, 지금은 아무것도 떠오르지 않는구나.' 나는 앉아서 계속해서 기다렸습니다. 그 때, 성령님께서 주 예수님이 말씀하신 모든 것을 생각나게 하신다는 이 사실이 떠올랐습니다. 나는 자연적인 기억력이 젊은 시절에 비해 많이 약해진 것을 발견합니다. 그러니 내가 가르칠 때 잊어버리는 것을 너그럽게 봐 줄 수 있지 않겠습니까? 아닙니다. "그가 너희에게 모든 것을 가르치고 내가 너희에게 말한 모든 것을 생각나게 하리라." 얼마나 멋집니까! 나는 나이 드신 분들이 슬프게도 기억력이 너무나 약해지는 것을 보아왔습니다. 심지어 자기 자녀들도 잊어버리는 사람을 나는 압니다. 하지만 나는 나이든 성도들 중에서 구주의 이름을 잊어버리거나 그분의 사랑을 기억하지 못하는 경우는 한 번도 본 적이 없습니다. 때때로 성령께서 마음속에서 증언하시기에, 비록 우리의 기억력이 영적인 일에 대해서 미치지 못한다 해도, 신적인 일들(divine things)에 대해서는 매우 강할 수 있는 것입니다. 그러니 나이 지긋한 나의 벗이여, 당신의 기억은 마치 낡은 체처럼 모든 것을 다 걸러 버려서 때때로 젊은이들이 그것을 보고 재미있어 하지요. 하지만 당신의 주님도 거를 수는 없을 것입니다. 당신은 언제나 그분의 이름을 듣기 좋은 음악처럼 느낄 것입니다. 당신이 므두셀라처럼 오래 산다고 해도, 결코 그토록 사랑하시는 분을 잊지 못할 것입니다. 기억 속에 다른 어떤 이름이 남아 있지 않을 때에도, 거기 새겨진 그분의 이름은 여전히 남아 있을 것입니다. 그리스도의 사랑은 나무의 꽃처럼 우리에게 매달려 있지 않으며, 오히려 우리 안에 새겨져 있습니다. 나무가 자라면서 새겨진 글자들이 더 깊어지고 더 넓어지는 것과 같습니다. 신자들의 생명이신 성령님은 저 영광스럽고 복되신 예수의 이름을 갈수록 더욱 선명하게 새겨 주실 것입니다. 여기에 그리스도를 알지 못하는 사람이 있다면, 하나님의 영이 오셔서 그들을 가르쳐 주시기를 빕니다. 만일 여러분이 구원받기를 바란다면, 주 예수님이 그분의 사랑을 위하여 성령으로써 여러분을 언약의 관계로 이끌어 주시도록 기도하십시오. 아멘.

제
60
장

—

영적인 평안

—

**"평안을 너희에게 끼치노니 곧 나의 평안을
너희에게 주노라." — 요 14:27**

우리 주님은 곧 죽으실 것이고, 이 세상을 떠나서 아버지께로 올라가실 것입니다. 그래서 그분은 유언을 남기십니다. 바로 이것이 그분이 충성스러운 자들에게 남기시는 유언의 내용입니다. "평안을 너희에게 끼치노니 곧 나의 평안을 너희에게 주노라."

주 예수 그리스도의 이 진술이 당연히 유효하다고 우리는 확신해야 합니다. 여기 그분의 친필 서명이 있습니다. 서명하고, 봉인하여서, 신실하고 참된 증인들인 열한 사도들 앞에서 전달되었습니다. 유언의 진술은 유언자가 살아 있는 동안에는 효력이 없는 것이 사실입니다. 하지만 예수 그리스도께서는 한때 죽으셨으므로, 그분의 유언에 대해 누구도 논박할 수 없습니다. 유언자가 죽으셨으므로 그 유언은 효력을 지닙니다. 하지만 때때로 유언장에 남긴 유언자의 뜻이 무시되는 일이 일어나기도 합니다. 무력하게 땅 속에 묻혀 있는 자는 일어나서 그의 마지막 유언이 실행되어야 한다고 주장하지 못합니다. 하지만 주 예수 그리스도는 죽으셨기에 그분의 유언은 유효하며, 또한 다시 살아나셨기에 유언의 모든 조항들이 실행되고 있는지를 살펴보십니다. "평안을 너희에게 끼치노니 곧 나의 평안을 너희에게 주노라"고 하시는 이 복된 조항은 피로 사신 그분의 모든 백성들에게 확실히 해당됩니다. 평안은 그들의 것이며, 그들의 것이어야 합니다. 왜냐하면 죽으심으로써 그 유언의 효력을 발생시키신 분이, 이제 살아서 그 유언이 성취되는 것을 보시기 때문입니다.

여기서 우리 주님이 남기신 복된 유산은 그분의 평안(His peace)입니다. 이는 모든 피조물들과의 평안으로 간주될 수도 있습니다. 하나님께서는 그분의 백성들과 온 우주 사이에 평안의 동맹을 맺어 주셨습니다. "들에 있는 돌이 너와 언약을 맺겠고 들짐승이 너와 화목하게 살 것이니라"(욥 5:23). "하나님을 사랑하는 자 곧 그의 뜻대로 부르심을 입은 자들에게는 모든 것이 합력하여 선을 이루느니라"(롬 8:28). 한때 소원해져서 우리의 행복과는 반대로 작용하는 듯이 보였던 섭리가, 이제는 우리와 사이좋은 관계가 되었습니다. 바퀴는 행복의 궤도 안에서 돌고, 바퀴가 돌아가면서 자주 우리에게 은총들을 가져다줍니다. 또한 우리 주님의 말씀은 하나님의 백성들 상호 간에 존재하는 평안을 언급하기도 합니다. 예수 그리스도로 말미암아 우리 마음을 다스리는 하나님의 평안이 있으며, 그것으로써 우리는 이 땅에서 순례하는 도중에 만나는 하나님의 모든 자녀들과 연합과 일치로 연결됩니다. 하지만 우리 주님의 유언에 포함된다고 믿어지는 그 두 종류의 평안을 뒤로 하고서, 좀 더 나아가 또 다른 두 종류의 평안을 숙고해 보도록 합시다. 후자는 우리의 경험 속에서 하나로 융합되며, 그것이야말로 이 복된 유언의 가장 풍성한 부분입니다. 여기서 구주께서 의미하신 것은 하나님과의(with God) 평안이며, 또한 우리 자신의 양심과의(with our own conscience) 평안입니다. 먼저 하나님과의 사이에 화평이 있는 것은 그분이 "그리스도로 말미암아 우리를 자기와 화목하게 하셨기" 때문입니다(고후 5:18). 그분이 여호와와 우리 사이에 가로막힌 담을 허무셨으므로, 이제 "땅에서는 하나님이 기뻐하신 사람들 중에 평화"가 있는 것입니다(눅 2:14). 죄가 제거될 때, 하나님께서는 그분의 피조물을 대적하여 싸우실 이유가 없습니다. 그리스도께서 우리의 죄들을 제거하셨으므로, 하나님과 우리의 영혼 사이에는 실제적이고도 영속적인 평화가 확립된 것입니다. 하지만 이 평화가 존재함에도 불구하고, 우리가 그것을 명확하게 이해하지 못하고 그 안에서 즐거워하지 못할 수 있습니다. 그러므로 그리스도께서 우리의 양심에 평안을 남기시는 것입니다. 하나님과의 평화는 조약입니다. 양심 안에 있는 평안은 그 조약의 공표입니다. 하나님과의 평화가 샘의 근원이라면, 양심의 평안은 거기에서 흘러나오는 수정 같이 맑은 물입니다. 하늘의 법정에서 선포되는 평화가 있으며, 또한 그 소식이 알려지자마자 그 결과로서 따라오는 평안이 있습니다. 그것은 곧 인간의 작은 법정 안에서 선포되는 평안으로서, 그 법정에서는 양심이 우리의 행실을 따라 판단하는 자리에 앉습니다.

그러므로 그리스도께서 남기신 유산은 이중의(twofold) 평안입니다. 그것은 하나님과 그분의 택하신 백성 사이에 있는 우정과, 일치와, 사랑과, 영원한 연합의 평화입니다. 또한 그것은 우리의 지각과 양심이 달콤하게 누리는 안식의 평안입니다. 위에서 바람이 없을 때에는, 아래에서 폭풍이 일어날 수 없습니다. 하늘이 맑으면, 땅은 평온한 법입니다. 양심은 하나님의 만족을 반영합니다. "그러므로 우리가 믿음으로 의롭다 하심을 받았으니 우리 주 예수 그리스도로 말미암아 하나님과 화평을 누리자"(롬 5:1). "그뿐 아니라 이제 우리로 화목하게 하신 우리 주 예수 그리스도로 말미암아 하나님 안에서 또한 즐거워하느니라"(롬 5:11).

성령 하나님의 은혜의 도우심을 의지하며, 나는 오늘 아침에 이 평안에 대해 다음과 같이 말하고자 합니다. 첫째, 그것의 은밀한 토대(secret groundwork)입니다. 둘째, 그것의 고귀한 특성(noble nature)입니다. 셋째, 그것의 복된 효과들(blessed effects)입니다. 넷째, 평안의 방해물들 및 유지 수단들(interruptions and means of maintenance)입니다. 마지막으로, 하나님과의 평화를 누리지 못하는 자들은 결과적으로 자기 자신과의 참된 평안도 누리지 못한다고 하는 엄숙한 경고(solemn warning)로써 마치고자 합니다.

1. 평안의 은밀한 토대

첫째로, 참된 그리스도인이 누리는 하나님과의 평화와 양심의 평안에는 그것을 받쳐주는 견고한 토대(solid groundwork)가 있습니다. 그것은 자신의 상상이라고 하는 기분 좋은 허구, 혹은 무지라고 하는 헛된 망상에 기초하지 않습니다. 오히려 그것은 사실들에 근거하고 있으며, 확실한 진리들, 순수한 진실들을 기반으로 합니다. 그것은 반석 위에 세워진 집과 같아서, 비가 내리거나 바람이 불거나 홍수가 몰려와도 무너지지 않습니다. 기초가 견고하기 때문입니다. 사람이 그리스도의 피를 믿으면 평화를 얻는 것이 전혀 놀랄 일이 아닙니다. 그는 진정으로 인간의 마음이 알 수 있는 가장 깊은 평안을 누리도록 확실히 보증받기 때문입니다. 그는 이런 식으로 추론할 수 있습니다. "하나님께서 '믿는 자마다 의롭다 하심을 얻는다'(행 13:39)고 말씀하셨다. 또한 '주 예수를 믿으면 구원을 받으리라'(행 16:31)고 말씀하셨다. 자, 나의 믿음은 거짓 없이 저 위대하신 그리스도의 속죄

제물에 고정되어 있다. 그러므로 나는 이제 모든 것으로부터 의롭다 하심을 얻었으며, 믿는 자로서, 그리스도 안에서 하나님께 받아들여졌다." 그 필연적인 결과는, 그가 마음의 평안을 얻게 된다는 것입니다. 만일 하나님께서 나를 대신하여 그리스도를 벌하셨다면, 그분은 다시 나를 벌하시지 않으실 것입니다. "단번에 정결하게 되었으니 다시 죄를 깨닫는 일이 없으리라"(참조. 히 10:2). 유대인의 의식에 따르면 해마다 죄가 언급되었습니다. 속죄의 제물들이 수없이 죽임을 당해야 했습니다. 하지만 "그리스도는 죄를 위하여 한 영원한 제사를 드리시고 하나님 우편에 앉으셨습니다"(히 10:12). 자기가 용서받았다고 믿는 사람이 어찌 두려워 떨 수 있겠습니까? 믿음이 가슴 속에 거룩한 평안의 숨결을 불어넣지 못한다면, 그것이야말로 정녕 기이한 현상입니다.

또한, 하나님의 자녀는 또 다른 황금의 관(管)을 통해 평안을 얻습니다. 용서의 느낌(sense of pardon)이 그 영혼 속에 가득하게 됩니다. 그는 하나님의 증언으로부터 용서를 믿을 뿐 아니라, 또한 용서의 느낌을 얻습니다. 이것이 무엇인지 모르는 사람이 있습니까? 그것은 단순히 그리스도를 믿는 것에서 더 나아간 것이며, 믿음의 정수이자, 잘 익은 믿음의 열매입니다. 그것은 믿음 이후에 하나님이 주시는 고상하고 특별한 은혜입니다. 만일 내가 용서의 느낌을 얻지 못했다면 나는 여전히 믿어야 하며, 계속해서 믿으면서 조금씩 진보하여 내가 믿고 바라는 것을 보게 될 것입니다. 성령님은 때때로 믿는 자의 마음속에 용서받은 느낌을 가득하게 부어주십니다. 신비로운 작용으로써 영광의 빛을 그 영혼에 가득 채워 주십니다. 설혹 모든 거짓 증언자들이 일어나 동시에 그 사람을 대적하여 말한다 해도, 그는 그들을 비웃으며 이렇게 말할 수 있습니다. "우리에게 주신 성령으로 말미암아 하나님의 사랑이 우리 마음에 부은 바 됨이니"(롬 5:5). 그는 자신이 하나님과 화목하게 된 것을 느낍니다(feels). 그는 믿음에서 기쁨으로 도약하며, 그의 영혼은 신성한 이슬이 하늘에서 부드럽게 내려오는 것을 생생하게 느낍니다. 그는 자신의 지각(understanding)이 비추임을 받은 것을 느끼며, 자신의 의지(will)가 하나님의 뜻에 복종하는 것을 느끼며, 자신의 마음(heart)이 거룩한 사랑으로 불붙은 것을 느낍니다. 또한 그는 자신의 전인(全人)이 언약의 머리이신 예수 그리스도처럼 될 날을 소망 중에 바라보는 것을 느낍니다. 그의 영혼의 정원에 있는 모든 꽃들은 향긋한 성령의 남풍을 느끼며, 그 부드러운 바람이 불어올 때마다 널리 향기를 퍼뜨리는 것을 느낍니다. 성령님께서 모든 영광스러운 은총의 수행원들과 함께 왕으로서 마음속에 거주하실 때, 그 사람이 하나님과 화평을 누리는 것이 무엇이 당연하지 않겠습니까? 아! 가련한 영혼이여, 당신이 그리스도를 믿기만 한다면 말할 수 없는 평화와 기쁨이 당신의 영혼을 지배할 것입니다. 당신이 이렇게 말하는군요. "예, 하지만 제가 용서받은 것을 하나님께서 저에게 명백히 보여주시면 좋겠습니다." 가련한 영혼이여, 그분은 그 일을 즉시로 행하지 않으십니다. 그분은 당신에게 먼저(first) 그리스도를 믿으라고 명하십니다. 그런 다음에(then) 그분이 당신의 죄가 용서받은 것을 명백히 보여주실 것입니다. 우리가 구원을 받는 것은 믿음에 의해서이지, 기쁨에 의해서가 아닙니다. 하지만 내가 그리스도를 믿을 때, 그분의 말씀을 받아들일 때, 심지어 나의 느낌이 믿음과 충돌하는 듯이 보일 때에도, 그런 다음에, 그분은 나로 하여금 내가 느끼지 못하면서도 믿었던 그것을 느끼게 하심으로써, 나의 믿음을 칭찬해 주실 것입니다.

신자는 또한, 은혜의 때에, 주 예수 그리스도와의 친밀함을 통해 평화를 누리게 됩니다. 오! 그리스도께서는 자기 백성들의 귀에 부드럽게 속삭이시며 그들을 사랑으로 방문해 주십니다. 이런 말을 해도 믿지 않으려 하는 사람이 있습니다. 하지만 여러분은 아버지와 그 아들 예수 그리스도와 교제하는 것이 무엇인지를 알아야 합니다. 그리스도께서 우리에게는 나타내시지만 세상에는 나타내지 않으시는 그러한 것이 있습니다. 모든 어둡고 두려운 생각들이 떠나갑니다. "나는 내 사랑하는 자에게 속하였고 내 사랑하는 자는 내게 속하였으며"(아 6:3). 이는 온 심령을 몰입시키는 감정입니다. 신자의 마음 안에 그리스도께서 거하시고 왕으로 다스리실 때, 신자는 평안을 누리며 다른 사람을 잊을 정도로 오직 예수님에게 집중합니다. 이는 경이로운 일입니다. 만일 우리가 평안을 얻지 못한다면 그것이야말로 기적 중의 기적입니다. 그리스도인의 경험에서 가장 이상한 일은 우리의 평안이 지속되지 못한다는 것이며, 또한 그 불행한 사태를 설명할 유일한 이유는 우리의 친교가 깨어지고 연합이 훼손된 것입니다. 그렇지 않다면 우리의 평화는 강 같이 흐를 것이고, 우리의 의는 바다 물결처럼 계속될 것입니다.

얼마 전에 우리의 하늘 아버지께로 올라간 저 존경스러운 하나님의 사람인 조셉 아이언스(Joseph Irons)는 말합니다. "천국의 권리 증서를 품에 지니고 있을 때 그리스도인이 누리는 평안은 얼마나 놀라운 것인가!" 이는 또 하나의 견고한 확신의 토대입니다. 준비된 백성들에게 천국은 준비된 곳임을 우리는 압니다. 그러기에 그리스도인은 때때로 사도들과 더불어 이렇게 외칩니다. "우리로 하여금 빛 가운데서 성도의 기업의 부분을 얻기에 합당하게 하신 아버지께 감사하노라" (골 1:12). 하나님께서 그를 천국에 합당한 자가 되게 하셨음을 느끼면서, 그는 이 예비하심이 곧 저 영광의 처소에 들어가게 해주는 소망의 보증임을 발견합니다. 그는 눈을 들어 이렇게 말할 수 있습니다. "저기 밝은 세상은 나의 것이며, 내게 상속된 기업이로다. 육신의 생명이 나를 그곳에 들어가지 못하도록 막지만, 죽음은 나를 그곳에 데려다 주리로다. 나의 죄가 저 하늘에 기록된 증서들을 파기하지 못하리라. 천국은 나의 것이다. 사탄도 내가 그곳에 들어가는 것을 막지 못한다. 예수님이 계신 곳에 나 역시 있을 것이다. 내 영혼이 그분을 사모하며, 또한 그분에게 연결되었기 때문이다." 오 형제들이여, 의롭다 하심을 얻은 자들이 "모든 지각에 뛰어난 하나님의 평강"(빌 4:7)을 누리는 것은 전혀 놀랄 일이 아닙니다.

아마도 여러분은 이렇게 말하고 싶을 것입니다. "글쎄요, 하지만 그리스도인도 다른 사람들처럼 어려움을 겪고, 사업에서 실패하고, 가족이 죽거나 질병을 얻는걸요." 예, 하지만 그는 평화의 또 다른 기반을 가지고 있습니다. 즉 하나님 아버지의 언약의 신실성과 그분의 신실하심에 대한 확신입니다. 그는 하나님이 신실하신 하나님이신 것을 믿습니다. 그분이 사랑하시는 자를 결코 내쫓지 않으시는 분이심을 믿습니다. 그에게 닥쳐오는 섭리의 모든 어두운 과정들도 위장된 은총일 뿐입니다. 그의 잔이 쓸 때에도, 그는 그것이 사랑으로 조제된 것을 믿고, 결국에는 모든 것이 좋게 될 것임을 믿습니다. 하나님께서 궁극적인 결과를 보증하시기 때문입니다. 그러므로 궂은 날이 되건, 화창한 날이 되건, 날씨가 어떻게 된다 하더라도, 그의 영혼은 언약의 하나님의 신실하심과 능력이라고 하는 두 날개 아래에서 안식처를 발견합니다. 저 경건한 성도의 영혼은 아버지의 뜻에 온전히 복종하기 때문에 불평하지 않습니다. 그에게는, 귀용 부인(Madame Guyon: 1648-1717. 프랑스 정적주의자)이 곧잘 말한 것과 같이, "사랑이 삶을 명하든 죽음을 명하든, 복을 지정하든, 화를 지정하든 다를 것이 없습니다." 그는 아버지께서 그에게 보내신 것을 찬성하며 받아들입니다. 그가 자신을 아는 것보다 아버지께서 그를 더 잘 이해하신다는 것을 알기 때문입니다. 그는 자신의 배의 키를 은혜로우신 하나님의 손에 맡깁니다. 그리고 그 자신은 선실에서 침착하게 잠들 수 있습니다. 그는 그의 선장(Captain)에게 바람과 풍랑을 제어할 능력이 있음을 믿습니다. 그래서 이따금씩 폭풍 속에 배가 흔들리는 것을 느낄 때에도 허버트(George Herbert: 1593-1633. 영국 신앙시인) 목사처럼 이렇게 외칩니다.

> "바람과 파도가 내 뱃전을 때리고
> 배가 요동치며 넘어질 듯 보일 때에도
> 그분이 보존하시고, 키를 잡고 헤쳐가시네.
> 폭풍을 그 솜씨로 이겨내시니,
> 그 얼굴은 숨기실 때 있어도
> 그 마음은 숨기시지 않음이 확실하도다."

그리스도인이 이렇게 느낄 때에, 그리고 착한 일을 시작하신 이가 그리스도 예수의 날까지 그 일을 이루실 의지와 능력을 모두 가지신 것을 알 때에, 그가 평안을 누리는 것은 이상한 일이 아닙니다.

2. 평안의 고귀한 특성

그리스도인이 누리는 평안의 은밀한 토대에 대해 밝혔으므로, 잠시 그 평안의 고귀한 특성(its noble character)에 대해 생각하고자 합니다.

다른 사람들의 평안은 낮고 천합니다. 그들의 평안은 죄의 변두리에서 태어납니다. 자기기만과 무지가 그 부모입니다. 사람은 자기가 어떤 자인지를 모르기 때문에, 실상 아무것도 아니면서 스스로를 대단한 자라고 생각합니다. 그는 실상 헐벗고 가련하고 곤고한 상태에 있으면서도 "나는 부자라 부요하여 부족한 것이 없다"라고 말합니다(계 3:17). 그리스도인의 평안은 그렇게 생겨난 것이 아닙니다. 그 평안은 성령에게서 난 것입니다. 그것은 하나님 아버지께서 주신 평안입니다. 그분이 모든 평강의 하나님이시기 때문입니다. 그것은 예수 그리스도께서 사신 평안입니다. 그분이 그분의 피로 평화를 이루셨고, 또한 그분이 우리의 평화이시기 때문입니다. 또한 그것은 성령님의 활동에서 오는 평화입니다. 그분이 우리 영혼의 평화의 창시자요 설립자이십니다.

우리의 평안은 하나님에게서 난 것이기에, 그 성격상 하나님의 성품을 반영합니다. 그분의 영이 그 평화의 아버지이시기에, 그것은 그 아버지를 닮았습니다. 그것은 "나의 평안"이라고 그리스도께서 말씀하십니다! 사람의 평안이 아닙니다. 그것은 영원하신 하나님의 아들의 조용하고, 침착하며, 심오한 평안입니다. 오, 만일 그리스도인이 마음속에 이러한 신적인 평안을 가진다면, 그리스도인은 진정 영광스러운 자입니다. 이 세상의 왕들이나 유력자들이라도 그리스도인에 비하면 아무것도 아닙니다. 왜냐하면 그리스도인은 온 세상을 주고서도 살 수 없는 보석을 그 품에 간직하고 있기 때문입니다. 그 보석은 영원 전부터 고안하여 만든 것이며, 주권자의 은혜에 의해 귀한 선물로 제정된 것이며, 하나님의 택하신 자녀들이 왕족으로서 정당하게 물려받는 유산입니다.

그러므로 이 평안은 그 출생의 기원에 있어서 신적입니다(divine). 그것은 또한 그 양육에 있어서도 신적입니다. 그것은 세상이 줄 수도 없고, 그것을 유지하는데 공헌할 수도 없는 평안입니다. 육체의 본성이 먹고 자란 가장 맛있는 별식조차도 이 달콤한 평안의 입에는 쓸 것입니다. 사람들이 풍성하고 맛있는 곡식과, 향긋한 포도주와, 기름진 별식들을 가지고 온다고 할지라도 우리를 유혹하지 못합니다. 이 평안은 천사들의 양식을 먹고 자라기 때문에, 지상에서 자라는 어떤 양식에도 풍미를 느끼지 못합니다. 그리스도인에게 그가 소유한 부의 열 배를 더 준다고 해도, 그의 평안을 열 배로 크게 하지는 못합니다. 오히려 열 배의 근심을 더하게 할 수는 있겠지만 말입니다. 그의 명성을 크게 하고, 그의 건강을 증진시킨다 해도, 그의 명성이나 그의 건강도 그의 평안에 기여하지 못합니다. 그 평안은 신적인 근원에서 흘러나오기 때문이며, 그 강물에는 지상의 언덕에서 흘러들어오는 어떤 지류들도 없기 때문입니다. 그 평안의 강물은 하나님의 보좌로부터 흐르며, 오직 하나님 한 분에 의해 유지됩니다.

그러므로 그것은 신적으로 태어나고 신적으로 양육받는 평안입니다. 또 다시 진술하자면, 그것은 환경을 초월하여 사는 평안입니다. 세상은 그리스도인의 평안을 끝내버리려고 애를 써 왔지만, 결코 그 일을 성취하지 못했습니다. 내가 아주 어릴 적에 어떤 노인이 기도하는 것을 들은 적이 있습니다. 나를 크게 감동시키는 말이었습니다. "오 주여, 당신의 종들에게 세상이 줄 수도 없고 빼앗아 갈 수도 없는 평안을 주소서." 아! 우리 원수들이 모든 힘을 쏟아도 그것을 빼앗아가지 못합니다. 가난이 그것을 파괴하지 못합니다. 그리스도인은 누더기를 입고서도 하나님과의 평화를 누릴 수 있습니다. 질병이 그것을 망치지 못합니다. 짐상에 누워서도, 극심한 고통 중에서도 성도는 기뻐할 수 있습니다. 박해가 그것을 파괴하지 못합니다. 박해가 신자를 그리스도에게서 떼어놓지 못하기 때문입니다. 박해의 와중에도 그는 그리스도와 하나이며 그의 영혼은 평안으로 가득합니다. "당신의 손을 여기에 대 보시오." 저 순교자가 화형대로 이끌려 갈 때에 박해자를 향해 말했습니다. "당신의 손을 여기에 대 보시오. 그리고 그 손을 당신 자신의 가슴에 대 보시오. 어느 심장이 격렬하게 뛰고 있는지, 어느 심장이 더 불안해하고 있는지 느껴보시오." 그 그리스도인이 마치 결혼식 잔치에 가고 있는 듯이 침착한 것을 보고서, 동시에 박해자 자신은 그런 가혹한 행동을 해야 하는 것에 심하게 동요되고 있는 것을 느끼면서, 이상하게도 그 박해자는 경외심에 사로잡혔습니다. 오, 세상이여! 우리의 평안을 빼앗아보라고 도전하노라! 우리는 그것을 너에게 빼앗기지 않았으며, 너 역시 우리에게서 그것을 앗아갈 수 없을 것이다. 우리의 평안은 마음에 새긴 인장과도 같으며, 죽음 같이 강하고, 무덤에서도 무적이로다! 오, 그대 요단 강이여, 네 물결이 아무리 깊고 어두울지라도 우리를 잠기게 할 수 없을 것이다. 네 격렬한 물결 속에서도 우리 영혼은 담대할 것이며, 우리를 사랑하사 우리를 위해 자기를 주신 분을 의지하고 안연할 것이로다! 나는 이런 말을 자주 언급해 왔습니다. 가장 불리한 환경 속에 처하는 그리스도인들은, 일반적으로, 순조로운 조건 속에 거하는 사람들보다 더 나은 그리스도인들입니다. 모든 계층의 사람들이 모이는 큰 교회 안에서, 나는 사람들이 처하는 대부분의 환경을 잘 알고 있습니다. 경건하지 못한 남편들이 있는 가정에서 오는 여성들도 보아왔으며, 어려움을 겪는 어린이들과, 적대적이고 그들에게 조소하는 직장에서 오는 젊은이들도 보아왔습니다. 빈곤의 상태에서 오는 사람들도 보았고, 이 도시의 움막과 동굴 같은 곳에서 오는 사람들도 보았습니다. 그들이야말로 교회의 면류관에 박혀 있는 가장 밝은 보석들입니다. 그것은 하나님께서 일반적인 자연 현상들을 거스르시는 것처럼 보입니다. 마치 담장에서 우슬초가 자라나게 하시는 것뿐 아니라, 거기에서 삼나무까지 자라도록 하시는 것과도 같습니다. 그분은 가장 어두운 물속에서 가장 밝은 진주들을 찾으시며, 가장 불결한 비료 더미에서 아주 귀한 보석들을 길러 내십니다.

> "은혜의 불가사의는 하나님께 속하였으니
> 그분의 은혜들을 노래하고 또 노래하라."

　나는 또한 이런 사실도 자주 발견해 왔습니다. 어떤 그리스도인이 더 많은 환난을 겪을수록 그의 평안은 더욱 순수하다는 것입니다. 근심과 슬픔의 파고가 더욱 심하게 굽이칠수록, 그의 마음속에 자리 잡은 평안은 더욱 차분하고, 더욱 고요하고, 더욱 깊습니다. 그와 같이, 그 평안은 신적으로 태어났고, 신적으로 양육받으며, 또한 이 소용돌이치는 가련한 세상의 영향력을 뛰어넘습니다.

　더 나아가, 나는 이 평안의 성격이 심오하고도 실제적(profound and real)이라는 점을 간략히 언급해야겠습니다. 사도는 "모든 지각에 뛰어난 하나님의 평강"이라고 말합니다(빌 4:7). 이 평안은 모든 감각을 넘어설 뿐 아니라, 모든 지각(知覺, understanding)을 뛰어넘은 것입니다. 온 세상의 일을 이해하고, 눈에 보이지 않는 영역에 속한 많은 일들을 이해하는 지성도 이 평안의 길이와 넓이는 측량하지 못합니다. 그(the) 지각이 그 평안을 파악하지 못할 뿐 아니라, 모든(all) 지각으로도 파악하지 못합니다. 우리의 판단력을 최대한으로 발휘한다고 해도, 이 심오한 평안의 높이와 깊이를 파악하지 못합니다.

　여러분은 바다 깊은 곳의 동굴들의 고요가 어떠할 것인지에 대해 상상한 적이 있습니까? 바다 한복판 아래로 천 길이나 되는 곳, 선원들의 뼈가 고요히 누워 있는 곳, 산호초들이 빛을 받지 못하는 곳, 옛 상인들의 잃어버린 금과 은들이 모래 바닥 아래에서 반짝이고 있는 곳, 그 아래에 있는 바위 동굴들, 물결이 들이치지 않는 어둠의 궁전들, 어떤 잠수부도 침입한 흔적이 없는 곳의 평온함은 어떠할까요? 하나님의 평안, 곧 굳센 신자가 누리는 평온한 안식은 그처럼 맑고 고요한 것입니다. 혹은 눈을 들어 별들을 바라보십시오. 저 고요한 천체의 평온함에 대해 꿈꾸어 본 적이 있습니까? 소란이나 소동이 있는 영역을 넘어서 위로 올라가 봅시다. 저 고요한 천체의 대로를 밟아 봅시다. 천둥은 저 아래에 있고, 혼란스러운 군중들의 야단법석도 이 맑고도 경이로운 정적을 방해하지 못합니다. 별들이 그들의 황금 침상에서 잠든 것을 보십시오. 혹은 그들이 반짝이는 눈만 뜬 채로 저 고요한 창공의 바다를 가만히 주시하고, 숭고한 평화의 영역을 지키고 있는 모습을 보십시오. 바로 그러한 평안과 고요함이 그리스도인의 가슴에 자리 잡고 있습니다. 어떤 이는 그것을 "달콤한 고요(sweet calm)"라고 부르며, 또 어떤 이는 그것을 "완벽한 평화(perfect peace)"라고 부르고, 또 다른 사람은 그것을 "큰 평안(great peace)"이라고 부릅니다. "주의 법을 사랑하는 자에게는 큰 평안이 있으니 그들에게 장애물이 없으리이다"(시 119:165). 이제 나 자신의 마음속에 있는 은밀한 것을 여러분에게 말합니다. 작년에 나는 한 가지 성경 구절을 간직하고 있었는데, 그것이 하루에도 여러 번씩 내 기억 속으로 밀고 들어왔습니다. 자고 있을 때에도 그 꿈을 꾸었고, 깨어 있는 동안에도 나와 동행했습니다. 나는 그 구절의 진실성을 검증했고, 그 안에서 기뻐하였습니다. 그 구절은 "그의 영혼은 평안히 살고"입니다(시 25:13). 그것은 지금도 나를 위한 약속입니다. 고된 수고 중에서나, 사람들의 영혼을 위한 고뇌 가운데서나, 더 나은 거룩한 삶에 도달하고자 하는 간절한 열망 속에서나, 언제나 지속되는 그런 평안이 있습니다. 그러한 평안은 모든 사치스러운 물품들을 가져도 얻을 수 없고, 부를 아무리 크게 증대시킨다고 해도 얻을 수 없습니다. 그처럼 평화로운 가슴에는 어떤 근심의 파도가 몰려올 수 없습니다. 온통 고요하고, 청아하며, 기쁨과 사랑으로 가득할 뿐입니다. 언제나 그러한 맑은 대기 속에 바라며, 결코 이 평안을 잃어버리지 않기를 바랍니다.

내가 말한 것을 이해하지 못하는 사람이 아무도 없기를 바라면서, 나는 한 예를 들어서 간략하게 반복해서 말하고자 합니다. 여러분은 저 사람을 봅니까? 그는 잔혹한 재판장 앞으로 끌려왔습니다. 그는 사형판결을 받았습니다. 시간이 가까워 오고 있습니다. 그는 옥으로 끌려갔고, 거기서 지키는 두 명의 병사들과 함께 있습니다. 옥문 바깥에는 군인들이 네 패로 나누어 그를 지키고 있습니다. 밤이 다가옵니다. 그는 바닥에 눕지만, 얼마나 불편한 장소입니까! 두 명의 군인들 사이에서 사슬로 묶여 있습니다! 그가 누워서 잠이 듭니다. 두려움에 사로잡힌 죄인이 눈꺼풀이 무거워 잠드는 그런 잠이 아닙니다. 하나님이 주신 평온한 잠입니다. 그 잠은 그를 구하러 온 천사들을 보고서야 끝이 났습니다. 죽음의 선고가 그 머리 위에 떨어지고, 칼이 그의 심장을 뚫을 준비가 되었을 때, 베드로는 잠이 들었습니다. 또 다른 장면을 볼까요? 저기 바울과 실라가 있습니다. 그들은 복음을 전하고 있었는데, 이제 그들의 발에 차꼬가 채워졌습니다. 그들은 이튿날 죽을 것입니다. 그러나 한밤중에 그들은 하나님께 찬미의 노래를 부릅니다. 그리고 죄수들이 그 소리를 듣습니다. 아마도 그처럼 끔찍한 감옥에서는 그들이 밤새도록 신음 소리를 내거나, 혹은 기껏해야 잠들 것이라고 생각하기가 쉽습니다. 하지만 그렇지 않았습니다. 그들은 하나님을 찬미했습니다. 죄수들이 그 노랫소리를 들었습니다. 여기에 평안이 있습니다. 천국의 상속자들이 누리는 조용하고 침착한 평안입니다. 나는 또 다른 장면을 여러분에게 제시하고 싶습니다.

가장 박해가 심하던 엘리자베스 여왕 시절의 비국교도들(Nonconformists)에 대한 것입니다. 그녀는 많은 사람들을 투옥시켰는데, 그 중에 그린우드(Greenwood)와 바로우(Barrow)라는 이름의 두 사람도 포함되었습니다. 그들은 저 불쾌하고 악취를 풍기는 지하 감옥인 클린크 교도소(Clink Prison)에 미치광이들, 살인자들, 중죄인들과 함께 수감되었고, 그들의 무시무시한 대화를 들을 수밖에 없었습니다. 어느 날 그들이 죽게 된다는 것을 알리는 영장이 도착했습니다. 두 사람은 밖으로 끌려갔고, 몸이 묶인 채로 마차에 실려, 이제 막 사형장으로 가려던 참이었습니다. 하지만 그들이 교도소 문을 나서자마자 한 전령이 도착했습니다. 여왕이 집행 유예 명령을 내린 것입니다. 그들은 되돌아왔습니다. 조용하고도 침착하게 그들의 감방으로 되돌아왔습니다. 다음날 그들은 뉴게이트(Newgate)로 이송되었습니다.

그리고 별안간 두 번째 전령이 도착해서는, 그들을 런던의 사형장인 타이번(Tyburn)으로 끌고 가서 죽여야 한다는 소식을 전했습니다. 그들은 다시 마차에 묶여 이송되었습니다. 처형대의 계단에 올라갔습니다. 밧줄이 그들의 목을 감았고, 그들은 그 상태로 모여든 군중들 앞에서 마지막으로 연설하도록 허락받았습니다. 그들은 그리스도의 교회의 자유에 대해 증언했고, 개인적인 신앙의 판단을 할 수 있는 권리에 대해 증언했습니다. 그들이 연설을 끝냈을 때, 저 야비한 여왕은 두 번째로 집행 유예를 명했습니다. 그래서 그들은 또다시 감옥으로 되돌려 보내졌습니다. 그들은 뉴게이트에 투옥되었고, 겨우 이틀 더 머물다가, 세 번째로 끌려갔습니다.

이번에는 실제로 교수형을 당했습니다. 하지만 그들은 즐거워하며 사형장의 계단을 올랐고, 마치 사람이 자기 침상에 오르는 것처럼 즐거워하는 듯이 보였으며, 목을 조를 밧줄이 아니라 면류관을 받기 위해 오르는 것처럼 보였습니다. 그리스도의 모든 교회들은 그런 사례를 제시할 수 있습니다. 어디든 진실한 그리스도인이 있는 곳이라면, 세상은 온갖 애를 써서 그 평안을 뺏으려 합니다. 하지만 그것은 결코 소멸될 수 없는 평안입니다. 목에 밧줄을 걸어도, 불에 달군 집게가 살을 뜯어내어도, 칼로 뼈를 꺾더라도, 이 평안은 계속해서 살아 있을 것입니다. 마침내 이 낙원의 새는 이 지상의 불타는 나무로부터 하늘로 올라가서, 저 하늘의 낙원에서 빛나는 깃털을 다시 입게 될 것입니다.

3. 이 평안의 복된 효과들

생각했던 것보다 이 요점에서 시간을 지체했으므로, 서둘러 세 번째 요점을 다루도록 하겠습니다. 그것은 이러한 신적인 평안의 효과들(the effects of this divine peace)입니다.

이 신적인 평안의 복된 효과들 중에서, 우선, 기쁨(joy)을 꼽을 수 있습니다. "기쁨"과 "평안"이라는 말은 계속해서 나란히 오는 것을 보게 될 것입니다. 평안이 없는 기쁨이란 고상하지도 않고 행복하지도 않은 기쁨입니다. 냄비 아래에서 딱딱 소리를 내며 타는 가시나무 가지처럼, 오래 타지 못하는 단조로운 기쁨의 불꽃에 불과하지요. 저 붉게 이글거리며 지속되는 숯과는 다릅니다. 자, 신적인 평안은 그리스도인에게 기쁨을 줍니다. 그러한 기쁨이란 어떤 것일까요! 회개하는 자의 눈에서 비치는 기쁨의 섬광을 본 적이 있습니까? 죄를 자각한 많은 죄인들과 함께 기도하고, 그들의 영혼의 깊은 고뇌를 보고, 죄로 인해 근심하는 그 가련한 사람과 깊이 공감하는 일은, 내게 할당된 복된 임무입니다. 나는 그들과 함께 기도하고, 믿음을 갖도록 권면하며, 그 기쁨의 섬광을 목격하며, 마침내 그들이 희망에 넘쳐 이렇게 말하는 소리를 듣습니다. "나는 주 예수 그리스도를 전심으로 믿습니다." 오! 그 기쁨의 광경이란! 마치 천국 문이 순식간에 열리고, 거기서 반사된 영광의 광채가 그의 눈에서 반짝이는 것 같습니다. 나는 나 자신이 하나님과 화평하게 되었을 때의 기쁨을 기억합니다. 나는 집으로 오는 길에서 줄곧 춤이라도 출 수 있을 것 같았습니다. 나는 존 번연이 논밭을 사방으로 돌아다니면서 까마귀들에게라도 말하고 싶었다고 고백했던 말이 무슨 뜻인지를 이해할 수 있었습니다. 그는 혼자 간직하기에는 너무나 기쁨으로 가득하여, 누구에게든 말할 대상이 필요하다고 느꼈던 것입니다. 오! 그 날 집에서도 큰 기쁨이 있었습니다. 장남이 구주를 만나고 죄사함 받았다고 말하는 말을 듣고서, 모든 식구들이 듣고서 기뻐했습니다. 그 기쁨에 비하면 지상의 모든 기쁨들은 아무것도 아니며 공허한 것에 지나지 않았습니다. 진짜 금화와 모조품의 관계처럼, 하나님과의 화평에서 솟아나는 참된 기쁨에 비하면 지상의 기쁨들은 천한 것이었습니다. 젊은이여! 만일 당신이 전에 알지 못했던 그런 기쁨을 얻고자 한다면, 당신은 그리스도의 피를 통해 하나님과 화목해야 합니다. 그러기까지는, 참된 기쁨과 지속되는 즐거움을 결코 알 수 없을 것입니다.

그러므로 이 평안의 첫 번째 결과는 기쁨입니다. 그 다음에 또 다른 결과가 따라오는데, 그것은 사랑(love)입니다. 그리스도의 피를 통해 하나님과 화평한 사람은 그를 위해 죽으신 그분을 사랑하도록 강권함을 받습니다. 그는 소리칩니다. "귀하신 예수님! 당신을 섬기도록 저를 도와주소서! 있는 모습 이대로 저를 받으시고, 무언가에 쓸모 있도록 빚어 주시며, 당신의 뜻을 이루도록 저를 사용하여 주소서. 당신의 뜻이라면, 저를 이 지구상의 가장 먼 곳에라도 보내시고, 죄인들에게 구원의 길을 전하게 하소서. 저는 기쁘게 가겠나이다. 내 평안이 사랑의 불을 타오르게 하기에, 저의 모든 것이, 제가 가진 모든 것이, 영원히 당신의 것이 되어야만 합니다."

다음으로, 거룩함(holiness)에 대한 열망이 따라옵니다. 하나님과 화목하게 된 사람은 죄에 빠지기를 원치 않습니다. 그는 그 평안을 잃어버리지 않기 위해 주의합니다. 그는 불타는 집에서 빠져나온 한 여인과도 같습니다. 그는 그 이후로는 양초만 보아도 두려워합니다. 다시는 예전의 위험에 빠지고 싶지 않기 때문입니다. 그는 겸손히 자기 하나님과 동행하며, 은혜에 의해 강권함을 받습니다. 성령의 달콤한 열매인 이 평안이 그로 하여금 하나님의 모든 계명을 지키고, 온 힘을 다해 그의 주님을 섬기도록 이끌어 줍니다.

또한 이 평안은 우리로 하여금 고난을 견디도록 돕습니다(help us to bear affliction). 바울은 그것을 신(shoe)으로 묘사합니다. "평안의 복음이 준비한 것으로 신을 신고"(엡 6:15). 그것은 우리로 하여금 슬픔의 날카로운 돌조각 위에서도 걸을 수 있게 해줍니다. 예, 독사들을 밟으며 걸을 수 있게도 해주지요. 그것은 우리에게 이 세상의 찔레나무 위를 걸으면서도 발이 상하지 않도록 하는 능력을 줍니다. 이 신성한 평안의 신발은 우리로 하여금 걸어가도 피곤치 않게 하고, 달려가도 곤비치 않게 합니다. 나는 내 영혼이 하나님과 화평할 때에 모든 일을 할 수 있습니다. 내 영혼이 하나님과 화평할 때, 내 영혼을 고통스럽게 할 고통은 없으며, 내 뺨을 창백하게 할 두려움도 없으며, 나를 수치스럽게 만드는 상처란 없습니다. 그 평안은 사람을 거인으로 만듭니다. 난쟁이를 골리앗의 크기로 부풀게 합니다. 그는 용사들 중에서도 용사가 됩니다. 겁쟁이들이 낮은 언덕 주변에서 포복하고 있을 때, 땅에 바짝 붙어 엎드려 있을 때, 그는 콜로수스(Colossus: 아폴론의 거대한 신상, 세계 7대 불가사의 – 역주)처럼 큰 걸음으로 활보합니다. 하나님께서 그를 위대하고 강하게 만드십니다. 왜냐하면 그의 영혼이 평안으로 가득하고, 기쁨으로 넘쳐나기 때문입니다.

이 평안의 복된 효과들에 대해 더 말하고 싶지만, 한 가지만 더 말하고서 만족해야겠습니다. 나는 이 평안이 보좌 앞에서의 담대함(boldness at the throne)을 갖게 해주고, 아버지의 시은좌(施恩座)에 가까이 가도록 하는 것을 발견합니다. 우리는 화목하게 된 것을 느끼고, 따라서 더 이상 멀리 주저하며 서 있지 않습니다. 오직 우리는 그분에게로 오되, 그분의 무릎에까지 오고, 우리의 필요들을 그분 앞에 펼쳐 보입니다. 우리의 사정을 아뢰고, 들으실 것을 확신합니다. 왜냐하면 아버지의 마음속에는 우리를 향해 어떤 적대감도 없으시기 때문이며, 우리의 마음에도 그분을 향해 어떤 적대감이 없기 때문입니다. 에수 그리스도 우리 주님을 통하여, 우리는 하나님과 하나이며, 그분 또한 우리와 하나입니다.

4. 평안의 방해물들 및 유지를 위한 수단들

이제 나는 우리가 수행해야 할 실제적인 의무들을 말하고자 합니다. 또한 아직 이 평안에 대해 아무것도 모르는 자들에게 몇 마디를 당부한 후에 결론을 맺고자 합니다. 내가 말하고자 하는 실제적인 진술들은 평안의 방해물들(interruptions of peace)이라고 하는 주제에 대한 것입니다.

모든 그리스도인들은 완벽한 평안을 가질 권리가 있습니다. 하지만 그들 모두가 그것을 소유하는 것은 아닙니다. 우울한 의심이 마음을 짓누르고, 하나님이 내 편이시라고 말하기가 주저될 때가 있습니다. 우리는 용서의 의식을 망각하고, 한낮에도 한밤중처럼 갈피를 잡지 못합니다. 이것이 어찌된 일일까요? 나는 이처럼 평안이 단절되는 것이 다음 네 가지 이유들 중의 하나 때문이라고 생각합니다.

때로는 사탄의 지독한 유혹 때문에 평안이 방해를 받습니다. 사탄이 전례 없이 잔혹하게 하나님의 자녀들을 공격하는 시기가 있습니다. 하나님의 자녀들이 아볼루온(Apollyon)과 싸우는 동안에는 완벽한 평안을 유지하기란 어렵습니다. 가련한 그리스도인이 머리에 상처를 입었을 때, 그리고 손과 발에도 상처를 입었을 때, 그가 고통으로 신음하는 것은 당연합니다. 존 번연은 그에 대해 이렇게 묘사했습니다. "그가 좌우에 날선 검으로써 아볼루온에게 치명상을 입힌 것을 확인할 때까지는, 그가 즐거운 표정을 짓는 것을 나는 본 적이 없다. 그 싸움 후에, 그는 비로소 미소를 지으며 하늘을 처다볼 수 있었다. 하지만 그것은 내가 본 것 중에서 가장 끔찍한 싸움이었다." 실제적으로 하나님과 영혼 사이의 평안을 그렇게 교란시키는 것도 없습니다. 하나님께서는 그리스도를 통해 자기와 화목한 자들과는 언제나 평화롭게 지내십니다. 하지만 그 평안을 누리지 못하게 하는 방해가 있고, 종종 그 평안은 저 거대한 지옥의 개의 울부짖음에 의해 영향을 받습니다. 그는 온 힘을 다해 우리에게 다가와서 대적하며, 입을 크게 벌리고 금방이라도 우리를 삼킬 태세입니다. 하나님의 은혜가 아니라면 실제로 그렇게 할 것입니다. 사탄이 사납게 유혹할 때 우리의 평안이 때때로 영향을 받는 것은 그리 놀랄 일이 아닙니다.

또 다른 때에 평안의 결핍은 무지에서 발생합니다. 예를 들어, 나는 아르미니우스파(Arminian) 교리를 신봉하는 자가 평안을 거의 누리지 못하는 것을 이상하게 여기지 않습니다. 그 교리에는 그에게 평안을 줄 만한 것이 없습니다. 그것은 골수가 빠진 뼈다귀입니다. 그것은 내가 볼 때 차갑고, 활력이 없고, 맥이 빠지고, 열매가 없는 신조로서, 달기보다는 오히려 씁니다. 거기에는 오직 율법의 채찍 외에 아무것도 없습니다. 어떤 장엄한 확신들이 없고, 언약적인 사랑이라고 하는 영광스러운 사실들도 없으며, 구별되는 은혜, 전능자의 신실하심, 약속의 보증도 없습니다. 나로서는 조건적인 선택(conditional election), 우연한 구속(haphazard redemption), 의심스러운 성도의 견인(questionable perseverance), 무용화될 수 있는 중생(unavailing regeneration)과 같은 돌과 전갈들을 먹고 사는 사람과는 결코 다투지 않을 것입니다. 이렇게 하찮은 양식을 먹고 살 수 있는 사람도 더러 있을 수 있다고 나는 생각합니다. 만일 그들이 그런 것을 먹고 살 수 있다고 한다면, 그렇게들 하라고 하십시오. 하지만 내가 믿기로는 우리의 의심과 두려움의 상당수가 교리적 무지에서 비롯됩니다. 어쩌면, 여러분은 아버지와 그분의 영광스러운 아들 예수 그리스도 사이에 맺어진 언약을 명확히 이해하지 못하고 있습니다. "복음"이라는 말을 그 안에 있는 "율법"이라는 말과 혼동하지 않고서 제대로 파악하지 못하고 있습니다. 아마도 여러분은 더 이상 자기 자신을 바라보지 않고 그리스도만을 전부로 바라보는 것을 충분히 배우지 못했을 것입니다. 여러분은 다양하게 변하는 성화(sanctification)와 영속적으로 불변하는 칭의(justification)를 구별할 줄을 모릅니다. 많은 신자들이 성령의 역사와 사람의 활동을 구별하는 데까지 아직 이르지 못했습니다. 만일 우리가 무지하다면, 때때로 평안을 잃어버리는 일이 그리 놀랄 일이겠습니까? 이 귀한 책을 더 배우십시오. 그러면 당신의 평안은 더욱 지속적인 것이 될 것입니다.

또한 이 평안은 대개 죄에 의해 방해를 받습니다. 하나님께서는 자신의 양 떼들이 이 세상의 길을 따라 걸어가다가 일으키는 먼지 구름 뒤로 그 얼굴을 숨 기십니다. 우리가 죄를 범하면, 그 다음에는 그것 때문에 슬픔에 빠지게 됩니다. 하나님은 여전히 그분의 자녀를 사랑하시며, 심지어 죄를 지을 때에도 사랑하십 니다. 하지만 그분은 자녀가 죄를 지어도 무방한 것처럼 여기도록 방치하지 않 으십니다. 그 자녀의 이름은 가족 명부에 있습니다. 하지만 아버지는 그 책을 덮 어 버리시고, 그 자녀가 다시금 예수 그리스도께로 돌아와서 철저하게 회개할 때까지는, 그 책을 읽지 못하게 하십니다. 이 점을 명심하십시오. 만일 당신이 죄 속에 살면서도 평안을 누릴 수 있다면, 당신은 거듭나지 못한 사람입니다. 만일 당신이 불법 속에 살면서도, 여전히 양심의 평안을 유지한다면, 당신의 양심은 화인을 맞아 죽은 것입니다. 그러나 그리스도인은, 죄를 지을 때에, 통증을 느끼 기 시작합니다. 설혹 그가 타락하는 바로 그 순간은 아닐지라도, 머지않아 아버 지의 회초리가 그의 등을 때릴 것이고, 그는 이렇게 울기 시작할 겁니다.

> "주님을 처음 만났을 때
> 내가 알았던 은총들이 이제 어디에 있는가?
> 예수님과 그 말씀으로
> 영혼이 유쾌하던 은혜는 이제 어디로 갔는가?"

한 가지 더, 우리의 평안은 불신에 의해서도 중단될 수 있습니다. 진정 이것 은 네 가지 원인 중에서도 가장 날카로운 칼이며, 우리의 기쁨의 황금 실을 쉽사 리 끊어 버릴 것입니다.

자, 만일 깨어지지 않는 평안을 누리기를 원한다면, 비록 내 나이 연소하다 할지라도, 하나님의 일꾼으로부터 오늘 아침에 조언을 얻으십시오. 내가 유익하 다고 보증하는 조언을 받아들이십시오. 이 조언은 성경적입니다. 만일 당신이 평안을 지속하고 깨뜨리지 않기를 바란다면, 언제나 그리스도의 희생제물을 바 라보십시오. 예수님 외에 다른 어떤 것으로도 눈을 돌리지 마십시오. 나의 청중 이여, 회개할 때에 십자가에 시선을 고정하십시오. 수고할 때에, 십자가에 못 박 히신 분의 능력 안에서 수고하십시오. 당신이 행하는 모든 일들을, 그것이 자기 점검이든, 금식이든, 묵상이든, 혹은 기도이든, 그 모든 것을 예수님의 십자가 그늘 아래에서 행하십시오. 만일 그렇지 않고 당신의 소견에 좋은 대로 행하면, 당신의 평안은 빈약하기 짝이 없을 것이며, 불안과 무거운 근심으로 가득하게 될 것입니다. 십자가 가까이에서 사십시오. 그러면 당신의 평안이 지속될 것입니다.

한 가지 조언을 더하겠습니다. 당신의 하나님과 겸손히 동행하십시오. 평안은 보석입니다. 하나님께서는 그것을 당신의 손가락에 끼워 주십니다. 그것 때문에 당신이 교만해지면, 그분은 다시 그것을 빼서 가져가실 것입니다. 평안은 귀한 의복입니다. 당신이 그 옷을 자랑하면, 하나님께서 다시 그것을 벗기실 것입니다. 당신을 발굴해 낸 구덩이를 기억하고, 당신을 캐어낸 채석장을 생각하십시오. 머리에 평안의 빛나는 면류관을 썼을 때에도, 당신의 발은 여전히 검다는 것을 기억하십시오. 뿐만 아니라, 면류관을 머리에 쓰고 있을 때에, 그 면류관과 당신의 얼굴을 예수 그리스도의 피와 의라고 하는 두 날개로 가리십시오. 이렇게 해야 당신의 평안이 유지될 것입니다.

또한 거룩한 삶을 살고, 악은 어떤 모양이라도 버리십시오(살전 5:22). 이 세대를 본받지 마십시오(롬 12:2). 진리에 굳게 서고 정직하십시오. 사람들의 처세술에 판단력을 잃고 동요되지 마십시오. 그리스도처럼 살고, 그리스도 가까이에 살기 위해 성령을 구하십시오. 그러면 당신의 평안이 깨어지지 않을 것입니다.

여러분 중에서 하나님과 화평하지 못한 자들에게 말합니다. 여러분을 향해 나는 오직 한 가지 감정밖에는 없습니다. 불쌍하다는 것입니다. 딱한 영혼들이여! 불쌍한 영혼들이여! 예수 그리스도께서 자기 백성들에게 주시는 평안을 알지 못하는 가련한 영혼들이여! 여러분이 스스로를 딱하게 여기지 않으니, 나로서는 여러분이 더욱 딱할 뿐입니다. 아! 영혼들이여, 지금 여러분이 하나님께 원수 노릇을 하고 있지만, 그분이 여러분의 얼굴을 정면으로 응시하실 그 날이 오고 있습니다. 여러분은 반드시 그분을 보게 될 것입니다. 그분은 "소멸하는 불"이십니다. 여러분은 저 타오르는 불꽃을 볼 것이며, 거기에 떨어지고, 절망하고, 죽을 것입니다. 죽는다고 내가 말했습니까? 그보다 더 심할 것입니다. 여러분은 저 주의 구덩이에 떨어질 것이며, 거기에서는 죽는 편이 나을 것인데, 그것조차 허락되지 않을 것입니다. 오! 하나님께서 그분의 아들을 통한 평화를 여러분에게 주시길 빕니다! 여러분이 지금 죄를 자각한다면, 나의 권면은 이것입니다. "주 예수 그리스도를 믿으십시오!" 당신은 지금의 모습 그대로, 나무에 달려 죽으신 그 분을 신뢰하라는 말씀을 듣는 것입니다. 만일 당신이 그렇게 하면, 당신의 모든 죄가 지금 사하여질 것입니다. 당신은 하나님과 화목하게 될 것이며, 그리고 머지않아 당신 자신의 양심도 그것을 알고 기뻐할 것입니다. 오! 이 평안을 찾고 추구하십시오. 무엇보다, 화평케 하는 분(Peace-maker)이신 예수 그리스도를 찾으십시오. 그러면 구원을 얻을 것입니다. 하나님이 예수님을 위하여 여러분에게 복을 주시길 빕니다. 아멘.

제
61
장

—

그리스도 없이
아무것도 할 수 없다

—

**"나를 떠나서는 너희가
아무것도 할 수 없음이라."** —요 15:5

이 말씀은 평범한 사람의 언어가 아닙니다. 어느 성인, 어느 선지자, 어느 사도도 믿는 무리들에게 말하면서 "나를 떠나서는 너희가 아무것도 할 수 없음이라"고 말한 적이 없습니다. 어떤 사람이 말하듯이, 예수 그리스도께서 선한 사람 이외에 그 이상은 아니시라면, 그와 같은 식의 말은 우스꽝스럽게 앞뒤가 맞지 않는 것이 되었을 것입니다. 하나의 온전한 사람의 덕행 중에서 겸손을 아주 높이 사고 있습니다. 그러나 단순한 인간이 이러한 말을 하였다면 정말 부끄러움을 모르는 주제넘은 말이 되었을 것입니다. 나사렛 예수께서 사람 그 이상이 아니셨다면 "나를 떠나서는 너희가 아무것도 할 수 없음이라"는 진술을 할 수 있었다고 상상하는 것이 불가능합니다.

형제 여러분, 저는 이 주님의 진술 속에서 신적 위격(位格)의 음성을 듣습니다. 그분 없이는 아무것도 되어지지 않았습니다. 이 말씀의 위엄은 그 말씀을 발하시는 분의 신격을 계시합니다. "나는 … 이다"라는 말은 "나를"이라는 개인적인 단어에서 나오는 것입니다. 그러므로 그분이 모든 권세를 가지신 분으로 주장하는 것은 그분이 전능하신 분임을 계시하고 있습니다. 이 말씀은 신적 위격의 존재께서 하시는 말씀임을 뜻합니다. 그렇지 않다면 정말 아무것도 아닙니다. 우리가 이 말씀을 듣는 정신 자세는 경배이어야 합니다. 우리는 엄숙한 자세로 경배하며 우리 머리를 조아리고 우리 다 함께 그분의 보좌 앞에 모여야 합니다. 모든 권세와 통치와 능력을 보좌 위에 앉으신 이와 어린 양에게 돌리는 성도들과 함께 합시다.

우리가 이렇게 마음으로 경외하면, 이 본문의 내밀한 의도 속으로 들어갈 준비가 더 잘 될 것입니다. 저는 거듭나지 않은 사람들의 도덕적 무능에 관해서 설교하려 하지 않습니다. 물론 저는 그 교리를 확고하게 믿습니다. 주님께서 이 말씀을 발하실 때에 그 진리를 거듭나지 아니한 사람들을 두고 말씀하신 것이 아니기 때문입니다. 또 그것을 넌지시 암시하시려는 의도도 없었습니다. 물론 그리스도가 없는, 거듭나지 아니한 사람들이 어떠한 영적인 행위도 할 수 없으며, 하나님 보시기에 열납될 만한 것을 전혀 할 수 없다는 것은 완전한 진리입니다. 그러나 우리 주님께서는 거듭나지 아니한 사람들에게 말씀하고 계셨던 것이 아닙니다. 또는 그들에 관해서 말씀하신 것도 아닙니다. 주님의 주위에는 그 사도들이 포진하고 있었습니다. 물론 유다가 빠지고 열한 사도들만 있었습니다. 주님께서 그들에게 "너희는 참 포도나무 가지들"이라고 말씀하시면서, "나를 떠나서는 너희가 아무것도 할 수 없음이라"고 하신 것입니다. 그러니 이 진술은 포도나무 가지와 같은 자들을 언급하면서 하신 말씀입니다. 이미 깨끗함을 얻었고, 한동안 포도나무 원줄기인 그리스도 안에 거했던 사람들에게 주신 말씀들입니다. 그러한 사람들이라도 그리스도로부터 분리된다면 거룩한 열매를 전혀 맺을 수 없다는 것입니다.

우리는 지금 우리가 다 감당할 수 없는 모든 형태의 행함에 관해서 말하도록 촉구함받는 것이 아닙니다. 본문에서 의도된 종류의 행함에 대해서 말해야 합니다. 그리스도를 거의 조금밖에, 아니 전혀 알지 못하는 사람들도 아주 탁월한 형태의 행함을 보이는 경우가 있습니다. 그러나 본문은 이 본문이 들어 있는 문맥에 비추어 해석되어야 합니다. 그래야 진리가 분명하게 드러납니다. 포도나무 가지라는 비유를 통해서 묘사되는 이들은 신자들입니다. 그러므로 여기서 언급되는 행함은 그 신자들이 과실을 맺는 것입니다. 저는 그래서 그것을 이렇게 옮겨 놓을 수 있다고 생각합니다. "너희가 나를 떠나서는 아무것도 산출할 수 없다. 아무것도 만들지도 못하고 창출하지도 못하고 열매 맺지도 못한다."

그러므로 주님의 이 진술은 포도나무 가지의 열매로 상징될 수 있는 유의 행함을 가리키고 있습니다. 그러니 영적으로 그리스도와 연합된 사람들로부터 기대되는 성령의 선한 역사와 은혜들을 가리키고 계신 것입니다. 주님께서 "나를 떠나서는 너희가 아무것도 할 수 없음이라"고 하실 때 바로 그 은혜들을 염두에 두셨던 것입니다. 그러니 이 본문은 4절을 다른 형태로 표현한 것입니다. "가지가 포도나무에 붙어 있지 아니하면 스스로 열매를 맺을 수 없음 같이 너희도 내 안에 있지 아니하면 그러하리라." 그러므로 저는 주님을 알고 사랑하노라 고백하는 분들을 향하여 말씀드리려 합니다. 그들은 그리스도의 이름을 영화롭게 하겠다고 열심을 내고 있습니다. 저는 그런 분들에게 그리스도께 연합하는 것이 진수가 된다는 사실을 상기시켜 드려야겠습니다. 그리스도와 하나이며, 계속 그러한 상태를 유지할 때만이 여러분이 진정으로 그리스도의 사람임을 입증하는 열매들을 맺을 수 있기 때문입니다.

1. 소망을 고양시킴

자, 다시 이 엄숙한 진술, "나를 떠나서는 너희가 아무것도 할 수 없음이라"는 진술을 읽어 보면 무엇보다 먼저 제 속에서 "소망에 대한 열망"이 일어납니다. 이루어져야 할 무엇이 있습니다. 우리 신앙은 장엄한 실천적 결실을 가져야 합니다. 포도나무 되신 그리스도, 그 안에 있는 무수한 가지들에 대해서 생각했을 때에도 제 마음은 큰 일들에 대한 소망으로 부풀어 올랐습니다. 그러한 뿌리에서 얼마나 놀라운 포도 수확량을 거둘 것인가! 우리가 그 안에 가지가 되나니, 우리는 어떤 열매를 맺어야 할 것인가! 그처럼 충만한 생명의 진액이 넘치는 포도나무에 빈약하고 궁색한 모습이 드러난다는 건 있을 수 없습니다. 그러한 포도나무는 가장 훌륭한 양질의 열매, 가장 풍성한 열매, 다른 것과 비교할 수 없는 열매를 맺기 마련입니다. "하다"는 말은 정말 아름다운 선율을 담고 있습니다.

그렇습니다. 형제 여러분, 예수님께서는 선한 일을 하며 다니셨고, 그 안에 우리가 있으니 우리도 선을 행할 것입니다. 그에게 있어서 모든 것은 효력이 있고 실천적입니다. 한 마디로 말해서 과실을 맺습니다. 그분에게 연합된다는 것은 그로 말미암아 우리가 많은 것을 행할 수 있다는 말입니다. 우리는 우리 자신의 모든 행위와는 상관없이 하나님의 능하신 은혜로 말미암아 구원받았습니다. 이제 우리가 구원받았으니 보답으로 무엇인가를 '행할' 열망을 가지고 있습니다.

우리는 위대하신 구주께 쓰임을 받고 그분을 섬길 사람이 되기 위한 높은 야심을 느끼고 있습니다. 본문이 부정문으로 되어 있기는 하지만 여전히 우리의 영혼 속에서 소망을 불러일으킵니다. 곧 우리가 하늘나라에 감으로 더 이상 이 땅에 있을 수 없기 전에, 곧 이 지상에 있을 때에 그리스도를 위해서 무엇을 해야 한다는 소망 말입니다.

사랑하는 여러분, 거룩과 화평과 사랑의 열매들을 맺음으로써 하나님을 영화롭게 하는 방식 속에 무엇인가를 행할 수 있다는 열정과 소망이 우리 앞에 있습니다. 우리는 범사에 우리 구주 하나님의 교리를 경배할 것입니다. 우리는 순결함과 지식과 오래 참음과 거짓 없는 사랑, 모든 선하고 거룩한 일을 통해서 우리 하나님을 찬양하고 영광을 드러내야 할 것입니다.

주 예수님을 떠나서는 우리가 거룩해질 수 없다는 걸 우리는 잘 알고 있습니다. 그러나 주님께 연합하면 세상과 육체와 마귀를 이기고, 깨끗한 옷을 입고 세상에서 행할 수 있습니다. 성령의 열매는 사랑, 희락, 화평, 오래 참음, 자비, 양선, 충성, 온유, 절제, 그리고 모든 유의 거룩한 행실입니다. 이 덕목 중 어느 하나도 우리 스스로 자신 속에서 창출할 수 없습니다. 우리는 믿음으로 바울과 같이 말합니다. "내게 능력 주시는 자 안에서 내가 모든 것을 할 수 있느니라"(흠정역에서는 "나를 능하게 하시는 그리스도로 말미암아 모든 것을 할 수 있느니라"로 번역되어 있음 – 역주)(빌 4:13). 풍성한 과실을 맺음으로써 우리가 장식될 수 있습니다. 우리가 구주로 하여금 우리 안에서 기쁨을 가지게 하여 우리의 기쁨이 충만하게 할 수 있습니다. 정말 우리 앞에 위대한 가능성들이 존재합니다.

우리 자신 속에 열매를 산출하고자 하는 열망을 가지고 있을 뿐만 아니라 많은 사람들의 회심 속에서 많은 열매를 맺을 수 있다는 열망을 가집니다. 바울이 로마 사람들에 관해서 바랐던 것이 바로 그것입니다. 그는 그들 중에서 열매를 얻고자 했던 것입니다. 이 문제에 있어서 우리 혼자서는 아무것도 할 수 없습니다. 그러나 그리스도와 연합됨으로 말미암아 주님께 많은 사람들을 이끌어 올 수 있습니다. 우리 주 예수님께서 말씀하셨습니다. "내가 진실로 진실로 너희에게 이르노니 나를 믿는 자는 내가 하는 일을 그도 할 것이요 또한 그보다 큰 일도 하리니 이는 내가 아버지께로 감이라"(요 14:12). 형제 여러분, 우리 각자도 많은 영혼들을 예수님께 인도할 수 있다는 소망이 우리의 가슴속에서 우러나옵니다. 우리 자신에게 어떤 능력이 있어서가 아니라, 우리가 예수님께 연합되었기 때문에 다른 사람들을 복음을 아는 지식으로 인도하는 길에서 열매를 맺을 수 있다는 기쁨에 찬 소망을 가지는 것입니다.

　　제 영혼은 소망의 불을 지핍니다. 저는 저 자신에게 말합니다: 그러하다면 모든 살아 있는 가지들은 이 불쌍한 세상을 위해서 더 큰 복락의 열매를 얼마나 많이 맺혀 있게 할 것인가. 우리가 그리스도 안에서 복되기 때문에 사람들도 우리 안에서 복을 받을 것입니다. 정말 수많은 경건의 본을 통해서 얼마나 놀라운 감화력이 나타날 것입니까! 또한 수만의 그리스도인들 때문에 우리나라에 실제적으로 얼마나 놀라운 감화가 미쳐 사랑과 평화와 공의와 덕행과 거룩을 진작시킬 것입니까! 만일 각자가 다른 사람들을 그리스도에게 인도하려고 애를 쓴다면, 얼마나 많은 사람이 회심할 것이며, 하나님의 교회는 얼마나 크게 증가할 것입니까. 세상에 진정한 그리스도인이 만 명만 된다 할지라도, 아니 이들 중 각자가 한 사람씩 그리스도께 매년 인도한다 할지라도 지구 인구 전체를 회심시키는데 20년이 채 걸리지 않을 것입니다. 여러분은 그것을 알지 못하시나요? 이는 어떤 학생이라도 계산할 수 있는 산수입니다. 분명히 우리 각자가 다른 사람을 그리스도께 인도하는 것은 아주 작아 보입니다.

　　분명히 우리가 그리스도와 함께 있으면 그와 같은 일이 일어나는 것을 볼 소망을 가질 수 있습니다. 주님의 약속을 생각하며, 편안히 꿈을 꿀 수 있습니다. "너희 늙은이는 꿈을 꾸며 너희 젊은이는 이상을 볼 것이며"(욜 2:28). 이에 수천수만의 가지들이 예수 그리스도라는 줄기를 통해서 돋아나고, 그 줄기를 통해서 흘러가는 성령의 감화력, 곧 그러한 진액만 있다면, 이 포도나무가 곧 그 넝쿨로 산 전체를 덮을 것이고, 그 복된 포도 잎으로 장식되지 않은 메마른 바위가 하나도 없을 것입니다. 그 때가 되면 산들마다 달콤한 포도주를 떨어뜨릴 것이고, 모든 언덕마다 꿀이 흘러내릴 것입니다. 가지에서 자연스럽게 나오는 비옥한 영양분 때문이 아니라 그들의 영광스러운 뿌리요 줄기요 진액인 그리스도와 성령님 때문에, 각자 풍성한 송이를 맺을 것이고, 열매를 맺는 큰 가지가 담 너머에까지 뻗칠 것입니다.

　　그리스도 안에 있는 사랑하는 친구들이여, 여러분은 그러한 영광스러운 완성을 보기를 갈망하는 소원이 없습니까? 세상을 그리스도께로 인도하는 그 높은 사업에 동참하고 싶은 간절한 마음이 없습니까? 오! 젊고 생기 가득한 여러분이여, 여러분은 바로 이 큰 십자가 군대의 전면에 나서고 싶은 간절한 열망이 없습니까? 우리 영혼들은 주 하나님을 아는 지식이, 물이 바다를 덮음 같이 온 땅을 덮기를 간절히 소망합니다. 그리스도와 연합된 우리가 주님께서 기뻐하시는 이 큰 사업에 무엇인가를 할 수 있다는 것은 우리에게 기쁜 소식입니다. 주님의 이름의 영광을 위해서 그 일이 아름답게 쓰여질 것입니다. 우리는 나태하다는 비난을 받지 않아야 합니다. 우리는 섬김의 기쁨을 빼앗기지 말아야 합니다. 주는 것과 행하는 것이 더 큰 복입니다. 주님께서 우리를 택하사 열매를 맺도록 세우셨습니다. 그 열매가 언제나 존재하도록 말입니다. 이것이 바로 우리 영혼 속에서 일어나는 포부입니다. 주님께서 우리의 삶 속에서 그러한 일이 실제적인 형태를 띠는 걸 보는 은혜를 허락하여 주옵소서.

2. 두려워 떨림

그러나 이제 두 번째로 제 마음을 통해서 하나의 두려움이 지나갑니다. "두려워 떠는" 일이 있습니다. 제가 강한 소원으로 제 마음이 불타오르고 그리스도를 위해서 위대한 어떤 일을 하고 싶은 야심의 날개를 달고 일어선다 할지라도, 본문의 "나를 떠나서는 … "을 읽어 보면 갑작스러운 두려움이 저를 사로잡습니다. 그러니 이 말씀에 따르면 내가 그리스도 없이 존재할 수 없고, 그래서 전적으로 모든 선한 일을 행할 수 없는 데 처할 수 있다는 것입니다. 친구들이여, 저는 여러분도 "그리스도 없이" 존재할 수 없다는 사실을 생각하기를 원합니다. 비록 그것이 여러분의 심령에 차가운 냉기를 돌게 할 것이지만 말입니다. 여러분의 뱃속 깊이, 여러분의 마음의 중심에서 그 일의 두려움을 느끼기 원합니다. 여러분이 자신은 그리스도인이라고 고백하고 있습니다. 그렇죠? 저로부터 오늘 아침 설교를 듣고 있는 대다수의 사람들은 그리스도의 눈에 보이는 지체들입니다. 그러나 만일 여러분이 그리스도 안에 있다고 하지만 열매를 맺지 못한다면 어떻게 되겠습니까? 분명히 어떤 의미에서 포도나무에 붙어 있기는 하지만 열매를 전혀 맺지 못하는 가지들이 있습니다! "내게 있어 과실을 맺지 아니하는 가지는 아버지께서 이를 제해 버리시고."

그렇습니다. 어떤 교회의 지체, 집사라도, 또는 장로라도, 심지어는 목사라도 포도원 아래 있습니다. 그러나 거룩의 열매를 맺고 있습니까? 헌신되었습니까? 다른 이들을 그리스도 예수께 인도하려고 애를 쓰고 있습니까? 아니면 여러분이 신앙을 가졌다는 사실이 거룩한 생활과 별개의 것이고, 다른 사람들에게 영향을 끼치지 못하고 있는 것입니까? 하나님의 백성들 중에 이름만 가지고 있을 뿐 그 이상은 아무것도 아닙니까? 자, 말씀해 보십시오. 그저 본성적으로 교회에 연합해 있는 것인가요? 아니면 그리스도와 살아 있는 초자연적인 연합을 이루고 있는가요? 하늘에서 여러분을 감찰하시고 계신 분 앞에서 그 생각이 여러분의 심령에 침투하여 들어오도록 하십시오. 그분은 찔린 손을 들고 외치십니다. "나를 떠나서는 너희가 아무것도 할 수 없음이라."

　친구여, 만일 그대들이 그리스도를 떠나면, 성경 공부반에 계속 출석한다 한들 무슨 소용이 있겠습니까. 왜냐하면 여러분은 사실 아무것도 하고 있지 않기 때문입니다. 만일 그리스도 없이 내가 이 강단에 선다면 무슨 소용이 있겠습니까? 여러분이 지금 그리스도 밖에 있는데 주일학교를 위해 오후에 내려가서 봉사한다는 게 무슨 의미가 있겠습니까? 우리 스스로 예수 그리스도를 믿지 않으면 어떻게 다른 사람들에게 그리스도를 증거할 수 있습니까. 우리 속에 영생하도록 솟아나는 생수를 가지고 있지 않다면, 우리 중에서 생수의 강이 흘러 넘치게 할 수 없습니다.

　저는 그 생각을 다른 방향으로 바꾸어 보겠습니다. 여러분이 그리스도 안에 있다면, 그리스도 안에 거하지 않는 일이 어떻게 된 것입니까? 그리스도 안에 있는 어떤 자들은 밖에 버려져 말라 버리게 된다는 것을 우리 주님의 말씀을 통해서 발견할 수 있습니다. "사람이 내 안에 거하지 아니하면 가지처럼 밖에 버려져 마르나니"(요 15:6). 주님의 이름으로 칭함을 받는 사람, 그의 제자들 중에 있는 것으로 여김을 받는 사람, 교회의 명부를 가지고 등록자의 명단을 부를 때마다 항상 불려지는 어떤 자들이 그리스도 안에서 계속 있지 못합니다. 자, 이 설교를 듣는 여러분이여, 주일에만 그리스도 안에 있는 것으로 나타난다면 나머지 세상에 있는 주간의 모든 날들은 어떻게 되는 것입니까! 만일 성찬식에 앉았을 때만 그리스도 안에 있다면, 아니면 기도회나 어떤 특별한 헌신의 기간 동안에만 그리스도 안에 있다면 어떻게 되는 것입니까? 그리스도와 연결되었다 떨어졌다 하면 어떻게 됩니까! 주님과 친해졌다가 느슨해졌다가 하는 것은 어찌된 것입니까! 밖으로는 성도요 안으로는 마귀라면 어찌하겠습니까! 아, 그와 같은 행실 속에서는 무엇이 나올 것입니까? 그럼에도 어떤 사람들은 그리스도께 대해 간헐적인 교통을 고집합니다. 오늘은 안식일이니 그리스도 안에 있습니다. 내일은 시장에 가는 날이니, 그리스도께 순종하면 사고 팔 때 불편할 터이니 내일은 그리스도 밖으로 나가야 합니까? 결코 그럴 수 없습니다. 우리는 그리스도 안에 있되 항상 있어야 합니다. 그렇지 않으면 우리는 살아 있는 포도나무의 산 가지들이 아닙니다. 그렇게 되면 우리가 과실을 맺지 못하지요. 가끔 경우에 따라서만 포도나무 원줄기에 붙게 되는 가지와 같은 것이 있다면, 그런 가지에서 농부가 좋아하는 소담한 포도송이를 기대할 수 있겠습니까? 여러분이 그리스도에게 붙었다 떨어졌다 하면 결코 좋은 열매를 맺을 수 없습니다. 끊임없는 연합이 없다면 여러분은 아무것도 할 수 없습니다.

어느 해인가 저는 통상적으로 겨울에 가서 잠깐 휴양을 취하는 곳으로 향하고 있었습니다. 그 때 저는 마르세이유라는 곳에 잠시 머물렀습니다. 거기서 큰 고통이 제게 밀려 와서 더 머무르게 되었습니다. 그 호텔 방이 추워서 온기가 그리웠습니다. 매우 기진맥진한 상태에서 앉아 있었는데, 그 때 갑작스럽게 제 눈에서 눈물이 쏟아져 나왔습니다. 마치 큰 슬픔을 만난 것처럼 말입니다. 제 심령을 휘저었던 생각들을 지금도 잊지 못할 것입니다. 그 호텔 직원이 불을 지피기 위해서 들어왔습니다. 그 사람의 손에는 나뭇가지가 한 다발 들려져 있었습니다. 저는 그 나뭇가지를 보자고 그 사람에게 요청했습니다. 그는 난로 속에 그 나뭇가지 다발을 집어넣어 불을 붙이려고 했던 것입니다. 그 나뭇가지 다발을 제 손에 들고 보니 포도나무 가지들이었습니다. 그 가지들은 포도나무 가지를 깨끗하게 해주는 때에 잘려진 것들이었습니다. 저는 생각했습니다. 아니 이것이 바로 내 몫인가? 나는 고향을 떠나 있고, 내가 그처럼 원하는 바 열매를 맺지 못하는 이 포도나무와 같지 않을 것인가? 내가 불을 지피는 재료로 쓰여지지 않을 것인가? 그 포도나무 순들은 좋은 포도나무 부분들이었음에 틀림없습니다. 한때 그 가지들은 푸르고 좋아 보였을 것입니다. 그러나 이제 그것들이 땔감으로 쓰여지고 있습니다. 그것들이 쓸모없는 것들로 잘려지고 던져졌습니다. 그래서 사람들이 그것들을 모아 다발로 묶어 무심코 불속에 집어넣게 되었습니다. 그 얼마나 처참한 광경입니까! 사역자들이 한 다발 불 속에 들어간다면! 장로들이 그렇게 한 다발 불 속에 들어간다면! 또 집사들이 한 다발, 교회의 여러 지체들이 한 다발, 주일학교 교사들이 한 다발, 그렇게 불 속에 집어던져진다면! "사람이 내 안에 거하지 아니하면 가지처럼 밖에 버려져 마르나니 사람들이 그것을 모아다가 불에 던져 사르느니라"(요 15:6).

사랑하는 형제자매 여러분, 그리스도의 이름을 달고 다니는 우리 중 어느 누구라도 이러한 몫을 받아야겠습니까?"나를 떠나서는"이라는 말을 들을 때 소름끼치는 두려움이 우리를 관통하여 지나갈 수 있다고 말씀드린 바 있습니다. 그리스도를 떠난 우리의 종말은 참으로 끔찍할 것입니다. 무엇보다 먼저 열매가 전혀 없습니다. 그런 다음에 생명도 없습니다. 결국 성도들 중에 자리를 얻지 못하고, 하나님의 교회 가운데 있지 못합니다. 우리는 그리스도를 떠나서 아무것도 할 수 없으며, 정말 아무것도 아니며, 아무것도 아닌 것보다 더 악한 상태에 빠집니다. 이것이 바로 지금 불신자의 상태입니다. 우리가 전에 그런 상태에 있었습니다. 우리가 그러한 상태에 지금 처해 있는 것은 정말 하나님께서 금하시는 일입니다. "그리스도 없이 소망도 없습니다!" 여기에 마음을 탐사하는 대단히 중요한 이유가 있습니다. 그리고 저는 그 문제를 그러한 목적으로 쓰라고 여러분에게 당부하면서 이 문제를 마무리하려고 합니다.

3. 전적 실패의 전망

우리의 두 가지 요점을 여기까지 알아보았으니 이제 세 번째 요점으로 "전적 실패의 전망"에 대해서 생각해 보기로 합시다. 본문은 "나를 떠나서는 너희가 아무것도 할 수 없음이라"고 말하고 있습니다. 너희가 아무것도 산출할 수 없다는 것입니다. 눈에 보이는 그리스도 교회가 이미 여러 차례 이 시험을 해 보았습니다. 결과는 언제나 같았습니다. 그리스도를 떠난 그의 교회는 그리스도의 교회를 통해서 의도한 일을 전혀 할 수 없습니다. 교회가 고상한 목표를 내걸고 큰 일을 하려고 세상에 보내졌습니다. 그리고 자기가 원하는 대로 교회가 큰 힘을 발휘하려 했습니다. 그러나 만일 교회가 그리스도와의 연합에서 끊어지면 전적으로 아무것도 할 수 없게 됩니다.

어느 공동체가 그리스도를 떠나 있음을 보여 주는 외적인 표지들은 무엇입니까? 첫째로, 그 교훈에 그리스도가 없는 사역으로 나타날 수 있습니다. 우리 스스로 그러한 일을 보았습니다. 정말 그것은 끔찍한 일입니다! 역사는, 로마 교회뿐만 아니라 영국 성공회에서, 그리고 더 나아가 비국교도 교회들 속에서 때때로 그리스도를 망각한 때가 있었다고 말해 줍니다. 유니테리언뿐만 아니라 장로교도들, 감리교도들, 침례교도들, 모든 교파들이 예수님을 모독했었습니다. 설교되어야 할 진리이신 그리스도를 떠나서 무엇인가를 해 보려고 여러 번 시도를 했었습니다. 아! 그것은 얼마나 어리석은 일인지요. 그들은 지성주의를 소리 높여 설교했습니다. 이것이 바로 하나님의 큰 능력이 될 것이라고 소망했습니다. 그러나 결과는 그렇지 않았습니다. 그들은 말했습니다. "분명히 사상의 고상함, 말의 유창함이 사람들에게 매력을 주며 그들을 얻어낼 것이다! 설교자들은 사상의 지도자들로 일어서게 될 것이다. 그들은 수많은 무리들을 지시하고, 지성인들에게 매력을 주지 않을까? 음악과 건축술을 더하라. 그러면 무엇이 성공을 가로막는가?" 많은 젊은 목회자들이 이런 일에 자기의 온 관심을 기울였습니다. 노력하면서 매우 세련되고 지성적이 되고자 애를 썼습니다. 그러한 외향적으로 멋져 보이는 방편들을 통해서 그 젊은 목회자들이 해낸 일이 무엇입니까? 본문에 그 모든 결산이 표현되어 있습니다. "아무것도 할 수 없다." "나를 떠나서는 너희가 아무것도 할 수 없음이라." 정말 이 어리석음이 얼마나 허망한 것을 창출했습니까. 강단이 그리스도를 떠나면 회중석에 있는 사람들도 곧 떠납니다.

저는 한 비국교도 교회를 알고 있습니다. 거기에서 한 탁월한 신학자가 몇 년 동안 설교를 하였습니다. 복음을 믿게 된 회심한 유대인이 친구를 찾아 런던에 왔다가 주일 아침 예배당을 찾아 나섰습니다. 우연히 이 탁월한 신학자의 교회당에 들어서게 되었습니다. 그 사람은 예배당에서 예배를 드리고 나오면서 자기가 실수를 한 것이라고 말하였습니다. 그는 자기가 소망하는 대로 그리스도인들이 모여서 예배드리는 건물로 찾아 들어갔던 것입니다. 그러나 그 날 아침 예수님의 이름을 한 번도 들어보지 못했습니다. 그래서 그는 자기가, 종교가 다른 어떤 사람들의 모임 속에 빠져 들어갔던 것이 아닌가 하고 생각했습니다.

저는 두려워합니다. 많은 현대적인 설교들이 이슬람교도의 회당에서나 기독교회에서나 구분 없이 전해질 수 있는 그런 종류의 것입니다. "사람들이 내 주님을 가져갔나이다. 나는 그들이 주님을 어디 두었는지 알지 못하나이다"라고 우리가 불평을 할 수밖에 없는 설교자들이 정말 너무나 많습니다. 그리스도 없는 기독교는 정말 이상한 것입니다. 그런 기독교를 사람들에게 소리 높여 외친들 거기서 무슨 결과가 나오겠습니까! 아니 점차 그런 목사를 지지한 사람들이 점점 적어지게 됩니다. 그리고 교회의 의자가 비게 되고, 그리고 그 목회는 망하게 됩니다. 그런 일로 인하여 하나님을 찬미하리로다! 그리스도 없이 무엇인가 할 수 있는 것처럼 보이는 목회자들이 번성할 수 없다는 것이 여간 기쁘지 않습니다. 설교에서 그리스도를 제거하면 아무것도 갖지 못할 것입니다. 빵 굽는 베이커 씨, 밀가루 없이도 빵을 만들고 있다고 런던 시내 전체에 광고해 보십시오.

그것을 신문마다 내 보십시오. "밀가루 없는 빵." 그러면 머지않아 금방 가게를 닫아야 할 것입니다. 아마 그 빵집을 찾는 고객들이 다른 가게로 서둘러 갈 것입니다. 어쨌든 밀가루로 만드는 빵 문제에 있어서 사람들의 마음에 이상한 선입관이 있습니다. 복음이 있다면 그 복음 안에 그리스도가 계시다는 생각을 하도록 만드는 말로 할 수 없는 어떤 선입관이 사람들의 마음속에 있습니다. 그리스도 없이 설교를 시작하고 진행하고 끝내는 것은 개념에 있어서도 실수를 하는 것이고, 그것을 실제로 설교화하면 하나의 범죄가 되는 것입니다. 아무리 그 말이 대단하다 할지라도 그리스도가 없다면 결국 그건 아무것도 아닙니다. 아! 제가 그리스도를 말할 때 그리스도의 본이나 그의 교훈의 윤리적 가르침을 뜻하는 것이 아닙니다. 오히려 그리스도의 속죄 피, 인간의 죄를 위해서 하나님의 공의에 지불한 그 기이한 대가, "믿으라 그러면 살리라"는 장엄한 교리를 뜻하고 있는 것입니다. "십자가에 못 박히신 분을 바라보면 산다"는 진리가 명백하지 못하면 모든 것이 다 희미한 것입니다. 믿음으로 말미암아 의롭다 함을 받는 교리가 맨 전면에 눈부시게 밝히 제시되어 있지 않다면 아무것도 이룰 수 없습니다. 가르침에 있어서 그리스도가 없으면 여러분은 정말 아무것도 할 수 없습니다.

더구나, 항상 그리스도의 절대적 우월성을 인정하지 않으면 우리는 아무것도 하지 못할 것입니다. 오늘날 그리스도를 대단히 높이 추앙들을 하고 있습니다. 그러나 그리스도를 절대적 주님으로 알고 복종하지는 않습니다. 복음을 거절하는 사람들도 그리스도에 대해서 매우 좋은 이야기들을 하는 것을 듣습니다. "그리스도의 삶"에 대해서 어느 정도로는 듣고 있습니다. 오! 그분을 하나님이시요, 교회의 머리와 만주의 주로 세우는 자를 우리는 원합니다. 저는 그리스도와 교통하고, 그리스도의 발 밑에 경외 어린 심정으로 앉아 있어 봄으로 그리스도를 알았던 사람이 "그리스도의 삶"에 대해서 글을 쓰는 것을 보면 정말 기뻐할 것입니다. 제가 지금 예수님에 관해서 좋게 말해지는 것을 읽어보면 거의가 아주 멀리서 망원경으로 주님을 안 사람들이 쓴 글인 것 같습니다. 직접 인격적으로 교제를 통해서 알지 아니하고, "마태에 따라서" 그를 안 사람들이 쓴 글입니다. 새뮤얼 러더퍼드(Samuel Rutherford)나, 조지 허버트(George Herbert)나, 그 영원히 복되신 분과 친밀한 교제를 나누었던 다른 아름다운 심령들이 쓴 "그리스도의 삶"이라면 얼마나 좋겠습니까. 예수님을 찬미한 현대적인 어떤 글들은, 대제적으로 구주께서 우리에게 19세기의 계몽주의와 용케도 잘 맞아들어가 좀 더 오래 지속될 종교를 주셨다는 이론에 입각하여 쓰여진 것들입니다. 이런 비평자들도 예수님을 추천합니다. 또 예수님을 거의 모든 선생들보다 우월한 분으로 찬탄합니다. 그러나 예수님을 무조건적으로 추종해야 할 분으로 여기지는 않습니다. 예수님께서 그 시대의 최고의 사상가들과 성숙한 문화에 자신을 나타내신 것은 행운이라는 것입니다. 만일 그렇게 하지 않았다면 이 지혜로운 신사들이 예수님을 시대에 뒤진 존재로 여겼을 것이라는 것이죠.

물론 그들은 지금이나 전에나 주님의 교리들 중에서 어떤 것들을 수정합니다. 특별히 믿음으로 말미암아 의롭다 함을 받는 교리나, 속죄의 교리, 선택의 교리를 수정합니다. 이러한 교리들은 유행에 뒤진 것으로서, 덜 계몽된 예전에나 해당되었다는 것입니다. 그래서 그들은 그 교리들의 진정한 의도는 떼어내고 받아들입니다. 이 시대에 틀림없이 성경을 바르게 비평한다는 이들에 따르면, 은혜의 교리는 시대에 뒤졌다는 것입니다. 지금 아무도 그 교리를 믿지 않는다는 것이죠. 그래서 그들은 구식으로 믿는 사람들을 아무것도 아닌 것처럼 취급해 버립니다. 그들은 그리스도를 수정하고 짜 맞춥니다. 그리스도의 호지 않은 옷을 벗겨서 서구적인 양식의 고유한 스타일로 재단합니다. 그래서 예수님을 주목할 만한 한 교사로 우리에게 새롭게 도입시키는 것입니다. 그러면서 우리더러 그 예수님이 간 데까지만 예수님을 받아들이라는 식으로 요구합니다. 현재 지혜롭다고 하는 사람들은 예수님을 용납합니다. 그러나 무엇이 올 것인지에 대해서는 전혀 말하지 않습니다. 이 시대의 진행 과정을 보면 너무나 놀라운 나머지 우리가 머지않아 그리스도와 기독교를 뒤에 내버려 둘 가능성이 존재합니다. 이 어리석은 지혜에서 무엇이 나올 것입니까? 기만과 비행과 불신앙과 모든 유의 상상할 수 있는, 또는 상상할 수 없는 유의 병고(질병)가 생겨날 것입니다. 만일 그리스도를 모든 것으로 인정하지 않으면 그리스도를 사실상 퇴출시키는 것이고, 그리스도 없이 존재하는 결과가 됩니다.

그리스도께서 복음을 계시하셨으니 우리는 복음을 전파하여야 합니다. "주께서 그렇게 말씀하시되"라는 말이 우리의 논리가 되어야 합니다. 우리는 사신이 그 메시지를 전파하듯이 복음을 전파해야 합니다. 다시 말하면, 사신이 왕의 심부름을 할 때 자기 자신의 권위가 아니라 왕의 이름으로 그 메시지를 전하듯이 말입니다. 우리는 교리를 설교하되 그 교리가, 우리가 생각하기에 편리하고 유익하기 때문이 아니라, 그리스도께서 우리더러 그 교리를 선포하라고 명령하셨기 때문입니다. 우리가 은혜의 교리를 믿는 것은 이 시대의 계몽 정신이 그 교리가 놀랍다고 인정해 주기 때문이 아니라, 그 교리가 진리이고 하나님의 음성이기 때문입니다. 그 시대가 어떤 시대이든 그것은 우리에게 상관이 없습니다. 세상은 그리스도를 미워하기 마련입니다. 만일 세상이 그리스도를 담대히 비난한다면, 그것은 기만적인 유다의 입맞춤보다도 더 희망적인 표지로 보아야 합니다. 우리는 단순히 이것을 고수해야 합니다. 주님께서 그것을 말씀하셨으니 누가 그것을 인정하느냐 인정하지 않느냐에 관심을 두지 말아야 합니다. 예수님은 하나님이시고, 교회의 머리이십니다. 주님께서 우리에게 명하신 대로 우리는 해야 합니다. 주님께서 말씀하신 대로 말해야 합니다. 만일 우리가 이 일에 실패하면 그것으로부터 어떤 선한 것도 나오지 못할 것입니다. 만일 교회가 주님께 충성을 다한다면 주님께서 하시는 일을 보게 될 것입니다. 그러나 절대적인 주님이시요, 오류 없는 선생이시요, 존귀함을 받는 임금님 되신 그리스도를 떠나서는 결국 모든 것이 실패로 끝나 버리기 마련입니다.

　조금 더 나아가 봅시다. 건전한 교리를 가지고 있으면서도 심령 속에 그리스도를 모시고 있지 않으면 아무것도 할 수 없습니다. 제가 모든 은혜의 교리를 다 알고 틀림없이 바르게 설교를 하였습니다. 그런데도 불구하고 아무런 회심자가 나타나지 않았습니다. 그것은 그것을 설교하면서 회심자를 기대하지 않았거나, 거의 소원하지 않았기 때문입니다. 이전의 여러 해 동안 많은 전통적 설교자들이 경건한 소수의 사람들을 위로하고 확증해 주는 것이 자기들의 유일한 의무로 생각했었습니다. 다시 말하면, 대단한 인내를 가지고 자기들이 설교했던 후미지고 구석진 곳을 찾아오는 소수의 경건한 사람들만을 위해서 사역하는 것이 자기들의 임무라고 여겼던 것입니다. 이 형제들은 죄인들에 대해서 말하되, 하나님께서 그렇게 하시는 것이 합당하다고 생각하시면 끌어 모으실 수 있는 사람들로 말하였습니다. 그러나 그들은 하나님께서 그렇게 하셨는지에 관해서 관심이 없었습니다. 그리스도께서 장차 폐허가 될 예루살렘 성을 내려다보시면서, 그리고 멸망 받을 죄인들을 바라보며 우셨고(눅 19:41-44), 하나님께서 온종일 그 손을 펼치셔서 행하신 것처럼 사람들을 그리스도께서 인도하려고 모험을 감행하였던 일, 멸망하는 백성들을 생각하고 예레미야가 울었던 일 등에 대해서는 아무런 공감을 가지지 않았습니다. 또한 그들은 경건한 신자들이 아르미니우스주의에 감염될까 봐 두려워했습니다. 설교자나 회중 모두 하나의 딱딱한 껍질 속에 갇혀 있었고, 마치 자기들의 구원이 자기들 존재의 유일한 의도인 양 살았습니다.

어느 사람이 타인의 회심을 위해서 열심을 내고 그 일을 추구하면 곧바로 그들은 경솔한 짓을 하고 있거나 우쭐대고 있다고 경고하였습니다. 교회가 이러한 상태에 처하게 되면, 한편 그것이야말로 그 정신에 있어서 "그리스도가 없는" 것입니다. 거기서 무엇이 나오겠습니까? 여러분 중에 어떤 사람들은 자신의 관찰을 통해서 거기에서 어떤 결과가 나오는지를 알고 있습니다. 편안한 협력이 잠시 동안 존재하고 자랍니다. 그러나 그리스도의 교리뿐만 아니라 그리스도의 영이 없으면 열매는 맺혀질 수 없습니다. 사람들의 구원을 위하여 고뇌하게 하는 주의 영이 여러분에게 임하지 않으면, 여러분은 아무것도 할 수 없습니다.

그러므로 무엇보다도 주님의 실제적인 임재의 능력 속에서 그리스도를 모시고 있어야 합니다. 우리는 항상 "나를 떠나서는 너희가 아무것도 할 수 없음이라"는 말씀을 생각하고 있습니까? 우리는 오늘 오후에 젊은 사람들을 가르치려고 합니다. 그러면 우리가 그리스도를 모시고 달려가려고 하고 있습니까? 아니면 길에서 갑자기 멈추어 서서 "내가 그리스도가 없으니 감히 한 발짝도 떼어 놓아서는 안 된다"라고 말하겠습니까? 우리 영혼 속에 내주하시는 그리스도와 그 사랑에 대한 의식이 우리의 능력의 본질적인 요소입니다.

우리는 그리스도 없이 죄인을 회심시킬 수 없습니다. 마치 하늘에 새 별을 만들어 우리 스스로의 힘으로 빛나게 할 수 없는 것과 같습니다. 인간의 의지를 바꾸고, 하나님께 속한 것들을 생각하도록 지성을 밝히고, 회개와 믿음을 가지도록 마음에 감화력을 주는 능력은 전적으로 지존하신 분으로부터 나옵니다. 우리는 그것을 느낍니까? 아니면 우리 생각이 하나의 연설에 다 집중되어 있어서 "자, 이것이 강한 요점이다. 또 이렇게 하면 효과가 나타날 거야"라고 말하고 있습니까. 여러분이 거기에서 안주하고 있습니까? 만일 그렇다면 우리는 아무것도 할 수 없습니다. 능력은 주님께 있는 것이지 종에게 있는 것이 아닙니다. 능력은 손에 있는 것이지 무기 자체에 있는 것이 아닙니다. 우리는 이 회중석과 저 복도 위에 서 있는 사람들 속에서 그리스도를 모시고 있어야 합니다. 또 이 강단에서 그리스도를 모시고 있어야 합니다. 주일학교에 내려갈 때도 그리스도를 모시고 내려가야 합니다. 또 저 거리에서 그리스도를 전파하기 위해서 나갈 때도 그리스도를 모시고 가야 합니다. 세상 끝날까지 그리스도가 우리와 함께 계셔야 한다고 느껴야 합니다. 그렇지 않다면 우리는 아무것도 할 수 없습니다. 그러므로 그리스도 없이 어떤 방도로 무엇인가 하려는 모든 시도는 결국 완전히 실패로 돌아간다는 전망을 항상 가져야 합니다. "나를 떠나서는 너희가 아무것도 할 수 없음이라." 실패가 가장 분명하게 드러나는 것은 '행함'의 영역입니다. 그리스도 없이도 좋은 것을 '말'할 수 있습니다. 또 여러 회합을 열 수도 있습니다. 그러나 '행함'은 또 다른 문제입니다. 그리스도 없이도 꽤 많은 분량을 '얘기' 할 수 있습니다. 그러나 그리스도 없이는 아무것도 '하지' 못합니다. 그리스도 없이 아무리 훌륭한 강의를 한다 할지라도 그것은 한 모금의 연기에 불과합니다. 계획을 짜고 여러 가지 방편과 정책을 잘 재단하고 여러 기획들을 추진시킨다 할지라도 주님께서 계시지 않다면 아무것도 하지 못할 것입니다. 말로 할 수 없는 수많은 제안들이 쏟아져 들어온다 할지라도, 비둘기 한 마리가 날개를 접고 쉬기에 충분한 넓이의 땅만큼도 얻을 수 없습니다 – 정말 사필귀정입니다.

돈이 많아 그것으로 많은 사람들에게 관용을 풍성하게 나타낼 수 있습니다. 또 대학에서 많은 것을 배울 수 있습니다. 또 아주 말 잘하는 웅변가가 아주 훌륭한 은사(恩賜)를 가지고 여러분의 발 밑에 웅변을 쏟아 내놓을 수 있습니다. 그러나 그리스도께서 말씀하셨습니다. "나를 떠나서는 너희가 아무것도 할 수 없음이라." 굉장히 소란을 떨면서 일을 시작하고 여러 가지 재능을 써봅니다. 그러나 결국 실패입니다. 그것이 그 일의 종말입니다. "나를 떠나서는 너희가 아무것도 할 수 없음이라."

그 말씀 곧 "아무것도 할 수 없다." "아무것도 할 수 없다"는 말을 되풀이해 봅시다. 그러면 우리 주위에 죽어 가는 세상이 존재할 것입니다! 어둠 속에 있는 아프리카! 망해 가는 중국! 힌두교도들이 미신 속에서 몰락해 가고 있습니다. 또한 아무것도 할 수 없는 교회가 있습니다! 굶주린 자들에게 건네 줄 빵이 전혀 없습니다. 허다한 수많은 사람들이 굶어 죽어가고 있는데도 말입니다! 반석을 칩니다. 갈한 자들을 위해서 생명수가 쏟아져 나오기를 바랍니다. 그러나 그리스도가 거기 계시지 않기 때문에 한 방울도 나오지 않습니다.

목회자들, 전도자들, 교회들, 구세군들이여, 그대들이 모자라서 세상이 죽어 가고 있습니다. 그런데도 만일 여러분의 주님이 떠나 계시다면 "너희는 아무것도 할 수 없음이라." 이 시대가 많은 발견을 하고 있고, 사람들의 과학이 좀 더 나아지고 있습니다. 그러나 그리스도 없이 '아무것도' 하지 못할 것입니다. 정말 절대적으로 아무것도 하지 못합니다. 아무리 있는 힘을 다해서 노를 저어 본다

할지라도 그러한 수고 가운데도 한 치도 앞으로 더 나아가지 못할 것입니다. 예수님을 배에 모시기까지 바람과 물결에 휩쓸려 다시 제자리로 돌아가고 말 것입니다. 한편 내내 위대하신 농부 되시는 아버지께서 여러분을 주목하고 계시다는 것을 기억해야 합니다. 아버지의 눈은 모든 포도나무 가지에 가 있습니다. 여러분이 포도를 맺지 못하고 있음을 보십니다. 그리고 날카로운 칼을 가지고 돌아다니시면서 여기저기를 자르십니다! 아무것도 맺지 못한 여러분에게 어떤 일이 일어나겠습니까? 우리가 살아도 아무것도 할 수 없다는 것을 생각하면 그 사람 속에서 그 영혼이 굳어지고 맙니다. 그럼에도 불구하고 수천 수만의 그리스도인들이 여기에서 나아가지 못하고 있는 걸 볼 때에 안타깝습니다. 그들이 부도덕하거나 부정직하거나 신성모독적인 사람들은 아닙니다. 그러나 그들은 아무것도 할 수 없습니다. 그들은 자기들이 하고 싶어 하는 일이 무엇인지를 생각하고, 계획도 세우고, 그렇게 해 보겠다는 제안을 합니다. 그러나 실제로 '하는' 일은 아무것도 없습니다. 꽃봉오리는 많이 맺습니다. 그러나 포도송이는 하나도 맺지 못합니다. 그것은 그들이, 그들로 하여금 생명을 충만하게 만들고 열매를 맺어 하나님께 영광이 되도록 강권하시는 그리스도와의 생명력 있는, 흘러넘치고 효력 있는 교제에 들어가지 못하고 있기 때문입니다. 그러니 우리가 그리스도 없이 무슨 일을 하려고 한다면, 그 노선 속에서는 틀림없이 실패가 보입니다.

4. 지혜의 음성

그러나 네 번째로 저는 이 본문에서 "지혜의 음성"을 듣습니다. 물론 본문에서 나오는 아주 세미한 음성입니다. 그러나 그리스도 안에 있는 사람들에게 "이 점을 인정하자"고 말씀하는 음성이 들립니다. 여러분의 무릎을 꿇고, 먼지 가운데로 내려가서 이렇게 말하십시오. "주여! 그것이 진실입니다. 주님 없이 우리는 아무것도 할 수 없습니다. 하나님 보시기에 선하고 열납받을 만한 일을 아무것도 할 수 없습니다. 우리 자신에게서 어떤 일을 해 보겠다는 생각조차 하지 못합니다. 오직 우리의 능력은 하나님께로부터 나옵니다." 여러분은 마치 정통주의자들이 의례적으로 그렇게 말하도록 요청해서 마지못해 하는 식으로 말해서는 안 됩니다. 여러분의 영혼 깊은 데서, 자기 자신에 대한 절대적인 절망감에 사로잡혀서 진리가 하나님께 있음을 인정해야 합니다. "원함은 내게 있으나 선을 행하는 것은 없노라"(롬 7:18). 주여! 저는 주님 없이는 어떤 선한 것도 행할 수 없고,

열매도 맺지 못하고 메마르고 썩은 가지에 불과합니다. 저는 저의 깊은 영혼 속에서 그것을 느낍니다. 저를 멀리하지 마옵소서. 저를 살리사 주님 앞에 있게 하옵소서.

다음으로 기도해야 합니다. 만일 그리스도 없이 아무것도 할 수 없다면, 우리가 그리스도 없는 상태에 결코 들어가지 말게 해 달라고 하나님께 간구해야 합니다. 우리는 강한 부르짖음과 눈물 어린 간절함으로 주님께서 우리와 함께 계시기를 원해야 합니다. 주님께서는 자기를 찾는 자들에게 오십니다. 그러나 주님을 구하는 일을 멈추지 마십시오. 주님과의 의식적인 교제 속에서 그 교제가 더 이상 깨어지지 않도록 해 달라고 간청하십시오. 또한 우리가 예수님께 굳게 결합하고 연합함으로 말미암아 주님과 한 심령이 되어 다시는 주님으로부터 떨어져 나가는 일이 없도록 해 주십사고 기도해야 합니다. 구주시여, 당신의 은혜의 생명 강수가 끊임없이 우리 속에서 흘러넘치게 하시옵소서. 우리는 그렇게 함으로써만 우리 심령이 넘치게 됩니다. 그렇지 않으면 우리는 아무것도 산출할 수 없습니다. 형제 여러분, 우리는 우리 중에서 늘상 해 왔던 기도보다 더 많은 기도를 해야 합니다. 기도는 하나님께서 주시기로 작정하신 복락을 전달받는 방편으로 지정된 것입니다. 그러니 우리는 지정된 방편을 끊임없이 사용해야 합니다. 그래서 그 결과가 날마다 증가되는 이런 역사가 있어야 할 것입니다.

그 다음으로, 우리는 개인적으로 예수님께 들러붙어 있어야 합니다. 우리는 불의의 삶을 꿈도 꾸지 말아야 합니다. 왜냐하면 그것은 죽은 자 가운데서 살려는 것이나 마찬가지이기 때문입니다. 우리는 단 일 분 간도 주님으로부터 떠나 있어서는 안 됩니다. 여러분의 삶이 아무것도 할 수 없는 상태 속에서 단 일 초라도 사로잡혀 있기를 원하십니까? 정말 저는 그런 상태에 있고 싶지 않다는 것을 솔직히 고백해야겠습니다. 만일 그런 상태에 있다면 내 원수들을 대항하여 이겨낼 수 없고 내 주님을 섬길 수 없습니다. 어떤 각성 받은 사람이 곤고한 상태에서 여러분 앞에 왔다고 합시다. 그런데 그 사람에게 어떠한 선을 해줄 수 있는 능력이 자기에게 전혀 없다고 여러분이 느낀다고 합시다. 그러면 얼마나 당황스럽겠습니까. 여러분 자신이 '무능하다'는 것을 느끼지 못한다 할지라도 실제로 무능한 상태라면, 그리고 만일 종교적인 방식으로 무엇인가를 말한다 할지라도 그 속에 아무런 능력이 없으면, 그건 얼마나 서글픈 일입니까? 여러분이 정말 아무것도 할 수 없는 그런 상태에 들어가지 말기를 바랍니다. 여러분에게 수많은 기회들이 주어져 있음에도 불구하고 그 기회들을 최대한도로 활용할 능력이 없는 상태로 빠져 들지 마십시오! 만일 여러분이 그리스도로부터 분리된다면 선을 행할 가능성으로부터 분리되는 것입니다. 그러니 있는 힘을 다해서 구주에게 들러붙으십시오. 그 어느 것도 여러분을 구주로부터 떼어 내지 못하게 하십시오. 단 한 시간만이라도 그런 일이 일어나지 못하게 하십시오.

사랑하는 친구 여러분, 그리고 주님의 머리되심과 그분의 지도력에 여러분 자신을 마음을 다해 복종시키십시오. 그리고 주님의 방식과 뜻대로 모든 것을 할 것을 구하십시오. 여러분이 주님을 여러분의 주인(master)으로 영접하지 않으면 여러분과 함께 하지 않으실 것입니다. 우월성에 대해서 더 이상 다툼이 없어야 합니다. 여러분은 절대적으로 그분에게 복종해야 합니다. 그분의 뜻대로 존재하고, 그분의 뜻대로 행하고, 그분의 뜻대로 고난받을 각오가 되어 있어야 합니다. 전적으로 그러한 상태라면 주님께서 여러분과 함께 계실 것이고, 주님께서 여러분에게 요구하는 모든 일을 할 수 있을 것입니다. 일단 주님이 여러분 속에서 여러분의 모든 것 되시면 그 때 주님께서 여러분을 통해서 얼마나 기이하고 놀라운 일을 행하시겠습니까! 우리는 그러한 삶을 살지 않으시렵니까?

다시 한 번 기쁨으로 주님을 믿으십시오. 비록 주님 없이 여러분이 아무것도 할 수 없음에도 불구하고 주님과 함께라면 모든 것이 가능합니다. 그리스도를 모시고 있는 그 사람 속에 전능하신 능력이 부어지는 것입니다. 여러분 자신은 연약함 자체입니다. 그러나 그 연약함을 자랑하는 법을 배우게 될 것입니다. 만일 여러분이 그리스도와 연합하고 교통하는 일을 끊임없이 지속시킨다면 그리스도의 능력이 여러분에게 머무르기 때문에 그와 같은 일이 일어나는 것입니다. 그러나 그리스도를 담대하게 확신하십시오. 우리는 주님의 옷자락을 만질 정도로까지도 주님을 믿지 못했습니다. 그 정도의 믿음만 가지고도 병든 여자가 온전하게 되었습니다. 오! 우리가 주님의 무한한 신성의 분량을 그대로 믿음으로 받아들이기를 원하나이다. 오! 우리 믿음이 우리의 믿음의 대상이신 그리스도의 장성한 분량에까지 이르게 된다면 그 믿음은 얼마나 찬란한 것일까요! 하나님께서 우리를 거기까지 인도하시기를 원합니다. 그래서 많은 열매를 맺어 그의 이름의 영광을 찬미하게 되기를 원합니다.

5. 만족의 노래

자, 마지막으로 이제 말씀드리려 합니다. 저는 어린아이가 조개껍질에 귀를 대고, 깊은 바다가 그 속에서 출렁이는 소리를 듣기까지 귀를 대고 있는 것처럼 본문 말씀을 청종해 왔습니다. 그러는 동안 저는 이 본문 속에서 "만족의 노래"를 들었습니다. "나를 떠나서는 너희가 아무것도 할 수 없음이라." 제 마음은 이렇게 말했습니다. "주님 없이 제가 하기를 원하는 것이 아직도 있습니까? 저는 이런 생각을 하면서 아무런 고통을 느끼지 않습니다. 만일 제가 주님 없이 할 수 있다면 정말 위험천만한 능력을 소유하게 되는 불행에 처하겠지요. 저는 주님께로부터 오는 능력 이외에 모든 능력을 다 빼앗겨도 행복하나이다. 주님께서 나의 모든 것이 되신다는 일이 정말 매력적이고 제 영혼을 환희에 차게 만들고 즐겁게 만듭니다. 주님께서 제 자신의 부(富)가 되기까지 저를 한 푼도 없는 사람으로 만드셨습니다. 그래서 주님의 보고(寶庫) 속에 제 손을 깊이 넣게 하셨습니다. 주님께서는 제 자신의 근육으로부터 모든 힘을 빼앗아 가셔서 주님의 품에 기대게 하셨습니다."

"나를 떠나서는 너희가 아무것도 할 수 없음이라." 정말 그렇게 되기를 원합니다. 형제 여러분, 여러분이 다 찬동하시죠. 여러분은 그렇지 않기를 바랍니까? 주님의 사랑스러운 이름을 사랑하는 여러분 중에 그런 이가 없기를 바랍니다. 여러분은 결코 그런 소원을 갖지 않을 것이라고 확신합니다. 사랑하는 친구 여러분, 여러분이 그리스도 없이 무엇인가를 할 수 있었다고 상정해 봅시다. 그러면 그리스도께서는 여러분이 한 그 일을 통해서 영광을 얻지 못하실 것입니다. 누가 그것을 원합니까? 우리의 불쌍하고 작은 머리를 위해서 면류관은 없을 것입니다. 왜냐하면 우리는 주님 없이 무엇인가를 했기 때문입니다. 그러나 이제 한때 가시 면류관을 쓰셨던 머리를 위해 한 위대한 면류관이 있습니다. 모든 성도들이 다 합세한다 할지라도 그리스도를 떠나서는 그 어떠한 일도 할 수 없습니다. 사도들의 그 고귀한 모임, 순교자들의 그 고상한 군대, 피로 구속받은 자들의 그 개선가를 부르는 대군, 그 모든 자들이 합세한다 할지라도 예수님 없이는 아무것도 할 수 없습니다. 위엄으로 관 씌우심을 받은 그분이 우리 속에서 그 자신의 기뻐하심을 따라 뜻하고 행하시기를 원합니다. 우리는 자신을 위하여, 또는 우리 주님을 위하여, 그것이 그러함을 기뻐하는 바입니다. 모든 것이 주님의 것이 됨으로써 더욱더 우리에게 복된 것입니다. 만일 우리의 열매가 우리 자신의 열매라기보다 주님의 열매라면, 우리에게 더욱더 영광스러운 것이 됩니다. 그것이 정말 거룩한 귀에 드물게 울려 퍼지는 노래가 아닙니까?

그리스도 없이 아무것도 할 수 없다는 것을 저는 참으로 기쁘게 생각합니다. 왜냐하면 교회가 그리스도 없이 무슨 일을 할 수 있다면 그리스도 없이 살려고 애를 쓰기 마련이기 때문입니다. 교회가 주일학교 학생들을 가르치고 어린이들을 구원으로 인도하려고 하되 그리스도 없이 그런 일을 한다고 하면, 그리스도께서 결단코 주일학교에 들어오시지 않을 것입니다. 저는 그것이 두렵습니다. 예수님 없이 우리가 성공적으로 설교할 수 있다면, 주 예수 그리스도께서 다시 사람들 중에서 높임을 받기가 거의 어렵다는 것을 알고 있습니다. 만일 우리 기독교 문학이 그리스도 없이 사람들을 복되게 할 수 있다면, 출판에서 십자가에 못 박히신 분에 관한 생각이 전혀 들지 않을 것입니다. 교회가 예수님 없이 어떤 일을 할 수 있다면, 거기에는 예수님을 다시 초청하여 들이지 않는 방들이 있을 것입니다. 이 방들은 금방 공포로 가득 찼던 푸른 수염(Blue beard)의 방들과 같이 될 것입니다(프랑스 동화에서 나오는 푸른 수염을 가진 무정하고 잔인한 변태적인 한 남편을 가리키는데, 그는 아내를 여섯이나 죽인 사람으로 소개됨 ― 역주). 그리스도 없이 우리가 무슨 일을 할 수 있다니요! 그렇게 되면 교회의 대다수가 무슨 일이든지 엄청나게 기계적인 방식으로 일해 나갈 것이고, 또 나머지 교회들도 그리스도 없이 일함으로 무시될 것입니다. 그러니 교회가 어느 곳에서나 그리스도를 모셔야 한다는 것은 전체 교회를 위해서 복된 것입니다.

"나를 떠나서는 너희가 아무것도 할 수 없음이라." 이 말씀 속에서 흘러나오는 노래를 듣고 있자니 웃음이 나옵니다. 여러분도 웃을지 모르겠습니다. 그러나 저는 옛 아브라함과 같이 웃음이 절로 나옵니다. 전통적인 교리를 지면에서 아예 없애 버리려고 하는 자들에 대해서 저는 생각하고 있습니다. 그들은 옛 방식의 복음 전도는 더 이상 이젠 효용성이 없으며 죽은 것이라고 떠벌리고 있습니다. 저더러 마지막 청교도요, 그러한 부류들은 이제 다 죽어 버렸다고 하는 글을 어디서 한두 번 읽은 적이 있습니다. 저는 이에 대하여 항변하는 바입니다. 제가 한 업적에 있어서 가장 낮은 자로 평가받기를 저는 기꺼이 원합니다. 그러나 제가 그 청교도들을 마무리하는 마지막 존재로 여김을 받고 싶지는 않습니다. 믿음에 견고히 선 다른 사람들이 여전히 많이 있습니다. 그 사람들은 우리의 옛 신학이 시대에 뒤졌으며, 아무도 그것을 믿는 사람이 없다고 말합니다. 그것은 새빨간 거짓말입니다. 그러나 지혜자들은 그렇게 말합니다. 그러므로 우리는 우리 자신이 시대에 뒤떨어지고 더 이상 생명이 없는 자들로 여겨야 한다고 그들은 주장합니다. 그들의 평가대로 하면, 우리는 시대에 뒤진 자들인데, 대홍수 이전의 사람들이 우리가 살고 있는 지역의 거리를 걷고 있는 것처럼 시대에 뒤진 사람들이라는 것입니다.

그렇습니다. 그들은 우리의 숯불을 꺼 버리고, 우리를 이스라엘에게서 온전히 지워 버리려고 합니다. 신문들이나 평론들이나 이 시대의 보편적인 지성은 다 합심해서 우리의 무덤 위에서 춤을 추려 하고 있습니다. 복음적인 반열에 든 착한 양반들이여, 그대들은 침상으로 들어가 의인들의 잠을 자도록 하시라. 그대들의 종말이 오고 있도다. 블레셋 사람들이 그런 식으로 말했습니다. 그러나 주님의 군대들은 그렇게 생각하지 않습니다. 대적들이 날뛰며 기뻐하고 있습니다. 그러나 그리스도는 그들과 함께 계시지 않습니다. 그들은 주님을 거의 알지 못하고 있습니다. 그들은 성령 안에서 일하지 않고 있습니다. 주님을 불러 외치지 않습니다. 주님의 보배 피의 복음을 높이지 않습니다. 그들이 나름대로 최선을 다한다 할지라도 아무것도 가져올 것이 없을 것입니다. 저는 그것을 믿습니다.

"나를 떠나서는 너희가 아무것도 할 수 없음이라." 그 점이 사도들에게 해당되었다면 복음을 반대하는 자들에게는 얼마나 더욱 그러하겠습니까! 만일 그리스도의 친구들이 그리스도 없이 아무것도 할 수 없었다면, 그 원수들은 그리스도를 대적하여 정말 아무것도 할 수 없을 것을 저는 정말 확신합니다. 주님의 자취를 따르며 그 품에 누워 있는 자들이 그를 떠나서 아무것도 할 수 없다면, 그의 원수들은 정말 아무것도 할 수 없음을 확신해야 합니다. 그래서 저는 자기들의 혼돈을 보고 웃고 좋아하는 자들을 보니 웃음이 절로 나는 것입니다.

뉴잉글랜드 지방에서 있었던 한 일을 회상하니 또 웃음이 납니다. 그 지방의 어떤 목회자가 어느 날 오후 엄숙한 방식으로 설교하고 있었습니다. 선한 사람들이 그 설교를 들으면서 청종하기도 하고 어떤 자들은 졸기도 하였습니다. 그들은 그들의 마음이 내키는 대로 하였던 것이죠. 그들이 모였던 건물은 아주 잘 지어진 건물이었습니다. 지진에도 견뎌 낼 만한 것이었습니다. 그날 오후까지 그 집회 장소에서 모든 일이 평화롭게 진행되어 나갔습니다. 그런데 갑자기 정신착란자가 일어나서 그 설교하는 목사를 향하여 욕설을 퍼부었습니다. 그리고는 자기가 단번에 이 예배당을 무너뜨릴 것이라고 선언하였습니다. 스스로 새로운 삼손이라고 떠벌린 그 사람이 그 예배당을 받치고 있는 기둥 하나를 잡고 계속 위협을 해댔습니다. 모든 사람이 일어났습니다. 여자들은 겁을 먹었습니다. 남자들도 문으로 뛰어나가기 시작했습니다. 그렇게 사람들이 좌석 사이의 통로로 급하게 달려 내려갈 때 사람들이 넘어져 밟힐 위험이 있었습니다. 큰 소란이 벌어질 참이었습니다. 아무도 그 일의 끝이 어떨지를 분간할 수 없었습니다. 그런데 갑자기 강단 가까이에 앉아 있던 한 침착한 형제가 단 한 문장으로 그 소란한 회중들을 잠잠하게 하였습니다. "저 혼자 하고 싶은 대로 하도록 내버려 둬요!" 그 말은 그 소동을 진정시킨 단호한 야유였습니다. 오늘날도 원수가 복음의 헛됨을 반증하고 은혜의 교리들을 부숴 버리려고 하고 있습니다. 여러분은 곤고하고 놀라고 당황합니까? 그러기는커녕 저는 우리 시온의 기둥을 무너뜨리겠다고 장담하는 그 원수의 떠벌림에 대하여 이렇게 대답하겠습니다:저 혼자 하게 내버려 두라! 아멘.

제
62
장

—

기도 안에 있는 능력의 비밀

—

**"너희가 내 안에 거하고 내 말이 너희 안에 거하면 무엇이든
지 원하는 대로 구하라 그리하면 이루리라." — 요 15:7**

　　신자들이 은혜의 은사들을 한꺼번에 다 누리는 것은 아닙니다. 그리스도께
오므로 그리스도와 참된 연합을 통하여 구원을 받았습니다. 그러나 우리가 더
나아가 우리 인격의 불순물을 정결하게 함과 기쁨, 능력, 축복 등 하나님께서 자
기 백성을 위해서 그리스도 안에서 쌓아 놓으신 것들을 받게 되는 것은 그 그리
스도와의 참된 연합 속에 거함으로 말미암습니다. 우리 주님께서 요한복음 8장
에서 믿는 유대인들에게 말씀하실 때 그 점을 어떻게 진술하시는지 주목해 보십
시오. "그러므로 예수께서 자기를 믿은 유대인들에게 이르시되 너희가 내 말에
거하면 참으로 내 제자가 되고 진리를 알지니 진리가 너희를 자유롭게 하리라"
(요 8:31-32). 우리가 모든 진리를 한꺼번에 아는 것이 아닙니다. 예수님 안에 거
함으로써 그 진리를 배워 나가는 것입니다. 은혜 안에 계속 믿음을 견지해 나가
는 것은 진리를 온전히 배우는 교육적인 과정입니다. 그 진리의 해방시키는 능
력도 점진적으로 지각되고 누리게 되는 것입니다. "진리가 너희를 자유롭게 하
리라." 한 매듭, 한 굴레, 또 계속해서 하나하나 풀어 나감으로써 진정으로 자유
함을 입습니다. 신적 생명 안에서 시작한지 얼마 안 되는 여러분들은 여러분들
을 위해서 훨씬 더 나은 것이 존재한다는 걸 알게 되어 용기를 얻게 될 수 있습니
다. 아직도 여러분은 믿음의 충분한 보상을 다 받지 않은 상태입니다. 찬송가에

"전보다 계속 나아져요"라는 대목이 있듯이 말입니다. 영적인 체험의 언덕을 올라감에 따라서 하늘의 것들을 바라보는 더 복된 전망을 가지게 될 것입니다. 여러분이 그리스도 안에 거함으로써 더 견고한 확신에 이르게 되고, 더 풍성한 기쁨, 더 큰 굳건함, 예수님과의 더 깊은 교통, 주 하나님 안에 있는 더 큰 즐거움을 누리게 될 것입니다. 영아는 어른이 되기까지의 과정에서 많은 질병의 공략을 받습니다. 그러하듯이 영적인 세계에도 마찬가지입니다.

신자들 중에서도 성취의 정도가 다양합니다. 여기 구주께서는 우리에게 어떤 특권을 언급하심으로써 높은 지위에 이르도록 유도하십니다. 그 특권은, 내가 그리스도 안에 있다고 말하는 모든 사람들을 위한 것이 아니고, 다만 "그리스도 안에 거하는 자들"을 위한 것입니다. 모든 신자마다 다 거하는 자가 되어야 합니다. 그러나 많은 사람들은 아직도 그러한 명칭을 받기가 어렵습니다. 예수님께서 "너희가 내 안에 거하고 내 말이 너희 안에 거하면 무엇이든지 원하는 대로 구하라"고 말씀하십니다. 여러분, 그리스도를 알기 위해 그리스도와 함께 살아야 합니다. 여러분이 그리스도와 함께 살면 살수록 그리스도를 더욱더 찬탄하고 더 존중하게 될 것입니다. 그렇습니다. 여러분이 그리스도로부터 받는 것이 많으면 많을수록 은혜 위에 은혜를 누리게 될 것입니다. 참으로 그리스도께서는 은혜 받은 지 한 달이 된 사람에게도 복되신 그리스도십니다. 그러나 이 갓난아이들은 예수님과 친숙하여 오십여 년 간을 살아온 자들이 그리스도가 얼마나 존귀한 분인지를 알고 느끼는 사실에 대해 거의 감을 잡을 수 없습니다! 그리스도 안에 거하는 신자들의 평가에 있어서 예수님은 갈수록 더 달콤하고 더 사랑스럽고 더 분명하고 더 매력적인 분으로 날마다 자라는 것입니다. 예수님께서 스스로 점차 개선되신다는 말씀이 아닙니다. 예수님은 스스로 완전하신 분입니다. 그러나 우리가 주님을 아는 지식이 늘어가면 늘어갈수록 예수님의 말로 다할 수 없는 탁월하심을 우리가 더욱더 철저하게 맛본다는 말씀입니다. 예수님과 오랫동안 교통하며 예수님을 알아 왔던 사람들은 갈수록 더 "정말 예수님은 사랑스러운 분이야"라고 소리치게 됩니다. 오! 우리가 범사에 우리 머리 되신 그리스도에게까지 자라서 그분을 더욱더 자랑스럽고 영화로우신 분으로 높이기를 원합니다!

저는 여러분이 바로 이 본문 말씀에 간절한 마음으로 주목하시기를 바랍니다. 이 본문을 살펴보면서 세 가지 문제를 저와 함께 생각해 보기를 원합니다. 첫째, "이 특별한 축복은 무엇인가?" "무엇이든지 원하는 대로 구하라 그리하면 이루리라." 둘째, "이 특별한 축복을 어떻게 얻을 것인가?" "너희가 내 안에 거하고 내 말이 너희 안에 거하면." 그런 다음은 세 번째로, "어째서 그 축복은 그런 방식으로밖에는 얻어질 수 없는가?"라는 문제를 생각해 보고자 합니다. 기도에 있어서 약속된 능력을 얻는데 전제된 조건들에는 이유가 있습니다. 오! 우리 가운데 늘 거하시는 성령의 기름 부으심으로 말미암아 이 주제를 매우 유익하게 적용할 수 있기를 원합니다.

1. 이 특별한 축복은 무엇인가?

우리는 이 본문 말씀을 다시 읽어 봅시다. "너희가 내 안에 거하고 내 말이 너희 안에 거하면 무엇이든지 원하는 대로 구하라 그리하면 이루리라."

우리 주님께서 우리에게 경고해 오셨던 바, 주님을 떠나면 아무것도 할 수 없다는 진리를 늘 견지해야 합니다. 그러므로 우리는 어떻게 하면 모든 영적인 활동들을 할 수 있는지 주님께서 그 방식을 우리에게 보여주실 것을 자연스럽게 기대할 수 있습니다. 그러나 본문은 우리가 기대하는 바대로 진행되지 않습니다. 주님께서 "나를 떠나서는 아무것도 할 수 없다. 그러나 만일 너희가 내 안에 거하고 내 말이 너희 안에 거하면, 너희가 영적인 모든 은혜로운 일들을 행할 것이다"라고 말씀하지 않으셨습니다. 주님께서는 그 제자들이 스스로 무엇인가를 할 수 있게 된다고 말씀하지 않으시고, 어떤 일이 그들에게 이루어질 것이라고 말씀하셨습니다. "그리하면 이루리라." 또한 주님께서는 "능력이 너희에게 주어져서 너희가 나를 떠나서는 할 수 없는 거룩한 모든 행사들을 행하기에 충분하게 될 것이다"라고 말씀하지 않으십니다. 그렇게 말씀하셔도 충분한 진리가 되었을 것입니다. 여기서 우리는 그 진리를 또한 찾았습니다. 그러나 정말 지혜로우신 우리 주님께서는 병행구적인 표현 어법을 고치시지 않으시고, 우리의 마음에 기대하는 바를 수정하십니다. 그래서 좀 더 나은 것을 말씀하십니다. "만일 너희가 내 안에 거하고 내 말이 너희 안에 거하면 너희가 영적인 일들을 행할 것이다"라고 말씀하지 않으셨습니다. "너희가 원하는 대로 구하라"고 말씀하셨습니다. 기도를 통해서 너희가 할 수 있게 될 것이라는 말씀입니다. 그러나 모든 하려는 시도 앞에서 "너희가 구하면"이라는 말이 앞에 나와 있습니다. 여기서 주어진 최고의 특권은 힘 있게 모든 것을 장악하는 기도의 충만한 정신입니다. 기도에 있어서 능력은 우리의 영적인 조건을 가늠하는 계기가 될 경우가 매우 많습니다. 그것이 높은 정도를 가리키면, 모든 다른 문제들에 대하여도 은총을 받은 상태에 있습니다.

우리가 그리스도와 계속 연합하는 데서 거함으로 말미암아 나타나는 첫 번째 결과 중에 하나는 확실한 기도의 행사입니다. "너희가 구할 것이다"(우리말 개역 성경에는 '구하라'고 되어 있다. 그러나 흠정역 성경에서는 이렇게 번역하고 있다 - 역주). 만일 다른 사람이 찾거나 문을 두드리거나 구하지 않는다 할지라도 너희는 구하게 될 것이다. 예수님에게서 멀리 떠나 있는 자들은 결코 기도하지 않습니다. 그리스도와의 교제가 중지된 사람들은 자기들이 마치 기도할 수 없음을 느낄 것입니다. 그러나 예수님께서는 "너희가 내 안에 거하고 내 말이 너희 안에 거하면 너희가 구할 것이다"고 말씀하십니다. 기도는 예수님 안에 거하는 자들로부터 자연스럽게 튀어 나옵니다. 동양의 어떤 나무들은 압력을 가하지 않아도 그 향기로운 진액을 흘려 내듯이 말입니다. 기도는 예수님과 교제하고 있는 영혼의 자연스러운 분출입니다. 마치 잎사귀와 열매가 포도나무 가지에서 나오는 것과 마찬가지입니다. 그 포도나무 가지가 의식적으로 어떤 노력을 하지 않아도 나옵니다. 왜냐하면 그 가지가 그 포도나무와 생명 있는 연합을 하고 있기 때문입니다. 그렇듯이 기도는 예수님 안에 거하는 영혼들 속에서 나오는 싹이나 꽃봉오리나 열매입니다. 별들이 반짝이는 것처럼 그리스도 안에 거하는 자들은 자연히 기도합니다. 기도는 그리스도 안에 거하는 자들의 호흡이며, 그들의 두 번째 본성입니다. 그들은 자신들에게 "자, 우리가 우리의 일을 하며 기도할 시간이다"라고 말하지 않습니다. 오히려 그들은 지혜로운 사람들이 먹는 것처럼 기도합니다. 곧 식욕이 그들에게 돌며 먹는 것처럼 말입니다. 그들은 굴레에 매여 있는 것처럼 소리지르지 않습니다. "나는 이 시간 기도해야 한다. 그러나 나는 그와 같은 것을 느끼지 못한다. 얼마나 따분한가"라고 말하지 않습니다. 오히려 그들은 은혜의 보좌 앞에 기쁨으로 나아갑니다. 거기에 가는 것을 아주 좋아합니다. 그리스도 안에 거하는 심령은, 불이 화염을 내고 불똥을 일으키듯이 간구를 방출합니다. 그리스도 안에 거하는 영혼들은 기도로 하루를 엽니다. 기도가 그들을 감싸되, 하루 종일 공기가 감싸듯 합니다. 밤에도 그들은 기도하면서 잠이 듭니다. 저는 그들이 꿈꿀 때에도 그들이 기도한다는 것을 알고 있습니다. 어쨌든 그들은 "내가 일어날 때 여전히 주님과 함께 있습니다"라고 말하며 기뻐할 수 있습니다.

습관적으로 구하는 것이 그리스도 안에 거하는 자들로부터 나옵니다. 여러분이 그렇게 예수님과 함께 거할 때에 기도하라고 강요할 필요가 조금도 없습니다. "너희는 구할 것이다"라고 말씀하십니다. 그것에 의지하여 여러분도 기도할 것입니다.

여러분은 또한 기도의 필요성을 강력하게 느낄 것입니다. 기도를 크게 필요로 하는 일이 여러분에게 생생하게 보여질 것입니다. 여러분, 이렇게 말씀하시겠습니까? "뭐라고요! 우리가 그리스도 안에 거하고, 그의 말씀이 우리 속에 거할 때도 아직 다 된 것이 아니라고요?" 우리는 그러한 상태로 만족할 것이 아닙니다. 아직 멀었습니다. 바로 그 때야말로 우리가 이전보다 더 많은 은혜를 구해야 한다고 느낄 때입니다. 그리스도를 가장 잘 아는 사람은 자기 자신에게 필요한 것이 무엇인가를 가장 잘 아는 사람입니다. 그리스도 안에 있는 생명을 가장 잘 인식하는 사람은 자기가 그리스도를 떠나서는 죽을 수밖에 없다는 것을 가장 잘 깨닫는 사람입니다. 예수님의 완전한 성품을 가장 분명하게 깨닫는 사람은, 영적으로 자라서 그리스도를 닮기 위해서 은혜를 구하는 기도를 가장 절박하게 드리는 사람일 것입니다. 제가 주님 안에 있는 것이 무엇인지 알면 알수록 주님께로부터 더 많은 것을 얻으려고 소원할 것입니다. 주님 안에 있는 모든 것이 바로 내가 받도록 주어져 있다는 것을 알기 때문입니다. "우리가 다 그의 충만한 데서 받으니 은혜 위에 은혜러라"(요 1:16). 끊임없는 기도를 통해서 그리스도의 충만함으로부터 받을 필요성을 느끼는 정도는 우리에게 그리스도의 충만함이 연결된 정도에 정비례합니다. 어느 누구도 그리스도 안에 거하는 사람에게 기도의 교리를 입증해 줄 필요가 없습니다. 왜냐하면 우리는 그것 자체를 누리고 있기 때문입니다. 호흡이 우리 육신의 생명을 위해서 필요한 것만큼 기도는 우리 영적 생명을 위해서 필요한 것입니다. 주님께로부터 은혜를 구하지 않고 살아갈 수 없습니다. "너희가 내 안에 거하고 내 말이 너희 안에 거하면 너희가 구할 것이다." 너희가 구하는 것을 멈추고 싶어하지 않을 것이다. "너희가 내 얼굴을 구하라"라고 말씀하셨습니다. 그러면 여러분의 마음은 "주여, 내가 주의 얼굴을 구하나이다"라고 대답할 것입니다.

다음으로, 우리가 그리스도 안에 거함으로 맺혀지는 열매는 기도의 행사와, 기도의 필요성에 대한 의식뿐만 아니라, 기도의 자유를 내포합니다. "무엇이든지 원하는 대로 구하라." 여러분은 간혹 기도할 능력이 없이 무릎을 꿇은 적이 없습니까? 원하는 대로 아뢸 수 없다고 느낀 적이 없습니까? 기도하기를 원하기는 하는데 물이 얼어붙어 흘러가지 않는 것 같은 느낌을 가졌을 것입니다. 그래서 애통하면서 말합니다. "내가 갇혔나이다. 그래서 나올 수 없어요." 의지는 존재합니다. 그러나 기도할 때 그 의지를 나타내는 면에 있어서는 자유롭지 못합니다. 기도에 있어서 자유를 갈망하지요. 그래서 사람이 자기 친구에게 말하듯이 하나님과 말씀을 나누고 싶지요? 여기에 그렇게 하는 길이 있습니다. "너희가 내 안에 거하고 내 말이 너희 안에 거하면 무엇이든지 원하는 대로 구하라"(구할 것이다). 그렇다고 해서 단순히 말의 유창함을 가지는 자유를 얻을 것이라는 것은 아닙니다. 그 말의 유창함은 매우 낮은 은사입니다. 유창함은, 그 말들 속에 사상의 무게와 느낌의 깊이가 수반되지 못할 때는 의심해 볼 만한 재능입니다. 그러나 참된 기도는 그 무게로 달아집니다. 그 기도의 길이로 달아지는 것이 아닙니다. 하나님 앞에서 단 한 번 신음을 발한 것이 장황하게 멋진 웅변을 토하여 내는 것보다 그 속에 더 충만한 기도를 담을 수 있습니다. 예수 그리스도 안에서 하나님과 함께 거하는 사람은, 그 발걸음을 중보 기도를 드리는 데로 더 넓게 옮긴 사람입니다. 그는 은혜의 보좌 앞에 거하고 있기 때문에 항상 담대하게 나옵니다. 그는 임금께서 큰 홀을 내미시는 것을 보며, 임금께서 "원하는 대로 무엇이든지 구하라 그리하면 네게 이루어지리라"고 하시는 말씀을 듣습니다. 주님과 의식적으로 연합하는 일을 지속하는 사람은 자유로운 심령으로 기도하러 나갑니다. 그는 언제라도 즉시 그리스도께 나갑니다. 왜냐하면 그는 그리스도 안에 있고, 그리스도 안에 거하기 때문입니다. 그 사람을 흥분시키거나 추켜세움으로써 그 거룩한 자유를 가지게 하려고 노력하지 마십시오. 그 자유를 진정으로 얻는 길은 하나밖에 없습니다. 바로 이것입니다. "너희가 내 안에 거하고 내 말이 너희 안에 거하면 무엇이든지 원하는 대로 구하라." 이 방편을 통해서만 여러분의 입을 넓게 열 수 있습니다. 그래서 하나님께서 그 입에 채우시는 것입니다. 그렇게 함으로써 여러분은 이스라엘 사람답게 됩니다. 마치 하나님께서 주시는 권세를 가진 왕자들처럼 됩니다.

그러나 그것만 있는 것이 아닙니다. 은혜를 받은 사람은 **성공적인 기도의 특권**을 누립니다. "너희가 무엇이든지 구하라(구할 것이다) 그리하면 그것이 너희에게 이루어지리라." 여러분이 그것을 할 수 있는 것이 아니라, 그 일이 여러분에게 이루어질 것이라는 말입니다. 여러분은 열매를 맺기를 갈망합니다. 그래서 구합니다. 그러면 그 일이 여러분에게 이루어질 것입니다. 포도나무 가지를 보십시오. 그 포도나무 가지는 그 포도나무에 그냥 남아 있습니다. 포도나무에 남아 있으므로 거기서 열매가 나오는 것입니다. 그 열매 맺히는 일이 그 가지에게 행해집니다. 그리스도 안에 있는 형제들이여, 여러분이 존재하는 그 한 가지 목적과 의도는 열매를 맺어 아버지의 영광을 드러내는 데 있습니다. 이 목적을 이루기 위해서 그리스도 안에 항상 거해야 합니다. 가지가 포도나무에 붙어 있듯이 말입니다. 이 방식을 통해서 열매 맺기 위한 기도가 성공할 것입니다. "그것이 너희에게 이루어질 것이다." 이 문제에 관하여 "너희가 원하는 대로 무엇이든지 구할 것이다. 그러면 그것이 너희에게 이루어지리라." 여러분은 기도를 통해서 하나님의 놀라운 응답을 얻게 될 것입니다. 여러분이 부르기 전에 하나님께서 응답하시고, 여러분이 말을 하는 동안에 하나님께서 벌써 여러분이 구하는 것을 들어주실 것입니다. "의인은 그 원하는 것이 이루어지느니라"(잠 10:24). 다른 본문도 똑같은 의미의 말씀을 발하고 있습니다. "또 여호와를 기뻐하라 그가 네 마음의 소원을 네게 이루어 주시리로다"(시 37:4). 이 본문 말씀에는 대단히 폭넓은 의미가 들어 있습니다. "무엇이든지 원하는 대로 구하라 그리하면 이루리라"(너희가 원하는 것이면 무엇이든지 구할 것이다. 그러면 그것이 너희에게 이루어질 것이다). 주님께서는 주님 안에 거하는 사람에게 "백지 어음장"을 주십니다. 주님께서는 당신의 서명이 든 어음장을 그 사람의 손에 건네 주시고, 그 사람이 원하는 대로 나머지 여백을 채우도록 허락하십니다.

정말 본문이 말하는 그대로를 뜻하는 것인가? 저는 주님께서 마음에도 없는 것을 전혀 말씀하지 않으심을 알고 있습니다. 저는 확신합니다. 우리가 주님의 말씀을 이해하고 그럴 것이라고 생각한 경우보다 주님께서는 훨씬 더 많은 것들을 뜻하실 때가 종종 있습니다. 우리가 생각한 것보다 덜 의미하신 적이 없습니다. 자, 이 점을 주목하십시오. 주님께서 모든 사람들에게 "내가 너희의 구하는 것은 무엇이든지 줄 것이다"라고 말씀하시지 않습니다. 오! 정말 그렇게 한다면 합당치 못한 자비일 것입니다. 오히려 그 주님께서는 제자들에게 말씀하십니다. "너희가 내 안에 거하고 내 말이 너희 안에 거하면 무엇이든지 원하는 대로 구하라 그리하면 그것이 너희에게 이루어질 것이다." 주님의 그 말씀이 이미 주님의 손에서 큰 은혜를 받은 어떤 계층의 사람들에게 주어진 것입니다. 주님께서는 바로 그 계층의 사람들에게 기도의 놀라운 능력을 허락하십니다.

오! 사랑하는 친구 여러분, 제가 다른 무엇보다 더 간절하게 탐하고 싶은 것이 있다면 그것은 바로 이것입니다. 제가 주님께 원하는 바를 구할 수 있고 그것을 가질 수 있는 것입니다. 기도에 있어서 이기는 자는 전도(설교)도 성공적으로 할 사람입니다. 그가 사람들을 위해서 하나님과 겨루어 이미 이겼을 때 하나님을 위해서 사람을 잘 이길 수 있기 때문입니다. 이 사람이 바로 인생의 난제들을 대면할 수 있는 사람입니다. 기도로 모든 것을 하나님께 가져가는 사람을 무엇이 넘어뜨리겠습니까? 교회 안에 있는 이와 같은 남자, 이와 같은 여자는 우리 보통 사람들보다 만 배는 가치가 있습니다. 우리는 이들 속에서 하늘의 귀족들을 발견합니다. 이들 속에서 사람에 관한 하나님의 목적이 이루어진 이들을 발견하고, 당신 손의 모든 일들을 주관하도록 하나님께서 지으신 자들을 발견합니다.

하나님의 주권의 인장이 이 사람들의 이마에 있습니다. 그들이 나라들의 역사를 모양 짓고, 높은 곳에 있는 그들의 능력으로 말미암아 사건들의 흐름을 주도합니다. 우리는 예수님께서 신적 목적으로 말미암아 모든 것을 당신 아래 두신 것을 봅니다. 우리가 그 형상으로 올라갈 때, 다스리는 지배권으로 옷 입게 됩니다. 그리고 하나님께 왕들과 제사장들이 되는 것입니다. 비를 다스리는 열쇠를 허리띠에 찬 엘리야를 주목해 보십시오. 그는 하늘의 창문을 열기도 하고 닫기도 합니다! 이러한 사람들이 여전히 살아 있습니다. 그러한 남자들과 여자들이 되기를 갈망하라고 저는 여러분에게 권하는 바입니다. 그래서 이 본문이 여러분에게 성취되기를 원합니다. "너희가 무엇이든지 원하는 대로 구할 것이다. 그러면 그것이 너희에게 이루어질 것이다." 이 본문 말씀은, 만일 우리가 이 특권의 위치에 이르게 되면, 이 은사가 하나의 영구성을 띠게 될 것임을 함축하는 것처럼 보입니다. "구하라"(너희가 구할 것이다), 너희가 항상 구할 것이다. 너희가 구하지 않고는 어느 것도 얻지 못할 것이다. 도리어 너희는 구하면 성공적으로 응답을 받을 것이다. 왜냐하면 "너희가 원하는 것은 무엇이든지 구하라 그리하면 그것이 너희에게 이루어질 것이다."

여기서 우리는 계속적인 기도의 은사를 발견합니다. 한 주간만 기도하는 것이 아니고, 한 달 동안의 집회 시간만 기도하는 것이 아니고, 어떤 특별한 기회에만 기도하는 것이 아니고, 계속 끊임없이 기도하는 것입니다. 오히려 여러분은 그리스도 안에 거하고 그의 말씀이 여러분 안에 거하는 동안에는 하나님께로부터 이 능력을 부여받게 될 것입니다. 하나님께서 자신의 전능하심을 여러분 마음대로 쓰도록 허락하실 것입니다. 하나님께서는 당신의 신성을 성령께서 여러분 속에서 일으키시는 소원을 이루도록 건네 주실 것입니다. 저는 이 보석을 모든 성도들의 눈앞에 번쩍거리게 만들어, 그 성도들이 "오! 우리가 그것을 가질 수만 있다면!"이라고 울부짖게 만들었으면 하고 바랍니다. 이 기도 속에 있는 능력은 골리앗의 칼과 같습니다. 모든 사람들이 다윗과 같이 되어서 지혜롭게 말할 수 있을 것입니다. "아니 그와 같은 것이 내게 없다. 그것을 내게 달라." 그리고 이 기도의 무기로 원수를 공략하고, 동시에 그 무기를 소유한 자로 하여금 하나님의 모든 부유를 누리게 합니다. 주님께서 "너희가 원하는 것은 무엇이든지 구하라 그리하면 이루리라"는 말씀을 들은 사람에게 무엇이 부족할 수 있다는 말입니까? 오! 우리는 이 은택을 구합시다. 그 말씀을 잘 들으시고 그 방식을 배우십시오. 성령에 비추어 제가 그 길을 가리키는 동안 저를 따라오십시오. 주님께서 성령으로 말미암아 우리를 그 길로 인도하시기를 바랍니다.

2. 능력 있는 기도의 특권을 얻는 방식

자, 능력 있는 기도, 그 영광의 특권을 어떻게 얻습니까? 그 대답은 "너희가 내 안에 거하고, 내 말이 너희 안에 거하면"입니다. 여기에 기도로 하나님께 있는 능력으로 올라가는 데 있어 사용하는 두 팔이 있습니다.

사랑하는 여러분, 첫째 구절은 우리가 우리 주 예수 그리스도 안에 거해야 한다고 말하고 있습니다. 우리가 이미 그 안에 있다는 것은 기존 사실입니다. 이것이 이 설교를 듣는 여러분의 경우에 이미 당연하게 되어진 일이죠? 그렇다면 여러분은 여러분이 처해 있는 바로 그리스도 안에 계속 거해야 합니다. 우리는 신자들로서 집요하게 그리스도께 매달려 있어야 합니다. 살아 있는 사람으로서 그리스도에게 달라붙어 있어야 합니다. 우리는 그 안에 거해야 합니다. 항상 그를 의뢰하고 그만을 의지하며, 처음 우리를 주님께 연합시켰던 단순한 믿음을 가지고 항상 거해야 합니다. 우리는 어떤 다른 사람이나 사물이 구원의 소망을 가진 우리 마음에 침투하여 들어오지 못하게 해야 합니다. 오직 예수님을 처음 받을 때처럼 오직 예수님 안에만 있어야 합니다. 예수님의 하나님 되심, 예수님의 사람 되심, 예수님의 삶과 죽음, 예수님의 부활하심, 예수님께서 아버지 우편에 영광스럽게 앉아 계심 ― 한 마디로 말해서, 그분 자신이 우리 마음에 오직 유일한 의뢰가 되어야 합니다. 이것은 정말 절대적으로 진수가 되는 요점입니다. 잠깐 있다 없어지는 것과 같은 믿음은 사람을 구원하지 못할 것입니다. 항상 거하는 믿음이 필요합니다.

주 예수 그리스도 안에 머물러 거한다는 것은 단순히 주님을 신뢰한다는 것만이 아닙니다. 우리 자신을 그분에게 복종시킴으로써 그의 생명을 받는 것을 포함하는 것입니다. 그래서 그 생명이 우리 속에서 그 결과를 창출하도록 하는 것입니다. 우리는 주님 안에, 또는 주님으로 말미암아, 그리고 주님을 위해서, 주님께 대하여 살고 있습니다. 우리가 그 안에 거할 때 말입니다. 우리는 우리의 분리된 생명이 이제 지나가 버렸다고 느낍니다. 왜냐하면 "너희가 죽었고 너희 생명이 그리스도와 함께 감추인 바 되었음이라." 만일 우리가 예수님을 떠나가 버린다면 우리는 아무것도 아닙니다. 우리는 말라지는 가지처럼 되며, 불에 던져질 뿐입니다. 우리가 그리스도 안에서 발견하는 것 외에 존재에 대한 다른 어떤 이유도 만나지 못합니다. 그 이유는 얼마나 놀라운 이유입니까! 가지가 포도나무를 필요로 하는 것처럼 포도나무도 참으로 가지를 필요로 합니다. 포도나무는 그 가지가 아니고는 열매를 맺지 않습니다. 참으로 포도나무는 모든 가지들을 맺고, 가지들은 모든 열매들을 맺습니다. 그러나 포도나무가 그 나무에 열매 맺는 본질을 과시하는 것은 그 가지를 통해서입니다. 그래서 항상 주님 안에 거하는 신자들은 주님의 계획을 이루는 데 있어서 긴요한 존재들입니다. 과연 놀라운 일입니다. 참으로 성도들은 구주께 긴요한 존재들입니다! 교회는 그의 몸입니다. 만물 안에서 만물을 충만하게 하시는 자의 충만입니다. 저는 여러분이 이 점을 인식하기를 원합니다. 여러분의 복된 책임을 알고, 열매를 맺어야 할 실천적 의무를 인식함으로써 여러분 안에서 주 예수께서 영광을 받으신다는 것을 말입니다. 그 안에 거하십시오. 그분의 영예와 영광에 자신을 드리는 그 헌신의 자세를 흐트러트리지 마십시오. 여러분 자신이 자신을 주도한다는 것은 꿈도 꾸지 마십시오. 사람들의 종이 되지 말고 그리스도 안에 거하십시오. 그리스도를 여러분 존재의 원천으로 뿐만 아니라 목적으로 삼으십시오. 오! 만일 여러분이 그 그리스도 안에 거하는 그 영광을 알고 거기에 머물러 주님과 영구한 교통을 하게 된다면, 기도 안에 있는 기쁨과 즐거움과 능력을 인식하되, 그 전에는 전혀 알지 못하는 방식으로 인식할 것입니다. 우리가 그리스도 안에 있다는 것을 의식할 때가 있습니다. 또 우리가 주님과 교제하고 있다는 것을 알고 있습니다. 오!

우리가 그 잔에서 얼마나 놀라운 기쁨과 평강을 마십니까! 그러니 그 안에서 거합시다. "내 안에 거하라." 예수님께서 말씀하십니다. 여러분은 들락날락하지 마시고 거하십시오. 여러분 자신을 그분의 생명에 복되게 잠그십시오. 여러분의 모든 능력을 주님을 위해 쓰십시오. 그리고 주님과 연합하는 확고한 믿음이 언제나 여러분 속에 머물게 하십시오. 오! 성령으로 말미암아 이 복된 상태에 이를 수만 있다면 얼마나 좋겠습니까!

　　우리의 은혜로우신 주님께서는 이 점을 우리로 하여금 이해하도록 도우실 양으로 이 즐거운 비유를 주셨습니다. 우리는 포도나무와 그 가지에 대한 이 강론을 잘 살펴보십시다. 예수님께서 "내게 붙어 있어 열매를 맺지 아니하는 가지는 아버지께서 그것을 제거해 버리시고"라고 말씀하십니다. 여러분이 깨끗함을 받으려면 그리스도 안에 거해야 한다는 사실을 명심하십시오. 어떤 사람은 이렇게 말합니다. "오! 저는 그리스도인이라고 생각했어요. 그러나 안타깝습니다! 저는 그리스도를 믿기 전보다 더 많은 고통거리를 가지고 있습니다. 많은 사람들이 나를 조롱하고 있습니다. 마귀가 저를 시험하고 있어요. 그리고 제 사업도 잘 되지 않습니다." 형제여, 만일 여러분이 기도 가운데 능력을 얻으려 한다면 그 날카로운 칼이 모든 것을 잘라낼 때에 여러분이 그리스도 안에 있어야 한다는 사실을 명심해야 합니다. 시련을 참아 내십시오. 그것 때문에 믿음을 포기할 생각은 아예 꿈도 꾸지 마십시오. "그가 나를 죽이실지라도 내가 그를 의뢰하리라"(욥 13:15. 우리말 성경에는 그렇게 표현되어 있지 않지만 흠정역에서는 그렇게 표현되어 있다 – 역주). 여러분의 주님께서는 여러분이 처음 포도나무에 들어오게 될 때 반드시 정함을 받아야 하고, 면밀하게 가지치기 해야 한다는 사실을 경고하셨습니다. 만일 여러분이 주님께서 깨끗하게 하시는 과정을 느끼고 있다면, 어떤 이상한 일이 여러분에게 일어난 것처럼 생각해서는 안 됩니다. 하늘 아버지의 사랑스러운 손으로부터 주어져 받아야 하는 고통거리 때문에 하나님을 향하여 반역해서는 안 됩니다. 하나님께서는 포도나무를 가꾸시는 농부이십니다. 그러니 예수님을 더욱더 밀착하여 붙드십시오. "주여 원하시면 빨리 깨끗하게 하소서. 그러나 저는 주님께 더 달라붙겠습니다. 내가 어디로 가오리까? 주께서 영생의 말씀을 가지고 계신데." 그렇습니다. 깨끗하게 하는 칼이 주님의 손에 들려 있을 때 주님을 더 부여잡아야 합니다. 그럼으로써 "너희가 원하는 대로 구하라 그리하면 이루리라"는 말씀이 응하는 것입니다.

또한 깨끗하게 하시는 작업이 다 끝났을 때에도 여전히 여러분은 주님께 달라붙어야 합니다. 그 점을 명심하십시오. 주님께서는 3절에서 "너희는 내가 일러준 말로 이미 깨끗하여졌으니 내 안에 거하라 나도 너희 안에 거하리라"고 말씀하셨습니다. 그 깨끗하게 하시는 일이 끝난 후에도 그전에 여러분이 거하던 바로 그 자리에 거해야 합니다. 거룩함을 입었을 때에도 처음 의롭다 하심을 받을 때에 처했던 바로 그 자리에 거해야 합니다. 여러분 속에서 거룩함을 증가시키는 성령의 역사를 볼 때 마귀가 여러분을 시험하여, 나는 이제 뭔가 다른 사람이 되었다고 자랑하지 못하게 해야 합니다. 자기 자신이 불쌍한 죄인으로 예수님께 나가거나, 구원을 위해서 주님의 보배로운 피를 의지하는 일이 더 이상 필요하지 않은 것처럼 자신을 생각하는 데로 빠지는 것은 마귀의 시험에 걸려든 것입니다. 여전히 예수님 안에 거하십시오. 칼이 여러분을 깨끗하게 할 때 여러분이 예수님께 계속하여 밀착하여 있었듯이, 이제 포도송이가 제법 아름다운 모습을 띠기 시작할 때에도 여전히 주님께 붙어 있어야 합니다. 자신에게 "나는 정말 열매를 맺기에 얼마나 놀라운 가지가 되었는가! 내가 이 포도나무를 얼마나 아름답게 장식하고 있는가! 이제 나는 얼마나 활력이 넘치고 있는가!"라고 말하지 마십시오. 여러분은 정말 아무것도 아닙니다. 그리스도 안에 거함으로써만이 불 속에 던져져 살라지는 버려진 나뭇가지보다 조금 더 낫게 되는 것입니다. "그러나 우리는 진전을 이룩하지 않았는가?"라고 말할 것입니다. 그렇습니다. 우리는 자라고 있습니다. 그러나 우리는 여전히 거해야 합니다. 우리는 한 치도 주님을 벗어나서는 안 됩니다. 우리는 주님 안에 거해야 합니다. 그렇지 못하다면 우리는 버려져 말라지게 되는 것입니다. 우리의 전체 소망은 예수님 안에 있습니다. 우리가 가장 악할 때에나 가장 선한 어떤 때에도 여전히 동일하게 말입니다. 예수님께서 "너희는 내가 일러준 말로 이미 깨끗하여졌으니 내 안에 거하라 나도 너희 안에 거하리라"고 말씀하십니다.

여러분이 열매로 충만할 정도까지 그 안에 거하십시오. "가지가 포도나무에 붙어 있지 아니하면 스스로 열매를 맺을 수 없음 같이 너희도 내 안에 있지 아니하면 그러하리라." 그러면 어떤 분은 이렇게 소리칠 것입니다. "자, 여기에 나는 할 일을 가지고 있어요." 분명히 그렇습니다. 그러나 예수님을 떠나서는 결코 그렇지 않을 것입니다. 가지는 열매를 맺어야 합니다. 그러나 만일 가지가 스스로 어떤 포도송이나 포도 열매를 맺을 것이라고 상상한다면 그것은 정말 실수죠.

가지의 열매는 줄기에서 나와야 합니다. 여러분이 그리스도를 위해서 일하는 것은 여러분 속에서 그리스도께서 일하는 것이 되어야 합니다. 그렇지 않다면 아무것도 아닙니다. 저는 여러분이 이 점을 잘 아시기를 간청합니다. 여러분이 주일 학교에서 학생들을 가르치는 일, 설교하는 일, 여러분이 무슨 일을 하든지 예수 그리스도 안에서 행해져야 합니다. 여러분의 본성적인 재능을 통해서는 영혼을 얻을 수 없습니다. 또한 여러분 자신이 고안해 낸 계획들을 통해서 사람들을 구원할 수 없습니다. 스스로 만든 계획을 조심하십시오. 예수님께서 여러분에게 하라고 명하신 바로 그것을 예수님을 위해서 하십시오. 우리가 흔히 말하는 대로 그리스도를 위해서 일한다고 할 때, 먼저 그 일은 그리스도의 일이 되어야 한다는 것을 기억해야 합니다. 그래야만 그리스도께서 받으심직한 일이 되는 것입니다. 여러분이 열매를 맺기 위해서 그리스도 안에 거해야 합니다.

그렇습니다. 여러분의 생명 자체를 위해서 그리스도 안에 거해야 합니다. "나는 이 삼십 년 동안 그리스도인으로 살아왔다. 이제 나는 계속적으로 그리스도를 의뢰하지 않고 무엇인가를 할 수 있다"라고 말하지 마십시오. 만일 여러분이 므두셀라처럼 오래 살아왔다 할지라도 그리스도 없이는 아무것도 할 수 없습니다. 그리스도인으로서 여러분의 존재는 여전히 여러분이 주님께 매달리고 의뢰하고 의지하는 데 달려 있는 것입니다. 주님께서 여러분에게 그것을 주셔야 합니다. 왜냐하면 그 모든 것이 그로부터 나오고, 오직 그에게서만 나오기 때문입니다. 자, 그 모든 것을 종합하여 말한다면, 제가 방금 말씀드린 그 기도의 놀라운 능력을 원한다면, 여러분은 주 예수 그리스도와 사랑스럽고 살아 있고 지속적이고 의식적인 실천적 연합을 유지해야 합니다. 만일 하나님의 은혜로 그런 상태에 이르게 된다면, 그 때 원하는 것을 여러분은 구하게 될 것이고, 그것이 여러분에게 이루어질 것입니다.

그러나 이 본문 속에 언급된 제한 자격이 있습니다. 여러분은 그 사실을 잊지 말아야 합니다. ― "내 말이 너희 안에 거하면." 그리스도의 말씀은 얼마나 중요합니까! 주님은 4절에서 "내 안에 거하라 나도 너희 안에 거하리라"고 말씀하십니다. 자, 이 구절에 대한 병행 구절은 "너희가 내 안에 거하고 내 말이 너희 안에 거하면"입니다. 그리스도의 말씀과 그리스도 자신이 동일하다는 말입니까? 그렇습니다. 실질적으로 그렇습니다. 어떤 사람이 그리스도께서 구주시라고 말합니다. 그러나 교리에 있어서 그리스도의 말씀이 선포하는 것에 대해서는 관심을 두지 않습니다. 그들의 마음이 그리스도의 인격에 관해서 바른 자세를 견지하고 있으면서도 생각은 멋대로 할 수 있다고 주장하는 것입니다. 아! 그러나 그것은 속임수에 불과합니다. 우리는 그리스도와 그리스도의 말씀을 분리시킬 수 없습니다. 무엇보다 먼저 그리스도는 말씀이시기 때문입니다. 그리고 그 다음에 그리스도를 선생이요 주로 부르면서도, 하시는 말씀에 대해서는 듣지 않고 가르치신 진리를 거부한다니 어떻게 그런 일이 있을 수 있습니까? 우리가 그리스도의 교훈에 복종하지 않으면 그리스도께서는 우리를 제자로 받아 주지 않을 것입니다. 특별히 그리스도의 모든 말씀의 진수가 되는 사랑의 교훈을 받지 않으면 그렇게 될 것입니다. 우리는 하나님과 우리의 형제들을 사랑해야 합니다. 또한 모든 사람들에 대한 사랑을 길러야 하고, 모든 사람들의 선을 추구해야 합니다. 분내는 것과 악의를 우리에게서 멀리 떠나게 해야 합니다. 그리스도께서 행하신 것처럼 우리도 행해야 합니다. 만일 그리스도의 말씀이 여러분 속에 거하지 않는다면, 곧 믿음과 실천에 있어서 거하지 않는다면, 여러분은 분명히 그리스도 안에 없습니다. 그리스도와 그리스도의 복음, 그 계명은 하나입니다. 만일 여러분이 그리스도를 모시지 않고 그의 말씀을 듣지 않는다면 그리스도께서도 여러분을 받지 않으시고 여러분의 말도 듣지 않을 것입니다. 그리고 여러분이 구해도 소용없을 것이고, 점점 구하는 일을 그만두게 될 것이고, 나중에는 말라 버린 가지처럼 될 것입니다. 사랑하는 여러분, 저는 여러분이 이보다 나은 줄 확신합니다. 비록 제가 그렇게 말하기는 했지만 여러분은 구원에 수반된 것들을 가지고 있으리라고 봅니다.

오! 이 두 짝으로 된 문, 이 두 큰 문을 잘 통과할 수 있는 은혜를 주시옵소서! "너희가 내 안에 거하고, 내 말이 너희 안에 거하면." 이 두 문을 잘 통과하여 다음의 큰 방에 들어가게 하소서. "너희가 무엇이든지 원하는 대로 구하라 그리하면 이루리라."

3. 이 특권을 얻어야 하는 이유

이제 마지막으로 "어째서 이 특권을 얻어야 하는지" 그 이유를 보여 주기 위해서 애쓰겠습니다. 이 기도의 특이한 능력이 어째서 그리스도 안에 있는 사람들에게 주어질까요? 제가 말씀드려야 하는 것이 여러분에게 용기를 주어 극히 값진 이 진주를 얻기 위해 영광스러운 시도를 하도록 촉구하기를 원합니다. 그

리스도 안에 거함으로, 그 말씀을 우리 속에 거하게 함으로써 이 기도의 자유와
효과에 이르게 된다고 하시는데, 어째서 그러합니까?

　　저는 그 첫 번째 해답이 그리스도의 충만함에 있다고 말씀드립니다. 여러분이
그리스도 안에 거할 때 원하는 것을 매우 잘 구할 수 있습니다. 왜냐하면 여러분
이 요구하는 것이 무엇이든지 이미 그리스도 안에 쌓여져 있기 때문입니다. 저
훌륭한 홀(Hall) 주교는 그 유명한 대목에서 이 사상을 잘 설파했습니다. 저는 여
러분에게 그 대목의 요지를 말씀드리겠습니다. 여러분이 성령의 은혜를 바라십
니까? 그러면 주님의 기름 부으심 앞으로 가십시오. 여러분이 성결을 추구하십
니까? 그러면 주님의 본으로 나아가십시오. 죄의 용서를 바랍니까? 주님의 피를
바라보십시오. 여러분이 세상에 대하여 장사지낼 필요가 있습니까? 주님의 무덤
으로 가십시오. 하늘에 속한 생명의 충만함을 느끼고 싶습니까? 그리스도의 부
활을 주목하십시오. 여러분이 세상을 극복하고 더 높은 차원에 이르고 싶습니
까? 그리스도의 승천을 주목하십시오. 하늘에 속한 것들을 깊이 숙고하고 싶습
니까? 주님이 하나님 우편에서 간구하고 계심을 주목하십시오. 또한 그리스도께
서 "우리를 함께 일으키사 함께 하늘에 앉히셨다"는 사실을 알아야 합니다. 가지
가 포도나무 원줄기 안에 거하는 동안 가지가 원하는 모든 것을 얻는 충분한 이
유를 저는 분명하게 알고 있습니다. 그 가지가 원하는 모든 것은 이미 그 줄기 안
에 있기 때문입니다. 그리고 그 모든 것이 가지를 위하여 거기에 놓여져 있는 것
입니다. 가지가 줄기가 줄 수 있는 것보다 더 많은 무엇을 원하겠습니까? 더 많
은 것을 원한다면 얻을 수 없습니다. 왜냐하면 그 원줄기에서 나오는 생명력을
가지가 흡수하지 않고서는 생명을 유지할 다른 방도가 없기 때문입니다.

　　오! 보배로우신 주님이여, 당신 없이 존재하느니 차라리 아무것도 아닌 상태
로 항상 있기를 원합니다. 주님을 떠나 방황하고 싶은 제 소원을 들어주지 마소
서. 그러나 만일 제 소원하는 것이 저를 위해서 이미 당신 안에 존재하고 있다면
어째서 제가 다른 곳으로 가야 합니까? 주님은 나의 모든 것입니다. 제가 주님
말고 어디 다른 데를 쳐다볼 수 있겠습니까? 보십시오. "그 안에 모든 충만이 거
하심으로 아버지께서 그것을 기뻐하셨나이다." 아버지의 선한 기뻐하심이 우리
자신의 선한 기쁨도 됩니다. 우리는 예수님으로부터 모든 것을 끌어내게 되어
기쁩니다. 우리가 원하는 것은 무엇이든지 구하면 받을 것을 확신합니다. 이미
주님께서는 우리를 위해서 그것을 갖고 계시기 때문입니다.

이에 대한 또 다른 이유는 하나님의 말씀의 부요함입니다. 이 생각을 붙잡으십시오. "내 말이 너희 안에 거하면 무엇이든지 원하는 대로 구하라 그리하면 이루리라"(그것이 너희에게 이루어질 것이다). 기도를 가장 잘하는 사람은 하나님의 약속을 믿는 마음을 가지고 가장 친밀하게 여기는 사람입니다. 결국 기도는 다름이 아니라 하나님의 약속을 하나님께 가지고 나가서 "하나님께서 말씀하셨으니 행하시옵소서"라고 아뢰는 것입니다. 기도는 약속이 실현되는 것입니다. 약속에 기초하지 않은 기도는 참된 터가 전혀 없습니다. 만일 통장이 개설되지 않은 은행에 간다면 거기서 돈을 찾을 기대를 하지 말아야 합니다. 은행 안에서 내가 가진 권세는 "지불 명령"입니다. 그 은행 안에 예금해 놓은 돈이 있을 때에 저는 그 지불 청구서를 제출하면 받을 충분한 보증을 가진 셈입니다. 자신 안에 그리스도의 말씀을 두는 자들은 주님께서 주목하시며 유념하시는 것들로 무장된 사람들입니다. 만일 하나님의 말씀이 여러분 속에 거한다면 여러분은 기도할 수 있는 사람입니다. 왜냐하면 여러분은 하나님의 말씀을 가지고 위대하신 하나님을 만나고 있고, 그래서 여러분은 그 전능하신 말씀으로 전능자를 이겨내기 때문입니다. 그 약속의 말씀을 가리키면서 "주님께서 말씀하신 대로 하옵소서"라고 말합니다. 이것이 세상에서 가장 좋은 기도입니다.

오! 사랑하는 여러분, 하나님의 말씀으로 충만해지십시오. 예수님께서 말씀하신 것을 연구하시고, 성령께서 그의 신적으로 영감된 책에 기록해 놓으신 것을 연구하십시오. 여러분이 말씀을 먹는 것에 비례하여, 또한 말씀에 충만하고 여러분의 믿음 속에 말씀을 보유하며 삶 속에서 말씀을 순종하는 것에 비례하여, 기도의 기술에 있어서 능한 사람이 될 것입니다. 여러분은 신실하신 하나님의 약속을 하나님 앞에 아뢰며 탄원할 수 있는 것에 비례해서 언약의 천사와 씨름하는 자로서의 기술을 습득하였습니다. 그러니 은혜의 교리 안에서 잘 교육을 받으십시오. 그리스도의 말씀이 여러분 속에 풍성하게 거하게 하시어 그리스도의 은혜의 보좌에서 이길 방도를 아시기 바랍니다. 그리스도 안에서 거하는 것, 그의 말씀이 여러분 속에 거하게 하는 것은 모세의 오른손과 왼손입니다. 그 두 손이 기도할 때 받쳐 주어 아말렉을 치고 이스라엘을 구원하였고, 그로 인해서 하나님께서 영광을 받으셨습니다.

우리는 조금 더 나아가 봅시다. 여러분은 말하기를, 나는 그리스도 안에 거하는 사람, 또한 그리스도의 말씀이 거하는 그 사람이 자기가 원하는 것은 무엇이든지 구하는 대로 이루어질 것이라는 말씀의 이유를 전혀 알지 못하겠다 할 수 있습니다. 다시 여러분에게 대답합니다. 그것이 그러한 것은 다음과 같은 이유 때문입니다. 그러한 사람 속에는 그로 하여금 새로워진 의지, 하나님의 뜻에 따른 의지를 가지게 만드는 은혜가 주도권을 잡기 때문입니다. 어떤 하나님의 사람이 기도를 하고 있다고 상정해 봅시다. 그는 이러저러한 일들이 바람직하다고 생각합니다. 그럼에도 불구하고 완전한 지혜를 가지신 아버지 앞에서 어린아이에 불과하다는 것을 그는 기억합니다. 그래서 자기 뜻을 굽히고 자기가 무엇을 뜻해야 할지 배우는 은혜를 구하게 됩니다. 비록 하나님께서 원하는 것은 무엇이든지 구하라 명하셨지만 그는 멀리 서서 소리칩니다. "나의 주시여, 내가 무엇을 구하든지 그 점에 대해서 아직 명확하지 못합니다. 제가 판단할 수 있기로는 그것은 바람직하고 그래서 저는 그것을 뜻합니다. 그러나 주님, 제 스스로 판단하기에 적합하지 못하오니 제 뜻대로가 아니라 아버지께서 원하시는 대로 주시기를 간절히 기도하나이다."

여러분이 그와 같은 상태에 있을 때에 우리가 진실로 뜻하는 바가 하나님의 뜻이라는 것을 알게 됩니다. 우리의 마음의 깊은 곳으로 내려가 보면 주님께서 친히 뜻하시는 것만 뜻하게 됩니다. 우리가 원하는 것만 구하고, 그것이 우리에게 이루어진다면 어떻게 되겠습니까? 하나님께서 거룩함을 입은 영혼에게 "네가 무엇이든지 원하는 대로 구하라 그리하면 이루리라"고 말씀하시는 것이 안전하게 됩니다. 그 사람이 가진 하늘에 속한 본능적 소욕은 그것을 바르게 인도하는 것입니다. 그의 영혼 속에 있는 은혜가 그의 모든 탐욕적인 정욕과 어리석은 소원을 분쇄하며, 그의 뜻이 하나님의 뜻의 실제적인 그림자가 됩니다. 영적 생명이 그 속에서 주도권을 잡고, 그가 마음으로 소원하는 것이 거룩하고, 하늘에 속한 것이며, 하나님을 닮은 것이 되는 것입니다. 이제 그는 하나님의 성품에 참여한 자가 되었습니다. 아들이 자기 아버지를 닮듯이, 그 소원과 뜻함에 있어서도 그는 하나님과 하나가 됩니다. 산에서 소리를 내면 그것이 메아리로 돌아오듯이, 새로워진 심령은 주님의 생각을 반향합니다. 이제 우리의 소원은 하나님의 뜻이 반사되어 나타난 것입니다. 그럴 경우에, 너희가 무엇이든지 구하면 그것이 그대로 이루어질 것이라는 말씀이 성립되는 것입니다.

거룩하신 하나님께서 거리에 있는 보통 사람을 지적하시며 "네가 무엇이든지 원하는 대로 구하면 줄 것이다"고 말씀하실 수 없다는 것을 여러분은 이제 분명 아실 것입니다. 그런 사람이 무엇을 구할까요? 그런 사람은 좋은 술을 구할 것이고, 아니면 어떤 욕망을 마음대로 행할 수 있도록 해 달라고 할 것입니다. 사람들 거의 모두에게 이러한 것을 허락하면 매우 불안한 일이 될 것입니다. 그러나 주님께서 어떠한 사람을 붙잡아 새롭게 만드시고, 그 사람의 심령을 생명의 새로운 것으로 깨우사 살리셨다면, 또한 그 사람을 당신의 사랑하는 아들의 형상으로 지으셨다면, 주님께서는 그 사람을 믿을 수 있는 것입니다! 사랑하는 여러분, 위대하신 하나님께서는 장자이신 예수님을 대우할 수 있는 방식에 따라서 우리의 분량대로 우리를 대우하십니다. 예수님께서 "아버지께서 항상 내 말을 들으시는 줄 아나이다"라고 말씀하실 수 있었습니다. 하나님께서는 여전히 우리로 하여금 같은 확신을 가지게 가르치고 계십니다. 그래서 우리는 어떤 옛 사람이 말한 바처럼 "내 하나님께서 내 기도를 들으신다"고 말할 수 있습니다. 여러분의 입이 이 응답받는 기도의 특권을 마실 수 없습니까? 여러분의 마음이 바로 이 차원에 이르기를 갈망하지 않습니까? 여러분이 바로 그 특권에 이르는 것은 거룩으로 말미암고, 그리스도와의 연합으로 말미암고, 그리스도 안에 영구하게 거하고, 그를 순종하는 믿음으로 견고히 붙잡음으로써 가능한 것입니다. 오직 안전하고 참된 길을 바라보십시오. 일단 그 길을 밟으면, 그것이 기도에 있어서 본질적인 능력을 얻는 가장 확실하고 효과적인 방식입니다.

저는 이 문제에 대해서 할 말을 다한 것은 아닙니다. 사람이 믿음이 강할 때 기도에 있어서 성공할 것입니다. 예수님 안에 거한 자들이 바로 그러한 경우에 해당합니다. 그 사람들의 믿음은 기도에 있어서 능한 믿음입니다. 진정한 웅변적 기도는 믿는 소원입니다. "믿는 자에게는 능히 하지 못할 일이 없느니라"(막 9:23). 그리스도의 말씀이 가지 속에 거하게 함과 아울러 그리스도 안에 거하는 사람은 탁월한 신자입니다. 따라서 기도에 있어서도 탁월한 성공자입니다. 실로 그는 강한 믿음을 가지고 있는 것입니다. 왜냐하면 그의 믿음이 그로 하여금 그리스도와 생명 있는 접속을 하게 하였고, 그래서 그는 모든 축복의 원천에 이르게 된 것이고, 바로 그 우물에서 충분하게 들이킬 수 있는 것입니다.

다시 한 번 그러한 사람이 하나님의 성령의 내주하심을 소유하게 될 것입니다. 만일 우리가 그리스도 안에 거하고 그의 말씀이 우리 속에 거하게 되면, 성령께서 우리 속에 거처를 정하신 셈입니다. 그리고 기도에 있어서 그보다 더 좋은 도움이 무엇이겠습니까? 성령께서 친히 하나님의 뜻대로 성도 안에서 중보의 기도를 드리시는 것은 놀라운 일이 아닙니까? 성령께서는 "말할 수 없는 탄식으로 우리를 위하여 친히 간구하시느니라"(롬 8:26). 어떤 사람의 심령이 아니고서 그 사람의 마음을 누가 알겠습니까? 하나님의 성령께서는 하나님의 마음을 아십니다. 그리고 성령께서는 하나님께서 뜻하시는 바대로 우리가 뜻하도록 역사하시며, 그래서 믿는 사람의 기도는 영혼 속에서 마치 거울에 하나님의 목적이 비추인 것과 같은 것입니다. 하나님의 영원한 작정은 기도의 형식을 통해서 경건한 사람들의 마음에 그림자를 투영시키는 것입니다. 하나님께서 하려고 의도하시는 바를 그 종들에게 말씀하시되, 하나님께서 친히 하겠다고 결심한 바를 행하시기를 그들로 간구하게 유도함으로써 말씀하시는 것입니다. 하나님께서 "내가 이것 저것을 하리라"고 말씀하십니다. 그러나 하나님께서 부연하십니다. "그래도 이스라엘 족속이 이같이 자기들에게 이루어 주기를 내게 구하여야 할지라"(겔 36:37). 만일 우리가 그리스도 안에 거하고 그의 말씀이 우리 안에 거하면 우리가 원하는 대로 구할 수 있다는 것이 얼마나 명백한 일입니까! 왜냐하면 우리는 하나님의 성령께서 우리로 하여금 구하도록 감동시키는 것만을 구할 것이기 때문입니다. 하나님의 성령과 하나님 아버지께서 서로 뜻이 다를 수가 없는 것입니다. 성령께서 우리더러 구하도록 촉구하신 바로 그것을 아버지 하나님께서는 분명히 우리에게 주시기로 정하신 것입니다.

　저는 그 한 구절을 집요하게 추적하면서 알아보았습니다. 그러나 잠시 저는 그 구절을 다시 생각해야 하겠습니다. 사랑하는 여러분, 우리가 그리스도 안에 거하고 그리스도의 말씀이 우리 안에 거할 때, 아버지께서는 당신의 사랑하는 아들을 바라보시는 바로 그 눈으로 우리를 바라보신다는 사실을 알지 못하십니까? 그리스도께서 포도나무요, 포도나무는 가지들을 포함합니다. 가지들은 그 포도나무의 부분입니다. 그러므로 하나님께서 우리를 그리스도의 부분으로 보시는 것입니다. 그 몸의 지체들, 그 살과 뼈의 지체들로 보시는 것입니다. 하나님 아버지께서 예수님을 어찌나 사랑하시는지 예수님이 원하시는 것을 하나도 거절하지 아니하십니다. 예수님께서는 죽기까지 복종하셨습니다. 십자가의 죽음에까지 말입니다. 그러므로 예수님의 아버지 하나님께서는 예수님을 사랑하십니다. 하나님이시고 사람이신 중보자 예수님을 사랑하십니다. 그래서 예수님께서 간구하시는 모든 것을 다 허락하셨고, 또 허락하실 것입니다. 저와 여러분이 그리스도와 진정으로 연합해 있을 때에 주 하나님께서 예수님을 바라보시는 바로 그 눈으로 우리를 바라보신다는 것이 확실합니다. 주 하나님께서는 우리에게 말씀하십니다. "내가 너의 구하는 어느 것도 거절하지 않을 것이다. 네가 원하는 것이 무엇이든지 원하는 대로 구하라 그리하면 그것이 네게 이루어질 것이다." 저는 그 본문을 그렇게 이해하고 있습니다.

저는 여러분의 시선을 오늘 아침 제가 읽지 않은 요한복음 15:9에서도 여전히 그런 식으로 말씀이 주어지고 있다는 사실을 주목하게 하고 싶습니다. "아버지께서 나를 사랑하신 것 같이 나도 너희를 사랑하였으니 나의 사랑 안에 거하라." 하나님께서 그 아들에게 주시는 바로 그 사랑을 아들 되신 예수님께서 우리에게 주십니다. 그러므로 우리는 아버지와 아들의 사랑 안에 거하는 자들입니다. 그런데 우리의 기도가 어떻게 거절당할 수 있습니까? 무한하신 사랑이 우리의 간구에 관심을 기울이지 않겠습니까? 오! 그리스도 안에서 사랑하는 형제여, 만일 그대의 기도가 보좌 앞에서 신속하게 응답되지 않는다면, 그 기도를 방해하는 어떤 죄가 있는가 의심해 보십시오. 그대의 아버지의 사랑은 그런 식으로 그대를 징계할 필요가 있다는 것을 아십니다. 만일 그대가 그리스도 안에 거하지 않는다면 기도가 성경적으로 응답될 소망을 어떻게 가질 수 있습니까? 만일 그대가 주님의 말씀을 주목하면서도 그것을 이것저것 의심한다면, 보좌 앞에서 그대의 기도가 신속하게 응답될 소망을 어떻게 가질 수 있겠습니까? 만일 그대가 주님의 어떤 말씀에 고의적으로 불순종하고 있는 상태라면, 그것은 기도가 실패하고 있는 것을 설명해 주지 않겠습니까? 그러나 그리스도 안에 거하시고, 그리스도의 말씀을 부여잡으시며, 전적으로 그의 제자가 되십시오. 그러면 그대의 기도가 응답될 것입니다. 예수님의 발 아래 앉아서 그 말씀을 들으며, 그대의 눈을 들어 예수님의 인자하신 얼굴을 우러러 보십시오. 그러면서 이렇게 말씀드리십시오. "나의 주여, 이제 제 기도를 들으소서." 그러면 주님께서는 은혜롭게 그대의 기도를 들어주실 것입니다. 또한 그대에게 말씀하실 것입니다. "내가 은혜 베풀 때에 너에게 듣고 구원의 날에 너를 도왔다"(고후 6:2). "네가 원하는 대로 무엇이든지 구하라 그리하면 그것이 네게 이루어질 것이다." 오! 긍휼의 보좌 앞에서 그 기도의 능력이여!

사랑하는 친구 여러분, 여러분은 이 설교를 듣고 나가서 잊어버리지 마십시오. 여러분이 한없는 감화의 차원에 이르도록 노력하십시오. 만일 여러분이 기도에 다 능한 사람이 된다면 우리 교회는 얼마나 놀라운 교회가 되겠습니까! 하나님의 사랑하시는 자녀들이여, 반은 굶어 죽을 지경이 되기를 원합니까? 사랑하는 형제들이여, 여러분은 가난하고 작고 보잘것없고 철부지 아이들이 되어 어른으로 자라지 못할 그런 사람들이 되기를 원합니까? 주 안에서 강해지기를 간절히 소원하시기 바랍니다. 그리고 이 지극히 높은 특권을 누리기를 열망하시기 바랍니다. 만일 여러분이 기도에 있어서 하나님 앞에서 이러한 능력을 가지게 된다면 여러분은 얼마나 놀라운 군대일까요! 하나님의 자녀들이여, 바로 그것이 여러분이 취할 수 있는 한도 내에 있습니다! 오직 그리스도 안에 거하십시오. 그의 말씀이 여러분 안에 거하도록 노력하십시오. 그러면 이 특별한 특권이 여러분의 것이 될 것입니다. 이것은 지루한 의무가 아니며, 그 자체로 기쁨입니다. 여러분은 전심을 다해서 그것들을 취하십시오. 그런 다음 이 점을 부연시키십시오. 무엇이든지 원하는 대로 구하면 그것이 나에게 이루어질 것이라고 말입니다.

불행하게도 여기 모인 이 회중 가운데 어떤 사람들에게는 이 본문 말씀이 아무 의미가 없을 것입니다. 여러분 중에 어떤 이들은 아직 그리스도 안에 있지도 않습니다. 그러므로 그리스도 안에 거할 수가 없는 것입니다. 오! 선생들이여, 제가 여러분에게 무엇을 말할까요? 여러분은 제가 볼 때 바로 지금도 천국을 상실하고 있습니다. 만일 이후에 지옥이 없다 할지라도, 그리스도를 지금 알지 못하고, 기도로 하나님께 나아가 응답을 받는 것이 무엇인지를 알지 못하고, 그리스도 안에 거하는 그 놀라운 특권을 알지 못하며, 그리스도의 말씀이 여러분 속에 거하는 그 영광을 알지 못한다면, 그 자체로 충분한 지옥이 됩니다. 여러분이 해야 할 첫 번째 일은 주 예수 그리스도를 믿어 여러분의 영혼을 구원하는 것입니다. 그리고 그의 깨끗하게 하심에 여러분 자신을 맡기시고 그의 다스리심에 여러분의 삶을 맡기는 것입니다. 하나님께서 그리스도를 구주로 보내셨으니 그를 영접하십시오. 구주를 여러분의 선생으로 받으십시오. 그리스도를 여러분의 주인으로 알고 자신을 그분에게 복종시키십시오. 은혜로우신 주의 성령께서 오셔서 지금도 여러분에게 이 역사를 하게 하시기를 원합니다. 그리고 이후에 전에 없이 이 영예를 얻기 위해서 열망하기를 바랍니다. 무엇보다 먼저 "거듭나야 하리라"고 말씀드립니다. 여러분이 있는 지금의 상태에서 "잘 하십시오"라고 말할 수 없습니다. 왜냐하면 지금 상태의 여러분에게 잘하라고 말씀드리면 그것은 더 큰 죄인으로 잘하라고 하는 것밖에 되지 않기 때문입니다. 여러분이 아무리

발전될 수 있다 할지라도 여러분 속에 있는 것을 발전시킬 뿐입니다. 다시 말하면, 여러분이 진노의 상속자가 되어 더욱더 악의 자녀가 될 것입니다. 먼저 그리스도 안에서 새롭게 되어야 합니다. 절대적인 변화, 본성의 모든 흐름을 역전시키는 변화, 예수 그리스도 안에서 여러분을 새로운 피조물로 만드는 변화가 있어야 합니다. 그런 다음에 그리스도 안에 거하기를 열망할 수 있고, 그의 말씀이 여러분 속에 거하기를 원해야 합니다. 그 결과 그대로 하나님께 나아가 응답을 받는 일이 여러분의 것이 될 것입니다.

은혜로우신 주님이시여, 오늘 아침 우리를 도우시옵소서. 우리는 있는 그대로 불쌍한 피조물로서 당신의 발 앞에 누울 수 있을 뿐입니다. 주여! 오시옵소서. 우리의 눈을 들어 당신을 우러러보게 하시옵소서. 예수님의 이름으로 기도합니다. 아멘!

제
63
장

—

지고의 사랑

—

**"아버지께서 나를 사랑하신 것 같이 나도 너희를
사랑하였으니 나의 사랑 안에 거하라." — 요 15:9**

그리스도의 사랑 안에서 우리는 최상의 기쁨을 발견합니다. 저 위대하신 목자의 목초지는 광대하지만, 그분의 못 박히신 발 가까이에서 자라는 풀들이 가장 달콤합니다. 예수님의 사랑은 구원의 중심입니다. 그것은 마치 은혜의 천체 한가운데 있는 태양과도 같습니다. 오늘 아침에 내가 이 고귀한 주제로 여러분의 묵상을 인도하고자 할 때, 성령 안에서 여러분의 온 마음과 생각이 이 주제의 핵심에 몰입할 수 있게 되기를 바랍니다. 바울은 결혼에 대해 언급할 때에 이런 말을 말했습니다. "이 비밀이 크도다 나는 그리스도와 교회에 대하여 말하노라" (엡 5:32). 그리스도와 교회의 관계에는 언제나 신비스러운 것이 많이 있지만, 그것은 언제나 사랑의 신비입니다. 여러분은 이 사랑을 믿습니다. 그것을 알고 있습니다. 또 그것을 맛보았습니다. 그러므로 내가 비록 이 주제를 다루면서 실수가 있다고 해도, 나는 이 주제를 알아보는 청중을 향해 말하는 셈입니다.

오, 더 높은 경험이 있기를 바랍니다! 주님께서 이 시간 그분의 결혼 연회장으로 인도해 주시기를 바라며, 우리로 하여금 그분의 사랑으로 인하여 즐거워하게 해 주시길 바랍니다. 그분의 사랑은 포도주보다 낫습니다! 우리 중에 많은 이들이 잔칫집에 왕성한 식욕을 가지고 옵니다. 우리가 제공할 수 있는 것은 이것이 전부인데, 그것은 바로 사랑의 선물입니다. 오, 우리가 주님의 아름다움을 볼 수 있는 눈썰미를 가지길 바라며, 또한 우리를 향한 그분의 사랑이 얼마나 매력적인지를 느낄 수 있는 마음씨를 가지기를 바랍니다.

자기 백성을 향한 그리스도의 사랑은 설교자가 그분의 백성들 앞에 제시할 수 있는 가장 달콤하고, 가장 충만하며, 아주 유익한 주제입니다. 또한 그것은 회중의 상태가 어떠할 때이든지, 언제나 시의적절하고 타당한 주제입니다. 하지만 우리의 정신이 이 진리를 즐거이 맛보기 위해서는 성령님의 도우심이 크게 필요합니다. 외적으로 사랑의 소리를 듣는 것과, 내적인 감각으로 그것을 느끼는 것은 별개입니다. 시냇가에서 물소리를 듣는 것은 즐겁습니다. 하지만 갈증으로 목이 탈 때에 그 시냇물을 마실 수 없다면, 그 맑은 음악 소리도 여러분의 기운을 새롭게 해 주지 못합니다. 오 성령이여, 오소서! 당신께 간청합니다. 그리스도의 것을 가지고서, 우리 영혼의 깊은 곳에 그것을 계시해 주심으로써 그분의 이름을 영화롭게 하소서!

1. 예수님은 우리를 사랑하십니다.

즉시 이 주제 속으로 뛰어들겠습니다. 여기에 우리를 위한 첫 번째 권면이 있습니다. 예수님이 우리를 사랑하신다는 것을 의심치 말고 믿읍시다. 말하자면, 우리가 진정 그분 안에 있다면, 그분은 우리를 무한히 사랑하십니다. 우리의 주님은 여기서 일반적인 선의의 사랑을 말씀하시는 것이 아니라, 그분이 자기 소유로 삼으신 자들 곧 "내가 너희를 택하였다"(19절)고 말씀하시는 대상을 향한 특수하고도 특별한 애정을 말씀하고 계십니다. 만일 우리가 포도나무 가지가 포도나무 안에 있듯이 그분 안에 있다면, 그리고 은혜의 열매들을 맺어 그분께 영광을 돌림으로써 그 연합의 실재를 입증한다면, 우리가 구주의 그 특별한 사랑의 대상입니다. 그분은 교회로서의 우리들에게, 또한 각 사람에게 개인적으로 이렇게 말씀하십니다. "아버지께서 나를 사랑하신 것 같이 나도 너희를 사랑하였으니." 오 나의 청중이여, 그분이 여러분에게 이렇게 말씀하시지 않습니까? 여러분은 믿음으로 그리스도를 붙들고 있습니까? 그분이 여러분을 구원하셨나요? 여러분의 생명은 그분에게서 나온 것입니까? 그분이 여러분의 소망이며, 기쁨이며, 여러분의 모든 것입니까? 만일 그렇다면, 이 책에 기록되었을 뿐 아니라 그분이 친히 입으로 말씀하신 이 말씀이 여러분을 향한 것임을 의심하지 마십시오. 진실로 그분이 당신 곁에 서서, 당신의 손을 붙잡고, 그윽한 사랑의 눈으로 당신을 바라보시면서, 당신에게 이렇게 말씀하십니다. "아버지께서 나를 사랑하신 것 같이 나도 너희를 사랑하였으니 나의 사랑 안에 거하라."

그분이 진실로 우리를 사랑하심을 우리는 확신할 수 있습니다. 그분이 수고롭게도 많은 말씀으로 그 사랑을 우리에게 확인시켜 주시기 때문입니다. 그분의 생애와 죽음에서 보이신 수많은 사랑의 행동들을 통해 우리는 충분히 그분의 사랑을 추론할 수 있지만, 그분은 그 사랑을 추론하도록 남겨 두지 않으셨습니다. 오히려 그분은 의도적으로 자신의 사랑을 명백히 선언하십니다. "아버지께서 나를 사랑하신 것 같이 나도 너희를 사랑하였으니." 여러분은 그분의 말씀을 의심하십니까? 수난의 죽음을 앞둔 저 엄숙한 밤에 하신 말씀을, 성령으로 감동된 이 책에 기록된 그분의 말씀을 의심하는 것입니까? "내가 너희를 사랑하였다"고 그분이 말씀하실 때에, 여러분의 마음은 그분에게 아무런 반응이 없습니까? 이렇게 대답하지 않겠습니까? "오, 주님, 진정 그러하십니다! 당신께서 직접 말씀하시지 않아도 저는 주님의 사랑을 압니다. 당신께서는 입으신 상처로써 그것을 제게 확인시켜 주셨습니다. 저는 당신께서 저를 사랑하시는 것을 압니다. 오, 제가 그 보답으로 당신을 더욱 사랑하게 하소서!'

우리 믿음을 굳세게 하여 흔들리지 않도록 하시기 위해, 또한 우리의 마음에 그분의 사랑이 얼마나 큰지를 알리시기 위해, 주님은 그 사랑을 가장 특별한 사랑에 대비시켜 표현하십니다. 그분은 지상의 사랑을 보시지 않고, 오히려 하늘의 가장 위대한 사랑을 보시면서 이렇게 말씀하십니다. "아버지께서 나를 사랑하신 것 같이 나도 너희를 사랑하였으니." 사랑하는 이여, 여러분은 그 아들을 향한 아버지의 사랑을 의심하지 않고, 감히 의심할 수도 없습니다. 그것은 어떤 논쟁도 필요치 않는 의문의 여지가 없는 진리 중의 하나입니다. 우리 주님께서는 우리를 향한 그분의 사랑을, 그분 자신을 향한 아버지의 사랑과 같은 범주에 포함시키십니다. 우리는 후자를 확신하듯이 전자를 확신할 수 있습니다. 이 얼마나 놀라운 사랑의 확증입니까! 아버지는 한량없는 사랑으로 아들을 사랑하십니다. 아버지와 아들이 본질적으로 연합되신 것은, 아버지와 아들이 한 분 하나님이시기 때문입니다. 성자를 향한 성부의 사랑이 확실한 것처럼, 영원토록 결혼의 연합 관계 속으로 인도하신 자기 백성들을 향한 예수님의 사랑도 확실합니다. 의심하지 마십시오. 이렇게 맹세하신 이후에도 의심한다는 것은 일종의 신성모독입니다. 그 사랑을 생각하고, 당신의 확신을 두 배로 견고하게 하시길 바랍니다.

우리 구주의 사랑의 과정과 증거를 보십시오! 그분이 사랑 안에서 우리를 선택하셨습니다. 선택의 이유는 사랑입니다. 그분이 신명기 7장에서 그것을 어떻게 표현하셨는지를 기억하십시오. 거기서 하나님은 이스라엘의 선택에 대해 말씀하십니다. "너는 여호와 네 하나님의 성민이라 네 하나님 여호와께서 지상 만민 중에서 너를 자기 기업의 백성으로 택하셨나니, 여호와께서 너희를 기뻐하시고 너희를 택하심은 너희가 다른 민족보다 수효가 많기 때문이 아니니라 너희는 오히려 모든 민족 중에 가장 적으니라. 여호와께서 다만 너희를 사랑하심으로 말미암아 … 속량하셨나니"(6-8절). 그분이 여러분을 사랑하셨기에 여러분을 택하신 것입니다. 선택은 사랑에 근거하고, 사랑의 원천은 사랑 그 자체입니다. 예수님이 우리를 사랑하시는 것은 그분이 사랑이시기 때문입니다. 이 진술에 내가 무언가를 보태야 한다면, 나로서는 저 복되신 아들이 친히 하신 말씀을 인용하는 것으로 충분합니다. 아버지께서 지혜롭고 슬기 있는 자들에게 숨기신 것을 어린 아이들에게는 나타내심을 감사하면서, 그분은 이렇게 말씀하셨습니다. "옳소이다 이렇게 된 것이 아버지의 뜻이니이다"(마 11:26). 오 믿는 자여, 예수님이 세상이 시작되기도 전에 당신을 사랑하셨으며, 또한 당신을 사랑하고자 작정하셨습니다. 그분은 자신의 사랑을 당신에게 나타내기를 기뻐하셨습니다. 그분은 당신이 그분의 형상을 닮기를 원하셨고, 그분 자신이 많은 형제들의 맏형이 되며, 그럼으로써 우리가 그분의 성품과 특징과 아버지의 사랑을 공유하고 영원토록 깊어지는 사랑의 교제 안에서 그분께 더 가까워지기를 바라셨습니다. 사랑 그 자체의 이유만으로 스스로를 희생하는 이 사랑을 보십시오. 그 사랑의 효과에 의해 은혜로운 목적들은 완수되고, 그 목적의 대상이 된 모든 이들에게는 그것을 계획한 분의 사랑으로 가득하게 합니다.

이렇게 사랑 때문에 우리를 선택하신 주님은, 우리를 너무도 사랑하셔서 우리를 위하여 사람이 되셨습니다. 그분이 "하나님과 동등됨을 취할 것으로 여기지 아니하시고 오히려 자기를 비워 종의 형체를 가지사 사람들과 같이 되신"(빌 2:6-7) 것은 우리를 사랑하셨기 때문입니다. 성경에는 이런 말씀이 있습니다. "이러므로 사람이 그 부모를 떠나서 그 둘이 한 몸이 될지니라 이러한즉 이제 둘이 아니요 한 몸이니"(막 10:7-8). 이 말씀의 가장 고상한 사례는 그리스도 안에서 찾을 수 있습니다. 그분은 아버지를 떠나서 그분의 교회와 한 몸이 되고자 하셨습니다. 그분이 우리의 본성을 취하셨고, 그렇게 함으로써 우리를 위해 일하시고, 고난을 받고자 하셨습니다. 우리의 본성을 취하시지 않고는 할 수 없는 일을 하신 것입니다. 그분이 우리의 본성을 취하심으로써, 그렇게 하시지 않았더라면 존재할 수도 없었던 교회와 더 가까운 연합과 친밀한 교제를 이루어내신 것입니다. 만일 그분이 베들레헴의 아기가 되지 않으시고, 또한 나사렛 사람이 되지 않으셨더라면, 그분이 어떻게 모든 면에서 그분의 형제들과 같이 되실 수 있었겠습니까? 저 영광의 주님을 가장 높은 곳에서 이 땅으로 내려오시게 만들고, 우리를 위하여 슬픔의 사람이 되게 하신 그 사랑을 생각해 보십시오!

　우리가 기억할 것은, 우리를 위하여 사람이 되신 예수님이 사랑 때문에 죽으셨다는 것입니다. "사람이 친구를 위하여 자기 목숨을 버리면 이보다 더 큰 사랑이 없나니"(13절). 우리 주님이 자기 목숨을 버리신 것이 특별한 사랑의 증거입니다. 그분은 자원하여 죽으셨습니다. 우리와는 달리, 그분에게는 죽으실 필요가 없었습니다. 다른 사람들은, 비록 우리를 위해 죽는다고 해도, 어차피 갚아야 할 빚을 만기일보다 조금 일찍 갚은 것에 불과합니다. 하지만 예수님은 자기 자신과 관련해서는 죽으실 필요가 없는 분으로서 죽으셨습니다. 또한 그분은 괴로움과, 수치와, 버림받음의 환경 속에서 죽으셨는데, 그것이 그분의 죽음을 더욱 고통스럽게 만들었습니다. 십자가의 죽음은 우리 구주께서 우리를 무한히 사랑하셨다는 최상의 증거입니다. 그분이 두 강도들 사이에서 범죄자로 취급되어 죽임을 당하시고, 극심한 적대감과 조롱의 대상으로서 죽으셔야 했던 것은, 그분의 몸으로 우리의 죄를 감당하시기 위함이었습니다. 이 모든 것이 우리로 하여금 이렇게 고백하게 만듭니다. "보라 그분이 우리를 얼마나 사랑하셨던가!" 오 사랑하는 여러분! 그리스도께서 목숨을 버리셨는데, 우리가 그분의 사랑을 의심할 수 있습니까? 의인으로서 불의한 자를 대신하심으로써 우리를 하나님 앞으로 인도하셨는데(벧전 3:18) 그 사랑을 의심할 수 있겠습니까?

　사랑하는 하나님의 자녀들이여, 주님께서 여러분을 살게 하신 것은 이 사랑 때문이었음을 잊지 마십시오. 나는 에스겔 16장에 있는 기억할 만한 구절들을 전부 인용하지는 못하겠습니다. 하지만 거기에서 여러분의 상태가 버려져 죽게 된 갓난아이로 그려져 있습니다. 물로 씻겨지지도 않았고, 강보로 싸지도 않았고, 피투성이가 된 채 더럽고 비참한 곳에 버려진 모습이었습니다. 그 때 주께서 지나가시면서 그 아이를 보고 "살아 있으라(Live)"고 말씀하셨다고 기록되었습니다(6

절). 바로 그렇게 그분이 우리에게 말씀하셨고, 우리는 살게 되었으며, 비참한 신세에서 일어서 나올 수 있었습니다. 그분이 선언하시길, 그분이 지나가셨을 때가 "사랑을 할 만한 때(the time of love)"였다고 하십니다(8절). 내가 주님의 사랑의 때를 여러분에게 상기시킬 때 마음에 다가오는 것이 없습니까? 여러분이 버려졌었던 상태, 도움 없는 고통과 소망 없는 파멸의 상태를 기억하십시오. 여러분은 죽음의 아가리 사이에 놓여져 있었고, 불쌍한 눈으로 쳐다보는 이가 아무도 없었습니다. 여러분 스스로도 여러분을 불쌍히 여기지 않았습니다. 여러분이 예수님을 바라보기 오래 전에 그분이 먼저 여러분을 바라보셨습니다. 여러분이 그분에게 말하기 전에 그분이 여러분에게 말씀하셨습니다. 전에 여러분은 죄와 허물로 죽어 있었지만 그분이 "살라(Live)"고 말씀하셨으며, 그러자 여러분이 살아났습니다. 그런 다음 그분이 씻기시고, 옷을 입히시고, 단장해 주시고, 자녀로 입양해 주셨습니다. 그분은 주운 아이를 그분과 함께 공동 상속자가 되게 하셨습니다. 오 사랑이여! 비길 데 없는 사랑이여! 우리의 영적 생명은 사랑에 빚지고 있으며, 그러므로 우리가 사는 동안 우리는 우리 영혼의 연인(Lover)을 찬미할 것입니다!

본성상 우리가 하나님으로부터 멀리 떨어져 있었던 만큼, 우리는 그분 가까이로 인도되어야 할 필요가 있었습니다. 우리는 사랑으로써 그분 가까이로 인도되었습니다. 예레미야서에는 유명한 구절이 있습니다. "옛적에 여호와께서 나에게 나타나사 내가 영원한 사랑으로 너를 사랑하기에 인자함으로 너를 이끌었다 하였노라"(31:3). 어떤 이의 끈이 당신의 몸을 단단히 묶어서, 그 사랑의 끈이 강권적으로 당신을 더 가까이로 끌어당기던 때를 기억하십니까? 이상하게도 왜 당신이 더 나은 것들을 추구하는 방향으로 이끌리게 되는지를 알 수 없었지만, 하여튼 그렇게 되었습니다. 당신 스스로에 대해 말하자면, 처음에는 생명 없는 통나무처럼 뻣뻣했습니다. 하지만 곧 순종하고픈 마음 곧 어떤 이끌림을 느끼기 시작했고, 마침내 그 완고한 의지가 누그러지고, 예전에 있었던 반감 대신에 새로운 열망이 자리 잡게 되었습니다. 그 때 당신은 이끌리는 길을 향해 달려갔습니다. 당신의 의지는 마침내 진정으로 자유롭게 되었고, 하나님의 뜻을 즐거워하게 되었습니다. 사랑이 이 모든 일을 했습니다. 사랑은 정복자 이상이었습니다. 왜냐하면 사랑이 원수를 무력으로 굴복시키는 대신 오히려 그를 고마워하는 친구로 변화시켰기 때문입니다. 아직도 멈추지 않은 그 이끄심을 회상하면서, 예수님의 사랑을 믿도록 합시다. 이 기도의 집에 앉아 있는 여러분을 그분이 여전히 끌어 당기신다고 느끼지 않습니까? 그렇다면 지금 그분의 사랑을 느끼면서 이렇게 외치십시오. "그리스도의 사랑이 우리를 강권하시는도다"(고후 5:17). 여러분에게 호소합니다. 지금도 여러분 안에서 역사하고 계시는 거룩하신 주님의 사랑을 의심하지 마십시오.

　　내가 만일 그리스도의 사랑의 열매에 대해 모두 말하고자 한다면 시간이 한도 없이 갈 것입니다. 사랑 때문에 그분이 여러분을 용서하셨습니다! 저 사랑의 손으로 여러분이 지은 모든 죄를 도말하신 것을 여러분이 어찌 잊을 수 있겠습니까? 사랑 때문에 그분은 날마다 최상의 영적인 양식으로 여러분을 먹이십니다. "너희도 그 안에서 충만하여졌으니"(골 2:10). 여러분의 모든 결핍을 그분이 채우셨습니다. 여러분의 순례를 위한 신발이 있습니다. 전쟁을 위한 무기가 있습니다. 수고를 위한 힘이 있습니다. 지칠 때를 위한 휴식이 있으며, 슬픔을 달래는 위로가 있습니다. 그분의 사랑은 좋은 것이라면 어떤 것도 아끼지 않습니다. 여러분은 그리스도 안에서 세상이 줄 수 없는 내적인 만족을 얻습니다. 게다가, 그분은 오늘날까지 이 광야의 삶에서 여러분을 안전히 인도해 오셨습니다. 어둡고 빗나가기 쉬운 길에서 그분은 여러분 가까이에 계셨습니다. 그분의 막대기와 지팡이가 여러분을 안위하셨습니다. 여러분은 길을 잃지 않았으며, 그것은 여러분 속에 탈선하려는 정신이 없었기 때문이 아니라, 저 위대하신 목자께서 그분의 길을 가도록 여러분을 지키셨기 때문입니다. 그분이 얼마나 자주 여러분을 도우셨으며, 또 건져 주셨습니까! 얼마나 은혜롭게 그분이 여러분의 약함을 도우셨으며, 여러분의 어둠을 밝히시고, 두려움을 누그러뜨리시고, 여러분의 소망을 새롭게 하셨으며, 또한 무엇보디 여러분을 죄로부터 지켜 주셨습니까! 나 자신의 삶을 되돌아볼 때, 나는 경배와 감사의 마음으로 가득하게 됩니다. 여러분 각자가 삶을 회고할 때에도 마찬가지라는 것을 나는 압니다. 진정, 그분의 선하심과 인자하심이 우리 평생의 삶을 밝혀 오셨습니다. 매일의 삶이 너무도 놀라웠기에, 설혹 우리가 그 날들 중에서 단 하루만을 살았다고 하더라도, 우리에게는 주님을 영원토록 찬양할 이유가 있었을 것입니다. 그 모든 날들을 "시간이라는 줄"로 꿰었을 때, 얼마나 아름다운 은혜의 팔찌가 만들어지는지요! 내 주님의 사랑에 대해 내가 어찌 말해야 할까요? 내가 만일 그것을 산의 높이에 비유한다면, 나에게는 그것이 알프스 산 위에 있는 알프스 산으로 보입니다. "여호와여 주의 인자하심이 하늘에 있고 주의 진실하심이 공중에 사무쳤으며"(시 36:5). 만일 내가 그 사랑을 바다의 깊이에 비유한다면, 무엇과 비교해야 할지를 모르겠습니다. 나는 그저 이렇게 외칠 뿐입니다. "오 깊도다!" 만일 우리가 그분의 사랑의 선물들에 대해 세어보자면, 그것을 곰곰이 생각해 본다면, 그것들이 바닷가의 모래보다도 그 수가 많을 것입니다. 그분의 사랑을 의심하지 맙시다. 그런 의심은 너무나 터무니없고 냉혹한 짓입니다. 오직 잠잠히 앉아 생각을 가라앉히고, 우리의 심장이 이 한 문장에 박자를 맞추어 뛰게 합시다. "그분이 나를 사랑하셨다 ─ 그분이 나를 사랑하셨다." 부모나 자식보다도, 남편이나 아내보다도, 혹은 최상의 친구보다도, 훨씬 더 예수님은 자기 피로 사신 자들을 사랑하십니다! 오 내 영혼이여, 그분이 너를 사랑하신다! 언제나 그분의 사랑에 기뻐할지어다.

지금 이 날에 여러분이 그분과 연합하였음을 상기시키지 않고서는 이 요지를 끝맺을 수가 없습니다. 여러분은 마치 돌이 그 기초 위에 세워진 것처럼 그분 위에 놓여졌고, 또 결속되었습니다. 여러분은 또한 나뭇가지가 그 줄기에 연결된 것처럼, 또한 지체가 몸에 연결된 것처럼, 그분에게 생명의 관계로 연결되어 있습니다. 더 나아가, 여러분은 삶으로써, 사랑으로써, 지속적인 연합으로써 그분과 연결되어 있는데, 마치 신부가 그 신랑에게 연합된 것과도 같습니다. 여러분은 오늘 하나님의 목적 안에서 여러분의 '언약의 머리(covenant Head)'이신 분과 하나입니다. 하나님의 목적 안에서 여러분은 주 예수 그리스도와 하나로 싸여져 있습니다. 여기에 사랑이 있습니다! 예수님의 미래가 여러분의 미래가 될 것입니다. 여러분은 그분이 계신 곳에 그분과 함께 있을 것입니다. 루터가 최악의 고난 중에 있을 때, 한 친구가 그를 만나러 왔습니다. 그는 루터가 벽에 큰 글씨로 "살다(Vivit)"라고 쓴 것을 보았습니다. 그는 루터에게 "살다(vivit)"를 무슨 의미로 썼느냐고 물었습니다. 루터는 이렇게 대답했습니다. "예수님이 살아 계시지. 만일 그분이 살아 계시지 않는다면 나는 한 시간도 살고 싶지 않다네." 예, 우리의 생명은 예수님의 생명과 결합되어 있습니다. 우리는 스스로의 힘으로 살다가 죽음에 이르도록 버려지지 않습니다. 우리의 목숨과 모든 것이 예수님과 연합되어 있습니다. 이것이 진정 사랑이며, 이 사랑은 그 사랑의 대상과 하나가 될 때까지는 쉬지 않습니다. 오 회심하지 않은 사람들이여, 여러분은 어떻게 그리스도와 떨어져서 살 수 있습니까? 한 시간이라도 그리스도와 떨어진 채로 사는 것은 큰 위험 속에 사는 것입니다. 그 시간에 여러분은 죽을 수 있고, 저 소망이 없는 곳으로 떨어질 수 있기 때문입니다.

　　오 사랑하는 성도들이여, 그분을 사랑하는 여러분은 무한하고 결코 깨어지지 않는 연합으로 그분과 하나가 되었습니다! "누가 우리를 우리 주 그리스도 예수 안에 있는 하나님의 사랑에서 끊으리요"(롬 8:35,39). 이 영원한 연합은 우리에게 있어서 은혜와 영광 모두를 위한 확실한 보증입니다. 우리의 사랑하는 형제와 자매들 중 일부가 최근에 저 빛나는 길을 따라 올라갔습니다. 만일 우리가 여기 이 땅에서도 위로하시는 주님의 사랑을 받을 수 있다는 것을 알지 못한다면, 우리는 떠난 그들을 부러워할 것입니다. 우리의 형제들을 향하신 예수님의 사랑을 인하여 그분을 사랑합시다. 그들은 이제 보좌에 계신 그분의 품에 안기어서, 그분의 영광을 보고 즐거워할 것입니다. 우리 역시 저 혼인 잔치를 향해 길을 가고 있습니다. 우리의 등불을 계속해서 밝히도록 합시다. 저 영원한 기쁨을 소망 중에 바라보면서 스스로를 위로하십시오. 하늘에서 이 땅으로 내려온 그분의 사랑이 우리를 이 땅에서 하늘로 이끌어줄 것입니다. 택하신 자들을 향하신 사랑이 얼마나 큰지를 우리의 마음으로는 다 헤아릴 수가 없습니다.

2. 그리스도의 사랑을 지속적으로 묵상합시다.

　　계속해서 이런 방식으로만 지속할 수가 없기 때문에, 이제 나는 이 주제를 다른 관점에서 제시하고자 합니다. 그리스도의 사랑을 지속적으로 묵상하도록 합시다. 몇 가지 실마리를 제공함으로써 여러분의 묵상을 돕고자 합니다. 내가 여러분에게 설교하고 있다고 생각하지 말고, 오히려 여러분이 홀로 방에 있다고 생각하십시오. 그리고 나는 전화로 여러분에게 말하도록 하겠습니다. 나는 자취를 감출 것이니, 예수님이 여러분 앞에 서 계신다고 간주하십시오.

　　당신을 향한 그리스도의 사랑을 묵상하십시오. 그것은 오래되고, 유서 깊으며, 시험을 거쳐 입증된 사랑입니다. 그분은 당신이 존재하지 않았을 때에도 당신을 사랑하셨습니다. 그분은 당신이 존재하였지만 아직 그분의 목적에 합당한 존재가 되기 전에도 당신을 사랑하셨습니다. 그분은 당신을 사랑하시어 당신을 영적인 존재로 만드셨습니다. 또한 그분은 당신을 사랑하시어 당신이 계속해서 영적인 존재로 살기를 바라셨습니다. 그분은 당신을 사랑하시어 당신을 위해 고난을 받으시고 죽으셨으며, 또한 당신을 사랑하시기에 당신으로 하여금 그분을 위해 고난받을 수 있도록 허락하셨습니다. 그분은 당신을 사랑하시어 당신의 나쁜 태도들과, 결점들과, 죄와, 냉정함과, 비방과, 기도의 결핍과, 마음의 완고함과, 형제 사랑의 부족함과, 다른 모든 죄들을 참으셨는데, 나는 지금 이런 죄들로 당신을 비난하는 것이 아닙니다. 지금은 사랑을 말하는 때이기에 그렇습니다. 그분은 멈추거나 약해지지도 않고서 줄곧 당신을 사랑해 오셨습니다. 여러분 중에 어떤 이는 그분의 사랑을 이십 년 동안 알아왔을 것입니다. 어떤 이는 삼십 년, 혹은 사십 년, 혹은 오십 년 동안 알아왔을 것이며, 심지어 어떤 이는 그 이상의 세월 동안 그분의 사랑을 알아왔을 것입니다. "예수님이 나를 사랑하시네"라고 노래하는 것은 우리에게 새로운 일이 아닙니다. 이 모든 세월 동안 그분은 한 번도 우리를 버리지 않으셨으며, 한 번도 우리를 외면하신 적이 없습니다. 오랫동안 함께 살았던 가장 자상한 남편도 때때로 잘못을 하지만, 우리 영혼의 남편 되시는 예수님은 날마다, 매일 같이, 거룩한 애정으로 넘치십니다. 설혹 우리가 찾으려 한다 해도, 그분의 사랑에서 흠이나 잘못을 찾을 수가 없습니다. 의심할 바 없이, 미래에도 우리는 그분의 사랑을 계속해서 확인하려 하겠지만, 그분의 사랑이 모든 시련을 이길 것임을 우리는 확신합니다. 우리가 험한 길을 지날 수도 있겠지만, 그분이 우리와 함께 걸으실 것이며, 우리는 우리를 사랑하시는 그분을 의지할 것입니다. 우리는 심하게 아프고 약해질 수 있겠지만, 그분이 우리 약함을 감당하시고, 우리를 체휼해 주실 것입니다. 그분이 친히 이렇게 말씀하셨고, 우리는 그 말씀을 믿습니다. "내가 과연 너희를 버리지 아니하고 너희를 떠나지 아니하리라"(히 13:5; 수 1:5). 그분의 약속은 이것입니다. "내가 반드시 너와 함께 있으리라"(출 3:12). "너희가 노년에 이르기까지 내가 그리하겠고[업을 것이고] 백발이 되기까지 내가 너희를 품을 것이라"(사 46:4). 우리가 더 오래 살수록, 지금 이 순간까지 우리에게 확실하게 주어진 그리스도의 사랑의 증거를 더 풍성하게 받을 것입니다. 이 순간 우리는 저기 아기가 그 어머니의 사랑을 믿는 것처럼, 그리고 그 고사리 같은 손을 뻗어 사랑하는 어머니의 팔을 붙잡고 있는 것처럼, 그리스도의 사랑을 절대적으로 신뢰합니다. 그렇지 않습니까, 사랑하는 친구여? 아무 의심의 기미도 없이 주님의 품에 기댈 때, 당신의 모든 두려움들이 잠들어 버리는 것을 알고 있지 않습니까? 이 어떠한 사랑인지요!

또한 묵상 중에 당신을 향한 그분의 사랑이 아주 너그러운(most free) 사랑이었음을 기억하십시오. 그것은 값을 주고 산 것이 아니며, 더구나 얻기를 구했던 것도 아니었습니다. 호세아서에 이렇게 기록되었습니다. "내가 너그러이(freely, KJV.

한글개역개정에는 "기쁘게"로 되어 있음) 그들을 사랑하리니"(14:4). 분명, 그 구절이 명백하게 적용된 경우가 있다면 바로 나의 경우가 그러했습니다. 당신의 경우에는 그렇지 않았습니까? 그분의 사랑을 획득하기 위해서 당신이 지불한 것이 무엇이었습니까? 만일 그분이 내 속에서 어떤 아름다움을 보셨다면, 오직 그분의 눈에만 그렇게 비쳐졌을 것입니다. 사람들은 사랑에 빠지면 눈이 먼다고들 합니다. 비록 우리의 하늘의 신랑께서는 눈이 멀지 않으셨지만, 그럼에도 그분은 더욱 상냥하고 친절하셨습니다. 죄와 어리석음이라고 하는 우리의 결점들을 보시고서도 그분은 우리를 사랑하셨습니다. 그분은 우리의 죄악을 보시고, 그 모든 것을 깊은 바다로 던져 버리셨습니다. 예수님, 내 영혼의 연인이시여, 당신께서 저를 이토록 사랑하시나이까? 당신의 사랑은 정녕 너그러운 사랑입니다! 어떻게 당신께서 저와 같은 자에게 사랑을 느끼시는지요? 그 이유는 아마도 당신께서, 당신의 사랑을 가장 필요로 하면서도 어떤 값도 치를 수 없는 자들을 사랑하시기 때문일 것입니다. 그렇다면 저로서는 당신을 찬미하고 숭배하는 것 외에 무엇을 하겠나이까? 형제들이여, 잠잠히 생각해 보고, 묵상하고, 기도하고, 찬양하고, 경이로워하고, 그리고 우리가 보지는 못했으나 사랑하는 그분께 경배하도록 합시다. 그분이 먼저 우리를 사랑하셨으므로 우리도 그분을 사랑하도록 합시다. 우리로서는 구하지도 않았고 구할 자격도 없었던 그 관대한 사랑을 보았으므로, 우리도 그 보답으로 그분을 마음껏 사랑하도록 합시다.

우리 주님의 사랑은 너무나 관대하고, 풍성하고, 강력하며, 또한 아주 놀라운 (most amazing) 사랑입니다. 우리는 예수님이 우리를 사랑하신다는, 이보다 더 좋거나 놀라운 소식을 듣지 못할 것입니다. 나에게는 그분이 "나를 사랑하사 나를 위하여 자기 자신을 버리신"(갈 2:20) 일보다 더 놀라운 일은 없습니다. 아마 다른 사람들도 주님의 은혜에 의해 우리 속에 이루어진 일들을 볼 것이며, 이것이 그들로 하여금 우리를 향한 주님의 사랑에 대해 덜 놀라게 할지도 모릅니다. 하지만 우리는 우리 자신이 어떤 자들인지 압니다. 우리는 우리의 매력들뿐 아니라 우리의 오점들도 보며, 따라서 본성상 우리에게는 사랑스러운 요소가 전혀 없다는 것을 압니다. 우리가 주님의 아름다움을 볼 때, 우리 스스로에게서는 결점들 외에는 볼 것이 없습니다. 그분의 사랑을 더 알아갈수록, 우리는 그분에 대한 사랑의 결핍과 또한 우리 자신의 추함 때문에 우리 스스로를 더욱 혐오하게 됩니다. 우리의 죄에 놀라고, 그럴수록 그분의 사랑에 놀랍니다. 우리가 이 귀한 책에서 영원불변하는 그리스도의 사랑에 대해 읽고 그 사랑을 더 배워갈수록, 그토록 거룩하시고 영광스럽고 복되신 분이 우리처럼 보잘것없고, 허물투성이 이며, 변덕스러운 마음을 가진 인간들을 사랑하여 배우자로 삼으셨다는 사실에 놀랄 뿐입니다.

예수님의 사랑은 아주 실천적인(most practical) 사랑입니다. 그리스도께서는 말로만 사랑하시지 않고, 행동으로 사랑하십니다. 내 생각에는, 그리스도의 사 랑의 행동에는 그분이 하신 모든 말씀들보다 더 큰 힘이 있습니다. 그분의 행동 들은 그분의 말씀을 강화합니다. 말로는 사랑의 정신을 충분히 표현하지 못합니 다. 언어는 입술을 통해 걸러져 나오는 반면, 느낌은 마음에서 분출되기 때문입 니다. 예수님은 그분의 사랑을 살아 있는 인격체들 속에 새겨 놓으셨습니다. 오 주님이시여! 당신처럼 말한 사람은 여태껏 없었습니다. 하지만 당신의 가장 웅 변적인 말씀은 십자가에서 팔을 뻗으시고 또 못에 박히신 채로 하신 몇 마디 말 씀이었습니다. 그 때 당신은 웅변으로써가 아닌, 가슴에서 쏟아져 나오는 피와 물로써 말씀하셨습니다. 예수님은 우리에게 그분의 면류관과 의복과 몸과 마음 과 생명을 주셨으며, 곧 그분 자신을 주셨습니다. 내가 그분의 사랑이 실천적이 라고 말한 것은 잘 말한 것이 아닙니까? 그 사랑은 친절하고, 풍성하며, 관대하 고, 지속적이며, 죽음처럼 강하고, 무덤보다 힘센 사랑입니다.

또한 그 사랑은 인격적인 사랑(personal love)인 것을 기억하십시오. 주 예수 그 리스도는 그분의 백성 각 사람을 사랑하시되, 마치 사랑의 대상이 그 한 사람이 유일한 것처럼 사랑하십니다. 그리스도의 온 마음이 우리 각 사람을 향하고 있 습니다. 저 위대한 태양은 오늘도 이 둥근 지구를 비추고 있습니다. 그 무한한 빛 의 물결이 지구 전체를 향하여 쏟아지고 있지만, 저 작은 한 송이의 들국화는 빛 의 세례를 받으면서 이렇게 말할 수 있습니다. "저 태양은 온통 나의 것이야." 비 록 들에나 정원에는 수많은 꽃들이 있지만, 저 한 송이의 꽃이 태양이 줄 수 있는 전부를 마음껏 누릴 수 있으며, 혹은 꽃을 피우기 위해 받아들일 수 있는 만큼의 빛을 모두 받을 수 있는 것입니다. 나에게, 당신에게, 우리들 각 사람에게, 예수 님도 그런 분이십니다. 수많은 백성들이 그분의 사랑을 소유한다고 하는 사실 때문에 우리가 손실을 보는 것은 아무것도 없습니다. 아니, 수많은 형제들이 그 분의 사랑을 소유한다고 하는 사실이 우리에게는 유익입니다. 왜냐하면 그분이 나를 사랑하시듯이 그분의 백성들 전부를 사랑하신다는 사실에서 우리의 기쁨이 중대되는? 것을 알기 때문입니다. 오늘 본문에서 "나도 너희를 사랑하였으니 (so have I loved you)"라고 그분이 말씀하신 것을 봅니다. 여기에서 "나(I)"와 "너희(you)"라고 하는 두 개의 인칭 대명사는 오직 "사랑(love)"이라는 한 단어를 사이에 두고 서 있다는 점을 주목하십시오. 주 예수님께서, 그분과 함께 거명되기에 합당치 않은 우리와 같은 자들을 기뻐하셨습니다. 그분의 거룩하신 이름을 영원토록 찬양합시다!

본문의 핵심은 여기에 있습니다. 즉 우리 주님이 우리를 얼마나 사랑하시는지를 우리에게 알려 주시기 위해, 우리를 향하신 그분의 사랑을 그분을 향하신 아버지의 사랑과 대비시키셨다는 것입니다. 이 어떠한 종류의 사랑입니까? 여기서 우리는 깊은 물속으로 빠져들게 됩니다. 하나하나의 사상이 깊은 심연과도 같습니다. 우리는 아버지께서 아들을 시작도 없이(without beginning), 곧 영원 전부터 사랑하셨다는 것을 압니다. 아버지께서 아들을 사랑하지 않으신 시기가 한 번이라도 있었다고는 상상할 수 없습니다. 마찬가지로, 이 성경책을 올바로 읽은 사람들치고, 예수님이 자기 백성을 사랑하지 않으신 때가 한 번이라도 있었다고는 상상할 수 없습니다. 저 영원한 삼위일체의 회의실에서, 이 사랑이 우리 주님을 강권하여 아버지께서 그분에게 주시는 자들을 위한 언약의 보증이 되시도록 했습니다. 시간이 시작되기도 전인 그 때에, 주님의 사랑이 표현되었습니다. 그분의 사랑은 아주 오래된 것이며, 영원 전부터 시작되었습니다. 우리 구속주의 거룩한 사랑의 역사가 시작된 것은, 우리가 그분을 사랑하기 시작했을 때나 심지어 우리가 존재하기 시작했을 때가 아니라, 그보다 훨씬 오래 전 곧 영원 전부터였던 것입니다. 여러분 중 어떤 이들은 오래된 골동품들에 흠뻑 빠지지요. 하지만 나에게는 예수님의 영원한 사랑이야말로 모든 오래된 것들 중에서도 가장 귀중합니다.

우리는 또한 아버지께서 아들을 끝도 없이(without end) 사랑하시는 것을 확실히 느낍니다. 아버지께서 아들을 마음에서 멀리하시는 때는 결코 오지 않습니다. 예수님께서도 자기 백성들을 결코 멀리하지 않으십니다. 불변하시는 하나님의 그리스도는 자기 백성들을 향한 사랑을 결코 중단하시지 않습니다. 아버지께서 그분을 향한 사랑을 중단하시지 않기 때문입니다. 그분이 이렇게 말씀하시지 않았습니까? "내가 너를 내 손바닥에 새겼고"(사 49:16). "산들은 떠나며 언덕들은 옮겨질지라도 나의 자비는 네게서 떠나지 아니하며 나의 화평의 언약은 흔들리지 아니하리라 너를 긍휼히 여기시는 여호와께서 말씀하셨느니라"(사 54:10).

사랑하는 여러분, 우리는 이 사랑의 친밀함(intimacy)에 대한 언급도 빠뜨려서는 안 됩니다. "나와 아버지는 하나이니라"고 예수님이 말씀하셨기 때문입니다(요 10:30). 우리를 향한 그분의 사랑 역시 그와 같습니다. 예수님이 "내가 그들 안에 있고 아버지께서 내 안에 계시어 그들로 온전함을 이루어 하나가 되게 하려 함은"이라고 말씀하셨듯이(요 17:23), 그 사랑은 본질적으로 친밀한 사랑입니다. 예수님은 친히 그분의 백성과 하나가 되셨습니다. 그분은 놀라운 친밀함으로 그들을 사랑하십니다. 예수님이 그들을 사랑하시는 것이 곧 그분 자신을 사랑하시는 것과 같은 것은, 그들을 그분의 몸의 지체요, 살 중의 살이며, 뼈 중의 뼈가 되게 하셨기 때문입니다. 더 나아가서, 우리 주님은 자기 자신을 사랑하시는 것보다 우리를 더 사랑하셨습니다. 그분이 남을 구원하였으되 자기는 구원하지 않으셨기 때문입니다(참조. 마 27:42). 강력한 사랑이 그분으로 하여금 자기 백성을 율법의 저주로부터 속량하기 위한 희생 제물이 되도록 한 것입니다.

그 사랑은 사실상 **측량할 수 없는**(immeasurable) 사랑입니다. 그 사랑에는 끝이 없습니다. 아버지께서 아들을 상상할 수 없을 정도로 사랑하셨습니다. 우리가 하나님을 다 이해할 수 없듯이, 삼위일체간의 사랑도 다 헤아릴 수 없습니다. 예수님 역시 택하신 자들을 한없이 사랑하십니다. 그분은 그들을 끝이 없는 사랑으로 끝까지 사랑하십니다. 우리는 오직 그 사랑의 제한된 부분만을 의식할 뿐이지만, 그 사랑 자체는 한이 없습니다. 이 대양(大洋)에는 해안도 없으며 바닥도 없습니다. 예수님은 전능의 능력으로, 끝도 없이, 무한하게 그들을 사랑하십니다.

그분의 사랑은 또한 **불변의**(immutable) 사랑입니다. 그분을 향한 아버지의 사랑이 변치 않는 것과 마찬가지입니다. 예수님의 마음에 변화란 없습니다. 그분은 지금보다 우리를 더 많이 사랑하실 수 없으며, 또 지금보다 더 적게 사랑하시지도 않을 것입니다. 내가 방금 대양에 대해 말했지만, 그것은 잘못된 상징입니다. 왜냐하면 바다에는 썰물과 밀물이 있지만, 우리 주님의 사랑은 언제나 만조이기 때문입니다.

이제 내가 여러분에게 제시하고자 하는 요점은 이것입니다. 즉 아들을 향한 아버지의 친밀하고 측량할 수 없으며 불변하는 사랑이, 그분의 아들이 "슬픔의 사람이자, 질고를 아는 자"(사 53:3. a Man of sorrows, and acquainted with grief,

KJV. 한글개역개정은 "간고를 많이 겪었으며 질고를 아는 자"로 되어 있음)가 되는 것을 막지 않았다는 것입니다. 또한 아들이 "인자는 머리 둘 곳이 없다"고 말할 상황이 되는 것도, 또한 겟세마네에서 땀방울을 핏방울처럼 흘리는 일도 막지 않으셨습니다. 그는 아들이시면서도 받으신 고난으로 순종함을 배워야 했습니다(히 5:8). 심지어 그분은 "만일 할 만하시거든 이 잔을 내게서 지나가게 하옵소서 그러나 나의 원대로 마시옵고 아버지의 원대로 하옵소서"라고 외쳐야만 했습니다(마 26:39). 당신은 쓴 잔을 면제받을 것이라고 생각합니까? 당신은 기도 속에서 이런 식으로 말합니다. "내 아버지여, 만일 저를 사랑하신다면 저로 가난하게 마시고, 사랑하는 자들을 잃지 않게 하시고, 무시당하지 말게 하시며, 나쁜 말도 듣지 않게 하소서." 당신은 당신이 구하는 바를 알지 못합니다. 당신이 고난을 거부하는 기도를 할 때, 실상은 승진을 거부하는 기도를 하는 것입니다. 저 중보자의 더 큰 영광을 위해서는, 하나님과 인간으로서의 복합적인 인격 안에서, 그분이 크게 고난을 당하고 많은 사람들을 위한 몸값으로 자신을 내주는 일이 필요했습니다. 그 때문에 아버지의 사랑이 저 쑥과 쓸개의 고통을 아들에게서 물리치지 않으셨던 것입니다. 자, 지혜로우신 예수님의 또다른 목적의 관점에서 볼 때, 예수님 제자인 당신이 그분의 잔을 마시고 그분의 세례를 받는 것이 필요합니다. 그것이 당신에게 주어진 특권을 거두지 않는 것입니다. 당신이 최상의 영광 중에서 그분과 더 나은 교제를 나누려면, 그리스도의 고난에 참여하는 자가 되어야 합니다. 그러므로 고통을 겪을 때에도 그리스도께서 당신을 사랑하심을 믿으십시오. 그분이 당신의 입술에서 두려운 고난의 잔을 없애주기를 사절하실 때에도 여전히 그분의 사랑을 믿으십시오. 당신은 그분이 당신에게 주려 하시는 쓴 잔의 높은 영예를 사양하고 싶겠지만, 그분이 사랑이 그 심각한 손실을 허락하지 않으십니다. 만일 우리가 그분과 더불어 왕 노릇 하기를 바란다면, 먼저 그분과 더불어 고난을 받아야 합니다. 그래서 우리의 영원한 행복이라고 하는 높은 관점에서, 그분의 사랑이 강권하여 우리로 고난을 감당하게 하는 것입니다. 오, 십자가를 피하고 싶은 그대여, 면류관을 버리고 싶은 것입니까? 정녕 그렇게까지 어리석지는 않겠지요. 당신의 영혼이 주 예수 그리스도 안에 있는 기쁨과 행복을 영원토록 더 많이 누리고 싶다면, 이 땅의 고난들이 없어서는 안 됩니다. 오늘 바늘로 찌르는 듯한 아픔을 면제하면, 당신은 영원한 세계에서 버려진 자가 될 수도 있습니다. 그러므로 당신의 손가락을 바늘에 가까이 대고, 기꺼이 그 순간적인 통증을 참을 것이며, 또한 그것이 저 십자가에 못 박히신 분의 제자로서의 신분치고는 사소한 고통일 뿐이라고 간주하십시오. "우리가 잠시 받는 환난의 경한 것이 지극히 크고 영원한 영광의 중한 것을 우리에게 이루게 함이니"(고후 4:17). 그렇다면, 왜 우리가 그것들을 회피하려는 것입니까?

우리를 향한 예수 그리스도의 사랑은 아들을 향한 아버지의 사랑에 필적하는 것입니다. 하나님께서는 우리로 하여금 이 사랑을 충분히 묵상할 수 있는 은혜를 주셨습니다. 이 사랑을 묵상하면서, 우리는 그분의 영광에 참여하기 위해, 그분의 고난에도 기꺼이 참여할 수 있습니다!

3. 이 사랑의 능력을 체험하고 사모합시다.

세 번째로, 우리에게 임하는 이 사랑의 능력을 체험하고 사모하자는 말을 하고자 합니다. 좀 전에, 여러분이 나를 잊고, 마치 내가 전화로 말하는 듯이 간주해 달라고 요청한 바 있습니다. 하지만 이제 나는 전적으로 물러나고, 오직 예수님께서 그분의 충만한 능력으로 여러분의 생각과 마음을 주장하시길 바랍니다. 무엇이 이 사랑보다 더 강력할 수 있겠습니까? 무엇이 이 사랑보다 다양하고 많은 방식으로 작용할 수 있을까요? 영원토록 그 사랑의 능력에 붙들려 있는 자는 복된 자입니다!

마음속에 받아들여진 그리스도의 사랑은 만병통치약처럼 작용합니다. 의사들은 오랫동안 만병통치약을 찾으려고 애썼지만 모두 허사였습니다. 하지만 우리는 그것을 가지고 있습니다. 그리스도는 모든 질병을 위한 치유제이며, 아니 그것을 훨씬 능가하는 분입니다. 그분은 치유하시고, 또한 기운을 회복시키십니다. 기운을 회복시키신 자를 아름답게 하십니다. 아름답게 하신 자를 튼튼하게 하십니다. 튼튼하게 하신 자를 온전케 하십니다. 그분의 사랑은 인간에게 너무나 놀랍게 작용합니다. 그리스도의 사랑을 여러분의 마음으로 믿고 느끼면, 그 사랑이 여러분을 겸손하게(humble) 할 것입니다. 교만한 자아가 떠나가고 달콤한 사랑이 들어옵니다. 사랑의 능력을 통해 영은 살고 육은 죽습니다. 내 사랑하시는 분이 지식을 초월하는 그분의 사랑을 내게 보여주실 때 내가 어찌 교만할 수 있겠습니까? 그럴 수 없습니다! 아니, 나로서는 그분의 영광을 볼 때 기꺼이 땅에 엎드리고 싶을 것입니다. 내 사랑하는 분이 말씀하실 때에 내 영혼은 녹는 듯합니다. 형제들이여, 그리스도의 사랑은 급류와도 같아서 영혼에 밀려올 때에 예전의 자아를 휩쓸어가 버립니다.

사랑에는 또한 마음을 녹이는 영향력(melting influence)이 있습니다. 율법의 망치는 깨뜨립니다. 하지만 이렇게 해서 상심한 마음은 깨어진 부싯돌 같으며, 그 모든 조각은 여전히 부싯돌입니다. 예수님의 사랑이 그 역할을 수행할 때, 그것은 마치 부싯돌을 연한 살처럼 변화시키듯이 우리를 녹입니다. 예전에 어떤 목사님은 말하기를, 율법이 회개를 일으킬 때에 죄인의 눈에서 흐르는 눈물은 우박과도 같다고 했습니다. 나도 그렇다고 믿습니다. 하지만 복음이 우리를 회개하도록 만들 때 우리의 눈물은 아침 이슬 같을 것입니다. 은혜는 얼마나 복된 부드러움을 만들어 내는지요! 예수님이 그 못 박히신 손으로 만지실 때 우리의 마음은 얼마나 부드러워지는지요!

그리스도의 사랑은 슬퍼하는 마음에 얼마나 위안을 주는지요! 이 사랑은 어둠 속에서 침상에 누워 있는 자에게 최상의 촛불입니다. 오, 크게 두려워하고 낙심한 그대들이여, 여러분은 오늘 아침에 내 설교의 주제를 즐거워하기가 어려울 것입니다. 이 부드러운 사랑으로 여러분의 마음이 격려를 얻고 기뻐할 수 있기를 간절히 바랍니다. 그 사랑은 진정 여러분의 고통을 누그러뜨려 주는 치유의 연고입니다. 이 하늘의 향유를 외면하지 마십시오. 그것을 의심하지 마십시오. 우리 구속주의 사랑을 생각한다면 어찌 그럴 수 있습니까? 뭐라고요? 낙심이 된다고요? 당신을 사랑하시는 분이 당신에게 입 맞추며 "내가 너를 영원한 사랑으로 사랑하노라"고 말씀하실 때에도 그러겠습니까? 만일 그분의 임재가 당신을 기쁘게 하지 못한다면, 진정 천국이라도 당신을 즐겁게 하지 못할 것입니다. 천국이란 그분의 사랑을 온전히 누리는 것이 아니고 무엇이겠습니까?

예수님의 사랑에는 정결케 하고 성화시키는 능력이 있습니다. 죄에 대한 사랑을 죽이고, 그리스도의 사랑 안에서 살게 만듭니다. 그리스도를 사랑하는 자는 죄를 미워합니다. 우리는 속에서부터 이렇게 말하기 시작합니다. "그리스도를 위해 무엇을 그만두어야 할까? 그리스도를 위해 무엇을 해야 할까?" 예수님의 사랑은 거룩한 향유와도 같아서, 그 사랑이 우리 속으로 흘러 들어올 때 우리 마음은 성결의 향기로 가득하게 됩니다. 그분의 사랑은 향나무를 태우는 불과도 같습니다. 그 불은 죄를 태우고, 미덕의 향기를 발산합니다. 어떤 용광로라도, 로뎀 나무 숯불처럼 맹렬히 타오르는 화덕이라도, 예수님의 사랑처럼 우리의 마음을 정화시키지는 못합니다. 사랑의 길이 온전함에 이르는 길입니다. 요나단은 그가 사랑하는 다윗을 노엽게 하지 않을 것입니다. 저 거룩하신 예수님을 흠모하는 마음은 죄로써 그분의 마음을 근심시키는 일이 없도록 몹시 마음을 쓸 것입니다.

또한 그리스도의 사랑의 달콤한 느낌은 **우리를 강하게 합니다**. 사랑은 죽음처럼 강하고, 또한 우리를 강하게 하여 삶의 의무들을 수행하도록 만듭니다. 스코틀랜드의 저 거룩한 여성들은 기둥에 묶인 채로 밀려오는 조수에 익사를 당했습니다. 무엇이 그들로 하여금 예수님께 대한 충성을 고백하도록 그렇게 용감하게 만들었을까요? 그들을 향한 그리스도의 사랑의 느낌이 아니면 달리 무엇이겠습니까? 연약한 남자와 여자들이 로마의 원형 경기장에서 사자들에게 던져졌습니다. 그들이 저 사나운 짐승들 앞에서 겁을 냈다는 말을 들은 적이 있습니까? 혹은 사방으로 둘러 앉아 그들의 고통을 구경하는 저 잔인한 군중들에게 자비를 구했다는 말을 들은 적이 있습니까? 아닙니다! 그리스도의 군사들은 결코 겁내지 않습니다. 만일 여러분이 그들의 용기의 비밀을 묻는다면, 그분이 그들을 사랑하시기에, 그들로서는 그분을 위해 용감할 수밖에 없기 때문이라고 말하겠습니다.

그리스도의 사랑은 또한 우리로 하여금 **다른 사람들을 배려하게 만들며** 또한 이 가련하고 황폐화된 세상을 동정하게 만듭니다. 만일 여러분 중 누구라도 사람의 영혼을 사랑하기를 원한다면, 그리스도께서 당신을 어떻게 사랑하셨는지를 배우십시오. 그러면 그분을 위해 가장 천한 자라도 사랑할 것입니다. 만일 여러분이 이 죄 많은 도시를 보고서 우는 눈을 갖고 싶다면, 예수님이 당신을 위해 어떻게 우셨는지를 보십시오. 만일 여러분이 언제라도 도움이 필요한 자를 돕고, 고통받는 자를 위로하는 마음을 갖고 싶다면, 부드럽고, 온유하시며, 동정심 많으신 주님을 가까이에서 응시하십시오. 당신을 향한 그분의 사랑을 느낄 때에, 당신은 다른 사람들에게 연민을 느낄 것입니다.

하나님을 위하여 또한 사람들의 유익을 위하여 **참된 열망으로 타오르게 하는** 것은 바로 이 사랑입니다. 열심을 품게 되는 것이 무엇인지를 알지 못하는 사람들이 있습니다. 하지만 아침부터 밤까지 불 기둥처럼 타오르는 소수의 성도들도 있습니다. 우리들 중에서도 그러한 몇몇 사람들이 있습니다. 내가 두려운 것은, 다른 사람들에게 그 불꽃이 옮겨 붙기 전에 그들이 스스로를 다 불태우고 우리를 떠나는 것입니다. 당신은 저 사도들 같은 사람들 위에 머물고 있는 거룩한 불꽃의 비밀에 대해 알고자 합니까? 예수님의 사랑이 하늘에서 내려온 그 불입니다. 그들을 사랑하시어 그들을 위하여 온전한 번제가 되신 그분을 생각하면서, 그들은 사랑으로 타오릅니다.

이 사랑은 신자들의 마음을 기쁨으로 가득하게 합니다. 만일 여러분이 항상 행복하고자 한다면, 저 석류주(石榴酒) 향취로써 여러분의 기쁨을 유지하십시오. 그분이 나를 사랑하십니다. 그분이 나를 사랑하십니다. 오, 즐거운 생각이로다! 그러한 확신은 감옥에서도 낙원을 창조해 내며, 슬픔 속에서도 천국을 만들어 냅니다.

사랑하는 친구들이여, 이제 나는 결론으로서 여러분이 그리스도의 사랑 안으로 들어와서 그 사랑을 인격적으로 누리라고 초대합니다. 저 생명수의 강으로 과감히 뛰어드십시오. 여러분이 외치는 소리는 이것입니까? "물이 무릎까지 찹니다." 형제여, 더 깊이 들어가십시오! 저 거룩한 사랑을 더 많이 생각하고, 그것을 더욱 소중히 여기십시오. 더욱 그 사랑에 힘입어 살고, 더욱 그 사랑을 신뢰하십시오! "목사님, 물이 허리까지 올라옵니다." 형제여, 더 깊이 들어가십시오! 물이 당신의 발을 들어올리고 당신을 모든 땅에 속한 것들 위로 뜨게 한 것에 대해 하나님께 감사하십시오. 당신의 발이 바닥에 닿지 않을 때 기뻐하십시오. 당신이 헤엄을 쳐야 할 때, 저 복된 물에 당신 자신을 기쁘게 던지십시오. 그 물이 당신을 익사시키지 않습니다. 이는 당신을 가라앉게 만드는 물이 아니라 그 속에서 "헤엄치게 만드는" 물입니다. 당신은 공중의 새처럼, 물속의 물고기처럼, 하늘의 천사처럼 될 것입니다. 그리스도의 사랑을 당신의 활동 원리로 삼으십시오. 그 사랑을 따라 살고 사랑하십시오. 지혜로운 사람은 "꿀을 너무 많이 먹지 말라"고 말합니다. 하지만 그리스도의 사랑은 아무리 많이 먹어도 지나치지 않습니다. 그 속에 흠뻑 빠지십시오. "이제는 내가 사는 것이 아니요 오직 내 안에 그리스도께서 사시는 것이라"(갈 2:20)라고 할 때까지, 그 사랑을 실컷 들이키십시오.

당신이 한번 이 사랑에 빠져들게 되면, 계속해서 그렇게 되도록 하십시오. 그리스도께서는 오늘 당신을 사랑하셨다가 내일 버리시지 않습니다. 그분의 신실하심은 영원히 지속되건만 당신의 믿음이 변덕스러워서야 되겠습니까? 어떻게 당신이 오늘 주님 안에서 행복하다가, 내일 그렇게 울적해할 수 있겠습니까? 당신은 주일에 생기발랄하다가 월요일에는 의기소침하겠습니까? 당신의 하나님은 주일에만 하나님이시고, 한 주간 전체의 하나님은 아니십니까? 그분의 사랑은 주일의 주제에 그치고, 화요일에나 수요일에는 아무런 감동도 주지 않는 것입니까? 사랑하는 여러분, 이렇게 되어서는 안 됩니다. 아, 그것은 어린아이 같은 일입니다. 사랑하는 어린이들에게 불명예가 되니까 그 말은 취소하겠습니다. 그것은 어리석은 일입니다. 이 사랑과 함께 있으면서 오늘은 따뜻하다가 내일은 춥다니요? 분명코 그런 불 가까이에서는 우리가 언제나 따뜻해야 하는 것입니다. 그분의 사랑 안에 거하십시오. 예수 그리스도께서는 그분의 백성들이 높고, 행복하고, 거룩하며, 천상에 있는 듯한 상태에 머물기를 바라십니다. 그것이 불가능하다고 생각하는 것입니까? 나는 당신에게 동의하지 않습니다. 에녹은 오랜 세월 동안 하나님과 동행하다가, 마침내 하나님과 함께 이 땅을 떠났습니다. 지속적인 교제를 추구하십시오. 너무나 자주 우리는 저 언덕 꼭대기에 올라갔다가, 장난치는 소년들처럼 다시 미끄러져 내립니다. 다시는 그래서는 안 됩니다. 우리가 도달한 그 높이를 계속해서 유지하십시오. 만일 내가 언덕 꼭대기에 오른다 해도, 나는 결코 자랑할 수 없을 것입니다. 왜냐하면 즉시로, 그 언덕 너머에 전에 생각지 못했던 또 다른 언덕이 있음을 보기 때문입니다. 나는 새로운 정상에 오르기를 열망합니다. 그 곳에 도달한다면, 의심의 여지 없이 또 다른 언덕을 발견하게 될 것이고, 생의 마지막까지 그럴 것입니다.

우리에게는 "완결(finality)"이라고 하는 것이 없습니다. "더 높이, 더 거룩하게(Higher and Holier)"가 여전히 우리의 표어입니다. 왜 우리가 다시 이 늪지대로 미끄러져 내려와야 한단 말입니까? 그리스도의 사랑의 햇살에서 벗어나 불신의 안개 속으로 뛰어드는 것에 무슨 유익이 있단 말입니까? 우리가 어디에까지 이르렀든지 계속해서 그 안에 거하도록 합시다. 그리고 그 길을 따라 그 이상의 은혜를 추구하도록 합시다. 우리 주님께서 "나의 사랑 안에 거하라"고 하신 것은 바로 이런 뜻이 아니겠습니까? 한 사람이 말합니다. "오, 당신은 우리에게 어려운 임무를 부여하는군요." 아닙니다, 형제여. 나는 당신 앞에 즐거운 특권을 제시하는 것이며, 다만 당신이 스스로의 힘으로는 거기에 이르지 못할 것을 인정합니다. 하지만 나는 당신이 홀로 있다고 말하는 것이 아닙니다. 나는 당신이 그리스도 안에 있다고 말합니다. 또한 그리스도 안에서 당신에게 모든 능력이 주어졌다고 말합니다. 그 힘을 발휘하십시오. 지금부터는 탄식의 후렴으로 끝나는 노래들을 부르지 말고, 앞으로 전진하는 찬송을 부르고, 각 절마다 즐거운 후렴구가 있는 시로 찬미하도록 합시다. "그의 인자하심이 영원함이로다"(시 118:1 이하 자주 반복). "나는 내 사랑하는 자에게 속하였고 내 사랑하는 자는 내게 속하였으니"(아 6:3), 새벽이 동트고 밤의 그림자가 물러갈 때까지 내 영혼은 그분의 사랑을 즐거워하고, 그분 안에서 기뻐하고 또 즐거워할 것입니다. 그렇게 할 수 있도록 하나님께서 그분의 이름을 위하여 여러분을 도우시길 바랍니다! 오, 회심하지 않은 청중이여, 여러분은 우리의 즐거움을 맛보고 싶지 않습니까? 있는 모습 그대로 오십시오. 예수님을 의지하십시오. 그 즐거움이 여러분의 즐거움이 될 것입니다. 아멘.

제
64
장

—

사랑의 최고의 행위

—

**"사람이 친구를 위하여 자기 목숨을 버리면
이보다 더 큰 사랑이 없나니" —요 15:13**

나는 최근의 내 설교 사역에서, 하나님의 인자하심이라고 하는 위로의 영역에 여러분을 오래 머물게 했습니다. 우리의 빈번한 설교 주제들은 사랑으로 가득한 것이었습니다. 아마도 나는 같은 주제를 계속해서 반복했을 것이지만, 나로서는 그러지 않을 수가 없었습니다. 내 영혼은 감사로 가득한 상태였고, 마음에 가득한 것이 입으로 나오는 것이 당연하지 않겠습니까? 진실로 나로서는 변명할 이유가 거의 없습니다. 내가 설교로 자주 다룬 그리스도의 사랑에 대한 영역은 그리스도인에게는 출생지와도 같은 영역이기 때문입니다. 우리가 처음에 그리스도를 알게 되고 또한 그분 안에 안식하는 것은 그분의 사랑으로 말미암은 것입니다. 그분의 인자하심의 온기 속에서 우리 영혼은 하나님의 자녀로 태어나게 됩니다. 정의의 공포에 의해서도 아니고, 복수의 위협에 의해서도 아니며, 오직 은혜가 사랑의 줄로 우리를 끌어당겨 주었기에 우리가 하나님과 화목하게 된 것입니다. 자, 우리는 이따금씩 아픈 사람들에 대한 소식을 듣습니다. 의사는 그들에게 회복을 기대하면서 고향 땅의 신선한 공기를 마시라고 권합니다. 우리도 역시 마찬가지로 신앙에서 멀어진 모든 그리스도인에게 그리스도의 사랑이라고 하는 고향의 공기를 마시라고 권합니다. 또한 우리는 모든 건강한 신자들에게는 계속해서 그 안에 거하라고 당부합니다. 은혜에서 쇠약해진 신자는 다시 십자가로 돌아가십시오. 그는 거기에서 소망을 발견할 것이며, 반드시 소망을 되찾게 될 것입니다. 예수님께 대한 그의 사랑이 시작된 그곳에서 — 그분이 먼저 우리를 사랑하셨기에 우리가 그분을 사랑하는 것입니다 — 틀림없이 그의 사랑이 다시 불붙을 것입니다. 그리스도의 십자가 주변의 공기는 우리 영혼의 기운을 북돋아 줍니다. 그분의 사랑을 많이 생각하게 되면 은혜 안에서 강하게 되고 활력을 되찾게 됩니다. 알프스 산맥의 낮은 골짜기에 거주하는 사람들은 그 답답하고 축축한 공기 때문에 약해지고 병에 걸리기도 합니다. 하지만 그들이 산 중턱으로 올라 거기에 얼마간 체류하면 곧 건강과 기력을 회복합니다. 그와 마찬가지로, 모든 사람들이 자기 자신을 위해 싸우고, 자기 자신만을 돌보는 천박한 정신이 판을 치는 이기적인 세상 속에서, 성도들 역시 세상 사람들과 마찬가지로 약해지고 병들 때가 있습니다. 하지만 저기 산중턱으로 올라, 그곳에서 그리스도의 자기 부인을 배우고, 인간들을 향한 타산적이지 않은 사랑을 배울 때, 우리는 기운을 회복하여 더 거룩하고 더 나은 삶을 살 수 있게 됩니다. 만일 사람들이 진정으로 위대해지고자 한다면, 그들은 대가 없는 은혜와 죽음으로 보이신 사랑이라고 하는 날개 아래에서 양육을 받아야 합니다. 구속주가 보여주신 숭고한 본(本)이, 그분의 제자들에게 그들 역시 숭고한 삶을 살도록 제안하며, 그렇게 살 수 있는 동기와 그렇게 살도록 강권하는 힘을 모두 제공합니다.

　우리가 오랫동안 그리스도의 사랑의 영역 안에 체류하는 것이 좋은 이유는, 그곳이 단지 우리의 출생지이고 또한 거기에 기운을 북돋우는 영향력이 있기 때문만이 아니라, 또한 그곳이 더 나은 피안(彼岸)의 세계를 바라볼 전망을 제공하기 때문입니다. 파선하여 외딴 섬에 오르게 된 선원들이 바다 쪽으로 가장 멀리 뛰어나온 갑(岬)에서 온 종일 서성이는 것은, 설혹 그들이 거기에서 바다 멀리 고향 땅을 바라볼 수는 없어도, 어쩌면 그토록 사랑하는 고국의 항구에서 출발한 한 척의 배라도 발견할 수 있을까 하는 소망에서입니다. 그와 마찬가지로, 우리가 그리스도의 거룩한 사랑의 갑(岬)에서 앉아 있는 동안에 우리는 저 너머 천국을 바라보며, 그곳에 있는 의로운 영혼들과 친밀하게 됩니다. 만일 우리가 이 땅에 머무는 동안에 천국을 볼 수 있다면, 그것은 틀림없이 십자가의 희망봉(Cape Cross)이나 교제의 산(Mount Fellowship)에서만 가능할 것이며, 사람들의 일상적인 생각에서 벗어나 그리스도의 심장으로 향하는 저 거룩한 사랑의 체험이라는 돌출부에서만 가능할 것입니다. 그곳에 나는 몇 시간이라도 앉아 있기를 바라며, 마침내 저 영원한 날의 동이 트고, 밤의 어둠이 물러가고, 더 이상 죄가 없는 그 나라에서 택함을 입은 모든 자들과 함께 살게 되기를 갈망합니다. 만일 해 아래 이곳에서도 천국을 볼 수 있는 곳이 있다면, 그곳은 그리스도께서 천국에서 내려오셔서 죄인들을 위해 죽으신 곳, 그리하여 죄인들로 하여금 천국에 올라 영원히 살 수 있게 하신 그곳일 것입니다.

오늘 아침의 우리의 주제도 거룩한 사랑에 관한 것입니다. 우리는 모든 경건의 땅에서 오를 수 있는 가장 높은 언덕을 골랐습니다. 이 주제가 오늘 여러분을 가장 신성한 사랑의 성전으로, 저 거룩한 사랑의 나라인 예루살렘으로, 사랑의 다볼 산(Tabor, 이스르엘 평야의 서북쪽에 있는 산으로서 정상에서 이스르엘 평야 저편 갈멜 산을 한 눈에 바라볼 수 있으며, 단정할 순 없지만 변화산과 동일하다는 견해가 있음 - 역주)으로 데려갈 것입니다. 그곳은 우리가 변화되는 곳이며, 가장 아름다운 의복을 입는 곳입니다. 그곳은 육신의 눈으로는 너무 밝아 온전히 쳐다볼 수 없으며, 우리의 약한 시력으로 보기에는 너무 눈부신 곳입니다. 함께 골고다로 갑시다. 그곳에서 우리는 죽음보다 강한 사랑을, 우리를 위하여 무덤을 정복한 사랑을 발견할 것입니다.

먼저, 우리는 사랑의 최고의 행동(love's crowning act)에 대해 말할 것입니다. "사람이 친구를 위하여 자기 목숨을 버리면 이보다 더 큰 사랑이 없나니." 하지만 우리가 오르기에는 이 본문이 너무나 장엄하고 높습니다. 이 본문이 주님이 친히 하신 말씀이지만 우리가 이 위대한 증언을 다루기에는 부족할 것 같습니다. 다만 우리는 예수님의 사랑의 극치를 일곱 가지 차원에서 말하고자 합니다. 그렇게 한 다음, 우리가 십자가 아래에 모였을 때에, 우리가 서 있는 장소에 어울리는 고귀한 일들에 대해 언급하고자 합니다.

1. 사랑의 최고 행위

첫째, 사랑의 최고의 행위(Love's Crowning Deed)입니다. 모든 것에는 절정이 있으며, 사랑의 절정은 사랑의 대상을 위해 죽는 것입니다. "거저 주시는 은혜와 죽으신 사랑(free grace and dying love)"은 사람들 사이에서 가장 고상한 주제이며, 또한 그 두 가지가 하나로 연합되었을 때 가장 숭고합니다. 사랑은 많은 일을 할 수 있고, 무수한 일들을 할 수 있습니다. 사람이 친구를 위해 자기 목숨을 버리는 것보다 더 큰 사랑은 없습니다. 이것이 사랑의 극점(ultima thule)입니다. 극점에서 더 이상 진행할 땅이 없듯이, 자기를 부인하는 사랑의 행위는 그 이상 나아 갈 수 없습니다. 자기 목숨을 버리는 것이야말로 사랑이 할 수 있는 최대한의 일 입니다.

　우리가 곰곰이 묵상해 보면 이 점은 명백해집니다. 우선, 사람이 친구를 위해 죽을 때, 그것이 그의 깊은 진심(his deep sincerity)을 입증합니다. 속담에도 있듯이, 입술의 사랑(lip-love)이란 의심스러운 것이며, 너무나 자주 겉치레일 뿐입니다. 말로 하는 사랑이란 내키는 대로 과장된 표현을 사용할 수 있으며, 사랑에 관해 여러분이 들을 수 있는 모든 말을 듣고서도, 여전히 그것이 사랑인지 확신하지 못할 때도 있습니다. 뿔 나팔을 부는 사람들이 모두 사냥꾼은 아니며, 우정을 외치는 사람들이 모두 친구는 아닙니다. 오빌(Ophir)의 정금보다 더 값지게 보이더라도, 번쩍이는 것이 모두 금은 아니듯이, 사랑이라고 부를 만큼 값진 모양을 하더라도, 교묘하게 사랑을 흉내 내는 것이 모두 사랑이 아닙니다. 사람들은 그런 것을 많이 느끼고 있습니다. 하지만 사랑을 입증하기 위해 기꺼이 죽고자 하는 자는 결코 거짓말쟁이가 아닙니다. 그럴 때에는 진심에 대한 모든 의혹이 사라집니다. 사랑을 위해 죽는 자의 사랑을 우리는 확신할 수 있습니다.

　예, 그럴 경우 우리는 단순히 그의 진심만을 보는 것이 아니라 그의 애정의 강렬함(the intensity of his affection)을 보는 것입니다. 사람이 열변을 토함으로써 자신의 열정을 다른 사람에게 느끼게 할 수 있으며, 또한 자기 의도를 내보이기 위해 많은 행동들을 할 수도 있습니다. 하지만 그 모든 것에도 불구하고 그는 여전히 아주 기술적인 희롱자일 수 있습니다. 그런 사람은 선동의 기술을 잘 이해하지만, 정작 자기 자신은 감동을 느끼지 않습니다. 하지만 사람이 자신이 신봉하는 대의(大義)를 위해 죽을 때, 여러분은 그가 피상적인 열정을 가진 것이 아님을 알게 됩니다. 그의 사랑이 자기 목숨을 불사를 때, 여러분은 그의 심장이 불타고 있었음을 확신할 수 있습니다. 만일 그가 사랑의 대상을 위해 피를 흘린다면, 진정 그의 사랑의 혈관에는 피가 흐르고 있었음이 틀림없습니다. 그 사랑은 살아 있는 사랑인 것입니다. 사람이 기꺼이 무덤으로 들어가고자 하고, 사랑한다고 고백하는 대상을 위해 자기 목숨을 버리고자 할 때, 어느 누가 그 사랑의 엄숙한 열심에 의문을 제기할 수 있겠습니까? "이보다 더 큰 사랑이 없는" 것은, 사람이 친구를 위해 자기 목숨을 버리는 것보다 그의 애정의 진실성과 강렬함을 보여줄 더 큰 증거가 없기 때문입니다.

또한 사람이 사랑을 위해 목숨을 걸 때에, 그 행위는 자기 포기(self-abnegation)를 통해 마음을 입증하는 것입니다. 사랑과 그 사랑의 대상을 위한 자기 부인은 손을 맞잡고 가는 것입니다. 만일 내가 어떤 사람에게 사랑을 고백하고서도, 그의 궁핍을 덜어주기 위해 내 은과 금을 주기를 거절하고, 또한 어떤 식으로든 그를 위해서 나 자신의 위로나 편의를 부인하지 않는다면, 그런 사랑은 경멸스러운 것입니다. 그것은 사랑의 이름만 걸친 것이지, 사랑의 실재는 없는 것입니다. 참된 사랑은 사랑하는 사람이 십자가와, 손실과, 고통과, 자기 부인을 어느 정도까지 기꺼이 감수하느냐에 따라 측정되어야 합니다. 결국, 시장에 있는 물건의 가치는 그것을 얻기 위해 얼마를 지불하느냐에 달려 있듯이, 한 사람의 사랑의 가치는 그가 그 사랑을 위해 무엇을 포기할 수 있느냐에 따라 측정되어야 합니다. "사랑을 입증하기 위해 그가 무엇을 할 것인가? 그가 사랑하는 대상의 유익을 위해 무엇을 감수할 것인가?" 사람이 친구를 위해 자기 목숨을 버린다면, 이보다 더 큰 사랑은 없습니다. 심지어 사탄도 그가 욥에 대해 하나님께 말할 때에 사람이 목숨을 바치는 것의 가치를 인정했습니다. 그는 욥이 양 떼나 소 떼나 자녀들을 잃고서도 여전히 인내하는 것을 작은 일로 여겼습니다. 대신 그는 이렇게 말했습니다. "가죽으로 가죽을 바꾸오니 사람이 그의 모든 소유물로 자기의 생명을 바꾸올지라. 이제 주의 손을 펴서 그의 뼈와 살을 치소서 그리하시면 틀림없이 주를 향하여 욕하지 않겠나이까"(욥 2:4-5). 그처럼, 만일 사람이 가축이나 땅이나 외적인 소유와 보화들을 포기할 수 있다면, 그 사랑도 어느 정도 강한 것이기는 하지만, 거기에서 더 나아가 사랑을 위해 개인적인 고통을 감수하거나 목숨을 버리지 못한다면, 상대적으로 그 사랑도 미진할 수 있습니다. 구속주의 사랑에는 그런 미진함이 없습니다. 우리 구주께서는 친히 모든 영광을 내려놓으셨고, 수없이 자기를 부인하심으로써 사랑을 입증하셨습니다. 하지만 가장 설득력 있는 증거는 그분이 우리를 위해 자기 목숨을 내주신 것입니다. 사도 요한은 이렇게 말합니다. "그가 우리를 위하여 목숨을 버리셨으니 우리가 이로써 사랑을 알고"(요일 3:16). 마치 그는 성자 하나님께서 우리를 위해 행하신 다른 모든 일들을 지나치고서, 손가락으로 그분의 죽음을 가리키면서 이렇게 말하는 듯합니다. "우리가 이로써 사랑을 알고." 주 예수님은 빛나는 화관과 장식 고리들을 벗어 별들에게 맡기시고, 벽옥 빛 외투를 벗어 하늘에 걸쳐 놓으시고, 그 후에 이 땅에 내려오셔서 가난한 자들의 옷을 입으셨습니다. 우리와 같은 피와 살의 천한 의복을 입으시고, 우리처럼 고된 수고를 감당하셨습니다. 그것만으로도 장엄한 사랑입니다. 하지만 사랑의 걸작은 그분이 자기 육체의 의복마저 벗으실 때였으며, 십자가의 가장 고통스러운 죽음에 자기를 내주실 때였습니다. 그분은 거기에서 더 나아가실 수 없었습니다. 자기 부인은 절정에 이르렀습니다. 그분이 자기 목숨을 부인하셨을 때, 그분으로서는 그 이상 자기 부인하실 것이 없었습니다.

또한 사랑하는 이여, 그 대상을 위하여 죽는 것이 사랑의 최고의 행위인 이유는, 그것이 다른 모든 행위들을 능가하기 때문입니다. 예수 그리스도는 자기 백성들 가운데 마치 그들의 형제처럼 거하심으로써 그분의 사랑을 입증하셨습니다. 또한 "여우도 굴이 있고 공중의 새도 거처가 있으되 인자는 머리 둘 곳이 없다"(마 8:20) 말씀하실 정도로 그들의 친구처럼 그들의 가난에 동참하심으로써 사랑을 입증하셨습니다. 아버지에 대해 그분이 아는 모든 것을 들려주심으로써, 영원한 비밀들을 단순한 어부들에게 알려주심으로써, 그분은 자기 사랑을 보여주셨습니다. 그분은 제자들의 허물들을 감당하고 인내하심으로써, 그들을 결코 가혹하게 비난하지 않으시고 오직 부드럽게 꾸짖으심으로써, 더욱이 꾸짖는 일조차 드물게 하심으로써, 사랑을 보여주셨습니다. 그들을 위해 기적들을 행하심으로써 사랑을 나타내셨습니다. 또한 그들이 그분을 섬기는 일에 쓰임받는 영예를 누리게 하심으로써 사랑을 나타내셨습니다. 진정, 자기 사람들을 위해 보여주신 예수 그리스도의 기품 있는 사랑의 행위들은 일만 가지도 넘습니다. 하지만 그중 어떤 것도 그분이 그들을 위해 죽으신 것과는 잠시라도 비교될 수 없습니다. 십자가의 고통스러운 죽음이 다른 모든 행위들을 능가하는 것입니다. 그분의 다른 사랑의 행위들은 마치 하늘의 별들처럼 밝으며, 또한 마치 별들처럼 우리가 그것들을 가만히 응시하면 상상했던 것보다는 훨씬 더 크게 보입니다. 하지만 그것들은 결국, 환히 타오르는 무한한 사랑의 태양에 비하면 별들일 뿐입니다. 피 묻은 나무에서 자기 백성들을 위해 죽으시는 우리 주님에게서 우리는 그 태양을 보는 것입니다.

다음으로, 나는 그분의 죽음이 사실상 다른 모든 행동들을 포함한다는 점을 덧붙여 말해야겠습니다. 사람이 친구를 위해 자기 목숨을 버릴 때, 그는 다른 모든 것을 함께 버리는 것입니다. 목숨을 버리면, 부를 버리는 것입니다. 죽은 자에게 부가 무슨 소용입니까? 목숨을 포기하면, 지위를 단념하는 것입니다. 무덤에 있는 자에게 지위가 무엇이란 말입니까? 목숨을 내주는 것은, 즐거움을 포기하는 것입니다. 납골당의 주민에게 쾌락이 무엇이란 말입니까? 목숨을 내준다는 것은, 다른 모든 것을 내준다는 것입니다. 그런 맥락에서 우리는 이 말씀의 의미를 추론할 수 있습니다. "자기 아들을 아끼지 아니하시고 우리 모든 사람을 위하여 내주신 이가 어찌 그 아들과 함께 모든 것을 우리에게 주시지 아니하겠느냐"(롬 8:32). 사랑하는 독생자의 생명을 내주시는 것은 아들과 함께 모든 것을 내주신다는 것입니다. 그리스도는 무한하시고, 모든 것의 모든 것 되시기에, 그분의 목숨을 주신다는 것은 우리에게 모든 것을 주신다는 것이며, 더 이상 아무것도 남기지 않으신다는 것입니다.

사랑하는 성도들이여, 나는 먼저는 내 영혼을 감동시키고, 그 다음에 여러분의 영혼을 감동시킬 주제를 차분하게 말할 뿐입니다. 오직 살아 계신 하나님의 성령께서 우리를 소생시키는 바람처럼 하늘에서부터 내려와, 우리 사랑의 불꽃을 강력한 용광로처럼 타오르게 해 주시길 빕니다. 주여, 그 일을 기뻐하신다면, 바로 지금 그 일을 이루어 주소서!

사랑하는 성도들이여, 이제 나는 사람이 친구를 위해 죽는 것이 명백히 사랑을 입증하는 모든 증거들 중에서도 가장 장엄하다고 말하겠습니다. "친구를 위하여 자기 목숨을 버린다"는 말씀이 내 혀에서 흘러나오고 내 입술에서 떨어집니다. 하지만 여러분은 그 말씀의 의미를 알거나 느끼고 있습니까? 다른 사람을 위해 죽다! 가난한 자들을 위해서 그들의 물건을 주려고 하지 않는 사람들도 있습니다. 하나님의 가난한 종들에게 작은 것을 주는 것조차 그들에게는 마치 수족을 비트는 것처럼 괴로운 듯이 보입니다. 그런 사람들은 다른 사람을 위해 죽을 정도로 사랑하는 것이 대체 무슨 의미인지 짐작조차 하기 힘들 것입니다. 동료들을 위해 스스로의 위안이나 편의, 심지어 일상적인 필수품마저 부인한 사랑스러운 사람들이 있습니다. 그런 사람들은 다른 사람을 위해 죽는다는 것이 무엇인지 어느 정도는 짐작이 가능할 것입니다. 하지만 우리들 중 어느 누구도 그 의미를 충분히 알 수는 없습니다. 다른 사람을 위해 죽다! 생각해 보십시오! 그 문제에 생각을 집중해 보십시오! 우리는 죽음에 움찔하며 뒤로 물러섭니다. 어떤 관점에서 보더라도, 인간의 본성은 죽음을 무서운 것으로 간주합니다. 저 영광의 나라로 떠나는 것이 그토록 밝은 소망이 되기에, 사망은 승리 속에 삼켜질 것입니다(고전 15:54). 하지만 사망 그 자체는 쓰디쓴 것입니다. 그래서 우리가 그 쓴 맛을 보기 전에 삼켜야 하는 것입니다. 그것은 쓴 알약과도 같아서, 단 물에 잠겨 있어야만 우리가 그것을 삼킬 수 있습니다. 내가 확신하는 것은, 하나님의 임재와 천국의 미래에 대한 달콤한 묵상 없이는, 어떤 사람이든 죽음을 끔찍한 재앙으로 간주한다는 것입니다. 심지어 우리 구주께서도 죽음으로 가까이 가실 때에 전율하지 않으신 것이 아닙니다. 죽는다는 생각은 그 자체로는 그분에게도 슬픈 일이었습니다. 겟세마네에서 그분이 흘리신 피와 같은 땀방울을 보십시오. 인성을 가지신 그분이 그 잔을 가리켜 "만일 할 만하시거든 이 잔을 내게서 지나가게 하옵소서"(마 26:39)라고 하신 것을 보십시오. 여러분이 그 고뇌를 생각해보면, 여러분은 결의에 차서 그 잔을 집어들고 삼키신 그분의 신적인 사랑에 대해 더 많은 생각을 하게 될 것입니다. 그분은 자기 백성들을 위하여 그 끔찍한 잔을 들고서 한 방울의 저주도 남지 않을 때까지 멈추지 않고 삼키셨습니다. 그분 자신의 포괄적인 죽음 안에서 자기 백성들의 사망을 삼키신 것입니다. 죽는 것은 결코 가벼운 일이 아닙니다. 우리는 너무 경박하게 죽음에 대해서 말하지만, 죽는 것은 어떤 사람에게도 어린이의 유희가 아닙니다. 구주께서 끔찍한 육체의 고통과 영혼의 고뇌 속에 죽으신 것은, 정녕 사랑으로 행하신 위대한 일입니다. 원한다면 사치스럽게 죽음을 장식해 보십시오. 원한다면 침상 곁에 온갖 달콤한 사랑의 진정제를 둘 수도 있습니다. 약물과 의학의 기술을 총동원하여 고통을 경감시킬 수도 있습니다. 국가적인 애도의 영예로써 임종의 침상을 장식할 수도 있을 것입니다. 하지만 그 모든 것에도 불구하고 죽음 그 자체는 결코 가벼운 것이 아닙니다. 다른 사람들을 위해 죽음의 짐을 질 때, 그것이 사랑의 최고봉입니다.

그러므로, 사랑의 최고의 행위에 대한 이 요점을 마치면서 이 말을 하고자 합니다. 사람이 다른 사람을 위해 죽은 후에, 그의 사랑에 대한 의문은 제기될 수 없습니다. 십자가 아래에 감히 불신앙이 끼어드는 것은 미친 것입니다. 오호라, 거기에 있었으면서도 믿지 않는 것은 터무니없는 몰상식을 입증하는 짓입니다. 만일 사람이 자기 친구를 위해 죽으면, 그가 틀림없이 친구를 사랑하는 것이며, 누구도 거기에 의문을 제기하지 못합니다. 예수님께서 자기 백성을 위해 죽으셨으니 그분은 틀림없이 그들을 사랑하십니다. 누가 그 사실에 의문을 제기할 수 있습니까? 하나님의 자녀들 중에 그처럼 결정적으로 증명된 문제에 대해 의혹을 제기하는 사람이 있다면 부끄러워해야 합니다! 하지만, 심지어 이 사랑의 최상의 증거에 대해서도 불신앙이 끼어들 수 있음을 아신 듯이, 주 예수님께서는 죽은 자들 가운데서 다시 살아나셨습니다. 그분의 가슴속에 있는 사랑은 여전히 새로운 채로 살아나셨고, 사로잡힌 자들을 사로잡아 천국으로 가셨습니다. 그분의 눈은 그분을 이 땅에 내려오게 했던 그 영원한 사랑으로 빛나고 있습니다. 그분은 저 진주 문을 통과하여 들어가셨으며, 영광 중에 입성하여 아버지의 보좌에 이르셨습니다. 그분은 이루 말할 수 없는 영원한 사랑으로 아버지를 응시하면서도, 또한 자기 백성들을 응시하고 계십니다. 그분의 마음이 여전히 그들에게 있기 때문입니다. 지금 이 시간에도, 스랍 천사들에 둘러싸인 그분의 보좌에서, 영광 중에 앉아 계신 그곳에서, 그분은 한없는 은혜와 긍휼히 여기는 사랑으로 자기 백성을 내려다보고 계십니다.

> "이제, 비록 그분이 높은 곳에서 다스리셔도,
> 그분의 사랑은 여전히 크도다.
> 그분은 골고다를 잘 기억하시니,
> 그분의 성도들로 결코 잊지 않으시리."

그분은 온통 사랑이시며, 전부가 사랑이십니다. "사람이 친구를 위하여 자기 목숨을 버리면 이보다 더 큰 사랑이 없나니."

2. 일곱 가지 차원에서 본 예수님의 사랑의 극치

일곱 가지 차원에서 본 예수님의 사랑의 극치가 우리의 두 번째 요점입니다. 여러분이 아주 관심을 가지고 주의해 주시길 바랍니다. 나는 이제, 사랑을 위한 그리스도의 죽음에는 인간적인 사랑의 최고 행위를 훨씬 초월하는 무엇이 있다는 것을 여러분에게 제시하고자 합니다. 사람이 친구를 위해서 죽는 것, 이것이 최고의 사랑입니다. 하지만 그리스도께서 우리를 위해 죽으신 것은 인간적인 최고의 사랑이 평범하게 여겨질 정도로 그런 사랑을 훨씬 능가합니다. 이것을 일곱 가지 관점에서 제시하겠습니다.

첫째는 이것입니다. 예수님은 죽지 않는(immortal) 분이셨습니다. 따라서 그분의 죽음은 특별한 것입니다. 다몬(Damon)은 피디아스(Pythias)를 위해 기꺼이 죽고자 합니다. 이 고전적인 이야기는 그 두 명의 친구가 서로 상대방을 위해 죽기를 바라는 것을 보여줍니다. 하지만 다몬이 피디아스를 위해 죽는다고 가정할 때, 그는 반드시 일어날 일을 단지 앞당기는 것일 뿐입니다. 언제가 다몬은 죽을 것이기 때문입니다. 그가 친구를 위해 목숨을 버린다면, 아마도 달리 죽을 때보다 십년 앞서 죽는다면, 그는 십년 동안의 삶을 잃어버리는 것입니다. 어쨌든 그는 결국에는 죽습니다. 혹은 만일 피디아스가 죽고 다몬이 죽음을 모면하는 경우라면, 어쩌면 단지 몇 주 동안만 예상된 죽음을 연장하는 것에 지나지 않을 것입니다. 그 두 사람 모두 결국에는 죽을 것입니다. 사람이 친구를 위해 목숨을 버릴 때, 그는 자신이 영원히 간직할 수 있는 것을 버리는 것이 아닙니다. 그는 잠시 동안만 목숨을 더 간직할 수 있으며, 설혹 백발이 될 때까지, 사람이 살 수 있는 만큼 최대한 장수한다고 해도, 결국에는 죽음의 화살을 맞고 쓰러지는 수밖에 없습니다. 보통의 경우에 사랑을 위해 대신 죽는 것은, 결국에는 지불해야 할 자연의 빚을 조금 앞서 지불하는 것에 지나지 않습니다. 하지만 예수님의 경우에는 그렇지 않습니다. 예수님은 전혀 죽으실 필요가 없는 분이십니다. 스스로 친구들을 대신하여 목숨을 내주는 것이 아니라면, 그분에게는 죽으셔야 할 아무런 근거나 이유가 없었습니다. 하나님의 그리스도는 영원무궁토록 아버지와 함께 저 영광스러운 곳에 계셨습니다. 그분의 이마에는 어떤 세월의 흔적도 지나가지 않습니다. 우리는 그분에 대해 이렇게 말할 수 있습니다. "당신의 머리는 정금 같고 머리털은 고불고불하고 까마귀같이 검습니다. 당신에게는 새벽이슬 같은 젊음이 있습니다"(참조. 아 5:11; 시110:3). 그분이 이 땅에 오시고 우리의 본성을 취하신 것은 죽을 수 있기 위해서였습니다. 하지만 기억하십시오. 비록 죽을 수 있다 해도, 그분의 몸은 죽으실 필요가 없었습니다. 그분의 몸이 썩음을 당하지 않은 것은, 그 속에 필연적으로 죽게 하고 썩게 하는 죄의 요소가 없었기 때문입니다. 우리 주 예수님은, 그리고 오직 그분만이, 무덤의 가장자리에 서서 이렇게 말씀하실 수 있습니다. "이를 내게서 빼앗는 자가 있는 것이 아니라 내가 스스로 버리노라 나는 버릴 권세도 있고 다시 얻을 권세도 있으니"(요 10:18). 우리 가련한 죽을 인생에게는 오직 죽을 권세만 있지만, 그리스도께는 다시 사실 권세도 있습니다. 그러므로 그분에게 면류관을 드립시다! 그분의 머리에 새 면류관을 씌워드립시다! 사랑하는 친구를 위해 죽었던 다른 사람들에게는 은으로 된 면류관을 씌워주고, 예수님을 위해서는 황금의 왕관을 가져오십시오. 그것을 저 불멸하시는 분의 머리에 씌워드리십시오. 그분은 죽으실 필요가 결코 없었지만,

그럼에도 죽을 수 있는 인간이 되시고, 오직 강력한 사랑의 이유가 아니라면 감당할 필요가 없었던 죽음의 고통에 자기를 내주셨습니다.

두 번째로, 다른 사람들을 위해 자기 목숨을 버린 사람들의 경우에서, 아마도 그들은 그들에게 최고형이 강요되지 않을 것이라는 예상을 하고 있었을 것입니다. 그들은 최악의 형벌은 면할 것을 기대했습니다. 다몬은 폭군 디오니시우스(Dionysius: 기원전 4세기 Syracuse의 왕) 앞에 서서 피디아스 대신 죽임을 당하고자 했습니다. 하지만 우리가 기억하듯이, 그 폭군은 두 친구의 헌신적인 사랑에 감명을 받아 그들 중 누구도 죽이지 않았고, 그래서 대신 죽기를 자처했던 그들은 죽음을 모면했습니다. 한 경건한 광부에 관한 오랜 이야기가 있습니다. 그는 채굴장 안에서 한 불신자와 작업 중이었습니다. 그들은 도화선에 불을 붙였고, 폭약에 의해 큰 바위가 폭파되려는 참이었습니다. 폭약이 터지기 전에 그들 모두가 갱에서 빠져나와야 하는 상황이었습니다. 그들 모두 큰 광주리에 올라탔습니다. 하지만 위에서 그들을 끌어올리는 손이 그들 모두를 태워 당길 정도로 힘이 세지는 못했습니다. 그러자 그 경건한 광부는 광주리에서 뛰어내리며 친구에게 이렇게 말했습니다. "당신은 회심하지 않은 사람이네. 만일 자네가 죽으면 자네 영혼은 잃어버리겠지. 빨리 바구니를 타고 올라가게. 나는 내 영혼을 하나님의 손에 맡기겠네. 내가 죽는다 해도 내 영혼은 구원받을 것이네." 동료의 영혼을 사랑한 이 사람은 살아남았습니다. 바위에서 날아온 파편들이 수북이 몸을 덮고 있는 와중에도 그는 완벽하게 안전한 상태로 발견되었습니다.

하지만 그런 일이 우리 주님의 경우에는 일어날 수 없었음을 잘 기억하십시오. 그분이 우리 영혼을 위한 대속물로 자기 목숨을 주려 하실 때, 그분에게는 빠져나갈 틈이 없었습니다. 그분은 틀림없이 죽으셔야 했습니다. 그분이 죽으시든지 혹은 그분의 백성들이 죽든지 해야 했습니다. 다른 대안이 없었습니다. 만일 우리가 그분을 통해 멸망의 수렁에서 헤어나려면, 그분 자신이 그 수렁에서 죽으셔야 했습니다. 그분에게는 죽음을 모면할 가망이 없었고, 그 쓴 잔이 그분에게서 지나갈 다른 방도가 없었습니다. 사람들은 자기 친구들을 위해 용감하게 생명의 위험을 무릅써 왔습니다. 만일 그들이 무릅쓴 죽음의 위험이 죽음으로 끝나게 될 것을 확실히 알았더라면, 아마도 그들은 주저했을 것입니다. 예수님은 우리의 죽음이 그분의 죽음과 관련되어 있음을, 그 잔을 남김없이 비워야 함을, 친히 죽음의 고통을 견뎌야 함을 확실히 아셨습니다. 또한 죽음의 모든 극심한 고통들 중에서 어느 것 하나라도 피할 수 없다는 것을 아셨습니다. 그럼에도 불구하고, 우리를 위하여, 우리와 짝을 맺으시기 위해, 그분은 자발적으로 죽음과 짝을 맺으셨습니다. 다시 말합니다, 또 다른 왕관을 가져오십시오! 한때 가시면류관을 쓰셨던 그분의 머리 위에 빛나는 면류관을 씌워드립시다! 모두 환호하십시오. 임마누엘이시여! 당신은 고통을 견디신 왕, 사랑의 주님이십니다! 당신과 같은 사랑은 없었습니다! 노래하는 이들이여, 소리 높여 그분을 찬송하십시오! 거룩한 성도들이여, 그분을 높이십시오! 아아, 그분의 보좌가 별들보다 높고, 그분의 지위가 천사들보다 높은 것은, 그분이 자원하여 죽음에 고개를 숙이셨기 때문입니다. 그분은 고통당하셔야 할 것과, 속죄의 제물이 되실 것을 아셨으며, 그럼에도 불구하고, 그 앞에 있는 기쁨을 위하여 십자가를 참으시고 부끄러움을 개의치 아니하신 것입니다(히 12:2).

세 번째로, 예수님의 사랑의 행위에는 또 다른 장엄하고 탁월한 면이 있습니다. 그분의 죽음에는 다른 어떤 것도 섞이지 않은 유일한 동기, 즉 사랑과 연민이라고 하는 순수한 동기만 있었다는 것입니다. 러시아의 어떤 귀족 일행이 눈 덮인 광활한 초원지역을 횡단할 때였습니다. 썰매 뒤로 굶주린 한 무리의 늑대들이 따라오고 있었고, 여행자들을 삼키려고 혈안이 되었습니다. 말들은 채찍을 맞으면서 최대한의 속도로 달렸지만, 사실 채찍질은 필요하지 않았습니다. 말들 스스로가 울부짖는 추격자들에게서 벗어나려고 필사적으로 달렸기 때문입니다. 저 굶주린 늑대들의 추격을 잠시라도 늦추어 보려고 무언가를 던져보아도 허사였습니다. 한 마리의 말을 풀어놓았습니다. 늑대들은 그 말을 뒤쫓아서, 산산이 찢어놓고도, 여전히 뒤따라왔습니다. 소름끼치는 죽음과도 같았습니다. 마침내 오랫동안 주인의 가족과 함께 살았던 한 하인이 말했습니다. "당신에게 오직 한 가지 희망이 남았습니다. 제 자신을 늑대들에게 던지겠습니다. 그러면 도망칠 시간을 벌 수 있을 것입니다." 이 행동에는 위대한 사랑이 있습니다. 하지만 의심의 여지 없이 그 행동에는 순종의 습관이 섞여 있었습니다. 그 집안의 어른에 대한 어떤 존경심, 아마도 오랜 세월 동안 그가 받아 온 많은 은전에 대한 감사의 감정도 섞여 있었을 것입니다. 나는 그 희생을 폄훼하는 것이 아닙니다. 결코 그렇지 않습니다. 사람들 사이에 그보다 고귀한 정신이 또 어디에 있겠습니까! 하지만 여전히 여러분은, 그 사람의 고상한 행동과, 자기에게 결코 호의를 베푼 적도 없고, 섬긴 적도 없으며, 자기보다 무한히 열등하고, 무슨 답례를 요청할 자격도 없는 자들을 위해 목숨을 버리신 예수님의 행동 사이에는 큰 차이가 있다는 것을 발견할 것입니다. 만일 내가 그 귀족이 자기 하인을 구하기 위해 늑대들에게 자기를 던지는 것을 보았다면, 만일 그 하인이 예전에 그 주인의 목숨을 노리고 암살을 시도한 적이 있다면, 그런데도 그 주인이 그 배은망덕한 천민을 위해 자기를 희생했다면, 예수님의 행동과 비교될 만한 무언가를 볼 수 있을 것입니다. 하지만 이런 경우에는 큰 차이가 있습니다. 예수님의 마음속에는 우리를 사랑하시는 것 외에 다른 동기가 없었습니다. 그분은 우리를 사랑하셨고, 그분의 위대하고 영광스러운 성품으로 우리를 사랑하셨습니다. 사랑을 위해, 순수한 사랑을 위해, 오직 사랑만을 위해, 그분은 자기를 내주시어 피 흘리고 죽으신 것입니다.

> "우리가 알지 못하는 모든 재앙들과
> 모든 고통들을 선히 보시고서도,
> 그 임무를 위해 앞으로 나가셨으니,
> 그분을 재촉한 것은 오직 사랑이었네."

그분의 영광스러운 머리에 세 번째 면류관을 씌워드립시다! 오 천사들이여, 오직 그분을 위해 오래 전부터 간직되어 온 저 불멸의 화관을 가져오시오. 영원히 복되신 그분의 이마를 그 화관으로 빛나게 하세!

네 번째로, 내가 이미 암시한 대로, 우리 구주의 경우에는, 어떤 의미에서는 그렇다고 하더라도, 정확하게는 그것이 친구들을 위한 죽음이 아니었다는 것을 기억하십시오. 사람이 친구를 위하여 자기 목숨을 버리는 것보다 더 큰 사랑은 없습니다. 본문을 그렇게 읽어도, 그것은 위대한 진리를 표현하고 있습니다. 하지만 사람이 친구들을 위하여 자기 목숨을 버리는 것보다 더 큰 사랑이 있을 수 있습니다. 말하자면, 그가 원수들을 위해 죽는 경우입니다. 여기에 예수님의 사랑의 위대성이 있습니다. 비록 그분이 우리를 "친구들"이라고 부르셨지만, 그 우정은 처음에는 전적으로 그분에게만 있었습니다. 그분은 우리를 친구라고 부르셨지만, 우리의 마음은 그분을 원수라고 불렀습니다. 우리가 그분을 대적했기 때문입니다. 우리는 그분의 사랑을 사랑으로 보답하지 않았습니다. "그는 마치 사람들이 그에게서 얼굴을 가리는 것같이 멸시를 당하였고, 우리도 그를 귀히 여기지 아니하였도다"(사 53:3). 오, 예수님께 대해 품은 인간의 적대심이여! 그런 적대감은 달리 없습니다. 저 끝없는 무저갱에서 올라오는 모든 적대감들 중에서도, 하나님의 그리스도에 대한 마음의 적대감이 가장 이상하고도 가장 고약한 것입니다. 하지만, 부패하고 타락한 인간들을 위해, 저 지옥의 연자 맷돌처럼 마음이 냉혹하고 완악한 자들을 위해, 그가 느낀 사랑에 보답하지도 감사할 줄도 모르는 자들을 위해, 예수 그리스도께서 목숨을 내주신 것입니다. "그리스도께서 경건하지 않은 자를 위하여 죽으셨도다. 의인을 위하여 죽는 자가 쉽지 않고 선인을 위하여 용감히 죽는 자가 혹 있거니와, 우리가 아직 죄인 되었을 때에 그리스도께서 우리를 위하여 죽으심으로 하나님께서 우리에 대한 자기의 사랑을 확증하셨느니라"(롬 5:6-8).

> "오 전례 없는 사랑이여!
> 모든 생각이 미치지 못하는 사랑이여!
> 그 길이와 넓이와 깊이와 높이를 짐작할 수 없으니
> 놀란 눈으로 바라볼 뿐이네."

다시 말합니다. 왕관을 가져와서 우리 사랑의 주님께 씌워드리십시오. 주님은 사랑의 주님이십니다. 다른 모든 면에서도 그분은 왕 중의 왕이시지만, 사랑의 영역에서도 그분은 왕 중의 왕이십니다.

우리를 위한 그리스도의 죽으심에 있어서 우리가 숙고해야 할 다섯 번째 요점은, 우리 자신이 그분의 죽음의 고난을 불가피하게 했던 원인이었다는 것입니다. 한번은 두 형제들이 하나의 구명 뗏목을 타고 있었고, 그들은 그 뗏목에 의지하여 침몰하는 배에서 벗어났습니다. 음식이 충분치 않았으며, 최소한 몇 사람이라도 살기 위해서는 사람 수를 줄여야 한다는 제안이 있었습니다. 많은 사람이 죽어야 했습니다. 그들은 삶과 죽음을 정하는 운명의 제비를 뽑았습니다. 형제들 중에서 형이 뽑혔고, 바다에 던져질 운명에 처하게 되었습니다. 동생이 개입하여 이렇게 말했습니다. "형에게는 집에 아내와 자녀들이 있습니다. 나는 혼자입니다. 그러니 형이 살아남는 편이 낫습니다. 내가 형을 대신하겠습니다." 형이 말했습니다. "아니, 그럴 수는 없어. 왜 네가 그래야만 하니? 제비뽑기로 결정된 사람은 나야." 그들은 서로 사랑의 논쟁을 하며 다투었습니다. 마침내 형을 대신하여 동생이 바다에 던져졌습니다. 자, 두 형제들 사이에는 아무런 차별의 근거가 없습니다. 그들은 친구였고, 친구 이상이었지요. 그들은 둘 중 한 사람의 희생을 요구하는 난관의 원인 제공자가 아니었습니다. 그 끔찍한 선택을 하지 않을 수 없게 만들었다는 이유로 서로를 탓할 수 없었습니다. 하지만 우리들의 경우에는, 만일 우리 자신이 원인 제공자가 아니었다면, 고의적인 범죄자가 아니었다면, 누구도 죽어야 할 필요가 없었습니다. 우리의 범죄로 노하신 분이 누구입니까? 누구의 영예가 손상 받아 죽음의 형벌이 필요했던 것입니까? 만일 내가, 모욕을 당하신 분은 죽으신 그리스도 그분이셨다고 말하더라도 잘못 말하는 것이 아닐 것입니다. 하나님을 거역하여, 저 거룩하신 통치자의 위엄을 거역하여, 범죄를 저지른 것입니다. 하나님의 정의에 묻은 오물을 닦아내기 위해, 불가피하게 형벌이 가해져야 하고, 죄를 범한 자는 죽어야 했습니다. 그리하여 잘못을 당하신 분이 잘못을 가한 자를 대신하여 죽으신 것이며, 그분 자신의 정의에 합당한 빚을 지불하신 것입니다. 그것은 재판장이 피의자에게 선고해야 한다고 느낀 형벌을 스스로 감당한 경우입니다. 오래된 고전 이야기에 따르면, 판사석에 앉은 아버지가 아들에게 간음죄를 범한 것으로 인해 눈을 뽑아야 한다고 유죄를 선고합니다. 그런 다음 아들의 눈을 구하기 위해 자신의 눈 하나를 뽑습니다. 재판장이 스스로 형벌을 감당한 것입니다. 우리의 경우에, 자신의 법이 정당하다고 선언하시고, 그 법을 어긴 죄에 대한 모든 형벌을 친히 감당하신 분이 그리스도이십니다. 그분은 그분의 위엄을 손상시키고, 그분의 거룩함을 훼손한 자들을 사랑하셨습니다. 나는 다시 말합니다. 그렇게 제대로 말할 수 있는 입술이 어디 있겠습니까만, 황제의 화려한 왕관을 능가하는 새 면류관을 가져와서, 복되신 구속주의 머리에 씌워드립시다! 천국의 모든 수금으로 그분의 지극한 사랑을 찬미하는 최상의 음악을 연주하도록 합시다!

여섯 번째로 주목해야 할 것은, 다른 사람들을 위해 죽은 사람들은 있었지만, 그들이 결코 다른 사람들의 죄를 감당하지는 않았다는 것입니다. 그들은 기꺼이 형벌을 감수하고자 했지만, 죄 자체에 대해서는 그렇지 않았습니다. 내가 이미 언급한 경우들은 죄의 특성 자체와는 관련이 없습니다. 피디아스는 디오니시우스를 불쾌하게 했고, 다몬은 피디아스를 위해 기꺼이 죽고자 했습니다. 하지만 다몬이 피디아스가 범한 잘못 자체를 감당한 것은 아닙니다. 한 형제가 형제를 위해 바다에 던져집니다. 하지만 그 경우에도 어떤 잘못을 대신 짊어지는 것은 아닙니다. 러시아의 그 하인도 주인을 위해 죽습니다. 하지만 그 하인의 성품이 대두되는 것이지, 그 주인의 잘못과는 하등의 관계가 없습니다. 그 주인은 그 경우에 아무런 과실이 없습니다. 하지만 여기, 그리스도께서 죽으시기 전에도, 이런 예언이 기록되어야 했습니다. "그가 범죄자 중 하나로 헤아림을 받았음이라 그러나 그가 많은 사람의 죄를 담당하며 범죄자를 위하여 기도하였느니라"(사 53:12). "여호와께서는 우리 모두의 죄악을 그에게 담당시키셨도다"(사 53:6). "하나님이 죄를 알지도 못하신 이를 우리를 대신하여 죄로 삼으신 것은 우리로 하여금 그 안에서 하나님의 의가 되게 하려 하심이라"(고후 5:21). "그리스도께서 우리를 위하여 저주를 받은 바 되사 율법의 저주에서 우리를 속량하셨으니 기록된 바 나무에 달린 자마다 저주 아래에 있는 자라 하였음이라"(갈 3:13). 자, 우리는 그리스도께서 온전히 거룩하시고 흠이 없는 분이라고 알고 믿어야 합니다. 하지만 그분과 죄인들 사이는 대속(代贖, substitution)의 방식으로 연결되어야 했으며, 그것이 그분의 온전한 본성으로는 견디기 힘든 일이었음에 틀림없습니다. 그분이 두 강도들 사이에 매달리시는 것, 그분이 신성모독으로 고소를 당하시는 것, 그분이 범죄자 중 하나로 취급을 당하시는 것, 그분이 의로우신 분으로서 의롭지 않은 자들을 위해 고난받으시는 것, 마치 그분이 유죄이신 것처럼 아버지의 진노를 감당하시는 것, 이는 놀랍고도 모든 생각을 초월하는 일입니다! 가장 빛나는 면류관을 가져와 그분의 머리에 씌워드립시다! 그동안 우리는 저 흠모하는 분의 이마에 씌워드릴 일곱 번째의 화관을 짜도록 하겠습니다.

　　마지막으로, 그리스도의 죽음은 최고의 사랑의 증거임을 기억합시다. 왜냐하면 그분의 경우에, 죽음의 고통을 완화시켜 줄 모든 도움이나 수단들이 거부되었기 때문입니다. 나는 성도가 즐겁게 죽을 수 있다는 사실에 놀라지 않습니다. 그의 이마는 평온히 펴져 있고, 그의 눈은 밝게 빛나기도 합니다. 그를 응시하고 계시는 하늘의 아버지와 그를 기다리고 있는 영광을 보기 때문입니다. 죽음의 식은 땀이 얼굴에 맺혀 있는 동안에도 그의 영혼은 기쁨의 황홀경에 빠질 수 있습니다. 천사들이 그를 맞으러 왔고, 또한 그가 저 먼 나라의 진주 문들이 매 시간마다 가까워지는 것을 보기 때문입니다. 하지만 아아, 아무도 연민의 눈으로 바라보지 않는 십자가에서 조롱하는 무리들에 둘러싸여 죽는 것, 거기서 얼굴을 외면하시는 하나님을 향해 호소하면서 마치 죽음의 애가(哀歌)처럼 "나의 하나님, 나의 하나님, 어찌하여 나를 버리셨나이까"라고 외치며 죽는 것, 한밤의 어둠조차 한 번도 들어본 적 없어 놀라게 하는 "엘리, 엘리, 라마 사박다니"의 외침 속에 죽는 것, 이는 실로 두려운 죽음입니다. 예수님의 죽음에서 사랑의 승리는 다른 모든 자기희생의 영웅적 행위들을 능가합니다! 마치 우리가 알프스 산맥의 모든 인접한 산들 위에 군왕처럼 홀로 우뚝 솟아난 봉우리를 보는 것처럼, 구름을 뚫고서 별들과 친밀하게 대화하는 최고의 봉우리를 보는 것처럼, 그리스도의 이러한 사랑은 인간 역사의 다른 모든 사랑들보다 혹은 인간이 생각할 수 있는 어떤 사랑보다 훨씬 높이 솟아 있습니다. 그분의 죽음은 다른 어떤 죽음보다 끔찍하고, 다른 어떤 죽음보다 훨씬 고통스러운 것이었습니다. 전적으로 그런 사랑에 합당하지 않은 원수들을 위해, 사람이 그와 같은 방식으로 자기 목숨을 버리면, 이보다 더 큰 사랑은 없습니다. 오, 그분에게 면류관을 씌워드리자고 말하지 않겠습니다. 그분에게 면류관이 무엇이겠습니까? 복되신 하나님의 어린 양이시여, 우리의 마음은 당신을 사랑합니다. 우리는 사랑과 경의를 표하며 당신의 발 앞에 엎드리며, 영혼의 침묵 속에서 당신을 높여드립니다.

3. 이 고귀한 사랑이 시사하는 고귀한 일들

마지막으로, 시간이 흘렀으므로, 이 고귀한 사랑이 우리에게 시사하는 고상한 일들을 간략히 살펴보도록 하겠습니다.

사랑하는 형제들이여, 우선, 그리스도께서 죽음으로써 자기 사랑을 입증하신 일은 우리로 하여금 자기 부인을 고귀한 일로 여기도록 만듭니다. 여러분이 어떻게 느끼는지 알지 못하지만, 그리스도께서 나를 위해 행하신 일을 생각할 때 내가 너무 인색하다고 느껴집니다. 비교적 안락하고 즐기는 삶을 사는 것이 나를 부끄럽게 만듭니다. 지칠 정도로 일하는 것은 아무것도 아닌 듯이 보입니다. 결국, 그분이 행하신 일에 비하면 우리가 하고 있는 일은 무엇이란 말입니까? 내 형제들이여, 고통을 감수할 수 있는 사람들, 선교지에서 자기 목숨을 내놓을 수 있는 사람들, 그리스도를 위하여 역경과 가난과 핍박을 감수할 수 있는 사람들, 이 사람들이 나는 부럽습니다. 그들은 그 형제들 이상의 분깃을 가진 자들입니다. 예수님께서 그토록 자기를 부인하셨는데, 편히 지내며 위로를 누리는 것이 나를 부끄럽게 느껴지도록 만듭니다. 피 흘리시는 주님의 사랑에 대한 생각은 우리로 하여금 우리 자신이 너무 인색한 것은 아닌지 돌아보게 만듭니다. 동시에 하나님 앞에서 다른 사람들의 자기 부인을 존중하게 하고, 그들처럼 자기 부인을 실천할 수단들을 얻게 되기를 바라도록 만듭니다.

오, 또한 그것이 우리에게 얼마나 영웅적 자질을 고취시키는지요! 여러분이 십자가에 도달할 때는 소인배들의 영역에서 떠났을 때입니다. 여러분은 진정한 기사도의 산실에 도달한 것입니다. 그리스도께서 죽으셨습니까? 그렇다면 우리 역시도 죽을 수 있다고 느낍니다. 그리스도의 사랑 안에 살 때에 사람들이 얼마나 대단한 일들을 해 왔습니까! 모라비아 형제들(Moravians)의 이야기가 떠오릅니다. 여러분이 종종 그 이야기를 들었더라도 다시 반복하도록 하겠습니다. 수년 전에 남아프리카에는 나환자들의 마을이 있었습니다. 높은 담으로 둘러싸인 어떤 지역이었으며, 그곳에서는 누구도 빠져나갈 수 없었습니다. 그곳에는 오직 하나의 문이 있었고, 그곳으로 들어간 사람은 다시는 밖으로 나올 수 없었습니다. 어떤 모라비아 형제들이 그 담을 넘어서 두 사람을 보았습니다. 한 사람은 양팔이 나병으로 썩어서 떨어져나간 사람이었는데, 두 다리를 잃어버린 또 한 사람을 등에 업고 있었습니다. 그들은 서로 힘을 모아 땅에 구멍을 파고 씨앗을 심고 있었습니다. 그 두 명의 모라비아 형제들이 생각했습니다. '저 안에는 수백 명의 사람들이 가혹한 질병으로 죽어가고 있다. 우리가 가서 그들에게 복음을 전하자.' 그들은 또 생각했습니다. '하지만, 만일 그곳에 들어가면 다시는 나올 수 없을 것이다. 우리 역시 거기서 나병으로 죽게 될 것이다.' 그들은 들어갔으며, 그들은 천국 본향에 갈 때까지 그곳에서 나오지 않았습니다. 그들은 예수님의 사랑 때문에 다른 사람들을 위하여 죽은 것입니다. 이 거룩한 형제들 중에서 또 다른 두 사람은 서인도 제도로 갔습니다. 거기에는 노예가 되지 않고서는 복음을 전하러 들어가지 못하는 지역이 있었습니다. 이 두 사람은 스스로를 팔아 노예가 되었고, 다른 사람들처럼 노동을 했습니다. 동료 노예들에게 복음을 전하기 위해서였습니다. 오, 만일 우리 가운데 예수님의 정신이 있다면 우리는 위대한 일들을 할 것입니다. 교회는 예전의 영웅적 자질(heroism)을 잃어버렸을 때 모든 것을 잃은 것입니다. 그리스도의 사랑이 더 이상 교회를 강권하지 않을 때, 교회는 세상을 정복할 힘을 잃어버린 것입니다.

하지만 이 경우에는 영웅적 행위가 얼마나 상냥하고 부드러운 특징을 띠는지를 주목하십시오. 옛 시대의 기사도는 잔인했습니다. 그것은 철갑옷을 입은 어떤 힘센 자가 그와 유사한 철갑옷을 미처 입지 못한 자에게 돌진하여 박살을 내버리는 행동을 대단하다고 간주했습니다. 요즘에도 그런 식의 용기를 가진 자들이 상당히 있겠지만, 내 분명히 말하건대, 그런 용기는 아예 없는 편이 최선입니다. 우리가 원하는 것은 저 복된 사랑의 기사도입니다. 그 기사도는 이런 식으로 느낍니다. "내가 만일 그리스도를 위하여 저 사람에게 유익을 끼칠 수 있다면 그에게서 받는 어떤 모욕이라도 참을 것이다. 나는 기꺼이 내 주님의 성전 문 앞의 바닥 매트(doormat)라도 되어, 그곳에 오는 모든 사람들이 나를 밟고서 발바닥을 털고, 그곳에서 그리스도를 경배할 수 있게 되기를 바란다." 그리스도를 위하여 아무것도 아닌 것이 되거나, 혹은 그리스도를 위하여 어떤 것이라도 되는 것, 이것이 십자가의 영웅주의입니다. 왜냐하면, 그리스도께서 자기를 비워 종의 형체를 가지사 사람들과 같이 되셨고, 사람의 모양으로 나타나사 자기를 낮추시고 십자가에 죽기까지 복종하셨기 때문입니다(빌 2:7-8). 오 복되신 성령이여, 예수님을 위하여 자기를 부인하는 영웅적 행동들을 할 수 있도록 우리를 가르쳐 주소서!

마지막으로, 십자가에서 내 귀에 들려오는 부드러운 목소리가 있는 듯합니다. 이렇게 말하는 듯합니다. "죄인이여, 죄인이여, 죄 많은 죄인이여, 내 너를 위해 이 모든 일을 행했건만, 너는 나를 위해 무엇을 하느냐?" 또 다른 음성이 이렇게 들려옵니다. "땅 끝의 모든 끝이여 내게로 돌이켜 구원을 받으라"(사 45:22). 나는 십자가에 못 박히신 그리스도를 여러분에게 어떻게 전해야 할지 알기를 열망합니다. 내가 전한 것보다 더 잘 전하지 못하는 나 자신에 대해 부끄러움을 느낍니다. 내가 말로 전할 수 있는 것보다 훨씬 더 좋은 방법으로 주님께서 그것을 여러분 앞에 제시해 주시길 기도합니다. 하지만, 오, 죄 많은 죄인이여, 구속주를 바라보는 것에 생명이 있습니다! 지금 당신의 눈을 그분께로 향하고, 그분을 믿으십시오! 단순하게 그분을 의지함으로써, 당신은 용서와 자비와 영생과 천국을 얻을 것입니다. 믿음은 저 위대하신 대속자를 바라보는 것입니다. 당신이 그분을 바라보도록 예수님을 위하여 하나님이 도우시길 빕니다. 아멘.

제
65
장
—

성령의 삼중적인 책망

—

"그가 와서 죄에 대하여, 의에 대하여, 심판에 대하여 세상
을 책망하시리라. 죄에 대하여라 함은 그들이 나를 믿지 아
니함이요, 의에 대하여라 함은 내가 아버지께로 가니 너희
가 다시 나를 보지 못함이요, 심판에 대하여라 함은 이 세상
임금이 심판을 받았음이라." —요 16:8-10

사도들은 엄중한 임무를 앞두고 있었습니다. 그들은 예루살렘에서 시작하
여, 온 천하에 다니며 만민에게 복음을 전파하여야 했습니다. 겨우 이삼 년 전만
해도 그들이 갈릴리 호수에서 물고기를 잡던 단순한 어부들이었음을 기억하십
시오. 교육을 거의 혹은 전혀 받지 못했고, 어떤 저명한 지위나 신분이 없는 사람
들이었습니다. 그들이 내세울 수 있는 것은 기껏해야 유대인이었다는 점인데,
그 민족은 어디서나 멸시를 당했고, 이 가난한 평민들은 같은 유대인들 중에서
도 아무런 명성이 없는 사람들이었습니다. 하지만 이 사람들이 세상을 발칵 뒤
집을 것입니다. 그들은 주님으로부터 그분을 위해서 왕들과 통치자들 앞으로 끌
려갈 것이라는 말씀을 들었고, 또 어디를 가든지 박해를 받으리라는 말씀을 들
었습니다. 그들은 로마 황제의 권력 앞에서도 복음을 전할 것이며, 고대 헬라의
지혜로운 자들에게나, 야만적인 나라들의 매우 거친 자들에게도 평화와 의의 나
라에 대해 전파할 것입니다.

그들이 사명을 받으려 하던 바로 그 무렵에, 그들은 또한 그들의 위대하신

지도자의 몸으로의 임재를 잃어버릴 예정이었습니다. 그분이 함께 하시는 동안에 그들은 어떤 두려움도 느끼지 않았습니다. 혹 서기관들이나 바리새인들에 의해 당황스러워지는 때가 생기면, 그들은 예수님께 도움을 청할 수 있었고, 곧 곤란한 상황에서 벗어날 수 있었습니다. 그분처럼 말하는 자가 없었습니다. 그리스도께 있는 지혜와 분별력은 어떤 사람의 정신에서도 찾을 수 없었습니다. 그분의 임재는 그들에게 '이지스'(aegis: 그리스 신화에서 제우스의 방패 — 역주)였습니다. 그 뒤에 있으면 대적들이 어떤 창으로 찌르더라도 안전하게 서 있을 수 있는 넓은 방패였습니다. 하지만 이제 그분이 세상을 떠나 아버지께로 가실 예정이었고, 그들은 그들의 요새와 높은 망대를 잃어버리게 되었습니다. 그들은 아버지를 잃은 어린아이들처럼 되든지, 혹은 기껏해야 장군을 잃은 병사들 신세가 될 판이었습니다. 슬픈 상황입니다. 일은 주어졌고, 힘은 사라졌습니다. 싸움은 시작되었고, 무적의 지휘자는 떠나려 합니다.

우리의 복되신 주님께서 그분이 떠나시는 것이 그들에게 손실이기보다는 오히려 유익이 될 것이라고 말씀하실 수 있다는 것이, 이 제자들에게는 얼마나 다행스러운지요. 그분이 떠나시면 하나님의 영이 오셔서 그들을 위한 보혜사가 되시고, 그들과 함께 계실 것입니다. 성령의 능력으로 그들은 원수들을 침묵시키고 임무를 달성할 수 있을 것입니다. 성령님은 그들이 두려워하지 않도록 위로자(Comforter)가 되실 것이며, 그들이 당황하지 않도록 대언자(Advocate)가 되실 것입니다. 그들이 말할 때에, 그들 속에는 할 말을 떠올려 주는 능력이 임할 것이며, 그 전하는 말로써 듣는 자들의 마음을 감화시키는 능력도 함께 할 것이며, 더 나아가 듣는 자들이 들은 말씀을 계속해서 기억하게 만드는 능력도 따를 것입니다. 그 능력은 신적인 것이며, 아버지와 아들과 더불어 한 분 하나님이신 성령님의 능력입니다. 사람들이 말을 하는 것과, 사람들을 통해 하나님께서 말씀하시는 것은 전혀 별개의 일입니다. 세상에 복음을 전하는 일은 그 열두 명이 하기에는 너무나 큰 일입니다. 하지만 그 일은 하나님의 성령께는 결코 너무 큰 일이 아닙니다. 누가 그분의 능력을 제한하겠습니까? 여호와께 너무 어려운 일이 있을 수 있습니까? 성령님이 그들을 도우시면, 이 나약한 사람들도 하나님께서 그들에게 맡기신 그 임무를 능히 감당할 것입니다. 성령의 임재는 주 예수님이 몸으로 함께 하시는 것보다 그들에게 더 좋은 일입니다. 주 예수님은 그분이 육체적으로 현존하시는 한 장소에만 계실 수 있었습니다. 하지만 성령님은 어디에나 계실 수 있습니다. 예수님을 눈으로 보는 것에는 감각에 호소하는 효력이 있겠지만, 성령님의 능력은 마음을 감동하며 영적인 생명과 구원 얻는 믿음을 가져다줍니다. 그러므로, 자신이 떠나시고 성령님을 보내심으로써, 우리 주님은 그분의 종들에게 싸움에 필요한 준비를 시켜 주신 것입니다.

우리는 이 시간에 대언자(Advocate)로서 성령님이 행하시는 일들을 살펴볼 것입니다. 세 가지로 묘사하지 않으면 이 본문은 충분히 이해될 수 없습니다. 심지어 그렇게 해도, 이 최상의 포도송이에서 풍부한 의미의 포도주를 다 짜낼 수 있다고 단정하지 못합니다. 내 생각에, 본문은 하나님의 영의 모든 활동의 개요를 표현한 듯합니다. 본문을 읽으면서 우리는 많은 것을 보게 될 것입니다. 첫째, 하나님의 영은 복음 전파와 더불어 활동하시면서 죄에 대해 사람들을 **책망하십니다**(reprove). 의의 전파자(preacher of righteousness, 벧후 2:5) 앞에서 사람들을 부끄럽게 만드십니다. 둘째, 이는 훨씬 더 복된 결과인데, 사람들에게 죄를 깨닫게 하십니다(convince). 그래서 그들을 하나님을 향한 회개와 우리 주 예수 그리스도 안에 있는 믿음으로 이끄시는 것입니다. 셋째, 성령님의 활동의 궁극적인 결과는 모든 지적인 존재들 앞에서, 가장 추한 죄를 지은 자들과, 가장 완벽한 의를 반대한 자들과, 가장 영광스러운 판단에 도전한 자들에게 유죄를 입증하는(convict) 것입니다. 우리는 이 세 개의 창을 통해서 본문의 의미를 살펴보려고 시도할 것입니다.

1. 죄에 대해 책망하시다.

첫째로, 여기서 우리는 그리스도의 종들에게 하나의 약속이 주어졌다고 믿습니다. 그들이 복음을 전파하러 나가면 성령께서 그들과 함께 하시어 **사람들을 책망하실**(reprove) 것입니다. 이 의미는, 그들을 구원하신다기보다 그들을 침묵시키신다는 것입니다. 그리스도의 일꾼이 일어서서 그 주님의 대의(大義)를 변호할 때, 또 다른 대언자(Advocate)가 법정에 나타나십니다. 그분의 변론은 사람들이 그 진리를 저항하기 어렵도록 만듭니다.

이러한 책망이 어떻게 죄(sin)와 관련되는지를 주목하십시오. 오순절에, 제자들은 성령님이 그들을 말하게 하심에 따라 다양한 언어로 말했습니다. 하늘 아래 모든 나라들에서 온 사람들이 그들이 자기 본토의 언어로 말하는 것을 들었습니다. 이는 아주 놀라운 일이며, 온 예루살렘에 그 소문이 퍼졌습니다. 베드로가 모인 군중들에게 말씀을 전하려 일어서서, 유대인들을 향해 그들이 거룩하고 의로우신 분을 십자가에 못 박았다고 말하고, 그 표적과 기사들은 예수의 이름으로 성령에 의해 행해진 것이라고 증언하자, 그들은 누구도 반박하지 못했습니다. 하나님의 성령께서 이 배우지 못한 사람들에게 언어의 선물을 주셨다는 바로 그 사실이, 그들이 전하는 나사렛 예수가 사기꾼이 아니라는 명백한 증거였습니다. 옛 유대 율법에 기록된 바에 따르면, 만일 어떤 사람이 예언을 하고 그 예언의 증험이 나타나지 않으면, 그는 거짓 선지자로 정죄를 받아야 했습니다. 자, 주 예수 그리스도는 성령의 부어주심을 약속하셨습니다. 그것은 이미 선지자 요엘에 의해 메시야와 관련된 일로 예언된 바 있습니다. 그러므로, 성령의 오심과 기적들을 행하심에 의해 참 메시야의 증표가 나사렛 예수에게 나타났을 때에, 사람들은 예수님을 믿기를 거절한 것에 대해 책망을 받은 것입니다. 그 증거는 그들이 악한 손을 들어 영광의 주를 못 박았다는 것을 생각나게 했으며, 그들은 그렇게 책망을 받은 것입니다.

그에 뒤따르는 모든 기적들이 같은 일을 확증해 줍니다. 사도들이 기적들을 행했을 때, 세상은 그리스도를 믿지 않은 것으로 인해 죄에 대해 책망을 받았습니다. 소수의 제자들만이 인류의 죄에 대해 증언한 것이 아니라, 성령님께서 친히 권능의 행위로써 사람들을 떨게 하셨고, 주 예수님에 대해 증언하셨으며, 세상이 예수를 십자가에 못 박음으로써 성육하신 하나님의 아들을 죽게 했다는 사실을 공표하신 것입니다. 여러분은 초기의 제자들을 무장시켰던 권세가 얼마나 굉장한지를 보았습니까? 그것은 그들에게 있어서, 모세의 손에 쥐어져 많은 재앙으로 바로를 쳤던 지팡이보다 더 대단한 것이었습니다. 그 권세는, 성령을 거역하고 자기들이 찌른 분 앞에 경배하기를 거절하는 모든 완악하고 목이 곧은 세대에 필요한 것이었습니다. 그들은 악의와 고집스러움으로 가득합니다. 하지만 마음 깊은 곳에서 그들은 찌르는 듯한 통증을 느끼고, 하나님을 대항하여 싸우고 있다고 느낍니다.

사랑하는 친구들이여, 우리는 또한 사도들 및 사도들 직후의 제자들과 함께 하시는 성령님의 활동이 의(righteousness)의 문제와 관련해서도 놀랍도록 세상을 책망하는 것이었음을 볼 수 있습니다. 예수님은 떠나셨습니다. 그분의 거룩한 본보기는 더 이상 사람들의 어둠을 몰아내는 밝은 빛으로 두드러지지 않았습니다. 하지만 성령님이 의를 증언하셨습니다. 그리하여 그들로 하여금 예수님을

거룩한 분으로, 또 그분의 대의(大義)를 의로운 것으로 느끼지 않을 수 없게끔
하셨습니다. 성령님에 의해 확증된 사도들의 가르침은 세상으로 하여금 그들이
전에 볼 수 없었던 의를 보게 했습니다. 세상에 도덕에 대한 새로운 기준이 세워
졌으며, 이후로 그 의의 깃발은 결코 내려진 적이 없습니다. 그 깃발은 그곳에 서
서 설혹 세상을 개선하지는 않는다 하더라도, 책망하고 있습니다. 세상은 그 때
가장 깊은 악의 수렁에 빠져 있었으며, 심지어 그 시대의 선량한 사람들도 혐오
스러웠습니다. 하지만 이제 주 예수님의 가르침 안에서 새로운 종류의 의가 제
시되었고, 성령님이 오셔서 그에 대해 하나님의 승인의 인장을 찍으셨습니다.
그리하여 만일 사람들이 계속해서 죄를 범하면, 그것은 빛과 지식에 거스르는
것이 되었습니다. 그들이 의가 무엇인지를 알게 되었고, 그 점에 대해 더 이상 오
해할 수 없었기 때문입니다. 하나님께서는 새로운 의의 설교자들과 함께 하셨습
니다. 여러 표적과 기사들로써 복음의 증언을 확증하셨습니다. 자, 형제들이여,
우리는 진리가 모든 시대에 전파된 것을 보고 기뻐합니다. 우리는 주 예수님이
사람들 가운데 세우신 나라가 의의 나라이고, 그것이 신적으로 인가되었음을 압
니다. 그리고 종말에 그 나라가 악의 세력들을 가루로 분쇄해 버릴 것을 확실히
알고 있습니다. 우리는 주님의 언약의 종들이며, 그분의 의는 성령 하나님의 인
격적인 증언에 의해 사람들 가운데 선포되었습니다. 그러한 섬김에 부름을 받았
다는 사실이 기쁘지 않습니까? 오, 세상이여! 그대는 그 나라에 저항하는 것으로
책망받는 것이 아니더냐?

　　이 열두 명의 어부들은 그들 스스로는 새로운 의의 기치(旗幟)를 사람들 가
운데 내세울 수 없었습니다. 그들은 그들 자신의 재량으로는 도덕적 탁월함의
더 높은 이상을 열방에 세시힐 수 없었습니다. 하지만 신성의 영원한 능력과 위
엄이 주 예수님의 의를 보증할 때, 사도적 교회가 가는 길은 하늘의 태양의 길과
도 같았습니다. "그의 소리가 온 땅에 통하고 그의 말씀이 세상 끝까지 이르도다
하나님이 해를 위하여 하늘에 장막을 베푸셨도다"(시 19:4). 어느 누구도 그들을
막아설 수 없었습니다. 아침이 동트며 어둠을 몰아내고 밤에 나는 박쥐들을 서
둘러 쫓아 버릴 때처럼, 은혜의 전령들이 하나님의 의를 선포할 때에 사람들의
위선과 자기 영광은 쫓겨났습니다.

　　다음으로, 그들은 또한 다가올 심판(judgment)에 대해 느끼게 되어 있습니다.
나사렛 예수의 삶과 죽음은 세상 역사의 갈림길이 되었으며, 믿지 않는 자들의

길과 방식을 정죄했습니다. 모든 역사가들은 그리스도의 십자가가 인류의 전환점인 것을 고백하지 않을 수 없습니다. 역사의 다른 어떤 것으로 전환점을 삼으려는 시도는 불가능합니다. 바로 그 순간부터 악의 세력은 치명적인 상처를 입었습니다. 그것은 잘 죽지 않습니다. 하지만 그 시각부터 그 운명은 결정되었습니다. 우리 주님의 죽음을 보고 이교도 예언자들은 놀라 말문을 닫았습니다. 세상 어디에서도 예언들은 존재해 왔습니다. 악한 영들의 산물이거나 혹은 교활한 제사장들이 지어낸 것입니다. 하지만 기독교 시대 이후로 세상은 더 이상 그런 목소리를 믿지 않으며, 더 이상 그런 소리가 들리지도 않습니다. 거짓된 예배 체계들, 곧 편견과 관습에 너무나 깊이 뿌리를 내려 도무지 쓰러지지 않을 것처럼 보이던 것들이, 주님의 입김으로 뿌리째 뽑혔습니다. 사도들은 모든 거짓 종교 체계에 대해 "넘어지는 담과 흔들리는 울타리 같은"(시 62:3) 것이라고 말했을 것입니다. 사람들은 저 어둠의 군주가 그 독점적인 권세에서 쫓겨나는 것과, 그 때부터는 숨죽이고 말할 수밖에 없게 된 것을 목격했습니다. 여자의 후손이 옛 뱀을 상대하셨고, 그 결투에서 그분이 승리하셨기에 악의 세력은 그 때부터 희망을 잃어버렸습니다.

또한, 심판의 날이 있을 것이라는 생각이 그 이전의 어느 때보다 선명해졌습니다. 사람들은 하나님께서 마지막에 그리스도 예수에 의해 세상을 심판하실 것이라고 경고하는 진리의 소리를 듣고 느꼈습니다. 구름 빽빽한 재판정에 앉으신 최후의 재판장, 그 보좌 앞에 모인 총회, 이 땅의 삶에 따라 구분된 무리들의 흐릿한 형체들이, 이제는 훨씬 더 선명한 형체로 나타나기 시작했습니다. 인류의 마음에는 '다가올 심판이 있다'고 기록되었습니다! 사람들은 다시 살아날 것입니다. 그들은 그리스도의 심판대 앞에 서서 그 몸으로 선악 간에 행한 일들을 이실직고하게 될 것입니다. 세상은 이 소식을 들었고, 이 소식은 결코 잊혀지지 않았습니다. 성령님은 다가올 심판의 전망으로써 사람들을 책망하십니다.

성령님은 그분이 행하신 기적의 방식으로써, 또한 깨닫게 하시고, 감화하시고, 인간의 마음을 정복하시는 방식으로써, 그리스도의 삶에 대해서와 사도들의 가르침과 그 속에 담긴 모든 장엄한 진리들을 증언하셨습니다. 그 이후로 인간은 저 위대한 대언자에 의해 꾸지람과 책망을 받습니다. 주 예수님을 반대하는 편에 있는 모든 자들은, 그분의 사역에서의 명백한 증거들을 무시하는 입장에 서 있는 자들입니다. 사람의 증언이 참될 때에 그것을 거절하는 자는 어리석은 자입니다. 하지만 성령님의 증언을 멸시하는 자는 불경스러운 자입니다. 그가 진리의 성령님을 거짓말쟁이로 취급하는 셈이기 때문입니다. 성령을 거역하는 자는 가장 두려운 저주에 처하게 됨을 알아야 합니다. 성령을 거역하는 자는 "사하심을 얻지 못한다"고 기록되었기 때문입니다(마 12:31).

형제들이여, 그것이 사도들을 겉으로 보이는 것보다는 상당히 다른 지위에 올려놓지 않습니까? 만일 우리가 감각이나 육적인 이성을 따라 판단한다면, 그들의 모험은 돈키호테식이며, 그들의 성공은 불가능한 것이었습니다. 모든 사람들이 그들을 향해 이렇게 말했을 것입니다. "고기 잡는 배와 그물로 돌아가시오. 당신네 나라에서 국교와도 같은 유대교에 맞서 그대들이 무엇을 할 수 있단 말이오? 만일 그 일도 당신들이 하기에는 아주 어렵다면, 하물며 다른 나라들에서 당신네들이 무엇을 할 수 있겠소? 수천 년 동안 그들 나름의 학문 체계로 교육을 받아서 모든 예술과 과학 분야에 정통한 민족들이 있소이다. 그들은 시와 음악과 조각술 등의 모든 매력에 심취해 왔고, 또한 그들의 우상 숭배적인 신앙체계를 유지하여 왔다오. 당신들은 학식도 없고 무지한 사람들로서 이 모든 것을 전복시킬 수 있다고 생각할 만큼 어리석단 말이오?" 신중한 자라면 이 말에 동의하지 않았겠습니까? 그랬을 것입니다. 하지만 만일 하나님이 이 사람들 안에 계시다면, 호렙 산의 떨기나무 가운데에서 그 나무에 불이 붙게 하셨으나 타지 않게 하셨던 그분이 그들 안에 거하신다면, 또한 그들 각 사람이 불의 혀(tongue of fire)를 은사로 받았다면, 이 문제는 전적으로 다른 차원의 문제가 됩니다. 진정, 세상을 만드신 그분이 그것을 새롭게 만드실 수 있었습니다. "빛이 있으라"(창 1:3) 명하여 빛을 생겨나게 하셨던 그분이, 도덕적이고 영적인 밤에 빛을 명하여 비추게 하실 수도 있었습니다.

이와 같이 본문을 첫 번째 방식으로 읽는 것에 대해 많이 살펴보았습니다. 계속해서 여러분의 관심을 끌 다음 주제를 살펴보도록 하겠습니다.

2. 사람들을 깨닫게 하시다.

성령님은 말씀 전파와 더불어 세 가지 크고 두드러진 진리에 대해 사람들을 깨닫게 하십니다(convince men). 이는 구원에 이르게 하는 말씀입니다. 사람들은 죄를 깨달음으로써 죄를 회개하고(repent of sin), 의를 받아들이고(accept of righteousness), 주님의 심판 앞에 복종합니다(yield themselves to judgment of the Lord). 여기서 우리는 마치 지도로 보듯이, 영생에 이르도록 예정된 자들의 마음에 활동하시는 성령님의 역사를 봅니다. 이 세 가지 효과는 모두 필수적이며, 그 하나하나가 참된 회심에 있어서 극히 중요한 요소입니다.

먼저, 성령님은 사람들이 죄에 대해(of sin) 깨닫도록 하십니다. 사람들이 죄를 깨닫는 일이 절대적으로 필요합니다. 요즘 유행하는 신학은 이런 것이지요. "사람들에게 하나님의 선하심을 깨닫게 하십시오. 그들에게 하나님의 보편적인 부성애(fatherhood)를 제시하고, 무제한의 자비를 확신하게 하십시오. 하나님의 사랑을 말함으로써 그들의 마음을 얻고, 죄에 대한 그분의 진노라든지, 속죄의 필요성이라든지, 형벌의 장소가 있을 가능성에 대해서는 결코 언급하지 마십시오. 잘못된 일에 대해 불쌍한 사람들을 꾸짖지 마십시오. 그들을 판단하거나 비난하지 마십시오. 마음을 파헤치거나 사람들을 기죽고 슬프게 하지 마십시오. 위로하고 격려하되, 결코 책망하거나 협박하지 마십시오."

예, 그것이 사람의 방식입니다. 그러나 하나님의 성령의 방식은 매우 다릅니다. 그분이 임하시면 의도적으로 사람들로 하여금 죄를 깨닫도록 하십니다. 그들이 유죄라고 느끼도록 하시고, 그것도 크고 심각하게 유죄여서, 그들이 잃어버리고, 파멸하고, 망했다고 느끼도록 하십니다. 그분이 임하실 때에는 단지 하나님의 인자하심에 대해서만 생각나게 하시는 것이 아니라, 그들 자신의 추악함과, 사랑의 하나님께 대한 그들 자신의 적대감과 증오심을 생각나게 하시며, 결과적으로 그토록 한없이 인자하신 분을 그토록 나쁘게 대한 그들의 무서운 죄를 깨닫도록 하십니다. 성령님이 오실 때에는 죄인들로 하여금 그들의 죄에 대해 편안한 마음을 먹도록 하시지 않으며, 오히려 그들로 하여금 죄에 대해 근심하도록 만드십니다. 그분은 그들이 자기 죄를 잊어버리도록 도우시는 것이 아니라, 오히려 그들의 죄가 얼마나 극악하고 무거운 죄인지를 자각시키러 오십니다. 사람의 춤 동작에 따라 피리를 부는 일이 성령님의 활동이 아닙니다. 플루트, 하프, 피아노 등 온갖 종류의 악기들을 가지고 와서 불신자들을 매혹시켜 그들 스스로에 대해 좋은 견해를 가지도록 하는 일이 성령의 활동이 아닙니다. 오히려 그분이 오시는 것은 죄를 죄로 보이게 하고, 우리로 하여금 죄의 무서운 결과를 보도록 하기 위함입니다. 그분이 오시는 것은 상처를 입혀서 어떤 인간적인 진통제로도 치료하지 못하도록 하기 위함이며, 우리를 죽여서 어떤 세상의 능력으로도 우리를 살리지 못하도록 하기 위함입니다. 풀이 푸를 때 꽃들이 목초지를 화려하게 장식합니다. 하지만 보십시오! 뜨거운 바람이 사막에서 불어옵니다. 풀은 마르고 꽃은 시듭니다. 인간의 의라고 하는 아름다움과 탁월함을 풀처럼 시들게 만드는 것이 무엇입니까? 이사야는 "여호와의 영(the Spirit of the Lord, 한글개역개정은 "여호와의 기운"으로 되어 있음)이 그 위에 불기" 때문이라고 말합니다(사 40:7). "시들게 만드는" 하나님의 영의 활동을 우리는 반드시 경험해야 합니다. 그렇지 않으면 우리가 그분의 소성시키고 회복시키는 능력을 결코 알 수 없습니다. 이렇게 시드는 것은 아주 필요한 경험이며, 지금과 같은 시대에 많이 강조되어야 합니다. 오늘날 우리에게는 허물어져 본 경험 없이 세워진 자들이 너무 많고, 비워져 본 경험 없이 채워진 자들이 너무 많습니다. 그래서 내가 더욱 진지하게, 성령님은 반드시 우리에게 죄를 깨닫게 하신다고 여러분에게 상기시키는 것입니다. 죄를 깨닫지 않으면 우리는 구원받을 수 없습니다.

이러한 활동은 아주 필요합니다. 왜냐하면 그것이 없이는 뛰어난 사람들 중에서 하나님의 은혜의 복음을 받아들이는 자가 없기 때문입니다. 우리는 어떤 사람들에게서는 복음의 진보를 이루지 못합니다. 그들이 믿음을 쉽게 고백하지만, 죄에 대해서는 아무것도 깨닫지 못하기 때문입니다. "오, 예, 우리는 죄인입니다. 의심의 여지가 없지요. 그리고 그리스도께서 죄인들을 위해 죽으셨습니다." 그것이 그들이 하늘의 신비들을 다루는 아주 쉽고 편한 방식입니다. 마치 아이들이 뜻 없이 하는 소리나 전래 동화의 이야기 정도로 가볍게 대합니다. 이는 전적으로 조롱이며, 우리는 그런 사람들에 싫증이 났습니다. 하지만 '진짜 죄인(real sinner)'을 가까이 하면, 곧 영혼 깊은 곳에서 슬퍼하는 그런 사람을 만나면, 진지하게 대화할 수 있음을 발견할 것입니다. 그런 사람이 복음을 환영하고, 은혜를 빋아들이고, 구주를 영접하는 것입니다. 그에게 있어서 용서의 소식은 목마른 영혼에게 시원한 냉수와도 같고, 은혜의 교리는 벌집에서 떨어지는 꿀과도 같습니다. 어느 찬양 가사 중의 한 대목은 이렇게 표현하고 있습니다. "죄인이 성도가 되네, 성령님이 그렇게 만드신다네." '가짜 죄인(sham sinner)'은 무서운 사람입니다. 하지만 하나님의 영에 의해 죄를 진정으로 자각하는 사람은 마치 보석 같은 존재로서 찾을 만한 사람입니다. 그가 구속주의 면류관을 장식할 테니까요.

여기서, 하나님의 영이 오셔서 사람들에게 죄를 깨닫게 하시는 이유는, 만일 그분의 대언자로서의 활동이 아니면 사람들이 죄를 결코 깨닫지 못하기 때문임을 기억하십시오. 하나님의 영에 의해 감동을 받은 자연인의 양심은 사람에게 자기 잘못을 보여주는 면에서 큰 역할을 할 수 있습니다. 양심이 그를 불편하게 하고, 삶의 개혁을 하게 만들 수도 있습니다. 하지만 사람으로 하여금 죄를 온전히 깨닫게 하여 회개와, 자기 절망과, 예수님께 대한 믿음을 발생시키는 분은 오직 성령님이십니다. 여러분과 내가 잘못한 죄가 무엇입니까? 아, 형제들이여, 그것을 말하기가 쉽지 않습니다. 하지만 나는 이것을 알고 있습니다. 즉 죄의 크기는 성령께서 마음의 은밀한 방에 있는 혐오스러운 것들을 드러내시기까지는 결코 알려지지 않는다는 것입니다. 하나님의 성령이 우리 마음을 비추서서 우리 안에 성결의 목적을 깨우쳐 주시기까지는, 우리는 죄인 줄도 모르고서 수천 가지의 죄를 짓습니다. 예를 들어, 어떤 자연인이 스치듯 지나가는 악한 생각이나, 욕망이나, 상상에 대해 슬퍼한답니까? 하지만 이 모든 것들이 죄이며, 은혜를 아는 마음을 가장 깊이 슬퍼하게 만드는 죄입니다. 설혹 우리가 실제로 어떤 악행을 저지르지 않았더라도, 만일 우리가 그렇게 하기를 바란다면, 우리는 이미 죄를 지은 것입니다. 만일 우리가 악한 것을 생각하면서 기쁨을 느낀다면, 우리는 이미 죄를 지었습니다. 우리의 본성 안에 있는 이 독(毒)은 수천 가지의 방식으로 자신을 드러냅니다. 우리가 죄를 지을 뿐 아니라 본성상 죄인이라는 사실을 우리의 교만은 인정하지 않으려 합니다. 하나님의 영이 우리에게 가르쳐 주시기까지는 우리는 그것을 배우지 못할 것입니다. 성령으로부터의 빛이 흑암 중에 비치지 않으면 어떤 사람도 죄성의 심각함을 알지 못합니다. 모든 죄는 실상 하나님의 보좌와 영광과 생명을 향한 공격입니다. 죄는 지존하신 분을 왕좌에서 몰아내려 하고, 할 수만 있다면 그분을 해치려고 합니다. 하지만 인간은 이것을 알지 못합니다. 그들은 죄를 아주 가볍게 말하고, 그것이 유황불과 죽음을 흩뿌리는지를 알지 못합니다. 내가 말하건대, 하나님의 성령께서 사람으로 하여금 죄를 그 흉악한 몰골 그대로 보게 하실 때, 그는 놀라고 두려워할 것입니다. 나는 죄의 가증함을 보았고, 혹은 보았다고 생각합니다. 그것은 견딜 수 없는 것이며, 내 영혼은 안식할 수가 없었습니다. 우리 모두가 그런 광경을 어느 정도는 보아야 합니다. 그렇지 않으면 우리는 결코 우리의 죄를 가져가시는 분으로서 주 예수님을 바라보지 않을 것입니다. 쓰린 상처를 입은 사람들이 아니고는 치유의 향유를 바르는 것을 좋아하지 않습니다.

성령께서는 특히 한 가지 요점을 강조하십니다. "죄에 대하여라 함은 그들이 나를 믿지 아니함이요." 그분의 빛에 의해서가 아니면 누구도 불신앙을 죄로 보지 않습니다. 사람은 이렇게 생각합니다. "글쎄요, 만일 내가 그리스도를 믿지 않는다면, 아마 그것은 애석한 일일 수 있겠지요. 하지만 여전히 나는 도둑이 아닙니다. 거짓말쟁이도 아니고, 술주정꾼도 아니고, 야비한 사람도 아닙니다. 믿지 않는 것이 그렇게 중요한 문제가 아닙니다. 나는 그 문제를 언제든지 바로잡을 수 있습니다." 하지만 성령님은 사람으로 하여금 그리스도를 믿지 않는 것이 가장 저주스러운 죄임을 보게 하십니다. 믿지 않는 자는 하나님을 거짓말쟁이로 만들기 때문입니다. 그보다 무서운 죄가 어디 있겠습니까? 그리스도를 믿지 않는 자는 하나님의 자비를 거절하는 자요, 하나님이 보여주신 크신 사랑을 멸시하는 자입니다. 그는 하나님의 말로 다할 수 없는 선물을 무시하는 자이며, 그리스도의 피를 짓밟는 자입니다. 그렇게 함으로써 그는 하나님의 명예를 아주 민감한 부분까지 손상시키고, 그분의 독생자와 관련하여 그분을 모독하는 것입니다. 하나님의 성령이 여기에 있는 불신자들에게 임하시어 그들이 어떤 자들이며, 유일하신 구세주와의 관계에서 어떤 위치에 있는지를 보게 해 주시기를 내가 얼마나 바라는지요! 그렇게 큰 구원을 등한히 여기는 자들이 어찌 심판을 면할 수 있겠습니까? 만일 오늘 아침에 하나님의 영이 진리로써 역사하시기만 하면, 내가 얼마나 빈약하게 말하는지는 문제가 되지 않습니다. 그렇게만 된다면 여러분은 여러분의 죄가 얼마나 큰지를 보게 될 것이고, 주 예수님을 믿을 때까지는, 그리고 저 피 흘리신 어린 양에 대한 당신의 큰 잘못이 용서받은 것을 알 때까지는 결코 편히 쉬지 못할 것입니다. 성령님의 우선적인 활동에 대해서는 여기까지 말하겠습니다.

다음으로, 성령의 활동은 사람들에게 의에 대해(of righteousness) 깨우쳐 주시는 것입니다. 복음적인 용어로 말하자면, 그들에게 그들 자신의 의가 없음과, 결코 행위로는 의에 이를 수 없음과, 은혜가 아니고서는 정죄를 받는 것을 보여주십니다. 그렇게 함으로써 그들로 하여금 모든 믿는 자에게 주시는 하나님의 의, 죄를 덮어 주시는 의, 그들을 하나님 앞에 받아들여지게 만드는 의를 주목하고 귀히 여기도록 인도하시는 것입니다.

더 놀라운 일을 말하는 동안 주의하고 여러분의 귀를 내게 빌려 주십시오. 사람들 가운데는, 만일 어떤 사람의 잘못된 행동에 대해 유죄가 입증되면, 다음 단계는 심판입니다. 예를 들어서, 한 젊은이가 고용주를 섬기다가 돈을 횡령했다고 가정합시다. 법적인 절차에 따라 그의 절도죄가 입증되었고, 그는 유죄가 되었습니다. 다음에는 무엇이 따르겠습니까? 심판이 선고되고, 그는 벌을 받아야 합니다. 하지만 우리의 은혜로우신 하나님께서 어떻게 다른 절차를 진행하시는지를 보십시오. 진실로 그분의 길은 우리의 길과는 다릅니다! "그의 유죄가 입증되었으니 ─ ." 다음 단계는 심판이 될 것 같습니다. 하지만 그렇지 않습니다. 주님께서는 여기까지 알려지지 않았던 중간 문구를 삽입하시고, "의에 대하여" 깨닫게 하십니다. 여기서 우리는 아연실색하게 됩니다. 주님은 그 사람에 대해, 사람이 유죄이고 또한 죄의 혐의를 받고 있을 바로 그 때에, 믿음의 의에 의해 그의 죄를 제거하시고 그를 의롭다고 칭하심으로써, 그 사람을 의롭게 만드십니다. 그 의는 다른 분, 곧 그 사람의 의가 되는 다른 분의 공로로써 그에게 임한 의입니다. 그런 일이 가능한가요? 형제들이여, 이런 일은 너무나 불가능해 보이기에, 하나님의 영이 그것을 사람에게 깨닫게 해 주실 필요가 있습니다. 나는 이제 하나님의 위대한 계획에 대해 말합니다. 바로 그 계획에 따라 주 예수님은 우리의 의가 되셨습니다. 하나님의 아들이 사람이 되셨고, 하나님의 율법을 온전히 지키셨으며, 또한 적극적인 섬김과 철저한 순종의 삶을 사셨고, 손상된 하나님의 율법의 정당성을 옹호하셨습니다. 이는 그를 믿는 자는 누구든지 정죄에서 구원을 받고, 사랑받는 자로 용납되도록 하기 위함이었습니다. 그리스도의 의가 우리의 의로 전가되고, 마치 신실한 아브라함의 경우와 마찬가지로 믿음이 의로 간주되는 것입니다. 하지만, 내가 이렇게 복음에 대해 아무리 말해도, 성령께서 그것을 명백하게 밝혀 주시기까지는 내 수고가 허사일 것입니다. 많은 사람들이 복음을 듣습니다. 하지만 그들은 그 진리를 받아들이지 않습니다. 깨닫지 못하기 때문입니다. 그들이 복음을 받아들이려면 그에 앞서 그것에 설득당하는 일이 필요합니다. 그리고 그 설득은 내 능력의 소관이 아닙니다. 누군가 이렇게 말하고 있나요? "나는 이 의의 길을 이해할 수가 없어요." 내가 대답하지요. "당연히 이해하지 못하겠지요. 하나님의 영이 당신에게 그것을 깨닫도록 하시기까지는 그것을 결코 이해하지 못할 것입니다."

성령님의 주장의 요점을 주목하십시오. "의에 대하여라 함은 내가 아버지께로 가니 너희가 다시 나를 보지 못함이요." 우리 주님은 이 세상에 의를 이루시기 위해 보냄을 받으셨습니다. 여기서 그분은 "내가 간다"고 말씀하십니다. 하지만 그분은 그 일을 완수하시기 전에는 가지 않으실 겁니다. 그분은 또한 "내가 아버지께로 간다"고 말씀하십니다. 하지만 그분은 그분의 언약의 조건들을 성취하시기 전에는 아버지께로 돌아가지 않으실 겁니다. "내가 아버지께로 간다." 즉, 가서 보상을 받고 아버지의 보좌에 앉는다는 의미입니다. 만일 예수님이 자신에게 주어진 사명을 끝내지 않으시면 이 영광을 받으실 수가 없었습니다. 그러므로 잘 보십시오. 그리스도께서는 모든 믿는 자에게 값없이 주어지는 의의 일을 완수하셨습니다. 그리스도를 믿는 자는 모두가 그분 때문에 하나님 앞에서 의롭다고 간주되며, 사실상 의롭게 됩니다. 그래서 바울이 이렇게 말한 것입니다. "누가 정죄하리요"(롬 8:34a). 바울 사도가 그 질문을 제기한 근거는 성령께서 이 본문에서 활용하신 근거와 같습니다. 사도는 말합니다. "죽으실 뿐 아니라 다시 살아나신 이는 그리스도 예수시니 그는 하나님 우편에 계신 자요 우리를 위하여 간구하시는 자시니라"(롬 8:34b). 성령님과 마찬가지로, 사도는 저 위대한 중보자의 부활과 승천과 즉위를, 모든 믿는 자들에게 완벽한 의가 있음을 입증하는 확고한 증거들로 언급하고 있습니다. 나는 많은 사람들이 이런 식으로 말하는 것을 압니다. "이는 의롭지 않은 사람들을 의롭게 만드는 것이다." 그들은 그런 이유를 대면서 많은 반대를 제기합니다. 바로 그렇습니다! 바로 이것이 그리스도로 말미암아 의롭지 않은 자를 의롭게 하시고 죄인들을 구원하시는 하나님의 영광입니다. "주께서 그 죄를 인정하지 아니하실 사람은 복이 있도다"(롬 4:8). 한 사람이 소리칩니다. "나는 이해할 수가 없어요." 그에 대한 우리 대답은 이것입니다. "당신이 이해하지 못하는 것을 우리가 압니다. 당신이 우리의 증언을 거부하는 것에 조금도 놀라지 않습니다. 여호와의 팔이 나타나지 않으면, 또한 성령께서 당신에게 의에 대해 깨닫게 해 주시지 않으면, 우리는 당신이 그것을 받아들일 것이라고 결코 기대하지 않습니다." 아버지께서 이끌지 않으시면, 그리고 성령에 의해 조명을 받지 않으면, 누구라도 그리스도께 올 수 없습니다. 하지만 성령께서 당신을 깨닫게 하시면 당신은 곧 스스로 이렇게 노래하는 것을 듣게 될 것입니다.

> "예수님, 당신의 피와 당신의 의가
> 나의 아름다움이며, 나의 영광스러운 의복입니다.
> 세상이 불타는 가운데서도, 나는 이렇게 단장을 하고서
> 기쁨으로 내 머리를 들 것입니다."

사랑하는 하나님의 백성들이여, 하나님의 성령께서 바로 지금 불신자들을 깨닫게 해 주시도록 간절히 기도하십시오. 죽을 인생들을 위한 유일하고 참된 의는 율법을 행함으로써 오는 것이 아니라, 믿음의 말을 들음으로써 오는 것입니다.

세 번째의 요점은 이것입니다. 하나님의 영은 심판에 대해(of judgment) 사람들을 깨닫게 하십니다. 이 심판은 누구에게 위임되었습니까? "아버지께서 심판을 다 아들에게 맡기셨으니"(요 5:22). 참으로 회개하는 자는, 설령 자신의 모든 죄가 용서받았다고 해도 다시는 죄 속에 누워 뒹굴어서는 안 된다고 느낍니다. 그는 그의 영혼의 큰 원수가 폐위되어야 한다고 느끼며, 그렇지 않으면 용서 그 자체가 마음에 어떤 위안도 주지 못한다고 느낍니다. 그는 죄책으로부터 뿐 아니라 죄의 힘으로부터도 구원받아야 합니다. 그렇지 않으면 속박 아래 사는 것입니다. 그는 사무엘이 여호와 앞에서 아각을 찍어 쪼갰듯이(삼상 15:33) 죄의 권능이 산산이 찍혀 쪼개지는 것을 보아야 합니다. 들으십시오, 오 괴로운 영혼이여! 당신은 자유롭게 될 것입니다. "이 세상 임금이 심판을 받았기" 때문입니다(11절). 예수님은 마귀의 일을 멸하려고 오셨습니다(요일 3:8). 우리의 구속자는 십자가에서 사탄을 심판하셨고, 그를 이기셨으며, 그를 아래로 던져 버리셨습니다. 사탄은 이제 저주받은 죄수요, 패배한 반역자입니다. 모든 신자들에 대한 그의 지배력은 깨어졌습니다. 그는 자기 때가 다 되었음을 알고서 크게 분노하지만, 그의 분노는 그의 정복자에 억제됩니다. 수난 중에서 우리 주님은 사탄과 대결하셨고, 그를 제압하시고, 통치자들과 권세들을 무력화하여 드러내어 구경거리로 삼으시고 십자가로 그들을 이기셨습니다(골 2:15). 당신은 이를 믿습니까? 하나님의 성령께서 그것을 당신에게 확신시켜 주시길 빕니다! 오 시험을 당하는 신자여, 주 예수님께서 당신을 위해 마귀를 쓰러뜨리셨습니다. 그분이 당신을 위해 어둠의 세력을 파하셨습니다. 그분을 믿으면 당신은 악한 자가 당신 속에서 권좌를 잃었음과, 모든 죄의 세력들이 높은 곳에서 끌어내려졌음을 알게 될 것입니다. 당신은 어린 양의 피로써 이길 것입니다. 다시 말합니다. 당신은 이를 믿습니까? 그리스도는 하나님으로부터 나와서 우리에게 거룩함이 되셨습니다(고전 1:30). 그분은 자기 백성을 죄에서 구원하십니다. 그분은 그들을 거룩하게 하시고, 그들의 원수들을 박살내십니다. 비록 많은 싸움의 대가를 치러야 하겠지만, 유혹의 때에 구슬 같은 땀이 당신의 이마에 맺히겠지만, 거룩함에서 떨어지는 것은 아닌지 두렵기도 하겠지만, 주님께서 당신을 위해 속히 사탄을 당신의 발 아래에서 상하게 하실 것입니다(롬 16:20). 그분은 이미 당신을 위해 사탄을 그분 자신의 발 아래에서 상하게 하셨습니다. 믿지 않는 자들의 마음에 그런 것을 납득시키려면 하나님의 영이 필요합니다. 대다수의 사람들이 그들 스스로의 힘으로 죄를 극복해야 한다고 꿈을 꾸고 있습니다. 오호라, 여전히 저 강한 자가 무장을 하고서 우리의 연약함에 맞서 집을 지키고 있습니다. 만일 당신이 스스로의 힘으로 이 싸움을 감행한다면 지극히 적은 성과를 거두고 말 것입니다. 나는 지금 마귀가 당신을 조롱하며 웃는 소리를 들을 수 있습니다. 이 큰 괴물 리워야단(leviathan)은 당신에 의해 길들여지지 않습니다. 욥이 이렇게 말하지 않겠습니까?"네가 어찌 그것을 새를 가지고 놀 듯 하겠느냐"(욥 41:5). 당신은 마귀를 마치 여인들이 애완용 새를 그 손가락 위에 올려놓는 것처럼 쉽게 다룰 수 있다고 생각하는 겁니까? 리워야단을 낚시 바늘로 끌어낼 수 있다고 생각합니까? 그가 당신에게 순순히 항복한다고 말하겠습니까? 당신은 그를 영원히 종으로 삼을 수 있다고 생각합니까? 당신의 화살은 그에게 미치지 않으며, 당신의 칼은 그를 상하게 할 수 없습니다. "네 손을 그것에게 얹어 보라 다시는 싸울 생각을 못하리라"(욥 41:8). 힘이 필요합니다. 그리고 그 힘은, 만일 겸손히 구한다면, 언제든 발휘될 수 있습니다.

그리스도의 의에 대해 깨달은 많은 사람들이, 악이 심판을 받고 정죄를 당하고 내동댕이쳐졌다는 것을 아직 온전히 깨닫지 못하고 있습니다. 여전히 그들은 원수의 손에 의해 망하게 될지도 모른다는 두려움에 시달리고 있습니다. 오, 나의 형제여, 성령님의 필요를 인식하십시오. 그분은 당신의 마음속에 하나님의 목적과 진리를 대언하시고, 당신으로 하여금 주 예수님께서 모든 원수를 제어할 최고의 권세를 가지신 것을 믿도록 하십니다. 나는 이따금씩 세상이 온통 악해져간다고 말하는 그리스도인 형제를 만납니다. 복음이 전적으로 패배하고, 그리스도께서 후퇴하시고, 마귀가 검은 깃발을 흔들며 승리를 외치고 있다고 그는 말합니다. 나는 싸움이 얼마나 치열한지를 압니다. 하지만 나는 주 예수님께서 악의 왕국 전체를 심판하셨음을 믿으며, 그 사실에서 사탄이 하늘에서 번개처럼 떨어지는 것을 봅니다. 우리 주님이 반드시 다스리십니다. 원수들은 반드시 먼지를 핥을 것입니다. 우리는 마지막 큰 날에 저 타락한 천사들을 판단할 것입니다. 믿음의 생명은 저 우두머리 원수를 이기는 승리의 생명입니다. 성령의 능력 안에서 진리가 거짓보다 강한 것이 입증될 것이며, 사랑이 미움보다 강하고, 거룩함이 죄보다 높다는 것이 입증될 것입니다. 주님께서 그 오른손과 거룩한 팔로써 이미 승리를 쟁취하셨기 때문입니다. 승천하신 주님께서 어떻게 사로잡혔던 자들을 사로잡으시는지를 보십시오. 그분이 어떻게 에돔에서 오시는지, 붉은 옷을 입고 보스라에서 오시는지를 보십시오(참조. 사 63:1). 그분이 포도즙 틀에서 죄와 지옥을 짓밟으셨습니다. 그리고 이제는 그 위대하신 능력으로 두루 다니시면서, 의에 대해 말씀하시고, 구원의 능력을 선포하십니다.

어떤 것도 빠뜨리지 않기 위해, 반복해서 이 문제를 점검하도록 합시다. 사랑하는 친구들이여, 우리들 중에서 구원받은 이들에게도, 여전히 성령님이 함께 하셔서 매일같이 죄를 깨닫게 해 주시는 일이 필요합니다. 선량한 사람들도, 좀 더 밝은 빛 가운데서는 행할 생각조차 하지 않는 일들을 거리낌 없이 행합니다. 성령님이 층층이 쌓인 우리들의 죄를 한 겹씩 벗겨내 보여주시어, 우리로 그것을 제거할 수 있도록 해 주시기를 빕니다. 그분이 줄지어선 죄들을 밝히 드러내시어, 우리로 그 세력을 이기게 해 주시기를 빕니다. 특별히 그분이 우리에게 그리스도를 믿지 않는 죄를 폭로해 주시기를 바라며, 우리로 의심과 두려움을 버리게 해 주시길 빕니다. 죄에 대한 설교가 끝난 후에 하나님의 딱한 자녀가 이렇게 외칩니다. "저는 믿지를 못합니다. 제가 결국 잃어버린 자가 되는 건 아닌지 두렵습니다." 이런 불신앙은 또 하나의 죄입니다. 죄 속에 뛰어듦으로써 죄에서 벗어나려는 이상한 방식입니다! 주님을 의심하는 것은 죄에 죄를 더하는 것입니다. 어떤 죄도 믿지 않는 죄보다는 해롭지 않습니다. 우리의 마음이 주님을 신뢰하지 않을 때마다 우리는 성령님을 근심하게 합니다. 우리에게는 이 악하고 해로운 죄를 깨닫게 해 주시고 또한 우리를 어린아이처럼 주님을 신뢰하도록 이끌어 주실 성령님이 필요합니다. 하나님의 약속에 대한 그 어떤 불신, 하나님의 역할의 실패에 대한 어떤 두려움, 그분의 신실하심에 대한 회의, 이는 그 자체가 하나님의 위엄과 영광을 손상시키는 죄입니다. 오, 깨닫게 하시는 성령이시여, 날마다 저와 함께 하시어 저로 죄를 깨닫게 하시고, 특히 저로 하여금 모든 악 중에서도 최악은 나의 신실하신 친구(faithful Friend)를 의심하는 것이라고 느끼게 해 주소서.

그러므로 하나님의 영이 항상 여러분과 함께 계시어, 의에 대해 여러분을 깨우쳐 주시기를 빕니다. 진실로 믿는 자들은 여러분이 하나님 앞에 의롭게 된 것을 결코 의심하지 마십시오. 우리 믿는 자들은 그리스도 예수 안에서 하나님 앞에 의롭게 되었습니다. 우리가 이를 확신합니까? 만일 그렇다면, 여러분이 더 이상 율법의 저주 아래 있는 것처럼 말하거나 생각하지 마십시오. 여러분은 더 이상 그런 상태에 있지 않습니다. "그러므로 우리가 믿음으로 의롭다 하심을 받았으니 우리 주 예수 그리스도로 말미암아 하나님과 화평을 누리자"(롬 5:1). "그러므로 이제 그리스도 예수 안에 있는 자에게는 결코 정죄함이 없나니 "(롬 8:1). 오, 하나님의 영이 매일같이 여러분에게 그것을 깨닫게 해 주시길 바랍니다. 예수님께서 저곳 아버지 우편에서 다스리시는 것을 근거로 여러분이 그것을 확신하기를 바랍니다. 주님을 믿는 사람의 권리는 분명하고 확실합니다. 만일 예수님이 거기 계시면, 나도 거기에 있습니다. 만일 아버지께서 그분을 받으셨으면, 그분이 나 또한 받으신 것입니다. 그 논리를 이해하시겠습니까? 여러분은 그리스도 안에 있습니다. 여러분은 그분과 하나입니다. 그분이 우리 안에 계시듯 여러분도 그분 안에 있습니다. 여러분이 정죄를 당하지 않는다는 사실을 굳게 붙드십시오. 어떻게 그렇게 할 수 있을까요? 여러분은 그리스도 안에서 하나님 우편에 있습니다. 여러분은 하나님의 사랑하시는 자 안에서 받아들여졌습니다. 여러분의 대표자가 하나님에 의해 받아들여졌으며 그분의 보좌에 앉으셨기 때문입니다. 예수님이 높이 오르신 것은 그분 자신만을 위해서가 아니라 그분을 믿는 모든 자들을 위해서입니다. 성령께서 이 장엄한 진리를 여러분에게 온전히 깨닫게 해 주시길 빕니다.

다음으로, 그분이 여러분에게 심판에 대해 깨닫게 해 주시길 빕니다. 즉, 여러분은 이미 심판을 받았고, 여러분의 원수도 심판을 받았고 또한 정죄를 받았습니다. 심판의 날은 신자들에게는 두려운 날이 아닙니다. 우리는 우리의 재판을 받았으며, 또한 사면을 받았습니다. 우리의 대표자가 우리 죄의 형벌을 짊어지셨습니다. 우리의 징벌은 지나갔습니다. 예수님이 그것을 감당하셨기 때문입니다. 그분이 범죄자처럼 헤아림을 받았습니다. 이제 우리에게는 저주가 없습니다. 저주가 있을 수 없습니다. 천국에서나, 지상에서나, 지옥에서나, 하나님이 복 주신 자들에게 미칠 저주는 찾을 수 없습니다. 주 예수님께서 "우리를 위하여 저주를 받으셨기" 때문입니다(갈 3:13). 나의 사랑하는 형제들이여, 하나님의 영이 새롭게 여러분에게 임하시어, 우리의 의가 되시는 주님 안에서 확신을 갖게 하시고 기뻐하게 하시길 빕니다! 우리 주님이 악을 단번에 영원히 심판하셨습니다!

3. 유죄를 입증하시다.

마지막으로, 우리의 본문을 "유죄를 입증하시다(convict)"로 읽도록 합시다. "성령이 오셔서 죄에 대하여, 의에 대하여, 심판에 대하여 세상의 유죄를 입증하시리라." 저기 세상이 있습니다. 그것은 죄수로서 법정에 서 있습니다. 그것이 지금까지 줄곧 죄로 가득하다고 기소됩니다. 여러분은 종종 법정에 나오는 사람을 보고서 놀라곤 합니다. 여러분이 죄수를 쳐다봅니다. 그는 침착하고 존경할 만한 사람으로 보입니다. 그래서 여러분이 말합니다. "나는 그가 유죄라고 생각할 수가 없어." 하지만 의를 옹호하는 일에 종사해 왔던 그 대언자(the Advocate)가 일어서서 죄목을 나열합니다. 여러분은 신속히 마음을 바꾸고서 속으로 이렇게 말합니다. "저자는 천하의 악당이로구먼. 원 저런 사람이 다 있다니." 자, 하나님의 영에 귀를 기울이십시오. 성령이 세상에 오신 것은 모든 사람에게 예수님이 그리스도이심을 알게 하려 하심이었습니다. 그분은 의문이 제기될 수 없는 수많은 기적들에 의해 그 사실을 증언하셨습니다. 게다가 그분은 수많은 회심자들에 의해 복음의 진리를 증언하셨습니다. 그 회심자들의 행복하고 거룩한 삶이, 예수 그리스도는 진정 하나님으로부터 보냄을 받은 분이라는 증거였습니다. 하지만 이 악한 세상이 그리스도를 어떻게 대했습니까? 그들은 그분에게 범죄자의 죽음을 맞게 했습니다. 그들은 그분을 십자가에 못 박았습니다. 이로써 세상은 정죄되었습니다! 우리는 더 이상의 증거가 필요치 않습니다. 세상은 유죄로 입증되었습니다. 인자함과 무한한 사랑의 화신(化身)인 그분을 죽임으로써 스스로를 정죄한 것입니다. 세상은 하나님이 사랑의 용무로 오셨을 때에 그분을 살해하기를 원할 정도로 비열합니다. 저 피고를 처단하라! 세상의 유죄는 확실히 입증되었습니다. 하나님의 진노가 그 위에 머물러 있습니다.

이 다음에 어떤 일이 따릅니까? 저 공판을 다른 지점에서 볼 수 있습니다. 세상은 복음이 의롭지 않다고 선언했고, 우리 주님이 오셔서 확립하고자 하셨던 신앙체계가 참되지 않다고 선언했습니다. 오늘날까지 세상은 반대를 제기하고 있으며, 신자들을 혼란스럽게 하기 위해, 그리고 할 수만 있다면 우리의 거룩한 목적을 무산시키기 위해 애를 쓰고 있습니다. 하지만 하나님의 영이 그분의 가르침으로써 복음이 의로 가득함을 입증하십니다. 또한 말씀을 통한 모든 활동으로써, 그분은 복음이 거룩하고 의로우며 선하다는 것과, 사람들을 정결하고 경건하며 온순하게 만드는데 이바지하는 것을 입증하십니다. 복음을 통해 사람들을 성화시키시고 그리하여 그들이 은혜로운 삶을 살게 하심으로써, 성령님은 복음이 의로운 것을 입증하십니다. 이 과정은 시간이 흐를수록 점점 더 완벽해집니다. 만일 세상이 불의하지 않다면, 세상은 오래 전에 저 거룩한 메시지에 순복했을 것이며, 또한 그 메시지를 전하신 거룩한 메신저(the holy Messenger)에게 복종했을 것입니다. 하지만 세상은 언젠가 진리를 인정하지 않을 수 없게 될 것입니다. 성령께서 그리스도는 의로우신 분인 것을 세상이 알도록 만드십니다. 그리스도께서 영광 중에 하나님 우편에 오르셨다는 사실을 세상의 면전에 번쩍이듯 보여주심으로써 그렇게 하십니다. 그리스도께서 의로우신 분이 아니라면 그분이 하나님 우편에 오르시는 일은 있을 수 없는 일입니다.

마지막에 예수님이 보좌에 앉으신 것을 세상이 보게 될 때에, 모든 인류가 구름 위에 계신 저 인자를 바라볼 때에, 어떤 유죄의 확신이 사람들의 생각을 사로잡겠습니까! 그 때는 불가지론자(不可知論者, agnostic)가 없을 것입니다! 어떤 무신론자도 그 날에는 찾을 수 없을 것입니다. 아버지 우편에 계신 그리스도를 보게 되면 모든 불신앙은 끝나 버립니다!

그 때 하나님의 영이 사람들로 하여금 심판을 보게 하실 것입니다. 그 날이 실제로 오기 전에 그들은 감지하게 될 것입니다. 즉 그리스도께서 마귀를 심판하신 이후로, 그리스도께서 그를 높은 자리에서 끌어내리신 이후로, 세상을 지배하는 마귀의 능력은 이미 깨어졌으며, 그리스도께서 사탄의 영역 안에 있는 모든 것을 깨뜨리실 것이고, 그들 중에 하나도 도망치지 못할 것임을 그들은 알게 될 것입니다. 악의 뿌리가 심판을 받았으며, 그의 형편은 절망적입니다. 오, 마지막 날 사람들은 저 재판장(the Judge)께서 "오라, 내 아버지께 복 받을 자들이여"(마 25:34)라고 말씀하시거나, 혹은 "저주를 받은 자들아 나를 떠나라"(마 25:41)고 말씀하시는 것을 들을 것입니다. 그 때 성령께서는 사람들에게 어떻게 유죄를 선언하실까요?

형제들이여, 사람들이여, 여러분은 성령님에 의해 지금 깨닫기를 원합니까? 혹은 그 때까지 기다리겠습니까? 그것이 은혜의 확신일까요, 아니면 진노의 자각일까요? 성령님은 여전히 복음을 전하는 우리와 더불어 증언하십니다. 여러분은 복음에 순복하고자 합니까? 지금 그것을 믿겠습니까? 아니면 저 무서운 최후의 날이 밝을 때까지 기다리겠습니까? 둘 중 어느 것입니까? 나는 여러분이 이렇게 말한다고 생각합니다. "복음이 참됩니다." 자, 그렇다면, 그것을 믿지 않겠습니까? 만일 여러분이 "죄"를 고백한다면, 왜 그 죄로부터 씻음을 받지 않습니까? 만일 "의"가 있다면, 왜 그것을 추구하지 않습니까? 만일 "심판"이 있다면, 왜 깨끗함을 받아서 그것을 두려워할 필요가 없기를 바라지 않는 것입니까? 오, 선생들이여, 대부분의 사람들은 마치 타고난 바보인 것처럼 행동합니다. 만일 그들이 병들었고, 우리에게 그들을 위한 확실한 약이 있다면, 그들은 그것을 얻으려고 우리에게 달려올 것입니다. 만일 그들이 가난하고, 우리가 그들에게 금을 가져왔다면, 그들은 우리를 힘으로 짓밟아서라도 그 보화를 채가려 할 것입니다. 하지만 죄를 위한 하늘의 치료제인 그리스도를 얻을 수 있을 때, 완전한 의로서 그리스도를 구할 수 있을 때, 마지막 무서운 날에 그들을 안전히 서게 하실 수 있는 그리스도가 가까이 계실 때, 그들은 등을 돌리고 저 하늘의 은혜를 거부합니다. 오, 하나님의 영이시여, 이 무뢰한들을 설복시켜 주소서. 이 어리석은 자들을 그리스도 예수를 위하여 분별 있고 지혜롭도록 바꾸어 주소서. 아멘.

제
66
장

—

입 안에 있는 꿀!

—

"그가 내 영광을 나타내리니 내 것을 가지고 너희에게 알리
시겠음이라. 무릇 아버지께 있는 것은 다 내 것이라 그러므
로 내가 말하기를 그가 내 것을 가지고 너희에게 알리시리
라 하였노라." —요 16:14-15

사랑하는 친구들이여, 여기서 우리는 복되신 삼위일체를 대하며, 또한 삼위
일체를 떠나서는 구원이 없다는 진리를 대합니다. 구원을 위해서 반드시 아버지
와 아들과 성령님이 계셔야 합니다. "무릇 아버지께 있는 것은 다 내 것이라"라고
그리스도께서 말씀하십니다. 아버지께는 모든 것이 있습니다. 그 모든 것이 언
제나 그분의 소유였으며, 지금도 그분의 소유이며, 앞으로도 그분의 소유일 것
입니다. 소유권이 바뀌지 않는 한, 그것들이 우리의 소유가 될 수는 없습니다. 그
리스도께서 "무릇 아버지께 있는 것은 다 내 것이라"고 말씀하시기까지는 우리
의 것이 될 수 없었습니다. 아버지의 "모든 것"이 아들에게로 양도되고, 또 그것
이 우리에게로 양도될 수 있는 것은, 언약의 보증으로서 그리스도의 대표자적인
특성에 힘입은 것입니다. "아버지께서는 모든 충만으로 예수 안에 거하게 하시
고"(골 1:19). "우리가 다 그의 충만한 데서 받으니"(요 1:16). 하지만 우리는 너무
미련하여서, 도관(導管)이 큰 원천(源泉)에 연결되어 있어도, 거기에서 무언가를
얻어내지 못합니다. 우리는 절름발이여서, 거기까지 도달하지 못합니다. 그래서
삼위일체 하나님의 제삼위(the third Person)이신 성령께서 오심으로써, 그분이

그리스도에게서 받으신 것들을 우리에게 전달해 주십니다. 그렇게 하여 우리는 실제적으로 아버지 안에(in) 있는 것을, 예수 그리스도를 통하여(through) 받는 것이며, 성령에 의해(by) 받는 것입니다.

랄프 어스킨(Ralph Erskine)은 본문 15절에 대한 설교의 서두에서 주목할 만한 말을 했습니다. 그는 은혜에 대해 말하면서, 그것을 성도들의 기운을 북돋우고, 그들의 입과 마음을 달게 하는 꿀이라고 묘사했습니다. 하지만 그는 말하기를 "아버지 안에서는(in the Father) 꿀이 꽃 속에 있다. 그것은 우리에게서 너무 멀리 떨어져 있어서 우리가 결코 그것을 뽑아낼 수 없다"고 했습니다. 계속해서 그는 이렇게 말했습니다. "아들 안에서(in the Son) 꿀은 벌집에 있다. 우리의 임마누엘, 하나님-인간(God-Man), 육신이 되신 말씀 안에서 우리를 위해 준비되었다. 즉 '무릇 아버지께 있는 것은 다 내 것이라. 또한 내 것은 너희의 필요와 유익을 위해 사용된다'고 하신 것과 같으므로, 그것은 벌집 안에 있는 것이다. 하지만 그 다음에, 우리는 입 안에 꿀을 넣는다. 성령이 모든 것을 가지시고, 그것으로 우리에게 보이시며 적용시키심으로써, 우리로 하여금 그리스도와 더불어 먹고 마시게끔 하시며, 이 모든 것을 나누어 주신다. 진정 우리는 단지 꿀(honey)만 먹는 것이 아니라 꿀송이(honeycomb)도 함께 먹는 것이며, 그리스도의 은혜만 받는 것이 아니라 그리스도 자체를 얻는 것이다."

그것은 이 주제를 아주 아름답게 분류한 것입니다. 하나님의 신비 속에서, 꿀은 꽃 안에 있습니다. 꽃 속에 있는 것보다 더 많은 꿀은 없습니다. 꿀은 거기에 있습니다. 하지만 여러분이나 내가 그것을 어떻게 얻을까요? 우리에게는 거기에서 꿀을 뽑아내는 지혜가 없습니다. 우리는 벌들처럼 그것을 찾아내지 못합니다. 그것은 '벌꿀(bee-honey)'이지 '사람 꿀(man-honey)'이 아닙니다. 하지만 여러분은 그것이 그리스도 안에서 꿀송이 속에 든 꿀이 되는 것을 보며, 그분이 우리의 미각에 마치 꿀송이에서 떨어지는 꿀처럼 달게 느껴지는 것입니다. 때때로 우리는 너무 기진하여서 그 꿀송이에 손을 내밀지도 못합니다. 또한 오호라! 애석하게도 우리의 입맛이 너무나 고약해서 우리가 쓴 것을 더 좋아하고, 쓴 것을 달다고 생각할 때가 있습니다. 하지만 이제 성령님이 임하십니다. 우리는 입 안에 꿀을 얻게 되고, 그 맛이 좋은 것을 느낍니다. 예, 이제 우리는 그것을 오랫동안 즐기게 되고, 그 은혜의 꿀이 우리 속에 들어오면, 우리 자신이 하나님을 향해 감미로운 자들이 됩니다. 그분의 꿀이 이런 신비한 방식에 의해 우리에게로 전달되는 것입니다.

사랑하는 친구들이여, 삼위일체의 현존이 여러분의 사역에서 두드러지도록 유지하라고 여러분에게 굳이 말할 필요가 없습니다. 기억하십시오. 여러분은 삼위일체 없이는 기도하지 못합니다. 마치 우리가 숨을 쉬고 살 수 있는 것처럼, 구원의 온전한 활동에는 삼위일체를 필요로 합니다. 아들을 통하지(through) 않고, 또한 성령님에 의해서가(by) 아니면, 여러분은 아버지께로 가까이 갈 수 없습니다. 확실히 자연 속에도 삼위일체 하나님이 존재하십니다. 은혜의 영역에서 삼위일체의 필요는 지속적으로 대두됩니다. 아마도 우리가 천국에 이르렀을 때, 우리는 한 분 하나님 안에서의 삼위일체의 신비에 대해 좀 더 충분히 이해하게 될 것입니다. 하지만 설혹 그것이 결코 이해될 수 없는 것이라고 해도, 적어도 우리는 더욱 애정을 가지고 삼위일체를 이해할 것입니다. 우리의 세 가지 가락의 음악이 완벽하게 조화를 이루어, 영원히 복되신 아버지와 아들과 성령의 삼위로 존재하시는 하나님을 높여드릴 때, 우리는 더욱 온전히 기뻐하게 될 것입니다.

이제 오늘 아침의 요점을 여러분 앞에 제시하고자 합니다. 비록 내가 할 수 없다고 해도, 그분이 반드시 행하실 것입니다. 우리는 여기 앉아서, 이 본문이 우리 자신에게 적용되도록 해야 합니다. "그가 내 영광을 나타내리니 내 것을 가지고 너희에게 알리시겠음이라." 바로 지금 그런 일이 일어나게 하소서!

첫째로, 성령이 행하시는 일(what the Holy Spirit does)입니다. "그가 내 것을 가지고 너희에게 알리시리라." 둘째로, 성령이 목표로 삼고 실제로 성취하시는 일(what the Holy Spirit aims at and really effects)입니다. "그가 내 영광을 나타내리니." 셋째로, 이 일들을 모두 행하시는 그분은 위로자이십니다(He is the Comforter). 이 일을 행하시는 분은 위로자이십니다. 우리는 그리스도께 속한 것을 우리에게 보여주시는 성령의 활동에서 가장 풍성하고 확실한 위로를 발견합니다.

1. 성령이 행하시는 일

사랑하는 친구들이여, 성령께서 그리스도의 것을 다루신다(deals with the things of Christ)는 것은 분명합니다. 우리의 형제 아치볼드 브라운(Archibald Brown)이 본문을 강해하면서 말한 것처럼, 성령님은 어떤 독창성을 목표로 하지 않으십니다. 그분은 그리스도에 관한 일들을 다루십니다. 그리스도께서 아버지로부터 들으신 모든 것을 성령님이 우리에게 알려 주셨습니다. 성령님은 계속해서 그 일을 하십니다. 지금도 성령께서는 그리스도께 속한 것을 취급하시며, 다른 것은 취급하지 않으십니다. 어떤 새로운 것에 귀를 쫑그리지 말도록 합시다. 성령님은 하늘 위에 있는 것이나 땅 아래에 있는 것, 지나간 세대의 이야기나 다가올 세대의 이야기, 지구의 내적인 비밀들, 혹시 진보가 있다면 모든 만물의 진보 등, 그 어떤 것이라도 다루실 수 있습니다. 그분은 그 모든 것을 하실 수 있습니다. 우리 주님처럼, 그분도 그분이 택하신 어떤 주제라도 다루실 수 있습니다. 하지만 그분은 그리스도의 것으로 그 자신을 제한하시며, 그 안에서 무한한 자유를 발견하십니다.

사랑하는 친구여, 당신은 성령님보다 더 지혜로울 수 있다고 생각하십니까? 만일 그분의 선택이 지혜로운 것이 틀림없다면, 만일 당신이 다른 무언가를, 혹은 다른 누군가를 다루기 시작할 때에 그 선택이 지혜로운 것일까요? 성령님이 당신에게 가까이 오시는 때는 당신이 그리스도의 것을 받아들이고자 할 때입니다. 하지만 성령님은 그리스도 외에 다른 어떤 것도 받아들이지 않으신다 했으니, 만일 당신이 주일에 그리스도 외에 다른 주제들을 다루고 있다면, 당신은 그것을 당신 홀로 다루는 셈이 될 것입니다. 성령이 거기 계시지 않으면, 강단은 무서울 정도로 외로울 것이며, 심지어 많은 군중들 속에서도 그럴 것입니다. 만일 원한다면, 당신의 비상한 두뇌로 새로운 신학을 고안해 내 보십시오. 하지만 성령님은 거기에 당신과 함께 하시지 않습니다. 조심하십시오! 우리들 중에는 그리스도의 가르침을 다루지 않고, 할 수 있다면 우리들에게도 그리스도의 가르침을 다루지 못하게 하려고 결심한 자들이 있습니다. 우리는 성령님의 복된 동반을 느끼기 때문에, 그래서 당신의 폭넓은 사상을 부러워하지 않습니다.

성령님은 여전히 존재하시고, 활동하시며, 교회 안에서 가르치십니다. 하지만 우리에게는 사람들이 계시라고 주장하는 것이 계시인지 아닌지를 분별하게 해 주는 시금석이 있습니다. "그가 내 것을 가지고(He shall receive of mine)." 성령님은 결코 십자가와 주님의 재림 이상으로 나아가지 않습니다. 그분은 그리스도와 관계된 것 이상으로 결코 나아가지 않으십니다. "그가 내 것을 가지고." 그러므로, 누구라도 자신에게 이런 일 저런 일이 계시되었다고 내 귀에 속삭이고, 또한 내가 그리스도와 그분의 사도들의 가르침 안에서 그것을 찾을 수 없을 때, 나는 그에게 성령님에 의해 가르침을 받아야 할 것이라고 말해 줍니다. 성령님의 한 가지 소명은 그리스도의 일들을 다루는 것입니다. 만일 우리가 이 일을 기억하지 않으면, 많은 사람들이 이미 그렇게 된 것처럼 엉뚱한 가르침에 휩쓸려 갈 수 있습니다. 다른 가르침들을 다루려고 하는 자들은 그렇게 하라고 하십시오. 하지만 우리는 우리의 사상과 가르침을 이 '무한한 한계(these limitless limits) 속에' 제한하고서 만족할 것입니다. "그가 내 것을 가지고 너희에게 알리시겠음이라."

나는 그런 일들을 다루시는 성령님에 대해 묵상하기를 좋아합니다. 그분에게는 그런 일들이 어울립니다. 그 일에는 그분이 최고이십니다. 그분이 그리스도에 관한 가르침을 다루실 때에 그분의 정신은 무한을 다룰 정도로 굉장하십니다. 그리스도는 유한자(the finite) 안에 감추어진 무한자(the Infinite)이시기 때문입니다. 아니, 그분이 유한자 속으로 들어오실 때에 그분은 무한자 이상의 무엇처럼 보이십니다. 베들레헴의 그리스도는 아버지 품속에 계시는 그리스도보다도 더 이해하기가 어렵습니다. 그런 일이 가능하다면, 그분은 '무한을 뛰어넘은(out-infinited)' 듯이 보입니다. 그러므로 이것이 하나님의 영의 무한한 본성에도 어울리는 주제인 것입니다.

주일 아침 내내 어떤 본문을 깎아내다가 결국 아무것도 아닌 몽당 조각만을 남겼다면, 당신이 한 일이란 대체 무엇입니까? 어떤 왕이, 거대한 제국을 다스리는 왕이, 작은 버찌 씨 알갱이에 그림을 그리려고 하루 온 종일을 보내었습니다. 여기 한 사역자가 있습니다. 그는 그리스도의 일에 종사하기 위해 성령의 부름을 받았다고 공언합니다. 그런데 그가 하는 일이라고는, 그가 말하는 동안에 죽어가고 있는 귀한 영혼들을 앞에 두고서, 이렇거나 저렇거나 머리털 한 가닥에도 영향을 미치지 못하는 하찮은 주제를 다루느라고, 주일 오전을 전부 소비하는 것입니다. 오, 성령님을 본받으십시오! 정녕 그분이 당신 안에 내주하고 계심을 고백한다면, 그분에게 감동을 받으십시오. "그가 내 것을 가지고 너희에게 알리시겠음이라." 이 말씀이 무한한 차원에서 성령님에 대해 언급하는 말씀이듯이, 또한 당신의 분량만큼은 당신에 대해 언급하는 말씀이 되게끔 하십시오.

다음으로, 성령님은 어떤 일을 하십니까? 아, 그분은 연약한 사람들을 상대해 주십니다(deals with feeble men). 예, 그분은 우리처럼 가련한 인간들과 함께 거하십니다. 나는 성령님이 그리스도의 것을 가지시는 것을 이해할 수 있고, 또한 그로 인해 기뻐합니다. 하지만 놀라운 것은, 그분이 그리스도의 영광을 나타내시는 것이, 우리에게 오시고 또 우리에게 그리스도의 일들을 나타내심으로써 그렇게 하신다는 것입니다. 더 나아가서, 형제들이여, 그리스도께서 영광을 얻으시는 것은 우리들 가운데서입니다. 우리의 눈이 그분을 주목해야 합니다. 우리가 그리스도를 바라보지 않으면 그리스도께서는 적게 영광을 얻으십니다. 그리스도의 일들이 우리에게 알려지지 않으면, 우리가 그리스도의 일들을 맛보고 사랑하지 않으면, 그 일들의 광채는 상당히 빛을 잃어버리는 듯이 보입니다. 그러므로 성령께서, 죄인에게 그리스도의 구원을 보이시는 것이 그분을 영광스럽게 하는 것이라고 느끼시고서, 그리스도의 일들을 우리에게 알리시는 일에 시간을 쓰시며 수세기 동안 그 일에 종사해 오셨습니다. 아! 그 일들을 우리에게 알리시는 일이 그분 편에서는 커다란 겸손이시며, 또한 기적이기도 합니다. 별안간 돌들이 생명을 얻게 되고, 언덕들이 눈을 가지고, 나무들이 귀를 가지게 되었다는 소식이 전해진다면, 아주 이상한 일일 것입니다. 하지만 우리처럼 죽어 있고, 영적으로 눈멀고 귀먹어 감각이 마비되었던 자들에게도, 성령께서 그리스도의 일들을 알려주실 수 있다면 그것은 훨씬 더 기이한 일이며, 이는 그분의 영예입니다. 성령님은 그 일을 행하십니다. 그분은 하늘에서 오셔서 우리와 함께 거하십니다. 그분의 이름을 높이고 찬미합시다.

나는 그리스도의 성육신과 성령의 내주하심 중에서, 어느 것을 최상의 겸손으로 칭송해야 할지 결정을 내리지 못하겠습니다. 그리스도의 성육신은 놀랍습니다. 그분이 인간의 본성 안에 사시는 것입니다. 또한 생각해 보십시오. 성령께서는 인간의 본성 안에 사시되, 죄성이 여전한 본성 안에 사시는 것입니다. 즉 완벽한 인간 본성 안에서가 아니라, 불완전한 인간 본성 안에서 사시는 것입니다. 성령님은 지속적으로 한 몸 안에 사시되, 그 몸은 그분에게 걸맞게 기이하게 조성된 흠 없는 순결한 몸이 아닙니다. 그분은 우리의 몸 안에 거하십니다. 여러분은 본성상 부패하였고, 또한 여전히 여러분에게는 어느 정도 부패성이 남아 있습니다. 그럼에도 불구하고, 여러분은 그분이 내주하시는 성령의 전인 것을 알지 못합니까? 그분이 이 회중들에게 내주하시는 것은 단 한 번의 경우가 아니라 수년의 세월 동안 지속된 일이며, 또한 수천 명이 아니라 셀 수 없을 정도로 많은 성도들 가운데 내주하시는 것입니다. 그분은 여전히 죄가 있는 인류와 지속적으로 접촉하십니다. 그분이 그리스도의 일들을 알리시는 것은, 천사들에게도 아니고, 스랍들에게도 아니며, 의복을 깨끗이 씻은 무리들 곧 어린 양의 피로 희게 된 무리들에게도 아닙니다. 그분이 그 일들을 알려 주시는 대상은 바로 우리입니다.

나는 이 본문에서 "내 것을 가지고"라는 의미가 성령께서 우리 주님의 말씀을 가지신다는 의미라고 생각합니다. 그리스도께서 친히 하셨거나 혹은 사도들이 한 말들을 가지신다는 것입니다. 어느 누구든 사도들이 한 말과 그리스도의 말씀을 구분하도록 결코 허용하지 맙시다. 우리 구주께서는 그들과 연합하셨습니다. "내가 비옵는 것은 이 사람들만 위함이 아니요 또 그들의 말로 말미암아 나를 믿는 사람들도 위함이니"(요 17:20). 만일 누구든 사도들의 말을 거부하기 시작하면, 그들은 그리스도께서 위하여 기도하신 범주를 벗어난 자입니다. 사도들의 말을 거부하는 그 사실로써 스스로 그 범주에서 벗어나는 것입니다. 나는 그들이 사도들의 말이 곧 그리스도의 말씀인 것을 엄숙히 되돌아보기를 바랍니다. 그리스도는 죽은 자 가운데서 부활하신 후에, 우리에게 그분의 생각과 뜻을 설명해 주시기 위해 그리 오래 머물지 않으셨습니다. 또한 그분은 그분의 죽음 이전에도 그것을 충분히 전하실 수 없었는데, 왜냐하면 그것이 부적절할 수 있었기 때문입니다. "내가 아직도 너희에게 이를 것이 많으나 지금은 너희가 감당하지 못하리라"(요 16:12). 성령의 강림 이후에, 제자들은 그리스도께서 그분의 종들인 바울과 베드로와 야고보와 요한을 통해 말씀하신 것을 받아들일 준비가 되었습니다. 때때로 우리가 어떤 교리들과 관련하여 비난을 받는 것은, 그것들이 그리스도에 의해 계시된 것이 아니라 사도들에 의해 계시되었다는 이유에서입니다. 하지만 그 교리들은 모두가 그리스도에 의해 계시된 것입니다. 그것들은 모두 그분의 가르침에서 발견됩니다. 다만 그것들은 상당히 비유의 형태를 띠고 있습니다. 예수님이 영광으로 올라가신 이후에, 그리고 그분의 영으로써 자기 백성들이 진리를 더 온전히 이해할 수 있도록 준비하신 이후에, 그 때에야 그분은 사도들을 보내시며 이렇게 말씀하신 것입니다. "가서, 내가 세상에서 택한 자들에게 내가 한 말의 모든 의미를 알려 주어라." 사도들이 한 말의 의미는 모두 거기에 있습니다. 마치 신약 성경 모두가 구약 성경 안에 있는 것과 같습니다. 나는 때때로 구약이 신약보다 성령의 영감을 덜 받은 것이 아니라, 오히려 더 영감을 받았다고 생각하곤 했습니다. 이런 표현이 가능하다면, 구약은 신약에 비해 좀 더 눌러 단단하게 포장된 듯합니다. 구약에는 단 한 줄 안에도 풍부한 의미의 세계가 있습니다. 그리스도의 말씀 역시 그와 마찬가지입니다. 서신서들에 대한 관계에서, 서신서들이 신약이라면 그분은 구약과도 같습니다. 하지만 그 모든 것이 하나이며, 나눌 수 없고 분리될 수 없습니다.

자, 주 예수님의 말씀과 사도들의 말씀이 성령에 의해 우리에게 해설되어야 (expounded) 합니다. 그분의 가르침이 아니고서는 우리는 결코 그 의미의 핵심에 도달하지 못합니다. 만일 우리가 "그 말씀을 받아들일 수가 없어요"라고 하며 논쟁하기 시작한다면, 말씀의 의미를 전혀 파악하지 못할 것입니다. 달걀이 없으면 병아리를 얻을 수 없습니다. 그런 일은 불가능합니다. 그들은 말합니다. "그 말씀은 성령으로 감동되지 않았습니다." 자, 여기 한 사람이 증인석에 있습니다. 그는 진실을 증언하겠다고 선서했고, 지금껏 진실을 증언해 왔다고 말합니다. 이제 그는 반대 신문을 받습니다. 그리고 이렇게 말합니다. "자, 나는 진실을 말해왔습니다. 하지만 내 말을 단정하지는 않습니다." 반대 신문을 하던 변호사가 그의 진술의 문제점을 지적하자 그 증인이 이렇게 대답합니다. "오, 당신이 알다시피, 나는 그 말에 대해서는 확실히 단정하지 못합니다." 당연히 다음 질문이 이어집니다. "그렇다면, 당신은 대체 무엇을 단정하는 것입니까? 우리는 당신이 한 말이 무슨 의미인지 알 수가 없습니다. 당신이 진실을 증언하겠다고 한 선서는 당신이 하는 모든 말에 해당되어야 합니다." 그 사람이 하는 말의 의미는 곧 이것입니다. 그 사람이 거짓말쟁이라는 것이지요. 그는 위증자입니다. 나는 여러분이 법정에 앉아 있다고 가정할 때 상식적인 수준의 이야기를 하는 것뿐입니다. 만일 한 사람이 이렇게 말한다고 합시다. "나는 진실을 말해 왔습니다. 하지만 여전히 나는 성경 말씀에 대해서는 단정하지 않겠습니다." 남는 것이 무엇이겠습니까? 만일 우리가 말씀 안에서 감동을 얻지 못하면, 우리의 감동이란 붙잡기가 어려워, 마치 손가락 사이로 다 새어나가고 아무것도 남지 않는 것과 같습니다.

말씀을 붙잡고, 말씀에 대해 논박하지 마십시오. 성령께서 이끌어 주시지 않으면, 여러분은 성령의 감동으로 가득한 말씀의 의미 속으로 들어갈 수가 없습니다. 여러분을 위해 그 말씀을 기록한 사람들도 그들이 쓴 것을 온전히 이해하지 못하는 경우가 많았습니다. 그들 중에서 어떤 이들은 성령께서 그들에게 일러 주신 말씀이 무엇에 관해서인지, 또 누구에 관해서인지, 그 의미를 알기 위해 부지런히 연구하고 살폈습니다. 여러분도 말씀을 대할 때에 그들처럼 연구하고 살펴야 합니다. 여러분은 가서 이렇게 말해야 합니다. "위대하신 스승이시여, 우리 모두의 영혼을 위한 이 책을 주셔서 감사합니다. 이 책이 글로 기록된 것에 대해 감사합니다. 하지만 선하신 주님, 우리는 예전의 유대인 랍비들이나 서기관들이 그랬던 것처럼 글자 자체의 뜻만 가지고 시비하다가 당신의 뜻을 놓쳐 버리는 잘못을 범하고 싶지 않습니다. 말씀의 문을 활짝 열어 주시어, 우리로 하여금 그 의미의 내실로 들어가게 하소서. 이 책을 우리에게 가르쳐 주소서. 당신에게 열쇠가 있습니다. 우리로 들어가게 하소서."

　　사랑하는 친구들이여, 언제든 여러분이 성경의 어느 본문을 이해하고 싶을 때, 원문을 읽어 보도록 시도해 보십시오. 원문으로 무슨 의미인지를 연구한 사람에게 물어보십시오. 하지만 본문 속으로 들어가는 가장 빠른 길은 성령 안에서 기도하는 것임을 기억하십시오. 그 장을 펼쳐두고서 기도하십시오. 나는 주저 없이 말합니다. 만일 어느 한 장을 무릎을 꿇고서 읽는다면, 그 모든 말씀에서 그 말씀을 주신 그분을 바라보면서 읽는다면, 그 의미가 여러분에게 깨달아질 것이며, 다른 어떤 연구 방법을 통해 오는 것보다도 훨씬 많은 빛이 여러분에게 비칠 것입니다. "그가 내 영광을 나타내리니 내 것을 가지고 너희에게 알리시겠음이라." 성령께서 말씀의 풍성한 의미 안에서 주님의 메시지를 여러분에게 다시 전달해(re-deliver) 주실 것입니다.

　　하지만 나는 그것이 본문이 말하는 의미의 전부가 아니라고 생각합니다. "그가 내 것을 가지고" 다음 구절에서 주님은 계속해서 이렇게 말씀하십니다. "무릇 아버지께 있는 것은 다 내 것이라." 나는 그것이 성령께서 그리스도의 일들을 우리에게 보여주신다는 의미라고 생각합니다. 여기 우리를 위한 본문이 있습니다. "그리스도의 것(the things of Christ)." 그리스도께서는 그 때에도 그분에게 속하지 않은 것은 아무것도 없는 것처럼 말씀하십니다. 그 때 아직 주님은 죽으시지 않았습니다. 그 때는 부활하시지도 않았습니다. 하늘에서 위대한 중보자로서 간구하고 계시지도 않았습니다. 모든 것은 앞으로 닥칠 일입니다. 하지만 그럼에도 그분은 이렇게 말씀하십니다. "지금도(even now) 무릇 아버지께 있는 것은 다 내 것이라." 아버지의 속성과 영광과 안식과 행복, 그 모든 것(All that)이 내 것이며, 성령이 그것을 너희에게 보여주실 것이다."

　　이제 이 본문을 다른 관점에서 보도록 하겠습니다. 그분은 죽으셨고, 다시 살아나셨으며, 높은 곳에 오르셨습니다. 그리고 다시 오실 것입니다! 그분의 전차는 채비를 갖추었습니다. 이제 아버지께 있는 것들이 그리스도께 있으며, 진실로 그리스도의 것입니다. 나의 기도는, 바로 이 본문이 복음의 설교자들인 여러분과 나에게 성취되는 것입니다. "그가 내 것을 가지고, 나에게 속한 것들을 가지고, 너희에게 알리시겠음이라."

　　사랑하는 형제들이여, 우리가 말씀을 전하려 할 때에, 성령께서 우리 주님의 신성에 관한 것을 우리에게 보여주신다고 가정해 보십시오. 오, 우리가 하나님으로서의 그리스도를 얼마나 잘 전하겠습니까! 그분이 우리의 회중에게 얼마나 큰 은혜를 주시겠습니까! 성령님은 진정 모든 것들을 그리스도에게 복종케 하실 것이며, 그리스도가 '참 하나님에게서 나신 참 하나님이심을(very God of very God)' 보여주실 것입니다! 그리스도를 사람으로서 보는 일도 그와 마찬가지로 은혜로운 일입니다. 오, 성령께서 그리스도의 인성에 대해서 보여주시길! 그리스도께서 내 뼈 중의 뼈요, 살 중의 살이심을 분명히 인식시켜 주시길! 그리스도께서 무한한 인자하심으로 나를 불쌍히 여기시고, 나의 가련한 백성들과 내 양심의 고통을 돌보시는 것을 성령께서 깨닫게 해 주시길 바랍니다. 그리하여 내가 여전히 그들에게로 나아가서, 그들에게 그들의 모든 약함을 체휼하시고, 그들과 마찬가지로 모든 점에서 시험을 받으신 그분에 대해 전할 수 있게 해 주시길 빕니다! 오 나의 형제들이여, 우리가 말씀을 전하기 전에 한 번, 아니 모든 때에, 그리스도의 신성과 인성의 특성들을 본다면, 그분에 대해 말할 수 있도록 새로운 비전이 위로부터 내려온다면, 우리의 백성들을 위해 그 얼마나 영광스러운 설교가 되겠습니까!

　　성령님에 의해 그리스도의 사역을, 특히 **구주로서의** 그분의 사역을 보는 것도 영광스러운 일입니다. 나는 종종 그분에게 이렇게 말씀드립니다. "당신께서 제 백성을 구하셔야 합니다. 그것은 저의 일이 아닙니다. 저는 마치 제가 구원자인 양 자처하거나 주제넘게 나서지 않습니다. 하지만 당신께서는 이 일에 훈련을 받으셨습니다. 당신은 그것을 경험으로 익히셨고, 그것을 당신의 영예로 주장하실 수 있습니다. 당신은 높은 곳에 오르셨으며, 왕과 구주가 되셨습니다. 당신께 속한 일을 행하시옵소서. 나의 주여." 나는 이 본문을 가지고서 얼마 전 주일 밤에 죄인들에게 말씀을 전했습니다. 또 내가 그들에게 이렇게 말할 때에 하나님께서 복을 주셨던 것을 압니다. "그리스도가 구주이신 것을 성령님이 여러분에게 보여주시길 빕니다! 여러분이 병들어 의사를 불렀을 때 의사는 여러분에게 변명을 듣기를 기대하지 않습니다. 그는 의사이기 때문입니다. 그가 바라는 것은 여러분이 나아서 자기 기술이 입증되는 것입니다. 마찬가지로, 그리스도는 구주이십니다. 여러분은 그분께 나아가는 것에 대해 변명할 필요가 없습니다.

만일 그분에게 가고서도 구원받지 못하는 사람이 있다면, 그분이 구원자이실 수가 없기 때문입니다." 사실은, 그리스도께서는 우리의 죄가 아니라면 다른 어느 곳에서도 우리를 붙드실 수 없습니다. 환자와 의사의 접촉점은 질병입니다. 우리의 죄는 우리와 그리스도 사이의 접촉점입니다. 오, 하나님의 성령께서, 특별히 구주로서의 그리스도의 신성한 직무를 우리에게 보여주시길 바랍니다!

성령께서 여러분에게 그리스도께 속한 일들 중에서 언약의 조항들(covenant engagements)을 알려 주신 적이 있습니까? 그분이 아버지와 손을 맞잡으실 때, 그 언약의 내용들은 그분이 많은 자녀들을 영광에 이르게 하고, 아버지께서 그분에게 주신 자들을 그분이 하나도 잃지 않으시고 모두 구원을 얻게 하는 것이었습니다. 그분은 택하신 자들을 집으로 데려오도록 아버지와 약조를 맺으셨습니다. 양들이 그들의 이름을 부르시는 분의 손 아래로 다시 지나갈 때에, 그들은 하나씩 차례로 목자의 지팡이 아래를 지날 것이며, 각각의 양에는 피의 표지가 새겨질 것입니다. 그분은 천국의 양 우리에 들어온 수가 책에 기록된 수와 꼭 들어맞기까지 쉬지 않으실 것입니다. 그렇다고 나는 믿습니다. 말씀을 전하러 갈 때에 성령께서 이를 내게 알려 주셨다고 느끼고 나는 크게 기뻐했습니다. 오늘은 날이 흐리고, 스산하며, 축축하고, 안개가 많이 낀 아침입니다. 참석한 사람도 소수입니다. 예, 하지만 그들은 선택된 사람들입니다. 하나님이 참석할 사람들의 수를 정하셨고, 정해진 사람들은 모두 참석했을 것입니다. 나는 설교할 것이고, 구원받는 몇 사람이 있을 것입니다. 우리는 우연에 맡기고 가는 것이 아니며, 복되신 하나님의 영의 인도하심을 받습니다. 우리는 생생한 확신 속에서 행하며, 하나님께는 그리스도께서 집으로 데리고 오셔야 할 백성이 있음을 알며, 또한 그분이 반드시 그들을 데리고 오실 것임을 압니다. 만일 여러분이 그것을 분명히 본다면, 그것이 여러분에게 용기를 주고, 여러분을 강하게 할 것입니다. "그가 내 것을 가지고 내 언약의 조항들을 너희에게 알리시겠음이라. 그리고 너희는 그것을 보고 위안을 얻을 것임이라."

하지만 사랑하는 이여, 성령께서는 특별히 그리스도의 독특한 것, 즉 그분의 사랑을 여러분에게 보이심으로써 은혜를 주십니다. 우리는 그것을 보았고, 때로는 다른 때보다 더욱 생생하게 그것을 보았습니다. 하지만 만일 성령의 가득한 광채가 그리스도의 사랑을 집중하여 비추어 주시면, 우리의 시력은 훨씬 향상될 것입니다. 그러한 비전은 천국의 비전을 능가할 것입니다. 우리는 연구 중에 성경을 앞에 두고서 이렇게 느낍니다. "자, 여기 한 사람이 있다. 나는 그가 몸 안에 있는지 몸 밖에 있는지 분간할 수 없다"(참조. 고후 12:2). 오, 성령의 빛에 비추어 그리스도의 사랑을 보는 것이란! 그 사랑이 그런 방식으로 우리에게 계시될 때, 우리가 보는 것은 단지 표면만이 아니며, 그리스도의 사랑의 본질을 보는 것입니다. 엄밀히 말해, 여러분은 아직 아무것도 보지 못한 것을 압니다. 여러분은 단지 그 일의 외양만을 보았으며, 빛으로 반사된 것만을 보았을 뿐입니다. 그것이 여러분이 본 전부입니다. 하지만 성령님은 우리에게 진리의 속살을 보여주시며, 그리스도의 사랑의 본질을 보여주십니다. 그 본질이란 무엇입니까? 시작도 없고, 변함도 없고, 한계도 없고, 끝도 없는 사랑입니다. 자기 백성을 향하신 그 사랑은 오직 그분 안에 있는 동기로써 시작되었으며, 외부로부터의(ab extra) 어떤 동기로 시작되지 않았습니다. 그 사랑이 어떠할 것이며, 어느 혀로 그것을 다 말할 수 있겠습니까? 오, 그것은 황홀한 광경입니다!

　　그리스도의 사랑을 보는 것보다 더 놀라운 광경이 있다면, 그리스도의 피를 보는 것이라고 나는 생각합니다.

> "예수님의 피에 대해 많이들 말하지만
> 이해하는 것은 얼마나 적은지요!"

　　그것은 하나님의 절정(climax)입니다. 나는 이보다 더 성스러운 것을 알지 못합니다. 내게는 마치 모든 영원한 목적들이 십자가의 피에 집약된 듯이 보이고, 그 후로는 십자가의 피로부터 시작하여 모든 만물이 최고의 완성을 향해 나아가는 듯이 보입니다. 오, 그분이 사람이 되신 것을 생각해 보십시오! 하나님께서는 영을 지으셨습니다. 순수한 영을 지으셨고, 형체를 가진 영을 지으셨습니다. 그 다음에 물질을 만드셨습니다. 마치 그분이 그 모든 것들을 하나로 만드시는 것처럼, 신성이 물질과 결합하셨고, 그분이 마치 우리들처럼 진토를 입으셨습니다. 그리고 그 모든 것을 취하시고, 그 모습으로 나아가서서, 자기 백성들을 영과 몸의 모든 악으로부터 구속하셨습니다. 인간으로 계시는 동안 자기 목숨을 쏟으심으로써 그 일을 이루셨습니다. 그분이 인간으로 계시는 동안 신성과 결합되어 있으셨기에 우리는 그분의 피를 "하나님의 피(the blood of God)"라고 정당하게 말할 수 있습니다. 사도행전 20장28절을 펼쳐 보십시오. 거기서 사도 바울이 그것을 어떻게 표현하는지를 읽어보십시오. "하나님이 자기 피로 사신 교회를 보살피게 하셨느니라." 나는 와츠(Watts) 박사가 "사랑하셨고 죽으신 하나님(God that loved and died)"이라고 말하는 것이 틀리지 않았다고 믿습니다. 그 표현은 부정확한 정확(incorrect accuracy)이며, 부정확성의 엄밀하고 절대적인 정확함(strictly absolute accuracy of incorrectness)입니다. 유한자가 무한자에 대해 말할 때는 언제나 그럴 수밖에 없습니다. 죄를 절대적으로 말살하고, 무효화하고, 제거하고, 남아 있을 수 있는 죄의 모든 잔재들까지도 도말해 버리는 것은 놀라운 제물이었습니다. 그분이 "허물이 그치며 죄가 끝나며 죄악이 용서되며 영원한 의가 드러나게" 하셨습니다(단 9:24). 아, 사랑하는 친구들이여! 여러분은 이것을 보았습니다, 그렇지 않습니까? 하지만 여러분은 아직 그것을 더 많이 보아야 합니다. 우리가 천국에 갔을 때, 그 때 우리는 그 피의 의미가 무엇인지를 알게 될 것이며, "우리를 사랑하시어 그 피로 우리를 씻으신 그분께" 힘찬 찬양을 부를 것입니다. 사람들이 모독적으로 말하듯이 "그것은 도살장의 종교가 아니냐?"라고 말하는 사람이 혹 있습니까? 아, 나의 친구들이여! 그들은 "그 도살장의 종교"를 믿었더라면 하고 바라는 곳에 있는 그들 자신을 보게 될 것입니다. 감히 그와 같은 말을 하고, 하나님의 피에 대해 모독적인 말을 한 자는 누구든지 그 영혼이 숯불처럼 타오르는 고통에 처하게 될 것이라고 나는 믿습니다. 그들은 스스로의 고의적인 행위에 의해 영원히 버림을 받게 될 것입니다.

성령께서 여러분에게 겟세마네와, 빌라도의 재판정과, 골고다를 보여주시길 바랍니다! 그 다음에 그분이 역시 지금 우리 주님께서 하고 계시는 일을 보여주시길 바랍니다! 오, 여러분이 낙심될 때마다, 그곳에 서서 당신을 위해 간구하시는 그분을 볼 수 있다면 그것이 여러분에게 얼마나 위로와 힘이 되겠습니까! 만일 아내가 아프고 자녀가 병들었으며 찬장에는 빈약한 음식이 있을 때, 그 때 여러분이 나가서 뒷문에 서 있는데 흉패를 차고 계신 그분을 보았다고 가정해 보십시오. 그 흉패에서 반짝이는 보석에는 당신의 이름이 새겨져 있고, 그분이 당신을 위해 간구하고 계신 것을 보았다고 가정해 보십시오. 그러면 당신은 다시 집으로 들어가서 이렇게 말하지 않겠습니까? "여보, 모든 것이 괜찮아요. 그분이 우리를 위해 기도하고 있으니까요." 오, 만일 성령께서 간구하고 계시는 그리스도를 여러분에게 보여주신다면 얼마나 큰 위로가 되겠습니까! 또한 그분이 간구하실 뿐 아니라 다스리고 계심을 생각해 보십시오. 그분은 하나님 아버지 우편에 계시고, 만물을 그 발 아래에 두고 계십니다. 그분은 마지막 원수가 발 아래 놓일 때까지 기다리십니다. 자, 여러분은 지금까지 여러분을 윽박지르고 반대하던 자들이 두렵지 않을 것입니다. 그렇지 않겠습니까? 기억하십시오. 그분이 이렇게 말씀하셨습니다. "하늘과 땅의 모든 권세를 내게 주셨으니 너희는 가서 모든 민족을 제자로 삼으라. 볼지어다 내가 세상 끝날까지 너희와 항상 함께 있으리라"(마 28:18-20).

다음으로, 무엇보다 좋은 것은, 성령께서 여러분에게 그분의 재림에 대한 분명한 전망을 보여주시는 것입니다. 이것이 우리의 찬란한 소망입니다. "보라, 그가 오시도다!" 대적들이 더욱 대담해지고, 믿음은 적어지고, 열심이 거의 식어 버린 듯이 보일 때, 이런 것들이 그분이 오신다는 증거들입니다. 주님은 언제나 그렇게 말씀하셨습니다. 먼저 배교가 있고서야 그분이 오실 것입니다. 밤이 더욱 어두워지고, 폭풍이 더욱 맹렬해질수록, 우리는 저 갈릴리 호수에서 폭풍이 가장 거센 밤중에 물 위로 걸어 제자들에게 오셨던 그분을 더욱 잘 기억할 것입니다. 오, 그분이 오실 때에 그분의 원수들은 무어라고 말할까요? 그들이 저 영광의 주님의 못 자국을 볼 때에, 가시 면류관을 쓰신 인자를 볼 때에, 그분이 진실로 오시는 것을 볼 때에, 그분의 말씀과 그분의 피를 멸시했던 자들은 사랑을 모욕당한 그분의 면전 앞에서 어떻게 도망칠 수 있을까요! 우리는 그 반대로, 그분의 무한한 은혜로 이렇게 말할 것입니다. "이는 성령님께서 우리에게 알려 주신 그대로입니다. 이제 우리는 그것이 말씀 그대로 실현된 것을 보았습니다. 이 복된 광경을 우리에게 미리 보여주신 그분께 감사합니다."

나는 아직 첫 번째 대지를 끝내지 못했습니다. 왜냐하면 여러분에게 상기시키고자 하는 한 가지 요점이 있기 때문입니다. 성령께서 그리스도의 것을 가지고 우리에게 알려 주실 때, 그분이 그렇게 하시는 데에는 한 가지 목적이 있습니다. 어린 소년들이 때때로 학교에서 서로에게 하는 일을 상기시키면, 여러분이 웃지 않을지 모르겠군요. 나는 한 소년이 주머니에서 사과를 하나 꺼내고서는 급우에게 이렇게 말하는 것을 본 적이 있습니다. "너는 이 사과를 보고 있니?" "응"이라고 다른 친구가 말합니다. "그러면, 너는 내가 이것을 먹는 것도 볼 수 있겠구나?"라고 그는 말합니다. 하지만 성령님은 탄탈루스(Tantalus: 그리스 신화에서 제우스의 아들. 아들인 펠롭스를 요리하여 신들에게 바친 벌로 호수의 턱까지 잠기는 벌을 받음. 물을 마시려 하면 물이 빠지고, 머리 위의 나무 열매를 따려 하면 가지가 뒤로 물러났다고 함 — 역주)가 아닙니다. 그분은 그리스도의 것을 가지고, 그것으로 우리를 조롱하시기 위해 내미시는 것이 아닙니다. 그렇지 않습니다. 그분은 이렇게 말씀하십니다. "너는 이것을 보느냐? 네가 만일 그것을 볼 수 있다면, 네가 그것을 가져도 좋다." 그리스도께서도 친히 이렇게 말씀하시지 않았습니까?"땅 끝의 모든 백성아 나를 앙망하라(look unto me) 그리하면 구원을 얻으리라"(사 45:22, 한글개역. 개역개정은 "내게로 돌이켜"로 되어 있음). 바라보는 것은 여러분에게 하나의 청구권(claim)을 부여합니다. 만일 당신이 그분을 바라보면, 그분은 당신의 것입니다. 성령께서 보여주시는 것들이 여러분의 소유가 될 수 있는 것은 야곱의 경우와 마찬가지입니다. 야곱이 누워 잠들었을 때 주께서 그에게 말씀하셨습니다. "네가 누워 있는 땅을 내가 너에게 주리니"(창 28:13). 자, 여러분이 성경 전체를 지나며 어디로 가든지, 만일 누울 수 있는 곳을 발견할 수 있다면, 그것은 여러분의 것입니다. 하나님께서 아브라함에게 말씀하셨습니다. "너는 눈을 들어 너 있는 곳에서 북쪽과 남쪽 그리고 동쪽과 서쪽을 바라보라 보이는 땅을 내가 너와 네 자손에게 주리니 영원히 이르리라"(창 13:14-15). 주님께서 우리의 거룩하고 즐거운 믿음의 비전을 더하여 주시기를 빕니다. 성경에서 우리가 믿음으로 바라보는 것 중에 기뻐하지 않을 것은 없습니다. 성경에서 발견하는 그리스도 안에 있는 모든 것이 여러분을 위한 것입니다.

2. 성령이 목표로 삼으시는 일

이제 두 번째로, 성령님이 목표로 삼고 실제로 성취하시는 일(what the Holy Spirit aims at and really effects)을 살펴보고자 합니다. "그가 내 영광을 나타내리니."

형제들이여! 성령께서는 결코 우리의 영광을 위해서나, 혹은 특정 교파를 위해서나, 혹은 내 생각으로는, 어떤 교리의 조직적인 신학 체계를 영광스럽게 하려고 오시는 것이 아닙니다. 그분은 그리스도를 영광스럽게 하려고 오십니다. 만일 우리가 그분과 일치하기를 바란다면, 우리는 그리스도의 영광을 나타내기 위해 설교해야 합니다. 절대로 이런 생각을 하지 마십시오. '그 요소를 조금 집어 넣어야겠다. 아주 효과가 있을 거야. 친구들은 내 연설이 맥 빠지지 않았다고 느낄 것이고, 데모스테네스(Demosthenes: 기원전 4세기 그리스의 유명한 웅변가)가 이 마을에 다시 산다고 여길 테지.' 안 됩니다. 형제여, 내가 말하건대 그런 설교가 기분 좋은 작품일지는 모르겠지만, 사정없이 깨 버리십시오. 만일 당신이 그런 식의 생각을 가지고 있다면, 그런 요소를 활용하려는 유혹의 길로 들어서지 않는 편이 낫습니다. "예, 그것은 굉장한 명언이지요! 내가 그 명언을 어디서 보았는지, 혹은 나 자신의 생각에서 나왔는지 알지 못합니다. 내가 염려스러운 것은 대부분의 우리 친구들이 그것을 이해하지 못하리라는 것입니다. 하지만 그것이 그들에게 강단에 심오한 사상가가 있다는 인상은 심어줄 것입니다." 그렇다면 좋습니다. 그것이 매우 칭찬할 만한 것일 수도 있겠고, 더 나아가 그렇게 명 설교를 그들에게 제시하는 것이 옳을 수도 있겠습니다. 하지만 만일 당신이 그런 생각을 가지고 있다면, 그런 생각은 깨 버리십시오. 무자비하게 깨 버리십시오. 이렇게 말하십시오. "안돼, 안돼, 안돼! 그리스도의 영광을 나타내는 것이 나의 분명한 목표가 되지 않는다면, 나는 성령님의 목적에 부합하지 않는 것이며, 나로서는 그분의 도움을 기대할 수가 없어. 그러면 성령님과 나는 애쓰는 방향이 달라지고 말아. 오직 그리스도의 영광을 나타내기 위해 단순하고 신실하게 말하지 못하는 내용이라면, 그 어떤 것에도 관심을 두지 않을 것이야."

그러면 성령님은 어떻게 그리스도의 영광을 나타내실까요? 그분은 그리스도의 일들을 알리심으로써(by showing Christ's things) 그분을 영화롭게 하십니다. 이는 매우 아름다운 생각입니다. 만일 여러분이 어떤 사람을 영예롭게 기념하기를 원한다면, 여러분은 아마도 그의 집을 장식할 어떤 선물을 그에게 가져갈 것입니다. 하지만 여기서, 만일 여러분이 그리스도의 영광을 나타내기를 원한다면, 여러분은 가서 그리스도의 집에 있는 것들 곧 "그리스도께 속한 것들(the things of Christ)"을 가지고 나와야 합니다. 하나님을 찬양할 때마다, 우리가 하는 일이 무엇입니까? 우리는 단순히 그분이 어떤 분이신지를 말하면 됩니다. "당신은 이러하시고, 당신은 저러하십니다." 다른 찬양은 없습니다. 다른 곳에서 가져와서 하나님께 드릴 것은 아무것도 없습니다. 하나님을 찬미하는 내용은 단순히 그분 자신에 관한 사실들입니다. 만일 여러분이 주 예수 그리스도를 찬미하기 원한다면, 사람들에게 그분에 관해서 말하십시오. 그리스도의 일들을 가지고, 그것들을 사람들에게 보여주십시오. 그러면 그리스도의 영광을 나타내는 것입니다. 오호라! 나는 여러분이 어떻게 하는지를 알고 있습니다. 여러분은 단어들을 서로 엮어서, 그것으로써 어떤 모양과 조직을 구성하고서, 마침내 근사한 방식으로 문학 작품 하나를 만들어 내는 것입니다. 여러분이 그 일을 신중하게 완수했을 때, 화덕 밑에 있는 불 속에 집어넣으십시오. 태워 버리십시오. 아마도 그렇게 하면 그것으로 빵을 굽는데 약간의 도움이 될 것입니다. 형제들이여, 우리로서는 일만 개의 정제된 단어들을 가지고 그분과 관련된 찬양을 고안해 내는 것보다는 단순히 그리스도가 어떤 분이신지를 말하는 편이 더 낫습니다.

또한, 복되신 성령께서는 그리스도의 것들을 그리스도의 것이라고(as Christ's) 우리에게 알려 주심으로써 그리스도의 영광을 나타내신다고 생각합니다. 오, 용서를 받는다는 것! 그것은 위대한 일입니다. 하지만 그 용서를 그분의 상처에서 발견하는 것, 그것은 더 위대한 일입니다! 오, 평화를 얻는 것! 예, 위대합니다. 하지만 그 평화를 그분의 십자가의 피에서 발견하는 것이란 더 위대합니다! 형제들이여, 여러분이 누리는 모든 은혜에서 핏자국이 선명하게 보이도록 하십시오. 하지만 이따금씩 우리는 빵의 달콤한 부분에 대해 너무 많이 생각을 하고, 혹은 물의 시원한 부분에 대해서 많이 생각하기 때문에, 이런 것들이 어디에서 왔는지 또 어떻게 해서 왔는지를 잊어버리고, 그러다가 최상의 미각을 잃어버리곤 합니다. 은혜가 그리스도께로부터 왔다는 사실 자체가, 그리스도께로부터 온 최상의 은혜들 중에서도 최상입니다. 어떤 면에서 내가 구원을 받는 것보다 더 좋은 것은, 그분이 나를 구원하신다는 사실입니다. 나로서는 그리스도 안에 있는 것 자체가, 그 결과로서 천국에 들어가는 것보다 더 좋은 것이 아닌가 하고 생각합니다. 그런 식으로, 성령께서는 우리로 하여금 이러한 그리스도의 일들이 진정 그리스도께 속하였고, 그리스도와 연결되었고, 전적으로 그리스도께 속한 일임을 보여주심으로써, 그리스도의 영광을 나타내십니다. 우리가 그리스도의 일들을 기뻐하는 것은 우리가 그리스도와 연관되었기 때문입니다.

본문은 또한 이렇게 말하고 있습니다. "그가 내 영광을 나타내리니 내 것을 가지고 너희에게(unto you) 알리시겠음이라." 예, 성령님이 우리에게(to us) 그리스도를 알리시는 일이 그리스도를 영화롭게 하는 것입니다. 나는 위대한 정신을 가진 사람들이 회심하게 되기를 얼마나 자주 바라왔는지요! 나는 우리가 밀턴(Milton)과 같은 몇 사람을 얻어서, 그들이 그리스도의 사랑을 노래하게 되기를 간절히 바라왔으며, 정치학을 가르치는 몇몇 유력자들을 얻어서 그들이 재능을 복음 전파에 드리는 것을 보고 싶어 했습니다. 왜 그렇게 되지 않을까요? 아마도 그것은 성령께서는 그런 방식이 그리스도의 영광을 최고로 드러내리라고 생각하시지 않기 때문인 듯합니다. 그보다 더 나은 방식으로서, 그분은 우리와 같이 평범한 사람들을 취하시어, 우리에게 그리스도의 일들을 보여주시는 것을 더 선호하십니다. 그분은 그리스도의 영광을 나타내십니다. 내 흐린 눈으로 그분의 무한한 사랑을 볼 수 있다니 그분의 이름을 찬송합니다! 기껏해야 내 수준에 맞는 것을 제외하고는 아무것도 이해하지 못하는 나와 같이 비천한 자가, 능히 모든 성도와 함께 지식에 넘치는 그리스도의 사랑을 알고, 그 너비와 길이와 높이와 깊이가 어떠한지를 깨달을 수 있다니(엡 3:18-19), 이로 인해 그분의 이름을 찬미합니다! 자, 학교에 아주 똑똑한 소년이 있습니다. 선생으로서는 그를 학자로 만드는 일이 그리 대단한 일이 아닙니다. 하지만 여기에 학자로서 매우 뛰어난 사람이 있고, 그의 어머니는 그가 집안에서 가장 위대한 멍청이라고 말합니다. 그의 모든 동창생들이 이렇게 말합니다. "히야, 그는 우리의 놀림감이었습니다. 그는 머리가 나쁜 듯이 보였습니다. 하지만 우리 선생님은 어떻게 해서든 그에게 지혜를 심어 무언가를 가르쳐 주셨으며, 어느 사이엔가 학문에 능통하도록 만드셨습니다." 어느 정도 그런 일은 어리석고, 무능하고, 영적으로 죽은 우리에게 일어난 일입니다. 만일 성령께서 우리와 같은 자들에게 그리스도의 일들을 알려 주신다면, 그 일은 성령님의 목적하시는 일 곧 그리스도의 영광을 나타내는 일을 크게 증대시킬 것입니다.

사랑하는 형제들이여, 그리스도의 일들을 사람들에게 알리는 것이 그분에게 영광이 되기 때문에, 성령님은 우리로 가서 사람들에게 그 일들을 알리도록 하시기 위해 그 일들을 우리에게 알려 주실 것입니다. 이런 일은 그분이 우리와 함께 하시어 다른 사람들을 보게 하시지 않으면 우리가 할 수 없는 일입니다. 하지만 우리가 그분에게 배운 것을 사람들에게 전할 때, 그분은 우리와 함께 하실 것입니다. 그렇게 하여 성령님은 우리에게 보이시는 일들을 다른 사람들에게도 기꺼이 보여주시는 것입니다. 이러한 섬김에서 부차적인 능력이 흘러나옵니다. 우리가 다른 사람들에게 그리스도의 일들을 보여주고자 할 때, 성령께서 우리에게 올바른 수단들을 활용하도록 도움을 주실 것이기 때문입니다.

3 성령님은 위로자이시다.

시간이 거의 다 지나갔지만, 세 번째로 여러분에게 제시하고자 하는 요점이 한 가지 더 있습니다. 그것은 이러한 일들에 있어서 성령님이 우리의 위로자이시다(He is our Comforter)는 사실입니다.

우선, 그분은 이런 이유에서 위로자이십니다. 즉 그리스도를 보는 것만큼 세상에 위로가 되는 것은 없다는 것입니다. 그분은 우리에게 그리스도의 일들을 보여주십니다. 오 형제들이여, 비록 여러분이 가난해도, 만일 성령님이 여러분에게 그리스도께도 머리 둘 곳이 없었다는 것을 여러분에게 보여주신다면, 그 전망이 여러분에게 얼마나 위로가 되겠습니까! 비록 여러분이 아프다 해도, 만일 성령께서 여러분에게 그리스도께서 참으셨던 고통들을 보여주신다면, 어떤 위로가 여러분에게 임하겠습니까! 만일 여러분이 그리스도의 일들을 볼 수 있게 된다면, 여러분이 처해 있는 각각의 상황에 부합되는 일들을 볼 수 있게 된다면, 여러분은 얼마나 신속하게 슬픔에서 빠져나올 수 있겠습니까!

또한, 만일 성령께서 그리스도의 영광을 나타내신다면, 그것이 모든 종류의 슬픔에 대한 치료입니다. 그분은 위로자이십니다. 내가 전에 여러분에게 들려주었는지 모르지만, 다시 이 이야기를 들려주지 않을 수 없습니다. 오래 전, 서리 가든즈(Surrey Gardens)에서 끔찍한 사고를 겪은 이후에, 나는 시골로 내려가서 조용히 있을 수밖에 없었습니다. 성경을 보면서 나는 울음을 터뜨렸습니다. 홀로 뜰에 가만히 있었습니다. 마음이 무겁고 슬펐습니다. 많은 사람들이 그 사고로 죽었기 때문입니다. 그곳에 있는 동안 나 자신이 반은 죽은 듯했습니다. 그 때 내가 어떻게 해서 위로를 얻고 회복된 후 다시 주일에 설교를 하게 되었는지를 나는 기억합니다. 나는 뜰을 돌며 걷다가 한 나무 밑에 서 있었습니다. 마치 지금 내가 그곳에 있는 것처럼 눈에 선합니다. 그리고 이 말씀을 기억합니다. "그를 오른손으로 높이사 임금과 구주로 삼으셨느니라"(행 5:31). 나는 속으로 생각했습니다. '오, 나는 비천한 병사에 불과하다. 설혹 내가 수렁에 처박혀 죽는다 해도 상관없다. 왕이 영예를 얻으실 것이다. 그분이 승리를 얻으실 것이다.' 나는 옛 시대의 프랑스 병사들과 같았습니다. 그들은 황제를 사랑했습니다. 그들은 죽어갈 때에도, 만일 왕이 말을 타고 지나가면, 부상당한 병사조차 팔꿈치에 기대고 일어서서 다시 한 번 이렇게 외쳤다고 합니다. "황제 만세!" 황제가 그들의 마음에 새겨졌기 때문입니다. 나의 동료들이여, 이 거룩한 전쟁에서 우리 모두가 그러해야 한다고 나는 확신합니다. 우리의 주이시며 왕이신 분이 높임을 받으신다면, 다른 일들이야 어찌되든지 되라고 하십시오. 만일 그분이 높임을 받으시면, 우리들이 어찌될 것인지에 대해서는 신경 쓰지 마십시오. 우리는 보잘것없는 존재이니, 그분이 높임을 받으신다면 그만입니다. 하나님의 진리가 안전하다면, 우리는 기꺼이 잊혀지고, 조롱을 당하고, 비방을 당할 것이며, 혹은 사람들이 원하는 다른 어떤 일이라도 감수할 것입니다. 복음의 대의가 안전하고, 왕이 보좌에 앉으시면, 그것으로 좋은 것입니다. 할렐루야! 주의 이름이 높임을 받으소서!

제
67
장
—

십자가에서의 슬픔이 기쁨으로 변하다

—

"내가 진실로 진실로 너희에게 이르노니 너희는 곡하고 애통하겠으나 세상은 기뻐하리라 너희는 근심하겠으나 너희 근심이 도리어 기쁨이 되리라. 여자가 해산하게 되면 그 때가 이르렀으므로 근심하나 아이를 낳으면 세상에 사람 난 기쁨으로 말미암아 그 고통을 다시 기억하지 아니하느니라. 지금은 너희가 근심하나 내가 다시 너희를 보리니 너희 마음이 기쁠 것이요 너희 기쁨을 빼앗을 자가 없으리라." ― 요 16:20-22

우리가 조금 전에 부른 찬송은 첫 번째 절이 어려운 질문으로 시작됩니다.

"'다 이루셨도다!' 우리가 부를 노래는
슬픔의 노래인가요, 기쁨의 찬양인가요?
구주께서 죽으시는 것을 보고서
애통해야 하나요, 그분의 승리를 노래해야 하나요?"

이 어려운 문세는 2절과 3절에서도 역시 잘 제기되고 있습니다.

> "우리가 골고다에 대해 말하며
> 어찌 승리의 찬양이 우러나오는지요?
> 저주에서 속량받은 사람에 대해 말하며
> 어찌 애통의 가락이 흘러나오는지요?
>
> 우리의 허물이 그분의 옆구리를 찔렀고
> 우리의 죄가 그분을 죽으시게 했도다.
> 그런데 그날 흐른 그 피가
> 내 죄와 허물을 씻으셨구나."

마지막 절에 이를 때에야 올바른 결론이 내려진 듯 합니다.

> "하나님의 어린 양이시여! 당신의 죽음이
> 용서와, 평화와, 천국의 소망을 주셨나이다.
> '다 이루셨도다!' 그분께 소리 높여
> 감사와 찬미의 노래를 불러드리세!"

구속주의 죽으심과 관련된 주된 생각은 저 감사의 찬양에 잘 나타나 있습니다. 우리 주 예수 그리스도께서 십자가에 죽으신 것은 아주 자연스러운 슬픔의 이유이며, 우리를 포함하여 그분을 찌른 자들은 그분을 바라보면서 자신들의 죄로 인해 슬퍼하고, 마치 장자를 잃고서 애통하는 자처럼 그분을 위해 애통해야 하는 것이 마땅합니다. 우리가 용서받은 것을 알기 전에 우리의 비통함이 심히 커지는 것은 당연하며, 죄가 제거되기까지는 우리가 구주의 피에 대해 유죄로서 있는 것이 마땅합니다. 우리의 영혼이 구속주의 피에 대해 유죄인 것만을 의식하고 있을 동안에는, 저 저주받은 나무를 쳐다보고서 기막히고 놀란 채로 서 있는 것이 당연합니다. 하지만 믿음으로 우리 주님이 당하신 고난의 영광스러운 열매를 보게 될 때, 그 십자가에서 그분이 우리를 구원하시고 그 죽음의 행위로써 승리하신 것을 알게 될 때, 입장은 달라집니다. 십자가에 못 박히신 구주를 바라볼 때의 슬픔의 느낌은 어떤 지점에 이르기까지 승화됩니다. 특히, 만일 우리가 단순한 감상에 빠지지 않도록 주의한다면, 우리의 슬픔은 회개로 변화됩니다. 그 때의 슬픔은 "경건한 슬픔"이 됩니다. 그런 슬픔은 경건을 추구하는 쪽으로 작용하며, 우리 안에서 죄에 대한 심한 두려움을 생성하고, 어둠의 일들과의 모든 교제에서 우리 자신을 깨끗이 씻어야겠다는 결심을 자아냅니다. 그러므로 우리는 주님의 고난에 대해 자주 설교하는 자들을, 청중들의 마음에 큰 슬픔의 감정을 격동시킨다는 관점에서 비난하지 않습니다. 그런 감정들은 믿음이 수반되기만 하면, 그리고 건전한 지혜로 교훈을 받는다면, 사람을 순화시키고 정화시키는 효력을 갖습니다. 하지만 모든 일에는 중도(中道)가 있으며, 이것이 수반되어야 할 필요가 있습니다. 왜냐하면 그런 설교가 너무 한쪽 방향으로 치우칠 수 있기 때문입니다. 사도들이 그들의 설교나 서신에서 우리 주님의 죽음을 어떤 애도의 차원에서 말하지 않았다는 것은 매우 주목할 만하며 또한 교훈적입니다. 복음서들은 실제 십자가 사건이 일어나는 동안에 있었던 고통들을 언급하고 있습니다. 하지만 부활 이후에, 특히 오순절 이후에, 우리는 더 이상 그런 고통에 대해 듣지 않습니다. 만일 사도들의 말이나 글에 나 자신을 제한한다면, 나는 예수님의 죽음으로 인한 슬픔에 대해 설교할 수 있는 본문을 좀처럼 찾지 못합니다. 반대로, 십자가 사건을 승리와 기쁨의 정신으로 언급하는 표현들이 많이 있습니다. 잘 알려진 바울의 외침을 기억하십시오. "내게는 우리 주 예수 그리스도의 십자가 외에 결코 자랑할 것이 없으니"(갈 6:14). 의심의 여지 없이, 그는 우리들 중 어느 누구보다도 주님의 고통에 대해 생생하게 알고 있었습니다. 하지만 그는 "십자가에 못 박히신 나의 주님을 보고서 슬피 울 것밖에 없으니"라고 말하지 않습니다. 그는 예수 그리스도의 십자가를 자랑한다고 선언합니다. 예수님의 죽음은 그에게 있어서 기뻐할 일이며, 심지어 자랑할 일이었습니다. 그는 세상의 구속을 기념하기 위해 어떤 우울한 단식 기간도 지키지 않았습니다(kept no black fasts). 그가 골로새서에서 우리 주님의 죽음에 대해서 얼마나 고양된 어조로 말하는지를 잘 보십시오. "우리를 거스르고 불리하게 하는 법조문으로 쓴 증서를 지우시고 제하여 버리사 십자가에 못 박으시고, 통치자들과 권세들을 무력화하여 드러내어 구경거리로 삼으시고 십자가로 그들을 이기셨느니라"(골 2:14-15). 요한의 서신들을 보면, 거기서는 거의 대부분의 감정들과 상냥함이 자연적으로 솟아나는데, 울거나 비탄에 빠진 소리를 들을 수 없습니다. 다만 그는 저 위대한 희생 제물의 핵심인 피의 정결하게 하는 능력에 대해서 차분하고, 침착하며, 행복한 태도로 말하고 있습니다. 터져나는 슬픔과 흐르는 눈물과는 거리가 멉니다. 그는 말합니다. "그가 빛 가운데 계신 것 같이 우리도 빛 가운데 행하면 우리가 서로 사귐이 있고 그 아들 예수의 피가 우리를 모든 죄에서 깨끗하게 하실 것이요"(요일 1:7). 여기서 속죄의 피가 암시하는 것은 탄식과 고통이라기보다는 기쁨과 평안입니다. 요한은 또 말합니다. "이는 물과 피로 임하신 이시니 곧 예수 그리스도시라 물로만 아니요 물과 피로 임하셨고"(요일 5:6). 예수님께서 물과 피로 오신 것이 명백히 그에게는 슬픔의 이유라기보다는 축하와 즐거움의 주제입니다. 베드로 역시 주님의 죽음에 대해 언급할 때에, "그리스도의 보배로운 피"(벧전 1:19)에 대해 슬픔의 어조로 말하지 않습니다. 그는 우리 주님께서 나무에 달려 친히 그 몸으로 우리 죄를 감당하신 것을 언급할 때에, 한탄의 언어로 말하지 않습니다. 그는 복음을 위해 고난받는 자들에게 "너희가 그리스도의 고난에 참여하는 것으로 즐거워하라"고 말합니다(벧전 4:13). 자, 만일 그가 그리스도의 고난에 참여하는 우리의 고난에서 기쁨을 발견한다면, 그가 그리스도 자신의 고난에 대해서는 훨씬 더 기뻐할 이유를 발견했을 것이라고 추측할 수 있습니다. "세 시간의 고뇌(three hours' agony)", 저 어두침침한 교회, 아침의 제단, 종소리 울리기, 미신적인 모의 장례 의식들, 이 모든 것들이 조금이라도 사도들의 정신이나 말에서 비롯된 것이라고 믿지 않습니다. 성 금요일(Good Friday)에 많은 교회들에서 십자가에 못 박히는 것을 몸짓으로 흉내 내는 행사들은, 주님께서 여기 계시지 않고 다시 살아나셨음을 아는 기독교인 모임에서보다는, 타무즈(Tammuz: 바빌로니아 신화. 봄과 식물의 신) 우상을 위해 애곡하는 이방 여인들이나 칼로 제 몸을 상하며 부르짖는 바알 제사장들에게나 어울리는 짓입니다.

예수님이 죽으셨으니 슬퍼하며 우는 것은 좋습니다. 하지만 만일 우리가 그분의 죽음으로써 죄의 용서를 받았다면, 그분의 죽음과 관련하여 결코 슬픔 자체가 주된 생각이 되게 하지는 맙시다. 오늘 본문의 말씀은 슬퍼하는 것을 허용하면서도 금하고 있습니다. 우는 것을 허락합니다. 하지만 잠시 동안만 허락합니다. 그리고는 그 슬픔이 변하여 기쁨이 되리라는 약속으로써 줄곧 울기만 하는 것을 금하고 있습니다. "너희는 곡하고 애통하겠으나." 즉, 그분의 제자들은, 그분이 죽어 가시는 동안, 그리고 죽으시고 매장된 동안에는 심하게 괴로워할 수 있습니다. "너희는 근심하겠으나 너희 근심이 도리어 기쁨이 되리라." 그들의 근심은 그들이 죽은 자 가운데서 살아나신 그분을 볼 때에 끝날 것입니다. 그리고 실제로 그렇게 되었습니다. 성경은 그렇게 진술하고 있습니다. "제자들이 주를 보고 기뻐하더라"(요 20:20). 불신앙으로 십자가를 보는 것은 슬픈 일이고, 온통 슬픈 일일 뿐입니다. 하지만 이제 믿음의 눈으로 볼 때에, 그것은 가장 즐거운 광경으로서 인간의 눈이 오래 머물며 쳐다볼 수 있습니다. 십자가는 아침의 빛과도 같아서, 열방을 덮고 있던 길고도 지루한 어둠을 종식시킵니다. 오, 예수님의 상처들은 별들과도 같아서, 인간의 절망의 밤을 비추어 줍니다. 오, 창이여, 그대는 죽음의 저주를 치유하는 샘 문을 열었도다! 오, 가시 면류관이여, 그대는 약속의 별자리로구나. 오, 피 흘리신 주님이시여, 울어서 붉어진 눈이 당신을 보고서 소망으로 반짝입니다. 오, 임마누엘이시여, 고문을 당하신 당신의 몸은 피를 흘리고, 그 피가 땅에서 소리치면서 모든 믿는 자들에게 평화와 용서와 낙원을 선포하였습니다. 비록 곁에서 친구들이 슬피 우는 가운데 무덤에 누였었지만, 오 거룩하신 구세주시여, 당신의 몸은 이제 더 이상 요셉의 무덤 안에 있지 않습니다. 당신이 죽은 자 가운데서 살아나셨기 때문입니다. 이제 우리는 부활과 승천의 노래에서 당신의 죽음의 고통에 대해 넘치는 위안을 발견합니다. 아들을 낳은 여인처럼, 우리는 저 영광스러운 출생의 기쁨으로 인해 모든 괴로움을 잊어버립니다. 교회와 온 세상은 이제 예수님 안에서 "죽은 자들 가운데서 먼저 나신 이"(골 1:18)를 보고서 가장 큰 기쁨으로 응시하고 있답니다.

오늘 아침의 주제는, 여러분이 이미 짐작하시겠지만, 우리가 예수님의 죽음으로 인해 어디까지 슬퍼해야 하며, 또한 그 안에서 얼마나 더 기뻐하는 것이 허락되었는가 하는 것입니다. 우리 주님의 죽음은 슬픔의 이유였으며 지금도 여전히 그렇다(was and still is a theme for sorrow)는 것이 첫 번째 요점입니다. 그 슬픔은 기쁨으로 변한다(transmuted into joy)는 것이 두 번째 요점입니다. 이 두 가지 요점들을 묵상하고 나서 우리는 잠시 동안 모든 경건한 슬픔의 근거에 놓여 있는 한 가지 일반적인 원리(a general principle)를 그 구체적인 형태와 더불어 살펴볼 것입니다.

1. 우리 주님의 죽음은 슬픔의 이유였고, 지금도 마찬가지이다.

첫째, 우리 주님의 죽음은 슬픔의 근거였으며, 그것은 지금도 마찬가지입니다(was and is a theme for sorrow). 나는 그러하였다(was so)는 것을 강조합니다. 왜냐하면 구주의 죽음은 그분이 매장되신 그 삼일 동안에 그분이 살아나신 지금보다는 더 큰 슬픔의 이유였기 때문입니다. 우선 제자들에게 있어서 예수님의 죽음은 그분의 인격적인 임재의 손실(the loss of His personal presence)이었습니다. 주님을 언제나 그들의 아버지요 스승으로서 곁에 모실 수 있는 것은 그 작은 가족에게 있어서 큰 기쁨이었습니다. 또한 더 이상 그분의 사랑스러운 음성을 듣지 못하고 그 인자하신 얼굴의 미소를 볼 수 없다고 생각하니, 그것이 그들에게는 큰 슬픔이었습니다. 그들이 그분에게로 가서 무엇이든 여쭐 수 있고, 언제든 어려울 때는 그분에게로 달려갈 수 있고, 슬플 때에는 언제든 그분 곁에 가서 있을 수 있는 것이, 그들에게는 말할 수 없는 위로였습니다. 그런 주님이 그들 중에 계시어, 사랑 안에서 교제해 주시고, 완벽한 모범으로써 인도해 주시고, 그 영광스러운 임재로써 활력을 주시며, 모든 결핍을 채우시고 잘못에 빠지지 않도록 이끌어 주시니, 제자들은 행복하고 또 행복했습니다. 그분이 그들에게서 떠나실 것이라는 전망 때문에 그들의 마음이 무거워진 것은 이상한 일이 아니지 않습니까? 그들은 목자 없는 양들처럼 느껴졌고, 가장 좋은 친구이자 조력자를 잃어버린 어린 고아들처럼 느껴졌습니다. 그들이 의지하던 반석이, 그들의 눈에는 기쁨이요, 그들의 영혼에는 소망이었던 분이 그들에게서 떠나 버리셨을 때, 그들이 울고 슬퍼한 것은 이상한 일이 아닙니다. 만일 이 땅에서 여러분에게 가장 좋은 친구가 수치스러운 죽음에 의해 갑작스럽게 여러분 곁을 떠났다면 여러분은 어떤 생각이 들겠습니까? 그들이 슬퍼한 것은 단지 그분이 떠나심으로써 그들 자신의 개인적인 손실 때문만은 아닙니다. 그분 자체가 그들에게는 매우 귀한 분이었기 때문이기도 합니다. 그들의 마음에서 모든 애정의 중심이었던 그분이 떠나신 것을 그들은 견딜 수 없었습니다. 그들의 슬픔은 그들의 마음이 사랑의 주님에게 충성되었음을 보여주며, 다른 무엇도 그들의 심중에 있는 애정의 자리를 차지할 수 없었다는 것을 보여줍니다. 그들이 울고 슬퍼한 것은 그들의 가슴에 있던 주님이 떠나셨고 그분의 자리가 비었기 때문이었습니다. 그들은 그들이 가장 사랑했던 분의 부재를 견딜 수가 없었습니다. 비둘기가 그 짝을 애타게 그리워하듯이, 그들은 온 영혼으로 사랑했던 그분을 그리워하며 울었습니다. 예수님이 아니 계시다면 그들이 하늘에서 누구를 바랄까요? 진정 땅에서 그분 외에는 사모할 이가 그들에게는 없었습니다(참조. 시 73:25). 그들은 과부가 되었고, 울며 위로받기를 거절하였습니다. 예수님의 부재를 보상할 만한 것은 아무것도 없었습니다. 그들에게는 그분이 전부였기 때문입니다. 그분을 위해 그들은 모든 것을 버리고 그분을 따랐습니다. 이제 그들은 그분을 잃어버린 것을 견딜 수 없었고, 그 슬픔은 모든 것을 잃어버린 것 이상이었습니다. 끔찍이 사랑했고 또한 깊이 존경했던 사람과 사별한 적이 있는 분들은, 제자들이 사랑하는 주님께서 곧 그들을 떠나신다 하시고 잠시 동안 그분을 볼 수 없을 것이라는 말씀을 하셨을 때, 그들의 마음에 가득했던 슬픔이 어떤 것인지를 짐작할 수 있을 것입니다. 이러한 슬픔은 자연스럽습니다. 또한 주님께서 지금 우리에게서 떨어져 계시는 것에 대해 우리가 느끼는 약간의 서운함도 자연스러운 것입니다. 물론 우리가 이제는 그분의 부재의 유익을 이해하게 되었고, 또한 그분이 다시 나타나실 때까지 조용히 소망 중에 인내하며 기다리는 법을 배웠다고 믿지만, 그럼에도 불구하고 그분이 몸으로 곁에 계시지 않는 것에 대해서는 아쉬움을 느끼는 것입니다.

　　제자들의 슬픔을 더욱 커지게 만든 것은 그들의 주님이 떠나신 것으로 인해 세상이 기뻐한다는 사실입니다. "세상은 기뻐하리라." 광분한 원수들은 그분을 빌라도의 법정으로 끌고 갔으며, 당시의 통치자에게서 마지못한 사형판결을 이끌어 냈을 때에 의기양양했습니다. 그분이 자기 십자가를 지고서 저 슬픔의 길을 가시는 것을 보고서 그들은 기뻐했습니다. 그들은 십자가 주위에 둘러서서 잔인한 표정과 상스러운 말로써 그분을 조롱했습니다. 또 그분이 숨을 거두셨을 때 그들은 이런 식으로 말했을 것입니다. "이 속이는 자가 더 이상 말을 하지 못한다. 우리 자부심을 깔보고 사람들 앞에 우리의 허식을 폭로한 자에게 우리가 승리를 거두었다." 그들은 어두워진 그들의 눈을 성가시게 만드는 불을 꺼버렸다고 생각했고, 그래서 기뻐했으며, 그들의 기쁨은 제자들의 슬픔의 격류를 더욱 불어나게 했습니다. 형제들이여, 여러분 스스로가 고통스럽거나 슬플 때가 언제인지 알 것입니다. 여러분의 불행을 보고 기뻐하고 여러분의 눈물에서 기쁨의 묘약을 추출해 내는 대적자의 천한 웃음은 여러분을 얼마나 더 고통스럽게 만들던가요. 이것이 제자들을 더욱 분개하도록 만들었습니다. 왜 악한 자들이 그분의 죽음을 기뻐하는 것일까? 왜 저 바리새인과 제사장들은 그분의 시신을 향해 모욕과 경멸을 보낼까? 이는 저 슬픈 제자들의 상처에 소금을 뿌리고 비비는 짓이었으며, 이미 충분히 쓴 잔에 쓸개즙과 쑥을 두 배로 집어넣는 짓이었습니다. 그러므로, 그들이 주님이 악한 자들의 손에 의해 죽임을 당하셨을 때 울며 한탄한 것을 보고 이상히 여기지 마십시오. 막달라 마리아가 무덤 곁에서 울고 있었을 때, 그녀는 자연적인 본성의 감정을 따라 운 것이며, 그녀는 나머지 제자들의 좋은 사례였습니다.

　　이것 역시 그들을 슬프게 했습니다. 즉 그분의 죽음은 한동안 그들의 모든 기대에 대한 실망이었다는 것입니다. 처음에 그들은 단순하게 한 왕국을 바라보았습니다. 일시적인 왕국이었고, 형제 유대인들이 기대했던 것과 마찬가지였습니다. 심지어 우리 주님께서 그들의 기대를 조정해 주시고 그들의 시야를 밝혀 주시고, 그래서 그들이 현세적이고 일시적인 통치권을 많이 기대하지 않았을 때조차도, "이스라엘 나라를 회복시키실 분은 이분이시다"는 생각이 그들에게서 좀처럼 떠나지 않았습니다. 설혹 그들 중에서 누가 눈이 밝아져서 영적인 나라를 믿게 되었다 해도, 그리고 아마도 그들 중 몇몇은 어느 정도 그런 수준이 되었다고 해도, 예수님이 죽으심으로써 그들의 모든 희망이 산산조각난 듯이 보였음에 틀림없습니다. 지도자가 없이, 그들이 어떻게 성공한단 말입니까? 왕 자신이 죽임을 당하셨는데 어떻게 나라를 세운단 말입니까? 겁쟁이의 손에 의해 배반당하신 분이 어떻게 다스리실 수 있단 말입니까? 왕이 되셔야 할 분이 침 뱉음을 당하고, 조롱을 당하고, 나무 형틀에 달려 못 박히셨는데, 그분의 통치는 어디에 있단 말입니까? 그분은 산 자들의 땅에서 끊어짐을 당하였는데, 이제 누가 그분을 섬긴단 말입니까? 그분의 차가운 시신이 요셉의 무덤에 누워 있는데, 그 무덤을 막고 있는 돌은 봉인이 되었습니다. 이제 거룩한 희망들은 끝이 나고, 모든 거룩한 야심들은 종지부를 찍게 된 것이 아닙니까? 가장 고상했던 일생의 꿈이 끝나 버린 것을 보고서 그들이 어찌 행복할 수 있겠습니까? 숨진 군주의 가련한 추종자들, 그들이 어찌 그분의 대의(大義)와 왕권에 대한 희망을 품을 수 있겠습니까? 의심의 여지 없이, 불신앙 속에서 그들은 깊은 슬픔에 빠졌습니다. 바라던 것이 결딴나고 믿었던 것이 전복되었기 때문입니다. 그들은 현재 닥치는 일의 의미를 거의 알지 못했고, 장차 될 일에 대해서도 거의 짐작할 수 없었습니다. 슬픔이 그들의 마음을 가득 메웠고, 그들은 죽을 지경에 이르렀습니다.

이뿐만 아니라 그들 중 많은 이들이 그들의 사랑하는 주님이 고난에 빠지신 것을 보았다는 것을 기억해야 합니다. 한밤중에 주님이 조용한 은거지에서 급히 끌려가시어 거짓 고소를 당하시는 것을 보고서 비통해하지 않았을 제자가 어디 있겠습니까? 천사들이라도 그분을 동정하여 울려 하지 않았을까요? 천박한 자들에게 모욕을 당하며 서 계신 예수님을 보았을 때, 그분이 야비한 자들에게 욕설을 듣고, 친구들에 의해 버림을 받고, 원수들에게 모독의 말을 들으시는 것을 보았을 때, 누가 슬픔을 참을 수 있겠습니까? 하나님의 어린 양이 그토록 거칠게 다루어지는 것을 보는 것만으로도, 사람의 가슴이 터지기에는 충분합니다. 무죄하신 구주께서 저 비웃는 패거리들 가운데서 못 박히시는 것을 보고서 누가 견딜 수가 있습니까? 그분의 얼굴에 나타나는 그분의 고통을 보고서, 혹은 사람들이 고통 중에 부르짖듯이 슬픔 속에서 "내가 목마르다"고 하시는 그분의 음성을 듣고서, 또한 "나의 하나님, 나의 하나님, 어찌하여 나를 버리셨나이까"라고 하는 더욱 날카로운 고통의 외침을 듣고서, 슬픔을 견딜 자가 누구란 말입니까? 동정녀에 대해서 "칼이 그 마음을 찌르듯 하리라"(눅 2:34)고 기록된 것은 그리 놀랄 일이 아닙니다. 진정 예수님의 슬픔과 같은 슬픔은 일찍이 없었고, 어떤 고통도 그분의 고통에는 비견될 수 없기 때문입니다. 유례없는 그분의 중한 고통을 보고서, 누구든 마음이 정직한 사람이라면, 특히 예수님을 개인적으로 사랑하여 그분이 죽임을 당하시는 것을 보고서 그들 자신도 죽고 싶다고 느낀 모든 사람들은, 칼로 찌르는 듯한 고통을 느꼈을 것이 틀림없습니다. 오, 우리 주님이 당하신 슬픔의 심연이여, 그 깊이에 비견되는 슬픔은 정녕 없도다! 오 예수님, 우리 역시 슬픔 속으로 빠져들어야 하지 않겠습니까? 예, 진정으로, 우리는 당신의 잔을 마시고 당신의 세례를 받을 것입니다. 사랑과 슬픔이 결합하여 우리 영혼을 사로잡을 때, 우리는 십자가 앞에 앉아서 한참 동안 당신을 바라볼 것입니다.

자, 우리 주님이 참으신 일들을 회상할 때에도, 모든 그리스도인들은 그분에게 동정심을 느낍니다. 이 슬픔의 분위기를 이해하지 못하면, 여러분이 복음서 기자들의 네 이야기들을 제대로 읽지 못합니다. 상상력과 애정만 가지고서 복음서의 이야기를 하나로 엮어낼 수는 없습니다. 아무리 노래하려고 시도해도, 그 슬픈 단조(短調)에 여러분의 목소리가 부합되지 않으면, 그 곡조에 걸맞는 노래를 부르지 못하는 것입니다.

예수님의 죽음으로 인한 우리의 슬픔과 관련하여, 가장 쓰라린 부분 중의 하나는 이것입니다. 즉 우리가 그 죽음의 원인이라는 것입니다. 우리가 실질적으로 주님을 못 박았습니다. 우리가 죄인이었기에 그분이 속죄의 제물이 되셔야 했습니다. 우리 중 누구도 길 잃은 양처럼 방황하지 않았더라면, 우리의 잘못들이 저 목자의 머리에 한꺼번에 옮겨지는 일은 없었을 것입니다. 그분의 심장을 찌른 칼은 우리의 범죄들에 의해 만들어진 것입니다. 우리가 범한 죄에 대해 보응이 이루어져야 했으며, 정의가 실현되어야만 했습니다. 어떤 사랑하는 제자가 바로 그 자신이 주님을 죽음에 이르도록 만든 것을 보고서 슬퍼하기를 거부하겠습니까?

이 모든 것을 모두 합쳐서, 나는 왜 제자들이 슬퍼해야 했던가에 대해, 왜 그들이 울고 애통함으로써 슬픔을 표현해야 했는지에 대해, 충분한 이유를 알겠다고 생각합니다. 그들은 장례식에 참석하는 자들처럼 슬퍼했습니다. 울며 애도하는 것은 동양의 장례식에서 많이 볼 수 있습니다. 동양 사람들은 우리보다 더 감정을 잘 드러냅니다. 친척들의 죽음에서 그들은 큰 울음소리와 흐르는 눈물로써 우리보다 훨씬 더 큰 슬픔을 보여줍니다. 제자들 역시 마찬가지로 그들의 슬픔을 강력하게 표현하는 것으로 묘사됩니다. "너희는 곡하고 애통하겠으나." 이는 그들이 애도하는 분의 장례에 합당한 비통함입니다. "너희는 곡하고 애통하겠으나." 두 배의 슬픔을 표현하는 두 배의 감정 표출입니다. 눈으로는 울고, 소리로는 곡하는 것입니다. 그리스도의 죽음은 제자들에게 진정한 장례식이었고, 마치 그들 각자가 가족 전체를 잃어버린 듯한 짓누르는 슬픔의 이유가 되었습니다. 그들이 그렇게 운다고 해서 누가 이상히 여기겠습니까?

"너희 마음에 근심이 가득하였도다"라고 주님이 말씀하십니다(요 16:6). 그들에게는 그분의 죽음 이외에 다른 것을 생각할 여유가 없었습니다. 그들의 마음은 복받치는 슬픔으로 가득했습니다. 그분이 그들에게서 떠나시기 때문입니다. 그 슬픔은 너무나 예리하여 마치 우리의 본성으로는 감당하기가 가장 어려운 고통 중의 하나인 여인의 산고의 고통과도 같았습니다. 마치 그 고통 중에서 죽음에 이를 듯하고, 그 고통에 비하면 차라리 죽음 그 자체가 고통의 경감인 듯이 보였습니다. 그 시련의 때에 그들이 겪는 고통의 격렬함은 그들이 견딜 수 있는 최대의 것이었고, 그 이상의 고통은 그들을 파멸시킬 수도 있었습니다. 이 모든 것을 그들은 느끼고 겪었습니다. 그러므로 우리가 우리 구주께서 우리를 위해 견디신 일을 회상할 때에 어느 정도 그들처럼 느낀다고 해서 이상할 것은 없습니다. 지금까지 우리는 우리 주님의 죽음이 슬픔을 자아낸다는 것을 충분히 인정했습니다. 하지만 가장 정당한 슬픔에도 절제란 있는 것이기에, 우리는 십자가 아래에 있을 때조차도 과도한 슬픔에 빠져들어서는 안 되며, 그것이 어리석은 행위로 변질되도록 해서는 안 됩니다.

2. 그 슬픔은 기쁨으로 변한다.

이제 두 번째로, 본문은 이러한 슬픔이 기쁨으로 변한다(this sorrow is changed into joy)는 진리를 분명히 가르치고 있습니다. "너희 근심이 도리어 기쁨이 되리라.” 기쁨으로 교체된다는(exchanged) 것이 아니라 기쁨으로 변화된다는 (transmuted) 것입니다. 슬픔이 기쁨이 되고, 슬픔의 이유가 즐거움의 원천이 된다는 것입니다.

지금까지 이 슬픔이 얼마나 예리한 것인지를 말하였지만, 여러분은 즉시 그것이 어떻게 기쁨으로 바뀌는지를 볼 것입니다. 예수 그리스도께서 우리 죄를 위하여 죽으신 것은 날카로운 슬픔입니다. 우리의 죄가 못이 되고, 우리의 불신앙이 창이 된 것으로 인해 우리는 슬퍼합니다. 하지만 나의 형제들이여, 이는 무엇보다도 큰 기쁨입니다. 만일 우리들 각자가 “그분이 나를 사랑하사 나를 위하여 자기 자신을 버리셨다”(갈 2:20)고 말할 수 있다면, 우리는 진실로 행복할 것입니다. 만일 당신이 개인적인 믿음으로 예수님이 당신의 죄를 가져가시고 그것 때문에 그분이 나무에 달려 고난당하신 것을 안다면, 이제 당신의 빚은 지불되었고, 당신의 불법은 그분의 보혈에 의해 영원히 지워졌습니다. 굳이 대신 말하지 않더라도, 당신의 슬픔의 중심이었던 이 문제가 또한 당신의 기쁨의 본질이라는 것을 말할 수 있을 것입니다. 그분이 인류의 나머지 모든 사람들을 구원하셨다 하더라도, 만일 그분이 그분의 피로써 우리를 구속하여 하나님께 드리지 않으셨다면, 그것이 우리와 무슨 상관이란 말입니까? 다른 사람들이 그 혜택을 본다면 우리는 순수한 인간애에 근거하여 기뻐할 것입니다. 하지만 만약 우리 자신이 그 은혜에서 배제된다면 얼마나 애석하겠습니까? 구주의 복되신 이름을 찬송합니다! 우리가 배제되지 않았습니다! 예수님의 죽음으로 인해 우리가 회개하며 우리 자신을 질책하는 것에 비례하여, 그와 같은 크기로, 우리는 믿음으로 그분의 희생이 우리의 죄를 영원히 치워 버리신 사실에 기뻐할 수 있습니다. 우리가 믿음으로 의롭다 하심을 받았으니 우리 주 예수 그리스도로 말미암아 하나님과 더불어 화평을 누리게 된 것을(롬 5:1) 기뻐하는 것입니다. 하나님께서 예수 그리스도의 육체에 죄를 정하셨으니(롬 8:3), 그분이 더 이상 우리를 정죄하지 않으실 것입니다. 우리는 그로 인해 자유하게 되었고, 육신을 따르지 않고 성령을 따라 행하는 우리에게 율법의 요구가 이루어지게 된 것입니다(롬 8:4). 진심으로 우리는 우리의 죄를 슬퍼합니다. 하지만 우리는 그리스도께서 그것을 치우신 것을 슬퍼하지 않으며, 그분이 우리 죄를 치우신 그 죽음을 슬퍼하지 않습니다. 오히려 우리는 온 마음으로 그분의 모든 대속의 고난 속에서 기뻐하며, 그분이 그 죽음으로써 우리를 하나님과 화목하게 하셨다는 성경의 진술에 기뻐합니다. 우리가 지은 죄를 그분이 짊어지셨다고 생각하면 슬픕니다. 하지만 그분이 우리의 죄를 가져가시고 멀리 치우셨다고 생각하면, 그것은 우리의 기쁨입니다.

다음으로 기뻐할 점은 이제 예수 그리스도께서 그분이 감당해야 할 모든 고통을 다 감당하셨다는 것입니다. 그분이 고통받으셔야 하는 것은 슬픔의 이유였지만, 그분이 이제 그 고통을 모두 받으셨다는 것은 기쁨의 이유입니다. 장수가 전쟁에서 돌아올 때, 그가 전투에서 입은 상처의 흔적들이 이제는 그의 명예가 될 때, 어느 누가 그들의 장수를 보고 슬퍼한단 말입니까? 그가 성을 떠날 때에 그의 아내는 그의 목을 부여안고서 남편이 전쟁에 가야 하는 것으로 인해 슬퍼했습니다. 가서 피를 흘리거나 혹시 죽지나 않을까 하는 생각 때문입니다. 하지만 나팔 소리가 울리고, 군기가 높이 휘날리는 가운데, 전리품을 가득 가지고, 많은 나라들에서 얻은 승리로 인해 큰 존귀와 영광을 얻으며 그가 돌아올 때, 그의 가장 사랑하는 친구들이 그의 수고와 고난을 애도하겠습니까? 그가 전투에서 땀과 먼지로 뒤범벅된 날들에 맞추어 금식의 절기를 지키겠습니까? 그의 전투 일을 기념하여 애도의 종을 울리겠습니까? 그에게 여전히 남아 있는 상처를 보고서 울기만 하겠습니까? 그 상처들을 그의 용맹을 떠올리는 영예로운 기념물로 여기며 기뻐하지 않겠습니까? 그들은 그 영웅이 그의 살에 간직한 흔적들을 가장 고귀한 영광의 훈장으로, 그리고 그의 용맹의 최상의 증거들로 간주하지 않겠습니까? 그러므로 오늘날 우리는 예수님의 손이 못 박혔던 것을 슬퍼하지 맙시다. 보십시오. 그 상처들은 이제 "황옥을 물린 황금 노리개"와 같습니다(아 5:14). 그분의 다리가 나무에 못 박힌 것 때문에 애통해하지 맙시다. 그분의 다리는 이제 "순금 받침에 세운 화반석 기둥 같기" 때문입니다(아 5:15). 어떤 사람보다도 더 상하신 그분의 얼굴은 이제는 그 상하심 때문에 더욱 사랑스러우시며, 그분 자신은 그 고난에도 불구하고 이제는 아름답게 되시어, 아가서에서 사랑하는 자의 아름다움에 넋이 빠진 배우자처럼 "그 전체가 사랑스럽구나"라고 묘사할 수 있습니다(아 5:16). 그 억센 수난을 견딜 수 있게 해 준 그분의 강력한 사랑은 그분의 사랑스러움에 놀랍도록 매력적인 인상을 새겨 놓았습니다. 그러므로 슬퍼하지 맙시다. 이제 그 고난은 지나갔습니다. 그분이 고난을 견디신 것으로 인해 이제 더 좋아졌습니다. 십자가가 그분을 영예롭게 하고 영화롭게 하는 의미로서가 아니면, 그분에게 이제 십자가는 없습니다. 그분으로 하여금 새로운 영예를 얻게 하고 성도들의 사랑 안에서 그분을 더욱 높여드리는 차원에서가 아니라면, 이제 그분에게는 잔혹한 창이나 가시 면류관은 없습니다. 하나님께 영광을! 그리스도께서는 인간의 대리자로서 겪는 모든 슬픔들을 하나도 남겨 두신 것이 없습니다. 우리의 몸값으로서 그분은 최대한의 대가를 지불하셨습니다. 그분이 대속의 고통을 모두 견디어내셨고 진노의 잔을 깨끗이 비우셨습니다. 이 때문에 우리는 하늘의 천사들과 함께 영원토록 즐거워할 것입니다.

우리가 즐거워하는 것은, 단지 고통의 시간이 끝났기 때문이 아니라, 우리 주님께서 그분의 고난을 이겨내셨기 때문입니다. 그분은 실제의(real) 죽음을 죽으셨고, 하지만 이제는 실제의(real) 삶을 살고 계십니다. 그분은 무덤에 누우셨고, 호흡이 그분에게서 떠났다는 것은 허구가 아닙니다. 마찬가지로 우리의 구속주가 살아 계시다는 것도 허구가 아닙니다. 주님은 진실로 다시 살아나셨습니다. 그분은 그 죽음의 고투와 고뇌를 이기셨으며, 해를 입지 않고 살아나셨습니다. 그분은 불탄 냄새조차도 몸에 배지 않은 채 풀무 불에서 나오셨습니다. 인성의 면에서나 신성의 면에서나, 그분은 어떤 면에서도 손상을 입지 않으셨습니다. 어떤 영광도 빼앗기지 않으셨고, 오히려 그분의 이름은 이제 더 밝은 광채로 둘러싸여 있습니다. 그분은 어떤 지배력도 잃지 않으셨으며, 이제 그분은 최상의 권리를 주장하시며 새로운 제국을 통치하십니다. 그분은 잃어버리심으로써 얻으신 분이시고, 내려오심으로써 오르신 분이십니다. 모든 전선(戰線)에서, 모든 전투 지점에서, 그분은 승리하셨습니다. 역사상 어떤 관점에서는 이득뿐 아니라 손실도 많은 승리가 있었지만, 오직 우리 주님의 승리는 어떤 손실도 섞이지 않은 순수한 승리로서, 그분에게만 아니라 그 싸움에 참여하는 우리들에게도 이득이 된 승리입니다. 그러므로 우리가 기뻐해야 하지 않겠습니까? 뭐라고요? 당신은 크게 기뻐하면서 갓 태어난 아이를 보여주는 어머니 곁에 앉아서 울겠다는 말입니까? 당신은 곡하는 자들을 불러 모아서 그 집안의 상속자가 태어났을 때 슬퍼하고 애도한단 말입니까? 이런 짓은 그 어머니의 즐거움을 조롱하는 것입니다. 그와 마찬가지로, 오늘날 주님께서 상처를 입지 않고, 해도 입지 않고, 패배하지 않고서 다시 살아나셨을 때에, 아니 죽음 이전보다도 훨씬 더 영광과 존귀를 얻으셨을 때에, 우리가 침울한 음악을 사용하고 비통한 찬송가들을 부른단 말입니까? 모든 임무를 끝내셨기 때문에 그분은 영광으로 들어가셨습니다. 그러니 가장 강조적인 의미에서 여러분의 슬픔이 기쁨으로 변화되어야 하지 않겠습니까?

거기에 더할 말이 있습니다. 그분의 죽음으로써 이루고자 했던 장엄한 목적은 모두 이루어졌습니다. 그 목적이 무엇이었습니까? 나는 그것을 세 부분으로 나누어보고자 합니다.

첫 번째 목적은 그분이 자기를 제물로 드려 죄를 없이하는 것이었으며(히 9:26), 그 목적은 완벽히 성취되었습니다. 그분은 허물을 없이하시고 죄를 그치게 하셨습니다. 그분은 택하신 백성들의 모든 죄의 짐을 들고서 바닥없는 심연으로 던져 버리셨습니다. 그것은 이제 찾으려 해도 찾을 수 없고, 앞으로도 발견할 수 없을 것이라고 주님이 말씀하십니다. 그분은 우리의 죄를 마치 동이 서에서 먼 것 같이 멀리 가져가셨고, 그분이 죽음으로써 죄에서 구하려 하신 자들이 모두 그분 안에서 의롭게 된 것을 입증하시려고 다시 살아나셨습니다.

두 번째 목적은 그분의 택하신 백성들의 구원이며, 그 구원은 이루어졌습니다. 그분이 죽으시고 다시 사셨을 때, 그분 안에 있는 모든 자들의 구원은 모든 위험을 벗어나 안전하게 되었습니다. 그분은 자기 피로써 효과적으로 우리를 속량하시어 우리를 하나님께 드리셨습니다. 그분에 의해 속량된 자들은 누구도 더이상 속박된 종이 아닙니다. 그분의 손바닥에 이름이 새겨진 자들은 아무도 죄속에 남겨지거나 지옥에 던져지지 않습니다. 그분은 영광 중에 들어가시면서 그분의 품에 그들의 이름을 간직하셨습니다. 그분은 그들을 위해 간구하고 계시며, 그러므로 그분은 그들을 끝까지 구원하실 수가 있습니다. 그분이 말씀하십니다. "아버지여 내게 주신 자도 나 있는 곳에 나와 함께 있어 나의 영광을 그들로 보게 하시기를 원하옵나이다"(요 17:24). 효력 있는 그 간구는, 최종적으로, 그들이 그분과 함께 있게 될 것과 그분처럼 될 것을 보장합니다.

그분의 죽으심의 세 번째 큰 목적은 또한 하나님의 영광이었으며, 진실로 하나님께서 아들의 죽음 안에서 그 이전이나 이후의 어떤 일에서보다 더욱 영광을 얻으셨습니다. 여기에 하나님의 속마음이 모든 믿는 자들의 눈앞에 언제든 볼 수 있도록 활짝 펼쳐져 있습니다. 그분의 공의와 사랑이, 속죄가 없이는 어떤 죄도 간과하지 않으시는 그분의 엄격하심이, 자기의 가장 귀한 것 곧 그 품에서 가장 아끼는 것을 우리를 대신하여 피 흘려 죽도록 내주시는 그분의 무한한 사랑이 나타나 있습니다.

"여기 심오한 지혜가 빛나니

천사들도 측량할 수 없도다.
가장 높은 계급의 그룹 천사들조차
놀라 넋을 잃은 채 바라보고 있다네."

오 하나님의 그리스도시여, "다 이루어졌습니다!" 당신께서는 행하고자 목적하신 바를 모두 이루셨습니다. 당신의 모든 계획은 성취되었고, 하나의 의도도 실패하지 않았으며, 그 중의 어느 한 부분이라도 잘못되지 않았습니다. 그러니 우리는 기뻐할 것입니다. 아이가 태어났습니다. 우리가 기뻐해야 하지 않을까요? 만일 산모가 죽었다면, 혹은 아이가 태어나면서 죽었다면, 그 해산의 고통은 커다란 슬픔의 이유였을 것입니다. 하지만 이제 모든 것이 끝났습니다. 그리고 모든 것이 잘 되었습니다. 왜 우리가 더 이상 그 고통을 기억한단 말입니까? 예수님은 살아 계십니다. 또한 그분의 큰 구원이 우리를 즐겁게 합니다. 무엇 때문에 우리가 구슬픈 악기 줄을 튕기며 짝 잃은 비둘기처럼 슬피 운단 말입니까? 안 됩니다! 낭랑한 나팔 소리를 울리십시오. 싸움이 있었고 영원한 승리를 얻었습니다! 승리, 승리, 승리입니다! 그분의 오른팔이, 그분의 거룩하신 팔이 승리를 쟁취하셨습니다! 비록 그 장수가 전투에서 죽었지만, 그분의 죽음 안에서, 그분은 사망을 도륙하고 사망 권세 잡은 자 곧 마귀를 멸하셨습니다. 우리의 영광스러운 장수는 쓰러졌다가 다시 일어나셨습니다. 그분이 사망의 줄에 매여 있을 수 없었기 때문입니다. 그분은 적들을 강타하셨고, 그분 자신은 무덤에서 나오셨으니, 마치 바다 깊은 곳에서 다시 살아나신 듯하였습니다. 바로가 패배했을 때 홍해 바닷가에서 이스라엘 백성들이 그랬던 것처럼 우리도 기뻐합시다! 이스라엘의 딸들이여 소고를 가지고 춤을 추며 주를 찬양합시다. 그분이 영광의 승리를 거두시고 우리의 모든 대적들을 완전히 멸하셨습니다!

그리스도께서 우리를 위하여 저주를 받으심으로써 우리에게 미치는 가장 큰 복들을 주목하지 않고서는, 아직 슬픔이 변하여 기쁨이 되는 이 문제를 끝낼 수 없습니다. 그리스도의 죽음을 통해서 용서와 화해가 임했으며, 하나님께 나아가는 일과 받아들여지는 일이 가능해졌습니다. 그분의 피는 "아벨의 피보다 더 나은 것을 말하고"(히 12:24), 하늘의 모든 은총들을 우리 머리 위에 임하게 합니다.

하지만 예수님은 죽으신 것이 아닙니다. 그분은 살아나셨으며, 그 부활이

의를 가져다주었고, 하늘에서 그분의 지속적인 간구를 가능하게 했습니다. 그분은 영광 중에서 우리를 변호하시고, 우리를 위해 많은 거처들을 예비하고 계십니다. 그분의 부활이 우리로 하여금 그분에게 주어진 "하늘과 땅의 모든 권세"에 참여할 수 있게 했습니다. 그 부활의 능력 안에서 그분은 우리에게 "가서 모든 민족을 제자로 삼아 그분의 거룩한 이름으로 세례를 주라"고 명하십니다(마 28:19). 사랑하는 이여, 예수님이 우리에게서 떠나셨기 때문에 오순절이 우리에게 오는 것입니다. 조명하시고(illuminating), 위로하시며(comforting), 소생시키시는(quickening) 성령의 은사들이 임하며, 말씀을 선포하는 능력과, 말씀 사역을 섬기는 힘이 임합니다. 이 모든 것이, 예수님이 더 이상 몸으로 우리와 함께 계시지 않고, 산 자들의 땅을 지나 그분의 영광에 이르셨기 때문에 우리에게 임하는 것입니다.

또한 오늘날 우리가 그분이 죽으신 것으로 인해 이 큰 기쁨을 누리는 것은, 세상에 한 나라가 세워졌기 때문입니다. 그 나라는 결코 요동하지 않으며, 그 능력은 약함 중에 있으나, 그 무엇도 맞설 수 없습니다. 그 나라는 고난 중에도 기뻐하는 나라이며, 결코 꺾을 수 없는 나라입니다. 그 나라는 사랑의 나라이며, 이타심의 나라이며, 친절과 진리와 순결과 거룩과 행복의 나라입니다. 예수님이 그 나라에서 황제의 붉은 도포를 입으십니다. 그 나라에서는 하나님이 사람들을 사랑하시고 사람들이 하나님을 사랑합니다. 예수님은 자기희생적인 사랑의 군주임을 스스로 입증하셨기에, 그분의 모든 성도들의 갈채 속에서 정당하게 보좌에 오르십니다. 그분의 나라는, 육신의 눈으로 볼 때에는 형태가 없는 것으로서, 마치 산에서 손으로 뜨지 아니한 돌과 같습니다. 그렇지만 정해진 때가 되면 이 세상 나라들을 산산조각 내고 온 땅에 가득하게 될 것입니다. 그분의 나라는 점점 자라고 확장되어서 마침내 "산 꼭대기의 땅에도 곡식이 풍성하고 그것의 열매가 레바논 같이 흔들리게"(시 72:16) 될 것입니다. 마치 대양(大洋)이 많은 나라들을 둘러싸고 있는 것처럼, 그 나라는 모든 계층과 지위에 있는 사람들, 모든 피부색의 사람들, 모든 나라와 민족들을 포함할 것입니다. 저 고통당하신 목자가 돌보시는 고통 없는 나라, 그분의 죽음에 의해 시작되었고, 그분의 부활에 의해 확립되었으며, 오순절 성령 강림에 의해 확장되고, 영원한 언약에 의해 안전이 보장된 나라가 서둘러 오고 있습니다. 날개를 단 듯한 매 시간이 지날수록 그 나라의 완벽한 현현은 점점 가까워지고 있습니다. 예, 그 나라가 옵니다. 골고다에서 왕이 흘린 피 위에 세워진 그 나라가 옵니다. 주님께서 나타나시고 그분의 모든 백성들이 그분을 맞이할 때에, 그 나라가 임하도록 돕고 있던 사람들은 복이 있습니다. 일만 명의 병사들과 함께 했던 장수(the Chief)와, 그 장수와 함께 했던 일만의 병사들은, 마치 그들이 전투의 날에 함께 했던 것처럼 저 승리의 날에도 나란히 곁에 있게 될 것입니다. 그 때, 진정 우리의 슬픔은 기쁨으로 바뀔 것입니다.

이 주제를 마무리하기 전에, 한 가지 사실만 더 언급하고자 합니다. 그 기쁨은 정당하고 마음에서 우러나온 기쁨입니다. "너희 마음이 기쁠 것이요"라고 구주께서 말씀하십니다. 우리의 기쁨은 피상적인 명랑함이 아니며, 마음 깊은 곳의 환희입니다. 그 기쁨은 또한 영속적인 기쁨입니다. "너희 기쁨을 빼앗을 자가 없으리라." 누구도 빼앗지 못하며, 마귀도 마찬가지입니다. 영원의 세월조차도 그것을 우리에게서 빼앗지 못합니다. 십자가 아래에서 눈부시게 반짝이는 기쁨의 샘이 솟아나옵니다. 그 샘은 결코 마르지 않고 영원히 흐를 것이며, 여름에도 겨울에도 변함없이 흐를 것입니다. 어느 누구도 우리가 그 생수의 강에 들어가는 것을 막지 못하며, 오직 우리는 영원토록 그 생수를 즐기게 될 것입니다.

3. 경건한 슬픔 및 기쁨과 관련된 일반적인 원리

이제 마지막으로 다루고자 하는 요점은 이러한 특별한 문제와 관련된 일반적인 원리에 대한 것입니다.

그 일반적인 원리란, 그리스도와 관련하여 여러분이 슬픔을 예상해야 한다는 것입니다. "너희는 곡하고 애통하겠으나 세상은 기뻐하리라." 하지만 예수님과 관련하여 여러분이 어떤 슬픔을 느끼든, 거기에는 이러한 위안이 있습니다. 즉 모든 고통은 출산의 고통이라는 것이며, 그 모든 것들은 영원토록 지속되는 넘치는 기쁨을 위해 필수적인 예비 단계라는 것입니다. 형제들이여, 여러분이 그리스도를 알게 된 이후로 여러분은 죄로 인하여 더 쓰라린 고통을 느껴왔습니다. 그것이 여러분에게 지속되도록 하십시오. 왜냐하면 그것은 여러분 안에 있는 성결의 활동이며, 성결함은 곧 행복이기 때문입니다. 여러분은 최근에 여러분 주변 사람들의 죄에 대해 더욱 민감한 감수성을 가지게 되었을 것입니다. 그것이 없어지기를 바라지 마십시오. 그것은 여러분으로 하여금 그들을 너욱 사랑하게 하고, 그들을 위해 더욱 기도하게 하고, 그들의 유익을 더욱 추구하게 만드는 수단이 될 것입니다. 여러분은 그 감수성으로 인해 그들을 진정으로 섬기게 되고, 그들을 주님께로 인도하기에 더욱 적합한 자질을 갖추게 될 것입니다. 아마 여러분은 작은 핍박을 감수해야 했을 것이며, 심한 말을 듣거나 냉대를 당하기도 했을 것입니다. 괴로워하지 마십시오. 이 모든 것이 여러분을 그리스도의 고난에 참여하도록 하기 위해 꼭 필요하기 때문입니다. 여러분은 그분을 더욱 알아가게 되고 더욱 그분을 닮아가게 될 것입니다. 때때로 여러분의 눈에는 그리스도의 대의(大義)가 죽은 듯이 보일 것이며, 아마도 여러분은 그 때문에 근심할 것입니다. 원수가 기세등등하고, 거짓 가르침이 판을 치고, 예수님이 십자가에 새롭게 못 박히시거나, 혹은 무덤 속에 감추어져서, 마치 죽으신 분처럼 사람들의 뇌리에서 잊혀지신 듯 보이기도 할 것입니다. 여러분이 이렇게 느끼는 것은 좋습니다. 하지만 그렇게 느끼는 와중에도, 그리스도의 진리가 결코 오랫동안 매장될 수 없으며, 능력으로 다시 일어날 것이라는 확신만은 가득해야 합니다. 복음은 결코 사흘 이상 무덤 속에 누워 있지 않았습니다. 사자는 울부짖기만 하지 않으며, 반드시 돌이켜서 원수를 찢고, 몇 날 후에는 그 시체에서 꿀을 발견합니다. 진리가 반박당하는 듯이 보일 때마다, 진리는 결코 뒤로 물러서 있지 않으며 오히려 놀라운 도약을 하면서 전진합니다. 간조가 되어 물이 멀리 빠질 때에, 물이 다시 가득 차서 세찬 힘으로 되돌아올 것을 우리가 기대하듯이, 교회의 경우에도 마찬가지입니다. 우리는 시대의 조류에서 약간의 퇴보를 보고, 물이 차오르지 않은 것을 압니다. 하지만 우리는 물이 빠지고 강바닥이 거의 말라가는 것을 볼 때에도, 그 물이 다시 강둑까지 차오르는 것을 다시 보게 되리라고 기대합니다. 다른 사람들이 기독교는 패배했다고 말할 때에도 언제나 기독교의 승리를 기대하십시오. 기독교가 악평과 수치로 뒤덮인 지역에서도, 기독교가 가장 영광스러운 월계수를 차지할 것을 기대하십시오. 진리의 최상의 승리는 최악의 패배 뒤에 오는 것입니다. 하나님을 믿으십시오. 여러분은 내게 그 믿음을 가졌다고 말하는군요. 그렇다면, 주님이 이렇게 말씀하십니다. "하나님을 믿으니 또 나를 믿으라"(요 14:1). 그리스도를 믿으십시오. 그분을 신뢰하십시오. 그분 안에서 안식하십시오. 그분을 위해 싸우십시오. 그분을 위해 수고하고, 그분을 위해 고난을 받으십시오. 그분이 반드시 이기십니다. 지금도 그분은 왕으로서 시온산에 앉아 계십니다. 그리고 곧 이방인들이 그분의 기업이 될 것이며, 지구상의 전부가 그분의 소유가 될 것입니다. 이 모든 경우들에 있어서 여러분의 슬픔은 기쁨으로 변할 것입니다.

　　언제든 여러분의 슬픔이 여러분이 그리스도께 속한 결과로서 오는 것이라면, 그것을 축하하십시오. 봄이 여름을 오게 하듯이, 그리스도와 관련된 슬픔은 우리에게 주 안에서의 기쁨을 가져옵니다. 장차 여러분의 마지막 슬픔이 올 것입니다. 주께서 별안간 오시지 않는다면 여러분은 죽게 될 것입니다. 하지만 죽는 것에도 만족하십시오. 그것을 즐거움으로 기대하고 조금도 놀라지 마십시오. 죽음은 끝없는 기쁨의 관문이니, 우리가 거기에 들어가는 것을 두려워한단 말입니까? 아닙니다. 예수님이 여러분과 함께 하시니, 즐겁게 죽음을 맞이하십시오. 죽는다는 것은, 언제나 우리를 두르고 있는 이 사망의 줄을 끊어 버리고서, 자유와 행복의 참 생명 안으로 들어가는 것이기 때문입니다. 마지막 순간에도, 슬픔은 여러분이 기쁨을 낳기 위한 출산의 고통과도 같을 것입니다.

　　한 마디만 더 하고서 마치겠습니다. 길게 강조하지 않을 것이며, 그저 이 말을 그것과 관련이 있는 자들의 기억 속에 남겨 두기를 바랍니다. 나는 이 말을 그리스도를 믿지 않는 자들에게 제시합니다. 여러분은 주께서 이렇게 말씀하신 것을 주목하여 보았습니까? "너희는 곡하고 애통하겠으나 세상은 기뻐하리라 너희는 근심하겠으나 너희 근심이 도리어 기쁨이 되리라." 자, 이 문장 속에 내포된 의미가 무엇이겠습니까? 바로, 세상의 기쁨이 슬픔으로 변한다는 것입니다. 그렇게 되고 말 것입니다. 불신자가 죄 속에 빠져 있을 때 그가 즐기는 것은 기쁨이 아닙니다. 오히려 그가 즐기는 것이 고민거리로 변하고, 그의 영원한 슬픔이 될 것입니다. 불법의 포도주는 회한의 신 포도주로 변질될 것이며, 그 슬픔이 반역자의 영혼을 녹여 버릴 것이 틀림없습니다. 지금 당신이 즐기는 불꽃이 당신의 영원한 불행의 화염을 더욱 뜨겁게 부채질할 것입니다. 모든 죄는 비록 무화과 열매처럼 달 때도 있지만, 너무 익었을 때에는 쓴 맛을 냅니다. 지금 웃는 그대에게는 화가 있으리니, 슬퍼하며 우는 날이 올 것입니다. 지금 죄 속에서 즐거워하는 그대에게 화가 있으리니, 지금 당신이 거절한 그리스도로 인해 슬피 울며 이를 가는 날이 올 것입니다. 모든 것이 곧 역전됩니다. 지금 우는 자들은 복됩니다. 위로를 받을 것이기 때문입니다. 하지만 오늘 배부른 자에게는 화가 있을 것이니, 굶주릴 것이기 때문입니다. 지금 죄 속에서 즐거워하는 그대들에게는 이제 해가 곧 질 것입니다. 먹구름 같은 슬픔이 이제 곧 내려와서 그 두려운 어둠 속에서 영원토록 그대들을 둘러쌀 것입니다. 그 먹구름에서 벗어나면 갑자기 영원한 정의의 불빛이 번쩍일 것이며, 그곳에서 의로운 재판장의 선고가 천둥처럼 울려 퍼질 것입니다. "악인에게 그물을 던지시리니 불과 유황과 태우는 바람이 그들의 잔의 소득이 되리로다"(시 11:6). 주께서 지금 여러분을 예수님께 복종하게 하시고 그 이름을 믿게 하셔서 그 파멸에서 건져 주시기를 기도합니다. 예수님을 위하여 이 기도가 응답되게 하소서. 아멘.

제
68
장

—

세상을 이기신 그리스도

—

"담대하라 내가 세상을 이기었노라" — 요 16:33

이 말씀을 하실 때에 우리 구주께서는 제자들을 떠나 그들을 위해 죽음으로 가고자 하실 때였습니다. 그분의 큰 염원은 제자들이 그들에게 닥쳐올 시련 때문에 너무 많이 낙심하지 않는 것이었습니다. 그분은 제자들을 기다리고 있는 무거운 슬픔에 대해 제자들의 생각을 준비시키기를 원하셨으며, 반면 어둠의 세력들과 세상 사람들은 그분에게 해를 끼칠 계략을 추진하고 있었습니다. 사랑하는 이여, 자 보십시오. 무한한 지혜가 있으신 우리 주 예수님은 모든 은밀한 위로의 샘들, 곧 하늘에나 하늘 아래에 있는 모든 신성한 위안의 원천들을 알고 계셨습니다. 하지만 그분은 자기 제자들을 위로하기 위하여 말씀하십니다. 천상의 신비들이나 하나님의 품 안에 감추어진 비밀들에 대해 말씀하시는 것이 아니라, 그분 자신에 관하여 말씀하십니다. 여기서 그분은 그분처럼 마음에 위로가 되는 것은 없다는 것을, 그분의 인격과 그분의 사역에 비교될 만한 다른 위안은 없다는 것을, 우리에게 가르쳐 주시는 것이 아닙니까? 만일 저 신성한 바나바(위로의 아들이라는 뜻, 행 4:36) 곧 위로의 맏아들이신 우리 주님께서도 그분 자신을 가리키셔야 했다면, 오직 그렇게 하심으로써 그분이 제자들을 격려하실 수 있었다면, 목회자들에게 있어서 주님의 고봉받는 백성들을 위로할 목적으로 예수님에 대해 많이 말하는 것이 얼마나 지혜로운 일이겠습니까? 또한 슬픈 자들이 그들이 필요로 하는 위로를 얻기 위해서 그분을 바라보는 것이 얼마나 현명한 일이겠습니까?"담대하라." 그분이 말씀하십니다. "내가" ― 그분 자신에 관해 말씀하시는 것입니다 ― "세상을 이기었노라." 그렇다면 사랑하는 여러분이여, 마음이 의기소침해지는 모든 때에 서둘러 주 예수 그리스도께로 가십시오. 삶의 염려가 마음을 짓누를 때마다, 또한 약한 무릎으로 가는 길이 힘겹게 느껴질 때마다, 여러분의 주님께로 달려가십시오. 다른 위로의 우물들이 있을 수 있고, 또 있겠지만, 그것들이 언제나 여러분의 순번까지 돌아오지는 않을 것입니다. 하지만 그분 안에는 충만한 위로가 있기 때문에, 여름이든 겨울이든 그 위로의 시내는 항상 흐르고 있습니다. 높은 지위에 있든지 낮은 형편에 있든지, 어떤 방면에서 고충이 생기더라도, 여러분은 즉각 그분에게로 갈 수 있습니다. 그러면 그분이 여러분의 축 늘어진 손과 팔에 힘을 주시고 연약한 무릎을 강하게 해 주시는 것을 발견할 것입니다.

본문에서 계속되는 진술은, 주 예수님이 그 말투로 볼 때 인간을 초월하는 분이신 것을 시사하고 있습니다. 우리 주님의 신성을 부인하면서도 예수님을 사람으로서 좋게 생각하는 이들이 더러 있습니다. 정녕 그들은 그분의 성품과 관련하여 많은 고상한 칭찬의 말들을 늘어놓습니다. 하지만 만일 그분이 단지 사람에 불과하다면, '이 사람(this Man)'에게는 상당히 많은 과장, 주제넘음, 교만, 자기중심성, 그리고 모든 형태의 어리석음이 있는데, 나는 왜 이런 것이 그들에게 충격을 주지 않는지 이상하게 생각합니다. 여러분이 본받고 싶어 하는 어떤 선한 사람이 다른 사람들에게 이런 식으로 말하겠습니까?"담대하라, 내가 세상을 이기었노라." 이는 사람으로서 하기에는 너무 지나친 말입니다. 주 예수 그리스도께서는 자주 자기 자신에 대해서와 자신이 행하신 일에 대해 말씀하셨으며, 또한 제자들에게 그분 스스로를 추천하는 말씀을 하셨습니다. 단지 인간으로서는, 그리고 겸손한 정신을 가진 인간으로서는 결코 그런 식으로 말하거나 행동할 수 없었습니다. 주님은 확실히 마음이 겸손하고 온유한 분이셨습니다. 하지만 그런 성품을 가진 어떤 사람도 다른 사람들에게 자신이 그렇다고 말하지 않을 것입니다. 바로 여기에, 그분을 하나님의 아들이라고 믿는 자들이 아니면 어느 누구도 설명할 수 없는 모순이 있습니다. 그분을 신적인 분으로 이해하고, 그분이 제자들에게 자신의 신성의 탁월성을 말씀하셨듯이 그분의 참된 지위를 인정하십시오. 그래야만 여러분은 그분이 그렇게 말씀하시는 것을 이해할 수 있을 것이며, 그것이 진정으로 어울리며 아름다운 일이 될 것입니다. 그분의 신성을 부인해 보십시오. 그러면, 우리 앞에 있는 이 말씀이, 또한 이와 비슷한 다른 말씀들이, 어떻게 그분의 입에서 나올 수 있었는지를 도무지 이해할 수 없을 것입니다. 이런 말씀을 보고 어느 누구도 그분을 감히 자화자찬하는 분이라고 말하지 못할 것이기 때문입니다. 당신을 찬양합니다! 당신은 사람의 아들이시며(Son of man) 또한 하나님의 아들이십니다(Son of God). 그러기에 당신은 형제의 부드러운 동정심으로, 또한 아버지의 독생자의 장엄한 권위로 우리에게 말씀해 주시는 것입니다. 당신의 이 말씀은 성스럽고 겸손한 말씀입니다. "내가 세상을 이기었노라."

만일 여러분이 예수님의 이러한 주장을 믿음의 눈으로 보지 않는다면, 그 주장이 아주 이상하게 보이지 않겠습니까? 어떻게 배반을 당한 나사렛 사람이 "내가 세상을 이기었노라"고 말할 수 있었을까요? 우리는 나폴레옹 같은 사람이 여러 나라들을 자기 발 밑에 복종시키고 유럽의 지도를 자기 뜻대로 형성했을 때 이런 말을 할 수 있을 것이라고 상상합니다. 우리는 알렉산더 같은 사람이 페르시아의 궁전들을 샅샅이 뒤지어서 고대의 군주들을 포로로 잡았을 때에 이런 말을 할 수 있을 것이라고 생각합니다. 하지만 이와 같이 말씀하시는 이분이 누구입니까? 그분은 갈릴리 사람이며, 농군의 옷을 입고, 가난하고 타락한 사람들과 교제하시는 분입니다! 그분에게는 부도 없고 세상적인 지위나 사람들 사이에서의 영예도 없습니다. 그런데도 세상을 이기었다고 말씀하십니다. 그분은 곧 비열한 추종자에 의해 배반을 당하여 원수들의 손에 넘겨질 것입니다. 그런데도 그분은 이렇게 말씀하십니다. "내가 세상을 이기었노라." 그분은 자기 십자가와 그 모든 수치를 응시하고 계시며, 그에 뒤따른 죽음도 바라보고 계십니다. 그런데도 그분은 "내가 세상을 이기었노라"고 말씀하십니다. 그분에게는 머리 둘 곳조차 없었으며, 그분을 옹호해 줄 제자도 없었습니다. 방금 전에 그분이 이렇게 말씀하셨기 때문입니다. "보라 너희가 다 각각 제 곳으로 흩어지고 나를 혼자 둘 때가 오나니"(32절). 그분은 신성모독과 치안 방해의 혐의를 받아야 했으며, 재판정으로 끌려가셔야 했으며, 그분을 위해 변호해 줄 어떤 사람도 찾아볼 수 없었습니다. 그분은 잔인한 병사들에게 넘겨지셔야 했고, 조롱을 받으며, 모독적인 취급을 당하고, 매를 맞으셔야 했습니다. 그분의 손과 발은 십자가에 못 박힐 것이었으며, 거기서 범죄자의 죽음을 맞을 것이었습니다. 그런데 그분이 이렇게 말씀하십니다. "내가 세상을 이기었노라." 얼마나 놀라우면서도 참된 말입니까!

그분의 육신의 방식대로나, 눈으로 보는 것을 따라 말씀하신 것이 아닙니다. 우리는 여기서 믿음의 안경을 사용해야 하며 휘장 내부를 들여다보아야 합니다. 그러면 우리는 몸으로 멸시를 당하신 저 인자(the Son of man)를 볼 뿐 아니라, 그분 안에서 수치를 영예로 바꾸시고 죽음을 영광으로 바꾸신, 고귀하며 모든 것을 정복하시는 기백을 볼 것입니다. 성령 하나님께서 우리로 하여금 외부에서 내부로 들여다볼 수 있게 하시기를 빕니다! 그리하여 얼마나 놀랍게도 저 수치스러운 죽음은 단지 초라한 외투이며, 그래서 육적인 사람의 흐린 눈으로는 저 무적의 승리를 볼 수 없도록 가리고 있는지를 우리로 알게 해 주시길 빕니다!

지난 두 번의 주일 아침에 나는 우리 주 예수 그리스도에 대해 말했습니다. 첫째는 율법의 마침으로서(as the end of the law) 그분에 대해, 둘째는 옛 뱀의 정복자로서(as the conqueror over the old serpent) 그분에 대해 말했습니다. 이제는 세상의 정복자로서(as the overcomer of the world) 그분에 대해 말할 차례입니다. 제자들에게 이야기하시는 중에 그분은 이렇게 말씀하셨습니다. "담대하라 내가 세상을 이기었노라."

자, 그분이 말씀하시는 세상이란 무엇입니까? 또한 그분은 그것을 어떻게 이기셨습니까? 또한 그 사실이 우리에게 어떤 면에서 용기를 줍니까?

1. 예수님이 말씀하시는 세상이란 무엇인가?

그분이 여기서 언급하고 계시는 세상이란 무엇일까요? 나는 "세상"이라고 하는 이 단어처럼 그토록 많은 의미로 사용되고 있는 단어가 또 있는지 잘 알지 못합니다. 여러분이 성경을 펼쳐 보면 "세상"이라는 단어가 매우 다양한 의미로 사용되는 것을 발견할 것입니다. 그리스도께서 만드신 세상이 있습니다. "그가 세상에 계셨으며 세상은 그로 말미암아 지은 바 되었으되"(요 1:10). 그것은 물리적인 세상입니다. 하나님이 너무나 사랑하셔서 독생자를 주시고 그를 믿는 자마다 멸망치 않도록 하신 세상이 있습니다(요 3:16). 이처럼 호의적인 의미로 표현된 몇 가지 형태가 있습니다. 다음으로 이런 의미를 지닌 세상이 있습니다. 즉 "악한 자 안에 처한" 세상인데(요일 5:19), 그리스도를 알지 못하며 오히려 항상 그분을 적대시하는 세상입니다. 이런 의미의 세상을 위해서는 그분이 기도하시지 않으며, 또 우리에게도 그런 세상을 사랑하지 말라고 하십니다. "이 세상이나 세상에 있는 것들을 사랑하지 말라"(요일 2:15). 이런 다양한 의미들과 풍부하고 미묘한 의미의 차이들을 깊이 연구하지 않았다면, 우리는 비록 그 의미는 충분히 알지만, 여기서 의미하는 많은 말들을 명확히 규정할 줄은 잘 알지 못한다고 말하도록 합시다. 성경이 우리에게 말의 정의를 제시하지 않고 오히려 일상적인 언어를 사용하는 것은, 그것이 평범한 사람들을 대상으로 하는 말이기 때문입니다. 본문에서 "세상"이란 "뱀의 후손"에 상당하는 말이며, 그에 대해서는 우리가 지난 주일에 살펴본 바 있습니다. 여기서 세상은 그 뱀 속에 있었고 지금은 불순종의 자녀들 가운데 역사하는 악한 영의 시각적인 구현을 의미합니다. 그것은 우리 주님께서 마귀를 이기셨을 때에 싸우신, 그 동일한 악의 세력의 인간적인 형태입니다. 그것은 거듭나지 않은 인류 대중 속에 있는 악의 세력을 의미하며, 그와 동일한 비중으로, 사망과 악한 자의 손아귀에 든 세상에 존재하는 죄의 힘과 권세를 의미하기도 합니다. 마귀는 이 세상의 신이며, 이 세상의 군주이며, 따라서 이 세상과 벗된 자는 하나님의 원수입니다. 세상은 교회의 반대자입니다. 교회는 그리스도께서 세상으로부터 선택하시고 속량하신 존재이며, 사람들 가운데에서 그분에게 구별하시어 하나님의 은혜의 힘으로 새롭게 만드신 존재입니다. 그분이 말씀하십니다. "내가 세상에 속하지 아니함 같이, 너희는 세상에 속한 자가 아니요"(요 17:14; 15:19). 또 이렇게 말씀하십니다. "너희는 세상에 속한 자가 아니요 도리어 내가 너희를 세상에서 택하였기 때문에 세상이 너희를 미워하느니라"(요 15:19). 자, 인류의 나머지는 택함받고, 속량받고, 부름을 받고, 구원을 받고, 세상으로부터 불러내어진 백성 속에 포함되지 않습니다. 우리 주님이 이 말씀을 하신 것은 바로 이런 자들에 대한 것입니다. "의로우신 아버지여 세상이 아버지를 알지 못합니다"(요 17:25). 또한 요한이 이렇게 말했습니다. "세상이 우리를 알지 못함은 그를 알지 못함이라"(요일 3:1). 이는 그리스도와 그분의 택하신 자들에 대하여 격렬한 적대감을 드러내는 세력입니다. 그래서 그것이 "이 악한 세대(this present evil world)"라고 불리는 것입니다(갈 1:4). 반면 은혜의 나라는 내세 혹은 "오는 세상(the world to come)"이라고 불립니다(마 12:32). 오늘 본문에서 언급된 세상은 "무릇 하나님께로부터 난 자마다 세상을 이기느니라"(요일 5:4)라고 했을 때의 그 세상을 말합니다.

여러분은 "세상"이 물경건한 자들 속에 있는 악의 세력뿐 아니라 그들 자체를 포함한다는 것을 알 것입니다. 하지만 그 단어가 부각시키는 것은, 피조물로서나 심지어 죄를 지은 인간들로서가 아니라, 오히려 거듭나지 못하고, 육적이고, 반역적이어서 하나님께 대항하는 악한 세력의 살아 있는 체현(體現)들입니다. 그래서 우리는 성경에서 "경건하지 아니한 자들의 세상(the world of the ungodly)"이라는 표현을 대하는 것입니다(벧후 2:5).

아마도 나는 이 말을 덧붙여야 할 것 같습니다. 즉 회심하지 않은 사람들의 존재와 그들 속에 만연한 죄에서 발생하는 풍습들, 유행들, 격언들, 규칙들, 생활양식들, 태도들, 권세들 등, 이 모든 것이 "세상"이라고 부르는 말에 포함될 것입니다. 또한 "세상"이라고 불리는 악한 것의 일부를 구성하는 것에는 특정한 원리들, 욕망들, 탐욕들, 정권들, 세력들 등이 역시 포함될 것입니다. 예수님이 말씀하십니다. "내 나라는 이 세상에 속한 것이 아니니라"(요 18:36). 야고보는 "자기를 지켜 세속에 물들지 아니하는" 것에 대해 말합니다(약 1:27). 요한은 말합니다. "이 세상도, 그 정욕도 지나가되"(요일 2:17). 그리고 바울은 이렇게 말합니다. "너희는 이 세대를 본받지 말고 오직 마음을 새롭게 함으로 변화를 받으라"(롬 12:2).

더 나아가, 나는 이 타락한 상태에서 현존하는 법과 제도의 모든 것들이 "세상"이라는 말에 포함된다고 말할 수 있습니다. 왜냐하면 모든 것이 죄로 말미암은 허영에서 나왔으며, 현재의 많은 일들이, 인간이 범죄하지 않았을 때에 하나님이 의도하셨던 원래의 계획과는 부합되지 않기 때문입니다. "세상에서는 너희가 환난을 당하나"라고 하셨듯이, 이 땅의 삶의 존재하는 것에서 발생하는 시련들과 고난들을 보십시오. 하나님의 많은 자녀들에게, 다가올 세상과 그리스도께서 세우신 왕국에는 존재하지 않는 굶주림과, 질병과, 고통과 무자비함과 다양한 형태의 악이 닥쳐왔습니다. 그 이유는 그들이 이 악한 세상에 있기 때문이며, 또한 세상이 그렇게 악하게 된 것은 인류가 죄의 결과로 저주 아래 떨어졌기 때문입니다.

세상이란 이 모든 문제들을 합친 것입니다. 사람들 가운데 있는 해악의 이 거대한 혼합물, 사람이 흩어져 사는 곳이라면 여기저기 어디에라도 존재하는 이 악, 바로 이것을 우리가 세상이라고 부르는 것입니다. 그것이 무엇인지를, 우리 모두는 다른 사람에게 설명할 수 있는 것 이상으로 더 잘 알고 있습니다. 아마도 내가 설명하는 동안에, 설명하기보다는 오히려 혼란스럽게 하고 있는지도 모릅니다. 세상이 어떤 것인지를 여러분은 알고 있습니다. 외적인 형태로만 보자면 세상은 여러분의 작은 가족 이상은 아니지만, 영향력으로 보자면 그보다 훨씬 이상입니다. 여러분이 실제로 겪는 세상은 여러분 자신의 가정에 제한되어 있을 수 있습니다. 하지만 같은 원리들이 모든 나라들에 퍼져 있는 가정의 울타리 속으로 들어옵니다. 다른 사람들에게 세상은 좀 더 광범위할 것입니다. 사업상 불신자들을 만나야 할 것이고, 이런 일들은 우리가 세상 밖으로 나가지 않는 한 어쩔 수 없는 일입니다. 우리를 아예 세상 밖으로 나가도록 하는 것이 주님의 계획은 아닙니다. 그분이 이렇게 말씀하시기 때문입니다. "내가 비옵는 것은 그들을 세상에서 데려가시기를 위함이 아니요"(요 17:15). 인류 전체를 바라보는 어떤 사람들, 곧 하나님이 세상 사람들을 위한 전령으로 부르셨기에 세상 사람들 모두를 신중히 고려해야 하는 사람들에게는, 악을 향해 치닫는 인간의 성향과, 모든 나라들과 시대에서 하나님을 거역하는 행동에서 나타난 인간의 정신이 모두 이 "세상"이라는 말에 포함됩니다. 하지만 그것이 무엇이건 간에, 그것으로부터 틀림없이 우리에게 환난이 임할 것입니다. 그리스도께서 그렇게 말씀하십니다. 그 환난이란 일시적으로 이런저런 시련의 형태로 올 수도 있으며, 혹은 우리의 동료들로부터 시험이나 유혹의 형태로 찾아올 수도 있습니다. 그것은 어느 정도 우리의 위치에 걸맞게 박해의 형태로 찾아올 수도 있습니다. 어쨌건 환난은 오게 되어 있습니다. "세상에서는 너희가 환난을 당하나." 우리는 적국의 영토를 지나는 여행자들입니다. 우리가 머물고 있는 나라의 백성들은 우리의 친구들이 아닙니다. 천성으로 향하는 우리의 순례를 돕지 않을 것입니다. 세상에 있는 모든 영적인 사람들은 우리의 친구들입니다. 하지만 그들도 우리 자신과 마찬가지로, 세상에 속하지는 않았지만 세상에 있습니다. 사탄이 주인 노릇 하는 이 세상 나라로부터 우리는 심한 반대를 예상해야 하며, 만일 우리가 영원한 안식으로 들어가고자 한다면 그 반대에 맞서 승리를 얻기까지 싸워야 할 것입니다.

2. 예수님은 어떻게 세상을 이기셨는가?

이것이 우리를 좀 더 흥미로운 주제로 인도해 줍니다. 그리스도께서는 어떻게 세상을 이기셨을까요? 우리는 이렇게 대답합니다. 우선은 그분의 삶에서(in His life), 다음에는 그분의 죽음에서(in His death), 그 다음에는 그분의 부활에서(in His rising), 그리고 다음에는 그분의 통치에서(in His reigning) 세상을 이기셨습니다.

첫째, 그리스도께서는 그분의 삶에서 세상을 이기셨습니다. 그리스도께서 삶에서 세상을 이기셨음을 연구하는 것은 놀라운 일입니다. 나는 우리가 제대로 알지 못하는 그분의 초기 삼십년은 세상과의 싸움을 위한 훌륭한 준비 기간이었다고 간주합니다. 비록 목수의 가게에만 계시면서, 바깥 넓은 세상에는 눈에 띄지 않고 알려지지 않으셨지만, 사실상 그분은 그 싸움을 준비만 하고 있었던 것이 아니라 그 때에도 세상을 이기기를 시작하셨습니다. 때를 기다리던 그 인내의 기간에서 우리는 승리의 여명을 볼 수 있습니다. 우리가 선을 행하고자 의도할 때, 또한 도처에서 죄와 악이 성행하는 것을 목격할 때, 우리는 의도한 일을 시작하기를 간절히 바랍니다. 하지만 우리가 즉각적으로 그 싸움 속으로 뛰어드는 것이 아버지의 뜻이 아니라고 가정해 보십시오. 세상이 우리를 유혹하면서 우리의 때에 앞서 앞으로 나서도록 얼마나 강하게 부추길까요? 우리의 열심에 의해 규율이 파기될 수 있고, 이는 태만이나 게으름만큼이나 순종의 법칙을 깨뜨리는 것입니다. 로마 군대의 경우, 누구도 공격하지 말라는 명령을 진영에 남겨놓고 지도자가 부재할 시에, 혹 어떤 병사가 앞으로 나서서 갈리아 사람을 죽인다면 그 병사는 유죄로 간주되었습니다. 그 행동은 용감한 것이지만, 그것은 군사적 명령에 반하는 것으로서 아주 해로운 결과를 초래할 수도 있었기에, 유죄로 처벌되었습니다. 이런 일이 때로는 우리에게도 마찬가지입니다. 우리가 준비되기도 전에, 명령을 받기도 전에, 우리는 서둘러 앞으로 나아가서 적을 공격합니다. 세상으로부터의 그런 유혹이 그리스도에게 찾아왔을 것입니다. 오류와 위선이 횡행하는 가운데 세상이 어떻게 돌아가고 있는지에 대해 그분은 수없이 들으셨을 것이고, 만일 그분이 그릇된 열의를 품는 것이 불가능하지 않았더라면, 일어서서 행동하라는 선의의 충동심이 발동했을 것입니다. 의심의 여지 없이, 그분은 아픈 자들을 치유하기를 바라셨습니다. 그 나라는 고통당하는 자들로 가득하지 않았던가요? 그분은 영혼을 구원하기를 간절히 바라셨습니다. 그들이 수천 명씩 멸망의 구덩이로 떨어지고 있지 않았던가요? 그분은 기꺼이 오류를 논박하고 싶었을 것입니다. 거짓이 치명적인 활동을 펼치고 있었기 때문입니다. 하지만 그분의 때가 아직 오지 않았습니다. 우리 주님에게는, 아버지께서 그분에게 말하라고 말씀하시기까지는 하실 말씀이 없었습니다. 우리는 그분이 행동하고자 하는 강력한 충동 아래 있었음을 알 수 있습니다. 성전에 올라가셨을 때 그분은 이렇게 말씀하셨습니다. "내가 내 아버지의 일을 해야 될 줄을 알지 못하셨나이까?"(눅 2:49. KJV, 한글개역개정은 "내 아버지 집에 있어야 될 줄을 알지 못하셨나이까"로 되어 있음). 그 진술은 그분의 영혼 속에 타오르는 불을 보여줍니다. 하지만 그분은 말씀을 전하는 일이나, 치유하는 일이나, 오류를 논박하는 일을 하지 않으셨으며, 그 삼십년을 구석진 곳에 머물며 조용히 기다리셨습니다. 하나님께서 그렇게 하기를 원하셨기 때문입니다. 주님께서 우리에게 조용히 있기를 바라실 때에, 우리가 그분의 뜻을 행하는 최선의 일은 조용히 있는 것입니다. 하지만 주님께서 그렇게 오랫동안 조용히 계셨다는 것은, 그분을 움직인 것은 주변 환경이나 사람들이 아니었음을 보여주는 훌륭한 사례입니다. 주변 환경이 적대적일 때뿐 아니라, 그분의 박애 정신에 보조를 맞출 듯이 보일 때에도 마찬가지였습니다. 그분은 조용히 하나님께 순종하는 가운데 머무르셨으며, 이렇게 함으로써 자신이 세상을 이기신 분이심을 입증하셨습니다.

그분이 공적으로 활동하실 때, 그분이 얼마나 많은 방식으로 세상을 이기셨는지를 우리는 압니다. 먼저, 그분은 자신의 증언에 언제나 **충실하심으로써**(by remaining always faithful to His testimony) 이기셨습니다. 그분은 사람들을 기쁘게 하려고 단 한 마디라도 메시지를 조작하지 않으셨습니다. 그분이 복음을 전하기 시작한 첫날부터 그분이 입 밖에 내신 생애의 마지막 문장까지, 모두가 진리였습니다. 세상의 지배적인 견해에 물들지 않고, 인기 있는 오류에 때묻지 않았습니다. 그분은 궤변자(Jesuit)의 방식을 따르지 않으셨습니다. 궤변자들은 사람들로 하여금 그들이 배운 것이 오류인지를 거의 분간하지 못하도록 교리를 교묘한 형태로 위장합니다. 하지만 그분은 분명하게 말씀하셨으며, 그 시대의 사상과 신조를 지배하고 있는 모든 세력들에게 반대를 표명하셨습니다. 그분은 '진리의 수호자(guarder of truth)'가 아니었습니다. 그분은 진리가 스스로의 싸움을 스스로의 방식으로 싸우도록 하셨습니다. 진리로 하여금 적대자의 창 앞에 가슴을 드러내도록 하셨으며, 또한 진리 자신의 창과 방패가 얼마나 불변하고(immutable) 불멸하며(immortal) 또한 불사의(invulnerable) 생명을 가진 것을 발견하도록 하셨습니다. 그분의 말씀에는 확신이 있었습니다. 진리가 결국에는 승리할 것을 아셨기 때문에, 그 시대나 그 시대의 편견에 대한 고려 없이 진리를 있는 그대로 제시하셨습니다. 다른 어느 누구의 사역에 대해서도, 심지어 가장 훌륭하고 가장 용감한 그분의 종들의 사역에 대해서도, 이런 말은 말할 수 없을 것이라고 생각합니다. 우리는 루터를 바라보면서, 저 위대하고 영광스러운 루터를 바라보면서, 로마 가톨릭교회가 그가 행한 모든 일을 얼마간 퇴색시켰다는 것을 봅니다. 시대의 어둠은 심지어 평온하고 굳센 칼빈의 영혼 위에도 얼마간 어두운 그림자를 드리웠습니다. 종교개혁자들 각각의 사람들에 대해 우리는 같은 말을 할 수 있습니다. 이들은 모두 빛나는 별들과 같지만, 그들이 빛을 비추었던 영역에 의해 스스로를 변색되지 않도록 지키지는 못했습니다. 모든 사람이 어느 정도는 그 시대의 영향을 받습니다. 물론 역사를 읽으면서 우리가 사정을 참작하지 않을 수는 없습니다. 19세기의 기준으로 앞 시대의 사람들을 평가하는 것이 정당하지 않을 수 있다는 점을 인정하기 때문입니다. 하지만 선생들이여, 만일 원한다면 여러분이 19세기의 빛으로 — 만일 그것이 빛이라면 — 예수 그리스도를 검증해 보십시오. 어느 시대의 빛으로 그분을 판단해도 좋고, 아니, 하나님의 보좌의 밝은 빛으로써 그분을 시험해 보십시오. 그분의 가르침은 불순물이 섞이지 않은 순수한 진리입니다. 그것은 시간과 영원의 검증을 견딜 수 있습니다. 그분의 가르침은 그분이 유대인으로 태어나신 사실에 의해 영향을 받지 않았으며, 당시 널리 퍼진 랍비들의 전통에 의해서도 영향을 받지 않았습니다. 헬라 철학의 발전이나, 당시에 널리 퍼진 특정 문물에 의해서도 영향을 받지 않았습니다. 그분의 가르침은 세상에 있었으나, 세상에 속한 것은 아니었고, 세상에 의해 물든 것도 아니었습니다. 그것은 그분이 아버지께로 받은 그대로의 진리였으며, 세상은 그분으로 하여금 거기에 무언가를 더하거나 빼거나 혹은 조금이라도 변질시키도록 만들지 못했습니다. 그러므로 이런 관점에서 그분은 세상을 이기셨습니다.

다음으로 그분이 때때로 사람들의 지지를 얻으셨을 때에 그분의 심령에 가득했던 깊은 침착성을 주목하십시오. 우리 주님은 어떤 때에는 아주 인기가 높았습니다. 도처에서 사람들이 몰려왔고 주님은 그들을 만지시며 치유해 주셨습니다. 그분이 그들을 먹이셨을 때에 사람들이 그분을 얼마나 지지했는지 모릅니다. 하지만 그분은 그들의 이기적인 동기의 지지를 분명히 꿰뚫어 보시고서 이렇게 말씀하셨습니다. "너희들이 나를 찾는 것은 떡과 물고기 때문이다." 그분은 결코 냉정을 잃지 않으셨습니다. 추종하는 무리들에 의해 우쭐해지시는 그분의 모습을 결코 볼 수가 없습니다. 그분은 자기 영광(self-glorification)의 암시가 내포된 표현을 사용하신 적이 없습니다. 사람들이 "호산나"라고 외치는 와중에도 그분의 마음은 잠잠히 하나님 안에 머물러 있었습니다. 그분은 그들의 환호와 갈채를 뒤로하고서, 한밤중에 공기가 차가운 산에서 기도하심으로써 새 기운을 얻으셨습니다. 그분은 하나님과 교통하셨고, 그렇게 하심으로써 사람들의 칭찬을 초월하여 사셨습니다. 그분은 사람들 가운데서 거룩하고, 순수하고, 더럽혀지지 않으며, 죄인들과는 구별된 모습으로 행하셨고, 심지어 사람들이 그분을 억지로 붙들어 왕으로 삼고자 할 때에도 그러셨습니다. 한번은 그분이 승리자의 모습으로 나귀를 타셨고, 또 그분이 원하셨다면 얼마든지 자주 그렇게 하실 수 있었을 것입니다. 하지만 그 때에도 그분의 행렬은 너무나 겸손한 모양이어서, 위엄을 과시하기보다는 오히려 천박함을 드러내는 왕들의 행렬과는 거리가 멀었습니다. 어린 아이들과 그분에게서 은혜를 입은 자들이 자발적으로 "호산나"를 외치는 와중에 그분은 나귀를 타고 지나가셨습니다. 하지만 세속적인 정복자의 생각이나 혹은 피로 얼룩진 전투에서 귀환하는 용사의 거만한 태도는 그분에게서 찾아볼 수 없습니다. 아닙니다. 그분은 언제나 그러셨던 것처럼 온유하고, 겸손하고, 친절하셨습니다. 그분의 승리에서는 자기 고취(self-exaltation)의 흔적을 조금도 찾을 수 없습니다. 그분은 세상을 이기셨습니다. 형제들이여, 세상이 그분에게 줄 수 있는 것이 무엇이었을까요? 그분처럼 지고(至高)의 성품을 가지신 분께, 쉽사리 상상이 되지 않듯이 그분의 본성 안에서 인성이 그토록 친밀하게 신성과 교통하시는 분께, 해 아래 있는 것 중에서 그분을 교만하게 만들 수 있는 것이 무엇이 있을까요? 설혹 명성의 나팔이 가장 크게 울려 퍼진다 해도, 오래도록 그분의 귀에 익숙한 그룹과 스랍 천사들의 노랫소리에 비교하면 그것이 무엇이란 말입니까? 신성과 결합된 그분의 인성은, 사람들이 그분에게 제공할 수 있는 모든 아첨의 수단들과 영예들을 초월하였습니다. 그분은 세상을 이기셨습니다.

세상이 다른 계획으로 그분을 시험했을 때에도 마찬가지였습니다. 세상이 그분에게 불쾌한 표정을 지었을 때에도 그분은 여전히 침착하셨습니다. 그분이 복음 전파를 시작하시자마자 사람들이 그분을 산 낭떠러지로 끌고 가서 밀쳐 떨어뜨리려고 했습니다(눅 4:29). 그들이 그분을 버랑으로 끌고 갈 때에, 여러분은 그분이 그들을 향해 뒤돌아서서 적어도 엘리야처럼 심한 말로 비난하는 모습을 보리라고 예상하십니까? 하지만 그렇지 않았습니다. 그분은 성내는 말을 하지 않으시고, 그들 가운데로 지나서 가실 뿐이었습니다. 회당에서 그들은 종종 그분을 향해 이를 갈면서 적의를 드러냈습니다. 하지만 만약 그분이 격분하신 적이 있었다면, 그 이유는 그분을 겨냥하는 무엇 때문이 아니었습니다. 그분은 언제나 모든 것을 참으셨고, 인신공격에 대해 거의 대꾸하지 않으셨습니다. 아무리 많은 음모가 있고 비난이 쏟아져도, 마치 그들이 그분에게 아무런 모욕도 하지 않고 그분을 죽이려 하지도 않았던 것처럼, 한결같이 침착하셨습니다. 그분이 재판정에 끌려 나오셨을 때, 주님과 그분의 종인 바울 사이에는 얼마나 큰 차이가 있는지요. 그분은 매를 맞으셨습니다. 하지만 바울처럼 "회칠한 담이여 하나님이 너를 치시리로다"(행 23:3)라고 말하지 않으셨습니다. 오히려 털 깎는 자 앞에 잠잠한 양 같이 그 입을 열지 않으셨습니다(사 53:7). 만일 그들이 그분을 화나게 만들 수 있었다면 그들이 그분을 이겼을 것입니다. 하지만 그분은 여전히 사랑을 간직하셨습니다. 그들이 아무리 그분을 자극하더라도, 여전히 부드러우시고 침착하셨고 인내하셨습니다. 분을 참지 못하고 하신 말씀이 한 마디도 없습니다. 심지어 그분에게 가해진 어떤 공격으로 인해 그분이 성난 표정을 지으셨다고 전해지는 내용도 없습니다. 그들은 그분으로 하여금 사랑의 의도를 버리게끔 하지 못했으며, 그분으로 하여금 완벽한 사랑에 반대되는 어떤 말이 나오도록 하지도 못했습니다. 그분은 하늘에서 불을 내리게 하지 않으셨습니다. 그분을 희롱하는 자들을 삼키도록 숲에서 곰을 불러내지도 않으셨습니다. 그분은 "내가 세상을 이기었노라"고 말씀하실 수 있습니다. 세상이 그분에게 미소를 짓든 혹은 인상을 찌푸리든, 영혼의 완벽한 평화와 침착함 속에서, 하나님과의 달콤한 교제의 평온함을 누리면서, 그 슬픔의 사람은 계속해서 세상을 이기는 길을 가셨습니다.

그분의 승리는 다른 형태로도 볼 수 있습니다. 그분은 **목적의 이타성**(the unselfishness of His aims)과 관련해서도 세상을 이기셨습니다. 사람들은 세상에서 살면서 대개는 이런 식으로 말을 합니다. "요즘 시세가 어떻지? 우리가 얼마나 이득을 얻을 수 있을까?" 그들이 어릴 때부터 훈련받은 방식은 이것입니다. "소년들이여, 여러분은 싸우면서 자기 길을 개척해야 합니다. 여러분은 자신의 이익과 세상에서의 출세에 신경을 써야 합니다." 젊은이에게 추천되는 책들은 모든 것을 자기 자신을 위해 활용하는 법을 알려주는 책들입니다. "최고(number one)"가 되는 일에 관심을 가지고, 큰 기회를 붙잡으라고 가르치는 책들입니다. 소년은 어린 '현명한' 지도자들에게서 이런 말을 듣습니다. "네가 스스로를 보살펴야지, 다른 누구도 너를 보살펴 주지 않을 것이다. 다른 사람들을 위해 무슨 일이든 할 수 있겠지만, 너 자신의 이득은 반드시 두 배로 챙겨야 한다." 그것이 세상의 신중함이며, 세상 정치의 본질이며, 모든 정략적인 경제 활동의 기초입니다. 만일 그 소년이 다른 정치나 경제 원리에 관심을 가진다면, 그는 어리석은 이

론가로 간주되고 아마도 머리를 약간 두들겨 맞을 것입니다. "인간은 이기적이며, 자기 보존이라는 세상의 법칙은 최고의 규칙이다. 만일 여러분이 '이기심의 복음(the gospel of selfishness)'과 충돌한다면 아무것도 제대로 되는 것이 없을 것이다"라고, 저 상업적이고 정치적인 '솔로몬들(Solomons)'은 우리를 납득시키려 합니다. 자, 세상에 계실 때의 주 예수 그리스도를 보면, 비난하실 때를 제외하고는 그분에게서 그런 원리들에 대해 아무것도 배우지 못할 것입니다. 세상은 그분으로 하여금 이기적인 행동 양식을 취하도록 만들지 못함으로써, 그분을 이기지 못했습니다. 그분의 정신 속에, 단 한순간이라도, 자기 자신을 위해 할 수 있는 일이 무엇일까 라는 생각이 들어온 적이 있었던가요? 당시에는 부자들이 많았지만, 그분에게는 머리 둘 곳조차 없었습니다. 그분에게 있던 작은 돈주머니를 그분은 유다에게 맡기셨으며, 그 땅에 가난한 자들이 있는 한 그 주머니에 든 것을 기꺼이 나누고자 하셨습니다. 그분은 부동산이나 주식이나 채권을 가지신 것이 거의 없었기 때문에, 그분의 네 명의 전기 작가는 그 문제에 대해서 언급할 내용이 없었습니다. 그분은 전적으로 그 문제에서 세상을 능가하셨습니다. 매우 악하고 악의적인 무신론자들이 무슨 일로든 우리 주님을 폄훼하려 했어도, 내가 알기로, 그들조차도 결코 그분을 탐욕이나 욕심이나 이기심 같은 문제로 그분을 비난한 적이 없습니다. 그분이 세상을 이기셨습니다.

또한 주님은 세상의 힘을 활용하려고 굽히지 않으셨다(did not stoop to use the world's power)는 점에서 세상을 이기셨습니다. 그분은 심지어 이타적인 목적으로라도 세상에 속한 권력 형태를 사용하지 않으셨습니다. 나는 어떤 사람이 하나님의 영이 없이도 부에서 탁월할 수 있으며, 또한 자기 속에 간직한 어떤 위대한 신념을 널리 알리기를 바랄 수 있다고 생각합니다. 하지만 사람들이 그런 일을 했을 때에, 그들은 악으로써 선을 조장하고, 혹은 적어도 그 신념을 추진하기 위해 무력이나 뇌물이나 책략을 썼다고 평가받는 것을 흔히 볼 수 있을 것입니다. 마호메트가 "하나님/알라 외에는 신이 없다(There is no god but God)"고 말했을 때에, 그는 하나의 커다란 진리를 붙잡았습니다. 신성의 유일성은 가장 가치 있는 진리입니다. 하지만 그 다음에 이 장엄한 진리를 전파하기 위해 이런 수단들이 활용됩니다. "무신론자들의 목을 쳐라! 만일 그들이 거짓 신들을 섬기거나, 신의 유일성을 인정하지 않으려 한다면, 그들은 살기에 합당하지 않은 자들이다." 주 예수 그리스도께서 이런 일을 하신다고 상상할 수 있겠습니까? 그랬더라면 세상이 그분을 이겼을 것입니다. 하지만 그분은 이런 형태의 무력을 조금도 사용하지 않으셨다는 점에서 세상을 이기셨습니다. 그분은 자기 주변에서 군대를 모집하실 수도 있었습니다. 그분의 영웅적인 본보기와 기적을 행하시는 능력으로 로마 제국을 금방이라도 쓸어 버리실 수 있었고, 유대인들의 마음을 돌려놓으실 수 있었습니다. 그 다음에 그분의 승리의 군대가 유럽을 건너 아시아와 아프리카에 이르기까지, 모든 형태의 악을 짓밟을 수 있었을 것입니다. 그분의 십자가 군기와 그분의 무기인 칼로써, 우상들이 무너졌을 것이고, 전 세계가 그분 발 앞에 엎드렸을 것입니다. 하지만 아닙니다. 베드로가 칼을 뽑을 때 그분은 이렇게 말씀하십니다. "네 칼을 도로 칼집에 꽂으라 칼을 가지는 자는 다 칼로 망하느니라"(마 26:52). 그분이 하신 말씀이 옳습니다! "내 나라는 이 세상에 속한 것이 아니니라 만일 내 나라가 이 세상에 속한 것이었더라면 내 종들이 싸웠으리라"(요 18:36).

또한, 오해하고 있는 그분의 친구들이 이 타락한 시대에 그렇게 해 왔듯이 만일 그분이 교회가 국가와 결탁하기를 기뻐하셨더라면, 감히 '비국교도'임을 공언하는 자들을 벌하는 형사법이 생겼을 것이며, 마지못해 그분의 교회(그와 같은 형태)를 지지하는 일이 생겼을 것입니다. 여러분들은 그런 일이 자행되어 왔다는 것에 대해 읽었을 것입니다. 하지만 내가 단언하건대, 복음서에서나 사도행전에서는 읽지 못했을 것입니다. 이런 일들은 하나님의 그리스도를 망각한 자들에 의해 자행되는 일입니다. 왜냐하면 그분은 사랑 외에 어떤 도구도 사용하지 않으셨으며, 진리 외에는 칼을 쓰지 않으셨고, 영원하신 성령 외에 어떤 무력도 쓰지 않으셨기 때문입니다. 그분이 모든 세상적인 힘을 배제하셨다는 그 사실에서, 그분은 세상을 이기셨습니다.

또한 형제들이여, 그분은 세상의 엘리트들을 두려워하지 않으심으로써(by His fearlessness of the world's elite) 세상을 이기셨습니다. 군중들의 찡그린 얼굴에는 용감하면서도, 그들이 생각하기에 모든 지혜를 독점하는 것 같은 소수의 비평은 견디지 못하는 사람들이 많이 있습니다. 하지만 그리스도께서는 바리새인들을 만나실 때 그들의 경문(經文: 성경구절 혹은 그것을 기록한 작은 상자, 참조. 마 23:5)에 경의를 표하지 않으셨습니다. 그분은 사두개인들을 대하실 때에도 그들의 냉철한 철학에 굴하지 않으셨고, 그들의 냉소를 피하기 위해 신앙의 난제들을 감추지도 않으셨습니다. 그분은 또한 세속 정치인들인 헤롯당에 대해서도 용감하셨습니다. 그분은 그들에게 반박의 여지가 없는 답변들을 제시하셨습니다. 그분은 곧 모든 지위에 있는 자들 앞에서 한결같은 모습이셨으며, 진리에 대한 단순한 증언으로써 세상의 지혜와 지성을 이기셨습니다.

또한 그분은 그분의 생애에서 무엇보다 그분의 사랑의 불변성으로써(by the constancy of His love) 세상을 이기셨습니다. 그분은 가장 사랑스럽지 않은 사람들을 사랑하셨습니다. 그분을 미워하는 자들을 사랑하셨습니다. 그분을 멸시하는 자들을 사랑하셨습니다. 배은망덕한 취급을 받을 때 여러분과 나는 사랑을 거두려 하기가 쉽고, 그렇게 함으로써 우리는 세상에 지게 됩니다. 하지만 그분은 저 위대한 목적을 끝까지 유지하셨습니다. "그가 남은 구원하였으되 자기는 구원할 수 없도다"(마 27:42). 그분은 이 기도와 함께 숨을 거두셨습니다. "아버지 저들을 사하여 주옵소서 자기들이 하는 것을 알지 못함이니이다"(눅 23:34). 복되신 구주시여, 당신은 조금도 변하지 않으시고, 마지막 순간까지 처음과 마찬가지로 사랑이 가득하셨습니다! 우리는 관대함으로 가득한 좋은 정신을 가진 자들이, 비뚤어지고 왜곡된 세대들을 상대하다가 마침내 완고해지고 냉혹해지는 경우를 보아왔습니다. 네로는, 처음으로 한 죄수의 사형 허가서에 서명을 할 때는 울었지만, 마지막에는 자기 신하들의 피를 보고서도 히죽이 웃는 모습을 보였습니다. 이런 식으로 향기롭던 꽃들이 악취를 풍기며 부패하는 것입니다. 하지만 고귀하신 구주시여, 당신은 언제나 사랑의 향기로 가득하십니다! 비록 당신께서 진흙길을 오래 걸으셨음에도, 당신의 사랑의 성품에는 어떤 오점도 묻지 않았습니다! 당신은 떠나실 때에도 오실 때와 마찬가지로 한결같이 사람들에게 따뜻하셨습니다. 그렇게 당신은 세상을 이기셨습니다.

그리스도께서 그분의 죽음으로써 세상을 이기셨다고 말할 수 있습니다. 놀라운 '자기희생'의 행동으로써, 하나님의 아들은 이기주의라고 하는 세상 원리의 심장을 찌르셨습니다. 바로 거기에 세상의 생명과 피의 근원이 있기 때문입니다. 타락한 인간을 속량하심으로써, 그분은 인간을 지배하던 힘으로부터 인간을 건져내셨습니다. 그분은 사람들에게 그들이 속량되었다는(redeemed) 것을, 즉 그들이 더 이상 자기 자신의 것이 아니라 값으로 사신 바가 되었다는 것을 가르치셨습니다. 그렇게 하여 속량은 '자기사랑'의 속박에서 벗어난 자유의 징표가 되고, 세상과 그 욕심의 쇠스랑을 깨뜨린 망치가 된 것입니다.

또한, 그분의 위대한 속죄를 통하여 사람들을 하나님과 화목하게 하심으로써, 그분은 절망으로부터 사람들을 건져 내셨습니다. 그렇지 않았더라면 그 절망은 계속하여 사람들을 죄 속에 머무르게 하고, 그들 스스로 세상의 노예가 되도록 만들었을 것입니다. 이제 그들은 용서받았으며, 또한 의롭게 되었기에, 하나님의 친구들이 되었습니다. 또한 하나님의 친구들이 되었기에, 그들은 하나님의 원수들의 원수들이 되고 세상과 구별되게 된 것입니다. 그렇게 세상은 그리스도의 죽음에 의해 패배를 당한 것입니다.

하지만 무엇보다도 그분은 **부활과 왕으로서의 통치로써**(by His rising and His reigning) 세상을 이기셨습니다. 그분이 다시 살아나셨을 때 그분은 뱀의 머리를 상하게 하셨습니다. 그 뱀은 이 세상의 군주요 그것을 지배하는 자입니다. 그리스도께서는 세상의 군주를 정복하시고 그를 사슬로 묶으셨기에, 이제 여기 이 땅에서도 그리스도께서 모든 만물에 대한 주권을 획득하셨습니다. 하나님께서는 모든 것을 그분 발 아래 두셨습니다. 그분의 허리춤에 섭리의 열쇠 꾸러미가 있습니다. 그분은 무리들 가운데서와 왕들의 회의실에서 다스리십니다. 요셉이 이스라엘의 유익을 위해 애굽을 다스렸듯이, 여호와 예수(Jehovah Jesus)께서 자기 백성의 유익을 위해 만물을 다스리십니다. 이제 세상은 더 이상 그분이 허락하시는 이상으로 그분의 백성을 박해하지 못합니다. 만유의 주이신 예수 그리스도의 허락이 없이는 한 사람의 순교자도 불태울 수 없고, 한 사람의 신앙고백자도 감옥에 가두지 못합니다. 모든 정사가 그분의 어깨 위에 매였고, 그분의 나라가 모든 것을 다스리기 때문입니다. 형제들이여, 세상을 이기신 그리스도의 통치 능력을 생각하는 것이 우리에게는 큰 기쁨입니다.

또 다른 면에서, 그분이 **성령의 선물에 의해**(by the gift of the Holy Spirit) 세상을 이기셨다는 것도 생각할 수 있습니다. 그 선물은 실제적으로 세상을 정복하였습니다. 예수님은 이제 세상과 맞서는 나라를 세우셨습니다. 곧 사랑과 의의 나라입니다. 이미 세상은 성령으로 말미암는 그 나라의 힘을 느끼고 있습니다. 아프리카의 한가운데도 어느 정도 기독교의 영향으로 개선되지 않은 암흑지가 있다고는 믿지 않습니다. 광야조차도 그분으로 인하여 기뻐하고 즐거워합니다. 어떤 야만적인 세력도 한때 자행했던 일을 감히 자행하지 못하며, 만일 그렇게 한다면, 그 잔혹성을 비난하는 빗발치는 소리가 있어서 그 세력은 곧 '참회'를 선언하고 잘못을 시인하지 않을 수 없습니다. 이 순간 산에서 손으로 뜨지 않은 한 돌이 옛 다곤(Dagon)을 쳐부수기 시작했습니다. 그 머리와 손을 깨뜨리고 있으며, 그

몸뚱이를 머잖아 산산조각 낼 것입니다. 오늘날 세상에는 그리스도의 능력만큼 활기차고 강한 능력이 없습니다. 나는 지금 천상이나 혹은 영적인 일들에 대해 말하는 것이 아닙니다. 나는 현세적이고 도덕적인 영향력들을 말하고 있는 것뿐이며, 심지어 이런 면에서도 십자가는 전면에 나섰습니다. 볼테르(Voltaire)가 그분에 대해 "그는 자기 시대의 황혼기를 살았다"(He lived in the twilight of His day. 종교적 회의주의자인 그가 기독교의 종말이 멀지 않았다는 의도로 한 말 — 역주)고 했지만, 그분은 지금도 급속도록 강해지고 있습니다. 해마다 예수의 이름은 이 가련한 세상에 더 많은 빛을 비추고 있습니다. 해가 거듭할수록 십자가가 인류의 파로스(the Pharos: 알렉산드리아 만의 파로스 섬에 있었던 등대. 세계 7대 불가사의 중 하나 — 역주)가 되는 시대가 다가오고 있습니다. 마침내 저 위대한 평온이 찾아올 때까지, 십자가는 폭풍 가운데 있는 세상의 등대로서 험한 물결 위를 더욱 밝게 비출 것입니다. 이 말씀은 갈수록 더욱 보편적인 진리의 말씀이 될 것입니다. "내가 땅에서 들리면 모든 사람을 내게로 이끌겠노라"(요 12:32). 이렇게 그분은 세상을 이기셨습니다.

3. 우리가 얻는 용기

마지막으로, 주님이 세상을 이기신 사실에서 우리가 얻는 용기가 무엇입니까? 먼저, 예수 그리스도께서 최악의 상황에서도 세상을 이기셨다면, 우리 역시 그분 안에 있는 동일한 능력으로 세상을 이기리라는 것입니다. 그분은 자기 백성들에게 그분의 생명을 주셨으며, 그러므로 그들은 정복자들 이상이 될 것입니다. 그분은 세상이 가장 악한 형태로 그분을 공격했을 때에도 세상을 이기셨습니다. 그분은 여러분 중 누구보다도 더 가난하셨고, 여러분 중 누구보다도 더 아프시고 슬프셨으며, 여러분 중 누구보다도 더 멸시와 박해를 받으셨습니다. 또한 그분은 하나님께서 자기 성도들에게서 결코 거두지 않는다고 약속하신 하나님의 위로를 상실하셨습니다. 하지만 그 모든 불리함 속에서도 그분은 세상을 이기셨습니다. 그러므로 우리도 그분의 힘으로써 이긴다고 확신할 수 있습니다.

게다가, 그분은 누구도 세상을 이긴 적이 없었을 때에 세상을 이기셨습니다. 세상은 그 때 마치 싸움에서 져 본 적이 없는 젊은 사자와도 같았습니다. 그것은 숲에서 뛰어나와 그분을 향해 포효하고 온 힘을 다해 그분에게 달려들었습니다. 우리의 위대하신 '삼손'께서 이 젊은 사자를 마치 새끼 염소처럼 찢고 땅에 내던지셨다면, 여러분은 이제 그 놈이 늙어 기운이 빠졌으며, 온 몸에는 예전에 그분에게 입은 상처로 가득하다는 것을 확신할 수 있습니다. 우리는 주님의 생명과 능력이 우리 안에 있으므로 그 늙은 사자를 이길 것입니다. 그분의 이름을 찬양합니다! 그분의 승리가 우리에게 얼마나 기운을 주는지요! 마치 그분이 이렇게 말씀하시는 듯합니다. "내가 세상을 이겼다. 너희 안에 내가 거하고 또한 성령이 너희에게 있으니, 너희도 반드시 세상을 이길 것이다."

다음으로, 그분이 우리의 머리이자 대표자로서 세상을 이기셨다는 것을 기억하십시오. 만일 지체들이 이기지 못한다면, 머리가 완전히 승리를 얻었다고 말할 수는 없을 것입니다. 만일 지체들이 패배하는 일이 가능하다면, 그렇다면, 머리는 완벽한 승리를 주장하지 못했을 것입니다. 왜냐하면 머리는 지체들과 하나이기 때문입니다. 마찬가지로 예수 그리스도는 우리의 언약의 머리이자 대표자이시고 모든 영적인 후손들의 선조로서, 우리를 위해 세상을 이기신 것이며, 또한 우리는 그분 안에서 세상을 이긴 것입니다. 그분은 우리의 아담이시기에, 그분이 행하신 일은 우리를 위해(for us) 행하신 일이고, 또한 실질적으로 우리에 의해(by us) 행해진 일입니다. 그러므로 용기를 가지십시오. 여러분이 반드시 이길 것입니다. 머리에게 일어난 일이 여러분에게도 반드시 일어나게 되어 있습니다. 머리가 있는 곳에 지체들도 있으며, 머리가 있듯이 지체도 반드시 있어야 합니다. 그러므로 종려나무 가지를 흔들며 승리의 면류관을 쓰게 될 것을 확신하십시오.

형제들이여, 이제 여러분에게 묻고 싶은 것이 있습니다. 지금 이 순간 세상이 여러분 안에서 정복된 것이 사실입니까? 이기적인 자아가 여러분을 지배하고 있지 않습니까? 여러분은 여러분 자신의 재산증식을 위해 부를 모으는 것이 아닙니까? 여러분은 사람들 가운데 영예와 명성을 얻기 위해 살아가고 있지 않습니까? 여러분은 사람들의 불쾌한 표정을 두려워하지는 않습니까? 여러분은 인기 있는 견해의 노예는 아닙니까? 단지 풍습이라는 이유로 어떤 일들을 하고 있지는 않습니까? 여러분은 유행의 노예들이 아닙니까? 만일 그렇다면, 여러분은 이 승리에 대해 아무것도 알지 못하는 것입니다. 하지만 만일 여러분이 참된 그리스도인들이라면, 나는 여러분이 이렇게 말할 수 있다는 것을 압니다. "주여, 저는 당신의 종입니다. 당신이 저의 속박을 풀어 주셨습니다. 이제부터는 세상이 나를 지배하지 못합니다. 비록 그것이 나를 유혹하고, 놀라게 하고, 조롱하여도, 저는 당신의 성령의 능력으로 그것을 이길 것입니다. 그리스도의 사랑이 저를 강권하시기 때문에, 저는 저 자신을 위해서나 보이는 것을 따라서 살지 않으며, 그리스도를 위해 살고 보이지 않는 것을 따라 살 것입니다." 만일 그렇다면, 당신을 위해 이 일을 행하신 이가 누구입니까? 바로 승리자이신 예수 그리스도, 여러분 속에 영광의 소망이 되신 분이십니다. 그러므로 용기를 내십시오. 여러분은 그분의 내주하심에 힘입어 세상을 이겼습니다.

형제들이여, 다시 세상과 그 환난들 가운데로 두려움 없이 돌아갑시다. 그 시련들이 우리를 해치지 못합니다. 그 과정에서 우리는 유익을 얻을 것이며, 마치 탈곡 과정에서 곡식을 얻는 것과 같을 것입니다. 나아가서 세상과 싸우도록 합시다. 그것이 우리를 이기지 못하기 때문입니다. 그 영혼에 하나님의 생명이 있는 자들 중에서, 온 세상이 굴복시킬 수 있었던 자는 한 사람도 없었습니다. 아니, 온 세상과 지옥이 함께 덤비더라도 주 예수 그리스도의 가족에 속한 순전한 아기를 정복하지 못합니다. 보십시오! 여러분은 구원의 갑옷을 입고, 전능(全能)으로 무장하였습니다. 여러분의 머리는 속죄의 방패로 보호되고 있으며, 하나님의 아들 그리스도께서 여러분의 대장이십니다. 용기를 내고 싸움의 함성을 지르십시오. 두려워 마십시오. 여러분을 위하시는 분이 여러분을 대적하는 자보다 강하십니다. 저 영광 속으로 들어간 성도들에 대해 성경은 이렇게 말하고 있습니다. "우리 형제들이 어린 양의 피와 자기들의 증언하는 말씀으로써 그를 이겼으니"(계 12:11). "세상을 이기는 승리는 이것이니 우리의 믿음이니라"(요일 5:4). 그러므로 끝까지 견고하십시오. 여러분을 사랑하시는 자로 말미암아 여러분은 넉넉히 이길 것입니다(롬 8:37). 아멘.

제
69
장
—

그리스도의 보편적 권세와 특정한 목적

—

"아버지께서 아들에게 주신 모든 사람에게 영생을
주게 하시려고 만민을 다스리는 권위를
아들에게 주셨음이로소이다." —요 17:2

이 말씀은 아버지께서 왜 아들이 무서운 고난을 당하실 때에 아들을 영화롭게 하시는지에 대해 이유를 제시하는 말씀입니다. 마치 우리 주님이 이렇게 말씀하시는 것과 같습니다. "아버지여, 당신께서는 이미 내가 요청한 것을 주셨습니다. 실질적으로 그것을 언약 안에서 내게 주셨으므로, 이제는 그것을 행동으로 내게 주소서." 마찬가지로, 성도가 기도할 때에는 이미 자신에게 주어진 것을 요청하는 것입니다. 우리가 기도 중에 주님 앞에 나아올 때에 이 사실이 우리에게 큰 용기를 줍니다. 우리의 하늘 아버지께서 모든 것을 아들에게 주시는 행위 안에서 우리에게도 이미 주신 것입니다. 그러므로 우리가 기도할 때에 실질적으로는 우리 자신의 것을 요청하는 것입니다.

본문 자체를 간략히 펼쳐보도록 합시다. 이 속에는 두 가지 진술이 포함되어 있습니다. 첫째는, 그리스도께서는 중보자로서 하나님께로부터 모든 육체를 다스리는 보편적 권세를 받으셨다는 것입니다. 둘째는, 그 일의 목적은 특별하고 특수한 것으로서, 곧 아버지께서 그분에게 주신 모든 사람에게 영생을 주기 위함이라는 사실입니다.

　주님에게는 **보편적인 권세**(universal power)가 있고, 또한 그 속에는 **특별한 목적** (special purpose)이 있습니다. 우리는 우리 주 예수 그리스도께서 하늘과 땅의 모든 권세를 가지신 것을 압니다. "천사들과 사람들이 그분 앞에 엎드리고, 마귀는 놀라 도망하도다." 생물이든 무생물이든, 모든 것이 왕 중의 왕이시며 만주의 주이신 그분의 위엄을 인정합니다. 하지만 이 본문은 세상에서 가장 완고한 것 곧 "육체"(flesh, KJV. 헬라 원어도 '모든 육체'로 되어 있으며, 한글개역개정은 '만민'으로 되어 있음 - 역주)에 대해 언급하고 있습니다. 예수님은 **모든 육체를 다스릴 권위**를 가지셨습니다. 예수님은 '육체'라고 불리는 고집스럽고, 악하고, 순종하지 않는 자들을 다스리는 법을 아십니다. 그분은 '육체'라는 용어로 묘사되는 타락한 모든 인간들을 다스릴 권세를 가지셨습니다. 그러므로 나는 만민을 다스리는 권세를 가지신 그분이, 또한 원하시는 사람들을 모두 용서하는 권세도 가지신 것을 이해합니다. 그리스도께서는 지금 중보자로서, 만일 원하신다면, 그분의 영으로써 모든 살아 있는 영혼들에게 유죄를 선언하실 권세를 가지셨습니다. 또한 원하신다면, 모든 사람들을 그분의 은혜의 발등상 아래로 오게 하여 그들에게 용서를 선언하실 권세도 가지셨습니다. 이 규칙에는 어떤 예외도 없다고 우리는 믿습니다.

　그리스도는 아담에게서 난 모든 사람들을 다스릴 권세를 가지셨으며, 그분이 원하시는 대로, 죄를 자각하게 하는 은혜와 용서의 은혜를 주실 수 있습니다. 그분은 또한 죄를 깨닫지 못하고 용서를 얻지 못한 자들도, 그분의 목적의 일부가 되도록 하실 권세도 가지셨습니다. 그분은 그들의 악한 본성을 억제하시어 지나치게 날뛰며 소요를 일으키지 못하도록 하실 권세를 가지셨습니다. 심지어 그들이 거만하게 그분을 거역할 때조차도, 그분은 그들의 고된 노역을 결국 그분의 목적 수행에 도움이 되는 방향으로 조정하실 힘이 있으십니다. 그리하여 그들이 거만하게 자기들의 자유 의지를 자랑한다 해도, 그들은 실제로는 그분의 영원한 목적에 봉사하는 셈이 되는 것입니다. 그분은 종종 가장 난폭한 원수의 입에 재갈을 물리시고, 피에 굶주린 박해자의 턱에 갈고리를 채우십니다. 모든 육체를 다스리실 권세를 그분은 가지셨습니다. 왕관을 쓴 자나 누더기를 걸친 자나, 불경스러운 말로 저주를 일삼는 자나 혹은 공손히 칭송하며 엎드리는 자나, 그 누구도 예외가 아닙니다. 북극에서 남극까지, 어떤 신분에 있든, 어떤 언어를 사용하든, 피부색이 어떠하든, 중보자이신 주 예수 그리스도의 보편적인 통치에서 벗어날 인간이 없습니다. 같은 맥락에서 이 성경 본문을 이해한다면, 인간 세계 전체를 절대자로서의 하나님의 통치 아래에서 중보자가 왕이요 머리가 되는 새로운 형태의 통치 아래로 옮겨두는 것은, 택하신 자들의 구원을 위해 결정된 일입니다. 이 은혜로운 결정에 따라 타락한 인류는 생존이 허락된 것입니다. 죄를 범한 세상이 절대자 하나님과 접촉하게 되면 즉각적으로 지옥으로 떨어지는 운명에 처하게 됩니다. 인간은, 반역자임에도 불구하고, 예수님의 중보자의 권세 덕택으로 살게 된 것입니다. 그분이 복수의 정의와 죄인 사이에 개입하셨으며, 그래서 죄인이 목숨을 건진 것입니다. 나는 가장 완고한 자가 생명을 연장하게 된 이유를 그리스도의 속죄에서 찾습니다. 하나님의 오래 참으시는 자비가, 내 눈에는 모든 육체를 다스리는 권세를 가지신 구세주의 경로를 통해 흐르는 것으로 보입니다. 복음이 만민에게 전파되는 것은 이 권세 덕택입니다. "하늘과 땅의 모든 권세를 내게 주셨으니 그러므로 너희는 가서 모든 민족을 제자로 삼으라"(마 28:18-19). 믿으라는 명령은 하늘의 재가를 받은 것이며, 따라서 그분의 이름을 믿지 않는 자는 이미 정죄를 받은 것입니다. 중보자의 통치의 보편적인 시행 때문에, 누구든지 생명수를 값없이 마시기를 원하는 자에게 정직하고, 은혜롭고, 진지한 초대가 가능하게 된 것입니다. 내가 이 강단에 서서 누구든지 주 예수를 믿는 자는 멸망하지 않고 영생을 얻는다고 외칠 수 있고, 또한 광범위하게 타락하고 부패한 세상 가운데 복음을 선포할 수 있는 것도, 그리스도의 보편적인 중보자적 권세에 근거한 것입니다.

그러나 이 모든 일은 무엇을 위한 것입니까? 본문은 이 모든 목적과 계획은 보편적이지 않으며 특별하다(not universal but special)고 우리에게 말해줍니다. 하나님께서 모든 사람을 그리스도의 권세 아래에 두신 목적은 모든 사람이 영생을 얻도록 하기 위함이 아닙니다. 오직 하나님이 그리스도에게 주신 사람들만 영생을 얻게 하려는 것입니다. 결국 그리스도의 보편적 통치의 시행에는 특별하고 특수한 목적이 있으며, 그 목적이란 택하신 자들이 생명을 얻는 것입니다. 그들이 지상에서 영적인 생명으로 가득하고, 후에는 저 위에 있는 영광의 생명으로 들어가게 하려는 것입니다. 만일 하나님이 원하셨다면, 그분은 다른 계획을 시행하실 수도 있었고, 그리스도에게는 택하신 자들만 다스릴 권세를 주실 수도 있었습니다. 하지만 하나님은 그것을 기뻐하지 않으셨습니다. 그 반대로, 세상에서 불러 택하신 자들에게 영생을 주시기 위해, 모든 인류를 예수님의 중보자적 통치 아래 두기를 원하셨습니다. 하나님께서는 세상에 가서 택하신 자들에게만 복음을 전하도록 그분의 종들에게 권세를 위임하실 수도 있었습니다. 그분은 오직 특정한 사람들, 어떤 특정한 표지가 있는 사람들에게만 그리스도를 전하도록 우리에게 말씀하실 수도 있었습니다. 하지만 그분은 그렇게 하는 것을 기뻐하지 않으셨습니다. 그분은 우리에게 "너희는 온 천하에 다니며 만민에게 복음을 전파하라"고 명하십니다(막 16:15). 그분의 높은 작정과 신성한 의도는 그분이 택하신 자들이 영생을 얻되, 믿음을 통하여서 그들을 위해 그분이 예정해 두신 생명 안으로 들어가도록 하는 것입니다. 이 본문에 담긴 풍성한 의미라고 내가 확신하는 바를 여러분에게 제대로 전달했는지 모르겠습니다. 즉 모든 사람들을 다스릴 권세가 중보자에게 주어졌으며, 그 결과 사람들에게 보편적으로 자비의 선언이 공포되었으며, 믿음을 통한 구원의 보편적인 선언이 모든 사람들에게 제시되었습니다. 하지만 이 사실은, 세상의 나머지 사람들과는 구별되도록 택함받는 백성만이 영생을 얻는다고 하는 특별하고, 한정되고, 특수한 목적과 항상 함께 옵니다. 나는 내 목회 사역에서 할 수 있는 한 복음의 단편보다는 복음 전체를 지속적으로 전하려고 애를 써 왔습니다. 그래서인지 성경보다도 더 철저한 형제들이 마치 내가 아르미니우스주의자(Arminian)인 것처럼 나를 미워합니다. 또 한편으로는, 은혜의 교리의 원수들은 종종 나를 극단적 칼빈주의자(Ultra-Calvinist)로 묘사합니다. 나는 양쪽에서 그런 비난을 받는 것을 기뻐합니다. 나는 어느 한편의 명부에 오르는 일에 야심이 없습니다. 나는 자기들이 보고 싶지 않은 진리에는 눈을 감는 자들에게서 인정을 얻으려 하거나 그들과 친분을 트려고 애쓰지 않았습니다. 나는 성경의 어떤 면을 주장하기 위해 다른 일부분을 외면할 만큼 지나치게 칼빈주의적이라는 평판을 듣기를 바란 적이 없습니다. 내가 성경에 모순되지 않는 한, 나 자신에 대해서는 모순된다는 평을 들어도 상관이 없습니다. 나는 모든 진리가 실제로는(really) 모순되지 않은 것을 확신하지만, 그와 동등하게, 진리가 우리처럼 가련하고 한계적인 정신이 보기에 외관상으로는(apparently) 모순되게 보일 수도 있다는 것을 또한 확신합니다. 열에 아홉의 경우, 자기 자신의 신학 체계에 있어서 과민할 정도로 모순이 없게 보이려고 하는 자는, 설혹 자신의 목적을 달성한다 해도, 단순한 바보와 다를 바가 없습니다. 성경과 모순되지 않는 자가 완벽한 지혜와 일치하는 자입니다. 자기 자신에게 모순되지 않는 자는 기껏해야 불완전하고, 어리석고, 하찮은 것과 일치하는 것입니다. 성경을 붙드는 것이, 비록 개인적인 차원에서 모순이라는 비방을 받더라도, 하나님과 사람들의 영혼에 대해 신실한 것입니다.

이 본문은 많은 사람들이 볼 수 없거나 보려 하지 않는 두 가지 면을 보여주고 있습니다. 여기에는 위대한 속죄(great atonement)가 있으며, 그것으로써 중보자는 온 세상을 자신의 지배 아래 두십니다. 하지만 여전히 여기에는 이 속죄의 특별한 목적(special object of this atonement)이 나타나 있습니다. 즉 선택받은 특별한 백성들을 불러 모으는 것입니다.

1. 특정 목적의 성취를 위한 보편적 권세

이 아침에 본문의 원리를 묵상하도록 합시다. 우리의 첫 번째 진술은 이것입니다. 어떤 특수한 목적 성취를 위한 보편적 권세의 과시라고 하는 가르침은 자연의 유비와도 일치한다는 것입니다.

우리 주변 세계에서 우리는 특별한 목적들을 성취하시는 창조주를 발견합니다. 이런 일은 당면한 목적을 이루기 위해 필요한 능력보다는 훨씬 광범위한 능력의 과시에 의해 이루어집니다. 예를 들어, 저기 식물을 보십시오. 식물이 사는 주된 목적이 무엇입니까? 모든 식물학자들과 일반적인 관찰자들은 그것이 사는 목적이 씨를 맺어서 종(種)을 번식시키는 것이라고 말할 것입니다. 그렇다고 하면, 저기 있는 식물에 대한 하나님의 목적은 씨를 내어서 같은 종을 번식하여 유지하는 것입니다. 하나님이 그 일을 어떻게 행하실까요? 그분이 천사를 보내시어 씨를 돌보도록, 오직 씨만을 돌보도록 하실까요? 그렇지 않습니다. 내 형제들이여, 뿌리와, 줄기와, 세포들과, 조직들과, 잎사귀들과, 꽃들을 모두 돌보게 하실 것입니다. 겨울이 와서, 모든 잎이 떨어져 땅에서 썩고, 다시는 잎사귀 흔들리는 소리가 들리지 않는다 해도, 그 잎사귀들은 아주 놀랍고 지혜로운 감독자의 관심 속에서 목적을 이루는 것입니다. 비록 그 실제적인 목적은 오직 씨앗이지만, 줄기와 잎과 세포도 모두 돌봄을 받습니다. 하나님께서 택하신 백성을 다루시는 방법도 그와 마찬가지라고 나는 생각합니다. 그분은 마치 인류라는 존재의 씨를 대하듯이 택하신 백성들을 바라보십니다. 하지만 은혜를 받지 못해 영원히 멸망당할 자들도, 마치 시드는 잎사귀들처럼 그분의 부드러운 보살핌의 대상이 되어 왔습니다. 만일 여러분들이 씨를 위해서는 잎사귀들이 절대적으로 필요하다고 내게 말한다면, 나는 그보다 훨씬 분명한 또 다른 예를 제시하도록 하겠습니다. 하나님께서 어떤 목적을 이루려 하실 때, 여러분은 그분이 그 일에 대해 얼마나 효과가 있을지에 대해 연구하신 다음에 꼭 필요한 만큼의 힘만 쓰신다고 생각해서는 안 됩니다. 우리는 비를 필요로 합니다. 우리의 정원과 들판은 소낙비를 내려달라고 외칩니다. 자, 우리의 은혜로우신 하나님께서는 우리에게 매우 신속히 비를 내려 주십니다. 하지만 그분은 소낙비를 비가 필요한 그 부분에만 내리시는 것이 아니라, 더 광범위한 지역에 비를 보내시지 않겠습니까? 나는 때때로 이런 일을 보고 궁금히 여깁니다. 소낙비가 내릴 때, 그것은 들판에 은택을 주시려는 하나님의 의도임에 틀림없습니다. 하지만 그분은 그 비의 은택을 짠 물이 가득한 바다 위에도 내리고, 시원한 물방울을 쏟아 붓는 것이 낭비인 것처럼 보이는 지역에도 비를 내려 주십니다. 여러분은 입을 벌려 수분을 빨아들이는 메마른 대지 위에 뿐 아니라, 대서양에도 마찬가지로 비가 쏟아지는 것을 봅니다. 왜 이런 일이 있을까요? 왜냐하면 하나님께서 어떤 목적을 이루려 하실 때에, 비록 목적은 특정하지만 그것을 광범위한 형태로 다루시는 것이 그분의 규칙이기 때문입니다. 여기 우리 주변에는 공기가 있습니다. 왜 그것이 산소와 수소와 질소 등의 요소로 구성될까요? 식물들과 동물들이 그것에 의존해서 살아가기 때문이 아닐까요? 분명 그것이 이러한 혼합물을 만드신 창조주의 의도일 것입니다. 하지만 여러분이 생명이 존재할 수 없는 극지방이나, 빠른 날개를 지닌 독수리도 날아다니지 않는 거대한 사하라 사막의 어느 지점에 있다고 가정해 보십시오. 거기서도 공기는 정확히 같은 성분으로 구성된 것을 발견할 것입니다. 왜 그럴까요? 그곳에는 공기로 숨쉴 동물이 없고, 그 안에서 꽃을 피울 식물이 없습니다. 그런데도 왜 공기는 다르지 않을까요? 단순하게 말하자면, 하나님은 유한한 인간과 같지 않으시기 때문입니다. 그분은 그분의 목적을 성취할 만큼의 지출만으로 스스로를 제한하시지 않으며, 오히려 하나님답게 행동하시며, 그분의 무한하신 속성을 따라 그분의 목적 성취에 꼭 필요한 만큼의 이상을 주시는 것입니다.

　　이제 다른 각도에서 자연을 다시 한 번 생각해 보도록 합시다. 우리는 교만하여 하나님께서 사람들의 위로를 위해, 인간의 편의의 관점에서 이 세상을 만드셨다고 생각합니다. 잠시 그 취지를 인정한다고 가정합시다. 여기 푸른 잎사귀들 가운데 고개를 내미는 제비꽃 한송이가 있습니다. 왜 그것은 향기로운 냄새를 발하여 봄을 즐겁게 하는 것일까요? 그것은 바로 인간을 기쁘게 하기 위해서라고 여러분은 내게 말합니다. 좋습니다. 아주 그럴 듯합니다. 하지만 세상에는 누구도 그 냄새를 맡지 않는 수백만 송이의 제비꽃들이 있습니다. 제비꽃들은 교회 뒤뜰의 쐐기풀 가운데서도 자라고, 아이들이 돌아다니지 않는 숲 속 깊은 곳에서도 자라며, 혹은 사람들이 거주하지 않아 들은 적도 본 적도 없는 먼 곳에서 자라기도 합니다.

> "많은 꽃들은 부끄러워 사람들 눈에 띄지 않고,
> 황량한 땅의 공기에 그 향기를 낭비하고 있다네."

왜 모든 것이 태양으로 채색을 할까요? 왜 수정들은 햇살이 그 위에 떨어질 때 반짝일까요? 태양이 수정에 비칠 때 많은 무지개 색이 나타나는 것은 왜일까요? 눈을 기쁘게 하기 위해서가 틀림없을 것입니다. 하나님께서는 이 세계가 영원토록 아름다움과 기쁨의 장소가 되기를 원하셨습니다. 하지만 수정들은 아무도 그것을 보아주는 눈이 없는 극지방에서도 반짝입니다. 생명이 살기 힘든 황량한 곳에서도, 생명체가 존재할 수 없다고 여겨지는 그런 곳에서도, 태양은 여전히 비추고 있고, 수정은 여전히 무지개 색 빛을 반사하고 있습니다. 왜 이런 일이 있을까요? 왜 그럴까요? 하나님께서 태양에게 모든 만물에 빛을 비추는 권세를 주셨기 때문이라고 생각하지 않으면, 나로서는 그 이유를 알 수가 없습니다.

화가들이 응시한 적이 없는 풍경들이 얼마나 많이 있을까요? 하지만 그 풍경들은 하나님의 눈 아래에서 아름다움을 간직하고서 여전히 그곳에 있습니다. 어떻게 새들은 아침에 노래하는 것이며, 어떻게 그들은 그 목구멍에서 그토록 듣기 좋은 음악 소리를 내는 것이며, 또한 어떻게 그들은 우리가 그 소리를 들을 수 있는 정원에서나 산책길에서 뿐 아니라 저 깊은 숲 속 조용한 빈터에서도 여전히 노래하는 것일까요? 왜 그럴까요? 우리는 새들이 우리의 기쁨을 위해서 노래하고, 경치는 인간의 정신을 즐겁게 하기 위해 펼쳐져 있다고 생각하지 않습니까? 확실히 그렇습니다. 그렇지만 사람들이 보거나 들을 수 없는 곳에도 경치가 있고 새들이 노래합니다. 그런 식으로 나는 오전 내내 자연의 유비를 계속할 수 있다고 생각합니다. 자연의 유비에서 볼 때, 하나님께서는 어떤 특정한 목적을 성취하시면서 일반적인 행동 양식을 채택하신다는 것을 알 수 있습니다.

2. 섭리 속에서 발견되는 동일한 원리

나는 그 문제를 다른 각도에서 살펴보고자 합니다. 이 원리는 섭리에서도 발견됩니다. 여러분 모두는 일반적인 섭리를 믿습니다. 여러분은 하나님께서 우주의 모든 일들을 감독하시는 것과, 그리하여 오늘날 거리에서 날리는 티끌조차도 마치 하늘의 행성들처럼 그 지정되고 고정된 궤도에서 움직인다는 것을 믿습니다. 여러분은 하나님께서 왕들과 황제들의 정책과 마찬가지로 강가에서 굽이치는 물결의 움직임도 통제하시는 것을 믿습니다. 여러분은 또한 특별한 섭리 역시 믿지 않습니까? 나는 믿으며, 여러분도 그렇게 믿는다고 믿습니다. 여러분은 하나님께서 자기 백성을 특별히 감찰하시는 것을 믿으며, 하나님을 사랑하는 자 곧 그 뜻대로 부르심을 입은 자들에게는 모든 것이 합력하여 선을 이루는 것을 믿습니다. 일반적인 섭리와 특별한 섭리 사이에 어떤 모순이 있어서 여러분이 놀라게 된 적이 있었습니까? 나는 그런 적이 있었다고 생각하지 않습니다. 나에게는 결코 그런 일이 없었다는 것을 나는 압니다. 나는 이 두 가지를 믿는 것이 어렵지 않다고 느끼며, 또한 그 두 가지 모두를 믿지 못할 때에는 매우 편치 않을 것이라는 것을 압니다. 나는 그리스도인들이 그 생각을 이 문제에 적용하여 이렇게 믿을 수 있다고 생각합니다. 즉 그리스도의 중보자로서의 희생으로부터 일반적인 선한 영향력이 흘러나오지만, 그 특별한 계획과 제한적인 목적은 아버지께서 그분에게 주시는 자들에게 영생을 주시는 것이라는 사실입니다.

섭리에서 한두 가지의 예를 들어보겠습니다. 다시스로 가는 요나가 있습니다. 그는 자기 주님을 배반하고 니느웨로부터 멀리 도망치고 있습니다. 주님께서 그를 되돌아오도록 하실 것입니다. 그분은 기이한 수송 수단으로 요나를 되돌리실 것입니다. 그분은 큰 물고기를 예비하시어 그를 삼키도록 하셨습니다. 요나를 어떻게 배에서 끌어낼까요? 폭풍이 불어 닥쳐야 했습니다. 또한 그 폭풍이 시작되었을 때 그것이 어떤 기능을 했습니까? 그것이 요나를 흔들었습니까? 그것이 요나의 목숨을 위험에 노출되게 했습니까? 그렇게 했지요. 하지만 그것은 또한 배 전체를 흔들었으며, 그 배에 있는 모든 사람들이 파선될 것을 두려워했습니다. 더 나아가, 만일 그 바다에 배가 일천 척이 있었다 해도 그 배들이 모두 폭풍을 만나야 했을 것입니다. 하나님의 특별한 목적은 요나가 바다에 던져지도록 하는 것이었습니다. 비록 바다에 있는 모든 배들이 풍랑에 흔들려야 했지만, 여전히 거기에는 특별한 계획이 있었습니다.

또 다른 예를 들겠습니다. 예언에 따르면 그리스도는 베들레헴에서 태어나도록 예정되었습니다. 그렇다면 그분의 모친 마리아는 베들레헴에 있어야만 했습니다. 그 일이 어떻게 이루어질까요? 요셉과 마리아를 베들레헴으로 오도록 하기 위해, 유대에 있는 모든 남자들과 여자들이 그들의 족보가 있는 곳으로 가야만 했습니다. 비록 하나님의 직접적인 목적은 마리아를 베들레헴에 오게 하여 그곳에서 예수님이 태어나시도록 하는 것이었지만, 그분은 그 목적을 성취하시기 위해 일반적인 방식을 활용하시고, 모든 유대인 남녀가 본적지로 가도록 만드신 것입니다. 여기에서, 어떤 특별한 목적이 일반적인 수단에 의해 성취되는 또 하나의 예를 볼 수 있는 것입니다.

나는 다른 많은 예들을 얼마든지 제시할 수 있습니다. 하지만 진정 여러분 자신이 눈을 떠서 보기만 하면 됩니다. 내 형제들이여, 만일 여러분이 내일 선교 목적으로 떠난 배가 무사히 항구에 도착하도록 순풍을 보내주시도록 하나님께 기도한다면, 같은 바람이 상인들이 탄 배와 해적들이 탄 배에도 역시 불 것입니다. 만일 여러분이 불이 꺼지도록 비를 위해 기도한다면, 아마도 소나기가 내릴 것입니다. 하지만 그 비가 화재가 난 곳에만 내릴 것이라고는 기대하지 마십시오. 비는 사방으로 여러 마일 떨어진 지역에도 내릴 것입니다. 만일 여러분이 랭커셔(Lancashire: 잉글랜드 북서부에 있는 한 주)에 살고 있는 어떤 가난한 사람을 알고 있다면, 그를 가난에서 건져 주시도록 하나님께 기도할 수 있을 것입니다. 만일 여러분의 기도를 하나님이 들어주신다면, 그 지방 전체에 상업 거래가 활발하게 되어 그 사람의 이웃 전체가 혜택을 입을 가능성이 클 것입니다. 여러분이 자녀들에게 복을 주시도록 하나님께 기도한다면, 사실상, 그 복이 다른 사람들에게는 내리지 않고 여러분의 자녀들에게만 내린다는 것은 가능하지 않습니다. 왜냐하면 어떤 한 사람에게 내리시는 하나님의 복은 간접적으로는 다른 사람들이 복을 얻는 수단이기 때문입니다. 어떤 골목에 있는 경건한 가정을 위해서는, 그 골목 전체가 더 좋아지게 하지 않고서 그 가정만을 좋게 할 수는 없습니다. 어떤 그리스도인이 하나님의 은혜를 받을 때에, 그의 가족 전체가 그 은혜의 일부를 받지 않은 채 그만 홀로 은혜를 받을 수는 없습니다. 하나님은 그분의 종들을 향해서만 은혜를 베푸십니다. 그것이 그분의 특별한 의도입니다. 하지만 여전히 그 은혜는 더 광범위한 은혜와 더불어 오는 것입니다.

이 문제를 곰곰이 생각하면서, 나는 그것을 달무리가 생겼을 때의 달에 비유할 수도 있다고 생각했습니다. 내부의 고리는 달 자신입니다. 하지만 그 주변에는 밝은 달무리가 있습니다. 하나님께서는 그런 식으로 자기 백성을 다루십니다. 중심부에는 영원하고, 변치 않는 사랑의 실체가 있습니다. 하지만 그 주변에는 신성한 후광이 드리워 있습니다. 그 후광은 하나님의 모든 피조물들을 둘러싸고 있으며, 피조물들로 하여금, 저 중심부에 있는 위대한 사랑의 빛 곧 특별히 그분의 성도들에게만 속한 빛에 어느 정도는 참여할 수 있게 만듭니다.

3. 기적들에 의한 예증

이것이 기적들에 의해서도 예증(例證)되어 왔다는 것을 잠시 살펴보도록 하겠습니다. 여호수아가 가나안 족속들과 싸우고 있습니다. 긴 싸움이 지속되어 왔습니다. 하지만 그는 적군들을 전멸하기를 원하고, 그래서 대담하게도 해를 향하여 외칩니다. "태양아 너는 기브온 위에 머무르라 달아 너도 아얄론 골짜기에서 그리할지어다"(수 10:12). 무엇 때문에 태양과 달이 잠시 동안 멈추었을까요? 바로 가나안 족속과 싸우는 여호수아를 돕기 위해서입니다. 하지만 결과적으로 사방에 있는 모든 사람들이 더 길어진 하루를 보냈다고 생각하지 않습니까? 모든 사람들이 위를 바라보고서 왜 해가 멈추고 있는지 이상히 여기지 않았겠습니까? 한 가난한 사람이 고된 일을 하면서 해가 지기까지 일을 끝내지 못하지 않을까 염려했을 것입니다. 낮 시간이 길어진 것을 보고 그가 얼마나 기뻐했을까요? 그는 그 특별한 목적에 대해서는 아무것도 알지 못했습니다. 하지만 그 모든 일에는 특별한 목적이 있었습니다. 지구의 같은 쪽 반구(半球)에 거하는 모든 사람들이 평상시보다 낮이 길어진 것을 즐겼을 것이지만, 여호수아의 기도에는 그들을 축복하려는 목적이 없었습니다. 그들은 부수적으로 혜택을 입은 것입니다. 그 진정한 목적은 이스라엘 자손들이 그 날의 싸움을 완전히 끝내도록 하는 것에 있었습니다.

또 하나의 기적의 예를 들어 보겠습니다. 산헤립이 예루살렘을 치러 왔습니다. 그는 히스기야와 자그마한 유다 왕국 전체를 집어삼키려 합니다. 히스기야는 랍사게의 편지를 받아들고서 여호와 앞에 펼쳐놓습니다. 이 결과로, 여호와의 천사가 산헤립 진영을 휩쓸며 그의 용사들을 살육합니다. 앗수르의 세력은 깨어졌습니다. 그것이 어떤 효과를 초래했습니까? 당시에 작은 바벨론 왕국이 있었고, 앗수르와는 생존을 걸고서 힘겹게 다투고 있었습니다. 그 왕국이 살아

남았고, 후에는 앗수르를 멸망시키는 나라가 되었습니다. 또한 여러분은 바벨론의 왕 브로닥발라단 왕이 히스기야가 한 일에 대해 감사를 표하려고 사신들을 보낸 것을 읽었을 것입니다. 여러분은 바벨론이 산혜립을 멸망시키고 얻은 전리품을 들고 오는 것을 봅니다. 하지만 이것이 주된 목적이었을까요? 전혀 그렇지 않습니다. 산혜립을 멸망시킨 하나님의 주된 목적은 히스기야와 그의 백성들을 구하는 것이었습니다. 하지만 여호와의 커다란 망치가 앗수르를 내려치시고, 그 제국이 파괴되고 망함에 따라서, 온 땅의 사람들이 기뻐하고 전쟁을 쉴 수 있었습니다. 하지만 그 일의 주된 목적은 오직 이스라엘을 위한 것이었습니다.

그리스도의 시대로 와서 또 다른 기적을 보도록 합시다. 풍랑에 시달리는 한 척의 배가 있습니다. 그 돛대는 금방이라도 한 쪽으로 기울 것 같습니다. 선체의 나무들이 깨지기 시작합니다. 그 배는 곧 물에 잠겨 가라앉을 것 같습니다. 아닙니다, 그렇지 않을 것입니다. 고물에서 베개를 베고 주무시는 분이 계시기 때문입니다. 그분은 폭풍을 다스리시는 주, 바다의 최고 사령관, 왕이신 예수님이십니다. 그분이 일어나시어 바람과 바다를 꾸짖으시자, 즉시로 바람도 파도도 잠잠해집니다. 왜 그분은 바람과 파도를 잠잠케 하셨을까요? 그분의 제자들과 그분 자신이 탄 배의 보존을 위해서입니다. 하지만 이 평온함이 다른 이들에게도 혜택을 주지 않았을까요? 예수님을 모시고 간 배 주변에는 다른 작은 배들도 있었다는 것을 우리는 알고 있습니다(막 4:36). 직접적이고 구체적인 의도는 제자들의 평안과 안전이었으나, 그 효과는 제자들에게서만 끝나지 않았습니다. 그 날 밤 갈릴리 바다로 나갔던 모든 배들이 그 평온을 함께 누렸습니다.

한 가지만 더 예를 들고, 여러분을 지치지 않도록 하기 위해 더 이상의 예는 들지 않겠습니다. 바울과 실라가 감옥에 있습니다. 하나님의 목적은 간수를 두렵게 하는 것이었으며, 그분의 두 종들인 바울과 실라를 옥에서 나오게 하는 것이었습니다. 성경이 그 일에 대해 어떻게 말하고 있습니까?"옥터가 움직이고 문이 곧 다 열리며 모든 사람의 매인 것이 다 벗어진지라"(행 16:26). 바울과 실라를 묶고 있던 것만 풀어졌습니까? 아닙니다, 형제들이여. "모든 사람의 매인 것이 다 벗어졌습니다." 하나님의 목적이 모든 사람을 옥에서 나오게 하는 것이었습니까? 아닙니다. 그런 것은 꿈도 꾸지 마십시오. 이 일은, 가련하고 박해받은 종들인 바울과 실라를 도우시려는 하나님의 특별한 목적을 위해 부수적으로 일어난 혜택이었습니다.

이러한 작은 기적들에서 일어난 일들이, 더 큰 기적인 은혜의 위대한 역사에서도 마찬가지라고 나는 믿습니다. 예수 그리스도는 우리 죄를 위한 화목 제물로서, 우리만 위할 뿐 아니라 온 세상의 죄를 위하여 세상에 오셨습니다(요일 2:2). 하지만 실상 그분은 자기 교회를 사랑하시고 교회를 위하여 자기를 주셨습니다. 그분이 목숨을 버리신 것은 자기 양들을 위해서이고, 그분이 죽으신 것은 자기 백성을 위한 것이지, 세상을 위해서가 아닙니다. 어떤 의미에서, 하지만 내가 지금껏 밝히고자 시도했던 다른 특정한 의미에서, 그분은 온 세상의 죄를 위한 화목제물이십니다.

4. 몇 가지 사실들의 관찰

이제 몇 가지 사실들(facts)을 보도록 합시다. 우리는 복음이 실제로 작용하는 것을 어떻게 알 수 있습니까? 나는 이 영국 섬이 숲으로 덮인 것을 보고 있다고 가정합니다. 사람들은 그곳에서 벌거벗은 몸에 색칠을 하고서 살아가고 있습니다. 동굴에 살면서, 풀과 도토리 열매들을 먹고 삽니다. 나는 한 우직한 사람이 이 야만인들에게 구원의 길을 가르치려고 바닷가에 상륙하여, 앞으로 나오고 있는 것을 상상합니다. 오! 복음이 영국에 처음 전파되었을 때에 얼마나 수확이 풍성했었는지요! 그것이 택하신 백성들에게 어떤 영향을 미쳤습니까? 형제들이여, 먼저 다른 질문에 대한 대답부터 하도록 합시다. 영국에 복음이 전파되게 하신 하나님의 직접적인 목적이 무엇이었습니까? 내 대답은, 영생을 얻기로 작정된 모든 사람들을 구원하는 것입니다. 그것이 그분의 큰 목적이었습니다. 하지만 그 영향은 어떠했습니까? 자유와, 행복과, 수 세기 동안 지속된 이 나라의 번영의 기원을 나는 복음의 전파에서 찾습니다. 또한 나는 복음을 보내신 하나님의 목적, 곧 그분의 중심 되는 목적이 그분의 택하신 백성들을 그분에게 구별되도록 하는 것임을 믿지만, 그럼에도 불구하고 복음과 관련하여 셀 수 없고 헤아릴 수 없는 축복들이 온 영국인들에게 미쳤습니다. 영국인으로 사는 사람치고 복음 전파로 인해 일만 가지의 혜택을 입지 않은 사람은 한 사람도 없을 것입니다. 진정 영국에서, 그리스도께서는 아버지께서 그분에게 주신 모든 사람들에게 영생을 주시기 위하여, 모든 영국인들을 다스리는 권세를 가지신 듯이 보입니다.

종교개혁 시대를 보십시오. 하나님께서 루터와 칼빈과 츠빙글리를 일으켜 개혁의 일을 하게 하신 목적이 무엇이었습니까? 그 목적이란 바로, 그리스도께서 자기 영혼의 수고한 것을 보시고(사 53:11), 그분의 택하신 백성들이 그분을 믿게 하려는 것이었습니다. 그것이 종교개혁의 위대한 목적이었습니다. 하지만 종교개혁이 성취한 일이 무엇이었습니까? 이 구원의 일뿐 아니라, 그 외에도 천 가지는 더 꼽을 수 있습니다. 예술과 과학이 진보를 이룬 것은 종교개혁의 덕택입니다. 종교개혁으로 인해 인간의 정신이 해방되고 확장되었습니다. 수백만의 사람들이 예수 그리스도로 말미암은 영생을 얻지 못했습니다. 그럼에도 저 영광스러운 종교개혁을 통해 그들은 자유를 얻었으며, 무엇으로도 값을 치를 수 없는 수많은 다른 혜택들을 받게 되었습니다.

이것은 사실입니다. 만일 여러분이 복음을 들고 남태평양에 가서 그곳의 미개한 사람들에게 전한다면, 그곳에서도 모든 육체가 하나님의 권세에 복종하는 것을 볼 것입니다. 하지만 여전히 그 목적은 하나님께서 그리스도에게 주신 사람들이 영생을 얻도록 하는 것입니다.

한 가지 자명한 진리를 관찰하도록 합시다. 주목할 만한 사실은, 복음이 먼저 일반적으로 전파되지 않은 곳에서는 하나님께서 그분의 특별한 목적을 광범위하게 수행하시지 않는 것처럼 보인다는 것입니다. 런던에 있는 어떤 예배당 안을 들어가 보십시오. 그리고 거기서 목회자가 하나님의 말씀 중에서 아주 복되고 달콤한 부분들, 예컨대 하나님의 사랑과 같은 것을 제외하고는 달리 아무것도 전하지 않는 것을 본다고 가정합시다. 만일 여러분이 그 사람의 말에 귀를 기울이고, 그가 일월 첫 주에서 십이월 마지막 주까지 은혜의 특별성과 특정성이라고 하는 한 주제에 대해서만 전하는 것을 들었다고 합시다. 그렇다면 여러분은 회심자가 많이 있는지 물어보기 위해 굳이 목사관까지 찾아갈 필요가 없을 것입니다. 내가 단언하건대, 그 교회당에는 소수의 사람들만 있을 것이며, 그 은혜의 교리를 통해 자유를 얻은 자들 중에서도 대부분은 다른 어딘가에서 죄를 깨닫고 각성한 사람들일 것입니다. 설교자가 선택적 사랑의 느낌에만 제한되어서, 복음의 나머지 부분을 전하지 못하고 "주 예수를 믿으라 그리하면 구원을 얻으리라"고 담대하게 말하지 못한다면, 그런 곳에서는 많은 사람들의 순수한 회심을 기대하기 어려울 것입니다. 사랑하는 친구들이여, 발을 보기 좋은 모양으로 유지하기 위해, 발이 적정한 크기로 자라지 못하게 하는 중국의 전족(纏足) 신발을 한 번 신어보십시오. 그러면 걷는 것이 불편하고 매우 제한되는 것을 알게 될 것입니다. 설교에 있어서도 계속해서 만족스러운 대목만 붙잡으려 하고, 그것을 주된 관심거리로 삼고, 포괄적으로 말하는 다른 본문들을 배격하고, 포괄적으로 영혼들을 초대하려고 입을 열지 않으며, 성경에는 불신자들에게 직접적으로 하는 말씀이 하나도 없고 오직 택하신 자들을 향한 말씀만 있다고 이해한다면, 내가 장담하지요. 전례 없는 하나님의 주권적인 행동이 없는 한, 여러분이 연초부터 연말까지 설교를 한다고 해도, 선택받은 백성들의 수를 헤아리는 수고는 할 필요가 없을 것입니다. 믿음의 길로 들어서는 사람의 수가 거의 없을 테니까 말입니다. 하지만 정직하게 그 문제를 보는 사람은 알겠지만, 가장 효과적인 사역이란 이렇다는 것을 나는 압니다. 즉 은혜의 교리를 부끄러워하지 않고 선택에 관해 말하기를 주저하거나 어물거리지 않으면서도, 그와 동등하게, "나는 악인이 죽는 것을 기뻐하지 않고 도리어 그가 내게 돌이켜 사는 것을 기뻐하노라"(참조. 겔 18:23)고 하나님께서 친히 엄숙하게 선언하신 다른 요점에 대해서도 분명하게 말하는 것입니다. 효과적인 사역은 하나님의 주권만 주장하는 것이 아니라 인간의 책임도 강조하는 것입니다. 하나님의 특별한 목적에 대해 담대한 목소리로 말하며, 그러면서도 그분이 하늘 아래 사는 모든 인간에게 이 은혜로운 포고령을 내리셨음을 주장하는 것입니다. "주 예수 그리스도를 믿으라 그리하면 구원을 얻으리라." 자, 이는 사실들이며, 이 사실들 중 어느 것도 논박해서는 됩니다. 우리는 때때로 사람들이 조롱하는 투로 이렇게 말하는 것을 듣습니다. "아하! 회심하는 자들이 많군요. 하지만 그들이 진짜일까요?" 선생, 그들은 진짜입니다. 만일 이 교회에서 진정한 회심자들을 찾을 수 없다면, 하늘 아래 어디에서도 진정한 회심자를 찾지 못할 것이라고 우리는 자랑합니다. 창기들이 변화되어 수년간 정숙한 여성들로 살아가는 것을 볼 때, 술잔을 빙자하여 거짓 맹세를 일삼던 주정뱅이들이 변화되어 다른 사람들을 교화하는 일에 수고하는 모습을 볼 때, 한때 주점에서 음탕한 노래를 부르던 자들이 지금은 수년 동안 ─ 잘 보십시오, 수개월이 아닙니다 ─ 성결한 삶을 영위하는 것을 볼 때, 나는 이를 내 영예로 여깁니다. 만일 누구든 하늘 아래에서 이보다 더 나은 회심을 찾아볼 수 있다면, 그렇게 하라고 하십시오. 하지만 나로서는, 그들이 사도 시대의 회심자들과 마찬가지로 삶에서 하나님께 영광을 돌리고 일상의 행실과 대화에서 그리스도를 영광스럽게 하는 것에 만족합니다. 대부분의 회심이 이루어지는 것은, 진리가 억제되지 않고 또한 본문에서 보는 바와 같이 두 가지 요점이 가르쳐지는 곳에서라고 나는 믿습니다. "아버지께서 아들에게 주신 모든 사람에게 영생을 주게 하시려고, 만민을 다스리는 권위를 아들에게 주셨음이로소이다."

5. 이 원리와 성경의 해석

이 원리가 성경의 많은 부분들을 해석해 주며, 또한 성경으로부터 크게 지지를 받습니다. 나는 성경을 읽을 때 특정 본문을 못 본 체하고 대충 넘어가는 것을 좋아하지 않습니다. 신학적인 사고는 나로 하여금 성경을 처음부터 끝까지 올바로 읽을 수 있게 해 주며, 이렇게 말할 수 있게 해 줍니다. "나는 다른 본문을 대할 때와 마찬가지로 이 본문을 대할 때에도 기뻐한다." 형제들이여, 성경에는 보편적인 구원(universal redemption)을 지지하는 것처럼 보이는 본문들이 많이 있다는 것을 의식해야 합니다. 만일 그 본문들이 어떤 일반론을 의미하는 것이 아니라면, 그 본문들은 매우 공통적인 방식으로 이런 본문들처럼 말할 것입니다. "그는 우리 죄를 위한 화목 제물이니 우리만 위할 뿐 아니요 온 세상의 죄를 위하심이라"(요일 2:2). "그가 모든 사람을 위하여 자기를 대속물로 주셨으니 기약이 이르러 주신 증거니라"(딤전 2:6). 나는 이런 구절들을 더 언급할 수도 있습니다. 하지만 만일 여러분이 아르미니우스파(Arminian) 형제를 만나면 그가 그런 구절들에는 정통할 것이고, 그러면 여러분이 내 수고를 덜어주는 셈이겠지요. 이 사람들은 항상 그런 구절들만 곰곰이 묵상하고는, 성경에서 너무나 명백한 특정한 구속(particular redemption)의 교리를 뒤집어엎었다고 생각합니다. 우리는 성경이 이렇게 말하는 것을 압니다. "나는 양을 위하여 목숨을 버리노라"(요 10:15). "그가 우리를 위하여 목숨을 버리셨으니"(요일 3:16). 즉 그분은 사람들 가운데에서 우리를 구속하신 것입니다. "그리스도께서 교회를 사랑하시고 그 교회를 위하여 자신을 주셨다." 여러분은 그 구절을 알 것입니다. "남편들아 아내 사랑하기를 그리스도께서 교회를 사랑하시고 그 교회를 위하여 자신을 주심 같이 하라"(엡 5:25). 그분이 교회를 어떻게 사랑하셨습니까? 그분은 교회를 특별한 사랑으로 사랑하셨고, 그분이 다른 것들을 사랑하신 것 훨씬 이상으로 사랑하셨습니다. 만일 그렇지 않다면, 그 비유에 따르면, 남편이 아내를 사랑해야 하며 또한 같은 크기의 사랑으로 모든 다른 여인들도 사랑해야 한다는 말이 됩니다. 그것이 자연스러운 추론입니다. 하지만 여러분이 명백히 이해하다시피, 그 본문의 의미는 남편에게는 자기 아내를 향한 특별한 사랑이 있어야 한다는 것이며, 그리스도 안에도 교회를 향한 그러한 특별한 사랑이 있다는 것입니다. 그분은 교회를 사랑하시어, 교회를 위해 자신을 주셨습니다. 형제들이여, 성경에 두 종류의 본문 세트가 있는 것처럼 생각하지 마십시오. 하나는 제한 없는 속죄의 무한한 가치에 대해 아주 명백하게 말하고 있고, 또 다른 하나는 역시 아주 분명하게 속죄의 목적은 오직 택하신 자들에게만 해당되는 것이라고 말하고 있으며, 그래서 최상의 길은 그 두 가지를 모두 믿는 것이라고 오해하지 마십시오. 이런 식으로 말해서는 안 됩니다. "예, 나는 그것을 이해하겠어요. 그리스도의 죽음의 결과로 모든 사람들이 중보자의 은혜의 영역 안으로 들어오는 것이며, 그래서 그리스도께서 그들 모두를 다스리는 권위를 가지신 것이지요. 하지만 그분이 이 일을 행하신 목적은 그분이 그들 모두를 구원하시려는 것이 아니며, 오직 모든 사람들 중에서 아버지께서 그분에게 주신 자들만을 그분의 손으로 구원해 내시는 것이지요."

　　한 농부가 나에게 자기의 모든 양들을 맡기고, 나로 하여금 그 양들 중에서 그가 표시한 스무 마리를 따로 구분하도록 합니다. 어떤 아버지가 나에게 그의 가족에게로 들어가게 하여, 나로 하여금 그의 아들들 중에서 한 사람을 골라서 교육시키도록 합니다. 그와 마찬가지로 하나님께서도 모든 사람들을 그리스도에게 주십니다. 본문이 그렇게 말하고 있습니다. 하지만 여전히 이 일의 분명하고 특정한 목적은 그리스도로 하여금 아버지께서 그분에게 주신 모든 사람들에게(만) 영생을 주도록 하는 것에 있습니다.

6. 이 원리가 하나님의 본성과 조화되게 보임

　　여섯 번째로 들어가서, 이 원리가 하나님의 본성과도 부합하는 것으로 보인다는 점을 간략히 살펴보도록 합시다. 우리는 종종 하나님을 인간의 척도로 재려 하고, 그 때문에 실수를 합니다. 하나님은 자비와 은혜와 능력이 풍성하시다는 것과, 그분이 자기 목적을 성취하시기 위해서 얼마나 많은 것이 필요한지에 대해서는 계산하지 않으신다는 것을 기억하십시오. 오직 그분은 말 그대로 무한하게 은혜로운 방식으로 행동하시는 분이심을 기억하십시오. 여러분에게 닭이 몇 마리 있고, 또 그것에게 모이를 주기 원한다면, 여러분은 그 닭들의 수대로 필요한 양만큼의 보리를 던져 줄 것입니다. 여러분은 그 부근의 모든 참새들에게까지 먹이를 줄 생각을 하지 않습니다. 새들이 필요로 하는 양식까지도 줄 수 있다면 매우 좋겠지만, 여러분은 여러분의 목적을 이룰 만큼의 곡식만 던져 줄 것입니다. 우리 하나님께서는 결코 이런 식으로 스스로를 제한하지 않으십니다. 그분은 한 줌 가득한 곡식들을 주시어 그분이 돌보고자 하시는 특별한 대상들을 먹이실 뿐 아니라, 주변의 까마귀들과 솔개들까지도 먹이십니다.

또한 하나님은 보편적인 사랑의 위대한 방식 안에서 그분의 왕으로서의 위엄을 나타내십니다. 옛 왕들의 대관식이 있을 때에는, 칩사이드(Cheapside: 런던 중심부를 동서로 가로지르는 거리)의 분수들에 붉은 포도주가 흘렀습니다. 지금이라면 여러분은 "무슨 낭비냐"고 말할 것입니다. 분수 양편에 있는 도랑에는 포도주가 흘렀습니다. 그런 일은 불필요한 것입니다, 그렇지 않습니까? 왕의 목적은 자기 백성들이 포도주를 얻도록 하는 것이었습니다. 만일 그것이 왕의 유일한 목적이라면, 그 목적은 병을 하나씩 따서 그들의 목을 축일 만큼 충분히 배급하고 멈추는 것으로 성취될 것입니다. 왜 포도주가 거리에 흐르도록 한 것일까요? 그것이 낭비였습니까? 전혀 아닙니다. 그것은 왕의 영광을 나타내 주었습니다. 왕은 백성들에게 포도주를 주어 마시게 하는 것을 기뻐했습니다. 하지만 그는 또한 자기 자신이 왕인 것을 보여주기를 바랐습니다. 왕이 아니면 어느 누구도 도랑을 포도주로 흐르게 하지 못합니다. 그래서 그는 자신의 위엄을 나타내기 위해 그런 행동을 한 것입니다. 우리 하나님께서는, 그분이 자비를 나타내고자 하실 때에 이렇게 말씀하시지 않습니다. "그 정도면 내 목적을 이루고 나의 택한 백성들을 구원하기에 꼭 알맞을 것이다." 택하신 백성들을 구원하는 것이 그분의 주된 목적입니다. 하지만 보십시오. 그분은 강들을 포도주로 흐르게 하고 시내들을 우유로 넘치게 하십니다. 풍족하여, 나누어줄 수도 있지만, 낭비는 아닙니다. 왜냐하면 그분의 더 큰 목적은 그분 자신의 영광이며, 그분은 실질적으로 구원에 이르게 하지 않는 사랑에 의해서도 영광을 얻으십니다.

우리가 들은 바로는, 나폴레옹이 전쟁에 임할 때에 그가 좋아하는 전술들은 언제나 어떤 한 지점에 압도적인 대군을 투입하여 눈앞에 보이는 모든 것을 휩쓸어 버리는 것이었습니다. 사랑하는 친구들이여, 그것이 우리들이 취하는 행동 방식입니다. 만일 우리가 어떤 목적을 이루려 한다면, 우리는 그 한 지점에 우리가 가진 모든 힘을 집중시켜야 합니다. 하지만 나폴레옹보다 더 위대한 분이 있다고 가정해 봅시다. 혹은 나폴레옹이 자기가 가졌던 군대보다 수십만 배가 되는 큰 군대를 가졌다고 가정해 봅시다. 그는 자기 부대를 한 지점에 집중시킬 필요가 없었을 것이며, 단순히 대군을 향해 이렇게 외치기만 하면 되었을 것입니다. "진격!" 그러면 그들이 나아가서 전선의 모든 지점에서 그의 대적들을 짓밟았을 것입니다. 그와 마찬가지로 하나님께서는 택하신 백성들의 구원에 관심을 기울이시지만, 그것이 그분이 관심을 기울이시는 유일한 일은 아닙니다. 그분 자신의 영광이 이보다 더 높은 목적입니다. 그분의 영광은 전선 전체에 걸쳐 있으며, 그분은 택하신 자들을 효과적으로 구원하시는 와중에도, 그분의 모든 힘을 어느 한 지점에 모으실 필요가 없습니다. 그분에게는 우리가 알고 있는 모든 일을 행하신 후에도 여전히 남아 있는 능력이 무궁하십니다. 그분은 자기 백성들에게 복을 주시는 동안에도, 또한 그분의 뜻을 따라 우주 전체에 복을 주실 수 있습니다. 나는 그분이 그렇게 하신다는 것과, 또한 하늘과 땅이 그분의 영광의 위엄으로 가득하다는 것을 믿어 의심치 않습니다. 왜냐하면 하늘과 땅은 비록 하나님의 즐거움의 충만에 참여하는 점에서는 다를 수 있지만, 하늘과 땅 어디나 그분의 사랑의 빛은 가득하기 때문입니다.

7. 우리의 행동을 위한 모범

이 원리가 우리의 행동을 위한 모범이라는 점을 말하면서 결론을 내리고자 합니다. 얼마 전 나는 한 형제와 대화를 나누고 있었습니다. 그는 말하기를 그리스도께서 복음으로써 의도하신 바는 한 백성을 불러 모으는 것이기 때문에, 세상의 회심이 선교 사역의 타당한 목적이 아니라고 생각한다고 했습니다. 자, 나로서는 나의 친애하는 벗이 옳기도 하고 그르기도 하다고 여겨졌습니다. 세상에 복음을 전하게 하시는 하나님의 목적에 대해서 그는 옳았습니다. 하지만 나의 사역에 대해서는 그가 틀렸습니다. 하나님의 사역자의 일은 한 백성을 구분해서 불러 모으는 것이 아니기 때문입니다. 그리스도께서는 그분의 제자가 무엇을 해야 하는지를 분명히 아셨습니다. 들어보십시오. "그러므로 너희는 가서 모든 민족을 제자로 삼아 아버지와 아들과 성령의 이름으로 세례를 베풀고 내가 너희에게 분부한 모든 것을 가르쳐 지키게 하라"(마 28:19-20). 그것이 우리의 할 일입니다. 그분은 "너희는 가서 모든 민족 중에서 한 백성을 분리해 내어 가르치고 세례를 베풀라"고 말씀하시지 않았습니다. 그것이 아닙니다. 그리스도께서 제자들에게 주신 명령은 이 말씀에 있습니다. "만민에게 복음을 전파하라"(막 16:15). 이 보편적인 복음 선포의 결과가 무엇이겠습니까? 선택된 자들이 구원을 얻는 것입니다. 그렇다면, 왜 주님께서 우리를 당신의 택하신 자들에게만 보내시는 것이 아닐까요? 왜 그분은 당신의 종들을 모든 민족에게 보내실까요? "무슨 용무로 네 주인의 뜻을 묻고 있는 것이냐? 모든 민족에게 복음을 전파함으로써, 내가 원하는 방식으로 나의 택한 자들을 불러 모으리라"는 것이 그분의 대답이 아닐까요? 나는 선교 사역의 결과가 세상의 회심이라고 보지 않습니다. 나는 그것을 기대하지 않습니다. 나는 하나님께서 모든 민족 중에서 그분의 택하신 자들을 불러 모으실 것이라고 믿습니다. 또한 그리스도께서 오실 것이며, 그분이 오실 때에, 그분이 땅 끝까지 다스리실 것을 믿습니다. 하지만 모든 선교 단체들이 힘을 합쳐도 세상을 개종시킬 수는 없을 것입니다. 또한 나는 그 단체들이 신속하게 전술을 수정하지 않으면 그 일에 큰 진전이 있을 것이라고도 믿지 않습니다. 우리가 어떤 큰 결실을 보려면, 지금까지 활동해 왔던 모든 선교 단체들과는 매우 다른 차원에서 어떤 일을 시도해야 할 것입니다. 나는 좋은 때가 올 것을 기다리고 있습니다. 그 때가 되기까지, 우리가 더 좋은 도구들을 얻을 때까지는, 낡은 도구들을 그대로 활용해야 합니다. 하지만 더 좋은 도구들이 발견될 것입니다. 나 자신의 소견으로는 세상은 결코 선교 단체에 의해 회심할 것 같지는 않습니다. 하지만 그것은 여러분의 소관이 아닙니다. 나는 하나님의 작정을 내 행동 수칙으로 삼을 수는 없습니다. 나는 하나님의 '계시된 뜻(revealed will)'을 내 행동 규칙으로 삼아야 합니다. 그리스도께서는 "만민에게 복음을 전파하라"고 내게 말씀하십니다. 설혹 세상에 선택받은 자가 단 한 사람도 없다고 확실히 느껴져도, 나는 순종하여 복음을 전할 것입니다. 왜냐하면 설혹 그 일로써 구원받는 영혼이 하나도 없어도, 우리는 하나님께 대하여 좋은 냄새를 발하는 향기가 될 것이기 때문입니다. 그러므로 여러분 각 사람에게 말합니다. 어디를 가든 그리스도에 대해 말하십시오. 만민에게 예수 그리스도를 전하십시오. 만나는 모든 남자와 여자에게 이렇게 말하십시오. "저 십자가에 달리신 분을 바라보는 것에 생명이 있습니다." 사람들에게 이렇게 말하십시오. "누구든지 그분에게로 오는 자는, 그분이 결코 쫓아내지 않으십니다." 아버지께서 그리스도에게 주신 자들은 모두 그분에게 올 것이며, 예수님이 수고의 열매를 보실 것이며, 아버지께서 그분에게 주신 자들은 결코 잃어버리지 않을 것이며 반드시 그분의 우편에 서게 될 것입니다. 이것이 언제나 여러분의 위안이 되게 하십시오. 하나님의 선택의 사랑으로 달려가서, 하나님의 작정을 여러분의 안식의 베개로 삼으십시오. 하지만 만민을 다스리시는 그리스도의 보편적인 권세와 포괄적인 명령을, 여러분이 붙들고 싸우는 칼로 삼고 또한 여러분이 기대는 지팡이로 삼으십시오. 사랑하는 친구들이여, 내가 여러분에게 선교 협회를 통해 외국에 복음을 전파하는 일에 헌신하도록 요청하는 것은 바로 이 목적을 위해서입니다. 나는 선교 협회가 완벽한 기구라고는 믿지 않습니다. 나는 그 단체에 결점이 많다고 믿습니다. 그렇지만, 나는 그것이 아직까지는 우리가 이방인들에게 복음을 전하는 유일한 길이라고 믿습니다. 우리가 장래에는 더 좋은 계획을 가질 것이라고 나는 기대합니다. 하지만 당분간은 이것을 유일한 도구로 여기고 그것을 효과적으로 활용하도록 합시다. 결국, 결정적인 것은 도구가 아니라 하나님이십니다. 내가 이 도구를 하나의 소몰이 막대기 즉 블레셋 사람들을 치기에는 부적당한 도구로 보아야 하겠지만, 나에게 더 좋은 도구가 없기 때문에, 더 좋은 것이 발견되기까지는 그것을 사용할 것입니다. 그러는 동안에도, 주님께서 그분의 복음이 널리 전파되게 하시고, 은혜로써 택하신 자들을 불러 모으시도록 기도합시다. 아멘.

제
70
장

—

자기 백성의 성화를 위한 주님의 기도

—

**"그들을 진리로 거룩하게 하옵소서
아버지의 말씀은 진리니이다."** — 요 17:17

우리 주 예수님은 여기 지상에 계시는 동안 자기 백성들을 위해 많이 기도하셨습니다. 베드로가 특별한 위험에 처한 것을 아셨을 때 그분은 베드로를 위해 특별히 간구하셨습니다. 그분은 자기 백성들을 위하여 한밤중에 기도로 씨름하셨습니다. 하지만 성경의 기록은, 주께서 자기 수고의 끝에 가까이 이르렀을 때 하셨던 중보 기도에 더 많은 지면을 할애하고 있습니다. 저녁 식사를 마치신 후, 그분의 공적인 가르침이 끝난 후, 죽으시는 일 외에 달리 남은 일이 없을 때에, 그분은 전적으로 기도에 몰두하셨습니다. 그분은 더 이상 군중들을 가르치지 않으셨고, 병자들을 치유하지도 않으셨습니다. 목숨을 버리시기 전까지 남아있는 막간의 시간에, 그분은 단단히 채비를 갖추고서 특별한 중보 기도에 몰입하셨습니다. 그분은 죽음에 자기 목숨을 쏟아 부으시기 전에, 삶에서 자기 온 힘을 쏟아 부으셨습니다.

이 놀라운 기도에서, 우리 주님은 우리의 위대한 대제사장으로서, 지금 그분이 아버지 우편에서 수행하고 계시는 영원한 중보자로서의 직무를 착수하시는 듯이 보입니다. 우리 주님은 그 뜨거운 사랑 안에서 그분의 중보 임무를 고대하고 계시는 듯이 보입니다. 성령의 강림을 통해 공생애 사역을 위해 따로 구별되시기 전에도, 그분은 아버지의 일에 관계하고 계셨음이 틀림없습니다. 그분이 최종적으로 잔인한 사람들의 손에서 고난을 당하시기 전에도, 그분에게는 받아야 할 세례가 있었으며, 그 일이 다 완수될 때까지는 힘든 수고를 감당하셔야 했습니다. 그분이 실제적으로 죽으시기 전에, 그분은 피 같은 땀으로 흠뻑 젖으셨고, 이미 죽음에 이를 정도의 극심한 슬픔을 겪으셔야 했습니다. 이 경우에서도, 그분은 저 휘장 안으로 들어가시기 전에, 우리를 위해 간구하셨습니다. 자기 백성의 유익을 위해 자신을 필요로 할 때, 그분은 지체하지 않으십니다. 그분의 사랑에는 발뿐 아니라 날개도 달려 있습니다. 그분에 관한 이 말씀은 영원토록 진실입니다. "그룹을 타고 다니심이여 바람 날개를 타고 높이 솟아오르셨도다"(시 18:10). 오 사랑하는 이여, 예수님은 우리에게 얼마나 좋은 친구이신지요! 예수님은 우리가 필요로 할 때면 그토록 기꺼이, 그토록 신속하게 우리를 도우시는 분이십니다. 오, 이 점에서 우리가 그분을 본받게 되기를 바랍니다. 우리의 섬김이 필요한 부분을 신속히 깨닫고, 뜨거운 마음으로 그 일을 착수하는 우리가 되기를 바랍니다.

　　주님의 기도(the Lord's Prayer)로 널리 알려져야 할 이 장은, 하나님의 말씀의 '지성소(the holy of holies)'라고 불릴 수도 있습니다. 여기서 우리는 하나님의 아들이 가장 친밀한 사랑의 교제 안에서 아버지와 더불어 대화하시는 은밀한 처소를 들여다보도록 허락받는 것입니다. 여기서 우리는 우리를 위해 아버지 앞에서 소원과 요청을 차례로 제시하시는 예수님의 마음을 들여다볼 수 있습니다. 여기서 성령의 감동의 휘장이 걷히고, 우리는 진리를 얼굴과 얼굴을 맞대고 볼 수 있습니다. 오늘의 본문은 이 기도의 중간 부분에 있는 내용입니다. 자기 백성의 성화를 바라시는 우리 주님의 마음은 이 기도 전체에 스며들어 있습니다. 하지만 본문의 이 한 문장 속에, 주님의 소원이 집약되어 있고, 분명히 선포되어 있으며, 강조되어 있습니다. "그들을 진리로 거룩하게 하옵소서 아버지의 말씀은 진리니이다." 성화의 은총은 얼마나 귀한 것인지요. 우리 주님은 그분의 간구의 절정에서 이렇게 외치십니다. "그들을 거룩하게 하옵소서!" 수난을 앞에 두고서, 자신의 죽음을 앞둔 그날 밤에, 우리 주님은 눈을 들어 아버지께로 향하시고는 가장 분명한 어조로 이렇게 외치십니다. "아버지여, 그들을 거룩하게 하옵소서." 우리가 서 있는 이곳은 거룩한 곳이며, 우리가 말하고 있는 이 주제는 우리의 엄숙한 생각을 요구합니다. 오소서, 성령님, 거룩함을 위한 이 기도의 풍성한 의미를 우리에게 가르쳐 주소서!

첫째로, 나는 구주께서 구하시는 것이 무엇인지(what it is the Saviour asks)에 대해 여러분이 주목해 주기를 바랍니다. "그들을 거룩하게 하옵소서." 다음으로, 그분이 누구를 위해 그것을 구하시는지(for whom He asks it)에 대해 주목하십시오. 이 기도는 아버지께서 그분에게 주신 자들을 위한 기도입니다. 셋째로, 우리는 그분이 그것을 누구에게 요청하시는지(of whom He asks it)에 대해 주목할 것입니다. 주님은 이 성화를 하나님 아버지에게 요청하십니다. 오직 그분만이 자기 백성들을 거룩하게 하실 수 있기 때문입니다. 마지막으로, 우리는 이 은총이 어떻게 작용하는지(how is this blessing to be wrought)를 탐구해 볼 것입니다. "그들을 진리로 거룩하게 하옵소서." 우리 주님은 설명해 주시는 문장을 덧붙이셨는데, 그것은 주의 말씀에 대한 그분 자신의 믿음의 고백이며, 동일한 문제에서 우리의 믿음을 위한 교훈이기도 합니다. "아버지의 말씀은 진리니이다."

1. 주님이 구하시는 것이 무엇인가?

먼저, 그분이 구하신 것(what He asked)에 대해 생각해 보도록 합시다. 우리 구주께서 아버지의 손에서 얻기 위해 그토록 열심히 요청하신 이 값진 은총이 무엇입니까? 그분은 먼저 "거룩하신 아버지여 그들을 보전하소서(keep them)"라고 기도하십니다(11절). 다시 "그들을 악에 빠지지 않게 보전하소서(keep them from the evil)"라고 기도하십니다(15절). 하지만 악으로부터의 보전이라고 하는 소극적 차원의 은혜로는 충분하지 않습니다. 그분은 그들을 위해 적극적인 성결을 구하시며, 그래서 "그들을 거룩하게 하옵소서"라고 부르짖으십니다. 이 말씀은 상당히 폭넓은 의미를 가지고 있으며, 나로서는 그 모든 면들을 다 다룰 수가 없습니다. 그저 한두 가지를 다루는 것으로 충분할 것입니다.

먼저, 그 기도는 "그들을 당신을 섬기는 일에 바칩니다(dedicate them to Thy service)"라고 하는 의미입니다. 이 의미는 "그들을 위하여 내가 나를 거룩하게 하오니"(19절)라고 하는 말씀을 읽을 때에 더욱 선명해집니다. 주님의 경우에 그것은 죄로부터의 정결을 의미하지 않습니다. 주님은 죄가 없으시기 때문입니다. 그분의 본성은 죄로 인해 더럽혀지지 않았으며, 그분의 행위에도 아무런 오점이 없습니다. 어떤 사람의 눈으로 보아도, 어떤 냉정한 눈으로 보아도, 그분에게서 어떤 잘못을 발견할 수 없었습니다. 하나님께서 그분을 보셨을 때에도 "내가 그를 기뻐하노라"고 선언하실 뿐이었습니다. 우리 주님의 성화란 하나님의 목적의 성취를 위한 그분의 헌신(consecration)이었으며, 아버지의 뜻에 대한 그분의 전념(absorption)이었습니다. "하나님이여 보시옵소서 내가 하나님의 뜻을 행하러 왔나이다"(히 10:7). 이런 의미에서 중보의 기도를 하시는 우리 주님은 자기의 모든 백성들이 아버지에 의해 거룩한 섬김의 일에 임명되고 헌신되기를 요청하신 것입니다. 그 기도는 이런 의미입니다. "아버지여, 그들을 오직 당신에게 성별되게 하옵소서. 그들로 당신이 거하실 성전이 되게 하시고, 당신이 사용하실 도구가 되게 하소서." 유대 율법 하에서 레위 지파는 이스라엘 열두 지파 중에서 선택되어, 모든 처음 난 자들을 대신하여 여호와를 섬기는 임무를 맡게 되었습니다. 처음 난 자들에 대하여 주께서는 이렇게 말씀하셨습니다. "이스라엘 자손 중 처음 태어난 것은 사람이든지 짐승이든지 다 내게 속하였음은 내가 애굽 땅에서 모든 처음 태어난 자를 치던 날에 그들을 내게 구별하였음이라"(민 8:17). 레위 지파 중에서도 한 가문을 택하여 제사장 직분을 맡도록 구별하셨습니다. 아론과 그의 아들들은 거룩하게 성별되었습니다(레 8:30). 어떤 장막은 하나님을 섬기는 일에 성별되었고, 그래서 그 장막은 성소가 되었습니다. 그곳에 있는 도구들은, 제단과 거룩한 상과 언약궤와 같이 비교적 큰 것이든지, 혹은 사발들과 불똥 그릇과 등잔대와 같이 비교적 적은 것들이든지 막론하고, 모두 거룩하게 구별되었습니다(민 7:1). 이런 도구들 중 어떤 것도 여호와를 섬기는 일 이외에 다른 용도로 사용될 수 없었습니다. 성막 안에는 거룩한 불과, 거룩한 떡과, 거룩한 기름이 있었습니다. 예를 들어, 거룩한 관유는 성스러운 용도를 위해 보관되었습니다. "사람의 몸에 붓지 말라"(출 30:32)고 하셨고, 또한 "냄새를 맡으려고 이 같은 것을 만드는 모든 자는 그 백성 중에서 끊어지리라"(출 30:38)고 하셨습니다. 이처럼 거룩하게 구별된 것들은 거룩한 목적을 위해 보전되었으며, 다른 용도로 사용되는 것은 엄격히 금지되었습니다. 수소들과 어린 양들과 숫양들과 집비둘기들 등을 경건한 예배자들이 드렸으며, 그것들을 성소로 가져와서 하나님께 구별하여 바쳤습니다. 그 때부터 그 제물들은 하나님께 속하였고, 반드시 제단에 바쳐져야 했습니다. 이것이 우리 주님의 기도에 담긴 의미의 일부입니다. 그분은 우리들 각자를 여호와께 구별하여 드리시고, 거룩한 목적을 위해 지명하여 성별하기를 원하셨습니다. 우리는 세상의 것이 아닙니다. 그게 아니라면 우리는 야심을 품을 것입니다. 우리는 사탄의 것이 아닙니다. 그게 아니라면 우리는 탐욕을 부릴 것입니다. 우리는 우리 자신의 것이 아닙니다. 그게 아니라면 우리는 이기적일 것입니다. 우리는 값 주고 사신 바 되었으며, 그러므로 우리는 값을 지불하신 그분의 것입니다. 우리는 예수님의 것이며, 그분이 우리를 아버지께 드리셨고, 그리고 그분에게 우리를 받아주시고 거룩한 목적을 위해 성별하시도록 간구하시는 것입니다. 우리는 이 헌신에 흔쾌히 동의하는 것이 아닙니까? 우리 역시 이렇게 부르짖는 것이 아닙니까? "아버지여, 우리를 거룩하게 하사 당신을 섬기게 하소서." 우리를 구속하신 조건을 깨닫는다면, 우리가 그럴 것이라고 나는 확신합니다.

사랑하는 형제들이여, 지난 주일에 설교했던 그 피 뿌림이 진정으로 우리에게 효력을 발휘하였다면, 바로 그 시각부터, 우리는 우리를 위해 죽으시고 다시 살아나신 그분의 것입니다. 우리는 우리 자신을 하나님의 사람들로 간주해야 하며, 저 위대한 왕의 제복 곧 의의 제복을 입은 종들로 간주해야 합니다. 우리는 양처럼 제 갈 길로 갔었으나, 이제는 위대하신 목자이시며 영혼의 감독자이신 그분에게로 돌아왔습니다. 만일 누군가 "당신은 누구에게 속하였나?"라고 묻는다면, 우리는 이렇게 대답합니다. "나는 그리스도께 속하였소이다." 누군가 "네 생업이 무엇이냐?"라고 질문한다면, 우리는 요나처럼 이렇게 대답합니다. "나는 하나님 여호와를 경외하는 자로다"(욘 1:9). 우리는 이제 우리 마음대로 할 수 없으며, 더 열등한 일에 우리 스스로를 고용시킬 수 없으며, 금전을 목적으로 하거나 이기적인 야심을 위한 일에 종사할 수 없습니다. 왜냐하면 우리는 하나님을 섬기는 일에 엄숙한 계약을 맺었기 때문입니다. 우리는 주님을 향하여 손을 높이 들고 선서했고, 이 손을 다시 거둘 수 없습니다. 우리에게는 이 즐거운 맹약을 취소하고 싶은 생각이 없습니다. 오직 그 맹약을 끝까지 지키기를 원합니다. 우리는 죄를 지을 자유를 바라지 않으며, 자기를 위한 방종을 원하지도 않습니다. 오직 우리는 이렇게 외칠 뿐입니다. "저 제물을 줄로써 제단 뿔에 붙들어 매소서. 우리를 거룩하게 하소서, 오 주여. 우리가 당신의 것임을 우리로 알게 하시고, 온 세상으로도 알게 하소서. 우리는 그리스도께 속하였나이다."

이 뿐 아니라, 하나님께 속하고 그분을 섬기는 일에 성별된 자들은 다른 사람들로부터도 구별되었습니다(set apart and separated from others). 제사장들을 따로 구별하는 특별한 예식이 있었습니다. 봉헌된 장소와 도구들을 거룩하게 하는 특정한 의식들이 수행되었습니다. 여러분은 성막이 엄숙한 예식과 더불어 세워진 것을 기억할 것입니다. 또한 화려한 봉헌 예식과 더불어 성전이 거룩한 예배를 위해 따로 구별된 것을 알 것입니다. 주께서 거룩하게 하신 안식일은 나머지 시간들과 구별되었습니다. 그 날이 사람에게 휴업일(dies non)인 이유는, 그 날이 주의 날(Lord's day)이기 때문입니다. 주께서는 자기에게 성별된 자들을 나머지 인류로부터도 구별하기를 원하셨습니다. 이 목적을 위해 그분은 아브라함을 갈대아 우르에서, 또한 이스라엘을 애굽에서 이끌어 내셨습니다. "이 백성은 홀로 살 것이라 그를 여러 민족 중의 하나로 여기지 않으리로다"(민 23:9). 주께서는 그분의 택하신 백성들에 대해 이렇게 말씀하십니다. "이 백성은 내가 나를 위하여 지었나니 나를 찬송하게 하려 함이니라"(사 43:21). 이 은밀한 목적 뒤에는 머지않아 공개적인 소명이 뒤따릅니다. "너희는 그들 중에서 나와서 따로 있고 부정한 것을 만지지 말라 내가 너희를 영접하여 너희에게 아버지가 되고 너희는 내게 자녀가 되리라"(고후 6:17-18). 그리스도의 교회는 정숙한 처녀여야 하고, 오직 주이신 그리스도께 전적으로 구별되어야 합니다. 자기 백성에 관한 그분의 말씀은 이러합니다. "내가 세상에 속하지 아니함 같이 그들도 세상에 속하지 아니하였사옵나이다"(요 17:16).

이 구별은 세상의 기초가 세워지기 전에 은혜의 선택(election)에 의해 시작되는 것이며, 선택된 이름들은 하늘에 기록됩니다. 그 다음에 특수하고 특별한 구속(redemption)이 뒤따르는데, 이렇게 기록된 바와 같습니다. "이 사람들은, 사람 가운데에서 속량함을 받아 처음 익은 열매로 하나님과 어린 양에게 속한 자들이니"(계 14:4). 속량 다음에는 효과적인 부르심(calling)이 따르며, 그 부르심에 의해 옛 세계로부터 나아와 그리스도의 왕국으로 들어갑니다. 이 일에는 거듭남(regeneration)이 수반되며, 그 중생에 의해 그들은 새 생명을 부여받고, 죽은 자들 가운데서 사는 자로서, 동료 인간들과 확연하게 구분되는 것입니다. 이렇게 구별하는 일은 일반적으로 성화(sanctification)라고 알려진 과정 속에서 계속적으로 진행됩니다. 성화의 과정에서 하나님의 사람은 열매 없는 어둠의 일에서 점점 더 멀어지게 되고, 영광에서 영광으로 변화되며, "거룩하고 악이 없고 더러움이 없고 죄인에게서 떠나 계신"(히 7:26) 주님의 형상 안에서 계속해서 자라는 것입니다.

이런 의미에서 성화된 자들은 어울리지 않게도 불신자들과 멍에를 메는 일을 중단합니다. 그들은 악을 행하는 무리들과 함께 달리는 일을 멈춥니다. 그들은 이 악한 세대에 순응하지 않습니다. 그들은 이 세상에서는 낯선 자들이요 순례자들입니다. 이런 일이 그들에게 더 확실해질수록 더욱 좋습니다. 이 배교의 시대에, 교회가 할 수 있는 최상의 일은 세상으로 내려와서, 세상의 방식을 배우고, 세상의 처세훈을 따르고, 세상의 "문화"라고 하는 것을 습득하는 것이라고 생각하는 자들이 더러 있습니다. 사실상, 그런 생각은 우리가 세상에 순응함으로써 세상이 정복될 수 있다고 하는 것입니다. 이런 생각은 마치 빛이 어둠에 반대되는 것처럼 성경에 반대됩니다. 하나님을 경외하는 자와 그분을 경외하지 않는 자 사이의 선이 더욱 분명할수록, 모든 면에서 더욱 좋습니다. 해가 스스로 어둠으로 변할 때, 그 날은 캄캄한 날이 될 것입니다. 소금이 그 맛을 잃을 때, 더 이상 부패에 맞서지 않을 때, 세상은 극단적으로 썩고 말 것입니다. 이 말씀은 여전히 진실입니다. "자녀들아 너희는 하나님께 속하였고(요일 4:4), 온 세상은 악한 자 안에 처한 것이다"(요일 5:19). 여자의 후손은 뱀의 후손과는 어떤 교섭도 하지 않으며 계속해서 전쟁을 할 뿐입니다. 우리 주님은 이 문제에 있어서 세상에 평화를 주러 오신 것이 아니라 검을 주러 왔다고 말씀하십니다. "너희는 세상에 속한 자가 아니요 도리어 내가 너희를 세상에서 택하였기 때문에 세상이 너희를 미워하느니라"(요 15:19). 만일 교회가 세상과 우정을 장려하려고 애쓴다면, 그 교회는 야고보 사도가 쓰고 성령이 주신 이 메시지를 들어야 합니다. "간음한 여인들아 세상과 벗된 것이 하나님과 원수됨을 알지 못하느냐 그런즉 누구든지 세상과 벗이 되고자 하는 자는 스스로 하나님과 원수 되는 것이니라"(약 4:4). 사도는 세상을 기쁘게 하고자 하는 자는 영적 간음의 추하고 더러운 죄를 범하는 것이라고 비난합니다. 그리스도와 순결에 바쳐져야 할 마음은, 이 악한 현세로부터 추하고 오염된 것들을 구하려고 음탕하게 배회해서는 안 됩니다. 세상으로부터의 분리가 우리를 위한 그리스도의 기도입니다.

하나님에게로의 헌신(dedication)과 분리(separation)를 종합하면, 이 기도의 의미에 가까워지는 것입니다. 하지만 분리만이 그 의미의 전부는 아닙니다. 왜냐하면 "스스로를 분리시키면서도" 여전히 육적이고, 성령을 받지 못한 사람들이 있기 때문입니다. 분리를 위한 분리는 예루살렘보다는 오히려 바벨론의 분위기를 풍깁니다. 세상으로부터 분리되는 것과 교회로부터 분리되는 것은 전혀 별개의 일입니다. 예수님께 대한 살아 있는 믿음이 있고 또한 성령이 거하시고 있는 곳에서는, 우리가 분열을 위해 부름받은 것이 아니라 일치를 위해 부름받았다고 믿습니다. 실제적이고 명백한 죄의 문제에 있어서, 우리는 그런 죄를 범하는 자들과 우리 자신을 분리시켜야 합니다. 하지만 하나님의 말씀에 의해 정당성이 부여되지 않는 문제에서 분열한다면 우리가 잘못하는 것입니다. 고린도인들과 갈라디아인들은 삶에서의 온전함과는 거리가 멀었습니다. 그들은 가르침에 있어서 많은 실수를 했고, 심지어 아주 중대한 점에 있어서도 오류가 있었습니다. 하지만 그들이 진정으로 그리스도 안에 있는 한, 바울은 그들 중 어느 누구도 그 교회들에서 나오라고 명하지 않았으며, 그들로부터 스스로를 분리시키라고 말하지 않았습니다. 오히려 그는 그들에게 각자가 자기의 일을 감당하고, 하나의 유일한 복음으로 모두 되돌아와서, 그것을 더욱 분명히 알도록 권면하였습니다. 우리는 진리에 신실해야 합니다. 하지만 우리가 다투는 정신을 가져서는 안 되며, 불가시적인 그리스도의 한 몸 안에서 지체들로 살아가는 다른 사람들로부터 우리 자신을 분리시켜서는 안 됩니다. 교회의 연합을 증진한다는 목적으로 새로운 분파를 만드는 것은 현명하지 않습니다. 진리에 대한 사랑과 형제들에 대한 사랑을 한꺼번에 도모해야 합니다. 그리스도의 몸은 찢어지는 것에 의해 온전해지지 않습니다. 진리는 사랑의 동반자가 되어야 합니다. 만일 우리가 진심으로, 어느 정도 오류에 빠져 있으면서도 그 영혼에는 하나님의 생명을 간직한 자들까지도 사랑한다면, 그들을 바르게 잡아주기가 더욱 쉬울 것입니다. 세상으로부터의 분리는 엄숙한 의무입니다. 진정 그것은 변경할 수 없는 핵심이며, 우리 신앙의 난제이자 부담이기도 합니다. 사람들에 대한 사랑으로 가득하면서도, 하나님을 위해서와 심지어 그들 자신을 위해서도 그들로부터 분리되기란 쉽지가 않습니다. 주님이 이 문제를 우리에게 가르쳐 주십니다.

그와 동시에, 이 "성화(sanctification)"라고 하는 단어는 일반적으로 사람들이 이해하고 있는 대로 하나님의 백성들을 거룩하게 만드는 것(the making of the people of God holy)을 의미합니다. "그들을 거룩하게 하소서(sanctify them)." 이는 그들이 순결하고 거룩한 성품의 사람들이 그들 안에 역사하시길 요청하는 기도입니다. "주여, 당신의 백성들을 거룩하게 하소서"가 우리들의 매일의 기도가 되어야 합니다. 여기에서 사용된 헬라어가 "정결케 하소서(purify)"로 번역되는 말이 아니라는 것을 여러분이 유의해 주기를 바랍니다. 그것과는 약간의 의미의 차이가 있습니다. 만일 그것이 "정결케 하소서"라는 의미였다면, 바로 다음 구절에서처럼(19절) 그 단어가 우리 주님과 관련하여 사용되지 않았을 것입니다.

그 단어는 그 이상의 의미를 내포하고 있습니다. 오 형제들이여, 여러분이 그리스도인으로 부름을 받았다면, 여러분이 인류의 일반적인 죄들과 통상적인 범법에서 깨끗하게 되었다는 사실에 대해 조금도 의심의 여지를 남겨 놓아서는 안 됩니다. 그렇지 않으면 여러분은 하나님께 거짓말하는 자요, 스스로의 영혼을 속이는 자들이라고 입장을 표명하는 셈입니다. 도덕적이지 않은 사람들, 정직하지 않은 사람들, 친절하지 않은 사람들, 신뢰할 수 없는 사람들은 그분의 나라에서 먼 자들입니다. 어떻게 사람들의 자녀로서도 품행이 바르지 못한 이런 자들이 하나님의 자녀일 수가 있겠습니까? 그러므로 어떤 알려진 죄 속에 의도적으로 거하고, 또한 그 속에서 즐거움을 얻는 자의 영혼에는 하나님의 생명이 있을 수 없다고 우리는 판단하며, 그 판단은 옳습니다. 단지 죄에서의 정결함이 전부는 아닙니다. 우리는 그리스도인들이라고 고백하는 여러분이 정욕과 거짓의 더러운 오염에서 벗어난 것을 당연시 여깁니다. 만일 여러분이 그렇지 못하다면, 하나님 앞에서 자기를 낮추고 부끄러워하십시오. 그런 자에게는 은혜의 첫 출발이 필요합니다. "그리스도 예수의 사람들은 육체와 함께 그 정욕과 탐심을 십자가에 못 박았느니라"(갈 5:24). 하지만 성화는 단지 도덕과 바른 품행 그 이상의 무엇입니다. 그것은 단지 인간의 일반적인 죄로부터의 해방으로 그치는 것이 아니라, 본성의 완고함과 무감각과 육욕(肉慾)으로부터의 해방까지도 포함하는 것입니다. 그것은 육에 속한 것으로부터의 해방에서 더 나아가 영적이고 거룩한 것으로의 진입입니다. 육에서 나오는 것은 그리스도의 영적인 왕국과 교류할 수 없습니다. 우리의 영적 본성은 단순히 자연적인 상태를 초월해서 자라야 합니다. 이것이 우리의 기도입니다. "주여, 우리를 영화(靈化)되게 하소서(spiritualize). 하나님과의 교제 안에 살도록 우리를 고양시키소서(elevate). 우리로 하여금 육정으로나 혈통으로는 볼 수도 없고 알 수도 없는 그분을 알게 하소서. 살아 계신 하나님의 성령께서 우리를 온전히 다스리시어 우리 안에 주의 뜻이 이루어지게 하소서." 이것이 성화되는 것입니다.

성화(sanctification)는 정화(purification)보다 높은 차원의 말입니다. 전자는 후자의 의미를 다 포함하며 그 이상의 의미를 담고 있습니다. 소극적인 차원에서 깨끗해지는 것으로는 충분하지 않습니다. 우리는 모든 덕목으로 장식되어야 합니다. 만일 여러분이 단순히 도덕적이라면, 여러분의 의가 어떻게 서기관들과 바리새인들의 의를 능가하겠습니까? 설혹 여러분이 합법적인 의무를 이행하고, 가난한 자들을 구제하고, 종교적인 의식들을 준수한다 해도, 여러분이 오류에 빠져 있다고 간주하는 다른 사람들보다 더 나은 것이 무엇입니까?

하나님의 자녀들은 하나님의 사랑을 나타내야 하며, 그분의 영광을 위한 열망으로 가득해야 하며, 관대하게 살아야 하며, 이기적이지 않은 삶을 살아야 하며, 하나님과 동행해야 하며, 지존하신 분과 교제하며 살아가야 합니다. 우리의 목적과 목표는 거듭나지 않은 사람이 이해할 수 있는 최상의 수준보다 훨씬 더 높아야 합니다. 우리는 인류 대중이 알지도 못하고 관심을 갖지도 않는 삶의 수준에까지 도달해야 합니다. 이 기도의 영적인 의미가 자주 망각되고 있는 것에 나는 두려움을 느낍니다. 오, 하나님의 성령이여, 그것을 우리 안에서 경험적으로 느끼게 하심으로써 우리로 그것을 알게 하여 주소서!"여호와께 성결(Holiness to the Lord)"이라는 글귀가 주께 구별된 우리들의 이마에 새겨지게 하소서!

사랑하는 이여, 우리 주님의 이 기도는 매우 필요한 기도입니다. 이렇게 기록된 말씀처럼, 성화 없이 우리가 어찌 구원받을 수 있겠습니까? "거룩함을 따르라 이것이 없이는 아무도 주를 보지 못하리라"(히 12:14). 만일 죄가 여전히 우리를 지배하고 있다면 우리가 어찌 죄에서 구원받을 수 있겠습니까? 만일 우리가 거룩하고, 경건하고, 영적인 삶을 살지 않는다면 어찌 우리가 악의 권세에서 구원받았다고 말할 수 있겠습니까?

성화 없이는 우리가 주를 섬기기에 적합하지 않습니다. 우리 주 예수님은 마치 아버지께서 그분을 세상에 보내셨듯이 우리 각 사람을 세상으로 보내려고 계획하셨습니다. 하지만 거룩하지 않은 남자와 여자들에게 그분이 어떻게 사명을 주시겠습니까? 주의 도구들은 깨끗해야 하지 않겠습니까?

성화 없이는 우리의 거룩한 신앙의 가장 깊은 은혜를 맛볼 수가 없습니다. 성화되지 못한 자들은 의심과 두려움으로 가득합니다. 그것이 이상합니까? 성화되지 못한 자들은 종종 신앙의 외적인 예식에 대해 "얼마나 따분하냐!"라고 말합니다. 이상할 것이 없습니다. 그들은 그 속에 있는 내적인 기쁨들을 알지 못하기 때문입니다. 하나님 안에서 기쁨을 누리는 것을 배우지 못했기 때문입니다. 만일 그들이 주의 얼굴 빛 안에서 행하지 않는다면, 그들이 어떻게 참된 경건에서 나오는 '지상의 천국'을 맛볼 수 있겠습니까? 오, 이 기도는 나와, 여러분과, 이 교회와, 하나님의 모든 교회들을 위해 필요한 기도입니다. "아버지여, 그들을 진리로 거룩하게 하옵소서."

2. 누구를 위해 이 기도를 하시는가?

이제 두 번째로, 누구를 위해(for whom) 이 기도를 하시는지에 대해 살펴보고자 합니다. 이 기도는 바깥 세상을 위해 하신 것이 아닙니다. 이 기도는 죄 속에서 죽은 자들을 위해서는 적절한 기도가 아닙니다. 우리 주님은 이미 구원받은 남자와 여자들의 무리에 대해 언급하십니다. 그들에 대해서 주님은 그들이 하나님의 말씀을 지켰다고 하셨습니다. "그들은 아버지의 것이었는데 내게 주셨으며 그들은 아버지의 말씀을 지키었나이다"(요 17:6). 그러므로 그들은 거룩한 목적을 위해 따로 구별되었다는 의미에서 이미 거룩하게 되었습니다. 그들은 또한 성품 면에서 거룩하게 되었다는 의미에서 어느 정도는 거룩하게 되었습니다. 우리 주님의 직접적인 제자들은, 그들의 모든 잘못과 결점들에도 불구하고, 거룩한 사람들이었기 때문입니다. 예수님이 이렇게 기도하신 것은 사도들을 위함이었습니다. 그러므로 우리는 가장 저명한 성도들도 여전히 이 기도를 필요로 한다는 것을 확인할 수 있습니다. "그들을 진리로 거룩하게 하옵소서." 나의 자매들이여, 비록 여러분이 드보라와 같은 사람들이라 할지라도, 이스라엘의 어머니들이라고 불릴 만하다 할지라도, 여전히 여러분은 더 거룩하게 될 필요가 있습니다. 나의 형제들이여, 비록 여러분이 하나님 안에서 신앙의 참된 아비들과 같으며, 성경에서 "많지 않다(not many)"고 증언하는 그런 사람들이라 할지라도(참조. 고전 4:15), 여전히 여러분은 예수님의 이 기도가 필요한 자들입니다. "그들을 진리로 거룩하게 하옵소서."

이 선택된 자들은 거룩하게 되었지만, 어느 정도까지만 그랬습니다. 칭의(justification)는 받는 순간에 완벽합니다. 하지만 성화는 성장의 문제입니다. 의롭다 하심을 얻는 자는 예수님의 완벽한 사역에 의해 단번에 영원토록 의롭게 되었습니다. 하지만 그리스도 예수에 의해 거룩하게 된 자는 모든 면에서 머리가 되신 그분 안에서 자라가야 합니다. 우리를 거룩하게 만드는 것은 평생의 일이며, 우리는 매 시간 성화의 작용을 필요로 합니다. "이것을 우리에게 이루게 하시는 이는 하나님이시니라"(고후 5:5). 우리는 거룩한 삶에서 최고의 높이까지 올라갈 것이며, 결코 현재 이룬 상태에서 만족하지 않을 것입니다. 아주 깨끗하고 존경받을 만한 자들에게도 여전히 슬퍼할 만한 결점들과 잘못들이 있습니다. 주께서 우리에게 강한 빛을 비추실 때, 우리는 즉각 우리 옷에 묻은 오물을 발견할 것입니다. 진정 우리가 예수의 정결케 하시는 피를 아주 필요로 하는 때는, 우리가 빛 되신 하나님 안에서 행할 때입니다. 만일 우리가 잘 해왔다면, 그에 대해서는 하나님께 영광을 돌립니다. 하지만 우리는 더 잘 할 수 있었습니다. 만일 우리가 많이 사랑해 왔다면, 그것은 하나님의 은혜의 덕택입니다. 하지만 우리는 더 사랑할 수 있었습니다. 만일 우리가 믿어왔고, 또한 흔들리지 않으며 믿어왔다고 해도, 우리는 훨씬 더 높은 수준에서 우리의 전능하신 친구(Almighty Friend)를 믿어야 했습니다. 우리는 여전히 낮은 차원의 단계에 머물러 있으며, 우리를 뛰어넘는 무언가가 있습니다. 오 거룩하게 된 성도들이여, 예수님이 성화를 위해서 기도하시는 것은 바로 여러분을 위해서입니다. 예수님은 바로 여러분을 거룩하게 해 주시도록 아버지께 기도하시는 것입니다.

특히 여러분이 주목해 주기를 바라는 것은, 우리 주님께서 위해서 기도하시는 이 신자들이 그들의 동시대에서와 그 후의 세대에서 설교자들과 교사들이 될 것이라는 점입니다. 이들은 한 줌의 곡식 씨앗과도 같았습니다. 그들에게서 미래의 교회가 자랄 것이며, 모든 땅들이 그 수확을 기뻐할 것입니다. 그들이 그리스도의 사절들로서 보냄을 받도록 준비되려면, 그들은 반드시 거룩하게 되어야 했습니다. 어떻게 거룩하신 하나님께서 거룩하지 못한 전령들을 보내시겠습니까? 성화되지 못한 사역자는 보냄을 받지 않은 사역자입니다. 거룩하지 못한 선교사는 그가 방문하는 종족들에게 역병(疫病)일 뿐입니다. 거룩하지 않은 교사는 그가 인도하는 학급에게 축복이기보다는 차라리 해악입니다. 오직 여러분이 하나님께 성화된 정도에 따라, 성령의 능력이 여러분에게 머물고, 여러분과 함께 역사하고, 그리하여 다른 사람들을 구주의 발 아래로 이끌어오기를 기대할 수 있습니다. 우리들 각 사람이 거룩함의 결핍 때문에 방해를 받고 지체되는 일이 얼마나 많습니까! 하나님께서는 깨끗하지 않은 도구들을 쓰지 않으실 것입니다. 아니, 그분은 깨끗하지 못한 손으로는 그분의 거룩한 그릇들을 만지지도 못하게 하실 것입니다. "악인에게는 하나님이 이르시되 네가 어찌하여 내 율례를 전하며 내 언약을 네 입에 두느냐"(시 50:16). 진영 속에 있는 아간 한 사람 때문에 이스라엘 총회 전체가 패배할 수 있습니다. 이것이 우리의 지속적인 두려움입니다. 주 하나님에 의해 그분의 왕국의 확장을 위해 쓰임받기에 적합하기 위해서는, 거룩함은 필수적인 자질입니다. 그래서 택하신 사도들과 사역자들을 위해 우리 주님이 이렇게 기도하시는 것입니다. "거룩하신 아버지여, 그들을 거룩하게 하옵소서."

더 나아가, 우리 주 예수 그리스도는 "그들이 다 하나가 되도록" 기도하려 하셨습니다(21-23절). 이 바람직한 결과를 위해서는 거룩함이 필요했습니다. 왜 우리는 하나가 아닙니까? 죄가 분열의 큰 요소입니다. 온전히 거룩한 자들은 온전히 연합할 것입니다. 사람들이 더욱 거룩할수록, 그들은 주님과 다른 사람들을 더 사랑할 것이며, 그리하여 그들은 서로 더 친밀한 연합에 이르게 될 것입니다. 우리의 잘못과 죄가, 우리에게서 솟아나서 우리를 괴롭히는 쓰라린 반목의 뿌리이며, 또한 많은 사람들이 그로 인해 더럽혀졌습니다. 우리의 판단의 결점들은, 성품의 결함들과 하나님과 멀리 떨어진 우리의 행실에 의해 더욱 악화됩니다. 이런 것들로 인해 신앙의 냉랭함과 미지근한 태도가 발생하고, 거기에서 불화와 분열과 당파와 이단들이 생겨납니다. 만일 우리 모두가 그리스도 안에 온전히 거한다면, 우리는 다른 사람들 및 하나님과의 연합 안에 거할 것이며, 또한 교회의 일치를 위한 우리 주님의 위대한 기도가 성취될 것입니다.

또한, 우리 주님은 아주 포괄적인 그분의 기도를, 우리 모두가 그분과 함께 있도록, 우리가 그분 계신 곳에 함께 있고 그분의 영광을 볼 수 있도록 하는 간구로 마치십니다. 온전한 성화는 이 일에 필수적입니다. 성화되지 못한 자들이 천국에서 그리스도와 함께 살겠습니까? 거룩하지 못한 눈이 그분의 영광을 보겠습니까? 그럴 수 없습니다. 만일 우리가 그분의 몸의 지체들이 아니라면, 어떻게 우리가 높은 곳에 오르신 머리(Head)의 영광과 승리에 참여할 수 있겠으며, 또한 거룩하신 머리가 어찌 불결하고 부정직한 지체들을 가질 수가 있겠습니까? 그럴 수 없습니다. 형제들이여, 우리가 거룩해야 하는 것은, 그리스도께서 거룩하시기 때문입니다. 행실의 정직과 마음의 청결은, 금생에 있어서나 내세에 있어서나, 그리스도인의 삶의 목적에 절대적으로 필요한 요소입니다. 죄 안에 사는 자들은 죄의 종들입니다. 오직 성령에 의해 새롭게 되어 진리와, 거룩함과, 사랑에 이른 자들만이 거룩한 기쁨과 천국의 복락에 참여할 소망을 가질 수 있습니다.

3. 누구에게 이 기도를 하시는가?

시간이 부족하기 때문에 각 요점을 간략하게 말해야겠지만, 이 세 번째 주제를 잠시 동안 숙고해 보고자 합니다. 그것은 "그들을 진리로 거룩하게 하옵소서"라고 하는 이 기도가 누구에게(to whom) 향하는지에 대한 것입니다. 전능하신 하나님, 모든 영들의 아버지 외에는 어느 누구도 단 한 영혼도 거룩하게 하지 못합니다. 우리를 만드신 분이 또한 우리를 거룩하게 하실 수 있으며, 그렇지 않고서는 우리는 결코 그런 성품을 얻지 못합니다. 우리의 사랑하시는 구주께서는 이 기도에서 그 위대하신 하나님을 "거룩하신 아버지"라고 부르십니다. 또한 거룩함을 창조하는 일이 거룩하신 하나님의 역할입니다. 거룩한 아버지만이 거룩한 자녀들의 아버지가 될 수 있습니다. 닮은 것은 닮은 것을 낳기 때문입니다. 예수님을 믿는 여러분에게 그분은 하나님의 자녀들이 되는 권세를 주시며, 그 권세의 일부는 하늘에 계신 우리 아버지의 성품과 방법에 따라 우리가 거룩하게 되는 것입니다. 우리가 거룩한 만큼 우리는 하늘에서 오신 주님의 형상을 닮은 것이며, 그분은 두 번째 아담으로서, 많은 형제들이 본받을 맏아들이십니다. 하늘에 계신 거룩하신 아버지께서는 지상에서 거룩한 자들을 그분의 자녀들로 삼으실 것입니다. 하나님의 성품이 거룩함을 위해 기도하도록 우리를 고무시킵니다. 그분은 그분의 완전하신 뜻을 따라서 우리에게 소원을 주시고 행하게 하시는 일에서 결코 더디지 않으실 것이기 때문입니다.

사랑하는 이여, 이 성화는 가장 초기 단계에서부터 하나님께 속한 일입니다. 우리는 그릇 행하여 각기 제 길로 갔으며, 만일 그분의 이끄심이 아니었다면 결코 저 위대하신 목자에게로 돌아오지 않았을 것입니다. 성화가 시작되는 거듭남은, 전적으로 하나님의 영의 일입니다. 우리의 잘못에 대한 최초의 발견, 뉘우침의 최초의 가책은 하나님의 은혜의 활동입니다. 모든 거룩함에 대한 생각과, 정결을 바라는 모든 소원은 오직 주님에게서 오는 것입니다. 우리는 본성상 불법과 단단히 결합되어 있기 때문입니다. 그와 마찬가지로 우리 안에 있는 죄의 궁극적인 정복이나, 우리를 온전히 주님을 닮도록 하는 일 역시, 전적으로 만물을 새롭게 하실 수 있는 주 하나님의 일입니다. 우리에게는 그런 위대한 일을 스스로 행할 능력이 없습니다. 이 일은 창조입니다. 우리가 창조할 수 있습니까? 이 일은 부활입니다. 우리가 죽은 자를 일으킬 수 있습니까? 우리의 타락한 본성은 더 심한 부패로 썩어갈 뿐이며, 결코 깨끗한 상태로 되돌리거나 완벽한 상태로 바꿀 수 없습니다. 그것은 하나님께 속한 일이며, 오직 하나님의 일입니다. 마치 하늘과 땅을 지으신 일이 하나님의 일인 것처럼 성화는 하나님의 일입니다. 누가 이 일을 능히 하겠습니까? 우리는 스스로의 힘으로는 이 성화의 단계에 한 발짝도 내딛지 못합니다. 우리가 스스로의 진보에 대해 어떻게 생각하든지 간에, 그것은 더 쓰라린 실망으로 이어지는 허구적인 진보에 불과합니다. 진정한 성화는 처음부터 끝까지 전적으로 복되신 하나님의 영의 역사이며, 아버지께서는 그분의 택하신 자들을 성화시키기 위해 성령을 보내십니다. 그러므로, 성화가 얼마나 위대한 일인지를 이해하고, 그것이 우리 주님께서 아버지께 간구하실 정도로 얼마나 필요한 일인지를 아시기 바랍니다. "그들을 진리로 거룩하게 하옵소서."

진리만으로 사람을 거룩하게 하지는 못합니다. 우리는 정통 신조를 유지할 수 있고, 또한 그것이 우리가 해야 하는 매우 중요한 일이기는 합니다. 하지만 만일 그것이 우리의 마음을 감동하거나 우리의 성품에 영향을 주지 않는다면, 우리의 정통 신조의 가치가 무엇입니까? 거룩하게 하는 것은 교리 자체가 아닙니다. 오직 아버지께서 그 교리를 수단으로 거룩하게 하십니다. 진리는 우리를 거룩하게 살도록 하기 위한 요소입니다. 거짓은 죄로 이끌며, 진리는 거룩함으로 이끕니다. 하지만 거짓의 영이 있으며, 진리의 영도 있습니다. 이러한 영들에 의해 오류와 진리는 각각의 목적을 위한 수단으로 활용되는 것입니다. 진리는 반드시 영적인 능력으로 정신과 양심과 마음에 적용되어야 하며, 그렇지 않으면 사람이 진리를 받아들이고서도 여전히 불의 속에 살아갈 수 있습니다. 나는 하나님의 백성들이 완벽하게 악에서 해방되는 이 일이, 하나님께서 인간 속에 이루시는 최고의 역사라고 믿습니다. 그분은 그들이 선한 일에 열심을 내는 특별한 백성이 되도록 그들을 선택하셨습니다. 그분은 그들을 값 주고 속량하시어 모든 불의에서 해방하시고, 그들을 정결하게 하여 자기에게 속하게 하셨습니다. 그분은 그들을 효과적으로 부르시어, 높고 거룩한 소명 곧 미덕과 참된 거룩함에 이르도록 하십니다.

새롭게 된 본성에 대한 하나님의 영의 모든 활동은, 하나님의 사랑 안에서 그분의 소유가 된 자들의 정결과 성별과 온전함을 목표로 삼습니다. 예, 그 이상입니다. 우리를 둘러싼 섭리의 모든 결과들은 그 한 목적을 향해 작용합니다. 이를 위해 우리의 기쁨과 슬픔이 있고, 이를 위해 우리의 몸의 수고와 마음의 근심이 있으며, 이를 위해 우리의 상실과 우리의 십자가가 있습니다. 이 모든 것들이 성스러운 약으로서, 그것을 통해 우리가 본성의 질병에서 치유되며, 온전한 영적 건강을 누릴 준비가 되어집니다. 천국으로 가는 우리의 길에서 마주치는 모든 일들이 우리 여행의 종착지에 알맞도록 우리를 예비시키는 것들입니다. 광야를 통과하는 우리의 길은 우리를 시험하기 위한 것이며, 우리를 검증하기 위한 것이고, 우리의 악이 드러나서 회개하고 정복되도록 하기 위한 것이며, 그럼으로써 마지막에 보좌 앞에 섰을 때에 우리로 흠이 없도록 하기 위한 것입니다. 우리는 저 하늘들의 하늘에 살기 위한 교육을 받는 것이며, 저 완벽한 총회에 걸맞도록 교정되고 있는 것입니다. 장래에 우리가 어떻게 될 것은 아직 나타나지 않았으나, 우리는 그것을 향해 고투하며 나아가고 있으며, 예수님이 나타나실 때 우리가 그분처럼 될 것이며 그분을 계신 그대로 볼 것임을 우리는 알고 있습니다. 우리는 올라가고 있습니다. 힘겨운 싸움에 의해, 오랜 경계에 의해, 인내의 기다림에 의해, 우리는 거룩함으로 올라가고 있습니다. 이러한 환난들은 우리의 밀을 타작하여 쭉정이를 날려 버립니다. 이 고통들은 우리의 불순물과 찌끼를 불태워 우리로 정금처럼 되게 할 것입니다. 하나님을 사랑하는 자들에게는 모든 것이 합력하여 선을 이룹니다. 그리고 그 모든 일의 순수한 결과는, 택하신 백성들을 티나 주름 잡힌 것이나 이런 것들이 없이 하나님 앞에 나타나게 하는 것입니다.

지금까지 나는 성화를 위한 이 기도가 하늘의 아버지께 향한 것임과, 우리 자신을 바라보는 것에서 떠나 전적으로 우리 하나님을 바라보도록 이끌어 주는 것임을 여러분에게 상기시켰습니다. 성화의 일을 마치 여러분 스스로 수행할 수 있는 것처럼 스스로의 힘으로 시작하려 하지 마십시오. 여러분이 진지한 설교자의 말을 경청하거나 혹은 신성한 예배에 참여한다고 해서, 저절로 거룩함이 따라온다고 상상하지 마십시오. 나의 형제들이여, 하나님께서 친히 여러분 안에서 역사하셔야 합니다. 성령께서 여러분 안에 거하셔야 합니다. 그리고 이 일은 주 예수를 믿는 믿음에 의해 여러분에게 일어날 수 있습니다. 여러분이 용서와 칭의를 위해 그분을 믿는 것처럼, 성화를 위해서도 그분을 믿으십시오. 오직 그분만이 여러분에게 성화를 주실 수 있습니다. 성화란 우리 주 예수 그리스도를 통한 하나님의 선물입니다.

4. 성화가 우리에게 어떻게 이루어지는가?

이는 큰 주제이며, 내게 주어진 시간은 짧습니다. 그래서 마지막으로, 성화가 믿는 자 안에서 어떻게 작용하는지에 대해 아주 간략하게 살펴보고자 합니다. "그들을 진리로 거룩하게 하옵소서. 아버지의 말씀은 진리니이다." 사랑하는 이여, 하나님께서 어떻게 거룩함과 진리를 서로 결합하셨는지를 주목하십시오. 최근에 교리적 진리(truth of doctrine)를 교훈적 진리(truth of precept)로부터 분리하려는 경향이 있습니다. 기독교는 삶이지 신조가 아니라고 사람들은 말합니다. 이 말은 부분적인 진리이며, 거짓말에 매우 가깝습니다. 기독교는 진리에서 발생하는 삶[생명]입니다. 예수 그리스도는 생명일 뿐 아니라 길이며 진리입니다. 그러한 삼중의 특징을 지닌 분으로서 그분을 영접한 것이 아니라면 그분을 합당하게 영접한 것이 아닙니다.

어떤 거룩한 삶도 거짓을 믿는 것에 의해 우리에게 발생되지 않습니다. 눈으로 보이는 성화의 특징은 마음속의 내적 믿음이 세워지는 것에서 생겨나며, 그렇지 않다면 눈으로 보이는 성화란 단순한 껍데기일 뿐입니다. 선한 행위들은 참된 신앙의 열매입니다. 또한 참된 신앙이란 진리에 대한 진지한 믿음입니다. 모든 진리는 거룩함으로 인도합니다. 모든 교리의 오류들은, 직접적으로든지 간접적으로든지, 죄로 인도합니다. 진리에 대한 왜곡된 이해는 조만간 불가피하게 삶의 왜곡을 초래합니다. 마음에 그어진 진리의 똑바른 선이, 삶에서도 은혜로운 행실의 똑바른 길로 이어집니다. 영적으로 썩은 고기를 먹으면서도 도덕적으로 좋은 건강을 유지할 수 있다고 상상하지 마십시오. 혹은 독이든 오류의 가르침을 음료처럼 마시고서도, 하나님 앞에 흠 없이 얼굴을 들 수 있다고 꿈꾸지 마십시오. 하나님 자신도 오직 진리에 의해서만 우리를 거룩하게 하십니다. 하나님의 말씀에 근거한 가르침만이 여러분을 성화시킬 수 있습니다. 옳지도 않고, 하나님의 진리도 아닌 가르침이 여러분을 성화시키지 못합니다. 오류는 여러분을 거만하게 하고, 심지어 여러분이 성화되었다고 생각하도록 만들 것입니다. 하지만 성화를 자랑하는 것과 실제로 성화되는 것 사이에는 중대한 차이가 있습니다. 다른 사람들보다 뛰어나다고 스스로를 내세우는 것과 실제로 하나님 앞에 받아들여지는 것 사이에는 아주 심각한 차이가 있습니다. 내 말을 믿으십시오. 하나님께서는 다른 어떤 것으로써가 아니라 진리로써 우리 안에 성화를 이루십니다.

하지만 진리가 무엇입니까? 그것이 요점입니다. 그 진리는 어떤 개인적인 교제에 의해 나에게 계시되는 것이라고 생각할 수 있습니까? 내가 어떤 특별한 계시를 받는다고 상상해야 하고, 또한 어떤 음성(voices)이나 꿈(dreams)이나 감명(impressions)에 의해 내 삶에 지시를 내려야 하는 것입니까? 형제들이여, 이 흔한 망상에 빠지지 마십시오. 우리에게 주시는 하나님의 말씀은 성경에 있습니다. 사람을 성화시키는 모든 진리는 하나님의 말씀 안에 있습니다. "보라 여기 있다" 혹은 "저기 있다"고 외치는 자들에게 귀를 기울이지 마십시오. 어떤 미친 사람들 곧 계시를 가졌다고 자처하는 사람들이 거의 매일 내 손목을 넌지시 잡아 끕니다. 어떤 사람은 하나님께서 그를 통해 내게 메시지를 전하라고 말씀하셨다고 합니다. 그러면 나는 이렇게 대꾸하지요. "아닙니다, 선생. 주님은 제가 어디 사는지 잘 알고 계시고, 또한 그분은 제 가까이 계시기 때문에 굳이 당신을 통해 전갈을 보내실 필요가 없으실 겁니다." 또 다른 사람은 하나님의 이름으로 하나의 신조(a dogma)를 발표하는데, 그 신조란 명백히 성령을 거스르는 거짓말입니다. 그는 하나님의 영이 그에게 이런저런 말씀을 하셨다고 합니다. 하지만 우리가 아는 것은 성령께서 결코 그분 자신과 모순되지 않으신다는 것입니다. 만일 여러분이 계시라고 상상하는 것이 이 말씀과 일치되지 않으면 그것은 우리에게 전혀 가치가 없으며, 혹 그것이 이 말씀과 일치한다면, 우리에게는 새로울 것이 없습니다. 형제들이여, 주께서 성경을 사용하시고, 그분의 영으로써 우리 마음에서 성경이 활기를 띠도록 해 주신다면, 이 성경만으로 충분합니다. 진리는 여러분의 견해도 아니며, 나의 견해도 아닙니다. 여러분의 메시지도 아니고, 나의 메시지도 아닙니다. 예수님이 말씀하십니다. "아버지의 말씀은 진리니이다." 사람을 거룩하게 하는 것은 진리일 뿐 아니라, 그 진리란 하나님의 말씀에 계시된 특정한 진리를 말하는 것입니다. "아버지의 말씀은 진리니이다." 우리를 거룩하게 하는데 필요한 모든 진리가 하나님의 말씀 안에 계시되었다는 사실이, 그리하여 우리가 진리를 찾아다니느라고 힘을 소비할 필요가 없고, 계시된 진리를 거룩한 목적을 위하여 활용할 수 있고 큰 유익을 얻을 수 있다는 사실이, 우리에게 얼마나 복된 일인지요! 더 이상의 계시는 없을 것입니다. 더 이상의 계시가 필요하지 않습니다. 정경은 확정되었고 완벽합니다. 정경에 무언가를 더하는 자는 이 책에 기록된 재앙이 그에게 더해질 것입니다. 모든 실제적인 목적을 위해 충분한 것이 있는데, 무엇이 더 필요하단 말입니까? "그들을 진리로 거룩하게 하옵소서 아버지의 말씀은 진리니이다."

그러므로, 우리가 꼭 받아들여야 하는 진리는 명백히 고정되어 있습니다. 여러분은 성경을 바꾸지 못합니다. 성경 원문에서 점점 더 정확한 의미에 도달할 수는 있습니다. 하지만 모든 실제적인 목적을 위해 우리가 가진 번역 성경도 충분히 정확합니다. 우리의 오래된 흠정역(Authorized Version)은 건전합니다. 성경 자체는 훼손될 수 없습니다. 우리는 거기에서 뺄 수도 없고 거기에 더할 수도 없습니다. 주님은 결코 성경을 다시 기록하신(re-written) 적이 없고, 그분의 말씀을 개정하신(revised) 적도 없으며, 앞으로도 마찬가지일 것입니다. 우리의 가르침이란 오류들로 가득하지만, 성령님에게는 오류가 없으십니다. 우리에게는 아우구스티누스의 「철회」(Retractations)라는 것이 있지만(예정 및 예지와 관련하여, 초기 주장의 내용을 성경을 더욱 연구한 후에 철회한 것에 대한 언급 ─ 역주), 선지자들과 사도들에게는 철회라는 것이 없습니다. 성경에 대한 믿음이 성도들에게 최종적으로 주어졌고, 그 믿음은 영원히 굳게 설 것입니다. "아버지의 말씀은 진리니이다." 오직 성경만이 절대적인 진리이며, 본질적인 진리이며, 결정적인 진리이고, 권위 있는 진리이며, 희석되지 않은 진리이며, 영원토록 지속되는 진리입니다. 하나님의 말씀 안에서 우리에게 주어진 진리는 마지막 때까지 모든 신자들을 거룩하게 할 것입니다. 하나님이 그것을 끝까지 사용하실 것입니다.

그러므로 나의 형제들이여, 여러분이 성경을 얼마나 진지하게 탐구해야 하는지를 인식하십시오! 나의 자매들이여, 여러분이 얼마나 신중하게 하나님의 이 책을 읽어야 하는지를 이해하도록 하십시오! 만일 이 책이 진리라면, 이 책의 진리로써 하나님께서 우리를 거룩하게 하신다면, 이 책의 진리를 배우고, 지키고, 그 안에 굳게 서도록 합시다. 우리에게 이 책을 주신 그분께 그분의 증거로부터 결코 떠나지 않겠노라고 서약합시다. 어쨌든 우리에게는 하나님의 말씀이 진리입니다. "하지만 학교에서는 다르게 주장합니다!" 그렇게 주장하라고 하십시오. "하지만 화려한 말솜씨를 지닌 웅변가가 다르게 말합니다!" 다르게 말하라고 하십시오. 그들의 말은 공허하고 그들의 언변이란 것도 진토에 지나지 않습니다. 오 하나님, "당신의 말씀은 진리니이다." "하지만 철학자들은 그것과 상반되는 말을 합니다!" 상반되는 말을 하라고 하십시오. 그들이 대체 누구입니까? 하나님의 말씀은 진리입니다. 세상이 서 있는 한, 우리는 여기서 조금도 더 나아가지 않을 것입니다. 하지만 만일 진리가 우리를 거룩하게 하지 않으면, 우리가 진리를 올바르게 아는 것이 아니라는 점도 마찬가지로 확신하도록 합시다. 진리가 우리로 하여금 참된 삶으로 이끌어 주지 않는다면, 우리는 진리를 올바로 붙들고 있는 것이 아닙니다. 칼등을 사용하면, 칼로 무언가를 자르지 못합니다. 진리에는 손잡이가 있고 칼날이 있습니다. 그것을 적절히 사용하는 법을 알아야 합니다. 깨끗한 물로도 사람을 죽게 할 수 있습니다. 모든 선한 것을 바르게 사용해야지, 그렇지 않으면 그 선한 것이 유익을 주지 못합니다. 진리는, 온전하게 사용된다면, 날마다 죄를 죽이고, 은혜를 양육하며, 고귀한 열망을 품게 하며, 거룩한 행동을 격려합니다. 오 선생들이여, 나는 우리가 삶으로써 우리 구주 하나님의 모든 가르침을 돋보이게 할 수 있기를 간절히 기도합니다. 어떤 사람들은 그렇게 하지 않습니다. 내가 이 말을 하는 것은 우리에게는 부끄러운 일이고 나 자신에게는 슬픈 일입니다.

　　매우 유감스러운 실패를 한 가지 고른다면, 교회 지체들의 거룩함에 있어서의 실패입니다. 만일 여러분이 다른 사람들처럼 행동한다면, 여러분이 어떤 증언을 할 수 있겠습니까? 만일 여러분의 가정에 은혜의 질서가 잡혀 있지 않다면, 여러분의 사업이 엄격한 정직성의 원리에 따라 진행되지 않는다면, 여러분의 말이 순수성과 신뢰성에 있어서 의심스럽다면, 또한 여러분의 삶이 심각한 비난에 노출되어 있다면, 하나님께서 어찌 여러분들을 받으시고 또한 여러분이 속한 교회에 복을 주시겠습니까? 세상 사람들조차 여러분을 부끄러워할 때, 여러분이 하나님의 백성이라고 말하는 것은 전부 거짓이고 기만입니다. 주 예수님께 대한 여러분의 믿음은 반드시 여러분을 신실하고 참되게 만드는 방향으로 여러분의 삶에 작용해야 합니다. 그 믿음의 원리가 어떤 면에서는 당신의 행동을 억제하고, 또 다른 어떤 면에서는 당신을 격려하도록 해야 합니다. 그 원리가 당신을 어떤 문제에서는 물러서게 하고, 또 다른 문제에서는 나아가도록 만들어야 합니다. 그것이 지속적으로 생각과 말과 행동에 작용해야 하며, 그렇지 않으면 여러분은 구원의 능력에 대해 아무것도 모르는 것입니다. 더 이상 내가 어떻게 분명하게 이 점을 강조할 수 있겠습니까? 만일 여러분이 삶에서 하나님의 이름을 거룩하게 하지 않는다면, 여러분의 경험이나, 확신이나, 신앙 고백을 가지고 나에게 찾아오지 마십시오. 오 형제들이여, 만일 우리가 신앙 고백에 따라 살지 않는다면, 그 고백을 차라리 버리는 편이 나을 것입니다. 주님의 얼굴이 피 같은 땀으로 붉게 물들기 전에 이 기도를 하신 그분의 이름으로, 우리도 아버지께 힘 있게 부르짖어 기도하도록 합시다. "우리를 진리로 거룩하게 하옵소서. 아버지의 말씀은 진리니이다." 주의 백성으로서, 우리는 주의 말씀을 가까이 해 왔습니다. 하지만 실제적으로 우리가 그 말씀에 순종하고 있는지요? 우리는 한 회중으로서 옛 방식을 고수하기로 굳게 결의를 다져 왔습니다. 또한 저는 한 사람의 그리스도인으로서, 그리고 목사로서, 엄숙하게 옛 신앙을 고수해 왔습니다. 오, 우리가 우리의 거룩함을 위해서도 옛 신앙을 추천할 수 있기를 바랍니다! 나에게는 오직 이 한권의 책, 하나님의 영으로 무오하게 영감받아 기록된 이 책만이 진리입니다. 이 책의 신성한 영향력을 나타내 보이는 것이 우리에게 부여된 임무입니다. 하나님의 선언에 따르면, 경건한 삶으로써, 우리는 우리를 어두운 데서 불러내어 그의 기이한 빛에 들어가게 하신 이의 아름다운 덕을 선포하는 것입니다 (벧전 2:9). 이 성경은 우리의 보화입니다. 우리는 이 책의 모든 페이지를 귀하게 여깁니다. 이 책을 최상의 방식으로 제본합시다. 깨끗하고 분별 있는 신앙이라고 하는 최상의 가죽으로 표지 양장을 합시다. 황금의 표장(標章)을 앞면에 새기고, 모서리에는 사랑과 진리와 청결과 열정으로 금박을 입히도록 합시다. 이렇게 함으로써 우리는 한 번도 그 책장 내부를 읽어 본 적이 없는 사람들에게 이 책을 추천할 수 있을 것입니다. 형제들이여, 일곱 인으로 봉한 거룩한 두루마리 책을 오물 묻은 더러운 손으로 건넬 수는 없습니다. 오직 깨끗한 손과 청결한 마음으로 이 책을 사람들에게 소개하고 출판해야 할 것입니다. 하나님이시여, 예수님의 이름을 위하여 우리로 이 일을 할 수 있게 도우소서! 아멘.

제
71
장

—

그리스도 안에서의 연합

—

"내가 비옵는 것은 이 사람들만 위함이 아니요 또 그들의 말로 말미암아 나를 믿는 사람들도 위함이니 아버지여, 아버지께서 내 안에, 내가 아버지 안에 있는 것 같이 그들도 다 하나가 되어 우리 안에 있게 하사 세상으로 아버지께서 나를 보내신 것을 믿게 하옵소서." ─ 요 17:20-21

　　고맙게도, 수년 동안 나는 이 도시 근교의 교구에 있는 어느 존경스러운 목사님으로부터 신년 주일 설교를 위한 본문을 받아왔습니다. 은혜로운 섭리에 의해 아직 살아 계시는 나의 선한 형제는 그리스도인의 안부 인사와 더불어 이 두 성경 구절들을 보내왔으며, 그것이 오늘 나의 설교 주제입니다. 수년 동안 우리가 서로 하나님 안에서 참된 영적인 교제를 누려왔듯이, 우리 중 몇 사람이 위에서 살도록 부름을 받기까지, 우리가 계속해서 거룩한 섬김 속에서 동행하고, 서로를 깨끗한 마음으로 뜨겁게 사랑할 수 있기를 바랍니다.

　　이 장에 기록된 우리 주님의 감동적이고 애정 어린 기도는 그분의 마음속 깊은 부분을 우리에게 펼쳐 보여줍니다. 그분은 겟세마네에 계셨고, 그분의 수난이 곧 시작되려는 참이었습니다. 그분은 마치 제단 옆의 희생 제물처럼 서 계시며, 그 제단에는 이미 나무가 채곡하게 쌓여져 있고, 제물을 태울 불은 점화가 되었습니다. 눈을 하늘로 향하시고, 아들로서의 참된 사랑으로써 아버지의 보좌를 응시하시며, 또한 하늘의 능력을 겸손히 신뢰하고 의지하시면서, 우리 주님은 여기 지상에서 계속되는 피의 다툼과 저항으로부터 잠시나마 눈을 돌리십니다. 그분은 마음속에 간절하던 것을 위해 기도하십니다. 그분은 하나님이 채우시도록 입을 넓게 여십니다. 내가 간주하기에 이 기도는, 구주께서 바라시는 것을 마지막 순간에 단지 일시적으로 표현한 것일 뿐만 아니라, 그분이 지금도 저 영원한 보좌를 향해 쉼 없이 올리고 계시는 간구의 일종의 본보기입니다. 이 기도의 방식에는 차이점이 있습니다. 이 지상에 계시는 동안 그분은 탄식과 눈물로써 사정을 아뢰었습니다. 하지만 이제 영광 중에 오르신 그분은 권위로써 간구하십니다. 하지만 간구의 내용은 동일합니다. 그분이 지상에 계시는 동안에 바라시던 것을, 승천하여 영광의 자리에 오르신 지금에도 그분은 여전히 간절히 바라고 계십니다.

사랑하는 이여, 구주께서 마지막 순간에 자기의 모든 백성의 구원을 바라실 뿐 아니라, 그 구원받은 백성들과 앞으로 구원받을 백성들의 연합을 위해서도 간구하셨다는 사실은 매우 의미심장합니다. 각각의 양이 늑대의 이빨에서 건짐을 받는 것으로는 충분하지 않습니다. 그분은 모든 양들이 한 우리 안으로 모여 그분의 돌봄 아래 있기를 바라셨습니다. 그분은 자기 몸의 지체들이 그분의 죽음의 결과에 의해 제각기 구원받는 것으로 만족하지 않으셨습니다. 그분은 그 지체들을 하나의 영광스러운 몸으로 구성하기를 원하셨습니다. 그처럼 엄청난 시련의 때에도 연합의 문제가 구주의 마음에 그토록 자리 잡고 있었던 것을 보면, 구주께서 그것을 다른 무엇보다 값지게 여기셨음이 틀림없습니다. 오늘 아침에 우리는 이 연합에 대해서 말할 것이며, 다음의 방식으로 말하고자 합니다. 첫째, 바람직한 연합(unity desired)에 대해서 얼마간 말하고자 합니다. 다음으로, 연합을 위해 필요한 일(the work necessary), 즉 선택된 자들을 불러 모으는 일에 대해 말하겠습니다. 셋째로는, 드려진 기도(prayer offered)에 대해서, 넷째로는 예상되는 결과(the result anticipated)에 대해, 다섯째로 제기되는 질문(the question suggested)에 대해 말하도록 하겠습니다.

1. 바람직한 연합

첫째로, 바람직한 연합에 대한 것입니다. 우리 구주의 이 말씀은 세상에 해악을 끼칠 정도로 왜곡되어 왔습니다. 성직자들은 잠들어 왔으며, 실상 그것이 그들의 일상적인 상태입니다. 그들은 잠든 상태에서 하나의 꿈을 꾸었습니다. 그

꿈이란 구주의 말씀의 문자에 근거한 것으로서, 그 문자에 담긴 영적인 의미를 그들은 분별하지 못합니다. 그들은 다른 수천 가지의 사례에서도 스스로 입증했듯이, 문자(文字)는 죽이는 것이요 영은 살리는 것임을 이 문제에 대한 자신들의 사례에서 입증하였습니다. 잠든 상태에서, 이 성직자들은 하나의 큰 연합 기구(confederation)를 꿈꾸어왔습니다. 그 연합 기구란 많은 목사들이 관할하고, 이들은 또한 상급의 관리들에 의해 통제를 받으며, 또한 이들은 다른 이들에 대해 통제를 받고, 그런 식으로 해서 마지막 단계에는 사람이든 혹은 위원회이든 최고의 가시적 수장(head)을 두자는 것입니다. 이 거대한 연합체는 그 속에 나라들과 민족들을 포함하고, 국가들에 힘을 미칠 정도로 강력해지고, 정치에 영향을 미치고, 의회들에 지침을 주고, 심지어는 서로 뭉쳐서 군대까지 움직이는 것입니다. 진정 "내 나라는 이 세상에 속한 것이 아니니라"(요 18:36)는 우리 구주의 가르침의 그림자가 그들의 꿈속에서 이따금씩 악몽을 야기할 것이 틀림없지만, 그럼에도 그들은 계속해서 꿈을 꿉니다. 설상가상으로, 그들은 꿈을 현실로 바꾸었습니다. 그 때는 그리스도를 따른다고 고백한 자들이 모두 하나인 때였고, 바티칸의 중심부에서 동서남북을 바라보면, 하나의 연합된 몸이 온 유럽을 덮고 있었습니다. 그 결과가 무엇이었습니까? 하나님께서 그리스도를 보내신 것을 세상이 믿었습니까? 세상이 믿은 것은 정반대입니다. 오히려 세상은 저 압제적이고, 폭압적이며, 미신적이고, 스스로를 기독교라 부르는 저 무지한 것이 하나님과는 아무런 상관이 없다고 믿게 되었습니다. 생각이 있는 사람들은 무신론자가 되었고, 동서남북 어디를 보아도 진정으로 지적인 신자를 찾기란 매우 어려운 일이 되어버렸습니다. 모든 신앙고백자들이 하나였지만, 세상은 믿지 않았습니다. 예수님께서 그토록 많이 생각하셨던 연합은 이런 것이 아니었습니다. 어떤 거대한 연합체를 구성하여 교회라고 부르고, 그것으로 하여금 권력을 휘두르며 모든 지역에 있는 사람들의 영혼을 주관하게 하고, 그 내부에 세속적이고, 경건하지 못하고, 미움이 가득하고, 육적이며, 마귀적인 상류층 인사들과 왕들과 제후들과 정치인들을 포함하는 것은, 결코 주님의 의도가 아니었습니다. 양심을 억누르는 어떤 단일 기구를 세우는 것이 결코 주님의 목표가 아니었습니다. 그러므로 사람이 고안해 낸 저 거대한 기구는, 그것이 완성되었을 때, 가장 큰 힘을 발휘하는 것이 가능하게 되었을 때에, 세상으로 하여금 아버지께서 그리스도를 보내신 것을 믿도록 기능을 수행하지 않았습니다. 오히려 세상으로 하여금 어떤 것도 믿지 못하게 하는 역할을 수행했습니다. 세상은 무신론에 빠지고 방탕하고 속으로부터 곪게 되었습니다. 기존 체계는 천하고 성가신 것으로 배격당해야 했고, 도덕을 회복하기 위해서는 세상에 더 나은 것이 도입되어야 한다고 여겨지게 되었습니다. 그런데도 꿈꾸는 사람들은 계속해서 꿈을 꾸며, 선한 사람들조차 그러고 있습니다. 청교도들은, 이 나라에서 색출되고 감옥으로 끌려간 이후로, 뉴잉글랜드로 떠났습니다. 해안에 도착하자마자 그들은 이렇게 말하기 시작했습니다. "우리 모두는 하나가 되어야 한다. 분열이 있어서는 안 된다." 그래서 퀘이커교도(Quaker)의 등에 채찍질이 가해졌으며, 침례교도의 피 흘리는 손목에는 수갑이 채워졌습니다. 이 사람들이 어떤 면에서 한 가지 통일된 방식을 따르지 않았고, 사람보다는 하나님께 순종하겠다고 했기 때문입니다. 요즈음에는 퓨지(Pusey) 박사가 영국 성공회와 러시아 정교회가 연합될 수 있으며, 그 다음에는 로마 교회와도 일치할 수 있을 것이며, 그런 식으로 모두가 하나가 될 수 있을 것이라는 꿈을 꿉니다. 그야말로 꿈입니다! 친절하지만 별난 머리에서 나온 터무니없는 망상일 뿐입니다! 만일 그런 일이 현실화된다 해도, 그것은 유퍼스 나무(upas tree: 열대 아시아산 나무로서 독이 추출됨)로 판명될 것이며, 모든 정직한 사람이라면 즉시로 그 뿌리에 도끼를 갖다 댈 것입니다.

구주께서 "내가 아버지 안에 있는 것 같이 그들도 다 하나가 되게 하소서"라고 하신 것은 무슨 의미일까요? 우리는 처음부터 시작해야 할 것입니다. 그리스도께서 그토록 간절히 바라신 이 연합에는 어떤 요소들(elements)이 있을까요? 이 장에 매우 분명한 답이 제시되어 있습니다. 그 연합은 여기서 "그들"이라고 불리는 사람들로 구성됩니다. "그들이(they) 다 하나가 되게 하소서." 이 장을 읽어 내려가면서 그들이 누구인지 알아보시겠습니까? 2절을 보십시오. "아버지께서 아들에게 주신 모든 사람에게 영생을 주게 하시려고." 그 연합이란 아버지께서 특별히 예수님에게 주신 사람들에게 해당되는 것입니다. 어떤 특정한 지방이나, 구역이나, 도시에 살고 있는 모든 사람들을 지칭하는 것이 아니라, 모든 사람들에게 있는 공통의 생명이 아닌 영생을 얻은 사람들의 연합을 말합니다. 특별한 사람들, 곧 성령 하나님에 의해 소생되었고, 주 예수님의 인격과 생명의 연합을 이룬 자들이 하나가 되어야 합니다. 더 나아가, 6절에서 그들에게는 아버지의 이름이 명백히 나타난 것으로 묘사됩니다. 그들은 다른 사람들이 결코 본 적이 없는 것을 본 사람들이며, 다른 사람들이 알 수 없는 것을 알게 된 사람들입니다. 그들은 세상 중에서 취하여 예수님께 주어진 사람들이라고 그 구절은 말하고 있습니다. 선택된 사람들, 일반 대중으로부터 뽑아낸 사람들입니다. 군중이나, 왕국들이나, 국가들이나, 제국들이 아니라, 오직 선택된 사람들입니다. 그들은 특별한 교육을 받고 특별한 가르침을 받은 자들입니다. "그들은 아버지께서 내게 주신 것이 다 아버지께로부터 온 것인 줄 알았나이다"(7절). 그들이 교훈을 잘 받은 것을 이 구절들을 통해서도 알 수 있습니다. "그들은 아버지의 말씀을 지키었나이다"(6절). "그들은 아버지께서 나를 보내신 줄도 믿었사옵나이다"(8절). 9절에서 그들은 그리스도께서 기도하시는 대상으로 묘사되어 있으며, 그분은 그런 의미에서는 결코 세상을 위해 기도하시지 않는다고 말씀하십니다. 10절에 따르면, 그들은 그들로 말미암아 하나님이 영광을 받으시는 백성입니다. 그들 안에서 예수님의 이름이 영광의 빛을 발합니다. 이 장 전체를 읽어보십시오. 그러면 우리 주님이 의도하신 연합이 선택된 자들의 연합, 곧 생명을 부여하시는 성령에 의해 예수 그리스도를 믿도록 인도되는 사람들의 연합이라는 것을 발견할 것입니다. 예수님이 의도하신 연합은 영적인 생각을 가진 사람들의 연합입니다. 성령의 영역 안에서 살고, 영적인 것들을 귀중히 여기며, 이 세상에 속한 나라가 아닌 영적인 나라의 연합체를 형성하는 사람들의 연합입니다. 여기에 비밀이 있습니다. 육적인 생각을 가진 사람들은 예수님이 진주로 된 면류관을 쓰신다는 말을 듣습니다. 그들은 조개껍데기들을 진주들이라고 여기고서, 굴 껍데기들까지 모아서 연결하려고 시도합니다. 그리고는 얼마나 이상한 것을 만들어 내는지요! 하지만 예수님은 껍질들의 연합에는 무관하십니다. 껍질들은 무가치한 것들로서 깨뜨려질 것입니다. 오직 진주들만이 서로 연결될 것입니다. 왕이 왕관을 쓰시며, 빛나는 왕관은 정금으로 만들어진다는 소문이 있습니다. 곧바로 사람들은 거대한 원광석을 가지고 와서, 바위와 흙과 석영과 기타 불순물이 든 덩어리로 왕관을 만들려 합니다. 하지만 그래서는 안 됩니다. 왕은 그런 것으로 만들어진 왕관을 쓰지 않습니다. 그는 금을 정련할 것이며, 흙을 녹아 없앨 것이며, 금과 결합하여 섞여 있던 모든 불순물들이 제거된 순수한 금으로만 왕관을 만들 것입니다. 하나님의 교회는 하나인데, 그 교회가 무엇으로 구성되겠습니까? 그것이 영국 국교회와 회중 교회와 감리교회와 침례교회로 구성되겠습니까? 아닙니다, 그렇지 않습니다. 만일 그렇다면 영국 국교회가 그리스도의 교회의 일부이고, 침례교회도 그 교회의 일부가 되는 것이 아닙니까? 아닙니다, 마치 정련되지 않은 원광석

덩어리와 같은 이런 연합체들이 예수님이 기도하신 위대한 연합일 것이라고 인정하지 않습니다. 하지만 영국 국교회에 소속된 신자들 중에서나, 또한 모든 기독교 교파에 소속된 신자들 중에서도 그리스도의 몸의 일부인 자들이 있을 것입니다. 예! 또한 불가시적인 교회에 속한 많은 사람들이, 예수 그리스도 안에 있으며, 결과적으로 저 위대한 연합 안에 있습니다. 영국 국교회가 그리스도의 참된 몸의 일부가 아니며, 다른 어느 교파 역시 마찬가지입니다. 영적인 연합체란, 외적인 소속 집단으로부터 구별되고, 선택되고, 깨끗하게 된 영적인 사람들로 구성되는 것입니다. 아마 내가 매우 대담하게 말했기 때문에, 오해를 받을 수도 있을 것입니다. 하지만 내 말의 의미는, 여러분이 어떤 가시적인 하나의 교회를 골라서, 비록 그 교회가 아무리 순수하다 하더라도, 그것을 예수님이 기도하신 영적인 연합체에 속하는 것이라고 말할 수 없다는 것입니다. 가시적인 교회들 안에는 일정 수만큼 하나님의 선택된 자들이 있을 것이며, 그들은 예수 그리스도의 몸에 속해 있습니다. 하지만 같은 신조를 고백하는 그들의 동료들은, 만일 회심하지 않았다면, 그 신비한 연합 안에 들지 못했습니다. 그리스도의 몸은 교파들로 구성되는 것이 아니고, 장로교인들이나, 기타의 기독교 단체들로 구성되는 것도 아닙니다. 그것은 세상의 기초가 세워지기 전에 하나님이 선택하신 성도들, 피로 구속받은 자들, 성령으로 부름을 받은 자들, 예수님과 하나로 연합한 자들로 구성되는 것입니다.

계속해서, 그렇다면 이들을 서로 연합하도록 묶어주는 끈(bond)이 무엇일까요? 다른 사람들과는 달리, 이들 중에는 같은 원천(same origin)이라고 하는 끈이 있습니다. 하나님의 생명에 참여한 모든 사람은, 동일하신 하늘의 아버지께로부터 났습니다. 동일하신 하나님의 영이 믿는 자들을 모두 소생시키셨습니다. 루터와 칼빈이 아무리 서로 닮지 않았다고 해도, 루터와 칼빈은 같은 근원에서 예수 그리스도 안에서 새로운 피조물이 되었습니다. 같은 시대에, 후안 드 발데스(Juan de Valdes)라는 사람이 스페인의 궁정에 자기를 숨기고 믿는 자라는 것을 거의 드러내지 않았지만, 오늘날 우리가 「일백 가지 고찰」(*One Hundred Considerations*)이라고 하는 그의 책을 읽어보면 그 속에 칼빈의 「기독교 강요」라든가 루터의 「노예의지론」(*Bondage of the Human Will*)에 있는 것과 동일한 정신이 담겨 있는 것을 발견할 수 있습니다. 이를 통해 우리는 그들 각 사람에게 동일한 생명이 있음을 발견하는 것입니다. 그들은 동일한 성령으로 소생했으며, 동일한 힘에 의해 살게 되었습니다. 비록 그들이 그것을 알지는 못했지만, 그럼에도 불구하고 그들은 하나였던 것입니다. 더 나아가서, 모든 참된 신자들은 **동일한 힘**(same strength)에 의해 지지를 받습니다. 오늘날 신자의 기도에 생기를 부여하는 생명은, 이천 년 전 신자의 부르짖음에 활기를 불어넣은 것과 동일한 생명입니다. 만일 이 세상이 또 다른 천년 동안 지속된다고 해도, 오늘날 우리들로 하여금 지존자 앞에서 무릎 꿇게 하시는 동일하신 성령께서 그 때에도 회개하는 자의 눈에서 눈물이 흐르게 하실 것입니다. 또한, 모든 신자들은 **동일한 목표**(same aim)와 목적을 가지고 있습니다. 모든 참된 성도는 동일한 활로 쏜 화살이며, 동일한 목표물을 향해 날아가고 있습니다. 인간에게는 하나님에게서 찾아볼 수 없는 것들이 있을 수 있고, 또한 많이 있을 것입니다. 인간에게는 많은 약점이 있고, 오염과 부패가 있습니다. 하지만 그럼에도 불구하고 하나님께서 그 안에 넣어두신 내적인 영은, 동일한 성화의 완전을 향해 힘써 나아가고 있으며, 그 와중에 하나님의 영광을 추구하고 있습니다. 무엇보다도, 모든 신자들 안에 거하시는 **성령님**이 연합의 참된 원천이십니다. 이백년 전 이 땅에는 기이하고, 신기하고, 낯선 사람들이 있었고, 그들 중 일부는 그리스도인들이었습니다. 그들은 1866년 현재의 형제들과는 외적인 생활 방식에 있어서 아주 다릅니다. 하지만 우리가 그들의 오랜 2절판(折判)과 8절판(折版) 책자를 통해서 그들과 대화하면, 만일 우리가 주님의 백성이라면, 우리가 그들과 상당히 같다는 것을 발견하게 됩니다. 비록 겉으로 드러나는 모습은 다양하겠지만, 동일하신 하나님의 영이 동일한 은혜의 활동을 하시며, 동일한 덕목들과 동일한 장점들을 추구하게 하시며, 그럼으로써 모든 성도들이 한 부족임을 입증하도록 도우십니다. 나는 전 세계 어디에서도 영국 사람을 만납니다. 그러면 나는 그 사람에게서 나 자신과 어떤 유사한 점을 발견합니다. 그에게는 자신의 국적을 은연중에 나타내는 어떤 특징이 있습니다. 그와 마찬가지로 내가 오백년 전 로마가톨릭과 암흑시대의 한가운데서 한 그리스도인을 만난다 해도, 그의 말투가 무심코 그가 그리스도인임을 드러냅니다. 만일 내 영혼이 백년 후에 다가올 시대의 공간으로 여행을 한다 해도, 물론 기독교가 외적인 옷차림새에 있어서는 지금과 다른 형태를 하고 있겠지만, 여전히 나는 그리스도인을 알아볼 것이며, 여전히 갈릴리 사투리를 알아들을 것입니다. 내가 만일 하늘의 상속자라면, 과거의 사람이건 미래의 사람이건 살아 계신 하나님의 모든 성도들과 하나임을 나타내 주는 무언가가 있을 것입니다. 이것은 사람들이 결속을 도모하기 위해 서로를 묶는 인위적인 끈과는 매우 다른 것입니다. 사람들은 외적인 끈으로 테두리를 두르고, 많은 매듭으로 서로를 묶어 두려 합니다. 그리고는 불편함을 느낍니다. 하지만 하나님께서 우리 내부에 신적인 생명을 부여하시고, 그런 후에 우리가 거룩한 사랑의 끈을 편안하게 두르는 것입니다. 만일 죽은 자들의 수족들을 서로 묶어서 그 시신을 탈 것에 태워 멀리 보낸다고 가정합시다. 그 탈 것이 크게 덜컹거리면, 다리가 제자리에서 삐져나올 것이며, 팔도 탈 것에서 떨어져 나올 것입니다. 하지만 살아 있는 사람을 태우면 그를 어디든 보낼 수 있을 것이며, 생명의 이음줄이 그를 떨어지지 않게 해 줄 것입니다. 부름받고 선택된 하나님의 모든 신실한 자녀들 안에는, 그들 전체를 하나로 묶어 주는 신비하고 거룩한 사랑의 끈이 있습니다. 그들을 연합하게 하는 생명의 성령이 계시기 때문에, 그들은 하나이며 또 하나가 되어야 합니다.

이 연합을 증명해주고 또한 하나님의 백성들이 하나임을 입증해주는 증거들이 (tokens) 있습니다. 우리는 우리들의 분열을 한탄하는 많은 소리들을 듣습니다. 교회 연합 기구들 가운데는 어느 정도 개탄스러운 면이 있을 수 있습니다. 하지만 살아 계신 하나님의 영적인 교회 안에서, 분열을 너무 요란하게 공표하는 것을 보고는 나는 정말이지 어쩔 줄을 모르겠습니다. 나는 연합의 증거들이 분열의 증거들보다 훨씬 더 명백하다는 것에서 감명을 받습니다. 그 증거들이 무엇입니까? 먼저, 모든 중요한 문제들에 관한 판단에 있어서의(in judgment) 일치입니다. 내가 영적인 한 사람과 대화를 나눈다고 합시다. 그가 자신을 무어라고 부르건, 우리가 죄와 용서와 예수님과 성령님과 또한 그와 유사한 주제들에 대해 이야기할 때에, 우리는 견해가 일치합니다. 우리는 복되신 우리의 주님에 대해 이야기합니다. 내 친구는 예수님이 정의롭고 사랑스러우시다 말하고, 나도 그렇게 말합니다. 그는 보혈 외에 달리 의지할 것이 없다 말하고, 나 역시 다른 의지할 것이 없습니다. 나는 그에게 나 자신이 가련하고 연약한 인간이라 말하고, 그 역시 같은 사실에 애석해합니다. 나는 잠시 동안 그의 집에 기거합니다. 우리는 가정 제단에서 함께 기도합니다. 그 때 우리는 너무나도 유사하게 기도하기 때문에, 우리가 기도하는 것이 칼빈파에 속한 것인지 아르미니우스파에 속한 것인지 여러분은 분간하지 못합니다. 우리가 찬송가를 펼칠 때에, 어쩌면 그가 웨슬리파이어서 "비바람이 칠 때와(Jesus, lover of my soul)"라는 곡을 선택할 수도 있습니다. 나는 그 찬송을 부를 것입니다. 다음 날 아침에는 그가 나와 함께 "만세 반석 열리니(Rock of ages)"를 부를 것입니다. 하나님의 영이 우리 안에 계시면, 중대한 점에서 우리는 모두 동의할 것입니다. 나는 참된 성도들 가운데에는 판단의 문제에서 아흔아홉 가지의 일치점이 있고, 다른 점은 오직 한 가지뿐이라고 말하고 싶습니다. 경험의 문제에 있어서, 얼굴과 얼굴을 마주보고 대답하듯이, 사람의 마음도 다른 사람의 마음에 터놓고 이야기할 수 있습니다. 영혼을 다루시는 하나님의 방식과 관련된 경험상의 주제에 도달할 때에는, 문자에 매이지 말고 정신을 배우십시오. 껍질을 깨고, 그 속에 든 영적 진리의 알맹이를 먹기 바랍니다. 그러면 여러분은 진정한 그리스도인들 사이의 일치점들이 놀랄 만하다는 것을 발견할 것입니다. 하지만 이 연합은 마음의(heart) 연합 안에서 아주 선명히 보이는 것입니다. 나는 그리스도인들이 서로 사랑하지 않는다는 말을 듣습니다. 그것이 사실이라면 매우 애석한 일입니다. 하지만 나는 그 말을 의심합니다. 서로 사랑하지 않는 자들이란 그리스도인들이 아닐 것이라고 느끼기 때문입니다. 하나님의 영이 있는 곳에는 사랑도 반드시 있습니다. 만일 내가 어떤 사람이 그리스도 예수 안에서 나의 형제임을 일단 알아보았다면, 그리스도의 사랑이 나를 강권하여 그를 더 이상 낯선 자나 이방인으로 여기지 못하게 하며, 오직 성도들과 동일한 시민으로 간주하게 합니다(엡 2:19). 내 영혼이 사탄을 미워하듯이 나는 지금 고교회주의(High Churchism)를 미워합니다. 하지만 나는 조지 허버트(George Herbert: 신앙 시인)가 비록 지독한 고교회주의자라고 해도 그를 사랑합니다. 나는 그의 고교회주의를 미워하지만, 내 영혼에서 조지 허버트를 사랑하며, 또한 내 마음 한 구석에 그와 같은 모든 사람들을 향한 따뜻함을 간직하고 있습니다. 조지 허버트가 그랬듯이 주 예수 그리스도를 사랑하는 사람을 만난다면, 나는 그를 사랑할 것인지 말 것인지를 스스로에게 묻지 않습니다. 질문할 여지 없이 나로서는 사랑하지 않을 수 없습니다. 내가 사랑의 주 예수 그리스도에게서 떨어질 수 없는 한, 그분을 사랑하는 자들에 대한 사랑을 나는 멈출 수 없습니다. 여기 조지 폭스(George Fox)가 있습니다. 그는 퀘이커(Quaker)의 창시자이며, 그 단체는 이상하고 온 세상에 크게 소란을 피우는 것이 사실입니다. 하지만 나는 온 마음으로 그 사람을 사랑합니다. 왜냐하면 그는 하나님의 임재에 대한 큰 경외심과 영적인 것을 향한 강렬한 사랑을 가졌기 때문입니다. 비록 그들이 어떤 면에서 완전히 반대편에 있다고 해서, 어찌 내가 조지 허버트와 조지 폭스를 사랑하지 않을 수 있겠습니까? 그들 모두는 주님을 사랑했습니다. 만일 여러분에게 예수 그리스도를 향한 사랑이 있다면, 그분의 백성 중 특정인을 꼽아 보라고 도전합니다. 여러분이 진주가 들어 있는 조개를 미워할 수도 있고, 또한 금에 섞여 있는 불순물을 미워할 수는 있겠지만, 보혈로 값 주고 사신 참된 금, 하늘의 색채를 띠고 있는 참된 진주만큼은 소중히 여겨야 할 것입니다. 여러분은 영적인 사람을 사랑해야 하며, 그가 어디에 소속되어 있든지 사랑해야 합니다. 그러한 사랑이 하나님의 백성들 가운데 존재합니다. 만일 누구든 그렇지 않다고 말한다면, 나는 그렇게 말하는 사람이 영적인 문제를 판단하기에 부적격자가 아닌지 염려할 뿐입니다. 만일 내가 그 속에 그리스도의 영이 있는 사람을 만나게 된다면, 나는 반드시 그를 사랑할 것입니다. 만일 내가 사랑하지 않는다면, 나 자신이 그리스도의 연합 안에 전혀 속하지 않았음을 입증하는 셈입니다.

판단과 경험과 마음에 있어서의 일치는, 이 연합의 증거들 중 일부입니다. 하지만 만일 여러분이 좀 더 명백하고 뚜렷한 증거, 심지어 육신의 눈으로도 볼 수 있는 증거를 원한다면, 그리스도인의 기도(prayer)의 일치를 주목해서 보십시오. 오, 그 차이는 얼마나 사소한 것인지요! 잘 배운 신자들은 그들의 교회 조직이 어떤 특정한 기도의 형태를 취하든, 은혜의 보좌 앞에서 같은 방식으로 말합니다. 찬양(praise)에 있어서도 마찬가지입니다. 찬양에서 진정 우리는 하나이며, 우리의 음악은 달콤한 조화를 이루며 하늘의 은혜의 보좌로 올라갑니다. 사랑하는 이여, 우리는 행동에 있어서도 하나입니다. 참된 그리스도인들은 어디에 있든 모두 같은 일을 하고 있습니다. 여기에 한 형제가 설교를 하고 있습니다. 나는 그가 흰 가운을 걸치고 있는지에 대해서는 상관하지 않습니다. 하지만 그가 진정한 그리스도인이라면, 그는 십자가에 달리신 그리스도를 전할 것입니다. 여기에 내가 있습니다. 내가 저 흰 가운을 입지 않는다는 점에서 그는 나와 다를 수 있겠지만, 하지만 나 역시 십자가에 달리신 그리스도를 전하는 일을 기뻐합니다. 그리스도인이 진정 일생 동안 해야 할 일에 대해 말하자면, 모든 경우에 있어서 동일합니다. 그것은 그리스도의 십자가를 붙드는 것입니다. 이렇게 말하는 사람이 있군요. "오, 하지만 세상에는 그리스도인이라 하면서 이것저것 다른 것을 전하는 이들이 많은걸요." 나는 그들이나 혹은 그들의 가르침에 대해 말하는 것이 아닙니다. 나는 그들의 교파적인 소속에 대해 말하는 것도 아닙니다. 나는 단지 교회에 '매달려' 있는 자들에 대해 말하는 것이 아닙니다. 나는 선택받은 소중한 자들, 그리스도께서 가르치신 소박한 남자와 여자들에 대해 말하고 있으며, 또한 그들의 행동 동기가 동일하다는 것과, 그들 가운데는 참된 연합이 있다는 것과, 그것이 우리 주님의 기도의 응답이라는 것을 말하고 있습니다. 그분의 간구는 헛되지 않습니다. 그분은 구하신 것을 얻으셨습니다. 진정으로 소생한 자들은 지금 하나이며, 앞으로도 영원히 하나일 것입니다.

누군가 이렇게 말하는 것 같군요. "하지만 나는 이 연합을 찾아볼 수가 없어요." 내 대답은, 당신의 정보의 결핍이 한 가지 이유가 되는 듯합니다. 나는 일전에 어떤 큰 건물이 세워지는 것을 보았습니다. 그것이 내 일은 아니었지만, 나로서는 그것이 어떻게 완벽한 건축물이 될지 몹시 궁금했습니다. 내가 보기에 그 벽들이 매우 조잡하게 들어서는 듯했습니다. 하지만 만일 내가 설계도를 보았다면, 거기에 중앙 건물이 있고, 양 날개로 부속 건물들이 있을 것이며, 그 부속 건물들은 어느 하나가 다른 하나보다 좀 더 길게 보일 수 있겠지만 결국에는 조화를 이룰 것임을 알 수 있었을 것입니다. 의심의 여지 없이 그 건축가는, 내가 볼 수 없던 조화를 그의 마음속에 그려두고 있었을 것이기 때문입니다. 그와 마찬가지로 여러분이나 내가 교회가 어떻게 될 것인지에 대해서 필요한 정보를 다 가지고 있지는 않습니다. 교회의 연합은 오늘 여러분의 눈에 보이는 것이 아닙니다. 그렇게 생각하지 마십시오. 그 계획은 아직 완성되지 않았습니다. 하나님은 저기에 한 건물을 세우고 계시며, 여러분은 그 기초를 보고 있을 뿐입니다. 그 건물의 다른 부분에도 주춧돌은 준비가 되었지만, 여러분이 그것을 알아보지 못합니다. 주님께서 여러분에게 그분의 설계도를 보여주실까요? 저 거룩하신 건축자가 여러분을 그분의 작업실 안으로 데려가서, 여러분에게 그분의 모든 은밀한 동기와 계획들을 보여주셔야만 할까요? 그렇지 않습니다. 잠시 기다리면, 전체 계획이 완성될 때에, 여러분은 하나님의 백성들에게 있는 이런 모든 다양성과 차이점들이 거대한 건물의 각기 다른 부분들인 것을 보게 될 것입니다. 나는 지금 커다란 공장 안으로 들어갑니다. 거기에 한 바퀴가 있으며, 그 바퀴는 다른 모든 바퀴들과는 완전히 별개로 무관심하게 돌아가는 듯 합니다. 정반대로 돌아가는 다른 바퀴도 있습니다. 모든 종류의 움직임들이 중심을 향하기도 하고 중심에서 벗어나기도 합니다. 나는 말합니다. "이 모든 것이 얼마나 혼란스럽게 보인단 말인가!" 정말 그렇습니다! 나는 그 기계를 이해하지 못합니다. 마찬가지로 내가 크고 가시적인 하나님의 교회 안으로 들어갈 때, 만일 내가 영적인 눈으로 본다면 거기서 내적인 조화를 볼 수 있을 것입니다. 하지만, 만일 육신의 눈으로 거대한 교회의 외적인 모습만을 본다면 그 조화를 볼 수 없을 것이며, 주님이 오실 때에 감추어진 교회가 가시화될 때까지 여전히 그 조화를 볼 수 없을 것입니다.

여러분이 교회의 연합을 보지 못하는 이유는, 건축 재료의 현재의 거친 상태 때문일 수도 있습니다. 저기 많은 돌들을 보십시오. 여기 많은 나무들을 보십시오. 나는 여기서 조화를 볼 수 없습니다. 당연히 볼 수 없지요. 이 나무들이 모두 베어져서 목재가 되고, 이 돌들이 모두 사각으로 다듬어질 때, 그 때서야 여러분은 전체적으로 그 재료들을 보기 시작할 것입니다. 거룩한 교회를 세워가는 다양한 돌들이 현재 상태에서는 제대로 된 모양이 아닙니다. 그들은 아직 다듬어지지 않았습니다. 우리가 성화되기까지 우리는 하나가 되지 못할 것입니다. 교회의 연합은 거룩한 자들의 연합이지, 불경건한 자들의 연합이 아닙니다. 또한 우리들 각자가 그리스도의 사역에 의해 우리들 위치에 알맞도록 점점 더 준비되어지면서, 우리는 점점 더 교회의 연합을 볼 수 있게 될 것입니다. 아마도 우리가 교회의 연합을 볼 수 없는 또 하나의 이유는, 우리 자신이 아무것도 볼 수 없기 때문이라고 말할 수도 있습니다. 그건 너무 심한 말이 아닌가요? 그런 말은 참기가 어렵네요! 예, 아무것도 보지 못하는 신앙고백자들이 수천 명씩이나 있습니다. 사랑하는 친구들이여, 교회의 연합이 우리의 눈에 보이는 것이라고 상상하지 마십시오. 결코 아닙니다! 모든 영적인 것은 영적으로라야 분별됩니다. 여러분이 그것을 보기 위해서는 먼저 영적인 눈을 가져야 합니다. 많은 사람들이 말하기를 연합이 없다고 합니다. 나로서는 그들도 보거나 느끼는 것이 있는지 놀랄 뿐입니다. 그들 자신이 그리스도 안에 있지 않습니다. 그들의 마음은 영적인 생명이 의미하는 바를 결코 느끼지 못합니다. 들어가서 본 적도 없는 것을 그들이 어떻게 이해할 수 있단 말입니까? 육적인 생각을 가진 자들은 그리스도의 가르침과는 아무런 상관이 없습니다. 그리스도께서는 자기 백성들에게 그분의 살을 먹고 피를 마셔야 한다고 가르치십니다. 육적인 생각을 가진 자들이 "나는 그것이 무슨 의미인지 압니다"라고 말합니다. 그러고는 곧장 식료품 저장실로 달려가서 한 덩어리의 빵과 한 잔의 포도주를 가지고 옵니다. 영적인 사람들은 그런 무지를 보고 울지요. 예수님이 말씀하십니다. "아버지께서 내 안에, 내가 아버지 안에 있는 것 같이 그들도 다 하나가 되게 하소서." 육적인 생각을 가진 사람이 또 말합니다. "나는 그것이 무슨 의미인지 압니다. 사람들이 모두 같은 방식으로 예배해야 하고, 같은 예식을 활용해야 한다는 것입니다." 그것이 저 가련한 육적인 사람들이 아는 것의 전부입니다. 그들은 내적인 것을 외적인 것과 혼동하고, 주님이 하신 말씀의 의미를 놓칩니다. 하지만 사랑하는 이여, 여러분은 이보다는 잘 알고 있습니다. 나는 여러분이 오늘 여러분의 영혼으로 이것을 알고 느낀다고 믿습니다. 즉 살아 계신 하나님의 참된 성도들은 바로 이 순간 서로가 하나인 것과, 이 연합은 그들이 주님을 얼마나 본받고, 그분의 형상을 닮으며, 또한 자신이 있는 위치에서 본분을 다하는지의 여부에 비례한다는 것입니다. 오웬(Owen) 교수가 동물의 뼈 하나를 가지고서 그 동물 전체의 골격을 알아낼 수 있듯이, 나는 모든 그리스도인과 그의 동료들 사이에는 상호의존성과 조화가 있다고 믿어 의심치 않습니다. 만일 우리가 영적인 비교해부학의 학문을 이해한다면, 천국에서는 그럴 수 있겠지만, 우리는 성도 상호간의 의존성과 조화를 통해 어느 한 그리스도인을 보고서도 하나님의 교회 전체의 모양을 형성할 수 있을 것입니다. 그렇지만 그 모양은, 한때 있었고, 지금 있으며, 장차 올 저 짐승의 모양과 일치하지는 않을 것입니다. 그 짐승은 스스로를 그리스도의 교회라 부르고 있지만, 실상은 적그리스도와 조금도 나을 것이 없고, 하늘에서 오신 주님의 모양새를 취하고 있습니다. 오직 우리는 주님께 속하였고, 그분의 몸의 지체들입니다.

2. 연합을 위해 필요한 일

이 연합의 문제에 대해 길게 말을 했기 때문에, 다른 요점들에 대해서는 간략히 언급하는 정도로 말하고자 합니다. 두 번째 요지는 이 연합이 완성되기 위해서 먼저 이루어져야 할 일에 대한 것입니다.

선택받은 자들 중에서 아직 예수 그리스도를 믿지 않는 자들이 많으며, 이들이 구원을 얻기까지 교회는 하나가 될 수 없습니다. 여기에 완수해야 할 일이 있으며, 도구들에 의해 수행되어야 할 일이 있습니다. 곧 이 선택받은 자들이 믿는 것입니다. 믿음은 은혜의 일이지만, 그들이 믿는 것은 우리의 말을 통해서입니다. 형제들이여, 여러분이 그리스도의 교회의 일치를 도모하고자 한다면, 그분의 잃어버린 양들을 찾고, 방황하는 영혼들을 찾아내십시오. 만일 여러분이 어떤 말을 해야 하느냐고 묻는다면, 그 대답은 본문에 있습니다. 그리스도에 관해 말하는 것입니다. 그들은 그리스도를 믿어야 합니다. 그리스도를 믿는 모든 영혼들은 그 크기에 따라 복음의 거대한 연합 안에 세워집니다. 그리스도께서 위하여 보혈을 흘리신 자 중에 구원받지 못한 영혼이 하나라도 남아 있는 동안에는, 완성된 전체로서의 교회를 우리는 결코 볼 수 없을 것입니다. 나가서 그분의 말씀을 전하지 않겠습니까? 그분이 여러분에게 주시는 능력에 따라 은혜의 가르침들을 밝히 말하십시오. 사람들의 눈앞에 그리스도를 제시하십시오. 그러면 여러분은 그들을 믿음으로 이끄시는 하나님의 손에 들린 도구가 될 것이며, 교회는 세워지고 하나가 될 것입니다. 여기에 연초에 해야 할 일이 있습니다. 여기 연말까지 해야 할 일이 있습니다. 앉아서 이 교파가 어떻게 다른 교파와 합쳐질 것인지 궁리하거나 계획을 짜거나 음모를 꾸미지 마십시오. 그 문제는 그대로 두십시오. 지금 여러분이 할 일은 가서 "여러분이 얼마나 귀한 구주를 발견했는지 사방의 죄인들에게 말하는" 것입니다. 그것이 하나님께서 그분의 교회의 연합을 완성하시기 위해 여러분을 사용하시는 방법이기 때문입니다. 이 사람들이 구원을 얻지 못하면, 교회는 완성되지 못한 것입니다. "우리가 아니면 그들로 온전함을 이루지 못하게 하려 하심이라"(히 11:40)는 놀라운 성경 구절입니다. 말하자면, 하늘에 있는 성도들이, 우리가 그곳에 가지 않으면 온전함을 이루지 못한다는 것입니다. 뭐라고요! 천국에 있는 저 복된 성도들이 나머지 믿는 자들이 그곳에 이르지 않으면 온전하지 못하다고요? 그렇다고 성경이 우리에게 말합니다. 그들은 몸의 일부이며, 몸의 전체가 아니기 때문입니다. 그들은 양의 무리로서 나머지 양들이 그곳에 오지 않으면 완벽하지 못합니다. 그들은 하늘 도성에서 우리를 부르며 이렇게 말하고 있습니다. "여기로 올라오시오, 여러분이 없으면 우리는 예수 그리스도께서 그분의 아버지와 하나인 것 같이 하나가 될 수 없답니다. 우리는 여러분이 오기까지는 불완전한 몸이랍니다." 또한 우리는 우리의 은혜의 위치에서 죄 많은 세상을 향해 돌아보고서, 그 가운데서 하나님의 택함을 입은 자들에게 이렇게 말해야 합니다. "예수님께로 오십시오! 예수님을 의지하십시오! 그분을 믿으십시오! 여러분이 없으면 우리가 온전하지 못하고, 하늘의 성도들도 온전할 수 없답니다. 여러분이 있어야 하나의 완벽한 교회가 될 수 있습니다! 도성은 사방으로 벽이 둘러싸여야 하며, 만일 그 성벽에 하나라도 빈틈이 있다면 그 도성은 완벽한 하나가 아닙니다. 그러니 오십시오. 예수님을 신뢰하십시오. 그러면 그분의 교회는 하나가 될 수 있습니다."

3. 연합을 위해 드려진 기도

세 번째 요점은 여기에 연합을 위해 드려진 기도(prayer offered)가 있다는 것입니다.

사랑하는 이여, 그리스도께서는 자기 교회의 연합을 위해 기도하십니다. 지나간 시대에 천국에 간 모든 성도들, 지금 살고 있는 모든 성도들, 그리고 앞으로 살게 될 모든 성도들이 그분 안에 있는 한 생명의 연합 속으로 들어옵니다. 내가 걱정하는 것은 우리가 그리스도의 기도의 능력에 충분한 중요성을 부여하지 않는다는 점입니다. 우리는 골짜기에서 싸우고 있는 여호수아를 생각하지만, 언덕 위에서 두 손을 들고서 기도하는 모세는 잊어버립니다. 앞서 언급한 비유로 되돌아가자면, 우리는 기계의 바퀴들을 보고 있습니다. 우리는 기계의 이런저런 바퀴들이 더 많은 기름이 필요하며, 기름이 없이는 제대로 작동하지 않는다고 생각하고 있습니다. 아, 하지만 저 기계는 감추어져 눈에 보이지 않는 신비한 동력(動力)이 있어서, 모든 작동이 그 힘에 의지하고 있다는 것을 잊지 말도록 합시다. 자기 백성을 위한 그리스도의 기도는 위대한 동력이며, 그 동력에 의해 하나님의 영이 우리에게 보내어지고, 전체 교회가 가득한 생명력을 유지하게 되며, 또한 그 전체의 힘은 '연합'이라고 하는 이 한 가지 방향으로 작용합니다. 그 힘은 우리로 하나가 되지 못하게 하는 모든 요소들을 제거하며, 그리스도께서 훗날 지상에 다시 나타나실 때 하나의 가시적 연합체를 이루도록, 그 모든 전능의 힘이 우리에게 작용하고 있습니다. 사랑하는 이여, 아직 회심하지 않은 죄인들에 대해서도 희망을 가집시다. 그리스도께서 그들을 위해 기도하고 계십니다. 믿는 자들의 전체 몸에 대해서 희망을 가집시다. 그리스도께서 그들의 일치를 위해 기도하고 계십니다. 그분이 기도하시는 것은 반드시 효력이 나타날 것이며, 그분의 기도는 결코 헛되지 않을 것입니다. 그분이 교회가 하나가 되도록 기도하시기에, 교회는 하나입니다. 그분이 성도들이 온전하고 완벽하게 되기를 기도하시기에, 그들은 영원한 '할렐루야'를 부르는 무리 중에 있게 될 것입니다.

4. 예상되는 결과

다음으로, 전체적인 차원에서 예상되는 결과(the result anticipated)가 있습니다. "세상으로 아버지께서 나를 보내신 것을 믿게 하옵소서." 완벽한 교회에 대한 전망이 인간의 마음에 미치는 영향은 압도적일 것입니다. 천사들도 그리스도의 완벽한 교회를 경외심을 느끼며 바라볼 것입니다. 그들은 모두 이렇게 외칠 것입니다. "얼마나 놀라운가! 얼마나 기이한가! 얼마나 놀라운 하나님의 힘과 지혜의 걸작품인가!" 그들이 그리스도의 보혈에 놓여진 기초를 보았을 때, 그들은 오래도록 그것을 응시하며 깊은 생각에 잠겼습니다. 하지만 그들이 완성된 전체 교회를 볼 때에, 그 모든 지붕들과 첨탑과, 튀어나온 거대한 꼭대기 층과, 보석들과 진주로 세워진 왕궁 같은 모양의 모든 구조물들을 볼 때에, 그들은 겹겹으로 둘러싸서 그것을 바라볼 것입니다. 세상이 만들어졌을 때 그들은 기쁨으로 노래를 불렀습니다. 하지만 교회가 모두 완성될 때에, 또한 새 창조가 완벽하게 이루어졌을 때에, 천국에는 얼마나 큰 메아리가 울려 퍼질까요? 그것이 인간에게 어떤 영향을 미칠까요? 천사들을 놀라게 했다면, 사람들에게는 어떤 영향을 미칠까요? 세상까지도, 그리스도를 거부했고, 그분을 십자가에 못 박고, 그분의 백성들을 배척했으며, 성도들을 미워하고, 온 힘을 다해 교회 벽을 무너뜨리려고 했던 저 악한 세상까지도, 하나님께서 그의 아들을 보내신 것을 믿지 않을 수 없게 될 것입니다. 그들은 격분하여 혀를 깨물 것이고, 두려움으로 이를 갈 것이지만, 그 사실을 믿지 않을 수는 없을 것입니다. 세상이 죄를 깨달아서 그리스도를 믿을 것이라든지, 교회와 연합함으로써 구원을 받을 것이라고 상상하지 마십시오. 이 장에서 볼 때 세상이 구원받을 것이라고 예상되지 않습니다. 이 장 전체를 살펴보아도 그런 것을 꿈꿀 수 없습니다. 세상은 그리스도의 기도에서 배제된 것으로 언급되며, 세상이 진리의 조명을 받는 것이 예상되지 않습니다. 오히려 세상은 교회의 완전한 연합을 보게 될 때, 울고 탄식하고 저주하고 미워할 것이며, 그럴지라도 그리스도의 사명의 신성함에 대해서는 분명히 목격하게 될 것입니다. 오늘 아침, 마치 거대한 혼동의 바다에서 하나의 기이한 건물이 올라오는 것처럼 보이며, 나는 놀라며 그 모습을 응시합니다. 나는 그 건물의 주춧돌이 피로 물든 그 바다 깊은 곳에 가라앉아 있는 것을 봅니다. 다툼과 혼동의 높은 물결 위로 그 건물의 꼭대기가 막 모습을 드러내는 것을 봅니다. 이제 나는 그 건물을 이루고 있는 다른 돌들을 보는데, 그 모두가 피로 물들어 있습니다. 첫 번째 사도들이며, 그들 모두가 순교자들입니다. 세대가 이어질수록 돌 위에 돌이 올라가는 것을 봅니다. 먼저 바닥에 깔린 돌들의 거의 전부가 순교의 주홍빛으로 물들어 있습니다. 하지만 건물을 올라갑니다. 돌들이 매우 다릅니다. 그 돌들은 아시아, 아프리카, 아메리카, 유럽에서 왔습니다. 군주들 중에서 뽑아온 돌들도 있고, 가난한 농부들 중에서 뽑아온 돌들도 있습니다. 이 돌들은 매우 다양합니다. 아마도 여기 있는 동안 그들은 서로 같은 건물에 속했다는 것을 거의 인식하지 못했을 것입니다. 하지만 그들은 같은 건물에 있습니다. 1860여 년 동안 그 건물은 계속해서 지어지고 있으며, 모든 돌들이 준비되었습니다. 저 뛰어난 건물이 완성하는데 얼마나 더 많은 시간이 소요될지는 우리가 알지 못합니다. 하지만 지옥이 아무리 눈살을 찌푸려도, 마귀가 아무리 온 힘을 다해 방해해도, 결국 저 건물은 완성될 것입니다. 돌 하나도 잃어버리지 않을 것이며, 하나님의 선택된 자녀 중에서 하나도 빠진 자가 없을 것이며, 고난을 견딘 저 돌들 중 어느 하나도 제 자리에서 빠지지 않을 것입니다. 저 완성된 전체 건물은 비길 데 없이 너무나 아름다우며, 권능과 지혜와 사랑을 너무나 잘 드러내고 있어서, 심지어 지존하신 분에 대해서 그 마음이 완강한 저 혐오스러운 자들조차도 하나님이 그리스도를 보내신 것을 인정하지 않을 수 없을 것입니다. 아버지와 그리스도가 하나이시듯 모든 교회가 하나가 될 때에, 그들조차도 그렇게 시인하지 않을 수 없게 될 것입니다. 오 복된 날이여! 우리를 복되게 해 줄 저 복된 날이 동터오고 있도다!

5. 제기되는 질문

결론적으로 제기되는 질문은 이것입니다. 우리는 저 위대한 연합의 일부입니까? 여기 질문이 있습니다. 여러분은 그리스도의 교회의 지체들입니까? "나는 당신이 무엇을 말하고 싶은 건지 알겠습니다"라고 여러분이 말합니다. "음, 교회들 중에서 어떤 교회들은 복음적이고 정통이지요. 그들은 정통 개신교 교회를 구성하고 있습니다. 저는 침례교인입니다. 제가 침례교인이고, 침례교회는 정통이니 저는 그리스도인입니다." 또 이렇게 말하는 사람도 있습니다. "저는 성공회 교인입니다. 성공회도 개신교의 한 일파이지요." "저는 장로교인이고, 또 그리스도인이랍니다." 아, 그것이 여러분이 세속적으로 말하는 방식입니다. 여러분의 주장이 그런 식이라면 여러분은 심각하게 오해하고 있을 수도 있습니다. 하지만 여러분이 다른 방식으로 이렇게 생각하고 말한다고 가정합시다. "저는 주 예수 그리스도를 믿어서 영생을 얻었습니다. 또한 저는 아버지께서 그분에게 주신 자입니다." 그렇다면, 사랑하는 이여, 여러분은 올바로 대답한 것입니다. 그리스도와 하나라면, 여러분은 그분의 백성과도 하나입니다. 하지만 이 연합을 찾으려 할 때에 여러분은 외적인 것을 보지 말고 내적인 것을 보아야 합니다. 연합이라는 것을 문서나 두루마리나 책에 기록될 수 있는 문제로 간주하지 말고, 오직 마음과 양심과 영혼에 새겨지는 결속으로 간주하십시오. 모든 성도들이 한 공간 안에 있기를 바라지 말고, 그리스도 안에 있기를 바라십시오. 그래서 하늘의 떡을 먹고 살고, 그리스도께서 주시는 포도주를 마시게 되기를 바라십시오. 영적인 연합을 찾으려 하십시오. 그러면 그것을 볼 수 있을 것입니다. 만일 여러분이 다른 것을 찾는다면 그것을 찾을 수 없을 것이며, 설혹 찾는다고 해도, 그것은 거대하고 끔찍한 것일 것이며, 오히려 그것으로부터 주님의 교회를 구해 내시도록 하나님께 기도해야 할 것입니다.

영적인 사람들은 영적인 연합을 추구합니다. 하지만 먼저 여러분 자신이 영적인지를 묻는 것에서 출발하십시오. 당신은 하나님의 권속으로 태어났습니까? 당신은 그리스도의 피로 씻음을 받았습니까? 당신은 죽음에서 생명으로 옮겨졌습니까? 만일 그렇지 않다면, 당신이 설혹 그 몸 안에 있을 수 있다고 해도, 당신은 몸 속에서 죽은 물체로서 화농(化膿)과 괴저(壞疽)를 일으키고 필연적으로 통증과 괴로움만 유발할 것이며, 저주스러운 존재가 되어 잘라 버려져야 할 것입니다. 하지만 당신이 그리스도의 생명에 의해 살게 되었습니까? 하나님이 당신 안에 거하시며, 당신이 그분 안에 거하고 있습니까? 그렇다면 내 사랑하는 형제여, 당신의 손을 내게 주십시오. 만일 당신이 그리스도 안에 있고 내가 그리스도 안에 있다면, 다른 점이 일천 가지나 되더라도 신경 쓰지 마십시오. 우리는 둘이 될 수 없으며, 반드시 하나여야 합니다. 깨끗한 마음으로 피차에 뜨겁게 사랑하도록 합시다. 천국에서 영원히 함께 살 자들로서, 지상에서 살아가도록 합시다. 서로의 영적인 성장을 도웁시다. 모든 거룩하고 영적인 일에 할 수 있는 대로 서로를 도웁시다. 그것이 주님 나라의 증진을 위한 것입니다. 그리고 우리 마음속에서 하나님이 이루신 연합을 깨뜨리는 모든 요소들을 몰아냅시다. 우리에게서 모든 거짓된 가르침을 몰아내고, 교만과 적대감과 시기심과 불평의 거짓된 생각들을 몰아냅시다. 그리하여 하나님께서 하나 되도록 만드신 우리들이, 마음을 살피시는 하나님의 눈앞에서 하나가 될 뿐 아니라, 사람들 앞에서도 하나가 되도록 합시다. 사랑하는 친구들이여, 주께서 하나의 교회로서의 우리에게 복을 주시어, 우리로 하나 되게 하시고, 계속하여 하나 됨을 지속하게 하시길 빕니다. 죽은 자들이 우리 안에 분열을 일으킬 것입니다. 살아 있는 하나님의 자녀들은 연합을 도모합니다. 서로 결속하는 것은 살아 있는 자들입니다. 그리스도의 기

도가 우리를 보살피고 있기에, 우리가 하나가 되리라는 것에는 두려움이 없습니
다. 눈에 보이는 교제에서는 우리와 결속하였지만 그리스도와는 결속되지 못한
자들에 대해서는, 주께서 그분의 크신 구원으로 여러분을 구원하시길 바랍니다.
찬양을 그분께 돌립니다. 아멘, 아멘.

제
72
장

—

왜 그들이 우리를 떠나는가?

—

"아버지여 내게 주신 자도 나 있는 곳에 나와 함께 있어 아버지께서 창세 전부터 나를 사랑하시므로 내게 주신 나의 영광을 그들로 보게 하시기를 원하옵나이다." — 요 17:24

주님의 기도는 지속되면서 점점 고조됩니다. 그분은 자기 백성이 세상에서 보전되도록 기도하셨으며, 다음에는 그들이 거룩히 되도록, 또 다음에는 온전히 하나가 되도록 기도하셨습니다. 이제 그분은 기도의 최고조에 이르러, 자기 백성이 그분이 계신 곳에 함께 있어서 그분의 영광을 볼 수 있도록 하기 위해 기도하십니다. 기도에서 영혼이 날개를 다는 것은 좋습니다. 경첩에 매달린 문처럼 앞뒤로 왔다 갔다 하는 기도가 주님과의 교제로 들어갈 수도 있겠지만, 주님의 거룩한 모범을 더욱 닮은 기도는, 마치 사닥다리처럼 한 단계씩 오르다가 마침내 천국에 들어가 지상의 눈에서 사라지는 것입니다.

우리 주님의 이 기도의 마지막 단계는 나머지 모든 단계 위에 있을 뿐 아니라, 다른 모든 단계들보다도 더 긴 단계입니다. 여기서 그분은 올라가십니다. 지상에서 누릴 수 있는 한 가지 은혜에서 그보다 높은 다음 단계로가 아니라, 이 현재의 상태로부터 저 영원한 미래를 위해 예비된 곳으로 곧장 오르십니다. 지상의 은혜의 최고 정점을 떠나, 한 걸음 만에 그분의 기도는 영광 안으로 그 발을 내디디십니다. "내게 주신 자도 나 있는 곳에 나와 함께 있어."

이 거룩한 기도에서 역시 주목해야 할 것은, 기도의 주제가 고조되는 것일 뿐 아니라, 장소에 있어서도 이 기도는 저 중보자께서 지금 계신 곳으로 올라간다는 것입니다. 여러분도 때때로 기도에서 그런 적이 없었습니까? 곧 여러분이 어디에 있는지 알지 못하던 그런 때 말입니다. 여러분은 바울과 더불어 이렇게 소리쳤을지 모릅니다. "그가 몸 안에 있었는지 몸 밖에 있었는지 나는 모르거니와"(고후 12:3). 우리 주님의 이 말씀이 여러분에게 그것을 상기시켜 주지 않습니까? 기도에 열중하신 나머지 그분은 자신이 계신 곳을 잊어버리신 것이 아닐까요? 그분이 이 본문의 말씀을 하실 때에 그분은 어디 계셨을까요? 이 표현을 따르자면 나는 우리 주님께서 이미 천국에 계신 것이라고 결론을 내릴 수 있습니다. 그분은 말씀하십니다. "아버지여, 내게 주신 자도 나 있는 곳에 나와 함께 있어 나의 영광을 그들로 보게 하시기를 원하옵나이다." 그들이 그분과 함께 천국에 있어야 함을 의미하시는 것이 아닙니까? 물론 그런 의미입니다. 하지만 그분은 아직 천국에 계시지 않았습니다. 그분은 여전히 그분의 제자들 가운데 계셨고, 지상에서 몸으로 계셨습니다. 그분이 자기 영광으로 들어가시려면 그 전에 통과하셔야 할 겟세마네와 골고다가 있었습니다. 그분은 기도하시는 중에 그토록 고양된 느낌에 들어가셨기에, 그분의 기도는 하늘에 있었으며, 그분은 영으로 그곳에 계셨던 것입니다. 이것이 우리에게 어떤 암시를 주는지요! 우리가 얼마나 쉽사리 이 싸움터이자 고통의 장소를 떠나서, 하나님과의 교제 속으로 올라갈 수 있으며, 마치 우리가 이미 저 영원한 기쁨을 소유한 것처럼 생각하고, 말하고, 행동할 수 있는 것인지요! 기도의 열정과 믿음의 확신에 의해 우리는 저 낙원 안으로 이끌려갈 수 있으며, 저 "기쁨의 산에서" 지상의 한계를 뛰어넘는 말을 할 수 있습니다.

　　이것이 전부가 아닙니다. 여전히 이 기도는 고조되고 있습니다. 기도의 주제와 장소에 대해서만이 아니라, 더욱 고상한 어투에 있어서도 매우 독특한 방식으로 고조됩니다. 앞에서, 우리 주님은 간청과 간구를 드리셨습니다. 하지만 이제 그분은 더욱 확고한 언어를 사용하여, 이렇게 말씀하십니다. "아버지여, 내가 원하나이다(Father, I will)." 나는 그 말투가 명령하거나 지시하는 의미를 지닌다고 주장하지 않습니다. 구주께서는 아버지께 그런 식으로 말씀하시지 않기 때문입니다. 하지만 여전히 그 어조는 간청하는 것보다는 더욱 고조된 것입니다. 우리 주님은 여기서 그분의 겸손의 어투보다는 오히려 왕의 예법으로 말씀하십니다. 그분은 하나님의 아들처럼 말씀하십니다. 그분은 위대하신 아버지와 동등됨을 취할 것으로 여기지 않는(빌 2:6) 그런 태도로 말씀하시면서도, 또한 영원한 아들의 특권을 활용하여 말씀하십니다. "내가 원하나이다"라고 그분은 말씀하십니다. 이런 어투는 아주 완화된 정도에서가 아니면, 우리가 쓰기에는 합당하지 않습니다. 하지만 그것이 우리에게 가르쳐 주는 교훈이 있습니다. 즉, 기도에 있어서, 성령께서 우리를 도우실 때에, 단지 탄원하는 죄인들로서 티끌 속에서 신음할 뿐 아니라, 양자의 영 안에서 자녀로서의 확신을 가지고 우리의 아버지께 구하는 것이 좋다는 것입니다. 그런 다음 우리는 거룩한 용기를 가지고, 저 언약의 사자에게 우리 손에 쥐어진 하나님의 약속을 내밀며 이렇게 외칠 수 있습니다. "당신이 내게 축복하지 아니하면 가게 하지 아니하겠나이다"(창 32:26). 끈질긴 간청은 이 거룩한 "내가 원하나이다(I will)"에 대한 겸손한 접근 방식입니다. 헌신적이고, 예의바르고, 성화된 소원(will)이 영적인 간구에서 표현될 수 있고 또 표현되어야 합니다. 그것은 우리가 세상적인 것들을 구하다가 우리 소원을 부인하고 "내 원대로 마시옵고 아버지의 원대로 하옵소서"라고 말씀드리는 것과 마찬가지로 정당한 일입니다. 주님께서는 간구하는 그분의 종들에게 때때로 성령의 감동을 부어주시는데, 그 감동으로써 그들은 기도의 큰 힘을 얻고 또한 주님께 소원했던 것을 얻게 됩니다. 이런 말씀이 기록되지 않았습니까? "여호와를 기뻐하라 그가 네 마음의 소원을 네게 이루어 주시리로다"(시 37:4). 마침내 우리는 우리 마음의 소원을 성령이 부어 주신 것임을 느끼고, 그때에 우리가 하나님께 구한 것을 얻은 줄을 또한 알게 되는 것입니다(요일 5:15).

기도의 주제와 장소와 표현이 이처럼 높이 고조된 본문 속에는, 우리의 믿음의 덕을 세우는 요소가 많이 있습니다. 이 본문은 기도의 피라미드 단계에서 가장 높은 정점이며, 빛의 사닥다리의 마지막 단계입니다. 오 주의 영이시여, 이 본문을 보는 동안 우리를 가르치소서!

내가 이 본문을 붙잡은 것은 이 본문이 나를 사로잡았기 때문입니다. 우리의 사랑하는 형제인 찰스 스탠퍼드(Charles Stanford)가 우리 곁을 떠났습니다. 나는 마치 제자들 무리 중에 있는 한 사람으로서 내 형제들이 사라지고 있는 것을 서서 쳐다보고 있는 듯합니다. 나의 형제들, 나의 동료들, 나의 기쁨이었던 이들이 더 좋은 나라로 가기 위해 나를 떠나고 있습니다. 평화로운 때에 우리는 거룩하고 행복한 교제를 나누었고, 어깨와 어깨를 맞대고서 주님을 위한 전투에 임했습니다. 하지만 우리는 서서히 사라져가고 있습니다. 한 사람이 가고, 또 한 사람이 떠났습니다. 우리가 주위를 채 둘러보기 전에 또 다른 사람이 떠날 것입니다. 우리는 잠시 동안 그들을 보고, 그들은 우리의 시야에서 사라집니다. 그들이 감람산에서의 우리 주님처럼 공중으로 올라가는 것은 아닙니다. 하지만 그들은 올라갑니다. 나는 그것을 확신합니다. 오직 가련한 육신만 땅으로 내려가고, 또한 그렇게 내려가는 것 역시 매우 잠시 동안만 그렇습니다. 그들은 살아날 것이며, 영원히 주님과 함께 있을 것입니다. 슬픔은 뒤에 남겨진 우리들의 몫입니다. 휴 스토웰 브라운(Hugh Stowell Brown)은 우리에게 얼마나 큰 빈 자리를 남겼는지요! 누가 그 빈 자리를 메우겠습니까! 찰스 스탠퍼드는 또 얼마나 큰 빈 자리를 남겼는지요! 누가 그 자리를 메우겠습니까! 우리들 중에 누가 다음 차례에 떠날까요? 우리는 놀란 사람들처럼 서 있습니다. 우리들 중 어떤 이들은 떠난 이들의 다음 줄에 서 있습니다. 전투가 아직 맹렬할 때에 왜 우리의 대열은 계속해서 줄어드는 것일까요? 우리가 고귀한 모범들을 너무나 필요로 하는 때에 왜 이 최상의 사람들이 우리를 떠나는 것일까요? 새롭게 판 무덤들의 행렬을 보면서, 나는 엎드린 채 그저 눈물의 홍수로 내 심정을 표현할 뿐입니다. 하지만 나는 너무 육신적인 방식으로 이 문제를 바라보는 것을 억제하고, 좀 더 밝은 빛 안에서 그것을 바라봅니다. 주님은 그분의 열매 중에서 가장 잘 익은 것들을 모으시고, 그들을 잘 보관하십니다. 그분이 인자하신 손으로 그분의 황금 사과들을 따서 은(銀) 광주리에 담으십니다. 그분이 주님이신 것을 알아보고는, 우리는 더 이상 당황하지 않습니다. 그분의 말씀이, 이 본문이 우리에게 다가오듯이, 우리의 심령을 잠잠하고 고요하게 합니다. 그분의 말씀이 우리의 눈물을 닦아주고, 우리의 하늘의 신랑이 기도하시는 것을 듣고서 기뻐하라고 합니다. "아버지여 내게 주신 자도 나 있는 곳에 나와 함께 있게 하시기를 원하옵나이다." 우리는 왜 가장 사랑스럽고 가장 선한 이들이 떠나는지를 이해합니다. 우리는 누구의 손에 그들을 하늘로 끌어당기는 자석이 쥐어졌는지를 봅니다. 한 사람씩 그들이 이 낮은 나라를 떠나야 하는 것은, 저 위에 있는 왕의 궁전에서 살기 위해서이며, 또 예수님이 그들을 끌어당기시기 때문입니다. 우리의 사랑스러운 아기들이 본향으로 가는 것은 "그가 목자 같이 양 떼를 먹이시며 어린 양을 그 팔로 모아 품에 안으시기" 때문입니다(사 40:11). 또한 우리의 고령의 성도들이 본향으로 떠나는 것은 저 "사랑하시는 분이 동산에 내려오셔서 동산 가운데에서 백합화들을 꺾으시기" 때문입니다(아 6:2). 우리 주 예수님의 이 말씀은 계속되는 귀향(homegoing)을 설명해 줍니다. 이 말씀은 성도들의 죽음의 수수께끼에 대한 해답입니다. 나는 왜 우리의 존귀한 형제들이 없는지에 대해 말하려고 합니다. 하나님께서 그들을 데려가셨기 때문입니다. 만일 내 설교가 우리 구속주의 이 장엄한 기도가 성취되는 것을 보도록 거룩한 채비를 갖추도록 한다면, 비록 그것이 우리에게 많은 슬픔의 이별의 대가를 치르게 한다 하더라도, 나는 행복할 것입니다.

1. 아버지의 집으로

이 본문이 시작하는 대로 시작하도록 합시다. 그러면 우리가 첫 번째로 생각해 보아야 할 것은 가정에서 사용하는 호칭인 "아버지"라고 하는 말입니다. 우리 주님께서는 "거룩하신 아버지여"라고 부르셨고(11절), 또한 이 기도의 끝부분에서 "의로우신 아버지여"(25절)라고도 부르셨습니다. 하지만 이 특별한 간구를 시작하실 때에 그분은 "아버지"라는 단어만 사용하셨습니다. 이 관계성은 그 자체로 너무나 귀하기 때문에 최고의 것을 간구할 때에 가장 잘 어울립니다. 나는 이런 문제와 관련하여 "아버지"라는 호칭에 대해 생각하기를 좋아합니다. 그 호칭은 살아 있는 연합의 중심이 아닙니까? 헤어졌다가 다시 모이는 가족이 있다면, 아버지의 집이 아니면 어디서 모이겠습니까? 식탁의 상석에 앉는 이는 바로 아버지가 아닙니까? 자녀들의 모든 관심사들이 아버지 안에서 하나로 모아지고, 아버지는 자녀들 모두에게 애정을 느낍니다.

저 위대하신 아버지로부터 주 예수님이 나셨습니다. 우리는 저 영원한 부자(父子)관계의 교리를 이해하지 못하며, 그 신비를 파고들려 하기보다는 칭송할 뿐입니다. 하지만 우리는 우리 주 예수님께서 '신인이신(God-and-man)' 중보자이시며, 그분이 아버지에게서 나셨으며, 아버지의 뜻에 전적으로 순종하셨다는 것을 압니다. 우리들에 대해 말하자면, 우리도 명백히 그 아버지에게서 왔습니다. 우리를 만드신 이는 그분이시며, 우리 자신이 아닙니다. 더 명백하고 더 좋은 사실은, 그분의 뜻을 따라서, 그분이 진리의 말씀으로 우리를 낳으셨다는 것입니다. 우리는 하늘로부터 두 번째 태어났으며, 우리의 하늘 아버지로부터 우리의 영적인 생명을 부여받았습니다.

이 설교 전체를 통하여, 우리가 형제들과 헤어지게 되는 것과 그들이 집으로 가는 것을, 즐겁게 인정하는 것이 옳다는 것을 나는 보여주기를 원합니다. 나는 여러분에게 곧장 이렇게 질문할 수 있을 것입니다. "자녀들이 그들의 아버지 집으로 가는 것보다 더 옳은 일이 무엇이겠습니까? 그분으로부터 그들이 왔으며, 그분에게서 그들이 생명을 얻었으니, 결국 그들이 그분의 임재 안에서 사는 것이 그들 존재의 목적이 아니겠습니까?' 아버지에게서 멀어져 그분과 떨어져서 사는 것은, 마치 저 탕자가 그러하였듯이 우리의 타락한 존재의 슬픔입니다. 하지만 아버지께로 돌아가는 것은 생명과 평화와 행복으로 돌아가는 것입니다. 그렇습니다. 우리의 모든 희망의 발걸음들은 아버지께로 향하고 있습니다. 예수님의 이름을 믿음으로써 하나님의 아들이 되는 권세를 얻었을 때에 우리는 구원을 얻었습니다. 우리의 성화는 우리의 양자됨의 품 안에 놓여 있습니다. 예수님이 아버지에게서 오시고 우리를 아버지에게 돌아가도록 인도하시기 때문에, 그래서 우리들에게 천국이 있는 것입니다. 그러므로 우리가 천국에 대해 생각할 때마다 주로 아버지에 대해 생각하도록 합시다. 거할 거처가 많은 그곳은 우리 아버지의 집이며, 또한 우리의 주님이 가서서 우리를 위해 처소를 예비하시는 곳도 아버지의 집이기 때문입니다.

"아버지여!" 그것은 우리에게 집을 생각나게 하는 벨 소리입니다. 양자의 영을 가진 자는 아버지께서 그를 집으로 부르시는 것을 느끼며, 또 그분에게로 달려가기를 열망합니다. 예수님께서 그 아버지께로 가시기를 얼마나 바라셨는지요! 그분이 아버지와 연합하여 영광을 얻으시는 것이 아니라면, 그분의 영광에 대해 말할 수가 없습니다. 형제들이여, 우리가 살고 거동하고 존재하는 것은 아버지 안에서입니다. 세상에 있는 모든 영적인 생명치고, 저 위대하신 아버지의 생명에서 비롯되지 않은 것이 어디 있겠습니까? 우리가 계속해서 영적인 사람으로 머물 수 있는 것은, 아버지에게서 오신 성령님의 지속적인 영향 때문이 아닙니까? 또한 그분으로부터(from Him) 우리가 사는 것처럼, 만일 올바로 산다면, 그분을 위해(for Him) 우리가 사는 것입니다. 우리는 모든 일에서 하나님을 영화롭게 하기를 바라며 행동합니다. 심지어 우리의 구원조차도 그 자체가 궁극적인 목적이 되어서는 안 됩니다. 우리는 우리의 구원으로써 하나님을 영화롭게 하기를 바랍니다. 우리가 전하는 교리들을 바라보고, 순종하는 계명들을 바라보는 것은, 하나님 아버지께 영광을 돌리는 수단으로서 그렇게 하는 것입니다.

하나님이 만유의 주로서 만유 안에 계시는 것(고전 15:28), 저 위대하신 아버지께서 모든 곳에서 예배를 받으시고 영광을 얻으시는 것, 이것이 저 맏아들(the First-born)이 바라보신 목적의 완성이며, 또한 그분을 닮은 우리 모두가 열망하는 것입니다. 우리는 그분에게서 나서, 그분에게 속하고, 그분에게로 가며, 그분을 위한 존재들입니다. "아버지"라는 이 단어가 우리를 그분의 발 앞에 모이도록 부릅니다. 이런 과정을 애통하게 여길 사람이 우리 중에 있습니까? 아닙니다. 우리는 감히 우리의 최상의 형제들이 저 위대하신 아버지의 집으로 기쁘게 부름을 받은 것을 불평하지 않습니다. 우리의 형제는 떠났습니다. 하지만 우리는 묻습니다. "그가 어디로 갔습니까?" 그리고 "그는 아버지께로 갔습니다"라는 대답이 돌아올 때, 모든 원망의 생각은 끝이 납니다. 그분에게가 아니면 우리 형제가 달리 어디로 가겠습니까? 저 위대하신 맏아들이 우리를 떠나가셨을 때, 슬퍼하는 제자들에게 말씀하시길 그분이 가시는 것은 그분의 아버지 곧 그들의 아버지께로 가는 것이라고 하셨습니다. 그리고 그 대답으로 충분했습니다. 그처럼, 우리의 친구가, 혹은 우리의 자녀가, 혹은 우리의 아내가, 혹은 우리의 형제가 떠날 때에, 그가 아버지와 함께 있다면 그것으로 충분합니다. 그들을 다시 우리에게로 돌아오라고 부를 생각은 나지 않으며, 오히려 우리들 각자가 그들을 뒤따라가기를 바랄 뿐입니다.

> "아버지여, 당신이 거하시는 곳을
> 보고 싶어 애타게 그리워합니다.
> 이 지상의 뜰을 떠나서, 내 하나님
> 당신이 계신 집으로 달려가기를 원하나이다."

어린이는 학교에서 행복할 수 있겠지만 휴일을 간절히 기다립니다. 그것이 단지 수업을 면하기 때문일까요? 아, 그렇지 않습니다! 그에게 물어보십시오. 그가 이렇게 말해줄 것입니다. "나는 집으로 가서 아버지를 보고 싶어요." 그 사실은 집에 부모가 모두 있을 경우에나 어머니만 있을 경우에도 동일하며, 어쩌면 그 이상일 것입니다. 집에 와서 "어머니"라고 부르는 일이 얼마나 멋집니까! 많은 어린이들이 집을 멀리 떠나있는 동안, 그 사랑하는 얼굴을 얼마나 보고 싶어 했을까요? 어머니이든 아버지이든, 여러분이 어느 쪽을 좋아하든, 그들의 특성이 저 위대하신 하나님의 부성애(父性愛)에 잘 혼합되어 있습니다. 누군가 그의 아버지께로 갔다는 말을 들으면, 그가 그곳으로 간 것이 옳은지에 대해서 더 이상 질문을 할 필요가 없습니다. 자녀의 으뜸가는 소유물은 아버지에게 있습니다.

아버지가 자기 자녀를 집에서 편히 지내도록 하지 않겠습니까? 구주께서는 손수 건으로 우리의 눈물을 닦아주시며, 그 손수건 끝에는 이 말이 새겨져 있습니다. "아버지!"

2. 집으로 이끄는 힘

둘째로, 나는 여러분이 '가정이 끌어당기는 힘(home impetus)'에 대해 생각하기를 바랍니다. 우리를 아버지 집으로 이끄는 힘은 "내가 원하나이다(I will)"라는 말씀 안에 있습니다. 우리의 참된 하나님으로서 인간의 모양으로 자기를 가리신 예수 그리스도께서는, 엎드려 무릎을 꿇으시고, 구속받은 자기 백성들이 집으로 오도록 신성의 온 힘을 기울여 기도하십니다. 이 저항할 수 없는 기도, 영원한 전능의 기도는, 그분의 모든 백성들을 그분 앞으로 이끌어옵니다. "아버지여 내게 주신 자도 나 있는 곳에 나와 함께 있게 하시기를 원하나이다." 이 기도가 하나님의 모든 가족들을 한 집으로 끌어당기는 구심력입니다.

택함을 받은 백성들이 어떻게 아버지 집에 도착할까요? 전차들이 제공됩니다. 여기 이 기도에 불 말들이 이끄는 불의 전차들이 있습니다. "그들이 나와 함께 있기를 원하나이다"라고 예수님이 말씀하시니, 그들이 반드시 그분과 함께 있을 것입니다. 이 길에는 난관들이 있습니다. 긴 밤들과 어둠이 그 사이에 놓여 있으며, 죄의 언덕들과, 고난의 숲과, 흉악한 유혹의 무리들이 있습니다. 하지만 순례자들은 반드시 여행의 목적지에 도착할 것입니다. 주님의 "내가 원하나이다"라고 하시는 기도가 불 기둥처럼 그들을 에워쌀 것이기 때문입니다. 이 간구에서 나는 전투적인 교회(the church militant)를 위한 검과 방패를 봅니다. 이 기도에서 나는 그들이 저 황금 성문에 들어갈 때까지 그들을 업고 갈 독수리 날개들을 봅니다. 예수님이 말씀하십니다. "내가 원하나이다." 택함받은 자들이 집으로 오는 것을 막을 자가 누구란 말입니까? 하늘의 별들의 행진을 막으려 하는 것과 다름이 없습니다!

잠시 동안 "내가 원하나이다"에 담긴 힘을 자세히 살펴보도록 합시다. 먼저, 여러분은 그 속에 중보적 기도의 힘이 있음을 볼 것입니다. 그것은 우리의 위대한 대제사장이 중보의 기도에 열중하실 때에 가슴에 차고 있는 흉패의 보석과도 같습니다. 나는 우리 주님이 헛되이 중보의 간청을 하신다고 상상할 수 없습니다. 만일 그분이 우리가 그분과 함께 있기를 바란다고 요청하시면, 그분은 반드시 요청하신 것을 얻으실 것입니다. "그의 경건하심으로 말미암아 들으심을 얻었느니라"고 성경에 기록되어 있습니다(히 5:7). 강력한 부르짖음과 눈물로 그분은 자기 목숨을 쏟아 죽기까지 하셨으며, 아버지께서는 그분의 마음의 소원을 허락하셨습니다. 나는 반드시 그렇게 된다는 것에 의문을 품지 않습니다. 가장 사랑하시는 아들이 아버지 하나님께 중보하며 간구하신 것이 어찌 거절될 수 있겠습니까! 그러므로, 거스를 수 없는 저 중보 기도의 힘이, 피로 사신 모든 영혼들을 예수님이 계시는 곳으로 이끌고 있다는 것을 주목하십시오. 여러분은 죽어가는 여러분의 아기를 붙들고 있지 못합니다. 예수님이 그 아이가 그분과 함께 있도록 요청하시기 때문입니다. 여러분이 주님과 경쟁하시겠습니까? 정녕 그렇지는 않을 것입니다. 정해진 시간을 넘어서, 여러분은 여러분의 고령의 아버지를 붙잡지 못하며, 사랑하는 어머니도 붙들어 둘 수 없습니다. 그리스도의 중보 기도가 그들을 끌어당기는 힘이 있기 때문에, 그들의 영혼은 마치 불꽃이 태양을 향해 오르듯 반드시 올라가게 되어 있습니다.

"내가 원하나이다(I will)"라고 하는 표현에서 중보기도를 뛰어넘는 것을 볼 수 있습니다. 그것은 유언적인 당부와 지시의 개념을 보여줍니다. 주 예수님은 마지막 유언의 말을 작성하고 계시며, 이렇게 쓰고 계십니다. "아버지여, 내게 주신 자도 나 있는 곳에 나와 함께 있게 하시기를 원하나이다." 유언을 작성하는 어떤 사람도 그것이 무산되는 것을 좋아하지 않습니다. 우리 구주의 유언은 아무리 사소한 것이라도 틀림없이 실행될 것입니다. 다른 이유가 아닌 오직 이런 이유에서라도, 비록 그분이 죽으시더라도 그분의 유언은 유효할 것입니다. 하지만 더 나아가, 그분은 다시 살아나셔서 유언 집행자로서 스스로 자신의 유언을 수행하십니다. "아버지여, 그들이 나와 함께 있기를 원하나이다"라고 하는 우리 주님의 유언의 말씀을 읽을 때에, 나는 이렇게 묻습니다. "누가 그들을 돌아오도록 붙잡을 수 있을까?" 그들은 정해진 때에 반드시 그분과 함께 있을 것입니다. 영원히 복되신 구주의 유언적인 뜻이 성취될 것이기 때문입니다. 그런 유의 힘에는 그 어떤 것도 저항하여 맞서지 못합니다.

이것이 전부가 아닙니다. 그 말씀은 중보적인 기도와 유언적인 칙령일 뿐 아니라, 또한 강력한 소망과 결심과 의도를 내포한 표현입니다. 예수님은 그것을 바라시고 "내가 원하나이다"라고 말씀하십니다. 그것은 깊은 소원이며, 강력하고, 분명하며, 군세고, 결의에 찬 의도입니다. 하나님의 소원은 최상의 법입니다.

그분이 굳이 말씀하실 필요가 없습니다. 그분이 단지 바라거나 의도하기만 하시면, 그 일은 이루어지는 것입니다. 이제 본문을 읽으십시오. "나는 그들이 나와 함께 있기를 원하나이다." 하나님의 아들이 그것을 원하십니다. 성도들이 어떻게 그분이 원하시는 일에서 지체될 수 있겠습니까? 그들은 반드시 죽음의 침상과 침묵의 진토에서 일어날 것입니다. 그들은 반드시 예수님이 계신 곳에 올라가 그분과 함께 있을 것입니다. 예수님이 그것을 원하시기 때문입니다. 여러분은 애타는 근심 때문에 그들을 붙들어 두기를 바랄 수도 있습니다. 여러분이 그들의 침상 곁에 앉아서 그들을 밤낮으로 간호할 수도 있습니다. 하지만 예수님이 신호를 보내실 때, 그들은 반드시 이 어두운 거처를 떠나야 합니다. 여러분이 애절한 사랑으로 그들을 붙잡으려 할 수도 있고, 심지어 절망 속에서 "그들이 떠나서는 안 돼요. 우리는 그들과 헤어질 수가 없어요"라고 울부짖을 수도 있을 것입니다. 하지만 예수님이 부르실 때 그들은 가야만 합니다. 그들을 붙들어 두려는 여러분의 악한 손을 거두십시오. 구주의 것을 빼앗으려 한다면 그 손이 악한 것이 아니겠습니까? 여러분은 그분의 뜻을 거역할 것입니까? 그분의 유언을 무시하겠습니까? 그럴 수 없을 것입니다. 설혹 그럴 수 있다고 해도 그러길 원치 않을 것입니다. 차라리 그들과 함께 가려는 마음이 들지언정, 그들을 들어올리는 하늘의 인력(引力)에 저항하지는 않겠지요. 예수님이 "내가 원한다"고 말씀하신다면, 여러분이 대답할 말은 이것입니다. "제 원대로 마시고, 당신의 원대로 하옵소서. 그들은 저의 것이기 이전에 당신의 것입니다. 저는 그들에 대해서, 그들을 값 주고 사신 당신만큼의 권리가 없습니다. 그들은 저와 함께 지냈던 것보다는, 당신의 품에서 당신과 함께 있을 때에 더욱 편히 지낼 것입니다. 그래서 저의 뜻은 당신의 뜻 안에서 녹아지고 하나가 되며, 확고한 단념의 뜻으로 '그들을 보내드립니다'라고 말씀드립니다."

형제들과 자매들이여, 여러분은 우리의 사랑하는 자들을 데려가려는 힘을 인식합니다. 나는 이 아침에 부드러운 손이 우리에게로 다가오는 것을 봅니다. 그 손을 감각으로는 느낄 수 없지만, 믿음으로는 만질 수 있습니다. 사랑의 줄들이 택한 자들 둘레를 감싸 드리우고, 그들은 동료들에게서 조용히 이끌려 나갑니다. 여러분은 그 줄들을 갑자기 끊어 버리렵니까? 그리고 그 줄들을 우리에게서 내던질 것입니까? 그렇게 생각하지 말라고 여러분에게 호소합니다. 오히려, 사랑하는 자들을 값 주고 사신 그분의 못 박히신 손이, 자기 소유를 찾아서 집으로 데려가도록 허락하십시오. 예수님이 자기의 것을 가지셔야 하지 않겠습니까? 우리는 무릎을 꿇고서 예수님을 향해 이렇게 기도하지 않습니까?"뜻이 하늘에서 이룬 것 같이 땅에서도 이루어지이다."

3. 아버지 집의 특성

하지만 나는 이제 본문 속으로 더 깊이 들어가도록 여러분을 인도하고 싶습니다. 우리는 아버지 집으로 부르는 말씀과 그곳으로 끌어당기는 힘에 대해 살펴보았습니다. 이제 조심스럽게 그 집의 특성(the home character)에 대해 살펴보도록 합시다. "아버지여, 내게 주신 자들도 나 있는 곳에 나와 함께 있게 하시기를 원하옵나이다." "내게 주신 자들도"라고 하는 이 묘사입니다. 헬라어는 다소 번역하기가 어렵습니다. 개정판 성경(Revised Version)의 번역자들은 의심할 바 없이 뛰어난 헬라어 학자들이지만, 그들이 영어를 조금만 더 잘 알았더라면, 좀 더 완벽한 번역에 가까울 수 있었을 것입니다. 하지만 그들이 언제나 일반적인 영어 독자들을 중요하게 생각하고 고려하는 것 같지는 않습니다. 이 경우에 있어서 이것이 그들의 번역입니다. "아버지여, 당신께서 내게 주신 것에 관하여, 내가 원하니, 그들이 내가 있는 곳에 나와 함께 있게 하소서(Father, I will concerning that which Thou hast given Me, that they may be with Me where I am)." 솔직히 말하자면, 이것은 의미가 통하지 않는 말로 들립니다. 이것은 소년이 학교에서 선생님에게 제출할 법한 번역이며, 일반적인 독자에게는 그다지 소용이 없습니다. 그것은 틀림없이 문자 그대로 옮긴 것이며, 문자 그대로의 직역(literalism)이란 종종 "율법 조문은 죽이는 것이요"(고후 3:6, the letter kills)라고 하는 말씀의 또 다른 증거가 되기도 합니다. 영어로 옮기는 번역자들은 그 속에 의미가 담긴 말들을 우리에게 전하려고 머리를 짜냈을 것입니다. 내가 그 번역본을 인용하는 것은 그 속에 복수 인칭 명사뿐 아니라 단수 대명사도 있다는 것을 보여주려 하는 것입니다. "아버지여, 당신께서 내게 주신 것(that)에 관하여, 내가 원하니, 그들이(they) 내가 있는 곳에 나와 함께 있게 하소서." 우리 주님께서는 아버지께서 그분에게 주신 자들을 하나로(one) 보셨습니다. 한 몸, 한 교회, 한 신부로 보신 것입니다. 그분은 전체로서의 교회가 그분이 계신 곳에 그분과 함께 있기를 원하셨습니다. 그 다음에 그분은 다시 하나의 교회를 구성하는 수많은 사람들을 한 사람씩 개별적으로 바라보셨습니다. 그리고 각 사람이, 이들 모두가, 그분과 함께 있어서 그분의 영광을 보도록 기도하신 것입니다. 예수님은 전체 교회를 위해 기도하시면서 결코 하나의 지체도 잊어버리시지 않습니다. 또한 각 지체들을 위해 개별적으로 기도하시면서 전체로서의 연합적 특성을 간과하시지도 않습니다. 얼마나 멋진 생각인지요! 예수님은 자기의 보혈로 사신 전체로서의 교회가 그분과 함께 천국에 있기를 바라시며, 그러면서도 어떤 일부분도 잃어버리시지 않습니다. 그분은 교회의 일부만을 위해 죽으신 것이 아니며, 피로 값 주고 사신 양 무리 전체가 그분 주위로 모이지 않으면 결코 만족하시지 않으십니다.

하지만 주님은 아버지께서 주신 자들을 하나의 몸으로 보시면서도, 동시에 그분은 여러분과 나와 여기 있는 각각의 신자들을 저 거대한 연합의 일부로 보십니다. 그분의 기도는 우리 모두가 그분과 함께 있도록 하는 것입니다. 그분은 가장 큰 자들을 위해서 뿐 아니라 작은 자를 위해서도 기도하시며, 유다를 위해서 뿐 아니라 베냐민을 위해서도, 믿음의 확신을 가진 자들뿐 아니라 낙심한 자들을 위해서도 기도하신다고 나는 믿습니다. 이 기도는 아주 폭이 넓고 포괄적인 기도입니다. 그러면서도 이 기도는 보편구원론(Universalism)을 믿는 자들이 입에 담고 있는 그런 기도와는 다릅니다. 그분은 믿지 않고 죽는 자들이 그분이 계신 곳에 그분과 함께 있도록 기도하시지 않습니다. 또한 지옥에 있는 영혼들이 언젠가 거기서 나와 영광 중에서 그분과 함께 있기를 바라시지도 않습니다. 그런 가르침은 성경에서 조금의 흔적도 찾을 수 없습니다. 그런 우화들을 가르치는 자들은 그들의 착상을 성경 외의 다른 출처에서 끌어낸 것입니다. 새로운 연옥(煉獄)이라는 곳, 그곳에서 많은 사람들이 믿게 된다고 하는 그런 곳은, 성경에는 없습니다. 우리 주님의 기도는 명백히 아버지께서 그분에게 주신 자들을 위한 것이며, 그들 모두를 위한 것이지만, 그 외의 다른 사람들을 위한 것은 아닙니다. "내가 원합니다"라고 하실 때 그분은 오직 그들만을 염두에 두셨습니다.

나는 여기서 인격적인 특성은 전혀 언급되지 않고, 단지 "아버지께서 내게 주신 자들"이라고만 언급된 것을 보고 기쁘게 느낍니다. 마치 주님께서는 그 마지막 순간에 은혜의 열매를 바라보시기보다는 은혜 그 자체만을 바라보시는 듯이 여겨집니다. 그분은 자기 백성의 완전성이라든가 불완전성에 대해 많은 언급을 하시는 것이 아니라, 오직 그들이 아버지의 영원한 선물이라는 사실에 대해서만 언급하십니다. 그들은 아버지의 것이었습니다. "그들은 아버지의 것이었는데"(6절). 아버지께서 그들을 예수님께 주셨습니다. "내게 주셨으며." 아버지께서는 사랑의 증거로서 또한 그 아들을 영화롭게 하는 수단으로서 그들을 주셨습니다. "그들은 아버지의 것이었는데 내게 주셨으며." 이제 우리 주님은, 그들이 그분에게 주신 아버지의 선물이기 때문에, 그들과 함께 있기를 원한다고 기도하십니다. 아버지께서 주신 자들을 소유하고자 하시는 그분의 권리에 대해 어느 누가 트집을 잡을 수 있습니까? 그들은 아버지께서 그분에게 주신 것이고, 또 그분 자신이 직접 행동으로 자기의 소유로 삼으신 자들이 아닙니까? 그들은 그분과 함께 있어야 합니다. 그들은 아주 거룩한 의미에서 그분의 것이기 때문입니다. 만일 내가 어떤 사랑하는 이가 내게 준 사랑의 징표에 대해 소유권이 있다면, 그것을 수중에 가지기를 바라는 것은 정당합니다. 자매여, 당신의 결혼반지에 대해서는 그것을 가지고 있는 당신만큼 권리를 주장할 수 있는 자가 없습니다. 사실 성도들은 아버지께서 그분을 기뻐하시는 징표로서 그분의 손가락에 끼워주신 반지가 아닙니까? 그들은 실상 예수님의 영광이요 대관식의 보석들이기 때문에, 그들이 예수님이 계신 곳에 함께 있어야 하지 않겠습니까? 우리는 사랑하는 사람을 위해 손을 들고서 이렇게 부르짖습니다. "주님, 나의 주님, 이 사랑스러운 이와 조금만 더 함께 있게 해 주세요. 저는 그와의 달콤한 친교가 필요하고, 그렇지 않으면 제 삶이 비참할 것입니다." 하지만 예수님이 우리 얼굴을 쳐다보시면서 "너의 권리가 나의 권리보다 소중하더냐?"라고 말씀하시면, 우리는 즉시 물러서야 합니다. 그분은 자기 성도들에 대해 우리보다 더 큰 지분을 가지고 계십니다. 오 예수님, 당신의 아버지께서 오래 전에 그들을 당신께 주셨습니다. 그들은 당신 영혼의 수고의 보상이며, 우리가 그것을 결코 부인할 수 없습니다. 비록 눈물이 앞을 가리고 있지만, 그래도 우리는 예수님의 권리를 볼 수 있으며, 또한 충성스럽게 그것을 인정할 수 있습니다. 우리가 가장 사랑한 자들로 인해 우리는 울지만, "주신 이도 여호와시요 거두신 이도 여호와시오니 여호와의 이름이 찬송을 받으실지니이다"(욥 1:21). 여러 사람들이 우리 곁을 떠나는 와중에도, 그들이 그리스도께 속하였음을 보여줌으로써 이 본문이 우리를 부드럽게 위로해 주지 않습니까?

4. 아버지 집의 교제

이제 한 단계 더 나아가, 저 영광의 나라에서의 가정의 교제(home companionship)와 관련하여 그리스도께서 계시하시는 것을 살펴보도록 합시다.

우리 곁을 떠난 자들, 그들은 어디로 갔을까요? 본문이 말합니다. "내게 주신 자도 나 있는 곳에 나와 함께 있어, 나의 영광을 그들로 보게 하시기를 원하옵나이다."

이러한 표현에서 우리는 영광 중에서는 성도들이 그리스도께 가까이 있다는 인상을 받습니다. "그들이 나와 함께 있어." 생각해 보십시오. 우리 주님이 이런 표현을 사용하실 때, 또한 요한이 그 말씀을 적어 두었을 때, 제자들이 그분과 함께 있었습니다. 그들은 함께 유월절 만찬을 먹었던 저녁 식탁에서 떠났습니다. 주님이 앞서 이렇게 말씀하셨습니다. "일어나라 여기를 떠나자"(요 14:31). 주 예수님께서 이 최상의 기도를 드리신 것은 그들 중에 계실 때였습니다. 그러므로 천국에서 성도들이 그리스도와 함께 있는 것이, 사도들이 그분과 함께 식탁에 있을 때나 혹은 그분의 기도를 들었을 때보다, 더욱 가까울 것임을 배울 수 있습니다. 제자들이 종종 그러했듯이, 그들이 오직 공간에서만 주님께 가까이 있고, 그들의 마음은 그분으로부터 멀리 있는 경우가 있었습니다. 하지만 천국에서 우리는 그분과 영으로도, 느낌으로도, 친교의 의식에서도, 그분과 하나일 것입니다. 우리는 가장 친밀하고, 분명하고, 완벽한 의미에서 예수님과 함께 있을 것입니다. 지상의 어떤 친교도 우리가 위에서 누릴 교제의 풍성함에 이르지는 못할 것입니다. "그분과 함께 있는 것, 주님과 영원히 함께 있는 것", 이것이 천국입니다. 우리가 사랑하는 이들이 그런 친교를 누리는 것을, 누가 보류하기를 원하는 것입니까?

하지만 이 기도의 정수를 놓치고 싶지 않거든, 장소에 대한 생각도 빠뜨리지 마십시오. 영적인 것을 분명히 보도록 합시다. 하지만 그것 때문에 이 문제의 사실성과 현실성을 약화시키지 않도록 합시다. 성도들이 그분과 함께 있기를 바라시는 기도에, 우리 주님은 이 말씀을 더하셨습니다. "나 있는 곳에(where I am) 나와 함께 있어." 우리의 몸은 진토에서 일어날 것이며, 반드시 한 장소(a place)를 차지할 것입니다. 그리고 그 장소는 예수님이 계시는 곳입니다. 영혼도 어딘가에 있을 것이며, 우리에게 있어서 그 어딘가란 예수님이 계시는 곳입니다. 형이상학적으로나 공상적으로가 아니라, 실제로, 진실로, 문자 그대로, 우리는 예수님과 함께 있을 것입니다. 우리는 저 복된 곳, 곧 아버지께서 그분을 위해 예비해 두셨고 또한 그분이 우리를 위해 예비하고 계시는 그곳에서, 그분과 아주 가까운 친교를 누릴 것입니다. 천사들과 영광스러운 영혼들 가운데에서, 예수님이 모든 영광과 위엄으로 자기를 나타내시는 곳이 있습니다. 그리고 주님께서 우리에게서 데려가시는 자들은, 어떤 알 수 없는 나라로 유배를 떠나는 것이 아니며, 어떤 구치소 같은 곳에서 석방될 때까지 갇혀 지내는 것도 아니고, 낙원에서 그리스도와 함께 있는 것입니다. 그들은 그분을 섬기고, 그분의 얼굴을 봅니다. 어느 누가 성도로 하여금 그처럼 아름다운 나라에 가지 못하게 막을 정도로 잔인하단 말입니까? 나는 나의 자녀들과, 친지들과, 친구들을 위해, 좋은 것을 바랄 것입니다. 그들에게 예수님이 계신 곳에 있는 것보다 더 좋은 일이 무엇이겠습니까? 여러분은 여러분이 사랑하는 자들이 승진한 소식을 들으면 기쁘지 않습니까? 여러분은 하나님께서 여러분의 가장 사랑하는 이들 중 일부를 하늘로 승진시키셨다고 하나님과 다툴 것입니까? 그들이 누리는 놀라운 행복을 생각하면 우리의 자연적인 슬픔이 누그러집니다. 우리는 우리 자신을 위해 울지만, 그들이 영원토록 저 사랑스러운 분과 교제를 누리는 것을 생각할 때, 우리 눈물 속에는 미소가 함께 섞이게 됩니다.

　　예수님과 함께 있는 자들이 종사하는 일(occupation)에 대해 주목하십시오. "나의 영광을 그들로 보게 하시기를 원하옵나이다." 나는 예수님께서 그분이 사랑하시는 자들을 이런 목적으로 그분과 함께 있기를 원하시는 것을 이상히 여기지 않습니다. 사랑은 언제나 그 상대와 더불어 기쁨을 누리기를 열망하기 때문입니다. 내가 외국에 나갔을 때에, 훌륭한 경치를 보고서 특별히 매혹된 적이 있습니다. 그 때, 거의 자동적으로, 속으로 일백 번씩이나 이렇게 말하고 있는 나 자신을 느꼈습니다. "내 사랑하는 아내가 여기 있다면 얼마나 좋을까! 만일 그녀가 함께 볼 수 있다면 이 경치를 보는 즐거움이 일백 배나 커질 텐데!" 기쁨 중에서 교제를 바라는 것은 애정의 본능입니다. 주 예수님은 진실로 인간이시며, 모든 사랑하는 인간의 마음에 있는 이러한 이타적인 욕구를 그분도 느끼십니다. 그래서 그분이 이렇게 말씀하시는 것입니다. "아버지여 내게 주신 자도 나 있는 곳에 나와 함께 있어, 나의 영광을 그들로 보게 하시기를 원하옵나이다." 우리 주님은 은혜롭게도 그분의 제자들이 그분의 고난의 교제에 참여하는 것을 허락하십니다. 그러므로 그분은 더욱더 그들이 그분의 영광의 교제에도 참여하기를 바라십니다. 그들에게 높이 오르신 그분을 보는 것보다 더 큰 즐거움이 없다는 것을 그분이 아십니다. 그래서 그분은 이 가장 고상한 형태의 기쁨을 그들에게 주십니다. 요셉이 형제들에게 이렇게 말했을 때 그가 기뻐하지 않았습니까? "당신들은 내가 애굽에서 누리는 영화와 당신들이 본 모든 것을 다 내 아버지께 아뢰고 속히 모시고 내려오소서"(창 45:13). 더 나아가, 그가 아버지에게 자신의 권세가 얼마나 큰지를, 자신이 얼마나 높은 곳에 올랐는지를 실제로 보여주었을 때, 요셉은 더욱더 기뻐했을 것입니다. 예수님에게는 그분의 기쁨을 우리에게 보여주시는 것이 기쁨이며, 또한 우리에게는 그분의 영광을 보는 것이 영광입니다. 구속받은 자들이 그토록 복된 기쁨으로 올라가야 하지 않겠습니까? 여러분은 그들을 막으려 하는 것인가요?

우리 주님 편에서는, 우리가 그분의 영광을 볼 때까지는 자신을 완전히 영광스럽게 하지 않으신 것이 얼마나 이타적인지요! 그분의 영광을 보는 것이 우리의 영광이 될 것이니, 이 또한 얼마나 우리를 위한 일인지요! 그분이 우리를 집으로 데려가시는 것은, 우리가 영광 중에 있도록 하기 위해서라고 말씀하시지 않고, 우리가 그분의 영광을 보도록 하기 위해서라고 말씀하십니다. 그분의 영광은 어느 개인의 영광보다 우리에게 더 나은 것입니다. 우리의 것보다는 그분의 것이 됨으로써 모든 것이 더 나아집니다. 그분과 관계없는 영광은 더 이상 영광이 아닙니다. 사랑하는 이여, 우리 주님께서 자기 백성을 위하여 자기 자신을 잃어버리신 것처럼, 그분의 백성 역시 그분 안에서 스스로를 감추어야 할 것입니다. 그들을 영화롭게 하는 것이 그분의 영광입니다. 그분을 영화롭게 하는 것이 그들의 영광입니다. 주님과 그분의 백성이 서로를 영화롭게 하는 것이 영광 중의 영광이 될 것입니다. 이 천국에 가고 싶지 않은 이가 누구입니까? 형제를 그곳에서 잠시 동안 멀어지도록 막으려 하는 자가 누구입니까?

저 영광의 나라에 존재하는 친교를 주목하십시오. 이 구절을 읽으십시오. "아버지께서(Thou) 내게(Me) 주신 나의(My) 영광을 그들로(they) 보게 하시기를 원하옵나이다." 여기 어떤 인격체들이 섞여 있습니까? 우리 주님의 영광은 어디에서 오는 것입니까? "아버지께서 내게 주셨다"라고 예수님이 말씀하십니다. 그 영광은 아버지에게서 아들에게로 이양된 것입니다. 하지만 예수님은 그것을 "나의 영광"이라고 부르십니다. 진실로 그 영광은 그분의 것이기 때문입니다. 성도들이 그 영광을 보아야 하며, 또한 그것을 보는 것이 그들의 영광이 될 것입니다. 여기 아버지가 계시고, 맏형(the Elder Brother)이 계시며, 많은 형제들이 있고, 또한 관심과 소유를 공유하는 놀라운 친교가 있습니다. 그것은 사랑하는 가족 안에 있는 것입니다. 거기에서는 '내 것(meum) 네 것(tuum)'을 구분하는 엄격한 선이 없습니다. "당신의 모든 것이 내 것이고, 내 모든 것이 당신의 것입니다"(참조. 요 17:10). 우리가 집에 있을 때에, "이것이 누구 것이지?" 혹은 "저것은 누구 것이지?"라고 묻지 않습니다. 만일 여러분이 어떤 낯선 자의 집에 들어간다면, 이것이든 저것이든 가져갈 생각을 말아야 합니다. 하지만 여러분이 아들로서 아버지 집에 있을 때에는 마음 편히 지낼 수 있으며, 누구도 "당신이 무얼 하고 있느냐?"고 따져 묻지 않습니다. 신랑과 신부는 재산을 두고 그것이 누구의 소유인지에 대해 다투지 않습니다. 최근에 '하나인' 부부의 재산을 분할하는 법이 만들어졌습니다. 이런 일은 사랑이 떠났을 때는 할 만한 일이지요. 하지만 진정한 부부의 사랑은 하나님이 하나로 합치신 것을 나누려 하는 모든 것을 비웃습니다. 아내가 말합니다. "저것은 내 것이에요." 트집쟁이가 이렇게 대꾸합니다. "아니요, 그것은 당신 남편 것이오." 다시 그녀가 대답합니다. "그러니까 그건 내거란 말입니다." 하나님의 거룩한 사랑이 우리에게 허락한 저 복된 연합 안에서, 그리스도는 우리의 것이며, 또 우리는 그리스도의 것입니다. 그분의 아버지가 우리의 아버지이시며, 우리가 그분과 하나이며, 그분은 아버지와 하나이십니다. 그러니 모든 것이 우리의 것이고, 또 아버지께서 우리를 사랑하십니다. 이 모든 일이 천국에서 사실일 뿐 아니라, 그곳에서 실제로 실현되고 실행에 옮겨질 것입니다. 그러므로 주께서 자기 백성을 집으로 데려오실 때, 우리는 그분과 하나가 될 것이며, 그분이 아버지와 하나이시기에, 우리 또한 그분 안에서 아버지와 하나가 될 것입니다. 그리하여 우리는 우리 주와 하나님의 영광을 바라보면서 그 영광이 무한하다는 것을 알게 될 것입니다. 이 본문은 나를 당황스럽게 합니다. 나는 그 광채에 놀라 뒤로 물러섰습니다. 나를 용서하십시오. 한 가지 생각이 있는데, 그것을 표현하지 못하겠습니다. 이 본문의 불이 너무나 격렬한 열기로 타오르기 때문에, 내가 조금만 더 가까이 다가서면 이 불이 나를 태울 것 같습니다. 금방이라도 천국에 발걸음을 들여 놓을 수 있을 것 같습니다. 이 순간 나는 그렇게 느끼고 있습니다.

5. 아버지 집의 분위기

이제 나는 그 가정의 분위기(the home atmosphere)에 대해 말하고 마치려 합니다. 우리들 중에 누구도 우리의 떠난 친구들이 올라간 그 높은 자리에서 돌아오기를 바랄 수 없습니다. 그들이 떠난 것은 예수님이 계신 곳에 있기 위함이며, 또한 그분과 아버지와 함께 하는 가장 복된 교제 속으로 온전히 들어가기 위함이기 때문에, 그들이 잠시라도 이 불쌍한 나라로 돌아오도록 바랄 수는 없습니다. 우리는 그저 그 나라로의 이주(移住)를 위한 우리 차례가 곧 오기를 바랄 뿐입니다. 우리는 너무 오래 우리의 동료들과 떨어져 있고 싶지 않습니다. 일부 새들이 저 양지바른 땅으로 갔다면, 우리도 날개 깃털을 가다듬고 그들을 따르도록 합시다. 우리의 헤어짐과 우리의 영원한 재회 사이에는 오직 잠시 동안의 간격이 있을 것입니다. 우리가 세상에 오기 전에 죽은 많은 사람들을 보십시오. 이제 그들 중에서 어떤 이들은 수천 년 동안 천국에서 함께 지내왔습니다. 그들에게는 떨어져 있던 기간이 오직 잠시 뿐이었던 것으로 보일 것입니다. 그들이 교제하는 광대한 대륙은, 저 죽음의 해협을 마치 바다에 그어진 선 하나에 불과한 것처럼 좁게 보이게 합니다. 곧 우리 역시 그런 관점에서 보게 될 것입니다.

　　저 본향 집의 공기가 어떤지 심호흡을 한 번 해 보십시오. 예수님은 그분의 집의 분위기가 사랑이라고 말씀하십니다. "아버지께서 창세 전부터 나를 사랑하셨나이다." 형제들이여, 나를 따라 위대한 비행을 해 볼 수 있겠습니까? 여태껏 알려진 어떤 독수리보다 더 넓은 날개를 활짝 펴고서, 저 시작이 없는 영원 속으로 되돌아서 날아가 보겠습니까? 모든 날들보다 앞선 날이 있었고, 그 때에는 창세 전 '태고의 날들(the Ancient of days)' 외에는 날이 없었습니다. 모든 시간보다 앞선 때가 있었고, 그 때는 오직 하나님만이 계셨습니다. 창조되지 않으신 이, 스스로 존재하시는 한 분만이 계셨습니다. 아버지와 아들과 성령의 삼위일체께서 상호간의 복된 교제 안에 사셨으며, 서로를 기뻐하셨습니다. 오 아들을 향한 아버지의 거룩한 사랑이 얼마나 강렬한 것인지요! 세상도 없고, 태양도 없고, 달도 없고, 별들도 없으며, 우주도 없고 오직 하나님만이 계셨습니다. 하나님의 전능(全能)의 전체가 사랑 안에서 아들을 향해 흘렀습니다. 또한 아들의 전 존재가 신비한 본질의 연합에 의해 영원토록 아버지와 하나로 계셨습니다. 이 모든 일에 대해 오늘날 우리가 어떻게 보고 들을 수 있습니까? 이 세상이 어떻게 생겨났습니까? 이 아담의 타락이, 이 구속이, 이 교회가, 이 하늘이 어떻게 있게 된 것입니까? 이 모든 것이 어떻게 생겨났을까요? 그것들이 꼭 존재해야 할 필요는 없었습니다. 하지만 아버지는 사랑으로 인해 아들의 영광을 나타내 보이기로 결심하셨습니다. 우리 앞에 조금씩 펼쳐져 온 저 신비의 두루마리는 오직 이 한 가지 목적을 가지고 있습니다. 즉, 아버지께서 아들에게 그분의 사랑을 나타내 보이고

자 하신 것이며, 아들의 영광을 아버지께서 그에게 주신 자들 앞에 나타내 보이기를 원하신 것입니다. 이 타락과 구속, 그리고 이 이야기 전체는, 하나님의 목적과 관련된 면에서 볼 때, 아들을 영화롭게 하기를 기뻐하시는 아버지의 아들을 향한 사랑의 결과입니다. 저 무수한 사람들, 흰 옷을 입고 수금을 타고 있는 저 무수한 성도들은, 어떤 의미가 있습니까? 그들은 아들 안에서 아버지의 기쁨입니다. 아들이 영원히 영광을 얻으시도록, 그분은 인간의 몸을 입으시고, 고난 받고, 피를 흘리고, 죽는 것이 허락되었습니다. 그리하여 그분에게서, 마치 죽어서 땅에 묻힌 한 알의 밀에서 큰 수확을 얻는 것처럼, 선택받은 영혼들의 셀 수 없는 무리가 나와서, 영원토록 더 없는 행복을 누릴 수 있게 된 것입니다. 이들은 어린 양의 신부이며, 그리스도의 몸이며, 만물 안에서 만물을 충만케 하시는 이의 충만함입니다(엡 1:23). 그들의 숙명은 너무 높아서 어떤 언어로도 그것을 충분히 묘사하지 못합니다. 오직 하나님만이 그러한 하나님의 사랑을 아시며, 그 모든 것이 그분의 사랑의 대상들을 위해 예비된 것임을 아십니다.

사랑이 그 모든 것을 황금의 천으로 둘러쌌습니다. 사랑은 출발점이면서 과정이며, 또한 신성한 행동의 결말입니다. 아버지께서 아들을 사랑하셨기 때문에 우리를 아들에게 주셨고, 또 우리를 그분과 함께 있도록 정해 두셨습니다. 우리를 향한 그분의 사랑은 아들을 향한 사랑입니다. "내가 이렇게 행함은 너희를 위함이 아닌 줄을 너희가 알리라 이스라엘 족속아 너희 행위로 말미암아 부끄러워하고 한탄할지어다"(겔 36:32). 아들을 향한 아버지의 끝이 없고, 말로 다할 수 없고, 무한한 사랑 때문에, 그분은 이 모든 구원과 구속의 체계를 정하셨으며, 그리하여 예수님이 자기가 구속하신 교회 안에서 영원토록 영광을 얻도록 하신 것입니다. 사랑하는 이여, 만일 우리의 거룩한 성도들이 본향 집으로 가는 것이 그들에게 정해진 목적이라면, 그들을 떠나보내도록 합시다. 모든 것이 하나님의 사랑에서 비롯되었고, 모든 일들이 거룩한 사랑에서 시작되었기 때문에, 그들이 그들을 사랑하시는 분에게로 갈 수 있게 합시다. 많은 자녀들을 영광으로 이끄시려는 그 거룩한 사랑의 목적이 이루어질 수 있게 합시다. 아버지께서 한때 우리 주님을 그 받으신 고난으로써 온전하게 하셨으니, 이제 그분의 속죄로 인해 씻음받고 속량된 백성들이 천국에 올라감으로써 그분이 온전히 영광을 얻으실 수 있게 해 드립시다. 내게는 마치 그들이 냇가에서 깨끗이 씻고 올라오는 양 떼들 같이 보이며, 또 그들이 양들의 큰 목자의 발 아래로 기쁘게 모이고 있다고 여겨집니다.

　　사랑하는 이여, 나는 이제 이 주제 속에서 길을 잃었습니다. 나는 천상의 공기를 마시고 있습니다. 사랑이 모든 것을 감싸고, 슬픔을 정복합니다. 나는 단지 이 말 외에 다른 말을 함으로써 이 열기를 떨어뜨리고 싶지 않습니다. 즉 여러분의 친구들을 애정으로 붙들되, 언제든 그들을 예수님께 넘겨드릴 준비를 하십시오. 그들을 그들이 속해 있는 분에게서 멀어지도록 붙잡아 두려 하지 마십시오. 그들이 아플 때에, 금식하고 기도하십시오. 하지만 그들이 떠났을 때에는, 다윗이 그랬듯이, 얼굴을 씻고 음식을 드십시오(삼하 12:20). 여러분은 그들을 돌아오게 할 수 없습니다. 여러분이 그들에게 가겠지만, 그들이 여러분에게 돌아오지는 못합니다. 그리스도 안에서의 그들의 기쁨과 또한 그들 안에서의 그리스도의 기쁨을 생각하고서, 헤어짐의 슬픔에서 스스로를 위로하십시오. 거기에 또한 그리스도 안에서와 그들 안에서의 아버지의 기쁨을 생각해 보십시오. 주님의 부르심을 신중히 살피도록 합시다. 이 질문을 두려워하지 맙시다. "다음은 누구일까? 또 다음 번은 누구를 부르실 차례일까?" 다른 사람들보다 조금 더 오래 머물기를 바라는 것처럼 뒤로 물러서는 이가 없도록 합시다. 심지어 하늘의 소집 명부에 우리들의 이름이 있는 것을 보기를 열망하도록 합시다. 우리 주님의 뜻대로 처분하시도록 우리 자신을 기꺼이 그분 손에 맡겨드리도록 합시다. 어떤 의심도 개입하지 못하게 하십시오. 어떤 침울한 분위기가 우리를 에워싸지 못하게 하십시오. 죽는 것은 본향 집에 가는 것일 뿐입니다. 사실, 성도들에게 죽는 것은 없습니다. 찰스 스탠퍼드는 갔습니다! 그의 죽음은 내게 이와 같이 말합니다. "그가 발을 멈추고 미소를 지었다(He drew up his feet and smiled)." 그렇게 여러분과 나도 떠날 것입니다. 그는 심지어 눈이 멀었을 때에도, 빛 가운데서 믿음의 증언을 했습니다. 그는 우리 모두보다 더 많은 고난을 겪으면서도, 우리 모두를 격려했습니다. 이제 그의 눈앞을 가리던 흐린 안개가 걷히고, 그의 마음의 번민이 사라졌습니다. 이제 그는 예수님과 함께 있습니다. 그는 미소를 지었습니다. 그를 미소짓게 만든 그 광경은 어떤 것일까요! 나는 우리 곁을 떠난 많은 사랑하는 이들의 얼굴에서 영광의 빛이 반짝이는 것을 보아 왔습니다. 많은 사람들에게서, 그들이 천사들의 모습을 보았다고 나는 확실히 느낄 수 있었습니다. 반사된 영광의 기운이 그들의 얼굴에 드리워져 있었습니다. 오 형제들이여, 우리는 곧 천국에 대해서 모든 신학자들이 우리에게 말해 줄 수 있는 것보다 더욱 잘 알게 될 것입니다. 이제 우리들이 거처하는 집으로 갑시다. 하지만 우리가 다시 만날 것을 맹세합시다. 하지만 그 회합의 장소를 어디로 정할까요? 지상의 어느 지점으로 정하는 것은 적절하지 않습니다. 이 총회 전체가 이 세상에서 다시 모이지는 않을 것입니다. 우리는 예수님을 만날 것입니다. 그분이 계신 곳에서, 그분의 영광을 보게 될 것입니다. 여러분 중 어떤 이들은 이렇게 할 수 없습니다. 여러분의 악한 길에서 돌이키십시오. 옳은 길로 돌이키십시오. 십자가가 서 있는 길로 향하여, 곧장 그 길을 가십시오. 그러면 여러분이 영광 중에 계신 예수님께 이르게 될 것입니다. 주님의 복되신 이름을 찬송합니다! 아멘.

제
73
장

—

의로우신 아버지

—

"의로우신 아버지여 세상이 아버지를 알지 못하여도 나는
아버지를 알았사옵고 그들도 아버지께서 나를 보내신 줄 알
았사옵나이다. 내가 아버지의 이름을 그들에게 알게 하였고
또 알게 하리니 이는 나를 사랑하신 사랑이 그들 안에 있고
나도 그들 안에 있게 하려 함이니이다." — 요 17:25-26

이 본문은 우리 주님의 놀라운 기도의 마지막 문장들입니다. 이 문장들이
전체 기도의 꽃과 왕관으로 간주될 수 있지 않겠습니까? 정신이란 대개는 계속
진행할수록 뜨겁게 달아오르다가 마침내 가장 높은 열기에 도달하는 것이며, 우
리 구주께서 여기서 그분의 기도의 절정, 그분의 간구의 꼭대기에 도달하셨다고
생각하는 것도 틀리지는 않을 것입니다. 예수님은 "지금까지도 좋은 포도주를
간직하셨으며"(참조. 요 2:10), 마지막까지 최상의 문장들을 내어 놓으십니다. 우
리의 빈약한 능력으로 어떻게 "이 위대한 논증의 최고봉"에까지 이를 수 있을까
요? 우리의 적은 기술로는, 석고 단지 안에 있는 연고처럼, 이 말씀 안에 든 모든
정수를 추출해 내기가 불가능합니다. 그러기에는 일생 동안을 묵상해도 짧을 것
이며, 은혜의 가르침을 가장 잘 받은 신자의 정신도 너무나 미약합니다. 여기에
이성으로도, 사상으로도, 경험으로도, 그 깊이를 다 가늠할 수 없는 거대한 심연
이 있습니다. 오직 새 예루살렘의 학자들만이, 오랜 세대 동안에 영광스러운 구
속 역사에 나타난 하나님의 심오한 지혜를 연구해 온 저들만이, 우리 구주의 단

순하면서도 함축적인 이 말씀이 무엇을 의미하는지를 알 수 있을 것입니다. 아니 어쩌면 그들조차도 모를 수도 있습니다. 요한복음은 어린이가 읽기에도 언제나 쉽습니다. 하지만 어른이 이해하기에도 언제나 어렵습니다. 이 두 구절은, 거의 전부가 단음절(單音節) 단어들로 구성되어 있지만, 가장 잘 성령의 조명을 받은 이성조차도 당혹스럽게 만드는 신비들을 내포하고 있습니다. 그 신비의 베일을 생각하며, 나는 이렇게 외치지 않을 수 없습니다. "오, 깊도다!" 나는 그저 묵상의 냇가를 따라 씻겨 내려 온 사금(砂金)들을 여러분에게 제시하기를 바랄 뿐이지, 여러분을 그 보물들이 묻혀 있는 비밀의 광산으로 데려가지는 못합니다. 여러분이 여기서 언급되는 진리들의 높이와 깊이를 알려면, 여러분 자신의 경험과 성령의 개인적인 가르침이 필요할 것입니다. 또한 그 진리들 전체를 제대로 알기 위해서는, 죽음과 부활을 경험하고 저 영원한 영광을 목격해야만 할 것입니다.

모든 신중한 독자들에게 명백히 드러나는 것이 이 본문에 두 가지가 있습니다. 첫째로, 매우 특별하고 측량할 수 없을 정도로 소중한 지식(knowledge)이 있습니다. "의로우신 아버지여, 세상이 아버지를 알지 못하여도, 나는 아버지를 알았사옵고, 그들도 아버지께서 나를 보내신 줄 알았사옵나이다." 이 지식과 관련하여, 여러분은 위대한 교사(a great Teacher)가 있다는 것을 알게 될 것입니다. 그 교사는 그분이 가르치시는 것을 그 자신이 먼저 알고 계십니다. "나는 아버지를 알았사옵고." 그리고 다음에는 그의 지식을 전달하십니다. "내가 아버지의 이름을 그들에게 알게 하였고 또 알게 하리니." 결실이 풍성한 그 주제는 우리의 첫 번째 묵상 제목을 제공합니다. 성령님께서 우리를 그 안으로 인도해 주시길 빕니다. 이 본문의 두 번째 부분은, 모든 신성한 지식은 사랑으로 이끌어 준다는 것입니다. 26절은 지극히 탁월한 사랑(a love of infinite excellence)의 놀라운 발견에 대해 말하고 있습니다. "나를 사랑하신 사랑이 그들 안에 있게 하려 함이니이다." 또한 여러분은 순서를 따라, 그 사랑을 우리에게 있도록 하기 위한 신성한 내주자(divine Indweller)가 있음을 볼 것입니다. 우리에게 최상의 지식을 전해줄 교사가 필요하듯이, 그 무한한 사랑을 우리에게 불어넣기 위해서는 이 내주자가 꼭 필요합니다. "나도 그들 안에 있게 하려 함이니라." 이렇게 하여 우리의 첫 번째 주제는 신성한 지식과 신성한 교사가 될 것이며, 두 번째 주제는 내주하는 사랑과 내주하시는 주님이 될 것입니다. 이 두 가지는 하나입니다. 우리 주 예수님의 복되신 인격은 그 두 가지 모두와 밀접히 관련되어 있고, 또한 그 두 가지를 하나로 묶기 때문에, 주제는 실상 한 가지입니다. 그리스도 예수 안에서 하나님을 아는 것은 그분을 사랑하는 것이며, 그분에게서 사랑을 받는 것이 우리가 그분을 알게 되는 원인입니다. 예수님께서 아버지의 이름을 알게 하실 때에, 우리가 그분을 알기도 하고 사랑하기도 하는 것입니다. 또한 우리가 아들 안에서 아버지를 볼 때에, 우리는 교훈과 사랑 두 가지 모두로 채워지는 것입니다.

1. 무한한 가치의 지식과 그 교사

본문은 무한한 가치의 지식과 그 교사(a knowledge of infinite value and its teacher)에 대해 말합니다. 그 지식이란 무엇입니까? 26절에서 예수님이 우리에게 말씀하십니다. "내가 아버지의 이름을 그들에게 알게 하였고." 하나님이 인간을 지으셨습니다. 그러니 당연히 인간은 자기의 조물주를 알아야 합니다. 피조물은 창조주를 알아야 하며, 신하는 왕의 이름을 알아야 합니다. 하지만 우리 마음이 어두워졌기 때문에, 타락에서 비롯된 부패성 때문에, 또한 각 사람의 개인적인 죄 때문에, 깨닫는 이도 없고 하나님을 찾는 이도 없게 되었습니다. 타락한 인간이 다른 무엇을 아무리 알기를 원해도, 그리고 본성상 인간은 선악을 알게 하는 나무를 언제나 먹으려 하지만, 그는 자기 하나님을 알기를 원하지는 않으며 오직 그분을 향해 이렇게 말할 뿐입니다. "우리를 떠나소서 우리가 주의 도리 알기를 바라지 아니하나이다"(욥 21:14). 하지만 인간이 자기 하나님을 알기 전에는, 그리고 그분과 화평하기 전에는, 결코 바른 상태에 있을 수 없는 것이 명백합니다. 하나님을 전혀 알지 못하는 사람은 마음이 어두운 상태에 있는 것이 틀림없습니다. 그가 어둠을 사랑하는 것을 보면 그의 마음이 하나님께 대해서 악의를 품은 것이 분명합니다. 그의 고의적인 무지가 하나님께 대한 그의 적대감을 입증합니다. 사람이 하나님을 거역하는 한 그는 행복할 수도, 거룩할 수도, 안전할 수도 없습니다. 완벽한 성결과 사랑이신 그분에게 대항하여 싸우는 자가 어떻게 그럴 수 있겠습니까? 그러므로 우리 주 예수 그리스도께서는 우리를 구원하기 위해 오시면서, 우리에게 아버지를 나타내시는 것을 그분의 임무의 일부로 삼으셨습니다. 그분은 하나님의 영광을 아는 지식을 우리에게 가져다주십니다. 그 지식이 그분 자신의 얼굴에서 빛나고 있습니다. "그는 육신으로 나타난 바 되시고"(딤전 3:16). 사람이 구원받기 위해서는 하나님을 알아야 합니다. 그래서 옛적에 시편 22편 22절에서 예수님이 약속하셨습니다. "내가 주의 이름을 형제에게 선포하리이다(I will declare Thy name unto My brethren)." 그리고 여기 본문에서 그분이 고백하십니다. "내가 아버지의 이름을 그들에게 알게 하였고 또 알게 하리니." "이름"이라는 용어로써 그분은 하나님의 존재와, 하나님의 본성과, 하나님의 성품과, 하나님의 역사와, 하나님의 계시를 의미하십니다. 성경에서 "이름"이라는 단어는 아주 특별하고 풍부한 의미를 담고 있으며, 그 단어는 한 인격체를 적절히 묘사할 수 있는 모든 것을 내포합니다. 이 경우에 그 단어는 하나님의 전부를 내포하며, 우리 주 예수 그리스도께서 오신 것은 우리에게 하나님을 충분히 알리기 위해서입니다. 그분이 말씀하십니다. "너희가 나를 알았더라면 내 아버지도 알았으리라"(요 8:19). 이는 우리 각 사람에게 이러한 엄중한 질문을 암시합니다. "나는 주님을 알고 있는가?" 만일 당신이 그렇지 않다면, 우리 주님의 이 말씀이 당신에게 적용되는 것이 분명합니다. "네가 거듭나야 하겠다"(요 3:7). 하나님을 아는 지식이 없다는 것은 명백히 당신의 본성이 여전히 어둠 속에 있다는 것이며, 또한 당신의 영혼이 그분에게서 멀어져 있다는 것입니다. 당신은 저 악한 자의 수중에 있는 세상에 속한 것이며, 그 세상에 대해서는 우리 주님이 이렇게 말씀하셨습니다. "의로우신 아버지여, 세상이 아버지를 알지 못합니다." 오, 성령님의 가르침을 통해 여러분이 아버지를 알게 되기를 바랍니다.

25절에서 하나님께 부여된 이름으로써, 우리가 주의 이름을 알고 있는지 아닌지를 결정할 수 있습니다. 그것이 무엇입니까? 내 설교의 주제가 이 문제를 다루고 있으므로, 여러분의 특별한 주의를 바랍니다. 그것은 바로 이것입니다. "의로우신 아버지여!" 나는 성경의 어디에서도 하나님께서 이 이름으로 호칭되는 경우를 알지 못합니다. 이 기도의 앞에서 예수님은 아버지를 이 칭호로 부르시지 않았습니다. 예수님은 "아버지"라고 부르시거나 혹은 "거룩하신 아버지(holy Father)"라고 부르셨습니다. 하지만 오직 여기에서만 "의로우신 아버지(righteous Father)"라고 부르십니다. 자, 이 이름에 대한 지식이, 여러분이 진실로 영적으로 하나님을 아는지, 혹은 외적으로 개념상으로만 그분을 아는지에 대한 검증이 될 수 있다고 나는 말합니다. 만일 여러분이 그분을 올바로 알고 있다면, 여러분은 이 간단한 두 단어가 "의로우신 아버지"라는 말로 조합되었을 때 그 속에 내포된 의미를 이해할 것입니다. 그분은 "의로우신" 분으로서, 재판장과 통치자의 속성들을 가지고 계십니다. 정당하고, 공정하시며, 결코 죄를 용인하지 않으십니다.

그분은 "아버지"로서, 가까운 친족이시며, 사랑이 많으시고, 부드러우시고, 용서하시는 분이십니다. 그분의 성품에 있어서와 자기 백성을 대하심에 있어서, 그분은 전에는 결코 결합된 적이 없는 듯한 그 두 가지 요소를 혼합하십니다. 어떻게 재판장과 아버지로서의 모습을 한 분에게서 동시에 발견하겠습니까? 죄인들이 관련되었을 경우에, 어찌 두 가지 특성들이 모두 완벽하게 나타날 수 있겠습니까? 어떻게 그것이 가능할까요? 답은 오직 한 가지로만 가능하며, 그 답은 그 두 가지가 한 가지로 결합된 예수님의 희생에서 발견할 수 있습니다. 우리 주 예수님의 속죄 안에서 "인애(mercy)와 진리(truth)가 같이 만나고, 의(righteousness)와 화평(peace)이 서로 입 맞추었으며"(시 85:10). 저 거룩한 대속자 안에서, 우리는 어떻게 하나님이 "의로우시며" 그러면서도 "아버지"로 선포될 수 있는지를 이해할 수 있습니다. 골고다의 숭고한 행동에서, 그분은 인자한 아버지 마음에 있는 사랑과, 공평한 통치자로서의 칼의 정의를 모두 나타내셨습니다.

이것이 우리 주님이 오셔서 세상에서 택하신 자기 백성에게 알리려 하신 지식입니다. 먼저, 그분은 이것이 **독특한 지식(peculiar knowledge)**이라고 단언하십니다. "의로우신 아버지여 세상이 아버지를 알지 못하였습니다." 이방 세계는 의로우신 아버지에 대해 아무것도 알지 못했으며, 아버지로서의 하나님에 대해 거의 알지 못했습니다. 이교도들의 시(詩)에서 군데군데 인간을 하나님의 자손이라고 말하기는 하지만, 하나님의 부성애(Fatherhood)에 대한 참된 생각은 이방의 현인들이나 철학자들에게 알려지지 않았습니다. 하나님의 의로우심에 대해서 말하자면, 그들은 아주 흐릿한 개념만을 가지고 있었습니다. 그들은 자연적인 양심의 빛에 비추어 장래의 심판 및 보상과 형벌 체계를 보았지만, 우주적 통치 안에서의 참된 의를 발견하지는 못했습니다. 그들이 알지 못한 것은 그들이 알기를 바라지 않았기 때문이 아닙니다. 그들의 신들이란 대개는 불법의 괴물들이었지요. 의와 사랑의 결합에 대해서는, 그들이 상상해 낼 수 없었습니다. 엄격하게 의로우면서도 동시에 무한하게 사랑이 넘치는 신에 대한 개념이 그들에게는 떠오르지 않았습니다. 그들이 어떻게 그럴 수 있었겠습니까? 그들 자신이 불의했기에, 그들은 의로우신 하나님을 찾지 않았습니다. 그분은 그들의 생각 속에 없었습니다. 그들 자신이 잔인하고 무정했기에, 그들은 그 이름이 사랑이신 신(Deity)을 발견할 수 없었습니다. 고대의 모든 지혜는 그분과는 전혀 다른 종류의 신들(gods)을 날조하는 방향으로 치달았습니다. "의로우신 아버지"라고 불리는 하나님을 세상은 자기 지혜로 알지 못했습니다.

말하기가 더욱 부끄러운 것은, 기독교 세계가 "의로우신 아버지"로서의 하나님을 알지 못하고, 그분에 대한 이 장엄하고, 영광스럽고, 성경적인 관점을 버리고 있다는 점입니다. 내가 기독교회(Christian church)와 기독교 세계(Christian world)를 엄격히 구분하고 있다는 것을 주목해주기 바랍니다. 기독교 세계란 선과 악의 혼합물입니다. 참되지도 않고 영적이지도 않은 것들을 통합하고 있으면서도, 기독교라는 이름을 쓰기를 바라고 있습니다. 그것은 그리스도의 친구인 체하는 세계이며, 여러분은 그 가식이 빤하다는 것을 알고 있습니다. 기독교회는, 하나님께 배우고 성령으로 난 자들로 구성되어 있으며, 기독교 세계와는 전혀 차원이 다릅니다. 이들에게는 매우 다른 무언가가 있는데, 곧 그들이 의로우신 아버지를 안다는 것입니다. "사상가들(thinkers)"이라고 딱지가 붙은 회의주의자들은 하나님에 대한 복음적인 개념을 거부하며, 또한 그 개념과 관련된 속죄도 거부합니다. 세속적인 지혜는 "하나님의 보편적 아버지 되심(universal fatherhood of God)"에 대해서 말하며, 그 순전한 공상, 그 어리석은 허구, 성경과는 분명히 반대되는 사상을 끊임없이 지껄입니다. 보편적인 아버지에 대한 개념은 우리 주님이 이렇게 말씀하셨을 때 분명히 반대하셨습니다. "하나님이 너희 아버지였으면 너희가 나를 사랑하였으리니 이는 내가 하나님께로부터 나와서 왔음이라. 너희는 너희 아비 마귀에게서 났으니 너희 아비의 욕심을 너희도 행하고자 하느니라"(요 8:42, 44). 요한일서 3장 1절을 보면, 우리가 하나님의 자녀들로 일컬음을 받는 것이 특별하고도 경이로운 사랑으로 묘사되고 있지 않습니까? 성령께서 그분의 종인 요한을 통해 이렇게 말씀하시지 않았습니까? "이러므로 하나님의 자녀들과 마귀의 자녀들이 드러나나니 무릇 의를 행하지 아니하는 자나 또는 그 형제를 사랑하지 아니하는 자는 하나님께 속하지 아니하니라"(요일 3:10). 철학적인 기독교 세계는 유약하고 무차별적인 부성(父性)에 대해서는 알지만, "의로우신 아버지"에 대해서는 알지 못합니다. 그것은 그분의 정의의 위엄 앞에 엎드리지 않습니다. 그런 가르침의 취지에 따르면, 죄는 불행이고, 불법은 아주 사소한 것이며, 고의적인 범죄로 괴로워하는 영혼들은 비난을 받기보다는 동정을 받아야 할 대상들입니다. 세상의 "사상가들"은 벌 받는 자들을 불쌍히 여기라고 끊임없이 우리 감정에 호소하여 말하지만, 파멸당해 마땅한 악을 미워하라고는 거의 아무런 말도 하지 않습니다. 그들에 따르면, 죄란 그 자체로 벌을 요구하는 것이 아니며, 어쨌든 처벌이 실행되어야 할 때라도, 보편적인 선을 위해 관대하게 처벌되거나 사면되어야 한다는 것입니다. 죄와 그 처벌 사이에 필요하고 불가피한 관련성이 모두 부인되는 것입니다. 그들은 감히 정의를 복수라 부르고, 속죄를 마치 사적인 불쾌함을 보상하는 위자료 정도인 것처럼 말합니다. "온통 자비롭기만 한 하나님은 정의롭지 못한 하나님(a God all mercy were a god unjust)"이며, 또한 정의롭지 못한 신은 곧 사랑 없는 신으로 드러날 것이며, 실상 하나님이 아니라는 진리를, 그 기독교 세계는 배우지 않은 듯이 보입니다. "의로우신 아버지여!" 이는 성령에게 배운 자들만이 받아들이는 독특한 계시입니다. 바로 이 계시에 대해서 예수님은 오늘도 말씀하십니다. "의로우신 아버지여 세상이 아버지를 알지 못합니다." 사람들은 속죄의 교리를 배척하고, 대속에 대해 논박하며, 그리스도의 보혈에 대해 언급하는 것을 격렬하게 비꼬며, 그 옛 진리를 굳게 붙드는 자들을 심하게 조롱합니다. 그들은 이 부딪칠 돌에 부딪쳤으며(롬 9:32), 이 진리의 반석을 전복시키려고 계속해서 애를 쓰고 있습니다. 하지만 확실한 것은, 바로 이 검증의 질문으로써, 우리는 사람이 하나님을 바르게 알고 있는지 혹은 그분을 알지 못하는지를 판단할 수 있다는 것입니다.

이 지식이 매우 **특징적인**(distinctive) 이유는, 그것을 받아들이는 자의 정신적 상태를 드러내 주기 때문입니다. 하나님을 "의로우신 아버지"로 아는 사람은, 자기 자신에 대해서도 어느 정도 지식을 가지고 있음을 보여줍니다. 그는 자기 본성 안에 있는 죄를 인식하며, 그것이 그에게는 큰 짐이 되어 왔습니다. 하나님의 의는 그에게 아주 위협적인 형태로 비쳐졌으며, 따라서 그는 죄 의식 아래에서 그 앞에 엎드렸습니다. 여러분은 또한, 그 사람이 자기 구주에 대해서도 무언가를 알고 있음을 볼 수 있습니다. 그는 명백히 그 아들을 보았으며, 그렇지 않았더라면 아버지를 알지 못했을 것입니다. 예수님이 이렇게 말씀하셨기 때문입니다. "나로 말미암지 않고는 아버지께로 올 자가 없느니라"(요 14:6). 그는 인간에게 주시는 하나님의 큰 선물을 보았으며, 그분의 무한한 사랑을 알게 되었습니다. "의로우신 아버지"에 대한 그의 지식은 그의 마음이 하나님의 정의에 복종하는 것을 보여줍니다. 그는 다윗이 이렇게 말했을 때에 다윗과 같은 입장에 서 있습니다. "내가 주께만 범죄하여 주의 목전에 악을 행하였사오니 주께서 말씀하실 때에 의로우시다 하고 주께서 심판하실 때에 순전하시다 하리이다"(시 51:4). 그는 분명히 징벌의 채찍에 자기 등을 드러내었으며, 그에게 가해지는 모든 매질이 합당하다고 느꼈습니다. 또한 마음이 주님을 "의로우신 아버지"로 아는 정도만큼, 그 마음은 하나님을 신뢰하기를 배운 것입니다. 어느 누구도 먼저 살아 있는 믿음과 거룩한 사랑의 불꽃을 가지기 전에는, 영과 진리 안에서 그분을 아버지로 부르지 않기 때문입니다. 복종과 신뢰의 결합은 거듭난 영혼에게서 볼 수 있는 독특한 성품입니다. 만일 어떤 사람이 진정으로 구원받았다면, 그에게서 틀림없이 그런 특징이 발견됩니다. 왜냐하면 그것이 자기 의(self-justification)와 절망에서 생기는 증오로부터 구원받은 표지이기 때문입니다. 어떤 사람이 하나님의 정의에 대해 무조건적으로 복종하는 것을 볼 때, 그러면서도 그가 하나님의 무한한 사랑을 신뢰하고 바라는 것을 볼 때, 우리는 그가 거듭난 사람이라고 확신할 수 있습니다. 그는 이렇게 부르짖습니다. "오 나의 하나님, 당신은 의로우십니다. 만일 당신께서 저를 멸하신다 해도 저는 그렇게 말할 수 있습니다. 하지만 아버지여, 당신께서는 저를 멸하지 않으실 것입니다. 당신이 사랑이심을 제가 알기 때문입니다. 비록 제가 당신께서 불 칼을 손에 쥐고 계신 것을 본다 해도, 여전히 저는 당신을 신뢰할 것입니다. 당신이 은혜로우시며 인자하신 분이심을 제가 믿기 때문입니다." 본문에 묘사된 이 지식은 하나님에게서 배운 자에게만 나타난다는 점에서 독특할 뿐 아니라, 그 지식 자체에 은혜가 내포되었다는 점에서도 독특성을 나타냅니다. 그들이 믿는 것은 그들이 그리스도의 양이며 그분의 목소리를 알기 때문입니다. 그들 속에 있는 생명이 살아있는 진리를 받아들입니다. 만일 하나님의 영에 의해 그들의 성품 안에 변화가 생기지 않았다면, 그들은 "의로우신 아버지"를 알기 위해 오려고 하지 않았을 것입니다. 하지만 그런 일이 그들 속에서 일어났기 때문에, 그들이 필연적으로 그분을 알게 된 것입니다.

다음으로 내가 말하고 싶은 것은 이 지식이 현저하게 위로를 주는(eminently consolatory) 지식이라는 것입니다. 내가 아는 것은 적은 부분에 지나지 않지만, "의로우신 아버지"라고 하는 이 두 단어에서 내포된 지식을 내가 계속 간직할 수 있는 한, 즐거이 그 모든 지식을 여러분과 나누고 싶습니다. 이 지식은 나의 생명이며, 나의 빛이며, 나의 사랑이자, 나의 기쁨이고, 나의 천국입니다. 마치 알렉산드리아의 도서관이 불에 타 재가 되었을 때 그랬듯이 지나간 세대의 모든 지식과 지혜의 부산물들이 실질적으로 소멸된다 해도, "의로우신 아버지"라고 하는 이 두 단어에 대한 지식을 사람이 간직할 수만 있다면, 그는 다른 모든 것이 연기 속에 사라지는 것을 보아도 만족할 것입니다. 유일하신 참 하나님과 그가 보내신 예수 그리스도를 아는 것은 지혜의 절정이자, 본질이고, 총체입니다. 나는 그 지식이 위로를 주며, 또한 최상의 위로를 준다고 말했습니다. 사람에게 있어서, 하나님이 그의 아버지이심을 아는 것, 탕자를 용서한 아버지처럼 하나님께서 아버지로서 그를 용서하심을 느끼고, 또한 한때 잃어버린 아들을 아버지로서 그 집과 품으로 받아주심을 느끼는 것은, 말로 표현할 수 없을 정도로 기쁜 일입니다. 하지만 여기에서 더 나아가, 이 모든 일이 정의를 훼손시키지 않은 채 이루어졌고, 이 모든 은혜의 행위가 의롭게 수행되고, 정의가 요구하는 방식을 따라 이루어졌음을 우리가 배울 때, 그 때 우리는 놀라운 사랑으로 충만하게 됩니다. 사랑하는 이여, 하나님께서는 죄를 지은 자기 백성들에게 불쾌감을 드러내실 때뿐 아니라 그들을 사랑하실 때에도 정의로우십니다. 그분은 죄를 벌하실 때와 마찬가지로 용서에 있어서도 의로우십니다. 바로 이것이 이 문제 전체에서 하나님의 영광을 나타냅니다. 이것을 안다면, 우리는 그리스도 예수 안에서의 우리의 지위가 난공불락인 것을 알게 됩니다. 우리는 정의가 우리를 벌하지 못하는 것을 봅니다. 예수님이 이미 우리의 형벌을 지셨기 때문입니다. 정의는 더 이상 우리 손에서 죄의 대가를 찾을 수 없습니다. 우리의 위대한 대리자(Substitute)께서 온전한 순종으로 그 삯을 다 치르셨기 때문입니다. 그리스도 예수 안에서 하나님은 의로우시며(just), 또한 우리를 의롭게 하시는 분이십니다(justifier). 우리는 너무나 안전하기 때문에 반대의 논증에 반박하며 이렇게 외칠 수 있습니다. "누가 능히 하나님께서 택하신 자들을 고발하리요"(롬 8:33). 우리는 의기양양한 어조로 크게 기뻐하며 노래할 수 있습니다. "만일 하나님이 우리를 위하시면 누가 우리를 대적하리요"(롬 8:31). 만일 하나님이 의로우시며, 또한 그러면서도 내 아버지시라면, 나는 구원을 얻은 것이며, 또한 나는 하나님의 속성들이 나의 구원을 통해 영화롭게 되는 방식으로 구원을 얻은 것입니다. 그러므로 나는 아주 안전하고 분명하게 구원을 얻은 것입니다. 그러니 내가 어찌 기뻐하지 않겠습니까?

　　"의로우신 아버지"로서 하나님을 아는 이 지식과 관련하여 한 가지 사실을 더 언급하고자 합니다. 그것은 그 지식의 소유자로 하여금 예수님과 많은 교제를 누리게 하는 지식이라는 것입니다. 우리 주님이 그것을 어떻게 표현하시는지를 주목해 보십시오. "의로우신 아버지여 세상이 아버지를 알지 못하여도, 나는 아버지를 알았사옵고 그들도 아버지께서 나를 보내신 줄 알았사옵나이다." "나는 아버지를 알았습니다." 아, 그렇습니다. 옛적부터 하나님의 아들은 신성의 영광스러운 특징을 아셨습니다. 그분 자신이 하나님이시기에, 그분은 정의란 신성의 본질적인 속성이며, 그것이 결코 퇴색될 수 없고 머리털 한 올의 간격만큼도 양보될 수 없는 것임을 아셨습니다. 또한 그분은 하나님이 사랑이시며, 그 사랑이 결코 중단되지 않는 그분의 특별한 영광과 기쁨인 것을 아셨습니다. 사람의 방식을 따라 말하자면, 그분은 옛적부터 하나님의 정의와 사랑이라는 두 가지 속성이 서로를 조금도 퇴색시키지 않으면서 하나로 용해되었음을 아셨습니다. 그 두 가지가 모두 제자리를 지켜야 하는 것을 그분은 아셨습니다. 하나님은 의로우셔야 했으며, 그리고 아버지이셔야 했습니다. 결과적으로, 죄인들을 다루실 때에, 그분은 매를 드셔야 하면서도 자비를 베푸셔야 했습니다. 우리 주님은 이 두 가지 필수적인 속성들이 영원한 언덕들처럼 서 있는 것을 보셨고, 또한 우리의 운명이 그 사이에서 어떻게 굴러가는지를 보셨습니다. 우리를 위하여 겸비하게 자기를 낮추셔서, 하나님의 정의의 지속과 사랑의 표현을 한데 묶으신 분이 바로 그분이십니다. 그분은 우리의 본성을 취하시고, 불화의 원인이었던 우리의 죄를 짊어지기로 결심하셨습니다. 그런 후, 우리가 평화를 누리도록 친히 징계를 받으심으로써, 하나님의 정의를 높이면서도 동일한 정도로 하나님의 사랑을 크게 나타내셨습니다. 그분이 오셨고, 보셨고, 난제를 해결하셨습니다! 이제 재판장은 그 자신이 사랑이 아니신 듯이 의로우실 수 있고, 아버지는 마치 의가 훼손된 적이 없는 듯이 사랑으로 대하실 수 있습니다. "의로우신 아버지"라고 하는 하나님의 이 위대한 특징이, 우리 주님에게는 너무나 귀하였고 너무나 감탄스러운 것이었기에, 그분은 그것을 유지하고 옹호하시기 위해 죽으셨습니다. 그리고 여러분과 내가 그것을 알게 될 때, 우리가 그 진리를 너무나 기뻐하여, 그 진리를 포기하느니 차라리 죽는 편이 낫다고 느낄 정도라고 나는 확신합니다. 이 위대한 하나님의 계시는 받아들일 수도 있고 그러지 않을 수도 있는 신조가 아닙니다. 그것은 반드시 받아들여져야 합니다. 나는 내 영혼 속에서 이 진리의 항목이, 굳게 서는 교회와 추락하는 교회를 판가름하는 항목일 것이라고 믿습니다. 만일 여러분이 그리스도의 대속적인 희생(substitutionary sacrifice)이라는 교리를 버린다면, 여러분은 복음의 창자를 꺼낸 것이며, 복음의 심장을 도려낸 것과도 같습니다. 하나님의 영광과 인간의 구원이 예수님 안에서 결합되어 발견됩니다. 그것이 진실이 아니라면 더 이상 천사들이 "지극히 높은 곳에서는 하나님께 영광이요 땅에서는 평화"라고 노래할 이유가 없을 것입니다. 속죄가 부인된다면 매우 애석하게도 복음은 약화될 것입니다. 하지만 그것은 부인되거나 논박될 수 없습니다. 하나님은 의로우시고, 또한 믿는 자를 의롭게 하시는 분이십니다(롬 3:26). 이 진리를 명백히 드러나도록 하기 위해 예수님이 죽으셨기에, 그분의 백성들은 그것을 선포하기 위해 살아야 하며, 또한 일천 개의 순교의 묘지가 생긴다 하더라도 그것을 지킬 가치가 있다고 느끼는 것입니다. 우리가 그리스도와 교제를 나누는 것은 이 점에서입니다. 곧 그리스도께서 "의로우신 아버지"를 아시며 또한 그분을 기뻐하시듯, 우리 역시 그리스도 안에서 "의로우신 아버지"를 알며 또한 그분을 사랑하고 찬미하며 매일같이 그분에 대해 놀라워하는 것입니다.

여기까지 내 있는 힘껏 너무나 소중한 지식에 대해 묘사했습니다. 우리 모두가 주님에 대해 배우고, 가장 작은 자에서 가장 큰 자에 이르기까지, 모두가 그분을 알게 되기를 바랍니다.

자, 이 지식은 한 교사(a Teacher)에 의해 우리에게로 옵니다. 그 교사에 대해서는 26절에서 언급되고 있습니다. "내가 아버지의 이름을 그들에게 알게 하였고 또 알게 하리니." 우리의 사랑하시는 주님은 아주 적절하게 우리에게 이 "의로우신 아버지"의 이름을 알려 주셨습니다. 그 이름을 아무도 알지 못하고 오직 그분만이 아시며, 그래서 여기에서 이 친밀한 지식에 대해 이렇게 말씀하십니다. "하지만 나는 아버지를 알았습니다." "아버지 외에는 아들을 아는 자가 없고"(마 11:27), 또한 아들은 아버지의 통치의 올바름과, 또한 아버지 마음속에 있는 다른 이들을 위한 사랑을 아십니다. 그분 자신이 "참 하나님에게서 나신 참 하나님(very God of very God)"이 아니십니까? 또한 그분만이 다른 누구도 갖지 못한 선명한 시야로, 아버지의 인격 안에서 이 두 가지 속성의 영역들이 놀랍게 연합되어 있는 것을 보시는 것이 아닙니까? 그러므로 그분이 우리에게 그분이 보시고 아시는 아버지에 대해 알려 주시는 것이 합당합니다.

그분은 자기 삶에서 "의로우신 아버지"를 알리셨습니다. 그분의 삶에서 그분은 진리와 은혜를 구현하셨기 때문입니다. 지상에 계신 예수 그리스도는 생각과 말과 행동에 있어서 의로우셨습니다. 그분이 범하거나 주입하거나 혹은 묵과하신 죄가 하나라도 있는지 내게 지적해 보십시오. 의로움은 그분이 호흡하는 대기와도 같은 것이었습니다. 시편 기자가 그분에 대해 잘 말했습니다. "왕은 정의를 사랑하고 악을 미워하시니"(45:7). 그러면서도 그분 안에 있는 사랑과, 방황하는 양들을 위한 연민은 어떠하였는지요! 그분은 죄인들과 섞여 지내셨고, 그러면서도 죄인들과는 구분되셨습니다. 그분은 그들의 질병에 손을 대시고 그들을 치료하셨지만, 그들의 부정함에 의해 더럽혀지지 않으셨습니다. 그분이 그들의 연약함을 친히 짊어지셨음에도, 그분의 인격 안에서 어떤 죄의 흔적도 찾을 수 없었습니다. 우리 주님은 너무나 의로우셨기 때문에, 여러분은 즉각적으로 그분이 이 세상에 속하지 않으신 것을 알아볼 수 있었을 것입니다. 또한 그러면서도 그분은 너무나 사랑이 많은 인간이셨기 때문에 그분은 사람들 가운데 사람으로서 함께 지내셨으며, 세례 요한처럼 "먹지도 않고 마시지도 않는"(마 11:18) 방식으로 그들과 떨어져 지내지도 않으셨고, 많은 천재적인 사람들이 그래왔듯이 기이한 사고방식으로 동료들과 분리되지도 않으셨습니다. 그분은 사람에게 형제이자 의사이셨으며, 그의 친구이자 그의 구주이셨습니다. 여러분이 아버지의 의로우심과 사랑에 대해 알고 싶을 때에는, 예수 그리스도의 생애에 대해 읽어 보십시오. 아니, 주 예수님 그분 자체를 알아보십시오. 그러면 여러분이 아버지를 알게 될 것입니다.

그렇지만, 다른 무엇보다도 그분의 죽음이 이것을 아주 영광스럽게 드러냅니다. 보십시오! 그분이 "의로우신 아버지"를 보이기 위해 죽으십니다. 그분이 친히 인간의 죄를 짊어지시고, 인간이 자기 죄의 채무를 이행하기 위해 가야 하는 곳으로 그분이 가십니다. 고소하는 자들 앞에서 잠잠하시고, 범죄자 중 하나로 헤아림을 입고 정죄를 받으십니다. 이제 그분은 죄인의 죽음을 죽으셔야 합니다. 보십시오! 그분이 십자가에 못 박히십니다. 이제 하나님께서 친히 그분을 버리십니다. 여호와께서 인간의 죄를 그리스도에게 담당시키셨기 때문이며, 그래서 그분의 영이 기쁘게 임재하실 수 없기 때문입니다. 버림받으신 구주께서 외치십니다. "나의 하나님, 나의 하나님, 어찌하여 나를 버리셨나이까?" 의로우신 아버지께서 그분에게서 얼굴을 외면하셨을 때에, 그러시는 것이 당연합니다. 사랑하는 이여, 예수 그리스도께서 죽으셨을 때에, 하나님의 의와 부성애가 다른 어떤 수단들에 의해 나타낼 수 있는 것보다 장엄하게 나타났습니다. 그 때 신비가 명확해졌고, 심연이 그 바닥을 드러내었습니다. 오, 우리의 하나님이시여, 주께서는 저 감탄스러운 미덕의 심연을 이렇게 하여 우리에게 밝히 드러내셨나이다!

> "당신의 광대한 사랑에 우리의 마음이 얼마나 떨리는지요!
> 광대한 사랑, 침범할 수 없는 정의!
> 당신께서는, 당신의 정의를 얼룩지게 하시기보다는,
> 저 십자가를 당신의 친 아들의 피로 얼룩지게 하셨나이다."

오늘날에도 하나님의 의로우신 부성애(父性愛)를 계속하여 나타내시는 것이 우리 주님이 하시는 일입니다. 그분은 그분의 성령의 역사로써 그 일을 행하십니다. 그분이 그것을 당신에게 나타내신 때를 기억하고 있습니까? 당신이 죄로 인한 슬픔으로 엎드렸을 때, 하나님과 화목하기를 간절히 바랐으나 어찌해야 할지를 알지 못했을 때, 그 때 하나님의 영이 당신에게 임하시어 이미 이루어진 저 완전한 속죄와 저 완전한 대속자를 가리키셨고, 당신은 손뼉을 치며 기뻐하였습니다. 하나님이 당신의 아버지가 되시고, 당신을 그분의 자녀로 받아주시며, 그러면서도 그분의 의가 조금이라도 축소될 필요가 없음을 당신이 알게 되었기 때문입니다. 그리스도를 위하여 역사하시는 하나님의 영은 여전히 이 진리를 열방 중에 알리고 계시며, 해가 거듭할수록, 눈먼 자들의 눈을 뜨게 하시고, 그분의 택하신 자들을 한 사람씩 불러모으시며, 예수 그리스도의 얼굴에 있는 하나님의 영광을 보게 하시며, 그들로 하여금 이렇게 고백하게 하십니다. "오 의로우신 아버지여, 제가 당신을 알고 당신 안에서 기뻐하나이다."

구원을 얻은 우리들 각 사람에게, 예수님은 이 "의로우신 아버지"를 더욱더 알려주고 계십니다. 나는 이분에 대해 내가 이십년 전에 알았던 것보다 더욱 많이 알기를 소망합니다. 형제여, 당신도 그렇지 않습니까? 자매여, 당신도 그렇지요? 나는 매일 우리가 하나님의 의로우신 부성애에 대해 조금씩 더 알아간다고 믿으며, 앞으로도 계속 그럴 것이며, 영원히 그럴 것이라고 믿습니다. 은혜 안에서 자라감에 따라, 우리는 만족된 공의(justice satisfied)와 그 만족된 공의 속에 나타난 사랑의 놀라운 신비를 더욱더 들여다보게 될 것입니다. 사랑하는 이여, 하나님을 "의로우신 아버지"의 이름으로 우리에게 알리시는 일이 저 영원 속에서도 우리 주님의 기쁨의 일부가 될 것입니다. 또한 그분의 발치에 앉아 그분에 대해 배우는 것이 우리의 기쁨이 아닐까요? 그분은 복되신 교사가 아니십니까?

그분은 우리를 아주 오래 참아주시지 않습니까? 우리에게 향하신 그분의 모든 돌봄과 수고에 대해 그분의 이름을 찬양합니다. 그분은 우리에게 많은 것을 가르쳐 주셨고, 우리에게 더 많은 것을 가르쳐 주고자 하십니다. 그분이 날마다 계속해서 우리에게 "의로우신 아버지"에 대해 알려 주실 때, 우리는 귀를 기울여 듣고, 자원하는 마음으로 엎드리도록 합시다.

자, 만일 내가 어느 때에라도 그리스도의 대속의 교리를 너무 자주 전하는 것처럼 보인다면, 그래서 여러분이 "그는 옛 가락만 연주하고 있어요"라고 말한다면, 나는 주저 없이 내 주님의 말씀을 인용하며 이렇게 대답할 것입니다. "내가 아버지의 이름을 그들에게 알게 하였고 또 알게 하리니." 이 진리는 계속해서 알리고 전해야 하는 것입니다. 그것은 그리스도인의 귀에 자주 들려야 하며, 그리스도인은 의무적으로 깨어서 그 진리를 고안해 낸 지혜와, 그것을 수행한 사랑과, 우리 구원의 계획과, "의로우신 아버지"의 영광에 대해 더욱 배워가야 할 것입니다.

2. 지극히 탁월한 사랑

두 번째로, 이 천상의 지식은 그 지식 자체를 목적으로 우리에게 주어지는 것이 아닙니다. "의로우신 아버지"에 대한 높고 복된 계시도 우리가 그것을 알고 그것을 아는 것에서 끝나도록 하기 위함이 아닙니다. 우리 주님은 이렇게 말씀하십니다. "내가 아버지의 이름을 그들에게 알게 하였고 또 알게 하리니 이는 나를 사랑하신 사랑이 그들 안에 있고 나도 그들 안에 있게 하려 함이니이다." 우리에게 부여되는 이 지식의 목적은 비길 데 없이 소중한 사랑(love unrivalled in value)이며, 그 사랑의 가치는 지극히 탁월합니다. 이제 그 사랑에 대해 말하도록 하겠습니다.

우선, 26절에서 언급되는 이 사랑의 발견은 내적인 발견(inward discovery)이라는 점을 주목하십시오. "나를 사랑하신 사랑이 그들 안에(in them) 있고." 이것이 무슨 의미입니까? 나는 그 의미가 그들이 그것을 알고, 그것에 의해 설복당하고, 그것을 믿고, 또 그것을 즐거워하는 것이라고 이해합니다. 그들이 그 의로우신 이름을 아는 것을 통해, 그들을 향한 하나님의 사랑을 알도록 하는 것입니다. 그 연관성을 이해하시겠습니까? 우리 주 예수 그리스도께서 죽으신 것은, 하나님이 의로우면서도 우리를 구원하실 수 있도록 하기 위해서입니다. 하나님께서 자기 백성을 위해 아들을 죽게 하시고 공의를 만족시키신다면, 그분이 그들을 놀라운 사랑으로 사랑하시는 것이 너무나 명백하지 않습니까? 그 어떤 것도 사랑을 그처럼 명백하게 입증하지 못하며, 그 어떤 것도 독생자의 희생적인 죽음만큼 사랑을 강력하게 느끼도록 하지는 않습니다. 그러므로 그리스도께서 "의로우신 아버지"의 복되신 이름을 알게 하신 것은, 강력한 능력으로 여러분에게 그분의 사랑을 알리기 위해서입니다. 그분이 아들까지도 아끼지 아니하시고 내주신 것을 여러분이 보고서, 여러분을 살리려고 그분이 어떻게 죽으셔야 했던 것을 보고서, 또한 여러분을 위해 하나님의 공의가 어떻게 만족되어야 했는지를 보고서, 인간의 생각을 뛰어넘어 하나님이 여러분을 얼마나 사랑하시는지를 여러분에게 알리려 하신 것입니다. "의로우신 아버지"를 아는 것만큼, 그분의 성품이 필요로 했던 속죄를 아는 것만큼, 하나님의 사랑을 알 수 있는 방법은 없습니다. "그가 우리를 위하여 목숨을 버리셨으니 우리가 이로써 사랑을 알고"(요일 3:16). 여러분은 이렇게 말할지도 모릅니다. "나는 활짝 핀 모든 꽃에서, 그리고 살며시 불어오는 모든 산들바람에서 하나님의 사랑을 봅니다." 그것은 옳습니다. 하지만 그것은 결국 그분이 말이나 소를 향해 나타내시는 사랑과도 같은 것입니다. 그들을 위해서도 꽃이 피고 미풍이 부는 것이 아닙니까? 어떤 이들은 이렇게 말합니다. "우리는 우리에게 먹을 양식을 주시고 또 입을 의복을 주시는 것에서 하나님의 사랑을 봅니다." 나도 그렇습니다. 하지만 이것 역시 그분이 까마귀들과 백합화들에게 보이시는 사랑과 동일한 것입니다. 까마귀들도 먹고 들풀도 옷을 입지 않습니까? 사랑이라고 알려진 것 중에 이런 것 이상의 무언가를 나는 알기를 원합니다. 한 사람이 이렇게 말합니다. "나는 그리스도께서 오셔서 우리를 가르치시고 우리를 더 좋게 만드신 것에서 하나님의 사랑을 봅니다." 물론 그렇겠지요. 나 역시 그렇답니다. 하지만 나는 그 사랑의 힘이, 내가 골고다를 응시하면서 나의 죄 때문에 피를 흘리는 저 무죄한 희생자를 볼 때보다는, 절반에 그치는 것이라고 느껴집니다. "사랑은 여기 있습니다!" 하나님 아버지께서 가장 사랑하시는 아들을 죄인을 위해 내주실 때, 우리가 이렇게 말하는 것이 당연합니다. "보라 그를 얼마나 사랑하셨는가"(요 11:36).

　　와서 이 사랑의 장관을 보십시오. 하나님의 통치의 정의를 옹호하기 위해 죽으셔야 했던 분은 다름 아닌 하늘의 주이십니다. 그분은 하나님의 독생자이신데, 그분이 인간의 죄를 감당하셔야 하는 것인가요? 기적 중의 기적입니다! 저 흠 없으신 하나님의 아들이 인간의 죄를 짊어지신단 말입니까? 그분은 그렇게 하셔야만 했습니다! 또 그렇게 하셨습니다! 그것을 하늘을 향해 말해 보십시오. 비록 하늘이 이천 년 가까이 그 경이(驚異)에 대해 들어왔어도, 지금도 여전히 그 일을 듣고 놀랄 것입니다. 아무런 죄가 없으신 그분에게 여호와께서 우리의 죄악을 담당시키셨습니다. 그 죄를 짊어지시고, 그분이 고난당하셔야 합니까? 그러셔야 했습니다. 하나님이 자기 백성을 사랑하시기에 아들이 그들을 대신하여 고난당하셔야 했습니다. 수치를 겪고, 버림을 당하고, 죽음을 맛보셔야 했습니다. 뭐라고요? 죽으셔야 한다고요? 성육하신 하나님이 죽으셔야 한단 말입니까? 죄인의 죽음을요? 이런 일이 가능합니까? 그렇게 되었습니다! 다 이루어졌습니다. "자기 아들을 아끼지 아니하시고 우리 모든 사람을 위하여 내주신"(롬 8:32) 것이 하나님의 사랑이었습니다. 오, 사랑이 이와 같은 위업을 이룰 수 있었던 것에 하늘도 영원히 놀라는 것입니다! 그리스도께서 오신 것은 하나님의 이름을 알리기 위한 목적이었습니다. 우리로 하나님의 사랑을 깨닫고, 그 사랑을 느끼고, 그 영광을 인식하고, 그 위대함에 놀라고, 그 무한의 사랑 안에서 즐거워하도록 하기 위함이었습니다.

하지만 이제 우리 주제는 바로 여기에서 정점에 오릅니다. 즉 이 사랑이 매우 특별한 종류의 사랑이었다는 것입니다. "나를 사랑하신 사랑이 그들 안에 있고." 하나님이 자기 아들을 사랑하신 그 사랑은 어떤 것일까요? 고대 철학자들과 신학자들과 학식 있는 자들이여, 오십시오. 와서 상상력과 냉철한 판단력을 섞어서 이 문제를, 아버지께서 그분의 독생자를 사랑하신 이 사랑의 문제를 곰곰이 생각해 보십시오. 믿는 자여, 그분이 자기의 가장 사랑스러운 아들을 사랑하신 것처럼 당신을 사랑하십니다. 그분은 하나님의 독생자이십니다. 그분은 아주 신비스러운 방식으로 아들이시며, 우리로서는 아버지가 영원하시며 아들 역시 영원하시다고 하는 그 신성의 부자(父子) 관계를 이해하지 못합니다. 그분이 당신을 사랑하시는 것은 그분이 그러한 아들을 사랑하시는 것과 같습니다. 아버지와 아들의 관계는 부자관계를 넘어서 본질의 연합이 있습니다. 아버지와 아들은 한 분 하나님이시기 때문입니다. 어떻게 한 분 하나님이 사랑하시고, 어떻게 아버지가 아들을 사랑하시는지를, 나는 알지 못합니다. 단지 내가 아는 것은 그러한 사랑에는 한계가 있을 수 없다는 것입니다. 그 사랑은 무한하고 말로 다할 수 없는 것임에 틀림없습니다. 자, 만일 당신이 그리스도께서 여러분에게 알려 주기를 원하시는 대로 하나님의 의로우신 부성(父性, Fatherhood)을 제대로 안다면,

당신은 하나님께서 자기 아들을 사랑하시듯 당신을 사랑하시는 것을 알게 될 것입니다. 그렇다는 것을 당신은 이해하지 못합니까? 만일 그분이 아들을 사랑하시듯 당신을 사랑하지 않으셨다면, 그분은 자기 아들을 아끼고 내주지 않으셨을 것입니다. 분명히 그렇지 않겠습니까? 만일 그분이 자기 아들을 사랑하시듯 당신을 사랑하지 않으셨다면, 그분은 그 아들에게 이렇게 말씀하셨을 것입니다. "아들아, 너는 결코 천국을 떠나서 저 오염된 행성으로 가면 안 된다. 너는 결코 가난과 고통으로 내려가서는 안 되며, 네 손과 발을 결코 못 박히게 해서는 안 된다. 너는 결코 멸시와 침 뱉음을 당하고서 잔인한 죽음을 당해서는 안 된다." 하지만 그분이 자기 아들을 사랑하시듯 우리를 사랑하셨기 때문에 그 아들을 내주신 것입니다. 그 사실이 여러분의 마음을 뜨겁게 하지 않습니까? 그것이 여러분의 가슴에서 로뎀나무 숯불처럼 뜨겁게 타오르지 않습니까? "말할 수 없는 그의 은사로 말미암아 하나님께 감사하노라"(고후 9:15).

아니, 그것이 전부가 아닙니다. 우리는 이 본문의 앞 구절에서 아버지께서 우리 주님을 영원히 사랑하셨다는 것을 배웁니다. "아버지께서 창세 전부터 나를 사랑하시므로"(24절). 그러므로, 하나님께서 그분의 사랑스러운 자녀인 당신을 역시 창세 전부터 사랑하신 것을 깨달으십시오. 당신이 존재하기도 전에 그분의 예지(豫知)의 눈이 당신의 존재를 보셨으며, 당신이 그분의 사랑의 대상이었던 것입니다. 왜 혹은 무엇 때문인지는 내가 말할 수 없지만, 내가 말할 수 있는 것은 그분이 당신을 사랑하셨다는 것과 또한 지금도 자기 아들을 사랑하시듯 당신을 사랑하신다는 것입니다. 지금 그 사랑의 능력이 당신의 마음속에서 느껴지기를 바랍니다.

그것은 **흡족함과 즐거움**(complacency and delight)의 사랑입니다. 그리스도께서 세례를 받으시던 날에, 또한 하늘이 열리던 또 다른 경우에, 주께서 자기 아들에 대하여 하셨던 말씀을 기억하십시오. "이는 내 사랑하는 아들이요 내 기뻐하는 자라"(마 3:17, 17:5). 모든 피조물들을 향한 하나님의 선의의 사랑과, 자기 백성들을 향해 간직하시는 그분의 흡족한 사랑을 언제나 구분하기를 바랍니다. 그분은 교회를 '헵시바' 곧 "나의 기쁨이 그녀에게 있다(My delight is in her)"라고 부르시지만(사 62:4), 세상에 대해서는 그렇게 부르시지 않습니다. 하나님께서 악인을 향해 "이는 내 사랑하는 아들이요 내 기뻐하는 자라"고 하신 적이 결코 없습니다. 그분이 악인을 기뻐하지 않으시기 때문이며, 오히려 매일같이 그에 대해 진노하시기 때문입니다. 오직 "의로우신 아버지"를 아는 모든 자들을 위해서, 그리스도께서는 아버지께서 그분을 사랑하신 사랑이 그들 속에도 있도록 기도하신 것입니다. 또한 그 기도로써, 그들이 그들 안에서(in them) 그들을 향한 하나님 아버지의 흡족한 사랑을 느끼길 원하신 것입니다. 할 수 있다면 이 높은 특권을 깨달으려고 시도해 보십시오. 오 믿는 자여, 무한하신 아버지 하나님께서 당신을 기뻐하시는 것은 사실입니다! 그것은 사실이며, 그렇지만 너무나 놀라운 일입니다! 종종 나는 아가서에서 신랑이 신부에게 하는 말을 찾아봅니다. "나의 사랑 너는 어여쁘고 아무 흠이 없구나"(4:7). 어떻게 이런 일이 가능할까요? 우리는 온통 흠투성이인데요? 하지만 영원하신 아버지께서 우리가 그리스도 안에 있는 것을 보시며, 그분 안에서, 마치 아버지가 자기 자녀들을 기뻐하듯이 우리를 기뻐하시는 것입니다. "내가 인자들을 기뻐하였느니라"(잠 8:31). "그가 너를 잠잠히 사랑하시며 너로 말미암아 즐거이 부르며 기뻐하시리라"(습 3:17). 여러분이 "의로우신" 분으로서 그러면서도 "아버지"로서 하나님을 알 때, 그 때 여러분은 구원의 의로운 길을 이해할 것입니다. 죄가 그리스도께 전가되었기에 주께서 우리에게 노하실 이유가 없다는 것을 이해할 것이며, 또한 그리스도의 의가 우리에게 전가되었기에 주께서 자기 백성들을 흡족하게 여기실 합법적인 이유가 생겼다는 것을 이해할 것입니다. 우리가 그리스도와 하나가 되었으므로, 바로 그 아들 때문에, 하나님께서 우리를 기뻐하실 충분한 이유가 있는 것입니다.

하나님 아버지는 그 아들을 무한히 사랑하십니다. 그 사랑에 어찌 조금이라도 모자람이 있겠습니까? 시작도 없이 그분은 그 아들을 사랑해 오셨고, 끝도 없이 그분은 그 아들을 사랑하실 것입니다. 그 사랑에는 변함도 없고, 끝도 없고, 한계도 없습니다. 그와 마찬가지로 하나님이 자기 백성 곧 소망을 "의로우신 아버지"로서의 그분에게 둔 자들을 사랑하십니다.

이 사랑이 마음을 지배하면, 그 마음에는 하나님께 대한 보답의 사랑이 우러나옵니다. 여러분이 "나의 하나님, 주께서 저를 사랑하시니 저도 주님을 사랑합니다"라고 느끼지 않고서는, 이 사랑을 진정으로 알거나 누리지 못하는 것입니다. 그 높고 고귀한 사랑의 열정이 영혼을 깨끗하게 하고 죄를 씻어내는 방향으로 작용하며, 또한 성화의 영향력이 되어서, 그리스도인을 "여호와께 성결"하도록 만드는 것입니다.

마지막으로, 영혼 안에 있는 이 사랑은 신성한 내주자를 통하여(through an

divine Indweller) 옵니다. 이 본문의 마지막 부분을 보십시오. "나를 사랑하신 사랑이 그들 안에 있고 나도 그들 안에 있게 하려 함이니이다." 이것이 무슨 의미입니까? 그 의미를 모두 여러분에게 말하지는 못합니다. 잠시 그 표면적인 부분만을 살펴보도록 합시다. 그것은 이런 의미입니다. 이제 지상에서는 성령님이 그리스도의 대리자이시며, 우리 중 누구에게 아버지 하나님의 사랑이 알려지면, 주 예수님께서 성령으로 반드시 우리 안에 계신다는 것입니다. 하나님의 영이 실제로 우리 안에 거하시지 않으면 우리는 의로우신 아버지를 알 수 없습니다. 그분이 우리를 소생시키시고 우리에게 빛을 비추시기까지, 우리는 눈멀고 죽은 자들과 같으며, 세상의 모든 가르침도 우리에게 아무런 유익을 주지 못합니다. 우리는 거듭나야 합니다. 내 사랑하는 청중이여, 여러분 중에 어떤 이들에게는 오늘 아침에 내가 하는 모든 말이 매우 이상하게 여겨질 것입니다. 그런 이들은 그 속에 있는 것을 전혀 보지 못합니다. 그 사실은 여러분이 어둠에 있는 것이 틀림없다고 의심해 보아야 할 이유입니다. 자기 백성을 향한 하나님의 사랑도 여러분에게 무미건조한 주제라면, 여러분의 상태가 매우 의심스러운 것입니다. 틀림없이 여러분은 그 안에 어떤 몫이나 분깃을 갖지 못했으며, 그게 아니라면 여러분이 그것에 대해 즐거워하며 이야기를 나누었을 것입니다. 여러분이 그것을 이해하지 못하는 이유는 여러분에게 그리스도의 영이 없기 때문이며, 만일 여러분에게 그리스도의 영이 없다면 여러분은 그분의 백성이 아닙니다. 이것이 여러분의 상태를 자각하게 해 주기를 바랍니다. 여러분이 그리스도를 찾고 영생을 얻는 길로 인도되기를 바랍니다.

　하지만, 그리스도께서 그분의 백성 안에 계신다고 본문이 말할 때에, 그것은 성령의 내주하심 외에도, 믿음으로 그리스도께서 우리 안에 계시다(Christ is in us by faith)는 것을 의미합니다. 우리가 위대한 속죄의 희생이 되신 그리스도 예수를 유일하게 의지할 분으로 받아들였기 때문에, 우리가 믿고 신뢰하고 사랑하는 대상으로서 그분이 우리 안에 계시다는 것입니다. 그분이 우리 안에 계시다면 우리가 "의로우신 아버지"를 알고 있는 것이 매우 분명하며, 또한 우리가 "의로우신 아버지"를 알 때 그에 수반하여 우리를 향하신 그분의 위대한 사랑도 어느 정도 알고 있는 것이 분명합니다. 여러분은 그리스도를 신뢰하십니까? 예수님 안에 여러분의 영광의 소망이 있습니까? 여러분은 오직 그분만을 의지하십니까? 만일 그렇다면, 이 본문의 은혜의 진수를 마음껏 맛보고 누릴 것이며, 어느 누구도 여러분을 방해하지 못하도록 하십시오.

더 나아가, 그리스도께서는 여러분과의 실제적인 생명의 연합에 의해(by a real and vital union) 여러분 안에 계십니다. 가지가 포도나무에 붙어 있듯이 여러분은 그분 안에 있으며, 그분은 마치 수액이 가지 안에 있듯이 여러분 안에 계십니다. 여러분은 몸 안에 있는 지체로서 그분 안에 있으며, 그분은 모든 지체들 안에 있는 생명으로서 여러분 안에 계십니다. 우리는 예수님이 우리를 살리시는 것을 알고, 그분이 사시기에 우리 또한 사는 것을 압니다. 그러므로 우리는 그리스도와 하나입니다. 틀림없이 그렇습니다. 만일 하나님께서 그리스도 안에 있지 않는 우리를 보신다면 그분이 우리를 흡족하게 여기실 수 없을 것입니다. 달리 표현하자면, 그분이 아들을 사랑하시듯 우리를 사랑하실 수 없을 것입니다. 만일 그분이 사람을 보실 때 그 사람 안에 있는 독생자의 사랑과 본성을 보시지 않는다면, 그분이 어찌 그 사람을 사랑하실 수 있겠습니까? 그분은 우리를 그분의 사랑스러운 친 아들의 일부로 보시며, 그래서 우리를 그토록 기뻐하시는 것입니다.

사랑하는 이여, 이 모든 것에 더하여 주님은 우리 안에서 그리스도를 닮은 무언가를(something of a likeness to Christ in us) 보십니다. 성령의 역사에 의해, 만일 예수님이 진정으로 우리 안에 계시다면 우리는 그분을 닮도록 자랄 것이며, 그분의 영과 본성의 무언가를 우리 모습에서 드러낼 것입니다. 우리가 예수님과 더욱 닮아갈수록, 하나님의 사랑이 우리 안에 있는 것과,"자기의 기쁘신 뜻을 위하여 소원을 두고 행하게 하시는"(빌 2:13) 이의 역사가 우리 안에서 더욱 분명해질 것입니다.

내 말이 비록 미약하기는 했으나, 하나님께서 내가 한 말을 통해 여러분에게 달콤한 은혜를 누리게 해 주시기를 빕니다. 내가 확신하기로, 이 본문에는 의에 주리고 목마른 성도들을 위한 연회가 마련되어 있으며, 여러분이 모든 힘을 기울여 탐구해 볼 만한 심오한 신비의 가르침이 있습니다. 내 사랑하는 이들이여, 하나님이 그리스도를 위하여 여러분에게 복을 주시길 빕니다. 아멘.

제
74
장

—

포로가 되어 자기 백성을 해방하시는 구주

—

"예수께서 대답하시되 너희에게 내가 그니라 하였으니 나를 찾거든 이 사람들이 가는 것은 용납하라 하시니, 이는 아버지께서 내게 주신 자 중에서 하나도 잃지 아니하였사옵나이다 하신 말씀을 응하게 하려 함이러라." —요 18:8-9

우리 주님의 수난에 대한 이야기는 그 전체가 풍성한 의미로 가득합니다. 복음서가 들려주는 이야기에서 한 문장이 끝날 때마다 오래 묵상하며 머무르고 싶은 충동을 느낍니다. 그 이야기 전체를 연속 설교로 전하는 것이 가능하다면, 비록 우연한 것처럼 보이는 사건이라 할지라도, 신중한 연구자에게 거룩한 생각으로 가득 채워 주지 않을 사건이 단 하나도 없습니다. 이 장 전체를 읽으면서, 잠시 동안 말하고 싶은 충동을 크게 느끼는 것 중 하나는, 그분이 기도의 장소를 고난과 배반의 장소로 고르셨다는 것에 대해서입니다. 거룩한 분별력과 예상으로써 그분은 자신의 참호를 파셨고, 그가 알고 계셨던 바로 그 지점을 방어선으로 삼아 그 날 저녁 원수의 첫 번째 맹공에 맞서신 것입니다. 이는 우리 그리스도인들에게 갑옷을 입지 않은 채 한낮의 전투에 무모하게 나서면 안 되는 것을 교훈하며, 또한 선박이 폭풍과 같은 모든 위험에 대처할 준비가 잘 갖추어진 것을 보기 전에 저 생명의 바다로 무모한 항해를 시작해서는 안 되는 것을 교훈합니다. 예수님은 싸우시기에 앞서 기도하십니다. 우리도 이기려면 그렇게 해야 합니다. 또 한 가지 곰곰이 생각해 보도록 내 마음을 끄는 것은 다음의 인상적인 표현입니다. "예수를 파는 유다도 그 곳을 알더라"(2절). 이는 진실성이 배제된 지식의 무익성(無益性)을 보여줍니다. 아니, 은혜가 수반되지 않는 지식의 해악(害惡)을 보여주는 것입니다. 그 배반자가 차라리 몰랐더라면 배반할 수 없었을 것이며, 그가 가까운 친구가 아니었다면 그렇게 비열한 자로 전락하지는 않았을 것입니다. 이상한 것은, 또 이상하게도 진실인 것은, 그가 자기 주님을 팔고서 멸망의 자식이 될 수 있었던 이유는 그가 주님을 가까이 알았다는 사실에서 발견됩니다. 만일 그가 그리스도와 교제하는 특권을 그처럼 크게 받지 않았더라면, 그가 칠 배나 지옥의 상속자가 되지는 않았을 것입니다. 무서운 진실은, 지옥에서 최고의 교육을 받기 위해서는 거의 필수적으로 그리스도의 학교에 위선적으로 입학해야 한다는 것입니다. 생각하기 두렵지만, 우리 중 누구든 높은 신앙을 고백하면서도 진실의 무게를 결핍하고 있지는 않는가를 잘 점검해야 할 것입니다. 하지만 꽃들 사이를 다니며 꿀을 모으는 벌과 같은 우리에게, 많은 시간이 허락되지 않기 때문에, 이제 본문을 살펴보도록 하겠습니다. 이 구절에는 많은 교훈이 담겨 있으며, 우리는 그 교훈을 길어내고자 노력할 것입니다. 그런 다음 우리는 그것을 영적으로 해석할(spiritualize) 자유를 가질 것이며, 우리 주 예수 그리스도를 드러내고자 하는 우리의 큰 목적을 증진시키기 위해 이 말씀을 다른 의미에서 제시해 보도록 하겠습니다.

1. 우리를 위해 자원하여 희생하시는 예수 그리스도

우리가 이 본문의 말씀들을 살펴볼 때, 표면상으로도, 우리 죄를 위해 고난받으려고 자기를 희생하시는 주 예수 그리스도의 자발성(willingness)에 대한 확실한 증거를 찾을 수 있습니다. 그리스도의 고난의 자발적인 특징은 비길 데 없는 사랑의 광채를 발합니다. 그분은 죽으셔야 할 필요가 없었습니다. 만일 그분이 원하셨다면 그분은 천사들의 노래 가운데 영광스럽게 머무실 수 있었습니다. 그분은 왕관이 없어서 왕관을 얻으러 지상에 오신 것이 아닙니다. 그분에게는 모든 영예와 영광을 얻으실 권세가 있기 때문입니다. 그분이 하늘에서 내려오신 것은, 그분에게 정사와 능력들을 지배하는 통치권이 없어서 그것을 얻기 위해 오신 것도 아닙니다. "부요하신 이로서 너희를 위하여 가난하게 되심은 그의 가난함으로 말미암아 너희를 부요하게 하려 하심이라"(고후 8:9). 구주께서 죄인들 가운데 거하시려고 오신 것은 사욕 없는 사명 때문이었습니다. 그분에게는 얻을 것이 없었으며 오히려 모든 것을 잃으셔야 했습니다. 하지만, 내 말을 수정해야 할 것은, 그렇게 잃으심으로써 그분은 얻으셨습니다. 이제 그분은 우리의 중보자로서 특별한 영광의 옷을 입으셨습니다. 그 영광은 비길 데 없는 은혜의 영광이며, 다른 어떤 신적인 완벽함의 현시와도 견줄 수 없는 탁월한 영광입니다.

　　주님께서 자발적으로 죽음을 향해 가셨다는 증거들은 매우 풍부합니다. 유다가 그분을 배반하려고 나간 것을 아셨을 때 그분은 저녁 자리에서 일어나셨고, 예루살렘 어느 구석에서 숨을 곳을 찾거나 혹은 베다니의 조용한 은거지로 물러나 계시지도 않았습니다. 만일 그분이 배반자의 공세를 피하여 아침이 올 때까지 기다리기로 작정하셨다면, 변덕스러운 군중들이 그분 주위로 몰려들었을 것이며, 그분을 대적들에게서 보호하였을 것입니다. 만일 그분이 그들의 왕이 되기로 동의하셨다면, 그들은 곧장 그분의 편에 섰을 것입니다. 하지만 예수님은 잠시 피하시는 대신, 제자들을 대동하신 채, 유다가 그분을 팔기로 계획한 그 장소로 담대하게 나아가셨습니다. 마치 그곳에서 친구를 만나기로 약속하신 것처럼, 그리고 도착 시간에 늦지 않으려 하시는 것처럼, 그분은 침착하게 그곳으로 가셨습니다. 그분은 기꺼이 전심을 다하여 무서운 고난 안으로 들어가셨으며, 자기의 받으실 세례를 받으셨고, 그 일이 성취되기까지 끝까지 고초를 겪으셨습니다. "일어나라 여기를 떠나자"(요 14:31). 십자가로 향하는 것을 아시고 하신 이 말씀에 얼마나 참된 용기가 있는지요! 한 무리가 그분을 잡으러 왔을 때, 그들은 그분을 알지 못하는 듯이 보였습니다. 그분이 그들에게 두 번씩 "너희가 누구를 찾느냐"고 물으셨으며(4,7절), 또한 두 번씩 명백하게 "내가 그니라"고 자기를 알리셨습니다(5,8절). 그분은 자기를 밝히셔야 했습니다. 그렇지 않았다면 등과 횃불로는 그분을 찾지 못했을 것입니다. 그분이 유다의 입맞춤에 의해 잡힌 것이 아닙니다. 입맞춤의 암호는 있었지만, 혼동 속에서 그들이 그 암호를 놓쳐 버렸을 것입니다. 예수님이 이렇게 물으셔야 했습니다. "너희가 누구를 찾느냐?" 또한 두 번씩이나 명백하게 자기를 알리셔야 했습니다. "내가 그니라." 그분은 피에 굶주린 대적들에게 자기를 내주셨고, 자발적으로 그분을 괴롭히는 자들에게로 가셨습니다. 그분이 자발적으로 가신 것이 분명합니다. 그분의 한 마디에 체포하러 온 자들이 땅에 엎드러졌는데, 그분이 하실 수 없는 일이 무엇이었겠습니까? 한 마디만 더하시면 그들이 무덤으로 내려갔을 것이며, 또 한 마디만 더하시면 그들은 지옥으로 내던져졌을 것입니다. 만일 그분이 능력의 팔을 보이기로 작정하셨다면, 그들에게 그분이 무엇이든 하실 수 있다는 것을 느끼도록 하기 위해서는 그분의 작은 손가락 하나만으로도, 그리고 그들에게 분노의 한 마디만 하시더라도 충분했을 것입니다. 여러분은 그분이 기운차게 가셨다고 확신할 수 있습니다. 만일 그분 자신의 동의가 아니었다면 어떻게 그분이 그 길을 가실 수 있었겠습니까? 만일 그분이 원하지 않으셨다면, 지상의 어떤 능력도 주 예수님을 포박할 수는 없었습니다. "이 사람들이 가는 것은 용납하라"고 말씀하시고, 그 말씀으로써 제자들 모두의 안전을 확보하신 그분이, 자기 자신에 대해서도 같은 말씀을 하실 수 있었을 것이며, 또한 자신이 원하시는 곳으로 가실 수 있었던 것이 틀림없습니다. 사람들이 생명과 영광의 주를 강제로 속박하고 그분의 의지에 반해 포로로 끌고 갈 수 있다고 상상하는 것은, 그들이 태양을 사슬로 묶어 두거나, 번개를 억류해 두거나, 혹은 예전의 어리석은 왕처럼 거친 바다를 사슬로 속박한다고 말하는 것이나 다를 바 없습니다. 그분은 끌려가셨고, 또한 줄에 묶인 채로 끌려가셨습니다. 하지만 그분은 그 줄들을 마치 옛적 삼손이 블레셋 사람들의 줄을 불에 탄 삼실처럼 끊었듯이 끊으실 수 있었습니다. 그분을 묶은 줄은 달리 있었고, 육신의 눈으로는 볼 수 없는 것입니다. 그 줄은 언약의 줄이며, 그분 자신의 맹세와 약속의 줄이며, 여러분과 나를 향한 그분의 사랑의 줄입니다. 내 형제들이여, 우리 영혼과 연합하신 그분의 혼인 서약의 줄이 그분을 강권하셨기 때문에, 그분은 말없이 도살자에게 넘겨지는 양처럼 자기를 내주신 것입니다. 예수님이 자원하셨습니다! 그것을 분명히 봅시다. 그로 인해 그분을 경외하며 찬미합시다. 복되신 주여! 당신께서는 우리를 위하여 스스로 죽음의 길을 가셨습니다. 강제가 아니라 자원하는 마음으로 그렇게 하셨습니다! 당신을 무덤으로 가게 한 것은 다른 무엇도 아니며 오직 우리를 향한 당신의 사랑이었습니다!

이에 대한 생각을 길게 언급하려 하지는 않았지만, 이미 여러분에게 제시하였으므로, 그 생각을 실제적으로 이렇게 적용하는 것이 좋을 것입니다. 그리스도를 섬기는 우리의 섬김이 즐겁고 자원하는 것이 되도록 합시다. 예를 들어, 예배의 자리에 올 때 내키지 않는 마음으로 오지 않도록 합시다. 그것이 습관이기 때문에, 혹은 그렇게 해야 옳기 때문에, 빠지기를 더 좋아하면서도 마지못해 오지 않도록 주의합시다. 우리의 물질을 주님의 목적을 위해 드릴 때 인색한 손으로 드리지 말 것이며, 마치 세금징수원이 우리에게서 쥐어짤 때처럼 마지못한 손으로 드리지 않도록 합시다. 그리스도인으로서 의무들을 수행할 때에, 마치 노예가 노역에 종사할 때에 등에서 나는 채찍소리를 들으며 억지로 하듯이 하지 않도록 합시다. 오직 사랑으로 우리의 발에 날개를 달고, 거룩한 민첩성으로 우리의 영혼을 고무하고, 스랍 천사들이 하늘의 높은 명령을 받들어 신속히 날아다니듯이, 우리도 구주의 명령을 받들어 우리가 할 수 있는 대로 최대한 민첩하게 달리도록 합시다. 우리의 의무가 우리의 기쁨이 되도록 합시다. 그리스도를 섬기는 일을 왕국을 통치하는 일처럼 여기도록 합시다. 그분을 위해 잃어버리는 것을 우리의 가장 높은 유익으로 간주하도록 하며, 그분을 위한 수고에 온전히 몰두하는 것을 우리의 가장 큰 안식으로 여기도록 합시다. 그분의 자발적인 희생에 우리의 자발적인 희생이 뒤따라야 합니다. 마치 장뇌 나무(camphor tree)가 압착시키지 않고도 수액을 내듯이, 구주께서는 아낌없이 피를 흘리셨습니다. 우리도 아낌없이 우리의 마음에서 사랑을 쏟아내고, 모든 은혜와 미덕의 행위들을 실천하도록 합시다.

2. 자기 백성을 위한 주님의 보살핌

두 번째로, 이제 생각을 전환하여, 자신에게 가장 큰 근심이 있을 때에 자기 백성을 염려하신 우리 주님을 주목하기를 바랍니다. "나를 찾거든 이 사람들이 가는 것은 용납하라." 우선, 이 말씀은 초창기 제자들의 보전(preservation)을 위해 하신 말씀입니다. 그 유대인들이 한 줌밖에 되지 않는 제자들을 체포하고서, 그들을 옥에 넣은 다음, 적당한 때에 그들을 처형하지 않았다는 것은 이상한 일입니다. 만약 유대인이 그렇게 했다면 기독교회는 어떻게 되었을까요? 만일 그들이 기독교회의 첫 번째 중심인물들을 멸해 버렸다면 ― 그들에게는 손쉬운 일로 보였을 것입니다 ― 그 다음 시대의 교회는 어떻게 되었을까요? 하지만 "이 사람들이 가는 것은 용납하라"는 말씀이 아주 효과적으로 약하고 떨고 있는 도망자들을 보호했습니다. 왜 그 군인들이 요한을 사로잡지 않았을까요? 요한은 검색하는 어떤 말도 듣지 않고 대제사장 집의 뜰에 들어오고 나왔던 것 같습니다. 그들이 왜 베드로를 잡지 않았을까요? 그들은 증인들을 찾고 있었습니다. 그런데 왜 그들이, 이미 주님을 부인했던 베드로에게서 주님을 욕하고 비방하는 말을 듣기 위해 그를 로마 방식대로 고문하면서 심문하지 않았을까요? 다른 제자들은 어디에 있었습니까? 소심하고 두려워서 떠는 평민들, 그들은 박해의 개들이 짖는 소리를 처음 들었을 때 사슴과 노루 떼처럼 도망쳤습니다. 왜 그들은 계속 추격을 당하지 않았을까요? 유대인들이 그럴 의향이 없었던 것이 아닙니다. 그들은 후에 야고보가 칼로 죽임을 당했을 때 만족스러워했고, 베드로가 옥에 갇혔을 때에도 즐거워했습니다. 왜 그들이 해를 입지 않고 갈 수 있었을까요? 그것은 주님께서 그들을 필요로 하셨기 때문이 아닐까요? 아직 성령이 그들에게 부어지지 않았기에, 그들이 순교자들이 되기에는 아직 적합하지 않았습니다. 그들은 불에 타지 않는 푸른 나무와도 같았습니다. 그들은 아직 저 고난의 신성한 멍에를 질만큼 길들여지지 않았고, 환난조차 기쁘게 견디도록 만드는 불굴의 영적 힘을 아직 부여받지 않았습니다. 그러므로 털 깎은 어린 양들에게 모진 바람을 보내지 않으시는 저 선한 목자께서, 이 어린 초심자들에게 박해의 모진 바람을 보내지 않으신 것입니다.

"나를 찾거든 이 사람들이 가는 것은 용납하라"는 그 말씀은 마치 그들에게 갑옷과도 같았고, 혹은 저 우화에서의 투명 의복과도 같아서, 그 옷을 입은 자들을 원수들에게서 숨겨 주었습니다. 주님의 말씀의 방패 뒤에서, 제자들은 난폭한 군중들 한가운데로 안전하게 걸어갈 수 있었습니다. 심지어 그들이 그리스도를 향해 이를 갈고, 비웃으며, 야만적인 적개심을 수없이 드러내고 있는 와중에도, 우리는 요한과 몇몇 여성 제자들이 십자가 아래에서 그들의 머리털 하나도 다치지 않고 서 있는 것을 볼 수 있습니다. 우리가 아는 한, 그 때 그들을 향해 조롱하는 말을 내뱉은 자가 아무도 없었습니다. 예수님의 말씀이 왕의 위엄 있는 말씀인 것으로 입증되었습니다. 그분의 말씀은 신성한 말씀이었으며, 사람들이 그 말씀에 순종하는 수밖에 없었습니다. 주께서 "나의 기름 부은 자를 손대지 말며 나의 선지자들을 해하지 말라"(시 105:15)고 말씀하셨으며, 그래서 제자들이 당분간 안전할 수 있었던 것입니다.

어떤 성경도 사사로이 해석해서는 안 되지만, 그 표현이 제자들을 위한 당분간의 보호로 그치지 않는다는 강한 인상이 듭니다. 내가 믿기로는, 그 표현은 섭리의 길을 갈 수 있도록 모든 그리스도의 백성들에게 부여된 왕의 통행허가증(royal passport)입니다. 그대 그리스도를 섬기는 종이여, 두려워 마십시오. 당신의 일이 끝나기 전에 당신은 죽지 않습니다. 당신이 고난당해야 할 때, 그리고 심지어 죽어야만 할 때에도, 당신이 그토록 높은 영예를 얻는 일을 그리스도께서 가로막지 않으실 것이며, 오히려 당신이 그분의 잔을 마시고 그분의 세례를 받도록 허락하실 것입니다. 하지만 당신의 때가 오기 전까지는, 당신은 죽음으로부터 안전하게 보호받으며 오고갈 수 있을 것입니다. 비록 잔인한 사람들이 당신이 잘 못되기를 바라고, 당신에게 해를 끼치려고 궁리하여도, 주께서 사자들을 풀어놓기를 원치 않으시는 동안에 당신은 충분히 안전할 것이며, 심지어 그 때에도 당신이 영원한 해를 입지는 않을 것입니다. 어떤 하나님의 사역자들의 생애에서, 그들이 절박한 위험으로부터 어떻게 보전되었는지를 보면 경이롭습니다. 칼빈의 생애를 읽어보면 그가 자기 침상에서, 영예로운 사람으로서, 시의원들과 한때 그를 추방했던 그 도시의 유력자들에 의해 둘러싸인 채로, 평화롭게 죽을 수 있도록 허용된 것이 놀라울 정도입니다. 그 몸이 온갖 종류의 질병으로 쇠약하고, 휘두를 무기도 없이 로마의 난폭한 무리들에 맞서 싸워야 했던 그가, 그토록 쓸모 있는 삶을 살고 그런 후에 평화와 위안의 환경 속에서 죽을 수 있었다는 것이 놀랍게 보입니다. 그에 못지않게 놀라운 것은, 저 십자가의 용감한 영웅 마르틴 루터는 어디를 다니더라도 마치 안전 호송이라도 받은 듯이 보였습니다. 그는 죽기를 예상하고 보름스 회의(Diet of Worms)에서 일어섰으나 상처를 입지 않고 나왔습니다. 사실상 그는 사망의 아가리 사이를 통과하고서도 해를 입지 않은 것입니다. 내가 앞서 말했듯이, 비록 그리스도께서는 자기의 많은 백성들이 그분을 위해 죽는 것을 용인하시고 또한 그들 역시 기쁘게 그렇게 합니다. 하지만, 그분이 자기의 종들 중에서 누군가를 보전하기를 원하실 때, 특별한 일을 위해 그를 필요로 하실 때, 칼빈이나 루터의 경우에서 분명 그러했듯이, 그분은 이렇게 말씀하시면서 자기 종을 보호하십니다. "이 사람들이 가는 것은 용납하라." 또 하나의 예화를 들어보겠습니다. 뛰어난 종교개혁자 존 위클리프의 삶입니다. 그의 목숨이 일주일도 가지 못할 것처럼 보일 때가 많았습니다. 하지만 성도의 옛 원수들은 그들의 먹이를 빼앗겼고, 그가 매장된 지 수년이 지날 때까지 그의 뼈도 건드리지 못했습니다. 그가 한 번은 재판을 받기 위해 성 바울 교회의 주교 앞으로 끌려왔을 때, 아주 이상하게도 건트의 존(John of Gaunt)이 그의 곁에서 완전 무장을 한 채 서 있었고, 그가 높은 귀족의 특권과 무력으로써 그 경건한 사람을 당당하게 보호하였습니다. 위클리프가 오래 서 있는 것에 지쳐 앉게 해 달라고 요청했을 때, 그 주교는 이단자들에게는 좌석을 내어 줄 수 없다고 말했습니다. 하지만 건트의 존이 험하고 거친 말로써 그가 앉기를 원할 때에는 앉을 수 있어야 한다고 진술했습니다. 그리고 때가 되자 그 선량한 사람은 자기 친구의 보호를 받으며 구경꾼들 한가운데를 지나서 나올 수 있었습니다. 나는 건트의 존이 진리를 알았는지에 대해서는 알지 못합니다. 하지만 하나님께서 위험에 빠진 자기 종을 보호하시기 위해 그 사람의 마음을 감동하셨다는 것은 압니다. 하나님께서 원하실 때에는 독수리들이 비둘기들을 보호했습니다. 하나님이 무방비 상태의 자녀들을 보호하고자 하실 때, 독수리들이 그들 위로 날개를 펼쳐 보호하였습니다. 주께서 원하실 때에는, 설혹 지옥 전체가 화살을 퍼부어 해를 가릴 정도가 되고, 또한 그 모든 화살들이 가련한 한 영혼을 겨냥한다고 해도, 그 어느 것 하나도 목표를 맞추지 못할 것입니다. 그 모든 화살들은, 보이지 않지만 맞설 수 없는 능력에 의해, 하나님이 보호하고자 하시는 그 사람에게서 빗나갈 것입니다. 그러므로 우리는 예수님께서 자기의 모든 종들을 위해 왕의 통행 허가증을 발급하셨다고 이해할 수 있습니다. 그 허가증이 그들로 하여금 사망의 한가운데에서도 해를 입지 않고 살게 해 주는 것입니다.

신비스럽게 이해하면, 이 말씀은 훨씬 더 깊은 의미를 담고 있습니다. 그리스도를 참으로 붙잡은 것은 로마인들도 아니고 시기하는 유대인들도 아니며, 우리들의 죄입니다. 또한 예수님께서 제자들에게 주신 참된 구원은 로마의 무기로부터가 아니라, 우리의 죄의 형벌로부터입니다. 오늘 이 아침에 내가 간절히 바라는 것은, 죄로 인해 괴롭힘을 당해 온 자들이 예수님의 이 말씀을 듣는 것입니다. "너희가 나를 찾거든, 이 사람들이 가는 것은 용납하라." 하나님의 율법이 그 법을 어긴 우리들을 찾으러 옵니다. 우리에게 불리한 정당한 요구들이 많이 있습니다. 하지만 예수님이 우리 대신에 일어나 율법 앞에 자기를 맡기시고는 이렇게 말씀하십니다. "그대가 나를 찾는가? 여기 내가 있다. 하지만 그대가 나를 죄인으로 붙잡을 때에는, 내가 대신하는 이 사람들을 가게 하라." 사랑하는 이여, 그렇게 율법이 예수님을 만나 그분을 자기 종으로 삼고서 그분으로 하여금 율법의 형벌을 감당하게 했을 때, 그리스도께서 대신하신 모든 자들은, 그분이 묶이심으로써 완벽하게 영원토록 자유롭게 된 것입니다. 율법의 처벌을 그리스도께서 받으신 것이, 그분의 백성을 영원토록 율법의 멍에로부터 풀어주기 위한 방편이었습니다.

이제 그 진리를 여러분의 경우에 적용하도록 해 보겠습니다. 마음이 괴로운 한 가련한 영혼이 사제를 찾아가자, 그 사제가 이렇게 말합니다. "만일 당신이 용서받기를 원하면 참회를 하십시오." 그가 아주 진지하게 자기 등에 매질과 채찍질을 가하는 동안, 나는 구주께서 사제들 모두에게 이렇게 말씀하실 것이라고 생각합니다. "이 불쌍한 영혼들이 가는 것을 용납하라. 그들이 받아야 할 모든 매질을 내 어깨가 감당했고, 그들이 정죄를 당해 받는 마음의 고통을 내 마음이 이미 견디었다. 그들의 평화를 위해 내가 징계를 받았고, 그들이 낫도록 하기 위해 내가 채찍에 맞았다. 이 사람들로 가게 하라!" 여러분의 채찍을 치우십시오. 몸의 학대를 그치십시오. 그런 일은 아무 소용이 없습니다. 율법은 저 구속자를 붙잡았으며, 이제 여러분을 원하지 않습니다. 여러분이 수난당할 필요가 없습니다. 그리스도께서 수난을 당하셨습니다. 또 여러분의 모든 수난은 이제 무익하고 헛된 것입니다. 그리스도께서 빚을 갚으셨으니, 여러분이 그것을 다시 갚으려고 할 필요가 없습니다. 또 다른 가련한 영혼이 떨면서 율법적인 사역자 밑에 앉아 있습니다. 그 사역자는 말하기를, 만일 그가 구원을 받으려면 계명들을 지켜야 한다고 합니다. 그래서 그 사람은 이런 죄를 버리려고 노력하고, 할 수 있는 대로 거룩함에 있어서 완벽해지려고 합니다. 하지만 진보가 없습니다. 그의 영혼은 여전히 속박 아래에 있습니다. 모든 분발에도 불구하고 그는 구원받지 못했습니다. 그의 모든 선행에도 불구하고 참된 평화는 여전히 찾을 수가 없습니다. 이 아침에 나의 주님께서 그 설교자에게 이와 같이 소리치십니다. "속박에 매인 이 불쌍한 자들을 가게 하라. 그들에게 행위에 의한 구원을 전하지 마라. 그들이 공로에 의해 천국에 받아들여질 것이라고 말하지 마라. 내가 그들의 구속을 이루고 완수하였다. 그들의 구원은 내 안에서 완성되었다. 죄인들이 용서를 얻기 위해 해야 할 일은 아무것도 없다. 그들이 해야 할 일은 내가 그들을 위해 이룬 것을 받아들이는 것이 전부이다. 그들이 하나님 앞에서 옳다고 인정받기 위해 필요한 모든 의는 나의 의이다. 나의 의는 그들의 의를 보탤 것을 요구하지 않는다. 내 황금의 옷에 왜 그들이 누더기를 기워 붙여야 하느냐? 죄인이 호소할 수 있는 모든 공로는 내 수난의 공로이다. 대체 왜 그들이 회개와 선행을 통해 공로를 추구해야 한단 말이냐? 왜 그들의 썩은 물을 내 공로의 포도주에 부으려 한단 말이냐?" 여러분이 상상하는 선행들을 버리십시오. 여러분이 자랑하는 것들을 치우십시오. 여러분의 종교적인 행위들과, 우는 것과, 기도하는 것이, 만일 예수님이 행하신 일 대신에 의지하는 근거로 활용된다면, 그런 것들은 아무것도 아닙니다. 썩은 것이고, 퇴비 더미에 던져져야 할 배설물에 불과합니다. 예수님께서 율법에 의해 받아들여지고 형벌을 당하셨기 때문에, 그분을 믿는 죄인들은 율법의 요구에서 해방되어 자유롭게 갈 수 있게 되었습니다.

아마도 여기에는 하나님의 율법 때문에 마음에 큰 혼동이 야기되는 사람들이 있을 것입니다. 여러분은 그 법을 어겨왔으며 또 그것을 지키지 못한다고 느낍니다. 이제 율법이 당신에게 매질을 가하고 있습니다. 율법이 당신을 결박하고(tied up) 있는 것이 마치 엄한 군대에서 규율을 어긴 병사들을 형틀에 묶어 둔 것과 같습니다. 율법이 당신의 등에 꼬리가 열 개 달린 큰 고양이를 올려 둔 것 같습니다. 상하고 쓰리지 않은 곳이 없습니다. 양심이 괴롭습니다. 자, 주 예수 그리스도께서 율법에게 말씀하십니다. "중지하라. 매질을 중지하라! 더 이상 그 죄인을 때리지 마라! 그대가 나를 때리지 않았더냐? 왜 그를 괴롭히느냐?" 하지만 죄인이여, 당신이 율법의 매질을 피할 수 있는 유일한 길은 예수 그리스도께 달려가는 것입니다. 당신은 그리스도에게 피해야 합니다. 예수님을 신뢰해야 합니다. 당신이 예수님을 의지하면 그분이 당신을 옷자락으로 덮어 보호하실 것입니다. 그분이 자신의 공로의 큰 방패로 원수의 화살들로부터 당신을 보호하실 것이며, 당신은 율법에 대해 이렇게 말하게 될 것입니다. "이제 나는 율법의 저주 아래에 있지 않다. 나는 내 보증인(My Surety)의 인격 안에서 그 저주를 다 받았고, 내 구주의 인격 안에서 그 형벌을 다 감수하였다."

> "율법과 하나님에 대한 두려움들이
> 이제는 나와 아무런 상관이 없네.
> 내 주님의 순종과 피가
> 내 모든 죄와 허물들을 가려 주셨네."

율법 앞에 서셨고, 율법에 의해 결박되셨고, 율법에 의해 채찍에 맞으셨고, 율법에 의해 십자가에 못 박히셨으며, 율법에 의해 장사지낸 바 되셨던 예수 그리스도께서 그분을 믿는 당신에게 이렇게 말씀하십니다. "네 길을 가라. 율법이 너를 건드리지 못한다. 그것이 너를 대신하여 이미 나를 쳤기 때문이다. 내가 너의 대리자가 되었으니, 너는 자유롭게 가도 된다." 이것이 아주 명백한 정의라는 것을 여러분 모두는 알고 있습니다. 만일 다른 어떤 사람이 여러분의 빚을 갚았다면, 그 채무가 다시 당신에게 부과될 것을 두려워하지 않아도 됩니다. 만일 당신이 군대에 징병되었을 때에 누군가 대리자가 당신을 대신하여 입영했다면, 당신은 다시 징병될 것을 두려워하지 않습니다. 그와 같이 주 예수 그리스도께서는 자기의 모든 백성을 위한 대리자이십니다. 만일 그분이 당신을 위한 대리자시라면, 율법이 더 이상의 형벌을 당신에게 부과하지 못합니다. 그리스도께서 율법에 순종하셨습니다. 그리스도께서 율법의 형벌을 당하셨습니다. 당신은 이제 율법을 은혜로운 삶의 규칙으로 여기고 그 안에서 기뻐할 수 있습니다. 그것은 더 이상 당신에게 속박의 멍에가 아닙니다. 당신은 종으로서 율법 아래에 있지 않습니다. 당신은 그 지배력에서 해방되었습니다. 당신은 율법 아래에 있지 않으며, 오직 은혜 아래에 있습니다. 이 얼마나 복된 일입니까!

또한, 이 말씀은 내게 이러한 의미를 담고 있는 것으로 보입니다. 즉 우리가 율법의 요구에서 해방되었듯이 또한 **모든 형벌의 고통으로부터도 해방되었다는 것**입니다. 나는 하나님의 자녀들이 이 점을 좀 더 명확히 알기를 바랍니다. 여러분이 환난을 당할 때에, 고통과 역경을 겪을 때에, 하나님이 당신의 죄에 대해 당신을 벌하고 있다고 생각하지 마십시오. 어떤 하나님의 자녀도 죄에 대한 형벌로서 처벌받을 수 없기 때문입니다. 내 말을 오해하지 말기를 바랍니다. 사람은 우선은 죄인이 재판장 앞에 서듯이 하나님 앞에 서게 됩니다. 여러분과 내가 그곳에 서 있었습니다. 그리스도의 피와 의로 말미암아, 우리는 재판장이신 하나님 앞에서 무죄로 방면되었습니다. 우리가 완벽하게 사면되었기 때문에 율법이 새의 깃털만큼이라도 우리에게 형벌의 짐을 부과하지 못합니다. 그리스도인이 겪을 수 있는 모든 수고와 고통들은 결코 형벌의 차원에서 겪는 것이 아닙니다. 하나님은 자신이 용서하신 사람을 벌하시지 못합니다. 오히려 죄인이 용서받으면, 그는 하나님의 가족으로 입양되어 그분의 자녀가 됩니다. 자, 이제 만일 그가 자녀로서 아버지의 규율을 어기면, 그는 그 때문에 징계를 당할 것입니다. 아버지의 징계와 재판장의 형벌의 차이를 모두가 구분할 것입니다. 만일 여러분의 자녀가 무언가를 훔친다면 여러분은 그 자녀를 재판장의 차원에서 벌할 생각을 하지 않을 것입니다. 재판장은 법을 어긴 자를 감옥에 가두려 할 것입니다. 오히려 여러분은 스스로 자녀를 징계합니다. 율법이 복수하는 차원에서가 아니라, 자녀의 유익을 위해서 징계합니다. 자녀가 악한 짓을 반복하지 않도록 하기 위해서입니다. 그와 같이 우리의 하늘 아버지께서도 자기 백성들을 언약의 회초리로 징계하시되 결코 복수의 칼로 벌을 내리시지는 않습니다. 형벌은 재판장이 내리는 것이고, 그리스도께서 그 형벌을 모두 감당하셨습니다. 그러므로 그리스도를 믿는 자에게는 어떤 형벌의 고통도 내려질 수 없습니다. 우리가 아버지께서 사랑으로 내리시는 징계를 겪을 수는 있지만, 그것은 결코 재판장의 분노의 결과로서 임하는 것이 아닙니다. 우리는 그러한 징계를 느낄 때 오히려 거기에서 하나님을 찬양할 이유를 발견합니다. 우리 주 예수님은 모든 율법적인 형벌에 대해 이렇게 말씀하십니다. "나를 찾거든 이 사람들이 가는 것은 용납하라."

한 가지 더 말하자면, 이 본문의 말씀은 종말에(at the last) 가장 장엄하게 성취될 것입니다. 파멸의 천사가 불 칼을 들고 죄인을 치러 올 때, 저 지옥의 심연이 입을 벌려 그 불의 홍수를 토해 낼 때, 무서운 나팔 소리가 들리고, 복수하시는 하나님의 음성이 귀에 들려올 때, 그리스도께서 피로 값 주고 사신 모든 영혼들 앞에 일어서서 그분의 은혜의 날개로 그들을 덮으며 정의(Justice)를 향해서 이렇게 말할 것입니다. "그대가 한때 나를 찾았으며, 내게서 요구할 수 있는 모든 것을 얻었다. 그러니 이 사람들이 가는 것을 용납하라." 그러면 저 위 영광스러운 하늘의 언덕에서 행복한 무리들이 쏟아져 나와, 진주 문을 통과하여 정금 길을 걸으면서 이렇게 노래할 것입니다. "우리를 사랑하사 그의 피로 우리 죄에서 우리를 해방하신 그에게 세세토록 영광을 돌리세"(참조. 계 1:5-6). 그 때 저 위대한 노예 해방 문서가 효력을 발휘할 터인데, 그것은 그리스도께서 포로가 되셨기 때문입니다. 그 때 포로 된 자에게 자유가 있을 터인데, 그것은 그리스도께서 무덤 속 감옥에 누우셨기 때문입니다. "나를 찾거든 이 사람들이 가는 것은 용납하라." 구원의 길은 주 예수님께서 그들 대신에 묶이신 것을 깨닫는 것입니다. 하나님께서 여기 있는 몇 사람에게 그것을 깨닫게 해 주시길 빕니다. 예수님을 의지하십시오. 그러면 그렇게 될 것입니다.

3. 약속의 관점에서 묵상하는 주님의 돌봄

셋째로, 아주 간략하게, 왜 우리 주님께서 자기 백성을 이렇게 돌보시는지를 나타내셨을까요? 그들에 대한 그분의 말씀을 곰곰이 생각해 보십시오. "이는 '아버지께서 내게 주신 자 중에서 하나도 잃지 아니하였사옵나이다' 하신 말씀을 응하게 하려 함이러라"(9절, 참조 17:12). 여기에 여러분이 한가할 때에 생각해 볼 많은 문제들이 있습니다. 여러분은 이 본문이 기도였다는 것을 알고 있지 않습니까? 그런데 여기서 그 말씀은 약속으로 변합니다. 그리스도께서 요청하신 모든 것은 자기 백성에게 보증된 것이고, 그러기에 그분의 기도는 곧 하나님의 약속이 되지 않습니까? 그렇게 되는 것입니다.

다음으로, 말 그대로 이해하자면, 요한복음 17장으로부터 인용된 이 표현은 오직 하나님의 백성들의 영혼에만 관련된다는 점을 주목하십시오. 하지만 여기 본문에서의 이 표현은 그들의 몸에도 관계되는 것으로 사용되었습니다. 이 사실에서, 나는 우리가 성경의 약속들을 가능한 최대한의 의미로 이해해도 틀리지 않다고 추정합니다. 만일 사람이 왕으로부터 한 가지 특권을 얻으면, 그 특권은 가장 폭넓은 의미로 이해되어야 합니다. 나는 그렇게 믿습니다. 반면에, 처벌이나 징벌은 언제나 가장 좁은 의미로 이해되어야 합니다. 왕들이나 제후들이 무역을 독점하던 옛 시대에, 만일 한 왕이 외국에서 들어오는 모든 종류의 과일들에 대해 독점권을 허용하면, 만일 그러한 왕의 칙령이 발표되면, 그 독점권을 가진 사람은 외국 열매의 이름을 가진 것은 모조리 확보하여 저장해 둘 수 있었습니다. 그렇게 해도 법률에 의해 그는 정당화되었습니다. 자, 저 위대하신 왕이 약속을 주실 때, 여러분은 그 약속의 영역 안에 모든 것을 포함시킬 수 있습니다. 주님께서 자신이 하신 말씀을 다시 되돌리지 않으실 것이라고 여러분은 확신해도 됩니다. 하나님의 말씀은 결코 논박될 수 없고, 축소되지도 않습니다. 여러분은 그분의 말씀으로부터 여러분의 믿음이 취할 수 있는 만큼의 복된 이득을 취할 수 있습니다. 영원한 생명의 수여는, 천국까지 가는 길에서 필요한 섭리의 보호와 공급까지도 포함합니다. 거주민 때문에 집이 보호되듯이, 영혼 때문에 몸이 보호됩니다.

언급하지 않을 수 없는 것이 한 가지 더 있습니다. 그것은 이 본문이 전혀 약속의 형식이 아니라는 것입니다. "아버지께서 내게 주신 자 중에서 하나도 잃지 아니하였사옵나이다(have I lost none)." 과거형 시제입니다. 하지만 여기에서 이 말씀은 현재에 아무도 잃어버리지 않아야 한다는 이유로 제시되어 있습니다. 여기에서 나는 추정해 봅니다. 즉 예수님이 과거에 이미 행하신 것처럼 그분이 미래에 행하시리라는 것입니다. 그분이 자기 백성에게 과거에 항상 행하셨던 일을, 앞으로도 영원히 행하시리라는 것입니다. 우리는 과거의 은혜의 일들을 모두 되돌아보면서, 그것들을 미래의 은혜를 보증하는 징표로 간주할 수 있습니다. 지나간 시절에 주께서 우리에게 행하신 모든 선한 일들에 대한 경험으로부터, 그가 이미 행하신 일을 장래에도 다시 행하실 것임을 추측할 수 있으며, 천국에서 그분의 얼굴을 뵈올 때까지 더욱 풍성하게 행하실 것임을 확신할 수 있습니다.

우리 앞에 있는 이 은혜의 말씀을 이렇게도 읽을 수 있습니다. "아버지께서 내게 주신 모든 자 중에서 내가 하나도 잃어버리지 아니하였나이다." 아버지께서 그분에게 주신 자들이 있습니다. 그분이 택하신 백성들이 있습니다. 오, 우리가 그 행복한 수에 포함된다면 얼마나 좋을는지요! 예수님이 그들을 지키십니다. 그들은 스스로를 지키지 못합니다. 하지만 그분은 그들을 지키실 수 있고, 또 그렇게 하실 것입니다. 그분은 그들을 너무나 잘 보전하시어 그들 중에서 하나라도 잃지 않으십니다. 나는 이따금씩 천국 문에서의 이런 광경을 상상하곤 했습니다. 저 위대한 목자께서 자기에게 맡겨졌던 양들을 데리고 나타나십니다. 그분이 말씀하십니다. "내가 여기 있노라, 그리고 아버지께서 내게 주신 자녀들도 여기 있노라." "그들 모두 안전하게 여기 왔습니까?" 위대하신 목자가 대답하십니다. "그렇다, 아버지께서 내게 주신 모든 자 중에서 하나도 잃어버리지 않았다." "하지만 베드로는 어디 있지요? 그는 당신의 면전에서 당신을 부인하지 않았던가요? 세 번씩이나 '내가 그를 알지 못한다'고 말하지 않았던가요?" 목자가 대답하십니다. "그랬지. 하지만 내가 그로 하여금 밖으로 나가 심하게 통곡하도록 만들었다. 그런 다음 내가 그를 내 피로 씻어 주었으니, 그도 여기 있노라." 베드로는 다른 성도들과 마찬가지로 즐거운 노래를 부릅니다. 아마도 이런 질문을 여쭈어보고 싶을 것입니다. "그 사람, 모든 성도 중에 가장 작은 자인 그 사람은 어디에 있지요?"

형제여, 당신은 스스로가 가장 연약하고, 가장 비천하고, 가장 쓸모없다고 느낍니다. 하지만 당신 자신에 대해 여쭈어본다면, 그분의 대답은 이럴 것입니다. "그가 여기 있다. 아버지께서 내게 주신 자 중에 내가 하나도 잃어버리지 않았다." 오, 그런 목자의 돌봄을 받는 양은 행복하도다! 오, 그런 보호자를 의지할 수 있는 마음은 행복하고 또 행복하도다! 사랑하는 성도여, 예수님은 당신의 목자이십니까? 당신은 그분을 의지하고 있습니까? 말해 보십시오, 당신은 그분께 당신을 맡겼습니까? 그렇다면 당신의 마지막에 대해 염려하지 마십시오. 지금이 좋다면, 마지막은 반드시 좋을 것입니다. 지금 당신이 그리스도 안에 있다면, 그분은 당신을 버리실 수 없으며, 결코 그러지도 않으실 것입니다. 오, 당신이 그분에게 오기만 한다면, 그리고 지금 그분을 의지하기만 한다면, 반드시 그럴 것입니다.

> "그분의 영예는 구원하는 일에 있고
> 양 떼 중 가장 천한 자를 구하는 것에 있으니,
> 하늘의 아버지께서 주신 모든 자들을
> 그 손으로 안전하게 지키시리라."

그분이 당신을 위해 고난을 받으셨으니 당신은 안전히 길을 갈 수 있습니다. 언약은 성취될 것입니다. "아버지께서 내게 주신 자 중에서 하나도 잃지 아니하였사옵나이다."

여기까지 가능한 간략하게 본문의 의미를 살펴보았습니다. 몇 분 동안 여러분의 인내를 요청하면서, 이제 영적인 의미에서(in a spiritual sense) 이 본문을 적용해 보고자 합니다.

이 부분에서 우선 언급하고 싶은 것은 많은 사람들이 예수님을 찾지만 그분이 누구신지 모른다는 것입니다. "너희가 누구를 찾느냐?"(4,7절) 이 아침에 여기 있는 어떤 이들이 안식을 찾고 있습니다. 하지만 그들은 예수님이 안식임을 알지 못합니다. 여러분은 마음의 쓰라린 공허를 느끼고 있습니다. 여러분은 행복하지 않습니다. 한때는 기쁨을 주었던 극장이 지금은 그렇지 않습니다. 어쩐지 삶은 점점 맥이 빠집니다. 당신의 영혼에서 구슬프게 우는 듯한 작은 소리가 들려옵니다. 마치 라헬이 자녀를 잃고서 위로받기를 거절하는 듯합니다. 여러분은 여러분이 알지 못하는 것을 구하고 있습니다. 여러분은 성경을 읽기 시작했습니다. 복음을 전하는 곳에 열심히 참석합니다. 하지만 여러분은 당신에게 필요한 것이 무엇인지를 알지 못합니다. 아, 좋습니다. 구도자가 된다는 것은 좋은 일입니다. 비록 당신이 필요로 하는 것이 무엇인지 알지 못해도, 하나님을 간절히 찾고 부르면 그분을 만날 것입니다.

이제 우리는 이 사실을 주목합니다. 즉 그리스도를 찾는 자들은 그분을 만난다는 것입니다. 그분이 그들에게 자신을 나타내십니다. 본문의 이 사람들은 그분을 죽이기 위해 그리스도를 찾지만, 그분이 오셔서 이렇게 말씀하셨습니다. "내가 그니라." 여러분이 기억하겠지만, 수가 마을의 우물에 한 여인이 있었습니다. 그녀는 매우 다른 목적으로 그분을 찾았습니다. 그녀가 말했습니다. "메시야 곧 그리스도라 하는 이가 오실 줄을 내가 아노니 그가 오시면 모든 것을 우리에게 알려 주시리이다"(요 4:25). 그러자 예수님이 대답하십니다. "네게 말하는 내가 그라"(요 4:26). 누구든지 예수님을 찾는 자에게, 예수님은 자신을 나타내십니다. 그들은 등과 횃불을 가지고 왔지만, 등과 횃불 가지고는 그리스도를 찾지 못했습니다. 내 사랑하는 친구여, 당신은 스스로 고안해 낸 크고 많은 것들을 가지고 올 수 있겠지만, 많은 공상과 추측을 가지고 오겠지만, 그렇게 해서는 그분을 찾지 못합니다. 등을 가지고 어떻게 해를 찾기를 기대할 수 있겠습니까? 아닙니다. 그리스도께서 친히 오셔서 당신에게 그분 자신을 나타내셔야 합니다. 만일 당신이 그분을 찾으면 그분이 그렇게 하실 것입니다. 오직 그분을 찾는 일을 계속하시기 바랍니다. 과거에 실망했다고 해서 찾는 일을 포기하지 마십시오. 당신이 오랫동안 기도를 지속해 왔을 수도 있습니다. 살아 계신 하나님 앞에서 당신에게 호소합니다. 설혹 당신이 그분을 찾지 못했다고 해도, 그 일에서 사탄이 당신을 포기시키지 못하도록 하십시오. 오직 그리스도께서 당신을 바른 길로 인도해 주시도록 요청하십시오. 당신이 바른 길을 알기만 하면 그분을 찾는 일이 오래 걸리지 않을 것이기 때문입니다.

그분은 지금 여기에 계십니다. 예수님은 오늘 아침에 당신을 용서하실 수 있습니다. 구원의 길을 이해하도록 인도를 받는다면, 당신이 그 좌석을 떠나기 전에도 그분 안에서 온전한 확신을 가질 수 있습니다. 그 길은 그리스도를 단순히 신뢰하는 것입니다. 그분이 당신을 구원하실 수 있고 또 그러실 것이라고 단순히 믿고서, 그분에게 당신을 의탁하는 것입니다. 진실하게 그분을 찾느라고 주리고 목마른 영혼을 그분이 그냥 보내시고, 그래서 그 영혼이 그분 없이 죽도록 버려두시리라고는, 나는 결코 믿지 않습니다. 비록 그분이 그 영혼을 잠시 동안 흑암 속에서 배회하도록 하실 수는 있어도, 마지막에는 그분의 복되신 얼굴에서 수건을 벗으실 것입니다. 아! 그분의 얼굴을 보는 것이 당신이 그분을 찾느라고 한숨짓고 부르짖었던 모든 과정을 잘 보상해 줄 것입니다. 마침내 당신은 그분이 이렇게 말씀하시는 것을 듣게 될 것입니다. "내가 영원한 사랑으로 너를 사랑하기에 인자함으로 너를 이끌었다"(렘 31:3). 그 음성이 당신의 영혼 안에서 천국의 음악을 일깨울 것이며, 그리하여 지칠 정도로 갈망하며 기다렸던 수개월의 시간과 숱한 밤들이 대수롭지 않게 여겨지고, 충분한 보상을 얻었다고 느껴질 것입니다.

또 한 가지, 예수님을 찾았을 때는, 언제나 포기해야 할 것이 많이 있습니다. "나를 찾거든 이 사람들이(these, 문맥상 인칭대명사이지만 이 대목에서는 영적으로 해석하여 비인칭으로 취급됨 — 역주) 가는 것은 용납하라." 만일 여러분이 그리스도를 얻는다면, 언제나 여러분이 보내야 할 것들이 많이 있으며, 또한 이것이 매우 종종 시험의 관건이 됩니다. 만일 어떤 사람이 주일에 영업하는 술집을 운영하고 있다면, 그 술집에 저주의 말과 거짓 맹세가 가득하고, 또한 그가 고객들을 끌기 위해서 온갖 종류의 악을 조장해 왔다면, 그가 그리스도를 얻고서 계속해서 이런 일을 할 수 있겠습니까? 불가능합니다. 그 사람은 이제 천국에 가기를 원합니다. 하지만 그가 그러기를 바란다면, 그는 자신의 악한 직업을 떠나보내야 합니다. 저기에 죄의 즐거움을 맛보아 왔던 한 여성이 있습니다. 그녀는 구주를 얻기를 간절히 바랍니다. 하지만 그녀가 구주를 얻기 원한다면 자신의 죄를 보내야 합니다. 저기 저쪽에 거만하고, 우쭐대고, 경솔한 한 젊은이가 있습니다. 만일 그가 그리스도를 얻고자 한다면, 그는 이 모든 악을 보내야 합니다. 우리의 죄가 버려져야 하며, 그렇지 않으면 그리스도를 받아들일 수 없습니다. 그리스도 예수는 죄를 용서하실 것이지만, 그분은 결코 같은 마음에서 죄와 동거하시지는 않습니다.

여러분이 지금까지 아무리 천하고 야비하게 살아 왔다고 해도, 당장 그 모든 것이 용서될 수 있습니다. 하지만 만일 여러분이 계속해서 그런 식으로 산다면, 당신에게는 자비가 없습니다. 죄를 고백하고 그 죄를 버리는 자에게 자비가 베풀어질 것입니다. 하지만 위선적인 입술로 죄를 슬퍼하고서 다시 악한 마음으로 그 죄에 탐닉하는 자에게는 그렇지 않습니다. "나를 찾거든 이 사람들이 가는 것은 용납하라." 그것이 무엇이든지, 여러분은 그것들을 포기할 수 있습니까? 어리석은 동료들, 게으른 습관들, 야비한 노래들, 쾌락의 추구 등 이런 것들이 포기하기에는 너무나 아까운 것인가요? 정말이지, 요즘에는 사람들에게 기쁨을 주는 어떤 것들이 너무나 어처구니없고, 공허하고, 참된 지혜를 결핍하고 있어서, 돼지들조차 요즘 사람들이 즐겨 먹는 그런 곰팡내 나는 찌꺼기를 준다면 반발하지 않을까 궁금할 지경입니다. 우리는 돼지가 찌꺼기 음식을 먹는 것을 보고 놀라지 않습니다. 돼지가 찌꺼기를 먹는 것은 당연합니다. 그들이 태어나면서 먹던 것을 우리는 금하지 않습니다. 만일 내가 돼지라면, 나는 그 찌꺼기 속에 어떤 먹을 만한 내용물이 든 것을 원할 것입니다. 하지만 세상의 쾌락이란 갈수록 맛도 없어지고 무가치한 것이어서, 인간의 쾌락이라기보다는 바보 천치들의 쾌락이라 할 수 있습니다. 여러분은 이 하잘것없는 것들을 포기할 수 없는 것인가요? 그것들이 그토록 매력적이고 귀하여서, 그것들을 떠나보내느니 차라리 천국을 포기하고 그리스도를 떠나보내고 싶은 것인가요? 이 말씀이 여러분에게 능력으로 임하기를 바라고, 여러분이 이렇게 고백하게 되기를 바랍니다. "나의 구주시여, 그 모든 것을 가게 하소서! 그것들이 당신에게 무엇이란 말입니까? 저는 그것들을 따르기보다는 당신을 따르는 일에서 일만 배나 더 큰 즐거움과 유익을 얻을 것입니다. 그러니 그것들을 영원히 떠나게 하시고, 다시는 저를 유혹하지 못하게 하소서."

　　여러분에게는 자기 의가 남아 있습니까? 다른 사람들보다 당신 자신이 더 낫다고 자부심을 느낍니까? 은연중에 당신의 행위들을 의지합니까? 이제 여러분이 그리스도를 원한다면, 여러분은 그 모든 것을 가게 해야 합니다. 그리스도께서 홀로 포도주 틀을 밟으실 것입니다. 사람은 어느 누구도 그 일에 개입하지 못합니다. 만일 여러분이 그리스도에 의해 구원 얻기를 바란다면, 그것은 율법의 행위에 의한 일이어서는 안 되며, 오직 은혜의 역사여야 합니다. 하나님께서 여러분의 마음을 깨끗이 청소해 주시길 빕니다. 그리하여 여러분이 있는 그대로 빈손 들고 예수님께 나아와서 이렇게 말하게 되기를 바랍니다. "주님, 당신의 귀한 피, 당신의 승리의 부활, 당신의 효력 있는 중보의 기도, 이런 것이 우리의 소망이며 우리의 즐거움입니다. 우리는 삶으로도 당신을 섬길 것이며, 죽음으로도 당신을 높일 것입니다. 하나님의 아들이시여, 우리는 당신의 것이며, 우리가 가진 모든 것도 당신의 것입니다. 우리를 받으시고 지키시며, 당신의 영광의 도구가 되게 하소서." 아멘.

제
75
장

—

안나스 앞에 서신 그리스도

—

"이에 군대와 천부장과 유대인의 아랫사람들이 예수를 잡아 결박하여 먼저 안나스에게로 끌고 가니 안나스는 그 해의 대제사장인 가야바의 장인이라 … 대제사장이 예수에게 그의 제자들과 그의 교훈에 대하여 물으니 예수께서 대답하시되, 내가 드러내 놓고 세상에 말하였노라. 모든 유대인들이 모이는 회당과 성전에서 항상 가르쳤고 은밀하게는 아무것도 말하지 아니하였거늘 어찌하여 내게 묻느냐 내가 무슨 말을 하였는지 들은 자들에게 물어 보라. 그들이 내가 하던 말을 아느니라. 이 말씀을 하시매 곁에 섰던 아랫사람 하나가 손으로 예수를 쳐 이르되 네가 대제사장에게 이같이 대답하느냐 하니 예수께서 대답하시되, 내가 말을 잘못하였으면 그 잘못한 것을 증언하라. 바른 말을 하였으면 네가 어찌하여 나를 치느냐 하시더라." — 요 18:12, 13, 19-23

　13절 말씀을 주목합시다. "먼저 안나스에게로 끌고 가니." 이 사람 안나스는 그의 이름이 사도신경에 오르지 않았기 때문에 본디오 빌라도처럼 악명을 떨치지는 않게 되었습니다. 하지만 여러 가지 면에서 그는 로마의 총독 빌라도보다 훨씬 더 죄가 많은 사람이었습니다. 그는 우리 주님을 빌라도에게 넘긴 사람들 가운데 하나이며, "나를 네게 넘겨 준 자의 죄는 더 크다"(요 19:11)는 주님의 심판에 포함되어 있는 사람입니다. 안나스가 구세주를 심문한 최초의 사람이었다는 사실을 잊어서는 안 됩니다. "먼저 안나스에게로 끌고 가니."

주 예수님께서 안나스의 관저로 제일 먼저 끌려가셨는데, 도대체 이 사람이 누구였습니까? 그는 한동안 대제사장을 지낸 사람이었습니다. 그러나 그의 가족들이 대를 이어 순서대로 대제사장직을 차지하였기 때문에 실질적으로 안나스는 약 50년 동안 유대인들에게 실질적인 대제사장으로 간주되었습니다. 대제사장의 직분이 변질되어 영구직에서 거의 일년직이 되고 말았으며, 그래서 본문은 가야바에 대하여 "그 해의 대제사장인 가야바"라고 말씀하고 있습니다. 하지만 유대인들은 안나스를 실질적인 대제사장으로 생각하였던 것 같습니다. 요세푸스(Josephus)에 따르면, 안나스의 다섯 아들과 그의 사위 가야바가 그의 성직을 계승하였기 때문에 능력 면에서 안나스가 유대인들의 존경을 쉽게 받았던 것 같습니다. 그러므로 제사장들에게 속한 희생제물(예수님을 지칭함)이 그에게 제일 먼저 끌려가는 것은 당연한 일이었습니다. 즉, 그에게 이러한 우선권이 주어지는 것은 마땅할 것입니다. "먼저 안나스에게로 끌고 가니." 하나님의 희생제물, 유월절 어린 양, 주님의 속죄를 의미하는 아사셀 염소(참고. 레 16:10)는 죽임을 당하기 전에 먼저 제사장 앞에 끌려가야 합니다.

안나스의 관저는 가야바의 집과 연결되어 있었습니다. 산헤드린 공회가 재판을 위해 급히 모일 때까지 죄수는 그곳에 감금하도록 되어 있었습니다. 예수님께서 안나스의 관저로 끌려가셨다면, 이 늙은이는 예수님을 보고 심문을 하고 사위의 대리자 역할을 수행하는 즐거움을 누렸을 것입니다. 자기 집을 떠나지 않고 그는 이처럼 악을 즐기고 그 일에 간섭할 수 있었습니다. 제사장의 미움은 훨씬 심각하고 무자비합니다. 오늘날 성직자의 정략(政略)을 즐기는 사람들이야말로 그리스도의 거룩한 복음을 방해하는 가장 큰 원수들입니다. 우리 주님께서 죄수로서 먼저 대제사장의 집으로 끌려간 사건에 예언적인 의미가 없는 것은 아닙니다. "먼저 안나스에게로 끌고 가니." 예수님은 군인들의 막사나 총독의 저택이 아니라 제일 먼저 대제사장의 관저에 감금되는 수모를 겪으셔야 했습니다. 그곳은 주님의 자리인 것처럼 보입니다.

> "가장 비천하게 모욕당하시면서도
> 인내하시는 예수께서 서 계심을 보라

죄인들이 전능하신 손을 묶었고,
그들의 창조자의 얼굴에 침뱉었도다.”

　안나스는 좋은 이름을 가졌습니다. 왜냐하면 그 이름의 뜻이 “인자한 또는 자비로운”이기 때문입니다. 하지만 그는 말로 주 예수님을 함정에 빠뜨리려고 했던 사람이었습니다. 그는 먼저 특별한 방법으로 주님을 심문하였습니다. 즉, 간교한 질문으로 주님으로부터 고발할 조건을 빼내려고 하였던 것입니다. 자비를 가장한 채, 그는 심문자로 돌변하였고, 그의 희생양에게 질문을 던졌습니다. 인자함이라는 뜻의 이름을 가진 이 제사장은 통상적으로 악인의 부드러운 자비를 보였으나 실제로 그 자비는 잔인하기 짝이 없는 것이었습니다. 예수님께서 그의 종들에게 박해를 받으셨을 때 그곳에는 공통적으로 동정과 긍휼이라는 가식이 있었습니다. 박해자들은 어쩔 수 없이 잔인할 수밖에 없는 듯이 슬퍼합니다. 그들의 부드러운 심령은 주님의 백성을 비판하는 말을 하지 않을 수 없기 때문에 상처를 입습니다! 부드러운 말로 그들은 아픈 상처를 입힙니다. 그들의 말은 기름보다 부드러우나 실상은 뽑힌 칼입니다(시 55:21).
　내가 이 사람 안나스의 인물됨을 바로 설명한다면, 그는 구세주의 가장 지독한 원수들 중에 하나였습니다. 그는 사두개인이었습니다. 사두개인은 “자유주의”(liberal) 편이 아닙니까? 그 반대로 우리는 바리새인들을 유대인들 중에 가장 엄격한 분파라고 생각합니다. 안나스가 구세주를 지독하게 증오한 이유는 명백합니다. 바리새인들이 의식과 자기 의를 늘리는 과정에서 그리스도를 미워하였다면, 사두개인들은 계시된 진리를 불신하고 거절하는 과정에서 또한 그리스도를 미워하였기 때문입니다. 여기서 의식주의(Ritualism)와 이성주의(Rationalism)가 보조를 맞춥니다. 자유주의를 표방하는 자유 사상가는 대개 진리를 따르는 자들에게 자신의 사상을 조금도 드러내 보이지 않습니다. 광교회파(Broad Church: 영국 국교회의 한 파)는 십자가의 교리를 논할 때 대개 생각을 좀처럼 드러내지 않습니다. 예수님께서 환전상들의 상과 비둘기 파는 사람들의 의자를 둘러엎으셨을 때, 이 사두개인이 성전에서 이루어지는 거래에 관심이 있었는지, 누군가의 견해대로, 아주 민감한 부분, 말하자면 그의 지갑이 건드려졌기 때문에 크게 신경질이 났는지 나는 말할 수 없습니다. 하지만 분명히 이런저런 이유로 안나스는 시간의 순서뿐만 아니라 악의 정도에서도 우리 주님을 가장 먼저 박해한 자였습니다.

지휘관과 그의 군대가 안나스의 관저에서 멈춘 이유가 무엇이었을까요? 안나스가 그 일에 깊이 관여했고, 또 그때 당시에 빌라도가 대제사장과 그의 장인의 뜻대로 하라고 군대에 지시하였기 때문일까요? 이 명석한 늙은이는 공모자들의 고문이었을까요? 반세기 동안 명성을 지켜온 지도력이 이 중대한 때에 그를 지도자로 세웠을까요? 군인들이 그들의 희생제물을 넘기고 유다가 피값을 받기 위해 그들이 안나스의 관저를 방문했을까요? 어쨌든 그 배신자가 이후부터 주님을 붙잡은 무리들 가운데 있었다는 기록을 우리는 더 이상 볼 수 없습니다.

주님은 먼저 안나스에게로 끌려가셨습니다. 이러한 행동에 어떤 동기가 있었을 것이라고 우리는 확신합니다. 안나스는 박해자들 가운데 으뜸이 될 정도로 충분히 악의가 있고 잔인하며 사악한 자였습니다. 그는 처음부터 끝까지 모든 일에 관여하였고, 우리 주님에 대한 불의한 재판을 이 사람이 앞에서 이끌었습니다. 그는 헤롯과 같이 가장 혐오스러운 사람들의 총애를 받았고, 빌라도 총독의 친구였으며, 무죄한 자를 합법적으로 죽이도록 음모를 꾸민 주모자였습니다. 거룩하고 의로우신 하나님께서 잔인하고 불의한 자들의 손에 넘겨지셨을 때 정의에 대한 모든 소망은 사라지고 말았습니다. 여러 해 동안 그는 헤롯과 로마인들과 유다인들에게 아첨함으로써 자신의 자리를 유지해 왔습니다. 그는 냉정한 판결과 치밀한 교활함으로 나사렛 예수를 함정에 빠뜨리는 작업에 착수하였습니다. 이는 이미 피를 흘리기로 마음을 정하고 모이고 있었던 산헤드린 회원들에게 예수님을 처형할 길을 열어주기 위한 모략이었습니다.

1. 심문을 당하시는 거룩하신 우리의 주님

첫째, 우리 주님을 사랑과 애정과 경배의 마음을 가지고 바라봅시다.

가장 먼저 주목할 것은, 이 심문은 비공식적이었고, 법의 테두리 밖에서 진행된 일이었다는 사실입니다. 예수님은 아직까지 아무런 고발도 당하지 않은 상태였습니다. 아직까지 어떤 재판관도 재판석에 앉지 않았으며, 죄수의 죄를 증언할 어떠한 증인도 소환되지 않았습니다. 이는 잡힌 사람으로부터 무언가 자백을 받아내려는 생각으로 실시한 일종의 사사로운 심문이었습니다. 이후에 그는 이것을 근거로 잡힌 사람을 고소하는데 사용하려 했습니다. 아시다시피 우리의 법은 강력하고도 적절하게 이러한 사사로운 심문을 금하고 있습니다. 이런 일이 비록 유다의 법을 위반하는 것은 아니었을지라도 영원한 의의 법을 분명히 위반하는 것이었습니다. 이처럼 죄수의 말에서 꼬투리를 잡아서 그에게 죄를 씌우려는 심문은 해서는 안 될 것입니다. 명백한 고소거리가 없을 경우에는 그를 돌려보내야 합니다. 범죄자 명부를 완전히 기재하지 못하였을지라도 그를 돌려보내야 합니다. 잔인한 대적 앞에 그를 세워 심문을 받음으로 상처를 입혀서는 안 됩니다.

　　그런데 우리 구세주의 경우 안나스 앞에 끌려가 바로 이러한 억울한 일을 당하신 것입니다. 오늘날 주님을 아주 나쁘게 대하는 많은 사람들을 나는 알고 있습니다. 그들은 주님을 심문하며 주님에 대한 조사를 합니다. 하지만 그들은 정직하고 진지하게 혹은 공정한 규칙대로 심문하지 않습니다. 우려하는 것은 그리스도에 대한 신앙을 트집잡는 사람들 대부분이 공정하게 신앙을 알아보려 하지 않는다는 사실입니다. 그들 가운데 더러는 마지막에 읽으려고 생각하는 책이 신약성경이며, 마지막에 이해하려고 하는 것이 그리스도의 참된 인격입니다. 그리고 그들이 마지막으로 들으려 하는 것 중에 하나가 그리스도의 복음에 대한 충분한 설명입니다. 오늘날에도 여전히 안나스와 같은 사람들이 여기저기에 존재합니다. 거의 어디에서나 그들은 조롱거리를 찾아내려는 속셈으로 그리스도의 제자들을 심문합니다. 또한 이 화려한 세대의 정신과 일치하지 않는 점을 기독교 신앙에서 찾아내려는 속셈으로 그리스도의 제자들을 심문합니다. 나는 넌더리날 정도로 자주 그런 심문을 받고 있습니다. 19세기가 그 수치스러운 무덤으로 내려갈 때까지 내내 나는 그런 소리를 들을 것입니다.

　　두 번째, 그리스도에 대한 안나스의 심문은 일방적이었습니다. "대제사장이 예수에게 그의 제자들과 그의 교훈에 대하여 물으니." 왜 안나스는 예수님 자신에 대하여, 곧 예수님이 누구인지 어떤 분이었는지 묻지 않았을까요? 그리고 예수님께서 행하신 이적들과 주님의 전 생애에 대하여 안나스는 어찌하여 묻지 않았을까요? "당신이 죽은 자를 살려냈소? 당신이 맹인의 눈을 보게 하였소? 당신이 나병환자들을 고쳐 주었소? 당신이 선한 일을 열심히 하였소?"라고 어찌하여 묻지 않았을까요? 그런 질문은 한 번도 하지 않았습니다. 그런 일들은 별로 중요하지 않은 것처럼 넘어가 버렸습니다.

　　안나스는 가장 약한 부분, 혹은 당시 사람들이 평소 예수님의 약점이라고 생각했던 부분부터 심문하기 시작하였습니다. 안나스는 예수님의 제자들에 대하여 물었습니다. 지도자가 자기를 따르는 자들의 어리석음과 약점을 대신해 줄 수 있나요? 안나스는 "너의 제자들이 어디에 있느냐?"라고 물었을 것입니다. 베드로가 대제사장의 뜰에 앉아 있었지만 그리스도께서는 그를 증인으로 부를 수 없었습니다. 요한은 아마도 주님 뒤편에 있었겠지만 다른 제자들은 주님을 버리고 달아나 버렸습니다. 안나스는 틀림없이 "너의 제자들이 누구냐? 네가 그들을 뽑았느냐?"고 물었을 것입니다. 주님의 제자들이 갈릴리 사람들이며, 그들 중에서도 대부분이 평범한 어부들이라는 사실을 그는 분명히 알았습니다. 그러므로 그는 그리스도를 비방하려는 속셈으로 이 질문을 한 것입니다. 안나스가 이러한 제자들에 대하여 더 많은 것을 알았다면, 그는 예수의 종교를 헐뜯는 질문을 더 많이 하였을 것입니다. 오늘날 사람들의 행동도 이와 같습니다. 그들은 그리스도의 제자들에 관하여 묻습니다. "그리스도의 제자 아무개를 보라. 목사 아무개를 보라. 교회 안에 얼마나 많은 분파들이 있는가를 보라"고 그들은 말합니다. 그러나 분명한 것은 그리스도를 심문하더라도 충분히 공정하게 심문하여야 하며, 오직 한 가지 면에 대해서만 심문해서는 안 될 것입니다. 그리스도의 이름을 송축합니다. 어떤 부분에 대하여 심문을 하든지 그것은 상관이 없습니다. 주님은 언제나 훌륭한 대답을 하실 준비가 되어 있으니까요. 참으로 사람들이 진리를 알기를 원한다면, 그들은 예수님의 모든 면을 보아야 할 것이며, 이곳저곳을 다 살핀 후, 그리고나서 주님을 판단해야 할 것입니다.

또한 안나스의 심문은 매우 무질서했습니다. 왜냐하면 대제사장이 그리스도에게 그의 제자들과 그의 교훈에 대하여 물었기 때문입니다. 논리적으로 보면, 먼저 그리스도의 교훈에 대하여 묻고, 그 다음에 그의 제자들에 관하여 묻는 것이 올바른 순서일 것입니다. 즉, 주님의 가르침에 대하여 먼저 묻고, 그 다음에 그 가르침을 받은 사람들에 대하여 묻는 것이 바른 순서일 것입니다. 그러나 안나스와 같은 사람들은 거꾸로 질문을 합니다. 먼저 할 것을 나중에 하고, 나중에 할 것을 먼저 합니다. 그 까닭은 그리스도를 고소할 거리를 확보하기 위한 의도가 있었기 때문입니다. 자, 누구든지 조용히 앉아서 진심으로 나사렛 예수의 삶과 인격과 가르침을 배우고자 한다면, 나는 그 사람의 말을 무엇이든지 들을 용의가 있습니다. 하지만 올바른 절차를 밟아 배워야 할 것입니다. 다른 종교 선생을 연구하는 방식으로, 혹은 법정에 선 사람의 됨됨이를 조사하는 방식으로 그렇게 올바른 절차를 밟아 주님을 배워야 합니다. 우리의 복되신 주님에 대하여 가혹하게 말하는 그런 사람들이 여기에 있다면 나는 그분들에게 부탁합니다. 자신들과 그리스도에 대하여 공평하게 평하십시오. 지금과 다른 절차를 택하십시오. 그리고 심문의 성격상 질문이 필요하다면 마치 자신을 심문하듯이 그리스도를 심문하십시오.

안나스는 그렇게 하지 못했습니다. 왜냐하면 그의 심문은 그리스도의 제자들과 그의 교훈에 관한 것이었기 때문입니다. 제자들에 관한 질문에 대하여 주님은 아무 말씀도 하지 않으셨습니다. 그리스도께서는 아버지에게 자신의 제자들에 대하여 많이 말씀하셨습니다. 만일 그리스도께서 마음만 있으셨다면, 그의 무한한 사랑과 지혜로, 그 자리에서 즉시, 자신의 제자들에 관하여 많은 말씀을 하실 수 있었을 것입니다. 성경 전체를 통해 볼 때, 하나님의 백성에 관한 말씀이 비교적 적다는 것을 우리는 발견합니다. 하나님의 백성에 대한 기록은 주로 그들의 허물과 실수에 대한 것입니다. 그 이유는 지금은 아직 그들이 나타날 때가 아니기 때문입니다. 그러나 그 날은 속히 오고 있습니다. "우리가 지금은 하나님의 자녀라. 장래에 어떻게 될지는 아직 나타나지 아니하였으나 그가 나타나시면 우리가 그와 같을 줄을 아는 것은 그의 참모습 그대로 볼 것이기 때문이니"(요일 3:2). "그 때에 의인들은 자기 아버지 나라에서 해와 같이 빛나리라"(마 13:43). 안나스는 그리스도의 제자들이 광신자들 패, 곧 무식하고 미숙하고 가치 없는 사람들, 하층민들이라고 생각했습니다. 카타콤의 비문에 적힌 조잡한 글자를 읽어보면, 세상이 감당하지 못할 경건한 사람들 가운데 학식 있는 사람이 얼마나 적었는지 알 수 있습니다. 그들 대부분은 분명히 평범하고, 초라한 보통 사람들이었습니다. 우리 주 예수 그리스도께서는 이 땅의 지위나 권위에서 큰 명성을 얻지 못하였습니다. 주님은 사람을 사랑하셨지만 사람이 입으시는 복장에는 별 관심이 없으셨습니다. 아주 초라한 형제들에게 진실로 주님은 "형제라 부르시기를 부끄러워하지 아니하셨습니다"(히 2:11).

그리스도 편에 섰다는 이유로 멸시를 받은 우리가 부활의 날에 몸과 아울러 명예까지도 부활한다는 사실은 우리에게 은혜입니다. 지금은 존경을 받지 못하지만 그 때에는 존경을 받을 것이며, 세상에서는 신뢰를 받지 못하지만 그 때에는 신뢰를 받을 것입니다. 주님께서 이를 명하셨기에 반드시 이루어질 것입니다. "의인을 위하여 빛을 뿌리고 마음이 정직한 자를 위하여 기쁨을 뿌리시는도다"(시 97:11). 성도들의 기쁜 추수 때가 반드시 올 것입니다. 신자들이 예수 그리스도 곧 그들의 주님을 위하여 받았던 수치와 조롱은 그 때에 영광의 빛이 임함으로 영원히 사라질 것입니다.

안나스는 또한 그리스도의 교훈, 곧 그리스도의 말씀을 경청한 사람들에게 가르치신 내용에 대하여 물었습니다. 나는 이 문제를 다루지 않겠습니다. 왜냐하면 나는 그리스도께서 안나스에게 주신 대답에 대하여 자세히 설명하기 원하기 때문입니다. 먼저 주님은 공적으로 자신이 이미 말씀하신 바를 사적으로 다시금 질문 받는 것이 옳지 않다고 이의를 제기하셨습니다. 즉, 주님의 말씀을 이미 들은 사람들에게 물어보는 것이 타당하다는 주장입니다. 주님은 그 이유를 다음과 같이 말씀하셨습니다. "내가 드러내 놓고 세상에 말하였노라. 모든 유대인들이 모이는 회당과 성전에서 항상 가르쳤고 은밀하게는 아무것도 말하지 아니하였거늘 어찌하여 내게 묻느냐? 나는 가장 공공연한 장소를 택하여 가르쳤다. 나는 비밀스러운 모임이나 비밀집회를 갖지 않았으며, 이 일로 제자들을 선동하지 않았다. 아니, 나는 '드러내 놓고 말하였다.' 하늘이 나의 가르치는 소리를 들었다. 언덕 위에 서서 메시지를 선포하였다. 바닷가에서 나는 모인 모든 사람들에게 말하였다. 내가 인도하는 예배에 자주 수많은 인파가 몰려들었다. 그들이 내가 말한 바를 알고 있다. 그들을 증인으로 신청하면 그들이 증언을 해 줄 것이다."

그리스도의 가르침은 완전히 개방되어 있었습니다. 주님의 교훈에는 말씀하시는 것과 뜻하는 것이 다른 음흉한 음모와 같은 것이 전혀 없었으며, 이중적인 의미를 가지는 표현을 전혀 사용하지 않으셨습니다. 물론 주님께서 모든 교훈을 대중에게 다 설명하지 않으신 것은 사실입니다. 왜냐하면 그들이 주님의 교훈을 전부 다 받을 수 있을 만큼 지혜롭지 못하였기 때문입니다. 그러나 아울러 주님께서는 듣는 사람들이 꼭 알아야 했던 내용을 그들로부터 숨기신 적은 전혀 없었습니다. 주님은 듣는 자들에게 마음을 열어 가르치셨기 때문에 그들 모두가 주님의 마음을 읽을 수 있었습니다. 심지어 소수의 제자들에게 아주 은밀한 장소에서 가르치신 모든 내용일지라도 누구든 깨닫는 눈만 가지고 있었다면 많은 군중들에게 가르치신 일반적인 교훈 속에서도 알 수 있었습니다.

하나님의 말씀 안에는 우리가 차라리 전하지 않는 것이 나은 어떤 진리가 있다는 말을 나는 들어왔습니다. 그런 내용들이 참이라는 사실은 인정되지만 그런 내용들이 교훈적이지 않다고들 말합니다. 나는 그러한 생각에 동의하지 않을 것입니다. 이는 로마교회의 체계로 돌아가는 것일 뿐입니다. 하나님의 지혜에 유익한 것은 무엇이든지 하나님의 종들이 선포하는 것이 지혜롭습니다. 우리가 누구관대 이 진리 저 진리 사이를 판단할 수 있으며, 우리가 전해야 하는 것, 우리가 간직해야 하는 것을 말할 수 있겠습니까? 이러한 체계는 결국 그리스도의 복음을 우리가 감정하는 결과가 되는 것입니다. 이런 일이 우리 가운데서 있어서는 결코 안 됩니다. 이는 우리가 감당할 수도 없는 책임을 떠맡는 일이 될 것입니다. 교회에 빈 자리가 늘어나고 있는 이유는 강단에서 은혜의 교리가 전해지지 않기 때문이라고 나는 믿습니다. 설교에서 은혜의 교리를 빼십시오. 그리하면 여러분은 설교에서 골수와 기름진 것을 빼낸 것입니다. 무조건적인 선택의 교리, 제한속죄의 교리, 효과적인 부르심의 교리, 성도의 견인의 교리를 선포하지 않는다면 도대체 무엇으로 사람들을 기도처로 오게 할 것이며, 그들을 교회로 모이게 할 것입니까?

어떤 이들은 이러한 교리들이 성도들 사이에서만 이야기되어야 하고 죄인들에게 전해져서는 안 된다고 말합니다. 오, 그렇게 말하지 마십시오! 하나님의 말씀에 속한 교리는 모두가 선합니다. 성경에 나오는 진리는 모두가 선합니다. 고의적으로 어느 하나라도 빼 버린다면 우리의 증거 전체가 해를 입게 됨으로 말미암아 우리의 증거가, 이슬이 내리는 헤르몬 산처럼 되지 못하고 이슬이 내리지 않는 저주받은 길보아 산처럼 되고 말 것입니다. 나의 형제들이여, 주님께서 성령으로 말미암아 여러분에게 가르치신 그 무엇이든지 다른 사람들에게 전하십시오. 기회 있는 대로 하나님께서 여러분에게 보여주신 것을 그들에게 나타내십시오. 그리스도께서 친히 말씀하시기를, "내가 너희에게 어두운 데서 이르는 것을 광명한 데서 말하며 너희가 귓속말로 듣는 것을 집 위에서 전파하라"(마 10:27) 하셨습니다. 모든 진리들이 균형 있게 전해져야 합니다. 때를 따라 여러 진리를 골고루 전해야 하며, 아무것도 빠져서는 안 됩니다. 목회의 마지막 순간에 나는 이렇게 말할 수 있기를 바랍니다. "나는 아무것도 숨기지 않았습니다. 그리스도께서 내게 가르쳐 주신 모든 진리를 나는 다른 사람들에게 가르쳤으며, 그래서 나는 목사로서 증거하는 직분을 온전히 감당하였습니다."

복되신 우리 주님께서 자신의 공적인 생애와 교훈에 대하여 말씀하심으로써 안나스의 질문에 대답하셨습니다. 그 밖에 다른 말이 필요 없었습니다. 우리는 이보다 더 설득력 있는 그 무엇을 생각할 수 없습니다. 어떤 웅변적인 말이나 힘 있는 논증도 여기서 이 교활한 적의 기세를 완전히 꺾을 수는 없었을 것입니다. 그러나 이 심문자는 주님의 대답에 매우 부끄러워하였고, 그 순간 매우 당황하였습니다. 이 때문에 열성적인 관원이 예수님을 손바닥으로 때리고 말았습니다. 답변 한 마디로 잔인한 대적을 잠잠케 하였다는 이유로 핍박받은 나사렛 예수님의 결백하고 당당한 얼굴이 이처럼 강타당하였습니다. 이는 그만큼 주님의 대답이 멋졌다는 증거입니다! 주님의 대답 한 마디를 통해 우리는 주님의 인격이 얼마나 완벽한가를 엿볼 수 있으며, 이전보다 훨씬 위엄 있는 모습을 볼 수 있습니다!

예수님께서 자신의 생애에 대하여 말씀하신 것처럼 우리 중에 자신의 생애에 대하여 감히 말할 수 있는 사람은 단 한 사람도 없다고 나는 확신합니다. 우리 주님의 생애는 단연코 사람들과 함께 하신 삶이었습니다. 주님은 은둔생활을 하지 않았습니다. 이른 아침부터 밤 늦게까지 주님은 사람들과 함께 하셨습니다. 그러므로 주님께서는 사람들이 보는 앞에서 모든 일을 행하셨습니다. 보좌를 비추는 강렬한 빛처럼 사람들의 맹렬한 눈빛이 항상 주님을 찾았습니다. 주님은 항상 주시의 대상이었습니다. 주께서 하신 모든 말씀이 기억되었습니다. 주님의 대적들은 주께서 말씀하는 사이에 주님을 붙잡으려고 끊임없이 시도하였습니다. 주님은 자신의 속마음을 털어놓을 때, 마치 난롯가에 있는 것처럼 거의 한순간도 마음을 놓을 수 없었습니다. 주님은 언제나 불경건한 세상의 감시를 받았습니다. 그들은 아무도 없는 곳에서 결점을 찾으려 하였고, 조그마한 흠이라도 있으면, 그것을 침소봉대하려고 하였으며, 땅 끝까지 알리려고 하였습니다.

게다가 우리 주님은 결단코 침묵하는 분이 아니었습니다. 주님은 말씀하시고 또 자주 말씀하셨습니다. 주님께서 침묵하는 삶을 사셨다고 증거하는 말씀을 보여 주십시오. 주님께서 말씀하시고 행하신 일들은 기록된 것보다 훨씬 더 많았습니다. 요한은 이에 대하여 이렇게 말하였습니다. "예수께서 행하신 일이 이 외에도 많으니 만일 낱낱이 기록된다면 이 세상이라도 이 기록된 책을 두기에 부족할 줄 아노라"(요 21:25). 그런데 그리스도의 이 모든 행동과 말씀 속에서 대적이 단 하나의 흠도 찾아낼 수 없었습니다. 주님은 심지어 사탄에게 자신의 삶에서 흠을 찾아보라고 다음과 같이 말씀하실 정도였습니다. "이 세상의 임금이 오겠음이라. 그러나 그는 내게 관계할 것이 없으니"(요 14:30).

주님은 또한 자주 말씀하셨을 뿐만 아니라 분명하게 말씀하셨습니다. 심지어 어린아이들이라도 주님의 말씀을 이해할 정도로 주님은 아주 평이하게 말씀하셨습니다. 주님의 말씀을 들은 사람들 가운데 단 한 사람도 저 설교자가 무엇을 말하는지 모르겠다고 말하지 않았습니다. 설령 사람들이 그 말씀의 의미가 무엇인지 말한다 할지라도 그들은 주님의 말씀에서 흠을 찾을 수 없었을 것입니다.

또 하나 우리가 주목할 수 있는 재미있는 것은 주님께서 자주 분노하신 가운데 말씀하셨다는 사실입니다. 그렇다고 주님께서 평정을 잃거나 혹은 분별없이 그 입술로 말씀하시지는 않았습니다. 저와 여러분도 경험하는 바이지만, 우리는 평정을 잃으면 천박하고 어리석게 말하고 악한 말을 하기가 쉽습니다. 하지만 복되신 우리 구세주께서는 아무리 크게 분노하셨을지라도 결단코 그런 식으로 죄를 범하지는 않으셨습니다. 주님은 또한 억울한 말을 많이 들으셨습니다. 사람들이 우리에 대하여 거짓을 말하면 우리는 진실 혹은 신중의 범위를 벗어나 평정을 잃고 대응하기 쉽습니다. 하지만 우리 주 예수님은 결코 그렇지 않으셨습니다. 구세주께서 어느 때에 하신 말씀이라도 여러분은 그 말씀을 수정해서는 안 됩니다. 주님의 모든 말씀은 따로 떼어놓고 보아도, 함께 붙여놓고 보아도 절대적인 진리입니다.

복되신 우리 주님께서 소란 속에서 자주 말씀하셨다는 사실을 잊어서는 안 됩니다. 우리가 공적 예배를 드리기 위해 모일 때처럼 언제나 그렇게 차분하고 질서 있는 회중들에게 주님께서 말씀하신 것이 아닙니다. 반대로 주님은 성난 군중들이 아우성치는 가운데 종종 말씀하셔야 했고, 주님을 미워한 자들의 반대와 저주 가운데 말씀하셔야 했습니다. 그러나 이처럼 견딜 수 없는 환경 속에서도 주님은 그들이 들은 주님의 어떤 말씀에서라도 한 번 흠을 찾아보라고 그들에게 거침없이 요구하실 정도로 그렇게 완벽하게 말씀하셨습니다.

우리 주님은 온갖 종류의 성격을 가진 사람들에게 말씀하셨습니다. 곧 악한 사람들에게도, 선한 사람들에게도, 무관심한 사람들에게도 말씀하셨습니다. 특히 주님의 가장 심오한 말씀을 많이 들었으나 나중에 주님을 배반한 사람에게도 주님은 말씀하셨습니다. 유다는 한적한 곳에서 주님과 함께 하였으며, 은혜를 입은 소수만이 있었을 때 하신 주님의 말씀을 들었습니다. 그런데 유다는 자기 주님을 배반한 엄청난 죄악에서 정상을 참작할 만한 변명을 한 마디도 할 수 없었습니다.

2. 우리 주 예수님이 부당하게 매를 맞으심.

"이 말씀을 하시매 곁에 섰던 아랫사람 하나가 손으로 예수를 쳐 이르되 네가 대제사장에게 이같이 대답하느냐?"

주님의 대답은 아주 간단한 것이었으며, 또 모든 관점에서 보더라도 적절한 대답이었습니다. 그러나 아울러 주님의 대답은 틀림없이 안나스를 아프게 하는 대답이었습니다. 안나스가 어떤 사람이라는 것을 내가 알고 있기에 이는 분명한 사실일 것입니다. 여러분이 주님의 대답 속에서 안나스에 대한 주님의 진의를 엿볼 수 있을 것입니다. 우리 구세주께서는 이러한 속뜻을 가지고 안나스에게 대답하신 듯합니다. "나는 은밀하게 다른 사람의 생명을 해하는 음모를 꾸미지 않는다. 나는 말로 그 사람을 곤란에 빠뜨리려는 목적으로 사람에게 말한 적이 없다. 나는 음모를 꾸민 적이 한 번도 없다. 나는 드러내 놓고 회당에서 말하였고, 성전, 곧 사람들이 모이는 장소에서 가르쳤으며 한 번도 은밀하게 말한 적이 없다." 이 파렴치한 사람에게 일말의 양심이 있었다면 이러한 주님의 대답은 사실상 안나스에 대한 호된 책망의 말씀이었습니다. 이에 대제사장 주위에 서 있던 아랫사람 하나가 그리스도를 치면서 "네가 대제사장에게 이같이 대답하느냐?" 하였습니다.

앞서 그리스도는 소위 심문이라는 핍박을 당하셨습니다. 하지만 이제 주님은 아랫사람들에게 핍박을 당하셨습니다. 그리스도를 한 번도 심문하지 않은 많은 사람들이 있습니다. 하지만 그들은 주님을 나쁘게 판단합니다. 그리고 아내, 친구, 이웃, 혹은 그리스도 편에 서 있는 사람이면 누구나 핍박하기 시작합니다. 이 아랫사람이 우리 주님을 친 것처럼 그들은 종종 때리기도 합니다. 이것은 아주 비겁한 행동이었습니다. 왜냐하면 그리스도는 묶여 있어서 속수무책이었기 때문입니다. 그런데 우리 시대에 이와 같은 일이 벌어지고 있습니다. 내가 아주 불쾌하게 여기는 것은, 누군가 길을 걸어가면서 찬송을 부를 것 같으면 그들은 손이 묶인 채 돌에 맞거나 진흙을 뒤집어쓰거나 하게 되는 현실입니다. 그들은 방어할 수도 없고 상대와 맞서 싸울 수도 없습니다. 왜냐하면 기독교 신앙 때문에 손을 묶어 둘 수밖에 없기 때문이며, 또한 잔인한 폭도들이 이를 알고 있기 때문입니다. 이 사람들이 싸우기 원한다면, 길을 걸어가고 있는 자신과 같은 동료들을 찾아서 자신들을 박해하는 사람들을 공격하지 않겠습니까? 하지만 그렇게 되면 어떻게 되겠습니다. 그들은 그렇게 하기를 꺼립니다. 왜냐하면 오늘날까지 핍박은 손이 묶인 사람들에게 언제나 가해졌기 때문입니다.

우리의 신앙이 똑같이 대응하고, 손으로 치면 같이 손으로 치고, 발로 차면 같이 발로 차라고 가르쳐 주었다면, 참으로 공정하겠습니다. 하지만 성경은 악을 악으로 갚지 말라고 말씀하며, 그리스도를 믿는 자들은 우리를 해하는 더러운 말에 대하여 똑같이 대응하지 말라고 하니 이 같은 핍박을 당하는 우리 입장으로서는 너무나도 비참합니다. 모든 역사를 살펴보십시오. 박해자들은 자기들의 머리카락 하나 대지 아니한 성도들을 완전히 모욕하며 불에 태워 버렸으며, 자기들에게 아무런 해도 끼칠 수 없었고 또 절대로 그렇게 하기를 원하지 않았던 가련한 남자 여자들을 죽이지 않았습니까? 바로 이것이 그리스도와 그리스도를 따르는 제자들의 한결같은 이야기입니다. 즉, 그리스도인들은 첫째, 진리를 알기를 원하지 않는 사람들에게 심문을 받으며, 둘째, 그들을 해하는 말을 조금도 하지 않았는 데도 그들에게 핍박을 받는 것입니다.

우리 구세주를 부당하게 친 이 사람에게 주님은 말씀하셨습니다. "내가 말을 잘못하였으면 그 잘못한 것을 증언하라. 바른 말을 하였으면 네가 어찌하여 나를 치느냐?" 우리 또한 그리스도의 제자들을 방자하게 치는 사람들에게 이렇게 말할 수 있을 것입니다. "네가 어찌하여 치느냐? 기독교가 일반적으로는 인간 전체에게, 혹은 구체적으로는 당신에게 무슨 해라도 끼쳤단 말인가?" 역사적으로 폭군의 권력을 무너뜨린 힘이 무엇이었습니까? 많은 나라에서 사람들을 해방시킨 배후는 바로 하나님의 말씀이었습니다. 우리 시대에 노예무역을 근절시키고 흑인을 해방시킨 것이 무엇입니까? 오늘날 이 땅의 술 중독을 물리칠 수 있는 가장 잠재력 있는 세력이 무엇입니까? 분명히, 예수 그리스도의 복음밖에 없습니다. 우리 그리스도인들이 온 세상 사람들에게 비난받을 만한 무슨 의도라도 가지고 있나요? 우리가 이웃들에게 못된 짓을 하고 있습니까? 우리가 술 취하고, 욕심부리며, 다른 사람을 억압하라고 가르쳤나요? 여러분의 타고난 권리를 빼앗는다거나 어떻게 해서든 여러분을 해하겠다는 무슨 소리라도 우리에게서 들으셨나요? 우리가 그렇지 않다는 것을 여러분이 잘 아십니다. 우리는 평화를 위해 싸웁니다. 우리는 공격하는 것을 공격합니다. 우리가 무언가 비난해야 한다면, 우리는 무엇보다도 비난하는 것을 비난할 것입니다. 우리가 이왕 아파한다면, 무엇보다 먼저 아파하는 것에 대하여 아파할 것이며, 또한 시기, 원한, 모든 무자비함에 대하여 아파할 것입니다.

고결한 생각이나 혹은 우리의 어떤 말이나 행동에서 누구든지 우리의 흠을 찾아보라고 도전할 때가 가끔은 있습니다. 하지만 우리의 생애 전체, 곧 공적인 생애와 사적인 생애 전부를 놓고 볼 때, 우리 대부분은 그러한 시험받는 것을 몹시 싫어할 것입니다. 우리의 대적들이 우리를 핍박할 때 우리는 그들에게 이렇게 말할 수 있습니다. "아! 여러분이 참으로 우리의 존재를 속속들이 알았다면, 우리의 선함에 대하여는 핍박하지 않을 테지만 우리의 악함에 대하여는 핍박할 것입니다." 내가 비방을 당하였을 때 나는 종종 혼자서 이렇게 말하였습니다. "그들이 내게 거짓말을 하였다. 하지만 그들이 나를 잘 알았다면, 그들은 오직 사실만을 말하면서도 이에 못지 않게 나를 나쁘게 말하였을 것이다." 제정신을 가진 사람치고 자신의 생각이 전부 기록되고, 자신의 말과 행동이 기록에 남겨지기를 바라는 사람은 하나도 없습니다. 나의 말 가운데 절반은 나의 눈물로 지워지기를 나는 종종 원하였으며, 그 다음 나머지 절반은 보혈로 씻겨져야 할 것입니다. 그렇지 않으면 우리 자신이 이를 견디지 못할 것이며, 더군다나 예수님께서 모든 죄를 씻으시는 당신의 보혈을 뿌리지 않고는 이를 견디지 못할 것입니다.

이제, 내가 지금까지 여러분에게 말씀드린 이 모든 것 때문에 우리가 주님을 사랑할 수밖에 없다고 나는 생각합니다. "하나님이 죄를 알지도 못하신 이를 우리를 대신하여 죄로 삼으신 것은 우리로 하여금 그 안에서 하나님의 의가 되게 하려 하심이라"(고후 5:21). 우리가 이 사실을 기억하고 믿는다면 우리는 주님을 사랑할 수밖에 없을 것입니다. 기꺼이 희생하신 어린 양이 여기에 계십니다. 대제사장과 그의 모든 하인들이 자기들 마음대로 어린 양을 심문합니다. 하지만 그들은 어린 양이 완전하다는 사실을 깨달을 뿐입니다. 그분에게는 흠이 없습니다. 그분에게는 쓸데없는 말도 없고 태만한 일도 없습니다. 우리는 그분에게서 아무런 흠도 발견할 수 없습니다. 안을 보나 밖을 보나, 젊었을 때를 보나 어렸을 때를 보나, 혹은 성년의 때를 보나, 살아 계셨을 때를 보나 죽으셨을 때를 보나, 그의 말을 보나 침묵을 보나, 그분의 생각을 보나 행동을 보나, 주님은 선하십니다. 주님은 오직 선하실 뿐입니다. 그러므로 그의 거룩하신 이름을 영원히 송축합니다! 아멘.

제
76
장

—

결박되신 그리스도

—

**"안나스가 예수를 결박한 그대로
대제사장 가야바에게 보내니라." — 요 18:24**

　　오늘 우리의 설교 주제는 결박되신 그리스도(Christ in bonds)입니다. 하나님의 전권 대사시요, 하나님의 아들이시며, 왕이시자, 하나님-인간(God-man)이신 분이, 심문을 받기 위해 결박당한 채로 대제사장 가야바의 법정으로 보내어졌습니다.

　　우리 주님의 이 결박은 우선, 그분을 체포한 자들의 편에서 어떤 두려움을 나타내는 것처럼 보입니다. 그들이 왜 그분을 결박했을까요? 그분은 그들을 공격하려 하지 않으셨습니다. 그분은 그들의 손에서 도망치기를 바라지 않으셨습니다. 하지만 아마도, 그들은 그분이 그들의 허점을 찌르고 그들에게서 벗어날 것이라고 생각한 것 같습니다. 오호라! 그 사람들은 하늘에서 혈혈단신으로 내려오시어, 갑옷도 입지 않고, 무기도 들지 않으시고, 아무도 해치지 않으시며, 심지어 그분에게 가해지는 어떤 해로부터도 스스로를 보호하지 않으신 분을 이렇게 두려워한 것입니다. 그분은 처음에는 구유에 한 아기로 누워 계셨으며, 또한 일생 동안 인간적인 힘을 과시하기보다 오히려 약함을 보이셨던 분입니다. 그런데 그분의 적대자들은 자주 그분을 두려워했습니다. 지금도 마찬가지입니다. 사람들의 마음에는, 그리스도가 보기보다는 위대한 분이라는 잠재적이고도 은밀한 확신이 있습니다. 심지어 그들이 불신앙의 무기들로 그분을 공격할 때에도, 자신들의 논증에 결코 만족하는 듯이 보이지 않으며, 끊임없이 새로운 근거들을 찾고 있습니다. 오늘날까지 경건하지 못한 자들은 그리스도를 두려워합니다. 그리고 종종, 그분을 반대하며 날뛰는 그들의 모습은, 무덤 사이를 서둘러 지나가면서 용기를 잃지 않으려고 휘파람을 부는 소년의 불안한 모습을 닮았습니다.

의심의 여지 없이, 그들이 그리스도를 결박한 것은 그분의 상태를 더 수치스럽게 만들려는 것입니다. 우리 구주께서는 동산에서 그분을 잡으러 온 자들에게 이렇게 말씀하셨습니다. "너희가 강도를 잡는 것 같이 검과 몽치를 가지고 나왔느냐?"(눅 22:52) 지금 그들은 마치 그분이 강도인양 그분을 단단히 결박했습니다. 아마도 그분의 손을 등 뒤로 돌려서 단단한 줄로 묶었을 것이며, 그렇게 함으로써 그들이 그분을 범죄자로 간주한다는 것을 보이려고 했습니다. 그들은 어떤 법적인 문제를 심리할 수 있는 민간 법정으로 그분을 데려가기도 전에, 이미 그분을 결박하는 행동으로써 그분을 정죄했습니다. 그들은 마치 그분이 이미 선고를 받은 것처럼 대했으며, 재판정에 서서 자유인으로서 스스로를 변호할 자격도 없는 분처럼 취급했습니다. 오, 생명과 영광의 주께서 결박당하시는 것이 얼마나 큰 수치입니까! 천사들도 즐거이 예배하는 그분이, 천사들의 하늘에서 태양과도 같으신 그분이, 마치 죄인처럼 결박되어 생사가 달린 재판을 받으셔야 하다니요!

주님의 결박은 그분의 고통을 가중시켰을 것입니다. 나는 여러분 중에서 누구도 그 당시 우리 주님처럼 묶여 본 적이 없었을 것이라고 생각합니다. 만일 그런 적이 있다면, 그런 행동에 얼마나 불편과 고통이 따르는지를 이해할 것입니다. 요한은 겟세마네에서의 상황에 대해 우리에게 이렇게 들려줍니다. "군대와 천부장과 유대인의 아랫사람들이 예수를 잡아 결박하였다"(12절). 그분이 채 무릎을 일으키시기도 전에, 그 피와 같은 땀방울들이 아직도 진홍색 이슬처럼 그분의 이마에 맺혀 있을 때에, 이 사람들이 "예수를 잡아 결박하여 먼저 안나스에게로 끌고 갔습니다"(12-13절). 나는 안나스가 그분의 결박을 풀도록 어떤 지시를 내렸다는 것을 볼 수 없습니다. 혹은 그가 잠시라도 그 결박을 느슨하게 해 주라고 지시한 대목도 볼 수 없습니다. 여전히 그 잔인한 밧줄은 그분을 단단히 묶고 있었으며, 그분은 또다시 그 관저의 다른 큰 건물 곧 가야바가 거주하는 곳으로 보내어졌습니다. "안나스가 예수를 결박한 그대로 대제사장 가야바에게 보내니라." 이 일은 분명 아주 잔인한 악의에서 자행된 일이 틀림없습니다. 나는 이미 말했듯이 그들은 포로가 도망칠 수도 있다는 것을 어느 정도 두려워했을 것입니다. 하지만 이제는 충분히 그런 두려움을 생각에서 지울 수도 있었습니다. 그분을 묶어둘 필요가 없었습니다. 오, 잔인한 박해자들이 그분의 얼굴을 쳐다보고 있습니다! 만일 여러분이 그분을 죽음으로 이끌고자 결심한다면, 여러분은 그분을 마치 양을 도살자에게 데려가듯이 이끌 수 있습니다. 그분은 당신을 비난하기 위해 입을 열지 않으실 것입니다. 그분처럼 온유하신 분을 줄로 묶을 필요가 없습니다. 내가 말하는 것은, 그들이 악의에서 그분을 묶었다는 것입니다. 아주 사소한 부분에서나, 또한 그분을 고통스럽게 죽게 하려는 큰 목적에 있어서나, 그들은 모든 생각해 낼 수 있는 수단을 다해 그들의 증오심을 표현하려 했습니다. 아, 어찌할꼬! 복되신 우리 주님께서 이 무자비한 세상에서 이토록 나쁜 취급을 당하시다니, 이 어인 수치란 말입니까! 사람들은 종종 국왕 시해(regicide)를 일삼아왔으며, 그들이 어떤 폭군들이었는지를 생각하면, 그들이 그렇게 죽임을 당한 것에 대해 크게 놀랄 필요가 없습니다. 하지만 이 사람들은 신의 시해(deicide)를 시도하려 하고 있으며, 하나님의 아들을 죽이려 하고 있습니다. 또 그렇게 하기 전에, 그들은 그분에게 가능한 모든 조롱과 수치를 퍼부음으로써, 그분을 고통스럽게 죽게 할 뿐 아니라 치욕스럽게 죽이려 하는 것입니다.

구주를 사랑하는 여러분은, 부드러운 동정심을 느끼며, 어떻게 그분이 이 악한 자들에게 결박당하셨는지를 생각할 것입니다. 나의 특별한 목적은 그리스도의 결박으로부터 우리가 배울 수 있는 교훈들을 찾아내고자 하는 것입니다.

1. 죄와 관련된 교훈

첫 번째 교훈은 이것입니다. 우리 구주의 결박으로부터 나는 죄와 관련된 교훈(a lesson concerning sin)을 배웁니다. 그리스도의 결박은 죄가 할 수만 있다면 하나님께 어떤 일을 하려고 하는지를 우리에게 가르쳐 줍니다.

거듭나지 않은 마음은, 하나님께 대한 적대감으로, 1900년 전의 사람들이 하나님의 아들을 대했던 것과 똑같이 그분을 대하려 합니다. 예수님께 가해진 일은, 만일 사람들이 할 수만 있다면 하늘과 땅의 주이신 하나님께도 어떤 일을 가하고 싶어 하는지를 정확히 보여줍니다. "뭐라고요?" 당신은 이렇게 말합니다. "사람들이 하나님을 묶으려고 한다고요?" 아, 선생들이여! 만일 그들이 할 수만 있다면 그보다 더한 일도 하려고 할 겁니다. 틀림없이 그럴 것입니다. 그들은 할 수만 있다면 하나님을 제거하고 싶어 합니다. 왜냐하면 "어리석은 자는 그의 마음에 이르기를 하나님이 없다"(시 14:1) 하기 때문입니다. 말하자면 "나에게는 하나님이 없다"고 말하는 것입니다. 그는 가능하다면 하나님을 죽이고 싶어 합니다. 오늘날 살고 있는 많은 사람들에게 하나님이 없다고 한다면 그보다 더 기쁜 소식은 없을 것입니다. 그런 소식에 그들의 모든 두려움들이 일시에 가라앉을 것이기 때문입니다. 그분을 사랑하고 믿는 우리들에게는, 만일 하나님이 아니 계시다면, 우리의 모든 기쁨이 사라지는 것이며 우리의 최악의 두려움이 현실화 되는 것입니다. 하지만 불경건한 자들에게는, 만일 그들이 하나님이 죽었다고 확신할 수만 있다면 그 소식은 지금까지 교회 첨탑에서 울려 퍼졌던 어떤 소식 보다도 기쁜 소식이 될 것입니다. 할 수만 있다면 그들은 그분을 죽이려 합니다. 하지만 그럴 수가 없기 때문에, 그들은 그분을 묶어 두려 하는 것입니다.

그들이 그분의 능력을 부인함으로써(by denying His power) 어떻게 이런 짓을 시도하는지를 보십시오. 하나님을 믿는다고 말하는 사람들이 많이 있습니다. 하지만 그들이 어떤 하나님을 믿는 것일까요? 그것은 자기 자신의 법에 갇혀 있는 신 입니다(god). 그들은 말합니다. "여기 세상이 있다. 하지만 하나님이 세상에 어떤 일을 할 것이라고는 생각하지 말자." 그들은 마치 하나님이 커다란 벽시계의 태엽을 감아올려서 지금까지 바늘이 움직여 왔다는 식의 이론을 가지고 있습니다. 한 번 태엽을 감고는 그 후로 한 번도 쳐다보지도 않으셨다는 것입니다. 정녕, 그분이 보실 수 없을 가능성도 있습니다. 그들이 믿는 신은 보지도 못하고, 아무것도 알지 못합니다. 그런 신은 살아 계신 하나님이 아닙니다. 그들은 어떤 제일 원인(first cause)이 있었을 것이라는 말을 함으로써 그 신에게 경의를 표하는 척 합니다. 하지만 그 제일 원인이라는 것에 대해서도 그들이 확실히 말하지 못하는 것은, 그에 대해 아는 것이 없기 때문입니다. 우리는 학식이 있다고 공언 하는 사람이 스스로를 "불가지론자(不可知論者, agnostic)"라고 부르는 시대에 살고 있습니다. 그 말은 헬라어에서 유래한 말인데, 라틴어로는 "무식한 사람 (ignoramus)"이라는 뜻입니다. 즉, 여러분이 아주 똑똑한 사람이 되면, 그 때 여러분은 무식하게 되고 아무것도 모르는 사람이 되는 것입니다. 그런 사람들이 자기들은 아무것도 모른다는 것을 의기양양하게 소리치며 온 세상을 돌아다니고 있습니다. 그들은 하나님이 있는지도 알 수 없고, 설혹 하나님이 있다고 해도 그가 세상에 어떤 일을 하는지 알 수 없다고 말합니다. 세상은 독립적으로 돌아가는 것이라고 그들은 말합니다. 하나님이 원하는 대로 세상을 설치해 두었을 수는 있지만, 그 후로는 세상에 아무런 상관도 하지 않는다는 것입니다.

아, 사랑하는 이여! 하지만 진실은, 하나님의 법이란 단지 그가 행하시는 방식이라는 것입니다. 세상에는 그분과 무관한 힘이 없습니다. 모든 인력(引力)의 작용은 하나님이 살아 계시기 때문이며, 그분이 사물에 끌어당기는 힘을 부여하시기 때문입니다. 매 순간 하나님은 만물 안에서 자기의 기뻐하시는 뜻을 따라 역사하십니다. 사실 전능이란, 우주 안에 있는 모든 힘의 원천입니다. 하나님은 어디에나 계십니다. 그분이 세상으로부터 유배당하거나 혹은 세상이 그분 없이 스스로 돌아가는 것이 아닙니다. 만일 하나님이 여기 계시지 않으면, 이 지구와 태양과 달과 별들은 모두 원래의 무(無)의 상태로 되돌아가야 할 것이며, 마치 일순간에 파도 거품이 그 거품을 만들어 낸 물결 속으로 꺼져 버리듯이 영원히 사라지고 말 것입니다. 오직 하나님만이 스스로 존재하십니다. 나머지 모든 것들은, 그 어떤 사물이나 존재를 막론하고, 그분의 영원토록 현존하는 능력으로부터 나온 것입니다. 하나님은 계십니다. 다른 것들은 존재할 수도 있고 존재하지 않을 수도 있지만, 하나님은 존재하십니다. 그것을 다윗이 성령의 감동으로 잘 기록했습니다. "하나님이 한두 번 하신 말씀을 내가 들었나니 권능은 하나님께 속하였다 하셨도다"(시 62:11). 하지만 불경한 자들은 그런 하나님을 원하지 않습니다. 그들이 원하는 것은 그들이 손을 묶어서 무능하게 만들 수 있는 신입니다.

특히 그들은 **섭리와 관련하여**(with regard to providence) 이런 짓을 자행합니다. 그들은 말합니다. "보라, 기도하는 너희 그리스도인들이여. 너희가 얼마나 어리석은지, 너희는 기도하면 하나님이 너희 말을 들으시고, 너희가 구하는 복을 보내실 것이라고 믿는구나." 우리를 바보들로 취급합니다. 하지만 그것은 어디까지나 그들 생각일 뿐이지요. 자신들의 별명을 아주 관대하게 받아들이는 이 신사들은 정말이지 자기들에게 있는 것을 무심코 다 드러내 버립니다. 우리는 바보들입니다. 그들이 그렇다고 합니다. 이 '교양 있고 생각 깊은' 사람들이 그렇게 말합니다. 적어도 그들은 스스로를 그렇게 굉장한 직함으로 부르고 있습니다. 그런 다음, 그들의 교양이란 것이 그들을 완벽한 신사로 만들어 주었다는 것을 입증하기 위해, 나머지 사람들, 특히 우리 같은 그리스도인들을 바보들이라고 부르는 것입니다. 좋습니다. 우리는 그 문제에 대해서는 그들과 그다지 다투고 싶지 않습니다. 또한 우리는 우리가 취하고 있는 입장에 대해, 바보들이라고 불리는 것에 대해서, 꽤 만족합니다. 왜냐하면 우리는 하나님께서 우리의 소리를 들으시고 우리의 간구에 응답하신다고 믿기 때문입니다. 심지어 이 사람들이 섭리에 있어서 하나님이 존재한다고 시인할 때에도, 그분의 손은 묶여 있고, 그래서 아무것도 하실 수가 없습니다. 자, 내 입장을 말하자면, 기도를 듣지도 못하고 대답하지도 못하는 신에게 내 무릎을 꿇기보다는 차라리 갠지스 강의 진흙으로 만든 신을 믿도록 하겠습니다.

어떤 불신자들은 죄의 벌(the punishment of sin)과 관련하여 하나님에 대해 손이 묶인 분처럼 말합니다. "사람들은 개들처럼 죽으면 그만입니다"라고 이 비열한(doggish) 사람들 중에 일부가 말합니다. "하나님은 죄를 벌하시지 않을 것입니다"라고 어떤 죄인들이 말합니다. 그들은 언제든지 하나님께서 그들을 전적으로 무가치하다고 여기고 창 밖으로 던지시더라도, 그들이 그 위로 떨어질 거름더미가 준비되어 있다고 상상합니다. 그들이 지존하신 분에 대해 진리와 정반대되는 사상을 받아들이는 것은 처벌되지 않고 죄를 지을 수 있기 위해서입니다. 하지만 그들이 무어라고 생각하거나 말하든지, 우리는 하나님이 살아 계시는 것과, 또한 우리 모든 사람이 몸으로 선악 간에 행한 것들을 그분 앞에서 이실직고 해야 한다는 것을 굳게 믿도록 합시다. 물론 그분이 오래 참으시는 중에, 불의를 벌하시기 전에 좀 더 인내하며 기다리신다는 것은 확실합니다. 하지만 그분의 손은 묶여 있지 않으며, 머지않아 그 손은 높이 들릴 것이며, 그 손은 그분의 율법을 어긴 자를 치실 것입니다. 그분은 그 일을 너무나 효과적으로 행하시기 때문에, 그 죄인은 하나님이 회개하지 않은 죄에 대해서는 결코 간과하거나 눈감지 않으신다는 것을 알게 될 것입니다. 그러므로 우리는 하나님이 결코 결박되실 수 없다는 것을 알고 기뻐합시다. 하지만 동시에 회심하지 않은 사람들은, 마치 예루살렘의 죄인들이 하나님의 그리스도를 결박했던 것처럼, 언제나 지존하신 분의 손을 묶어 두려고 시도한다는 것을 예상하도록 합시다.

어떤 사람들은 하나님이 이 일은 하셔야 하고, 저 일은 하지 마셔야 한다는 식으로 생각합니다. 여러분이 그들과 토론을 시작하는 순간, 그들은 성경이 말하는 것을 언급하지 않습니다. 오직 그들은 어떤 일은 해야 하고 어떤 일은 하지 말아야 하는지에 대해 선입견을 가지고 있습니다. 말하자면, 그분의 손을 묶어 두고서, 그분으로 하여금 그들이 옳다고 판단하는 것만 하시도록 만드는 것입니다. 만일 그분이 어떤 특정한 방식을 옳다고 판단하시거나, 그것이 그들의 취향과 일치하지 않는 경우, 곧바로 그들은 하나님을 아예 부인하든지 혹은 그들의 이성으로써 그분의 손에 수갑을 채우고 그들의 명령에 따르도록 속박하려고 합니다. 우리의 복되신 주님은 겟세마네에서부터 손이 꼭 묶인 채로 이송되었습니다. 여기서 우리는 악한 자들이 할 수만 있다면 하나님께 어떤 일을 하고 싶어 하는지, 또 영적으로, 그들이 실제 마음과 생각에서 그분에게 어떤 일을 행하는지, 정확한 그림을 보는 것입니다. 하나님이시여, 우리를 그러한 죄에서 구원하소서! 오, 지금 내가 말씀을 전하는 청중 가운데 이 죄가 양심에 드리운 자가 있다면, 우리 주 예수 그리스도의 보혈로 그 죄가 씻어지게 하소서!

2. 사랑의 교훈

둘째로, 여기서 우리는 사랑의 교훈(a lesson of love)을 얻습니다. 우리 주 예수님은 결박한 그대로 안나스에 의해 가야바에게로 보내어졌습니다. 하지만 그들이 그분을 결박하기 전에 그분을 묶은 다른 줄이 있었습니다. 그리스도는 사랑의 줄에 묶이셨습니다. 그분 자신이 아니라면 누가 그분을 이렇게 묶겠습니까? 옛적, 땅이 생기기도 전에, 그분의 예지(豫知)의 눈은 자기 백성 모두와 그들의 모든 죄를 보셨습니다. 그분은 그들을 사랑하셨습니다. 그 때 그분은 영원한 목적 안에서 그들에게 자신을 주셨습니다. 그분은 종종 오랜 세월의 전망을 관통하여 거듭날 남자들과 여자들을 보셨으며, 친밀하고도 다정한 사랑으로 그들 각 사람을 보셨습니다. 그분은 스스로 맹세하셨습니다. 그들을 위해서라면 수치를 견디고, 침 뱉음을 참을 것이며, 심지어 그들을 대신하여 죽기까지 할 것이며, 그리하여 그들을 속량할 것이라고 말입니다. 그러기에, 우리의 거룩하신 주님께서 재판정으로 끌려오시는 것을 볼 때에, 나는 사람들이 그분을 묶은 줄을 보고서 탄식하면서도, 내 마음은 그분이 의도적으로, 언약에 의해, 맹세에 의해, 무한하고 말로 다할 수 없는 사랑에 의해, 스스로를 묶으신 보이지 않는 줄을 보고서 크게 기뻐합니다. 그분은 자기 백성을 위한 대속물로 자기를 주려 하신 것입니다.

또한, 그 사랑의 줄에 이어서, 만일 여러분이 자세히 살펴본다면, 그분이 우리의 속박과 더불어 묶이셨다는 것에서 그분의 사랑이 나타나는 것을 볼 수 있을 것입니다. 사랑하는 친구들이여, 우리는 하나님께 죄를 지었습니다. 그래서 불가피한 정의의 심판을 초래하였고, 그 심판이 우리 위에 떨어져야 했습니다. 우리가 결박되어야만 했습니다. 그런데 그리스도께서 우리 대신 결박되셨습니다.

만일 절망스럽게도 여러분과 내가 결박되고, 아무런 소망 없이 누구도 빠져나올 수 없는 감옥으로 끌려간다고 해도, 또한 이것이 우리가 지은 죄의 합당한 보응으로 지옥의 고문을 느끼기 시작하는 순간이라고 해도, 우리가 무슨 말을 할 수 있겠습니까? 하지만, 보십시오! 우리가 있어야 할 곳에서, 우리의 자리에서, 우리를 대신하여, 예수님이 하늘의 분노를 짊어지시고 멀리 이끌려 가십니다. 그분은 자기 자신을 변호하려고 손을 들어서는 안 되며, 혹은 자신의 위로를 위해서 손가락 하나 들어서도 안 됩니다. 왜냐하면 그분이 우리의 죄를 짊어지셨기 때문입니다.

> "그분이 우리 죄를 짊어지신 것은
> 아버지의 의로우신 분노를
> 우리가 짊어지지 않도록 하시기 위함일세."

3. 커다란 특권의 교훈

세 번째로, 여기에서 우리는 커다란 특권의 교훈(a lesson of great privilege)을 배웁니다. 우리 주 예수 그리스도는 묶이셨습니다. 그 사실에서 정반대의 결과가 생겨납니다. 그 때 그분의 백성들이 모두 해방됩니다. 그리스도께서 우리를 위하여 (for us) 저주를 받으심으로써 우리에게(to us) 복이 되셨습니다. 그분이 죽으실 때, 우리는 살았습니다. 죄수들의 교환의 사례는, 주 예수 그리스도께서 십자가에 넘겨짐으로써 바라바가 풀려났다는 사실에서도 볼 수 있습니다. 더구나 그분은 동산에서 제자들을 위하여 이렇게 주장하셨습니다. "나를 찾거든 이 사람들이 가는 것은 용납하라"(요 18:8). 우리는 경이로운 기쁨으로 이렇게 노래합니다.

> "우리가 그 속박에 매여 있었으나,
> 예수님이 우리를 자유롭게 하셨네."

사랑하는 친구들이여, 여러분은, 우리는, 우리의 자유를 올바르게 쓰고 있습니까? 우리는 때때로 마치 입이 묶여 있는 것처럼 하나님께 기도를 멈춘 것은 아닙니까? 우리는 스스로를 돕는 대신, 우리에게 주어진 권리를 가지고, 저 거대한 은혜의 보고(寶庫)로 들어갑니까? 우리를 위한 모든 은혜들이 가득 쌓여 있는 그곳에서, 혹시 우리의 손이 묶인 것처럼 동전 한 푼어치도 들고 나오지 못하는 것은 아닙니까? 때때로, 마치 우리의 손이 묶인 것처럼 그리스도를 위한 일을 하지 못할 때가 있습니다. 우리는 담대히 우리 손을 펼치지 않고, 그렇게 하기를 두려워합니다. 하지만 예수님이 우리를 풀어 주십니다. 오 믿는 자여, 왜 당신은 마치 쇠사슬에 묶이고 발에 차꼬를 찬 것처럼 다니는 것입니까? 왜 당신은 여전히 결박된 자처럼 서 있는 것입니까? 당신의 자유는 확실한 자유이며, 그것은 의의 자유입니다. 위대한 해방자이신 그리스도께서 당신을 해방하셨습니다. 당신은 "진정 자유"입니다. 그 자유를 향유하십시오. 하나님께 가까이 하기를 즐기십시오. 하나님께서 당신에게 주신 약속을 주장할 수 있는 특권을 누리십시오. 하나님이 당신에게 부여하신 힘을 마음껏 활용하고, 주께서 그분을 섬기도록 예비하신 거룩한 기름 부으심을 즐기십시오. 자유롭게 날아오를 수 있을 때에, 앉아서 새장 안에 갇힌 새처럼 구슬프게 울지 마십시오. 나는 수년 동안 새장 안에 있었던 새에 대해서 상상해 봅니다. 새장은 치워졌고, 모든 철장이 제거되었습니다. 그런데도 그 불쌍한 새는 새장 속의 횃대에 앉아 있는 것이 너무나 익숙해져서, 감옥 같은 집이 없어진 것도 알아차리지 못합니다. 여전히 거기에 울적한 모습으로 앉아 있습니다. "어여쁜 새여, 멀리 날아가거라! 초록 빛 들판과 푸른 하늘이 네 것이란다. 네 날개를 활짝 펼쳐, 구름 위에까지 날아올라라. 거기서 천사들의 귀에까지 들릴 정도로 자유의 찬가를 부르도록 하여라." 사랑하는 이여, 여러분의 영혼도, 나의 영혼도 그렇게 되기를 바랍니다. 그리스도께서 우리를 자유롭게 하셨습니다. 그러므로 다시 속박의 멍에를 메지 말고, 혹은 여전히 옥에 갇힌 자들처럼 주저앉아 있지 맙시다. 지금 이 시간, 자유를 즐거워하고, 우리의 평생에 그렇게 하도록 합시다.

4. 의무의 교훈

그리스도의 결박에서 배우는 네 번째 교훈은 의무의 교훈(a lesson of obligation)입니다. 이것은 이전의 교훈들과는 대조적으로 역설(逆說)처럼 보이고, 사실이 그렇습니다. 사랑하는 이여, 예수님이 여러분과 나를 위해 결박당하시지 않았습니까? 그렇다면, 우리가 그분을 위해 또 그분에게 결박되도록 합시다. 나는 그리스도를 향한 완벽한 사랑의 결과에서 오는 달콤한 무능력을 기뻐합니다. 여러분은 묻습니다. "무능력이라고요(inability)?" 예, 내가 말한 의미가 곧 그것입니다. 하나님의 참된 자녀가 "범죄하지 못하는 것은 하나님께로부터 났기 때문입니다"(요일 3:9). 그가 하지 못하는 다른 많은 일들이 있습니다. 그는 자기 주님을 버리지 못합니다. 그는 베드로와 더불어 이렇게 말하기 때문입니다. "주여 영생의 말씀이 주께 있사오니 우리가 누구에게로 가오리이까"(요 6:68). 그는 자신의 의무들을 잊을 수 없습니다. 그는 자신의 시간과 힘과 재물을 주님께 드리지 않을 수 없습니다. 그는 지렁이처럼 살 수 없고 수전노가 될 수 없습니다. 그는 자기 영혼을 다른 무엇과 짝을 맺을 수 없습니다. 그리스도께서 그를 정숙한 여인처럼 배우자로 삼아 주셨기 때문입니다. 하나님의 자녀는 느헤미야처럼 이렇게 말할 때가 있습니다. "나 같은 자가 어찌 도망하겠느냐"(느 6:11). 혹은 이렇게 말하기도 합니다. "어떻게 나처럼 큰 은혜를 입은 자가 저런 죄에 빠지겠느냐?" 불경한 자들이 때때로 우리를 조롱하며 말합니다. "아, 당신은 그런 일을 못하지! 우리는 할 수 있어요." 그러면 우리는 대답합니다. "우리는 우리가 항상 유지하기를 바라던 힘을 잃어버린 것이 아닙니다. 오히려 우리는 우리의 모든 힘을 의와 진리에 집중할 능력을 얻었습니다. 그리고 이제는 우리의 마음이 그리스도에게 너무 견고하게 매였기 때문에, 더 이상 당신의 우상을 따르지 않습니다. 우리의 시선은 구주를 바라보는 것에 고정되었기 때문에 당신이 우리를 매혹시키려는 것에서는 어떤 매력도 볼 수가 없습니다. 우리의 머릿속은 이제 온통 그리스도로 가득하기 때문에, 거기에 죄에 대한 생각을 간직함으로써 귀한 보화들을 오염시키고 싶지 않습니다."

이제부터, 우리는 그리스도와 함께 십자가에 못 박혔으며, 거기에서 비롯되는 복된 무능력이라면 우리는 크게 기뻐할 것입니다. 아마도 우리의 마음이 조금 흔들릴 수는 있어도, 우리의 손과 발은 그 나무에 견고하게 고정되어 있으니, 움직일 수가 없습니다. 오, 마침내 마음도 사랑할 수 없고, 머리도 생각할 수 없고, 손도 행할 수 없으며, 심지어 우리의 상상력마저도 주님께 완벽하게 고정된 저 달콤한 테두리에서 조금도 벗어날 수 없다면, 그 무능력은 복된 것입니다! 그대 주님이 보내시는 천사들이여, 와서 우리를 그분에게 묶어 주시오! 이것이 모든 신자들의 기도가 되도록 합시다. "밧줄로 절기 제물을 제단 뿔에 맬지어다"(시 118:27). 어떤 것도 우리를 주님으로부터 떨어지도록 유혹하지 못하게 합시다. 여러분은 애굽의 보화들의 가치를 재어볼 수는 있겠지만, 그 모든 것을 떠나보내도록 하십시오. 그것은 꿈처럼 사라질 것입니다. 그 속에는 아무것도 없기 때문입니다.

> "참된 기쁨과 지속적인 보화를,
> 시온의 자녀 외에는 알지 못하네."

또한 그리스도에게 묶여 있는 자는 그분과 함께 살 것이며, 필요할 경우 그분을 위해 죽을 것입니다. 그러므로 우리가 결박되신 그리스도를 볼 때마다, 우리 역시 그분의 결박에 동참하여 그분처럼 매이기를 기도하도록 합시다. 모든 그리스도인은 이렇게 말하십시오. "오 하나님! 저는 당신의 종이며, 또한 당신의 여종입니다. 당신께서 저의 결박을 풀어 주셨으니, 이제 저를 당신에게 묶으시고 영원히 당신을 섬기는 일에 매이게 하소서."

5. 경고의 교훈

죄인들이건 성도들이건, 우리 모두가 배울 수 있기를 바라는 마지막 교훈은 경고의 교훈(a lesson of warning)입니다. 사랑하는 친구들이여, 비록 매우 빈약한 방식이기는 하지만, 나는 줄에 매이신 그리스도를 그림처럼 묘사하고자 노력했습니다. 이제 나는 매우 엄숙하게 여러분 모두에게 말합니다. 여러분은 그리스도를 줄로 매지 마십시오. 회심하지 않은 여러분이여, 그분을 줄로 묶지 않도록 조심하십시오. 여러분은 그분의 말씀을 읽지 않음으로써 그런 짓을 할 수 있습니다. 여러분은 집에 성경을 가지고 있지만, 결코 그것을 읽지 않습니다. 그것은 자물쇠로 잠겨 있고, 가장 좋은 주머니 손수건으로 싸여서 서랍에 보관되어 있습니다. 그렇지 않습니까? 그것은 속박되어 있는 그리스도의 또 다른 그림입니다. 불쌍하게 갇혀 있는 성경, 그것은 결코 여러분에게 말하도록 허용되지 않고 있습니다. 아니, 당신이 다른 일로 너무 바쁘고 그 말에 귀를 기울일 수가 없기 때문에, 성경이 당신에게 입을 떼지도 못하도록 되어 있습니다. 그 줄을 푸십시오. 성경에 자유를 주십시오. 이따금씩 성경과 대화를 하십시오. 성경 안에서 하나님의 마음이 당신의 마음에 무언가를 전하실 수 있도록 하십시오. 만일 그러지 않으면, 그 봉해진 성경은, 서랍 안에 꽁꽁 숨겨진 그 귀한 책은, 옥에 갇힌 그리스도처럼 되는 것입니다. 그리고 어느 날에는, 당신이 예상하지 못할 때에, 그리스도께서 이렇게 외치시는 것을 당신이 듣게 될 것입니다. "네가 나의 모든 증인들 중에서 가장 큰 자에게 행한 것이, 곧 나에게 행한 것이다." 당신은 모세를 가두었고, 이사야와 예레미야와 모든 선지자들을 옥에 가두었습니다. 사도들을 줄로 묶어 두었고, 무엇보다 주님까지도 그렇게 했습니다. 당신은 그들이 말해야 하는 것을 들으려 하지 않았습니다. 사랑하는 친구들이여, 그런 일이 여러분 누구에게서도 일어나지 않기를 바랍니다.

말씀을 듣기 위해 가려고 하지 않는 자들이 있습니다. 그들은 예배의 자리에 참여하지 않습니다. 그들이 어쩌다가 여기 들를 수는 있습니다. 하지만 대개 그들은 하나님께 예배드리기 위해 어디로도 가지 않습니다. 여기 런던에서, 사람들은 영혼 구원의 활동이 있는 곳에 살고 있습니다. 하지만 그들 중 많은 사람들이 결코 기도의 집 문지방을 넘지 않습니다. 어떤 거리들에서는, 하나님의 사람들이 모여 예배드리는 곳에 발을 들여놓는 사람들이 백에 하나도 되지 않습니다. 그것이 그리스도의 손을 포박하려는 시도가 아닙니까? 들으려 하지 않는 사람들에게, 결사적으로 듣기를 거부하는 자들에게, 어떻게 복음이 도달할 수 있겠습니까? 그들은 정말이지 우리의 복되신 주님에게 재갈을 물리고 있으며, 그것은 줄로 그분을 묶는 것보다 훨씬 더 나쁩니다. 그들은 그분의 이 사이로 재갈을 밀어 넣고, 그들과 관련된 말을 한 마디도 하지 못하도록 그분의 혀를 억제합니다. 그들 중에 일부는, 만일 가능하다면 그분의 전령에게도 재갈을 물리려 합니다. 그들은 말합니다. "우리를 괴롭게 하지 마십시오. 때가 되기 전에 우리를 괴롭히러 오셨습니까?" 그렇게 그들은 그리스도를 결박하고서, 그분을 쫓아냅니다. 마치 안나스가 그분을 가야바에게 보냈듯이 말입니다.

성경을 읽기도 하고 복음을 들으러 가기도 하면서도, 편견으로(by prejudice) 그리스도를 결박하는 자들이 있습니다. 어떤 사람들은 특정 목회자들을 통해서는 결코 은혜를 얻지 못합니다. 그들이 그들에 의해서는 은혜의 혜택을 받지 않기로 굳게 결심했기 때문입니다. 그들은 어떤 선입관을 가지고 옵니다. 비록 하늘에서 온 천사가 말한다 해도 그들은 그 말에서 결함을 찾아낼 수 있습니다. 그들 생각에 선입관이 자리 잡고 있기 때문입니다. 아마도 그들은 그들의 적대감에 대해서, 펠(Fell) 박사를 좋아하지 않았던 이 사람보다 더 나은 이유를 대지 못할 것입니다.

"나는 당신을 좋아하지 않아요, 펠 박사님,

왜 그런지, 나는 알 수가 없어요.

하지만 이건 내가 알고, 또 확실히 말할 수 있답니다.

나는 당신을 좋아하지 않아요, 펠 박사님."

나는 다른 방식으로, 그들의 결정을 미룸으로써(by delaying their decision) 그리스도를 결박하는 사람들을 알고 있습니다. 그들은 설교를 들었고, 그 능력도 느꼈으며, 그들의 영혼은 거기에서 강한 감명을 받았습니다. 하지만 그들의 주된 생각은 그리스도로부터 벗어나려고, 혹은 가능하면 그분의 손을 묶어 두려고 시도하는 것이었습니다. 내가 이 이야기를 일전에 한 번 들려주었다고 생각합니다. 내가 시골에서 설교할 때 그 자리에 있던 그 신사가, 설교가 끝날 무렵에 갑자기 일어서더니 밖으로 나가버렸습니다. 나와 친했던 사랑하는 친구가 밖으로 그 사람을 뒤따라가서 물었습니다. "왜 나오셨나요?" 그가 대답했습니다. "만일 내가 그곳에 오분만 더 머물렀더라면, 회심할 수밖에 없었을 것이오. 스펄전 목사는 내가 마치 인도 고무인 것처럼 나를 다루는 듯 했소이다. 그는 자기가 만들고 싶은 형태로 나를 주물러서, 도저히 내가 나오지 않을 수 없었습니다." 내 친구가 말했습니다. "하지만 만일 당신이 회심하였더라면 그것이 큰 복이 아니었을까요?" 그가 대답했습니다. "글쎄요, 아닙니다. 적어도 지금 당장은 아니지요. 내가 정말로 놓칠 수 없다고 생각하는 몇 가지가 있습니다. 지금 당장 회심하면 그 일을 할 수가 없지요." 꼭 그런 식은 아니어도 결과는 마찬가지로 행동하는 다른 사람들이 있습니다. 그들은 말은 그렇게 하지 않지만 행동으로 그렇게 말합니다. "주님, 지금은 제가 당신을 잠시 묶어 두어야겠습니다. 미래에 당신에게 관심을 두겠다는 의미입니다. 저는 당신의 복된 손이 구원을 위해 제게 임하기를 바라지만, 지금은 아니랍니다. 제발, 지금 당장은 손을 거두어 주세요." 그런 사람들은 언제나 비단 줄을 사용합니다. 하지만 그 속박의 효력은 순경이 도둑을 끌고 갈 때 채우는 거친 수갑이나 다를 바가 없습니다. 그 사람은 말합니다. "잠시 동안만 당신의 손을 묶도록 허락해 주세요. 아마 한 달 동안만, 어쩌면 일 년 동안만 그렇게 하겠습니다." 오, 그 저주스러운 꾸물거림이여! 그것 때문에 영원한 파멸에 처하는 자들이 얼마나 많은지! 그것은 "지금이 구원의 날이라"고 말씀하시는 구주의 손을 묶는 결박입니다.

다른 사람들은 죄 속에서 즐거움을 찾음으로써(by seeking pleasure in sin) 그리스도의 손을 결박합니다. 어떤 설교에 감명을 받고 나서, 그들은 곧장 경건하지 못한 모임 장소로 달려갑니다. 아마도 술집 같은 곳이겠지요. 혹은 그 다음 날 어떤 사교모임에 참석하는데, 그곳에서는 모든 진지한 생각들이 마치 사람이 불을 밟아서 끄듯이 짓밟히고 맙니다. 이것이 그리스도의 손을 묶는 것이 아니고 무엇이겠습니까? 내가 몇 사람을 알고 있는데, 그들을 생각하며 나는 떨고 있습니다. 그들은 하나님의 말씀의 능력을 느끼지 못하도록 방해하는 것이라고 스스로 잘 알고 있는 짓을 고집스럽게 지속하고 있습니다. 오, 어떤 수단에 의해서든지, 그들을 그들의 현재 상태에서 끄집어 낼 수 있다면 좋겠습니다! 그들을 진리가 감화를 미치는 곳으로 데려가서, 그들을 예수님의 발 앞으로 인도할 수만 있다면 좋겠습니다! 나는 누군가 이렇게 말하는 것을 듣는다고 생각합니다. "그것이 그리스도의 손을 결박하는 충격적인 방식이군요." 그러니 나의 친구여, 당신이 그 죄에 떨어지지 않도록 주의하기를 바랍니다.

6. 결론적인 당부

이제 결론으로서, 나는 주님의 친 백성들에게 몇 분 정도만 말하고 싶습니다. 사랑하는 이여, 여러분과 내가 이따금씩 그리스도의 손을 결박하지 않았던가요? 여러분은 이 문장을 읽은 것을 기억할 것입니다. "거기서 많은 능력을 행하지 아니하시니라"(마 13:58). 그분의 손이 묶였습니다. 하지만 무엇이 그 손을 묶었습니까? 인용한 문장의 나머지 부분을 보십시오. "그들이 믿지 않음으로 말미암아"(마 13:58a). 그들의 불신앙 때문입니다. 그리스도께서 그곳에서 능력의 활동을 하실 수 있음을 믿지 않음으로 그분의 손을 묶어 두는 교회가 많지 않습니까? 만약 주 예수 그리스도께서 한 교회의 목사의 설교를 통해 한 번에 삼천 명을 회심시키신다면, 그 교회의 집사들과 장로들이 무어라 말할 것이라고 생각하십니까? "음, 우리는 사람들이 그렇게 흥분하는 것을 여기서 보리라고는 전혀 생각하지 못했습니다. 그런 일이 우리 예배당 안에서 일어났다고 생각하니! 이제 우리는 매우 신중해야 합니다. 의심할 것 없이 그들은 교회 회원으로 가입하려 할 것입니다. 우리는 여름이고 겨울이고 일년 내내 그들에게 신경을 써야 할 것이고, 그들을 상당기간 시험해 보아야 할 것입니다. 우리는 그런 흥분을 좋아하지 않습니다." 아, 선생들이여, 그런 예상으로 스스로 근심할 필요는 없습니다! 하나님께서 여러분에게 그런 복을 주실 것 같지 않습니다. 그분은 그분의 자녀들을 환영받지 못하는 곳에 보내시지 않습니다. 일반적으로, 하나님께서 자기 백성들로 하여금 그 복을 받도록 준비시키실 때까지, 그 복이 임하지는 않습니다.

　　여러분은 또한 목사가 그리스도의 손을 묶어 두는 경우가 쉽게 일어난다고 생각하지 않습니까? 나는 때때로, 비록 의도하지는 않았더라도, 내가 그렇게 했다고 염려스럽게 생각합니다. 내가 매우 좋은 설교를 한다고 가정해 보십시오. 여러분이 알다시피 나는 그러지 못합니다. 하지만 내가 매우 좋은 설교를 하여 사람들의 머리에 쏙 박히고, 선량하고 나이 많은 여성 성도가 이렇게 말할 정도라고 가정해 봅시다. "내가 그 설교를 이해하지는 못하겠지만, 어쨌든 그 설교는 아주 대단한 걸." 그럴 경우 여러분은 내가 화환(花環)으로 그리스도의 손을 묶으려 한다고 생각하지 않습니까? 우리 목사들은 강단에 올라가서, 알아듣기 힘든 신학적인 용어들이나 교실에서나 쓰기에 알맞은 말들을 하고, 일반 대중들은 전혀 이해하지 못하거나 심지어 오해할 수도 있는 용어들을 사용할 수도 있습니다. 그것이 그리스도의 손을 묶는 것이 아니겠습니까? 어떤 설교자가 소위 "무게 있는(heavy)" 자라면, 그가 체중이 많이 나간다는(weighty) 의미보다는 지루하다는(dull) 의미가 아닐까요? 혹은 그가 매우 차갑고 무정하며, 마치 삯을 받은 만큼만 일하듯이 설교하고, 일이 끝나는 것으로 기뻐하듯이 설교한다는 뜻이 아닐까요? 만일 그런 경우라면, 그것이 바로 그리스도의 손을 묶는 것이 아닐까요? 냉정하게 말해 이렇게 말할 수 있는 설교들을 들어보지 못했습니까? "음, 만일 하나님께서 그 설교를 통해 누군가를 회심시키신다면, 그것이야말로 기적 중에 기적 같은 일이로구먼. 그분이 정반대의 효과를 낼 것으로 예상되는 도구를 가지고서도 그분의 은혜의 목적을 이루시다니, 이야말로 일반적인 기적의 방식과는 전혀 다른 경우로구먼!' 나는 종종 그런 식의 설교를 들어본 적이 있습니다. 나로서는 크게 슬픈 일이었지요. 여러분 주일학교 교사들은 여러분의 학생들을 가르치는 일이 그들에게 믿음의 도움이 되기보다는 방해가 되지 않도록 주의해야 합니다. 여러분이 그리스도의 손을 묶고서, 마치 포박당한 삼손이 블레셋 사람들에 의해 희롱을 당했듯이, 그분을 여러분의 학급으로 이끌어서는 안 됩니다. 주여, 우리 모두에게 은혜를 주시어 그런 악을 피하게 하소서!

　　사랑하는 친구들이여, 그리스도를 사랑하는 우리가, 소심하게 수줍어하며 그분을 위해 한 마디도 하지 못할 때, 우리가 그분의 손을 묶는다고 생각하지 않습니까? 우리가 죄인들에게 복음을 전하지 못하면, 어떻게 복음이 죄인들을 구할 수 있겠습니까? 여러분이 동료들에게 그리스도를 소개하지 않는다면, 여러분 친구의 탁자에 전도 소책자를 둔다든지 혹은 그에게 구주에 대해서 한 마디라도 해 보려고 시도하지 않는다면, 그것이 그리스도의 손을 묶는 것이 아니겠습니까? 그리스도로 하여금 아무것도 하지 못하시도록 하는 것은 교회가 그분에 관해 침묵하는 것입니다. 구주가 계시지 않으면 어떻게 될 것인지를 생각하면 끔찍합니다. 하지만 구주가 계신 데도 사람들이 그분에 대해 들어 보지도 못한다면 그들에게 좋은 점이 무엇이겠습니까? 오십시오, 아주 수줍어하는 사람들이여, 이제 더 이상 스스로를 변명하지 마십시오. 한 사람이 말합니다. "오 하지만, 저는 언제나 수줍은 성향의 사람이었습니다." 전투의 날에 도망친 것 때문에 사살당한 어느 군인도 그랬습니다. 그는 겁쟁이의 오명을 쓰고, 그것 때문에 죽었습니다. 만일 당신이 지금 이 때까지 당신의 수줍은 정신으로 주님을 결박해 왔다면, 당신은 즉시 앞으로 나서서 그리스도께서 당신을 위해 행하신 일을 전해야 하며, 그리하여 그분이 풀린 손으로 당신에게 행하신 일을 다른 사람들에게도 하실 수 있게 해드려야 합니다.

우리가 행위에서 모순될 때마다, 특히 가정에서 그렇게 함으로써, 우리가 그리스도의 손을 묶는다고 생각하지 않으십니까? 자녀들이 하나님 앞에 살도록 기도하고 있는 아버지가 있습니다. 오분 후에 그가 하는 말을 잘 들어 보십시오. 아, 그의 아들들이 그를 보는 것을 싫어합니다! 그는 아들들에게 너무나 폭군 같아서 그들이 아버지를 참지 못합니다. 딸들을 구원해 주시도록 하나님께 기도하는 어머니가 있습니다. 그녀가 이층으로 올라갑니다. 그리고 그들을 위해 매우 진지하게 간구합니다. 하지만 아래층으로 내려와서는, 딸들이 요청하는 것을 무엇이든지 하게 해 주고, 그들의 악한 행실을 제어하기 위해서는 한 마디도 하지 않습니다. 그녀는 딸들 모두에게 마치 여성 엘리(Eli) 제사장처럼 행동합니다. 그녀가 그리스도의 손을 묶고 있는 것이 아닙니까? 그녀가 규칙에 따라서 행동하시는 하나님께 딸들의 회심을 위한 기도의 응답을 기대할 수 있겠습니까? 그녀의 '불친절한 친절(unkind kindness)'이 오히려 딸들에게는 악한 영향만 끼칠 것입니다. 사랑하는 친구들이여, 거룩하도록 합시다. 그러면 믿음의 눈으로써, 거룩하신 하나님께서 우리 가운데 자유로이 움직이시고 활동하시면서 그분의 영광을 위해 위대한 일들을 행하시는 것을 볼 수 있을 것입니다. 주여, 우리 주 예수 그리스도를 위하여 그렇게 역사하소서. 아멘.

제
77
장
—

진리의 왕 예수

—

"빌라도가 이르되 그러면 네가 왕이 아니냐 예수께서 대답
하시되 네 말과 같이 내가 왕이니라 내가 이를 위하여 태어
났으며 이를 위하여 세상에 왔나니 곧 진리에 대하여 증언
하려 함이로라 무릇 진리에 속한 자는 내 소리를 듣느니라
하신대" — 요 18:37

동료 시민들의 풍습에 따르면, 어느새 거룩하신 아기 예수 곧 "유대인의 왕"
으로 나신 이의 출생을 기억해야 할 시즌이 다가왔습니다. 하지만 나는 여러분
을 베들레헴이 아니라 골고다 언덕으로 안내할 것입니다. 거기서 우리는 주님의
입에서 나온 말씀을 통해 그분이 다스리는 왕국에 대해 배울 것입니다. 그렇게
함으로써 우리는 그분의 출생이라는 즐거운 사건을 더욱 높이 평가하게 될 것입
니다.

사도 요한의 기록을 통해, 우리는 빌라도의 법정에 서신 주 예수 그리스도
께서 훌륭하게 진술하신 것을 알 수 있습니다. 태도에 있어서 그분의 진술은 훌
륭했습니다. 우리 주님은 신실하시고, 부드러우시며, 신중하시고, 인내심 있고,
온유하시면서도, 굽히지 않으시고 용감하셨습니다. 그분의 정신은 빌라도의 위
세에 겁먹지 않으셨고 그의 조롱에 격분하지도 않으셨습니다. 인내하면서도 기
백을 견지하셨고, 침묵으로나 말로써, 진리의 증언자로서 모범을 보이셨습니다.
또한 그분은 진술의 내용에 있어서도 훌륭한 증언을 하셨습니다. 그분이 몇 마

디밖에 하지 않으셨지만, 그 몇 마디로 충분했습니다. 그분은 자신의 왕의 권리를 주장하셨고, 동시에 그분의 왕국이 이 세상에 속하지 않았으며 무력으로 유지되는 것이 아니라고 선언하셨습니다. 그분 자신의 통치권의 진실성과 영적 특성을 모두 옹호하셨습니다. 만일 우리가 그와 같은 상황에 처하게 된다면, 우리도 그렇게 훌륭한 고백과 증언을 할 수 있기를 바랍니다! 가족들 중에서나, 혹은 업무상 지인들과의 관계 속에서, 우리는 '작은 네로'를 만날 수 있고, 또한 어떤 '쩨쩨한 빌라도' 같은 사람에게 대답해야 할 때가 있을 것입니다. 오, 신중하게 침묵하든지 혹은 온유하면서도 거리낌 없이 말하든지, 어느 경우이든 우리의 양심과 하나님께 대해 신실할 수 있는 은혜가 우리에게 있기를 바랍니다! 저 슬픈 얼굴의 예수, 신실하고 참된 증인, 온 땅의 왕 중의 왕께서 우리 눈앞에 종종 나타나시어, 우리가 꽁무니 뺄 기색을 보이지 않도록 막아 주시고 우리에게 불굴의 용기를 불어넣어 주시길 바랍니다!

우리 주님의 훌륭한 증언의 일부로서, 우리는 본문에서 그분의 왕국에 관한 증언을 대하게 됩니다.

1. 왕이라고 주장하시다.

먼저, 우리 주님께서 왕이라고 주장하신(claimed to be a King) 것에 주목하십시오. 빌라도가 말했습니다. "그러면 네가 왕이 아니냐?" 그렇게 불쌍한 자가 왕권을 주장하느냐는 식으로 조롱하며 놀라는 투로 질문한 것입니다. 빌라도는 예수님이 그토록 슬픈 상황에 처해 있으면서 왕이라는 주장을 하시는 것을 보고 크게 놀랐습니다. 그것이 여러분에게 이상하게 여겨집니까? 구주께서는 실질적으로 이렇게 대답하셨습니다. "네가 말한 그대로, 나는 왕이다." 질문은 그다지 진지하지 않았지만, 대답은 매우 엄숙했습니다. "내가 왕이니라." 우리 주님은 아주 확실하고 진지하게 진술하셨습니다.

자, 왕이라고 하신 우리 주님의 주장에는 조금의 허식도 없었으며, 혹은 그로 인해 어떤 이득을 보고자 하는 바람도 없었다는 것에 주목하십시오. 만일 그분이 다른 때에 "내가 왕이다"라고 말씀하셨더라면 사람들의 어깨 위에 올라타고서 군중들의 환호 속에서 왕관을 쓰실 수도 있었습니다. 한때 그분을 열광적으로 추종했던 무리들이 기꺼이 그분을 그들의 지도자로 삼고자 했던 때가 있었습니다. 우리는 그들이 그분을 "억지로 붙들어 임금으로 삼으려 했다"고 기록된 것을 읽었습니다(요 6:15). 그 때에는 그분이 자신의 왕국에 대해 그다지 많이 말씀하지 않으셨습니다. 그 때 그분은 비유들을 들려주셨고, 오직 제자들이 따로 있을 때에 그들에게만 그 비유들을 설명해 주셨습니다. 그분은 가르치시는 도중에 다윗의 아들로서 또한 유다 왕가의 자손으로서 자신의 출생에 대해 거의 말씀하시지 않았습니다. 그분이 세상의 명예를 멀리하셨고 세속적인 왕관의 헛된 영광들을 경멸하셨기 때문입니다. 사랑으로 사람들을 구속하시기 위해서 오신 그분은 인간 군주의 허울뿐인 통치권에 대해서는 관심을 갖지 않으셨습니다. 하지만 이제, 자기 제자에 의해 배반을 당하시고, 자기 나라 사람들에게 고소를 당하시고, 불의한 통치자의 손에 넘겨지셨을 때에, 자신의 진술이 스스로에게 어떤 이득을 주지도 않고 명예가 되기보다는 웃음만 살 때에, 그분은 심문자 앞에서 명백하게 대답하십니다. "네 말과 같이 내가 왕이니라."

우리 주님의 진술의 명료성을 잘 보시기 바랍니다. 그분의 말씀에는 오해의 여지가 없었습니다. "내가 왕이니라." 진리를 말해야 할 때가 왔을 때, 우리 주님은 그것을 밝힘에 있어서 뒤로 물러서지 않았습니다. 진리는 때에 따라 말해야 할 때가 있고, 침묵해야 할 때가 있습니다. 우리는 진주를 돼지에게 던져서는 안 됩니다. 하지만 말해야 할 때가 왔을 때 우리는 주저하지 말아야 하며, 나팔처럼 울려서 확실한 소리를 들려주어야 하며, 누구도 우리를 오해하지 않게 해야 합니다. 주님은 담대히 자신의 왕권을 선언하셨습니다. 비록 잡힌 자로서 죽음에 넘겨진다 하여도, 또한 그로 인해 빌라도가 조롱을 쏟아낸다 할지라도 그렇게 하셨습니다. 오, 진리를 바른 때에 말씀하신 주님의 신중함과, 그 때가 왔을 때 그것을 밝히 말씀하셨던 주님의 용기를 보십시오! 십자가의 군사들이여, 여러분의 대장을 배우십시오.

우리 주님의 왕권 주장은 빌라도의 귀에는 아주 이상하게 들렸을 것입니다. 의심의 여지 없이 우리 주님은 외모로 볼 때 많은 고생으로 찌들고, 슬프고, 여윈 모습이었을 것입니다. 그분은 그 전날 밤을 동산에서 고통스럽게 보냈습니다. 한밤중에 그분은 안나스에게로 끌려갔다가 다시 가야바에게로 이송되었고, 다시 가야바에게서 헤롯에게로 보내어졌습니다. 동이 트고서도 그분은 쉬도록 허용되지 않았으며, 그래서 아주 지친 모습이었을 것이며, 전혀 왕으로서 어울리는 모습이 아니었을 것입니다. 만일 여러분이 거리에서 누더기를 입은 가난한 사람을 붙잡고서 그에게 "그러면 당신이 왕이 아니오?"라고 묻는다면, 그 질문은 빈정거리는 말에 지나지 않을 것입니다. 빌라도는 마음속으로 유대인들을 무시하던 인물이었습니다. 그런데 여기 한 가련한 유대인이 있습니다. 같은 민족에게 박해를 받는 무기력하고 친구도 없는 인물이 있습니다. 그런 인물과 왕국에 대해 말하는 것 자체가 조롱처럼 들렸을 것입니다. 하지만 세상은 그분보다 더 진정한 왕을 본 적이 없습니다! 바로의 왕족들이나 니므롯의 족보에서나 카이사르의 혈통 중에서, 어느 누구도 그분처럼 태생적으로 왕다운 위엄을 갖춘 이가 없었으며, 혈통으로나 업적으로나 뛰어난 성품의 덕목 상 그분만큼 왕으로 간주되기에 합당한 이가 없었습니다. 육적인 눈으로는 이것을 볼 수 없지만, 영적인 눈에는 마치 대낮처럼 선명하게 보입니다. 오늘날 순수한 기독교는, 그 외적인 모습으로 볼 때 당시의 예수님과 마찬가지로 볼품없는 대상일 뿐이며, 겉으로 드러나는 왕으로서의 징표들이 거의 없습니다. 그것은 고운 모양도 없고 풍채도 없으며 사람들이 보기에 흠모할 만한 아름다운 것이 없습니다(참조. 사 53:2). 진정, 사람들로부터 환영받고 인정받는 명목상의 기독교가 있지만, 여전히 순수한 복음은 멸시를 받고 거절을 당합니다. 오늘날 참된 그리스도는, 마치 그분이 일천팔백년 전 유대인들 사이에서 그러셨던 것만큼이나 사람들 사이에서 알려지지 않고 인식되지 않습니다. 복음적인 가르침은 인기가 떨어지고, 거룩한 삶은 혹평을 받으며, 영적인 마음가짐은 조롱을 당합니다. 사람들은 말합니다. "뭐라고요? 이 복음적인 교리를 당신은 왕의 진리라고 부른단 말이오? 그런 것을 요즘에 누가 믿는답니까? 과학이 그런 교리를 뒤엎었소이다. 그 속에 위대한 것은 없으며, 그것은 아마도 늙은 여성들과 자유롭게 생각하는 지성이 부족한 사람들이나 위로할 수 있을 것이오. 하지만 그 지배력은 끝이 났고, 다시 되돌아오지도 않을 것이오." 세상으로부터 분리되어 사는 것에 대해 말하자면, 그것은 '청교도주의'라고 불리거나 혹은 그보다 나쁘게 불립니다. 교리에 있어서나 영적인 삶에 있어서 세상은 그리스도를 왕으로 인정하지 않습니다. 대성당에서 노래되는 그리스도, 고위성직자에게서 의인화된 그리스도, 왕가의 사람들로 둘러싸인 그리스도, 그는 아주 훌륭하다고 인정받습니다. 하지만 정직하게 순종하면서 따라야 할 그리스도, 화려한 의식이나 겉치레로써가 아니라 단순한 예배 의식 안에서 경배 받으시는 그리스도를, 사람들은 자기들을 통치하는 분으로 인정하지 않습니다. 오늘날 선조들이 위하여 피 흘린 진리를 따라서 사는 자들은 소수입니다. 악한 평판과 수치를 무릅쓰고도 예수를 따르리라고 맹세하던 시대는 지나간 듯이 보입니다. 사람들이 우리에게서 돌아서며 우리를 향해 이렇게 말합니다. "당신들은 복음이 신성한 것이라고 부릅니까? 당신네들은 당신들의 종교가 하나님에게서 생겨났고 또 세상을 정복할 것이라고 믿을 만큼 어리석답니까?" 우리는 담대하게 대답합니다. "예!" 가난한 농부의 복장을 한 저 마리아의 아들의 창백한 용모에서도 우리는 기묘자, 모사, 전능하신 하나님, 영존하시는 아버지를 봅니다! 그와 마찬가지로, 멸시받는 단순한 형태의 복음에서 우리는 신성한 진리의 왕적 풍모를 알아보는 것입니다. 우리는 진리의 외적인 의복이나 외부 건물에는 아무런 신경을 쓰지 않습니다. 우리는 오직 그 자체로서의 진리를 사랑합니다. 우리에게 대리석 건물이나 상아 색깔의 기둥들은 아무것도 아닙니다. 우리는 구유와 십자가에서 더 많은 것을 봅니다. 우리는 그리스도께서 왕이 되고자 하신 곳에서 왕이시라는 사실에 만족합니다. 그분이 왕이 되고자 하신 것은 지상의 위대한 자들 중에서나 힘 있고 학식 있는 자들 중에서가 아니며, 오직 세상의 천한 것들과 없는 것들 중에서였으며, 하나님께서 처음부터 자기 백성으로 선택하신 자들 중에서였습니다.

　더 말하자면, 왕이시라는 우리 주님의 주장은 언젠가 모든 인류에 의해 인정될 것입니다. 그리스도께서 빌라도에게 "네 말과 같이 내가 왕이니라"고 말씀하셨을 때, 그분은 실제적으로 모든 사람들의 장래의 고백을 예언하신 것입니다. 그분의 은혜에 의해 가르침을 받은 자들은 이 생애에서도 그분을 너무나 사랑스러운 왕으로서 기뻐합니다. 하나님께 감사하게도, 주 예수님께서 우리들 가운데 많은 이들의 눈을 들여다보시며 이렇게 말씀하실 수 있습니다. "네 말과 같이 내가 왕이니라." 그러면 우리는 이렇게 대답합니다. "예, 우리는 즐거워하며 그렇게 고백합니다." 하지만 그분이 크고 흰 보좌에 앉으실 날이 올 것이며, 그 때 많은 무리들이 그분의 두려운 위엄 앞에서 떨게 될 것입니다. 그 때는 본디오 빌라도, 헤롯, 대제사장들과 같은 자들도 그분이 왕이시라고 인정하게 될 것입니다! 그 때 유죄를 확신하고 두려움에 압도당하여 떠는 원수들에게 그분이 말씀하실 것입니다. "자, 멸시하던 자여, 네 말과 같이 내가 왕이니라." 그분에게 모든 무릎이 꿇을 것이며, 모든 혀가 그분이 주시라고 시인할 것입니다!

　여기서 우리가 기억할 것은, 우리 주님이 빌라도에게 "네 말과 같이 내가 왕이니라"고 말씀하셨을 때, 그분은 자신의 신적인 통치에 대해 언급하시지 않았다는 것입니다. 빌라도는 그에 대해서는 전혀 생각하지 않고 있었으며, 우리 주님께서도 그것을 언급하시지 않았다고 나는 생각합니다. 하지만 그분이 하나님 으로서 만왕의 왕이시오 만주의 주이심을 잊지 마십시오. 비록 그분이 인간으로 서 약함 중에서 죽으셨어도, 그분이 하나님으로서 영원히 사시고 다스리심을 결 코 잊어서는 안 됩니다. 그분이 중보자의 주권 곧 자기 백성을 위해 땅 위의 모든 것을 가지시는 권세에 대해 언급하시지도 않았다고 나는 생각합니다. 주님에게 하늘과 땅의 모든 권세가 위임되었으며, 아버지께서 그분에게 모든 육체를 다스 릴 권세를 주셨고, 그분은 아버지께서 주신 모든 자에게 영생을 주실 수가 있습 니다. 빌라도는 그 점에 대해 언급한 것이 아니며, 우리 주님께서도 직접적으로 는 그에 대해 언급하신 것이 아닙니다. 그분이 여기서 말씀하시는 것은, 진리를 수단으로 하여 신실한 자들의 마음을 개인적으로 다스리는 통치에 대한 것입니 다. 나폴레옹이 이런 말을 했습니다. "나는 무력으로 하나의 제국을 세웠다. 그리 고 그것은 사라져버렸다. 예수 그리스도는 그분의 왕국을 사랑으로 세우셨다. 그 왕국은 지금까지도 서 있고, 앞으로도 그럴 것이다." 우리 주님의 말씀이 암 시하는 것은 영적 진리의 왕국으로서, 예수님이 주로서 진리에 속한 자들을 다 스리시는 그런 왕국입니다. 그분은 왕이시라고 주장하셨습니다. 또한 그분이 계 시하신 진리, 그분이 인격화하신 진리는, 제왕으로서 그분의 통치의 홀(笏)입니 다. 그분은 정의와 진리의 힘을 느끼는 자들의 마음을 진리의 힘으로써 다스리 시며, 그러므로 그들은 기꺼이 그분의 인도하심에 따르며, 그분의 말씀을 믿고, 그분의 뜻에 복종하는 것입니다. 그리스도께서 사람들 가운데 통치권을 주장하 시는 것은 영적인 통치자로서입니다. 그분은 그분을 사랑하고, 그분을 신뢰하 며, 그분께 복종하는 자들의 마음을 다스리는 왕이십니다. 그들이 그렇게 그분 을 사랑하고 신뢰하고 복종하는 것은 그분에게서 그들의 영혼이 갈망하는 진리 를 보기 때문입니다. 다른 왕들은 우리의 몸을 다스리지만, 그리스도께서는 우 리의 영혼을 다스리십니다. 다른 왕들은 힘으로 통치하지만, 그리스도는 의의 매력으로 통치하십니다. 다른 왕들의 위엄은 대부분 가식적이지만, 그리스도의 왕적 위엄은 참되며, 그 위엄의 힘은 진리에 있습니다.

여기까지 왕이시라고 하신 그리스도의 주장을 살펴보았습니다.

2. 진리의 왕국을 출생과 삶의 주된 목적으로 선언하시다.

이제 두 번째로, 우리 주님께서 이 왕국을 그분의 생의 주된 목적(His main object)

으로 선언하셨다는 것에 주목하시기 바랍니다. "내가 이를 위하여 태어났으며 이를 위하여 세상에 왔나니." 자신의 왕국을 세우는 것이 그분이 처녀에게서 나신 이유입니다. 사람들의 왕이 되기 위해서, 그분이 이 땅에 나시는 일이 꼭 필요했습니다. 그분은 언제나 만유의 주이셨습니다. 그런 의미에서 왕이 되시기 위해서라면 굳이 이 땅에 나실 필요가 없었습니다. 하지만 진리의 힘을 통해 왕이 되시기 위해, 그분이 우리의 본성 안에서 태어나시는 일이 꼭 필요했습니다. 왜 그래야할까요? 나는 이렇게 대답합니다. 우선, 한 통치자가 본성에 있어서 그가 다스리는 백성들과 다르다면, 그것이 부자연스럽게 보이기 때문입니다. 천사 같은 왕은 사람들의 왕으로는 어울리지 않을 것입니다. 거기에는 하나의 영적인 나라를 결속시키는 공감이 존재하지 않습니다. 예수님은 사랑과 진리의 힘만으로 다스리시기 위해 사람과 같은 본성이 되셨습니다. 그분은 사람들 중에 있는 사람이셨고, 참으로 사람이셨습니다. 그러면서도 정직하고 고귀하며 왕다운 사람으로서, 사람들의 왕이 되셨습니다.

하지만, 다른 한편으로 주님이 이 땅에 태어나신 것은 그분이 자기 백성을 구원하실 수 있기 위해서입니다. 백성들은 왕국에 있어서 필수적입니다. 다스릴 대상이 없다면 왕은 왕이 될 수 없습니다. 만일 그리스도께서 구원을 위해 세상에 태어나지 않으셨다면, 필경 모든 사람들이 죄로 인해 멸망했을 것입니다. 그분의 출생은 그분의 구속의 죽음을 위해 꼭 필요한 단계였습니다. 인간의 속죄를 위해 그분의 성육신이 필수적이었습니다.

또한 진리는 실제로 구현(具現)될 때에 가장 큰 힘을 발휘합니다. 말로 표현된 진리는 패배할 수 있지만, 하나님의 영으로 한 사람의 생애에서 실행된 진리는 전능합니다. 자, 그리스도께서는 진리를 단지 말하신 것이 아니며, 그분 자신이 진리이셨습니다. 만약 그분이 천사의 형태로 구현된 진리였다면, 우리의 마음과 삶에 대한 그분의 지배력은 크지 않았을 것입니다. 하지만 인간의 모양이 된 완벽한 진리는 거듭난 인류 위에 왕의 권세를 가지게 됩니다. 살과 피로 구현된 진리는 살과 피를 다스리는 권세를 가집니다. 그러므로 이 목적을 위해 그분이 나신 것입니다. 그러니 여러분이 성탄절에 울리는 종소리를 들을 때, 왜 예수님이 나셨는지 이유를 생각하십시오. 그분이 여러분의 식탁과 잔을 채우기 위해 오셨다고 꿈꾸지 마십시오. 즐거워하는 도중에 지상에서 난 모든 것을 초월하는 것을 보십시오. 어떤 교회들에서 화려한 축하 행사와 공연들이 있다는 소식을 들을 때, 그 목적을 위해 예수님이 나신 것이라고 생각하지 마십시오. 아닙니다. 오히려 여러분의 마음을 들여다보십시오. 그리고 바로 이것이 그분이 나신 목적이라고 말하십시오. 즉 그분은 왕이 되시기 위해 오신 것이라고, 은혜에 의해 하나님의 진리를 사랑하게 된 백성들의 영혼 안에서 진리로 다스리기 위해 오신 것이라고 말입니다.

다음으로 그분은 "이를 위하여 세상에 왔나니"라는 말씀을 더하셨습니다. 즉, 그분이 아버지의 품에서 떠나신 것은 그분의 왕국을 세우기 위함이며, 세상의 기초가 놓일 때부터 감추었던 신비들을 드러내시기 위함입니다. 하나님과 함께 있었던 분이 아니고는 어떤 사람도 하나님의 의도를 드러내지 못합니다. 오직 저 기쁨의 상아 궁에서 나오신 아들만이 우리에게 큰 기쁨의 소식을 공표할 수 있습니다! 이것이 또한 그분이 세상에 오신 이유입니다. 눈에 띄지 않는 벽촌 요셉의 일터에서, 그분은 마치 조개 안에 있는 진주처럼 숨은 채 여러 해를 보내셨습니다. 그분이 알려지셔야 했고, 그분이 증언하시는 진리가 군중들의 귀에 들려져야 했습니다. 왕이시기 때문에 그분은 한적한 곳을 떠나셔야 했고, 왕좌를 위한 전투를 벌이기 위해 앞으로 나서야 했습니다. 그분은 언덕 위에서 무리들을 가르치셔야 했으며, 바닷가에서 말씀하셔야 했고, 제자들을 모으셔야 했고, 그들을 둘씩 짝지어 보내어 집집마다 강력한 진리의 비밀을 전하도록 해야 하셨습니다. 그분이 앞으로 나서신 것은 사람들로부터 사랑을 받거나 대중의 인기를 얻기 위해서가 아니었습니다. 오직 이 목적으로, 즉 진리를 알리기 위해, 진리의 나라를 세우기 위해서였습니다. 그분이 세상으로 나오셔서 가르치셔야 했습니다. 그렇지 않으면 진리가 알려지지 않을 것이며, 결과적으로 진리의 영향력도 없을 것이기 때문입니다. 신방에서 나오는 신랑처럼 해가 나와야 하며(시 19:5), 그렇지 않으면 빛의 나라는 세워지지 않을 것입니다. 바람이 숨은 곳으로부터 생기가 불어져야 하며, 그렇지 않으면 저 메마른 뼈로 가득한 골짜기에 생명이 다스리지 못할 것입니다. 삼년 동안 우리 주님은 두드러진 삶을 사셨고, 강조적인 의미에서 "세상에 오셨습니다(came into the world)." 그분은 사람들 중에서 가까이 볼 수 있었고, 자세히 살펴볼 수 있었으며, 접촉할 수도 있었고, 만질 수도 있었습니다. 그분은 본이 되고자 하셨고, 그래서 그분이 사람들에게 보이는 일이 필요했던 것입니다. 전적으로 은둔의 삶을 사는 사람의 생은 자기 자신에게 칭송받을 만하고 하나님께 흡족할 수는 있겠지만, 사람들에게 모범이 될 수는 없습니다. 주님께서 세상에 오신 것은 바로 이런 이유, 즉 사람들에게 영향을 끼치기 위해서였습니다. 원수들이 그분의 행동을 지켜보고, 그분의 말에서 트집을 잡고 그분을 함정에 빠뜨리도록 하는 일이 허용되었습니다. 그분의 친구들은 그분을 사적으로도 볼 수 있었고, 그분이 홀로 계실 때 무엇을 하시는지를 볼 수 있었습니다. 그리하여 그분의 전 생애가 알려졌습니다. 그분은 많은 무리들 가운데에서 뿐 아니라 한밤중 추운 산중턱에서도 발견되었습니다. 이것이 허용된 것은 진리가 알려지도록 하기 위해, 그분의 삶의 모든 행동이 진리였음이 알려지도록 하기 위함이었고, 그리하여 세상에 진리의 왕국을 세우기 위해서였습니다.

여기서 잠시 멈추도록 합시다. 그리스도는 왕이십니다. 영적인 나라에서 진리의 힘으로 다스리는 왕이십니다. 이 목적을 위해 그분이 나셨고, 이를 위해 그분이 세상에 오셨습니다. 성도들이여, 여러분 자신의 영혼을 향해 이렇게 질문해 보십시오. 그리스도의 출생과 삶의 이러한 목적이 여러분 안에서 이루어졌습니까? 그렇지 않다면, 성탄절이 여러분에게 주는 유익이 무엇입니까? 저 합창대원들은 이렇게 노래할 것입니다. "한 아기가 우리에게 났고 한 아들을 우리에게 주신 바 되었는데"(사 9:6). 그것이 당신에게 사실입니까? 예수님이 당신 안에서 다스리지 않으신다면, 어찌 그분이 당신의 구원자요 당신의 주이실 수 있습니까? 진리 안에서 그분의 탄생을 기뻐하는 자들은, 그들의 마음에 계시면서 진리의 가르침으로써 그들을 다스리시는 주님으로서 그분을 아는 자들입니다. 그들은 그분의 삶에서 행동화된 진리를 칭송하고, 그분의 인격 안에 구현된 진리를 사랑하는 자들입니다. 그런 자들에게 그분은 금관을 쓰고 자줏빛 왕복을 입고 마치 연극에서 흔히 보는 왕들의 모습으로 묘사된 인물이 아닙니다. 그들에게 주님은 더욱 밝고 더욱 신성하시며, 그 왕관은 참되고, 그 통치는 확실하며, 진리와 사랑의 힘으로 다스리는 분이십니다! 우리는 이 왕을 알고 있습니까?

사랑하는 이여, 이 질문이 우리의 가슴에 와 닿는 이유는 "그리스도는 나의 왕입니다"라고 말하면서도 그들이 말하는 것이 무엇인지 모르는 이들이 많기 때문입니다. 그들은 그분에게 순종하지 않습니다. 그리스도의 종은 그리스도를 믿는 자이며, 그리스도의 생각에 따라 행하고, 그리스도께서 계시하신 진리를 사랑하는 자입니다. 다른 모든 자들은 그리스도의 종인 체하는 자들일 뿐입니다.

3. 왕적 권세의 특징을 밝히시다.

세 번째로, 우리 주님은 그분의 왕적 권세의 특징(the nature of His royal power)을 밝히셨습니다. 이에 대해 앞서 언급한 바 있지만 다시 말하고자 합니다. 우리는 이 본문을 이런 의미로 생각해야 합니다. "네가 말했듯이 나는 왕이다. 나는 이를 목적으로 태어났으며, 이를 위해 세상에 왔으니, 곧 나의 왕국을 세우기 위함이다." 꼭 그렇게 말씀하시지는 않았어도 그런 의미로 이해할 수 있습니다. 예수님은 자신의 말씀에 모순되지 않으시기 때문입니다. 표현은 달랐지만 문맥으로 보아 그런 의미로 말씀하신 것이라고 이해할 수 있습니다. 만약 우리 주님께서 "한 왕국을 세우기 위함이라"고 직접적으로 빌라도에게 말씀하셨다면, 그 말씀이 빌라도를 오해하게 했을 것입니다. 하지만 예수님은 영적인 설명을 하는 기회를 활용하시어, 그분의 왕국은 진리이며, 그분의 왕국의 건설은 진리를 증언함으로써 세워진다고 말씀하셨습니다. 비록 빌라도가 그분의 말씀을 이해하지 못했고, 또한 그로서는 도무지 이해할 수 없었겠지만, 어쨌든 빌라도로 하여금 그분의 말씀을 오해하지 않도록 하신 것입니다.

실질적으로, 주님은 진리가 그분의 왕국의 두드러진 특징이며, 또한 그분의 왕적 권세는 진리를 통해 사람들의 마음을 다스리는 것이라고 우리에게 말씀하시는 것입니다. 자, 우리 주님의 이 증언은 사람들에게 있어서 실제적이고 아주 중요한 문제들을 강조하신 것입니다. 그분은 허구가 아니라 사실들을 다루시며, 하찮은 문제들이 아니라 매우 중대하고 실제적인 문제들을 다루십니다. 그분은 견해들이나, 관점들이나, 이론들에 대해 말씀하시는 것이 아니라, 오류 없는 진리들에 대해 말씀하십니다. 얼마나 많은 설교자들이 진리일 수도 있고 아닐 수도 있는 것들에 시간을 낭비하고 있는지요! 우리 주님의 증언은 명백하게 실제적이며 사실에 대한 것이며, 확실성과 진실성으로 가득한 것입니다. 나는 종종 다른 설교자들의 설교를 듣는 동안 그 설교자가 핵심을 다루고, 우리 영혼의 복지에 실제로 관계된 무언가를 다루어 주기를 바라곤 합니다. 죽어가는 사람들에게 우리 주변에 날아다니는 수천 가지의 사소한 질문들이 무슨 상관이란 말입니까? 우리 앞에는 천국 아니면 지옥이 놓여 있습니다. 돌 하나 던지는 거리에 죽음이 있습니다. 제발 우리를 데리고 실없는 소리는 그만두고 즉시로 진리를 말해주길 바랍니다! 예수님은 자기 백성의 영혼 안에서 왕이십니다. 그분의 가르침은 가장 장엄하고 실제적인 방식으로 우리에게 복을 끼치며, 무한히 중요한 문제들을 곰곰이 생각하도록 만드십니다. 그분은 우리에게 잘 다듬은 돌들을 주시는 것이 아니라 진짜 빵을 주십니다. 여러분이 알지 못하지만 그것을 모른다고 해서 조금도 손해가 되지 않을 일들이 수천 가지나 됩니다. 하지만 오, 만일 여러분이 예수님이 가르치신 것을 모른다면, 그것은 여러분에게 아주 해로울 것입니다. 만약 여러분이 주 예수님에게서 배운다면, 여러분이 걱정하는 것에 대해 안심하게 될 것이며, 여러분의 슬픔은 누그러지고, 여러분의 소망하는 바가 채워지게 될 것입니다. 예수님은 그분을 믿는 죄인들에게 그들이 알아야 할 진리를 주시고, 그분의 피를 통한 죄 용서의 확신을 주시고, 그분의 의가 보장하는 은총을 주시며, 그분의 영원한 생명이 보증하는 천국을 주십니다.

또한 예수님께서 자기 백성을 다스릴 권세를 갖는 이유는 그분이 진리의 상징들이 아닌 진리의 실체를 증언하시기 때문입니다. 서기관들과 바리새인들은 희생 제물들과 예물들과 의무들과 십일조와 금식 등에 대해 정통했습니다. 하지만 그 모든 것이 고통스러워하는 심령에 어떤 영향력을 끼칠 수 있을까요? 예수님이 뉘우치는 심령에 왕적 권세를 가지시는 것은, 그분이 모든 믿는 자들에게 주시는 하나의 참되고도 완벽한 희생 제물에 대해 말씀하시기 때문입니다. 저 사제들이 백성들을 다스릴 힘을 잃어버린 것은 그들이 그림자에서 더 나가지 못했기 때문인데, 상징에만 머물러 있는 자들 역시 조만간 모든 힘을 잃어버리게 될 것입니다. 주 예수님께서 성도들을 다스릴 힘을 유지하시는 것은 그분이 진리의 실체를 드러내시기 때문입니다. 은혜와 진리가 예수 그리스도로 말미암기 때문입니다. 예식 때 성직자가 입는 의상의 모양이나, 기념 성찬식의 거행 방식이나, 강림절에 입는 성직자 의상의 적절한 색깔이라든가, 부활절의 정확한 날짜 등에 대해 토론하는 일이 얼마나 시간 낭비입니까! 헛되고 헛되니, 모든 것이 헛되도다! 그런 사소한 일들은 사람들의 마음에 영원한 왕국을 세우는 일에 결코 도움이 되지 않습니다. 외적인 것을 중시하느라고 우리의 거룩한 신앙의 본질적이고 영적인 생명을 놓치지 않도록 주의합시다. 그리스도의 왕국은 먹는 것과 마시는 것이 아니며, 오직 성령 안에서 의와 평강과 희락입니다!

자기 백성들의 마음속에 있는 왕이신 예수의 권세는 그분이 오류가 섞이지 않은 순수한 진리를 제시하신다는 사실에 크게 근거하고 있습니다. 그분은 우리에게 어둠이 섞이지 않은 순수한 빛을 전달하십니다. 그분의 가르침은 하나님의 말씀과 인간의 생각을 섞은 것이 아닙니다. 성령의 감동과 인간의 철학의 혼합물도 아닙니다. 그분이 자기 종들에게 주시는 자원은 불순물 없는 순은과도 같습니다. 그분의 성령에 의해 가르침을 받은 사람들은 진리를 사랑하며, 진리로 다스리시는 그분의 왕적 통치를 인식하며 그 통치에 온 마음으로 복종합니다. 또한 그것이 그들을 자유롭게 하고 거룩하게 합니다. 어떤 것도 그들로 하여금 그 통치권을 부인하도록 만들지 못합니다. 진리가 그들의 마음에 거하고 있고, 진리이신 예수님 역시 그들 안에 거하시기 때문입니다. 만일 여러분이 진리가 무엇인지를 안다면, 여러분은 마치 자녀들이 아버지의 규칙에 순종하듯이 자연스럽게 그리스도의 가르침에 복종할 것입니다.

주 예수님은 예배가 마음에서 우러나오는 참되고 영적인 예배여야 하며, 그렇지 않으면 아무런 가치가 없다고 가르치셨습니다. 그분은 그리심이나 시온에 있는 성전 중 어떤 편도 들지 않으시고, 오직 하나님께 예배하는 자들이 영과 진리로 예배할 때가 온다고 선언하셨습니다(요 4:23). 자, 거듭난 심령은 이 말씀의 힘을 느끼며, 그 말씀이 육적인 의식주의의 천박한 요소들로부터 그들을 해방하시는 것에 기뻐합니다. 만일 살아 있는 예배를 드리는 마음이 빠져 있다면, 찬양이나 경건한 기도문도 공허할 뿐이라는 진리를 그들은 기꺼이 받아들입니다. 영적인 예배의 위대한 진리 안에서, 믿는 자들은 생명만큼이나 소중한 자유의 대헌장(Magna Charta)을 가진 것입니다. 우리는 다시 속박의 멍에를 메는 것을 거절하며, 오직 우리를 해방하시는 왕에게 충실할 뿐입니다.

또한 우리 주님께서는 모든 거짓된 삶은 천하고 혐오스러운 것이라고 가르치셨습니다. 그분은 위선자들의 경문(經文)과 가난한 자들을 압제하는 자들의 넓은 옷단을 경멸하셨습니다(참조. 마 23:5). 그분에게는, 보란 듯이 행하는 연보, 긴 기도, 빈번한 금식과 박하와 회향의 십일조 등이, 과부의 집을 삼키는 자들에 의해 행해질 때는 그 모든 것이 아무것도 아니라고 보셨습니다. 그분은 회칠한 무덤이나 겉만 깨끗이 씻은 주발에는 아무런 관심을 보이지 않으셨고, 오직 심중에 있는 생각과 의도를 보고 판단하셨습니다. 그 시대의 형식주의자들을 향해 그분이 얼마나 화를 선언하셨는지요! 겸손하신 예수께서 위선자들에 대해 노를 발하시고 천둥 번개 치듯이 그들을 탄핵하신 모습을 보았다면, 틀림없이 굉장한 광경이었을 것입니다. 엘리야가 하늘에서 불을 내렸을 때에도 그 광경에는 절반도 미치지 못했을 것입니다. "화 있을진저 외식하는 서기관들과 바리새인들이여"(마 23:13) 하시는 음성은 하늘의 대포에서 쏟아내는 엄청난 포격소리였을 것입니다! 마치 또 다른 삼손처럼, 예수께서 어떻게 그 시대의 협잡꾼들을 죽여 무더기로 쌓아 두시고 영원히 썩게 하셨는지를 보십시오. 우리에게 참된 삶을 가르치시는 그분이 모든 진리의 아들들의 왕이 되셔야 하지 않겠습니까? 바로 지금 그분께 주님이시요 왕으로서 경의를 표하도록 합시다.

　　사랑하는 이여, 또한 우리 주님께서 오신 것은 우리에게 진리를 가르치시기 위해서 뿐만이 아닙니다. 그분은 한량없는 성령을 통하여 신비로운 힘을 발휘하시어, 택하신 자들의 마음을 진리에 복종하게 하시고, 그 다음에는 그들의 진실한 마음을 평화와 기쁨으로 가득하도록 인도하십니다. 여러분은 예수님과 함께 있을 때에, 그분의 순결하심을 느끼고서 모든 위선과 거짓된 행실에서 깨끗해지고 싶다고 열망한 적이 없습니까? 그분 앞에 와서 그분의 말씀을 듣고, 그분의 생명을 보고, 무엇보다 그분과의 교제를 누리면서, 여러분 스스로를 부끄럽게 느낀 적이 없습니까? 그 부끄러움이란 여러분이 그 진실하신 왕께 더 참되고, 더 진실하고, 더 정직하고, 더 충성스럽지 못했던 것에 대한 부끄러움이 아닙니까? 나는 여러분이 그랬을 것이라는 것을 압니다. 예수님께는 어떤 거짓된 것도 없고, 심지어 미심쩍은 것도 없습니다. 그분은 투명하십니다. 머리에서 발끝까지 그분은 진리이십니다. 공적으로나 사적으로도 참되시고, 말에서나 행동에서도 참되십니다. 바로 그것 때문에 그분이 마음이 청결한 자들을 왕으로 다스리시며, 의를 사모하는 모든 자들에 의해 열렬하게 칭송을 얻는 것입니다.

4. 정복의 방식을 밝히시다.

　　네 번째로, 우리 주님께서는 정복의 방식(the method of His conquest)을 밝히십니다. "내가 이를 위하여 태어났으며 이를 위하여 세상에 왔나니 곧 진리에 대하여 증언하려 함이로라." 그리스도께서는 결코 무력으로 자신의 왕국을 세우시지 않았습니다. 마호메트는 칼을 뽑아들고서, 죽음과 개종 중에서 양자택일하라고 강요함으로써 사람들을 개종시켰습니다. 하지만 그리스도께서는 베드로에게 "칼을 칼집에 꽂으라"고 말씀하셨습니다(요 18:11). 사람에게 어떤 견해를 받아들이도록 하기 위해 어떤 강제력을 활용해서는 안 되며, 더구나 진리를 신봉하도록 하는 문제에서는 말할 것도 없습니다. 거짓은 종교재판소의 고문대를 필요로 하지만, 진리는 그런 부당한 도구를 필요로 하지 않습니다. 진리 자체의 미덕과 하나님의 영이 곧 진리가 가진 힘입니다. 더 나아가, 예수님은 어떤 사제술(司祭

術)이나 미신적인 술책들을 쓰지 않으셨습니다. 어리석은 자들은 독단적 주장에 설복당하며, 단지 그것이 높고 학식 있는 박사에 의해서 공표되었다는 사실만으로 그것을 받아들입니다. 하지만 우리의 랍비께서는 그런 그럴싸한 명예의 직함을 갖지 않으십니다. 저속한 사람들은 주교 복장을 한 사람에게서 나온 말이거나, 혹은 값비싼 세공 기술로 만든 깃발들이 세워져 있고 달콤한 음악이 들리는 곳에서 발표된 진술이라면, 무조건 옳을 것이라고 상상합니다. 다른 어떤 논증도 받아들이지 않는 자들이 이런 것들은 쉽게 받아들입니다. 하지만 예수님은 의복의 덕을 보지 않으셨고, 예술적인 장치들로써 사람들을 감화시키려고 하지 않으셨습니다. 그분이 화려한 행차나 감각적인 의식들의 매력으로써 사람들을 지배하려 했다고 누구도 말하지 못합니다. 그분의 무기는 진리입니다. 진리가 그분의 화살이자 활이며, 칼이고 방패입니다. 내 말을 믿으십시오. 확실한 진리에 기초하지 않은 그 어떤 왕국도 주 예수님께는 합당치 않습니다. 예수님은 거짓의 도움으로 다스리는 일을 경멸하십니다.

참된 기독교는 결코 정책이나 술책으로 진보하지 않습니다. 그릇된 일을 하거나 거짓을 말함으로써 진흥되지 않습니다. 심지어 진리를 과장해서 말하는 것도 오류를 낳으며, 우리가 세우고자 하는 진리를 무너뜨릴 수 있습니다. 이렇게 말하는 사람들이 더러 있습니다. "모순되는 것으로 보이지 않기 위해, 가르치는 것에서 한 줄만 빼고 다른 것은 그대로 두자." 그런 문제를 어떻게 대해야 합니까? 만일 그것이 하나님의 진리라면, 나는 그 모든 것을 전해야 하며, 그 중 어느 것도 빠뜨려서는 안 됩니다. 정책이란, 마치 항해하는 배와 같아서, 바람에 의존하고, 이리저리로 방향을 바꾸며 나아가게 되어 있습니다. 하지만 진실한 사람은, 마치 자체 내에 동력을 가지고 있는 배와 같아서, 폭풍에 맞서고도 똑바로 나아갑니다. 하나님께서 사람들의 영혼에 진리를 심어 주실 때, 그분은 그들에게 결코 방향을 바꾸거나 조절하지 말 것이며 위험을 무릅쓰고 진리를 굳게 붙들라고 가르치십니다. 바로 이것이 예수님이 항상 행하신 방식이었습니다. 그분은 진리를 증언하셨고, 그분이 전하신 진리는 어린 양처럼 거짓 없고 순전한 것이었습니다.

여기서 이 질문에 대답하는 것이 적절할 것입니다. "그분이 증언하신 진리가 무엇입니까?" 아, 나의 형제들이여, 그분이 증언하지 않으신 진리가 무엇입니까? 그분이 전 생애에서 모든 진리를 스스로 귀감이 되어 보여주지 않으셨습니까?

하나님은 사랑이시라는 진리를 그분이 얼마나 명확하게 보여주셨습니까? 마치 성탄절의 종소리처럼 그분이 얼마나 아름다운 선율로 이 진리를 증언하셨습니까? "하나님이 세상을 이처럼 사랑하사 독생자를 주셨으니 이는 그를 믿는 자마다 멸망하지 않고 영생을 얻게 하려 하심이라"(요 3:16). 그분은 또한 하나님이 공의로우시다는 진리를 증언하셨습니다. 얼마나 엄숙하게 그분이 그 사실을 선포하셨는지요! 피 흐르는 그분의 상처들, 그분의 죽음의 고통이, 마치 조종(弔鐘)처럼 죽은 자들까지도 들을 수 있도록 그 엄숙한 진리를 널리 울려 퍼지게 하였습니다. 그분은 진리를 위한 하나님의 요구를 우리의 내면을 향해 증언하셨습니다. 그분은 종종 사람들을 해부하고 그들을 벌거벗기셨습니다. 그들의 은밀한 생각들을 드러내시고, 그들 자신이 그것들을 볼 수 있도록 폭로하셨으며, 또한 그들로 하여금 오직 진실한 자만 하나님의 눈을 견딜 수 있음을 알게 하셨습니다. 하나님께서 그분을 위해 새로운 백성, 참된 백성들을 만들기로 결심하셨다는 진리를 그분이 증언하시지 않았던가요? 그분 목소리를 듣는 자기 양들에 대해, 곳간에 거두어들일 곡식에 대해, 쭉정이는 버려지는 반면 귀하게 모아 간직될 알곡에 대해, 그분이 언제나 말씀하시지 않았던가요? 그럼으로써 그분은 거짓된 자들이 반드시 죽을 것이고, 참되지 않은 자들이 불살라질 것이며, 거짓말하는 자들이 썩게 될 것이라고 증언하셨고, 반면 참되고 신실하며 은혜를 알며 살아 있는 자들은 모든 시험을 견딜 것이라고 증언하신 것입니다. 가짜들이 판치는 시대에, 언제나 그분은 자신의 증언으로써 위선을 몰아내시고 진리와 정의를 세우고자 하셨습니다. 사랑하는 이여, 바로 이것이 지금도 그리스도의 왕국이 세상에 세워지는 방식입니다. 이를 위하여 교회가 태어났으며, 이 목적을 위해 교회가 세상에 왔으니, 곧 진리를 증언함으로써 그리스도의 왕국을 세우기 위함입니다.

　　사랑하는 여러분이여, 나는 여러분이 모두 진리의 증언자가 되는 것을 간절히 보고 싶습니다. 만약 여러분이 주님을 사랑한다면, 진리를 증언하십시오. 여러분은 그것을 개인적으로 해야 하며, 또한 그것을 집단적으로 해야 합니다. 여러분이 전적으로 가식 없이 믿지 못하는 신조를 가진 교회에 가입하지 마십시오. 만일 그렇게 되면 여러분은 거짓말을 하는 것이며, 더 나아가 다른 이들의 증언의 오류에 참여자가 되는 것입니다. 나는 그리스도인들의 연합을 저해하는 말을 한순간도 하고 싶지 않습니다. 하지만 연합에 앞서는 무언가가 있으며, 그것은 바로 "내적인 면에서의 진리(truth in the inward parts)"이자 하나님 앞에서의 정직입니다. 어떤 중요한 점에서 가르침이 잘못되었다고 내가 알고 있는 교회에 나는 감히 회원이 되지 않을 것입니다. 동료들을 위해 양심을 저버리느니 나는 차라리 외로이 천국 가는 편을 택하겠습니다. 여러분이 이렇게 말할지 모르겠습니다. "하지만 나는 내 교회의 오류에 대해 반대하고 있습니다." 사랑하는 친구들이여, 그 교리를 공언하는 교회의 회원이 됨으로써 스스로 거기에 동의하고 있음을 자백하면서, 어찌 그 교리에 지속적으로 반대할 수 있단 말입니까? 만일 당신이 한 교회의 목회자라면, 당신은 실질적으로 세상 앞에 이렇게 말하는 셈입니다. "나는 이 교회의 교리들을 믿고 가르칩니다." 그리고 만일 당신이 강단에 올라서 당신은 그 교리들을 믿지 않는다고 말한다면, 사람들이 어떤 결정을 내릴까요? 그 판단은 당신에게 맡기겠습니다. 나는 일전에 어떤 교회의 탑을 보았습니다. 그 벽에는 시계가 있었고, 내가 아홉시밖에 안 되었다고 생각할 때에 그 시계가 열시 반을 가리키는 것을 보고는 깜짝 놀랐습니다. 하지만 그 탑의 다른 벽면에서는 그 시계가 여덟시 십오 분을 가리키는 것을 보고 크게 안도했습니다. 나는 생각했습니다. "음, 지금 시간이 어떻더라도, 시계는 잘못되었군. 스스로도 모순되니 말이야." 그와 마찬가지로, 만일 누군가가 어떤 교회의 회원이 됨으로써 무언가를 말하고, 또 개인적인 반대로써 다른 것을 말한다면, 옳은 것이 무엇이든지 간에, 그는 틀림없이 자기 스스로도 모순된 사람입니다.

우리가 진리를 증언하도록 합시다. 바로 이런 때에 그렇게 해야 할 큰 필요가 있는 것은, 증언에 대한 평판이 나쁘기 때문입니다. 이 시대가 "관용성(liberality)"만큼 높이 평가하는 미덕은 없으며, 편협성이라고 통칭되는 정직성만큼 격렬하게 비난하는 악덕도 없습니다. 만일 여러분이 무언가를 믿고 그것을 확고하게 붙잡으면, 모든 개들이 여러분을 향해 짖을 것입니다. 짖을 테면 짖으라고 하십시오. 지치게 되면 그만두겠지요! 그 문제로 여러분이 책임을 지는 것은 하나님께 대해서이지, 죽을 인생들에 대해서가 아닙니다. 그리스도께서 세상에 오신 것은 진리에 대해 증언하시기 위해서입니다. 그리고 그분은 같은 목적으로 여러분을 보내십니다. 사람들을 화나게 하든 즐겁게 하든, 주의하여 그 일을 수행하도록 하십시오. 오직 이런 과정에 의해서만 그리스도의 왕국이 세상에 세워지기 때문입니다.

5. 자기 백성들을 묘사하시다.

그분의 증언에 대해 마지막으로 살펴볼 것은 이것입니다. 우리 구주께서는, 그분의 왕국과 그것을 세우시는 방식에 대해 말씀하신 후, 그분의 백성들에 대해 묘사하십니다(described His subjects). "무릇 진리에 속한 자는 내 소리를 듣느니라." 즉, 성령께서 누군가를 진리를 사랑하는 자가 되게 하시면, 그가 언제나 그리스도의 음성을 인지하고 그 음성에 순종한다는 것입니다. 진리를 사랑하는 사람들은 어디에 있습니까? 자, 우리가 오랫동안 탐문해 볼 필요가 없습니다. 그런 사람들을 찾기 위해 디오게네스의 등불(Diogenes lantern)이 필요하지 않습니다. 그들이 빛을 찾아올 것입니다. 그러면 예수님 안에서가 아니면 어디에 빛이 있습니까? 있는 그대로의 자기 모습과 다르게 포장하기를 원하지 않는 자들은 어디에 있습니까? 은밀한 중에도 주님 앞에서 참되기를 열망하는 자들이 어디에 있습니까? 그들은 그리스도의 백성들이 발견되는 곳에서 발견됩니다. 그들은 진리의 증언에 귀를 기울이는 모습으로 발견될 것입니다. 순수한 진리를 사랑하는 자들, 그리스도가 어떤 분이신지를 아는 자들은, 틀림없이 그분과 사랑에 빠지고 그분의 음성에 귀를 기울일 것입니다. 그러므로 형제들과 자매들이여, 오늘 여러분이 진리에 속하였는지 아닌지를 스스로 판단해 보십시오. 만약 여러분이 진리를 사랑한다면, 여러분은 옛 죄들과, 거짓된 피난처들과, 악한 습관들과, 주님의 생각에 반하는 모든 것에서 떠나도록 부르는 음성을 알 것이며, 또한 그 음성에 순종할 것입니다. 여러분에게 남아 있는 거짓된 것에 대해서는 책망하시고, 여러분 속에서 분투를 벌이고 있는 참된 것에 대해서는 격려하시는 그분의 음성을, 여러분은 양심의 귀로 들어왔을 것입니다. 여러분에게 한두 가지를 숙고해보도록 권면한 뒤에 설교가 끝날 것입니다.

첫 번째로, 사랑하는 이여, 진리가 이토록 굴욕을 당하는 때에 우리는 담대히 진리의 편에 서 있다고 공언할 수 있습니까? 그리스도의 진리가 날마다 불명예를 당하는 것을 보고서 우리는 그 진리에 충성을 맹세합니까? 만일 복음의 진리가 모든 곳에서 영예를 얻는다면, "나는 그것을 믿습니다"라고 말하기란 쉬울 것입니다. 하지만 지금과 같은 때에, 복음의 진리가 사람들에게서 영예를 얻지 못하는 이 시대에, 우리가 모든 손해를 무릅쓰고서 담대하게 그것을 고수할 수 있습니까? 여러분은 진리와 함께 기꺼이 진창길과 습지를 걸어갈 수 있습니까? 여러분에게 변하지 않는 진리를 시인할 용기가 있습니까? 거짓되게도 과학이라고 일컬어지는 것에 의해 분풀이를 당해 온 진리를 여러분은 기꺼이 믿고자 합니까? 오직 가난하고 교육받지 못한 이들만 복음을 받아들인다고 사람들이 말하는 것을 듣더라도, 여러분은 기꺼이 복음의 진리를 받아들일 것인가요? 여러분은 어부들을 사도로 삼으신 그 갈릴리 분의 제자들이 기꺼이 되기를 바랍니까? 진실로 진실로 여러분에게 말하건대, 진리가 그리스도의 인격 안에서 그 모든 영광을 나타내는 그 날에는, 진리와 진리의 주님을 시인하기를 부끄러워한 자들이 큰 부끄러움을 당하게 될 것입니다.

다음으로, 만일 우리가 그리스도의 음성을 들었다면, 우리는 우리 삶의 목적을 인식하고 있습니까? 우리는 "우리가 이를 위하여 태어났고, 이를 위하여 세상에 왔으니, 곧 진리에 대하여 증언함이라"고 느끼고 있습니까? 내 사랑하는 형제여, 나는 당신이 옷감 판매상이 되거나, 경매인이 되거나, 혹은 아무것도 되지 않기 위해 세상에 왔다고 믿지 않습니다. 나의 자매여, 나는 하나님께서 당신을 그저 재봉사나 간호사나 혹은 주부가 되도록 지으셨다고 믿지 않습니다. 불멸의 영혼들은 단지 멸망의 목적을 위해 지어지지 않았습니다. 나는 이 목적을 위해 태어났습니다. 즉 내 목소리로 바로 이곳에서, 그리고 다른 모든 곳에서 진리에 대하여 증언하기 위해 나는 세상에 왔습니다. 여러분은 그것을 인정하십니다. 그렇다면 여러분 각 사람에게 호소하건대, 여러분에게도 비슷한 사명이 있음을 인정하십시오. "나는 강단에 설 수가 없어요"라고 누군가 말합니다. 그런 문제는 신경 쓰지 마십시오. 여러분이 있는 곳에서, 여러분의 삶의 영역에서 진리를 증언하십시오. 오, 시간과 힘을 낭비하지 말고, 즉시 예수님을 증언하시기 바랍니다.

마지막으로, 사랑하는 이여, 여러분은 그리스도의 최상의 존엄을 인정합니까? 여러분은 그리스도께서 어떤 왕이신지 알아봅니까? 그분이 여러분에게는 유일한 왕이십니까? 우리가 살고 있는 큰 마을들 중 하나에 황태자가 방문한 것은 바로 어제였습니다. 사람들이 모여들어 모든 거리에서 그를 환영하였습니다. 하지만 그 역시 죽을 수밖에 없는 인간일 뿐입니다. 황태자가 방문하기로 예정된 시간에 앞서, 밤에 사람들은 온 마을에 불을 밝혀서 밤하늘을 대낮같이 밝게 했습니다. 하지만 이 황태자가 그들을 위해 한 것이 무엇입니까? 그들은 충성된 백성들이었으며, 그것이 그들이 기뻐한 이유였습니다. 하지만 오 사랑하는 이여, 우리는 "그리스도께서 우리를 위해 한 것이 무엇입니까"라고 물을 필요가 없습니다. 우리는 이렇게 물어야 합니다. "그리스도께서 우리를 위해 하지 않으신 일이 무엇입니까?" 임마누엘이시여, 우리의 모든 것이 당신의 덕택입니다. 당신은 우리를 새롭게 하신 창조주이시며, 가장 낮은 지옥 구덩이에서 우리를 건지신 구속주이십니다! 당신은 눈부시도록 사랑스러우시며, 당신의 미덕들이 우리의 감탄을 자아냅니다! 당신께서는 우리를 위해 사셨고, 우리를 위해 피 흘리셨고, 우리를 위해 죽으셨습니다. 또한 당신께서는 우리를 위해 한 나라를 예비하고 계시며, 당신이 계신 곳에 우리도 함께 있도록 하시기 위해 다시 오실 것입니다. 이 모든 것이 우리의 사랑을 자아냅니다. 모두 기뻐하세! 모두 찬양하세! 당신이 우리의 왕이시니, 우리가 온 마음으로 당신께 경배합니다!

사랑하는 성도들이여, 그리스도를 사랑하라고, 또한 할 수 있을 동안 그분을 위해 살라고 여러분에게 호소합니다. 기회가 주어질 때 그분을 위해 일하십시오. 내가 자리에 누워 아무것도 할 수 없었을 때에, 그분을 섬기지 못하는 나의 무력함이 내 마음의 큰 슬픔이었습니다. 나는 내 형제들이 전장에서 소리치는 것을 들었습니다. 또한 내 동료들이 전투를 위해 행진하는 것을 보았습니다. 그리고 나는 참호 속의 부상당한 병사처럼 누워 있었습니다. 움직일 수도 없었고, 오직 여러분이 주 안에서와 그분의 힘의 능력 안에서 강해지도록 숨쉬며 기도하는 것 외에는 아무것도 할 수 없었습니다. 그 때 내 생각은 이러했습니다. "오, 내가 설교할 수 있었을 때에 더 잘 했더라면! 주님을 섬길 수 있었을 때에 더욱더 그분을 위해 살았더라면!" 현재의 게으름으로 인해 장래에 그런 후회를 초래하지 말고, 지금 당신을 위해 죽으신 그분을 위해 사십시오!

여기 참석한 회중 가운데 아직 우리의 왕께 복종하지 않은 사람이 있다면, 오늘 밤 그분에게 와서 그분을 믿을 수 있기를 바랍니다. 그분은 사랑이 많은 구주이시며, 그분께 나아오는 자라면 아무리 크고 시커먼 죄인이라도 기꺼이 받아 주십니다. 누구든지 그분을 믿는 자는 결코 실망하지 않을 것입니다. 그분은 자기를 힘입어 하나님께 나아오는 자들을 끝까지 구원하실 것입니다. 그분이 여러분을 그분의 발 앞으로 이끄시기를, 그리고 여러분을 사랑으로 다스리시길 기도합니다. 아멘.

제
78
장

—

빌라도 앞에 서신 주님

—

"빌라도가 유대인들에게 이르되,
나는 그에게서 아무 죄도 찾지 못하였노라." — 요 18:38

하나님이 허락하신다면, 나는 당분간 주일 아침마다 우리 주님의 고난의 과정에 대한 전체 이야기를 여러분에게 전하고 싶습니다. 우리는 지난 주일에 그분과 함께 가야바의 관저에 가는 것으로 출발하였습니다. 우리는 그 평화의 왕이 죄수의 몸으로 거짓 고소와 부당한 비난을 들으시는 것을 보았고, 또한 그분이 능욕을 당하시되 저 비천한 종들이 그분의 얼굴에 침을 뱉고 그분을 조롱하는 것까지 보았습니다. 그것은 진정 슬프고도 숙연한 시간이었습니다. 나는 여러분이 이 주제에 싫증내지 않기를 바랍니다. 만일 여러분이 싫증을 낸다면 그것은 설교자의 잘못입니다. 이 주제는 영원토록 풍성하고 새롭기 때문입니다. 혹시 설교자를 탓할 것이 없다면, 그 설교자의 청중들 편에서 비난받을 만한 무언가가 있을 것입니다. 만일 우리가 십자가의 이야기를 지루해한다면 그것은 보이지 않는 영적 질병의 슬픈 징후입니다. 그 증세가 보이면 서둘러서 저 위대한 의사에게로 가서 치유를 받는 것이 좋습니다. 건강한 상태에 있는 참된 성도들에게는, 우리 주님의 수난의 장소 곧 그분이 우리의 구속이라는 영광스러운 일을 성취하신 곳보다 더 마음이 끌리는 곳은 없습니다. 그들은 겟세마네에서 골고다로 이어지는 저 슬픔의 길(Via Dolorosa)을 따라가며 서성대는 것을 좋아합니다.

내가 호렙 산의 떨기나무처럼 불이 붙었으나 타지 않는 우리 주님을 보고 서 있을 때, 나는 내게 말씀하시는 한 음성을 듣습니다. "네가 선 곳은 거룩한 땅이니 네 발에서 신을 벗으라"(출 3:5). 우리 주님의 신성을 보는 것만큼 거룩한 것은 없으며, 그러니 그분과 함께 있는 것이 좋습니다. 그분이 우리를 위한 희생 제물로서 자기를 바치셨을 때 그분이 견디신 고난 역시 거룩하며, 그러니 고난 중에서 그분과 함께 있는 것 역시 좋습니다. 그분이 견디신 슬픔들은 믿음과 사랑의 마음으로 그것을 묵상하는 모든 자들에게 성화의 감화력을 크게 끼칩니다. 내가 만일 더욱 십자가의 분위기 속에서 살아간다면, 죄가 그 힘을 잃고 모든 은혜들이 더욱 활발해질 것이라고 나는 확신합니다. 우리가 고난받으시는 그분에게 가까이 가서 그분과 교제를 나눌 때, 우리는 그분을 죽게 만든 죄에 대해 크게 고함을 칠 것이며, 그것을 우리들에게서 추방시킴으로써 그것에 복수를 가하려고 결심할 것입니다. 십자가는 우리가 죄와 싸워 그것을 완전히 패배시킬 때까지 우리가 쓸 수 있는 거룩한 도구입니다. 그러므로 우리 주님의 위대한 희생에 자극받아서 떠오르는 생각들은 복되고 거룩합니다.

그뿐만이 아닙니다. 우리에게 건강을 가져다주는 약은 그 자체로 기쁨입니다.

> "십자가 앞에서 보낸 달콤한 순간들,
> 은혜로 풍성하도다.
> 죽어 가시는 죄인들의 친구에게서
> 생명과 건강과 평화를 발견하도다."

여기에는 포도주로 즐거워하는 자들의 소란스러움이 없으며, 싸움에서 이긴 자의 고함소리도 없으며, 연회를 즐기는 자들의 노랫소리도 없습니다. 하지만 여기에는 안식을 찾은 자들의 마음에서 우러나오는 진지하면서도 달콤한 노랫가락이 있습니다. 십자가에서 우리는 풍성한 기쁨과, 오래 지속되는 만족과, "모든 지각에 뛰어난 하나님의 평강"(빌 4:7)을 발견합니다. 안식 없는 자들이여, 여기에 여러분의 불안과 불면의 치유가 있습니다. 여기서 여러분은 이렇게 말할 수 있습니다. "하나님이여 내 마음이 확정되었고 내 마음이 확정되었사오니 내가 노래하고 내가 찬송하리이다"(시 57:7). 그러므로 나는 다가오는 몇 주 동안 여러분을 우리 주님이 쓰라린 고통을 겪으셨던 "승냥이들의 처소"(시 44:19)로 인도하고, 여러분으로 하여금 그분의 잔을 마시게 하고 그분의 세례를 받도록 돕는 일에 대해 어떤 변명도 하지 않을 것입니다. 하나님의 영이시여, 오셔서 우리 눈을 뜨게 하소서! 우리를 위한 사랑으로 저 큰 슬픔을 견디신 그분의 거룩한 마음을 우리로 보게 하소서!

사랑과 겸손한 관심을 가지고서 곧장 그 이야기로 들어가도록 합시다. 우리 주님은 대제사장에 의해 신성 모독으로 정죄되었습니다. 그분이 스스로 하나님의 아들이라고 선언하셨고, 또한 그분이 친히 하늘 구름을 타고 그들의 재판장으로 오는 것을 그들이 보리라고 말씀하셨기 때문입니다(마 26:64). 대제사장은 자기 옷을 찢으며 말했습니다. "어찌 더 증인을 요구하리요 보라 너희가 지금 이 신성 모독 하는 말을 들었도다"(마 26:65). 그들은 이미 밤중에 그분을 실제로 정죄하고서는, 아침 해가 동틀 새벽녘에 형식적인 재판 절차를 거쳐 그분을 빌라도에게 넘겨주었습니다. 전승에 따르면, 그분은 목에 밧줄을 매이고 손이 묶인 채로 끌려가셨습니다. 나는 "그가 마치 도수장으로 끌려가는 어린 양과 같았다"(사 53:7)고 한 이사야의 말을 기억하면서 그 전승을 완전히 믿을 수 있습니다. 아침 여섯시가 조금 넘은 시각에 예루살렘을 통과하는 그 행렬은 낯설고 슬펐습니다. 산헤드린 사람들은 화려하게 권력을 나타내는 복장을 하고서 이 가련한 희생자를 둘러싸고 있었습니다. 그들은 그분을 죽이려는 한 가지 목적으로 그분을 이방인들에게 넘겨주는 것입니다. 이 교만하고 악한 자들은 시편 기자가 노래했던 저 개들과도 같은 무리들이었습니다(시 22:16,20).

그들이 로마 총독의 관저에 도착했을 때, 그들 자신은 그 문 안으로 들어가려 하지 않았습니다. 총독 관저는 헤롯 대왕이 자기 자신을 위해 지은 많은 웅장한 궁전들 중의 하나였다고 합니다. 건축 양식은 화려했고, 바닥에는 최상의 대리석들이 깔려 있었으며, 모든 방들은 동양적인 분위기로 값비싼 가구 등으로 치장되어 있었습니다. 이 빈틈없는 위선자들이 그 관저 안으로 들어가지 않은 것은, 이방인과 접촉함으로써 불결해지지 않고 유월절 잔치를 먹을 수 있기 위해서였습니다(28절). 그래서 그들은 마당에서 기다렸고, 빌라도가 그들에게 와서 그토록 이른 아침에 올 정도로 긴급한 용무가 무엇인지 알아보고자 했습니다. 그 로마 총독은 거만하고 잔인했으며 유대인들을 혐오했습니다. 하지만 그들이 유월절 절기에 열광하고 또 그것을 미리 준비하는 것을 알았기 때문에 궁전 문에 서서 그들의 요구를 들어주었습니다. 그는 그들이 한 죄수를 데리고 왔다는 것과, 그 죄수는 명백히 가난한 사람이며, 외모는 다소 여위고, 지쳐 있고 고통스러운 상태인 것을 즉시 확인했습니다. 그에게는 어떤 신비스러운 위엄이 독특한 부드러움과 결합되어 있었으며, 빌라도는 이런 이유로 명백하게 그에게 특별한 관심을 기울였습니다. 먼저 이 특이한 죄수를 가만히 응시한 후에, 그는 성난 제사장들에게 몸을 돌려 이렇게 물었습니다. "너희가 무슨 일로 이 사람을 고발하느냐?"(29절)

　　제사장들이 예수님을 빌라도에게로 끌고 온 한 가지 목적은 그분을 죽이기 위해서입니다. 빌라도가 가서 그들의 법에 따라서 판단하라고 말했을 때, 그들은 대꾸하기를 기꺼이 그렇게 하고 싶지만 생사를 결정할 권한은 그들에게 없다고 하였으며, 그로써 그의 죽음이 아니고는 그들이 만족하지 않을 것임을 내비쳤습니다. 하지만 그들이 이 단계에서 그분의 죽음에 대한 책임을 로마인들에게 돌리려고 안달한 것은 백성들에 대한 두려움이 여전히 그들에게 있었기 때문입니다. 만약 빌라도에 의해 그분을 확실히 죽게 할 수 있다면, 그들은 훗날에 단지 그분을 로마 총독에게 넘겨 주었을 뿐이라고 항변할 수 있었고, 그분이 그토록 거칠게 다루어지리라고는 예상치 못했다고 변명할 수 있었습니다. 그들은 아직은 군중들로 하여금 "그를 십자가에 못 박으라"고 외치도록 뇌물로 포섭하지 않았고, 만일 군중들이 그분 편에 서서 소요를 일으킬 경우 안전한 편에 있기를 원했습니다. 인간적으로 말해서, 그들은 그들 손으로 그분을 죽게 할 수 있었습니다. 그분은 전적으로 그들의 권한에 놓여졌고, 마치 그들이 스데반을 돌로 쳤을 때처럼, 그들이 로마의 법을 잊고 폭동의 광기 속에서 사람들을 죽이는 일이 빈번했기 때문입니다. 그들은 이미 우리 주님까지도 돌로 치려고 시도한 적이 여러 번 있었으며, 그 정도로 그들이 로마의 법을 항상 염두에 둔 것은 아니었습니다. 그들은 이번 기회에 그분의 목숨을 빼앗고자 했지만, 어떤 신비한 충동에 이끌려 그 행동의 실제적인 책임을 빌라도에게 전가시키기를 원했습니다. 더 나아가 그들은 변덕스러운 군중이 그분의 피를 흘리는 일에 동참하기를 바랐지만, 아직까지는 추파를 다른 곳으로 던지고 있었습니다. 만일 그들의 가장 큰 절기 기간에 무죄한 피를 흘려야 한다면, 위선적인 그들로서는, 그 일을 법의 형식이나 이방인의 손을 빌려 행하기를 바랐습니다. 이 일을 위해 그들은 고소를 제기해야 했습니다. 고소가 없이는 어떤 로마의 통치자도 누군가에게 유죄를 선고하지 않았기 때문입니다.

오늘 아침에 우리는 그들이 제기한 두 가지 고소 내용들을 숙고해 볼 것입니다. 그 다음에는 빌라도가 이 말로써 표현한 무죄 판결을 경청할 것입니다. "나는 그에게서 아무 죄도 찾지 못하였노라."

1. 첫 번째 고소 내용

첫 번째 고소 내용은, 여러분이 이 장을 읽다보면 30절에서 발견할 것인데, 그것은 그분이 행악자(a malefactor)라는 것입니다. "대답하여 이르되 이 사람이 행악자가 아니었더라면 우리가 당신에게 넘기지 아니하였겠나이다." 그들은 그분을 행악자, 악을 행한 자, 악한 삶을 살았던 인물이라고 고소합니다.

그에 대해 우리가 말하자면, 우선, 그것이 전적으로 새로운 비난(novel charge)이라는 것입니다. 그것은 막 찍어낸 주화처럼 따끈한 열기가 남아 있습니다. 그분이 가야바 앞에 서셨을 때 악을 행했다고(done) 그분을 비난한 자가 아무도 없었으며, 오직 그분이 악한 말을 했다고만 비난했습니다. 그들이 이런저런 말로 그분을 비난했지만, 그분이 어떤 악행을 했다고 비난하지는 않았습니다. 악한 말에 대한 고소는 그들이 자세히 분석한 다음 그것을 두 번 써먹지 않았습니다. 왜냐하면 그들은 빌라도가 사람이 한 말에는 신경 쓰지 않으며, 오직 행동에 의한 실제적인 법 위반에만 관심을 기울이는 것을 잘 알았기 때문입니다. 로마인들은 실제적인 사람들입니다. 그래서 빌라도가 우리 주님을 자신의 관저로 불러들였을 때 그는 이렇게 물었습니다. "네가 무엇을 하였느냐?"(35절) 그는 그분에게 "네가 무엇을 가르치거나 전하였느냐"라고 묻지 않고, "네가 무엇을 하였느냐(done)"라고 물었습니다. 이런 이유 때문에, 제사장들은 전혀 근거 없는 죄목을 새롭게 고안해 내어 그분이 행악자라고 고소한 것입니다. 행악자라는 말은 듣는 자가 해석하기에 따라 중요한 의미일 수도 있고 하찮은 의미일 수도 있습니다. 악의의 비난은 그 비난의 내용에 있어서 구체적인 경우가 드뭅니다. 행악자라고 하는 고소는 그들의 악의에서 비롯된 것이지, 우리 주님의 완벽한 삶에서의 어떤 행동에서 비롯된 것이 아닙니다. 증오가 그들의 눈을 가려 흠 없는 그분을 공격하는 것에 우리는 놀랄 뿐입니다. 사람들이 우리 주님을 교사로서 어떻게 생각하든지 간에, 공정하게 판단하자면, 행함에 있어서 그분의 삶의 모범을 칭송하고 그분에게 최고의 영예를 드리는 것이 마땅합니다.

　　여기서 제사장들은 그들이 확인을 시도하지 않았던 비난으로써 우리 주님을 공격했다는 것을 주목하십시오. 그들이 증거를 제시할 책임을 얼마나 교묘하게 피했는지요! 그들은 증인들을 데리고 오지도 않았고, 그들이 매수한 위증자들만 뒤에 서 있습니다. 그들은 심지어 구체적인 비난들도 삼가고, 그가 행악자인 것은 자기들의 평판에 의해 확인된다는 일반적인 진술만 하고 있습니다. "이 사람이 행악자가 아니었더라면 우리가 당신에게 넘기지 아니하였겠나이다"(30절). 마치 이렇게 말하는 것과도 같습니다. "당신은 그가 유죄라는 것을 인정해야 합니다. 그가 유죄가 아니라면, 그가 유죄라고 우리가 말하지 않았을 것입니다. 여기 우리의 대제사장이 있습니다. 그렇게 훌륭한 분이 거짓 고소를 하리라고 상상이나 할 수 있습니까? 우리들 역시 제사장들이고 서기관들이며, 이스라엘의 선생들입니다. 우리들처럼 고결한 지위에 있는 인물들이 당신 앞에서 무죄한 사람을 정죄한다는 것은 상상할 수도 없습니다!" 이런 식의 논증을 나는 이 시대에서도 들어왔습니다. 우리는 과학자들이 우리 신앙을 비판한다는 이유로 신앙을 포기하라는 요구를 받으며, 그들이 매우 저명한 인물들이기 때문에 그들의 견해를 지체 없이 받아들이라는 요구를 받습니다. 나는 로마 교회의 무오성(infallibility)을 받아들이지 않는 만큼 그들의 무오성도 받아들일 준비가 되지 않았다고 고백합니다. 그 로마 총독이 제사장들에게 유린당하지 않았듯이, 우리도 학식 있는 체 하는 자들의 높은 콧대에 끌려가지 말아야 합니다. "이 사람이 행악자가 아니었더라면 우리가 당신에게 넘기지 아니하였겠나이다." 오, 이 얼마나 위선적인 말인지! 그들은 증인들을 데려오려고 애를 썼으나, 아무 증인도 찾지 못했습니다. 그들은 거짓 증인들을 매수했지만, 이들도 그 증언이 너무 달라서 전체적으로 서로 충돌할 뿐이었습니다. 그리하여 그들은 다른 방침으로 바꾸어서, 기소장 뒤에 그들의 이름을 서명하고서 마치 그것으로 충분한 듯이, 더 이상 어떤 취조도 필요 없다는 듯이 행동했습니다. 나는 빌라도가 그들의 정의의 방식에 관한 문제라면 그들 스스로 판단하라고 말했을 때, 그에게서 조롱 섞인 표정을 보는 듯합니다. 그로서는 고소를 들어주든지, 아니면 대담하게 원하는 대로 해 보라고 그들을 해산하든지 해야 합니다. 그는 그들이 시기심으로 예수를 그에게 넘겨준 것을 알았습니다. 그리고 그는 거룩한 체하는 그들의 입술에서 나오는 '마찰음 가득한' 발음들을 들으면서 그 위선자들을 혐오했습니다.

　　그들은 고소의 죄목을 확증할 수 없었습니다. 그들은 불가능한 일을 계속 시도

할 정도로 어리석지는 않았습니다. 그들은 예수님의 말씀을 책잡을 정도로 무모하기는 했지만, 그분의 행동을 공격하는 일을 앞두고는 주저했습니다. 경외감을 일으키는 그분의 거룩한 모습에서 그들은 잠시 동안 맥이 빠졌고, 어떤 비방을 날조해야 할지를 몰랐습니다. 오 주님, 우리는 누구든 당신을 비방한다면 놀랄 것입니다. 당신은 온통 아름다우시며 아무리 찾아도 거짓의 오점을 찾을 수 없습니다! 하지만 나는 여러분이 이 놀라운 사실에 주목하기를 바랍니다. 즉 행악자라고 하는 고소는 통탄스럽고 날조된 것이며 어떤 증거의 지지도 받을 수 없는 것이지만, 그럼에도 불구하고 우리 주 예수 그리스도에 의해 결코 부인되지 않았다는 사실입니다. 제사장들 앞에서 그것을 부인하는 것은 소용이 없었습니다. 그분은 이미 그분의 삶에서 흠을 찾으려는 그들에게 도전하며 이렇게 말씀하셨습니다. "내가 드러내 놓고 세상에 말하였노라. 모든 유대인들이 모이는 회당과 성전에서 항상 가르쳤고 은밀하게는 아무것도 말하지 아니하였거늘 어찌하여 내게 묻느냐? 내가 무슨 말을 하였는지 들은 자들에게 물어 보라. 그들이 내가 하던 말을 아느니라"(20,21절). 그분의 호소는 소용이 없었습니다. 그들과 논쟁을 벌이는 것은, 마치 한 마리의 어린 양이 그것을 삼키려 혈안이 된 늑대 무리들과 논쟁하는 것이 소용없는 것과 마찬가지였습니다. 하지만 깊이 생각해 보면, 소용이 있을 수도 있었습니다. 빌라도에게 하신 그분의 대답에서, 빌라도가 자기 죄수에게서 아주 호의적인 인상을 받은 것이 명백하기 때문입니다. 만일 구주께서 자신의 생애를 충분히 설명하고자 원하셨다면, 그리하여 그분이 행악자가 아니라 오히려 착한 일을 하고 다니셨음을 입증하셨다면, 그분이 풀려날 수도 있지 않았을까요? 그 대답은 이것입니다. 우리 주님은 죄인들의 대속자가 되기 위해 이 땅에 오셨습니다. 그래서 그분이 행악자로 불릴 때에도, 비록 그 고소가 진실한 것이 아니었지만, "그가 범죄자 중 하나로 헤아림을 받았음이라"(사 53:12)고 기록된 말씀처럼 그 수치를 참으신 것입니다. 그분은 기꺼이 범죄자의 자리에 서고자 하셨고, 사람들이 그분을 그곳에 세웠을 때 그분은 거기에서 움직이지 않으셨습니다. "그분은 잠잠하셨고, 그 입을 열지 아니하셨습니다"(사 53:7). 그분이 죄가 없으면서도 아무 말씀도 하지 않으신 것은 그분이 우리의 죄를 짊어지셨기 때문입니다. "네가 무엇을 하였느냐"고 한 빌라도의 질문에 예수님은 이처럼 당당하게 대답하실 수 있었습니다. "내가 무엇을 하였느냐고 묻느냐? 나는 배고픈 자를 먹이고, 병든 자를 치유하였으며, 넘어진 자를 일으켰고,

죽은 자를 회복시켰다. 내가 무엇을 하였는지 묻느냐? 나는 자기를 희생하는 삶을 살았고, 나 자신의 일신이나 명예를 돌보지 않았다. 나는 하나님의 옹호자이자 사람들의 친구였다. 내가 무엇을 하였는지 묻느냐? 명백히 나는 그들이 나를 죽음에 이르게 할 어떤 일도 하지 않았으며, 오히려 그들이 나를 그들의 지도자요 구주로 받아들일 수 있는 모든 일을 하였다." 우리는 이런 말씀을 한 마디도 듣지 못합니다. 그분의 변호는 완벽했을 터이지만, 그분은 한 마디도 하지 않으셨습니다. 그분은 앞서 그분을 잡으러 온 자들을 압도하심으로써 그들로 하여금 빈손으로 상전들에게 가서 "그 사람이 말하는 것처럼 말한 사람은 이때까지 없었나이다"(요 7:46)라고 보고하게 한 것처럼, 지금도 대적들을 좌절시킬 수 있었습니다. 그분은 로마의 행정 장관 앞에서 스스로를 완벽히 해명하시고 의기양양하게 나오실 수 있었으며, 이리 떼의 이빨 사이에서 빠져나오실 수 있었습니다. 하지만 그분이 우리를 대신하여 서고자 하셨기에, 사람들이 악한 비방으로 그분을 고소할 때에도, 그분은 귀 먹은 분처럼 계셨고, 잠잠하여 입을 열지 않으셨습니다. 그분의 은혜로우신 겸손과, 우리를 대신하신 비할 수 없는 은총으로 인하여, 그분을 경배하고 찬양합시다.

하지만, 더 나아가, 우리 주님께서 기꺼이 빌라도에게 범죄자로 취급되신 것은 로마법에 따라 행악자들에게 지정된 죽음으로 죽으시기 위해서입니다. 만일 유대인들이 우리 주님을 신성모독의 죄명으로 죽인다면, 그것은 돌로 치는 것이었습니다. 하지만 메시야와 관련된 어떤 예언도 그분이 돌에 맞아 땅에 쓰러지게 되리라고 말한 적이 없습니다. 그분에게 예정된 죽음은 십자가형이었습니다. 요한은 18장 32절에서 이렇게 말합니다. "이는 예수께서 자기가 어떠한 죽음으로 죽을 것을 가리켜 하신 말씀을 응하게 하려 함이러라." 그 말씀이 무엇입니까? 그 말씀은 요한복음 12장 32절에서 주님이 하신 말씀이 아닙니까? "내가 땅에서 들리면 모든 사람을 내게로 이끌겠노라 하시니, 이렇게 말씀하심은 자기가 어떠한 죽음으로 죽을 것을 보이심이러라"(32,33절). 십자가에 매달려 땅에서 들리는 것은 오직 로마법의 형벌을 따라야 가능한 죽음입니다. 앞서 내가 말했듯이 유대인들은 돌을 던져 사람을 처형합니다. 그러므로 주님이 하신 말씀이 성취되기 위해서는 로마인들에 의해 정죄를 당하셔야 했습니다. 마태복음 20장 17-19절의 기록에서, 주님은 자신이 어떠한 죽음으로 죽으실 것인지를 더욱 명확하게 선언하셨습니다. "예수께서 예루살렘으로 올라가려 하실 때에 열두 제자를 따로 데리시고 길에서 이르시되, '보라 우리가 예루살렘으로 올라가노니 인자가 대제사장들과 서기관들에게 넘겨지매 그들이 죽이기로 결의하고 이방인들에게 넘겨주어 그를 조롱하며 채찍질하며 십자가에 못 박게 할 것이나 제 삼일에 살아나리라." 그분이 하신 말씀이 성취되도록 하기 위해, 우리의 복되신 주님은 빌라도 앞에서 "네가 무엇을 하였느냐?"는 질문에 대답하며 변명하기를 거절하셨습니다. 그분은 범죄자처럼 서 계셨고, 범죄자의 죽음을 죽으셨습니다. 그분이 우리를 위하여 자원하여 형벌을 감수하신 것을 인하여 그분의 귀한 이름을 영원히 찬미합시다.

내가 "행악자"라고 하는 그 단어를 생각할 때, 또 다른 단어가 내 입술에서 곧바로 튀어나옵니다. 그분을 행악자(malefactor)로 부르지 말고, 선행자(Benefactor)라고 부르십시오. 우리를 이롭게 하기 위하여 그분 자신에게는 "행악자"라는 낙인을 찍도록 허용하셨으니 그분이야말로 선행자이심에 틀림없습니다! 지금 이 순간 찬미하는 천사들 가운데 앉아 계시는 그분이 "행악자"라고 불리셨다고 생각해 보십시오! 그분에게서 나오는 은혜의 혜택을 하늘과 땅의 성도들이 끊임없이 입고 있는데 그런 분이 "행악자"로 불리시다니요! 어떤 사람에게도 해를 끼칠 생각을 하신 적이 없으며, 사랑의 본질이시며, 이 타락한 인류를 향해 모든 말과 생각이 친절하셨던 그분이 "행악자"로 불리시다니요! 오 땅이여, 사람들이 저 무한히 선하신 하나님의 아들을 향해 그토록 무서운 거짓말을 하는 것을 그대는 어찌 참을 수 있었단 말이냐! 하지만 그분의 복되신 이름이 영원토록 찬미받으시기를! 그분을 향한 비난에 그분은 욕설로 되갚지 않으셨습니다. 그러셨더라면 우리가 멸망하고 말았을 것입니다. 그분은 우리를 위하여 중상과 비방을 온순하게 참으셨습니다.

이 사실이 우리를 향해 쏟아지는 모든 비방의 호칭들을 완화시켜 주지 않습니까? 그들이 악한 이름으로 우리를 부른들 무슨 상관입니까! 그들은 주님까지도 "행악자"로 부른 자들이니, 우리를 더 나쁜 이름으로 부르지 못하겠습니까? 우리의 지도자(Captain)가 수치를 당하신 곳에서 우리가 명예를 바라겠습니까? 그러니 우리가 예수님을 위하여 수치와 비방을 당한다면 그것을 우리의 영광으로 여기도록 합시다.

여기까지 첫 번째 고소 내용에 대해 살펴보았습니다.

2. 두 번째 고소 내용

두 번째로, 그 제사장들과 서기관들이 그분을 행악자로 부르는 것만으로는 충분하지 않다는 것을 알았을 때, 이 야비한 사람들은 책략을 바꾸었습니다. 누가 복음에 따르면, 그들은 그분이 왕(a King)을 사칭했다고 고소했습니다. 그들은 그분이 소요를 획책했고, 가이사에게 세금 바치는 일을 금지했으며, 스스로를 왕으로 주장했다고 말했습니다. 이 세 가지는 모두 큰 거짓말입니다. 예수님은 평화에 대해 가르치셨지, 소요를 일으키라고 가르치지 않으셨습니다. 그분이 본으로 보이신 것은 순종이었지, 반역이 아니었습니다. 그분의 정신은 섬기는 종으로서의 정신이었으며, 분란을 일으키는 당파 지도자의 정신이 아니었습니다. 그분은 가이사에게 조공을 바치지 말라고 사람들에게 말하신 적이 없습니다. 오히려 그분은 "가이사의 것은 가이사에게로"라고 말씀하심으로써, 그분 자신이 모든 권위의 법령에 따르셨습니다. 그분은 결코 그들이 주장하는 의미에서 왕이라고 하신 적이 없습니다. 만약 그분이 그러셨다면, 지금 그분을 고소하는 자들 중에 많은 이들이 그분의 열성적인 지지자들이 되었을 것입니다. 그들이 빌라도에게 고소하는 의미에서 그분이 왕이라고 주장하셨다는 것은 전적으로 거짓입니다. 예수님이 많은 무리들을 먹이셨을 때, 그 무리들은 예수님을 붙들어 억지로 그들의 왕으로 삼고자 했습니다. 하지만 그 때 예수님은 스스로를 숨기셨습니다. 아니요, 왕이 되기를 바라시기는커녕, 한 사람이 "선생님 내 형을 명하여 유산을 나와 나누게 하소서"라고 했을 때, 그분은 "이 사람아 누가 나를 너희의 재판장이나 물건 나누는 자로 세웠느냐"라고 말씀하셨습니다(눅 12:13-14). 그분은 군림하는 권세를 가지고 어떤 간섭도 시도하지 않으셨습니다. 만약 그분이 자신의 주장을 지지하는 세력을 갖기를 원하셨다면, 세속적인 통치의 의미에서 왕이 되려 하셨다면, 빌라도 앞에 서 있는 지금이라도 그분의 종들이 그분을 위해 싸웠을 것입니다. 고소자들은 그 점을 잘 알고 있었음이 틀림없습니다. 만일 그분이 일시적인 지상의 왕권을 주장하셨다면, 의심의 여지 없이, 그분의 추종자들은 열광하여 용기를 내고 분발하였을 것이며, 유대인들이든 로마인들이든 상대하여 끝까지 맞섰을 것입니다. 하지만 우리 주님은 베드로에게 칼을 칼집에 넣으라고 명하셨고, 그가 상처 입힌 사람을 치료해 주셨습니다. 전 생애 동안 그분은 평화와 사랑을 전하셨고, 의와 화평의 나라를 전하셨습니다. 그분은 가이사의 대적자가 아니었으며, 그것을 고소자들도 알고 있었습니다.

왕을 사칭했다고 그리스도를 고소한 주체가 **통치 세력이 아니었다**는 점에 주목하시기 바랍니다. 빌라도가 주님께 물었습니다. "네가 유대인의 왕이냐?"(33절) 우리 주님이 지혜롭게 대답하셨습니다. "이는 네가 스스로 하는 말이냐 다른 사람들이 나에 대하여 네게 한 말이냐?(34절) 내가 폭동의 지도자라고 생각할 어떤 이유라도 있느냐? 이 백성들이 소요를 잘 일으키니, 이 나라의 통치자로서 당신은 주의 깊게 살펴보아야 할 것이다. 당신은 나에게서 당신의 권위를 공격하는 어떤 것을 보거나 들은 적이 있느냐? 나에 대해 당신이 아는 것 중에 어떤 것으로든 나를 고소할 만한 요소가 있느냐?" 빌라도는, 그분의 고소건에 대해 아무 것도 알지 못했고, 또한 그가 혐오하는 유대 백성에 대해 그분이 무언가를 알고 있다는 생각을 비웃으면서, 거만하게 대답했습니다. "내가 유대인이냐?(35절) 이 고소를 제기한 것은 너의 민족과 네 민족의 통치자들이지 내가 아니다." 빌라도가 이 말을 했을 때 중요한 점을 지적한 것입니다. 로마 행정관의 독수리 같은 눈으로도 아무런 사소한 근거를 찾지 못한 것을 보면, 그 고소가 단지 날조되었다는 것입니다.

어느 면으로도 그것은 경솔한 고소였습니다. 그렇게 악의가 없고, 의지할 데 없는 사람이 어떻게 가이사에게 위험이 될 수 있단 말입니까? 어떤 로마 군대가 그 외로운 피해자를 두려워한단 말입니까? 티베리우스(Tiberius)의 영토에서 전쟁과 분쟁을 위협하기에는 그분이 너무 온유하고 순수하였습니다. 그분을 보십시오. 그리고 이 상황의 부조리를 인식하십시오. 더 나아가, 유대 백성들이 로마 총독에게 그들의 왕을 데리고 온다는 것은 이상하지 않습니까? 이것이 백성들이 그들의 군주를 반역하는 방식이겠습니까? 설혹 그분이 폭동의 지도자라 해도, 그 백성의 우두머리들이 그분의 죽음을 요구하는 것을 보면, 우선 자기 동포들에게도 성공을 거둔 것 같지 않습니다. 유대인들 스스로에 의해 그렇게 간단히 제압되는 폭동이라면 어떤 반역의 위험 요소도 되지 못하는 것입니다. 그들이 격분하여 제정신을 가누지 못하는 상태가 아니었다면, 그들 스스로 그런 애매한 상황에서 피하려 했을 것입니다.

하지만 여러분이 조심스럽게 주목해 주기를 바라는 것은, 주님께서는 그분이 이해하기로 선택하신 의미에서 왕이라는 고소 내용을 결코 부인하지 않으셨다는 것입니다. 그분은 먼저 자신의 왕 되심이 무슨 의미인지를 설명하셨고, 그것을 설명하신 다음에는 명백하게 자신이 왕이라고 시인하셨습니다.

우선, 그분은 자신이 왕이라는 의미가 무엇인지를 설명하셨으며, 상황을 모면하려고 변명하거나 발뺌하는 차원에서 설명하지 않으셨다는 것을 잘 살펴보시기 바랍니다. 그분이 "내 나라"에 대해 말씀하시자, 빌라도가 "그러면 네가 왕이 아니냐?"라고 반문하였고, 그 때 그분은 명백하게 입장을 밝히셨습니다. "네 말과 같이 내가 왕이니라"(37절). 그분은 그 때 그곳에서 진정한 왕으로 계셨고, 거리낌 없이 그렇다고 공언하셨습니다. 우리는 그리스도의 나라가 영적인 나라라고 들었으며, 그 말은 사실입니다. 하지만 그분의 나라를 단지 종교적인 꿈인 것으로 오해하지 말기를 바랍니다. 지상에서의 그리스도의 왕국은 실제적이고 강력합니다. 그 나라가 영적인 나라로 불린다고 해서, 그것이 덜 실제적인 것이 아니며 오히려 더욱 실제적입니다. 예수님은 지금도 왕이십니다. "내가 왕이니라"고 그분이 말씀하십니다. 어떤 이들은 그분의 나라가 아직 오지 않았으며 좀 더 훗날로 보류되었다고 말합니다. 하지만 나는 그분이 지금도 왕이시며, 여호와께서 그분을 시온의 거룩한 산에서 왕으로 세우셨다고 단언합니다. 우리를 "그의 사랑의 아들의 나라로 옮기신"(골 1:13) 하나님을 찬송합니다. 오, 그리스도시여, 당신은 영광의 왕이십니다! 내가 "당신의 나라가 임하소서"라고 말할 때, 나는 그 나라가 지상에 세워지기 시작할 것이라는 의미로 말하는 것이 아니며, 오히려 새로운 곳에서 계속해서 세워질 수 있고, 점점 자라고 확장된다는 의미로 말합니다. 예수님은 지금 이 순간에도 지상에 한 왕국을 가지고 계십니다. 진리를 아는 자들은 그 나라에 속하여 있습니다. 그들은 예수님에 의해 진리의 나라가 세워지고 유지된다고 충성스러운 증언을 함으로써 그분을 왕으로 인정합니다. 여러분은 나폴레옹 보나파르트가 말년에 세인트헬레나 섬에서 했던 인상적인 말을 기억할 것입니다. "나는 무력으로 한 나라를 세웠고, 그 나라는 사라져버렸다. 하지만 예수님은 그의 제국을 사랑으로 세웠고, 그러므로 그의 나라는 영원히 계속될 것이다." 진실로, 나폴레옹은 진실을 말했습니다. 왕으로서의 예수님은 오늘날 헤아릴 수 없는 마음의 통치자이십니다. 세상은 그분을 알지 못하지만, 세상 안에 그분의 나라는 머지않아 다른 모든 나라들을 산산이 부수고 말 것입니다. 사람들 중에 참되고 충성된 마음을 가진 자들이 있으며, 그들 안에서 그분의 이름은 여전히 열광을 불러일으킵니다. 그분을 위해서라면 그들은 기꺼이 죽기도 하고 살기도 할 준비가 되어 있습니다. 우리 주님은 모든 면에서 완벽한 왕이십니다. 그분에게는 은혜의 보좌가 있으며, 진리의 홀(笏)이 있습니다. 그분의 종들은 그분과 마찬가지로 진리를 증언합니다. 그분의 군대는 혈과 육으로 싸우지 않으며, 어떤 육적인 무기를 사용하지 않지만, 이기고 또 이기며 앞으로 나아갑니다. 우리 주님에게는 거하시는 궁전이 있고, 타고 다니시는 전차가 있으며, 금과 은은 아니더라도 왕으로서의 재원(財源)이 있습니다. 그분이 선포하시는 것이 그분의 교회에서의 법령입니다. 그분의 통치력은 지금 이 순간 다섯 강대국들의 방침보다도 훨씬 더 강력하게 세상의 운명에 영향을 끼칩니다. 진리를 선포함으로써 그분의 종들이 시대의 진로를 조정하며, 지상의 보좌들을 세우기도 하고 허물기도 합니다. 예수님처럼 강력한 왕은 없으며, 천국처럼 강력한 나라는 없습니다.

우리 주님은 또한 그분의 나라가 이 세상에서 생겨난 것이 아니라고 말씀하십니다. 나는 그것이 이 구절의 좀 더 정확한 번역이라고 간주합니다. "내 나라는 이 세상에 속한 것이 아니니라"(36절). 그 나라는 이 세상에서 나지 않았습니다. 그것은 실체가 있는 나라이지만, 세상 나라들과 같은 원천에서 솟아난 것이 아니며, 그것에 의해 지탱되거나 유지되는 것이 아니며, 혹은 세상 나라들이 의지하는 것과 동일한 힘으로써 확장되는 것도 아닙니다. 그리스도의 나라는 무력에 의존하지 않습니다. 그분은 자기를 따르는 자들에게 이런 무기들을 모두 내려놓으라고 하실 것입니다. 그리스도의 나라는, 세상 나라들이 종종 그런 것과는 달리, 술책이나 음모나 이중성에 의존하지 않습니다. 한때 "한 나라의 대사(大使)는 자기 나라의 유익을 위해 거짓말을 하도록 외국에 파송되는 신사이다"라는 말이 있었습니다. 나는 지금도 그 말이 많은 대사들을 잘 묘사하는 말이 아닌지 염려스럽습니다. 외교술이란 속임수의 기술이 아니고 무엇이겠습니까? 외교관들이 철저하게 정직하고 원칙을 따를 때, 그들은 일반적으로 미심쩍은 인물로 간주되고, 자기 나라의 이익을 희생시킬 것이라는 야유를 받습니다. 하지만 그리스도의 통치에는 외교술이라는 것이 없습니다. 부정직한 모든 술책은 마귀에게서 나는 것이지, 그리스도에게서 나지 않습니다. 그분은 진리를 증언하기 위해 오셨습니다. 그분의 보좌가 사람들 가운데 세워지는 것은 진리에 의해 이루어지는 것이지 무력이나 술책으로 이루어지지 않습니다.

예수님이 왕이 되는 것은 전혀 잘못된 것이 아닙니다. 그것이 그분이 지상에 오신 궁극적인 목적입니다. 그분은 인간을 구원하기 위해 오셨습니다, 그렇지요? 예, 하지만 그분은 또한 이렇게도 말씀하십니다. "내가 이를 위하여 태어났으며 이를 위하여 세상에 왔나니 곧 진리에 대하여 증언하려 함이로라"(37절). 이는 "내가 왕이 되려 함이라"를 달리 표현하신 것입니다. 이것이 그분의 최후진술입니다. 그리스도는 왕이 되기 위한 교사이십니다. 그리스도는 왕이 되기 위한 구주이십니다. 사람들 사이에 한 왕국을 세워 하나님께 영광을 돌리게 하는 것, 바로 이것이 그분의 생애와 죽음과 부활과 재림에 있어서 그분이 가지신 중대한 목적입니다. 오, 그분의 이 큰 목적이 우리 시대에도 더욱 성취되어가고, 오랫동안 약속되어온 저 황금시대가 신속히 완성되게 하소서!

우리 주님께서는 그분의 왕국의 주된 힘과 권세가 진리에 있다고 우리에게 말씀하십니다. 그분은 왕이 되기 위해 오셨습니다. 하지만 그분의 통치의 홀은 무엇입니까? 진리입니다. 그분의 칼이 어디에 있습니까? 그것은 그분의 입에서 나옵니다. 그분은 진리를 증언하십니다. 그분의 군사들이 어디에 있습니까? 그들은 진리의 사람들입니다. 예수 그리스도는 자기를 따르는 무리들에 대해 이렇게 말씀하십니다. "너희는 내 증인이 되리라"(행 1:8). 그분의 왕국은 진리의 증언에 있습니다. 또한 그분의 백성이 되는 자들은 누구입니까? 바로 진리에 속한 자들입니다. 진리를 듣고, 그것이 기쁜 소리인 것을 알며, 그것을 받아들이며, 그 힘을 느끼는 사람들입니다.

사랑하는 청중이여, 우리 각자가 스스로에게 이런 질문을 해 봅시다. "나는 그분의 나라에 속하였나? 나는 그분이 나를 다스리도록 할 것인가? 나는 내 속에 참되지 않은 모든 것을 제거하기를 원하는가? 나는 내 주변의 모든 거짓되고 악한 것들을 짓밟기를 원하는가? 나는 하나님의 법을 진리이기 때문에 지지하는가? 나는 사랑과 은혜의 가르침들을 진리이기 때문에 전파하기를 원하는가? 나는 모든 교사들 중에서도 가장 위대하신 분에게 배우기를 바라고 또한 그분의 제자가 되기를 원하는가? 그런 다음, 나는 내가 배운 것을 증거하고, 진리의 통치를 전파하길 원하는가?" 만일 그렇다면, 나는 그분의 나라에 속한 자입니다. 나는 지금, 마음속으로는 그리스도와 그분의 진리가 승리하기를 바라면서도 그들 스스로가 무엇을 할 것인지에 대해서는 거의 생각하지 않는 많은 사람들을 향해 말하고 있습니다. 그분의 복음이 전파되게 하고 그분의 의의 가르침들이 널리 퍼지도록 하십시오. 우리로서는, 살든지 죽든지, 그것을 작은 문제로 여기도록 합시다. 오 왕이시여, 영원히 살아 계셔서 당신의 생명 안에서 우리의 생명을 발견하게 하시고, 당신의 영광이 영원토록 증대되는 것에서 우리의 기쁨을 찾게 하소서! 예수님이 우리의 왕이시라고 스스로 확증할 수 있다면, 그러한 영은 진리에 속한 영입니다.

우리 주님께서는 자기 말씀의 의미를 설명하신 후에, 자신이 왕이라고 시인하셨습니다. 이에 대해 바울은 "본디오 빌라도를 향하여 선한 증언을 하신 그리스도 예수"라고 언급합니다(딤전 6:13). 그분은 뒤로 물러서며 "나는 왕이 아니라"고 말하지 않으셨습니다. 빌라도는 그 때 그분을 풀어 주고자 했습니다. 하지만 그분이 그분의 복되고 신비하며 놀라운 왕국에 대해 명백하게 말씀하셨기 때문에, 그분이 석방되기란 불가능해졌습니다. 정녕 이것이 십자가에서 그분 머리 위로 붙여진 죄명이었습니다. "이는 유대인의 왕 예수라."

가련한 빌라도는 우리 주님을 이해하지 못했습니다. 그것은 이 세상 사람들이 그리스도의 왕국을 이해하지 못하는 것과 마찬가지입니다. 그는 그분에게 말했습니다. "진리가 무엇이냐?" 또한 그는 대답을 기다리지도 않고 유대인들에게로 나가버렸습니다. 아, 형제들이여, 예수님이 왕이심을 결코 부인하지 말도록 합시다. 하지만 만일 우리가 그분의 명령에 따라 살지 않으면 우리는 행동으로써 그분의 왕 되심을 부인하는 셈입니다. 오, 그리스도의 백성이라고 공언하면서도 그리스도의 법에 따라서 살지 않는 여러분은, 실질적으로 그분이 왕이신 것을 부인하는 자들입니다. 나는 사람들이 "우리는 믿습니다. 그러므로 우리는 구원을 받았습니다"라고 말하면서 거룩한 삶을 살지 않는 것을 보면 두렵습니다. 이런 자들은 우리 주님의 직분을 분리시키는 자들이기 때문입니다. 그들은 주님의 제사장직(priesthood)은 인정하면서 그분의 왕권(kingship)은 부인합니다. 절반의 그리스도는 전혀 그리스도라 할 수 없습니다. 제사장이면서 왕이 아닌 그리스도는 하나님의 그리스도가 아닙니다. 오, 형제들이여, 예수님의 모든 말씀을 법으로 느끼고 살아가십시오. 그분이 명하시는 것을 그분이 명하시는 대로 행하고, 그분이 명하시기 때문에 행하십시오. 그렇게 함으로써 모든 사람들로 하여금 예수님이 여러분에게 주이시며 하나님이심을 알게 하십시오.

3. 무죄 평결

마지막으로 빌라도가 우리 주 예수님께 내렸던 **무죄 평결**(the acquittal)을 언급함으로써 결론을 맺고자 합니다. 빌라도는 예수에 대해 행악자라고 고소하는 말을 들었으나, 그에 대해서 '죄수'인 예수는 아무 변호도 하지 않았습니다. 또한 그는 예수에 대해 왕이라고 고소하는 말을 들었으며, 그에 대해서 그 죄수는 아주 만족스럽게 설명했습니다. 이제 빌라도는 사람들 앞에 나와서 이렇게 말합니다. "나는 그에게서 아무 죄도 찾지 못하였노라." 빌라도여, 그대가 잘 말하였도다! 그대의 평결은 지금까지 그리스도를 조사했던(have ever examined) 모든 사람들이 내린 평결의 전형이로다! 어떤 이들은 비우호적인 눈으로 그분을 조사해 왔지만, 정직하게 사실들을 관찰한 정도에 비례하여, 그들은 그분의 삶과 정신에 감명을 받아 왔습니다. 불신자조차도 예수님의 성품에 대해 비난하는 일은 아주 드뭅니다. 사실 가장 심각한 회의주의자들 중에서도 우리 주님의 가르침에서 강력한 인상을 받고 그분의 삶을 칭송하는 자들이 더러 있습니다. 예수님과 같은 인물은 역사에서 달리 찾아볼 수 없으며, 심지어 소설에서도 볼 수가 없습니다. 만약 누군가가 사복음서들을 위조된 것이라고 말한다면, 그로 하여금 다섯 번째를 써 보라고 해도 다른 네 개의 복음서들과 비슷할 것입니다. 왜 그럴까요? 여러분은 그리스도의 생애에서 어떤 사건을 덧붙이지 못합니다. 예수님 생애의 사건들은 세부적인 면에서도 독특합니다. 상상으로 새로운 사건을 꾸며내어서 안전하게 기록물로 남길 수는 없을 것입니다. 모든 비평가들이 "이것은 진본이 아니다"고 소리칠 것입니다. 예수님의 생애는 황금의 천으로 된 두루마리이며, 인위적인 기술로는 결코 조작해 낼 수 없는 것입니다. 그분의 흠 없는 성품은 홀로 우뚝 서 있으며, 모든 정직한 비평가들이 그분에게서 어떤 죄도 찾지 못하겠다고 인정하지 않을 수 없습니다.

　　이러한 빌라도의 판단이 그리스도와 교제했던(have ever associated) 모든 사람들의 판단이라는 말을 덧붙이고자 합니다. 그리스도와 함께 있던 한 제자는 그분을 배반했습니다. 하지만 그도 그분에 대해 어떤 나쁜 말을 하지 않았습니다. 아니, 스스로 목을 매기 전 유다가 남긴 마지막 증언은 이러했습니다. "내가 무죄한 피를 팔고 죄를 범하였도다"(마 27:4). 예수님에게 어떤 잘못이 있었다면, 그 배반자가 그것을 엿보았을 것이며, 그의 편치 않은 양심이 거기에서 어떤 진정제를 발견하고 기뻐했을 것입니다. 하지만 그로서는 이렇게 말할 수밖에 없었습니다. "내가 무죄한 피를 팔았도다." "너희 중에 누가 나를 죄로 책잡겠느냐?" 이것이 예수님의 도전이었으며(요 8:46), 그에 대해 아무도 대답하지 못했습니다.

　　우리 중 일부는 그리스도와 영적으로 함께 살아갑니다. 그분의 섭리의 과정 속에서, 그분은 우리들 중 일부를 질병으로 낮추셨고, 혹은 사별(死別)을 통해, 혹은 재산이나 지위의 상실을 통해 낮추셨습니다. 우리 주님에 의해 구원받은 모든 자들은 그분의 가문의 규율 아래로 들어왔습니다. "주께서 그 사랑하시는 자를 징계하시고 그가 받아들이시는 아들마다 채찍질하심이라"고 하셨기 때문입니다(히 12:6). 자, 여기에 참석한 사람들 중에서 예수님을 아는 모든 사람들의 한결같은 평결이 무엇입니까? 나로서는, 그분에게서 어떤 잘못도 발견하지 못합니다. 그분은 가장 소중하고 사랑스러운 분이십니다. 그분은 내 구원이며 내 소망의 전부이십니다. 그리스도 안에 있기를 소망하며 살아온 수백만의 그리스도인들 중에서, 자기 백성을 실망시키는 것이 그분의 습관이라고 말하는 자가 한 사람이라도 있을 것이라고 생각합니까? 진정 그분과 함께 동거해 온 수많은 성도들 중에서, 그들이 죽을 때에, 그분은 자신이 말씀하시는 것과는 다른 분이었다고 말할 사람이 하나라도 있을 것이라고 생각합니까? "나는 그리스도를 믿었는데, 그분이 나를 구원하지 않았습니다. 그것은 모두 기만이었습니다"라고 자백한 사람이 한 사람이라도 있었을까요? 정녕, 우리는 세상을 떠나는 많은 사람들을 보아왔지만, 그들 중에 어느 누구도 "그분은 속이는 분입니다. 그분은 구원하지 못해요. 그분은 돕지 못하고, 건져주지 못해요"라고 말하는 것을 본 적이 없습니다. 모든 세대를 통틀어서, 죽어가는 신자들 중에서 어느 누구도 그분에 대해 나쁘게 말한 적이 없습니다. 오직 그들은 한결같이 이렇게 말했습니다. "우리는 그분에게서 아무 잘못도 찾지 못합니다."

기억하시기 바랍니다. 그것이 여러분 모두의 판결입니다. 만약 여러분 중 누구든지 그리스도를 거부한다면, 그분의 심판대 앞에 설 때에 그분을 믿지 않은 것으로 인해 정죄를 받을 것입니다. "저주를 받은 자들아 나를 떠나가라"(마 25:41)는 무서운 말씀이 당신을 당신 몫의 영원한 운명으로 넘겨줄 때에, 그 때 당신은 이렇게 말해야만 할 것입니다. "나는 그분에게서 어떤 잘못도 찾지 못합니다. 그분의 피가 잘못된 것이 아닙니다. 잘못은 내가 믿지 않은 것에 있습니다. 그분의 성령을 탓할 수 없습니다. 탓할 것은 나의 완고한 고집입니다. 그분의 약속에 문제가 있는 것이 아닙니다. 문제는 내가 그분을 영접하지 않은 것에 있습니다. 그분에게는 아무런 잘못이 없습니다. 그분은 결코 나를 쫓아내지 않으셨습니다. 그분은 결코 내 기도를 듣기를 거부하지 않으셨습니다. 만약 내가 주일들을 허비해 버렸다면, 그것은 그분의 잘못이 아닙니다. 만약 내가 복음을 더럽혔다면 그것 역시 그분의 잘못이 아닙니다. 만약 내가 멸망한다 해도, 내 피를 흘린 잘못은 나 자신에게 있습니다. 나는 그분에게서 어떤 잘못도 찾을 수 없습니다." 모든 피조물들이 그분의 결백과 완전함을 한결같이 증언할 것입니다. 하늘과 땅과 지옥이 모두 공통적으로 이런 평결을 내릴 것입니다. "우리는 그분에게서 아무 잘못도 찾지 못하였습니다."

여러분을 떠나보내면서, 여러분이 생각할 세 가지 실제적인 당부의 말을 전하고자 합니다. 첫 번째는 이것입니다. 형식적인 종교 생활을 주의하십시오. 예수님을 행악자라고 부르고 그분을 거짓 고소한 자들은 아주 종교적인 사람들이었습니다. 그들은 스스로를 더럽히지 않으려고 빌라도의 관저에 들어가지 않았습니다. 그들은 종교 의식에 있어서는 강했지만, 도덕에 있어서는 약했습니다. 종교 생활이 형식과 의식에만 있고, 그것이 마음에는 영향을 미치지 않는 자들만큼 복음의 가르침에 완강하게 반대하는 자들은 없습니다. 나는 여러분의 마음을 찢고 옷을 찢지 말라고 호소합니다. 그리스도를 영적으로 따르십시오. 여러분의 마음으로 그분을 따르십시오. 그렇지 않으면 성례전이 여러분을 망하게 할 것이며, 심지어 여러분이 종교 의식상 자기를 더럽히지 않으려 노력하는 중에도, 위선으로써 여러분 스스로를 더럽히게 될 것입니다.

사랑하는 친구들이여, 다음으로 여러분과 나 자신에게 호소하는 것은, 빌라도와 같은 모든 세속적인 교만을 피하라는 것입니다. 그는 모든 일을 거만하게 처리했습니다. 그는 거만하고 도도한 로마인입니다. 그는 자기가 통치하는 백성을 미워합니다. 또한 양심을 가지고 있고 처음에는 자기 죄수에게 친절을 보이기도 하지만, 그럼에도 그의 주된 목적과 의도는 자기 직위를 유지하고 돈을 긁어모으는 것이며, 그 때문에 무죄한 피를 쏟게 했던 것입니다. 그는 그 "의로우신 분"을 죽이고서라도 유대인들을 즐겁게 하려 했습니다. 이러한 이기적인 세속성은 사람으로 하여금 자신의 금과 자기 자신을 자기의 신으로 삼게 만들며, 언제나 종교를 경멸하도록 만듭니다. 그는 절호의 기회를 잡는 것에만 신경 쓰면서, 냉소적으로 소리칩니다. "진리가 무엇이냐?" 그는 돈이 무엇이고, 권력이 무엇인지를 압니다. 하지만 진리가 그에게 무엇이겠습니까? 그에게 있어서 그것은 어리석은 꿈 같은 것에 지나지 않으며, 그래서 그는 그것을 멸시합니다. 지금도 우리 주변에는 똑똑하면서 기회주의적인 사람들이 있습니다. 그들은 자신들의 능력을 크게 생각합니다. 그들에게 있어서 예수님과 그분의 복음은 나이 많은 여성들과 하녀들과 그들이 '청교도 패거리(Puritan crew)'라고 부르는 사람들의 문제들일 뿐입니다. 그런 화제들은 생각 있고 교양 있고 총명한 신사들과 그들처럼 높고 힘 있는 자들을 위한 것이 아닙니다. 그들은 말합니다. "진리가 무엇이냐?" 그들은 종교에 대해 다소 우호적인 성향을 보이기도 합니다. 말하자면, 그들이 박해하지 않는다는 것이지요. 하지만 그들은 멸시하며, 그것이 어떤 의미에서는 더욱 악합니다. 그들은 말합니다. "우리는 불가지론자들이지요. 우리는 특정한 견해들을 가지고 있지 않아요. 우리는 포용하는 마음을 가졌습니다. 모든 사람들은 자기가 선택하는 대로 생각할 수 있겠지만, 특별할 것은 아무것도 없습니다. 그것은 전적으로 견해의 문제일 뿐입니다. 한 사람이 이것을 진리라고 말하면, 다른 사람은 저것이 진리라고 말하니, 우리가 진리를 어찌 알겠습니까? 사실상, 확고한 진리라고 하는 그런 것은 없습니다."

> "다양한 신조들을 위해 천박한 광신자들이 싸우게 두라.
> 바르게만 산다면 틀린 것이 없으리라."

이것이 진리의 문제에 대한 저 대단한 사람들의 결론입니다. 하지만 실상은 그 신사들의 삶이 그다지 옳은 것도 아닙니다. 그러니 자기를 과시하는 저 시구에서도 그들이 큰 기쁨을 얻지는 못합니다. 빌라도 같은 사람이 획 돌아서서 "진리가 무엇이냐"고 묻는 것을 보는 듯합니다. 그로 하여금 당신의 경고로 삼으십시오. 그런 거만한 농담을 가까이 하지 마십시오. 어리석게 보이더라도 언제나 정직하게 판단하려고 하십시오. 스스로를 똑똑하다 생각 말고 계속해서 배우기를 바라십시오. 당신 자신의 무오를 지나치게 확신하지 말고, 적어도 이치를 따져보고 이것이 과연 그러한지 숙고해 보도록 하십시오. 오호라, 많은 사람들이 세속적인 교만으로 인해, 사도신경에서 저 로마의 총독에 대해 언급하는 말을 들어야 하지 않을까 나는 두렵습니다. "본디오 빌라도에게 고난을 받으사." 오, 그리스도께서 본디오 빌라도와 같은 사람들에게서 고난받으신 적이 얼마나 많았겠습니까!

마지막으로, 우리의 왕 예수님께 우리 모두가 복종하도록 합시다. 지치고 여위어서, 그분의 얼굴은 어떤 사람보다도 더 상하셨습니다. 하지만 우리는 그분 앞에 엎드려 경배하며 이렇게 고백하도록 합시다. "만세, 당신은 유대인의 왕이십니다. 당신은 영원토록 우리들의 왕이십니다." 만약 우리가 이처럼 그분이 수치와 조롱을 당하시는 중에도 그분을 우리의 왕으로 기꺼이 시인한다면, 장차 그분이 아버지의 영광 중에서 모든 거룩한 천사들과 함께 오실 때에 우리를 영광스럽게 하실 것입니다. 그 때 그분이 우리를 하나님 앞에서 왕들과(kings, KJV; 한글개역개정은 "나라와"로 되어 있음) 제사장들로 삼으신 것을 보이실 것이며(계 1:6; 5:10), 우리는 그분과 함께 영원토록 왕 노릇 하게 될 것입니다. 아멘.

제
79
장

—

예수 대신 바라바가 선택되다

—

"그들이 또 소리 질러 이르되 '이 사람이 아니라 바라바라'
하니 바라바는 강도였더라." —요 18:40

유월절 절기를 맞아 한 명의 죄수를 풀어 주는 것은 로마 당국자들 편에서는 의심의 여지 없이 유대인들에게 아량을 베푸는 행동이었습니다. 유대인들 편에서는 그 일이 유월절 절기에 뜻 깊은 경의를 표하는 일로 받아들여졌습니다. 그들 스스로가 애굽에서 해방되어 나온 날 이후로, 아마 그들은 갇혀 있는 사람이 자유를 얻는 일이 온당하다고 생각해 왔을 것입니다. 하지만 성경에 그런 일을 정당화하는 근거는 없습니다. 하나님은 그런 일을 명하신 적이 없었습니다. 만일 통치 당국자가 범죄자가 누구든 또 그의 뉘우침의 여부와도 관계없이 죄수를 풀어 준다면, 단지 어떤 특정한 날이 특별한 방식으로 기념되어야 한다는 이유로 그런 죄수를 석방한다면, 그것은 사회 정의에 아주 해로운 영향을 끼칠 것임에 틀림없습니다. 유월절에 죄수 한 명을 풀어 주어야 했기 때문에, 빌라도는 로마에 있는 당국자들과 따로 협상해 볼 필요도 없이 예수님을 풀어 줄 기회를 붙잡았다고 생각했습니다. 그는 백성들에게 그 때 억류되어 있던 악명 높은 강도와 예수 둘 중 누구를 더 원하느냐고 물었습니다. 그 때까지만 해도, 바라바는 군중들에게 혐오스러운 인물이었을 것입니다. 하지만 그의 예전의 악명에도 불구하고 군중들은 제사장들에 의해 선동을 당하여 그의 모든 과실들을 잊어버렸으며, 그를 구주보다 더 원했습니다. 바라바가 누구인지 우리는 정확히 알지 못합니다. 그의 이름은, 비록 여러분이 히브리어를 조금도 모른다고 해도, "그의 아버지의 아들"이라는 뜻을 가지고 있음을 쉽게 이해할 수 있습니다. "바(Bar)"는 "아들"이라는 뜻이며, 마치 베드로가 바요나(Bar-Jonas) 시몬 즉 요나의 아들 시몬이라고 불린 것과도 같습니다. 그의 이름의 또 다른 부분인 "아바(Abbas)"는 "아버지"라는 뜻입니다. 곧 우리가 자녀로서의 열망을 가지고 "아바 아버지"라고 부를 때에 사용하는 단어와 같습니다. 그러므로 바라바(Barabbas)는 "그의 아버지의 아들"입니다. 어떤 신비주의자들은 그 이름의 뜻을 손상시키며 그가 각별한 사탄의 아들이었다고 생각하기도 합니다. 다른 사람들은 그 이름 자체는 사랑스러운 이름이고, 그가 그의 아버지에게 끔찍하게 귀하고 사랑스러운 아들이었기에 그런 이름이 주어졌을 것이라고 추측합니다. 우리가 흔히 "그 아버지의 그 아들"이라고 부르는 것과 같은 차원이지요. 그런 작가들은 거기에다 이런 말을 추가합니다. 즉 아버지가 애정에 푹 빠져서 응석받이로 만든 자녀들은 종종 바라바를 닮은 자들이 되기가 쉽고, 그래서 조국에는 해를 끼치고, 부모에게는 슬픔을 주고, 주변의 모든 사람들에게 저주가 되는 인물이 되기가 쉽다는 것입니다. 만일 그렇다면, 압살롬의 경우라든가 특별히 엘리 제사장 아들들의 경우와 연결지어 볼 때, 그것은 과도하게 애정을 쏟아 자녀들을 응석받이로 키우지 말라는 부모들에게 주는 경고인 셈입니다. 바라바는 적어도 세 가지 죄를 범한 것으로 보입니다. 그는 살인과, 민란과, 강도의 죄로 투옥되었습니다. 유감스럽게도 여러 가지 죄목이 종합되었습니다. 그런 아들을 가진다면 왕이라도 측은히 여겨질 것입니다. 이 처참한 사람이 불려 나와서 그리스도와 경쟁하는 자리에 서게 되었습니다. 군중들에게 물어볼 것입니다. 빌라도는 그들이 수치심 때문에 결코 바라바를 선호하지는 않을 것이라고 생각합니다. 하지만 그들은 구주의 피에 굶주려 있습니다. 제사장들에게 선동을 받아 그들은 한통속이 되었습니다. 반대하는 목소리를 내거나 반대 의사를 표시하기 위해 손을 드는 자는 단 한 사람도 없는 듯이 보입니다. 놀라운 만장일치의 목소리로 그들은 외칩니다. "이 사람이 아니라 바라바라." 바라바가 악명 높은 범죄자로 이미 잘 알려져 있었기 때문에, 그들은 바라바가 살인자요 강도요 반역자인 것을 잘 알고서도 그렇게 소리친 것입니다.

　　이 사실은 매우 의미심장합니다. 여기에는 우리가 얼핏 보아 상상하는 것 이상의 교훈이 있습니다. 우선, 여기에서 우리는 죄인의 석방과 죄 없는 자의 속박을 봅니다. 그것은 일종의 전형(典型)으로서 우리 구주의 죽음에 의해 성취된 위대한 일을 보여주는 것이 아니겠습니까? 여러분과 내가 바라바의 입장에 서는 것이 정당합니다. 우리는 하나님에게서 영광을 강탈하였고, 하늘의 통치에 대항하여 반역하였으며, 또한 형제를 미워하는 것이 살인이라면 우리 역시도 그 죄를 범한 자들입니다. 여기에서 우리는 심판대 앞에 서 있습니다. 생명의 주께서 우리를 위해 묶이시고, 우리는 풀려나 갈 수 있도록 조치됩니다. 하나님께서 우리를 죄를 묻지 않고 석방하십니다. 반면 구주께서는 흠도 점도 없고 어떤 과실의 그림자도 없지만 십자가 형장으로 이끌려 가십니다. 나병 환자가 정결하게 되는 의식에서는 두 마리의 새가 필요했습니다(레 14:3-7). 한 마리는 죽여 그 피를 질그릇에 담았으며, 다른 한 마리는 그 피에 담갔다가 그 날개가 온통 진홍빛으로 물든 채 자유롭게 날아가도록 들에 놓아 주었습니다. 죽임을 당한 새는 구주의 모습을 잘 묘사해 줍니다. 그리고 믿음으로 그분의 피에 적신 모든 영혼들, 즐거이 자유의 노래를 부르며 하늘을 향해 나는 자들은, 전적으로 그 생명과 자유를 죽임을 당하신 그분 덕분에 얻은 것입니다. 여기에서도 마찬가지입니다. 바라바가 죽든지 아니면 그리스도께서 죽으시든지 해야 합니다. 죄인인 당신이 죽든지, 혹은 임마누엘 그리스도께서, 그 흠 없으신 분께서 죽으시든지 해야 합니다. 우리로 풀려나도록 하기 위해 그분이 죽으십니다. 오! 우리 모두는 오늘날 그런 석방에 참여하고 있습니까? 비록 우리가 강도였고 반역자였고 살인자들이었다 하더라도, 그리스도께서 율법의 저주에서 우리를 해방하신 것 때문에, 그분이 우리를 위하여 저주를 받으신 것 때문에, 우리는 기뻐할 수 있습니까?

　이 사건에는 또 다른 의미가 있습니다. 우리 구주의 생애에 있었던 이 일화는 사람들의 판단에는 예수 그리스도가 바라바보다 더 큰 범죄자라는 것을 보여 줍니다. 이 경우에 있어서 나는 감히 말할 수 있습니다. 대중의 소리(vox populi)는 그 자체로는 아주 치욕스럽게도 불공정한 것이었지만, 만일 그것을 우리의 죄를 그리스도에게 전가시키는 관점에서 읽는다면, 그것은 하나님의 소리(vox Dei)였습니다. 그리스도는 자기 백성의 죄를 뒤집어쓴 채로 서 계시기 때문에, 바라바가 짊어진 것보다 더 많은 죄를 그분이 짊어지고 있는 것입니다. 그분이 죄인이 되시는 일은 전혀 불가능합니다. 예수 그리스도는 거룩하시며, 아무 해도 끼치지 않으시고, 어떤 죄로도 더럽혀지지 않으신 분입니다. 하지만 그분이 자기 백성의 모든 죄를 자기에게 전가시켜 짊어지고 계시기 때문에, 여호와께서 그분을 보실 때, 이 흉악한 죄인인 바라바에게서보다 구주에게 더 많은 죄가 올려져 있는 것을 보십니다. 구주에게 올려져 있는 어마어마한 죄의 무게와 비교할 때, 바라바는 '무죄로서' 풀려납니다. 사랑하는 이여, 여러분의 주님께서 얼마나 자기를 낮추시어 이처럼 범죄자 중 하나로 헤아림을 입으셨는지를 깊이 생각해 보십시오. 와츠(Watts)는 그것을 강하게 표현했지만, 내가 생각하기에 그 표현이 지나치게 강한 것은 아닙니다.

> "그분의 명예와 그분의 목숨이
> 모두 날아갔도다.
> 죽음으로 악한 자들과 결합하시니
> 그들처럼 수치스럽게 되셨도다."

　사람들의 평가로는 그분이 그러하셨습니다. 심판대 앞에서, 믿는 자들의 모든 죄의 짐이 그분에게로 옮겨졌기 때문입니다. "여호와께서는 우리 모두의 죄악을 그에게 담당시키셨도다"(사 53:6). 그분이 담당하신 죄악이 어떤 것인지는, 어떤 마음으로도 상상할 수 없고 어떤 혀로도 표현하지 못합니다. 그분이 짊어지신 슬픔의 무게를 측량해 보십시오. 그것이 어떤 것인지를 상상할 수 있다면, 그분을 심판대 앞에서 바라바보다 더 비천하게 만들었던 그 죄의 무게를 추측해 볼 수 있다면 그렇게 해 보십시오. 오! 여기에 어떤 겸손이 있는지요! 그분이 많은 사람의 죄를 지고, 범죄자들을 대신하셨습니다.

　하지만 여기에는 세 번째의 교훈이 있는 듯이 보입니다. 우선 나는 본문을 강조하고 싶습니다. 우리 구주께서는 제자들이 모든 시대를 통틀어 세상에 의해 죄인들보다 훨씬 더 미움을 받게 될 것을 아셨습니다. 너무나 자주 세상은 살인자들과 도둑들과 술주정꾼들을 그리스도인들보다 더 잘 참아 왔습니다. 매우 선량하고 거룩한 사람들이 비방과 학대를 받아왔으며, 심지어 범죄자 명단에도 끼지 못할 정도로 그들의 이름이 악하게 취급당해 왔습니다. 지금, 그리스도께서는 원수들의 중상모략에 의한 자기 백성들의 고난을 거룩하게 하시되, 자기 자신이 그와 똑같은 고초를 겪으심으로써 그렇게 하셨습니다. 그러므로 나의 형제들이여, 만일 여러분이나 내가 우리가 혐오하는 죄명으로 거짓 고소를 받는다 해도, 그 비방의 독소가 축적되어 우리의 심장이 터져 버릴 것 같아도, 머리를 들고 이 모든 일에서 우리와 함께 해 주시는 동료가 있다는 것을 느끼도록 합시다. 그분은 곧 주 예수 그리스도시며, 바라바가 선택될 때에 거절당하셨던 분입니다. 여러분의 선생보다 더 좋은 대우를 받을 것을 기대하지 마십시오. 제자는 자기 상전보다 위에 있지 않다는 것을 기억하십시오. 만일 사람들이 집 주인을 바알세불이라 불렀다면 하물며 그 집 사람들은 무어라고 부르겠습니까? 만일 사람들이 그리스도보다 살인자를 더 좋아한다면, 그들이 여러분보다 차라리 살인자를 더 좋아할 날도 멀지 않은 것입니다.

이런 점들이 표면상으로 드러나 보이기 때문에, 이제 나는 좀 더 직접적인 주제로 들어가고자 합니다. 첫째, 우리는 복음서의 역사에서 나타나는 그대로의 죄를 살펴볼 것입니다. 둘째, 우리는 이것이 온 세상의 죄인 것을 숙고할 것입니다. 셋째, 이 죄에 대해 우리 자신이 회심하기 전에는 유죄였음을 살펴볼 것이며, 넷째, 이 죄가 오늘 아침 여기에 있는 많은 사람의 죄라는 것을 두려운 심정으로 살펴볼 것입니다.

1. 복음서에 나타나는 죄

먼저, 우리가 복음서의 역사에서 나타난 그대로의 죄에 대해 몇 분간 숙고하는 편이 좋을 듯합니다.

그들은 그리스도보다 바라바를 더 원했습니다. 구주께서 아무런 나쁜 일을 하지 않으셨다는 것을 기억한다면 그들의 죄가 더운 선명하게 보입니다. 하나님의 법이든 사람의 법이든, 그분이 어기신 것은 아무것도 없습니다. 진정 그분은 사무엘이 했던 말을 자신에 대해 하실 수 있습니다. "내가 여기 있나니 여호와 앞과 그의 기름 부음을 받은 자 앞에서 내게 대하여 증언하라. 내가 누구의 소를 빼앗았느냐? 누구의 나귀를 빼앗았느냐? 누구를 속였느냐? 누구를 압제하였느냐? 내 눈을 흐리게 하는 뇌물을 누구의 손에서 받았느냐? 그리하였으면 내가 그것을 너희에게 갚으리라"(삼상 12:3). 그곳에 모인 군중들 중에서 구주께서 자기에게 해를 끼쳤다고 감히 주장할 수 있는 자가 아무도 없었습니다. 이 문제에 관한 한, 그들은 그분이 그들에게 일시적인 혜택들을 크게 베풀어 주셨다고 인정하지 않을 수 없었습니다. 오 탐욕스러운 군중이여, 너희가 배고플 때 그분이 먹이시지 않았더냐? 그분이 떡과 물고기를 너희를 위해 중대시키지 않으셨더냐? 그분이 너희 중 나병 환자들을 만져 고치시고, 너희 아들과 딸들에게서 귀신을 쫓아내시고,

너희 중 중풍병자들을 일으키시고, 눈먼 자에게 광명을 주시고, 귀 먹은 자를 듣게 하시지 않았더냐? 이처럼 선한 일들 중에서 너희가 그분을 죽이고자 모의할 일이 무엇이란 말이더냐! 거기 모인 무리 중에는 틀림없이 그분에게서 값진 은혜를 입은 자들도 있었을 것입니다. 그런데도 그들 모두가 그분이 베푼 은혜를 깡그리 잊어버리고, 마치 그분이 그들 삶에서 최악의 골칫거리인양, 그분이 그들이 사는 지역에서 해로운 전염병이라도 되는 양, 그분을 반대하며 악을 써대고 있습니다. 그들의 불평이 그분의 가르침에 대한 것일까요? 그분의 가르침 어디가 그들의 도덕을 해쳤단 말입니까? 그분의 가르침 어디가 인간의 최상의 유익과 충돌한단 말입니까? 만일 여러분이 그리스도의 가르침을 살펴본다면 그와 같은 것을 찾아내지 못할 것이며, 오히려 그분의 가르침이 인간의 복지에 크게 이바지한다고 판단을 내릴 것입니다. 여기 그분의 가르침의 강령과 본질이 있습니다. "네 마음을 다하고 목숨을 다하고 뜻을 다하여 주 너의 하나님을 사랑하라. 그리고 네 이웃을 네 자신 같이 사랑하라"(마 22:37,39). 그분의 계명은 가장 부드러운 형태의 계명입니다. 그분이 칼을 뽑아 들고서 로마인들을 몰아내라고 명하셨습니까? 혹은 무자비하게 질주하며 살육하고 강탈하라 하셨습니까? 그분이 그들을 선동하여 격정의 고삐를 풀고 마음대로 행동하라고 하셨습니까? 그분이 그들에게 먼저 자기 자신의 유익을 구하고 이웃의 행복에는 관심을 두지 말라고 가르치셨습니까? 결코 아닙니다. 모든 의로운 국가는 그분을 국가의 최상의 기둥으로 인정하며, 인류 공동의 복지는 그분을 후견자로 인정합니다. 하지만 이 모든 것에도 불구하고, 그곳에서 그들은 제사장들의 부추김을 받아 그분의 피를 구하며 외쳐대고 있습니다. "그를 십자가에 못 박으소서! 십자가에 못 박으소서"(요 19:6). 그분이 의도하신 것은 명백히 그들의 유익을 위한 것이었습니다. 무엇을 위해 그분이 복음을 전하셨습니까? 어떤 이기적인 동기도 개입되지 않았습니다. 여우도 굴이 있고 공중의 새들도 깃들일 거처가 있지만, 우리 주님은 머리 둘 곳이 없었습니다. 오직 제자들의 적은 기부만이 그분으로 하여금 전적인 굶주림을 면하게 해 주었습니다. 추운 산들과 한밤의 공기가, 지금 자기를 미워하는 무리들을 위하여 그분이 홀로 얼마나 간절히 기도하셨는지를 증언하고 있습니다. 그분은 다른 사람들을 위해 사셨습니다. 그들은 그것을 볼 수 있었습니다. 그분의 공생애 삼년간을 지켜보았다면 이런 말을 하지 않을 수 없었습니다. "이분처럼 이타적인 삶을 사신 분은 없었다." 사람들의 유익을 구하는 것 말고는 그분이 이 지상에 계시는 동안 다른 목적이 없었다는 것을, 그들 대부분은 틀림없이 알고 있었고, 또 나머지 사람들도 알 수 있었습니다. 이런 일들 중에서 대체 어떤 일 때문에 그를 못 박아야 한다고 그들이 떠들며 소리치는 것입니까? 그분이 행하신 선한 일들 중에서 어떤 일 때문에, 그분이 하신 너그러운 말씀 중에서 어떤 말씀 때문에, 그분의 거룩한 행실 중에 그 어떤 행동 때문에, 그들이 서둘러 그분의 손과 발을 나무에 묶는단 말입니까? 부당한 증오심과 분별없는 잔인성으로, "이 사람이 무슨 악한 일을 하였느냐"(눅 23:22)는 빌라도의 질문에 오직 이렇게 대답할 뿐입니다. "그를 십자가에 못 박으소서, 십자가에 못 박으소서!" 그들의 증오심의 참된 이유는, 의심할 것 없이, 완벽한 선에 대한 모든 사람의 자연적인 증오심에 있습니다. 인간은 선의 존재를 자기 죄에 대한 침묵의 증언자로 느끼며, 그래서 그것을 없애버리고 싶어 합니다. 사람들이 판단하기에 너무 거룩한 것은 큰 죄입니다. 그것이 그들의 죄를 책망하기 때문입니다. 설혹 이 거룩한 분에게 말의 능력이 없다 해도, 그의 삶이 큰 목소리가 되어 하나님을 증거하며 동료 인간들의 죄를 책망합니다. 이 불편한 증언이 악한 자들로 하여금 그 거룩하고 의로우신 분의 죽음을 바라게끔 만든 것입니다. 게다가, 제사장들이 그들 뒤에 있었습니다.

슬프고도 탄식할 만한 일이지만, 일반 대중들이 그들의 종교적 교사들보다 더 나은 경우가 종종 있습니다. 바로 이 때에 영국 교회의 평신도는, 전반적으로 보아, 정직한 양심을 가지고 있으며 그들의 기도 소리가 들릴 수만 있다면 내일이라도 기도서(Prayer Book)를 개정하고 싶어 합니다. 하지만 그들의 성직자들은 진리에 대해 관심이 거의 없으며, 그들이 어떻게 맹세를 하고 누구와 교제하는지에 대해 관심을 기울이지 않습니다. 교회를 계속해서 하나로 유지시킬 수만 있다면, 교회는 스스로를 정결하게 해야 한다는 그리스도의 요구가 분노와 적의를 각성시키더라도, 그들은 로욜라(Ignatius Loyola: 오직 교황에게 충성하는 예수회의 창설자) 같은 자들까지도 집회에 초대해서 강연을 들을 것입니다. 저 뻔뻔스런 수도사의 출현에 일부 국교회 목사들의 목청에서 야유 소리가 터져나온다 해도, 어쨌든 그도 그들 중의 한 사람이며, 그들 반열의 한 형제이며, 따라서 그들의 교회는 그가 행하는 모든 일에 책임이 있습니다. 그들이 스스로를 분리시켜 나온다면, 그들이 현대의 교황주의를 혐오한다는 것을 우리가 알 수 있을 것입니다. 하지만 그들이 같은 총회에 앉아 있고 동일한 교회의 회원들로 남아 있는 한, 교황주의라는 죄는 그들의 것이며, 우리는 그 죄와 그들 모두를 비난하기를 멈추지 않을 것입니다. 만약 복음주의적인 국교회 목사들이 교황주의자들과 교류를 지속하면서 그들의 색깔을 다 드러낸다면, 나는 그들이 양심을 어겼다고는 말하지 않겠지만, 그들에게 양심이 조금이라도 있는지를 의심할 것입니다.

　　형제들이여, 이 역시도 여전히 일반 백성들이 그들의 교사들보다는 나은 경우입니다. 제사장들 곧 그 시대의 성직자들이 "그를 못 박히게 하라"고 사주하지 않았더라면, 이 백성들이 그리스도를 못 박으려 하지는 않았을 것입니다. 그들에게 그분은 비국교도요, 이단자요, 분리주의자요, 이스라엘의 골칫거리였습니다. 그들에게 있어서 그분은 기존 체제의 잘못들을 지적하며 크게 소리치는 자요, 힘으로 억눌러서 침묵하게 할 수 없는 자요, 갈릴리 출신의 무지한 자로서, 계속해서 그들을 반대하며 고함칠 자였습니다. 그래서 그 이간질하는 자들이 "그를 십자가에 못 박게 하라"고 선동했던 것입니다. 개혁에 대해 말하고 기존 통치체계에서 변화를 주장하는 자들은 아무렇게나 처리해도 좋았습니다. 의심의 여지 없이 이런 경우 뇌물도 사용되었을 것입니다. 랍비 시몬이(참조. 누가복음 7장에 등장) 군중들에게 돈을 지불하지 않았을까요? 유월절 후에 구주를 반대하여 목청껏 외쳤던 자들에게 연회를 베푼다는 희망을 암시하지 않았을까요? 군중들은 그런 방향으로 가고 있었고, 설혹 동정심을 느끼는 자가 있었다고 해도 그들은 혀를 억제했습니다. 사람들은 종종 "신중함이 용기보다 낫다"고 말합니다. 진정 그곳에는 많은 용감한 자들도 있었을 터이지만, 그들은 용기보다 더 좋은 면인 신중함을 가지고 있었습니다. 설혹 그들이 고함소리에 동참하지는 않았을지라도, 그들은 적어도 다른 사람들을 방해하려 하지는 않았으며, 그래서 오직 하나의 외침만이 있었습니다. "그를 없이 하소서! 그를 없이 하소서! 그는 살려둘 자가 아닙니다!" 본문 40절에는 얼마나 집중적인 멸시가 나타나는지요. 그들은 "이 예수"라고 하지 않았습니다. 그들은 그분의 이름을 거론하여 입을 더럽히고 싶지 않았는지 그분을 가리켜 "이 사람"이라고 지칭했습니다. 그것은 "이 작자(this fellow)"라는 뜻에 가까우며, 더 상상한다면 "이 마귀(this devil)"라고도 했을 수도 있습니다. 그들은 바라바에게는 그 이름을 언급함으로써 경의를 표했습니다. 하지만 "이 사람"을 그들은 너무나 미워했기에 그 이름조차 거론하지 않았던 것입니다. 복음서에 기록된 역사에서 우리는 이처럼 커다란 죄를 보는 것입니다.

2. 온 세상의 죄

두 번째로, 이 사건에서 나타나는 죄는 모든 시대에서 자행된 세상의 죄였으며, 지금도 자행되고 있는 죄입니다. 이제 그것을 살펴보도록 합시다.

사도들이 복음을 전하러 나갔을 때, 그리고 진리가 많은 나라들에 전파되었을 때, 로마 황제들에 의해 혹독한 칙령들이 내려졌습니다. 이 칙령들이 누구를 겨냥한 것이었습니까? 그 시대의 추악한 범죄자들에 대한 것이었을까요? 로마 제국 전체에는, 정숙한 사람은 그 이름만 들어도 얼굴이 붉어질 만한 악덕들이 횡행했다는 것이 잘 알려져 있습니다. 로마서 1장 후반의 내용은 로마 영토 전체에 걸쳐 있는 사회상을 아주 잘 묘사하는 그림입니다. 가혹한 법들이 제정되었을 때, 이런 악덕들에 대해서는 왜 칙령이 포고되지 않았을까요? 사도 바울이 언급한 그런 죄를 범한 사람들이 벌도 받지 않고 버젓이 다닐 수 있다는 것은 아주 부적절합니다. 하지만 이런 악덕들에 대해서 어떤 칙령들이 내려졌다는 기록을 나는 찾지 못했습니다. 오히려 그런 악덕들이 허용되었고 좀처럼 비난의 차원에서 언급되지 않았음을 발견할 뿐입니다. 하지만 불태우기, 거친 말들의 뒤축에 매달아 끌기, 칼로 베기, 투옥, 모든 종류의 고문들이 누구에게 가해졌다고 여러분은 생각합니까? 바로 무죄하고 겸손한 그리스도의 추종자들에게 가해진 것입니다. 그들은 스스로를 변호하기는커녕 기꺼이 이런 일들을 당하고자 하였고, 마치 도살장의 양들처럼 자신들을 맡기었고, 도살자의 칼날을 묵묵히 견디었습니다. 로마 제국의 박해 아래에서 세상의 외침은 이런 것이었습니다. "우리가 원하는 것은 그리스도가 아니라 소돔 사람들이며, 살인자들이며, 도둑들이다. 우리는 이런 사람들은 얼마든지 참을 수 있지만 그리스도는 참을 수 없다. 그의 추종자들을 지면에서 없애버리자." 그 후 세상은 그 책략을 수정했습니다. 그것은 명목상으로 그리스도인이 되었고, 그리하여 적그리스도가 신성모독적인 영광의 모습을 하고서 나타났습니다. 로마의 교황이 삼중관(三重冠)을 쓰고서 스스로를 그리스도의 대리자라고 불렀습니다. 그 때 성인들, 천사들, 형상들, 성화들을 숭배하는 가증한 풍습이 들어왔고, 다음에는 저 혐오스러운 오류투성이 미사(Mass)라고 하는 의식이 들어왔습니다. 그 때 세상이 무어라고 말했습니까? "교황 제도여 영원하라!" 로마에서 베드로의 권세를 대표한다고 하는 자 아래에 모든 무릎이 꿇고, 그 앞에서 모든 머리가 숙였습니다. 로마 교회는 죄에 있어서 바라바와 동류입니다. 아니, 많은 교황들과 함께 언급할 때에는 나는 차라리 바라바를 칭찬합니다. 그들의 성품은 더럽고 철저하게 사악했기 때문입니다. 교황들을 미신적으로 바라보며 그들의 직무가 무오하다고 주장하는 자들조차도, 그들의 개인적인 성품들을 변호하지 못할 정도였습니다. 세상은 로마의 음녀를 선택했고, 가증한 음행의 포도주에 취한 그녀를 모든 눈이 숭배의 눈으로 쳐다보았습니다. 그러는 동안 그리스도의 복음은 잊혀지고, 소수의 오랜 책들 속에 파묻혔으며, 흑암 속에 거의 사라지고 말았습니다. 그 시대 이후로 세상은 또다시 그 책략을 수정하였습니다. 지구상의 많은 지역들에서 개신교가 공개적으로 인정되고, 복음이 전파됩니다. 하지만 그 다음은 어찌됩니까? 사탄이 틈탑니다. 또 다른 바라바입니다. 그 바라바는 단순한 예배 형식주의, 단지 예배 자리에 출석하는 것입니다. "예, 우리는 정통입니다. 정통이니, 건전하지요. 예, 우리는 종교적입니다. 아주 엄격하게 종교적이지요. 우리는 종교 모임에도 참석하고, 교회에 출석한답니다. 우리는 결코 빠지지 않습니다. 우리는 모든 예배 형식에는 빠짐없이 참석합니다. 하지만 우리에게 경건의 생명은 없습니다. 우리는 거듭나지 않았습니다. 우리는 죽음에서 생명으로 옮겨지지 않았답니다." 우리가 만일 우리의 이웃들과 똑같이 되고, 외적인 형식을 지키는 것에 머물며, 내적인 것을 중요시하지 않는다면, 이런 일이 계속될 것입니다. 하나님의 영광을 강탈하고 사람들의 영혼을 죽이는 이것은 이 시대의 바라바입니다. 살았다고 하는 이름은 가졌지만 실상 죽은 자들이 많이 있습니다. 지금 여기에 참석한 여러분 중에서도 많은 이들이 하나님의 성령의 소성케 하시는 역사를 느끼지 못하면서도 편안하고 만족한 상태에 머물러 있습니다. 속죄의 피로 씻음받은 적이 없으면서도, 여러분은 단지 예배의 한 좌석을 차지하고 있다는 이유로 만족하고 있습니다. 여러분은 헌금을 내고, 병원에 기부하며, 좋은 목적의 일에 기증을 약속하기도 하지만, 내적인 본성이 살아 계신 하나님의 영으로 새롭게 되지 않는 한 잔과 대접의 겉을 깨끗이 하는 것으로는 소용이 없다는 것을 잊어버리고 있습니다. 이것이 이 시대의 거대한 바라바이며, 사람들이 구주보다도 그것을 선호하고 있습니다.

　　이것이 사실이라는 것을, 세상이 진정으로 그리스도보다 죄를 더 사랑한다는 것을, 나는 한 가지 단순한 사실만으로도 명백하게 입증할 수 있다고 생각합니다. 여러분은 때때로 그리스도인들이 모순된 것을 발견해 왔습니다. 그렇지 않습니까? 만일 여러분이 일반적인 행동 규칙에 따라 그들을 판단한다면, 그 모순은 그다지 큰 것이 아닙니다. 하지만 여러분은 세속적인 사람이 자기가 좋아하는 죄를 행하는 것을 잘 알고 있으며, 그것에 대해 크게 비난하지 않습니다. 하지만 만약 그리스도인이 사소한 죄라도 범하면, 그 때는 손들이 올라가고, 온 세상이 소리칩니다. "부끄러운 줄 알아라!" 내가 그것을 바꾸고자 하는 것은 아니지만, 이 말만은 하고 싶습니다. "여기 아무개라고 하는 사람이 있습니다. 그는 방탕하고 사악하고 무절제한 삶을 산다고 알려져 있습니다. 자, 나는 그가 모든 사람들에게서 따돌림당하고 비난을 받지는 않는 것을 봅니다. 정반대로, 그는 대다수 사람들에 의해서 용인되고, 일부 사람들에 의해서는 칭송을 받습니다." 하지만 어떤 그리스도인의 경우를 생각해 보십시오. 그는 신앙을 고백하는 사람으로 잘 알려져 있습니다. 그가 어떤 잘못을 했을 때, 앞의 사람과 비교해서 그다지 크게 언급할 일은 아니라 하더라도, 어떤 일이 일어납니까? "오! 그 일을 널리 알리라! 그 일을 온 세상에 알리라! 당신은 그리스도인인 아무개 씨가 이런저런 일을 한 것을 듣지 못했나요? 당신은 이 위선자의 잘못에 대해 듣지 못했나요?" "글쎄요, 그게 무엇이지요?" 실상을 보면 여러분이 이렇게 말할 내용입니다. "글쎄요, 그것은 잘못되었군요. 아주 잘못되었습니다. 하지만 당신이 한 말에 비하면, 그것은 아무것도 아니네요." 이와 같이 세상은 그리스도인을 판단하는 것에서와 자신들에게 속한 사람을 판단하는 면에서 차별을 보입니다. 세상은 아주 파렴치한 자들도 용인할 수 있지만, 그리스도인만큼은 참지 못합니다. 물론, 그리스도인들에게 결함이 없다는 것은 결코 아닙니다. 세상의 적대감은 명백히 그리스도인의 결점에 대한 것이 아닙니다. 그들이 다른 사람들에게서는 더 큰 결점들도 참아주니까요. 그러므로 반대는 그 사람 자체에 대한 것이며, 그가 고백하는 신앙에 대한 것이며, 그가 따라가기 원하는 행로에 대한 것입니다. 사랑하는 이여, 신중하게 살펴 그들에게 기회를 주지 마십시오. 하지만 여러분의 아주 사소한 실수가 트집잡히고 과장되는 것을 볼 때에, 이 일에서 세상이 주 예수 그리스도의 추종자들보다는 바라바를 더 좋아한다는 명백한 증거를 보도록 하십시오. 세상은 행동 양식을 다양하게 바꿀 것이지만, 결코 지금보다 교회를 더 사랑하지는 않을 것입니다. 우리는 세상이 개선되어서 점점 더 교회 안으로 흡수될 것이라고 기대하지 않습니다. 세상과 교회의 연합은 결코 우리 종교의 목적이 아닙니다. 그리스도의 목적은 사람들 가운데서 한 백성을 그분에게로 불러 모으는 일입니다. 그분의 목적은 모든 사람을 개선시키는 것이 아니며, 오직 그들 중에 일부를 불러내어서, 그들을 다른 사람들과 다르게 하고, 그분의 특별한 은혜의 차이를 나타내시며, 불러 모으신 백성들을 그분의 형상을 닮게 만드는 것입니다. 이 과정에서 도덕이 증진되고, 사람들은 문명화되고 개선되기도 합니다. 하지만 이는 간접적인 차원에서의 하나님의 목적일 뿐이며, 그분의 직접적인 목적은 아닙니다. 복음의 직접적인 목적은 그분이 영생을 주기로 작정하신 사람들의 구원입니다. 그러므로 그들은 합당한 때에 그분을 믿도록 인도됩니다. 세상은 언제나 그래왔듯이, 마지막까지도 참된 신자들을 적대시할 것입니다. 여러분이 "세상에 속한 자가 아니기 때문에 세상이 여러분을 미워하는"(요 15:19) 것이며, 이는 지금뿐 아니라 그리스도께서 오실 때에도 마찬가지일 것입니다. 그런 일을 예상하도록 합시다. 그리고 우리가 조롱과 박해를 만날 때, 어떤 이상한 일이 우리에게 일어나는 듯이 놀라지 말도록 합시다.

3. 회심하기 전 우리들의 죄

이제 세 번째로, 오, 하늘의 도움을 받고서, 그리스도보다 바라바를 좋아하는 죄가 회심하기 전 우리 모두의 죄였다는 것을 살펴보고자 합니다.

자 사랑하는 친구들이여, 여러분의 일기 책장을 넘겨보시겠습니까? 그렇지 않으면 기억의 날개를 달고서 한때 여러분이 빠져 있던 구덩이 속으로 날아가 봅시다. 오 그리스도 가까이에서 사는 여러분이여, 여러분은 한때 그분을 멸시하지 않았습니까? 여러분이 가장 좋아했던 동무들이 누구입니까? 불경스러울 정도는 아니었다 해도, 경솔한 자들이 아니었습니까? 여러분이 하나님의 사람들과 함께 앉아 있을 때, 그들의 대화가 매우 지루했지요. 그들이 하나님의 실재에 대해서와 경험적인 주제들을 이야기할 때, 여러분은 그들을 따분하다고 느꼈습니다. 나는 지금은 아주 독실한 신자들이 되어 있는 어떤 이들의 과거를 회상할 수 있습니다. 그들이 하나님의 일들에 대해 이야기하는 것을 들을 때 나는 아주 불쾌감을 느꼈습니다. 주로 우리는 무엇에 대해 생각했습니까? 생각할 시간이 있었을 때, 무엇이 우리가 가장 좋아하는 사색의 주제였습니까? 우리는 영원에 대해 그다지 많은 묵상을 한 것도 아니며, 우리를 지옥 고통의 비참한 처지에서 구하러 오신 분에 대해서도 많이 생각하지 않았습니다. 형제들이여, 우리를 사랑하신 그분의 위대한 사랑을 마땅히 그래야 할 만큼 우리가 마음에 간직하지도 않았습니다. 우리가 십사가에 관한 이야기를 읽었어도, 그것이 일반적인 이야기와 마찬가지로 우리 마음에 특별한 영향을 끼치는 것이 없었습니다. 우리는 그리스도의 아름다움을 알지 못했고, 그분보다 하찮은 것들에 생각을 빼앗겼습니다. 우리가 즐거워하던 것들이 무엇이었습니까? 우리가 소위 한 날의 즐거움을 누렸을 때, 우리는 그것을 어디에서 찾았습니까? 십자가 밑에서였습니까? 구주를 섬기는 일에서였습니까? 그분과의 교제에서였습니까? 전혀 그렇지 않았습니다. 우리가 경건한 교제에서 더 멀어질수록 우리는 더 즐거워했지요. 우리 중 어떤 이들은 마치 양심이 없었던 것처럼, 떠들썩하게 죄 속에 탐닉하는 동안에도 멈추라고 하는 양심의 소리를 듣지 못했던 적이 있었음을 부끄럽게 고백해야 할 것입니다. 그 때 우리가 읽은 것은 무엇이었습니까? 성경보다는 어떤 책이라도 더 좋아하고 읽었었지요. 우리의 지각에서 그리스도를 높일 만한 읽을거리들은, 우리 자신을 기쁘게 하는 읽을거리들과는 달리 외면을 당했습니다. 허튼 소리나 하는 책들, 가벼운 문학 작품, 아니, 우리의 눈과 마음을 즐겁게 해 주기만 하면 그보다 더 나쁜 것들까지도 기꺼이 읽으려 했습니다. 우리를 향하신 그분의 영원한 기쁨에 대한 생각, 그분의 고난과 지금 천국에서의 그분의 영광에 대한 생각들은 결코 우리 생각에 들어오지 않았습니다. 또한 우리로 하여금 그런 묵상을 하도록 인도하는 자들을 견디지 못했습니다. 그 때 우리가 열망하는 바가 무엇이었습니까? 우리는 장사를 해서 부자가 되는 것을 꿈꾸거나, 학문으로 유명하게 되기를 바라거나, 혹은 능력으로 칭송받는 자가 되고 싶어 했습니다. 자아(self)가 우리가 살아가는 목적이었습니다. 만약 우리가 다른 사람들에게 어느 정도 관심을 두었다면, 더러는 인류를 유익하게 하기를 바랐을 것이지만, 여전히 자아가 그 모든 것의 바탕에 깔려 있었습니다. 우리는 하나님을 위해 살지 않았습니다. 우리는 아침에 눈을 떴을 때 "오늘도 하나님을 위해 살기를 원합니다"라고 정직하게 말하지 못했습니다. 그분은 우리의 생각 어디에도 없었습니다. 우리가 가장 귀하다고 칭송하는 것이 무엇이었습니까? 우리가 그리스도를 칭송하였습니까? 아닙니다. 우리는 영리함(cleverness)을 칭송했습니다. 그리고 그것이 죄와 결합될 때에도, 여전히 우리는 그것을 칭송했습니다. 우리는 우리의 육적인 즐거움에 최대로 공헌하는 자들을 칭송했으며, 우리에게 최악의 손해를 입힌 자들을 가장 크게 사랑했습니다. 과거를 돌아볼 때 이것이 우리의 고백이 아닙니까? 제가 여러분의 인생의 역사를 바르게 읽은 것이 아닙니까? 오호라! 그 어둡던 시절에, 취한 듯한 우리의 영혼은 어떤 악이라도 따라가면서도 그리스도는 따르려 하지 않았습니다. 만약 전능의 은혜가 우리를 변화시키지 않았더라면, 지금도 우리는 같은 모습이었을 것입니다. 자연인이 자기 죄의 성향에서 돌이키기를 기대하기보다는, 차라리 강이 바다를 향해 흐르는 것을 멈추기를 기대하는 편이 나을 것입니다. 차라리 불이 물 되기를 바라고 혹은 물이 불 되도록 바라는 편이, 거듭나지 않은 마음이 그리스도를 사랑하기를 기대하는 것보다는 낫습니다. 우리로 구주를 찾게 만든 것은 강력한 은혜였습니다. 우리의 지난 삶을 되돌아볼 때 우리는 변화로 인한 감사의 감정들과, 또한 그토록 어리석게도 바라바를 선택하면서 구주를 향해서는 "그를 못 박게 하소서"라고 말했다는 사실에 큰 슬픔의 감정이 뒤섞이는 것을 느낍니다.

4. 여기 있는 많은 사람들의 죄

이제 우리는 설교의 마지막 부분에 도달했습니다. 여기서 살펴볼 것은 의심의 여지 없이 오늘 여기 있는 많은 사람들이 예수 그리스도보다 바라바를 더 원한다는 것입니다.

사랑하는 친구들이여 우선 여러분의 상태에 대해 언급하고자 합니다. 나는 그것을 정직하게 묘사하기를 원하며, 동시에 내가 그것을 묘사하는 중에 여러분이 그 속에서 여러분의 죄를 발견하기를 바랍니다. 나의 목적은 여러분을 권면함으로써 혹 주님께서 여러분의 의지를 변화시켜 주시도록 하는 것입니다. 추측하는 것이 아니라, 나는 여기에 오래 전부터 그리스도를 따르면서도 술에 취하는 것을 더 좋아하는 자들이 있다는 것을 압니다. 그런 일이 자주 있는 것은 아닙니다. 매일 있는 것도 아니고, 심지어 매주 있는 것도 아닙니다. 하지만 이따금씩 그들은 사교 모임에 가야 한다고 느끼며, 그 확실한 결과로 그들은 술에 취해 집으로 돌아옵니다. 그들은 스스로를 부끄러워합니다. 그렇다고 그들은 표현합니다. 그들은 자신들의 습관을 극복할 은혜를 구하려고 하나님께 기도하기도 합니다. 하지만 수년 동안 그런 잘못을 자각하면서도, 지금까지 그들에게는 조금의 진보도 없습니다. 한때는 그들이 그것을 정복한 듯이 보인 때도 있었습니다. 오랫동안 그런 잘못을 떠나고자 절제했습니다. 하지만 그들은 다시 예전의 어리석은 상태로 되돌아갑니다. 그들은 짐승과 같고, 비열한 악을 더 좋아해 왔습니다. 내가 짐승과 같다고(bestial) 말했나요? 내가 짐승들을(beasts) 모욕했군요. 적어도 짐승들은 이러한 악에 빠지지는 않으니까요. 그들은 그리스도 예수보다 이토록 추악한 악을 더 좋아합니다. 여기 '술취함(drunkenness)'이 서 있습니다. 나는 그것이 술취함과 관련된 모든 어리석음과, 무분별과, 탐욕과 불결함을 대표하는 것이라고 봅니다. 그러나 그 사람은 여전히 그것을 선택합니다. 비록 그가 머리로는 그리스도의 아름다움과 탁월함에 관해서 무언가를 알고 있지만, 결과적으로는 예수님에 대해 이렇게 말하는 것입니다. "이 사람이 아니라, 술취함이라!"

또 다른 사람들의 경우도 있습니다. 이 경우 그들의 마음을 최고로 사로잡는 것은 그들이 좋아하는 정욕입니다. 그 사람들은 그 죄의 악을 알고, 그것을 알 만한 분별도 있습니다. 그들은 또한 신앙의 달콤한 맛에 대해서도 압니다. 그들에게는 하나님의 사람들과 함께 어울릴 때보다 더 행복할 때가 없습니다. 때때로 어떤 진지한 설교를 듣고 집으로 갈 때, 특별히 그 설교가 그들의 악에 대해 언급할 때 그들은 이렇게 느낍니다. "하나님께서 오늘 내 영혼에 말씀하셨다. 숨이 멎는 듯하구나." 하지만 그 모든 일에도 불구하고 유혹이 다시 찾아오고, 그들은 예전에 빠졌듯이 다시 유혹에 빠집니다. 나는 여러분 중에 일부는 어떤 말을 해도 바뀌지 않는 것을 압니다. 여러분은 이 해악에 사로잡혔고, 그것이 여러분의 영원한 파멸의 원인이 될 것입니다. 하지만 오! 여러분이 지옥에 떨어진 이 광경을 생각해 보십시오. "내가 잃어버린 자를 찾아 구원하시려고 세상에 오신 구주의 아름다움보다 정욕이라는 더러운 바라바를 택하였구나!" 이 중에 일부는 이 경우에 해당되지 않겠지만, 복음을 듣는 다수의 군중들이 여전히 구원의 능력보다는 죄를 더 좋아합니다.

여기에는 다른 부류에 속한 사람들도 얼마간 있습니다. 그들은 돈벌이(gain)를 더 좋아합니다. 이런 식입니다. 즉 그들이 진정으로 주의 백성이 된다면, 그들은 거래에 있어서 지금 그들이 당연하다고 여기는 것을 할 수 없습니다. 만일 그들이 진실로 진정으로 신자들이 된다면 그들은 반드시 정직하게 될 것입니다. 하지만 그들은 말하기를, 만일 정직의 원리대로 장사를 한다면 수지가 맞지 않을 것이라고 합니다. 어떤 장사는 해서는 안 되는 것들이 더러 있고, 더구나 그리스도인들이라면 더더욱 할 수 없는 것들이 있습니다. 여기가 전환점입니다. 내가 금을 붙잡을 것인가, 그리스도를 붙잡을 것인가? 진정, 그것은 해로운 금이며, 그 금에는 저주가 뒤따라옵니다. 그것은 바보의 돈이며, 어쩌면 가난하고 불쌍한 사람들로부터 강탈한 소득일 수도 있습니다. 그런 돈은 정당하게 벌어들인 것이 아니기 때문에 떳떳하게 내보일 수 없는 돈입니다. 그런 돈은 여러분의 영혼이 임종의 침상에 눕게 될 때 소멸되고 말 것입니다. 하지만 세상을 사랑하는 사람들은 말합니다. "아니요, 그리스도가 아니라 가득 찬 지갑을 주시오. 그리고 그리스도는 제거하시오." 그보다 덜 천박하고 덜 정직한 다른 사람들은 이렇게 외칩니다. "우리는 그분의 훌륭함을 압니다. 우리는 그분을 얻기를 원합니다. 하지만 우리가 끔찍이 사랑하는 돈벌이를 포기하는 문제와 관련된다면 그분을 원하지 않습니다." "이 사람이 아니라 바라바라!"

다른 사람들은 말합니다. "저는 그리스도인이 되기를 몹시 바라고 있습니다. 하지만 그렇게 되면 내가 아는 많은 사람들과 친구들을 잃어버리게 될 것입니다. 사실을 제대로 말하자면, 내 친구들은 내게 그리 좋은 친구들은 아닙니다. 그들은 내가 많은 돈을 그들과 함께 쓸 때 가장 좋아하지요. 그들은 내가 술 집에 자주 들르고, 그들의 악행에 가장 깊이 빠져들 때 나를 가장 칭찬합니다. 나는 그들이 나를 악용한다는 것을 압니다." 계속해서 그 사람이 말합니다. "하지만 나는 감히 그들을 반대할 수가 없어요. 그들 중 하나는 너무나 입심이 좋아서 나를 조롱거리로 삼을 수 있고, 나는 그가 나를 놀리는 것을 견디지 못합니다. 또 다른 친구가 있습니다. 나는 그가 그리스도인들을 아주 비꼬는 이름으로 부르고 그들의 잘못을 아주 신랄하게 욕하는 것을 들은 적이 있습니다. 나는 그의 심한 비평을 견디지 못할 것입니다. 그러므로, 비록 내가 그리스도인이 되고 싶기는 하지만, 그렇게 하지 않겠습니다." 그런 식으로 여러분은 자유인이 되어 십자가를 지고 그리스도를 따르기보다는, 노예가 되어서 조롱하는 자의 혀에 속박당하는 쪽을 선택합니다. 비유가 아니라 사실로 말하건대, 그런 여러분은 주 예수 그리스도보다 바라바를 더 좋아하는 것입니다.

나는 이런 식으로 많은 예를 들 수 있습니다. 하지만 같은 원리가 그 모든 경우에 적용됩니다. 만약 그 무엇이든 여러분으로 하여금 마음을 주 예수 그리스도께 드리는 일을 막는다면, 여러분은 당신의 영혼 안에 그리스도의 적대자를 세우는 것이며, 결국 "이 사람이 아니라 바라바라"고 선택하는 것입니다.

그리스도를 위해 여러분에게 호소하고 싶습니다. 왜 여러분은 그리스도를 거부하는 것입니까? 여러분은 그분에게서 받는 많은 선한 것들을 의식하고 있지 않습니까? 만일 그분이 아니었다면 여러분은 죽었을 것입니다. 아니, 그보다 훨씬 나쁘게도 지옥에 떨어졌을 것입니다. 하나님께서는 엄격한 나무꾼처럼 '정의'라고 하는 커다란 도끼를 갈아두셨고, 그 도끼를 들고서 방해물이 될 뿐인 당신을 금방이라도 내려치려 하셨습니다. 그 때 복수자의 팔을 막아서는 한 손이 나타났습니다. 그리고 한 음성이 들렸습니다. "그대로 두소서 내가 두루 파고 거름을 주리니"(눅 13:8). 당신에게 그토록 절박했던 순간에 나타난 그가 누구입니까? 다름 아닌 그리스도이십니다. 그런데 당신은 그분을 너무나 하찮게 여겨서 그분보다 술 취함이나 다른 악행을 더 좋아한단 말입니까! 당신은 오늘 하나님의 집에 있으며, 내가 하나님이 공급하시는 말씀이기를 바라는 설교를 듣고 있습니다. 잠시라도 생각해 보십시오. 당신은 지옥에 떨어질 수도 있었고, 거기서 아무런 소망도 없이 몸과 영혼이 말할 수 없는 고통을 겪고 있을 수도 있었습니다. 그런데 당신은 지금 그곳에 있지 않습니다. 그렇다면 당신은 "그를 건져서 구덩이에 내려가지 않게 하라"(욥 33:24)고 말씀하신 분에게 감사하고, 그분을 사랑해야 하지 않겠습니까? 왜 당신은 자신의 돈벌이와 방종을, 당신에게 그토록 은혜를 입혀주신 저 복되신 분보다 좋아하는 것입니까? 진정 그분에게 감사하다면, 당신에게 은혜를 주시려고 자기를 그토록 크게 부인하신 그분을 위해, 당신 역시 자신의 무언가를 부인하게 될 것입니다.

당신은 그리스도의 계명들이 너무나 가혹하여 그분을 따르지 못하겠다고 말하는 것입니까? 어떤 계명이 그리 가혹하던가요? 당신 스스로 계명들을 판단한다고 하더라도, 그분의 어떤 점이 잘못되었다고 지적할 수 있습니까? 그 계명들은 당신에게서 죄를 금하는데, 그것은 곧 당신의 불행을 금하는 것입니다. 그 계명들은 실상 당신이 스스로를 파멸시키는 것을 허용하지 않는 것입니다. 그리스도의 계명에는 당신에게 유익하지 않은 것이 없으며, 당신이 빠지게 되면 당신에게 해를 끼치게 되는 것 외에는 그분이 금하시는 것이 없습니다. 하지만 설혹 그리스도의 계명들이 지나치게 엄격하다고 가정해도, 그것을 견디는 것이 파멸당하는 것보다는 훨씬 낫지 않습니까? 군인은 상관의 명령에 절대적으로 복종합니다. 규율이 없이는 승리를 얻지 못한다는 것과, 질서가 없이는 군대 전체가 산산조각난다는 것을 알기 때문입니다. 선원이 목숨을 걸고서 북극해의 두꺼운 얼음을 헤치며 나아갈 때, 우리는 그가 모든 권위의 질서와 규칙들에 따라 모험에 수반되는 역경들을 감수하는 것을 봅니다. 그것은 그가 위대한 발견에 일조하고자 하는 소원에 의해 자극받든지 혹은 커다란 보상에 의해 고무되기 때문입니다. 분명 그리스도께서 우리에게 요구하시는 자그마한 자기 부인의 행동들은 그분이 제공하시는 보상에 의해 무한대로 보상을 받을 것입니다. 영혼과 영혼의 영원한 복지가 걸려 있을 때에, 저 영원한 생명을 유업으로 얻기 위해서라면, 우리는 이러한 일시적인 불편들을 잘 견디어 내는 것이 당연합니다.

　　내 생각에, 당신의 말은 '그리스도인이 되고 싶지만 그래도 그 속에 행복은 없다'고 하는 뜻인 것 같습니다. 나는 이 점에서 당신에게 허위를 말하고 싶지 않으며, 있는 그대로의 진실을 말하고자 합니다. 나는 엄숙히 선언합니다. 그리스도인의 삶에 다른 어떤 형태의 삶에서보다 더 큰 즐거움이 있는 것은 아닙니다. 하지만 내가 개처럼 죽어야 하고 이생에서 아무런 장래가 없다고 해도 나는 그리스도인이 되고 싶습니다. 당신이 우리 중에서 가장 가난한 사람들에게 물어보아도, 매우 아프고 매우 멸시를 당하는 자들에게 물어보아도, 그들은 같은 대답을 할 것입니다. 오래되고 낡은 붉은 색 외투를 걸친 채 한 줌의 불가에서 떨고 있고, 류머티즘으로 고생하며, 찬장은 텅 비어 있는 어느 시골의 나이 많은 여인조차도, 만일 자기 신앙을 포기해야 한다면, 여러분 중에서 가장 높고 부유한 자들과도 위치를 바꾸려 하지 않을 것입니다. 그녀는 구속주께서 큰 부자의 식탁에 쌓여 있는 호화로운 사치품들보다 더 큰 위로가 되신다고 말할 것입니다. 내 주님께서 자기 제자들을 복되게 하시지 않는다고 상상한다면 당신은 오해하는 것입니다. 그리스도를 신뢰하는 자들은 복된 백성입니다. 여전히 당신이 이렇게 말하는 소리를 듣는다고 생각합니다. "예, 이 모든 말을 다 이해하겠습니다. 하지만 나는 현재의 즐거움을 더 원합니다." 이 말이 어린애 같은 말은 아닙니까? 아니, 바보 같은 말이지요. 현재의 즐거움이란 대체 무엇입니까? 그 "현재의(present)"라는 말이 얼마나 오래 지속되는 것입니까? 만일 당신이 일만 년을 즐겁게 보낼 수 있다면 어느 정도는 수긍할 수 있겠지만, 그럴지라도 그 말을 오래 수긍하기는 어렵습니다. 죄의 즐거움을 맛보는 일만 년의 세월과, 죄의 형벌을 받으며 보낼 수백만의 수백만 년의 세월을 어찌 비교한단 말입니까? 영원에 비하면, 당신의 생은 지극히 짧을 뿐입니다. 당신은 날이 갈수록 시간이 더 서둘러 지나가는 것을 의식하지 못합니까? 당신이 늙어갈수록, 당신이 살아온 세월이 더 짧아 보이지 않습니까? 아마도 당신이 야곱처럼 오래 살 수 있다고 해도, 당신은 이렇게 말하게 될 것입니다. "내 나이가 얼마 못 되니 짧고 험악한 세월을 보내었나이다(창 47:9). 나이가 먹어갈수록 세월이 더욱 짧아 보이는군요." 여러분은 이생이 짧고, 곧 끝나 버리는 것을 알고 있습니다. 저 묘지들을 보십시오. 저 푸른 동산에 그들이 얼마나 많이 모여 있는지를 보십시오. 여러분의 동료들을 기억하십시오. 어떻게 그들이 하나씩 우리 곁을 떠나갔습니까? 그들도 여러분처럼 굳세고 건강했었습니다. 하지만 기우는 그림자처럼 그들은 사라져갔습니다. 스치듯 지나가는 쾌락의 시간을 붙잡을 가치가 있을까요? 그러고서 영원한 고통 속에 누워야 하는 것입니까? 이 질문에 대답해 보시기를 바랍니다. 일시적인 이득 때문에 바라바를 택해야 할 가치가 있는 것인가요? 그것 때문에 그리스도를 저버리고, 그분 우편에 있는 영원한 기쁨과 행복의 보화를 모두 포기한단 말인가요? 나는 이 질문이 여러분 앞에 엄숙하게 제기되었기를 바랍니다. 여러분에게 제대로 호소하려면 휫필드(Whitfield)의 열정적이고 천사 같은 음성이 필요하고, 또한 리처드 백스터(Richard Baxter)의 호소력 있는 말이 필요하겠지만, 하지만 나는 이성을 가진 사람들에게 말하고 있다고 생각합니다. 만일 이것이 산술과도 같이 명백한 문제라면, 더 이상 내 말이 필요하지 않을 것입니다. 이제 나는 여러분에게 여러분의 인생을 최대한 길게 예상해 보라고 요청합니다. 팔십이라고 예상해도 좋고, 또 그 세월이 여러분이 상상할 수 있는 모든 즐거움으로 가득하다고 상상해 보십시오. 건강이 좋을 것이라고 상상하고, 사업상의 근심거리도 없을 것이라고 마음껏 꿈꾸어 보십시오. 원한다면 솔로몬의 보좌에 가서 앉아도 좋습니다. 그러나 그 모든 것이 끝난 후에 여러분이 무슨 말을 해야 할까요? 그 세월을 되돌아보면서, 여러분은 솔로몬이 했던 말 이상의 말을 할 수 있겠습니까? "헛되고 헛되며 헛되고 헛되니 모든 것이 헛되도다. 모두 다 헛되어 바람을 잡으려는 것이로다"(전 1:2,14). 그 모든 것을 다 모아볼 때, 여러분이 얼마나 많은 소득을 거두었을지 미리 계산해 보십시오. 이 헛된 것을 소유하기 위해, 영원한 행복을 포기하고 오히려 영원한 화를 자초한단 말입니까? 성경을 믿습니까? "예"라고 여러분은 대답합니다. 좋습니다, 그래야 하지요. 많은 사람들이 성경을 믿는다고 고백합니다. 하지만 영원한 저주와 영원한 행복에 관한 문제에 있어서는 그들 내부에 이런 속삭임이 있습니다. "그것은 성경에 있어. 하지만 그것은 실제가 아니고, 우리에게 사실이 아니야." 그것이 여러분에게 적용되는 사실로 받아들이십시오. 그렇게 하고서 여러분이 행복에 처하게 될지 저주에 처하게 될지, 여기서 바라바를 주로 삼을 것인지 아니면 그리스도를 주님으로 삼을 것인지 분명히 하십시오. 제정신을 가진 사람으로서, 어느 것이 더 나은 선택인지를 판단하십시오. 여러분이 영적으로 제정신을 가지고 올바른 선택을 하도록 하나님이 강력한 은혜를 주시길 빕니다. 하지만 나는 이것을 알고 있습니다. 우리로 하여금 옳은 것을 선택하고 그른 것을 거부하도록 성령께서 강력하게 인도하시지 않으면, 여러분이 결코 옳은 선택을 하지 않는다는 것입니다. 오직 성령께서 여러분에게 임하여 인도하실 때, 여러분은 구주를 향해 달려갈 것입니다.

이제 지금 이 문제로 예배 시간을 연장할 필요가 없다고 생각합니다. 하지만 여러분이 집에서 이 문제를 생각하면서 예배의 시간을 연장하기를 바랍니다. 여러분 각각의 사람들 모두에게 개인적으로 이 질문을 해도 좋겠습니까? 여러분은 누구의 것입니까? 누구의 편에 여러분은 서 있습니까? 중립은 있을 수 없습니다. 중간에 어정쩡하게 서 있을 수는 없습니다. 그리스도를 섬기든지 벨리알을 섬기든지 둘 중 하나입니다. 주님과 함께 있든지 그분의 원수들과 함께 있든지 해야 합니다. 오늘 주님 편에 서 있는 자가 누구입니까? 누구입니까? 누가 그리스도와 그의 십자가를 위하며, 또 그분의 피와 그분의 보좌를 위하는 자입니까? 누가, 그 반대로 그분의 원수들 편에 서 있습니까? 그리스도를 위하지 않는 자들은 모두 그분의 원수들 편에 선 자들로 간주될 것입니다. 더 이상 그 편에 서지 마십시오. 복음이 이러한 초청의 음성으로 여러분에게 임하기 때문입니다. "주 예수 그리스도를 믿으라, 그리하면 구원을 얻으리라." 여러분이 그분을 믿고 의지하도록 하나님이 도우시기를 빕니다. 여러분이 그분을 믿으면, 지금 구원을 얻고, 또한 영원히 구원을 얻는 것입니다. 아멘.

제
80
장

—

슬픔의 행진

—

"그들이 예수를 맡아서 끌고 가니라." — 요 19:17

다음 주 토요일이면 신부와 함께 마차를 타고 거리들을 행진할 황태자에게 모든 눈들이 고정될 것입니다. 오늘 나는 그것과 다른 방식으로 왕도(王都)를 지나가는 또 다른 황태자를 주목하도록 여러분을 초대합니다. 런던은 황태자의 영광을 목격할 것입니다. 예루살렘은 또 다른 황태자의 수치를 목격하였습니다. 임마누엘을 사랑하는 여러분이여, 이리로 오십시오. 여러분에게 큰 광경을 보여 드리도록 하겠습니다. 저 슬픔의 왕이 자신의 슬픔의 보좌인 십자가를 향해 나아가는 모습을 보여드리겠습니다. 나는 내 주님의 행진에 여러분이 지금 열렬히 기대하는 꽃마차의 행진보다 더 큰 관심을 기울여야 한다고 주장합니다. 여러분의 황태자는 화려하게 장식된 옷을 입겠지요? 나의 황태자는 자기 피로 붉게 물든 의복을 입고 계십니다. 여러분의 황태자는 명예의 훈장들로 화려하게 치장하겠지요. 보십시오, 나의 왕은 자기 면류관 외에는 아무것도 치장하지 않으셨습니다. 아아, 그 면류관은 진홍색 핏방울로 얼룩진 가시 면류관입니다! 여러분의 주요 도로는 인파들로 붐비겠지요? 예루살렘의 거리도 그랬지요. 큰 무리가 그분의 뒤를 따랐답니다. 요란스럽게 외치며 환영하는 소리들로 가득하겠지요? 영광의 주님께서도 떠들썩한 인사를 받았습니다. 하지만 오호라, 그것은 환영의 외침이 아니었으며, "그를 없애라"고 하는 소름끼치는 고함소리였습니다. 영국 왕위 계승자를 둘러싸고 여러분은 축하의 깃발들을 하늘 높이 흔들 것입니다.

하지만 그 깃발들이 그날 처음으로 사람들 손에 들려졌던 붉은 십자가의 깃발에 어찌 필적할 수 있겠습니까? 수천의 눈이 그 젊은 황태자를 응시할 것입니다. 사람들과 천사들의 눈이라고 표현해도 좋겠지요. 내 주님 주변으로는 각 나라에서 온 사람들이, 큰 자나 천한 자나 할 것 없이 몰려와 그분을 에워쌌습니다. 하늘에서는 천사들이 놀람과 경이로움으로 그분을 보았으며, 의로운 자들의 영들도 하늘의 창을 통해 그 광경을 내다보았습니다. 예, 그리고 위대하신 하나님 아버지께서도 고난당하시는 그분 아들의 모든 동작들을 지켜보셨습니다. 하지만 여러분은 내게 신부는 어디 있느냐고 묻습니다. 사랑스럽고 아름다운 왕의 딸은 어디에 있느냐고 묻습니다. 내 주님께 배우자가 없는 것이 아닙니다. 그리스도의 신부인 교회가 거기 있었습니다. 자기 남편이자 주이신 분의 형상을 닮은 그녀가 거기 있었습니다. 십자가를 지고 가는 시몬과, 슬피 울며 따르는 여인들 속에 그분의 신부가 있었습니다. 그런 비교가 부자연스럽다고 말하지 마십시오. 잠시 후 나는 비교를 철회하고 '대조'를 제시할 것입니다. 닮은 부분에 대해서는 이 정도로 언급하도록 허용해 주십시오. 여기 황태자와 그의 신부가 있습니다. 자기 깃발을 들고, 왕복을 입고, 왕의 도시의 거리를 지나가는 도중에 크게 소리치는 군중들과 큰 관심을 가지고 지켜보는 무리들로 둘러싸인 황태자가 있습니다. 하지만 그 차이가 얼마나 큰지요! 아주 무관심한 눈도 그 차이를 알아봅니다. 저기 젊은 황태자는 한창 때의 젊음과 건강으로 활기차고 얼굴색이 붉습니다. 내 주님의 얼굴은 어떤 사람보다도 상한 모습입니다. 보십시오. 그것은 멍 자국으로 검게 되었고, 그분을 조롱한 자들이 뱉은 침 자국으로 얼룩져 있습니다. 여러분의 왕위 계승자는 안전한 마차를 타고서, 편안하게 앉은 채로, 장관을 이루며 거리를 지나갑니다. 수난을 겪으시는 나의 황태자께서는 지친 발을 끌면서, 거리에 핏방울의 흔적을 남기면서 걸어가십니다. 말을 타지도, 마차에 오르시지도 않고, 오직 자기 십자가를 지고 가십니다. 여러분의 황태자는 많은 친구들로 둘러싸여 있습니다. 그들이 얼마나 즐거운 소리로 그를 환영하는지 들어보십시오! 그럴 만하지요, 그토록 고귀한 부모의 아들이니 국민의 사랑을 받을 만합니다. 하지만 나의 황태자께서는 이유도 없이 미움을 받습니다. 그들이 얼마나 시끄러운 소리로 그분을 서둘러 처형해야 한다고 요구하는지 들어보십시오! 얼마나 거친 목소리로 저 잔인한 말들을 쏟아내는지를 들어보십시오. "십자가에 못 박으라! 저를 십자가에 못 박으라!" 여러분의 귀한 황태사는 결혼을 준비히고 있습니다. 나의 황태자는 서둘러 자기 죽음을 향해 나아가고 있습니다. 오, 세상 군주들을 향해서는 그토록 많은 갈채를 보내고도 만왕의 왕께는 아무런 갈채를 보내지 않는 자들은 수치를 알아야 합니다. 하지만 사랑하는 친구들이여, 어떤 눈에는 저 슬픔의 행진에 더 큰 매력이 있습니다. 화려하고 즐거운 행렬에서보다 저 수치와 피의 행진에서 더 큰 매력을 봅니다. 오! 여러분에게 호소합니다. 내가 말하기에는 너무나 높은 주제 곧 세상을 지으신 분께서 큰 슬픔의 길을 따라 행진하시는 것에 대해, 내가 전하는 희미한 소리에 귀를 기울여 주십시오. 여러분의 구주께서 고난의 거친 길을 걸어가십니다. 무거운 마음과 무거운 발걸음으로 가시는 그 길을 따라, 원수들에게 은혜를 베푸시는 왕의 길을 여십니다.

1. 끌려가신 그리스도

우리 주 예수 그리스도께서 공식적으로 빌라도에게 정죄를 당하신 후에, 그분이 끌려가셨다고 이 본문이 말하고 있습니다. 끌려가신 그리스도(Christ as led forth)를 주목하시길 바랍니다.

우리가 기억하는 대로, 빌라도는 로마 법정의 일반적인 관습을 따라 우리 구주에게 채찍질을 가하도록 했습니다. 집행관들은 그분의 어깨에 정해진 횟수를 다 채울 때까지 매질과 채찍질을 함으로써 자기들의 잔혹한 임무를 수행했습니다. 예수님은 공식적으로 십자가형에 언도되었습니다. 하지만 그 전에 그분은 끌려 나가시어 브라이도리온(Praetorium)이라 불리는 뜰의 수비대에게 넘겨지셨고, 그곳에서 거친 군인들이 그분을 모욕했습니다. 그 당시 게르만족 군대가 유대에 주둔했다고 합니다. 만일 그들이, 계시를 짓밟고 그들의 철학이라는 사악한 침을 진리의 얼굴에 뱉은 현대 게르만 신학자들의 선조들이라 하더라도 나는 놀라지 않을 것입니다. 그 군인들은 잔학과 멸시가 고안해 낼 수 있는 갖은 방법을 동원하여 그분을 조롱하고 모독했습니다. 그들은 가시로 면류관을 만들었고, 진홍색 의상을 준비했으며, 갈대로 그분을 쳤으며, 침 뱉음으로 그분의 얼굴을 더럽혔습니다. 이 모든 일들이 그들이 유대인의 왕이라고 놀렸던 분에 대한 경멸의 표현입니다. 갈대는 시내에서 꺾어온 단순한 풀줄기가 아닙니다. 그보다는 더 억센 종류였으며, 동양에서는 종종 그것을 재료로 지팡이를 만들기도 합니다. 갈대로 치는 것은 모욕일 뿐 아니라 가혹한 고통이었습니다. 면류관은 짚으로 만든 것이 아니라 가시나무로 만들었습니다. 그러므로 그것은 외관상의 조롱일 뿐 아니라 실제적인 고통을 주는 것입니다. 그분을 조롱할 때 그들은 그분이 입고 있던 붉은 색 의상을 잡아 찢었습니다. 이 거친 행동이 많은 통증을 야기했습니다. 그분의 상처는 지혈되지 않은 채 살을 드러내고 있었고, 채찍을 가할 때마다 새롭게 피가 흘렀습니다. 피가 이 진홍색 의상을 그분의 몸에 꼭 달라붙게 했고, 그것을 잡아 찢었을 때 상처의 갈라진 틈새로 피가 솟구쳐 흘렀습니다. 우리는 그들이 가시 면류관을 벗겨 주었다는 기록을 읽지 못합니다. 그러므로 아마도 거의 확실하게 그것은 우리 구주께서 '슬픔의 길(Via Dolorosa)'을 걸어가시는 동안에도, 그리고 십자가에 못 박히셨을 때에도, 그분의 머리에 씌워져 있었을 것입니다. 그러므로 가시 면류관을 쓰고서 나무에 달리신 우리 주님을 묘사한 그림들은 어느 정도 성경적인 근거를 가지고 있습니다. 그들은 다시 그분의 옷을 그분에게 입혔습니다. 옷은 사형집행인의 부수입이었기 때문입니다. 현대의 교수형 집행자들이 그들이 형을 집행하는 자들의 옷을 가지듯이, 그 네 명의 군인들이 그분의 옷에 대한 권리를 주장했습니다. 또한 그분의 옷을 다시 입힘으로써 군중들로 하여금 그분이 메시야라고 자백했던 그 인물과 동일인임을 알아보게 한 것입니다. 우리가 알듯이 다른 옷은 어떤 개인이 동일인인지 의혹을 갖게 합니다. 하지만 보십시오! 사람들이 거리에서 그분을 보았습니다. 그분은 붉은 옷을 입지 않았고 단지 위에서부터 통으로 짠 옷만을 입고 있었습니다. 사실상 그 옷은 팔레스타인 시골 사람의 일상의 작업복입니다. 그들은 그분을 보자마자 즉각 외칩니다. "그래, 이 사람이 병자를 고쳤고 죽은 자를 일으켰던 바로 그 사람이다. 산 위에 앉아서, 혹은 성전 뜰에 서서, 서기관들과는 달리 권세있게 가르쳤던 능력의 교사가 바로 그이다." 우리 주님이 실제로 십자가에 못 박히셨다는 것에는 아무런 의혹이 있을 수 없습니다. 누구도 그분을 대신하지 않았습니다. 우리가 알지 못하는 이를 그들이 데리고 나올 수는 없었습니다. 로마 교회의 해설가들은 자기들의 상상을 사실이라고 주장하는 일이 흔한데, 그들은 그분이 목에 밧줄을 건 채로 거칠게 나무에까지 끌려가셨다고 주장합니다. 그들의 추측은 그럴듯합니다. 로마인들이 죄수들을 그런 식으로 형장까지 끌고 가는 일이 드문 일이 아니었으니까요. 하지만 우리로서는 그분이 자기 어깨에 자기 십사기를 짊어지고 가셨다는 사실에 더욱 관심을 기울입니다. 이는 그분의 죄와 임박한 죽음을 널리 알리기 위해 의도된 일입니다. 대개는 외치는 자가 앞서 나가며 이런 식으로 선언하였습니다. "이 사람은 나사렛 예수이다. 유대인의 왕이

라고 사칭한 자이며, 백성들을 소요케 한 자로서, 사형 선고를 받았다." 십자가
는 꽤 묵직한 도구입니다. 일부 그림들이 묘사하듯이 아마도 지나치게 무겁지는
않지만, 로마식으로 채찍질을 당해 어깨의 살이 드러난 사람이 지기에는 결코
가벼운 무게가 아닙니다. 그분은 밤새 힘겹게 씨름하셨고, 이른 아침에는 가야
바의 집에서 보내었으며, 그리고 지난 주일에 내가 묘사했듯이, 서둘러서 가야
바에게서 빌라도에게로 보내어졌다가, 빌라도에게서 헤롯에게로, 다시 헤롯에
게서 빌라도에게로 되돌려졌습니다. 따라서 그분은 거의 힘을 소진한 상태였습
니다. 그분이 힘겹게 비틀거리는 모습을 보고서, 또한 다른 한 사람을 불러서 그
분과 함께 십자가를 메도록 하는 것을 보고서, 우리는 놀랄 것이 없습니다. 그분
은 그렇게 자기 십자가를 짊어지고 앞으로 나아가셨습니다.

이렇게 이끌려 가시는 예수님에게서 우리는 무엇을 배웁니까? 우리는 여기
서 아사셀(the scape-goat)이 그림자로 보여주었던 것의 실체를 보고 있지 않습니
까? 대제사장이 아사셀 염소를 이끌고 와서, 그의 양손을 그 머리 위에 얹고 백
성의 죄를 고백함으로써 그들의 죄가 그 염소에게로 옮겨가도록 하지 않았습니
까? 그 다음에 그 염소는 정한 사람에게 맡겨 광야로 보내어졌습니다. 그 염소는
백성들의 모든 불의를 지고 접근하기 어려운 땅 곧 사람들이 찾고자 하여도 찾
을 수 없는 땅으로 보내어졌습니다(참조. 레 16:22). 이제 우리는 예수님이 제사
장들과 통치자들 앞으로 이끌려 오시는 것을 봅니다. 그들은 그분을 유죄로 선
언하였습니다. 하나님께서 친히 우리의 죄를 그분에게 전가시키셨습니다. 그분
이 우리의 죄를 감당하셨고, 우리 죄책을 짊어질 대리자가 되셨으며, 우리 죄를
그분의 어깨에 짊어지셨습니다. 십자가는 나무로 된 일종의 표상으로서, 우리의
죄와 운명을 나타냅니다. 우리는 저 위대한 아사셀이 예정된 공의의 집행자들에
의해 이끌려 가는 것을 봅니다. 자기 백성의 모든 죄를 등에 짊어지고서, 저 희생
의 제물은 영문 밖으로 나아갑니다. 사랑하는 이여, 그분이 당신의 죄를 짊어지
셨다고 말할 수 있습니까? 당신은 그분 어깨에 올려진 십자가가 당신의 죄를 나
타내는 것을 봅니까? 오! 스스로에게 질문해 보십시오. 그리고 그렇다고 긍정적
으로 대답할 수 있기까지는 만족한 상태로 있지 마십시오. 그분이 당신의 죄를
짊어지고 가셨는지 아닌지를 당신이 알 수 있는 한 가지 방법이 있습니다. 당신
은 그분의 머리에 손을 올렸습니까? 그리고 당신의 죄를 고백하고, 그분을 의지
했습니까? 그렇다면 당신의 죄는 당신에게 있지 않습니다. 조금의 분량이나 무

게도 당신에게 있지 않습니다. 그것은 모두 '복된 전가(blessed imputation)'에 의해 그리스도께로 옮기어졌습니다. 그분이 그것을 자기 어깨에 저기 무거운 십자가의 형태로 짊어지신 것입니다. 만일 우리가 이렇게 노래할 수 있다면 얼마나 기쁘고 만족스러울까요?

> "예수님 지고 가신 짐을
> 내 영혼이 뒤돌아보네.
> 저주받은 나무 아래 달려가 보니,
> 그곳에 내 죄짐이 내려진 것을 안다네."

십자가에서 그리스도께서 당신의 대리자가 되신 것을 알고 만족하기까지, 결코 그 심상(心象)을 마음에서 지우지 마십시오.

예수님께서 영문 바깥으로 끌려가신 사실을 묵상하도록 합시다. 그곳은 흔히 있는 사형장이었습니다. 자그맣게 솟아오른 그 동산은 아마도 사람의 두개골 정수리 부분을 닮았기 때문에 '해골의 장소'라는 뜻의 골고다로 불리었을 것입니다. 사형장인 그곳은 죽음의 성들 중 하나였습니다. 여기서 죽음은 자신의 가장 음울한 전리품들을 쌓아둡니다. 죽음은 그 요새의 냉혹한 영주입니다. 우리의 위대한 영웅이요 죽음의 파멸자(the destroyer of Death)이신 예수님은 굴 속에 있는 사자의 수염을 뽑으셨고, 자기 요새에 있는 괴물을 죽이셨으며, 그 용을 굴 밖으로 끌고 나오셨습니다. 내 생각에, 죽음은 파멸의 영지 내에서 예수님이 말뚝에 박혀 피 흘리시는 것을 보았을 때 근사한 승리를 거두었다고 여겼을 것입니다. 죽음은 십자가에 달린 인자에 의해 무덤이 강탈당하고 그 자신은 파멸을 당할 것을 거의 알지 못했습니다.

예수님은 자기의 수치를 더하시려고 그곳으로 끌려가신 것이 아닙니까? 골고다는 런던의 올드 베일리(Old Bailey)와 같은 곳으로서, 그 구역의 일반적인 사형장이었습니다. 그리스도께서는 끔찍한 죄수들이 자기 죄에 대한 대가를 치르는 곳에서 범죄자의 죽음을 죽으셔야 하고, 범죄자의 형틀에 달리셔야 했습니다. 이것이 그분의 수치를 더하였습니다. 하지만 내가 생각하기에, 이렇게 하심으로써 그분은 우리에게 더 가까이 다가오셨습니다. "그가 범죄자 중 하나로 헤아림을 받았음이라. 그러나 그가 많은 사람의 죄를 남당하며 범죄자를 위하여

기도하였느니라"(사 53:12).

　　하지만 형제들이여, 더 나아가서, 그리스도께서 영문 밖에서 죽임을 당하신 것에는 이러한 큰 교훈이 있다고 생각합니다. "그런즉 우리도 그의 치욕을 짊어지고 영문 밖으로 그에게 나아가자"(히 13:13). 여러분은 그곳에서 무리들이 그분을 성전으로부터 몰아내는 것을 봅니다. 그분은 그들과 더불어 예배하도록 허용되지 않습니다. 유대 종교의 예법은 그 화려한 의식에 그분의 참여를 거부합니다. 제사장들은 그분을 정죄하여 그분으로 하여금 그 신성한 바닥을 밟지 못하게 하며, 그분의 백성이 예배하는 그 거룩한 제단을 바라보지 못하게 합니다. 그분은 그들과의 교제에서도 역시 쫓겨나십니다. 이제 누구도 그분을 떳떳이 친구라 부르는 이가 없고, 그분에게 위로의 말을 속삭이는 이가 없습니다. 더 나아가, 그분은 마치 가까이 하면 전염된다고 여기던 나병 환자처럼, 함께 있는 것 자체가 병을 옮기는 전염병 환자처럼, 그들의 사회에서도 쫓겨나십니다. 그들은 성벽 밖으로 그분을 내몰았고, 그들이 불쾌하다고 여긴 그분의 존재를 없애지 않고서는 만족하지 않습니다. 그분에 대해 그들은 관용이 없습니다. 그들은 바라바는 자유롭게 가게 해 줍니다. 그 도둑이며 살인자는 살려줍니다. 하지만 그리스도에 대해서는 "이러한 자는 세상에서 없애 버리자! 살려 둘 자가 아니라"고 소리칠 뿐입니다(참조. 행 22:22). 그렇게 예수님은 자기 동포의 의지와 무력에 의해 도시 바깥으로, 영문 밖으로 쫓겨나십니다. 마치 어린 양이 목초지로 가듯 도수장을 향해 순순히 나아가듯이, 그리스도께서도 기꺼이 자기 십자가를 지고 영문 밖으로 나가십니다. 형제들이여, 보십시오! 만일 우리가 주님께 충성된 자들이라면, 여기서 우리가 사람들에게서 무엇을 기대할 것인지를 볼 수 있습니다. 우리는 그들의 예배에서 같이 예배드릴 수 있을 것 같지 않습니다. 그들은 화려하고 번지르르한 의식과, 음악의 감정 고양과, 값비싼 의상의 번쩍거림과, 학식의 과시를 더 좋아합니다. 이 모든 것은 세상 종교의 화려함을 드러내는데 이바지할 뿐이며, 그럼으로써 어린 양의 순박한 추종자들을 몰아냅니다. 세속적 예배의 산당들과 명예는 우리들을 위한 것이 아닙니다. 우리가 진정으로 주님께 진실하다면 우리는 곧 세상과의 우정을 잃어버립니다. 악한 자들은 우리와의 대화를 역겹다고 느낄 것이며, 우리가 추구하는 바에 육적인 사람들은 아무런 관심을 갖지 못합니다. 우리에게는 귀한 것들이 속물들에게는 쓸모없는 찌꺼기에 불과하고, 반면 그들에게 귀한 것이 우리에게는 경멸스러운 것입니다. 그리스도께 충실하면 소위 "사회"로부터의 배척당하는 시대가 있었고, 그런 때는 언제든 다시 올 수 있습니다. 심지어 어떤 면에서 판단할 때, 지금도 대다수의 진실한 그리스도인들은 사회에서 가장 낮은 계층보다 더 낮은 천민과도 같습니다. 옛 시대에 세상은 성도들을 죽이는 것을 하나님을 섬기는 일이라고 간주했습니다. 이 모든 일을 곰곰이 생각해 본다면, 최악의 일이 우리에게 일어나더라도 그것을 이상하게 간주해서는 안 됩니다. 지금은 점잖은 시대이고, 신앙은 그렇게 혹독한 전투를 치르지 않습니다. 세상이 우리에게 좀 더 친절한 것이 우리가 주님께 불충하기 때문이라고는 말하지 않겠습니다. 하지만 내가 느끼는 것은, 만일 우리가 좀 더 철저한 그리스도인들이라면 세상이 우리를 더욱 세차게 혐오할 가능성이 농후하다는 것입니다. 우리가 그리스도께 더욱 가까이 밀착될수록 우리는 사람들로부터 더 많은 비방과 학대를 받을 것이며, 관용과 호의는 더 적게 받을 것입니다.

여러분 젊은 신자들이여, 최근에 그리스도를 따르기 시작한 이들이여, 여러분의 아버지와 어머니가 여러분을 버린다 하더라도, 이 문제를 곰곰이 생각해 보라고 한 내 말을 기억하십시오. 형제와 자매들이 비웃더라도, 여러분은 그것을 그리스도인으로 치르는 희생의 일부라고 간주해야 합니다. 경건한 노동자들이여, 여러분의 고용주들이나 동료 일꾼들이 당신에게 인상을 찌푸릴 수 있습니다. 아내들이여, 여러분의 남편들이 여러분을 쫓아낸다고 위협할 수 있습니다. 그러나 기억하십시오. 영문 밖이 예수님이 계신 곳이고, 또 여러분이 있어야 할 자리입니다. 오! 그리스도인 남성들이여, 순풍을 타고 항해하기를 꿈꾸며, 세상의 호의를 얻으려 애쓰는 자들이여, 그렇게 위험한 쪽으로 가는 것을 멈추라고 나는 호소합니다. 우리는 세상 안에 있습니다. 하지만 우리는 결코 그것에 속하지는 않았습니다. 우리는 수도원에 있는 수도사들처럼 격리되어 있는 것은 아닙니다. 하지만 우리는 유대인들이 이방인들 가운데서 구별되었던 것처럼, 세상 속에 살면서 세상에 속하지 않은 것처럼 구별되어야 합니다. 그들을 돕고, 원조하고, 친구가 되어주고, 가르치며, 위로하고, 길을 인도하되, 불쾌한 인상을 피하기 위해서나 미소를 얻기 위해 죄를 짓지는 마십시오. 교회와 세상 사이에 거대한 간격이 있는 것이 더욱 선명해질수록, 양쪽 모두에게 더욱 좋습니다. 세상에 더 좋은 이유는, 그로 인해 세상이 경고를 받기 때문입니다. 교회에 더 좋은 이유는, 그로 인해 교회가 보전되기 때문입니다. 그러므로 여러분이여, 여러분의 주님처럼 욕을 먹고, 오명을 뒤집어쓰고, 비난을 받을 것을 예상하고 나아가십시오. 예, 그분처럼 영문 밖으로 나아가십시오.

2. 자기 십자가를 지시는 그리스도

이제 잠시 동안 자기 십자가를 지시는 그리스도(Christ carrying His cross)를 바라보도록 합시다.

지금까지는 신자인 여러분의 위치를 보여주었으니, 이제는 여러분의 섬김에 대해 보여드리고자 합니다. 그리스도께서는 빌라도의 관정에서 나오실 때 어깨에 성가신 나무를 메고 나오십니다. 하지만 지친 가운데서도 그분은 천천히 이동하십니다. 그분의 죽음을 재촉하던 대적들도 수척한 그분의 모습을 보고서 혹 사형장에 이르기 전에 죽지 않을까를 염려하면서 이동합니다. 악한 자들은 친절해 보이는 자비조차도 잔인한 것입니다. 그들은 그분에게서 십자가 형틀에서 죽는 고통을 면제시킬 수 없기에, 십자가 형틀을 나르는 수고를 면제시킵니다. 그들은 구레네 사람 시몬에게 십자가를 지웁니다. 우리는 시몬의 얼굴 색깔에 대해서는 알지 못하지만, 아마도 그가 흑인이었을 가능성이 큽니다. 시몬은 아프리카인이었고, 구레네 출신입니다. 오호라 가련한 아프리카인이여, 그대는 지금까지도 십자가를 억지로 지고 있구려! 멸시받는 태양의 자녀인 그대여, 그대가 저 슬픈 행진을 하고 있는 왕의 뒤를 처음으로 따르는구려! 우리는 시몬이 그리스도의 제자였는지 확인할 수 없습니다. 그는 아마도 호의적인 방관자였을 것입니다. 하지만 유대인들이 자연스럽게 제자들 중 한 사람을 골랐다고 생각할 수도 있습니다. 그는 자기가 살던 지방에서 갓 올라와 지금 돌아가는 상황에 대해 알지 못한 채 군중의 대열에 합류했고, 사람들이 그에게 십자가를 메도록 시켰을 수도 있습니다. 그 때 제자이었건 아니건, 그가 후에는 제자가 되었다고 믿을 많은 이유들을 가지고 있습니다. 성경에서 읽는 대로 그는 알렉산더와 루포의 아버지입니다(막 15:21). 그 두 사람은 초대 교회에서 잘 알려진 인물인 듯이 보입니다. 그가 억지로 구주의 십자가를 메게 되었을 때에 그의 집에 구원이 임했다고 생각하도록 합시다.

사랑하는 친구들이여, 우리가 기억해야 할 것은, 비록 아무도 그리스도와 함께 십자가에서 죽지는 않았지만 — 속죄는 오직 구주 한분에 의해 이루어져야 하기 때문에 — 또 다른 한 사람이 그리스도를 위해 십자가를 졌다는 사실입니다. 이 세상은 한편으로는 오직 그리스도 한 분에 의해 값을 치르고 구원받는 것이지만, 다른 한편으로는 그리스도의 수고와 고난에 동참한 성도들을 통해 나타나는 하나님의 능력에 의해서도 구원을 받는 것입니다. 사람들의 **몸값**은 그리스도에 의해 모두 지불되었습니다. 그리스도에 의해 **값**을 **치르고** 속량 받는 것입니다. 하지만 우상들을 무너뜨리고, 무수한 오류들을 이기기 위해서는 능력이 필요합니다. 그 능력을 어디에서 찾을 수 있습니까? 만군의 주 안에서입니다. 그분은 그리스도와 그분의 교회의 고난 속에서 자기 능력을 보이십니다. 복음이 교회를 통하여 전파되기 위해서는 교회가 고난을 감당해야 합니다. 이것이 사도가 다음 말을 했을 때의 의미입니다. "나는 그리스도의 남은 고난을 그의 몸 된 교회를 위하여 내 육체에 채우노라"(골 1:24). 치러야 할 값에 있어서는 더 이상 남은 것이 없지만, 나타나야 할 능력에 있어서는 남은 것이 있습니다. 구원의 능력이 마지막 분량까지 계속해서 나타나도록 하기 위해, 그분의 목적이 최종적으로 완성되고 그분이 영원토록 다스리실 때까지, 우리들 각자는 그리스도와 함께 십자가를 지고 가야 합니다. 십자가를 지고 가는 시몬에게서 우리는 모든 시대의 교회가 해야 할 일이 무엇인지를 봅니다. 그리스도인들이여, 예수님께서 단지 여러분의 고난을 면제시키시려고 고난당하신 것이 아님을 기억하십시오. 그분이 십자가를 지시는 것은, 여러분이 십자가를 피하도록 하기 위함이 아니라, 오히려 여러분이 그것을 견디도록 하기 위함입니다. 그리스도께서는 여러분의 죄를 면제하시지만, 여러분의 고난을 면제하시지는 않습니다. 그분은 십자가의 저주를 가져가시지만, 십자가 자체를 여러분에게서 가져가시는 것이 아닙니다. 그것을 기억하고 고난을 각오하십시오.

사랑하는 이여, 이 생각으로 우리 자신을 위로하도록 합시다. 시몬과 마찬가지로 우리의 경우에는, 우리가 짊어지는 것은 우리의 십자가가 아닌 그리스도의 십자가입니다. 경건한 삶에 괴로움이 따를 때, 가혹한 시련이 믿음으로 살려는 당신을 조롱하는 듯 할 때, 그 때는 기억하십시오. 그것은 당신의 십자가가 아니라 그리스도의 십자가입니다. 우리 주 예수님의 십자가를 지다니 얼마나 기쁜 일입니까?

여러분은 그분을 뒤따라 십자가를 지는 것입니다. 여러분에게는 복된 동행자가 있습니다. 여러분의 길에는 주님의 발자취가 남아 있습니다. 자세히 살펴보면, 그분의 어깨에서 흘렀던 붉은 피의 흔적이 그 무거운 십자가에 남은 것을 볼 수 있습니다. 이것은 그분의 십자가이며, 그분은 마치 양 무리에 앞서 가는 목자처럼 앞서 가십니다. 여러분의 십자가를 날마다 지고 그분을 따르십시오.

또한 여러분이 이 십자가를 공동으로 진다는 것을 잊지 마십시오. 어떤 주석가들의 의견에 따르면 시몬은 단지 십자가 한쪽 끝을 메고 갔으며, 전체를 지고 간 것이 아니라고 합니다. 그럴 가능성이 큽니다. 그리스도께서 무거운 쪽 즉 횡축이 있는 부분을 지시고, 시몬이 더 가벼운 쪽인 반대편 끝을 메었을 것입니다. 여러분의 경우에도 분명히 그렇습니다. 여러분은 단지 십자가의 가벼운 부분을 지고 갑니다. 그리스도께서 무거운 쪽을 짊어지십니다.

> "그분의 길은 내 길보다 훨씬 거칠고 어두웠도다.
> 그리스도 나의 주님께서 고난당하셨으니
> 내 어찌 힘들다고 불평하리요?"

러더퍼드(Rutherford: 1600-1661. 스코틀랜드 목사·신학자)는 이렇게 말합니다. "그리스도께서 우리에게 십자가를 주실 때마다, 언제나 그분은 이렇게 외치신다. '내 사랑하는 자여, 절반은 내게 다오.'" 다른 사람들은 시몬이 십자가 전체를 지고 갔다고 생각합니다. 만일 그가 십자가 전체를 지고 갔다 해도, 그는 그 십자가의 나무를 지고 갔을 뿐입니다. 그가 그토록 무겁게 짓누르는 죄의 짐을 진 것은 아닙니다. 그리스도께서는 십자가의 외형적인 틀인 나무를 시몬에게 맡기셨을 뿐입니다. 그 나무의 저주 곧 우리의 죄와 그 형벌은 여전히 예수님의 어깨 위에 올려져 있었습니다. 사랑하는 친구여, 만일 당신이 그리스도인이 겪을 수 있는 모든 고난을 겪는다고 생각한다 해도, 하나님이 일으키시는 큰 물결들이 당신 위에 덮친다 해도, 당신의 슬픔의 바다에는 한 방울의 진노도 섞이지 않았다는 것을 기억하십시오. 예수님이 진노를 가져가셨습니다. 예수님이 죄를 지고 가셨습니다. 이제 당신이 겪는 모든 짐은 오직 그분을 위한 것입니다. 당신으로 하여금 그분의 형상을 본받도록 하기 위한 것이며, 그분의 백성을 그분 가족으로 불러 모으는 일에 일조하도록 하기 위한 것입니다.

비록 시몬이 그리스도의 십자가를 지고 가긴 했으나, 그가 자원하여 그 일을 한 것이 아니며 사람들이 그에게 억지로 지게 한 것입니다. 사랑하는 이여, 내가 염려하는 것은 우리들이 설혹 십자가를 진다 해도 대다수가 억지로 그것을 진다는 것입니다. 적어도 처음에 십자가가 우리 어깨 위에 올려질 때 우리는 그것을 좋아하지 않습니다. 그것에서 벗어나기를 바랍니다. 하지만 세상이 우리로 하여금 그리스도의 십자가를 억지로 지게 합니다. 주님의 종들인 여러분은 즐거이 이 짐을 받아들이십시오. 나는 우리가 불필요한 핍박을 추구해서는 안 된다고 생각합니다. 일부러 다른 사람들의 불쾌감을 자극하려는 사람은 바보이며 동정할 필요가 없습니다. 우리는 결코 우리 자신의 십자가를 만들어서는 안 됩니다. 여러분의 신앙을 빼고는 반대 받을 일이 없도록 하십시오. 하지만 만일 사람들이 신앙 때문에 당신을 반대한다면 그런 반대는 감수하십시오. 그것은 여러분이 즐겁게 지고 가야 할 십자가입니다.

비록 시몬은 아주 잠시 동안 십자가를 지고 가야 했지만, 그것이 그에게 지속적인 영예를 주었습니다. 빌라도의 관정에서 저 죽음의 언덕까지의 거리가 얼마인지 나는 알지 못합니다. 로마주의자(가톨릭교도)들은 아는 체를 합니다. 사실상 그들은 베로니카(Veronica)가 그분의 복된 얼굴을 손수건으로 닦아드린 그 장소까지도 알고 있으며, 그 손수건에 그분의 형상이 새겨진 것을 발견했다고 합니다! 우리가 잘 아는 것은 그런 일이 일어나지 않았다는 것입니다. 또 그들은 예수님이 지쳐 쓰러지신 바로 그 지점까지도 안다고 합니다. 그들의 말을 곧이곧대로 믿는다면 예루살렘에 가면 그분이 쓰러지신 모든 지점들을 다 볼 수 있습니다. 하지만 사실 그 도시는 완전히 파괴되고, 불타고, 뒤엎어져서, 이런 지점들을 분간할 가능성은 거의 없습니다. 단 한 가지 예외가 있다면, 아마도 골고다 언덕은 성벽 바깥에 지금도 여전히 남아 있을 것이라는 점입니다. 로마주의자들이 슬픔의 길(Via Dolorosa)이라고 부르는 길은 지금은 긴 거리이지만, 당시에는 짧은 거리에 불과했을 것입니다. 시몬은 아주 짧은 시간 동안 십자가를 졌지만 그의 이름은 이 책에 영원히 남아 있으며, 우리는 그의 명예를 부러워합니다. 자, 사랑하는 이여, 우리가 져야 할 십자가는 아주 짧은 시간으로 그치는 것입니다. 몇 번 더 태양이 떴다가 언덕 아래로 내려가면, 몇 번 더 달이 찼다가 기울면, 우리는 영광을 얻을 것입니다. "생각하건대 현재의 고난은 장차 우리에게 나타날 영광과 비교할 수 없느니라"(롬 8:18). 우리가 십자가를 사랑하고 그것을 매우 귀하게 여겨야 하는 것은, 그것이 장차 지극히 크고 영광의 중한 것을 우리에게 이루어 주기 때문입니다(고후 4:17). 그리스도인들이여, 여러분은 그리스도를 위해 십자가 지는 사람들(cross-bearers) 되기를 거절할 것입니까? 나는 신앙을 고백하는 일부 그리스도인들을 부끄러워합니다. 정말이지 그들이 부끄럽습니다! 그들 중에 어떤 이들은 부자가 되기까지는 가난한 회중들과 더불어 예배드리는 것을 반대하지 않습니다. 그런데 부자가 된 후로, 그들은 어이없게도 세상과 어울리고 그들의 풍조와 세련된 형식을 따라가려 합니다. 사람들 중에서 입을 닫고, 그리스도를 위해 한 마디도 하지 않는 자들이 있습니다. 그들은 매사에 아주 점잖게만 행동하고, 십자가의 군사들이 되는 것이 불필요하다고 생각합니다. "자기 십자가를 지고 나를 따르지 않는 자는 내게 합당하지 아니하니라"고 그리스도께서 말씀하십니다(마 10:38). 여러분 중에 어떤 이들은 "그는 신앙고백자야, 이제 그가 얼마나 거룩하게 생활해야 할까"라고 말할 것이라는 생각에 세례를 받지 않으려 합니다. 나는 세상이 우리에게서 많은 것을 기대하고 꼼꼼하게 감시하는 것을 기뻐합니다. 이 모든 것은 복된 사슬과도 같으며, 우리를 주께로 더 가까이 이끌어 주는 수단입니다. 오! 그리스도를 부끄러워하는 그대들은 성경이 어떻게 말하고 있는지 읽을 수 없단 말입니까? "누구든지 이 음란하고 죄 많은 세대에서 나와 내 말을 부끄러워하면 인자도 아버지의 영광으로 거룩한 천사들과 함께 올 때에 그 사람을 부끄러워하리라"(막 8:38). 여러분의 신앙을 감추는 겁니까? 그것을 외투로 덮어 숨기려는 것입니까? 하나님이 금하십니다! 우리의 신앙은 우리의 영광입니다. 그리스도의 십자가는 우리의 영예입니다. 바리새인들처럼 보란 듯이 그것을 지고 행진하지는 않더라도, 그것을 감출 정도로 비겁해서는 안 됩니다. "그러므로 너희는 그들 중에서 나와서 따로 있고 부정한 것을 만지지 말라"(고후 6:17). 여러분의 십자가를 취하고서 영문 밖으로 나가십시오. 죽음의 자리까지 그리스도를 따라가십시오.

3. 그리스도와 슬퍼 우는 자들

이제 세 번째 그림을 여러분에게 제시하고자 합니다. 곧 그리스도와 그분을 애도하는 자들(Christ and His mourners)입니다.

그리스도께서 거리를 지나가실 때 큰 무리가 지켜보았으며, 그 무리 중에는 간간이 부드러운 마음씨의 여성들도 섞여 있었습니다. 아마도 그분에 의해 치료를 받았거나, 혹은 그 자녀들을 그분이 축복하셨던 여인들일 것입니다. 이들 중에는 상당한 지위에 있는 여인들도 있었으며, 그들 중 많은 이들이 자기들의 소유로 그분을 섬겼습니다. 무리들이 요란스럽게 떠드는 소리 중에, 군인들이 고

함치는 소리 중에, 그들은 크게 소리를 높여 슬피 울었습니다. 마치 라헬이 자녀를 잃고서 위로받기를 거절하고 우는 것과도 같았습니다. 동정의 소리가 조롱의 소리를 압도하였습니다. 예수님이 멈추고서 말씀하셨습니다. "예루살렘의 딸들아 나를 위하여 울지 말고 너희와 너희 자녀를 위하여 울라"(눅 23:28). 이 선한 여인들의 슬픔은 매우 적절한 슬픔이었습니다. 예수님은 결코 그것을 금하신 것이 아닙니다. 그분은 단지 그보다 더 나은 다른 슬픔을 권하신 것입니다. 그분을 위해 우는 것이 잘못되었다고 탓하신 것이 아니지만, 하지만 여전히 그들 자신과 자녀들을 위해 울라고 권하십니다. 그분이 말씀하시는 의미를 내가 어떻게 생각하는지를 보여드리겠습니다. 지난 주일 나에게 이런 말이 들려왔습니다. "만일 그리스도의 고난의 이야기가 다른 사람에 의해 말해졌다면, 모든 회중이 눈물을 흘렸을 것이다." 정녕 우리들 중 어떤 이들은 고백하기를 만일 우리가 소설의 형태로 이 고난의 이야기를 읽었더라면 더 많은 눈물을 흘렸을 것이라고 말합니다. 하지만 그리스도의 고난의 이야기는 흔히들 기대하는 것처럼 흥분과 감상을 불러일으키지는 않습니다. 자, 나는 우리가 이 점에서 스스로를 부끄러워해야 한다고 확신하지 않습니다. 만일 우리가 다른 사람의 고난을 슬퍼하는 것과 같은 방식으로 그리스도의 고난을 슬퍼하며 운다면, 우리의 감정은 자연스러운 것일 뿐이며, 아마도 어떤 유익도 없을 것입니다. 그런 슬픔은 아주 정당하고, 매우 적절합니다. 우리가 그런 감정을 억지로 가라앉히는 것은 당치 않습니다. 다만 그리스도께서는 부드럽게 말씀하십니다. "예루살렘의 딸들아, 나를 위하여 울지 말라." 성경에서 그리스도의 고난을 묘사하는 대부분의 방식은, 그분의 피와 상처에 대해 아주 상세하게 묘사함으로써 애써 감상을 자아내게 만드는 방식이 아닙니다. 로마주의자들은 예나 지금이나 이런 방식으로 사람들의 느낌에 영향을 주려고 합니다. 그런 시도를 어느 정도까지는 칭찬할 만하지만, 만일 그것이 동정의 눈물을 흘리게 만드는 것으로 끝난다면, 아무런 유익도 없습니다. 나는 로마주의자들이 수난과 고통에 대해 한 설교들을 들었고, 또 그런 작가들이 쓴 작품들을 연구해 왔습니다. 그것들은 많은 눈물을 자아내도록 내게 감동을 주었지만, 그런 감정이 전적으로 유익한 것인지에 대해서는 의문입니다. 내가 여러분에게 더 나은 방식을 보여드리겠습니다.

　　사랑하는 친구들이여, 그리스도의 고난을 보고서 야기되는 슬픔이란 어떤 것이이야 합니까? 바로 이런 깃이어야 합니다. 구주께서 **피 흘리신 것** 때문에 울지 말고, 당신의 죄가 그분을 피 흘리도록 만들었기 때문에 우십시오.

> "그분을 주로 고문한 것은
> 나의 죄, 나의 잔학한 죄였다네.
> 내 모든 죄들이 못이 되고
> 내 불신앙이 창이 되어 그분을 찔렀다네."

어떤 형제가 하나님 앞에서 무릎을 꿇고서 자기 죄들을 고백할 때 그는 많은 눈물로 자기를 낮춥니다. 나는 주님께서 단지 인간적인 동정의 눈물보다는 회개의 눈물을 훨씬 귀하게 여기신다고 확신합니다. "나를 위하여 울지 말고 너희를 위하여 울라"고 그리스도께서 말씀하십니다.

그리스도의 고난을 보고, 우리는 그분의 피를 자기들 머리 위로 돌리게 한 자들을 위해서 울어야 합니다. 우리는 유대인들을 잊어서는 안 됩니다. 한때 하나님의 백성으로서 크게 은혜를 입었던 자들이 저주를 자처하며 "그 피를 우리와 우리 자손에게 돌릴지어다"(마 27:25)라고 했습니다. 그들의 타락을 생각하며 우리는 슬피 울어야 합니다. 예수님의 공생애 사역 전체를 통해서 예루살렘을 생각하실 때만큼 연민이 가득하신 적이 없었습니다. 그것은 로마를 위한 슬픔이 아니라, 예루살렘을 위한 슬픔입니다. 나는 그리스도의 마음에 유대인들을 향한 특별한 애정이 있다고 믿습니다. 그분은 이방인들을 사랑하셨습니다. 하지만 예루살렘은 여전히 위대한 왕의 도시입니다. 예수님은 예루살렘을 생각하고 안타까워하셨습니다. "예루살렘아, 예루살렘아, 암탉이 그 새끼를 날개 아래에 모음같이 내가 네 자녀를 모으려 한 일이 몇 번이더냐? 그러나 너희가 원하지 아니하였도다"(마 23:37). 그분은 예루살렘의 거리에 피의 강물이 흐르는 것을 보셨습니다. 성전이 불타고 그 불꽃이 하늘 높이 치솟는 것을 보셨습니다. 티투스(Titus)의 명령에 의해 십자가에 못 박힌 유대인 포로들이 성 안에 가득한 것을 보셨습니다. 그 도시가 완전히 파괴되고 땅에 소금이 뿌려진 것을 그분은 보셨습니다. 그래서 그분이 말씀하신 것입니다. "예루살렘의 딸들아 나를 위하여 울지 말고 너희와 너희 자녀를 위하여 울라. 보라 날이 이르면 산들을 대하여 우리 위에 무너지라 하며 작은 산들을 대하여 우리를 덮으라 하리라"(눅 23:28-30).

한 가지 더 말하자면, 그리스도의 고난을 볼 때 우리는 거듭나지 않은 모든 남자와 여자들의 영혼들을 위해 슬피 울어야 합니다. 사랑하는 친구들이여 기억하십시오. 그리스도께서 우리를 대신하여 당하신 고통을, 거듭나지 못한 자들은 그리스도를 믿지 않는 한 그들 스스로 당해야 합니다. 구주의 마음을 상하게 했던 슬픔이 그들 마음을 부수고 말 것입니다. 그리스도께서 나를 위해 죽으시든지, 그게 아니면 내가 스스로 둘째 사망을 당해야 합니다. 그분이 나를 위해 저주를 지고 가시지 않으면, 그 저주는 영원토록 나에게 머물 것입니다. 사랑하는 친구들이여, 생각해 보십시오. 이 회중 가운데 어떤 이들, 곧 여러분 바로 옆 좌석에 앉아 있는 어떤 이들이, 여러분의 가장 가까운 친구들이, 아직 예수의 피에 아무런 관심이 없습니다. 만일 그들이 지금 이대로 눈을 감고 죽는다면, 그들은 지옥에서 눈을 뜰 것입니다! 그것을 생각해 보십시오! 그분을 위해 울지 말고, 이 사람들을 위해 우십시오. 아마도 그들은 여러분의 자녀들 곧 여러분의 끔찍한 사랑의 대상일 수도 있습니다. 그들이 그리스도에 관심이 없고, 세상에서 소망이 없고 하나님도 없는 자일 수 있습니다(참조. 엡 2:12).

그들을 위해 여러분의 눈물을 아끼십시오. 그리스도께서는 자기를 동정하지 말라고 그들에게 요청하십니다. 이 어두운 세상에 있는 수백만의 사람들을 생각해 보십시오! 계산해 보면 시계의 초침이 째깍거리며 움직일 때마다 한 영혼이 현재의 시간에서 영원으로 옮겨집니다! 지금 인류라는 가족의 수는 무수하고, 매초마다 죽음이 있습니다. 인류 중에서 명목상으로나마 십자가를 받아들인 사람들의 비율이 매우 낮다는 것을 생각하면, 또한 천하 인간에 구원을 얻을 다른 이름을 주신 적이 없다는 것을 생각하면, 오, 우리의 마음이 얼마나 무거워지는지요! 불멸의 영혼들이 큰 폭포를 이루어 매 시간마다 깊은 구덩이로 떨어지고 있습니다!

그러므로 주님이 "나를 위해 울지 말고 너희 자신을 위하여 울라"고 하신 말씀이 옳습니다. 만일 여러분이 그리스도를 위해서 영혼들을 얻으려는 자들에게 진지하게 공감하지 않는다면, 여러분은 그리스도를 위해서 참된 동정심을 갖지 않은 것입니다. 여러분은 아래에 앉아 설교를 들으면서 많은 감정을 느낄 수 있지만, 여러분의 느낌이란 그것이 여러분 자신과 자녀들을 위해 울게 만들지 않는다면 아무런 가치가 없습니다. 그런 느낌을 가지고 여러분은 어떻게 지내 왔습니까? 여러분은 죄를 회개했습니까? 여러분의 동료 인간들을 위해 기도해 왔습니까? 그렇지 않다면, 저 슬픔의 거리에서 지치신 그리스도의 모습이 이 아침에 여러분을 그렇게 하도록 이끌어 주길 바랍니다.

4. 그리스도와 함께 고난 받았던 자들

네 번째로, 그리스도와 함께 고난 받았던 자들(Christ's fellow-sufferers)에 대해 몇 마디 언급하고자 합니다.

무리 중에 십자가를 지고 가는 다른 두 사람이 있었습니다. 그들은 행악자들이었습니다. 그들의 십자가는 주님의 십자가만큼 무거웠습니다. 하지만 적어도 그들 중 하나는 주님과 아무런 공감이 없었으며, 그가 진 십자가는 그를 구원이 아닌 죽음으로 이끌 뿐이었습니다. 이는 단순한 암시입니다. 나는 때때로 많은 고난을 당하는 사람들을 만납니다. 그들은 돈을 잃어버렸습니다. 평생을 힘겹게 일해 왔고, 혹은 수년을 병상에 누운 채로 지내 왔습니다. 그런 이유로 그들은 이생에서 그렇게 많은 고난을 겪었기 때문에 내생에서는 죄의 형벌을 면할 것이라고 생각합니다. 선생들이여, 내 말하거니와 저기 자기 십자가를 지고 간 행악자는 거기에 달려 죽었습니다. 여러분도 여러분의 슬픔을 지고 갈 것이지만, 회개하지 않는다면 그 슬픔의 짐과 더불어 저주를 받을 것입니다. 저 회개치 않은 도둑은 큰 고통의 십자가 ― 십자가에 달려 죽는 것은 정말이지 큰 고통입니다 ― 에서 떠나고 그 장소를 벗어났지만, 지옥의 불꽃으로 떨어졌습니다. 마찬가지로 여러분 또한 병상을 떠나고, 가난의 자리에서 벗어나서, 멸망으로 떨어질 수 있습니다. 안락한 가정과 재물이 많은 집에서 멸망으로 떨어질 수 있는 것과 마찬가지입니다.

우리의 고난은 속죄와는 아무런 상관이 없습니다. 그분이 흘리신 피가 아니라면, 그분이 마음으로 겪으신 고뇌가 아니라면, 그분이 친히 견디신 고난이 아니라면, 그 어떤 피나 고통이나 고난도 죄를 속하지 못합니다. 여러분 중에 누구라도 혹 하나님께서 당신이 겪은 고통 때문에 당신을 불쌍히 여기시리라는 생각을 갖고 있다면, 그 생각을 떨쳐 버리십시오. 여러분은 예수를 깊이 생각해야지, 여러분 자신을 깊이 생각해서는 안 됩니다. 여러분의 눈을 돌려 죄인들의 위대한 대속자인 그리스도를 향할 것이며, 결코 여러분 자신을 신뢰하려고 꿈꾸지 마십시오. 여러분은 이 말이 불필요하다고 생각할지 모릅니다. 하지만 나는 그 말이 필요한 몇 가지 사례를 보았습니다. 종종 말했듯이 나는 단 한 사람을 위해서라도 설교할 것입니다. 그러므로 단 한 사람만을 책망하기 위해서라도 나는 이 말을 해야 합니다.

5. 주님의 경고의 질문

　　나는 주님의 경고의 질문(the Saviour's warning question)으로 말씀을 맺으려 합니다. "푸른 나무에도 이같이 하거든 마른 나무에는 어떻게 되리요"(눅 23:31). 많은 의미들 중에 이런 의미도 있을 것이라고 생각합니다. "만일 내가, 죄 없는 자로서 죄인들을 대신한 내가 이렇게 고통을 겪는다면, 마른 나무 즉 자기 죄가 그대로 있고 나에게 전가되지 않은 죄인이 하나님의 진노의 손에 떨어질 때에는 어떤 일이 일어나겠느냐?' 오! 거듭나지 않은 남자와 여자들이여, 여기 그런 사람들이 많이 있군요. 하나님께서 죄인의 자리에 서신 그리스도를 보셨을 때에 그분을 아끼지 않으셨음을 기억하십시오. 그분이 그리스도 없는 여러분을 보실 때, 그분은 여러분을 아끼지 않으실 것입니다. 여러분은 원수들에 의해 끌려가는 예수님을 보았습니다. 여러분도 원수들에 의해 여러분을 위해 예비된 곳으로 끌려갈 것입니다. "저를 옥졸들에게 넘기라" 하신 것이 비유에서 왕이 한 말이었습니다(마 18:34). 그 말이 여러분에게 성취될 것입니다. "저주를 받은 자들아 나를 떠나 마귀와 그 사자들을 위하여 예비된 영영한 불에 들어가라"(마 25:41). 예수님은 하나님께 버림을 받으셨습니다. 만일 남의 죄를 자기에게 전가하여 죄인이 되신 그분이 버림을 받으셨다면, 하물며 여러분은 어떻게 되겠습니까? "엘리 엘리 라마 사박다니," 이 얼마나 끔찍한 부르짖음입니까! 하지만 여러분이 "선하신 하나님, 선하신 하나님, 왜 저를 버리셨습니까"라고 할 때의 부르짖음은 어떤 것이겠습니까? 그 때 이 대답이 돌아올 것입니다. "내가 불렀으나 너희가 듣기 싫어 하였고 내가 손을 폈으나 돌아보는 자가 없었고, 도리어 나의 모든 교훈을 멸시하며 나의 책망을 받지 아니하였은즉, 너희가 재앙을 만날 때에 내가 웃을 것이며 너희에게 두려움이 임할 때에 내가 비웃으리라"(잠 1:24-26). 이는 무서운 말이지만, 내가 하는 말이 아니며 성경에 기록된 하나님의 말씀입니다. 오, 죄인이여! 하나님께서 그리스도로부터도 얼굴을 돌리셨다면, 당신에게는 어찌 대하실는지요! 그분은 자기 아들에게도 매를 아끼지 않으셨습니다. 내가 지난 주일에 구주의 등을 내려치던 매듭으로 엮은 채찍에 대해 묘사하지 않았던가요? 당신에게는 어떤 쇳조각이 달린 채찍이, 얼마나 뜨거운 줄로 매듭지어진 채찍이 준비되어 있을까요? 양심이 당신을 강타하고, 율법이 열 가닥으로 꼰 채썩으로 당신을 내려칠 때 어떠할까요? 오! 누가 당신을 대신하여 서겠습니까? 그대 부하고 즐거워하는 자들과 스스로 의로운 죄인들이여, 하나님이 이렇게 말씀하실 때에 누가 여러분 편에 서겠습니까? "칼이여, 일어나 저 반역자를 치라. 나를 거절한 저 사람을 치라. 세게 쳐서 그로 영원히 고통을 느끼게 하라." 그리스도께서 수치스럽게 침 뱉음을 당하셨습니다. 죄인이여, 당신의 수치란 어떤 것이겠습니까! 온 우주가 당신을 야유할 것입니다. 천사들이 당신을 부끄러워할 것이며, 당신의 친구들과 심지어 성도인 당신의 어머니조차 당신을 정죄하는 말씀에 "아멘"이라고 말할 것입니다. 당신을 가장 사랑했던 사람들이 그리스도와 함께 배심원들로 앉아서, 당신을 판단하고 정죄할 것입니다! 나는 우리를 위해 죽으셨던 그리스도의 생각에 가득했던 거대한 슬픔을 도무지 한 마디로 표현할 수가 없습니다. 또한 만일 당신이 지금 이대로 죽는다면 당신의 영혼에 쏟아질 슬픔이 얼마나 큰 강과 같을지 혹은 얼마나 거대한 바다 같을지 표현할 길이 없습니다. 여러분은 그렇게 죽을 수 있고, 지금 죽을 수 있습니다. 아마도 다음 주일 전에 죽을 사람들보다는 그렇지 않을 사람들이 더 많겠지요. 하지만 여러분 중에 일부는 죽게 됩니다! 오류천 명의 사람들이 두 번씩이나 다시 만나는 일은 자주 일어나지 않습니다. 아니 결코 일어나지 않는다고 생각합니다. 내 목소리가 여러분에게 다시 경고하기 전에 죽음의 낫이 반드시 여러분 중 일부를 베어갈 것입니다! 오, 영혼들이여! 그리스도의 고난과 그분이 입은 상처와 그 피에 의지하여 여러분에게 호소합니다. 스스로 저주를 초래하지 마십시오! 여러분 스스로가 다가올 진노를 당하려 하지 마십시오. 하나님이 여러분을 구원하시길 빕니다! 하나님의 아들을 믿으십시오. 그리하면 결코 멸망하지 않을 것입니다.

주께서 오직 예수님을 위하여 여러분에게 은혜 주시길 빕니다. 아멘.

제
81
장

—

가상칠언 중 가장 짧은 말씀

—

"그 후에 예수께서 모든 일이 이미 이루어진 줄 아시고
성경을 응하게 하려 하사 이르시되 '내가 목마르다'
하시니" — 요 19:28

십자가에서 하신 우리 주님의 모든 말씀을 모아서 보전한 것은 아주 적절한 일이었습니다. 주님의 뼈가 하나도 부러지지 않았던 것처럼, 그분의 말씀 한 마디도 잃어버리지 말아야 합니다. 성령님의 특별한 관여를 통해 십자가에서의 신성한 말씀 모두가 적절하게 기록된 것입니다. 여러분이 알다시피 마지막 일곱 마디의 말씀이 있었습니다. 일곱이라는 수는 완전과 충만을 나타냅니다. 그 수는 무한하신 하나님의 수인 셋과 완벽한 창조를 가리키는 넷을 합한 것입니다. 우리 주님께서 십자가에서 외치신 말씀들은, 그분의 다른 모든 말씀과 마찬가지로, 완벽한 것이었습니다. 각각의 말씀에는 풍성한 의미가 있으며 어떤 사람도 그것을 충분히 표현하지 못할 것입니다. 그 각각의 말씀이 결합될 때 그 말씀들은 광대한 사상의 깊이를 이루어, 어떤 인간의 줄로도 그 깊이를 측량하지 못합니다. 다른 어디에서나 그러하듯이, 여기에서도 우리는 우리 주님께 대해 이렇게 고백하지 않을 수 없습니다. "그 사람이 말하는 것처럼 말한 사람은 이때까지 없었나이다"(요 7:46). 그분의 영혼의 모든 고뇌 중에 하신 그분의 마지막 말씀들은 그분이 침착한 정신을 유지하셨다는 것과, 그분이 용서하시는 일과, 왕으로서의 일과, 모친에 대한 자식의 관계에서와, 그분의 하나님에 대해서와, 기록된

말씀에 대한 그분의 사랑에 있어서 참되셨다는 것을 입증합니다.

이 가상칠언(架上七言)이 아주 충실하게 기록되었기에, 우리는 이 말씀들이 경건한 묵상에 있어서 빈번한 주제였다는 일에 놀라지 않습니다. 교부들과 신앙고백자들과 설교자들과 신학자들이 이 비길 데 없는 외침 소리의 각 음절들을 깊이 묵상해 왔습니다. 이 엄숙한 문장들은 마치 요한계시록에서의 일곱 금 촛대처럼 혹은 일곱 별들처럼 빛을 발해 왔으며(참조. 계 1:12,16), 또한 많은 사람들을 이 말씀을 하신 그분께로 인도해 왔습니다. 생각이 깊은 사람들은 이 말씀들에서 풍성한 의미를 끌어냈으며, 그렇게 하는 중에서 그 말씀들을 다양한 그룹으로 배열하기도 하고 또한 여러 가지 제목으로 분류하기도 했습니다. 나는 여러분을 위해 이 풍성한 주제를 맛보게 하는 그 이상의 일을 할 수 없습니다. 나는 우리 주님의 마지막 말씀들을 두 가지 방식으로 씨름하며 묵상했습니다.

먼저, 그 말씀들은 우리의 거룩한 신앙의 많은 교리들을 가르쳐 주고 확증해 줍니다. 첫 번째 말씀은 이것입니다. "아버지 저들을 사하여 주옵소서 자기들이 하는 것을 알지 못함이니이다"(눅 23:34). 여기에 죄의 용서가 있습니다. 구주의 호소에 대한 응답으로 너그러운 용서가 있습니다. "내가 진실로 네게 이르노니 오늘 네가 나와 함께 낙원에 있으리라"(눅 23:43). 여기에는 이 세상을 떠날 때 신자의 안전이 있고, 주님의 임재 속으로의 즉각적인 진입이 있습니다. 이 말씀은 연옥(煉獄) 우화의 핵심에 타격을 가하는 말씀입니다. "여자여 보소서 아들이니이다"(요 19:26). 이 말씀은 아주 명백히 그리스도의 참되고 자연스러운 인성을 나타냅니다. 그분은 자기를 낳은 모친 마리아에 대한 인간적 관계를 끝까지 인식하셨습니다. 하지만 그분의 언어는 우리에게 그녀에게 경배하라고 가르치지 않습니다. 그녀를 "여자여"라고 부르시기 때문입니다. 주님께서 극심한 고통 속에서도 그녀의 필요와 슬픔을 생각하신 것은 자기의 모든 백성들을 생각하시는 것과 마찬가지입니다. 그들이 그분에게는 모친이요 자매요 형제이기 때문입니다. "엘리 엘리 라마 사박다니, 나의 하나님, 나의 하나님, 어찌하여 나를 버리셨나이까?" 이는 네 번째 외침입니다. 이는 우리의 대속자께서 우리 죄를 짊어지셨을 때 겪으신 형벌을 보여줍니다. 그렇게 그분은 자기 하나님에게서 버림을 받으셨습니다. 그 문장에 담긴 날카로움은 어떤 주석도 우리에게 제대로 보여주지 못합니다. 그것은 심장을 찌르는 칼날과 칼끝과도 같이 예리합니다. "내가 목마르다"는 다섯 번째 외침입니다. 이 말씀은 우리에게 성경의 진리를 가르쳐 줍니다. 즉 성경의 모든 것이 성취되었고, 성경이 성취되도록 하기 위해, 우리 주님이 "내가 목마르다"고 말씀하신 것입니다(참조. 시 69:21). 우리 신앙은 성경에 기반을 두고 있으며, 우리 구속주의 모든 말씀과 행동의 기초 위에 세워져 있습니다. 끝에서 두 번째 말씀은 "다 이루었다"입니다(요 19:30). 거기에 신자의 완전한 칭의(justification)가 있습니다. 신자가 받아들여질 근거가 되는 일이 완전히 이루어졌기 때문입니다. 그분이 마지막으로 하신 말씀 중에서도 마지막으로 하신 말씀 역시 성경에서 인용된 것이며, 이로써 그분은 그분의 정신이 어디에서 양식을 얻는지를 보여주십니다. 그분은 모든 고통 중에서도 바로 세우셨던 목을 숙이기 전에, 그 누구도 외친 적이 없던 소리로 외치십니다. "아버지 내 영혼을 아버지 손에 부탁하나이다"(눅 23:46). 그 외침 속에 하나님과의 화해가 있습니다. 우리를 대신한 자리에 서신 그분은 자기의 모든 일을 끝내셨으며, 이제 그 영혼은 아버지께로 돌아가십니다. 그리고 우리를 함께 데리고 가십니다. 그러므로 여러분이 보듯이, 모든 말씀이 우리 복된 신앙의 장엄하고 기본적인 교리들을 얼마간 가르쳐 주고 있습니다. "들을 귀 있는 자는 들을지어다."

　　가상칠언을 대하는 두 번째 방식은 그 말씀들을 우리 주님의 인격과 사역을 나타내 주는 것으로 보는 것입니다. "아버지 저들을 사하여 주옵소서 자기들이 하는 것을 알지 못함이니이다." 여기서 우리는 간구하시는 중보자, 아버지 앞에서 죄인들을 위해 간구하시는 예수님을 봅니다. "내가 진실로 네게 이르노니 오늘 네가 나와 함께 낙원에 있으리라." 이분이 왕의 권세를 가지신 주 예수님이십니다. 다윗의 열쇠를 가지고 열면 닫을 자가 없는 이가, 나무에 달리신 그분을 믿음으로 고백하는 가련한 영혼들을 천국 문으로 들어오도록 용납해 주십니다. 만세, 천국의 영원한 왕이시여! 당신께서는 당신이 원하시는 자라면 누구든지 낙원에 받아 주십니다! 당신께서는 기다리는 시간을 정해 두시지도 않고, 즉각적으로 저 진주 문을 활짝 열어 주십니다. 당신께서는 땅에서와 같이 하늘에서도 모든 권세를 가지셨나이다! 다음은 "여자여 보소서 아들이니이다"는 말씀입니다. 이제 죽음으로 헤어지는 모친을 염려하는 한 아들의 따뜻함에서 우리는 그분의 인자(the Son of man) 되심을 봅니다. 이전의 외침에서 그분은 낙원을 여셨으며, 거기서 여러분은 그분이 하나님의 아들(the Son of God) 되심을 보았습니다. 이제 여러분은 그분이 진실로 여자에게서 나신 분이며, 율법 아래에서 나신 분임을 봅니다. 율법 아래에서 그분이 자신의 영예와 모친을 위하여 마지막 죽음의 순간까지도 그녀를 돌보시는 것을 여러분은 보는 것입니다. "나의 하나님, 나의 하나님, 어찌하여 나를 버리셨나이까?" 여기서 우리는 고통하시는 그분의 혼(soul)을 봅니다. 여호와께서 얼굴을 거두신 것으로 인해, 마음 깊은 곳이 눌리어 놀람과 당혹 속에서 부르짖는 그분을 봅니다. "내가 목마르다"는 인간으로서 그분의 몸이 심한 고통을 겪었다는 것입니다. 여기서 여러분은 어떻게 인간의 육신이 내적 영혼의 고통에 참여해야 했던가를 봅니다. "다 이루었다"는 끝에서 두 번째로 하신 말씀이며 여기서 여러분은 완전하신 구주, 구원의 창시자를 봅니다(히 2:10). 그분은 자신이 착수하신 임무를 완수하셨습니다. 범죄를 그치게 하시고, 죄를 없이하셨으며, 영원히 지속되는 의를 이루셨습니다. 마지막으로 숨을 거두시며 하신 "내 영혼을 아버지 손에 부탁하나이다"라는 말씀은 그분 자신과 우리 모두의 받아들임을 위한 표현입니다. 그분은 자기 영혼을 아버지의 손에 부탁하시듯이 모든 신자들을 하나님 가까이로 이끄시며, 그리하여 우리로 만유보다 크신 아버지 손 안에 있어, 그 누구도 우리를 그 손에서 뺏을 수 없도록 하는 것입니다. 이는 풍부한 생각을 산출하는 비옥한 사상의 밭이 아닙니까? 그곳에서 이삭을 주울 수 있도록 성령께서 우리를 이끌어 주시길 빕니다.

이 가상칠언의 말씀들을 읽는 많은 다양한 방식이 있으며, 그 모든 방식은 한결같이 풍부한 교훈을 줍니다. 마치 사다리의 계단들이나 황금 사슬의 연결고리들처럼, 이 각각의 외침의 말씀들에는 상호 연결과 의존이 있으며, 우리를 하나에서 또 다른 것으로, 그리고 거기서 또 다른 것으로 계속하여 이끌어 줍니다. 독립적으로 생각하든지 혹은 연결해서 생각하든지, 우리 주님의 말씀들을 묵상하는 정신에 유익을 주는 풍성한 교훈들로 넘쳐흐릅니다. 하지만 한 가지 말씀만을 제외하고는 이렇게 말하는 수밖에 없군요. "이것들에 관하여는 이제 낱낱이 말할 수 없노라"(히 9:5).

우리의 본문은 골고다에서 하신 모든 말씀 중에서도 가장 짧습니다. 영어로는 두 단어로 표현됩니다. "내가 목마르다(I thirst)." 하지만 헬라어로 이 표현은 한 단어로 되어 있습니다. 그것이 짧으면서도 달콤한 표현이라고 말하지 못하겠습니다. 아아, 그것은 우리 주 예수님의 쓰린 표현이기 때문입니다. 하지만 그 쓰라림(bitterness)으로부터 우리에게는 달콤함(sweetness)이 올 것이라고 나는 믿습니다. 말씀하시는 그분에게는 쓴 것이었지만, 듣는 우리에게는 너무나 달콤할 것입니다. 너무나 달아서, 우리는 그분이 맛보신 쓸개와 신포도주를 기억하며,

우리 자신이 겪는 시련의 모든 고통을 잊게 될 것입니다.

우리는 성령님의 도움을 의지하며 우리 구주의 이 말씀을 오중의 빛으로 살펴보려고 합니다.

1. 참된 인성의 징표

첫째로, 우리는 이 말씀을 그분의 참된 인성의 징표(the ensign of His true humanity)로서 살펴보고자 합니다. 예수님은 "내가 목마르다"고 하셨고, 이는 한 인간의 하소연입니다. 우리 주님은 바다와 궁창 위의 물들을 지으신 분입니다. 그분의 손이 하늘의 물병들을 열기도 하고 닫기도 하며, 악한 자와 선한 자 위에 비를 보냅니다. "바다도 그의 것이라 그가 만드셨고"(시 95:5). 또한 모든 샘들과 물의 근원들은 그분이 파신 것입니다. 그분이 물을 흘려보내어 언덕들 사이로 시내가 흐르게 하시고, 산 아래로 계곡물이 흐르게 하시며, 강들을 범람시키어 토지를 비옥하게 하십니다. 어떤 사람은 이런 식으로 말할지 모르겠습니다. "그분이 목마르시더라도 그분이 우리에게 말씀하시지 않을 것이다. 모든 구름과 비가 그분의 이마를 시원하게 적실 수 있기 때문이다." 하지만 그분이 만유의 주이셨음에도 친히 종의 형체를 입고 완전히 육신의 모양이 되셨기 때문에 그분은 실신할 듯한 목소리로 외치셨습니다. "내가 목마르다." 그분은 참으로 사람이십니다. 그분은 진정 "우리의 뼈 중의 뼈요 살 중의 살이시며" 우리의 약한 것을 감당하셨습니다. 나는 여러분에게 아주 경건하고 애정을 가진 태도로 우리 주님의 참된 인성을 묵상해 보라고 요청합니다. 예수님은 진정으로 사람으로 입증이 되셨습니다. 그분이 인성에 속한 고통들을 겪으셨기 때문입니다. 천사들은 목마른 고통을 알지 못합니다. 유령은, 어떤 사람들이 그분을 그렇게 부릅니다만, 이런 방식으로 고통을 느끼지 못합니다. 하지만 예수님은 실제로 고통을 느끼셨습니다. 섬세하고 예민한 정신의 고통뿐 아니라 살과 피의 좀 더 일반적이고 거친 방식의 고통도 느끼셨습니다. 목마름은 아주 흔한 고통으로서, 가난한 농부들이나 거지들이 흔히 겪는 증세입니다. 그것은 실제적인 고통이며, 상상이나 꿈에서의 질식 같은 것이 아닙니다. 목마름은 왕족이 겪는 고통이라기보다는 인류가 보편적으로 겪는 재해입니다. 예수님은 인류의 가장 가난하고 비천한 사람들에게 형제이십니다. 하지만 우리 주님은 목마름을 극한의 수준까지 경험하셨습니다. 그것은 그분에게 닥치는 죽음의 목마름이었으며, 더 나아가, 그 죽음이 단지 한 사람의 평범한 죽음이 아니라 "모든 사람들을 위하여 죽음을 맛보신" 이로서의 죽음이었기에 그 목마름은 더욱 심했습니다. 아마도 그 목마름은 부분적으로는 혈액의 손실 때문에 야기되었을 것이며, 네 군데의 심한 상처에서 생기는 통증의 열기 때문일 수도 있습니다. 신체의 가장 민감한 부분에 못이 단단히 박혔고, 아래로 처지는 체중으로 인해 상처는 넓어지고 예민한 신경들이 찢어졌습니다. 극도의 긴장은 타는 듯한 열기를 발생시켰습니다. 그 고통은 그분의 입을 마르게 하고 마치 화덕처럼 뜨거워지게 했습니다. 마침내 그분은 시편 22편의 언어로 이렇게 선언하셨습니다. "내 혀가 입천장에 붙었나이다"(시 22:15). 그것은 우리 중 누구도 겪어보지 못한 목마름입니다. 아직 죽음의 이슬이 우리 이마에 맺히지 않았기 때문입니다. 아마도 우리는 임종의 시간에 어느 정도 그것을 알 수 있게 될 것입니다. 하지만 아직까지는 누구도 그 고통을 주님처럼 극심하게 느껴본 적이 없습니다. 우리 주님은 모든 수분이 증발되는 듯하고 육체의 살이 죽음의 티끌로 되돌아가는 듯한 가혹한 죽음의 갈증을 느끼셨습니다. 이런 갈증은 사망의 음침한 골짜기를 걷기 시작한 자들만이 아는 것입니다. 그분은 진정 어느 면에서나 "우리와 함께 하시는 임마누엘"이십니다.

이것을 믿고서, 우리 주 예수님께서 우리와 얼마나 가까워지셨는지를 부드럽게 느끼도록 합시다. 여러분이 오랫동안 아프면서 마치 그분처럼 열로 인해 바짝 마르는 듯한 고통을 겪었다면, 여러분 역시 숨을 헐떡이며 "내가 목마르다"고 말했을 것입니다. 여러분이 겪은 것을 이미 여러분의 주님이 겪으셨습니다. 예수님이 "내가 목마르다"고 말씀하신 것은 누군가 그분에게 마실 것을 가져오도록 하기 위해서입니다. 마치 여러분이 스스로 몸을 가누지 못할 때에 누군가 시원한 물을 당신에게 가져다주기를 바라는 것과 같습니다. 그분의 입술을 해면으로 적시어야 했을 때, 마실 물을 위해 다른 사람들의 손을 의존해야 했을 때, 여러분은 예수님이 우리와 얼마나 가까워지셨는가를 느끼지 않습니까? 여러분이 열에 들떠 바짝 마른 입술로 "내가 몹시 목이 마르다"라고 중얼거릴 때 이런 생각을 할 수 있습니다. "그것은 신성한 말이로구나. 내 주님께서도 그런 식으로 말씀하셨으니." "내가 목마르다"는 말은 죽음의 병상에서 흔히 듣는 말입니다. 인간의 신체적 기운이 용해되듯이 풀리는 것을 볼 때, 우리 눈으로 직접 목격했던 그 고통스러운 장면들을 우리는 결코 잊지 못합니다. 우리가 매우 사랑했던 사람들 중에 일부가 스스로 몸을 가누지 못하는 것을 우리는 보아왔습니다. 죽음의 땀방울이 그들에게 맺혀 있었고, 이는 그들의 죽음이 임박했다는 표징들 중의 하나입니다. 바싹 마르는 갈증을 느끼면서 그들은 반쯤 닫힌 입 사이로 겨우 이렇게 중얼거릴 수 있을 뿐입니다. "물을 좀 주세요." 아, 사랑하는 이여, 우리 주님은 진정으로 인간이셨기에 우리는 모든 고통 중에서 그분을 상기할 수 있습니다. 우리가 목마를 그 때에 우리는 그분을 응시할 수 있습니다. 또한 지치고 목마른 상태에서 죽어가는 친구들을 볼 때마다, 우리는 주님의 지체들 안에서 희미하지만 참으로 반영되어 나타나는 주님의 모습을 볼 수 있습니다. 목마르신 구주께서 우리와 얼마나 가까우신지요! 그분을 더욱 사랑하도록 합시다.

　　이토록 자기를 낮추신 그분의 사랑이 얼마나 위대한지요! 우리는 보좌에 앉으신 영광의 주님과 십자가에 달려 목마르셨던 주님 사이의 무한한 간격을 잊어서는 안 됩니다. 수정같이 맑은 생명수의 강이 하나님과 어린 양의 보좌로부터 흘러나옵니다. 하지만 그런 분이 한때 "내가 목마르다"고 하실 정도로 자기를 무한히 낮추셨습니다. 그분은 모든 샘과 깊은 물들의 주이시지만, 냉수 한 잔조차 자기 입술에 대지 않으셨습니다. 오, 만약 그분이 천사들의 수호 부대 앞에서 "내가 목마르다"고 말씀하셨다면, 그들은 틀림없이 목숨을 걸고 길을 뚫고 베들레헴 성 안에 있는 우물물을 길어온 다윗의 용사들과 용기를 다투었을 것입니다. 주님을 시원하게 해 드리기 위해서라면 자기 목숨이라도 바치려 하지 않을 자가 우리 중에 누가 있겠습니까? 하지만 그분은 우리를 위해서, 아무도 시중들 수 없는 수치와 고통의 자리로 몸소 들어가셨으며, "내가 목마르다"고 그분이 외치셨을 때 그들은 신 포도주를 마시도록 줄 뿐이었습니다. 우리의 존귀하신 주님의 영광스러운 겸손입니다! 오 주 예수여, 우리는 당신을 사랑하고 당신께 경배합니다. 한없이 자기를 낮추신 당신의 겸손을 기억하면서 당신의 이름을 높이기를 열망합니다!

　　그분의 겸손을 찬미하면서 이번에는 기쁨으로 그분의 확실한 체휼을 생각해 보도록 합시다. 예수님이 "내가 목마르다"고 말씀하셨다면, 우리의 모든 약함과 고통을 그분이 아신다는 것입니다. 다음번에 우리가 고통을 느낄 때에나 혹은 영혼의 침체를 겪을 때, 우리는 우리 주님께서 그 모든 것을 이해하신다는 사실을 기억할 것입니다. 그분이 그것을 실제적이고도 개인적으로 경험하셨기 때문입니다. 육체의 고통이나 마음의 슬픔에 처했을 때에도 우리는 주님에 의해 버려진 것이 아닙니다. 그분의 줄은 우리의 줄과 평행합니다. 나의 형제여, 최근에 당신을 맞힌 화살은 먼저 그분의 피를 묻혔습니다. 당신이 마시게 된 잔은, 비록 그것이 매우 쓰다고 해도, 그 테두리를 보면 우리 주님의 입술 흔적이 남아 있습니다. 그분이 당신 앞서 슬픔의 길을 걸으셨으며, 젖은 땅에 당신이 남긴 모든 발자국들은 그분의 발자국들과 나란히 찍혀 있습니다. 그분이 "내가 목마르다"고 하셨으므로, 그리스도의 체휼을 굳게 믿고 또한 깊이 감사할 수 있기를 바랍니다.

그러므로, 우리가 또한 인내의 정신을 기르도록 합시다. 그분이 우리 앞에서 친히 그 어깨로 짊어지신 십자가를 함께 지는 것을 기뻐하도록 합시다. 사랑하는 이여, 만약 우리 주님께서 "내가 목마르다"고 말씀하신다면, 우리가 매일같이 레바논의 강물을 마시기를 기대해서야 되겠습니까? 그분은 무죄하시면서도 목이 마르셨습니다. 그렇다면 죄인들이 종종 징계를 당한다고 해서 놀랄 이유가 있습니까? 만약 그분이 너무 가난하셔서 그 의복이 닳아 해어지고, 나무에 달리시고, 돈도 친구도 없고, 배고프고 목마르셨다면, 여러분이 가난과 빈궁의 멍에를 졌다고 해서 괴로워하며 불평할 수 있습니까? 오늘 여러분의 식탁에는 빵이 있으며, 또한 적어도 속을 시원하게 해 줄 한 잔의 냉수는 있을 것입니다. 여러분은 그분만큼 가난하지는 않습니다. 그러니 불평하지 마십시오. 종이 상전보다 높다거나 제자가 주님보다 높을 수 있습니까? 온전히 인내를 이루십시오. 여러분은 고난을 겪습니다. 사랑하는 자매여, 아마도 당신은 기력을 약화시키고 심장을 옥죄는 듯한 질병을 앓을 수도 있습니다. 하지만 예수님이 우리의 질병을 짊어지셨고, 그분의 잔이 우리의 잔보다 씁니다. 당신의 방에서 숨을 몰아쉬면서 "내가 목마르다"고 하신 주님의 음성이 당신의 귀에 들리도록 하십시오. 그 음성에 감동을 받고 기운을 차려서 스스로에게 이렇게 말하십시오. "그분이 '내가 목마르다'고 말씀하시지 않았던가? 그렇다면 나도 그분과 함께 목마를 것이며 불평하지 않겠다. 그분과 함께 고난을 받으며 투덜대지 않을 것이다." 목마르다고 하신 구속주의 외침은 고통당하는 그분의 백성들에게 엄숙한 인내의 교훈입니다.

또한, 주님의 인성을 입증하는 "내가 목마르다"는 이 말씀을 생각하면서, 우리가 자기 부인을 피하지 말고 오히려 그것을 그분의 형상을 닮는 것으로 간주하도록 결심합시다. 그분이 "내가 목마르다"고 말씀하실 때 우리가 일락을 즐기는 것이 조금 부끄럽지 않습니까? 그분이 그토록 무시당하는 동안에 우리가 진수성찬을 차려놓고 즐길 수 있겠습니까? 그분이 "내가 목마르다"고 말씀하실 때에 자기만족을 위한 음료를 부인하는 것이 그렇게 어려운 일일까요? 예수님께서 "내가 목마르다"고 외치실 때에 식욕에 탐닉하고 육체의 욕구를 실컷 채운단 말인가요? 마른 빵이면 어떻고, 약이 좀 메스꺼우면 어떻습니까? 그분이 목마를 때는 오직 쓸개와 신포도주 외에 어떤 위로도 없었거늘, 어찌 우리가 불평할 수 있단 말입니까? 그분을 위해 우리는 자기 부인 속에서 기뻐할 수 있고, 병상에서도 그리스도와 한 조각의 굳은 빵으로 만족할 수 있습니다. 야생 짐승처럼 천박한 식욕에 탐닉하고, 거의 폭식과 폭음의 수준으로 먹고 마시면서 살아가는 그리스도인들은, 전적으로 그 이름에 합당하지 않는 자들입니다. 식탐의 정복, 육체의 전적인 복종이 성취되어야 합니다. "내가 다 이루었다"는 그분이 오르실 최고의 단계였습니다. 내가 생각하기에, 우리의 위대한 모범이신 그분은 그 최고의 단계에 오르시기 전에 그 바로 아래의 단계에서 "내가 목마르다"고 하셨습니다. 우리가 사명을 완수하려면, 다른 종류의 고통을 견딜 수 있는 힘과, 하나님의 위대한 일을 성취하기 위해 마지막 단계까지 자기를 부인할 수 있는 능력을 구하고 얻어야 합니다. 이런 면에서 우리 앞에 계신 예수님은 우리의 모범이시며 또한 우리의 능력이십니다.

지금까지 나는 영혼의 시력을 위한 안경을 사용하여 얼마간의 교훈을 찾아내고자 노력했습니다. 이를 통해 우리는 "내가 목마르다"는 말씀이 주님의 참된 인성을 보여주는 징표라고 간주하는 것입니다.

2. 고통의 대속을 보여주는 징표

둘째로, 우리는 "내가 목마르다"는 이 말씀을 고통의 대속을 보여주는 징표(token of His suffering substitution)라고 간주할 것입니다. 위대한 대속자께서 "내가 목마르다"고 말씀하신 것은 그분이 죄인을 대신하는 자리에 서시기 때문이며, 또한 경건치 못한 자를 위해 죄의 형벌을 겪으셔야 하기 때문입니다. "나의 하나님, 나의 하나님, 어찌하여 나를 버리셨나이까?" 이 말씀은 그분 영혼의 고뇌를 보여주며, "내가 목마르다"는 말씀은 부분적으로 그분의 몸의 고통을 표현하는 것입니다. 이 두 가지 모두가 필요한 것은 하나님의 정의와 관련하여 그분이 "몸과 영혼을 능히 지옥에 멸하실 수 있는" 분이라고 기록되었기 때문입니다(마 10:28). 율법에 따른 형벌은 두 종류의 고통 즉 마음과 육체에 모두 관계되는 것입니다. 형제들이여, 죄가 어디에서 시작되는지를 보고 어디서 끝나는지를 주목하십시오. 그것은 입의 욕구를 악하게 충족시키려 할 때에 시작되었고, 유사한 욕구가 은혜롭게 부인될 때에 끝납니다. 우리의 첫 부모들은 금단의 열매를 땄으며, 그것을 먹음으로써 인류를 파멸시켰습니다. 식욕이 죄의 문이었고, 그래서 그 점에서 우리 주님이 고통을 당하신 것입니다.

"내가 목마르다"와 더불어 악이 멸하여지고 속죄가 받아들여집니다. 나는 일전에 자기 꼬리를 입에 물고 있는 한 뱀의 문양을 보았습니다. 내가 그 미술가의 의도를 넘어서 조금 추측해 보자면, 그 상징은 자기 자신을 삼키는 탐욕을 표현하는 것입니다. 몸의 육적인 탐욕이, 음식에 대한 욕구의 충족이 우리를 첫 사람 아담 아래로 끌고 내려왔으며, 이제는 목마름의 고통이, 몸이 갈망하는 것에 대한 거절이 우리의 지위를 회복시켜 줍니다.

이것이 전부가 아닙니다. 우리가 경험으로 아는 것은, 육체의 탐욕에 탐닉하는 모든 사람에게 있어서 죄의 현재적인 결과는 영혼의 목마름이라는 사실입니다. 인간의 정신은 "다오, 다오"라는 거머리의 딸들과도 같습니다(참조. 잠 30:15). 비유적으로 이해하자면, 목마름은 불만족이며, 갖지 못한 것을 애태우며 갖고 싶어하는 정신의 갈망입니다. 우리 주님은 "누구든지 목마르거든 내게로 와서 마시라"(요 7:37)고 말씀하시는데, 그 목마름이란 모든 경건치 않은 자에게 있는 죄의 결과입니다. 이제 그리스도께서는 죄의 결과에 대한 대속의 한 가지 전형(type)으로서, 경건치 않은 자들을 대신하여 목마름의 고통을 겪으십니다. 더 엄숙하게 언급할 사실은, 우리 주님의 가르침에 따라서 곰곰이 생각해 보면, 목마름은 죄의 영원한 결과이기도 하다는 것입니다. 왜냐하면 우리 주님은 부자 대식가에 대해 "그가 음부에서 고통 중에 눈을 들어보았다"(눅 16:23)고 말씀하시고, 또한 그 부자가 거절당한 기도에서 이렇게 말했다고 말씀하시기 때문입니다. "아버지 아브라함이여, 나를 긍휼히 여기사 나사로를 보내어 그 손가락 끝에 물을 찍어 내 혀를 서늘하게 하소서. 내가 이 불꽃 가운데서 괴로워하나이다"(눅 16:24). 이제 생각해 보십시오. 만일 예수님께서 목마름을 겪지 않으셨다면, 우리 모두가 하나님으로부터 멀리 떨어진 곳에서, 우리와 천국 사이에 건널 수 없는 큰 구렁텅이를 사이에 두고, 영원토록 목마름을 겪어야 했을 것입니다. 그분의 혀가 우리 대신에 목마름의 고통을 겪지 않았더라면, 우리의 악한 혀가 영원히 타는 불 속에서 영원히 불타는 고통을 겪어야 했습니다. "내가 목마르다"는 주님께서 매우 부드럽게 입 밖으로 내신 말씀이라고 생각하며, 그래서 아마도 십자가 가까이에 서 있던 한두 사람만이 그 소리를 제대로 들었을 것이라고 추측합니다. 더욱 큰 소리로 부르짖으신 "라마 사박다니"와 "다 이루었다"는 승리의 외침과는 대조적입니다. 하지만 "내가 목마르다"고 부드럽게 내쉬는 듯한 그 소리가 우리의 갈증을 멈추게 했습니다. 그렇지 않았더라면 결코 만족할 줄 모르는 격렬한 갈증이 영원토록 우리를 괴롭혔을 것입니다. 오, 의로운 자로서 의롭지 않은 자를 대신한 놀라운 대속의 은혜여! 그것은 인간을 위한 하나님의 대속이며, 죄인인 우리들 곧 지옥에 합당한 반역자들을 위한 완전하신 그리스도의 대속입니다. 우리 구속자의 이름을 높이고 찬양합시다.

내게는 "내가 목마르다"는 이 말씀이 사실상 모든 장애를 제거하였다는 것이 놀라울 뿐입니다. 그분이 "내가 목마르다"고 말씀하시자마자 신 포도주를 조금 맛보시고, 그 다음에 "다 이루었다"고 외치셨습니다. 그리고 모든 것이 끝났습니다. 싸움을 다 싸웠고, 영원한 승리를 쟁취하셨습니다. 우리의 위대한 구원자의 목마름은 그분이 최후의 원수를 강타하셨다는 징표입니다. 그분의 고통의 홍수는 최고 수위에 다다른 후에 완화되기 시작했습니다. "내가 목마르다"가 마지막 고통의 표현이었습니다. 드디어 그분의 고통이 멈추기 시작하였고, 고통의 격렬함이 지나갔으며, 그래서 그분이 더 적은 고통을 표현할 수 있었다고 말할 수 있지 않을까요? 큰 싸움의 흥분은 사람으로 하여금 목마름과 피곤을 잊게 만듭니다. 모든 것이 끝나고서야 그들은 비로소 제정신이 돌아오고 힘을 다 써버렸다고 표현합니다. 하나님에 의해 버림받은 큰 고통은 끝났습니다. 그 격심한 고통이 물러갔을 때 그분은 피곤을 느끼셨습니다. 나는 우리 주님께서 "다 이루었다"는 말씀을 "내가 목마르다"고 외치신 직후에 하셨다고 생각하고 싶습니다. 이 두 가지 소리가 너무나 자연스럽게 조화되기 때문입니다. 우리의 영광스러운 삼손은 우리의 원수들과 싸우셨고, 그분이 죽인 수천의 원수들을 무더기로 쌓으셨으며, 이제 삼손처럼 그분은 심히 목이 마르셨던 것입니다(참조. 삿 15:18). 그분은 신 포도주를 한 모금 마시고, 기운을 차리셨고, 갈증을 해소하시자마자 곧바로 정복자처럼 "다 이루었다"고 외치신 것입니다. 그분은 그렇게 전장을 떠나시고 명성을 얻으신 것입니다. 우리를 대속하신 주께서 자기 사역의 마지막 고통스러운 부분까지 완수하신 후, "다 이루었다"는 말씀과 더불어 아버지 하나님께로 돌아가셨습니다. 이를 보고 우리는 기뻐하도록 합시다. 오, 죗짐을 지고 있는 영혼들이여! 여기서 안식을 얻고, 안식을 누리며 사십시오!

3. 주님을 대하는 인간의 전형적인 태도

이제 우리는 세 번째 방식으로 본문을 살펴볼 것입니다. 하나님의 영이 다시 한 번 우리를 가르쳐 주시길 빕니다. "내가 목마르다"는 발언은 인간이 자기 주님을 대하는 태도의 전형(a type of man's treatment of his Lord)을 보여줍니다. 그것은 하나님께 대한 인간의 자연적 적대감과 관련하여 성경의 증언을 확증합니다. 현대 사상에 따르면 인간은 아주 세련되고 고상한 존재로서, 더 나아지려고 애쓰고 있습니다. 그는 크게 칭찬하고 칭송할 만합니다. 그의 죄는 하나님을 찾는 것이고, 그의 미신은 빛을 찾기 위해 애쓰는 것이라 하니 말입니다. 인간이 너무나 위대하고 숭배할 만한 존재이기 때문에, 진리는 그를 위해서 수정되어야 하고, 복음은 인간의 다양한 시대 분위기에 적합하도록 조절되어야 하며, 우주의 모든 질서들이 인간의 관심에 따라 종속적으로 배열되어야 할 처지가 되었습니다. 정의는 너무 가혹하지 않게 조절되어야만 지속될 가치가 있고, 그의 교양 있는 귀에 형벌에 대해서 속삭여서는 안 됩니다. 사실상, 세상의 풍조는 인간을 하나님보다 높여서 그에게 최고의 지위를 부여하는 것입니다. 하지만 성경에 따르면 그런 것은 인간에 대한 신뢰할 만한 평가가 아닙니다. 성경에서 인간은 타락한 존재이며, 그 육체의 생각으로 하나님과 화목할 수 없습니다. 인간은 야생의 짐승보다 더 나쁘고, 악을 선으로 바꾸며, 자기 하나님을 사악한 배은망덕의 태도로 대하고 있습니다. 오호라, 인간은 사탄의 종이자 그에게 조종당하는 얼뜨기로서, 흉악한 심보로 자기 하나님께 반역하는 자입니다. 예언에 따르면(시 69:21) 인간이 성육신하신 자기 하나님께 쓸개를 음식물로 주며 초를 마시게 할 것이라고 하지 않았습니까? 그 일이 이루어졌습니다. 그분은 인간을 구하기 위해 오셨는데, 인간은 그분을 환대하지 않았습니다. 처음에는 그분을 위해 여관에 방 하나 내드리지 않더니, 마지막에는 그분이 마실 시원한 냉수 한 잔도 드리지 않았습니다. 그분이 목마르다 하실 때 그들은 신 포도주를 마시도록 줄 뿐이었습니다. 이것이 인간이 자기 구주를 대하는 태도입니다. 보편적인 인간성은, 그대로 둔다면, 하나님의 그리스도를 거절하고, 십자가에 못 박고, 조롱합니다. 그들은 동정심으로 신 포도주에 적신 해면을 구세주의 입술에 갖다 대었습니다. 이것이 연민으로 감동될 때에 인간이 보인 최선의 행위였습니다. 나는 그 로마 병사가 좋은 의도로 그렇게 했다고 생각합니다. 적어도 그가 빛도 지식도 거의 없는 거친 군인이었다는 것을 생각하면 그렇습니다. 그는 달려가서 해면을 신 포도주에 담갔습니다. 그것은 그가 알기로는, 갈증으로 고통스러워하는 이의 입술에 약간의 수분을 제공하는 최상의 방식이었습니다. 하지만 그가 어느 정도 연민을 느꼈다고는 해도, 그런 동정심은 개에게나 보일 만한 것이었습니다. 그는 조금의 존중심도 느끼지 않았고, 희롱하는 태도로 그렇게 했을 뿐입니다. 성경은 이렇게 말하고 있습니다. "군인들도 희롱하면서 나아와 신 포도주를 주며"(눅 23:36). 우리 주님께서 "엘리 엘리"라고 외치시고 후에는 "내가 목마르다"고 말씀하셨을 때, 십자가 주변에 있던 사람들은 그분을 조롱하면서 이렇게 말했습니다. "가만 두어라 엘리야가 와서 그를 구원하나 보자"(마 27:49). 마가복음에 따르면 신 포도주를 주었던 그 사람도 똑같은 말을 했습니다(참조. 막 15:36). 그는 고통당하는 자에게 연민을 느꼈지만, 그분을 하찮게 여겼으며 조롱하는 소리에 동참하였습니다. 인간이 그리스도의 고통에 연민을 느낄 때조차 ― 그렇지 않다면 그는 인간적이기를 포기한 사람이겠지요 ― 여전히 그는 그분을 조롱합니다. 인간이 예수님에게 준 그 잔은 한편으로는 연민이면서 동시에 조롱입니다. 왜냐하면 "악인의 긍휼은 잔인이기" 때문입니다(잠 12:10). 인간이 구주의 인격에 대한 칭송과 그분의 주장에 대한 조롱을 얼마나 잘 뒤섞는지를 보십시오. 그분을 삶의 본보기로서 높이면서도 동시에 그분의 신성을 거부하는 책을 씁니다. 그분이 놀라운 분이었다고 인정하면서도, 그분의 가장 신성한 임무를 부인합니다. 그분의 윤리적인 가르침을 칭송하면서도 곧바로 그분의 피를 짓밟습니다. 이런 식으로 그분에게 마실 것을 주긴 하지만, 그 마실 것이란 신 포도주입니다. 오 나의 청중들이여, 예수님을 찬미하면서도 그분의 속죄의 희생을 부인하는 일이 없도록 조심하십시오. 그분에게 경의를 표하면서도 동시에 그분의 이름을 더럽히는 일이 없도록 조심하시길 바랍니다.

　　오호라, 나의 형제들이여, 우리 주님께 대한 인간의 잔인함을 열거하면서 나 자신과 여러분의 문제를 언급하지 않을 수 없습니다. 우리는 종종 그분에게 신 포도주를 마시도록 드리지 않았던가요? 우리가 오래 전 그분을 알기 전에 그러지 않았던가요? 그분의 고난에 대해서 들을 때에 우리 마음이 녹았지만, 그러면서도 우리는 죄에서 돌이키지 않았습니다. 우리는 그분에게 눈물을 드리고, 그 다음에는 우리 죄로써 그분을 근심하게 했습니다. 때때로 그분의 죽음에 관한 이야기를 들을 때 우리는 그분을 사랑한다고 생각했습니다. 그러나 우리는 그분을 위해 우리 삶을 바꾸지 않았고, 그분을 신뢰하지도 않았으며, 그럼으로써 그분에게 신 포도주를 드린 것입니다. 슬픔은 여기에서 그치지 않습니다. 우리가 행했던 최상의 일들, 우리가 느꼈던 최상의 느낌들, 그리고 우리가 드렸던 최상의 기도들조차, 죄로 인해 신맛이 나지 않았던가요? 그것들이 감칠 맛 나는 좋은 포도주와 비교될 수 있습니까? 그것들이 예리한 신맛을 내는 포도주와 다를 것이 있습니까? 나는 그분이 그것들을 받아들이신 것이 의아스럽습니다. 마치 누군가 왜 그분이 이 신 포도주를 받으셨는지 이상히 여긴 것처럼 말입니다. 하지만 그분은 그것들을 받으셨으며, 그것들을 드린 우리를 보고 미소를 지으셨습니다. 물을 포도주로 변화시키는 법을 아셨던 그분은, 비길 데 없는 사랑으로 종종 그분에게 드리는 우리의 신 포도주를 달콤한 것으로 바꾸십니다. 내가 생각하기에, 비록 그것들 자체로는 신 포도에서 난 즙에 불과하고, 이가 시릴 정도로 불쾌한 맛이기는 해도 말입니다. 그러므로 우리는 누구든지 그분 앞에 나아올 수 있습니다. 하나님께서 사랑으로 우리를 낮추시고 회개케 하시고, 우리가 찌른 그분을 바라보게 하시며, 마치 자기 맏아들을 잃고 슬퍼하는 자처럼 그분을 위해 슬퍼하게 하실 때, 우리의 있는 모습 그대로 그분 앞에 나아가는 것입니다. 오늘 우리는 우리의 잘못들을 기억하는 것이 마땅합니다.

> "우리는 잊기가 쉽습니다,
> 감람산에서, 피 땀으로 이마를 씻으셨던
> 당신의 귀한 사랑을;
>
> 우리의 죄의 세력은 끔찍합니다,
> 하나님을 망각한 시간에
> 구름처럼 당신보다 스스로를 높일 정도로;
>
> 우리의 생각과 행위는 여전합니다,
> 당신이 곤경에 처하셨을 때,
> 신 포도주 적신 해면을 드릴 정도로."

　　내가 이 문제를 가볍게 언급한 것은, 이 장면을 네 번째의 관점으로 좀 더 묵상해 보기 위함입니다. 성령께서 우리를 도우셔서 "내가 목마르다"는 슬픈 음악에서 네 번째 가락을 듣게 해 주시길 빕니다.

4. 주님의 갈망의 신비적 표현

　　사랑하는 친구들이여, 나는 "내가 목마르다"는 외침이 주님의 마음속에 있는 갈망의 신비적 표현(the mystical expression of the desire of His heart)이라고 생각합니다. "내가 목마르다." 나는 그분이 자연적인 갈증만을 느끼셨다고 생각할 수 없습니다. 그분은 분명 물에 대한 갈증을 느끼셨습니다. 하지만 그분의 영혼은 더 높은 의미에서 갈증을 느끼셨습니다. 진정 그분은 그분에게 신 포도주가 주어진다는 성경의 예언이 성취되도록 하기 위해 그렇게 말씀하신 듯이 보입니다. 언제나 그분은 몸과 영혼의 조화를 이루셨고, 그분의 몸은 언제나 그 자체의 갈망 뿐 아니라 그분 영혼의 갈망을 표현하였습니다. "내가 목마르다"는 그분의 마음이 사람들을 구하는 일에 목마르셨다는 의미였습니다. 이 목마름은 그분이 지상에 계시던 초창기 때부터 그분에게 있었습니다. 그분이 아직 소년이었을 때에 이렇게 말씀하시지 않았던가요? "내가 내 아버지 집에 있어야 될 줄을 알지 못하셨나이까?"(눅 2:49) 그분은 또한 제자들에게 이렇게 말씀하셨습니다. "나는 받을 세례가 있으니 그것이 이루어지기까지 나의 답답함이 어떠하겠느냐?"(눅 12:50) 그분은 우리들을 지옥의 아가리 사이에서 끌어내기를 갈망하셨고, 우리를 위해 속량의 몸값을 지불하기에 목마르셨으며, 우리 위에 매달려 있던 영원한 저주에서 우리를 해방하시는 일에 갈급해하셨습니다. 십자가에서 그 일이 거의 끝났을 때에도, 최종적으로 "다 이루었다"고 말씀하실 수 있을 때까지 그분의 목마름은 해소되지 않으셨습니다. 오 하나님의 그리스도시여, 거의 다 이루어졌습니다! 당신께서 당신의 백성을 거의 구원하셨습니다! 오직 한 가지 일만 남아 있는데, 그것은 당신께서 실질적으로 죽으셔야 하는 것입니다. 그제야 당신의 강력한 갈망은 그칠 것이고 당신의 수고가 완수될 것입니다. 마지막 고통이 느껴질 때까지, 그리고 완전한 속량을 이루었음을 알리시며 "다 이루었다"고 외치시기까지, 당신께서는 여전히 갈급함으로 애를 태우셨나이다.

　　사랑하는 이여, 언제나 그러했듯이, 우리 주님께는 지금도 자기 백성에 대한 사랑으로 목마르십니다. 그분의 목마름이 옛 선지자의 시대에도 얼마나 강렬했던지 여러분은 기억하십니까? 이사야 5장에서 그분의 하소연을 상기해 보십시오. "나는 내가 사랑하는 자를 위하여 노래하되 내가 사랑하는 자의 포도원을 노래하리라 내가 사랑하는 자에게 포도원이 있음이여 심히 기름진 산에로다 땅을 파서 돌을 제하고 극상품 포도나무를 심었도다 그 중에 망대를 세웠고 그 안에 술틀을 팠도다"(1-2a절). 그분이 포도원과 술틀에서 무엇을 기대하셨습니까? 포도즙을 얻어서 유쾌해지기를 바라셨던 것이 아닐까요? "좋은 포도 맺기를 바랐더니 들포도를 맺었도다"(2b절). 신 포도주였고, 포도주가 아니었습니다. 신맛이었고, 달콤한 맛이 아니었습니다. 그래서 그 때에도 그분은 목마르셨습니다. 거룩한 사랑의 노래인 아가서 5장에 따르면, 우리는 그분이 옛 시대에는 자기 교회인 동산에서 포도주를 마시고 유쾌해지셨던 것을 배울 수 있습니다. 그분이 무어라고 말씀하십니까? "내 누이, 내 신부야, 내가 내 동산에 들어와서 나의 몰약과 향 재료를 거두고 나의 꿀송이와 꿀을 먹고 내 포도주와 내 우유를 마셨으니, 나의 친구들아 먹으라, 나의 사랑하는 사람들아 많이 마시라"(1절). 같은 노래에서 그분은 자기 교회에 대해 이렇게 말씀하십니다. "네 입은 좋은 포도주 같을 것이니라 이 포도주는 내 사랑하는 자를 위하여 미끄럽게 흘러 내려서 자는 자의 입을 움직이게 하느니라"(아 7:9). 하지만 8장에서 다시 신랑이 이렇게 말합니다. "나는 향기로운 술 곧 석류즙으로 네게 마시게 하겠고"(2절). 예, 그분은 자기 백성과 함께 있기를 좋아하십니다. 그들은 그분이 상쾌한 기분을 얻기위해 거니시는 동산이며, 그들의 사랑과 감사는 그분이 즐겨 드시는 젖과 포도주입니다. 그리스도께서는 언제나 사람들을 구원하시는 일과, 사람들의 사랑을 받는 일에 목마르셨습니다. 그분이 고단한 상태에서 우물가에 앉아 사마리아 여인에게 "내게 물 좀 달라" 하신 말씀에서, 우리는 그분이 일생 동안 가지셨던 갈망의 한 전형을 봅니다. 그 말씀에는 그녀가 상상하는 이상의 깊은 의미가 있었으며, 그것은 그분이 제자들에게 다음과 같이 말씀하실 때에 충분히 입증되었습니다. "내게는 너희가 알지 못하는 먹을 양식이 있느니라"(요 4:32). 그분은 여인의 영혼을 얻으심으로써 영적인 유쾌함을 얻으신 것입니다.

형제들이여, 지금 이 시간 우리의 복되신 주님은 자기 백성인 여러분 각 사람들과의 교제에 목말라 하십니다. 교제를 통해 여러분이 그분에게 유익을 끼칠 수 있기 때문이 아니라, 그분이 여러분에게 유익을 주실 수 있기 때문입니다. 그분은 여러분에게 복을 주시기를 갈망하시며, 또한 여러분의 감사에서 우러나오는 사랑을 보답으로 받기를 갈망하십니다. 그분은 여러분이 믿음의 눈으로 그분의 충만을 바라보기를 원하시며, 여러분이 내미는 빈손에 채워 주시기를 갈망하십니다. "볼지어다 내가 문 밖에 서서 두드리노니"(계 3:20)라고 그분이 말씀하십니다. 그분이 무엇 때문에 두드리십니까? 여러분과 더불어 먹고 마시기 위해서가 아닙니까? 우리가 그분께 문을 열면, 그분이 들어오셔서 우리와 더불어 먹고 마신다고 그분이 약속하십니다. 여러분이 보다시피, 그분은 여전히 우리의 보잘것없는 사랑에도 목마르시니, 진정 우리는 그것을 그분께 드리기를 거절할 수 없습니다. 자, 그분의 기쁨이 우리 안에서 가득하기까지 포도주를 따라 드리도록 합시다. 무엇 때문에 그분이 우리를 그토록 사랑하시는 것입니까? 아, 그분 자신의 위대한 사랑을 제외하고, 나는 알 수가 없습니다. 그분은 반드시 사랑하셔야만 합니다. 그것이 그분의 본성이기 때문입니다. 그분은 틀림없이 일단 사랑하기로 시작하신 자기 백성들을 끝까지 사랑하십니다. 그분은 어제나 오늘이나 영원토록 동일하시기 때문입니다. 그분의 위대한 사랑이 그분으로 하여금 우리가 더 가까이 그분께로 오는 것을 간절히 바라시도록 만듭니다. 그분은 속량받은 자기 백성들이 원수의 사정권에서 모두 벗어날 때까지 결코 만족한 채 계시지 못합니다. 그분의 목마름의 기도를 한 가지 제시하도록 하겠습니다. "아버지여 내게 주신 자도 나 있는 곳에 나와 함께 있어 나의 영광을 그들로 보게 하시기를 원하옵나이다"(요 17:24). 형제여, 그분이 당신을 원하십니다. 사랑하는 자매여, 그분이 당신을 원하십니다. 그분이 여러분 전부를 자기에게로 이끌기를 간절히 원하십니다. 기도 중에 그분에게 오십시오. 교제 중에 그분에게 오고, 온전한 성별로써 그분에게 오십시오. 달콤하고도 신비한 그분의 성령께 여러분의 전 존재를 복종시킴으로써 그분에게 오십시오. 마리아와 더불어 그분의 발치에 앉으십시오. 요한과 더불어 그분의 품에 기대십시오. 예, 아가서의 배우자와 더불어 그분께 와서 이렇게 말하십시오. "내게 입 맞추기를 원하니 네 사랑이 포도주보다 나음이로구나"(아 1:2). 그분이 그것을 바라시니, 그분에게 드리지 않겠습니까? 여러분의 마음이 그토록 꽁꽁 얼어서 예수님을 위해 한 잔의 시원한 물도 녹여드리지 못한단 말입니까? 여러분의 마음이 미지근합니까? 오 형제여, 만약 그분이 "내가 목마르다"고 말씀하실 때 당신이 미지근한 마음을 가지고 온다면, 그것이 신 포도주보다 더 나쁩니다. 그분이 "내 입에서 너를 토하여 버리리라"고 말씀하셨기 때문입니다(계 3:16). 그분은 신 포도주를 받으실 수는 있지만,

미지근한 사랑은 받지 못하십니다. 자, 여러분의 따뜻한 마음을 그분께 가져오십시오. 깨끗한 잔에서 그분이 마음껏 마실 수 있도록 해 드리십시오. 여러분의 모든 사랑이 그분의 것이 되게 하십시오. 나는 그분이 여러분에게서 사랑받기를 좋아하신다는 것을 압니다. 왜냐하면 그분은 여러분이 자기 제자들 중 하나에게 주는 냉수 한 잔까지도 기뻐하는 분이시기 때문입니다. 하물며 여러분이 자아 전체를 그분께 드리는 것을 그분이 기뻐하시지 않겠습니까? 그러므로 오늘 그분이 목마르실 때 그분께 마실 것을 드리십시오.

5. 그분과 함께하는 우리 죽음의 본보기

마지막으로, "내가 목마르다"는 외침은 우리에게 그분과 함께하는 우리 죽음의 본보기(the pattern of our death with Him)입니다. 나는 지금 주님을 아는 자들에게 말합니다. 사랑하는 이여, 여러분은 그리스도와 함께 십자가에 못 박혔다는 것을 알고 있습니까? 좋습니다. 그렇다면, "내가 목마르다"는 이 외침이 무슨 의미이겠습니까? 우리 역시 목마를 것이라는 의미가 아닐까요? 우리는 쓰라린 고통을 당하는 옛 방식으로 목마르지는 않을 것입니다. 주님께서 "내가 주는 물을 마시는 자는 영원히 목마르지 아니하리니"라고 말씀하셨기 때문입니다(요 4:14). 하지만 이제 우리는 새로운 목마름으로 애태웁니다. 곧 고상한 천상의 욕구로서, 우리 주님을 향한 갈망입니다. 오, 복되신 주여, 만약 우리가 진정으로 당신과 함께 나무에 못 박혔다면, 오직 "당신의 피의 언약"이라는 잔으로만 만족할 수 있는 그런 목마름을 우리에게 주옵소서! 어떤 철학자들은 자기들이 진리에 대한 지식(knowledge of truth)보다도 진리에 대한 추구(pursuit of truth)를 더 사랑한다고 말해 왔습니다. 나는 그들과 크게 다르지만, 이런 말을 하고 싶습니다. 즉 내가 주님의 임재를 실제로 향유하는 것 다음으로 내가 사랑하는 것은 그분을 향한 배고픔과 갈증입니다. 러더퍼드(Rutherford)는 어느 정도 이런 취지의 말을 하곤 했습니다. "나는 내 주님을 갈망하며, 이것이 나의 기쁨이다. 이 기쁨은 어떤 사람도 내게서 빼앗을 수 없다. 비록 내가 그분 가까이 있지 못할 때에도 나에게는 위로가 풍성한데, 그것은 그분을 갈망하는 것이 곧 천국이기 때문이다. 또한 정녕 그분은 한 가련한 영혼이 그분을 칭송하고, 그분을 연모하며, 그분을 갈망할 수 있는 자유를 결코 거절하지 않으신다." 나로서는, 나의 거룩하신 주님을 향해 만족할 줄 모르는 갈망을 더욱더 갖기를 원합니다. 그래서 내가 그분을 많이 가졌을 때에도 여전히 그분을 더욱 갈망하며 부르짖을 수 있기를 원합니다. 더욱더 그분을 갈망하고, 더욱더 그분을 얻기를 원합니다. 내 마음은 그분이 내게 모든 것이 되시기까지, 나 자신이 그분 안에서 전적으로 잊혀지기까지 만족하지 않을 것입니다. 오, 우리의 심령이 더욱 넓어져서 그분의 달콤한 사랑을 더 깊이 들이킬 수 있으면 좋겠습니다. 우리는 마치 연회장에서 진수성찬을 즐기고, 배우자가 베푼 달콤한 과일 맛을 보고, 그래서 매우 기뻐하면서도, 여전히 이렇게 외치는 배우자처럼 되고 싶습니다. "너희는 건포도로 내 힘을 돕고 사과로 나를 시원하게 하라 내가 사랑하므로 병이 생겼음이라"(아 2:5). 그녀는 이미 사랑의 달콤함에 취하였으면서도 더욱 풍성한 사랑의 건포도를 갈망합니다. 이런 종류의 달콤함은 사람이 한 번 취하면 더욱 취하고 싶은 달콤함입니다. 한 번 받으면 계속해서 더욱더 많이 받아야 하는 것입니다. 자기에게 공급되는 것을 먹고 자라고자 하는 그의 욕구는 마침내 하나님의 모든 충만으로 가득할 때까지 지속되는 것입니다. "내가 목마르다!" 아아, 이는 내 주님과 더불어 내 영혼이 하는 말입니다. 그분의 입술로 표현한 말이지만 내 입으로 하기에 어울리는 말입니다.

> "제가 목마릅니다, 하지만 지나간 때의 목마름과는 다르니,
> 세상 헛된 기쁨을 얻으려는 목마름은 아니랍니다.
> 그런 일은 있을 수 없습니다, 임마누엘이시여,
> 내가 기쁨을 찾는 것은 오직 당신의 상처에서랍니다.
>
> 알려지지 않은 고귀한 기쁨의 원천!
> 더 이상 수위가 내려가는 법 없이,
> 언제나 흘러 넘쳐 내게로 흐르는
> 생명수의 강, 생명을 주는 강물이여!"

예수님은 목마르셨습니다. 그러니 물 없는 이 메마르고 건조한 땅에서 우리도 목마른 것이 당연합니다. 오 하나님, 목마른 사슴이 시냇물을 찾기에 갈급하듯이, 우리의 영혼도 당신을 찾기에 갈급하게 하소서!

사랑하는 이여, 우리 동료 인간들의 영혼을 위해 목마르기를 바랍니다. 이

미 말했듯이 그것은 우리 주님에게 있던 신비한 갈망이었습니다. 그 갈망이 우리의 갈망이 되도록 합시다. 형제여, 당신의 자녀들이 구원을 얻도록 갈구하십시오. 형제여, 당신 일터의 동료들이 구원을 얻도록 갈망하시길 호소합니다. 자매여, 당신이 맡은 학급 아이들의 구원을 갈망하고, 당신 남편의 회심을 갈망하십시오. 우리들 모두에게는 사람들의 회심을 위한 갈망이 있어야 합니다. 여러분 각 사람에게 그런 갈망이 있습니까? 그렇지 않다면 즉시로 분발하시기 바랍니다. 여러분의 마음을 구원받지 못한 누군가의 영혼에게 고정시키고, 그가 구원을 얻을 때까지 갈급해하시기 바랍니다. 진정한 기독교적 자비인 이 복된 영혼의 목마름(soul-thirst)이 구원받은 자들 위에 임할 때에, 그로 인해 또 다른 많은 영혼들이 그리스도께로 인도될 것입니다. 바울이 어떻게 말했는지를 기억하십시오. "내가 그리스도 안에서 참말을 하고 거짓말을 아니하노라. 나에게 큰 근심이 있는 것과 마음에 그치지 않는 고통이 있는 것을 내 양심이 성령 안에서 나와 더불어 증거하노니, 나의 형제 곧 골육의 친척을 위하여 내 자신이 저주를 받아 그리스도에게서 끊어질지라도 원하는 바로라"(롬 9:1-3). 그는 동족을 구원하기 위해서라면 자기 자신을 희생하기 원할 정도로, 그들의 영원한 복지를 진심으로 갈망했습니다. 이 마음이 우리의 마음이 되도록 합시다.

여러분 자신을 위해서는 온전함을 갈망하십시오. 의에 주리고 목마르십시오. 그러면 채워질 것입니다. 죄를 미워하고, 진심으로 그것을 혐오하십시오. 오직 하나님이 거룩하신 것처럼 여러분도 거룩해지기를 갈망하십시오. 그리스도처럼 되기를 갈망하십시오. 그분의 뜻에 온전히 여러분 자신을 일치시킴으로써 그분의 거룩한 이름에 영광을 돌리기를 갈망하십시오.

성령께서 여러분 안에 역사하시어, 십자가에 못 박히신 그리스도의 형상을 온전히 이루게 하시고, 그분에게 영원한 찬양을 돌리게 하시길 빕니다. 아멘.

제
82
장
—

다 이루었다!

—

"예수께서 신 포도주를 받으신 후에 이르시되 다 이루었다
하시고 머리를 숙이니 영혼이 떠나가시니라." —요 19:30

나의 형제들이여, 죽음의 마지막 고통스러운 순간에도 우리 구주의 정신이 얼마나 명료하고, 힘 있고, 명민하셨는지를 여러분이 주의하여 살펴보시길 바랍니다. 마지막 임종의 시간에 찾아오는 고통과 신음은 빈번하게 정신을 흐트러지게 하는 경향이 있으며, 그렇기에 죽어가는 사람이 생각을 집중하는 것이나, 생각을 집중한 후에 다른 사람들이 이해할 수 있도록 그 생각을 말하기란 불가능합니다. 어떤 경우에도 우리는 숨을 거두려 하는 사람에게서 놀라운 기억력이라든가 혹은 심오한 주제들에 대한 명료한 판단력을 기대하지 않습니다. 하지만 구주의 마지막 행동들은, 비록 그분의 고통이 참기 어려울 정도였음에도 불구하고, 지혜와 분별로 가득하였습니다. 그분이 구약의 모든 예표(type)의 중요성을 얼마나 선명하게 인지하셨는지를 주목하십시오! 임박한 죽음의 시간에도, 그분의 눈은 천사들도 그토록 자세히 살펴보기를 원했던 저 거룩한 상징들을 얼마나 분명하게 보셨는지요! 그분은 수많은 현인들을 당황하게 하고 하고 선견자들을 놀라게 했던 비밀들을 보셨으며, 그 모든 것을 자기 육체로 성취하셨습니다. 또한 우리가 놓치지 말고 주목해야 할 것은, 그분이 정신적 힘과 이해력으로써 희미한 과거를 선명한 현재와 연결해 주는 사슬을 꽉 붙잡으셨다는 것입니다. 우리는 그분의 지성의 탁월함을 잊어서는 안 됩니다. 그분은 구약의 모든 의식들

과 제사들을 한 가지 사상의 줄로 꿰었고, 모든 예언들을 하나의 거대한 계시로 보았고, 모든 약속들을 한 인물을 예고하는 소식으로 간주하셨습니다. 그리고 그 모든 것에 대해서 "다 이루었다, 내 안에서(in Me) 다 이루어졌다"고 말씀하셨 습니다. 수세기에 걸친 예언들을 면밀히 살피시고, 언약의 영원성을 통찰하시 며, 그 다음에 영원한 영광들을 예상하신 그분의 정신은 얼마나 명민하셨는지 요! 이 모든 것이 그분이 원수들의 무리에 의해 조롱을 받으실 때에, 그분의 손과 발이 십자가에 못 박히셨을 때의 일입니다! 어떤 정신적 힘을 구주께서 소유하 셨는지, 그것은 저 고통의 알프스 봉우리들을 넘어 구름까지 닿을 정도로 높이 솟은 것이었습니다. 성령의 감동으로 기록된 모든 두루마리를 회고하실 수 있는 정도였으니, 십자가에 못 박히신 동안에 그분의 정신은 특별한 상태에 있었음이 틀림없습니다! 자, 이 진술이 그리 큰 가치가 있는 것으로 보이지 않을 수도 있습 니다. 하지만 그 가치는 이 진술에서 이끌어 내는 특정한 추론들에 있다고 나는 생각합니다. 우리는 때때로 이런 말을 들어왔습니다. "그리스도께서 어떻게, 그 리도 짧은 시간에, 영원한 지옥의 고통과 동등한 고통들을 감당하셨다는 것입니 까?" 우리의 대답은 이렇습니다.

우리는 하나님의 아들이 한순간에 행하신 것이라도 판단할 수 없으며, 더욱 이 그분의 전 생애와 죽음에서 친히 행하시고 겪으신 일들은 더더욱 판단할 수 없다는 것입니다. 물에 빠졌다가 건짐을 받은 사람들이 단언하는 바에 따르면, 물에 빠지는 사람의 정신이 특이하게도 활동적이라는 것입니다. 물속에 한동안 잠겨 있다가 마지막 순간에 극적으로 구조된 한 사람이 말했습니다. 그는 물속 에 가라앉아 있는 동안 자기 일생의 역사가 생각나더라고 했습니다. 만약 누군 가 그에게 얼마나 오랫동안 물 속에 있었는지를 물었다면, 그는 이십년간이라고 대답했을 것이라고 했습니다. 물론 그가 잠겨 있는 시간은 겨우 일이 분 정도에 불과했습니다. 알보락(Alborak)에서의 마호메트의 여행 이야기가 부적절한 일 화는 아닐 것입니다. 그가 주장하여 널리 알려진 이야기에 따르면, 천사가 환상 중에 찾아와서 그를 예루살렘으로 데려갔다고 합니다. 그는 일곱 하늘을 통과하 여 올라갔으며 거기서 모든 경이로운 것들을 보았지만, 여행에 소요된 시간은 너무나 짧아서 천사의 날개가 물병을 건드렸을 때에 그들이 떠났다가, 물병이 넘어져 쏟아지기 전에 되돌아왔다고 했습니다. 그 간질병적인 사기꾼의 오랜 꿈 이 실제로는 일초에 불과했다는 것입니다. 인간의 생각이란 그런 것입니다. 만일 어떤 특정한 상황에서, 하나님이 원하신다면, 인간의 지성은 단번에 여러 세기에 걸친 시간들을 생각해 낼 수 있습니다. 인간 지성은 우리가 알고 느끼려면 수년의 세월이 걸린다고 상상하는 것을 단 한순간에 통과할 수 있습니다. 그러므로 우리는 십자가에서 구주의 지성이 그토록 선명하고 생생하셨던 것에 근거하여, 그분이 두세 시간 동안에 수세기에 걸쳐 축적된 고통을 겪으셨을 뿐 아니라, 영원한 형벌과 동등한 고통을 겪으셨을 것이라고 생각할 수 있습니다. 하여간, 우리가 그럴 수 없다고 생각해서는 안 됩니다. 신성이 인성을 입으셨을 때, 그 때 인성은 전능자로서 고난을 겪는 것입니다. 마치 그리스도의 발이 한 때 전능의 능력으로 바다 위를 걸으실 수 있었던 것처럼, 이제 그분의 몸 전체가 "알려지지 않은 고통(unknown agonies)"의 무한을 겪기 위해 저 거대한 심연 속으로 빠지시는 것입니다. 여러분에게 호소합니다. 여러분의 무지한 이성이라는 유한한 줄로 그리스도의 고난을 측정하려고 시도하지 마십시오. 오직 우리는 그분이 십자가에서 겪으신 고통이, 우리 모두가 겪어야 했던 고통과 동등한 것으로 하나님께 받아들여졌음을 알고 믿도록 합시다. 그러므로 그 고통은 결코 사소한 것일 수 없으며, 하트(Hart) 씨가 표현했듯이 그분의 모든 힘을 다해 감당하신 것임에 틀림없습니다.

> "성육하신 하나님이 감당하실 수 있는 모든 것,
> 능력은 충분하였으나, 조금의 여력도 남지 않으셨도다."

오늘의 설교는 서두의 이 진술을 더욱 풍성하게 예시할 것입니다. 즉시 본론으로 들어가도록 합시다. 우선, 본문의 말씀을 듣고 이해합시다(hear and understand it). 다음으로, 그 말씀을 듣고 감탄합시다(hear and wonder at it). 셋째로, 그 말씀을 듣고 전합시다(hear and proclaim it).

1. 본문 말씀을 듣고 이해합시다.

하나님의 아들이 사람이 되셨습니다. 그분은 온전한 덕과 전적인 자기 부인의 삶을 사셨습니다. 그분은 일생 동안 사람들로부터 무시와 거절을 당하셨으며, 슬픔의 사람이요 질고를 아는 사람이 되셨습니다. 그분의 대적들은 군대처럼 많았습니다. 그분의 친구들은 소수였으며, 그 소수들도 믿음이 적었습니다.

그분은 최종적으로 그분을 미워하는 자들의 손에 넘겨지셨습니다. 기도하시는 중에 그분은 체포되시고, 영적인 법정과 현세적인 법정 모두에서 심문을 받으십니다. 사람들이 조롱하며 그분에게 왕복을 입히고, 그 후에 수치스럽게도 그 옷을 벗깁니다. 그분은 웃음거리로서 왕좌에 앉혀졌다가, 다음에는 잔혹한 기둥에 매달립니다. 죄가 없다고 선언되었음에도 불구하고 그분은 군인들에게 넘겨지십니다. 예루살렘 거리로 끌려 나가십니다. 선지자들을 죽였던 그 도시는 이제 선지자들의 주(主)이신 그분의 피를 흘리고 싶어 합니다. 그분은 십자가의 형장으로 끌려가십니다. 그 잔인한 나무에 못 박히십니다. 태양이 그분을 태우 듯합니다. 상처들의 열기는 갈수록 심해집니다. 하나님이 그를 버리십니다. "나의 하나님, 나의 하나님, 어찌하여 나를 버리셨나이까?" 이 외침은 세상에서의 모든 고통이 응축되어 담겨 있습니다. 그분이 거기 달려 죄와 사탄과 투쟁하시는 동안, 그분의 마음은 깨어지고, 그분의 사지는 탈구됩니다. 하늘도 그분을 저버립니다. 태양이 어둠 속에 자기 모습을 감춥니다. 땅도 그분을 버립니다. 그분의 제자들은 그분을 버리고 도망쳤습니다. 사방을 둘러보아도 그분을 도울 자가 아무도 없습니다. 주위를 살펴보아도 그분의 고통을 함께 나눌 수 있는 자가 아무도 없습니다. 그분이 홀로 포도주 틀을 밟고 있으며, 그분과 함께 하는 사람들이 아무도 없습니다. 계속, 또 계속하여, 그분은 아버지의 뜻을 이루기 위해서는 피할 수 없었던 고난의 잔을 마지막 한 방울까지 다 마시기로 결심하십니다. 그리고 마침내 "다 이루었다"고 외치신 후, 숨을 거두십니다. 그리스도인들이여, 들으십시오. 1800년 전 그 승리의 외침은 오늘날에도 여전히 새로운 힘으로 울려 퍼지고 있습니다! 이 거룩한 말씀에서, 구세주의 입술에서 그 소리를 들으십시오. 하나님의 영이 여러분의 귀를 열어 여러분이 학자 같이 알아듣게 해 주시고, 듣는 말씀을 이해하게 해 주시기를 빕니다!

1) "다 이루었다" : 구약의 예언과 약속과 예표들의 성취

그렇다면 "다 이루었다"는 말씀으로써 주님이 의미하신 바가 무엇일까요? 무엇보다도 우선, 모든 예표들(types)과 약속들과 예언들이 이제 그분 안에서 완전히 성취되었다는 의미입니다. 성경 원어를 아는 이들은 "다 이루었다"는 표현이 세 구절 안에 두 번 등장한다는 것을 발견할 것입니다. 28절에서 그에 해당하는 헬라어 단어가 영어 성경으로는 "이루어진(accomplished)"으로 번역되었으나, 거기에서 그 단어는 다음의 의미를 나타낸다고 할 수 있습니다. "그 후에 예수께서 모든 일이 이미 마친 줄(finished) 아시고, 성경을 응하게 하려 하사 이르시되 내가 목마르다 하시니." 그 후에 "다 이루었다(It is finished)"고 말씀하신 것입니다. 이는 우리로 그 말씀의 의미를 매우 명확히 볼 수 있도록 이끌어 줍니다. 즉 그분이 "다 이루었다"고 하셨을 때에 모든 성경이 성취되었다는 것입니다. 성경의 전 책이, 처음부터 끝까지, 율법과 예언서들 모두가 그분 안에서 다 마쳤다는 것입니다. 에덴의 문지방에 떨어져있던 첫 번째 에메랄드에서부터 말라기의 사파이어에 이르기까지, 하나님의 모든 약속의 보석들 중에서 진정한 대제사장(the true High Priest)의 흉패에 달리지 않은 것은 단 하나도 없습니다. 또한, 붉은 암송아지에서부터 산 비둘기에 이르기까지, 우슬초에서부터 솔로몬의 성전 건물에 이르기까지, 그분 안에서 성취되지 않은 예표(豫表)는 단 하나도 없습니다. 그발 강가에서와 요단 강변에서의 예언들과, 바벨론과 사마리아와 유다에서 지혜로운 자들이 하나님께 받았던 꿈들 중에서, 그리스도 예수 안에서 온전히 이루어지지 않은 것이 하나도 없습니다. 형제들이여, 외관상 그토록 종류가 다양한 수많은 약속들과 예언들과 예표들이 한 사람에게서 모두 성취되었으니, 이 얼마나 놀라운 일입니까! 아주 잠시 동안 그리스도가 없다고 가정해 보십시오. 그러면 나는 구약성경을 지혜롭다고 하는 자에게 제시하면서 이렇게 말할 것입니다. "이 책을 보십시오. 여기 문제가 있습니다. 집으로 가서 당신의 모든 상상력을 동원하여 구약에서 예시하는 내용에 꼭 맞은 이상적인 한 인물을 생각해 보십시오. 기억하십시오. 그는 모세와 같은 선지자여야 하고, 그러면서도 여호수아와 같은 장군이어야 합니다. 그는 아론이면서 멜기세덱이어야 합니다. 그는 다윗이면서 동시에 솔로몬이고, 노아이면서 요나여야 하고, 유다이면서 요셉이어야 합니다. 더 나아가, 그는 죽임을 당한 어린 양이어야 하며, 동시에 죽임을 당하지 않은 아사셀(scape-goat)이어야 합니다. 또한 피 흘린 산 비둘기여야 하고, 동시에 그 새를 죽인 제사장이어야 합니다. 또한 그는 제단이어야 하며, 성막이어야 하고, 속죄소여야 하며, 진설병이어야 합니다." 아니, 그 지혜로운 사람을 더욱 당황하도록 하기 위해서, 우리는 그에게 서로 외관상 모순되어 보여서 결코 한 사람에게서 서로 조화를 이루지 못할 것 같은 예언들을 상기시킬 것입니다. 예를 들자면 이런 것들입니다. "모든 왕이 그의 앞에 부복하며 모든 민족이 다 그를 섬기리로다"(시 72:11). 하지만 그러면서도 "그는 멸시를 받아 사람들에게 버림

받습니다"(사 53:3). 그는 동정녀에게서 난 사람으로 출발해야 합니다. "처녀가 잉태하여 아들을 낳을 것이요"(사 7:14). 그는 흠도 없고 점도 없는 사람이어야 하며, 그러면서도 여호와께서 우리 모두의 죄악을 그에게 감당시키는 인물이어야 합니다. 그는 영광스러운 다윗의 자손이어야 하지만, 그러면서도 "마른 땅에서 난 뿌리" 같아야 합니다(사 53:2). 이제 나는 담대하게 말합니다. 설혹 모든 시대를 통틀어 가장 위대한 지성인들이 지혜를 모아서 이 문제를 풀려고 애를 쓰고, 예표들과 예언들을 풀 열쇠를 찾기 위해 궁리한다 해도, 결코 그 일을 할 수 없을 것입니다. 지혜로운 자들이여, 그대들은 이 '상형문자'들을 자세히 살펴보고 있습니다! 한 사람이 한 가지 실마리를 제안하면, 그것으로 두세 개의 문자를 해독합니다. 하지만 여러분은 더 나아가지 못합니다. 바로 다음 글자가 여러분을 진퇴양난에 빠지게 합니다. 또 다른 학식있는 사람이 또 하나의 실마리를 제안합니다. 하지만 그것도 가장 절실한 곳에서 실패하고 맙니다. 또 다른 사람이 또 다른 실마리를 제안하지만, 광야에서 모세가 그려놓은 이 경이로운 비밀의 문자들은 여전히 설명되지 않은 채 남고 맙니다. 마침내 한 사람이 앞으로 나서서 이렇게 선언합니다. "성육하신 하나님의 아들이자 그리스도의 십자가이다!" 그 때 모든 것이 명백해집니다. 비로소 누구든 그 예언들을 달려가면서도 읽을 수 있고, 어린 아이들도 이해할 수 있습니다. 복되신 구주시여! 당신 안에서 우리는 하나님께서 옛 선지자들을 통해 말씀하신 모든 것이 성취되었음을 봅니다. 당신 안에서 우리는 하나님께서 희생 제물의 어렴풋한 연기 속에서 보여주셨던 모든 예표들의 실체를 봅니다. 당신의 이름이 영광을 받으소서! "다 이루었다" — 모든 것이 당신 안에 요약되어 있습니다.

2) "다 이루었다": 율법에 따른 제사의 폐지

이와 같이 모든 예표들과 예언들과 약속들이 그리스도 안에서 성취되었습니다. 하지만 그 말씀에는 두 풍성한 의미들이 담겨 있습니다. 모든 옛 유대 율법의 전형적인 제사들이 이제는 설명되었을 뿐 아니라 폐지되었습니다(abolished). 그 제사들은 끝이 났으며, 그분 안에서 종결되었습니다. 여러분은 하늘의 성도들이 지상에서 이루어진 일을 내려다보고 있는 모습을 상상해 본 적이 있습니까? 홍수가 있기 오래 전에 살았던 아벨과 그의 친구들이 하늘에서 영광 가운데 앉아 있습니다. 그들은 하나님께서 하늘의 별들을 차례로 밝히시는 것을 바라봅니다.

하나님의 약속들이 차례로 지상의 짙은 어둠을 밝힙니다. 그들은 아브라함이 오는 것을 보고, 하나님께서 아브라함에게 이삭이라는 인물을 통해 그리스도를 계시하시는 것을 보고서 놀라워합니다. 그들은 천사들이 그런 것처럼 그 신비를 살펴보기를 원합니다. 노아와 아브라함과 이삭과 야곱의 시대에서 그들은 연기 나는 제단들을 보며, 인간이 죄인이라는 사실을 인식하고서 하늘의 보좌 앞에서 이렇게 여쭈며 말합니다. "주여, 언제 제사들이 끝납니까? 언제 피 흘리는 일을 멈추게 됩니까?" 피의 제사들은 얼마 후 더욱 증대됩니다. 이제 그 일은 그 목적을 위해 위임된 사람들에 의해 수행됩니다. 아론과 대제사장들과 레위인들이 매일 아침과 저녁에 어린 양을 제물로 드리며, 특별한 절기마다 많은 제물들을 바칩니다. 수소들이 신음하고, 숫양들이 피를 흘리며, 비둘기들의 목이 꺾여지며, 그러는 와중에 모든 성도들이 소리칩니다. "오 주여, 언제까지입니까? 언제 제사가 멈추게 됩니까?" 해마다 대제사장은 휘장 안으로 들어가서 속죄소에 피를 뿌립니다. 다음 해에도 그가 같은 일을 하는 것을 보며, 그 다음 해에도, 또 그 다음 해에도 마찬가지입니다. 다윗이 수백 마리의 제물을 드리고, 솔로몬이 수만 마리의 동물을 죽여 바치고, 히스기야가 강수와 같은 기름을 바치고, 요시야가 수천 마리의 살진 짐승을 죽여 기름을 태웁니다. 그리고 하늘의 의로운 영들이 다시 묻습니다. "그 일은 결코 끝나지 않는 것입니까? 제사는 결코 마치지 않는 것입니까? 언제나 죄를 기억나게 하는 일이 있어야 하는 것입니까? 마지막 대제사장은 오시지 않는 것입니까? 제사가 끝나지 않기 때문에, 아론 계열의 제사장들이 수고를 그치는 때는 오지 않는 것입니까?"

　　그대 의로운 영혼들이여, 아직 아닙니다. 아직은 때가 되지 않았습니다. 포로 후에도 희생 제물의 죽음은 여전히 남아 있습니다. 하지만 보십시오, 그가 오십니다! 앞서 어느 때보다도 더욱 자세히 살펴보십시오. 제사장들의 일을 끝내실 그분이 오십니다! 보십시오! 그가 서 계십니다. 세마포 에봇을 입지 않으시고, 소리 나는 방울을 차지 않으시고, 빛나는 보석들을 흉패에 차지도 않으시고, 오직 인간의 육체를 입으신 그분이 서 계십니다. 십자가가 그분의 제단이며, 자기 몸과 혼이 그분의 제물이며, 그분 자신이 제사장이십니다. 보십시오! 그분이 하나님 앞에서 자기 목숨을 드려, 인간으로 하여금 그분을 볼 수 없도록 가리고 있던 두껍고 어두운 휘장 안으로 들어가십니다. 자기 피를 들고서 그분은 휘장 안으로 들어가 그곳에 피를 뿌리십니다. 그리고 다시 나오셔서 놀란 땅을 내려다보시면서, 그리고 이 일을 주시하고 있는 하늘을 향해 외치십니다. "다 이루었다! 다 이루었도다!" 여러분이 오랫동안 고대했던 일이 온전히 이루어지고 영원토록 완수되었습니다.

3) "다 이루었다" : 완벽한 순종의 완수

구주께서 하신 말씀의 의미가 이 순간 그분의 완벽한 순종이 이루어졌다는 의미인 것을 우리는 의심하지 않습니다. 인간이 구원을 얻기 위해서는 하나님의 율법이 반드시 지켜져야 합니다. 누구든 그 의가 완벽하지 않으면 하나님의 얼굴을 볼 수 없기 때문입니다. 그리스도는 자기 백성을 위하여 하나님의 율법을 지키셨습니다. 그 모든 계명에 순종하셨고, 모든 규례들을 완벽하게 준수하셨습니다. 생의 초기에 그분은 사적으로 부친과 모친을 공경하며 그들에게 순종하셨습니다. 그리고 다음 삼년간은 공적으로 하나님을 섬기시면서 온전히 그분께 순종하셨습니다. 만일 여러분이 사람이 전 생애 동안 하나님의 율법에 온전히 일치된 것을 보고자 한다면, 그리스도에게서 그런 생을 볼 수 있습니다.

> "귀하신 나의 주님, 나의 구원자시여,
> 저는 당신의 말씀에서 제 의무를 읽습니다.
> 하지만 당신의 생애에서는, 율법이
> 살아 있는 문자들로 기록된 것을 봅니다."

생의 완벽한 미덕은 전적인 순종의 죽음으로써 완수되었습니다. 하나님을 섬기고자 하는 자는 살아 있는 동안 성품과 힘을 다할 뿐 아니라, 하나님의 영광을 위해서라면 자기 목숨까지도 포기할 준비가 되어 있어야 합니다. 우리의 완벽한 대리자께서는 죽음으로써 자기 사역의 마지막 점을 찍으셨습니다. 더 이상의 채무는 없다고 그분이 선언하십니다. "다 이루어졌기" 때문입니다. 예, 영광스러운 하나님의 어린 양이시여, 다 이루셨습니다! 당신께서 우리와 마찬가지로 모든 면에서 시험을 받으셨고, 그렇지만 죄를 짓지 않으셨습니다! 사탄이 자기 화살통에서 마지막으로 꺼내어 쏜 화살이 당신을 쏘았기 때문에 다 이루셨습니다. 마지막 불경스러운 암시, 마지막 사악한 유혹이 당신을 겨냥했습니다. 이 세상 임금이 당신을 머리에서 발끝까지 조사하였고, 안과 바깥을 살폈지만, 그는 당신에게서 아무 약점도 찾지 못했습니다. 이제 당신의 시련은 끝이 났고, 당신은 아버지께서 하라고 부여하신 일을 끝내셨습니다. 그 일을 다 이루셨기에 지옥은 당신에게서 어떤 흠을 찾아 비난할 수 없습니다. 그리고 이제, 당신께서는 당신의 온전한 순종을 바라보시며 "다 이루었다"고 말씀하시니, 당신의 백성은 바로 그렇게 되었다고 즐거워하며 믿습니다. 형제들과 자매들이여, 설혹 아담이 타락하지 않았다고 해도, 여러분이나 내가 주님처럼 "다 이루었다"고 말할 수는 없습니다. 만일 우리가 오늘날까지 에덴 동산에 있다 해도, 우리는 결코 의를 완성했다고 자랑할 수는 없을 것입니다. 피조물이 순종을 끝낼 수는 없기 때문입니다. 피조물인 인간은 사는 한 순종해야 하며, 지상에서 자유 의지가 존재하는 한 순종의 맹세를 어길 위험이 있습니다. 만약 아담이 첫 날부터 지금까지 낙원에 있었다 해도, 그는 내일 타락할 수 있습니다. 만약 그가 홀로 남겨지게 된다면, 자연계의 왕이라는 면류관을 언제든 잃어버리지 않는다는 보장이 없습니다. 하지만 그리스도께서는 창조주이십니다. 그분은 창조를 완성하신 분으로서 구속을 완성하셨습니다. 하나님이 더 이상 요구하실 것이 없습니다. 율법의 모든 요구가 충족되었습니다. 정의가 더 이상의 순종을 요구할 것이 없습니다. 그 일은 이루어졌고, 완수되었습니다. 직조기의 마지막 손질이 끝났으며, 의복이 위에서 아래까지 통으로 짜였습니다. 그러므로 우리 주님께서 죽음의 순간에 외치신 이 선언의 의미가 우리를 덮어줄 의(義)의 옷의 완성임을 알고 기뻐하도록 합시다.

4) "다 이루었다" : 속죄의 완성

다음으로, 구주께서 외치신 말씀의 의미는 하나님의 공의에 대해 그분이 이행하신 속죄의 의무가 완성되었다는 것입니다. 이제는 속죄를 위하여 마지막 소량의 액수까지도 남김없이 지불되었습니다. 나무에 달리신 예수님의 몸 안에서, 속죄와 화목을 위한 영원한 제물이 바쳐졌습니다. 잔이 있었습니다. 지옥이 그 안에 담겨 있었습니다. 구주께서 그것을 마셨습니다. 흘리지 않으시고, 멈추지 않으시고 마셨습니다. 한 모금도 남기지 않으시고 모두 마셨기 때문에 그분의 백성이 마실 조금의 찌꺼기도 남지 않았습니다. 열 가닥으로 꼰 율법의 거대한 채찍이 그분의 등에서 다 닳아버렸습니다. 예수님이 위하여 죽으신 자를 위해서는 단 한 번의 채찍질도 남지 않았습니다. 하나님의 정의의 거대한 대포가 그 탄약을 모두 소모하였습니다. 이제 하나님의 자녀들을 향해 쏠 한 발의 탄약도 남지 않았습니다. 오 정의여, 그대의 칼이 칼집에 넣어졌도다! 오 율법이여, 그대의 천둥소리가 멈추었도다! 선택된 죄인들이 자기 죄로 인해 받아야 마땅했던 모든 근심과 고통들이 더 이상 남지 않게 된 것은, 그리스도께서 그의 사랑하시는 자들을 위해 그 모든 것을 대신 감당하셨기 때문이며, "다 이루었기" 때문입니다.

형제들이여, 그분이 이루신 일은 지옥의 저주받은 자들이 말할 수 있는 그 이상의 차원입니다. 만약 여러분과 내가 하나님의 정의를 만족시키기 위해 지옥에 보내어진다고 해도, 우리는 결코 "다 이루었다"고 말하지는 못합니다. 그리스도께서는 영원한 형벌의 고통으로도 다 갚을 수 없는 빚을 갚으셨습니다. 잃어버린 영혼들이여, 만일 여러분이 오랜 과거로부터 오늘날까지 고통을 겪어 왔다고 해도, 그것으로 하나님의 정의가 만족되는 것은 아닙니다. 그것으로 그분의 율법이 온전히 높임을 받는 것이 아닙니다. 시간이 다 지나고, 영원의 세월이 다 지난다 해도, 아니 그 이상 영원의 세월이 흐른다 해도, 죄는 조금도 갚아진 것이 아니며, 죄에 대한 형벌은 여전히 용서받지 못한 죄인들에게 가해져야 합니다. 하지만 지옥의 불구덩이가 영원토록 해도 다 하지 못하는 일을 그리스도께서 이루셨습니다. 그분이 율법을 높였고, 그것을 영예롭게 했습니다. 그러므로 이제 그분은 십자가에서 "다 이루었다"고 외치시는 것입니다.

5) "다 이루었다" : 사탄과 죄와 죽음 권세의 전적인 파멸

또한 예수님께서 "다 이루었다"고 말씀하신 것은, 그분이 사탄과 죄와 죽음의 권세를 전부 멸하셨다는 것을 의미합니다. 우리 영혼의 속죄를 위해 저 위대한 전사(戰士)가 전투를 자원하시고 우리의 대적들과 맞서셨습니다. 그분이 죄(Sin)를 상대하셨습니다. 무섭고, 끔찍하고, 거의 전능에 가까운 죄가 그분을 십자가에 못 박았습니다. 하지만 바로 그 행위로써, 그리스도께서는 죄(Sin)를 또한 나무에 못 박으셨습니다. 죄와 죄를 멸하는 자가 모두 나무에 매달렸습니다. 죄는 그리스도를 죽였으며, 그 죽음으로써 그리스도께서는 죄를 멸하셨습니다. 다음에 두 번째 원수인 사탄이 다가옵니다. 그는 자기의 모든 군대를 동원하여 그리스도를 공격했습니다. 그는 우주의 사방에서부터 앞잡이들을 불러 모아 이렇게 말했습니다. "일어나라, 깨어나라, 그렇지 않으면 영원히 멸망하든지! 여기 내 머리를 상하게 하겠노라고 맹세한 우리의 큰 대적이 있다. 우리는 이제 그의 발꿈치를 다치게 하자!' 그들은 지옥의 화살들을 그분의 심장을 향해 쏘았습니다. 지옥의 끓는 큰 솥을 그분의 머리를 향해 쏟아 부었습니다. 그들의 모든 독을 그분의 혈관에 주입했습니다. 그분의 얼굴을 향해 저주를 내뱉었습니다. 그들은 쉿소리를 내며 그분의 귀에 두려움을 심는 말을 속삭였습니다. 유다 지파의 사자이신 그분은 홀로 지옥의 모든 개들의 박해에 맞서야 했습니다. 우리의 전사는 겁내지 않으셨고, 하나님이 공급하시는 모든 힘으로 거룩한 무기들을 사용하여 좌우를 치며 싸우셨습니다. 원수들의 무리는 계속해서 몰려왔습니다. 빗발치는 사격이 그분을 향해 가해졌습니다. 어떤 천둥으로도 그 소리를 흉내 낼 수 없지만, 지옥의 문들을 뒤흔들기에는 충분했습니다. 정복자는 꾸준하게 앞으로 진격하셨습니다. 그들의 진영을 쳐부수고, 원수들을 산산조각내고, 그들의 활과 창들을 꺾으시고, 그들의 전차들을 불태우시면서, 그분은 크게 소리치셨습니다. "하나님의 이름으로 내가 너희를 처단하노라!" 마침내, 그분은 지옥의 우두머리를 상대하셨습니다. 이제 우리의 다윗은 골리앗과 싸우셨습니다. 그 싸움은 길지 않았습니다. 짙은 어둠이 사방을 에워쌌으나, 마리아의 아들이실 뿐 아니라 하나님의 아들이신 그분은 원수를 치는 법을 아셨습니다. 그분이 신성한 분노로 그를 치셨고, 마침내 그에게서 갑옷을 빼앗으시고, 그의 불화살들을 꺾으시고, 그의 머리를 깨뜨리셨습니다. 그리고 외치셨습니다. "다 이루었다!" 그리고 피 흘리면서 울부짖는 마귀를 지옥으로 내려 보내셨습니다. 영원하신 구주께서 마귀를 쫓아내시며 이렇게 외치신다고 우리는 상상할 수 있습니다.

> "반역자여!
> 네가 지옥의 밑바닥까지 내려간다 해도,
> 은신할 무덤을 찾아 숨는다 해도,
> 내 번개가 너를 찾아내어 꿰뚫으리라!'

　　구주의 노호(怒號)가 마귀를 압도하였고, 그분은 양손으로 그를 붙잡아서, 거대한 사슬로 그를 묶으셨습니다. 천사들이 높은 곳으로부터 왕의 전차를 가지고 왔으며, 그 바퀴에 사로잡힌 마귀를 묶었습니다. 병거 모는 천사들이 세차게 달려 저 영원한 언덕에 이르렀습니다! 온전케 된 성도의 영혼들이 그분을 맞으러 나왔습니다. 죽음과 지옥을 병거에 매달고 오신 그 정복자에게 찬양을, 사로

잡은 자를 끌고 오신 승리자에게 찬양을! "문들아 너희 머리를 들지어다, 영원한 문들아 들릴지어다, 영광의 왕이 들어가시리로다"(시 24:7). 하지만 잠깐 멈추십시오. 그분이 들어가시기 전에, 그분의 짐을 제거해야겠습니다. 보십시오! 그분이 마귀를 잡으셨고, 그를 끝없는 밤으로 내던지셨습니다! 마귀는 깨어지고, 부상을 입고, 권세는 꺾이고, 왕관이 빼앗긴 채로 지옥의 구덩이에 던져져서, 누워 영원히 울부짖게 될 것입니다. 이와 같이 구주께서 "다 이루었다"고 외치셨을 때, 그분은 죄와 사탄을 쳐부수고 죽음을 정복하신 것입니다. 크리스마스 에번스(Christmas Evans)가 표현한 대로는, 사망이 그분에게 맞서 번쩍이는 긴 창으로 그분을 찔러 십자가에 박히도록 했습니다. 그가 다시 그 창을 뽑았을 때 창의 끝 부분은 십자가에 박혀 뽑히지 않았습니다. 이제 그가 무엇을 더 할 수 있을까요? 그는 무장해제되었습니다. 그 때 그리스도께서 당신의 포로들 중 얼마를 해방하셨습니다. 잠자던 성도들이 일어나 많은 이들에게 목격되었기 때문입니다(참조. 마 27:52). 그 때 주님은 사망을 향해 말씀하셨습니다. "사망아, 내가 너의 열쇠들을 압수하노라. 내 성도들이 잠드는 침상을 지키는 자로 잠시 동안은 너를 살려 두어야겠지만, 너의 열쇠들은 내가 취하노라." 그리고 보십시오! 구주께서 오늘 사망의 열쇠들을 그분의 허리춤에 차신 채 서 계십니다! 그리고 그분은 어떤 사람도 알지 못하는 한때를 기다리고 계십니다. 그 때는 천사장의 소리가 희년의 은 나팔처럼 울릴 때이며, 그 때 주님은 말씀하실 것입니다. "나의 사로잡힌 자들은 풀어서 가게 하라." 그 때 그리스도의 죽음 덕택에 무덤들이 열릴 것이며, 성도들의 몸이 영원한 영광 중에서 다시 살게 될 것입니다.

> "다 이루었다!' 하시는
> 죽어 가는 구주의 외침을 들으시오!'

2. 본문의 말씀을 듣고 감탄합시다.

둘째로, 그 말씀을 듣고 감탄합시다(hear and wonder at it). "다 이루었다"고 하신 말씀에 의해 어떤 강력한 효과가 발생하고 확증되었는지를 인식하도록 합시다. 다 이루었다는 말씀으로 그분은 언약을 비준하셨습니다. 언약은 앞서 서명되고 인을 친 상태였으며, 규정들은 모든 면에서 적절하였습니다. 하지만 그리스도께서 "다 이루었다"고 말씀하셨을 때, 그 때 언약은 이중으로 확증되었습니다. 그리스도의 심장의 피가 그 거룩한 문서에 뿌려졌으며, 그러므로 다시 되돌려질 수 없게 되었습니다. 그 어떤 규정도 어길 수 없었고 그 어떤 세부 항목도 파기될 수 없었습니다. 이렇게 언약은 확증되었습니다. 하나님 편에서 언약이란 그리스도로 하여금 자기 영혼의 수고한 것을 보게 하신다는 것이며(사 53:11), 또한 그리스도에게 주신 모든 자에게 새 영과 새 마음을 주신다는 것입니다. 그들은 죄에서 씻김을 받을 것이며, 그리스도를 통해 생명으로 들어갈 것입니다. 그리스도 편에서 언약은 이런 것이었습니다. "아버지여, 내가 당신의 뜻을 행할 것입니다. 내가 마지막 일부분까지 속전(贖錢)을 바칠 것입니다. 내가 온전한 순종을 드리고 율법의 요구를 완벽하게 만족시킬 것입니다." 만일 언약에서 이 두 번째 부분이 성취되지 않았더라면 첫 번째 부분 역시 효력이 없었을 것입니다. 하지만 예수님이 "다 이루었다"고 말씀하셨을 때, 그분 편에서 더 수행해야 할 것을 아무것도 남기지 않으셨으며, 이제 언약은 양편 모두에서 충족된 것입니다. "내가 ~을 하리라(I will)"와 "그들이 ~되리라(they shall)"는 언약 조항은 하나님이 서약하신 것입니다. "새 영을 너희 속에 두고 새 마음을 너희에게 주되(I will give ~)"(겔 36:26). "맑은 물을 너희에게 뿌려서(I will sprinkle~) 너희로 정결하게 하되(you shall ~)"(겔 36:25). "내가 너희를 모든 죄악에서 정결하게 하는 날에"(겔 36:33). "내가 맹인들을 그들이 알지 못하는 길로 이끌며 그들의 알지 못하는 지름길로 인도하며"(사 42:16). 그 날 그 언약은 확증되었습니다.

그리스도께서 "다 이루었다" 말씀하셨을 때, 아버지께서 영광을 얻으셨고, 하나님의 정의가 완전히 드러났습니다. 아버지께서는 언제나 자기 백성을 사랑하셨습니다. 그리스도께서 죽으신 것이 하나님 아버지로 사랑하시도록 하기 위해서라고 생각하지 마십시오. 그분은 세상의 기초가 세워지기 전부터 그들을 언제나 사랑하셨습니다. 하지만 "다 이루었다"가 아버지의 길에 놓인 장애물들을 제거하였습니다. 그분은 사랑의 하나님으로서, 그리고 이제는 정의의 하나님으로서도 가련한 죄인들에게 복을 주실 수 있습니다. 그 날로부터 아버지께서는 죄인들을 자기 품으로 기쁘게 받으십니다. 그리스도께서 "다 이루었다"고 말씀하셨을 때, 그분 자신도 영광을 얻으셨습니다. 그 때 너무나 영광스러운 면류관이 그분 머리에 씌워졌습니다. 그 때 아버지께서 전에 그러셨던 것처럼 그분에게 영예를 주셨습니다. 그분은 하나님으로서 영예를 가지셨지만, 사람으로서 멸시와 거절을 당하셨습니다. 이제 하나님이자 사람으로서 그리스도는 아버지의 보좌에 영원토록 앉으시게 되었고, 영예와 위엄으로 면류관을 쓰게 되셨습니다. 또한 "다 이루었다" 하신 그 때에, 성령께서 우리에게 오셨습니다.

> "성령이 내려오셔서
> 마른 뼈 같은 우리의 숨결이 되신 것은
> 나무에 달리셨던 그분의
> 죽음의 공로 때문이라네."

그 때 그리스도께서 전에 약속하셨던 성령이 새롭고도 산 길을 알아보셨고, 그 길을 통해 그분이 사람들의 마음에 내주하실 수 있게 되었으며, 또한 사람들이 위에 계신 분에게 와서 함께 거할 수 있게 되었습니다. 그리스도께서 "다 이루었다" 말씀하신 그 날에, 그 말씀은 천국에서도 효력이 있었습니다. 그 때 황옥(黃玉)으로 된 성벽이 견고하게 섰으며, 진주 문으로 된 성의 벽옥(碧玉) 빛이 한낮보다 일곱 배나 밝게 빛났습니다. 그 이전에, 사실 성도들은 미리 약속으로(on credit) 구원을 받은 것입니다. 그들은 천국에 들어갔으며, 하나님의 아들 예수를 믿음으로 들어갔습니다. 만약 그리스도께서 자기 사역을 완수하지 않으셨더라면, 정녕 그들은 그 빛나는 천국에서 떠나야 했으며, 자기 죄 속에서 고통을 당해야 했습니다. 상상력이 잠시 허용된다면, 만일 그리스도께서 그 사역을 완수하지 않으셨더라면 천국은 언제든 흔들릴 수 있었다고 표현하고 싶습니다. 그 돌들은 무너졌을 것입니다. 그 요새는 엄청나게 거대한 것이지만, 지상의 성읍들이 지진에 흔들리고 무너지듯이 붕괴될 수 있었습니다. 하지만 그리스도께서 "다 이루었다"고 말씀하셨습니다. 맹세와, 언약과, 피로써 구속받은 자들의 거처는 견고하게 세워졌고, 그 처소들은 안전하고 영원히 그들의 소유가 되었으며, 그 기초가 영원한 반석 위에 흔들리지 않고 서 있을 수 있게 되었습니다. 아니 더 나아가서, "다 이루었다"는 그 말씀은 지옥의 우울한 동굴들과 심연에도 영향을 끼쳤습니다. 그 때 사탄은 격노하여 쇠줄을 깨물고서 울부짖었습니다. "나는 내가 이겼다고 생각한 바로 그 사람(the very Man)에게 패배했다. 내 희망은 날아가 버렸다. 그가 선택한 자들을 하나도 내 감옥에 끌고 올 수 없게 되었고, 그의 피로 산 자는 아무도 내 거처에서 찾아 볼 수 없게 되었다." 잃은 영혼들은 그 날 신음하였습니다. 그들은 이렇게 말했습니다. "다 끝났다! 만약 그리스도이신 그

분도 대속자로서 모든 형벌을 다 받기 전까지는 자유로울 수 없었다면, 우리는
영원히 자유로울 수 없을 것이다." 그들에게는 "다 이루었다"는 그리스도의 말씀
이 이중적인 죽음의 조종(弔鐘)과도 같았습니다. "오호라 우리에게 화로다! 정의
가 구주까지도 그 형벌을 면해 주지 않았다면, 우리를 결코 자유롭게 풀어 주지
않을 것이다. 그분에게는 끝이 났지만, 우리에게는 결코 끝나지 않을 것이다."
또한 그 날에, 땅은 전에 결코 알지 못했던 햇빛이 자기 위에 비치는 것을 보았습
니다. 산과 언덕 꼭대기들이 일출과 함께 빛나기 시작했습니다. 비록 그 골짜기
들에는 여전히 어둠의 그림자가 드리워 있고, 사람들은 이리저리로 방황하고,
한낮에도 한밤중처럼 더듬어 길을 찾긴 하지만, 태양이 떠오르고 있으며 하늘
높이까지 솟아올라 결코 지지 않습니다. 태양이 짙은 안개와 구름들을 뚫고서
광선을 발할 것이며, 모든 눈이 그분을 보게 될 것이며, 모든 마음이 그분의 빛을
보고서 기뻐할 것입니다. "다 이루었다"는 그 말씀은 하늘을 견고케 했으며, 지옥
을 흔들리게 했고, 땅을 위로하였으며, 아버지를 기쁘시게 했고, 아들을 영화롭
게 했으며, 성령을 내려 보냈으며, 모든 선택된 자손들에게 영원한 언약을 확증
했습니다.

3. 본문 말씀을 듣고 전합시다.

이제 마지막 요점에 도달했습니다. 이에 대해서는 간략하게 말하도록 하겠
습니다. "다 이루었다!" 그 소식을 널리 전하도록 합시다.

하나님의 자녀들이여, 믿음으로 그리스도를 가장 소중한 분으로 영접한 여
러분이여, 매일 여러분의 삶에서 "다 이루었다"는 그 소식을 전하십시오. 복종과
금욕을 통해 속죄의 값을 지불할 수 있다고 생각하면서 스스로를 고문하는 자들
에게 가서 그 소식을 알리십시오. 저기 대못으로 만든 판 위에 자기 몸을 던지려
하는 힌두교도가 있습니다. 멈추시오, 가련한 사람이여! 무엇 때문에 당신이 피
를 흘리려 하는 것입니까? "다 이루었습니다." 저기 수도사가 손톱이 자랄 때까
지 손을 뻗은 채로 가만히 있습니다. 금식과 자기 부인으로 스스로를 괴롭게 하
고 있습니다. 불쌍한 사람이여, 멈추시오, 이런 모든 고통스러운 짓을 그만두시
오! "다 이루어졌습니다." 지구 어디에서나 몸과 영혼에 고통을 가하는 것이 속
죄가 될 수 있다고 생각하는 자들이 있습니다. 그들에게 날려가십시오. 그들의
미친 짓을 멈추게 하고 그들에게 말하십시오. "왜 이런 일을 하는 것입니까? 그리

스도께서 다 이루셨습니다. 하나님이 요구하시는 모든 고통들을 그리스도께서 당하셨습니다. 율법이 육체에 요구하는 고통의 보응을 그리스도께서 이미 받으셨습니다. 다 이루어졌습니다!' 이 일을 한 후에, 다음에는 저 어리석은 로마의 신봉자들에게 가십시오. 거기서 여러분은 사람들에게 등을 돌린 채 미사라고 하는 거짓된 제사를 매일 드리고 있는 사제들을 볼 것입니다. 그들이 성체(聖體)라고 하는 것을 높이 들고서 "산 자와 죽은 자를 위한 피 없는 제사"라고 말하는 것을 들을 것입니다. 그들에게 외치십시오. "멈추시오, 거짓 제사장이여, 멈추시오! 다 이루어졌습니다! 거짓 예배자여! 엎드려 숭배하는 일을 멈추시오. 다 이루어졌습니다!' 하나님께서는 그리스도께서 단번에 영원히 십자가에서 드리신 것 외에 다른 어떤 제사도 요구하거나 받지 않으십니다. 다음에는 여러분의 동포 중에 어리석은 자들에게로 가십시오. 그들은 스스로는 개신교도라 부르고 있지만, 결국에는 교황주의자들과 다름이 없습니다. 그들은 자기들의 선물과 금과 기도와 서원과 교회 출석과 세례와 입교로써, 스스로를 하나님 보시기에 합당하다고 간주합니다. 그들에게 말하십시오. "멈추시오, 다 이루어졌습니다. 하나님께서 당신에게서 이런 것을 요구하지 않으십니다. 그분은 이미 충분히 받으셨습니다. 왜 당신은 그리스도의 의의 세마포 위에 당신의 누더기를 걸치려 하는 것입니까? 왜 당신은 하나님의 보화 곳간에 그리스도께서 이미 지불하신 값비싼 몸값에 당신 자신의 위조 동전을 보태려 하는 것입니까? 당신의 수고와, 행위와, 의식 수행을 멈추십시오. 다 이루어졌기 때문입니다. 그리스도께서 그 모든 일을 이루셨습니다." 이 하나의 본문으로도 바티칸을 사방으로 날려버리기에 충분합니다. 교황 제도 밑에 이 본문을 두기만 해도, 마치 바위 아래에 폭약을 연결하여 둔 것처럼, 그 제도를 공중으로 날려 버리고 말 것입니다. 이 본문은 인간의 모든 의를 반대하는 천둥소리와도 같습니다. 이 본문은 마치 좌우에 날 선 검과 같아서, 여러분의 선행과 세련된 의식들을 모두 베어 버리고 말 것입니다. "다 이루었다." 다 이루어진 것에 무엇을 개선한단 말입니까? 왜 완벽한 것에 무언가를 더한단 말입니까? 성경은 완성되었고, 거기에 무언가를 더하는 자는 생명책에서 그 이름이 지워지고, 그 거룩한 도성에서 제하여질 것입니다. 그리스도의 속죄는 완성되었습니다. 거기에 무언가를 더하는 자는 마찬가지의 운명을 기대해야 합니다. 여러분이 이 말씀을 모든 족속과 민족들의 귀에 들려줄 때에, 모든 가련하고 낙심한 영혼들에게도 그것을 말해 주십시오. 여러분은 그들이 무릎을 꿇고서 이렇게 소리치는 것을 볼 것입니다. "오 하나님, 제가 무엇을 해야 저의 잘못들을 보상할 수 있을까요?" 그들에게 보상은 이미 "다 이루어졌다"고 말하십시오. 그들은 말합니다. "오 하나님! 제가 어떻게 해야 의를 얻고, 당신께서 벌레 같은 저를 받아주실 수 있을까요?" 그들에게 "다 이루었다"고 말하십시오. 그들의 의는 이미 제시되었습니다. 그들이 "다 이루어진" 일에 무언가를 더하기 위해 스스로를 괴롭힐 필요가 없습니다. 저 가련하고 낙심한 사람에게 가십시오. 그는 단지 죽음에 대해서 뿐 아니라 저주와 관련해서도 자포자기하며 이렇게 말하고 있습니다. "나는 죄에서 벗어날 수가 없어. 나는 그 형벌에서 구원받을 수 없어." 그에게 말하십시오. "죄인이여, 구원의 길은 단번에 영원히 완성되었습니다." 혹시 여러분이 그리스도인이라 하면서도 의심과 두려움에 빠진 자들을 만난다면, 그들에게도 "다 이루었다"고 말하십시오. 우리 주변에는 진정으로 회심하고서도 아직 "다 이루어진" 것을 알지 못하는 수백 수천의 사람들이 있습니다. 그들은 그들이 안전하다는 것을 알지 못합니다. 그들은 "다 이루어진" 것을 알지 못합니다. 그들은 오늘 믿음을 가졌다고 생각하지만, 아마 내일은 의심에 빠질 수도 있습니다. 그들은 "다 이루어진" 것을 알지 못합니다. 그들은 그들이 어떤 일들을 했을 때에는 하나님이 그들을 받아주시리라고 기대하지만, 받아주시는 길이 이미 완성된 것을 알지 못합니다. 하나님께서는 팔십 년 동안 그분을 알고 사랑해 온 한 성도를 받아 주시는 것처럼, 그리스도를 오 분 전에 갓 믿은 죄인도 마찬가지로 받아 주십니다. 하나님은 인간을 그들이 행하거나 느끼는 어떤 것 때문에 받으시는 것이 아니라, 단지 그리고 유일하게 그리스도께서 행하신 일 때문에 받으시는 것이며, 또 그 일은 다 이루어졌습니다. 오, 가련한 심령들이여! 여러분 중에 어떤 이들은 구주를 어느 정도 사랑하지만 맹목적입니다. 여러분은 스스로 이러해야 하고, 저 상태에 이르러야 하며, 그러고서야 구원을 확신할 수 있다고 생각합니다. 오! 여러분은 오늘 그것을 확신할 수 있습니다. 여러분이 그리스도를 믿으면 여러분은 구원받은 것입니다. "하지만 저는 결점들을 느끼는데요." 예, 하지만 그게 어떻단 말입니까? 하나님께서는 당신의 결점들을 살피시는 것이 아니라, 그것들을 그리스도의 의로 덮어 주십니다. 그분은 그것들이 제거된 것으로 보시고, 그것들을 당신의 몫으로 돌리지 않으십니다. "아아, 하지만 저는 제가 되고 싶은 모습으로 될 수가 없어요." 당신이 그렇게 하지 못한다고 해서 어떻단 말입니까? 하나님께서 당신을 보실 때에 당신 자신을 보시는 것이 아니라, 그리스도 안에 있는 자로서 당신을 보시는 것입니다.

가련한 영혼이여, 저에게로 오십시오. 당신과 나는 오늘 함께 서게 될 것입니다. 폭풍이 몰려올 때에도 우리는 두렵지 않습니다. 저 번쩍이는 번개는 얼마나 날카로운지요! 하지만 우리는 떨지 않습니다. 저 천둥소리는 얼마나 무서운지요! 하지만 우리는 놀라지 않습니다. 왜요? 우리 속에 우리가 피할 어떤 것이 있기 때문입니까? 아닙니다. 우리는 그저 십자가 아래에 서 있을 뿐입니다. 저 귀한 십자가가, 마치 폭풍 속에서 어떤 고귀한 피뢰침처럼 낙뢰(落雷)의 모든 죽음을 스스로 받아들이고, 거센 진노를 모두 감당합니다. 우리는 안전합니다. 오, 율법이 천둥처럼 큰 소리로 우르릉거리고, 복수의 정의가 번개처럼 무섭게 번쩍입니다! 하지만 폭풍의 소란 속에서도 우리는 침착한 기쁨으로 하늘을 올려다볼 수 있습니다. 십자가 아래에서 우리는 안전하기 때문입니다.

다시 저에게로 오십시오. 왕의 연회가 베풀어졌습니다. 왕이 친히 좌석에 앉아 계시고 천사들이 시중을 들고 있습니다. 함께 들어갑시다. 우리도 들어가, 거기 앉아서 먹고 마실 것입니다. 하지만 감히 어떻게 이런 일을 할 수 있을까요? 우리의 의는 더러운 누더기 같은데 우리가 어찌 이곳에 들어올 수 있을까요? 오, 왜냐하면 그 더러운 누더기가 더 이상 우리의 의복이 아니기 때문입니다. 우리는 우리 자신의 의를 버렸고, 그 더러운 누더기를 던져 버렸으며, 이제 우리는 구주의 왕의 의복을 입고 있습니다. 머리에서 발끝까지 희고, 점이나 주름 잡힌 것이 하나도 없습니다. 해같이 밝게 빛나고, 아주 말쑥한 의상입니다. 우리 자신은 혐오스럽지만 그분 안에서 우리는 영광스럽습니다. 아담 안에서 우리는 저주를 받았지만, 이제 사랑하시는 아들 안에서 용납되었습니다. 우리는 하나님의 천사들과 함께 있는 것과, 영화로운 자들과 대화하는 것을 두려워하거나 부끄러워하지 않습니다. 아니, 하나님과 직접 대화하며 그분을 우리의 친구라 부르는 일에도 놀라지 않습니다.

마지막으로, 이제 나는 이 말씀을 죄인들에게 선포합니다. 나는 여러분이 오늘 아침에 어디에 있는지 알지 못합니다. 오직 하나님이 당신의 현재 위치를 정확히 아실 것입니다. 술주정뱅이였고 욕쟁이이자 도둑이었던 당신, 불량배 중에서도 가장 추악했던 당신, 깊은 죄의 구렁텅이에 빠져 거기서 뒹굴었던 당신이여, 만일 오늘 그런 죄가 당신에게 증오스럽게 느껴진다면 "다 이루었다"고 말씀하신 그분을 믿으십시오. 나로 당신의 손을 마주잡도록 해 주십시오. 우리 모두 함께 가서 이렇게 말하도록 합시다. "선하신 주여, 여기 가련하게도 헐벗은 두 영혼들이 있습니다. 우리는 스스로 옷을 입을 수가 없습니다." 그러면 그분이 한 의복을 우리에게 주실 것입니다. 그 옷이 완성되었기 때문입니다. "하지만 주님, 그 옷이 그토록 많은 죄인들이 입을 수 있을 정도로 충분히 길고 넓은가요?" 그분이 말씀하십니다. "그렇다, 다 이루었느니라." "하지만 주여, 우리는 씻어야 합니다! 우리에게 묻은 이렇게 소름끼치는 검은 얼룩들을 어떻게 지울 수 있을까요?" 그분이 말씀하십니다. "그래, 여기 피의 욕조가 있다." "하지만 우리가 거기에 우리의 눈물을 보태야 하지 않을까요?" "아니다, 내가 다 이루었으며, 그것으로 충분하다." "이제 주님, 당신께서 우리를 씻어 주셨고, 우리에게 옷을 입혀 주셨습니다. 하지만 우리 속은 여전히 완벽하게 깨끗하지 못하며, 다시는 죄를 짓지 않을 정도가 아닙니다. 주여, 이 문제를 해결할 방도가 있습니까?" 그분이 말씀하십니다. "그래, 그리스도의 상처 입은 옆구리에서 흐르는 물의 욕조가 있다." "그런데 주님, 그것은 저의 죄(guilt)뿐 아니라 저의 죄성(guiltiness)까지도 씻을 수 있는 것인가요?" 그분이 말씀하십니다. "그렇지, 다 이루었단다." 예수 그리스도는 여러분에게 구원이 되실 뿐 아니라 거룩함이 되십니다(고전 1:30). 하나님의 자녀여, 당신은 오늘 아침에 그리스도께서 완성하신 의를 얻지 않겠습니까? 또한 이전의 어느 때보다 그 안에서 더욱 기뻐하지 않겠습니까? 그리고 오, 가련한 죄인이여! 당신은 그리스도를 얻기를 원합니까, 원치 않습니까? 한 사람이 말합니다. "아, 저는 기꺼이 원합니다만 자격이 없습니다." 그분은 어떤 자격도 원하시지 않습니다. 그분이 요구하시는 것은 자원함이 전부입니다. "원하는 자는 누구든지 오라"고 그분이 말씀하십니다. 만약 그분이 당신에게 자원함을 주셨다면, 당신은 오늘 아침에 그리스도의 완성된 사역을 믿을 수 있습니다. 당신이 말합니다. "아! 하지만 당신이 저를 염두에 두고 한 말은 아니겠지요." 바로 그렇습니다. 당신을 두고 한 말입니다. 왜냐하면 "너희 모든 목마른 자들아"라고 말씀하셨기 때문입니다(사 55:1). 당신은 그리스도에게 목마르지 않습니까? 당신은 그분에 의해 구원받기를 원하지 않습니까? "너희 모든 목마른 자들아!" 이는 저기 젊은 여성뿐 아니라, 저기 오랫동안 구주를 멸시해 왔던 백발의 노인도 포함하며, 이 아래 층에 있는 회중들과, 저기 이층 회랑에 있는 당신까지도 모두 포함하는 말씀입니다. "오호라 너희 모든 목마른 자들아 물로 나아오라 돈 없는 자노 오라." 오, 내가 "강권하여서라도" 여러분을 오게 할 수 있다면 좋겠습니다! 위대하신 하나님, 당신께서 저 죄인으로 하여금 구원받기를 바라게 하여 주소서. 그는 저주받기를 바라고 있으니, 당신께서 그의 의지를 바꾸지 않으시면 구주께로 오지 않을 것입니다! 영원하신 성령님, 빛과 생명과 은혜의 원천이시여, 내려오셔서 이 방랑자들을 본향으로 이끌어 주소서!"다 이루었다." 죄인이여, 하나님으로서는 더 이상 하실 일이 없습니다. "다 이루었다." 당신도 더 이상 할 일이 없습니다. "다 이루었다." 그리스도께서 더 이상 피 흘리실 필요가 없습니다. "다 이루었다." 당신이 울 필요가 없습니다. "다 이루었다." 당신의 부적격 때문에 성령 하나님께서 지체하실 필요가 없으며, 당신 역시 스스로의 무력함 때문에 지체할 필요가 없습니다. "다 이루었다." 모든 거치는 돌이 길에서 치워졌습니다. 문이 활짝 열렸습니다. 놋쇠 빗장들이 깨뜨려졌습니다. 철문들이 산산조각 났습니다. "다 이루었다." 오십시오, 환영합니다. 오십시오, 환영합니다! 식탁이 펼쳐졌습니다. 살진 가축들을 잡았습니다. 황소를 잡았습니다. 보십시오! 여기 전령이 서 있습니다! 큰 길에서나 산울타리에서든 어디에서든 오십시오. 런던의 여러 집들과 은신처에서 나와 이리로 오십시오. 가장 천한 자들도 오십시오. 자기 자신까지도 미워하는 자들이여, 오늘 이리로 오십시오! 예수님이 당신을 부르십니다. 오, 당신은 지체하시겠습니까? 오, 하나님의 영이시여, 예수님을 위하여 많은 심령들을 다시 초대하여 주시고, 당신의 효과적인 음성으로 그들을 불러주소서. 아멘.

제
83
장
—

죽음 이후의 십자가에서

—

"이 날은 준비일이라 유대인들은 그 안식일이 큰 날이므로
그 안식일에 시체들을 십자가에 두지 아니하려 하여 빌라도
에게 그들의 다리를 꺾어 시체를 치워 달라 하니, 군병들이
가서 예수와 함께 못 박힌 첫째 사람과 또 그 다른 사람의 다
리를 꺾고, 예수께 이르러서는 이미 죽으신 것을 보고 다리
를 꺾지 아니하고, 그 중 한 군인이 창으로 옆구리를 찌르니
곧 피와 물이 나오더라. 이를 본 자가 증언하였으니 그 증언
이 참이라 그가 자기의 말하는 것이 참인 줄 알고 너희로 믿
게 하려 함이니라. 이 일이 일어난 것은 그 뼈가 하나도 꺾이
지 아니하리라 한 성경을 응하게 하려 함이라. 또 다른 성경
에 그들이 그 찌른 자를 보리라 하였느니라." — 요 19:31-37

　　로마인들에 의해 십자가 형을 당한 죄수들은 십자가 위에 달려 부패되도록
허용되었습니다. 그 잔인한 민족은 이 나라 백성들과 마찬가지로 심하게 비난받
아 마땅한데, 이 나라 백성들은 최근까지도 사형판결을 받은 자들의 몸을 눈에
띄는 장소에서 교수대에 매달도록 허용했습니다. 그 끔찍한 풍습이 지금은 금지
되었지만, 아직까지 생생하게 기억되는 시대에도 존속했었습니다. 나는 여기 나
이 많은 지체들 중에 누군가가 그 끔찍한 광경을 기억하고 있지 않을까 생각합
니다. 로마인들에게 그런 일은 일반적이었으며, 십자가에 달린 자들의 시신이

굶주린 새들에 의해 먹히도록 방치되는 장면은 고전적인 공포의 암시로 언급되기도 합니다. 아마도 유대인들의 풍습을 존중하여, 팔레스타인의 당국자들은 십자가에 달린 자의 시신을 오래 방치하지 않고 매장하도록 허용하곤 했습니다. 하지만 그들은 결코 그 일을 서둘지는 않았습니다. 그 이유는 그들이 그 광경을 이스라엘 사람들처럼 그렇게 혐오스럽게 느끼지는 않았기 때문입니다. 신명기에서 볼 수 있는 모세 율법은 다음과 같이 기록되었습니다. "사람이 만일 죽을 죄를 범하므로 네가 그를 죽여 나무 위에 달거든 그 시체를 나무 위에 밤새도록 두지 말고 그 날에 장사하라"(신 21:22-23). 이것만으로도 유대인들은 처형된 자의 매장을 바랐을 것입니다. 하지만 또 다른 이유도 있었습니다. 유월절 안식일에 그 땅이 더럽혀지지 않도록 하기 위해, 대제사장들은 십자가에 달린 자들의 몸을 빨리 매장하도록 재촉하였으며, 그리하여 다리를 꺾음으로써 그들의 죽음을 앞당기기도 했습니다. 그들의 양심은 예수를 살해한 것으로 아무런 상처를 입지 않았습니다. 오히려 그들은 종교 의식상의 오염을 두려워하여 마음이 크게 요동하였습니다. 종교적 가책이 죽은 양심 안에서 살 수 있음을 그들이 보여줍니다. 오호라! 이것이 이런 사실을 입증해 주는 유일한 증거는 아닙니다. 오늘날에도 우리는 그런 일을 얼마든지 볼 수 있습니다.

유대인들은 빌라도를 재촉하여, 십자가에 달린 이의 다리를 쇠망치로 꺾는 무자비한 행동을 취하도록 부탁했습니다. 그런 행동은 이따금씩 죄수에게 추가적인 형벌로서 가해지던 것입니다. 하지만 이 경우에 그것은 마지막 고통의 일격을 가함으로써, 신체에 충격을 주고, 죽음을 재촉하기 위한 것입니다. 우리 주님의 원수들은 잔인한 증오심으로 인해 최소한의 인간성도 잊어버렸습니다. 확실히 그들은 그분에게 더 큰 고통과 수치를 가할 수 있다면 더 크게 기뻐할 자들이었습니다. 하지만 잔인성 때문이 아니라 그들 종교의 의식을 고려하여 그들은 "빌라도에게 그들의 다리를 꺾어 시체를 치워 달라"고 요청했습니다. 이미 말했듯이 이렇게 십자가에 달린 자의 뼈를 꺾는 것은 로마의 풍습이었습니다. 이를 입증하는 '크루키프라기움(crucifragium)'이라는 라틴어가 있는데, 이 야만적인 행위를 표현하는 단어입니다. 빌라도는 주저하지 않고 유대인들의 요청을 들어주었습니다. 그는 이미 산 자를 죽도록 넘겨준 자이니, 죽은 자의 시신에 대해 무슨 관심을 가지겠습니까?

군병들이 즉시 그 섬뜩한 일을 수행하러 가서, 먼저 예수님과 함께 못 박혔던 행악자 둘의 다리를 꺾었습니다. 놀라운 사실은, 십자가에서 뉘우친 강도가, 비록 그가 그 날 주님과 함께 낙원에 있을 것이지만, 그렇다고 해서 다리가 꺾이는 극심한 고통에서 구조되지는 않았다는 것입니다. 우리는 영원한 불행으로부터 구원받은 것이지, 일시적인 고통에서 건짐을 받은 것이 아닙니다. 우리의 구주께서는, 우리의 구원으로써, 우리가 이생의 고통으로부터 보호받을 것이라고 우리에게 보증하시지 않습니다. 진실로 전도서 말씀이 표현하는 그대로입니다. "모든 사람에게 임하는 그 모든 것이 일반이라 의인과 악인, 선한 자와 깨끗한 자와 깨끗하지 아니한 자에게 일어나는 일들이 모두 일반이로다"(전 9:2). 사고와 질병이 경건치 않은 자들뿐 아니라 경건한 자들을 괴롭힙니다. 회개하였건 회개하지 않았건, 우리는 인간의 공통된 운명을 공유하고 있으며, 마치 불꽃이 위로 날아가듯이 고생을 위하여 태어났습니다(참조. 욥 5:7). 여러분은 용서받았다고 해서, 그리스도께서 친히 입술로 하신 말씀에서 용서의 확신을 가졌다고 해서, 그것 때문에 환난을 면할 것이라고 기대해서는 안 됩니다. 오히려, 여러분은 그분의 은혜로우신 입에서 여러분에게 시련이 닥칠 것이라는 확실한 예고의 말씀을 듣습니다. "이것을 너희에게 이르는 것은 너희로 내 안에서 평안을 누리게 하려 함이라 세상에서는 너희가 환난을 당하리라"(요 16:33). 고난이 비켜가는 것이 아닙니다. 하지만 그것이 축복으로 변합니다. 회개한 강도는 그 날 낙원으로 들어갔습니다. 하지만 고난 없이 그렇게 된 것은 아닙니다. 오히려, 그 끔찍한 타격이 주님께서 그에게 하신 약속의 신속한 성취를 이루는 실제적인 수단이었습니다. 그 타격에 의해 그는 그날 죽었습니다. 그렇지 않았더라면 그의 목숨은 더 오래 끌 수도 있었을 것입니다. 고난의 방식에 의해 우리가 얼마나 많은 것을 얻는지를 우리가 다 짐작하기란 어렵습니다. 아마도 우리가 주님과 함께 낙원에 있을 것이라는 약속도 그런 방식으로 성취될 것입니다.

이 시점에서 우리의 복되신 주님께서 다리 꺾이는 일을 겪으실 것처럼 보입니다. 하지만 그분은 "이미 죽으셨습니다." 그분은 기꺼이 자원하여 자기를 희생하시고, 목숨을 버리셨으며, 그분의 영이 떠나가셨습니다. 하지만 저 거친 군병들이 그들이 받은 명령을 문자 그대로 수행할 염려가 있었습니다. 하지만 보십시오, 그들이 그렇게 하지 않았습니다! 그들이 생애 동안 그토록 놀라운 일들을 행하셨던 그분을 두려워했을까요? 그늘이 그들의 백부장처럼 이 놀라운 인물에 대해 경외심을 느꼈던 것일까요? 하여간, 그분이 이미 죽으신 것을 알고는, 그들은 망치를 사용하지 않았습니다. 그들이 그토록 잔인한 행동을 멈추는 것을 보니 우리는 기쁩니다. 하지만 그리 기쁘지 않을 수도 있습니다. 또 다른 난폭행위가 일어날 것이기 때문입니다. 그분이 죽으신 것을 확인하고는, 그 네 명의 군병들 중 하나가 창으로 그분의 옆구리를 찔렀습니다. 아마도 그 창은 그분의 심장까지 뚫었을 것입니다. 여기서 우리는 하나님께서 그분의 섭리 안에서 예수님이 죽으신 것에 대해, 제물이 죽임을 당했다는 것에 대해, 확실한 증거를 작정해 두셨음을 볼 수 있습니다. 바울은 주 예수님께서 성경대로 죽으셨다는 이것을 복음이라고 선언합니다. 이상한 말이지만, 예수님이 실제로 죽지 않으셨다고 주장하는 이단자들이 있어 왔습니다. 그들의 주장은 예수님이 창으로 찔리신 이 일에 의해 논박됩니다. 만약 우리 주님께서 죽지 않으셨다면, 어떤 제물도 드려지지 않은 것이며, 부활도 사실이 아닌 것이 되고, 사람들의 희망에는 아무런 근거도 없게 됩니다. 우리 주님은 확실히 죽으셨습니다. 그리고 매장되셨습니다. 로마 군병들은 그런 문제에 있어서 예리한 판단력을 가진 자들이었습니다. 그들은 예수님이 "이미 죽으신 것을" 보았고, 더 나아가 그들의 창까지 사용함으로써 그분의 죽음을 분명히 확인시켜 주었습니다.

그리스도의 옆구리가 찔렸을 때에, 거기서 피와 물이 흘렀습니다. 그런 미묘한 주제에 대해서는 그 문제를 심사숙고하고 부연 설명한 많은 이들이 있습니다. 어떤 이들에 의하면 피는 죽음에 의해 분리되어서, 물에서 분리되어 나온 응고된 피는 물 위에 뜨고, 그것이 아주 자연스러운 방식이라고 가정합니다. 하지만 창에 찔렸을 경우 피가 시신에서 그렇게 흘러나온다는 것은 사실이 아닙니다. 피는 오직 매우 특별한 조건 하에서만 솟구치듯 흘러나옵니다. 우리 주님의 옆구리에서 피가 흐른 것은 일반적인 현상으로 간주될 수 없습니다. 그것은 전적으로 있는 그대로의 사실입니다. 우리는 어떤 일반적으로 알려진 사실로서 이 경우를 논증할 수 없습니다. 여기서 우리는 새로운 영역에 있기 때문입니다. 일반적으로 죽은 몸에서는 피가 흐르지 않는다고 인정됩니다. 하지만 우리 주님의 몸은 독특하게도 썩음을 당하지 않았다는 것을 기억하십시오(참조. 행 13:37). 부패할 수 있는 몸에 어떤 변화가 일어날 수 있다 하더라도, 그분의 몸도 그런 변화를 겪어야 한다고 생각할 수 없습니다. 그러므로 일반적인 몸에서 일어나는 사실들을 가지고서 우리의 복되신 주님의 몸과 관련하여 논증하는 일은 적절치 않습니다. 그분의 경우에, 피와 물이 그분의 거룩하고 썩지 않는 몸에서 자연스럽게 흘러나오든, 혹은 그것이 기적이었든, 그것은 명백히 아주 주목할 만한 일입니다. 눈으로 목격한 증인으로서 요한은 그 일에 분명히 놀랐습니다. 너무나 놀라서 그는 그 내용을 기록하였으며, 우리로 그의 증언을 의심하지 않도록 하기 위해 엄숙하게 단언하는 말로 기록했습니다. 그는 그가 본 바를 확신하였고, 특별한 언급으로서 그 사실을 신중하게 알렸으며, 우리로 그 말을 믿도록 하였습니다. 마치 그는 만약 이 사실이 진정으로 믿어진다면, 그것이 어떤 강력한 설득력이 되어, 많은 사람들이 주 예수를 하나님이 정하신 구주로 믿을 수 있을 것으로 느끼는 듯합니다. 나는 세부적인 내용들로 들어갈 수 있습니다. 하지만, 나로서는 이 민감한 신비를 베일로 가려두고 싶습니다. 주님의 몸을 앞에 두고서 우리가 해부학에 대해서 논쟁하는 것은 결코 경건한 일이 못 됩니다. 불경스러운 호기심으로 그 속을 들여다보느니 차라리 예배하는 마음으로 우리의 눈을 감도록 합시다.

오늘 아침 내 앞에 놓인 위대한 임무는 이 경이로운 우물에서 진리를 길어 올리는 것입니다. 나는 여러분에게 본문의 사건들을 세 가지 빛으로 살펴보라고 요청할 것입니다. 첫째, 여기서 성경의 성취(the fulfillment of Scripture)를 보도록 합시다. 둘째, 메시야로서 우리 주님의 신분 확인(the identification of our Lord as the Messiah)입니다. 셋째, 그분이 의도하시는 교훈(the instruction which He intends)입니다.

1. 성경의 성취

성경의 성취에 주목하시기를 바랍니다. 두 가지가 예고되었습니다. 한 가지는 그분의 뼈가 꺾이지 않는다는 것이고, 또 한 가지는 그분이 찔리신다는 것입니다(36-37절. 출 12:46; 슥 12:10). 이는 성취되도록 아직 남아 있는 성경의 예언들입니다. 지난 주일 아침에 우리 모두는 우리 주님에게서 성경의 성취가 다 이루어진 것을 보고서 기뻐하였습니다. 성경이 아주 사소하게 취급당하고, 성령의 영감이 부인되고, 혹은 신적 권위와 그에 기초한 무오성이 의심되고 있는 시대에도, 성경의 성취라는 주제는 여전히 연구해 볼 가치가 있습니다. 여러분이나 나는 그런 그릇된 풍조에 찬동하지 않으며, 정반대로 그런 풍조를 매우 해로운 것으로 간주합니다. "터기 무너지면 의인이 무엇을 하랴"(시 11:3). 우리는 주 예수 그리스도와 그분에 대해 기록한 자들이 구약 성경을 매우 존중하였다는 것을 보고서 기뻐합니다. 그리스도 이전의 예언들은 성취되어야 하며, 경건한 성도의 영혼은 성경이 성취된 것을 묵상하면서 큰 기쁨을 얻습니다.

나는 여러분이 이 경우의 예언이 기이하고 미묘하였다는 것에 주목하기를 바랍니다. 그 예언은 부정적이면서도 긍정적입니다. 구주의 뼈가 꺾여서는 안 되며, 그러면서도 그분은 창에 찔리셔야 합니다. 유월절 어린 양의 모형에서 그 뼈가 꺾여서는 안 된다고 분명히 규정하고 있으며, 따라서 예수님의 뼈가 꺾여서는 안 됩니다. 동시에 스가랴 12:10에 따르면 주님은 찔리셔야 합니다. 그분은 못에 찔리실 뿐 아니라, 그래서 "무리가 나를 둘러 내 수족을 찔렀나이다"(시 22:16)라고 하는 예언을 성취할 뿐 아니라, 그분은 눈에 띄게 찔림을 받으셔야 했으며, 그래서 그분이 뚜렷하게 '찔린 분(a pierced one)'이라고 간주되어야 했습니다. 어떻게 이런 예언들이, 그리고 그보다 많은 허다한 예언들이, 성취될 수 있을까요? 오직 하나님 한 분만이, 서로 섞인 듯하기도 하고, 심지어 상호 충돌하는 것처럼 보이기도 하는 모든 종류의 예언들을 성취하실 수 있습니다. 그토록 많은 예언들(prophesies)과 모형들(types)과 전조들(foreshadowings)을 고안해 내고, 그 다음에 그 모든 것을 구현할 한 인물을 상상해 낸다는 것은, 인간의 지혜로는 불가능한 일입니다. 하지만 사람에게는 불가능한 것이 우리 주님에게서 완벽하게 성취되었습니다. 예언에는 직접적으로 그분에 대한 것이 있고, 그분과 관련된 것들, 곧 예를 들자면 그분의 머리에서 의복에 대한 것들과 그분의 출생에서 무덤에 대한 모든 것들이 있습니다. 하지만 그 모든 것이 문자 그대로 이루어졌습니다. 우리 앞에 있는 이 본문의 예언도 복잡한 경우입니다. 구주에게 경의를 표하기 위해서라면 그분의 뼈를 상하게 하지 않을 뿐 아니라, 그분의 살 역시 상하지 말아야 하는 것이 아닐까요? 어떤 거칠고 야만스러운 자가 그분의 옆구리를 찔렀다면, 왜 그분의 뼈는 부러뜨리지 않았을까요? 사람들이 어떻게 해서 당국자에게서 권한을 위임받은 한 가지 폭력은 행사하지 않고, 그들이 암시조차 받지 않았던 다른 폭력적인 행위는 서슴없이 자행할 수 있었을까요? 하지만 이 예언이 아무리 복잡하여 이루어지기가 어렵게 보인다고 해도, 무한한 지혜는 모든 면에서 그 일을 어떻게 이룰지를 알고 있습니다. 또한 그렇게 이루었습니다. 그리스도는 모든 메시야적 예언들과 전조들의 정확한 실체이십니다.

다음으로, 우리는 이 두 예언이 성취될 개연성이 매우 적었다고 말할 수 있습니다. 십자가에 달린 자의 다리를 꺾으라는 명령을 받고서, 로마 군병들이 그 행위를 삼간다고 보기란 어려웠습니다. 그런 명령이 내려진 후에 그리스도의 몸이 어떻게 보전될 수 있을까요? 그 네 명의 군병들은 명백히 총독의 명령을 수행하기로 결심했으며, 그 끔찍한 임무에 착수했으며, 실제로 그들은 처형된 셋 중에서 두 사람의 다리를 꺾었습니다. 그 십자가들은 예수께서 중앙에 달리시도록 배열되어 있었습니다. 그분은 순서상 셋 중에서 두 번째였습니다. 우리는 자연스럽게 그들이 순서대로 첫 번째 십자가에서 두 번째 십자가로 진행할 것이라고 추측합니다. 하지만 그들은 두 번째 십자가를 그냥 지나치고서, 첫 번째에서 세 번째 십자가로 갔습니다. 이 특이한 절차의 이유가 무엇이었을까요? 그럴듯한 추정을 하자면, 중앙의 십자가는 다소 뒤쪽으로 물러서 있었고, 두 강도가 일종의 첫 번째 열을 이루고 있었기 때문일 것입니다. 예수님은 아주 두드러질 정도로 "한가운데" 자리에 계셨던 것입니다. 만약 주님이 조금 뒤쪽에 자리 잡으셨다면, 틀림없이 회개한 강도가 좀 더 쉽게 그분의 머리 위에 달린 죄 패를 읽을 수 있었고, 또한 우리 주님을 바라보고서 대화할 수 있었을 것입니다. 만일 모두가 정확히 한 선상에 위치했더라면 이런 일이 일어나기란 썩 자연스럽지 않습니다. 아마도 그렇게 위치를 추정하는 것이 당시 상황과 조화됩니다. 만약 그랬다면, 어떻게 해서 그 군병들이 두 사람의 행악자들에게 먼저 자신들의 무서운 임무를 수행하고, 마지막에 가운데 위치해 있던 예수님께로 왔는지 쉽게 납득할 수 있습니다. 하여간, 그들은 그런 순서를 따랐습니다. 놀라운 것은 그들이 우리 주님의 경우에 당연히 예상되는 절차를 진행하지 않았다는 것입니다. 로마 군병들은 임무를 매우 곧이곧대로 수행하려는 경향이 있으며, 야만스런 행위를 피하고 싶은 소원으로 감동받는 일은 흔치 않습니다. 임무 수행에 여념이 없는 그들 모습을 그려볼 수 있습니까? 그들이 이제 곧 저 신성한 몸을 결딴내려 하지 않을까요? 대략적으로나마 일반적인 로마 병사의 모습을 그려보자면 이렇습니다. 그는 살육 행위에 익숙합니다. 살육은 피와 강철 무기로 세워진 그 제국에 너무도 흔한 일이었기 때문에, 연민 같은 감정은 그의 마음에 떠오르지 않으며, 그런 감정은 용감한 남자에게는 어울리지 않는 여성적인 감정으로서 코웃음치듯 무시되고 말았습니다. 하지만 얼마나 놀라운 일이 일어나는지를 보십시오! 다리를 꺾으라는 지시가 내려졌습니다. 셋 중에 둘의 다리는 꺾였습니다. 그런데도 어느 군병도 그분의 신성한 몸에서 뼈 하나도 꺾으려 하지 않았습니다. 그들은 그분이 이미 죽으신 것을 보았고, 그분의 다리를 꺾지 않았습니다.

하지만 아직 여러분은 성취된 예언들 중에서 한 가지만 보았을 뿐입니다. 그분은 또한 찔리셔야 합니다. 그 잠시의 순간에, 로마 병사의 생각에 떠오른 것이 무엇이었기에, 그가 예수의 죽음을 실제적인 사실로서 분명하게 확인할 결심을 하게 되었을까요? 왜 그는 창으로 예수님의 옆구리를 찔렀을까요? 그는 예언에 대해 아는 바가 없습니다. 그는 하와가 남자의 옆구리에서 나온 것과, 교회가 그분의 옆구리에서 나온 것에 대해서는 아무것도 알지 못합니다. 그는 결코 예수님의 옆구리가 마치 방주(方舟)의 문과 같아서 그곳을 통해 안전으로 들어가는 길이 열린다는 옛 사상에 대해 알지 못했습니다. 그렇다면, 왜, 그가 선지자의 예언을 이루는 것일까요? 여기에는 어떤 사고나 우연도 없습니다. 그런 일들이 개입될 여지가 없습니다. 여기 주님의 손이 있습니다. 우리는 오직 계시의 말씀을 성취한 전지하고 전능한 섭리를 칭송하고 노래할 뿐입니다. 하나님이 자신이 친히 하신 말씀을 존중하십니다. 그분이 자기 아들의 뼈가 꺾이지 않도록 살피실 때에, 그분은 또한 성경의 어느 본문도 상하지 않도록 보호하십니다. 우리 주님의 뼈는 꺾이지 않은 채 보전되면서 동시에 그분이 창에 찔림을 받으셔야 한다는 것은 매우 개연성이 적은 일입니다. 하지만 그 일이 이루어졌습니다. 다음번에 여러분이 '그럴듯하지 않은(unlikely)' 약속을 대할 때에도, 그것을 확고하게 믿으십시오. 다음에 여러분이 하나님의 진리와 반대되는 일들이 일어나는 것을 볼 때에도, 오직 하나님을 믿고, 다른 어떤 것도 믿지 마십시오. "사람은 다 거짓되되 오직 하나님은 참되시다 할지어다"(롬 3:4). 사람들과 마귀가 하나님을 거짓말쟁이라고 말하더라도, 여러분은 하나님이 하신 말씀을 굳게 붙드십시오. 천지가 없어진다 할지라도 그분의 말씀은 일점일획도 땅에 떨어지지 않을 것이기 때문입니다.

사랑하는 친구들이여, 이러한 성경의 성취가 전적으로 불가피한 일이었음에 또한 주목하시기 바랍니다. 만일 그리스도의 뼈가 꺾이었다면, "보라 하나님의 어린 양이로다"라는 세례 요한의 말은 오명을 입고 말았을 것입니다. 사람들은 이렇게 반대를 제기했을 것입니다. "하지만 하나님의 어린 양의 뼈는 부러져서는 안 되는 것 아니오?" 하나님은 그에 대해 특별히 두 번씩이나 명하셨습니다. 애굽에서 유월절을 처음으로 제정하실 때 명하셨을 뿐 아니라, 부정하게 되어 유월절 절기를 지킬 수 없었던 자들을 용납하실 때에도 두 번째로 명하셨습니다(참조. 민 9:6,12). 출애굽기뿐 아니라 민수기에서도, 우리는 어린 양의 뼈를 꺾지 말아야 한다는 말씀을 읽습니다. 만일 우리 주님의 뼈가 꺾인다면, 유월절 어린 양에게 치명적인 결함이 있는 셈이 되며, 그렇다면 우리가 어떻게 "우리의 유월절 양 곧 그리스도께서 희생되셨느니라"(고전 5:7)고 말할 수 있겠습니까? 예수님은 손대지 않은 채로 십자가에 그대로 계셔야 하며, 동시에 반드시 창에 찔리셔야 합니다. 그렇지 않으면 여기서 인용되는 "그들이 그 찌른 바 그를 바라보고"(12:10)라는 스가랴서의 저 유명한 구절은 그리스도를 언급하는 말씀이 될 수 없습니다. 두 예언이 모두 이루어져야 했으며, 실제로 두드러진 방식으로 이루어졌습니다. 하지만 왜 내가 이 성취가 불가피한 것이었다고 말해야 할까요? 사랑하는 이여, 하나님의 모든 말씀을 지키는 일은 불가피합니다. 하나님께서 언제나 진실하셔야 하는 것은 그분의 진리에 있어서 필수불가결한 요소입니다. 만약 그분의 한 말씀이 땅에 떨어진다면, 모든 말씀이 떨어질 수 있고, 그분의 진실성도 날아가 버립니다. 만약 하나의 예언이 실수인 것으로 드러나게 되면, 나머지 모든 예언들이 실수가 될 수 있습니다. 만일 성경의 일부분이 참되지 않다면, 모든 것이 참되지 않을 수 있으며, 우리로서는 확실한 토대 위에 계속 서 있을 수가 없습니다. 믿음은 미끄러운 곳을 좋아하지 않습니다. 믿음은 확실한 예언의 말씀을 추구하며, 그 발을 확실한 곳에 디디고 서 있기를 좋아합니다. 하나님의 모든 말씀이 확실하고 "흙 도가니에 일곱 번 단련한 은 같이"(시 12:6) 순결하지 않다면, 우리에게는 디디고 설 토대가 없는 것이며, 실질적으로 하나님의 계시 없이 방치되는 것과 다름없습니다. 만일 내가 성경을 "이 중에 어떤 것은 참되고, 그 중에 일부는 의심스럽다"는 태도로 대하고 말한다면, 나에게는 성경이 아예 없는 것보다 더 좋을 것이 없습니다. 바다에서 어떤 사람이 오직 특정한 지점에서만 정확한 지도를 가지고 있다면, 그는 지도를 아예 가지고 있지 않은 것보다 나을 것이 없습니다. 만약 우리에게 믿고 따를 수 있는 무오한(infallible) 교사가 없다면, 나로서는 "돌이켜 어린 아이들과 같이"(마 18:3) 되는 것이 안전한지 알 수 없을 것입니다. 사랑하는 이여, 성경의 모든 구절이 참되어야 하는 것은, 하나님의 명예를 위해서와 그분의 말씀에 대한 우리의 확신을 위해서 꼭 필요한 일입니다. 그것은 우리 앞에 있는 본문의 경우에도 명백히 필요하였으며, 이는 예외 없는 법칙의 한 가지 사례일 뿐입니다.

이제 여러분에게 상기시키고 싶은 점은 이 문제가 복잡하기는 해도, 그 성취는 불가피한 것이었으며, 그러면서도 가장 자연스러운 방식으로 성취되었다는 것입니다. 군병들의 행동을 제약하는 것은 아무것도 없었습니다. 그들은 두 명의 다리를 꺾었습니다. 하지만 예수님은 죽으셨고, 그래서 그들은 그분의 다리를 꺾지 않았습니다. 하지만 그들은 죽음을 확실히 하기 위해 그분의 옆구리를 찔렀습니다. 이렇게 행동한 것은 그들 스스로 그렇게 하는 것이 적절하다고 생각했기 때문입니다. 구주를 보호하기 위해서 하늘에서 천사들이 내려와 날개를 펼치고 십자가 앞에 서 있지 않았습니다. 침입자들을 두려움 때문에 뒤로 물러서도록 하기 위해, 어떤 대단한 신비의 방패가 주님의 신성한 몸 앞에 드리워지지 않았습니다. 그 사인조 군병들은 원하는 무엇이건 자기들이 원하는 대로 행했습니다. 그들은 그들 자신의 자유 의지로 행동했으며, 그렇지만 동시에 하나님의 영원한 계획을 수행하였습니다. 예정과 자유 의지가 모두 사실이라는 진리를 우리가 억지로 사람들의 정신 속에 심을 수는 없지 않겠습니까? 사람들은 마치 새들이 공중을 날아다니듯이 자유롭게 죄를 지으며, 그리고 그들은 그들의 죄에 전적으로 책임이 있습니다. 하지만 그 모든 것이 하나님이 정하신 것이고 미리 아신 것입니다. 하나님의 예정이 인간의 책임과 조금도 충돌하지 않습니다. 나는 종종 두 가지 진리를 조화시키려 하는 사람들에게 질문을 받습니다. 나의 유일한 대답은 이런 식입니다. "그 둘은 조화시킬 필요가 없습니다. 그 둘은 결코 충돌하지 않기 때문입니다. 왜 내가 두 친구들을 화해시키려 노력한단 말입니까? 그 두 진리들이 서로 조화되지 않는다는 것을 내게 증명해 보십시오. 이런 요구로써 나는 당신에게 당신이 내게 제시한 만큼 어려운 임무를 제시한 셈입니다. 이 두 사실들은 평행선입니다. 나는 그 둘을 합칠 수 없으며, 당신도 그 둘을 서로 겹치게 할 수 없습니다." 이 말을 덧붙이는 것을 용납해 주길 바랍니다. 나는 나의 모든 신조들을 하나의 체계로 만든다는 생각을 오래 전에 포기했습니다. 나는 믿습니다. 하지만 설명할 수는 없습니다. 나는 계시의 위엄 앞에 엎드릴 뿐이며, 무한하신 주님을 찬양할 뿐입니다. 나는 하나님의 계시를 모두 이해하지는 못합니다. 하지만 나는 그것을 믿습니다. 심지어 성경의 산수(arithmetic)조차 나의 이해를 초월합니다. 왜냐하면 나는 성경에서 하나님의 신성이 셋이 하나이며(Three are One), 동시에 나뉘지 않는 한 분 안에서(in the undivided One) 아주 명백하게 셋(Three)을 본다고 배우기 때문입니다. 그런데 하물며 어떻게 내가 계시의 모든 신비들을 이해하리라고 기대할 수 있겠습니까? 내가 바다를 측량해야 합니까? 내가 물결 위에 떠 있는 것으로 충분하지 않습니까? 내가 헤엄을 칠 수 있을 만큼 물이 깊은 것에 대해 나는 하나님께 감사합니다. 지각 (知覺)으로 치자면 나는 얕은 물가에 머물러야 하지만, 믿음은 나를 큰 대양으로 데려다 줍니다. 나는 이해하는 것보다 믿는 것이 내 영혼에 더 유익을 준다고 생각합니다. 왜냐하면 믿음은 이성이 하는 것보다 더 나를 하나님 가까이로 데려다 주기 때문입니다. 우리 자신의 편협한 지적 능력에 제한되는 믿음은 하나님의 자녀의 믿음으로는 어울리지 않습니다. 왜냐하면 그는 하나님의 자녀로서 그의 위대하신 아버지가 잘 알고 계시는 무한히 숭고한 문제들을 다루기 시작할 것이기 때문입니다. 이런 문제들은 오직 믿음으로만 파악될 수 있습니다. 주제로 되돌아와서, 비록 이 문제가 성경에서 예고된 대로 되어야 하지만, 하지만 어떤 강제력이나 유인책도 사용되지 않았습니다. 자유 의지를 가진 자들로서, 그 군병들은 그리스도와 관련하여 예언에 기록된 바로 그 일들을 수행한 것입니다.

사랑하는 친구들이여, 이 성경의 성취에 대해 한 가지를 더 살펴보도록 합시다. 그 성취는 놀라울 정도로 철저하였습니다. 이러한 행동들에서, 회의주의자들이 조롱해 온 성경의 일부에 대해 보증의 도장이 찍혔습니다. 도장은 먼저 모든 예표들(the types) 위에 찍혔습니다. 성경을 불경스럽게 읽는 자들은 예표들을 받아들이기를 거절합니다. 그들은 이런 식으로 말합니다. "유월절이 그리스도의 예표가 되는지 당신이 어떻게 압니까?" 다른 경우들에서는, 좀 더 진지한 사람들이 세부적인 해석들에 반대하며, 좀 더 작은 세부 사항에서 의미를 발견하기를 사양합니다. 그런 사람들은 "그 뼈가 하나도 꺾여서는 안 된다"는 법칙에 영적인 중요성을 부여하려고 하지 않습니다. 그저 구시대 종교 의식의 사소한 규정이라고 무시해 버리려 합니다. 하지만 사랑하는 이여, 성령님은 그런 식으로 행하시지 않음에 주목하십시오. 그분은 모형의 작은 세부 사항에도 주목하시며, 그것이 성취되어야 한다고 선언하십니다. 더 나아가, 그것이 성취되도록 하나님의 섭리가 개입합니다. 그러므로 세상의 지혜로운 자들이 조롱한다고 해서, 모형들(types)을 연구하는 것에 겁먹지 마십시오. 성경을 연구함에 있어서 많은 사람들의 정신에 일반적으로 소심함이 있습니다. 하나님께 감사하게도, 나는 그런 소심함에는 문외한입니다. 초대 교부들의 어린아이 같은 경외심(childlike reverence)이 교회에 회복될 수만 있다면, 사람들은 작금의 불경스러운 비평적 태도를 회개하고 버릴 수 있을 것입니다. 우리는 모형들에서 마치 계시의 낙원을 본 듯이 기뻐할 수 있습니다. 여기서 우리는 우리가 가장 사랑하는 분의 아름다움이 일만 가지의 즐거운 방식으로 반사되어 있는 것을 봅니다. 구약 성경에는 그 모형들과 상징들에서, 거룩한 가르침의 세계가 펼쳐져 있습니다. 이러한 성도들의 재산을 포기하고서 그 대신 비평을 받아들이는 것은, 마치 사람이 장자의 명분을 한 그릇 팥죽에 파는 것과도 같을 것입니다. 나는 우리 주님의 뼈가 꺾이지 않았다는 것에서 성경의 예표들에 대한 하나님의 인증 도장을 봅니다.

좀 더 나아가 보도록 합시다. 다음으로, 나는 하나님의 인(印)이 성취되지 않은 예언(unfulfilled prophecy)에도 찍혀 있는 것을 봅니다. 스가랴서의 그 구절은 아직 완전히 성취되지 않았습니다. 그 구절은 이렇게 기록되어 있습니다. "그들이 그 찌른 바 나를 바라보고"(슥 12:10, 한글개역개정은 '그를'로 되어있지만 KJV와 NIV를 비롯한 다수 영어성경은 'Me'로 되어 있음 – 역주). 여호와께서 화자(話者)이십니다. 그분이 "다윗의 집과 예루살렘 주민에게" 말씀하십니다. 그들은 그들이 찌른 여호와를 바라볼 것이며, 그를 위하여 애통할 것입니다. 비록 이 예언이 아직 최대의 규모로 성취되지는 않았지만, 그렇게 될 것이 보증되었습니다. 예수님이 찔리셨습니다. 그러므로 그 구절의 나머지 부분은 효력이 있으며, 이스라엘은 언젠가 그들이 모욕한 왕을 위하여 애통할 것입니다. 그 예언은 베드로가 열한 사도와 더불어 일어서서 말씀을 전했을 때와, 허다한 제사장 무리들도 믿게 되었을 때와(행 6:7), 아브라함의 씨 중에 많은 이들이 십자가에 못 박힌 그리스도의 전파자가 되었을 때 부분적으로 성취되었습니다. 여전히 그 예언은 더 큰 규모의 성취를 기다리고 있으며, 우리는 언젠가 이스라엘 전체가 구원 얻게 될 날이 온다는 것을 확신할 수 있습니다. 그들의 주님이 찔리신 것이 사실이듯이, 그들의 마음이 찔리는 것도 사실일 것이며, 그리하여 그들은 내적으로 피를 흘리면서, 그들이 멸시하고 미워했던 그분을 위해 슬피 울 것입니다. 여기서 언급하고자 하는 요점은, 하나의 예언에 보증의 인이 찍히면 그것이 최대의 규모로 성취되기를 기다린다는 것입니다. 우리는 이것을 하나의 본보기로 간주할 수 있으며, 성경의 예언을 중요시하고, 그 안에서 기뻐하며, 무슨 일이 있어나든지 의심 없이 그것을 받아들일 수 있습니다.

지금까지 우리 주님과 관련된 말씀의 성취에 대해 많은 말을 했습니다. 여기서 우리는 성경을 경외심과 확신을 가지고 대하는 교훈을 얻도록 합시다.

2. 메시야로서 주님의 신분 확인

　　이제 두 번째로, 메시야로서 우리 주님의 신분 확인(the identification of our Lord as the Messiah)이 죽음 이후 그분의 몸에 일어난 일에 의해 크게 강화되었다는 사실을 간략히 살펴보도록 합시다. 그분이 구약에서 말한 그리스도라고 결정적으로 입증되어야 할 필요가 있었습니다. 확실한 표징과 증거들이 주어져야 하고, 그 표징과 증거들이 그분에게서 발견되어야 합니다. 그리고 그렇게 되었습니다.

　　첫 번째 표징은 이것입니다. 하나님의 어린 양은 반드시 일정한 정도는 보전되어야 합니다. 만약 그리스도가 자기에 대해 밝히신 대로라면, 그분은 하나님의 어린 양입니다. 자, 하나님의 어린 양은 오직 하나님의 방식에 따라서만 다루어질 수 있습니다. 예, 한 어린 양이 있다고 합시다. 그것을 죽이고, 그 피를 뿌리고, 불에 굽습니다. 하지만 그 뼈를 부러뜨려서는 안 됩니다. 그것은 하나님의 어린 양이지 여러분의 어린 양이 아닙니다. 따라서 여러분은 정해진 대로만 할 수 있고, 그 이상을 할 수 없습니다. 뼈가 하나도 꺾여서는 안 됩니다. 그것을 굽고, 여러분들 가운데 나누고, 그것을 먹을 수 있지만, 그 뼈는 꺾지 마십시오. 주께서 그 어린 양을 자신의 것으로 주장하시며, 그분이 정해 두신 선이 있습니다. 그러므로 실질적으로 여호와께서는 주 예수님에 대해 이렇게 말씀하시는 것입니다. "내 아들이 있다. 그를 묶고, 그에게 채찍질을 하고, 침을 뱉고, 그를 십자가에 못 박아도 좋다. 하지만 그는 나의 유월절 어린 양이다. 따라서 너희는 그의 뼈를 꺾어서는 안 된다." 어린 양에 대한 여호와의 권리가 그 뼈의 보존에 의해 선언되는 셈입니다. 여러분은 여기서 그분이 "세상 죄를 지고 가는 하나님의 어린 양"과 동일한 분임을 볼 수 있지 않습니까? 그분의 뼈가 꺾이지 않고 보전되는 것은 그분의 신분 확인의 표징입니다. 우리가 믿음으로 그 표징을 바라보고 자세히 연구한다면, 오늘 아침에 우리가 말하는 것보다 훨씬 많은 것을 볼 수 있을 것입니다.

　　신분 확인의 또 다른 표징은 여호와 우리 주께서 이스라엘에 의해 찔리신다는 것입니다. 스가랴 선지자는 그렇게 말했고, 그것은 반드시 성취되어야 합니다. 그분은 손과 발이 못 박히실 뿐 아니라, 또한 사람들 눈에 띌 정도로 찔림을 받으셔야 합니다. "그들이 그 찌른 바 그를 바라보고 그를 위하여 애통하리라." 그분은 창에 찔리셔야 합니다. 그분의 상처가 그분이 참된 그리스도시라는 표징이요 증거입니다. 종말에 인자의 표징을 볼 때에, 지상의 모든 족속들은 슬피 울 것입니다. 그 표징은 그분이 죽임당한 어린 양이심을 나타내 줍니다. 제자들에게 그분

옆구리의 상처는 그분의 신분을 확인시켜 준 확실한 표지였습니다. 예수님은 도마에게 이렇게 말씀하셨습니다. "네 손을 내밀어 내 옆구리에 넣어 보라 그리하여 믿음 없는 자가 되지 말고 믿는 자가 되라"(요 20:27). 그 상처의 흔적은 모든 이스라엘을 납득시키는 증거가 될 것입니다. "그들이 그 찌른 바 그를 바라보고 그를 위하여 애통하기를 독자를 위하여 애통하듯 하리라"(슥 12:10). 우리에게 있어서 그 옆구리의 상처는 그분이 성육하신 사랑의 하나님이시라는 증거이며, 그 옆구리의 상처는 그분의 은혜를 구하는 모든 자가 그분의 마음에 이르는 열린 길과도 같습니다.

하지만 이 신분 확인을 다 마치지는 않았습니다. 그 옆구리가 창에 찔릴 때에 "피와 물이 나온" 것에 주목하시기 바랍니다. 성경을 가지고 있는 분들은 이미 스가랴 12장을 펼쳐 놓았을 것입니다. 계속해서 13장 1절까지 읽어보시겠습니까? 그 구절은 12장과 분리되어서는 안 됩니다. 거기서 무슨 내용을 발견합니까? "그 날에 죄와 더러움을 씻는 샘이 다윗의 족속과 예루살렘 주민을 위하여 열리리라." 그들이 그분을 찌릅니다. 그리고 그 날 그들은 그분을 위해 울기 시작합니다. 하지만 더 나아가, 그 날 한 샘이 열립니다. 그 샘이 구속주의 찔린 옆구리에서 물과 피를 쏟아내는 샘이 아니고 무엇이겠습니까? 그 예언들은 신속하게 연이어진 것입니다. 그 예언들은 같은 인물, 같은 날에 관계된 것입니다. 우리는 그 사건들 역시 신속하게 연이어 따라오는 것임을 보고서 기뻐합니다. 그 군병이 창으로 예수님의 옆구리를 찔렀을 때에, "곧 피와 물이 나왔습니다." 여호와께서 찔리셨고, 사람들이 회개했으며, 즉시로 씻는 샘을 보았습니다. 그 거룩한 샘이 열리는 것을 본 사람들은 거기서 속죄의 완성과 죄 씻음의 효력의 증거를 보고 기뻐합니다.

한 가지 진술을 더하면 메시야의 신분확인은 더욱 완벽할 것입니다. 구약의 모든 예표들을 살펴보면 이런 결론을 내릴 수 있습니다. 즉 죄를 정결케 함은 전형적으로 피와 물에 의해 이루어졌습니다. 피는 언제나 뚜렷한 특징이었고, 피가 없이는 죄의 사면은 없습니다. 하지만 물 역시 매우 두드러진 요소였습니다. 제사장들은 제사를 드리기 전에 물로 씻어야 했으며, 제물 자체도 물로 씻어야 했습니다. 부정한 것들을 흐르는 물로 씻어야 했습니다. 우리 주 예수님이 어떻게 피와 물로 오셨는지 보십시오. 물로만 아니며, 물과 피로 오셨습니다(참조. 요일 5:6). 물과 피가 나오는 것을 직접 본 요한은 결코 그 광경을 잊지 못했습니다. 그가 요한 서신들을 기록한 것은 상당히 시간이 흐른 후이지만, 내가 생각하기에, 그는 그 기이한 장면을 여전히 생생하게 기억하고 있었을 것입니다. 내가 생각하기에 요한은 이 복음서 역시 아주 노년이 되어서야 기록했을 터이지만, 이 대목을 기록할 때에 그 때의 장면은 여느 때처럼 그에게 강렬한 인상으로 남아 있었으며, 그래서 그는 자신에게 그다지 익숙하지 않았던 방식까지 활용하여 자기 증언의 진실성을 강조하였습니다. "이를 본 자가 증언하였으니 그 증언이 참이라 그가 자기의 말하는 것이 참인 줄 알고"(35절). 하나님의 백성들 앞에서 그는 엄숙한 형태로 일종의 증인 선서를 하고서, 이 특별한 광경을 실제로 보았다고 증언한 것입니다. 예수님 안에서 우리는 속죄하고 정결케 하기 위해 오신 분을 봅니다. 그분은 피와 물로써 죄의 나병을 깨끗하게 하시는 대제사장이십니다. 그분이 물과 피로 임하셨고 또한 창에 찔린 옆구리에서 물과 피를 모두 쏟으셨다는 것은, 그분의 신분이 하나님의 백성들의 위대한 정화자(Purifier)이심을 확인하게 해 주는 확실한 요소입니다. 이러한 신분확인을 여러분에게 맡기겠습니다. 하지만 나에게는 그것이 무척 놀랍고, 예수님이 참된 메시야이심을 하나님께서 친히 증언하시기 위해 인간에게 보여주신 표징과 증거들의 일부입니다.

3. 우리에게 주고자 하신 교훈들

세 번째로, 이 모든 사실들에서 우리에게 주고자 하시는 교훈들이 무엇인지를 살핌으로써 설교를 맺고자 합니다.

우리에게 주시려는 첫 번째 교훈은 단지 암시되어 있을 뿐이며, 이는 나머지 교훈들도 마찬가지입니다. 그리스도가 우리에게 어떤 분인지를 보십시오(See what Christ is to us). 그분은 유월절 어린 양이시며, 그 뼈가 하나도 꺾이지 않으셨습니다. 여러분은 그것을 믿습니다. 그렇다면, 자, 여러분의 믿음대로 행하여 그리스도를 먹고 사시길 바랍니다. 오늘 여러분의 영혼 안에서 그 절기를 지키십시오. 그분의 뿌려진 피가 당신을 안전하게 해 줍니다. 멸하는 천사가 당신이나 당신의 집을 건드리지 못합니다. 어린 양 자체가 당신의 양식이 됩니다. 그분을 먹고 사십시오. 예수님을 당신의 마음속에 영접함으로써 당신의 영적인 주림을 면하십시오. 이는 사람이 먹으면 영원히 살게 되는 양식입니다. 주 예수님을 하나님이자 사람으로 지금 영접함으로써, 하나님의 모든 충만으로 채워지십시오. "너희도 그 안에서 충만하여졌으니"(골 2:10). 여러분은 예수 그리스도 안에서 충만해집니다. 여러분은 그분에 대해 이렇게 말할 수 없습니까?"그분은 내 구원의 전부이며, 내 소망의 전부이십니다. 그리스도는 나의 모든 것의 모든 것 되십니다." 이 교훈을 단지 교리로만 배우지 마십시오. 오히려 그것을 개인적인 경험으로서 누리십시오. 우리의 유월절이신 예수님은 죽임을 당하셨으니, 그분을 먹고 살도록 합시다. 어린 양을 먹고서, 광야로의 여행을 떠날 준비를 합시다. 이 신성한 고기의 힘으로 끝내 저 약속된 안식에까지 도달하도록 합시다.

이 외에 우리가 이 교훈에서 또 무엇을 배울 수 있을까요? 그리스도께 대한 사람들의 대우(man's treatment of Christ)를 보십시오. 그들은 그분에게 침을 뱉고"그를 십자가에 못 박으라, 십자가에 못 박으라"고 소리쳤습니다. 그들은 그분을 십자가에 못 박았고, 그분의 고통을 조롱했습니다. 그분이 죽으셨습니다. 하지만 인간의 악의는 아직 실컷 채워지지 않았습니다. 그리스도께 가한 인간의 마지막 행동은 그분을 찌르는 것이어야 합니다. 그 가혹한 상처는 인간이 예수님을 얼마나 나쁘게 대했는지를 압축해서 보여줍니다. 우리 인류의 손이 그분에게 가하는 일이 무엇인가는 그들이 그분의 심장을 찔렀다는 사실에 요약되어 있습니다. 그것이 사람들이 그리스도께 행한 짓이었습니다. 그들은 그분을 멸시하고 거부하여 그분을 죽게 했으며, 그분의 마음을 찔렀습니다. 오, 우리 본성의 타락이여! 어떤 이들은 우리 본성의 전적(total) 부패에 대해 의문을 품습니다. 그러나 사실 그보다 더 심한 형용사를 붙여야 어울립니다. 인간의 언어에는 하나님과 구주를 향한 인간의 적대심의 악독을 달리 표현할 단어가 없습니다. 인간은 만일 할 수만 있다면 그분에게 상처를 입혀 죽이려 할 것입니다. 만일 여러분이 그리스도를 닮았다면, 사람들이 그리스도나 여러분을 사랑할 것이라고 기대하지 마십시오. 예수님이 여관에서 자신을 위한 방을 얻으실 것을 기대할 수 없다면, 그분이 거듭나지 않은 죄인들에 의해 보좌에 앉으실 것은 더더욱 기대할 수 없습니다. 오, 그럴 수 없습니다! 심지어 그분이 죽으셨을 때에도 그들은 창으로 찌름으로써 그분의 시신을 모독하였습니다. 한 군병이 그런 짓을 했지만, 그는 그 시대의 반감을 표현한 것일 뿐입니다. 이는 죄인들을 구원하기 위해 세상으로 오신 그분에게 세상의 죄인들이 그분에게 가한 행위입니다.

자, 다음으로는 예수님이 사람들을 위해 행하신 일(what Jesus did for men)을 배우십시오. 사랑하는 이여, 방금 우리가 불렀던 찬송에는 은혜로운 표현이 있습니다.

　　"죽으신 후에도 그분의 심장은
　　우리를 위한 선물을 쏟아내셨네."

　　살아생전에도 그분은 우리를 위해 피를 흘리셨습니다. 방울방울 피 같은 땀을 땅에 흘리셨습니다. 그 후 저 잔혹한 채찍이 그분에게서 붉은 피를 흐르게 했습니다. 하지만 그분은 자기 길을 떠나시기에 앞서 심장 가까이에 조금 남아 있던 생명의 피까지도 모두 쏟아내셨습니다. 이런 말은 물질적인 차원의 표현이지만, 단순한 감상 이상의 무언가가 있습니다. 즉 이 지구의 물질 가운데는 주 예수님의 성스러운 유물이 피와 물의 형태로 남아 있습니다. 어떤 물질의 원자도 사라지지 않는 것처럼, 그 물질 역시 지금까지도 지구에 남아 있습니다. 그분의 몸은 영광으로 들어 가셨지만, 피와 물은 뒤에 남아 있습니다. 나는 이 사실에서 내가 말하려 시도하는 것 이상의 것을 봅니다. 오 세계여, 그리스도께서 그 피로 그대에게 흔적을 남기시어, 그대가 그분의 소유임을 알리셨도다! 하나님의 아들의 심장에서 흐른 피와 물이 이 어둡고 오염된 행성에 떨어졌으며, 그리하여 예수님이 그것을 자기 소유로 인을 치셨으며, 그러기에 그것은 반드시 의가 있는 곳인 새 하늘과 새 땅으로 변화될 것입니다. 우리의 귀하신 주님께서 가지신 모든 것을 우리에게 주시고 심지어 우리 위해 자기 목숨까지도 버리셨을 때에, 그분의 심장의 샘에서 고귀한 피와 물을 쏟으시고 떠나신 것입니다. "곧 피와 물이 나오더라." 오, 그리스도의 친절한 마음이여! 채찍을 입맞춤으로 갚으실 뿐 아니라, 창으로 찌른 것을 생명과 치유의 샘물로 갚으셨도다!

　　이제 서둘러야겠습니다. 나는 이 구절에서 성도들의 안전(the safety of the saints)을 또한 봅니다. 예수님의 일들은 얼마나 오묘한지 모릅니다. 꺾이지 않은 그분의 뼈는 유월절 어린 양과 관계 있지만, 또한 그분이 자기 성도들을 한 몸 안에 불러 모으실 전체 교회사와도 관련이 있습니다. 그분은 한 영혼도 잃어버리지 않으실 것입니다. 그분의 신비한 몸에 속하는 단 하나의 뼈도 부러지지 않을 것입니다. 시편 중에 의인에 대해 다음과 같이 말하는 대목이 있습니다. "그의 모든 뼈를 보호하심이여 그 중에서 하나도 꺾이지 아니하도다"(시 34:20). 나는 그리스도께서 선택하신 자들의 안전을 보고 기뻐합니다. 그분은 친히 속량하신 몸이 뼈 하나라도 꺾이는 것을 허락하지 않으실 것입니다.

"택함받은 자손들 모두가
그 보좌 주위에 만날 것이고,
그분의 은혜의 행동을 송축하며
그분의 영광을 널리 알리리라."

그리스도께서 나타나시는 그 날, 그분 몸의 모든 지체들이 영광스러운 머리 (Head)에게로 모여 결합될 것이며, 성도들의 머리이신 그분은 영원토록 면류관을 쓰실 것입니다. 그리스도의 살아 있는 지체들 중 하나도 빠지지 않을 것입니다. "그 뼈가 하나도 꺾이지 아니하리라"(36절). 절름발이이거나 불구가 된 그리스도는 있을 수 없습니다. 절반만 이루어진 속량은 있을 수 없습니다. 그분이 오셔서 이루고자 하신 목적은 완벽하게 성취될 것이고, 그분의 이름이 영광을 얻으실 것입니다.

아직 다 끝나지는 않았습니다. 한 가지 교훈을 더하고자 합니다. 우리는 여기서 죄인들의 구원(salvation of sinners)을 봅니다. 예수 그리스도의 옆구리가 찔리신 것은 죄인들에게 죄로부터의 이중의 치유를 주기 위해, 곧 죄책과 죄의 힘을 제거하시기 위함입니다. 하지만 이보다 더 나은 것은, 죄인들이 십자가에 달리신 그리스도를 보고서 그들의 가슴을 치게 된다는 것입니다. 또한 십자가에 달리신 그리스도에 의해 그들이 믿음을 얻게 된다는 것입니다. "그들이 그 찌른 바 그를 바라보고 그를 위하여 애통하리라"(슥 12:10). 사랑하는 이여, 우리 주 예수님은 죄인들을 구원하시기 위해서 뿐 아니라, 그들을 찾기 위해 오셨습니다. 그분의 죽음은 믿음 있는 자들을 구원할 뿐 아니라, 믿음 없는 자들에게 믿음을 만들어 냅니다. 십자가는 구원에 필요한 믿음과 회개를 생성합니다. 만일 여러분이 믿음과 회개를 가지고(with) 그리스도께 올 수 없다면, 믿음과 회개를 위해서(for) 그리스도께 오십시오. 그분은 여러분에게 그것들을 주실 수 있습니다. 그분은 여러분의 마음이 찔림을 받도록 하기 위해 창에 찔리셨습니다. 그분이 피를 흘리신 것은 많은 사람들의 죄 사함을 위해서입니다. 여러분이 해야 할 일은 그저 바라보는 것이며, 여러분이 그분을 바라볼 때, 회심과 중생의 표징들인 복된 느낌들이 여러분 안에서 생겨날 것입니다. 오, 복된 교훈이로다! 이 아침에 그 교훈을 실행에 옮기십시오. 오, 이 큰 집에 있는 많은 사람들이 지금 자아를 버리고, 십자가의 구주를 바라보기를 바라며, 그분 안에서 영생을 찾기를 바랍니다. 이것이 요한이 이 복음서를 기록한 주된 목적입니다. 또한 이것이 우리가 그 말씀을 전하는 주된 목적입니다. 우리는 여러분이 믿기를 간절히 바랍니다. 그대 죄인이여, 오십시오. 와서 당신을 위해 죽으신 하나님의 아들을 의지하십시오. 그대 더럽고 오염된 이여, 오십시오. 와서 당신을 위해 그분이 흘리신 이 거룩한 시내에 깨끗이 씻으십시오. 저 십자가에 달리신 분을 바라보는 것에 생명이 있습니다. 이 순간 그분을 바라보는 모든 자에게 생명이 있습니다. 하나님이 예수 그리스도를 위하여 여러분으로 그분을 바라보게 하시고, 살게 하시길 빕니다. 아멘.

제
84
장

—

그가 동산지기인 줄 알고

—

"그가 동산지기인 줄 알고" — 요 20:15

나는 약 2주 전에 아주 사랑스러운 정원에 앉아 있었습니다. 갖가지 종류의 꽃들이 온 사방에 아름답게 피어 있는 곳이었지요. 길게 드리운 감람나무 가지들 아래서 태양의 열기를 피하며, 나는 야자수 열매들과 바나나, 장미와 동백꽃들, 오렌지들과 알로에와, 자주색 라벤더와 연보랏빛 헬리오트로프 꽃들을 응시하였습니다. 그 정원은 온갖 색깔의 아름다운 광경들과, 향기와 과실들로 가득하였습니다. 정말이지 그 동산의 관리자가 누구인지, 그는 그 사랑스러운 곳을 잘 가꾸고 손질하고 관리해 왔으며, 큰 칭찬을 얻을 만했습니다. 나는 그렇게 생각했습니다. 그 때 문득 나는 하나님의 교회를 하나의 정원으로서 묵상하게 되었습니다. 주 예수님을 그 정원의 동산지기(the Gardener)로 상상하였고, 또한 만약 그렇다면 어떤 일이 일어날 것인지를 생각하게 되었습니다.

"그가 동산지기인 줄 알고." 나는 하나의 낙원을 상상해 보았는데, 그곳에서는 온갖 아름다운 것들이 만발하고 모든 악한 것들이 뿌리 뽑히는 곳입니다. 만약 보통의 일꾼이 내가 지상에서 보고 즐거워했던 그토록 아름다운 정원을 가꿀 수 있었다면, "그분이(Him) 동산지기라면" 얼마나 더 아름답고 훌륭한 정원이 만들어지겠습니까! 여러분은 내가 언급하고 있는 "그분을" 압니다. 오늘 본문에서 막달라 마리아가 동산지기로 오해했던 그분은 영원히 복되신 하나님의 아들이십니다. 우리가 한 번 정도 그녀가 오해했던 길을 따라 가더라도, 다시 올바른 길을 가고 있는 우리 자신을 발견할 것입니다! 그녀는 "그가 동산지기인 줄 알고" 실수를 했지만, 만약 우리가 그분의 영의 가르침 아래에 있다면, 설혹 우리가 우리의 영원히 복되신 주님을 "그가 동산지기인 줄 알고" 묵상하더라도 실수하는 것은 아닐 것입니다.

　　그것은 부자연스러운 상상이 아닙니다. 우리는 진실로 이렇게 노래할 수 있기 때문입니다.

> "우리는 담으로 둘러쳐진 하나의 정원이며,
> 선택되어 특별하게 된 땅이라네."

　　그 정원에는 한 분의 동산지기(a Gardener)가 필요합니다. 우리 모두는 그분이 친히 심으신 식물들이 아닙니까? "나는 참 포도나무요 내 아버지는 포도원 농부라"고 그분이 말씀하시니, 그것도 하나의 관점입니다. 하지만 우리는 또한 이렇게도 노래할 수 있습니다. "내가 사랑하는 자에게 포도원이 있음이여 심히 기름진 산에로다. 땅을 파서 돌을 제하고 극상품 포도나무를 심었도다"(사 5:1,2). 말하자면, 그분이 그 포도원의 정원사로서 행동하셨다는 것입니다. 이사야는 그렇게 우리로 하여금 영원히 복되신 그분이 그의 포도원을 가꾸셨음을 노래하도록 가르친 것입니다. 우리는 이 말씀을 우리 주님과 관련지어 읽을 수도 있습니다. "동산에 거하시는 당신이여, 친구들이 당신의(Your) 음성을 듣나이다"(아 8:13, KJV. 한글개역개정은 "너 동산에 거주하는 자야 친구들이 네 소리에 귀를 기울이니"로 되어 있음).

　　그분이 포도나무들이 어떻게 잘 자라는지를 살피고 모든 식물들을 돌보시기 위해서가 아니라면, 어떤 목적으로 포도원에 거하시겠습니까? 그러한 이미지는 결코 부자연스럽지 않으며, 오히려 매우 풍부한 연상들과 유용한 가르침들로 가득합니다! 우리가 "그분을 동산지기인 줄 생각할 때" 우리는 자연의 조화에 어긋나는 것이 아닙니다. 그러한 비유는 비성경적이지도 않습니다. 우리 주님께서는 친히 들려주신 비유들 중의 하나에서 자신을 포도원지기로 묘사하셨기 때문입니다(눅 13:7). 우리는 그 비유에 경고가 가득한 것을 읽습니다. "한 사람"이 포도원에 무화과나무를 심은 것이 있었는데 와서 그 열매를 구하였으나 얻지 못하자, 그는 자신의 포도원지기에게 이렇게 말했습니다. "찍어버리라 어찌 땅만 버리게 하겠느냐?"

그 열매 없는 나무와 도끼 사이에서 중재한 이가, 우리의 위대한 중보자이시며 중재자가 아니시면 누구이겠습니까? 계속해서 주인에게 나아와서 "금년에도 그대로 두소서. 내가 두루 파고 거름을 주리이다"고 말하는 이가 바로 그분이십니다. 이 경우에 그분은 자기 자신을 포도원지기로 간주하시니, 우리가 "그분을 동산지기인 줄 알아도" 틀린 것이 아닙니다. 우리는 하나의 표상(type)에 의해서도 지지받을 수 있는데, 우리 주님께서 "두 번째 아담"이라는 이름을 취하신다면, 첫 번째 아담은 동산지기(gardener)였습니다. 모세는 우리에게 말하기를, 여호와 하나님께서 그 사람을 에덴 동산에 두시어 그것을 가꾸고 지키도록 하셨다고 합니다. 인간은, 최상의 상태에서, 이 세상에 있는 게으른 향락의 낙원에 사는 것이 아니라, 수고의 보상이 있는 동산에서 살도록 되어 있었습니다! 보십시오, 교회는 그리스도의 에덴입니다! 생명의 강에서 물을 얻고, 너무나 비옥하여 하나님께 각종 실과들을 맺어드리는 동산입니다! 그리고 우리의 두 번째 아담이신 그분이 이 영적인 에덴에 다니시면서 이 동산을 가꾸시고 지키십니다. 그러므로 하나의 표상으로서, 우리는 "그분을 동산지기인 줄 생각하여도" 올바로 이해하는 것입니다.

그러므로 솔로몬 또한, 꽃들이 피고 무화과나무에 푸른 열매가 익었을 무렵에, 왕인 신랑이 그 배우자와 더불어 동산으로 내려가는 모습을 묘사할 때에 그분을 생각했던 것입니다. 그는 그의 사랑하는 자와 더불어 그 동산의 보존을 위해 내려가면서 이렇게 말했습니다. "우리를 위하여 여우 곧 포도원을 허는 작은 여우를 잡으라, 우리의 포도원에 꽃이 피었음이라"(아 2:15). 자연도, 성경도, 예표도, 아가서의 노래도, 우리로 하여금 우리의 아름다우신 주 예수님을 자기 교회의 꽃들과 열매들을 돌보시는 분으로 생각하는 것을 금하지 않습니다. 우리가 그분을 "동산지기인 줄 생각할 때에" 우리는 잘못하는 것이 아닙니다.

그래서 나는 가만히 앉아서 그 생각에 깊이 잠겨들었습니다. 이제 나는 그것을 여러분에게 다시 들려줄 것이며, 나의 많은 묵상의 길들을 여러분의 마음에 펼쳐 보일 수 있기를 바랍니다. 나는 이런 주제에 대한 생각을 자세히 들려줄 시도를 하지 않을 것이며, 단지 보석의 광맥(鑛脈)을 찾으려면 어느 방향으로 보아야 하는지를 암시하고자 할 뿐입니다.

1. 많은 경이(驚異)들을 이해하는 열쇠

"그가 동산지기인 줄 알고." 여기서 우리는 그분의 교회라고 하는 정원의 많은 경이로운 일들에 대한 열쇠(the key to many wonders)를 얻습니다. 첫 번째의 경이는 세상 속에 교회가 있다는 사실입니다. 이 불모의 황무지 가운데에 꽃을 피우는 정원이 있는 것입니다! 주님께서는 단단하고 굳센 바위 위에서 그분의 교회라고 하는 에덴을 자라게 하십니다. 죽음의 사막에 생명의 오아시스라니, 어떻게 그런 일이 가능했을까요? 어떻게 불신의 한가운데로 믿음이 들어오게 되었고, 노예로서의 공포가 가득한 곳에 소망이 들어왔으며, 또한 미움이 만연한 곳에 사랑이 들어오게 되었을까요? "자녀들아, 우리는 하나님께 속하고 온 세상은 악한 자 안에 처한 것이라"(요일 5:19).

더욱이, 모든 것이 마귀 안에 단단히 에워싸인 곳에서 이처럼 "하나님께 속한다"는 것이 어찌된 일입니까? 그곳에 어떻게 그분의 이름을 위해 열매를 맺도록 구별되고, 거룩하게 되고, 성별되었으며, 예정된 하나님의 백성들이 있게 되었을까요? 정녕 그런 일이 사람에게 맡겨졌더라면 결코 이루어질 수 없었을 것입니다! 우리는 "그가 동산지기인 줄 알고서야" 교회의 존재를 이해할 수 있습니다. 다른 무엇으로도 그 이유를 설명할 수 없습니다. 그분은 가시나무대신 전나무로 번성하게 하실 수 있으며, 찔레나무 대신 상록수를 무성하게 하실 수 있습니다. 하지만 다른 누구도 그런 변화를 이루지 못합니다!

내가 앉아 있었던 그 정원은 흙이 부족한 바위 층 위에 조성되었으며, 그 계단식 뜰을 채운 거의 모든 흙은 저지대에서 그곳으로 운반해 온 것이었습니다. 힘겨운 수고에 의해 암반층 위에 토양층이 조성된 것이지요. 자연적으로는 그런 정원이 그런 장소에서 발견될 수가 없었지만 기술과 노동으로 그렇게 형성된 것입니다. 그와 마찬가지로, 하나님의 교회는 주 예수님에 의해 건설되어져 와야 했습니다.

예수님이 하나님의 동산의 창설자이시며 완성자이십니다. 예수님이 고생스럽게도 상처 입은 손으로써 계단식 뜰을 만드시고 각각의 화단을 조성하셨으며, 각각의 식물을 심으셨습니다. 모든 꽃들은 그분의 피 같은 땀으로 물을 공급받아야 했고, 그분의 눈물 어린 눈으로 보살핌을 받아야 했습니다. 그분 손의 못 자국들과 그분 옆구리의 상처는 그분이 새로운 낙원을 만드시기 위해 치르신 희생의 증거들입니다. 그분은 그 동산에 있는 모든 식물들의 생명을 위해 자기 목숨을 바치셨습니다! 그분이 동산지기가 아니시라면, 그 식물들 중 어느 것 하나도 그곳에 있지 못했을 것입니다.

또 다른 경이로움이 있습니다. 어떻게 그런 풍토에서 하나님의 교회가 번성할 수 있었을까요? 이 현재의 악한 세상은 거룩한 은혜의 성장에는 매우 적합하지 않으며, 따라서 교회는 스스로의 힘으로는 사방을 둘러싼 악한 영향력에 저항할 수 없습니다. 교회는 혼자 방치될 경우 무질서와 파멸로 이르기 쉬운 요소들을 자체 내에 포함하고 있습니다. 마치 정원이 그 토양 속에 모든 잡초 덤불의 배종(胚種)들을 포함하고 있는 것처럼, 지상에 존재했던 그리스도의 최상의 교회조차도 만약 하나님의 영에 의해 버림을 받는다면, 수년 내에 하나님의 진리로부터 변절하고 말 것입니다! 세상의 공기나 토양 속에는 교회를 조금이라도 비옥하게 할 수 있는 요소가 전혀 없습니다.

그런데 이 모든 것에도 불구하고, 교회가 하나님께 아름다운 정원이 된 것은 어찌된 것일까요? 어떻게 해서 향기를 풍기는 화초들이 그 정원의 화단에서 자라고, 하나님의 손에 의해 채집되는 꽃들이 그곳의 화단들에 있는 것입니까? 교회의 지속과 번성은 오직 "그분이 동산지기인 줄 앎으로써" 설명될 수 있습니다. 세상 사람들 가운데서 거룩한 백성들을 보전하는 일에 전능의 힘이 발휘된 것이며, 그 일은 다른 것으로는 불가능합니다. 여기 주님의 말씀이 있으니, 듣고 지상에서 그분의 교회가 성장하는 이유가 무엇인지를 배우십시오. "나 여호와는 포도원지기가 됨이여 때때로 물을 주며 밤낮으로 간수하여 아무든지 이를 해치지 못하게 하리로다"(사 27:3). 그것이 바로 망령되고 패역한 세대 가운데 영적인 백성이 존재하는 이유입니다! 이것이 사방을 둘러싼 악과 세속성과 불신앙 가운데서, 은혜의 선택에 대한 이유입니다! "그가 동산지기인 줄 알고." 나는 왜 죄의 황무지 가운데서도 열매가 맺히고, 아름다움과 향기가 있는지를 이해할 수 있습니다.

이 생각에 의해 또 다른 신비가 역시 이해됩니다. 여러분과 내가 주님의 초목들 중에 있다는 것이 경이입니다! 어찌 우리가 그분의 은혜의 정원에서 자라도록 허락되었을까요? 왜 저입니까, 주님? 왜 저입니까? 오래 전에 그분이 "찍어 버리라 어찌 땅만 버리게 하겠느냐"고 말씀하실 수도 있었을 때에, 우리가 불모의 상태에서 용인되고 보전되었던 것은 어찌된 연유일까요? 달리 누가 우리의 고집스러움을 참아 주었을까요? 누가 그토록 무한한 인내를 나타낼 수 있었을까요? 보살펴 주어도 보답이 없었을 때 누가 우리를 그런 보살핌으로 돌보아 줄 수 있었을 것이며, 누가 무한한 사랑의 의도를 가지고서 그렇게 매일같이 새롭고도 오래도록 그런 섬김을 지속할 수 있었을까요? 누가 그분의 포도원을 위해 더 많은 일을 할 수 있었을까요? 누가 그렇게 많은 일을 할 수 있거나 하기를 원했을까요? 단지 인간이었다면 자신의 선한 의도를 후회했을 것이며, 우리의 배은망덕에 화를 냈을 것입니다!

하나님이 아니시라면 어느 누구도 우리 중의 어떤 이들을 참지 못했을 것입니다! 우리가 오래 전에 포도나무의 열매 없는 가지들로 제거되지 않았다는 것은 기적입니다! 우리는 여전히, 결국에는 열매를 맺을 것이라는 소망 중에 그 줄기에 남아 있습니다. 나로서는 "그분이 동산지기인 줄 아는" 것 외에, 달리는 우리가 남겨진 이유를 찾지 못합니다. 예수님은 너무나 온유하시고 은혜로우시기에 칼을 드는 것에 느리시고, 도끼를 드는 것에 더디십니다. 그분은 우리가 겨우 하나 혹은 둘의 싹을 보이든지, 혹은 작고 신 열매만 맺더라도 희망을 가지십니다. 그분은 희망에 부푸셔서, 이런 일들을 차차 더 나은 것을 맺게 될 거라는 희망의 조짐으로 여기십니다. 무한한 인내입니다! 측량할 수 없을 정도의 오래 참음입니다! 저 사랑의 주님의 품에서가 아니면 그런 인내심을 달리 어디서 찾겠습니까? 정녕 우리들 중에 많은 이들이 파헤쳐지지 않은 것은, 오로지 마음이 온유하고 겸손하신 분이 동산지기시라는 이유 때문입니다!

사랑하는 친구들이여, 이 교회와 관련하여 내가 하나님께 감사할 수밖에 없었던 한 가지 은혜는, 오랜 세월 동안 악한 자들이 들어와 침해하지 못했다는 것입니다. 우리가 목사와 회중으로서 함께하였던 기간에, 어느덧 그 햇수가 약 29년이 되었습니다만, 우리는 중단되지 않은 번성을 누려 왔으며, 주님의 일을 하면서 힘을 얻고 또 얻었습니다. 오호라, 우리는 우리 교회와 마찬가지로 희망에 부풀었던 다른 많은 교회들이 분쟁으로 찢어지고, 타락으로 쇠퇴하고, 이단에 의해 전복되는 것을 보아왔습니다. 나는 우리가 쉽사리 그들의 잘못을 혹독하게 판단하는 자들이 되지 않기를 바랍니다. 다만 우리는 그 교회들을 괴롭혔던 악한 것들로부터 건짐을 받은 것에 대해서는 감사해야 할 것입니다. 만일 특별한 은혜가 우리를 지켜주지 않았더라면, 어떻게 우리가 사랑 안에서 하나가 되어왔고, 섬김의 수고에서 많은 도움을 얻었으며, 믿음 안에서 견고할 수 있었을까요?

우리는 잘못들로 가득합니다! 우리에게는 자랑할 것이 아무것도 없습니다!

하지만 우리처럼 하나님의 은혜를 많이 입은 교회도 없을 것입니다! 나는 그 은총이 그처럼 오래도록 지속되어 온 것에 놀라지 않을 수 없으며, "그분이 동산지기인 줄로" 생각하지 않고서는 그 일을 달리 이해할 수가 없습니다. 정말이지 나는 우리의 번영의 이유를 목사에게 돌릴 수 없습니다. 내 사랑하는 친구들인 장로들과 집사들에게도 돌리지 않으며, 심지어 여러분 중에서 뜨거운 사랑과 거룩한 열심이 있는 분들에게도 돌리지 않습니다. 나는 그 이유를 예수님께서 동산지기로 계셨기 때문이라고 생각합니다. 내가 두려워서 동산의 문을 열어 둔 채로 떠났을 때에는 그분이 친히 문을 단속해 오셨습니다. 숲의 야생 멧돼지들이 약한 식물들의 뿌리를 파헤치려고 들어왔을 때에는 그분이 그것들을 몰아내셨습니다. 그분은 도둑들이 몰래 기어들어오지 못하도록 밤에도 깨어 계셨음이 틀림없습니다. 그리고 그분은 정오의 뜨거운 열기 속에서도, 여러분 중에서 세속적인 재물에서 번창한 자들을 지나치게 밝은 태양 광선으로부터 지키기 위해 이곳에 계셨음이 틀림없습니다.

예, 그분은 우리와 함께 해 오셨으니, 그분의 이름을 찬송합니다! 그것이 바로 이 모든 화평과, 연합과, 열심의 이유입니다! 우리가 그분을 근심하게 하여 그분이 우리에게서 떠나시는 일이 결코 없기를 바랍니다. 오히려 우리는 그분에게 이렇게 간청하면서 말합시다. "우리와 함께 거하소서. 동산에 거하시는 당신이여, 이 교회가 날이 밝고 그림자들이 물러갈 때까지 당신께서 거하시기로 계획하신 그 동산들 중의 하나가 되게 하소서." 이와 같이 그분을 동산지기로 아는 것은 많은 경이(驚異)들을 이해하는 열쇠입니다.

2. 많은 의무들에 대한 자극

"그분이 동산지기인 줄 알고"라고 내가 말하는 동안에, 여러분도 나와 더불어 같은 상상력을 발휘한다면, 그것이 많은 의무들에 대한 자극(spur to many duties)이 될 것입니다. 그리스도인의 의무들 중의 하나는 기쁨입니다. 여러 계명들 중에서 사람들에게 행복하라고 명하는 종교는 복된 종교입니다! 기쁨이 의무가 될 때, 누가 그 의무를 소홀히 하기를 바라겠습니까? 예수님이 동산지기시라고 꽃들에게 속삭여 준다면, 정녕 그것은 모든 어린 식물들이 햇살을 머금는 데 도움을 줄 것이 틀림없습니다! 당신이 말합니다. "오, 저는 너무나 작은 식물입니다! 저는 잘 자라지 못합니다! 저는 많은 잎을 내지도 않고, 내 주변의 다른 많은 식물들처럼 나에게서는 많은 꽃들이 피질 않습니다!' 당신이 스스로를 작게 생각하는 것은 아주 옳은 일입니다. 아마도 당신의 머리를 숙이는 것이 당신의 아름다움의 일부일 것입니다. 많은 꽃들이 고개를 숙이는 솜씨를 발휘하지 않았더라면, 그 아름다움의 절반에도 채 미치지 못했을 것입니다.

하지만 그분이 동산지기인 줄 아십시오. 그분은 정원 전체에서 가장 당당한 야자수에게 뿐 아니라 당신에게도 마찬가지로 정원사(the Gardener)이십니다! 망통(Mentone: 프랑스 남부 해안 요양지)의 그 정원에서, 내 눈 앞에는 오렌지와 알로에가 자라고 있었고, 그보다 더 아름다우며 더 눈에 띄는 다른 식물들도 있었습니다. 하지만 내 왼편의 담장에는 평범한 계란풀들(wallflowers, 십자화과의 다년초)과 바늘패랭이 꽃들(saxifrages)도 자라고 있었으며, 우리들의 돌밭에서 쉽게 발견하는 그런 작은 풀들도 있었습니다. 자, 그 정원사는 큰 것이든 작은 것이든 그 모든 것을 보살폈습니다! 사실 그곳에는 두드러지지 않는 식물들이 수백 가지 종(種)이나 있었고, 그 모두에게 적절한 이름과 설명이 붙어 있었습니다. 가장 작은 패랭이꽃도 이렇게 말할 수 있었습니다. "그분은 글로아 드 디종(Gloire de Dijon: 강렬한 향기를 발하는 장미과의 꽃)이나 마라첼 닐(Marechal Neil: 장미과의 일종)의 정원사이신 것처럼 나에게도 정원사이십니다."

오 하나님의 연약한 자녀여, 주께서 당신을 돌보십니다! 당신의 천부께서는 까마귀들을 먹이시고 참새들의 비행을 안내하십니다. 하물며 그분이 자녀인 당신을 돌보시지 않겠습니까, 믿음이 작은 자여? 오, 작은 식물들이여, 여러분은 충분히 올바르게 자랄 것입니다! 아마도 여러분은 지금은 위로 자라기보다는 아래로 자라고 있을 것입니다. 식물들 중에는, 우리가 그 땅 속의 뿌리를 땅 위로 솟아난 꼭지들보다 귀중하게 여기는 식물도 있음을 기억하십시오. 아마도 아주 빨리 자라는 것이 당신에게는 해당되지 않을 것입니다. 당신은 느리게 자라는 키 작은 관목일 수 있으며, 자연히, 큰 나무들처럼 빨리 자라면 그것이 건강에 좋지 않을 것입니다. 하여간 이것이 당신에게 기쁨이 되기를 바랍니다. 당신은 주님의 정원 안에 있고, 따라서 "그분이 그 정원사이시기에", 그분이 당신을 최상으로 활용하실 것입니다! 그분보다 더 솜씨 있는 손은 없습니다.

또 다른 의무는 주님의 임재를 소중히 여기고 그것을 위해 기도하는 것입니다. 주일 아침 동이 틀 때마다, 우리는 사랑하는 주님께서 그분의 정원에 들어오시어 그분이 기뻐하시는 열매들을 드시도록 기도해야 합니다. 그분 없이 우리가 무엇을 하겠습니까? 하루 종일 우리는 그분께 이렇게 부르짖어야 합니다. "오 주여, 당신의 오른손으로 심고 세우신 이 포도나무와 포도원을 보시고 방문하소서." 우리는 그분이 세상에 대해서는 자기를 나타내지 않으시지만 우리에게는 오셔서 자기를 나타내시도록 힘써 기도해야 합니다! 동산지기가 동산 가까이에 오지 않는다면 어떻게 되겠습니까? 만약 그가 자기 소유의 동산에서 쟁기질도 하지 않고 가지치기도 하지 않는다면, 그 동산과 황무지 사이에 무슨 차이가 있겠습니까? 그러므로 "그분이 동산지기인 줄 알고" 그리스도께서 우리와 함께 하시는 것이 우리에게는 꼭 필요한 일입니다.

그리스도께서 모든 식물들을 살피시고, 가꾸시고, 보살피시고, 그 모든 것에 양분을 주시면서, 우리의 화단들 사이에서 거니시는 것이 우리의 행복입니다. 그분이 정원사이심을 아는 것이 좋습니다. 우리의 열매는 그분으로부터 생기는 것이기 때문입니다. 그분에게서 떨어지면 우리는 아무것도 아닙니다! 그분이 우리를 보살피실 때에만 우리가 열매를 맺을 수 있습니다. 인간의 힘으로만 일하는 것을 단념하도록 합시다! 일상적인 업무나 야단법석을 떠는 행사로써, 혹은 의식주의나 위압적인 태도로써, 그분의 영적 임재의 실재를 대체하려는 모든 시도들을 단념합시다. 오직 우리는 주님께 기도하여 그분이 언제나 우리와 함께하시고, 그분의 임재에 의해 우리의 동산이 가꾸어지도록 요청합시다!

또 하나의 의무가 있는데, 그것은 "그분이 동산지기인 줄 알고" 우리 각 사람이 전적으로 그분께 자기 자신을 맡겨드리는 것입니다. 식물은 어떻게 취급되어야 하는 것을 스스로 알지 못합니다. 언제 물을 주어야 하고, 언제 마른 상태를 유지해야 하는지를 알지 못합니다! 과일나무는 언제 가지치기를 해야 하고, 또는 언제 거름을 주어야 하는지 판단하지 못합니다. 동산의 지혜는 꽃이나 관목들에게 있는 것이 아니라, 정원사에게 있습니다. 자, 그렇다면, 만일 오늘 여기에 있는 여러분과 내가 우리 자신에 대해 제멋대로 육적인 판단을 하고 있다면, 그것을 모두 내려놓고 우리 주님의 처분에 전적으로 맡기도록 합시다. 여러분은 단지 어떤 사람의 손에 자기 자신을 전적으로 맡기기를 원하지 않을 것입니다. 그렇다면 딱한 일이지요. 하지만 정녕 여러분은 주의 오른손으로 심으신 식물이기에, 아무런 의심 없이 그분의 귀한 손길에 여러분을 맡길 수 있을 것입니다!

"그분이 동산지기인 줄 알고", 여러분은 이렇게 말할 수 있습니다. "나는 의지도, 바람도, 지혜도, 고집도, 나만의 방식도 갖지 않고서, 오직 아무것도 아닌

자로서 정원사의 손에 있기를 원합니다. 그리하여 그분이 나의 지혜가 되시고 나의 모든 것이 되어주시길 원합니다. 친절한 정원사시여, 여기 당신의 가련한 식물이 고개를 숙이며 당신의 손에 자기를 맡기오니, 당신의 뜻대로 저를 다듬고 가꾸어 주소서." 틀림없이, 하나님의 뜻에 온전히 묵종(黙從)하는 심령에는 행복이 가까이 있습니다! 우리가 주 예수님을 정원사로 생각할 때, 온전한 묵종을 실천하는 것이 쉬워질 것입니다. 주께서 그 일을 행하셨다면, 성도가 무슨 말을 하겠습니까? 오 고난을 겪은 그대여, 주께서 그것을 행하셨습니다. 당신은 그것이 달리 되어졌기를 바랍니까? 오, 고통을 겪었어도 당신은 감사하지 않겠습니까? 그렇게 되는 것이 주님의 뜻이며, 당신의 생명과 당신의 모든 길이 그분의 손 안에 있기 때문입니다. "그분을 동산지기인 줄 알 때", 복종의 의무는 아주 명백합니다.

떠오르는 여러 생각들 중에서, 한 가지 의무를 더 언급하고자 합니다. "그분이 동산지기인 줄 알면", 우리는 그분께 열매를 맺어드려야 합니다. 이 아침에, 나는 하나님을 섬기는 여부에 관심을 느끼지 못하는 자들에게 말하고 있는 것이 아닙니다. 나는 여러분 대부분이 하나님을 영화롭게 하기를 바란다고 믿으며, 은혜로 구원받았기 때문에, 여러분을 어둠에서 불러내어 그의 기이한 빛 가운데로 들어가게 하신 분을 찬송하려는 거룩한 열망을 느낀다고 믿습니다. 여러분은 다른 사람들을 그리스도께로 데려오기를 바라고 있습니다. 왜냐하면 여러분 자신이 그분 안에서 생명과 자유를 얻었기 때문입니다. 자, 예수님이 정원사시라는 이 사실이, 열매 맺도록 하는 일에서 여러분에게 자극이 되기를 바랍니다. 여러분이 한 송이의 열매를 맺은 곳에서, "그분이 정원사이신 줄 알고" 일백 송이를 맺도록 하십시오.

그분이 열매를 통해 영광을 얻으신다면, 그분께 큰 영예를 드리는 일을 힘써 행하십시오. 우리의 영적 상태가 우리 자신이나, 목사에게나, 혹은 우리의 동료 그리스도인들에게 달려 있다면, 열매를 맺어야 한다는 큰 필요를 느끼지 못할 것입니다. 하지만 예수님이 동산지기시라면, 그리고 우리가 무엇을 맺느냐에 따라 비난이나 영예를 얻으신다면, 우리가 할 수 있는 최대한의 힘과 기질과 노력을 발휘하여, 우리 주님의 수고에 정당한 보상의 열매를 맺어드리도록 합시다! 그런 분의 개인 교습과 보살핌을 받는다면 우리는 저명한 학자들이 되어야 합니다. 그리스도께서 우리를 훈련하십니까? 오, 세상으로 하여금 우리의 스승을 결코 낮추어보지 못하도록 합시다!

학생들은 그들의 모교(母校)가 대단하게 인정받을 만하다고 느낍니다. 그래서 그들은 그들의 출신학교가 영예를 얻도록 하기 위해 노력합니다. 마찬가지로, 예수님이 우리에게는 교수이시며 출신학교입니다. 그러므로 우리가 그토록 위대한 교사에게, 그토록 거룩한 이름에게, 영예를 드리기 위해 노력해야 함을 느끼도록 합시다. 그것을 어찌 표현해야 할지 모르겠지만, 분명 우리는 그런 주님께 어울리는 무언가를 행해야만 합니다! 주님의 정원에 있는 모든 작은 꽃들은, 주님께서 그 꽃들을 돌보시기 때문에 가장 밝은 색채의 옷을 입고 가장 귀한 향기를 발해야 합니다. 예수님이 동산지기인 줄을 알고, 우리 아버지의 동산에 있는 모든 식물들은 가능한 최상의 것을 낼 수 있어야 합니다.

지금까지 두 요점들, 즉 많은 경이들에 대한 이해의 열쇠와 많은 의무들에 대한 격려라고 하는 두 가지 요점을 다루었습니다.

3. 압박감을 주는 책임으로부터의 안도

세 번째로, 나는 주님이 동산지기이시라는 생각에서 압박감을 주는 책임으로부터의 안도(a relief from crushing responsibility)를 발견했습니다. 만일 어떤 사람이 하나님께로부터 할 일을 받았을 때, 그가 그 일을 바르게 한다면, 그는 그 일을 부주의하게 할 수 없습니다. 아침에 잠에서 깼을 때 가장 먼저 그는 이렇게 묻습니다. "그 일이 어떻게 해야 잘 될 수 있을까?" 밤에 그가 마지막으로 하는 생각도 이것입니다. "내 소명을 완수하려면 무엇을 해야 할까?" 때로는 근심이 꿈에서도 그를 괴롭히며 이렇게 한숨짓게 만듭니다. "오 주여, 이제 형통하게 하소서!" 돌보도록 맡겨진 그 정원은 번성하고 있을까요? 우리는 번성하는 것이 보이지 않아 상심하지 않습니까? 나쁜 계절일까요? 혹은 토양이 빈약하고 메마른 것일까요? 만일 우리가 습관적으로 "그분이 정원사이신 줄 알면" 과도한 염려로부터 복된 안도감을 누릴 수 있습니다.

예수님이 만사를 관장하시는 주님이시라면, 온 교회를 바로잡는 것은 내 일이 아닙니다. 나는 모든 그리스도인들의 성장에 대해서와 모든 배교자들의 오류에 대해 책임을 지는 것이 아니며, 모든 신앙고백자들의 삶의 잘못에 대해 책임을 지는 것도 아닙니다. 내가 이런 짐을 짊어지고서 그것 때문에 짓눌려서는 안 됩니다. "그분이 동산지기이신 줄 알고" 교회는 나의 감독보다 더 나은 감독을 누릴 수 있습니다! 교회는, 밤의 서리를 맞고 한낮의 태양의 뜨거움을 견디는 가장 주의 깊은 파수꾼에 의해서 돌봄을 받는 것보다 더 나은 돌봄을 받습니다!"그분이 동산지기인 줄 알면" 결국에 모든 것이 잘 될 것입니다. 이스라엘을 지키시는 자는 졸지도 아니하시고 주무시지도 않습니다. 우리가 조바심을 치며 비관할 필요가 없습니다.

낙심하고 있는 근면한 일꾼들에게 이 점을 좀 숙고해 보라고 호소합니다! 여러분은 주 예수님 밑에서 일하는 것을 인식해야 합니다. 마치 그분의 짐을 여러분이 짊어지기라도 하는 듯이, 그분의 일에 대해 근심하는 것은 여러분이 할 일이 아닙니다. 동산지기 밑에서 일하는 일꾼은, 마치 동산 전체가 그에게 맡겨지기라도 한 듯이 동산 전체에 대해 노심초사할 필요가 없습니다. 그래서는 안 됩니다! 그는 스스로 지나친 짐을 짊어지려 해서는 안 됩니다. 맡겨진 일들에 대해서만 근심의 경계를 제한하라고 호소합니다. 여러분 주변에는 많은 젊은이들이 있고, 여러분은 마치 그들의 영혼을 위하여 경성하기를 여러분 자신이 청산할 자인 것처럼 합니다(히 13:3). 이는 좋은 것입니다. 하지만 근심하거나 지치지는 마십시오. 왜냐하면, 결국, 그 영혼들을 구원하고 지키는 일은 당신의 손에 맡겨진 것이 아니라, 당신보다 훨씬 유능한 분에게 달린 일이기 때문입니다. 주께서 동산지기이심을 생각하십시오!

나는 섭리의 문제들에 있어서도 그렇다고 생각합니다. 어떤 하나님의 사람이 곤경의 때에 자기 의무를 다할 수가 없었습니다. 그가 시대의 악함에 대해 너무 많이 슬퍼했기 때문입니다. 그는 마음이 어지럽고 낙심하게 되어 어느 배에 승선하였습니다. 그는 더 이상 참을 수 없는 상태로 빠져드는 그 나라를 떠나고 싶었습니다. 그 때 한 사람이 그에게 말했습니다. "휫틀록(Whitelock) 씨, 당신이 세상의 관리자입니까?" 아니, 그가 그럴 리 없지요. "하나님께서 당신이 태어나기 전에 세상을 잘 꾸려오셨으니, 당신이 죽어서도 잘 관리하시지 않겠습니까?" 그 생각이 그 선한 사람의 마음에서 짐을 덜어주었고, 그는 되돌아와서 자기 의무를 수행하였습니다. 나는 여러분이 여러분의 책임의 한계를 인식하기를 바랍니다. 여러분이 그 정원사(the Gardener)가 아닙니다. 여러분은 단지 그 정원사의 소년 급사들 중의 하나일 뿐이며, 심부름이나 하고, 약간의 땅을 파고, 길을 치우는 사람에 불과합니다. 동산은 당신이 책임 관리자가 아니어도 충분히 잘 관리되고 있습니다!

이런 생각이 우리의 근심을 덜어주는 반면, 한편으로는 우리로 하여금 그리스도를 위해 아주 즐겁게 수고하도록 만들어 줍니다. 왜냐하면 설혹 그 정원이 우리의 수고에 대해 보상하지 않는 듯이 보여도, 우리는 스스로 이렇게 말할 수 있기 때문입니다. "그것은 결국 나의 정원이 아니다. '그분이 동산지기인 줄 알고', 나는 기꺼이 바위투성이 밭에서도 일할 것이며, 오래되어 시든 가지도 묶어줄 것이며, 혹은 쓸모없는 땅이라도 경작할 것이다. 그 일이 예수님을 기쁘시게 한다면, 그 한 가지 이유만으로도, 그 일은 가장 유익한 일이니까! 내 일이 지혜로운 일인지에 대해 묻는 것은 내 일이 아니다. 나는 단지 내 주인이시며 주님이신 분의 이름으로 그 일을 할 뿐이다. '그분이 동산지기'이시라는 생각이 나에게서 무거운 책임을 경감시켜 주니, 내 일이 즐겁고 신나는 일이 되는구나."

사람들의 영혼을 다루면서, 우리는 매우 어려운 경우들에 직면합니다. 어떤 사람들은 너무나 소심하고 두려움이 많아서 여러분은 그들을 어떻게 위로해야 할지 모릅니다. 다른 사람들은 너무나 성급하고 주제넘어서 그들을 어떻게 도와야 할지 알 수가 없습니다. 일부 사람들은 두 얼굴을 하고 있어서 여러분은 그들을 이해할 수가 없고, 또 다른 사람들은 너무나 변덕스러워서 그들을 통제할 수가 없습니다. 어떤 꽃들은 평범한 정원사를 당혹하게 합니다. 우리는 가시들로 뒤덮인 식물들을 만나며, 여러분이 그들의 가지를 손질하려고 시도할 때, 그들은 그들을 도우려는 손에 상처를 입힙니다. 여러분이 정원사라면 이런 기이한 생장물들이 여러분을 크게 당혹스럽게 할 것입니다. 하지만 "그가 동산지기인 줄 알고", 여러분은 행복하게도 그분에게 지속적으로 가서 이렇게 말할 수 있습니다. "선하신 주님, 저는 이 기이한 식물을 이해하지 못합니다. 그것은 바로 저와 마찬가지로 아주 이상한 식물이로군요. 오, 당신께서 그것을 관리해 주시든지, 또는 제가 어떻게 해야 할지를 말씀해 주세요! 저는 그것에 대해 말씀드리려고 당신께 왔답니다."

끊임없이 우리를 곤란하게 하는 문제는 돌보아야 할 식물들이 너무 많아서 그 중에 어느 하나라도 최상의 방법으로 경작할 시간이 없다는 것입니다. 우리에게는 모두 관심을 필요로 하는 문제들이 동시에 50가지가 넘으니까요! 그래서 우리는 물을 주는 일을 채 끝내기도 전에, 괭이와 갈퀴와 삽을 가지러 가야 합니다! 이 무수한 관심거리들이 우리를 당혹스럽게 합니다. 그래서 바울조차도 이렇게 말한 적이 있습니다. "날마다 내 속에 눌리는 일이 있으니 곧 모든 교회를 위하여 염려하는 것이라"(고후 11:28). 아, 그럴 때에, 우리가 할 수 있는 적은 일을 하고 나머지는 예수님께 맡겨두는 것이 복된 것입니다. "그분이 동산지기인 줄 알고" 말입니다.

하나님의 교회에는 우리가 실행할 수 없는 징계가 있습니다. 권징을 실행하는 것도 어렵지만, 권징을 실행해야 한다고 느낄 때에 그것을 실행하지 못하는 것은 그보다 훨씬 더 어렵다고 생각합니다. 집주인의 종들은 그들이 가라지를 뽑아서는 안 될 때 당혹감을 느낍니다. "밭에 좋은 씨를 뿌리지 아니하였나이까? 그런데 가라지가 어디서 생겼나이까?"(마 13:27) "원수가 이렇게 하였구나." "그러면 우리가 가서 이것을 뽑기를 원하시나이까?" "가만 두라 가라지를 뽑다가 곡식까지 뽑을까 염려 하노라." 해롭고도 방해가 되는 잡초를 제거해서는 안 될 때, 이것이 기독교 목회자를 괴롭힙니다. 예, 하지만 "그분이 동산지기인 줄 알고", 또한 그 가라지를 남겨 두는 것이 그분의 뜻이라면, 여러분과 내가 잠자코 있는 것 외에 무엇을 해야겠습니까? 그분에게는 우리들의 징계보다 더욱 확실하고 안전한 징계가 있으며, 때가 되면, 가라지들은 그것을 알게 될 것입니다! 인내하면서, 마음을 편히 가지도록 합시다.

또한 그 동산 안에는 우리가 계속 보존할 수 없는 식물이 있습니다. 식물들이 쓰러져 죽으면 다른 식물들이 그 자리에 심겨져야 하고, 그렇지 않으면 정원은 황량해질 것입니다. 그러나 우리는 새로운 꽃들을 어디서 찾아야 할지를 모릅니다. "저기 훌륭한 사람이 죽으면, 누가 그를 계승한단 말입니까?"라고 우리는 말합니다. 나는 그런 질문을 여러 번 들어왔고, 마침내 그 소리에 지칠 정도입니다! "누가 그런 사람의 뒤를 잇겠습니까?" 그가 떠나고 계승이 필요할 때까지 기다리도록 합시다! 왜 그 사람의 외투를, 아직 그가 직접 입을 수 있을 때에 판단 말입니까? 우리에게는 이런 선한 형제들이 죽을 때, 그들의 신발 끈을 풀 만한 사람들도 일어나지 않을 것이라고 생각하는 경향이 있습니다! 친구여, 나는 크고 많은 일들을 상상할 수 있지만, 오늘 아침에 우리의 본문은 "그분이 동산지기인 줄 알고"입니다. 그 생각에 근거하여, 나는 주님께서 여러분이 아직 보지 못한 다른 식물들을 예비하고 계실 거라고 기대합니다. 이 식물들은 우리의 자리가 비게 되었을 때 그 자리를 대신하기에 아주 적합할 것입니다. 주님께서는 그분의 재림의 날까지 참된 사도적 계승(Apostolic succession)을 지속하실 것입니다!

모든 어둠과 낙담의 때에, 마음이 가라앉고 심령이 약해질 때에, 하나님의 교회가 완전히 끝났다고 생각되어질 때에, "그분이 동산지기이신 것을" 다시 생각하도록 하면서 이보다 더 크고 더 나은 일들을 기대하도록 합시다. 우리는 곤경에 빠져도, 그분은 곤경에 빠지는 경우가 없습니다. 우리는 어찌해야 할지 몰라 당황하여도, 그분은 결코 당황하지 않으십니다. 그러므로 "그분이 동산지기인 줄 알고" 잠잠히 기다리고 평온하도록 합시다.

4. 음울한 두려움으로부터의 해방

네 번째로, 나는 이러한 묵상이 여러분에게 많은 **음울한 두려움으로부터의 해방**(deliverance from many gloomy fears)을 가져다주기를 바랍니다. 나는 그 정원을 걸어 내려갔습니다. 그러다가 어느 한 곳에서는 길이 온통 나뭇잎들과 가지들과 돌들로 뒤덮여 있는 것을 보았습니다. 그리고 화단의 흙이 아무렇게나 파헤쳐져 있고, 땅에 있던 뿌리들이 땅 위로 모습을 드러내고 누워 있는 것을 보았습니다. 모든 것이 무질서했습니다! 개가 장난을 쳤던 걸까요? 아니면 어떤 개구쟁이 어린이가 그렇게 해 놓았을까요? 만일 그랬다면, 아주 애석한 일이었겠지요. 하지만 그렇지 않았습니다. 잠시 후에 정원사가 되돌아오는 것을 보았는데, 나는 그가 이 모든 것을 엉망으로 만들어 놓고 있었다는 것을 알게 되었습니다! 그는 자르고, 파고, 이것저것에 손을 대면서 모든 것을 망쳐 놓고 있었는데, 모두가 그 동산을 위한 것이었습니다!

그런 일이 여러분에게도 일어날 수 있습니다. 여러분은 최근에 상당히 많이 가지치기를 했는데, 여러분이 한 일들이 여러분이 바랐던 만큼 좋은 상태로 되지 못할 수도 있습니다. 교회에서 우리는 나쁜 잡초들을 뽑아내고 열매 맺지 못하는 가지들을 잘라낼 수도 있는데, 결국 그 모든 것이 혼잡하게 되는 것입니다. 자, 만일 주님께서 그 일을 하셨다면, 그런 울적한 두려움들은 필요 없을 것입니다! "그분이 동산지기인 줄 알면" 모든 것이 좋습니다! 나는 이런 생각을 내 친구와 나누다가 그에게 말했습니다. " '그분이 동산지기이시라면' 그 뱀은 아주 힘들 거야. 아담이 동산지기라면, 그 뱀은 그의 아내와 잡담을 나누고 그로 인해 해로운 것이 야기되겠지. 하지만 예수님이 동산지기이시라면, 뱀이여, 너에게 화가 있도다! 만일 네가 그 동산의 울타리 안으로 모습을 나타낸다면 금방 네 머리는 박살이 나고 말테니까!' 그와 같이, 만일 마귀가 우리들 가운데 틈타는 것이 두렵다면, 주 예수 그리스도께서 우리를 충만하게 하시고 대적들을 물리치심으로써 마귀로 틈탈 여지가 없도록 항상 기도하며 간구합시다.

　뱀 말고 다른 생물들도 동산에 침입합니다. 풀쐐기나, 과수 해충이나, 그 외에 모든 종류의 파괴적인 생물들이 우리의 교회를 갉아먹으려 합니다. 우리가 그것들을 어떻게 몰아내겠습니까? 가장 높은 담장이라도 그것들을 막지 못합니다! 한 가지 외에는 보호막이 없습니다. 그것은 곧 "그분이 동산지기인 줄" 아는 것입니다. 성경에는 이렇게 기록되어 있습니다. "만군의 여호와가 이르노라 내가 너희를 위하여 메뚜기를 금하여 너희 토지 소산을 먹어 없애지 못하게 하며 너희 밭의 포도나무 열매가 기한 전에 떨어지지 않게 하리라"(말 3:11). 나는 때때로 "우리 중에 쓴 뿌리가 나서 우리를 괴롭히면 어떻게 할까?"라는 질문으로 근심합니다.

　우리 모두는 매우 연약한 존재입니다. 우리는 종종 어떤 형제가 그 마음속에서 불화의 씨가 자라도록 허용한다고 상상하지 않습니까? 어떤 자매의 마음속에 있던 씨들이 자라나고, 그녀로부터 그 씨들이 다른 자매에게로 날아가서 퍼지고, 마침내 형제들과 자매들이 모두 비탄과 고민을 마음속에 품게 될 수도 있습니다. 누가 이것을 막을 수 있겠습니까?

　오직 주님만이, 예수님께서 그의 영으로 하실 수 있습니다! 그분은 동산지기로서 이 악한 것을 막으실 수 있습니다. 예수님이 계신 곳에서는 쓴 뿌리가 거의 자라지 못합니다! 주여, 교회이며 주의 백성인 우리와 함께 거하소서! 당신의 성령으로 우리와 함께 거하시고 또 우리 안에 거하시며, 결코 우리를 떠나지 마소서! 그리하여 어떤 쓴 뿌리가 솟아나 우리를 괴롭히지 못하게 하소서! 그 후에 또 다른 두려움이 찾아옵니다. 그러면 하나님의 성령의 생수가 흘러들어 동산을 적시는 것을 생각하십시오. 우리는 그 생명수를 흐르게 할 수 없습니다. 성령은 주권자로서 그분이 기뻐하시는 대로 임의로 흐르시기 때문입니다. 아, 하지만 하나님의 영은 우리의 정원에 계실 것입니다. "그분이 동산지기이시기" 때문입니다. 예수님이 그 동산의 일을 돌보실 때 물이 흐르지 않을 두려움은 없습니다. 그분이 "목마른 자에게 물을 주며 마른 땅에 시내가 흐르게 하실" 것입니다(사 44:3).

　하지만 그분의 사랑의 햇살이 동산에 비치지 않으면 어쩌지요? 만일 열매가 익지 않으면, 만일 평화가 없으면, 주님 안에서의 기쁨이 없으면 어떡하지요?

"그분이 동산지기인 줄 알면" 그런 일은 일어나지 않습니다. 그분의 얼굴이 해이며, 그분의 얼굴에서 건강을 주는 광선이 발하기 때문입니다. 그 얼굴빛이 성도들이 온전히 은혜의 온기 속에서 하나님의 영광을 향하여 자랄 수 있도록, 성장에 필요한 따뜻한 온도와 완벽한 영향력을 끼칠 것이기 때문입니다. 그러므로 "그분이 동산지기인 줄 알고", 한 해가 마무리되는 오늘(1882년 12월 31일 주일 낮에 전한 설교임) 나는 내 의심들과 두려움들을 날려 버릴 것이니, 교회를 염려하는 여러분 역시도 같은 일을 행하기를 호소합니다! 그리스도의 대의는 모두 잘 될 것입니다. 그것이 그분의 손에 있기 때문입니다. 그분은 실패하지도 낙심하지도 않으십니다. 주님의 뜻은 그분의 손 안에서 번성할 것입니다!

5. 부주의한 자들에 대한 경고

다섯 번째로, "그가 동산지기인 줄 아는" 여기에 부주의한 자들에 대한 경고(warning for the careless)가 있습니다. 이 큰 회중에서, 많은 사람들의 교회와의 관계는 마치 동산에 대한 잡초들의 관계와도 같습니다. 그들은 하나님에 의해 심어지지 않았습니다! 그들은 그분의 돌봄 아래에서 자라는 것이 아닙니다. 그들은 그분의 영광을 위한 열매를 맺지 않습니다. 내 사랑하는 친구여, 나는 종종 당신에게 다가가서 감화를 끼치려고 시도했지만, 그럴 수가 없었습니다. "그가 동산지기인 줄 알고" 주의하십시오. 왜냐하면 어느 날 그분이 당신에게 손을 뻗으실 것이고, 그러면 당신은 이러한 하나님의 말씀이 무슨 의미인지를 알게 될 것입니다. "심은 것마다 내 하늘 아버지께서 심으시지 않은 것은 뽑힐 것이라"(마 15:13). 호소하건대 주의하시기 바랍니다!

우리들 중에 다른 사람들은 포도나무의 열매 맺지 못하는 가지들과 같습니다. 우리는 종종 이런 이들에게 아주 호되게 말했으며, 오해의 여지가 없는 분명한 언어로 정직하게 진리를 말해 왔습니다. 그런데도 우리는 그들의 양심을 움직이지 못했습니다. 아아, 하지만 "그분이 동산지기이시니", 그가 친히 이 선언을 성취하실 것입니다. "무릇 내게 붙어 있어 열매를 맺지 아니하는 가지는 아버지께서 그것을 제거해 버리시리라"(요 15:2). 우리가 할 수 없다면, 그분이 친히 하실 것입니다. 이 묵은 해가 끝나기 전에 여러분이 전심으로 여호와께로 돌이키고, 그래서 잡초가 되는 대신 귀한 꽃이 될 수 있기를 바랍니다! 마른 막대기가 아니라, 수액을 머금고 열매를 맺는 포도나무의 가지가 되기를 바랍니다! 주께서 그렇게 해 주시길 빕니다!

하지만 만일 이 중에 누군가에게 경고가 필요하다면, 나는 그가 즉시 이 경고를 마음에 새기기를 호소합니다. "그분이 동산지기인 줄 알면" 누구도 그분의 눈을 피할 수 없습니다. 그분의 손에서 벗어나는 것은 불가능합니다. 그분이 "자기의 타작 마당을 정하게 하사 쭉정이를 꺼지지 않는 불에 태우시듯이"(마 3:12), 또한 그분은 자기 정원을 정하게 하사 모든 쓸모없는 것들을 버릴 것이기 때문입니다!

6. 불평하는 자들에 대한 결정적 타격

"그분이 동산지기인 줄 알고", 불평하는 자들에게 결정적 타격(a quietus to those who complain)을 가하는 일련의 생각들이 떠오를 수 있습니다. 우리들 중에 어떤 이들은 많은 육체적인 고통을 겪어 왔습니다. 종종 그 고통은 심령을 상하게 하고 마음을 낙망시킵니다. 다른 이들은 커다란 현실적인 손해를 입었습니다. 사업에서 성공을 거두지 못하고, 오히려 어려움을 견뎌내야 했고, 아마도 궁핍을 겪기도 했을 것입니다. 하지만 이 모든 것 때문에 여러분은 주님께 불평하려고 합니까? 그러지 말라고 호소합니다! 오늘 아침의 이 본문을 마음에 새기십시오. 주님께서 날카롭게 가지치기를 하시면서 여러분의 최상의 가지들을 잘라내셨고, 여러분은 끊임없이 칼로 베임을 당하여 마치 버림받은 가지처럼 보일 것입니다.

예, 하지만 "그분이 동산지기인 줄 알고" 여러분의 사랑의 주님께서 그 모든 일을 행하셨음을 기억하십시오. 여러분의 고통이 그분의 손으로부터 임한 것임을 생각하십시오. 베어내고, 자르고, 쳐내는 것이 가지를 치는 것과 같지 않습니까? 주께서 그 일을 행하시지 않았습니까? 자, 그렇다면, 여러분의 입을 가리고, 마침내 여러분이 이렇게 말할 수 있을 때까지는 침묵하십시오. "주신 이도 여호와시요 거두신 이도 여호와시오니 여호와의 이름이 찬송을 받으실지니이다"(욥 1:21). 나는 주께서 그분의 백성에게 잘못된 일을 행하시지 않는다고 확신합니다. 나는 그분의 자녀라면 누구도 매를 맞았을 때에 너무 심하게 맞았다고 정당하게 불평할 수 없다고 확신합니다. 또한 포도나무의 어떤 가지도 지나치게 날카로운 칼로 가지치기를 당했다고 불평할 수 없다고 확신합니다!

주께서 행하신 일은 할 수 있는 최상의 일입니다! 만일 우리에게 많은 지혜와 사랑이 있다면, 여러분과 나는 주께서 행하신 그 일이 기꺼이 이루어지기를 바랄 것입니다. 그러므로 불평스러운 생각을 멈추고 "주께서 그 일을 행하셨다"고 말하십시오. 그리고 기뻐하십시오. 나는 특히 사별의 고통을 겪은 이들에게 말합니다. 이 순간에 내가 느끼는 낯선 감정을 어떻게 표현해야 할지 모르겠습니다만, 내 설교가 너무나 쓰라리고 당혹스러웠던 한 가지 기억을 떠오르게 합니다. 나는 약 15일 전에 내 친구 및 비서와 함께 그 정원에 앉아 있었고, 우리는 그 때 아주 건강한 상태에서 주의 인자하심을 즐거워하고 있었습니다. 우리는 고향으로 돌아왔으며, 5일 만에 나는 몸을 가누지 못할 정도로 아프게 되었습니다. 그리고 더 나쁜 일, 그보다 훨씬 더 나쁜 일은, 내 친구가 그의 아내를 잃었다는 것입니다.

우리가 그곳에서 함께 앉아 하나님의 말씀을 읽고 묵상하면서 우리는 서로에게 말했습니다. "우리는 얼마나 행복한가! 우리는 정말이지 너무나 행복하다고 말할 수 있지 않은가? 이 행복이 빨리 끝나게 될까?" 나는 그를 위해 이렇게 말할 수밖에 없습니다. "오호라, 내 형제여, 자네 눈의 기쁨이 자네에게서 떠나갔구려." 하지만 여기에 우리의 위로가 있습니다. 주께서 그 일을 행하셨습니다! 정원에서 최상의 장미는 없어졌습니다. 누가 그것을 땄습니까? 정원사가 와서 그것을 거둔 것입니다! 그분이 그것을 심으셨고 보살피셨으며, 이제는 그분이 그것을 취하셨습니다. 이것이 너무나 자연스럽지 않습니까? 누가 그 일 때문에 슬피 운단 말입니까? 누구나 그것이 정당하고 자연의 질서에 부합되는 것임을 압니다. 그분이 오셔서 정원에서 최상의 꽃을 거두는 것입니다!

만일 여러분이 사랑하는 사람을 잃고 너무나 고통스럽다면, "그분이 동산지기인 줄 알고" 여러분의 눈물을 닦으십시오. 그러한 슬픔을 당신에게 가져다준 그 손에 입을 맞추십시오. 사랑하는 형제들과 자매들이여, 다음 번에는 주님께서 그 동산에서 여러분이 있는 지역으로 오실 것임을 기억하십시오. 그분은 다음 주 안에 그렇게 하실 수도 있습니다. 그분은 오직 자기 소유의 꽃들만 거두십니다. 여러분은 그분이 그렇게 하시지 못하도록 막기를 원합니까?

7. 소망을 간직한 자들을 위한 전망

"그분이 동산지기인 줄 알면", 소망을 가진 이들을 위한 전망(outlook for the hopeful)이 있습니다. "그분이 동산지기인 줄 알면", 그분이 일하시는 동산은 최상의 번성을 이룰 것이라고 나는 예상합니다. 나는 어떤 꽃도 시들지 않을 것이라고 전망하며, 열매를 맺지 못하는 나무도 없을 것이라고 예상합니다. 나는 풍성하고 진귀한 열매가 최상의 상태에서 매일같이 그 동산의 위대한 소유주에게 드려질 것이라고 전망합니다. 오, 믿음을 가지기만 하면, 우리는 위대한 일들을 볼 것입니다! 하나님을 제한하는 것은 우리의 불신입니다. 그리스도께서 그의 성령으로 그의 백성들의 마음속에 이루시는 위대한 일들을 믿읍시다. 그리고 실망하지 말도록 합시다.

사랑하는 친구들이여, "그분이 동산지기인 줄 알고" 우리는 말할 수 없이 고귀한 거룩한 연합을 기대할 수 있습니다. 잠시 에덴으로 돌아가십시오. 아담이 동산지기였을 때 어떤 일이 일어났습니까? 주 하나님께서 날이 시원할 때에 동산 가운데 거니셨습니다(참조. 창 3:8). 하지만 "그분이 동산지기인 줄 알고", 우리는 주 하나님께서 우리 가운데 거하시면서 권세와 영광과 아버지의 풍성한 마음으로 그분 자신을 우리에게 나타내실 것을 기대할 수 있습니다. 우리에게 그분을 알게 하시는 것이며, 우리가 하나님의 충만으로 충만하게 되는 것입니다. 이 어떠한 기쁨입니까!

한 가지 다른 생각이 있습니다. "그분이 동산지기인 줄 알고", 또한 하나님께서 오셔서 동산 나무들 사이에 거니시는 것을 알면, 그렇다면 나는 그분이 동산 전체를 더 나은 하늘로 옮기실 것을 예상합니다. 그분이 부활하셨으니 그분의 백성도 그와 함께 부활하는 것입니다! 나는 이 아래 지상에 있는 모든 꽃들이 더 나은 위의 환경으로 옮겨지는 복된 이식(移植)을 예상합니다. 이곳의 안개와 연기와 축축한 공기로부터 떠나서, 태양이 구름에 가려지지 않고, 꽃들이 시들지 않으며, 열매도 상하지 않는 위로 옮겨가는 것입니다! 오, 그 때 우리는 저 위 아름다운 곳에서, 저 언덕 위 하나님의 동산에서 영광을 누릴 것입니다! "그분이 동산지기인 줄" 생각할 때, 그분이 어떤 정원을 조성할 것이며, 여러분과 나는 그곳에서 어떻게 자랄 것인지는 다 상상할 수가 없습니다!

"장래에 어떻게 될지는 아직 나타나지 아니하였으나 그가 나타나시면 우리가 그와 같을 줄을 아는 것은 그의 참 모습 그대로 볼 것이기 때문이라"(요일 3:2). 그가 우리의 믿음의 주요 또 온전하게 하시는 이시므로, 얼마나 완벽한 일을 그분이 우리에게 이루시겠습니까! 또한 그분이 우리에게 어떤 영광을 부여하실는지요! 오, 그분 안에서 발견되기를 바랍니다! 우리가 그렇게 되기를 빕니다!

"그분이 동산지기인 줄 알고", 그분의 동산에 있는 식물들로서 우리는 온 천국을 바랄 수 있습니다!

제
85
장

—

우리 가운데 계신 예수님

—

"이 날 곧 안식 후 첫날 저녁 때에 제자들이 유대인들을 두
려워하여 모인 곳의 문들을 닫았더니 예수께서 오사 가운데
서서 이르시되 너희에게 평강이 있을지어다." — 요 20:19

　　명절 절기를 지키려고 예루살렘에 온 어떤 경건한 헬라인들이 빌립에게 가
서 "우리가 예수를 뵈옵고자 하나이다"(요 12:21)라고 했을 때, 우리는 그것을 이
상히 여기지 않습니다. 그분을 보고 싶지 않은 사람이 누구입니까? 그분의 보혈
로 구속받은 자라면 그분을 간절히 보고 싶어 하는 것이 당연하지 않겠습니까?
마치 자녀가 그 어머니를 애타게 찾듯이, 우리는 우리 주님을 뵙고 싶은 간절한
바람에 병이 들 정도입니다. 우리 눈으로 직접 왕의 아름다움을 보는 것은 잠시
동안은 거절되고 있습니다. 하지만 미루어지는 이유가 너무나 은혜로운 것이기
에 우리는 지체되는 것을 기꺼이 참으며 만족하고 있습니다. 우리를 위해서는,
육신으로 주님과 함께 있는 것이 훗날로 미루어지는 편이 좋습니다. 그렇지 않
으면 보혜사 곧 복되신 성령께서 우리에게 오실 수 없고, 또한 그분이 그리스도
께서 몸으로 임재하실 때보다도 더욱 풍성한 선물들을 우리에게 가져다주실 수
없기 때문입니다. 물론 여러 이유들에도 불구하고 우리의 갈망은 전적으로 없어
지지 않으며, 우리의 주님을 볼 수 있다면 우리는 여전히 기쁠 것입니다. 병사가
자기 대장의 목소리를 듣고 싶은 것이 자연스럽지 않습니까? 적어도, 우리가 잠
시 동안만이라도 사랑하는 주님을 한 번 뵐 수 있으면 하고 가끔씩 바라는 것은,

그리 비난받을 만한 일은 아닙니다. 우리가 태양보다 밝게 빛나는 그분의 얼굴을 얼핏 스치듯 보기만 해도, 그것이 우리에게 얼마나 격려가 되겠습니까! 하지만 형제들이여, 그렇게 되지는 않을 것입니다. 그분이 친히 오시기까지, 혹은 그분이 우리를 그분이 계시는 곳으로 데려가시기까지, 우리는 믿음으로 만족해야 하고, 그분을 대면하여 뵙고자 하는 갈망을 뒤로 미루어야 합니다.

천국 복음의 필요들에 관한 한, 눈으로 목격할 필요는 끝났습니다. 눈으로 주님을 본 사도들은 더 이상 필요하지 않습니다. 우리 주님이 죽은 자 가운데서 실제로 다시 살아나신 것을 허다한 사람들에게 충분히 확신시키기에는, 그분이 지상에 사십일을 더 머무신 것으로 충분했습니다. 예수님은 그분의 몸의 실제적인 부활과 관련하여 증거물을 남겨 두는 일에 큰 관심을 기울이셨고, 그것이 모든 정직한 정신을 가진 자들에게는 부활의 사실을 논박할 수 없을 정도로 확신하게 해 줄 것입니다. 인간의 역사의 어떤 진술 중에서도, 십자가에 달려 죽은 나사렛 예수가 후에 죽은 자들 가운데서 다시 살아났다는 이 사실만큼 명백한 증거에 의해 지지되는 진술은 없을 것입니다. 목격자들이 증언하던 시대는 끝이 났습니다. 더 많은 증거들이 넘쳐나며, 우리는 이제 믿음의 바다 한가운데에 있습니다. 주님은 보는 것이 믿음과 충돌하는 것을 아십니다. 그러기에 그분은 우리에게 두 가지를 섞어서 주지 않으십니다. 우리는 보는 것과 믿는 것 두 가지를 따라 행하는 것이 아니라, 오직 "믿음으로 행하고 보는 것으로 행하지 아니합니다"(고후 5:7). 만약 우리에게 이따금씩 보는 것이 허용된다면, 그것은 사실상 믿음의 영역이 우리에게서 제거되는 것이며, 우리는 신자들의 높은 지위에서 눈으로 보는 자들의 낮은 평지로 끌어당겨지는 셈입니다. 그러므로 오, 보는 것이여, 잠시 동안 안녕!

하지만 사랑하는 형제들이여, 예수님으로부터의 영적인 방문이 있습니다. 그것은 그분의 몸의 현존을 대체하는 것이며 그보다 더욱 풍성한 것으로서, 우리는 그것을 바라며 기대할 수 있습니다. 그리스도께서는 물리적인 공간에도 실제로 임재하실 수 있습니다. 우리는 그리스도의 임재를 분별해야 하는데, 특히 성찬에 참여할 때에 그러해야 합니다. 왜냐하면 성찬에서 주의 몸을 분별하지 못하고 먹고 마시는 것이 합당하지 못하다고 말씀하기 때문입니다(참조. 고전 11:27,29). 자기 백성 중에 계시는 주의 임재를 분별하는 것은 우리 회중에게 있어야 할 필수적인 능력이며, 나는 바로 지금에도 우리에게 그런 능력이 있도록 기도합니다. 만일 우리에게 그런 능력이 있다면, 우리는 주님을 직접 눈으로 보고 귀로 들은 유대인들에 비해 조금도 뒤지지 않을 것입니다. 만일 우리 가운데 거하시는 분으로서 그분께 대한 믿음을 우리가 활용하기만 하면, 그리스도의 실제적인 영적 임재에 의해, 그리스도의 몸으로서의 현존이 우리에게 줄 수 있는 혜택 중 어느 것이라도 우리가 얻지 못할 것이 없다고 나는 생각합니다. "볼지어다 내가 세상 끝날까지 너희와 항상 함께 있으리라"고 그분이 말씀하셨습니다 (마 28:20). 이는 모든 유익을 상상할 수 있는 약속입니다. 내가 말하고자 하는 것은 주님의 임재에 관한 것입니다. 나는 복음서 기자들이 들려주는 이야기를 영적인 교제에 대한 일종의 모형(type)으로 활용할 것이며, 바로 그 영적 임재를 우리가 깨닫게 되기를 바랍니다.

1. 주께서 제자들에게 오시는 독특한 방식

오늘 아침 우리가 다룰 첫 번째 요점은, 우리 주님이 제자들에게 오실 때에는 독특한 방식(a peculiar manner)이 있다는 것입니다.

먼저 여러분은 그분이 그들에게 즐겁게(gladly) 오심을 볼 것입니다. 나는 그분이 즐겁게 오셨다고 확신합니다. 그분이 그처럼 속히, 또 자주 오셨기 때문입니다. 먼저 그분은 막달라 마리아에게 나타나셨고, 다음에는 시몬에게, 다음에는 엠마오로 가는 두 제자에게, 그 다음에는 예루살렘에 있는 열한 제자에게 나타나셨습니다. 부활하신 주님은 적어도 하루에 네 번씩이나 자기 형제들을 찾으신 것입니다. 그분은 다양한 곳에 방문하셨고, 각각의 장소는 어느 정도 떨어진 곳이었습니다. 그분이 죽은 자 가운데서 살아나신 첫 날이, 그분에게는 바쁜 날이었습니다. 마치 오래 전에 그러하셨던 것처럼, 그분이 부활하신 이후에도 그분의 기쁨은 진실로 사람의 아들들과 함께 있는 것이었습니다. 그분은 명백히 자기 백성들이 있는 곳을 좋아하셨습니다. 그분은 그 사십일을 광야로 떠나서 보내실 수도 있었고 혹은 홀로 여행 중에 온 땅을 둘러보실 수도 있었습니다. 하지만 그분은 그러는 대신 자신의 귀한 여가 시간을 자기 백성과 함께 보내셨습니다. 우리는 그분이 무덤에서 일어나신 후 첫 날에만 제자들을 적어도 네 차례나 만나셨다는 기록을 가지고 있습니다. 그 각각의 경우에 그분은 기꺼이 그들을 찾아오셨고, 아낌없이 자기를 나타내 보이셨습니다. 막달라 마리아가 그분을 찾아 무덤에 가긴 했지만, 만일 원치 않으셨다면 그녀는 그분을 만나지 못했을 수도 있습니다. 나는 시몬이 주님을 만났을 때에 그가 어디에 있었는지 알지 못합니다. 하지만 그가 주님을 만난 것은 그가 주님을 찾은 결과가 아닙니다. 엠마오의 두 제자들에 대해서도, 그들은 예루살렘에서 떠나고 있었고, 명백히 그분을 찾아 나선 것이 아니었습니다. 하지만 그분이 그들과 합류하여 동행이 되어 주셨습니다. 열한 명의 제자들이 모인 것도 서로를 위로하기 위해서이지 그분과 만나기 위해서가 아니었습니다. 그분을 만나는 것은 그들이 예기치 못한 일이었습니다. 문이 잠겨 있었고, 주 예수님이 나타나시는지를 살피기 위해 파수꾼처럼 서 있던 자는 아무도 없었습니다. 오직 그분이 별안간, 초대받지 않은 손님으로 그들에게 오신 것입니다. 사랑하는 이여, 나는 이런 사실들로부터 우리의 복되신 주님께서 지금도 자기 백성들에게 자기를 나타내기를 기뻐하신다고 추정합니다. 그분은 언제나 동일한 분이심을 우리가 알기 때문입니다. 어떤 영적인 방식을 따라서 그분은 우리에게 오셔서 우리와 더불어 먹고 우리가 그분과 더불어 먹기를 기뻐하십니다. 그분은 자기 백성들이 모이는 장소에 방문하기를 꺼려하지 않으십니다. 피 흘려 구속하신 자들의 얼굴을 쳐다보시고, 그들의 기도와 찬미를 들으시고, 그들의 예물을 받으시는 것이 그분 마음의 기쁨입니다. 그러므로 여러분은 오늘날 여러분이 드리는 기도에서, 마치 내키지 않는 손님을 억지로 붙들고 강권하듯이 "우리와 함께 유하소서"라고 말할 필요가 없습니다. 그분은 세상을 대하시는 것과는 달리, 여러분에게는 기꺼이 자기를 나타내십니다. 예수님은 즐겁게 환대받는 곳에는 즐겁게 오시며, 심지어 자기를 초대하지 않은 자들에게도 찾아오십니다. 그러므로 그분은 그분과의 교제를 갈망하는 여러분에게 기꺼이 찾아오시고 또 함께 머무실 것입니다.

그 때 그분은 그렇게 큰 특권을 입을 자격이 없는 자들에게 오셨습니다. 우리가 그 영예로운 이들에게 거친 말을 하는 것을 하나님은 금하십니다. 하지만 그들은 주님께 대해 마땅히 해야 할 행동을 하지 못했습니다. 성경에 "제자들이 다 예수를 버리고 도망하니라"(마 26:56)고 기록되어 있습니다. 그 열한 명의 제자들 중에 주님을 변호하기 위해 일어선 자가 하나도 없었고, 그분의 품에 머리를 기댄 그 사람조차도 마찬가지였습니다. 아니, 그들 중에서 중요 인물이었던 한 사람은 맹세하고 저주하면서까지 그분을 부인하였습니다. 그들이 그분을 잊었다거나 그분의 대의(大義)를 저버린 것은 아니었습니다. 만일 그랬다면 그들이 이렇게 모이지는 않았을 것입니다. 하지만 그들 중에 누구도 그분이 다시 오신다는 약속을 믿지 않았습니다. 만일 믿었더라면 이렇게 밤중에 두려워 떨면서 모이지는 않았을 것입니다. 내가 생각하기에, 어떤 지도자들은 그런 추종자들을 거절했을 것입니다. 혹은 기껏해야 그들에게 냉담한 명령을 주어 떠나보내고, 그들이 더 나은 정신 상태가 되기까지는 그들과 동행하기를 거절했을 것입니다. 우리 주님은 겁 많고 믿음 없는 자기 제자들에게 찾아 오셨으며, 그들 가운데 서서 이런 격려의 인사말을 건네셨습니다. "너희에게 평강이 있을지어다." 내 영혼이여, 비록 네가 그분이 피로 사신 자들 중에서 가장 무가치하다고 할지라도, 어찌 그분이 너에게 오시지 않겠는가? 비록 여러분이 아무리 신실하지 못하고, 겁이 많으며, 믿지 못하고 있어도, 그런 여러분에게도 그분이 열한 명의 제자에게 그러하셨듯이 그의 빛을 비추실 것이고 평안의 인사를 여러분의 귀에 들려주실 것입니다. 바로 이 점이 오늘 아침 여러분에게 큰 위로가 되고, 여러분의 소망을 크게 분발시키기를 바랍니다. 그리하여 비록 여러분이 자격 없는 모습이라고 해도 그분의 영적 임재를 갈망하게 되기를 바랍니다.

　다시 한 번, 그분이 오시는 방식을 주목하시기 바랍니다. 그분이 사도들 전체가 모인 곳에 오셨을 때는, 먼저 소수에게 보이신 이후였습니다. 말하자면, 첫 번째 사람이 그분을 보았고, 다음에 다른 사람이 보았으며, 다음에는 두 사람이, 다음에는 열한 명 전체와 또한 그들과 함께 있던 자들이 그분이 찾아오시는 은혜를 얻었습니다. 내 형제들이여, 나는 오늘 이른 아침에, 해가 동튼 직후에, 믿음의 권속들 중에서 몇 사람이 이 지붕 아래에서 모이는 것을 보고, 또한 그들의 주님께서 그들 가운데 그분의 사랑을 나타내시는 것을 발견하고는 무척 기뻤습니다. 두 번째로, 나는 또한 우리가 이 위층에서 예배를 위해 모이기 전에, 아래층에서 또 하나의 무리가 서로 모였던 것을 압니다. 그들은 우리 주님을 찾고 만났습니다. 더 나아가, 이 중에서 적어도 한 사람은 오늘 이른 아침에 자신의 방에서 은밀하게 기도하는 중에 예수님을 만났습니다. 내 형제들이여, 이는 모두 좋은 표징들입니다. 열한 명보다도 많은 우리들 모두가 함께 모여 있는 지금, 우리 모두의 마음이 그분을 간절히 찾고 있는 지금, 우리는 틀림없이 그분을 만날 것입니다. 형제들과 자매들이 "우리는 오늘 아침 그분을 보았어요. 우리는 우리들의 방에서 그분을 보았고, 이 기도의 집에 걸어오는 동안에 그분을 만났어요"라고 말합니다. 이는 우리에게 좋은 소식이며, 그분이 우리에게도 오실 것이라는 희망을 강화시켜 줍니다. 그렇습니다, 사랑하는 이여. 그분은 이 잔치에 오실 것입니다. 지금도 나는 그분을 보고 있으며, 그분의 임재가 내 마음을 속에서부터 불붙게 하고 있습니다.

우리 주님은 제자들이 조용히 모여 있을 때에 오셨습니다. 세상으로부터 격리되고, 관심을 분산시키는 모든 염려들에서 떠나 있을 수 있을 만큼 문을 닫고 있을 때에 오셨습니다. 열한 명의 제자들을 비롯하여 믿을 만한 형제들이 이 밤중에 만나기로 정한 것은 다른 목적이 있어서가 아니라, 오직 그들의 상황을 조용히 숙고해 보고, 서로의 마음을 격려하고, 하나님을 예배하고 섬기기 위해서였습니다. 그들은 사거나 팔 것을 가져온 것이 아니고, 토론 거리를 가지고 온 것도 아니었습니다. 사업의 염려들이나 집안의 근심들을 제쳐 두었습니다. 그 때 그들의 주님이 오셨습니다. 성도들이 안에 있고, 세상을 바깥에 있도록 문을 닫아 두는 일은 좋은 일입니다. 나는 지금 우리가 그런 상태에 있기를 바랍니다. 만일 여러분의 마음이 자녀들과 함께 집에 있다거나, 일터에 있다거나, 혹은 이리저리로 여행하면서 헛된 것을 찾고 있다면, 예수님이 여러분에게 자기를 보이실 것을 기대해서는 안 됩니다. 오직 우리 주변의 모든 문들을 닫아 두십시오. 그러면 이 거대한 예배당에서 우리의 사랑하는 주님을 볼 것입니다. 만약 우리가 세상을 밖에 두고 문을 닫을 수 있다면, 우리는 그분의 임재를 느낄 기대를 할 수 있으며, 또한 그분이 예전에 제자들에게 그러하셨던 것처럼 우리에게 숨을 내쉬며 말씀하시길 기대할 수 있습니다. 시끄러운 거리에서가 아닌 조용한 방에서, 예수님은 오십니다. 시장에서가 아닌 모임 속에서, 거리에서가 아닌 성전에서, 그분의 모인 백성들은 그분을 가장 선명하게 볼 수 있을 것입니다.

주님의 오심에 대해 다음으로 주목할 점은, 모인 후에 그들 모두가 그분에 대해 생각하고 그분에 대해 이야기하고 있었다는 것입니다. 최상의 주제는 그들이 주님으로 따랐던 예수님이었습니다. 그들은 그분이 죽으신 것을 보았고, 그분이 죽은 자 가운데서 다시 살아나셨다는 말을 들었습니다. 나는 그들이 함께 기도했다고 생각하며, 그들의 기도는 모두 예수님과 관련된 것이었다고 확신합니다. 나는 그들이 찬양했다고 생각하지는 않습니다만, 하지만 만일 그들이 찬양했다면, 내 생각에 틀림없이 그들은 명백하게 그분에 대해 암시하는 시편 중에서 선택했을 것입니다. 그들 중 일부가 말을 했을 것입니다. 시몬 베드로가 말했을 것이라고 나는 의심하지 않습니다. 그는 틀림없이 주님께서 어떻게 자기를 나타내셨으며 진정 죽은 자 가운데서 살아나셨는지에 대해 말했을 것입니다. 막달라

마리아도 그 조용한 모임에서 자신이 천사들을 본 것에 대해서와 또한 어떻게 주님을 만나서 그분을 동산지기로 오해했었는지에 대해서 재차 말했을 것입니다. 이제 거기에 두 명의 형제들이 들어옵니다. 그들은 엠마오에서 신속하게 여행하여 오느라고 더운 상태였고, 그 모임이 해산되기 전 시간에 맞추어 도착하여, 동일한 즐거운 소식을 반복하여 나누었습니다. 그날 밤 모든 것이 예수님에 대한 것이었으며, 직접적이고도 분명하게 그분에 대한 것이 주제였습니다. 교리에 대한 토론도 없었고 교회 예식들에 대한 질문들도 없었습니다. 오직 그들은 죽으신 예수님에 대해서와, 다시 살아나셨다고 하는 예수님에 대해서만 이야기를 나누었습니다. 그렇게 그들의 모든 대화와 마음이 예수님께 집중되어 있을 때, 예수님께서 친히 그들에게 나타나셨습니다. 이제 나는 우리 주님께서 이 아침에도 오시기를 희망합니다. 나는 매일같이 예수님 외에 다른 것에 대해서는 점점 더 적게 생각하는 사람들을 일부 알고 있습니다. 그들은 설교를 대할 때에, 얼마나 예수님으로 가득한지의 비중에 따라 그 설교의 귀하고 천한 여부를 평가합니다. 그들은 하루를 돌아볼 때에, 어느 정도로 예수님과 함께 보냈는지의 비중에 따라 그 날을 잘 보내었는지 혹은 나쁘게 보내었는지를 평가합니다. 그분이 알파와 오메가이시며, 머리이시고, 전면이시며, 으뜸이시고, 주님이며, 모든 것이십니다. 예, 그분이 우리에게는 모든 것의 모든 것 되십니다. 만약 그런 사람들이 오늘 많이 참석하였다면, 예수님이 멀리 떨어져 계시지 않다고 여러분은 확신할 수 있습니다. 여러분은 그분과의 교제의 즐거움을 느낄 것입니다.

하지만, 어떤 이는 이렇게 말할지도 모릅니다. "그분은 여기 오시지 않을 것입니다. 그 이유는 장벽들이 많고, 아마도 우리 자신이 그분을 영접하기에 최상의 상태가 아니기 때문입니다." 형제여, 그런 생각을 멈추십시오. 그 때는 난관들이 없었는지를 스스로에게 물어보십시오. 문들이 잠기었고, 제자들은 두려워하고 있었습니다. 나는 예수님이 어떻게 그 방으로 들어오셨는지 알지 못합니다. 어떤 이들은 비록 그분이 물질적인 육체와 뼈로 된 몸을 가지고 있었지만, 기적에 의해 잠긴 문을 통과하셨다고 생각합니다. 다른 이들은 그분이 기적에 의해 그 문을 열고서 다시 닫으셨다고 추측합니다. 나는 어떤 방식인지에 대해서는 신경 쓰지 않습니다. 내가 관심을 기울이는 것은, 비록 문이 잠겨 있음에도 불구하고 거기에 그분이 오셨다는 것입니다. 내가 아는 것은 이것입니다. 즉 내 주님과 내 영혼 사이에 어떤 문들이 있다 할지라도, 설혹 그 문들이 강철판을 일곱 겹으로 대어 만든 것이라 해도, 그분이 그것들을 통과하시든지 여시든지 하여, 내 마음이 그분을 열망할 때에 내 마음에 도달하실 수 있다는 것입니다. 형제들이 여, 만약 여러분과 그리스도 사이에 산들이 가로놓였다 해도, 그분이 그 가로놓인 언덕들을 암사슴처럼 뛰고 어린 수사슴처럼 장벽들을 뛰어 넘어 여러분에게 오실 것입니다. 여러분 자신이 그분을 막지 않는다면 아무것도 그분을 막지 못합니다. 여러분이 그분이 오시는 것을 원한다면, 그분은 지금이라도 길을 나서 여러분에게 오시기를 원하십니다. 가정의 어려움이나 개인적인 고통에 대한 생각들도, 한 주간의 시련에 대한 기억들도, 심지어 현재적인 사탄의 시험들도 여러분의 주님을 가로막지 못합니다. 혹은 여러분이 의식하지 못하는 사이에 그분은 여러분의 영혼을 '암미나딥'(내 귀한 백성, 아 6:12 참조)의 병거로 삼아 올라타실 수 있습니다. 하지만 어쩌면 여러분은 스스로 떨쳐 버릴 수 없는 어떤 두려움이 있기 때문에, 그분이 여러분을 방문하시지 않을 거라고 생각할지도 모릅니다. 제자들 역시 그랬습니다. 그렇지 않았다면 그들이 그토록 조심스러워하며 모인 곳의 문들을 닫지는 않았을 것입니다. 그들은 유대인 군중들을 두려워했습니다. 그 군중들이 그들을 그들의 주님처럼 죽이려 할 수도 있기 때문입니다. 비록 여러분이 당면한 주중의 고난들을 두려워하고 있을지라도, 주님은 그것 때문에 여러분을 멸시하지 않으십니다. 어쩌면 어떤 아주 무거운 먹구름이 여러분의 심령에 드리워져 있는지 모릅니다. 자, 여러분의 주님은 그 먹구름을 뚫고 오실 수 있습니다. 비록 아침의 날씨가 찌푸리고 음울하여도 하늘에서 태양이 모습을 드러내지 않습니까? 비록 안개와 연무가 우리 도시를 둘러싼다고 해가 비치고 있지 않습니까? 비록 죄가 우리를 둘러싸더라도, 의심과 두려움과 근심이 우리 길을 안개처럼 드리우더라도, 예수님은 오십니다. 그분은, 사람을 기다리지도 않고 사람들 때문에 지체되지도 않는 이슬처럼 임하십니다. 나는 우리가 지금, 바로 이 순간, 우리의 사랑하는 주님의 음성을 듣지 못할 이유가 전혀 없다고 생각합니다. 복되신 주여, 우리는 당신께서 오실 수 있다고 믿사오니, 우리에게 오시기를 요청합니다. 은혜를 입은 때에, 나는 마치 그분의 그림자가 내 위에 드리우고, 마치 그분이 오른손을 내 위에 올리신 듯이 느꼈으며, 또한 그분이 이렇게 말씀하시는 것을 들었습니다. "두려워하지 말라 나는 처음이요 마지막이니, 곧 살아 있는 자라 내가 전에 죽었었노라"(계 1:17-18). 그런 일이 다시 없을 이유가 무엇입니까? 지금은 안 될 이유가 무엇입니까? 우리로 하여금 이 아침에 그분을 보리라고 희망을 갖게 만드는 많은 전조들이 있습니다. 눈을 들어 바라보고, 진심어린 한 목소리로 외치며 말합시다. "오소서, 구주시여, 세상에는 당신을 나타내지 않으셨으나 우리에게는 당신을 나타내 주옵소서."

2. 구주께서 우리에게 오시는 방식

둘째로, 우리 구주께서 제자들에게 오실 때에 독특한 방식으로 오셨듯이, 만약 그분이 이 아침에 여기에 계시다면, 우리는 그분이 다음과 같은 방식으로 여기 계실 것이라고 기대할 수 있습니다.

그분은 그들 가운데 서셨습니다(stood). 그분이 서셨고, 별안간 서셨습니다. 그분이 서서 명백히 자기를 나타내시기 전까지 그들은 아무도 보지 못했습니다. 그분은 마치 유성처럼 그 방을 지나치신 것이 아니며, 잠시 동안 체류하실 의향을 가지신 것처럼 자리를 잡고 머무셨습니다. 그분이 그들 가운데 서서, 교사가 차지할 위치, 주님에게 속해야 할 자연스러운 위치에 자리를 잡으셨습니다. 나는 내 주 예수님께서 자기 형제들을 방문하실 때에 그들 한가운데에 자리 잡으시는 것을 생각하면 기쁩니다. 나는 칼빈의 이름을 좋아하지만, 언제나 그를 그 방의 한쪽 면에 앉아 있는 것으로 간주합니다. 나는 웨슬리의 이름도 좋아하지만, 그를 그 무리의 또 다른 한쪽 면에 자리한 것으로 간주합니다. 교회에는 많은 설교자들이 있지만, 그들 중 어느 누구도 구속받은 무리의 한가운데 자리 잡고 있지는 않습니다. 주님만이 그곳에 계시며, 모든 이의 마음 중심에 계십니다. 다른 이들도 있으며, 그들은 각기 다른 빛을 발합니다. 하지만 그분은 태양이시며, 자기 교회의 태양계에서 중심이자 통치자이십니다. 오늘 아침에 여러분에게 설교하면서, 나는 몸으로는 여러분 한가운데에 서 있습니다. 하지만 의심의 여지 없이 내 설교는 여기 참석한 모든 사람들이 경험하고 느낄 정도로 위안을 주지 않습니다. 나는 한쪽 면에 서야 합니다. 하지만 만약 내 주님께서 친히 자기를 여러분에게 나타내신다면, 우리 모두가 그분에게 으뜸가는 자리를 내어드리고, 그분은 우리 모두의 사랑과 기쁨의 중심이 되실 것이라고 확신합니다. 형제들이여, 나는 내 영혼이 가장 사랑하는 분으로서 내 주님을 높여드리기를 바라기 때문에, 여러분에게 상석을 권하지 않을 것입니다. 그리고 내가 확실히 느끼는 것은, 여러분의 위치가 어떠하든지 여러분도 그분을 높이는 일에 모두 동의하리라는 것입니다. 여러분 모두가 같은 방향을 바라볼 것이라고, 즉 그분 한 분만을 바라보고 기뻐하리라고 여깁니다. 비록 여러분의 시각은 때때로 다르겠지만, 예수님을 바라보는 여러분의 시선은 언제나 동일하며, 여러분 마음의 최상의 애정은 모두 그분에게 결속되어 있습니다. 자, 만일 그분이 오늘 아침에 여기 계시다면, 우리는 우리의 통상적인 모임도 그분 안에서 이루어지고, 우리의 확신은 그분에게 있으며, 우리의 헌신은 그분을 향하고, 우리가 그분에게 속했고, 그분이 우리에게 속했다고 느낄 것입니다. 우리 모두는 사랑이 많으신 그분을 중심으로 모이므로, 우리는 행복한 자들 중에서도 가장 행복한 자들입니다.

그분이 가운데 서실 때에 다음으로 우리가 주목하는 것은, 그분이 말씀하시고, 그분의 말씀은 "너희에게 평강이 있을지어다"라는 것입니다. 이 아침에 그리스도의 임재는 그분이 깊은 평강의 느낌을 주시는 것으로 두드러집니다. 여러분은 왜 그토록 깊은 평강을 느끼는지 서로에게 다 말하지는 못합니다. 하지만 예수님의 임재와 그분이 주시는 평강은 세상의 기초가 세워지기도 전에 그분이 여러분을 사랑하신 것과, 여러분의 이름이 그분의 손바닥에 새겨진 것과, 그분이 자기 보혈로 여러분을 사신 것과, 여러분이 그분에게 가깝고 귀한 존재라는 것과, 그분이 계시는 곳에 여러분 또한 있으리라는 것과, 여러분의 영혼이 더할 나위 없이 만족하다는 것을 생생하게 부각시켜 줄 것입니다. 여러분은 시편 기자가 다음과 같이 말했던 것을 경험할 것입니다. "내 영혼이 젖 뗀 아이와 같도다"(시 131:2). 그 때는 우리가 더 이상 아무것도 바라지 않을 정도로 기쁜 때이며, 오직 하나님의 모든 충만으로 가득 채워질 때이고, 진심으로 이렇게 고백할 수 있을 때입니다. "하늘에서는 주 외에 누가 내게 있으리요 땅에서는 주 밖에 내가 사모할 이 없나이다"(시 73:25). 근심은 떠나고, 기쁨이 찾아옵니다. 바라는 것이 채워지고, 모든 갈망은 그분의 품에서 잠듭니다. 예수님이 계실 때에 그렇습니다. 진영에 어떤 전쟁의 소리도 들리지 않고, 그들이 애통하는 소리도 없으며, 새들이 노래하는 시간이 오고, 사이좋은 산비둘기들의 소리가 이 땅에 들려옵니다.

우리 주님이 하신 말씀을 살핀 후에 우리가 또 발견하는 것은 그분이 보이셨다(showed)는 사실입니다. 그분은 제자들에게 자기 자신을 보이셨습니다. 예수님은 제자들 가운데 오셔서 그들에게 새로운 사상이나, 철학적 발견이나, 심지어 심오한 교리나, 깊은 신비를 보이기 위해 오신 것이 아닙니다. 정녕 그분이 오신 것은 오직 그분 자신을 보이시기 위해서입니다. 그날 그분은 '신성한 이기주의자(sacred egoist)'이셨습니다. 그분이 말씀하신 것은 그분 자신에 대한 것이었고, 그분이 나타내신 것도 그분 자신이었습니다. 제자들에게 그 얼마나 놀라운 광경이었을까요! 그들은 그리스도를 보았습니다. 그들은 이전에 삼년 동안 그분을 보았지만, 죽으시고 무덤을 통과한 분으로서 본 것은 아니었습니다. 하지만 지금 죽은 자 가운데서 첫 번째 나신 분으로서 그분이 그들 앞에 서 계십니다. 그분이 자기를 보이실 때에 가장 눈에 띄는 것은 그분의 상처였습니다. 그분의 손, 그분의 발, 그분의 옆구리에 난 상처였습니다. 오, 만약 내 주님께서 이 아침에 여기에 계시다면, 우리가 믿음으로 보아야 할 첫 번째 대상은 그분이어야 합니다. 그분에게서 보아야 할 가장 두드러진 부분은 그분의 수난의 흔적들입니다. 예수님의 상처만큼 묵상의 주제로서 복된 것은 없습니다. 구속의 원천이며, 영생의 문이며, 소망의 근원이며, 천국의 보증입니다. 여러분 성도들이여, 지금 십자가에 달리신 여러분의 구주를 보십시오! 그분이 여러분에게 힘을 주시는 대로, 여러분은 그분에게로 가까이 오십시오. 여러분의 손가락으로 그분의 못 자국을 만져보고, "나의 주 나의 하나님"이라고 고백하십시오. 그분의 저 신성한 상처들은 죄가 용서되었다는 것과, 대속자께서 형벌을 감당하신 것과, 속박 상태에 있던 영혼이 해방되었다는 것을 보여주는 확실한 증거들입니다. 바로 이것이 예수님이 영으로 우리에게 오실 때에 행하시는 일입니다. 즉 우리로 하여금 우리를 향한 그분의 사랑을 알고 믿도록 하시기 위해, 자기를 낮추시어 더욱 충분히 그분의 사랑을 우리에게 보여주시는 것입니다.

　그렇게 하시는 중에 우리 주님은 성경을 열어 주십니다(opens up). 그분은 열한 제자에게 그렇게 하셨습니다. 예수 그리스도께서 임재하실 때에는, 언제나 그분의 백성들은 성경의 미덕과 아름다움에 이끌리어 더욱 그것을 가까이 하게 됩니다. 성경은 어둠 속에 있을 때와 빛 가운데 있을 때에, 전혀 별개의 책이 됩니다. 때때로 여러분이 성경을 읽을 때에 마치 다른 책을 읽을 때와 다를 바 없는 느낌을 갖지 않습니까? 다른 점은 다른 책과는 달리 성경은 의무감으로라도 읽어야 한다는 것뿐입니다. 그럴 때에 여러분은 성경에서 어떤 달콤한 맛도 얻지 못하고 오히려 쓴 맛을 느낍니다. 하지만 예수님이 그 책을 가지시고 거기에서 일곱 봉인을 제하실 때, 그리고 그 손가락으로 한 줄 씩 가리키시며 빛을 비추시고 보라고 명하실 때, 여러분은 원한다면 그분이 손의 상처 구멍을 통해 성경의 약속들을 읽을 수 있습니다. 오, 그 때 성경의 약속들이 얼마나 밝게 빛나는지요! 그 때 그 책이 여러분에게 말을 걸고, 여러분은 그 소리에서 사랑하시는 그분의 음성을 감지할 수 있을 것입니다. 이 말씀 안에 생명이 있습니다. 왜냐하면 길이요 진리요 생명이신 그리스도께서 거기 계시기 때문이며, 영원한 로고스이자 하나님의 참된 말씀인 그분 자신이 거기 계시기 때문입니다. 예, 예수 그리스도의 임재는 결코 성경을 무시한 채 내적인 빛(inner light)이나 개인적인 계시를 바라보라고 가르치지 않습니다. 특별한 계시라고 상상하는 대다수가 미신이나 과대망상의 소산에 지나지 않는 반면, 성경 안에서 우리는 더 확실한 증언의 말씀을 얻는 것입니다. 사람이 성령님으로부터 직접적으로 더 많은 빛을 얻을 수록 그는 말씀 안에 있는 성령의 빛을 더욱 소중히 여기며, 진실로 그가 보이지 아니하시는 그리스도와의 친교 속으로 들어갈수록 그는 이 영감으로 기록된 책장 안에서 그분에 대해 계시된 진리를 더욱 기뻐합니다. 이 아침에 우리가 그런 표징과 증거로 그리스도의 임재를 알 수 있기를 바랍니다!

사랑하는 친구들이여, 그 날 제자들 가운데 오신 주님의 임재에는 이러한 특징이 있는데, 곧 그 때에 그들이 모든 두려움을 잊었다는 것입니다. 그분이 그들에게 하나님과의 화평을 주셨듯이, 지금 그분은 유대인들에 대한 두려움과 그들을 무겁게 누르고 있던 다른 모든 두려움들을 제거하십니다. 그들은 처음에는 놀랐으며, 그분의 영을 보는 것이라고 생각했습니다. 하지만 이제 그들은 그분 주위로 모여 그들과 함께 드시는 그분을 봅니다. 마치 양들이 목자 주위로 모여들 듯이 그들은 주님에게로 모였고, 편안함을 느꼈습니다. 나는 그들이 각자 집으로 돌아갈 때에 한밤중에 거리를 지날 때에도 유대인들을 전혀 두려워하지 않았다고 확신합니다. 그들은 집에 도착했을 때에도 마음이 즐겁고 가벼운 것을 느꼈을 것입니다. 금전적으로 어떤 환경에 처했다 하더라도, 그들은 더 이상 염려하지 않았습니다. 그들이 주님을 보았기 때문입니다. 예수 그리스도의 임재는 오늘 여러분이 근심을 잊는 것에 의해 확인될 수 있습니다. 잠언에 이런 구절이 있습니다. "독주는 죽게 된 자에게, 포도주는 마음에 근심하는 자에게 줄지어다. 그는 마시고 자기의 빈궁한 것을 잊어버리겠고 다시 자기의 고통을 기억하지 아니하리라"(31:6-7). 예수님의 사랑은 그 복된 '독주(strong drink)'입니다. 그분의 임재의 포도주를 사람이 마시기만 하면 자신의 빈궁을 잊어버리고 더 이상 자기 고통을 기억하지 않습니다. 만약 예수 그리스도께서 영적으로 침울한 상태에 빠진 사람에게 그분의 소량의 포도주라도 주신다면, 그 사람으로 하여금 그분이 가까이에 계시고 그를 사랑하시는 것을 느끼게 하신다면; 만약 그분이 그로 하여금 구세주의 존재가 전혀 허구가 아니라 실제로 함께 하시는 친구요 조력자이신 것을 느끼게 하신다면, 그 때 그 사람은 어떤 시련이 있다 하여도 즐거이 십자가를 지려 할 것입니다. 십자가는 그에게 더 이상 무거운 짐이 아니며, 그의 순례의 길은 한결 평탄하게 느껴질 것입니다.

형제들이여, 우리는 아직 유형적으로는 그리스도의 임재를 누리지 못합니다. 하지만 내가 이미 여러분에게 제시하였듯이, 그와 같은 방식으로 우리 주님께서 오늘날 우리에게 영적으로 임재하신다면, 우리는 그분의 몸으로서의 임재가 우리에게 줄 수 있는 모든 은총들을 실제로 누릴 수 있습니다.

3. 그리스도의 임재가 불러일으키는 다양한 감정들

이제 세 번째로, 그리스도의 임재가 제자들에게 다양한 감정들을 불러일으켰다 (excited various emotions)는 것을 살펴보고자 합니다. 다음의 감정들은 그분의 영적 임재에 의해 신속하게 야기되는 것입니다.

처음에 그들은 그분을 영으로 생각하고 두려워했습니다. 영의 임재가 그렇게 놀라는 이유가 된다는 것은 타락한 인간 본성과 천박한 세속성의 슬픈 표징입니다. 만약 우리가 좀 더 영적이라면 우리는 우리와 같은 진영의 영적인 존재들을 만나도 두려워하지 않을 것이며, 오히려 몸을 떠난 영들의 임재를 생각하고서 기뻐할 것이며 그들과의 교제 또한 즐거워할 것입니다. 제자들이 놀라고 두려워한 것은 그들이 영적이지 못했기 때문이며, 그 놀람은 예수님이 이렇게 말씀하셨을 때에야 멈추었습니다. "어찌하여 두려워하며 어찌하여 마음에 의심이 일어나느냐"(눅 24:38). 나는 그들이 주님께 대한 그들의 나쁜 행동을 생각하기 시작했으며, 그러자 양심이 그들을 떨게 만들었다고 생각합니다. 마가는 예수님께서 "그들의 믿음 없는 것과 마음이 완악한 것을 꾸짖으셨다"고 우리에게 들려줍니다(막 16:14). 부드러운 어조로 그분은 그들이 그토록 믿음이 없었던 것을 꾸짖으셨으며, 그들은 이 일을 근심스러운 일로 느꼈을 것이 틀림없습니다. 그들은 그들이 보는 분이 부활하신 구주이신지를 의심하였고, 논박할 수 없는 표징들을 보고 확신하게 된 후에 크게 기뻐하였습니다. 그들의 생생한 기쁨과 의심이 뒤섞인 것은 거의 동시에 일어난 일입니다. 그들은 마치 시계추처럼 기쁨과 불신앙 사이를 왔다 갔다 했습니다. 의심한 후에 그들은 기뻐했으며, 그 때 불가사의한 경이로운 감정이 찾아왔으며, 그러자 다시 의심하였습니다. 그런 식으로 그들은 그들이 어디에 있는지를 거의 분간할 수 없을 정도로 홍분한 상태였습니다. 자세히 살펴보면, 요한은 그 모든 상황에 대해 매우 냉철한 설명을 제시합니다. 그는 그 상황을 제자들의 관점에서 보기보다는 그리스도의 관점으로 보았습니다. 최근에 그리스도의 가슴에 머리를 기대었던 그는, 아마도, 나머지 제자들보다는 좀 더 믿었을 것입니다. 누가의 그림은 그 때 모였던 형제들의 마음속에서 서로 다른 감정들이 다투고 있었던 것처럼 묘사합니다. 누가는 의사였고, 감정의 국면들과 징후들을 관찰하는데 익숙했습니다. 그는 그 상황을 인간의 측면에서 관찰하였습니다. 따라서 그는 그 때 제자들 속에서 희망, 두려움, 기쁨, 슬픔, 의혹, 위안 등의 복잡한 감정들이 이리저리 흔들리는 것을 자세히 묘사하고 있습니다.

자, 우리는 그 열한 제자들을 떠나서 우리 자신들에게로 눈을 돌리겠습니다. 잠시 동안 이 아침에 우리 주님께서 실제로 우리 가운데 나타나셨다고 상상해 보십시오. 나는 그분이 그러시기를 바란다고 말하지 않을 것입니다. 왜냐하면 우리는 더 이상 그분을 육체를 따라 알지 않으며, 우리가 그분의 영적 임재 속에서 이미 얻은 것을 제외하고는 그분의 육체적 임재가 줄 수 있는 복은 달리 없기 때문입니다. 하지만 내 형제들이여, 만약 그분이 오신다면, 그분을 향해서 우리의 마음은 어떤 상태가 될까요? 나는 우리가 두려워하지 않기를 바랍니다. 나는 그분을 믿는 우리들 중 대부분이 놀라기보다는 크게 기뻐할 것이라고 생각합니다. 하지만 한편으로 우리 모두가 가장 깊은 경외감(the profoundest awe)으로 가득하게 되리라고 확신합니다. 그분을 보는 것, 우리의 스승이시며 우리의 주님을 본다는 것이 무엇일까요! 밧모 섬의 요한처럼, 우리는 그분 발 앞에 엎드러져 죽은 자 같이 되지 않을까요? 그 광경의 희열은 이 연약한 육체들로는 감당하기가 너무나 크지 않을까요? 하여간, 우리는 그분 앞에 경건하게 무릎을 꿇을 것이며 공손하게 그분을 찬미할 것입니다. 오 한때 죽임당하신 어린 양에게 우리가 어떤 찬미를 드려야 할는지요! 자기 피로 우리를 죄에서 씻어주신 그토록 복되고 귀하신 하나님의 아들에게 우리가 어떤 찬송을 불러야 할는지요! 형제들이여, 이 태버너클(Tabernacle) 예배당은 성전으로 변할 것이며, 이 복된 시간은 영원한 천국의 일부로 변할 것입니다. 우리 주님께서 여기 오셔서 우리 중에 자기를 나타내신다면, 우리는 그분을 향해 넘치는 사랑을 보여드려야 할 것입니다! 그분이 말씀하시는 동안 우리의 마음은 얼마나 황홀해지겠습니까! 형제들이여, 그분이 여기 계십니다! 바로 지금 그분께 사랑의 찬미를 드립시다. 그분 앞에 엎드려 경배합시다. 경외하는 마음으로 엎드려 하나님의 아들을 경배합시다. 그렇게 하지 못할 이유가 무엇입니까? 형제들이여, 성령께서 지금 깊은 경배와 헌신으로 여러분을 이끌어 주시길 바랍니다.

　　나는 또한 우리가 주님과 함께 있다고 생각하면 놀라울 정도의 **평온한 기쁨**(serene joy)을 느낄 것이라고 믿습니다. 우리가 집으로 돌아갔을 때에나 친구들을 만났을 때, 우리는 그들에게 이렇게 말할 것입니다. "우리는 유쾌한 주일들을 보냈어요. 하지만 이번 주일과 같은 때는 없었답니다. 왜냐하면 알파와 오메가이신 그분이 우리들 가운데에서 거니시고 우리와 더불어 말씀하셨기 때문입니다. 우리는 설교자를 잊을 정도였습니다. 그는 자기 자리로 물러가서 기쁨 중에 머리를 들고 있었답니다. 우리가 설교자에 대해 생각하지 않은 것은 그의 주님이 우리 관심을 온통 집중하게 하셨기 때문입니다. 예수님을 볼 때에 우리가 누렸던 기쁨은 목숨과도 바꿀 가치가 있답니다." 자, 사랑하는 친구들이여, 십자가에 못 박히신 우리 주님께서 몸으로 이곳에 임하시어 우리가 그분을 눈으로 보고 귀로 들어서 평화를 느끼는 일은 없을 것입니다. 하지만 그분은 실제로 여기 계십니다. 그분이 임재하시는 사실이 우리가 이미 얻은 평화의 기쁨에 대한 정당한 이유입니다. 그분은 우리를 위해 죽으시고, 우리를 속량하셨으며, 자기 영광으로 들어가셨고, 우리를 위해 간구하고 계시며, 다시 오시어 우리를 본향으로 데려가실 것입니다. 이것이 우리가 평화를 누리는 근본적인 이유들입니다. 나사렛의 그분이 우리 가운데 계신다면, 우리에게는 기뻐할 만한 실제적인 이유가 있는 것입니다. 그러므로 이 아침에 기뻐하고 온전히 평안을 누리도록 합시다. 하나님이시여, 그렇게 할 수 있도록 우리를 도와주소서!

　　또한 틀림없이, 우리 구주의 임재 속에서 **깊은 참회**(deep contrition)로 인해 많은 이들의 마음이 녹아내릴 것입니다. 우리 중 어떤 이들은 이렇게 말해야만 할 것입니다. "주님이시여, 당신께서는 우리의 청지기 직분에 대해 결산을 요구하러 오셨습니까? 당신을 위해 한 일이 너무 적으니 당신의 얼굴을 보기가 부끄럽습니다." 이렇게 말할 사람도 있을 것입니다. "저는 수년간 교회의 회원이었습니다. 하지만 저는 주일학교에서 두운 일도 없고, 마을에서 전도한 적도 없으며, 아픈 자를 방문한 적도 없고, 어떤 식으로든 섬김을 베푼 적이 없습니다. 저는 주님의 집에서 기름진 것을 먹고 단 것을 마셨으며, 그것이 제가 한 일의 전부입니다." 형제들이여, 여기, 영적으로 임재하신 주님 앞에서, 여러분은 같은 고백을 할 수 있으며 그런 이유로 스스로를 낮출 수 있습니다. 여러분이 그러기를 바랍니다. 비록 예수님이 여기서 무서운 얼굴을 하고 여러분을 엄하게 꾸짖지는 않으시지만, 그분은 그분의 복되신 영으로 이 자리에 임하시어 여러분이 망각한 의무들을 상기시켜 주십니다. 그분의 상처를 두고, 그분의 피와 같은 땀을 두고 여러분에게 호소하니, 더 이상 빈둥거리는 자가 되지 마십시오. 그분의 포도원에 가서 일하고, 여러분의 인생의 해가 질 때까지 그 일을 멈추지 마십시오.

한 사람이 말합니다. "아, 하지만 우리 주님이 여기 계신다면 저는 그분에게 저의 큰 근심을 아뢰고 싶습니다. 저는 그분의 발 앞에 와서 그분에게 제 남편을 구원해 주시고, 불경건한 제 아들을 회심시켜 달라고 호소하고 싶습니다." 그렇게 하십시오. 자매여, 지금 그렇게 하십시오. 마치 우리가 이 교회당 통로에서 그분의 발소리를 듣는 것처럼, 그분이 틀림없이 당신의 소리를 들으실 것입니다. 그분의 영이, 당신의 영혼에 그 소원을 두신 그분의 성령께서, 그분의 임재를 보증합니다. 기도를 아뢰고 은총을 기대하십시오. 그분이 당신의 기대를 저버리지 않으실 것입니다.

나는 또 다른 성도가 이렇게 외치는 것을 듣습니다. "아, 만약 내 주님이 여기 내 앞에 계신다면, 나는 내 기쁜 마음을 찬양으로 쏟아낼 것입니다. 그분에게 내가 얼마나 그분을 사랑하는지 말씀드릴 것입니다. 나는 그분의 발에 입을 맞추고 내 눈물로 그분의 발을 씻어드리고 싶습니다." 지금 그렇게 하십시오, 내 친구여. 비록 당신이 그리스도의 살과 피의 임재는 경험하지 못하겠지만, 예수님은 영으로 여기 계십니다. 비록 그분의 몸은 영광 중에 위에 계시지만, 당신의 눈물과 감사는 그분에게 도달할 수 있으며, 마치 그분이 여기에 몸으로 계신 것처럼 그분에게 받아들여질 수 있습니다. 바로 지금 그분이 당신 마음속에 있는 깊은 감정들을 받아주실 것이니, 마치 꽃들의 향기처럼 그 감정들을 그분 앞에 쏟아 내도록 하십시오.

또 한 사람이 말합니다. "아, 만약 제가 주님을 보기만 한다면 이 모임을 마친 후에도 저는 지금껏 살아왔던 것보다 더 높은 차원의 삶을 살 것입니다. 그분을 본다면 저는 이렇게 말하지 않을 수 없습니다. '당신은 너무나 아름다우신 분입니다. 당신께 서약하오니, 저는 당신을 위해 살고 당신을 위해 죽을 것이며, 저의 모든 소유와 존재가 영원토록 당신의 것입니다." 사랑하는 이여, 억제하지도 말고, 가장하지도 말고, 바로 지금 그렇게 하십시오. 그분은 마치 이 강단에서 당신을 내려보시듯이, 저 위 영광의 나라에서 당신을 내려다보시고 당신의 고백과 서약을 받아 주실 것입니다.

만약 그리스도께서 오신다면 그 광경이 여기 참석한 일부 위선자들에게는 어떠할 것인지 궁금합니다. 아, 그들이 헛된 신앙의 공언을 차라리 하지나 말았기를 바라지 않을까요? 오 유다여, 유다여, 그대가 배반한 저 부활하신 영광의 주를 그대는 어찌 볼 것입니까? 당신은 이 아침에 여기에 있습니까, 유다여? 그리고 오락가락하는 빌라도여, 옳은 것을 알고도 그른 일을 행한 이여, 당신은 그분이 죄 없는 것을 알고도 죽이라고 판결하였으니 어찌 그분을 볼 수 있을까요? 여기에는 그분을 멸시했던 자들이 많이 있을지 모릅니다. 예수님이 사람들을 위하여 피를 흘리셨음에도 불구하고, 그분의 백성에게 욕설을 하고 그분의 복음을 조롱했던 이들 말입니다. 자, 비록 예수님이 여기에 몸으로 계시지는 않아도, 그분은 곧 몸소 오셔서 산 자와 죽은 자를 심판하실 것입니다. 만약 여러분이 그분을 지금 대면할 수가 없다면, 그 때는 어떻게 그분을 대면할 수 있단 말입니까? 주께서 이렇게 말씀하십니다. "너희는 그의 강림을 예비하라. 보라 그가 인류를 심판하러 임하나니, 그가 나타날 때에 기준에 미흡한 자에게는 화가 있으리라."

4. 그리스도께서 임재하실 때의 선물들

마지막으로 살펴볼 것은, 예수 그리스도께서 제자들 가운데 오셨을 때에 어떤 영구적인 선물들을(permanent gifts) 남기셨으며, 그 또한 그분의 영적 임재에 의해 실현된다는 것입니다. 그분이 제자들 가운데 남기신 가장 고귀한 선물들 중의 하나는 그분의 인격적인 현현(the realization of His person)입니다. 그 날 그분을 본 자들은 그 이후로는 결코 그분을 단순한 역사적 인물로서나, 꿈속에 나타난 분으로나, 혹은 유령으로 생각하지 않았습니다. 여러분이 역사의 많은 이야기들을 읽었어도, 역사의 인물들을 마치 여러분 자신의 아버지나 어머니나 아들처럼 현실감 있게 느낀 적은 없었을 것입니다. 하지만 제자들은 그리스도를 실감했음에 틀림없습니다. 그들이 그분을 보았고, 그들 중에 어떤 이들은 그분을 만져 보았고 손가락으로 그분의 못 자국을 만져 보기도 했기 때문입니다. 사, 하나님이시면서 인간(God and man)으로서의 예수 그리스도의 현존을 실감하는 것은 우리 모두에게 아주 바람직한 일이며, 그분이 오셔서 그분 임재의 그림자를 우리에게 드리우신다면 우리가 이 아침에도 그것을 실감할 수 있습니다. 우리들 중에는 우리 자신들보다도 그리스도를 더욱 실재적인 분으로 느껴온 이들이 있습니다. 이따금 그분이 가까이 오실 때에, 우리가 몸 안에 있는지 몸 밖에 있는지 잘 분간하지 못할 때가 있었지만, 그분이 몸 안에 계셨는지 혹은 몸 밖에 계셨는지에 대해서는 우리가 언제나 알고 있었습니다. 비록 우리가 아내와 아버지와 어머니는 사라져가는 그림자와 같다고 느껴왔지만, 그리스도의 영원한 존재는 실감해 왔으며, 그분은 결코 사라지지 않는 분임을 압니다. 우리는 일가친척들의 존재보다도 그분의 존재를 영적으로 더욱 확고하게 붙들고 이해할 수 있습니다. 내 영혼에 있어서 하늘 아래에 가장 실재적인 것은 주 예수 그리스도이십니다. 형제들이여, 여러분은 모두 그렇게 말할 수 있습니까? 만일 그럴 수 있다면, 그리스도께서 이 아침에 여러분과 함께 계십니다. 나는 이런 표현을 언제나 쓸 수 있다고 말하지 않습니다. 오호, 오호라, 내 주님께서 떠나실 때 나는 그렇게 말할 수 없습니다! 하지만 그분이 가까이 계시는 것을 내가 알 때에, 그분의 임재만큼 나를 완벽하게 사로잡는 힘은 없으며, 그분의 임재에서 발생하는 충격만큼 나를 황홀감에 빠지게 하는 것은 없으며, 그분의 사랑에서 흘러나오는 구속력만큼 내 영혼을 강권하는 것은 없습니다. 하나님의 모든 자녀는 그렇다는 것을 압니다. 또한 그렇게 눈으로 그리스도를 보지 않고도 여러분이 그분을 실감하는 은혜를 얻을 수 있다는 것은 확실합니다.

다음으로 그분은 그들 모두에게 한 가지 사명(a commission)을 주셨습니다. 그분이 말씀하셨습니다. "너희는 온 천하에 다니며 만민에게 복음을 전파하라"(막 16:15). 내 형제여, 그분은 당신의 어깨에 손을 얹고서 "가서 불쌍한 죄인들에게 복음을 전하라"고 말씀하시지는 않았습니다. 자매여, 그분은 당신에게 손을 대고서 "여인이여, 내가 너를 보내니 너는 가서 내 동료들을 내게로 데리고 오라. 가서 그들에게 내 사랑을 전하라"고 말씀하시지 않았습니다. 그렇게 하지는 않으셨습니다. 하지만 그분은 모든 제자들에게 주신 사명에 의해 실질적으로는 여러분에게 그렇게 하셨습니다. 그분은 우리가 그분의 임재를 느낄 때마다 우리들 중 많은 이들에게 그분의 영을 강력하고도 특별하게 부어 주심으로써 실질적으로 그렇게 명하십니다. 우리는 그분을 위해 일해야 한다는 아무런 느낌도 없이 단지 그리스도의 발치에 앉아만 있을 수는 없습니다. 나는 어떤 사람도 그리스도 가까이에 살면서 게으른 것을 용납할 수 없습니다. 우리 주님이 빠른 걸음걸

이로 걸으실 때, 여러분이 그분과 동행하려 한다면 그분의 속도에 보조를 맞추어야 합니다. 만약 여러분이 빈둥거리고 주저하면서 시간을 낭비한다면 그리스도께서 앞서 나가실 것이고 여러분은 뒤에 처질 것입니다. 나는 지난 주일 아침에 그리스도를 위한 젊은 영웅들을 불러내려고 시도했습니다. 주님께서 나를 사용하시어 그들을 부르셨는지의 여부를 나는 알지 못합니다. 하지만 예수님께서 그러시기를 나는 간절히 바랍니다. 만약 오늘 그분이 나타나시면, 저 십자가에 달리신 그분이 어떤 사람보다 상하신 얼굴을 하시고, 못 자국난 손과, 깊이 갈라진 옆구리의 상처 그대로 나타나신다면, 만약 그분이 개인적으로 여러분 각자에게 "내 아들아, 내 딸아, 가서 오늘부터 내가 다시 올 때까지 나를 섬기라"고 말씀하신다면, 여러분은 땅 끝까지라도 나아가서 온 힘을 다해 그분을 섬겨야 하지 않겠습니까?

그분이 제자들에게 주신 마지막 선물은 그들에게 숨을 내쉬셨다(He breathed on them)는 것입니다. 그분의 숨결은 하나님의 영이었습니다. 이는 후에 그토록 풍성하게 쏟아질 오순절 소낙비의 첫 방울이었습니다. 그분은 그들에게 숨을 내쉬셨고, 비록 그들이 아직은 성령의 충만을 얻지는 못했지만 그로 인해 어느 정도는 얻었습니다. 그리고 그들은 그들의 사명을 수행할 자격이 갖추어졌습니다. 오, 그분이 지금 우리에게 성령의 숨을 내쉬신다면 얼마나 좋을는지요! 아니, 사랑하는 이여, 우리는 그것을 요청할 필요가 없습니다. 우리 주님께서 자기의 모든 백성들에게 단번에(once for all) 성령을 주셨기 때문입니다. 그분은 자기 교회에 성령과 불로 세례를 주셨고, 성령은 영원토록 우리와 함께 거하십니다. 다만 여러분은 성령이 여러분에게 부여하시는 능력을 믿어야 합니다. 오 형제여, 오 자매여, 내가 여러분에게 호소하는 것은 여러분 스스로를 여러분의 능력이나 경험이나 학식이나 그와 같은 것으로 평가하지 말고, 오직 여러분에게 머물러 있는 신성한 힘에 따라 평가하라는 것입니다. 여러분이 하나님을 섬기도록 부름을 받았다면 꼭 그렇게 하십시오. 인간의 내재적인 능력들이란 대체 무엇입니까? 그 자체로서 그것들은 약할 뿐입니다. 하지만 위로부터의 능력은 하나님의 능력입니다. 이 신비의 띠로 허리를 동여매고, 하나님의 능력으로 옷을 입으십시오. 만약 여러분이 믿음으로 그것을 입을 줄 안다면, 여러분은 적군을 향해 달리며 담을 뛰어넘을 것입니다(참조. 시 18:29). "믿는 자에게는 능히 하지 못할 일이 없느니라"(막 9:23). 예수 그리스도께서 그분의 성령으로 여기 우리 가운데 임하시기를 빕니다. 그리하여 이 아침에 우리 각 사람으로 하여금 새로운 기름부음을 얻은 것을 느끼도록 해 주시길 빕니다. 우리는 그 힘의 능력으로, 하나님의 영광을 위하여, 새로운 섬김에 매진할 것입니다. 하나님께서 예수님을 위하여 여러분에게 복을 주시길 빕니다.

제
86
장

—

나의 주 나의 하나님

—

"도마가 대답하여 이르되, 나의 주님이시요
나의 하나님이시니이다." — 요 20:28

예수께서 부활하신 후 첫 번째 주의 날에 사도들이 모였을 때, 도마는 열한 사도들 가운데 그 자리에 있지 않았던 유일한 제자였습니다. 두 번째 주의 날에 도마는 모인 자리에 함께 있었으며, 열한 사도들 중에서 의심하는 유일한 제자였습니다. 도마가 결석하였기 때문에 얼마나 많이 의심하게 되었는지 나는 말할 수 없습니다. 하지만 만일 그가 처음에 그 자리에 있었더라면, 다른 열 명의 제자들처럼 같은 체험을 하고 기뻐하였을 것이며, 다른 제자들처럼 "우리가 주님을 보았노라"고 말하였을 가능성이 매우 높습니다.

어떤 이들의 습관처럼 우리가 함께 모이는 것을 폐하지 맙시다. 왜냐하면 우리가 모이는 것을 폐할 때 얼마나 큰 손실을 입을 수 있는지 말로 다할 수 없기 때문입니다. 우리 주님께서 막달라 마리아에게 하셨던 것처럼 혼자 있는 개인들에게 자신을 나타내 보이시기도 하지만, 주님은 일반적으로 두세 사람이 모인 곳에서 자신을 보여주시며, 그의 종들이 모인 곳에 임하시기를 가장 크게 기뻐하십니다. 주님은 자기 백성들 가운데 서서 "너희에게 평강이 있을지어다"라고 말씀하시기를 가장 좋아하시는 것 같습니다. 같은 신자들끼리 모이는 것을 게을리 하지 맙시다. 나로서는 하나님의 백성들의 모임을 언제든지 소중하게 여길 것입니다. 예수님께서 자주 찾아오시는 곳에 나 또한 있을 것입니다.

　　　"생명 또는 호흡이 있는 한
　　　나의 영혼이 항상 시온을 갈망하나이다
　　　나의 가장 좋은 친구들, 나의 식솔들이
　　　그곳에 거하나이다
　　　그곳에서 나의 구주 하나님께서 통치하시나이다."

여러분 모두가 진심으로 이와 같이 말할 수 있으리라는 것을 나는 알고 있습니다.

두 번째 모임에 도마는 참석하였습니다. 그때에 그는 열한 명의 제자들 가운데 의심으로 난처한 입장이 된 유일한 사람이었습니다. 십자가에서 못 박히시고 그 옆구리를 찔리신 주 예수님께서 실제로 죽은 자 가운데서 다시 살아나신다는 것을 그는 상상도 할 수 없었습니다. 그런 도마를 묵묵히 지켜 보신 주님의 오래 참으심을 기쁜 마음으로 살펴봅시다. 다른 제자들도 모두 의심하였습니다. 그리고 주님은 그들의 불신앙과 완고한 마음을 부드럽게 책망하셨습니다. 하지만 도마는 형제들의 열 번의 증언을 믿지 않았습니다. 그 하나하나의 증언이 모두 무조건 믿을 만한 것임에도 불구하고 말입니다.

주께서 자신이 십자가에 달리셨다가 죽은 자 가운데서 다시 살아나리라고 제자들에게 분명하게 말씀하신 예언에 따라 그들은 부활을 기대했어야 마땅합니다. 하지만 그들이 부활을 기대하지 못한 만큼 그들은 책망받아 마땅합니다. 그렇다면 주님의 분명한 말씀과 더불어 주님을 실제로 보았다는 열 명의 동료들의 증언을 받은 이 사람에 대하여 우리가 뭐라 말하겠습니까? 그런데도 한 명의 의심하는 자, 곧 완강히 의심하는 이 회의론자는 자신이 믿어야 하는 타당성에 대하여 엄중한 필요조건을 요구하였습니다.

주께서 그의 완고함으로 인해 화를 내시지 않을까요? 그러나 예수님께서 얼마나 많이 참으시는지 보십시오! 우리가 예수님의 입장이라면, 우리가 사람들을 위해 죽었다가 무덤 문을 열고 그들을 위해 다시 살아났다면, 그들이 우리가 행한 일을 믿기를 거절할 때 크게 슬퍼하고 얼마간 화를 내고 말았을 것입니다. 하지만 우리 주님은 그런 모습을 조금도 보이지 않으십니다. 주님은 양육하는 아버지처럼 그들을 부드럽게 대하십니다. 주님은 그들의 불신을 꾸짖으셨습니다. 왜냐하면 그들을 위해 꾸짖을 필요가 있었기 때문입니다. 하지만 주님은 마음의 분함을 나타내지 않으셨습니다. 특별히 도마의 경우 주님은 그에게 아주 부드럽게 대하시며, 먼저 말을 거셨습니다. 만일 조잡하고 유물론적인 증거를 보지 않고는 도마가 믿지 못한다면, 주님은 그에게 그러한 증거를 보여주실 것입니다. 만일 도마가 주님의 못 자국에 그의 손가락을 넣어 보아야만 믿는다면 주님은 그 손가락을 넣어 보도록 허락하실 것입니다. 만일 그 손을 주님의 옆구리에 난 상처에 넣어 보아야만 믿는다면, 주님은 그렇게 하라고 허락하실 것입니다. 우리가 믿지 않는다면, 이는 주님의 잘못이 아닙니다. 왜냐하면 주님은 우리의 눈높이에 맞추어 우리에게 믿음을 가르쳐 주시기 때문입니다. 때로는 우리가 요구할 권한이 없는 것까지도 우리의 요구를 들어주시며, 우리가 기대할 이유가 없는 것까지도 우리의 기대에 만족을 주시며, 심지어 우리의 죄악에서 비롯된 열망까지도 응해 주십니다. 주님은 신분이 낮은 사람들의 눈높이에 자신을 낮추십니다. 소자 하나라도 멸망당하는 것은 주님의 뜻이 아닙니다. 따라서 주님은 그들에게 아주 치명적인 불신을 내쫓아 버리십니다.

　우리 주님께서 그날 도마를 돌이키시고 많은 어려움을 무릅쓰고서라도 그를 믿지 않는 상태에서 건지신 특별한 이유가 있었습니다. 그 이유는 분명한데, 첫째, 주님의 부활의 사실에 대하여 능력 있는 증인으로 도마를 세우시기 위함이었습니다. 여기에 속지 않기로 단단히 마음먹은 사람이 있습니까? 그 사람에게, 와서 자신이 택한 방법으로 시험해 보게 하십시오. 우리 주님의 부활을 믿고 싶어하던 사람들이 그런 사실을 증거하였다고 여러분이 말한다면, 그런 말은 완전히 잘못된 것이라고 나는 대답하겠습니다. 그 증인들 가운데 단 한 명도 죽은 자 가운데서 다시 살아나리라고 하신 주님의 예언의 의미를 몰랐습니다. 그들은 부활의 개념을 파악하기조차 어려웠습니다.

　도마 안에서 우리는 특별히 믿기 힘들었던 한 사람을 만납니다. 수년 동안 가깝게 지낸 열 명의 친구들에게 거짓말쟁이라고 책망할 만큼 그는 완고한 사람이었습니다. 자, 내가 멋진 진술을 해야 한다면, 나는 아주 신중하고 조심성 있다고 알려진 한 사람을 증인석에 세울 것입니다. 처음에는 의심이 많고 비판적이었으나 나중에는 놀라운 증거로 말미암아 결국 믿을 수밖에 없게 되었던 그런 사람이면 더욱 좋겠습니다. 그런 사람은 도마가 "나의 주님이시요 나의 하나님이시니이다"라고 외쳤던 것처럼 강한 확신을 가지고 증거할 것이라고 나는 확신합니다. 냉정하고, 시험을 잘하며, 신중하고, 비판적인 도마가 절대적인 확실성에 도달한 것이야말로 주님께서 부활하신 사실을 다른 어떤 것보다도 가장 잘 증거하는 것입니다.

또한 내가 생각하기에, 우리 주님께서 도마를 직접 대면하신 이유는 아버지께서 자기에게 주신 자들 중에 단 한 명이라도 빼앗기지 아니하리라는 사실을 우리에게 보여주시고자 하셨기 때문일 것입니다. 선한 목자는 아흔아홉 마리 양을 놔두고 길 잃은 한 마리 양을 찾아 나섭니다. 도마가 제일 믿지 않았기에 그는 가장 큰 관심을 받아야 했습니다. 저와 여러분은 이렇게 말했을지 모릅니다. "도마가 믿지 않는다면, 우리는 그를 내버려 둡시다. 그는 한 사람에 불과한데, 그의 증거 없이도 우리는 해낼 수 있어요. 우리가 한 사람을 영원히 찾을 수는 없습니다. 그를 내버려 두세요." 우리는 그렇게 하였을 것입니다. 그러나 예수님은 그렇게 하지 않으실 것입니다. 우리의 선하신 목자는 한 사람 한 사람을 돌보시며, 이러한 사실이 우리에게 위로를 줍니다. 한 마리의 양을 버린다면, 양 떼 전체를 어찌 버리지 않겠습니까? 또한 마찬가지로 하나가 돌봄을 받는다면 모두가 돌봄을 받을 것입니다. 본문에서 우리 주님은 뒤에 처져 있는 사람들을 자비로 돌보아 주신다는 사실을 우리에게 보여주고 계십니다.

1. 이제 도마의 외침을 고찰해 봅시다.

"나의 주님이시요 나의 하나님이시니이다." 이는 우리 주 예수 그리스도의 참된 신성을 분명하게, 그리고 마음으로부터 고백하는 외침입니다.

이는 예수님께서 참으로 하나님이요 주님이시라고 확실하게 그리고 독단적으로 주장하기를 원하는 그런 사람의 말입니다. 다윗은 여호와를 가리켜 "나의 왕, 나의 하나님, 만군의 여호와여"(시 84:3)라고 말하였고, 또 다른 곳(시 35:23)에서는 "나의 하나님, 나의 주여"라고 말한 것을 볼 수 있습니다. 도마는 이러한 표현들을 익히 알고 있었습니다. 그리고 이스라엘 사람으로서 그는 어떠한 사람에게도 이러한 표현을 사용하지 않았습니다. 왜냐하면 그들은 하나님이 아니라고 믿었기 때문입니다. 그런 면에서 부활하신 주님을 "나의 주님이시요 나의 하나님이시니이다"라고 말한 것으로 볼 때, 그가 우리 주님을 하나님으로 믿은 것이 분명합니다. 이러한 표현이 잘못이었다면 주 예수님께서 그를 책망하셨을 것입니다. 왜냐하면 주님은 단순한 사람을 하나님으로 경배하는 죄를 계속 범하도록 그를 방치하지 않았을 것이기 때문입니다. 바울과 바나바가 루스드라에서 그 지역 사람들이 자기들에게 제사를 드리려고 하자 옷을 찢었던 때의 그 느낌을 우리는 가져야 할 것입니다. 설령 "하나님과 동등됨을 취할 것으로 여기지 아니한"(빌 2:6) 그런 성품을 지니지 않으셨더라도 사람이 "나의 주님이시요 나의 하나님이시니이다"라고 칭해지고 그렇게 경배를 받는다는 생각에 대하여 거룩하신 예수님께서 얼마나 큰 반감을 가지시겠습니까! 완전하신 예수님은 신성한 경배를 받으셨고, 그러므로 도마의 경배는 마땅한 것이었다고 우리는 확신합니다. 그러므로 우리도 잠시 여기서 주님께 그와 같은 경배를 드립니다.

　　첫째로, 예수님께서 틀림없이 자기의 주님이시요 자기의 하나님이시라고 도마가 마음속으로 크게 깨달았을 때 그가 받은 거룩한 놀라움을 경건하게 표현한 것이 바로 이 외침이라고 나는 생각합니다. 자기가 메시야로 생각한 이 위엄 있는 분이 또한 하나님이시라는 그런 생각을 하게 되었습니다. 자신 앞에 서 계시는 그 사람이 인간 이상의 분이시며, 틀림없이 하나님이시라고 그는 알았으며, 이런 사실에 너무 놀라 떨리는 목소리로 외쳤습니다. 그는 마치 교리를 낭독하듯이 "당신은 나의 주님입니다. 그리고 당신은 나의 하나님입니다"라고 말한 것이 아니었습니다. 그는 경배하는 자세로 띄엄띄엄 말하면서 무아경 속에서 "나의 주님이시요 나의 하나님이시니이다"라고 외친 것입니다. 하기야, 몇 년 전에 그가 이런 사실을 알고, 또 알았어야 합니다. 예수님께서 바다 위를 걸으셨을 때, 바람을 잠잠하게 하시고 풍랑을 고요하라고 명하셨을 때 도마는 그 자리에 없었나요? 소경의 눈을 뜨게 하시고 귀머거리의 귀를 열어 주신 예수님의 모습을 그는 보지 못했나요? 그 때에는 어찌하여 "나의 주님이시요 나의 하나님이시니이다"라고 외치지 않았습니까?

　　도마는 배우는 게 느렸습니다. 그래서 빌립에게 "내가 이렇게 오래 너희와 함께 있으되 네가 나를 알지 못하느냐?"(요 14:9)고 말씀하셨듯이 도마에게도 똑같이 말씀하셨을 것입니다. 이제야 그는 자기의 주님을 알아봅니다. 깜짝 놀랄 정도로 그의 깨달음은 그에게는 아주 굉장한 것이었습니다. 도마가 그 모임에 온 것은 그의 형제들에게 찾아온 사람이 골고다에서 죽으신 바로 그 사람인가를 알아보기 위해서였습니다. 그러나 이제는 그 본래의 의문을 잊어버린 것같이 보입니다. 그 모습은 해답을 얻은 그 이상의 모습이었으며, 의문은 그쳤습니다. 증거의 홍수에 밀려 훨씬 더 많이 떠내려가서 예수님의 신성에 대한 확신 가운데 상륙하였습니다. 그는 주님의 상처 난 몸에서 내재된 신성을 발견하였고, 그런 확신을 뛰어넘어 바로 예수님이 하나님이시라는 확신에 이르렀습니다. 그 결과 떨리는 목소리로 두 배나 확신하면서 "나의 주님이시요 나의 하나님이시니이다"라고 외쳤던 것입니다.

여러분 모두가 도마와 같기를 나는 진실로 바랍니다! 우리도 놀라며 경배합시다! 그는 머리 둘 곳이 없으셨고, 채찍에 맞으시며 침 뱉음을 당하시고, 골고다에서 죽으셨지만, 그럼에도 불구하고 그분은 영원히 모든 사람들에게 찬송 받으실 하나님이십니다. 무덤에 묻히신 그분이 지금 살아 계시고 만왕의 왕, 만주의 주로 통치하십니다. 할렐루야! 보십시오. 그는 아버지의 영광을 입고 오셔서 산 자와 죽은 자를 심판하실 것입니다. 여러분의 심령으로 이 진리를 들이마시고 놀라십시오. 하나님의 아들 예수님께서 여러분을 위하여 고난당하시고 피 흘리며 죽으셨는데도, 이러한 사실에 여러분이 조금도 놀라지 않는다면, 여러분이 이 사실을 믿지 않는 것인지, 혹은 그 의미를 충분히 깨닫지 못하고 있는 것인지 염려가 됩니다. 천사들도 놀랍니다. 그런데 여러분이 놀라지 않습니까? 오, 자기의 피로써 우리를 죄에서 건져 주신 그분이 바로 지극히 높으신 하나님의 아들이심을 깨달으심으로써 오늘 이 거룩한 놀라움(holy surprise)을 느껴 보십시오.

다음에, 이 외침은 헤아릴 수 없는 기쁨의 표현이었다고 나는 믿습니다. 여러분도 보시다시피 도마는 "주님이시요 하나님이시니이다"라고 말하지 않고, "나의 주님이시요 나의 하나님이시니이다"라고 말하였습니다. 그는 "나의"라는 말을 두 번 사용함으로써 마치 두 손으로 주 예수님을 꼭 붙잡고 있는 것 같습니다. 오, 그 순간에 도마의 눈에서는 기쁨의 빛이 번뜩였습니다! 그의 심장이 얼마나 빨리 뛰었겠습니까! 그는 그 순간과 같은 기쁨을 전에 한 번도 맛보지 못하였습니다. 그는 비록 매우 겸손한 마음을 가지게 되었지만, 그런 겸손 안에는 그의 거룩하신 주님을 뵙고, 상하신 발에서부터 가시면류관을 쓰신 이마에 이르기까지 뚫어지게 바라보았다는 엄청난 만족감이 포함되어 있었고, 이러한 만족감에 "나의 주님이시요 나의 하나님이시니이다"라고 말하였던 것입니다. 이 짤막한 구절 안에는 아가서에서 신부가 "내 사랑하는 자는 내게 속하였고 나는 그에게 속하였도다"(아 2:16)라고 노래한 배우자의 소네트(14행 시)와 비슷한 노래가 숨어 있습니다.

기쁨에 들떠 있는 제자는 마음속의 친구가 자기 앞에 서 계셔서 자신에게 사랑의 빛을 비추시며 그의 마음을 자신에게 밀착시키고 계시는 것을 깨달았습니다. 나는 여러분이 도마처럼 그리스도 안에서 이러한 기쁨을 누리시기를 바랍니다. 지금 여러분 앞에는 예수님께서 서 계십니다. 여러분이 믿음으로 보면 주님의 모습을 볼 수 있습니다. 그리스도 안에서 기뻐하십시오. 언제나 그리스도의 사랑으로 크게 기뻐하십시오. 그리스도는 온통 사랑이시며, 또한 철저하게 여러분을 위해 계십니다. 그는 속성상 무한히 여러분을 사랑하십니다. 그의 인성의 부드러움과 신성의 위엄이 여러분에 대한 사랑 안에 섞여 있습니다. 오 성도들이여, 주님을 사랑하십시오. 왜냐하면 주님은 여러분이 마음으로 사랑할 자격이 있는 분이기 때문입니다. 이 순간 이렇게 외치세요. "나의 주님이시요 나의 하나님이시니이다."

더욱이 도마의 말을 보면 마음의 완전한 변화, 다시 말해서, 진심 어린 회개를 읽을 수 있다고 나는 믿습니다. 도마는 못 자국에 자기 손가락을 넣어 보게 해 달라고 주 예수님께 요구하지 않았습니다. 아니, 생각할 것도 없이 모든 의심이 사라졌습니다. 여러분이 본 장을 자세히 살펴보면, 도마가 처음에 제안한 대로 주님의 몸에 손을 대었다는 말을 전혀 찾을 수 없을 것입니다. 도마가 그의 손가락을 못 자국에 넣어 보거나 그의 손을 옆구리에 넣어 보았는가, 아니면 넣어 보지 아니했는가 하는 점은 우리가 천국에서 도마를 만나 그에게 물어보기 전에는 영원히 알 수 없을 것입니다. 구세주께서 자신의 몸에 손가락이나 손을 한 번 넣어 보라고 명령하신 것으로 해석한다면 도마가 그렇게 했을 것이라는 결론을 내릴 수도 있을 것입니다. 하지만 그렇게 하도록 허락하신 것이라고 해석한다면 도마는 그렇게 하지 않았을 것이라고 나는 생각합니다. 나는 나의 친한 친구에게 본문을 읽어 주고 그 다음에 물었습니다. "너는 도마가 과연 그의 손을 그리스도의 옆구리에 넣어 보았다고 생각하니?" 그는 깊이 생각하고는 차분한 마음으로 이렇게 대답하였습니다. "나는 그가 그렇게 했다고 생각하지 않아. 주님께서 그에게 말씀하신 후에 그는 움츠러들었을 거야. 그리고 그렇게 한다는 것은 지독한 불신이라고 그는 생각했을 거야." 이러한 대답은 나의 신념과 정확히 일치하였습니다. 내가 만일 도마의 입장이었다면, 주님께서 그런 허락을 하신 사실 때문에 크게 부끄러움을 느끼고 주님께서 무조건 그렇게 해 보라고 명령하지 않는 한 나는 증서를 구하는 어떠한 행동도 전혀 하지 않았을 것이라고 확신합니다. 도마가 우리와 같은 사람이고, 또 그의 결점에도 불구하고 우리 가운데 어떤 이들보다는 훨씬 나은 사람이었다고 판단할 때, 그는 불신으로부터 완전히 돌아서서 그의 손가락을 못 자국에 넣어 보지 않고 "나의 주님이시요 나의 하나님이시니이다"라고 외쳤을 것이라고 나는 추측합니다.

구세주께서는 "너는 나를 본 고로 믿었도다"라고 그에게 말씀하셨습니다. 나는 이제 이를 강조하지는 않겠지만, 만일 도마가 참으로 구세주를 만졌다면 구세주께서 아마도 "네가 나를 만져본 고로 믿었도다"라고 말씀하셨을 것입니다. 하지만 주님께서 본 것만을 말씀하신 만큼 도마는 주님을 뵌 것만으로 충분했을 것입니다. 나는 이런 해석을 고집하지는 않지만 이런 해석이 옳다고 생각합니다. 주님을 뵌 것이 도마가 행한 일의 전부라고 결론짓는 것이 타당하다고 생각합니다. 그는 그 이상의 행동을 할 수 없었습니다. 도마는 보고 믿었습니다. 우리는 도마에게서 완전한 감정의 변화를 볼 수 있습니다. 그는 열한 제자들 중에 가장 믿음이 없던 자였으나 이제는 다른 어느 누구보다도 잘 믿는 자가 되어 예수님을 하나님이라고 고백하게 되었습니다.

"나의 주님이시요 나의 하나님이시니이다." 이러한 외침은 또한 간단한 믿음의 고백입니다. 구원받는 자는 누구든지 무엇보다도 도마와 한마음이 되어 진심으로 "나의 주님이시요 나의 하나님이시니이다"라는 신조를 고백할 것입니다. 아타나시우스 신조를 상세하게 들여다보지는 않겠지만, 그 신조가 기록될 당시에는 그것이 절대적으로 필요했으며, 아리우스파의 둘러대기와 속임수를 저지하는데 실질적으로 큰 도움을 주었다는 사실에는 의심의 여지가 없습니다. 그러나 나는 도마의 이 짧은 신조를 훨씬 더 좋아합니다. 왜냐하면 이는 간단하면서도 힘차고, 완전하면서도 간결하기 때문이며, 또한 믿음을 위태하게 하는 상세한 요인들을 무력화시키기 때문입니다. 이러한 믿음이 필요합니다. 하지만 성령의 가르침을 받지 않는다면 어느 누구도 참으로 그런 믿음을 가질 수 없습니다. 그런 사람은 말은 할 수 있지만 영적인 진리를 받아들일 수는 없습니다. 성령으로 아니하고는 누구든지 예수님을 "주시라" 할 수 없습니다. 그러므로 우리가 주 예수님께 "나의 주님이시요 나의 하나님이시니이다"라고 외치는 것이 매우 필요하며 이는 구원의 신조입니다. 부탁하건대, 바로 지금 여러분의 마음으로 이 고백을 해 보십시오. 여러분의 믿음을 새롭게 하십시오. 그리고 여러분을 위해 죽으신 그가 여러분의 주님이시요 하나님이시라고 고백하십시오.

게다가 도마의 이런 말들은 그리스도에 대한 그의 충성을 고백한 것이었다고 여러분은 생각하지 않으십니까? "나의 주님이시요 나의 하나님이시니이다." 이

고백은 최소한의 충성을 바친 것이었으며, 그가 주님께 헌신하고 자신의 존재 전체를 바쳐 주님을 섬기겠다는 결연한 의지의 표현이었습니다. 그가 한때는 주님을 의심했으나 이제는 주님께 복종합니다. 왜냐하면 주님을 온전히 믿기 때문입니다. 그는 자신의 결의를 말로 표현합니다. "오 그리스도시여, 이제부터 당신은 나의 주님이시며 나는 당신을 섬기리이다. 당신은 나의 하나님이시며 나는 당신을 경배하리이다."

마지막으로, 나는 이 고백을 분명하고 직접적인 경배의 행위라고 생각합니다. 자기 앞에 나타나신 구세주의 발 앞에서 도마는 "나의 주님이시요 나의 하나님이시니이다"라고 외칩니다. 이 소리는 보좌 앞에서 그룹들과 스랍들이 "거룩하다 거룩하다 거룩하다 만군의 여호와여"라고 끊임없이 외치는 영원한 노래의 리허설처럼 들립니다. 이는 영원하신 하나님의 보좌 주위를 밤낮 맴도는 합창 교향곡에서 이탈해 나온 음처럼 들립니다. 이제 엄숙히 침묵하는 가운데 우리의 심령이 보좌 앞에 나아가, 어제도 계셨고 지금도 계시고 앞으로도 계시는 주님, 곧 죽임을 당하셨다가 다시금 살아나시고 영원히 살아 계시는 어린 양께 엎드려서 이렇게 경배드립시다. "나의 주님이시요 나의 하나님이시니이다."

2. 도마가 그렇게 외치게 된 동기가 무엇이었나요?

그날 저녁에 도마가 모임에 갔을 때 어떤 느낌이었다고 여러분은 생각해 왔습니까? 도마가 그 모임에 참석한 데는 복잡한 설명이 필요했습니다. 도마는 형제들의 진지한 주장을 의심하였는데 어찌하여 그들과 어울렸을까요? 도마가 형제들과 교제를 나누다가 그들에게 거짓말을 하였다고 책망하였을까요? 예수 그리스도께서 죽으시고 부활하지 못하였다면 어찌하여 도마는 그곳에 갔을까요? 그가 죽은 사람을 예배하려고 했겠습니까? 그가 지난 2년 동안의 믿음을 이제 포기하려고 했을까요? 예수님께서 살아 계시지 않는다면 그가 어떻게 믿음을 붙들고 있겠습니까?

그러나 한편으로 처음부터 믿음도 없던 그가 어떻게 믿음을 포기한다고 할 수 있겠습니까? 도마가 그 모임에 처음 참석하였을 때부터 예수 그리스도께서 그에게 주님이시요 하나님이셨습니까? 나는 그렇게 생각하지 않습니다. 도마가 다락방에 들어갔을 때 자기 앞에 계신 분이 죽으신 바로 그분이라고 믿지 않았습니다. 물론 다른 제자들은 믿었습니다. 도마만이 홀로 의심하였습니다. 그는 이상하고 실증적이고 완고한 회의자였습니다. 다분히 똑같은 상황에 부지중에 빠지는 일이 다른 제자들에게는 한 번도 없었을까요? 어쨌든 그날 저녁 도마는 왕따를 당하였습니다. 그 작은 모임에서 그는 따돌림당하는 사람이었습니다. 하지만 예배가 끝나기 전에 주님은 그를 완전히 변화시키셨습니다. "보라 나중 된 자로서 먼저 될 자도 있고 먼저 된 자로서 나중 될 자도 있느니라 하시더라"(눅 13:30).

내 생각에, 도마가 그리스도의 신성에 대한 믿음을 고백하게 된 첫 번째 동기는, 주님께서 도마의 생각을 드러내신 일이었습니다. 구세주는 문이 닫힌 상태에서 다락방에 들어오셨습니다. 문을 열지 않고 하나님의 능력으로 주님은 갑자기 제자들 앞에 나타나셨습니다. 그 때에 도마를 지목하시면서 도마가 그의 형제들에게 했던 말을 도로 그에게 말씀해 주셨습니다. 형제들은 주님께 도마의 말을 고자질하지 않았는데도 주님은 멀리서도 도마의 생각을 읽으셨으며, 따라서 도마가 한 말을 정확하게 그에게 도로 말씀해 주실 수 있었습니다. 구세주께서 "몸을 구부려 나의 발에 난 못 자국 안에 너의 손가락을 넣어 보라"고 도마에게 말씀하지 않으신 사실을 주목합시다. 왜 그렇게 말씀하지 않으셨나요? 그것은 도마가 주님의 발을 한 번도 언급하지 않았기 때문입니다. 따라서 주님도 발에 대한 언급을 하지 않으셨습니다. 모든 것이 정확했습니다. 우리가 상황을 살펴보면 주님께서 너무나 정확히 말씀하셨다는 것을 알 수 있습니다. 도마는 우리보다 훨씬 더 이 사실을 절감했을 것이 분명합니다. 그는 주님 앞에서 압도당하였습니다. 주님께서 정확한 말로 자신의 생각을 드러내시고, 그의 생각을 반영한 자신의 말을 다시금 주님께서 반복하시는 것을 들었을 때 그는 정말로 놀라지 않을 수 없었습니다. 그래서 그는 "오, 지금 내게 말씀하시는 주님은 다름 아닌 하나님이시로다. 나의 주님이시요 나의 하나님이시로다"라고 말하였던 것입니다. 이로 말미암아 그는 자신의 생각을 읽으신 분께서 틀림없이 하나님이시라는 확신에 이르게 되었던 것입니다.

그 밖에 다른 동기로 도마는 주님의 신성을 믿게 되었습니다. 자기 앞에 계신 분이 전에 자신이 교제하였던 바로 그 예수님이라는 사실을 깨닫자 그의 마음속에 지난 모든 일들이 떠올랐으며, 주 예수님께서 신성을 나타내신 많은 사건들을 기억하게 되었습니다. 다시금 되살아난 과거의 교제를 통하여 그는 예수님께서 바로 주님이시요 하나님이시라는 확신을 더하게 되었던 것입니다.

내 생각에, 구세주의 외양, 자세, 그리고 임재가 떨고 있는 이 제자에게 확신을 주었을 것입니다. 이런 모습들에서 도마는 주님을 둘러싸고 있는 신격을 엿볼 수 있었을 것입니다. 나는 우리 주님의 모습에 위엄이 있었다고 확신합니다. 그 위엄은 인간의 자세와 어조, 말과 행동 가운데 나타나는 품위 이상의 것이었습니다. 주님의 임재는 도마에게 주님에 대한 확신을 심어 주었습니다. 그리하여 그는 주님을 뵙고 주님의 신성을 믿었던 것입니다.

하지만 모든 동기들 중에 가장 설득력 있는 것은 바로 우리 주님이 입으신 상처였을 것입니다. 그리스도의 상처로부터 그의 신성을 추론해 내는 데는 과정이 필요한 듯합니다. 하지만 그것은 훌륭하고 분명한 근거입니다. 나는 여러분에게 그 과정을 설명해 주지는 않겠습니다. 여러분 스스로 그 과정을 생각해 보십시오. 하지만 한 가지 작은 힌트를 드리겠습니다. 주님의 옆구리에는 죽음을 초래하고도 남을 만한 큰 상처가 있습니다. 그 상처는 곧바로 심장으로 통하였습니다. 로마 군사가 창으로 주님의 옆구리를 찔렀고, 그곳에서 피와 물이 쏟아져 나왔습니다. 이는 주님의 심장이 관통되었음을 입증합니다. 옆구리에는 여전히 구멍이 나 있었습니다. 그래서 주님은 도마의 손을 그의 옆구리에 넣어 보라고 권하였던 것입니다. 그런 주님께서 살아나셨습니다.

여러분은 이런 이야기를 지금껏 들어본 적이 있습니까? 우리는 피가 순환되어야 살 수 있는데 우리가 사는 방식대로 주님께서 사셨다면, 어떻게 이런 일이 가능한지 아무도 이해할 수 없습니다. 썩을 수밖에 없는 혈과 육은 하나님의 나라를 유업으로 받을 수 없습니다. 하지만 구세주의 부활하신 몸은 하나님의 나라를 유업으로 받을 수 없는 그런 몸이 아니었습니다. 왜냐하면 주님은 썩음을 당하지 아니하였기 때문입니다(행 13:37). 주님께서 자신의 몸에 관하여 말씀하셨는데, 그 차이를 주목하시기를 바랍니다. 주님은 자신의 몸을 살과 피로 말씀하시지 않고, 살과 뼈로 말씀하십니다. "나를 만져 보라. 영은 살과 뼈가 없으되 너희 보는 바와 같이 나는 있느니라"(눅 24:39). 주님의 몸은 진짜 몸이요 신체였습니다. 주님은 구운 생선 한 조각을 취하여 제자들 앞에서 잡수셨기 때문입니다. 하지만 여전히 주님의 부활하신 몸은 옆구리에 상처가 벌어져 있었고, 그 상처가 심장으로 연결되어 있었는 데도 살아 있는 그런 몸이었으며, 분명 이러한 몸은 사람들의 몸과는 다른 것이었습니다. 우리는 그리스도의 몸을 보고 그가 사람이심을 알 수 있는 동시에 또한 단순한 사람이 아니심을 알 수 있습니다. 주님의 상처들은 여러 가지로 도마에게 주님의 신성을 보여주는 증거가 되었습니다. 어쨌든, 이 영광스러운 사실이 한순간에 도마의 놀라는 생각에 밀어닥쳤고, 이에 그는 "나의 주님이시요 나의 하나님이시니이다"라고 외쳤습니다.

3. 마지막으로, 우리가 어떻게 이 믿음을 가질 수 있는지 살펴봅시다.

이것이 우리의 마지막 관점이자 가장 실제적인 논제입니다. 나는 하나님의 성령께서 그때 당시에 아주 강하게 역사하셨다고 믿습니다. 그리고 도마가 깨우치게 된 진정한 동기는 하늘의 조명이었다고 믿어 의심치 않습니다. 우리 가운데 누구라도 영과 진리로 "나의 주님이시요 나의 하나님이시니이다"라고 외친다면, 이는 틀림없이 성령께서 우리를 가르치신 결과입니다. 왜냐하면 혈과 육은 이와 같은 진리를 여러분에게 나타내 보이지 못하기 때문입니다. 오직 하나님께서 하늘로부터 이러한 진리를 여러분에게 보여주실 수 있습니다.

그런데 언제 신자들이 "나의 주님이시요 나의 하나님이시니이다"라고 외치는지 그 시간을 여러분에게 말씀드리겠습니다. 내 마음이 충만했던 처음 시간을 나는 기억하고 있습니다. 죄에 눌려 있고, 두려움이 가득했던 나는 지옥 문 앞에 있는 것처럼 비참한 존재였습니다. 그 때에 나는 다음과 같은 주님의 음성을 들었습니다. "땅의 모든 끝이여, 내게로 돌이켜('Look unto me', KJV; 나를 앙망하라'. 개역판) 구원을 받으라. 나는 하나님이라. 다른 이가 없느니라"(사 45:22). 나는 그 때 그곳에서 바라보았습니다. 나를 대신하여 고난당하신 주님을 나는 믿음으로 바라보았고, 그 때에 즉시 평안이 강물처럼 밀려왔습니다. 나의 마음은 절망에서 기쁨으로 뛰어올랐고, 나는 주님께서 하나님이심을 깨달았습니다. 그 때에 누구든지 내게 "예수 그리스도는 하나님이 아니다"라고 말하였다면, 나는 그를 비웃고 조롱했을 것입니다. 주님은 의심할 여지 없이 나의 주님이시요 나의 하나님이셨습니다. 왜냐하면 주님은 내 안에 하나님의 역사를 행하셨기 때문입니다.

이러한 것이 어떤 사람에게는 증거가 되지 못할 수도 있습니다. 하지만 용서를 체험한 심령에게는 그러한 체험이 결정적인 증거가 됩니다. 만일 주 예수님께서 여러분의 애통을 춤으로 바꾸시고, 여러분을 기가 막힐 웅덩이와 수렁에서 끌어올리시고 여러분의 발을 반석 위에 두사 그 걸음을 견고하게 하신다면, 그때로부터 영원히 예수님은 여러분의 주님이시요 하나님이 되실 것이 분명합니다. 구원받은 심령은 이 진리를 부인하는 모든 이들 앞에서, 지옥에 있는 모든 마귀들 앞에서 거리낌없이 구세주의 신성을 주장할 것입니다. 나를 구원하신 이는 틀림없이 하나님이시며, 그 밖에는 아무도 없습니다.

이 첫 번째 고백은 시작에 불과한 것으로 입증되었습니다. 우리는 똑같은 사실을 고백한 다른 많은 경우들을 기억하고 있습니다. 우리는 큰 시험을 받았지만 미끄러지지 않았고 의복을 더럽히지 않았습니다. 우리가 시험에서 벗어나다니 이 얼마나 놀라운 일입니까! 우리를 타락하지 않도록 지켜 주신 그분은 하나님이심이 분명합니다. 나의 한평생을 뒤돌아보니, 어둠 속에서 모르고 지난 곳이 날이 새어 보니 위험한 골짜기였던 때가 여러 번 있었습니다. 그 때에 내가 걸어갔던 좁은 길이 얼마나 협소하였는지 나는 보았습니다. 왼쪽이나 오른쪽으로 조금만 헛디뎠다면, 나는 완전히 파멸할 뻔하였습니다. 그러나 나는 한 번도 헛디디지 않았습니다. 오히려 나는 안전하게 통과하였습니다. 나는 놀라서 머리를 조아리며 다음과 같이 주님께 경배하였습니다. "주님께서 나의 피난처시요 나의 요새가 되셨나이다. 주님은 나의 영혼의 생명을 지켜 주셨고 나를 파괴자로부터 보호하셨나이다. 그러므로 나의 평생에 주를 찬송하리이다." 오, 그렇습니다. 사랑하는 하나님의 자녀들이여, 전쟁의 날에 여러분의 머리가 가리워졌을 때, 여러분은 이스라엘을 지키시는 이를 가리켜 "나의 주님이시요 나의 하나님이시니이다"라고 찬미하였습니다. 우리는 다시는 의심할 수 없으리라고 확신하였으며, 신실하신 창조주의 돌보심에 자신을 기쁘게 맡겼습니다.

또한 고난의 때에도 마찬가지였습니다. 그 때에 여러분은 위로를 받고 세움을 입었습니다. 아주 중한 고통이 여러분에게 닥쳤지만, 놀랍게도 여러분이 우려한 것과 달리 여러분을 짜부라뜨리지 못하였습니다. 몇 년 전, 여러분은 심한 두려움에 "나는 절대로 견디지 못할 거야"라고 말하면서 엄청난 타격을 예상했습니다. 하지만 여러분은 잘 견뎌냈습니다. 그리고 지금 이 순간 여러분은 그 때의 어려움을 잘 견뎌낸 것을 감사하고 있습니다. 여러분이 두려워하던 일이 여러분 앞에 닥쳤습니다. 그리고 정작 그 일이 닥치자 여러분이 예상했던 것에 비하면 마치 깃털처럼 가볍게 느껴졌습니다. 그 때에 여러분은 앉아서 이렇게 말할 수 있었습니다. "주님께서 공급해 주셨습니다. 주님께서 제거해 주셨습니다. 주님의 이름을 송축합니다." 여러분의 친구들이 여러분을 보고 깜짝 놀랐습니다. 여러분은 전에 불쌍하고 극도로 두려워하는 존재였습니다. 그러나 시험받을 때에 여러분은 모든 사람을 깜짝 놀라게 할 정도로 희한한 능력을 발휘하였습니다.

여러분 모두 자신에게 놀랐습니다. 왜냐하면 놀라울 정도로 여러분은 약할 때 강해졌기 때문입니다. 여러분은 "(여호와께서는) 내가 어려울 때에 나를 구원하셨도다"(시 116:6)라고 찬송하였습니다. 그 때에 여러분은 주님의 신성을 의심할 수 없었습니다. 주님에게서 영광을 빼앗는 그 무엇이라도 여러분은 지독히 미워하였습니다. 여러분은 마음속으로 이렇게 찬송하였습니다. "주여, 전능하신 주 하나님 외에 이렇게 나의 영혼을 위로할 수 있는 자가 없나이다." 개인적으로 나는 주님의 기이한 일들을 깊은 곳(바다)에서 보고(시 107:24) "주시라!"(요 21:7)고 외치지 않을 수 없었습니다. "내 영혼아, 네가 힘 있는 자를 밟았도다"(삿 5:21). 나의 영혼은 나의 주님이시요 나의 하나님을 찬미할 것입니다. 왜냐하면 주님께서 다음의 시편 구절들과 같이 나를 구원하셨기 때문입니다. "그가 높은 곳에서 손을 펴사 나를 붙잡아 주심이여, 많은 물에서 나를 건져내셨도다"(시 18:16). "나를 넓은 곳으로 인도하시고 나를 기뻐하시므로 나를 구원하셨도다(시 18:19).

떡을 뗄 때 우리는 종종 예수님을 체험하게 됩니다. 성찬 상에서 우리는 여러 번 주님을 뵙고 경배하였습니다. 그러한 체험은 아주 귀한 것이었습니다. 우리는 마음놓고 울고 기뻐하였습니다. 그 때에 우리의 심령은 "나의 주님이시요 나의 하나님이시니이다"라는 선율에 박자를 계속 맞추어 나갔습니다. 아마도 외형적인 의식을 행할 때만 여러분의 영혼이 그렇게 찬미하지는 않았을 것입니다. 먼 곳이나 혹은 바닷가에서, 거닐면서 조용히 생각에 잠겼을 때, 여러분은 갑자기 예수님의 영광스러운 위엄이 느껴지고 그 느낌에 압도당하였으며, 그리하여 아주 작은 소리로 "나의 주님이시요 나의 하나님이시니이다"라고 혼자서 속삭일 수밖에 없었습니다. 또는 여러분이 아파서 몸져 누웠을 때 주님께서 여러분의 잠자리를 정돈해 주셨습니다. 병들었을 그 때에 여러분은 주님의 거룩한 능력을 체험하였습니다. 여러분을 간호한 사람들에게는 그 때가 지루하고 피곤한 밤이었지만, 여러분에게는 너무나 짧고 신선함으로 가득했던 시간이었습니다. 왜냐하면 주님께서 그곳에 계셨고, 그 밤에 여러분에게 노래를 주셨기 때문입니다.

깨어났을 때에도 여러분은 여전히 주님과 함께 있었고, 주님의 빛나는 임재로 인하여 기쁨을 이기지 못한 나머지 거의 현기증을 느낄 정도였습니다. 그 때에 여러분은 아래와 같이 찬미할 수 있었습니다.

> "나의 그리스도, 그는 만주의 주시요
> 만왕의 왕이시로다
> 그는 의의 태양이시며
> 그의 날개로 치료하시는도다.
>
> 나의 그리스도, 그는 하늘들 중에 하늘이시로다
> 나의 그리스도, 내가 무엇이라 부르랴?
> 나의 그리스도는 처음이요, 나의 그리스도는 마지막이라
> 나의 그리스도는 모든 것 중에 모든 것이시로다."

이제 나는 예수님께서 저와 여러분 모두에게 주님과 하나님이 되신 이후의 사정을 말씀드리겠습니다. 주님은 때때로 우리의 수고를 축복하셨으며, 팔을 내밀어 사람들을 구원하셨습니다. 전에 우리의 보고를 거절했던 사람들이 믿게 되었고, 주님께서 부흥의 행복한 시절을 우리에게 허락하셨을 때, 우리는 주님께 영광을 돌렸고, 주님의 전능하신 사랑을 기뻐하였습니다. 이제 우리는 자녀들을 위해 기도합니다. 그리고 놀랍게도 — '놀랍게도'라고 말하기가 부끄럽습니다. 왜냐하면 기도의 응답은 우리에게 결코 놀랄 일이 아니기 때문입니다 — 주님은 우리의 기도에 응답해 주셨습니다. 하나씩 하나씩 자녀들이 우리에게 와서 "아버지, 제가 주님을 만났습니다"라고 말하였고, 그 때에 주님께서는 역시 우리의 하나님이심을 체험하였습니다. 우리는 빈약하나마 눈물로 기도를 드리고, 위를 바라보며 주 예수님께서 그런 빈약한 기도라도 들으시리라고 생각하였으며, 마음속 깊은 곳에서 "나의 주님이시요 나의 하나님이시니이다"라고 말하였습니다.

우리 중에 어떤 이들에게는 이생에서 이것이 진리임을 체험할 마지막 기회를 가질 때가 머지않아 곧 올 것입니다. 죽음을 맞이하는 성도들을 방문하였을 때 나는 자주 많은 위로를 받고 새힘을 얻었습니다. 참으로 주님은 마지막 원수 (죽음을 의미)의 목전에서 상을 베푸십니다. 평생 자기를 부인하고, 경외심과 겸손한 마음을 가지고 산 신자들을 나는 알았습니다. 그들은 사망의 음침한 골짜기에 들어갔을 때 두려움, 의심을 드러내 보이지 않았고, 오히려 그들 모두 확신

을 가졌습니다. 평소 소심하던 신자들의 마지막 시간은 도리어 평온하고 차분하고 아름답고 즐겁고, 심지어 의기양양하기조차 하였습니다. 내가 그런 신자들의 매력적인 임종의 말을 들었을 때, 나는 죽는 동안 우리에게 승리를 주시는 주님의 신성을 확신하였습니다.

주님의 이름을 믿는 믿음만이 죽을 때 사람들을 강하게 만듭니다. 우리의 마음과 육체가 쇠약해질 때, 오직 살아 계신 하나님만이 생명의 힘이 되시며, 우리의 영원한 기업이 되실 수 있습니다. 죽음의 순간에 예수님을 우리의 살아 계신 하나님으로 안다는 것이 얼마나 아름다운 일인지요! 예수님 안에서 우리는 말로 할 수 없는 기쁨과 충만한 영광으로 즐거워하며, 죽음의 순간에 우리는 예수님께 "나의 주님이시요 나의 하나님이시니이다"라고 고백드립니다.

기운을 내십시오! 잠시 후에 하나된 교회가 티나 주름잡힌 것이 하나도 없이, 그리고 그리스도의 신부로서 영광스럽게 단장하고, 그리스도의 보좌 앞으로 인도될 것이며, 주님의 사랑하는 자로 인정받을 것입니다. 그 때에 교회는 온전한 마음으로 "나의 주님이시요 나의 하나님이시니이다"라고 외칠 것입니다.

제
87
장

—

가장 중요한 문제

—

"예수께서 제자들 앞에서 이 책에 기록되지 아니한 다른 표
적도 많이 행하셨으나, 오직 이것을 기록함은 너희로 예수
께서 하나님의 아들 그리스도이심을 믿게 하려 함이요 또
너희로 믿고 그 이름을 힘입어 생명을 얻게 하려 함이니라."
— 요 20:30-31

복되신 우리 주 예수 그리스도의 공생애는 짧았습니다. 그 기간이 삼년 반
을 넘었다고 생각하는 이는 거의 없습니다. 하지만 그럼에도 그 생애는 얼마나
충만한 삶이었는지요! 그 생애는 네 개의 복음서로 기록될 정도였으며, 각각의
복음서에는 사람들을 구원의 믿음으로 이끌기에 충분한 내용이 담겨 있습니다.
그뿐 아니라 복음서에 기록되지 못한 일들도 얼마나 많은지 사도 요한은 이렇게
인상적인 진술을 하고 있습니다. "예수께서 행하신 일이 이외에도 많으니 만일
낱낱이 기록된다면 이 세상이라도 이 기록된 책을 두기에 부족할 줄 아노라"(요
21:25). 우리 주님의 생애는 오병이어의 잔치만큼이나 풍성했습니다. 그 때 주님
은 수천 명을 먹이셨고 그 남은 조각들만 해도 많은 광주리들에 가득했었지요.
한 사람이 이삼년 만에 위대하고 열매가 가득한 삶을 살 수도 있지만, 반면 다른
사람은 홍수 이전 시대의 사람처럼 오래 살고서도 전 생애 동안 빈약하고 무력
한 삶을 살 수도 있습니다.

우리 주님은 일일이 열거할 가치가 있는 많은 말씀과 큰 일들을 행하셨을

뿐 아니라, 그 각각의 말씀과 행하신 일에는 엄청난 능력이 있었습니다. 그분은 보잘것없는 일들을 무수히 전시하신 것이 아닙니다. 그분이 삶에서 행하신 각각의 일들은 너무나 대단하여 그 자체로만 생각해 보아도 놀라울 정도입니다. 행위자(doer)로서 그분 안에는 "신성의 모든 충만이 육체로 거하였듯이"(골 2:9), 그분의 행위들(deeds) 역시 마찬가지였습니다. 그분의 행위들 역시 은혜와 진리로 가득했습니다. 신적 지혜와 은혜와 능력이 예수님의 각각의 행동에 충만하였습니다. 그러기에 사도가 주님의 행동들과 표적들에 대해 본문에서 이렇게 말하는 것입니다. "예수께서 제자들 앞에서 다른 표적(signs)도 많이 행하셨으나."

우리 주님의 모든 움직임에는 교훈이 가득하였습니다. 그분에게 사소한 일은 없었습니다. 그분은 전 삶으로써 가르치셨고, 놀라운 진리들을 전파하셨으며, 그 진리들을 생생한 생명력으로 전파하였습니다. 그분은 언제나 동일하시지만, 그러면서도 결코 동일한 말씀을 똑같이 반복하는 분은 아니십니다. 우리가 종종 그러하듯이, 그분이 강론을 반복하시는 것을 우리가 발견할 때, 비록 산상수훈(山上垂訓)이 평지수훈(平地垂訓)과 매우 흡사하게 보인다 할지라도, 다양한 흐름과 목적과 어조가 독특한 변화를 창조해 냅니다. 주님께서 행하신 각각의 독립적인 행동은 그 자체를 뛰어넘는 무언가를 가리키는 표적(sign)입니다. 그리고 그분의 모든 행동들이 전체적으로는 바닥도 기슭도 없는 가르침의 대양(大洋)을 펼쳐 보여줍니다. 이와 같은 그리스도는 어떤 분이신지요! 오, 그분의 영이 우리 안에 거하시어, 우리의 삶 역시 충만하게 하시고, 하나님께 영광을 돌리는 열매로 가득하게 하시고, 동료 인간들에게 축복이 되는 삶이 되게 해 주시길 빕니다!

하지만 사랑하는 친구들이여, 비록 그리스도의 생애 전체가 기록되지는 않았지만, 우리는 이 본문에서 이 책에 기록된 것이 가장 유용한 부분이라는 것과, 또한 그것이 우리의 유익을 위해 기록으로 보전되었음을 이해할 수 있습니다. 이 영감으로 된 기록은 한 가지 목적으로 기록되었습니다. 사실들은 바람직한 목적을 위해 전체에서 지혜롭게 선별되어 모아진 것이며, 기록된 사실들은 기록의 목적을 이루기에 충분한 효력이 있으며, 다른 무엇보다 우리에게 중요한 것은 바로 그 목적입니다. "오직 이것을 기록함은 너희로 예수께서 하나님의 아들 그리스도이심을 믿게 하려 함이요 또 너희로 믿고 그 이름을 힘입어 생명을 얻게 하려 함이니라." 성령의 감동으로 기록된 복음서에 대한 우리의 경의가 우리를 그 목적에 대해 진지한 관심을 갖도록 이끌어 주기를 바랍니다. 복음서의 증언을 거절함으로써 그 목적을 무산시키는 것은 불경스러운 일이 될 것입니다.

먼저, 나는 이 아침에 전체 성경의 목적인 믿음(the design of all Scripture, which is faith)에 대해서 약간 언급하고자 합니다. 둘째로, 참된 믿음의 위대한 대상이신 하나님의 아들 예수 그리스도(the great object of true faith, which is Jesus the Christ, the Son of God)에 대해 말할 것입니다. 다음 세 번째로, 예수 그리스도의 이름과 연결되어 있고 함께 싸여져 있는 영혼의 참 생명(the true life of the soul which is linked and wrapped up with the name of Jesus Christ)에 대해 좀 더 이야기하도록 합시다. 예수 그리스도와 관련하여 기록된 일들의 증언을 통해 우리는 그분을 믿는 믿음으로 인도되는 것입니다.

1. 성경 전체의 목적인 믿음

먼저, 사랑하는 친구들이여, 모든 성경의 의도는 믿음을 산출하는 것입니다(the design of all Scripture is to produce faith). 성경 전체에서 의심을 낳기 위한 의도로 기록된 본문은 없습니다. 의심의 씨앗은 자기 스스로 뿌렸거나, 혹은 마귀가 뿌린 것으로서, 대개는 우리가 돌보지 않아도 무성하게 자라납니다. 회의적인 저작물을 읽는 습관은 매우 위험합니다. 우리는 본래의 체질상 굳이 열병 환자들의 수용소에 가지 않더라도 병에 걸리기가 매우 쉽습니다. 성경은 의심의 유모나 간호사가 아닙니다. 성경은 사실과 진리의 분명한 선을 보여줌으로써 거룩한 확신을 창조합니다. 많은 해석자들은 요한이 이 구절에서 예수님이 부활 이후에 행하신 일들에 대해서만 언급하고 있다고 생각해 왔습니다. "예수께서 제자들 앞에서 다른 표적도 많이 행하셨으나." 하지만 나는 요한이 우리 구주의 생애 전체에 대해서와 그분 생애의 모든 행동들에 대해 언급한 것이 틀림없으며, 그것을 입증해 줄 많은 근거들 ─ 그것들을 열거하여 여러분을 성가시게 할 필요가 없습니다 ─ 이 있다고 생각합니다. 그리고 그가 말하고 있는 '이 책(this book)'은 그분 자신의 책이며, 복음서란 그리스도의 생애를 담고 있는 책입니다. 요한은 이 본문의 언급에서 나사렛 예수의 전체 이야기를 포함하고 있습니다. 내가 과감히 거기에서 훨씬 더 나아가 요한이 여기서 한 진술에 대해 말하자면, 비록 이 구절에서 요한은 자기가 기록한 복음서에 대해 언급하고 있기는 하지만, 그것은 전체 성경에 대해서도 동일하게 해당되는 진실이라는 것입니다. 우리는 창세기에서 시작하여 요한계시록에 이르기까지, 모든 거룩한 이야기들에 대해 이렇게 말할 수 있습니다. "이것을 기록함은 너희로 예수께서 하나님의 아들 그리스도이심을 믿게 하려 함이라." 비록 이 성경은 놀라운 많은 책들의 문집(library)이지만, 그럼에도 불구하고 여기에는 두드러진 통일성(unity)이 있어서 허다한 사람들이 성경을 하나의 책으로 간주하며, 또한 그들이 그렇게 보는 것이 틀리지 않습니다. 이 하나의 책은 오직 하나의 목적을 가지고 있으며, 이 책의 모든 부분들이 그 한 가지 목적에 기여하고 있습니다. 성경의 모든 세부적인 내용을 읽으면서, 우리는 성령의 감동으로 된 전체 정경(canon)에 대해서 이렇게 말할 수 있습니다. "이것을 기록함은 너희로 예수께서 하나님의 아들 그리스도이심을 믿게 하려 함이라."

성경의 어느 부분도 그것을 기록한 저자 자신을 높이기 위한 동기로 기록되지 않았다는 것에 주목하십시오. 인간의 많은 저서들의 의도는 명백히 여러분에게 그 저자의 사상이 얼마나 깊은지 또는 그의 문체가 얼마나 뛰어난지를 보이기 위함입니다. 종종 자의식(self-consciousness)이 매우 분명하게 드러나고, 그의 사상의 결과물에 못지않게 그 사람 자체가 드러납니다. 만약 어떤 저자들이 어느 때에라도 자기 스스로를 소개할 기회가 있다면, 그들은 주저 없이 그렇게 할 것입니다. 심지어 그렇게 하는 것이 부적절한 경우에도 그렇게 하려 할 것입니다. 하지만 이 거룩한 성경의 저자들에게서는 그런 것을 조금도 감지할 수 없습니다. 정말이지, 그들은 이 시대의 어떤 "형제들"이 자신들의 겸양을 과시할 목적으로 책 표지에 이름 대신 이름의 머리글자만 표기하는 어리석은 방식을 따르지 않습니다. 우리는 여호와의 어떤 선지자도 "J.N.D." 혹은 "C.H.M."이라는 식으로 호칭하지 않습니다. 요즈음 그렇게 이름 머리글자를 사용하는 자들은 결코 저자를 감추려는 것이 아닙니다. 오히려 그들은 이름 전체를 표기한 것과 다름없이 잘 알려져 있습니다. 성령으로 감동된 저자들은 다윗, 욥, 이스라엘, 요한, 마태 등의 이름을 자유롭게 기록하고 있는데, 그들이 그러지 못할 이유가 무엇입니까? 그들이 이름을 명시했지만, 정작 그들이 기록한 책에서는 그들 자신을 거의 찾아보기가 힘듭니다. 그들은 스스로를 잊고 주제에 몰두했으며, 그들의 주님 뒤로 스스로를 감추었습니다. 그러한 아주 인상적인 경우를 요한복음에서 볼 수 있습니다. 요한은 다른 누구보다도 그리스도의 생애를 기록하기에 적합한 인물이었습니다. 그는 관찰에 의해서나, 친밀한 교제에 의해서나, 또한 진심어린 공감에 의해서나, 다른 어느 복음서 저자들보다도 예수님에 대해 더 많이 알지 않았습니까? 하지만 그는 다른 저자들이 이미 기록한 흥미로운 많은 사실들을 생략했습니다. 여러분이 잘 알듯이, 다른 저자들은 그 사실들을 요한만큼 실제적으로 목격하지는 못했습니다. 사람의 방식을 따라 말하자면, 이런 침묵은 매우 놀랍습니다. 이를 위해 요한 사도가 얼마나 많은 절제를 했을지 짐작할 수 있겠습니까? 다른 세 명의 복음서 저자들은 많은 부분을 간접적으로 받았습니다. 비록 그들이 받은 것이 참되고 성령에 의한 것이긴 했으나 말입니다. 하지만 요한은 말 그대로 그리고 직접적으로 그리스도께서 행하신 일들을 보았습니다. 그는 자기 눈으로 직접 그 일들을 목격했습니다. 그런데도 그는 그리스도의 생애에서 있었던 사건들에 대해 다른 복음서 저자들보다 더 적게 우리에게 제시합니다. 이 얼마나 자기를 잊은 태도(self-forgetfulness)인지요! 그가 침묵한 것은 그의 말이 그가 목적하는 바에 도움이 되지 못한다고 생각했기 때문입니다. 가장 놀라운 점은 이것입니다. 즉 요한이 그리스도의 생의 역사를 기록하면서 그 자신이 빛날 만한 장소들을 확실히 의도적으로 빠뜨린 듯하다는 것입니다. 그와 야고보와 베드로는 종종 주님에 의해 선발되어, 다른 제자들과는 떨어진 채 따로 주님과 함께 지냈습니다. 하지만 이런 경우들에 대해 그는 아무 말도 하지 않습니다. 야이로의 딸의 부활 시에 예수님은 친척들과 무리들뿐 아니라 제자들까지도 밖에 머물게 하셨으며, 오직 그 세 명의 제자들만 함께 있도록 하셨습니다. 이는 매우 특별한 영예였지만, 요한은 야이로의 딸이 살아난 일에 대해서는 한 마디도 하지 않습니다. 이 어떠한 자기 망각(self-oblivion)인지요! 내가 만일 저자였다면 그 장면을 빠뜨리지 않았을 것이며, 아마 여러분도 그랬을 것입니다. 만일 우리가 성령의 감동과 별개로 쓰고 있었다면, 우리는 틀림없이 그러한 특별한 은혜의 사건들을 소중히 기록했을 것입니다. 그러면서도 우리는 스스로를 자기중심적이라고 여기지 않았을 것이며, 오히려 우리 자신을 소수의 사람들만 목격했던 기적을 기록하도록 특별히 부름받은 자들이라고 여겼을 것입니다. 복음서를 쓰도록 요한을 감동하신 하나님의 영이 그를 온전히 사로잡으셨기에, 그는 오직 그 한 가지 위대한 목적을 위해서만 복음서를 기록한 것입니다. 아무리 특정 사건이 흥미로워도, 그는 그 목적과 동떨어졌다고 판단되면 그것을 기록하지 않은 채로 남겨 두었습니다.

다음으로, 오직 세 제자들만이 주님과 함께 변화산에 있었다는 것을 생각해 보십시오. 요한은 그들 중 하나였습니다. 요한은 이렇게 말한 것을 제외하고는, 그 경이로운 사건에 대해 따로 언급하지 않았습니다. "우리가 그의 영광을 보니 아버지의 독생자의 영광이요 은혜와 진리가 충만하더라"(요 1:14). 이 구절에서 그 사건에 대한 암시가 있을 수는 있지만, 결코 분명하지는 않습니다. 하여간 그는 그 상황에 대해 서술하지 않으며, 다른 사람의 펜으로 기록된 대로 남겨 둡니다. 이는 하나의 도덕적 기적입니다! 성령으로 감동받지 못한 사람이었다면 어떻게 그런 광경을 자기 기록에서 제외시킬 수 있었겠습니까? 더욱 놀라운 일이 있습니다. 주님께서 그 동산에 열한 제자들을 데리고 가셨을 때 나머지 제자들은 동산 입구에 남겨 두시고, 그 세 사람만을 동산 깊은 곳으로 데리고 가셨으며, 돌 던질 만큼의 거리에 그들을 머물게 하셨습니다. 그곳에서 그들 중 누군가는 그분의 기도를 들었을 것이며, 그분의 피와 같은 땀을 목격했을 것입니다. 요한은, 그들 중 하나였지만, 그 일에 대해 아무 말도 하지 않습니다. 그가 그 일을 잊은 것일까요? 그럴 리가 없습니다. 그가 그 일에 대해 의심한 것일까요? 분명 아닙니다. 하지만 그 사건을 기록에서 빠뜨린 것은, 여기에 기록된 사건들이 요한을 영예롭게 하는 관점에서 기록된 것이 아니라 독자로 하여금 예수님이 하나님의 아들 그리스도이심을 믿도록 하는 관점에서 기록되었음을 보여줍니다. 요한은 자기 자신을 전면에 부각시킬 수 있는 내용은 빠뜨리고, 그의 화폭의 전체 면을 주님의 초상으로 가득 메우기를 원했던 것입니다. 모든 것은 이 한 가지 장엄한 목적에 종속되었습니다. "너희로 예수께서 그리스도이심을 믿게 하려 함이라."

이것이 하나님을 위해 쓰거나 말하는 우리 모두에게 어떠한 교훈이 되는지요! 우리는 사람들을 인도하여 예수께서 하나님의 아들 그리스도이심을 믿도록 하는 이 한 가지 일을 위해 수고하도록 합시다. 만일 어떤 특정한 설교가 우리 자신을 높이게 될 것 같으면, 그리스도의 십자가를 가리지 않기 위해, 차라리 다른 내용을 선택하도록 합시다. 설혹 더 강력한 웅변술로 설교 시간을 점유할 수 있다고 해도, 웅변술의 최상의 부분은 빠뜨리도록 합시다. 우리의 언어 구사에서 가지치기를 하여 모든 수액이 열매로 갈 수 있게 할 것이며, 사람들이 예수께서 그리스도이심을 믿도록 이끌어 주는 것을 우리 일의 열매로 삼도록 합시다.

더 나아가, 성경은 예수 그리스도의 완벽한 전기를 제시함으로써 사람들에게 단순히 지식을 분배하는 관점에서 기록된 것이 아니라는 것에 주목하십시오. 성경의 한 가지 목적은 여러분으로 하여금 예수 그리스도를 믿도록 하는 것에 있습니다. 우리에게 예수 그리스도의 생애를 완벽하게 제시하는 것이 복음서 저자들의 목적이 아니었습니다. 일반적인 전기 작가들과 요한과 같은 저자의 차이점에 주목하십시오. 대개는 전기 서적이 광고되는 것을 보면, 돈을 아끼는 것이 여러분의 지혜일 것입니다. 돈 주고 살 만큼 가치 있는 전기란 좀처럼 보기 힘들기 때문입니다. 나는 여러분에게 글자들로 가득한 잡동사니에 불과하여 불에 태워 버려도 무방하고, 또한 잊어버려도 좋은 상투적인 문구들로 가득한 전기물들을 지적할 수 있습니다. 어떤 전기의 '선한' 주인공은 일생 동안 아무것도 하지 않았으며, 오직 한 일이라곤 아내와 결혼했다는 것과, 휴가를 맞아 스위스를 거쳐 베네치아와 로마까지 여행한 것이 전부입니다. 여행의 흔해빠진 사건들에 대해 그가 집에서 적어둔 단편들이, 아주 소중한 내용이라도 되는 듯이 모두 삽입되고 기록물로 남았습니다. 그 내용이란 것이 누구라도 말할 수 있는 것과 동일한 데도, 마치 대단한 무엇이라도 되는 양 전시되고 있습니다. 어쨌든 책은 부풀려야 하니까, 전기 작가는 의미가 있건 없건 그가 발견하는 모든 사소한 일들까지 다 내용에 포함시킵니다. 서랍에서 발견한 것은 무엇이든 대단한 것임에 틀림없습니다. 사촌들에게 처음으로 쓴 글이나, 삼촌이나 숙모들에게 쓴 편지나, 어디서 발견한 것이든 고인(故人)의 오랜 편지들이라면 모두 내용에 포함시킵니다. 모든 사소한 대화들도 포함됩니다. 왜냐하면, 진실을 말하자면, 우리의 삶이라는 것이 대부분 너무나 사소한 것들뿐이어서 만약 우리가 바람을 넣어 크게 부풀리지 않으면 서점에 내놓을 책 한 권을 만들기에도 충분하지 않기 때문입니다. 나사렛 예수의 전기는 얼마나 다른지요! 그분이 행하신 표적과 기사들이 기록된 것은 그저 책으로 엮기 위해서가 아닙니다. 심지어 그 일들이 기록된 것은 예수님이 행하신 모든 일에 대해 여러분에게 정보를 제공하기 위해서도 아닙니다. 이런 일들이 기록된 데에는 한 가지 목적, 의도, 목표가 있습니다. "너희로 예수께서 하나님의 아들 그리스도이심을 믿게 하려 함이라." 마태가 "아브라함과 다윗의 자손 예수 그리스도"(마 1:1)에 관해 기록할 때, 그는 그리스도와 그분의 왕국을 연관시키지 않는 모든 것들을 제외시켰습니다. 그는 메시야를 왕으로 묘사했으며, 자신의 저작 의도에서 벗어나지 않았습니다. 누가는 예수님을 인자로 제시하며, 여러분은 그가 얼마나 놀랍게 그 한 가지 노선을 유지하는지를 볼 수 있습니다. 하지만 요한에게 이르면, 그가 주 예수님을 하나님의 아들로서 제시하는 것과, 우리 주님을 다른 관점과 다른 측면에서 보여줄 수 있는 수많은 세부사항들을 그가 생략하는 것을 볼 수 있습니다. 요한복음에서 예수님은 그분 왕국의 왕으로 묘사되지 않습니다. 그는 그 일을 마태에게 맡겨둡니다. 그는 자기 요점에 집중하며, 그 요점은 서두의 문장들에 잘 나타나 있습니다. "태초에 말씀이 계시니라. 이 말씀이 하나님과 함께 계셨으니, 이 말씀은 곧 하나님이시니라"(요 1:1). 그는 우리 주님을 영광스러운 메시야로서와 하나님의 아들이시자 신성을 가지신 분으로서 제시하며, 오직 그러한 기록 목적만을 고수합니다. 복음서 저자들은 단지 우리의 지식을 늘리려고 시도하지 않으며, 그리스도를 위해 우리의 이해를 얻고 우리 마음을 정복하는 것을 목표로 삼습니다.

하지만 사랑하는 친구들이여, 다시 한 번 복음서들과 성경의 다른 책들이 가장 경건하고 종교적인 호기심을 충족시키기 위해 기록된 것이 아니라는 점도 주목합시다. 진실로, 나는 보스웰(Boswell)이 그의 친구 존슨(Johnson) 박사에게 했듯이 우리 주님께 처신했더라면 하고 바라곤 했습니다. 내가 만일 그분이 하신 모든 값진 말씀과 그분이 행하신 모든 일들을 기록하였더라면, 나는 그 일을 영예롭게 생각했을 것입니다. 나는 그분의 머리 색깔까지도 기록했을 것이며, 여러분에게 그분의 눈이 푸른색인지 갈색인지를 알게 해 주었을 것입니다. 나는 혈루병 앓던 여인이 만졌던 우리 주님의 옷자락이 어떤 직물이었는지에 대해서까지 모든 부수적인 일들도 기록해 두었을 것입니다. 여러분도 그렇게 하려고 하지 않았을까요? 여러분은 그분을 너무나 사랑하고 크게 존중하여, 그분에 관해서라면 아무리 작은 것이라도 알게 되면 보석 같은 지식으로 간주했을 것입니다. 우리의 사랑은 경이로우신 우리의 주님과 관계된 모든 것을 귀하게 여기도록 만듭니다. 하지만 성령으로 감동받은 저자들은 이런 느낌으로 인해 길을 잃지 않았습니다. 그들은 그들의 목적을 알았고, 온 힘을 그 목적에 기울였습니다. 성령께서는 흥미로운 세부사항들을 모으고 호기심을 자아내는 사실들을 보존하라고 그분의 종들을 보내신 것이 아닙니다. 그들 중 어느 누구도 여러분의 호기심을 충족시키려고 글을 쓴 것이 아니며, 심지어 여러분의 주님과 관련된 일에 대해서도 마찬가지였습니다. 여러분은 이 복음서에서 그분을 하나님의 아들로 믿도록 이끌어 주는 말씀을 들을 것이며, 그 이상의 말을 듣지는 못할 것입니다. 만약 모든 일들이 다 기록되었다면, 여러분이 육체를 따라서 그리스도를 알기 위해서는 일생을 보내야 했을 것입니다. 하지만 이제, 여러분이 성령을 따라서 그분을 알 수 있도록 가르쳐 주는 부분만이 기록으로 보존되었습니다. 복음서 저자들에 의해 우리 주님께 대한 언행록(memoirs)이 기록된 것은, 여러분의 호기심을 만족시키기 위함이 아니라 여러분의 영혼 속에 믿음을 낳기 위한 것입니다.

또한, 성경은 심지어 우리에게 완벽한 모범을 제시하기 위한 관점으로 기록된 것도 아닙니다. 나는 여러분이 그 점에 주목하기를 바랍니다. 복음서들이 우리에게 한 분의 완벽한 분을 제시하고, 우리가 그분을 본받아야 하는 것은 사실입니다. 우리가 그리스도의 생애를 읽을 때 우리는 어떻게 살아야 하고 또 어떻게 죽어야 하는지를 배울 수 있습니다. 그것은 사실입니다. 하지만 그것이 저자들의 우선적이고 주된 목적은 아닙니다. 그들은 우리가 예수님을 하나님의 아들 그리스도로 믿고, 그 믿음에 의해 그 이름을 힘입어 영생을 얻도록 하기 위해 기록하였습니다. 선행들이 최상으로 장려되는 것은 첫 번째의 일로서가 아니라 두 번째의 일로서입니다. 그것들은 믿음의 결과로서 오는 것이며, 정결하고 정직하고 거룩한 것을 진보시키려 하는 자는 구주이신 예수 그리스도께 대한 믿음을 최선을 다해 진보시키는 자입니다. 성경은 먼저 꽃을 찾으러 나서지 않으며, 열매를 먼저 찾는 것도 아니며, 먼저 뿌리를 심어 예수 그리스도께 대한 믿음을 주입시키는 것을 목적으로 합니다. 왜냐하면 우리가 그분을 믿을 때, 사랑으로써 역사하는 그 믿음이 가장 사랑스럽고 완벽한 성품의 그리스도를 확실히 본받도록 하기 때문입니다. 예, 결국 이것이 전체적인 목적이며 다른 목적은 없습니다. "이것을 기록함은 너희로 예수께서 하나님의 아들 그리스도이심을 믿게 하려 함이라."

이 복음서를 펼쳐서 요한이 어떻게 시종일관 그 목적을 유지하는지를 보십시오. 요한이 결코 이 한 가지 요점에서 눈을 떼지 않는 것을 여러분에게 보여드리기 위해, 하루 중 오전 시간 전체를, 아니 한 주간의 오전 전체를 소비할 만한 가치가 있습니다. 여러분은 곧 이 책이 예수님을 그리스도로 믿게 된 사람들의 증언을 연속하여 담고 있는 것을 발견할 것입니다. 요한은 첫 장에서 앞으로 그가 입증하려고 하는 진리를 가르칩니다. 1장의 17절과 18절을 읽어 보십시오. "율법은 모세로 말미암아 주어진 것이요 은혜와 진리는 예수 그리스도로 말미암아 온 것이라"(17절). 여기서 여러분은 예수님이 그리스도이심을 봅니다. "본래 하나님을 본 사람이 없으되 아버지 품속에 있는 독생하신 하나님이 나타내셨느니라"(18절). 여기에 "독생자(the only begotten Son)"가 있습니다. 그 두 구절은 우리에게 예수님이 그리스도이시며, 하나님의 아들이심을 보여줍니다. 요한은 우리 주님이 세례를 받으실 때에 성령이 그 위에 강림하시는 것을 보고서 이를 확신하게 되었습니다. 그래서 그는 서두에 이 증언을 한 것입니다. 거의 곧바로 안드레의 회심이 뒤따릅니다. 안드레는 어떤 증언을 합니까? 그는 자기 형제 시몬에게 이렇게 말합니다. "우리가 메시야를 만났다"(1:41). 메시야는 번역하면 그리스도라는 뜻입니다. 바로 가까이에 나다나엘의 증언이 뒤따릅니다. "랍비여 당신은 하나님의 아들이시요 당신은 이스라엘의 임금이로소이다"(1:49). 곧바로 갈릴리 가나의 혼인 잔치에서 물이 포도주로 변화되는 사건이 이어집니다. 요한이 언급하는 일곱 가지 기적들(seven miracles) 중의 하나인데, 요한은 그 일곱 가지 이상의 기적들을 언급하지 않습니다. 이 일곱 기적들 중의 첫 번째인 이 사건에 대해 그는 이렇게 말합니다. "예수께서 이 첫 표적을 갈릴리 가나에서 행하여 그의 영광을 나타내시매 제자들이 그를 믿으니라"(2:11). 그 기적은 믿음을 낳기 위해 의도된 것이었으며, 또 그렇게 되었습니다. 각각의 기적들에 대한 끝부분의 기록에서, 요한은 어떤 이들이 그분을 믿었다고 우리에게 들려주며, 또한 대체적으로 그들이 그분을 하나님의 아들 그리스도로 믿게 되었다고 들려줍니다. 니고데모와 관련된 인상적인 3장은 우리에게 어떻게 그 '탐구적인(inquiring)' 이스라엘의 선생이 그분을 믿게 되었는지를 보여줍니다. 또한 어떻게 주님께서 니고데모에게 보냄을 받은 분이시면서 동시에 아들로서(both the sent One and the Son) 계시되었는지를 보여줍니다. "하나님이 세상을 이처럼 사랑하사 독생자를 주셨으니 이는 그를 믿는 자마다 멸망하지 않고 영생을 얻게 하려 하심이라. 하나님이 그 아들을 세상에 보내신 것은 세상을 심판하려 하심이 아니요 그로 말미암아 세상이 구원을 받게 하려 하심이라"(3:16-17). 4장에서 여러분은 수가의 우물에 도착합니다. 거기서 주님은 한 가련하고 타락한 여인에게 자신을 나타내십니다. 그녀는 확신을 갖게 되고, 급히 동네 사람들에게 그 소식을 알리며, 그렇게 해서 그들은 예수님이 진정 그리스도이시요 세상의 구주이심을 알게 됩니다. 같은 장에서 한 왕의 신하의 아들을 일으키신 일에서, 요한은 그 아이의 아버지가 예수님을 믿게 되었다는 사실을 여러분에게 상기시킵니다. 그 기록의 자연스러운 추론은 여러분 역시 같은 믿음으로 인도되어야 한다는 것입니다. 5장에서 베데스다 연못가에 있는 무기력한 병자의 치유 이야기를 들려주는 것은 다음과 같은 진술을 소개하기 위해서입니다. "내게는 요한의 증거보다 더 큰 증거가 있으니 아버지께서 내게 주사 이루게 하시는 역사 곧 내가 하는 그 역사가 아버지께서 나를 보내신 것을 나를 위하여 증언하는 것이요"(36절). 예수님이 오천 명을 먹이시던 대목에서 우리는 이런 증언을 대합니다. "그 사람들이 예수께서 행하신 이 표적을 보고 말하되 이는 참으로 세상에 오실 그 선지자라 하더라"(6:14). 6장 69절에서는 시몬 베드로가 이렇게 말하는 것을 볼 수 있습니다. "우리가 당신을 그 그리스도시요 살아 계신 하나님의 아들이신 줄로 믿고 확신합니다"(KJV, We believe and are sure that thou art that Christ, the Son of the living God. 한글개역개정은 "우리가 주는 하나님의 거룩하신 자이신 줄 믿고 알았사옵나이다"로 되어 있음 - 역주). 7장에서도 마찬가지입니다. "다른 사람들은 말하기를 '이 사람은 그리스도라'"(41절). 예수님이 하시는 말씀에 확신을 얻고서 일부 사람들이 한 말입니다. 소경으로 태어난 자에게 예수님은 말씀하셨습니다. "네가 인자를 믿느냐"(9:35). 그리고 그 사람의 실제적인 반응은 믿음의 고백이자 즉각적인 예배의 행동이었습니다. 하지만 나는 내가 말하는 요점을 입증하기 위해 모든 사건들을 자세히 상고하면 여러분이 곧 지치게 될 것을 염려합니다. 요한복음 전체가 사람들을 예수님을 믿도록 인도하기 위한 변론의 양식으로 구성되어 있습니다. 요한복음은 우리 시대의 유니테리언들(Unitarians: 삼위일체를 인정하지 않는 자들로서 기독론과 관련하여 예수님의 신성을 믿지 않음 - 역주)과 같은 자들을 위해 기록되었을 것입니다. 이 책은 예수님이 하나님의 아들 그리스도시라는 반복된 선언들을 담고 있으며, 사람들의 연속적인 증언들은 예수님이 그들 가운데에서 행하신 표적들에 의해 바로 그 점을 볼 수 있도록 하기 위해 소개되었습니다. 그런 관점에서 요한복음을 연구해 보십시오. 그러면 여러분은 어떻게 주님께서 한 사람을 신적인 권위로 부르심으로써, 또 다른 사람은 그녀의 삶의 비밀들을 드러내심으로써, 또 다른 사람은 간청에 응답해 주심으로써, 또 다른 사람은 그의 정신에 빛을 비추심으로써, 결국은 그분께 대한 믿음으로 이끄시는지를 볼 수 있을 것입니다. 비길 데 없는 그분의 기도에서, 우리 주님은 제자들 전체에게 그들을 제자 삼은 은밀한 이유를 이렇게 제시합니다. "나는 아버지께서 내게 주신 말씀들을 그들에게 주었사오며, 그들은 이것을 받고 내가 아버지께로부터 나온 줄을 참으로 아오며, 아버지께서 나를 보내신 줄도 믿었사옵나이다"(17:8). 이 책 전체에서 그러한 노력의 긴장감은 동일합니다. 이 책은 "우리가 메시야를 만났다"는 안드레의 고백으로 시작되어(1:41) 도마에게서 끝이 나는데, 그에게 주님은 이렇게 말씀하셨습니다. "네 손가락을 이리 내밀어 내 손을 보라"(20:27). 도마는 황홀감에 빠져 크게 외쳤습니다. "나의 주님이시요 나의 하나님이시니이다"(20:28). 이는 신앙 고백이 도달할 수 있는 정상에 가깝습니다. 하지만 꼭 그렇지는 않은 것은, 여기 진정한 최고봉이 있기 때문입니다. "너는 나를 본 고로 믿느냐? 보지 못하고 믿는 자들은 복되도다"(20:29).

성경의 독자들인 여러분이여, 만일 여러분이 성경을 읽고도 예수님을 그리스도로 믿지 않았다면 여러분은 헛되이 읽은 것입니다. 여러분이 읽은 것은 여러분에게 저주일 뿐, 여러분을 구원에 이르게 하지 못합니다. 오, 예수님을 믿는 것이 허락되지 않을까 두려워하는 여러분이여, 그 어리석은 두려움을 떨쳐 내십시오. 이 거룩한 책은 여러분을 믿도록 하기 위한 목적으로 기록되었으며, 따라서 여러분에게 얼마든지 그렇게 할 수 있는 자유가 있다는 것이 분명합니다. 매번 요한은 자신의 펜에 잉크를 적실 때마다 이런 기도를 했습니다. "주여, 제가 쓴 기록으로 인해 사람들이 예수님을 믿게 해 주소서." 또한 그는 자신의 복음서를 끝맺을 때에 그의 생생한 영혼의 깊은 갈망을 표현하고 있습니다. "이것을 기록함은 너희로 예수께서 하나님의 아들 그리스도이심을 믿게 하려 함이라." 나의 귀한 청중이여, 주 예수님께로 향한 여러분의 즉각적인 믿음의 회심이 이 책의 목적입니다. 하나님께서 그 일을 여러분 속에 이루어 주시길 빕니다!

2. 참된 믿음의 대상

이제 한 걸음 더 나아가, 참된 믿음의 위대한 대상은 그리스도 예수이시다(the great object of true faith is Christ Jesus)는 두 번째 주제를 살펴보려 합니다. 본문은 "이것을 기록함은 너희로 니케아 신경(Nicene creed)을 믿게 하려 함이라"고 말하지 않습니다. 그 신경은 훌륭한 것이지만, 요한 당시는 작성되지도 않았으며, 또한 그것이 믿음의 주된 대상도 아닙니다. 본문은 또한 "이것을 기록함은 너희로 아타나시우스의 신조(Athanasian creed)를 믿게 하려 함이라"고 말하지도 않습니다. 그것은 매우 훌륭한 신조이지만, 다소 냉혹하며, 역시 그 때는 만들어지지 않았습니다. 그것이 아닙니다. "오직 이것을 기록함은 너희로 예수께서 하나님의 아들 그리스도이심을 믿게 하려 함이요 또 너희로 믿고 그 이름을 힘입어 생명을 얻게 하려 함이니라." 말하자면, 영혼에 생명을 가져다주는 믿음은 예수님의 인격(person)과 직무(office)와 특성(nature)과 사역(work)을 믿는 믿음이라는 것입니다. 비록 여러분이 일천 가지 문제에 대해 캄캄하다 하더라도, 또한 일만 가지 이상의 문제에 대해 실수를 하더라도, 여러분이 하나님의 아들 메시야를 믿기만 하면 영생을 얻습니다.

　먼저, 나는 예수님을 믿되, 그분이 그리스도이시다(He is the Christ)라고 믿어야 합니다. 즉 그분이 약속된 메시야이자 기름 부음받은 자로서 인류를 구원하실 분이라고 믿어야 합니다. 나는 예수님을 믿되, 하나님께서 에덴의 문에서 "여자의 후손이 그 뱀의 머리를 상하게 하리라"(창 3:15)고 말씀하셨을 때 바로 그 약속된 분으로 믿어야 합니다. 이 분이 보냄을 받은 분이요, 잃은 자를 찾고 구원하기 위해 오시는 분입니다. 그분을 우리가 믿어야 합니다. "예수께서 그리스도이심을 믿는 자마다 하나님께로부터 난 자라"고 기록되었기 때문입니다(요일 5:1).

　다음으로, 우리는 그분이 하나님의 아들이시다(He is the Son of God)라고 믿어야 합니다. 인간이 하나님의 자녀들이라고 광의로 말하는 그런 의미에서가 아니라, 더 높은 차원에서 그분이 하나님의 독생자시며(only-begotten Son of God) 아버지와 하나이시고, 영원토록 분리될 수 없이 하나인 분이라는 의미에서 믿어야 합니다. "이 말씀이 하나님과 함께 계셨으니"라고 믿고, 거기에서 더 나아가 "이 말씀은 곧 하나님이시니라"(요 1:1)고 믿어야 합니다. 자, 만일 우리가 하나님께 대하여 살고자 한다면 이것이 믿어져야 합니다. "누구든지 예수를 하나님의 아들이라 시인하면 하나님이 그의 안에 거하시고 그도 하나님 안에 거하느니라"(요일 4:15). "예수께서 하나님의 아들이심을 믿는 자가 아니면 세상을 이기는 자가 누구냐"(요일 5:5). 예수님이 하나님이 아니시라면 그분은 우리에게 세상을 이길 어떤 능력도 줄 수 없습니다. 하지만 그분의 신성(Godhead) 안에서 우리는 세상을 이길 힘을 얻습니다.

　두 가지를 하나로 결합하여, 하나님이신 그분이 인간이 되셨습니다. 그리고 우리를 구원하려고 세상에 보내어졌습니다. 그리고 우리는 임마누엘, 곧 하나님이 우리와 함께 하심을 바르게 알게 되었습니다. 이 믿음이 우리를 구원할까요? 확실히 그럴 것입니다. 하지만 내가 설명할 동안 귀를 기울여 주시기 바랍니다.

　첫째로, 이것을 사실의 문제(a matter of fact)로 믿으십시오. 그것을 사실의 문제로 믿었으면, 그것을 의심 없이 확신할 때까지 그분에 관한 기록을 계속해서 살펴보십시오. 이것이 기록된 것은 여러분이 온전한 확신으로 예수님이 하나님이시자 구세주이시라는 것을 믿도록 하기 위해서입니다. 여러분이 그 사실을 확신하게 되었을 때, 다음으로 할 일은 그것을 여러분 자신을 위해 받아들이는 것입니다

(accept it for yourself). 예수님이 여러분을 위해 기름 부음받으신 것을 인정하고, 여러분은 머리이신 그분을 통해 기름 부음을 받게 되며, 마치 그분에게 부어진 기름이 그분 의상의 아래 끝자락까지 내려오듯 여러분에게 내려오는 것을 인정하십시오. 동시에 거짓 없이 그분이 여러분의 하나님이신 것을 동의하고, 도마처럼 이렇게 외치십시오. "나의 주님이시요 나의 하나님이시니이다"(요 20:28). 여러분은 지금 믿음의 완성을 향해 나아가고 있습니다. 한 걸음 더 나아가십시오. 여러분이 받은 그 위대한 진리에 스스로를 복종시키십시오(yield yourself). 여러분이 진리에 복종하는 것, 그것이 구원하는 믿음이기 때문입니다. 이 말을 해야겠습니다. 이제 예수님이 나의 구주이시니 그분이 나를 구원하실 것이라는 그 진리의 확신에 따라 행하십시오. 그분이 나를 위해 기름 부음받은 그리스도이시기 때문에 나는 그분을 신뢰할 것이며, 그분의 기름 부음에 참여할 것입니다. 그리스도께서 하나님의 아들이시기에 나는 그분 안에서 안식할 것입니다. 그분 안에서 나 역시 하나님의 자녀가 되려 하기 때문입니다. 이것이 요점입니다. "아들이 있는 자에게는 생명이 있고 하나님의 아들이 없는 자에게는 생명이 없느니라"(요일 5:12). 이렇게 표현된 그대로 예수님을 영접하십시오. "영접하는 자 곧 그 이름을 믿는 자들에게는 하나님의 자녀가 되는 권세를 주셨으니, 이는 혈통으로나 육정으로나 사람의 뜻으로 나지 아니하고 오직 하나님께로부터 난 자들이니라"(요 1:12-13). 메시야이시며 하나님의 아들로서 게시된 분으로서 예수 그리스도를 영접하는 믿음은 영생을 얻게 하는 믿음이며, 성경이 기록된 것은 여러분으로 이 믿음을 갖도록 하기 위함입니다.

한 가지를 더 주목하시기 바랍니다. 우리는 기록된 말씀을 근거로(on the ground of the written word) 나사렛 예수를 하나님의 아들 그리스도로 영접해야 합니다. 보십시오. "이것을 기록함은 너희로 믿게 하려 함이라." 이로써 분명해지는 것은 용납될 만한 믿음의 근거는 기록된 하나님의 말씀이며, 다른 것을 쳐다보는 것은 헛되다는 것입니다. 한 형제가 말합니다. "오, 저는 믿을 수 있습니다. 하지만 느껴지지가 않습니다." 당신의 느낌이 예수님이 하나님의 아들 메시야시라는 진리와 무슨 상관이 있습니까? 나는 유럽에서 일어나는 문제들에 대해 이런저런 보도를 하는 신문을 읽습니다. 내가 그 뉴스들을 의심할 만한 충분한 이유들을 가지고 있을 수는 있지만, 이렇게 말하는 것은 확실히 좋은 이유가 아닐 것입니다. "나는 그 전보를 믿지 않아. 왜냐하면 내가 그것이 사실이라고 느끼지

(feel) 않기 때문이야." 우리의 느낌들이 사실의 문제들에 어떻게 영향을 미칠 수 있습니까? 사실들이 참된지 그릇된지의 여부는, 전적으로 듣는 자의 상태와는 별개입니다. 자, 여기 예수님에 대한 요한의 증언이 있고, 다른 세 명의 복음서 저자들의 증언이 있습니다. 만일 이 증언들이 참되다면, 그 증언들은 여러분의 마음이 기뻐 춤을 추든 실망하여 주저앉든 그것과 상관없이 참된 것입니다. 우리의 변화무쌍한 느낌들이 무엇이든, 사실들은 견고하게 서 있으며, 바뀌지 않습니다. 경험이 거짓을 참으로 만들지 못하며, 마찬가지로 기분과 감정이 그 자체로 참인 것을 거짓말로 만들지 못합니다. 그러므로 폭풍이 불고, 모든 소동이 일어나고, 내 가련하고 약하고 어리석은 감정의 본성이 수시로 바뀐다 하더라도, 내 머리 위로 나보다 더 높은 한 반석이 우뚝 솟아 있습니다. 폭풍이 아무리 오랫동안 거세게 몰아치더라도, 예수 그리스도, 기름 부음받으신 하나님의 아들이 자기를 신뢰하는 자들을 위해, 그들을 대신하여, 그들의 자리에서 죽으신 사실은 변하지 않습니다. 나는 그분을 믿습니다. 그리고 구원받았습니다. 만약 그분이 정녕 믿는 자들을 구원하기 위해 하나님이 보내신 분이라면, 그리고 그분 자신이 하나님이시고, 믿는 자를 구원하시겠다고 약속하셨다면, 그렇다면, 나는 믿는 자로서 하나님의 보좌처럼 안전하며, 혹은 그 보좌 주위에 있는 천사들처럼 안전합니다. 내가 무엇을 느끼거나 느끼지 않든지, 나는 진심으로 이 책이 나에게 가르쳐 주는 것을 믿기 때문에 구원받았습니다. 인간에게 주시는 하나님의 복음은 예수 그리스도 안에 구현되어 있으며, 그분이 하나님의 아들이시며, 주께서 자기 백성을 구하려고 기름 부어 보내신 분이신 것을 나는 믿습니다.

3. 예수님 안에 있는 영혼의 참 생명

이제 세 번째 요점에 도달했습니다. 그것은 영혼의 참 생명(true life of a soul)은 그리스도 예수 안에 있으며(lies in), 그 생명은 그분에 대한 믿음을 통해 그 영혼에게 온다(comes to the soul)는 것입니다. 나는 영혼의 생명을 단일한 것으로 이해하지만, 그것을 명확히 설명하기 위해 조금 구분해 보고자 합니다.

먼저, 사람이 죄책으로 죽게 된 것을 알았을 때, 만약 어떤 수단에 의해 죽음의 형벌이 그에게서 면제되었다면, 그는 목숨을 얻었다고 말할 수 있고, 그는 사법적 형태의 목숨(life in judicial form)이 얻어진 것이라고 할 수 있습니다. 죽음의 선고를 받은 사람이 정당하고 합법적인 어떤 수단에 의해 무죄 방면되었다고 가정해 보십시오. 무죄 방면의 그 사실에서 그는 생명을 얻은 것입니다. 바로 그것이 예수님을 그리스도로 믿는 모든 사람이 가지는 생명의 첫 번째 형태입니다. 그는 무죄 방면되었고, 용서받았으며, 의롭다고 인정되었고, 그러므로 살게 된 것입니다. 예수 그리스도의 의를 통해 그는 하나님 앞에서 의롭게 되었습니다. 완전한 의로 옷 입었기에 그는 살며, 영원히 살 것입니다. 그가 사면된 것은 그가 그리스도 예수를 믿었기 때문이며, 바로 그 믿음의 행위로써 그는 하나님의 의를 받아들이고 죽음을 피한 것입니다. 그의 죄책은 제거되었으므로, 어떤 형벌도 그에게 가해질 수 없습니다.

이 사법적인 생명은 시여된 생명(imparted life)을 수반합니다. 성령 하나님께서 신자들과 함께 하십니다. 그들에게 새롭고, 거룩하며, 하늘에 속한 생명을 불어넣어 주십니다. 그들은 세상에 대해 죽었고, 우리가 지난 주일 아침에 들었듯이, 그리스도와 함께 장사지낸 바 되었습니다. 하지만 그들은 하나님께 대하여는 살며, 결코 죄로 인해 죽임을 당하지 않습니다. 그리스도의 생명이 살아 계신 하나님의 영에 의해 그들 속에 주입됩니다. 주 예수님이 친히 그것을 증거하셨습니다. "내가 진실로 진실로 너희에게 이르노니 내 말을 듣고 또 나 보내신 이를 믿는 자는 영생을 얻었고 심판에 이르지 아니하나니 사망에서 생명으로 옮겼느니라"(요 5:24).

이 생명이 자라는 것에 주목하십시오. 그것은 계속해서 힘을 얻고, 마치 요한이 생명을 "더 풍성히"라고 말했듯이 증대됩니다(참조. 요 10:10). 그 생명은 결코 죽지 않습니다. 그것이 파괴되는 것은 불가능합니다. 그것은 항상 살아 있고 썩지 않는 씨입니다(참조. 벧전 1:23). 지상에 있는 성도들의 생명은 사실상 천국에 있는 성도들의 생명과 동일한 것입니다. 우리가 영광에 들어갈 때에도 새 생명의 본질은 변하지 않습니다. 다만 그것이 자라고 성장하여 천국에서 완성에 이르게 되는 것입니다. 지상에서 신자의 생명은 그리스도입니다. 천국에서도 그의 생명은 같습니다. 우리의 영적 본성과 관하여 말하자면, 우리는 부활을 겪었으며, 죽은 자 가운데서 살아났습니다. 우리가 이 지상에서 살고 있는 생명은 부활의 생명입니다. 부활은 이미 지나가 버린 것이 아닙니다. 몸에 대해 말하자면, 그것은 반드시 변화될 것입니다. 그것이 죽고 매장된다 해도, 마지막 나팔 소리에 다시 일어날 것입니다. 우리는 양자될 것, 즉 사망 권세로부터 몸의 구속을 기다리고 있으며(롬 8:23), 소망의 확신 중에서 그것을 기다리고 있습니다. 영혼이 지금도 새 생명 안에서 살고 있는 것은, 우리가 하나님의 영에 의해 소생되었기 때문입니다.

새 생명은 믿음을 통해 영혼 안으로 들어가고, 그 동일한 생명을 우리는 하나님 우편에서 영원토록 누릴 것입니다. 예수님이 이렇게 말씀하셨습니다. "진실로 진실로 너희에게 이르노니 믿는 자는 영생을 가졌나니"(요 6:47).

나는 이 생명이 믿음에서 온다는 사실을 자세히 말하기를 원합니다. 다른 어떤 외적인 상황과도 무관하게 그것은 진정 믿음과 함께 오는 것임을 주목해야 합니다. 한 사람이 내게 하소연합니다. "목사님, 저는 제가 언제 회심했는지를 정확히 알 수 없습니다. 이것이 제게는 큰 근심을 자아냅니다." 사랑하는 친구여, 그것은 불필요한 두려움입니다. 당신의 질문을 다른 방향으로 전환하십시오. 당신은 믿음으로 하나님께 대해 살아 있습니까? 당신은 예수님이 하나님의 아들 그리스도이심을 믿습니까? 당신은 그분을 의지하고 또 신뢰하고 있습니까?"예, 전심으로 그렇게 하고 있습니다"라고 당신이 말하는군요. 좋습니다. 그러면 당신이 언제(when) 회심했는지에 대해서는 신경 쓰지 마십시오. 회심의 사실이 중요한 것이지, 그 날짜가 중요한 것이 아닙니다. 만일 어떤 사람이 당신에게 "당신은 살아 있지 않습니다"라고 말하면, 당신은 당신이 살아 있는 것을 어떻게 증명하겠습니까? 그의 발가락을 지긋이 밟아 주든지, 혹은 그로 하여금 당신이 생명을 소유하고 있다고 느끼게 해 줄 어떤 행동을 하는 것도 좋은 계획일 것입니다.

나는 당신이 당신의 출생증명서를 찾아내는 일이 불필요하다고 생각합니다. 왜냐하면 설혹 당신이 그것을 손에 쥐고서 "이 서류가 결정적입니다"라고 말해도, 어떤 분명한 생명의 행위에 비하면, 그것은 생명의 존재를 확신시킬 증거로서 절반의 효력에도 미치지 못하는 것입니다. 설혹 내가 거듭난 그 정확한 순간을 스스로 안다고 생각한다 해도, 내 생각이 틀릴 수 있습니다. 진정 우리의 판단이나 우리의 기억은 그리 의존할 것이 못됩니다. 나는 내가 삼십년 전에 믿기 시작했다는 것을 확신하려 하기보다는 차라리 오늘 믿는 편을 택하겠습니다. 아마도 여러분 중에서 태양이 오늘 아침에 떠오른 정확한 시각을 아는 사람은 거의 없을 것입니다. 그렇지만 여러분 누구도 해가 떠오른 것을 의심하지 않으며, 바로 이 순간 여러분은 그 햇살의 혜택을 누리고 있습니다. 어떤 아침에는 해가 떠오르고 있는 순간을 여러분이 알 수 있을 때가 있지만, 아침에 구름이 끼어서 여러분이 미처 알기도 전에 해가 뜰 때도 많이 있습니다. 만일 사람이 이런 식으로 말한다면 그는 틀림없이 미친 사람일 것입니다. "나는 지금이 한낮인 것을 믿지 않습니다. 왜냐하면 태양이 언제 떠올랐는지 내가 알지 못하기 때문입니다." 확실한 사실에 비하면, 날짜는 아주 사소하고 중요하지 않은 문제입니다. 여러분은 예수 그리스도를 믿습니까? 그러면 여러분은 하나님께 대해 살아 있는 것이고, 그 생명이 출생의 증거입니다.

또 한 사람이 말합니다. "좋습니다. 하지만 저는 어떻게(how) 제가 회심하였는지를 거의 알지 못합니다." 그것 역시 또 하나의 사소한 문제일 뿐입니다. 우리들 중 일부는 주께서 어떻게 우리를 그분께로 인도하셨는지 그 방법을 더듬어 추적할 수 있으며, 또한 우리를 진리를 아는 지식으로 이끌어 준 도구에 대해서 매우 감사하고 있습니다. 하지만 우리의 본문은, 여러분과 내가 그리스도 안에 있는 믿음의 자취를 요한이나 다른 누구에게서 찾아보도록 성경이 기록되었다고 말하지 않습니다. 그것이 아닙니다. 성경이 기록된 것은 우리로 증언의 결과로서 예수 그리스도를 믿도록 하기 위함입니다. 나는 여러분이 하나님의 말씀의 증언으로 인해 믿기만 한다면, 그것을 증언한 어떤 대행자(agent)에 의해 그 믿음에 이르게 되었는지에 대해서는 조금도 관심이 없습니다. 여러분을 믿음에 이르게 한 외적인 수단들이 무엇이건 간에, 하나님의 영이 그것을 사용하여 역사하신 것이라고 나는 확신합니다. 마음에 일으키시는 그분의 거룩한 역사가 아니고서는 어떤 살아 있는 믿음도 있을 수 없기 때문입니다. 여러분이 진실하게 믿는다면, 여러분이 그 믿음을 얻은 방식에 대해서는 자세히 조사할 필요가 없습니다.

한 사람이 말합니다. "예, 하지만 저는 제 느낌으로써 제가 하나님께 대해 살아 있는지를 알기 원합니다. 저는 자주 너무 슬퍼지고 고통으로 가득하게 되거든요." 들어보십시오. 고통이란 즐거움과 마찬가지로 생명의 확실한 증거가 아닙니까? 만약 누군가 내게 "나는 내가 좋은 기분을 느끼기 때문에 살아 있는 것을 압니다"라고 말한다면, 나는 이렇게 대꾸할 것입니다. "그리고 나는 때때로 아주 언짢은 기분을 느끼기 때문에 내가 살아 있는 것을 압니다." 류머티즘의 고통은 기쁨의 전율 못지않게 확실한 생명의 증거입니다. 마찬가지로 당신의 상태에 대한 근심과, 죄에 대한 혐오, 당신의 부족함으로 인한 슬픔 등은, 최상의 기쁨이나 생생한 활력에 못지않게 영적 생명의 정당하고도 확실한 표징들입니다. 그러므로 그 문제로 스스로 염려하지 마십시오. 당신이 예수님을 하나님의 아들 그리스도로 믿는다면, 그리고 그분 안에서(in) 안식한다면, 당신은 잘 지내고 있는 것입니다.

또 한 사람이 말합니다. "하지만, 저는 너무 많이 변합니다. 저는 때로는 그리스도인이 틀림없다고 느끼다가, 다른 때는 제가 구원받는 것이 불가능하다고 느껴지기도 합니다." 예, 당신은 몸으로 살아가는 삶에서 크게 변하지 않은 것이군요. 내가 잘 알지요, 충분히 이해하겠습니다. 이 무겁고, 축축하고, 짙은 공기가 반쯤은 나를 질식시킬 정도입니다. 나를 시원한 산들바람이 불어오는 높은 산 중턱에 올려 준다면, 나는 전혀 다른 사람이 된 듯이 느껴집니다. 그런데 이런 변화들이 내가 살아 있다는 것을 의문시할 이유들이 됩니까? 아니, 그렇지 않습니다. 오히려 그 반대입니다. 내가 변화를 느끼는 이유는 내가 살아 있기 때문이고, 내가 만일 빗자루나 벽돌담이라면 공기의 변화는 큰 문제가 아닐 것입니다. 만약 당신에게 영적인 생명이 없다면, 당신은 거의 아무런 변화도 느끼지 못할 것입니다. 하지만 당신이 살아 있기 때문에 이런 변화들이 당신에게 일어날 수밖에 없는 것입니다. 내가 당신을 미소 짓게 하는군요. 여러분 중에 최상의 사람들에게 악몽처럼 매달려 있는 그 두려움들을, 내가 웃음으로 넘겨버리게끔 할 수 있다면 좋겠습니다.

"하지만 제 속에는 심한 갈등이 있어요"라고 한 사람이 소리칩니다. 아, 사랑하는 친구여, 죽은 사람들에게는 갈등이란 것이 없습니다. 만약 당신이 주의 편에 있지 않다면, 믿음과 불신 사이에 어떤 다툼도 없을 것입니다. 만약 우리의 전 존재가 본래적인 죽음에 머물러 있다면 내적 싸움은 없을 것입니다. 하지만 당신 안에 두 개의 마음이 있다면, 틀림없이 그 둘 중 하나는 하나님의 마음일 것입니다. 이 내적 갈등이 당신이 의심하는 이유가 되게 하지 마십시오. 오히려 그 갈등을 당신을 더욱 굳센 믿음으로 이끌어 주는 동기로 삼아, 예수께서 하나님의 아들 그리스도시며 사람들의 구주이심을 더욱 확고히 믿기를 바랍니다.

예수님께 대한 믿음은 생명을 낳습니다. 그리고 이 생명이 융성하기도 하고 쇠하기도 하는 것은 우리 믿음의 정도에 크게 달려 있습니다. 굳게 믿으십시오. 그러면 여러분의 생명에 활기가 넘칠 것입니다. 약하게 믿으면, 여러분의 생명 역시 약해질 것입니다.

하지만 모든 것이 "그 이름(the name)"에 달려 있습니다. 이 얼마나 복된 말씀입니까? "너희로 그 이름을 힘입어 생명을 얻게 하려 함이니라." 그 이름이란 그리스도의 존재의 모든 특징을 의미합니다. 그분의 모든 직무와 관계, 그리고 그분이 행하셨고 행하고 계시는 모든 일을 의미합니다. 우리는 "그 이름을 힘입어 생명을 얻습니다." 우리는 그 이름 외에 다른 어느 곳에서도 생명을 얻지 못합니다. 예수 그리스도께서 나사로에게 "나사로야 나오라"고 말씀하셨습니다(요 11:43). 왜 그가 나왔습니까? 바로, 그를 부르시는 그 말씀 배후에 죽은 자를 살리시는 그리스도의 이름이 있었기 때문입니다. 왜 귀신들린 자들이 치유되었습니까? 그것은 더러운 영들이 그 이름을 알고 그 이름에 떨었기 때문이 아닙니까? 마귀와 죽음, 죄와 절망이 모두 그 이름에 굴복합니다. 어떤 이들이 다른 이름으로 귀신을 쫓아내려 했을 때, 귀신이 오히려 그들을 뛰어올라 누르며 이렇게 외쳤습니다. "예수도 알고 바울도 알거니와 너희는 누구냐"(행 19:15). 그 이름은 천국에서도 능력이 있고, 지상에서도 능력이 있으며, 지옥에서도 능력이 있고, 어디에서든 능력이 있습니다. 우리가 그 이름을 의지하면, 그리고 그 이름의 영광을 위해 산다면, 우리는 그 이름을 힘입어 생명을 얻는 것입니다.

나는 서두로 다시 되돌아와, 거기서 끝을 맺으려 합니다. 한 가지 일, 가장 중요한 일, 유일하게 중요한 일은, 우리가 예수 그리스도를 붙드는 일입니다. 시종여일하게, 흐릴 때에나 맑을 때에나, 언덕에 오를 때에나 골짜기로 내려갈 때에나, 밤에나 낮에나, 살아서나 죽어서나, 이생의 시간에서나 영원 속에서나, 우리는 십자가에 죽으신 나사렛 예수께서 하나님의 아들 그리스도이시며, 모든 불의를 씻기고 완벽한 의를 가져다주시기 위해 보냄받은 분이라고 굳게 믿어야 합니다. 우리가 그분을 십자가에서 보든 혹은 그분의 보좌에서 보든, 우리의 모든 소망과 모든 의뢰는 그분에게 고정되어 있어야 합니다. 그렇게 하여 우리는 이생의 시간이 끝났을 때에도 살 것입니다.

진실로, 여러분에게 말합니다. 그렇게 그분을 신뢰하는 자들은 결코 멸망하지 않으며, 그 누구도 그들을 그분의 손에서 빼앗을 수 없습니다. 그분이 "내가 그들에게 영생을 주노니 영원히 멸망하지 아니할 것이요 또 그들을 내 손에서 빼앗을 자가 없느니라"고 말씀하셨기 때문입니다(요 10:28). 오, 참된 신자들이여, 그 자리에 머무십시오. 하나님께서 여러분을 즉시 예수님께로 데려다주실 것입니다. 이 신성한 책은 여러분을 믿도록 하기 위해 기록되었습니다. 여러분을 믿음으로 이끌기 위해 성령이 오셨습니다. 복음을 전하는 모든 설교의 목적은 여러분을 믿도록 하는 것입니다. 그러니 와서 믿으십시오. 지금 이 시간 그 유일한 구원의 이름을 믿고, 그 이름을 힘입어 사십시오. 하나님께서 그 이름을 위하여 그렇게 은혜 주시길 빕니다. 아멘.

제
88
장

—

예수님과 함께 먹는 조반

—

"예수께서 이르시되 와서 조반을 먹으라(dine) 하시니 제자
들이 주님이신 줄 아는 고로 당신이 누구냐 감히 묻는 자가
없더라." — 요 21:12

주 예수님은 우리의 육신적인 필요에 대해서도 사려가 깊으십니다. 공생애
초기에 그분은 보리떡과 물고기로 큰 무리들을 먹이신 사건이 두 번이나 있었습
니다. 이제 그분은 죽으시고 부활하셨으며 영광의 몸으로 계시지만, 여전히 인
간의 주린 몸을 배려하시며 이렇게 그 어부들에게 물어보십니다. "애들아 너희
에게 고기가 있느냐"(요 21:5). 그들에게 아무것도 없는 것을 아시고, 그분은 그
들을 위해 조반을 마련하십니다. "와서 조반을 먹으라"는 말씀이 아주 온화하게
그분의 입술에서 떨어졌습니다. 이는 그분이 얼마나 가난한 자들의 일시적인 필
요에도 관심을 기울이시는지를 우리에게 입증해 줍니다. 여기에 하나님의 종들
이 배고픈 무리를 먹이고자 애쓰는 정당한 이유가 있습니다. 우리는 소위 구호
품이라는 것으로 그들을 매수해서는 안 됩니다. 우리 주님은 결코 그런 일을 하
지 않으셨습니다. 보리떡과 물고기들은 매우 빈약한 영적인 미끼로서, 제대로
된 종류의 물고기(영혼을 가리킴 — 역주)는 한 마리도 잡지 못합니다. 급식은 그들
이 필요하기 때문에 해야 하는 것이고, 하나님의 사랑을 실천하려고 행하는 것
이지, 다른 저의를 가지고 해서는 안 됩니다. 구주께서 무리들을 먹이셨듯이, 우
리도 적정한 한도를 넘어설 염려 없이, 우리의 능력껏 그런 일을 시도할 수 있는

것입니다.

　　우리 주님께서는 이 경우에 특별히 자기 사람들의 필요에 마음을 쓰셨습니다. 이 일곱 명의 사도들은 그분의 돌봄으로 필요를 공급받았습니다. 만약 여러분 중에 누구든 궁핍하고 어려운 상황에 처해 있다면, 이 사실을 붙잡고 용기를 내십시오. 그 일곱에게 "와서 조반을 먹으라"고 말씀하신 그분은 여러분이 곤경에 처했을 때에 여러분을 잊지 않으실 것입니다. 여러분 편에서는, 바로 지금이 믿음을 활용할 때입니다. 그분의 편에서는, 지금이 그분의 능력을 보이실 기회입니다. 만약 여러분이 여러분의 동료인 사람들을 쳐다본다면, 아마도 그들은 여러분을 돕지 못할 것입니다. 그들은 형편이 좋지 못한 자들을 냉대하기가 매우 쉬운 자들입니다. 하지만 여러분이 그분을 바라본다면, 여러분은 기도의 응답을 얻을 것입니다.

　　　　"어떤 식으로든 주께서 공급하시리."

　　나는 우리 주님께서 어떻게 그 숯불을 피우셨는지 알지 못하는 것처럼, 그분이 어떻게 그 숯불에 구우시던 물고기를 조달하셨는지를 알지 못합니다. 하지만 거기에 불이 있었고, 물고기도 있었습니다. 그와 마찬가지로 우리는 주께서 자신만의 방식으로, 그리고 '여호와의 산에서 친히 준비하시는' 것을 보게 될 것입니다(참조. 창 22:14). "여호와를 의뢰하고 선을 행하라 땅에 머무는 동안 그의 성실을 먹을거리로 삼을지어다"(시 37:3). 여러분에게 "우리에게 일용할 양식을 주옵소서"라고 말하도록 가르치신 그분이 빈 말로 여러분을 가르치신 것이 아닙니다. 오, 너무나 궁핍하여 배고픔에 익숙하게 된 여러분이여, 예수님이 여러분을 얼마나 불쌍히 여기시는지를 보십시오. 그분이 여러분을 도우시도록 그분을 바라보십시오. 그분은 갈릴리 호숫가에 계실 때에나 지금이나 동일하신 분입니다.

　　한 걸음 더 나아갑시다. 예수님께서 자기 백성의 형편에 관심을 기울이시고 그들의 육신을 먹이시듯이, 우리는 그분이 그들의 영혼까지도 먹이신다는 것을 확신할 수 있습니다. 내가 여러분 가운데로 돌아갈 것을 생각하면서 나는 스스로 속으로 이렇게 다짐했습니다. "내가 본국에 돌아가면 첫 번째로 할 일은 하나님의 종들을 부양하는 것이 될 것이다. 그래야 그들이 선한 일에 매진할 수 있을 것이다." 우리 주님은 제자들에게 세 번째로 자기를 나타내실 때에, 요구사항이 아니라 먹을 것을 가지고 나타나셨습니다. 그들에게 하실 말씀도 행하실 일도 많았습니다. 하지만 그들은 먼저 조반을 먹어야 했습니다. 그들은 심문을 받고, 책망도 받고, 교훈도 받고, 사명도 받고, 경고도 받아야 했습니다. 하지만 그들은 우선 먹어야 했습니다. 그 아침에 우선적인 것은 숯불이었고, 구운 물고기와 떡이었습니다. 그런 것들이 잘 갖추어져야, 그 다음에 그들이 주께서 그들에게 하실 말씀을 들을 수 있었습니다. 제일 중요한 일들은 잠시 뒤로 미루어져야 했습니다. 그래야 그들이 제일 중요한 일들을 감당할 수 있고 또 그것들을 통해 유익을 얻을 수 있었습니다. 그들이 춥고 배고픈 동안에는 그런 일을 할 수 없었습니다. 자, 만약 몸에 대해서도 그러하다면, 영혼에 대해서는 얼마나 더 그렇겠습니까? 그러므로 이 아침에 여러분이 주님께 광야에서 그러하셨듯이 식탁을 펼쳐 주시도록 요청하기를 바랍니다. 여러분은 이 때에 이 노래를 불러도 좋습니다.

"여호와는 나의 목자시니,
내게 부족함이 없으리로다,
그가 나를 푸른 풀밭에 누이시며
쉴 만한 물가로 인도하시는도다."

여러분이 진지한 관심을 기울여야 할 것들은 많습니다. 하지만 여러분이 속사람을 새롭게 하지 않고 일하기 위해 서둘러 달려간다면 그것은 딱한 일이지요. 잠시 멈추십시오. 여러분의 주님과 함께 음식을 드십시오. 그래야 여러분은 여러분에게 지워진 의무들을 잘 수행할 수 있습니다. 여러분에게 쓰러뜨려야 할 나무가 있다면, 여러분은 먼저 도끼를 가는 것이 시간 낭비라고 여기지는 않을 것입니다. 이 아침에 여러분의 식량보급소에 들어가는 일 외에는 아무 일에도 관여하지 마십시오. 주님의 첫 번째 기적은 혼인잔치에서 있었습니다. 이제 우리 앞에 있는 본문의 기적에서 그분은 조반을 마련하십니다. 그분의 복음은 굶주리게 하는 복음이 아닙니다. 그분은 우리에게 모든 것을 풍성히 주시어 누리게 하십니다. 옛 아가서에서 그분의 외침을 들어보십시오. "나의 친구들아 먹으라, 나의 사랑하는 사람들아 많이 마시라"(아 5:1). 사랑하는 하나님의 자녀여, 믿고, 의심하지 마십시오. 최상의 떡이 당신에게 주어집니다. 믿음의 확신으로 당신의 몫을 받으십시오.

1. 예수님과 함께 하는 식사의 중요성

먼저, 예수님과 함께 하는 식사의 중요성을 보도록(to see the importance of a feast with Jesus) 여러분을 초대합니다. 예수님이 여러분에게 "와서 조반을 먹으라"고 말씀하십니다. 그분의 말씀에는 아주 깊은 의미가 있습니다. 예수님과의 식사가 얼마나 중요한지를 보십시오.

그것은 특별히 이 사람들에게 필요했습니다. 왜냐하면 그들이 궁핍한 상황에 있었기 때문입니다. 그들은 물에 젖어 있었고, 춥고, 배고팠습니다. 숯불이 그들 가운데 있는 것이 좋았고, 그 가에서 그들은 셔츠를 말리고 손을 녹일 수 있었습니다. 방금 바다에서 잡아와 숯불에 구운 물고기는 그들의 배고픔을 해결해 줄 최적의 음식이었습니다. 예수님은 전에 언제나 그들과 함께 드셨던 맛있고 소화하기 좋은 음식을 그들 앞에 펼쳐 놓으셨습니다. 물고기의 맛을 돋우는 음식으로서 떡은 우리 주님의 모든 식사에 지속적으로 올려지는 메뉴였습니다. 예수님은 자기 종들이 물에 젖고, 춥고, 배고픈 상태로 있는 것을 보고 싶어하지 않으셨으며, 그래서 그들이 불편을 면하도록 필요한 것을 제공하신 것입니다. 틀림없이, 예수님이 보고 싶어하지 않으시는 것은 우리에게 유익한 것이 아닙니다. 우리가 불행한 것은 좋지 않습니다. 그러므로 만약 여러분이 오늘 아침에 여러분의 영혼 깊은 곳에서 언짢고 불편한 것이 많이 느껴진다면, 주님께서 여러분의 그런 상태를 좋아하지 않으십니다. 여러분 자신의 불행에 대한 생각은 여러분이 그분을 생각하는 것을 방해하고, 그분을 잘 섬기지 못하도록 방해합니다. 오늘 아침 나의 주님께서 내게 명하시기를, 모든 손에 좋은 음식이 골고루 공급되었는지를 살피라고 하십니다. 그러므로 나는 기쁘게 여러분을 그분의 뜨거운 사랑으로 타오르고 있는 숯불가로 초대합니다. 그분의 말씀이 공급해 주는 거룩한 진리의 음식을 여러분 앞에 즐거이 베풀어 놓습니다. 이렇게 함으로써 나는 "내 양을 먹이라"고 하신 그분의 명령을 이루기를 원합니다. 하나님의 귀한 자녀들이여, 여러분이 행복한 것은 중요합니다. 여러분이 내적으로 활기찬 영적 상태에 있는 것이 중요합니다. 그러므로 와서 예수님과 함께 조반을 드십시오. 많은 전투에서 패배의 원인은 군인들이 원기왕성하게 싸우지 못했기 때문입니다. 여러분은 그렇게 되지 마십시오. 만약 여러분이 예수님과 그분의 진리를 위해 길고도 힘든 일을 하려 한다면 힘이 필요합니다. 그리고 하늘의 양식이 아니고서는 그 힘을 유지할 수가 없습니다. 여러분 중에 많은 이들의 상태를 고려해 볼 때, 즉시로 예수님과 함께 식사를 하는 것이 중요합니다.

게다가, 그들은 밤새 열매도 없이 수고하여 지쳐 있었습니다. 그 때는 "밤"이었고, 예수님이 멀리 떨어져 계신 동안 그들은 "아무것도" 잡지 못했습니다(3절). 우리 앞에는 최근에 많은 수고를 기울였으나 아무 소용도 없었던 것을 본 하나님의 종들이 몇몇 있지 않습니까? 그들은 사람을 낚으려고 시도했지만, 그물은 텅 비어 있습니다. 밤이 맞도록 수고해도 아무것도 건지지 못한다니, 그것은 지치는 일입니다. 나는 그런 경우를 알고 있으며, 그 반대의 경우는 훨씬 잘 알고 있습니다. 오, 자그마한 강과 같은 벽촌에서, 큰 바다와도 같은 도시에서 떨어져서, 성공적인 시기를 보내는 것은 복된 일입니다! 최근에 한적하게 보내는 동안, 물고기들이 계속해서 내 낚싯줄로 모여들어 내 바늘을 무는 듯이 보였습니다. 물고기를 잡으려고 의도적으로 미끼를 달아 던지지도 않았는 데도 말입니다. 주님께서 주의 은총을 구하는 사람들을 제게 보내셨고, 그들은 조용한 말씀을 받고서 기쁨으로 그들의 길을 갔습니다. 오호라! 항상 그런 것은 아닙니다. 여러분은 큰 바다에 널리 그물을 펼치고서, 사방에 물고기들이 셀 수도 없이 많은 데도, 아무것도 얻지 못할 수도 있습니다. 그날 밤의 일은 그물을 던지고 다시 끌어당기는 일의 반복이었습니다. 얻은 것은 아무것도 없으며, 실망과 피로만 남았습니다. 만일 여러분이 그런 상태에 있다면, 여러분은 분명 격려가 필요합니다. 여러분에게 현재 필요한 것은 주님의 임재로부터 새로워지는 것입니다. 구주께서 여러분을 부르십니다. "와서 조반을 먹으라. 배를 두고, 그물도 두고, 그 밤의 헛된 수고도 잊고, 와서 나와 교제를 나누자." 지친 일꾼들이여, 근심하며 우는 이들이여, 여러분의 불평을 멈추십시오. 지금 예수님이 여러분을 위해 제공하시는 숯불과 음식으로 가까이 오십시오.

여러분은 내게, 조반 전에 제자들이 많은 물고기들을 잡았고 그 수를 세었다는 사실을 상기시키려 할 것입니다. 그렇습니다. 그것은 예수님과 더불어 식사하도록 그들을 부르시는 또 하나의 이유입니다. 물고기를 잡는 것은 좋은 일입니다. 하지만 마찬가지로 먹는 일도 꼭 필요합니다. 어떤 어부도 물고기를 잡고 그 수를 세는 것으로는 살 수가 없습니다. 사람은 자기 수고에서 성공을 거두는 것으로 믿음을 유지할 수 있다고 속기가 쉽습니다. 우리는 부흥의 때에 회심을 보고 기뻐하면서 그 수를 세는 경향이 있습니다. 그리스도께서 그들을 여러분에게 주신다면 회심자들의 수를 세는 것이 나쁘지는 않습니다. 좋지 않은 부분은, 여러분이 물고기들과 더불어 개구리들의 수도 세기가 쉽다는 것입니다. 개구리들이란 예수님이 보내시지 않은 그런 개종자들을 말합니다. 여러분이 원한다면 모든 개종자들의 수를 세고서 이렇게 말할 수 있습니다. "일백 쉰 세 마리입니다." 하지만 이것이 여러분의 영혼을 살찌운다고 생각하지는 마십시오. 여러분은 다른 사람들이 받은 은혜로써 은혜의 생명을 유지할 수 없습니다. 내 말을 믿으십시오. 여러분은 여러분의 개인적인 공급을 위해 하늘의 보급 창고로 은밀하게 와야 하며, 그렇지 않으면 굶주리게 될 것입니다. 물고기를 잡고 그 수를 헤아리는 것으로 살려고 애쓴다면, 그것이 매우 배고픈 일임을 발견하게 될 것입니다! 여러분 스스로가 물을 마셔야 하며, 그렇지 않으면 다른 사람들에게는 물을 주면서 여러분 자신의 영혼이 목마를 수 있습니다. 가장 성공적인 전도자라고 해도, 만일 그가 자신의 일을 통해서만 살려고 하면, 실속 없이 자기 영혼은 주리고 말 것입니다. 만약 어린이들의 교사나 청년들을 지도하는 자가, 하나님을 섬기는 일에서의 성공을 자기 영혼의 양식으로 삼으려 한다면, 그는 재를 먹게 될 것입니다. 오, 말씀을 전하거나 가르치는 일에서 대단한 때를 경험한 여러분이여, 그런 것으로 만족하지 마십시오! 여러분의 직무를 위한 은혜와, 여러분 자신을 위한 은혜는 별개입니다. 물고기를 잡는 것은 좋습니다. 하지만 그것조차도 만일 여러분 자신이 배고픔으로 쓰러진다면 슬픈 일이 될 것입니다.

　　또한 사랑하는 친구들이여, 그들이 조반을 먹는 것이 매우 필요하다고 생각하는 이유는, 주 예수님께서 그들의 마음을 살피려(search their hearts) 하시기 때문입니다. "그들이 조반을 먹은 후에." 그 때까지는, 아직 예수님이 베드로에게 질문하지 않으셨다는 것에 주목하십시오. 그들이 조반을 먹은 후에 예수께서 시몬 베드로에게 "요한의 아들 시몬아 네가 나를 사랑하느냐"라고 물으셨습니다. 그 말씀을 하신 것은 "그들이 조반을 먹은 후"이지, 그 이전이 아닙니다. 그분은 베드로나 혹은 그들 중 누구라도 빈 속으로 있는 상태에서 대하기를 원하지 않으셨습니다. 나는 이 아침에 여러분이 잘 먹기를 요청합니다. 왜냐하면 여러분이 머지않아 철저히 조사를 받을 것이기 때문입니다. 또 다른 날에는 마치 강력한 바람처럼 여러분에게 불어오는 진리가 여러분에게 전해질 것이며, 혹은 마치 화덕처럼 타오르는 진리가 "연단하는 자의 불(refiner's fire)"로 여러분에게 임할 것입니다(참조. 말 3:2). 면밀한 조사를 받을 준비를 잘 갖추십시오. 시련의 때를 대비하여 여러분의 영혼을 준비시키십시오. 그 때의 일은 다음의 질문에 대답하는 것입니다. "요한의 아들 시몬아, 네가 나를 사랑하느냐?" 아, 사랑하는 친구들이여! 만약 마음을 살피는 시련이 우리가 굶주려 여위었을 때에 임한다면, 그 시련은 우리를 끔찍하게 넘어뜨리고 말 것입니다. 우리가 그럴 만한 상태가 아니기 때문입니다. 하지만 그리스도와의 교제를 통해 우리가 건강한 상태일 때에 그와 동일하게 마음을 살피는 시련이 우리에게 온다면, 그것은 우리에게 유익을 줄 것입니다.

> "염려들이 거센 홍수처럼 몰려와도,
> 슬픔의 폭우가 쏟아진다 해도,
> 내 영혼이 그리스도와 평안히 식사한 후에는
> 그 모든 시련들을 이길 수 있다네."

하나님과 바른 관계에 있는 자는 마음을 살피는 질문을 견딜 수 있습니다. 하늘의 양식으로 영양을 섭취하여 건장한 자는, 믿음의 근거를 캐묻는 조사를 견디어 내고, 또한 소망의 근거를 묻는 시험을 감당할 수 있습니다. 그런 사람은 이런 질문에 용감히 직면할 수 있습니다.

> "나는 주님을 사랑하는가, 그렇지 않은가?
> 나는 그분의 것인가, 그렇지 않은가?"

그렇게, 마음을 살피는(heart-searching) 시기가 머지않아 올 것이니, 떡을 먹고 영혼을 위로하라고 여러분에게 호소합니다.

또한 그들이 곧 사명을 받을 것(they were about to receive a commission)이라는 점을 기억하십시오. 그들은 그리스도의 양을 먹이라는 당부를 들을 것입니다. 하지만 여러분이 이렇게 말할지도 모르겠습니다. "그 사명은, 마음을 살피는 그 질문과 마찬가지로, 베드로에게 주신 것입니다." 나도 그것을 압니다. 하지만 주께서 베드로에게 "네가 나를 사랑하느냐"고 물으셨을 때, 그 질문은 그들 모두의 가슴에 와 닿았을 것이라고 나는 확신합니다. 주님께서 특별히 베드로에게 하신 말씀은 사실상 그들 모두에게 하신 말씀입니다. 여러분의 한 친구에게 주어진 경고의 말이, 그 친구보다도 오히려 여러분 자신에게 잘 해당한다고 느낀 적이 없습니까? 간접적인 훈계가, 어떤 인물들에게는, 개별적으로 지시하는 것보다 더욱 강력하게 느껴집니다. 나다나엘, 도마, 야고보, 요한, 그리고 다른 사람들은, 구주께서 "요한의 아들 시몬"에게 하신 말씀에 의해 진실로 마찬가지의 교훈을 얻은 것입니다. 시몬에게 쏜 화살이 세베대의 아들들에게도 빗나가지 않았습니다. 확실히, 그들 모두가 양을 먹일 자들이었고, 양 무리를 돌볼 자들이었습니다. 분명히 베드로에게 주어진 사명은 주님의 모든 종들에게 해당되는 사명입니다. 그러므로 그들이 조반을 먹는 것이 꼭 필요한 일임을 이해하십시오. 그들이 다른 사람들을 먹이려면, 그들 자신이 먼저 먹어야 합니다. "수고하는 농부가 곡식을 먼저 받는 것이 마땅하니라"(딤후 2:6). 다른 사람들에게 물을 주는 자는 그 자신이 먼저 물을 마셔야 합니다. "그들이 나를 포도원지기로 삼았음이라 [하지만] 나의 포도원을 내가 지키지 못하였구나"(아 1:6)는 매우 슬픈 탄식입니다. 주님께서는 자기 백성들이 그렇게 되지 않기를 바라십니다. 예수님은 그들에게 복된 할 일을 주고자 하셨으며, 그 일을 그들에게 할당하시기 전에 그들에게 일할 준비를 갖추어 주길 원하셨습니다. 오 형제들과 자매들이여, 여러분 자신을 먹이는 일이 매우 작은 일처럼 보일지 모르지만, 실상은 그렇지 않습니다. 나는 여러분 자신이 강하게 되기를 바랍니다. 그래야 여러분이 다른 사람들을 위해 일할 수 있기 때문입니다. 여러분 스스로가 복되기까지는 주변 사람들에게 복이 되지 못합니다. 여러분의 쓸모는 여러분의 개인적인 기쁨에 크게 달려 있습니다. "여호와로 인하여 기뻐하는 것이 너희의 힘이니라"(느 8:10).

또한 우리 주님께서는 그들에게 한 가지 경고를 하고자 하셨으며, 그것으로써 다른 사람들에게도 동일하게 많은 시련들이 주어질 것임을 암시하셨습니다. "남이 네게 띠 띠우고 원하지 아니하는 곳으로 데려가리라"(18절). 십자가에서의 죽음이 베드로를 기다리고 있었으며, 요한을 제외하고는, 어떤 형태로든 순교의 죽음이 그곳에 있던 모든 이들을 기다리고 있었습니다. 주님께서는 이를 그들에게 알리십니다. 하지만 그분은 그들이 조반을 먹기까지는 아직 그에 대해 언급하지 않으십니다. 이곳에서 천국까지 가는 여행이 쉬울 것이라고 생각하지 마십시오. 그렇게 생각한다면 오산입니다. 왜냐하면 "세상에서는 너희가 환난을 당한다"고 하셨기 때문입니다(요 16:33). 주께서 여러분을 사랑하시면, 그분은 여러분을 징계하실 것이며, 그것이 언약의 표징입니다. 여러분이 많은 시련에 처할 때 놀라지 말며 오히려 그 안에서 기뻐하십시오. 그것으로써 여러분은 아버지께서 여러분을 잊지 않으시는 것과, 그분의 천국에 합당하도록 여러분을 훈련하고 계신다는 증거를 얻는 것입니다. 하지만 우리가 그것을 예고하는 동안 우리는 천상의 떡을 먹으라고 여러분을 초대하며, 수고와 고난에 준비되기 위해 영적인 진미(珍味)로써 영혼의 새 힘을 얻으라고 권합니다. "너희가 좋은 것을 먹을 것이며 너희 자신들이 기름진 것으로 즐거움을 얻으리라"(사 55:2). 선한 일을 하기에 준비되기 위해, 또한 희생 중에서도 기뻐하도록 하기 위해, 주님이 베푸신 떡을 먹기 바랍니다. 그러므로 흠정역 성경(King James Version)에서처럼 "와서 조반을 먹으라(come and dine)"고 표현하든지, 혹은 개역성경(Revised Version)에서처럼 좀 더 정확하게 "와서 조반을 먹으라(come and break your fast)"고 표현하든지, 그것은 결코 사소한 문제가 아닙니다(break one's fast는 '조반을 먹다'는 뜻과 '단식을 그치다'는 이중적인 의미가 있음 - 역주).

이 문제의 중요성에 대해서는 여기까지 다루도록 하겠습니다.

2. 연회의 주최자이신 예수님

둘째로, 나는 여러분이 여러분을 위해 연회 주최자로 몸소 행동하시는 예수님(Jesus Himself acting as your host)을 보기를 원합니다. 그들에게 "얘들아 너희에게 고기가 있느냐"고 외쳤던 이는 그분이셨습니다(5절). "지금 잡은 생선을 좀 가져오라"고 하신 분도 그분이셨습니다(10절). "와서 조반을 먹으라"고 초대하시는 분도 그분이십니다. 예수님이 연회의 주인이십니다(Master of the feast).

그분이 자기를 낮추어 성찬을 베풀어 주십니다. 거룩하신 주님께서 그 흠 많은 제자들과 만찬을 나누며 교제하시는 일이 놀랍지 않습니까? 하지만 그분은 우리와도 조반을 나누길 원하십니다. 도마처럼 그분을 의심했던 우리, 베드로처럼 그분을 부인했던 우리, 그리고 나머지 제자들처럼 그분을 버리고 도망쳤던 우리들과 말입니다. 그분은 언제든 죄가 없으시며, 지금은 물리적인 필요를 느끼시지도 않습니다. 그분은 죽은 자 가운데서 살아나셨기에, 음식을 드실 필요가 없습니다. 그럼에도 그분은 여전히 죄인들과 친밀한 교제를 나누셨습니다. 한 번은 그분이 구운 생선 한 토막을 받아 드셨습니다(눅 24:42-43). 그리고 나는 이 경우에도 그분이 그들과 함께 음식을 드셨다고 생각합니다. 다른 사람들을 와서 조반을 먹으라고 요청하고서 자신은 먹기를 사양하지는 않기 때문입니다. 그분은 그 떡과 물고기로써 그들과 교제를 나누셨습니다. 그것은 놀라운 겸손입니다. 하지만 주님은 우리에게도 오셔서 교제하시지 않을까요?"지은 것이 하나도 그가 없이는 된 것이 없다"(요 1:3)고 하신 그분이 나와 같은 죄 많은 인간과도 교제를 하실까요? 죄를 의식하고 있는 여러분이여, 그분이 이 지상에서 마지막으로 가까이 했던 동료는 강도였으며, 그분과 함께 그분의 나라의 진주 문을 통과한 첫 번째 사람이 그 때 처형당했던 동일한 인물이었다는 사실에서 위안을 얻으십시오. 하나님의 자녀들이여, 여러분의 무가치성을 의식하는 그대로 나아오십시오. 그분이 지금 여러분을 초대하여 더불어 연회를 즐기자고 하십니다. 그분이 여러분에게 베풀어 주시는 음식만이 아니라 그분과의 교제 자체가 여러분에게 양식이 될 것입니다.

예수님께서 연회장(Host)으로서 잔치를 준비하셨다는 점에 주목하십시오. 우리는 그 숯불이 어떻게 붙었는지에 대해서는 결코 알지 못할 것입니다. 어떤 이들은 그것이 천사들의 작품이라고 자신 있게 말합니다. 하지만 필요하지 않을 때에 왜 천사들을 초대한단 말입니까? 의심의 여지 없이 천사들이 불을 피울 수는 있습니다. 하지만 그들의 도움 없이 주님께서도 그렇게 하실 수 있습니다. 그곳에는 숯불이 피워져 있었고, 그 위에 생선이 놓여 있었습니다. 그 생선은 어디서 구하셨을까요? 한가하게 모든 종류의 억측을 하는 자들은 그분이 지나가는 배에서 그것을 구입하셨을 것이라고 합니다. 그렇게 이야기를 꾸며낼 필요가 없습니다. 의심할 것 없이 불과 생선 모두가 창조적 능력의 산물이었습니다. 우리는 지금 구주에게는 일상적인 그런 기적들을 눈앞에서 보고 있는 것입니다. 그분이 말씀하시자, 그곳에 불과 그 위에 올려진 물고기가 있었으며, 숯불로 달구어진 바삭한 떡 조각이 있었습니다. 사랑하는 친구들이여, 예수님께서 여러분을 위해 준비해 주시지 않으면 여러분의 영혼은 결코 먹지 못합니다. 그분의 살이 진정한 양식이고, 영혼을 위한 다른 양식은 없습니다. 그분은 여러분의 위안을 위해 불을 피우실 필요가 없습니다. 그 불은 지금 타오르고 있습니다. 그 불은 오래 전부터 피워져 있었습니다. 하나님의 자녀의 입에 만나와 같은 양식은 없었으나 여호와의 말씀이 그것을 공급하였습니다. 우리의 생명이시며, 우리의 생명의 양식이신 그분에게서 오는 것이 아니면 참된 마음에 양식이 되는 것은 없습니다. "이 사람이 어찌 능히 자기 살을 우리에게 주어 먹게 하겠느냐"고 사람들이 예전에 말했습니다(요 6:52). 하지만 정확하게 바로 그것이 그분이 하시는 일입니다. 그분이 우리에게 주시는 모든 것이 그분이 친히 준비하신 영적인 양식입니다.

동일하게 내게 놀랍게 느껴지는 것은 이것입니다. 즉 주께서 그것을 준비하신 후에 그분이 몸소 그 연회의 시종(Waiter) 역할을 하셨다는 것입니다. 13절을 읽어 보십시오. "예수께서 가서서 떡을 가져다가 그들에게 주시고 생선도 그와 같이 하시니라." 식탁에 일곱이 있을 때에, 주최자는 이렇게 말하기만 해도 충분한 것입니다. "사랑하는 친구들이여, 여러분 앞에 놓인 것을 마음껏 드십시오." 하지만 우리는 마음껏 먹을 수 없습니다. 그 연회를 마련하신 분이 또한 그 음식을 우리에게 가져다주셔야 합니다. "예수께서 가서서 떡을 가져다가 그들에게 주시고 생선도 그와 같이 하시니라." 시중드는 이가 단 하나였는데, 바로 주님 자신이셨습니다! 오 주님이시여, 우리는 당신의 말씀에 좋은 영적인 양식이 있는 것을 압니다. 하지만 우리가 그것을 이해하지는 못하오니, 당신께서 오셔서 친히 그 약속을 우리 마음의 접시에 올려 주옵소서! 여러분은 우리 주님께서 어떤 방식으로 우리로 푸른 풀밭에 누이시는지를(making us to lie down) 압니다. 우리는 스스로 누울 줄을 알지 못합니다. 그분이 양식이 되는 말씀을 우리 마음에 가져다 주십니다. 원어로 이렇게 표현되어 있는 호세아의 이 구절을 기억하십시오. "보라 내가 그를 타일러 거친 들로 데리고 가서 그 마음에 말하고(speak to her heart)"(호 2:14, KJV 및 한글개역개정은 'speak comfortably unto her', '말로 위로하고'로 되어 있음 – 역주). 주 예수님에게는 성령의 사역을 통해 하늘의 양식을 우리 안에 전달하시는 방법이 있습니다. 우리는 그 양식을 받고 내적으로 소화시킵니다. 그 양식은 우리 영혼의 깊은 부분 안에까지 이르고, 흡수되며, 우리는 진실로 그것으로써 강건해지는 것입니다. 성령께서 지금 이 시간에 그 일을 행해 주시길 기도합니다. 여러분의 연회장을 바라보십시오. 주님께서 사랑의 겸손으로 자기를 낮추시어 여러분과 교제하십니다. 또한 놀라운 방식으로 잔치를 베풀어 주시고, 한없는 겸손으로 친히 양식을 가져다가 여러분에게 주십니다.

이 모든 와중에 그분은 자기 자신을 나타내십니다(showed Himself). "이것은 예수께서 세 번째로 제자들에게 나타나신 것이라"(14절). 이 장은 "예수께서 디베랴 호수에서 또 제자들에게 자신을 나타내셨으니"라는 말로 시작됩니다(1절). 주님께서 그 떡을 제자들에게 나누어 주실 때에 그분은 자기 자신을 나타내셨으며, 그들은 그러한 행동에서 그분을 볼 수 있었습니다. 또한 그분이 먹을 생선을 그들에게 가져다주셨을 때 그들은 그리스도로서 계시된 그분을 볼 수 있었습니다. 그들은 그분이 가만히 서서 그들을 바라만 보시는 모습에서보다는 그들에게 떡과 생선을 주시는 모습에서 그분을 더 잘 볼 수 있었습니다. 우리를 먹이시는 예수님은 나타나신 예수님이십니다. 만약 그분이 그들에게 손을 뻗어 못 자국을 살펴보라고 하셨다면, 그 손이 음식을 가져다주실 때보다 그분을 더 잘 볼 수 없었을 것입니다. 아, 만약 주 예수님께서 여러분에게 개인적으로 오신다면, 내가 기도하는 것처럼, 그분이 하늘의 양식을 이 아침에 여러분에게 가져다주신다면, 눈물 가득한 눈으로 그분을 보십시오. 때때로 하나님의 진리가 여러분의 가슴에 그토록 달콤하게 다가오고, 위로하고, 양식을 주어, 여러분이 이렇게 말할 때가 없었습니까?"주님이시다! 그분 자신이 그분의 복된 복음의 핵심이시다. 그분이 친히 나를 불러 연회장으로 들어오게 하셨고, 내 위에는 그분의 사랑의 깃발이 나부끼고 있다." 그리스도를 보는 것은 세상에서 가장 가슴을 충만하게 하는 것입니다. 우리가 영광 중에서 그분을 볼 수만 있다면, 천국 중의 천국이 될 것입니다. 내가 만약 죽어가는 저 강도라 할지라도 나는 기꺼이 그분 곁의 십자가에서 행복하게 죽어갈 것이며, 그분과 함께 그곳에 있는 것을 축복으로 여길 것입니다. 그분과 함께 진주 문을 통과하고, 그분의 나라에서 그분과 함께 있는 것이, 그 죽어가던 강도에게 얼마나 좋은 일이었겠습니까! 이것이 오늘 아침 여러분의 몫입니다. 그것을 놓치지 마십시오. "예수께서 제자들에게 자기를 나타내시니라." 여러분이 주님을 뵌 지 여러 주가 지났습니까? 오! 그렇다면 큰 한숨을 내쉬면서 이렇게 말하십시오. "주님, 당신을 제게 보여주소서." 여러분이 예수님과 실제적인 친교를 나눈 지가 여러 날이 지났습니까? 오, 여러분의 마음이 지금 그분을 갈망하여 깨어질 듯하기를 바랍니다! 여러분이 주님을 뵙지 못한 채로 이 아침의 모임이 파하지 않도록 하십시오. 그분의 참된 제자들은 모두가 그렇게 하시길 바랍니다.

오 사랑하는 친구들이여, 여러분이 그리스도에 관해 말씀을 듣고 그것을 그냥 흘려 버릴 수 있단 말입니까? 기독교의 핵심인 저 은밀한 황홀한 사랑을 알지 못하는 자라면, 그들을 어찌 그리스도인들이라 할 수 있겠습니까? 단지 겉모습에 지나지 않는 종교는 모든 것이 냉정하고 지루할 뿐이며, 사람들이 그런 종교에 싫증내고 그것을 포기하는 것을 나는 이상히 여기지 않습니다. 영광은 휘장 안쪽에 놓여 있습니다. 우리는 예수님을 보아야 합니다. 우리의 가정은 하나님께서 자기 백성에게 그분 자신을 나타내시는 곳입니다. 몇 방울 떨어지는 듯한 종교는 너무나 빈약한 것입니다. 오, 귀용 부인(Madame Guyon)의 **급류(torrents)** 같은 신앙이 되기를 바랍니다! 오, 그 거룩한 급류가 우리를 휩쓸어가기를 바랍니다! 그 강력한 강을 기손(Kishon: 사사기 4-5장과 열왕기상 18장의 배경이 되는 강으로 건기에는 비교적 작으나 우기에 크게 불어남 − 역주)이 아니라, 기드론(Kidron: 예루살렘과 감람산 사이에 흐르는 시내, 평상시 마르나 강우시에 탁류가 세차게 흐름 − 역주)이라 부르면 어떨까요? 곧 고난당하신 주님의 사랑의 기드론으로 말입니다. 진정 그 강이야말로 세찬 급류입니다! 오, 저 풍성한 사랑과 죽음으로 보이신 사랑의 강물에 휩쓸려, 마침내 깊이를 헤아릴 수 없는 저 신비한 사랑의 심연 가까이에 이른 것을 의식할 수 있다면 얼마나 좋겠습니까!

연회의 주인(Host)이신 우리 주님에 대해서는 여기까지 말하겠습니다. 내 말이 얼마나 빈약한지요. 하나님께서, 성령의 가르침으로써, 내 말의 한계를 넘어 "여러분이 우리가 보지 못하였으나 사랑하는"(벧전 1:8) 그분을 보게 하시기를 빕니다!

3. 양식의 지급

자, 이제 **지급(the provision)**을 보십시오. 나는 여러분을 연회로 부르기 위해 애를 썼으며, 또한 우리의 연회장(Host)께 여러분의 시선을 주목시키기 위해 노력했습니다. 이제 지급품을 신중하게 살펴보도록 합시다. 두 가지 부분이 있습니다. 첫째로는, 주님이 신비스럽게 준비하신 것이 있습니다. 곧 숯불 위에 올려져 있던 물고기입니다. 둘째로는, 주님이 은혜롭게 주신 것입니다. 그분은 이렇게 말씀하셨습니다. "지금 잡은 생선을 좀 가져오라"(10절). 그것은 의심할 것도 없이 같은 종류의 물고기입니다. 하지만 그것은 두 가지 방식으로 생긴 것입니다.

첫째로, 신비롭게 준비된 양식(mysteriously prepared provision)을 살펴보도록 합시다. 숯불 위에서 구워지고 있는 저 생선을 보십시오. 신비로운 물고기입니다! 신비로운 숯불입니다! 지금 영원한 사랑의 신비를 여러분 모두의 마음에 양식으로 삼으십시오. "내가 영원한 사랑으로 너를 사랑하였노라"(렘 31:3). 하나님의 복되신 아들이 여러분을 위해 아버지 앞에서 후원자이자 보증인으로 서 계실 때에, 그리고 아버지께서 그 아들을 위해 그의 택하신 자들에게 복을 주려고 약속하실 때에, 저 은혜 언약의 신비를 먹고 살아가십시오. 오, 예수님에게는 택하신 자들이 영원한 선물이 되고, 또한 그의 택하신 자들에게는 예수님이 선물이 되시니, 이 얼마나 신비인지요! 세상이 시작되기 전에 이 모든 것이 우리의 필요를 위해 준비되었습니다. 이 신비를 영의 양식으로 먹을 수 없겠습니까?

다음으로, 그리스도께서 여러분에게 혈족관계이신 것을 생각하십시오. 그분은 우리의 본성을 취하려 베들레헴에 오셨습니다. 그분은 유아로서 여인의 품에 안기셨습니다. 그분은 유아 시절을 요람에서 양육되셨습니다. 그분이 여기서 고난당하고, 여행에 지친 사람으로 사셨습니다. 우리가 조금 전에 불렀던, 이렇게 시작되는 가사의 노래가 얼마나 아름다운지요?

> "예수여, 우리의 혈족이시며 우리의 하나님이시여,
> 위엄의 왕으로서 피 흘리신 분이시여,
> 당신께서 우리 생명이시니, 우리 영혼이 당신 안에서
> 지극한 행복을 누리나이다."

에, 그분은 여러분에게 형제이십니다. 여러분과 같은 본성을 가지셨고, 여러분의 살과 뼈를 가지셨습니다. 여러분의 고엘(Goel) 곧 기업 무를 자이시며(참조. 룻 2:20), 여러분을 속량하시기로 맹세하신 분이시고, 심지어 여러분의 배필이 되신 분이십니다. 예수님은 역경 중에 있는 여러분의 형제이십니다. 그 사실을 양식으로 삼으십시오.

여기 같은 종류의 물고기이지만 오직 신비한 사랑의 바다에서만 발견되는 또 다른 물고기가 있습니다. 나는 그분의 효과적인 속죄를 여러분에게 가리키고 있습니다. 그분은 여러분을 위한 일생의 사명을 완수하셨습니다. 여러분의 구속을 위한 값을 모두 치르셨고, 자기 품에서 그 삯을 모두 꺼내어 치르셨습니다. 그분은 여러분의 죄를 그분의 피로 씻으셨습니다. 그분이 여러분을 하나님께 대하여 왕 같은 제사장들로 삼으셨습니다. 그분이 여러분을 값 주고 사셨으니, 여러분은 여러분 자신의 것이 아닙니다. 그리스도께서 죽으심으로써 여러분의 형벌을 대신 치르셨습니다. 살아 계신 그리스도께서 여러분이 하나님께 받아들여지는 것과 여러분의 영원불멸을 보증하십니다. "내가 살아 있고 너희도 살아 있겠

음이라"고 그분이 말씀하십니다(요 14:19). 그분이 오늘 아침 자신을 여러분에게 나타내시는 동안, 그분은 이 옛적부터 있던 것을 여러분에게 양식으로 주십니다. 와서, 시작도 없고 끝도 없으며, 변하지도 않고 측량할 수도 없는 그 사랑을 먹고 즐기십시오. 여러분과 그분의 살아 있고 영원히 지속되는 연합을 기억하십시오. 여러분과 저 영원토록 복되신 분과의 연합은 뗄 수 없는 것입니다. "누가 우리를 그리스도의 사랑에서 끊으리요"(롬 8:35). 와서, 그 사랑에 빠지십시오! 매우 지치고, 초췌하고, 슬픈 여러분에게 호소합니다. 와서 조반을 드십시오! 식탁에서 멀리 떨어져 앉지 말고, 오직 배부르도록 드십시오. 내 사랑하는 이여, 숯불 위에 올려진 이 생선을 드십시오. 이 신비하고 놀라운 것들, 여러분의 손으로 준비하지 않은 것들, 오직 예수님이 예전부터 여러분을 위해 준비해 두신 것들을 마음껏 드십시오.

하지만 그 연회는 또한 주께서 은혜롭게 주신 것들, 곧 그들이 물에서 끌어올린 것들로 준비되기도 했습니다. 주께서는 그분의 성령에 의해 우리로 하여금 많은 값진 것들을 얻을 수 있게 하십니다. 또한 이것들을 우리 자신의 손으로 건지도록 하십니다. 그것들을 우리의 그물에 담고 물가로 끌어오게 하십니다. 체험되어진 은혜들(mercies experienced)을 먹도록 합시다. 나 자신에게도 이런 것들이 매우 많아서 "일백하고도 쉰셋"이나 됩니다. 나는 주께서 최근에 제게 베풀어주신 호의들을 다 셀 수가 없습니다. 내 그물은 찢어지지 않았지만, 그것이 찢어지지 않은 것이 놀랍습니다. 은혜의 어획량이 너무 많기 때문입니다. 그분은 날마다 제게 은혜를 더 많이 베푸십니다. 나는 그분의 크신 인자하심에 대한 기억을 풍성하게 말할 수 있기를 바랍니다. 여러분 역시 사랑의 연회를 발견한 기억으로, 같은 말을 할 수 있지 않나요? "일백 쉰셋이더라." 대략적인 수이지만 큰 수입니다. 만약 여러분이 감사함으로 그 수를 신중히 세어 본다면, 그 수를 정확히 셀 수 있습니다. 마지막 셋도 잊어버려서는 안 됩니다.

> "은혜의 강물은 결코 멈추지 않으니,
> 큰 소리로 찬미의 노래를 불러야 하리."

"오 하나님이여, 주의 생각들이 내게 얼마나 귀중한지요! 그 수가 얼마나 많은지요"(시 139:17). 주님은 그분의 말씀대로 자기 종들을 다 대해 주십니다. 그분이 우리에게 그 은혜를 드러내실 때 그분의 이름을 기뻐하도록 합시다.

여러분은 그물 가득한 기도의 응답을 받지 않았습니까? 여기에 참석한 어떤 이들은 물고기의 큰 수확에 비유할 수 있는 그러한 은혜들을 받아 왔습니다. 많은 물고기들을 얻었을 때 우리는 그것들을 매우 작은 치어(稚魚)들이라고 생각하지만, 사실 우리가 얻은 것은 큰 물고기들입니다. 오, 위대하신 하나님께서 큰 죄인들에게, 그들이 큰 곤경에 처했을 때에, 주시는 은혜의 위대함이여! 고난 중에서 우리가 주의 얼굴을 구할 때에 그분이 우리에게 베푸시는 크신 인자하심에 만족하도록 합시다. "이 불쌍한 사람이 부르짖었더니 주께서 들으시고 그를 그의 모든 고난에서 구원하셨도다"(시 34:6). "내가 주를 찾았더니 그가 나를 들으셨도다"(시 34:4). 자, 여러분이 이미 맛보고 만져 본 것을 드십시오. 곧 그분의 말씀과 그분의 사역 모두를 양식으로 취하십시오. 그분이 여러분 안에서 그리고 여러분을 위해 행하심을 보고서 기뻐하십시오. 자, 여기에 큰 물고기들이 있습니다. 모두 일백 하고도 쉰세 마리나 됩니다.

그 한적한 호숫가에서 주님이 지급하신 양식은 그 일곱 사람에게는 충분하고도 남았습니다. 그들이 아무리 배고팠다 하더라도 풍족하였습니다. 그렇지 않았습니까? 그들은 공급이 모자랄 것을 염려하지 않고서 원하는 만큼 먹었습니다. 그리고 식사 후에, 그들은 예전의 잔치처럼 가득 찬 열두 광주리를 남기지는 않았을 것이지만, 형제들에게 줄 수 있는, 혹은 그 호숫가 주변을 지나는 사람들에게 줄 수 있는 정도의 충분한 양을 남겼을 것입니다. 자, 사랑하는 친구들이여, 여러분에게 주시는 하나님의 진리와 은혜의 경이로움에 대해 잠시 생각해 보도록 하십시오. 여러분의 회심 때에 그분이 행하신 일을 생각해 보십시오. 여러분의 시험의 때에 그분이 어떤 일을 행하셨는지 생각해 보십시오. 그분이 어떻게 여러분의 필요를 공급하셨는지, 그분이 어떻게 여러분으로 그분의 사랑을 누리게 하셨는지를 생각해 보십시오. 나는 예전의 내 설교집을 살펴보면서, 설교에 날짜가 기재되지 않은 적이 종종 있다는 것을 발견했습니다. 나는 그 사실이 의미하는 것을 압니다. 그것은 내가 아팠으며, 큰 고통 중에 있었다는 것을 의미합니다. 거의 매년 일년에 두세 차례 정도로 나는 병실에서 주님께서 제게 전하시는 말씀을 들어야 했으며, 따라서 저는 여러분에게 말씀을 전할 수 없었습니다. 이런 일들이 그 당시에는 고통스러웠습니다. 하지만 나는 그 모든 일을 인하여 주님을 찬송합니다. 또한 그분이 저를 거듭거듭 일으켜 주시고 내 힘을 새롭게 하신 것을 찬송합니다. 그분은 지금도 저를 떠나지 않으실 것입니다. 여러분 역시 일기장을 보면서 주의 인자하심을 기억하고서, 그분의 이름을 칭송할 수 있지 않겠습니까? 이 모든 것이 여러분에게 숯불이면서 또한 깊은 바다에서 끌어 올린 물고기들입니다.

이제 할 말을 거의 마쳤습니다. 나는 여러분이 음식을 들었는지를 알지 못하지만, 그랬기를 바랍니다. 나는 다시 한 번 지혜의 이름으로 여러분을 초대합니다. "와서 내 빵을 먹고 내가 섞은 포도주를 마시라"(잠 9:5).

4. 연회 참석자들의 행동

하지만, 마지막으로, 연회의 참석자들이 스스로 어떻게 행동했는지를 보십시오. 여러분이 잘 드셨다면 같은 식으로 행동하시길 바랍니다. 성경은 우리 구주의 이 손님들 중에서 "아무도 감히 '누구시냐?'고 묻는 자가 없더라"고 기록하고 있습니다(12절). 자, 우리 주님에게로 가까이 오십시오.

영혼이 예수님께로 가까이 올 때, 그 말이 줄거나 혹은 없어집니다. 이 경우에 제자들이 주님께 아뢴 말씀이 무엇인지 주목해 보십시오. 그들은 단지 한 마디만 했으며, 그 한 마디는 "없나이다(No)"였습니다(5절). 요한은 베드로에게 말을 했지만, 주님께는 하지 않았습니다. 조반을 들기 이전에 줄곧, 그리고 그들이 조반을 드는 동안 내내, 그들은 그분에게 "없나이다"는 말 외에는 아무 말도 하지 않았습니다. 그 "없나이다(No)"라고 하는 한 마디가 그들의 공허함, 탈진, 배고픔을 잘 표현해 줍니다. 그것이 그들이 말할 수 있는 전부였습니다. 여러분 또한 여러분의 주님에게 그와 마찬가지로 이렇게 말할지도 모릅니다. "주여, 저는 아무것도 아닙니다. 저는 아무것도 아닌 자이며, 아무것도 가진 것이 없습니다. 당신이 아니라면 저는 아무것도 할 수 없습니다." 그들이 다른 어떤 말을 하였다고 기록된 것이 없습니다. 언제나 크게 외침으로써 스스로를 나타내는 헌신은 매우 진심어린 것일 수도 있지만, 반대로 그것이 피상적인 것으로 그칠 염려도 있습니다. 깊은 물은 고요히 흐릅니다. 큰 느낌에는 말이 없습니다. 영혼에 해동기가 찾아올 때에 입에는 서리가 얼게 됩니다. 말이란 종종 우리의 영과 저 위대하신 영 사이에 장벽이 되곤 합니다. 나는 조지 폭스(George Fox)에 대해 이런 내용의 글을 읽었던 것을 기억합니다. 그는 무리들이 둘러 있는 상태에서 한참 동안 한 마디도 하지 않고 앉아 있었습니다. 그들이 모두 그를 바라보며 기다리고 있었습니다. 만일 나였더라면, 나는 틀림없이 곧장 일어났을 것이며, 바보처럼 무언가를 말했을 것입니다. 하지만 그는 지혜로운 사람이었고, 가만히 앉아 있었습니다. 지혜로운 사람은 그렇게 오래도록 자기 혀를 붙잡아둘 수 있습니다. 조지 폭스는 침묵을 지킴으로써 사람들로 하여금 그의 말에 주리도록 한 것입니다. 그들에게서 얻는 큰 교훈이 있는데, 아마도 여러분 중 일부에게도 쓸모가 있을 것입니다. 여러분은 말을 해야만 합니다! 좋은 말을 해야 합니다! 놀라운 말을 해야 합니다! 입에 가득한 말은 바보들을 위한 좋은 양식입니다. 어떤 설교자들은 성도들이 그들의 웅변을 먹고 산다고 생각하는 듯합니다. 하지만 그들은 좀 더 실질적인 양식을 필요로 합니다. 우리가 커다란 꽃다발을 만들어서 여러분에게 던지면 예쁘기야 하지 않겠습니까? 하지만 그것이 무슨 소용이 있을까요? 여러분은 음식을 필요로 합니다. 여러분은 그리스도를 필요로 합니다. 여러분이 예수님을 얻을 수만 있다면, 나의 말뿐 아니라 여러분의 말도 불필요할 것입니다.

그곳에 아무런 말이 없었던 것처럼, 어떤 의심에 찬 질문도 있을 수 없었습니다. 사람이 그리스도와의 교제에서 멀어질 때마다, 그는 수많은 질문을 하기 시작합니다. 신앙이 없는 사람들은 항상 종교적 질문들의 선집(選集)을 가지고 있습니다. 그 내용은 "가인의 아내가 누구였더냐?"라고 하는 어리석은 질문으로부터 "진화에 의해 사람은 어떤 존재가 될 것인가?"에 이르기까지 다양합니다. 한 영혼이 예수님께 가까이 이를 때에는, 그리고 그분이 주신 양식을 먹었을 때에는, 적도에서 찬 서리에 의해 고통을 겪지 않는 것처럼 의심의 질문들에 의해 괴롭힘을 당하지 않습니다. "나는 성경을 믿습니다"라고 한 사람이 말합니다. 그러면 또 다른 사람이 조롱하면서 말합니다. "어떻게 그럴 수가 있습니까?" "왜냐하면 그 저자(Author)를 내가 알기 때문이지요"라고 하는 것이 적절한 대꾸입니다. 만일 여러분이 주님과 함께 빛 가운데 행하고 있다면, 질문들과 의심들은 더 이상 들리지 않으며, 오직 "그가 주이신 줄 아는 고로"(12절) 영혼의 깊은 평안 중에 찬양할 것입니다. 이성에 의해서냐고요? 물론 지식은 비이성적인 것이 아닙니다. 하지만 우리는 그보다 높이 올라갑니다. 우리는 예수님을 접촉에 의해서, 대화에 의해서 압니다. 그리고 의식에 의해서 아는데, 그 의식이란 내가 "절대적으로 압도적인 확신(omnipotently overpowering conviction)"이라고 부를 수 있는 것이며, 뒷받침할 어떤 논증도 필요로 하지 않는 것입니다. 우리가 겸손하면서도 즐거운 사랑의 존경심을 가지고 그분의 발치에 앉을 때에, 우리는 믿고 또 확신합니다. 우리는 의심이 뚫지 못하는(doubt-proof) 자들이 됩니다. 마치 강력한 철갑선이 그것을 향해 발사된 포탄을 떨쳐 버리듯이, 사랑의 철갑을 입은 마음은 모든 회의적인 암시들을 떨쳐내어 버립니다.

그들은 그 아침에 떡과 생선을 먹었으며, 나는 그들이 침묵의 겸손 중에서(in silent self-humiliation) 그렇게 했을 것이라고 믿어 의심치 않습니다. 베드로는, 그가 어떻게 주님을 부인했을 때 그 자신은 서서 몸을 녹이고 있었던가를 기억하면서, 눈물 고인 눈으로 숯불을 바라보았습니다. 도마도 거기 서서, 아마도 자신이 어찌 너무도 분명한 사실에 대해 확실한 증거들을 감히 요구했었던가를 생각하고 있었을 것입니다. 그들 모두가 그분이 임재하신 중에 위축되는 것을 느꼈습니다. 그들 모두 나쁘게 행동했기 때문입니다.

하지만 그들은 한편으로 기뻐서(for joy) 잠잠했을 것입니다. 여러분은 자아에 대해 죽는 기쁨을 느껴보았습니까? 자아가 사라지는 지점에 가까이 이르면, 주님의 영광이 측량할 수 없는 영광으로 여러분에게 비치기 시작합니다. 점점 더 크게 자라서, 마침내 명예의 전당에 들어갈 정도가 되고 또 여러분의 이름이 온 세상에 메아리칠 때가 되도록 자라는 것은 헛된 야심이며, 또한 그것은 하나님께 혐오스러운 것입니다. 하지만 점점 더 작아져서, 마침내 주 하나님이 모든 것의 모든 것이 되시는 것이 성도들의 기쁨이며, 또한 그것이 하나님께 향기로운 제물입니다.

> "당신의 영광이 더욱 크게 제 눈에 비칠수록,
> 저는 더욱 겸손히 엎드립니다.
> 이렇게 저 자신을 낮추는 동안
> 제 기쁨은 측량할 수 없이 높이 올라갑니다."

그들은 부활하신 분을 보면서 경이감에 사로잡혀(in wonder) 침묵하였습니다. 그분은 그들에게 온통 경이로운 분이셨고, 아름다움과 기적으로 가득한 분이었습니다. 그분이 그들을 먹이셨을 때, 그들에게 떡과 물고기들을 나누어 주셨을 때, 그 때는 너무나도 감동적인 때였습니다. 그들은 그분이 어떻게 그들의 발을 씻어 주셨는지를 기억했지만, 그 때 그분은 육체로 자기를 낮추신 상태였습니다. 그들이 더욱 놀란 것은 그분이 부활하신 지금 여전히 그들 가운데 "섬기는 자로"

계신다는 것이었습니다. 그들은 놀라서, 그리고 감사와 사랑으로 인해, 할 말을 잊었습니다.

또한 나는 그들이 말을 하지 못한 것은 그분의 위엄에 대해 아주 깊고도 표현할 수 없는 존경심을 느꼈기 때문이라고 생각합니다. 그들은 야곱이 "두렵도다 이곳이여"(창 28:17)라고 했던 것처럼 느꼈습니다. 하나님이 명백히 몸으로 나타나셨고, 그들이 그분의 영광을 보았습니다. 그래서 베드로가 자기 자신에 대해 "그리스도의 고난의 증인이요 나타날 영광에 참여할 자니라"고 말했던 것입니다(벧전 5:1). 그들이 그 영광을 바라보는 동안, 침묵을 지키고 있는 것 외에, 그리고 내적으로 찬미하는 것 외에 달리 무엇을 할 수 있었겠습니까? 정적주의(Quietism) 그 자체만으로는 해악을 초래할 수 있습니다. 하지만 이따금씩 침묵의 실천은 영혼에 건강한 자양분을 제공할 수 있습니다. 예수님의 발치에 침묵으로 앉아 있는 것은 마르다가 접시들을 덜걱거리는 소리보다 더 나은 가치가 있습니다.

그리스도와의 교제는 말로는 표현할 수 없는 경외심을 여러분에게 가르쳐 줍니다. 그 영광의 무게는 너무나 엄청나기 때문에, 우리가 모든 언어적 표현을 동원하여 그것을 표현하려고 시도하더라도 실패하고 말 것입니다.

> "오라, 많은 의미를 담은 침묵이여,
> 그분을 찬미하며 묵상하라!"

"하나님이여 찬송이 시온에서 주를 기다리오며 사람이 서원을 주께 이행하리이다"(시 65:1).

형제들이여, 음식을 드셨습니까? 예수님과 함께 조반을 들었습니까? 그렇다면, 나로서는 만족입니다. 하지만 여기까지 이르렀다면, 주님께서 질문과 명령으로써 하셔야 하는 말씀에 여러분이 귀를 기울여야 함을 상기시키고자 합니다. "그들이 조반을 먹은 후에" 엄숙한 업무가 시작됩니다. 우리가 이스라엘 사람들처럼 단지 "앉아서 먹고 마시며 일어나서 뛰놀아서는" 안 됩니다(참조. 출 32:6). 오히려 우리는 일어서서 일해야 하고, 고난을 견뎌야 하며, 우리가 즐거이 먹었던 양식의 힘으로 천국을 향해 나아가야 합니다.

어떤 이가 이렇게 묻습니다. "오늘 아침에는 회심하지 않은 자들을 위해서 한 마디도 하지 않으시나요?" 정녕, 나는 말보다 더 나은 것을 가지고 있습니다.

우리가 경건한 자들 앞에 은혜의 양식을 펼쳐 놓을 때, 우리는 진정으로 가련하고 배고픈 죄인들을 초대하는 것입니다. 음식을 보는 것이 식욕을 돋우는 좋은 방법입니다. 탕자가 그의 아버지에게로 돌아왔을 때, 그들은 가장 좋은 옷을 가져와서 입혀 주었고, 손에는 반지를 끼워 주었고, 발에는 신을 신겨 주었습니다. 하지만 먹을 때에는 어떤 일이 있었습니까? 그 아버지는 "살진 송아지를 끌어다가 그것으로 내 아들을 먹이라"고 하지 않았습니다. 그의 말은 "살진 송아지를 끌어다가 잡으라 우리가 먹고 즐기자"였습니다(눅 15:23). 나는 그가 돌아온 자녀를 가장 크게 보살피고 있다고 생각합니다. 그렇습니다. 그 아들은 기력이 약하고, 마음이 아프기에, 식욕을 일으키는 일이 필요했습니다. 다른 사람을 먹게 만드는 한 가지 확실한 방법은 당신 자신이 먹는 것입니다. 만약 그 사람이 슬픔 때문에 식욕을 잃어버린 상태로 있다면, 여러분이 먹고 즐거워해 보십시오. 그러면 곧 그의 입에서 침이 고이기 시작하고, 그는 여러분과 함께 먹을 준비가 될 것입니다. 나는 오늘 아침에 일부 사람들이 식욕이 동하는 것을 느끼고는 이렇게 소리치는 것을 보고 싶습니다. "나는 하늘의 양식을 먹기를 간절히 바랍니다. 주 예수님의 임재로 저의 마음이 새로워지게 되기를 갈망합니다." 오 가련한 심령이여, 예수님을 믿으십시오. 그러면 그분은 당신의 것입니다! 하나님의 자녀들이여, 여러분이 그리스도를 즐거워할 수 있는 대로, 여러분의 삶에서 그 즐거움을 나타내십시오. 여러분으로 인해 다른 사람들이 주님에게로 매혹되어 올 수 있을 것입니다. 그렇게 되면 여러분으로 인해 내가 회심하지 않은 자들에게 전한 말씀이 헛되지 않을 것입니다.

오, 예수님께로 오기를 갈망하는 여러분이여, 이 요한복음의 첫 장을 보십시오. "와서 보라(come and see)"는 말씀이 거기에 있습니다. 그리고 요한복음의 이 마지막 장에 "와서 조반을 먹으라(come and dine)"는 말씀이 있습니다. 먼저 해야 할 일은 "와서 보라", 즉 예수님을 바라보는 것임을 기억하십시오. 그분이 말씀하십니다. "땅 끝의 모든 끝이여 내게로 돌이켜(look unto me) 구원을 받으라"(사 45:22). 예수님을 바라보십시오. 여러분 대신 죽으시고 여러분의 죄를 가져가신 그분을 바라보십시오. 그분을 신뢰하면서, 믿음의 온당한 시선으로 그분을 바라보십시오. 그러면 머지않아 그분의 양식을 먹게 될 것이며, 마음의 기쁨을 얻을 것입니다. 하나님께서 그분의 이름을 위하여 이 말씀으로 여러분에게 복을 주시길 빕니다. 아멘.

제
89
장

—

"내 어린 양을 먹이라"
: 주일학교 설교

—

"그들이 조반 먹은 후에 예수께서 시몬 베드로에게 이르시
되 요한의 아들 시몬아 네가 이 사람들보다 나를 더 사랑하
느냐 하시니 이르되 주님 그러하나이다 내가 주를 사랑하는
줄 주님께서 아시나이다 이르시되 내 어린 양을 먹이라 하
시고" —요 21:15

이 장 전체를 읽고, 장면의 변화에 주목하시기 바랍니다. 먼저, 그들이 호수
에서 그리스도의 명령에 따라 그물을 던지며 물고기를 잡고 있습니다. 그리고
잡은 많은 물고기들을 육지로 끌어올리고 있습니다. 그들 모두 기슭으로 올라왔
고, 그들이 조반을 먹은 후, 그들의 얼굴은 바다를 향하고 있는 것이 아니라, 언
덕의 초장을 향하고 있습니다. 그 초장은 양 떼들로 덮여 있고, 주님께서는 더 이
상 어부들이나 물고기에 대해 말씀하시는 것이 아니라, 목자들과 양들에 대해
말씀하십니다. 여기에 하나의 비유가 있습니다. 주 예수님의 종들은 먼저 어부
들이고 그 다음에는 목자들입니다. 그리스도의 종들이 첫째로 할 일이 이 명령
에 포함되어 있습니다. "너희는 온 천하에 다니며 만민에게 복음을 전파하라"(막
16:15). 이는 비유적으로 이렇게 표현할 수 있습니다. "깊은 데로 가서 그물을 내
려 고기를 잡으라"(눅 5:4). 그들은 어부들로서 하늘의 소명을 따르기 시작했으

며, 주 예수님께서 그들에게 처음에 이렇게 말씀하신 대로입니다. "나를 따라오라 내가 너희를 사람을 낚는 어부가 되게 하리라"(마 4:19). 그들이 먼저 할 일은 복음을 전하는 것이며, 그것은 마치 커다란 예인망(曳引網) 그물을 내리는 것과 같아서 모든 종류의 물고기들을 둘러싸는 것입니다. 그들은 가능할 만한 사람들에게만 복음을 전하기 위해 어떤 한 종류의 사람들을 고르지 않습니다. 그런 일은 낚시질에 비유될 수 있는데, 구약에서 그런 비유는 파멸과 관련하여 사용되는 비유이지 구원과 관련하여 사용되지 않습니다. 아모스는 이렇게 말합니다. "주 여호와께서 자기의 거룩함을 두고 맹세하시되 때가 너희에게 이를지라. 사람이 갈고리로 너희를 끌어가며 낚시로 너희의 남은 자들도 그리하리라"(암 4:2). 복음의 고기잡이에서, 우리는 큰 그물을 내리며, 그렇게 해서 모든 종류의 많은 사람들을 포함시킵니다. 복음을 전하는 행위에서, 그물에 들어오는 모든 것이 물고기이며, 좋고 나쁜 것을 가리는 일은 다른 날에 할 일입니다. 우리의 긴급한 일은 ― 내 형제들이여, 나는 여러분과 나의 일을 의미합니다 ― 세상으로 나아가서 구원의 복된 소식을 우리에게 귀를 기울이는 모든 자에게 전하는 것입니다. 우리는 접근할 수 있는 모든 곳, 곧 "온 세상 속으로(into all the world)" 들어가야 합니다. "시내의 거리와 골목으로" 나가야 하며, 또한 "길과 산울타리 가로" 나가야 하며(눅 14:21,23), 세상 어디든 모든 곳으로 가야 합니다. 어부들로서 그리스도를 위한 우리의 한 가지 도구는 하나님의 은혜의 복음입니다. 하나님께서는 우리가 다른 도구를 사용하는 것을 금하십니다. 주께서 우리로 고기잡이를 계속할 수 있도록 도우시고, 우리로 어디에 어떻게 그물을 내려야 하는지 거룩한 지시를 내려주시길 기도합니다. 또한 우리로 그물 가득히 얻고도 그물이 찢어지지 않아서, 그 그물로 다시 고기잡이를 나갈 수 있게 해 주시길 빕니다.

이 일을 한 이후에, 그리고 여전히 계속하는 중에, 또 한 가지 일을 실행해야 합니다. 많은 사람들이 생각하는 것처럼 고기잡이가 전부가 아닙니다. 그것은 우리의 임무 중에서 큰 부분이며, 거기에 더 많은 주의를 기울이기를 바랍니다. 하지만 그 후에 들어오는 자들을 돌보는 일에도 주의를 기울여야 하고, 그것 역시 똑같이 비중이 있는 일입니다. 우리 주 예수 그리스도께서 자기 종들로 하여금 이 두 번째 임무에도 온 마음을 기울이게 해 주시길 빕니다. 만약 영혼들이 회심하면, 그들은 깊은 죄에서 건져내어진 것이며, 장면이 바뀐 것입니다. 우리는 한 무리의 양 떼, 곧 "하나님이 자기 피로 사신 교회"(행 20:28)를 보는 것입니다.

이 양 떼는 많은 돌봄을 필요로 합니다. 예, 그것은 최상의 수고와 보살핌으로 주의를 기울여야 할 필요가 있습니다. 주 예수님 자신이 양들을 위해 목숨을 버리신 선한 목자(the Good Shepherd)이시고, 죽은 자 가운데서 다시 사신 위대한 목자(the Great Shepherd)이시며, 또한 자기 아래 인간의 영혼들을 돌볼 목자들을 지명하신 목자장(the Chief Shepherd)이십니다. 그분은 그분을 섬기도록 부르신 우리들로 하여금 회심한 자들을 보살피도록 하십니다. 그들을 인도하고, 보호하고, 먹이고, 위로하며, 격려하는 일입니다. 만약 우리가 이 책임을 게을리하면 그분은 우리에게 결산을 요구하실 것이며, 우리 손에서 그분의 양들을 돌려달라고 요구하시면서 이렇게 말씀하실 것입니다. "네게 맡겼던 양 떼, 네 아름다운 양 떼는 어디 있느냐"(렘 13:20).

이 목자의 일이 너무도 중요하기에 세 번씩이나 구주께서는 우리에게 명하십니다. 첫 번째는 "내 어린 양을 먹이라"(15절) 하시고, 다음에는 "내 양을 치라"(16절) 하시고, 또다시 "내 양을 먹이라"(17절)고 반복하여 말씀하십니다. 우리는 은혜 안에 있는 아기들을 먹여야 합니다. 그리스도 예수 안에 있는 젊은이들을 돌보아야 합니다. 점점 약해지고 있음을 느끼며 초창기의 위로들을 다시 필요로 하는 노인들을 보살펴야 합니다. 세 번씩이나 우리는 이와 같은 명령을 듣습니다. 그렇다면 우리는 그 정도로 이 일에 실패하기가 쉽다는 것일까요? 예수님은 무덤을 향해 단 한 번 말씀하셨고, 그러자 나사로가 나왔습니다. 우리는 무덤보다도 더 귀가 먹은 것일까요? 그래서 세 번씩이나 명령을 들어야 하는 것이 아닐까요? 더 이상 하늘의 명령에 불순종하지 말도록 합시다. 우리가 우리 밖의 양들에게 복음을 전하는 것을 잊지 말아야 하듯이, 우리 안에 있는 양들을 먹이는 일도 잊지 말아야 합니다. 우리는 모든 민족을 제자 삼아야 합니다. 그런 후에 그리스도께서 우리에게 명하신 것이 무엇이든 그 모든 것을 그들에게 가르쳐야 합니다. 그물을 잡아당길 수 있는 모든 사람이 즉시로 양들을 돌볼 준비가 된 것은 아닙니다. 우리는 많은 은혜가 필요합니다. 주 예수 그리스도께서 그 열둘을 애써 가르치시고, 그 칠십 인을 훈련시키시고, 따르는 한 무리를 구원받은 자로서 뿐 아니라 배우고 또한 나른 사람들을 가르칠 수 있도록 준비시키시는 데에 여러 해를 보내셨습니다. 우리는 이 문제에 무관심해서는 안 됩니다. 신자들을 양육하는 조용한 일은 꾸준히 지속되어야 하며, 비록 그들 앞에서 나팔을 부는 자들이 그런 사역자들을 멸시한다고 해도 그러해야 합니다.

나는 이 아침에 울타리 안에서의 일, 곧 양들과 어린 양들을 먹이는 일에 대해 말하려고 합니다. 이로써 나는 우리의 사랑하는 주일학교 교사들에게 도움이 되길 원합니다. 오늘은 그들의 날입니다. 설혹 내가 그들에게 직접적으로 말하지 않고, 혹은 그들에게만 말하는 것이 아니라 해도, 그럼에도 불구하고 나는 귀한 수고에 종사하는 그들에게 격려가 되고 교훈이 되는 말을 많이 할 수 있기를 바랍니다. 그들을 위해 나는 여러분 모두에게 아주 열성적인 기도와 사랑의 관심을 주문합니다. 또한 그들과 좀 더 실제적인 협력을 해 주기를 많은 사람에게 요청합니다.

그리스도를 위해 양을 보살피는 이 일과 관련하여, 먼저 영역(the sphere)에 주목합시다. 그 범위는 "내 양"입니다. 둘째로, 그 일을 위한 사람(the man), 곧 요한의 아들 시몬과 같은 사람에 대해 살펴보도록 합시다. 셋째로, 그 일을 위한 준비(preparation)입니다. 넷째로는 그 일 자체(the work it self)이며, 다섯째로는 그 양을 먹이는 동기(the motive)입니다. 각각의 요점을 간략히 다루겠습니다. 하나님의 영으로부터 도움이 있기를 빕니다!

1. 주님이 당부하신 일의 영역

우선, 그 영역(the sphere)에 대해 생각해 봅시다. 예수님께서 다른 경우들에서 "내 양을 치라" 혹은 "내 양을 먹이라"고 하셨지만, 이 첫 번째 경우에서 "내 어린 양을 먹이라(feed My lambs)"고 하셨을 때 그분은 어떤 대상을 언급하셨을까요? 나는 그것이 우선 은혜 안에서 소자와 같은 자(such as are little in grace)를 가리킨다고 생각합니다. 그들은 아직은 단지 믿음의 겨자씨 한 알과도 같습니다. 그들의 사랑은 아직 타오르지 않고 불꽃만 일으킵니다. 그들 속에 있는 은혜의 누룩이 활동을 시작했지만, 전체 반죽은 아직 부풀어 오르지 않았습니다. 이들 안에 있는 영적 생명은 마치 새롭게 켠 촛불과도 같습니다. 명백히 갑작스럽게 꺼져 버릴 위험이 있으며, 그래서 더욱 큰 보살핌이 필요합니다. "어린 양"이라는 단어에 약함이라는 개념이 포함되어 있는데, 하나님의 교회 안에는 그런 약한 자들이 있습니다. 오호라, 의심하는 자들, 빈약하게 가르침을 받은 자들, 교리의 문제에서 쉽게 당황하는 자들, 낙심되어 있는 자들, 비틀거리기 쉬운 자들, 이런 자들이 교회 안에는 얼마나 많은지요! 그런 자들 모두가 특별한 관심으로 보살펴야 할 대상입니다. 그래서 예수님이 그들을 가장 먼저, 특별히 그리고 따로 언급하신 것입니다. 만일 우리의 돌봄이 강한 자들을 소홀히 한다면 그것도 딱한 일이 겠지만, 그것은 우리가 약한 자들을 소홀히 할 때보다는 피해가 크지 않을 것입 니다. 바울 사도가 무어라고 말했습니까?"마음이 약한 자들을 권계하며, 마음이 약한 자들을 격려하고, 힘이 없는 자들을 붙들어 주며, 모든 사람에게 오래 참으 라"(살전 5:14). 우리 지체들 중에는 영적으로 과부의 상복을 입은 소수의 사람들 이 언제나 있습니다. 이들은 매우 신실하지만, 슬프게도 근심이 많으며, 굳센 확 신이라는 것이 무엇을 의미하는지를 잘 알지 못합니다. 그러면서도 한편으로는 진실하고 단호하기도 합니다. 그들의 믿음은 떠는 믿음이며, 이렇게 소리치는 믿음입니다. "주여, 내가 믿나이다. 나의 믿음 없는 것을 도와주소서"(막 9:24). 그런 이들을 비난해서도 안 되고, 피해서도 안 되며, 무시해서도 안 되고, 조금이 라도 낙심하게 만들어서도 안 됩니다. 오히려 우리들 자신도 그들과 마찬가지로 동일한 두려움들로 시험을 당할 수 있는 만큼, 그들을 위로해 주어야 합니다. 만 약 우리가 강하다면, 그 힘이 우리 자신에게 있지 않다는 것을 알아야 합니다. 우 리 자신의 힘이란 전적으로 약하기 때문입니다. 그러므로 우리는 양 떼 중에서 약한 자들을 은혜롭고도 부드럽게 대해야 합니다. 나는 바로 이것이 약한 자들 을 시몬 베드로에게 특별히 맡기신 이유라고 생각합니다. 베드로는 그 자신이 매우 약한 적이 있었습니다. 그는 두려움으로 인해 자기 주님을 부인한 적이 있 었으며, 그리하여 그는 다른 떠는 자들을 동정하는 법을 배웠습니다. 자기 자신 이 약함으로 싸여 있는 자가 약한 자들의 마음을 압니다. 그는 동정심을 가지고 그들의 의심과 근심 속으로 들어가며, 그들과 같은 것을 느낍니다. 그러므로 나 는 이 아침에, 주님을 사랑하는 여러분 모두에게 말합니다. "교회의 약한 자들을 잘 보살피십시오."

하지만 나는 일부 주석가들이 생각하는 것과는 달리, 약함이 "어린 양"이라 는 단어에서 주된 개념이라고 생각할 수 없습니다. 어린 양의 개념이 약함이라 는 사상에만 한정되지 않는 것은, 다 자란 양도 약할 수 있고 어린 양도 혈기왕성 할 수 있기 때문입니다. 가장 두드러진 개념은 '젊음(youth)'이라는 개념입니다. 어린 양들은 양 떼 중 어린(young) 자들입니다. 그러므로 우리는 특별히 그리고 신중하게 은혜 안에서 어린(young in grace) 자들을 돌보아야 합니다. 그들이 나이 로는 노년일 수 있지만, 영적인 삶의 길이에 있어서는 은혜 안에서 아기들에 불 과할 수 있으며, 그래서 좋은 목자 밑에 있을 필요가 있는 것입니다. 한 사람이 회심하고 교회에 가입하면, 곧바로 그는 동료 지체들의 돌봄과 친절의 대상이 되어야 합니다. 그는 우리 가운데 새로운 신입자이며, 성도들 중에 잘 아는 친구들이 없습니다. 따라서 우리 모두가 그에게 다정하게 대해 주어야 합니다. 우리의 옛 동료들을 놔두고서라도, 우리는 새롭게 세상으로부터 빠져나와 전능자와 그분의 백성에게서 피난처를 발견한 자들을 향해 두 배로 친절해야 합니다. 갓 태어난 아기들을 끊임없이 살피며 돌보는 것은 그들이 욕망에서는 강하지만, 다른 어떤 것에서도 강하지 못하기 때문입니다. 그들은 이제 막 어둠에서 기어서 나왔습니다. 그들의 눈은 거의 빛을 감당하지 못합니다. 그들이 복음의 한낮의 광선에 익숙해질 때까지 우리가 그들에게 그늘이 되어 줍시다. 연약하고 풀 죽은 이들을 돌보는 거룩한 일에 매진하십시오. 그날 아침, 베드로는 그 자신이 새롭게 징병된 군인처럼 느꼈을 것이 틀림없습니다. 그는 어떤 의미에서 자기 주님을 부인함으로써 공적으로 그리스도인의 삶을 끝낸 것이며, "밖에 나가서 심히 통곡함으로써"(마 26:75) 다시 그 삶을 시작한 것입니다. 이제 그는 자기 주님과 자기 형제들 앞에서 새로운 신앙 고백을 하고 있는 것입니다. 그리하여, 그가 초심자들의 처지를 공감할 수 있기 때문에, 그는 그들의 보호자로서 위임받고 있는 것입니다. 어린 회심자들은 너무 약하여 우리의 도움을 요청하지도 못합니다. 그래서 우리 주님께서 그들을 우리에게 소개시키시고, 특별히 강조하시며 이렇게 명하시는 것입니다. "내 어린 양을 먹이라." 이것이 우리의 보상일 것입니다. "너희가 여기 내 형제 중에 지극히 작은 자 하나에게 한 것이 곧 내게 한 것이니라"(마 25:40).

하지만 분명 우리는 이 대상에 어린 나이에(young in years) 회심한 자들도 포함시켜야 할 것입니다. 우리들 가운데 그리고 우리 주변에 많은 사랑스러운 어린이들이 이미 그리스도를 아는 것에 대해 우리는 하나님께 큰 감사를 드립니다. 우리는 하나의 교회로서, 어린이를 넘어서 일정한 햇수가 지나야 그리스도 안에서 자기 신앙을 고백하고 교회 안으로 받아들여질 수 있다고는 결코 생각한 적이 없습니다. 때때로 사람들은 성인(adult) 세례를 가르쳐야 한다고 말합니다. 우리는 그런 종류의 일을 하지 않습니다. 우리는 신자의(believer's) 세례를 실천하며, 또한 어른이든 아이들이든 주 예수 그리스도께 대한 믿음을 고백하는 모두에게 세례를 베풉니다. 세례의 적절성에 대한 우리의 질문은 나이에 관한 것이 아니라, 믿음에 대한 것입니다. 나이가 어린지의 여부가 우리에게는 전혀 고려의 대상이 아닙니다. 우리의 질문은 이것입니다. "당신은 주 예수 그리스도를 믿습니까?" 올바른 대답이 주어지면 우리는 즉시로 이렇게 말합니다. "당신이 세례를 받음에 무슨 거리낌이 있겠습니까"(참조. 행 8:36). 아무리 어려도 신자는 자기 신앙을 공개적으로 고백해야 하며, 또한 그리스도의 다른 양들과 한 우리에 있어야 합니다. 우리는 젊은이의 경건을 의심스러워하는 자들 중에 속하지 않습니다. 우리는 젊은이들을 인생의 노년에 회개하는 자들에 비해 의심스럽게 여겨야 할 더 큰 이유를 찾지 못합니다. 두 가지 경우에서 말하자면, 우리는 전자보다는 후자에 더 많은 질문을 해야 한다고 생각합니다. 왜냐하면 형벌과 죽음에 대한 이기적인(selfish) 두려움과 공포가, 단순한 유치함(childishness)보다는 "모조품 신앙"(counterfeit faith)을 낳기가 더 쉽기 때문입니다. 어린이가 회심하면 그를 망칠 수도 있는 것을 얼마나 많이 피할 수 있습니까? 어린이는 우리가 결코 알기를 바라지 않는 것을 많이 알지 못합니다. 오, 어린이들에게는 하나님께 회심하였을 때에, 장년 회심자들에게서는 볼 수 없는 총명함과 신실함이 얼마나 큰지요! 우리 주 예수님은 분명 어린이들에게 깊은 공감을 느끼셨습니다. 그러니, 어린이들을 세상의 골칫거리로 바라보고 그들을 마치 어린 사기꾼들이나 어리석은 숙맥들로 간주하는 자는 그리스도를 조금도 닮지 않은 자입니다. 우리의 주일학교에서 가르치는 여러분에게는, 그리스도의 어린 제자들이자 진실로 그리스도의 어린 양들이 있는 곳을 발견하는 즐거운 특권이 주어졌습니다. 주께서 여러분에게 말씀하십니다. "내 어린 양을 먹이라." 즉, 나이는 어리지만 진실로 은혜가 있는 그런 자들을 훈육하라는 것입니다.

"내 어린 양을 먹이라(feed My lambs)"는 표현에서 사용된 단어는 "내 양을 치라(feed My sheep)"는 계명에서 쓰인 단어와는 매우 다르다는 것을 주목할 필요가 있습니다. 나는 헬라어로 여러분을 성가시게 하고 싶지는 않습니다. 하지만 두 번째로 쓰인 "치라"는 단어는 목자의 역할 수행을 의미합니다(15절의 '먹이라', 16절의 '치라', 17절의 '먹이라'는 헬라어로는 모두 다른 단어임. 두 번째로 쓰인 것은 '포이마이노'라는 단어로서 영어성경에서 feed, take care of, shepherd 등으로 옮겨짐 — 역주). 그들을 다스리고, 통제하고, 인도하고, 관리하는 것을 비롯하여, 목자가 양 떼에게 행하는 모든 행동을 포함합니다. 하지만 첫 번째로 쓰인 이 "먹이라"는 단어는 ('보스코'로서 영어성경들은 대체로 'feed'로 옮김 — 역주) 그 모든 것을 포함하지 않습니다. 그 단어는 명백히 "먹이다(feed)"는 의미로서, 아마도 교사들에게는 믿음 안에서 어린이들을 가르치는 의무를 지시할 것입니다. 어린 양들은, 너무 많이 아는 듯하지만 거의 아는 것이 없는 우리들처럼 질서를 유지하려고 애쓸 필요는 크게 없습니다. 믿음에서 많이 진보를 이루었다고 생각하는 우리들은 서로 판단하고, 다투고, 경쟁합니다. 그리스도인 어린이들은 주로 교리와, 계명과, 복음의 생명에 대해 배울 필요가 있습니다. 그들은 분명하고 힘차게 하나님의 진리를 제시해 줄 것을 요구합니다. 왜 그들에게는 고차원적인 교리들, 은혜의 가르침들을 주지 말아야 한단 말입니까? 누군가 말하듯이, 그 교리들은 뼈다귀들(bones)이 아닙니다. 혹 만약 그들이 뼈라고 해도, 그 속에는 골수가 가득하고, 기름진 살로 덮여 있습니다. 만약 어떤 교리가 한 어린이에게 너무 어렵다면, 그 어린이가 진정으로 하나님께 회심한 아이일 경우, 그 잘못은 어린이의 수용 능력에 있기보다는 교사의 그릇된 개념에 있습니다. 가르침을 단순하게 하는 일이 우리의 몫입니다. 그것이 우리 역할의 주요 부분이 되어야 합니다. 소자들에게 진리 전체를 가르치고, 오직 진리만을 가르치십시오. 가르침은 어린이의 본성에 크게 필요한 부분이기 때문입니다. 어린이는 여러분이나 나처럼 살고 있을 뿐 아니라 또한 성장합니다. 그러니 그에게는 곱절의 양식이 필요합니다. 아버지들이 아이들에게 "엄청난 식성이로구나!"라고 말할 때, 그들이 기억해야 할 것이 있습니다. 즉 우리 역시도 단지 몸이라는 기계를 돌아가도록 유지하는 것으로 그치지 않고 동시에 그것을 확장시키고 있었을 때, 마찬가지로 대단한 식성을 가졌었다는 사실입니다. 어린이들은 은혜 안에서 자라야 합니다. 지식과, 존재와, 행위와, 감정에서 더 큰 용량이 되도록 자라야 하며, 또한 하나님으로부터 더 큰 능력을 얻는면에서도 자라야 합니다. 그러므로 그들은 다른 무엇보다 먹어야 합니다. 그들이 양육과 가르침을 잘 받아야 하는 것은, 그들에게는 갈망이 왜곡되어 오류를 먹고 만족할 위험이 있기 때문입니다. 젊은이는 악한 가르침에 속기가 쉽습니다. 우리가 젊은 그리스도인들에게 진리를 가르치든 아니든, 마귀는 틀림없이 그들에게 오류를 가르치려 할 것입니다. 그들은 어떻게든 그런 것에 대해 듣게 될 것이며, 심지어 아주 신중한 보호자가 살피고 있는 동안에도 그럴 것입니다. 어린이의 작은 됫박에서 쭉정이를 제거하는 유일한 방법은 좋은 알곡으로 그것을 넘치도록 가득 채우는 것입니다. 오, 하나님의 성령께서 우리로 이 일을 할 수 있도록 도우시길 빕니다! 더 어릴수록 더 잘 배우며, 그 배움이 그들로 그릇된 길로 가지 않도록 지켜줄 것입니다.

그들을 먹이도록 우리가 특별히 권고를 받는 이유는, 그들이 간과되기가 너무나 쉽기 때문입니다. 나는 우리의 설교가 종종 어린 양들의 머리 위로 넘어가는 것이 아닌지 염려됩니다. 그럴지라도 그들은 더 나이든 양들에 못지않게 진실한 그리스도인들일 수 있습니다. 어린이에게 이해될 수 있도록 말할 수 있는 자는 복된 자입니다! 주일학교 학급에서 자기를 소녀들의 분위기에 맞추어, 그 마음에서 나오는 진리를 아무런 장애 없이 어린이들의 마음에 흘러들 수 있게 하는 경건한 여인은 복됩니다!

우리가 특별히 어린 양들을 먹여야 하는 이유는 이 일이 매우 유익하기 (profitable) 때문입니다. 인생 노년에 회심한 사람들과 더불어 우리가 무슨 일을 하더라도, 그들에게 큰 기대를 걸 수는 없습니다. 우리는 순수하게 그들 자신 때문에 그들을 기뻐합니다. 하지만 칠십의 나이에, 그들이 또 다른 십년을 산다할지라도 남은 세월이 얼마이겠습니까? 하지만 어린이를 가르쳐 보십시오. 그 아이는 주님 앞에서 거룩한 섬김의 삶을 오십 년을 더 보낼 것입니다. 우리는 십일 시에(오후 다섯 시) 포도원으로 들어오는 자들을 기뻐하며 환영합니다. 하지만 그들이 가지 치는 낫과 삽을 가져오자마자 해가 지고 말 것이며, 그들의 짧은 일과는 끝나고 말 것입니다. 늦게 회심한 자를 훈련하는데 보낸 시간이 그가 실제로 일하면서 보낼 수 있는 남은 시간보다 더 깁니다. 하지만 여러분이 어린 회심자를 얻어서 잘 가르치면, 종종 그렇듯이 어려서의 신앙이 뛰어난 신앙이 되고, 그 뛰어난 신앙이 오랜 시간 지속되어 하나님이 영광을 받으시고 다른 사람들이 복을 얻을 수 있을 것입니다. 그렇다면 그 일은 아주 유익한 일이지요. 그것은 또한 우리 자신에게도 아주 유익한 일입니다. 그 일은 우리를 낮아지게 하고, 우리로 계속해서 겸손하고 온유한 자가 되도록 도움을 줍니다. 그 일은 또한 우리의 인내를 훈련합니다. 의심스럽다면 한 번 시험해 보십시오. 젊은 그리스도인들조차 자기들을 믿어 주는 자들에게 인내하고, 또 그들의 신뢰가 정당하다는 것을 입증하기 위해 애를 씁니다. 만일 여러분이 깊고 넓은 마음을 가진 남녀를 찾고 싶다면, 어린 사람들과 많은 관련을 맺고, 그들의 어리석은 행동들을 참아 주고, 예수님을 위해서 그들의 약함을 체휼하는 사람들 중에서 그들을 찾으십시오.

여러분은 지금 여러분의 열성적인 활동을 기다리는 분야를 보고 있습니다. 그 일에 참여하지 않겠습니까? 여러분 중에 많은 분들이 이미 그 일에 종사하고 있습니다. 여러분의 높은 소명을 이루고, 힘을 다해 어린 양들을 먹이십시오.

2. 그 일을 맡을 사람

둘째로, 누가 이 일을 해야 하는지, 그 일을 맡을 사람(the man)에 대해 말하고자 합니다. 나는 이 본문이 베드로에게만이 아니라, 베드로와 같은 사람들에게 주신 말씀이라고 간주합니다. 그 말씀이 우리 모두에게 주신 것이라고 할 수 있지 않을까요? 예수님은 그분의 종들이요 또한 그분을 사랑하는 자들인 우리에게 말씀하십니다. "내 어린 양을 먹이라." 누가 그 일을 해야 합니까? 그리스도는 시몬 베드로를 지도적 인물(a leading man)로 선발하셨습니다. 우리가 이런 표현을 쓸 수 있다면, 그는 사도들 중에서도 주요 인물로 꼽히는 이들 중의 하나였습니다. 그는 그 무리를 이끄는 삼총사 ― 베드로와 야고보와 요한 ― 중의 하나였습니다. 하지만 비록 지도적 인물이기는 하여도, 그는 어린 양들을 먹여야 했습니다. 어떤 사람도 자신이 어린 자들을 돌보기에는 너무 위대하다고 생각할 수 없기 때문입니다. 교회에서 최상의 사람도 너무 훌륭하여 이런 일을 하지 못할 정도의 사람은 없습니다. 그러니 사랑하는 친구들이여, 여러분에게 해야 할 다른 일이 있다고 해서 그것 때문에 이런 형태의 거룩한 일에 관심을 기울이지 못한다고 생각하지 마십시오. 오히려 친절하게, 여러분에게 기회가 주어지는 대로, 소자들을 시중들 준비를 하십시오. 그리고 그들을 섬기는 일을 주된 소명으로 알고 있는 이들을 격려해 주십시오. 이 메시지는 우리 모두에게 다가오는 것입니다. "내 어린 양을 먹이라." 목회자에게, 그리고 하나님의 일에 대해 어느 정도라도 알고 있는 모든 자들에게, 이 사명이 주어졌습니다. 그리스도 예수 안에 있는 어린이들을 잘 돌보십시오. 베드로는 믿는 자들 중에서도 지도자였지만, 그럼에도 그는 어린 양들을 먹여야 했습니다.

하지만 그는 특히 마음이 따뜻한 사람(warm-hearted man)이었습니다. 시몬 베드로는 웨일스 사람(Welshman)이 아니었지만, 확실히 그에게는 오늘날 우리에게 '웨일스인의 화끈함(Welsh fire)'이라고 알려진 요소들이 상당히 많았습니다. 그는 젊은이들의 관심을 끄는 그런 유의 사람이었습니다. 어린이들은 불 주위에 모여들기를 즐거워하는데, 그것이 난로에 있는(on the hearth) 불이든 마음에 있는(in the heart) 불이든 그러합니다. 어떤 사람들은 얼음으로 만들어진 듯이 보입니다. 그리고 이런 사람들에게서 어린이들은 신속히 피해 버립니다. 냉정한 인물들이 그들을 지도하게 되면, 매 주일마다 예배 회중의 수나 학급의 수가 갈수록 줄어듭니다. 하지만 친절한 마음씨를 가진 남자나 여자가 인도할 때는 어린이들이 즉시로 모여듭니다. 그 모습이 마치 요즘 같은 가을 날씨에, 따뜻한 햇살을 받는 담벼락에 날벌레들이 모여드는 것 같습니다. 그러므로 예수님께서 마음이 따뜻한 시몬에게 말씀하십니다. "내 어린 양을 먹이라." 그는 그 일에 적임자입니다.

또한, 시몬 베드로는 경험 있는 사람(an experienced man)이었습니다. 그는 그 자신의 약함을 알았습니다. 그는 양심의 고통을 느낀 적이 있었습니다. 그는 죄를 많이 지었고 또 많이 용서받았습니다. 이제 그는 온유한 겸손으로 예수님을 사랑한다고 고백하게 되었습니다. 우리는 회심한 어린이들에게 말해 줄 수 있는 경험 있는 남자와 여자들을 필요로 합니다. 주께서 그 자신들에게 어떤 일을 행하셨는지, 그들이 어떤 위험에 처했었는지 말해 줄 수 있고, 죄에 대해서, 슬픔에 대해서, 또한 그들의 위로에 대해서 들려줄 수 있는 그런 사람들이 필요합니다. 젊은이들은 그들보다 그 길을 더 많이 걸었던 사람들의 이야기를 듣기를 좋아합니다. 나는 체험이 있는 성도들에 대해 말하고 있습니다. 그들의 입술에는 지식이 있습니다. 사랑을 담아 들려주는 경험은 어린 신자들에게는 적절한 양식이며, 또한 그들이 은혜 안에서 자라도록 주께서 축복하실 그런 교훈입니다.

시몬 베드로는 또한 은혜에 크게 빚진 사람(a greatly indebted man)이었습니다. 하나님 나라의 법칙에 따르면 그는 예수 그리스도께 많은 은혜를 입은 자로서, 많이 사함을 받았으므로 많이 사랑하는 자입니다(참조. 눅 7:47). 오, 아직 그리스도를 위해 이 섬김의 일에 종사해 본 적이 없는 이여, 그래도 당신은 그 일을 잘 할 수 있습니다. 나는 여러분이 예수님께 입은 은혜의 빚을 생각해 보라고 호소합니다. 현재 우리 주일학교의 상태가 여러분의 도움을 강력히 요청하고 있습니다. 어린이들은 많고 교사들은 적습니다. 이 예배 처소 주변에서 많은 주일학교들이 교사들의 부족으로 인해 힘겹고도 서투른 방식으로 진행되고 있습니다. 오, 그리스도께 많은 은혜를 입은 여러분이여, 그분의 어린 양들을 먹이지 않겠습니까? 여러분 자신을 드리기 위해 앞으로 나서야 하지 않겠습니까? 그분의 당부를 거절하실 겁니까? 즉시 앞으로 와서 이렇게 말하십시오. "저는 이 일을 젊은이들의 손에만 맡겨누었지만, 이제 더 이상 그렇게 하지 않겠습니다. 저는 경험이 있습니다. 그리고 내 가슴속에 아직 심장이 따뜻하게 뛰고 있다고 믿습니다. 이제 가서, 주의 이름으로 꾸준히 어린 양들을 먹이고 있는 저 일꾼들의 대열에 합류할 것입니다." 여기까지 어린 양을 먹이도록 부름받은 사람에 대해 살펴보았습니다.

3. 그 일을 위한 준비

셋째로, 주께서는 어떤 일을 하도록 사람을 부르실 때에, 그 일에 필요한 준비 (the preparation necessary for it)를 시키십니다. 베드로가 어떻게 그리스도의 어린 양을 먹이는 일에 준비되었습니까? 먼저, 그 자신이 양식을 받아먹음으로써(by being fed himself) 준비되었습니다. 주께서는 그에게 사명을 주시기 전에 조반을 먹이셨습니다. 어린 양이든 큰 양이든, 여러분 자신이 먹지 않고서는 그들을 먹이지 못합니다. 여러분이 가르치는 일을 주일의 큰 역할로 간주하는 것은 온당합니다. 하지만 그 자신이 복음을 들음으로써 자기 영혼의 양식을 얻지 않는 교사는 매우 어리석다고 생각합니다. 먼저 먹고, 그 다음에 먹이십시오.

하지만 특별히 베드로는 그의 주님과 함께 있음으로써(by being with his Master) 어린 양을 먹이는 일에 준비되었습니다. 그는 그 아침과, 그 날 아침의 모든 사건들을 결코 잊지 않을 것입니다. 그가 들은 것은 그리스도의 음성이었습니다. 그의 마음을 꿰뚫어본 것은 그리스도의 시선이었습니다. 그는 부활하신 주님 주변의 공기를 호흡했습니다. 예수님과의 이 교제가 베드로의 마음을 향기로 가득하게 했으며, 또한 그의 어투까지도 바꾸었습니다. 이제 그는 가서 어린 양들을 먹일 것입니다. 나는 여러분에게 교훈적인 책들을 연구할 것을 권합니다. 하지만 나는 무엇보다도 그리스도를 연구하라고 여러분에게 권합니다. 그분을 여러분이 연구하는 장서로 삼으십시오. 예수님을 가까이 하십시오. 예수님과의 한 시간 동안의 교제는 젊은이들이나 노인들을 막론하고, 가르침을 위한 최상의 준비입니다.

베드로는 또한 그보다 더욱 고통스러운 방식으로 준비가 되었습니다. 곧 자기 부인에 의해서(by self-examination)입니다. 이 질문이 그에게 세 번씩이나 주어졌습니다. "요한의 아들 시몬아 네가 나를 사랑하느냐? 네가 나를 사랑하느냐? 네가 나를 사랑하느냐?" 종종 주께서 목마른 자들에게 생수를 전하시기 위해 어떤 그릇을 적절하게 사용하시기 위해서는, 그 전에 그 그릇을 자기 부인으로써 문질러 닦아내는 일이 필요합니다. 자기 영혼을 살피는 일이, 또한 주님께서 그의 마음을 살피고 시험하시는 일이, 진실한 마음을 가진 사람에게는 결코 상처가 되지 않습니다. 자신의 신앙 고백을 시험하는 진리를 두려워하는 자는 위선자입니다. 대화들을 시험하고, 생각들을 살피는 일을 그는 두려워합니다. 하지만 진실한 사람은 그가 진정으로 그리스도를 사랑하는지를 확실히 알기 원합니다. 그러므로 그는 자기 내면을 살피고, 자기 자신을 심문하고, 철저히 조사하는 것입니다.

사랑하는 친구들이여, 주로 그 조사는 우리의 사랑에 대해서(concerning our love) 실시됩니다. 그리스도의 어린 양들을 가르치는 최상의 준비는 사랑입니다. 예수님과 그들을 향한 사랑이지요. 우리는 아론처럼 그들의 이름을 우리의 흉패에 새기지 않고는 그들을 위한 제사장들이 될 수 없습니다. 우리는 사랑해야 하며, 그렇지 않고서는 그들을 축복할 수 없습니다. 사랑이 사라졌을 때 가르침이란 보잘것없는 일일 뿐입니다. 그것은 마치 대장장이가 불 없이 일하는 것과 같으며, 혹은 집을 세우는 자가 회반죽도 없이 일하는 것과 같습니다. 자기 양을 사랑하지 않는 목자는 삯꾼이지 목자가 아닙니다. 그는 위험의 때에 도망칠 것이며, 양 떼를 늑대에게 넘겨주고 말 것입니다. 사랑이 없는 곳에는 생명도 없습니다. 살아 있는 어린 양들이 죽은 사람들에 의해 양육받지는 못합니다. 형제들과 자매들이여, 우리는 사랑을 전하고 가르친다는 것을 명심하십시오. 우리의 주제는 그리스도 예수 안에 있는 하나님의 사랑입니다. 우리 자신에게 사랑이 없다면 어떻게 이 주제를 가르치겠습니까? 우리의 목적은 우리가 가르치는 자들의 마음속에 사랑을 창조하는 것이며, 이미 그 속에 사랑이 있는 자들에게는 그것을 더욱 촉진시키는 것입니다. 하지만 우리의 마음이 불붙지 않고서야 어떻게 그 불을 전할 수 있겠습니까? 손이 젖은 사람이, 세속성과 무관심의 물을 뚝뚝 흘리는 사람이, 그래서 어린이들의 마음에 불꽃으로 작용하기보다는 물동이처럼 작용하는 사람이, 어찌 사랑의 불을 일으킬 수 있겠습니까? 이 어린 양 무리는 그리스도의 사랑 안에서 삽니다. 그들이 우리의 사랑 안에서 살아야 하지 않겠습니까? 주님은 그들을 그의 어린 양들이라고 부르시며, 실제로 그렇습니다. 그분을 위해 우리가 그들을 사랑해야 하지 않을까요? 그들은 사랑 안에서 선택받았습니다. 그들은 사랑 안에서 속량받았습니다. 그들은 사랑 안에서 부름을 받았으며, 사랑 안에서 씻김을 받았고, 그들은 사랑 안에서 꼴을 먹었습니다. 또한 그들은 천국의 언덕에 있는 푸른 초장에 이를 때까지 사랑으로 보전될 것입니다. 우리의 영혼이 주의 사랑을 받는 그들의 유익을 위해 애정어린 열정으로 가득하지 않으면, 여러분과 나는 하나님의 사랑이라고 하는 거대한 기계 장치에서 마치 풀려 버린 톱니바퀴처럼 되고 말 것입니다. 사랑은 사역을 위한 최상의 준비입니다. 예배 회중에 대해서건 주일학교 학급에 있어서건 마찬가지입니다. 만일 당신이 사랑하지 않는다면, 주께서 당신을 소생시킬 때까지 기다릴 것이며, 당신의 거룩하지 못한 손을 이 거룩한 일에 올려놓지 마십시오.

여기까지 이 일의 영역과, 사람과, 준비에 대해 살펴보았습니다.

4. 어린 양을 먹이는 일

이제 그 일(the work)에 대해 생각해보도록 합시다. "내 어린 양을 먹이라(feed)." 나는 이미 이 주제의 요지를 여러분에게 제시했습니다. 양 떼 중에서 약한 자들, 양 떼 중에서 새로운 회심자들, 양 떼 중에서 어린이들과 함께 있으면서, 우리가 주로 할 일은 먹이는 것입니다. 모든 설교와 모든 교훈이 먹이는 설교, 먹이는 가르침이 되어야 합니다. 무엇을 믿어야 할지 아는 이가 없을 때, 일어서서 성경 책장이나 넘기면서 "믿으세요, 믿으세요. 믿으세요"라고 소리치는 것은 별 소용이 없습니다. 바이올린을 켜고 탬버린을 두드려도 소용이 없습니다. 어린 양들도 큰 양들도 취주악단(brass band)으로는 먹고 살 수가 없습니다. 그들은 가르침을 받아야 합니다. 그들을 실제로 먹이기 위해서는 견실하고 건전한 복음을 가르쳐야 합니다. 여러분이 식탁에 참여할 때, 그 때 식사를 알리는 종이 울립니다. 하지만 음식물이 제공되지 않으면 그 종 자체는 누구도 먹이지 못합니다. 어린이들을 아침과 오후에 모이게 하는 것은, 만약 여러분이 그들 앞에 영혼을 먹이고 튼튼하게 하는 진리를 제공하지 않는다면, 그들이나 여러분의 발걸음을 헛되게 할 뿐입니다. 어린 양을 먹이십시오. 여러분은 그들에게 피리를 불 필요가 없습니다. 그들의 목에 화환을 걸어줄 필요도 없습니다. 단, 그들을 먹이십시오.

이 일은 수수하고, 낮고, 두드러지지 않는 일(humble, lowly, unostentatious work)입니다. 여러분이 어느 목자의 이름을 알고 있습니까? 나는 그 직업에 종사하는 한두 사람의 이름을 알고 있습니다. 하지만 나는 누구도 그들을 위인들이라고 말하는 것을 들어보지 못했습니다. 그들의 이름은 신문에 나지 않으며, 우리는 그들이 불평하면서 합법적인 권리 보장을 주장하며 담합을 했다는 말을 들어보지 못했습니다. 목자들이란 일반적으로 조용하며, 남의 눈에 띄지 않는 사람들입니다. 여러분이 목자를 볼 때, 여러분은 그에게서 농부 혹은 마부와 다른 점을 발견하지 못할 것입니다. 그는 겨울 내내 불평 없이 끈기 있게 일하며, 이른 봄에도 밤낮을 쉬지 않고 일합니다. 어린 양들이 그의 손길을 필요로 하고 있기 때문입니다. 이런 일을 그는 해마다 반복해서 합니다. 그는 평민들보다 높은 지위를 차지하고 있는 자들보다 훨씬 더 유용한 일을 하지만, 그렇다고 해서 그가 결코 기사의 작위를 받는 것도 아니며 귀족의 반열로 높아지는 것도 아닙니다. 어린이들을 가르치는 많은 신실한 교사의 경우도 이와 같습니다. 여러분은 그의 이름을 들은 적이 거의 없을 터이지만, 그는 대단한 일을 하고 있으며, 그 일로 인해 그는 장래에 복된 자라고 칭하여질 것입니다. 그의 주님은 그에 관한 모든 것을 알고 계시며, 우리는 그 날에 그에 대해 듣게 될 것입니다. 그리고 아마도 그 때까지는 듣지 못하겠지요.

　　어린 양을 먹이는 일은 또한 조심스러운 일(careful work)입니다. 어린 양들은 여러분이 원하는 대로 아무 거나 먹을 수 없으며, 특히 그리스도의 어린 양들이 그러합니다. 해로운 가르침은 어린 신자들에게 상당한 해독을 끼칩니다. 그리스도의 어린 양들은 모두 해로운 풀들을 먹기가 쉽습니다. 그것은 우리가 그들을 어디로 인도할지에 대해 신중해야 함을 의미합니다. 사람이 듣는 것에도 주의해야 한다면, 하물며 우리가 가르치는 것에는 얼마나 더 유의해야 하겠습니까? 각각의 어린 양을 개별적으로 먹이는 것, 즉 각각의 어린이에게 진리를 가장 잘 받아들여질 수 있도록 가르치는 것은, 신중함이 필요한 일입니다.

　　또한, 이는 지속적인 일(continuous work)입니다. "내 양을 먹이라." 이 일은 한 철을 위한 일이 아니라 사계절 해야 할 일입니다. 어린 양들은 목자가 일주일에 한 번만 먹인다면 살아갈 수 없습니다. 나는 그들이 주일과 다음 주일 사이에서 죽을 수도 있다고 생각합니다. 그러므로 어린이들의 좋은 교사들은 주중에도 기회 있을 때마다 그들을 돌아봅니다. 또한 그들은 기도로써, 그리고 입술의 말로써 그들을 가르치지 못하는 동안에도 거룩한 본으로써, 그들의 영혼을 돌봅니다. 어린 양들을 돌보는 일은 매일, 매시간 해야 하는 일입니다. 목자의 일이 끝나는 때가 언제입니까? 그는 하루 중에 몇 시간을 수고합니까? 그는 여러분에게 말하기를 양을 돌보는 시간은 결코 종료되지 않는다고 할 것입니다. 그는 틈이 나는 중간에 눈을 붙이지만, 겨우 선잠을 잘 수 있을 뿐이며, 다시 일어나 움직여야 합니다. 그리스도의 어린 양들을 먹이는 자들도 마찬가지입니다. 그들은 그들이 사랑하는 자들을 하나님이 구원하시고 성화시키기까지, 결코 쉬지 않습니다.

그 일은 또한 고된 일(laborious work)입니다. 적어도 그 일에 힘쓰지 않은 자는 처참한 결산 보고를 제출해야 할 것입니다. 여러분은 목사의 삶이 편한 삶이라고 생각합니까? 내 여러분에게 말하건대, 그렇게 사는 목사는 죽을 때쯤 되어서는 그 일이 충분히 힘들다는 것을 알게 될 것입니다. 사람이 하는 일 중에서 영혼들을 돌보는 것만큼 지치게 만드는 일은 없습니다. 이런 현상은 가르치는 모든 자에게 어느 정도는 공통적인데, 곧 힘을 빼지 않고서는 유익을 끼치지 못한다는 것입니다. 여러분은 교훈을 연구해야 합니다. 여러분의 학급에 무언가 신선한 것을 내놓아야 합니다. 여러분은 가르치고 또 감동을 주어야 합니다. 나는 여러분이 종종 무리할 정도로 그 일에 매진할 것이라고 의심치 않으며, 또한 그러고서도 다음 주일은 또 어떻게 헤쳐 나갈지 궁금합니다. 만일 여러분이 소금의 맛을 잃지 않았다면, 여러분이 때로는 심하게 압박감을 느끼리라는 것을 나는 잘 압니다. 여러분은 감히 준비도 없이 여러분의 분반으로 돌진하지 않을 것이며, 아무 희생도 치르지 않은 것을 주님께 바치려 하지 않을 것입니다. 수고가 있어야만 양식을 어린 양들 앞에 지혜롭게 베풀 수 있고, 그들이 그것을 받을 수 있는 것입니다.

그리고 이 모든 일은 각별하고도 최상의 심령으로(in a singularly choice spirit) 행해져야만 합니다. 참된 목자의 심령은 많은 귀한 은혜들의 혼합체입니다. 그는 열의로 뜨겁지만, 열정으로 타버릴 정도는 아닙니다. 그는 부드럽지만, 그러면서도 자기 학급을 다스립니다. 그는 애정으로 가득하지만, 그러면서도 죄에 눈 감지는 않습니다. 그는 어린 양들을 다스릴 힘이 있지만, 군림하려 하거나 가혹하지 않습니다. 그는 쾌활하지만, 경박스럽지는 않습니다. 자유롭지만 무절제하지는 않으며, 엄숙하지만 침울하지는 않습니다. 어린 양을 돌보는 자는 그 자신이 어린 양이어야 합니다. 또한 하나님께 감사하기는, 보좌 앞에 계신 어린 양(Lamb)이 우리 모두를 돌보시며, 또한 그분이 모든 면에서 우리와 같이 되셨기에 더욱 효과적으로 우리를 돌보시는 것입니다! 그 목자의 정신은 귀하고도 값진 선물입니다. 성공적인 목회자나 혹은 주일학교의 성공적인 교사에게서, 우리는 그의 동료들과는 확연히 구분되는 특별한 특징들을 발견할 수 있습니다. 새는 알을 품고 앉아 있을 때라든가 혹은 알을 깨고서 막 새끼들이 나왔을 때, 특별한 모성애(mother-spirit)를 가지고 있으며, 그리하여 그 어린 새끼들을 먹이는데 온 목숨을 바칩니다. 다른 새들은 즐거이 날개를 펴고 날아다니지만, 이 새는 밤이든 낮이든 생명이 다할 때까지 여전히 앉아 있습니다. 혹 그 새가 날 때는, 크게 벌리고 있고 결코 채워지지 않을 것 같은 새끼들의 입에 먹을 것을 공급하기 위해서입니다. 한 가지 열성이 그 새를 사로잡았습니다. 그리고 진실한 영혼의 수확자(soul-winner)에게도 그와 같은 정신이 임합니다. 그는 영혼들을 얻기 위해서라면 기꺼이 죽을 수 있습니다. 그는 애타게 갈망하고, 간구하고, 그의 마음이 향한 자들을 축복하기 위해 인내하며 수고합니다. 그 영혼들이 구원받을 수만 있다면, 그는 자기 천국의 절반을 걸고서라도 그렇게 하려고 합니다. 그렇고말고요. 또 때로는 열망으로 사로잡히는 순간, 그는 영혼들을 구하는 일과 자기 천국 전체를 기꺼이 맞바꾸고자 합니다. 바울처럼, 그는 그들이 구원받을 수 있다면 그 자신이 저주를 받을지라도 그것을 원하는 것입니다(참조. 롬 9:3). 많은 사람들에게 이런 생각은 터무니없는 것으로서 이해되지 않을 것입니다. 그들이 결코 그렇게 느껴보지 못했기 때문입니다. 성령이여 우리 안에 역사하소서! 우리로 어린 양들을 향해 참된 목자로서 행동하게 하소서! 이것이 바로 그 일입니다. "내 어린 양을 먹이라."

5. 어린 양을 먹이는 동기

마지막으로, 동기(the motive)에 대해 숙고해 보도록 합시다. 우리 주 예수님은 베드로의 사랑의 다짐을 들으시고 "내 양을 먹이라"고 말씀하셨습니다. 어린 양을 먹이는 동기는 **주님을 위한 것이어야지**, 자기 자신을 위한 것이어서는 안 됩니다. 베드로가 첫 번째 로마 교황이었다면, 마치 그분의 계승자(successor)와 같은 위치에 있는 자였다면 ― 결코 그렇지 않았습니다 ― 틀림없이 주님은 그에게 이렇게 말씀하셨을 것입니다. "네(your) 양을 먹이라. 오 베드로여, 그리스도의 지상 대리자여, 나는 그들을 너에게 맡긴다." 아닙니다, 아닙니다, 아닙니다! 베드로는 그들을 먹여야 하지만, 그들은 그의 양이 아니며, 여전히 그리스도의 양입니다. 형제들과 자매들이여, 여러분이 예수님을 위해 해야 하는 그 일은, 결코 여러분 자신을 위한 일이 아닙니다. 여러분이 맡은 분반 어린이들은 여러분의 자녀들이 아니라 그리스도의 자녀들입니다. 이 교회는 내 교회가 아니라 그리스도의 교회입니다. 바울의 권면은 "하나님이 자기 피로 사신 교회를 보살피라"였으며(행 20:28), 베드로 역시도 그의 서신에서 이렇게 썼습니다. "너희 중에 있는 하나님의 양 무리를 치되 억지로 하지 말고 하나님의 뜻을 따라 자원함으로 하며 더러운 이득을 위하여 하지 말고 기꺼이 하라"(벧전 5:2). 이 어린 양들이 자라게 되면, 그 영광을 종이 아니라 주님께 돌리도록 하십시오. 소요된 모든 시간과, 기울인 수고와, 쏟아 부은 열정과, 그 일의 모든 부분이, 이 어린 양들의 주님이신 그분을 찬양하고 높이는 것이 되도록 해야 합니다.

하지만 이 일이 자기를 부인하는 일이기는 하지만, 그것은 또한 매우 명예로운 일이며, 따라서 우리는 그 일을 가장 고상한 일이라고 느끼면서 섬길 수 있습니다. "내 어린 양을, 내 양을 먹이라"고 예수님이 말씀하십니다. 그들을 생각해 보십시오. 또한 예수님이 그들을 우리에게 맡기셨다는 것이 얼마나 놀라운 일인지 생각해 보십시오. 가련한 베드로여! 그 조반이 시작되었을 때 그는 틀림없이 거북하게 느꼈을 것입니다. 나는 나 자신이 그의 입장에 서 봅니다. 그러면 저는 감히 식탁 건너편의 예수님을 쳐다볼 엄두가 나지 않습니다. 맹세하고 저주하면서 그분을 부인한 것이 기억나기 때문입니다. 우리 주님은 베드로로 하여금 한때 심각하게 의문시되었던 그의 사랑을 말하도록 이끄심으로써, 그를 편안하게 해 주기를 바라셨습니다. 마치 좋은 의사처럼 그분은 랜싯(lancet: 핀셋처럼 작고 뾰족한 의료 도구 — 역주)으로 그의 근심이 곪아서 쑤시는 곳을 터뜨리셨습니다. "네가 나를 사랑하느냐?"라고 질문하셨습니다. 그렇게 물으신 것은 그분이 베드로의 사랑을 모르셨기 때문이 아닙니다. 오히려 베드로로 하여금 그분의 사랑이 확고함을 알고, "내가 주님을 사랑하는 줄 주님께서 아시나이다"라는 새로운 고백을 하도록 하기 위함이었습니다. 주님께서는 잘못에 빠진 한 사람과 잠시 동안 부드러운 논쟁을 하고자 하셨고, 그것은 더 이상 그분과 베드로 사이에 불화가 없도록 하기 위함이었습니다. 베드로가 "예, 주님, 주님께서는 제가 주님을 사랑하는 줄 아십니다"라고 말했을 때, 아마도 여러분은 주님의 대답이 이럴 것이라고 생각했을 것입니다. "아, 베드로야, 나도 너를 사랑한다." 하지만 그분은 그렇게 말하지 않으셨으며, 그러면서도 그렇게 말하신 것이나 다름없습니다. 아마도 베드로는 당시에 그분의 의미를 이해하지 못했을 것입니다. 하지만 우리는 그것을 이해할 수 있습니다. 왜냐하면 우리의 생각은 그 기억에 남을 아침에 베드로의 생각처럼 혼란스럽지 않기 때문입니다. 예수님은 실질적으로는 이렇게 말씀하신 셈입니다. "나는 너를 너무나 사랑한다. 그래서 내 심장의 피로 값 주고 산 것을 너에게 부탁한다. 온 세상 중에 내가 가장 아끼는 것은 내 양 떼이다. 시몬아 보거라, 나는 그 정도로 너를 신뢰한다. 나를 신실하게 사랑하는 자로서 너의 진실성을 나는 전적으로 믿는다. 내가 너를 내 양 떼의 목자로 삼노라. 이들은 내가 지상에서 가진 모든 것이며, 나는 그들을 위해 모든 것을 주었으며, 내 생명까지도 주었노라. 이제, 요한의 아들 시몬아, 나를 위해 그들을 돌보아 다오."

　　오, 그것은 "다정하게 하신(kindly spoken)" 말씀이었습니다. 이렇게 말씀하신 것은 그리스도의 크신 애정이었습니다. "불쌍한 베드로여, 이제 가까이 와서 내가 가장 귀하게 보살피는 일에 참여하여라." 예수님은 베드로의 사랑 고백을 그렇게 믿으셨으며, 그 믿음을 그에게 말로 표현하지는 않으셨지만 행동으로 표현하셨습니다. 주님은 세 번 씩이나 "내 어린 양을 먹이라, 내 양을 치라, 내 양을 먹이라"고 하심으로써, 얼마나 그를 사랑하시는지를 보여주셨습니다. 주 예수님께서 한 사람을 매우 많이 사랑하실 때, 그분은 그에게 할 일을 많이 주시든지 혹은 견뎌야 할 일을 많이 주십니다. 우리 중에서 많은 이들이 마치 불붙은 곳에서 타다 남은 나무를 꺼내듯 건짐을 받았습니다. 우리가 전에는 "악한 행실로 인해 하나님의 원수들"이었기 때문입니다(참조. 골 1:21). 그리고 이제 우리는 교회에서 그분의 친구들 가운데 있으며, 또한 우리 구주께서 우리에게 그분의 가장 귀한 자들을 믿고 맡기십니다. 나는 탕자가 돌아와서 아버지가 그를 받아주었을 때, 시장이 열리면 그 아버지가 둘째 아들을 시장에 보내어 밀을 팔아서 돈을 가지고 오도록 보내었을까를 궁금하게 생각합니다. 여러분 대부분은 이렇게 말하겠지요. "나는 그 아이가 돌아와서 기쁩니다. 그러나 나는 큰 아들에게 그 일을 맡기어 보낼 것입니다. 그는 언제나 내 곁에 붙어 있었으니까요." 나로서는, 주 예수님께서 불쌍한 탕자로서 저를 받아주셨습니다. 그리고 여러 주가 채 지나기 전에 그분이 내게 복음을 맡기셨습니다. 모든 보화들 중에서도 가장 큰 보화이지요. 이는 거대한 사랑의 징표(love-token)였습니다. 나는 그것을 능가하는 증거를 알지 못합니다. 베드로에게 주신 사명은 그의 터진 상처가 얼마나 완벽하게 치유되었는지를, 그의 죄가 얼마나 온전히 용서되었는지를 입증합니다. 예수님께서 그분을 부인하며 저주하고 맹세했던 자를 받아주시고 그에게 그분의 어린 양들을 먹이라고 명하셨기 때문입니다. 오, 복된 일이여, 그 일은 여러분을 위한 일이 아니면서도, 또한 여러분을 위한 일입니다! 자기를 위해 일하는 자는 자기를 잃어버리지만, 자기를 잃어버리는 자는 진정 가장 좋은 방식으로 자기를 위해 일하는 자입니다.

선한 목자의 최고의 동기는 사랑입니다. 우리는 사랑의 동기로(out of love) 그리스도의 어린 양을 먹여야 합니다.

첫째, 사랑의 한 증거로서 이 말씀을 생각해 보십시오. "너희가 나를 사랑하면 나의 계명을 지키리라"(요 14:15). "너희가 나를 사랑하면, 내 어린 양을 먹이라." 여러분이 그리스도를 사랑한다면, 그것을 보이십시오. 그리고 그 사랑을 다른 사람들에게 유익을 끼침으로써 보이고, 다른 사람들을 도와서 그들이 예수님의 기쁨이 되도록 하기 위해 여러분 자신을 투자함으로써 보이십시오.

다음으로, '흘러드는 사랑(inflowing of love)'에 대해 생각해 보십시오. "내 어린 양을 먹이라." 여러분이 선한 일을 시작했을 때 그리스도를 조금 사랑하면, 그 일을 시작하고서 곧 그분을 더욱 사랑하게 될 것입니다. 사랑은 적극적인 실행에 의해 자랍니다. 그것은 마치 망치를 휘두를수록 그 힘이 더욱 커지는 대장장이의 팔과 같습니다. 사랑은 할수록 더욱 사랑하게 되며(Love loves till it loves more), 더 사랑할수록 더욱더 사랑하게 되며(it loves more till it loves more), 최고의 사랑에 이를 때까지 여전히 더 사랑할 수 있습니다(it still loves more till it loves most of all). 사랑은 만족하여 그칠 줄 모르며, 마음을 넓히고 구주 예수 그리스도의 완벽한 사랑의 본을 더욱 닮기를 열망합니다.

사랑이 흘러드는 것 외에, 어린 양을 먹이는 일에서 '솟아나는 사랑(outflow of love)'을 생각해 보십시오. 우리가 말씀을 전할 때에 우리는 얼마나 자주 주님께 사랑한다고 말해 왔습니까? 나는 교사 여러분들이 주일학교 분반을 섬기는 일로 바쁠 때에, 여러분이 집에 있을 때보다도, 예수님께 대한 사랑의 회열을 더욱 많이 느낄 것임을 의심치 않습니다. 오늘, 한 사람이 집으로 가서 주저앉아 이렇게 신음할 수도 있습니다.

> "그것이 내가 알고 싶은 문제인데,
> 그것이 자주 나를 근심에 빠지게 하는구나."

이마를 닦고, 눈을 비벼도, 끝없이 우울한 기분으로 빠져듭니다. 하지만 만약 그가 일어나서 예수님을 위해 일한다면, 그가 알고 싶었던 의혹은 곧 풀릴 것입니다. 사랑이 그의 마음에서 솟구쳐 나올 것이며, 마침내 그는 더 이상 그런 의혹을 품지도 않을 것이기 때문입니다.

　　그러므로 그리스도를 위하여 이 복된 일을 계속해서 섬기도록 합시다. 이 일은 우리의 기쁨이 되고, 사랑으로 헤엄치는 큰 바다가 되고, 우리를 행복하게 해주는 따스한 햇살이 될 것입니다. 사랑하는 영혼의 휴양은 예수 그리스도를 위한 일입니다. 그리고 이 천상의 휴양 중에서도 가장 고상하고 가장 달콤한 휴양은 어린 그리스도인들을 먹이는 것입니다. 그들을 지식과 지각에서 자라게 하고 주 안에서 강해지도록 힘쓰는 것입니다. 주일학교에서 함께 수고하는 사랑하는 동료들이여, 지금부터 영원토록 주께서 여러분에게 복을 주시길 빕니다.

제
90
장

—

네가 나를 사랑하느냐?

—

"요한의 아들 시몬아, 네가 나를 사랑하느냐" —요 21:16

오늘 본문은 매우 짧고도 단순합니다. 이 본문에 대해 말하는 것이 어떤 이들은 매우 쉽다고 생각할 것입니다. 하지만 정녕 이는 매우 거대한 본문으로서, 너무나 풍성한 의미를 담고 있어서, 나로서는 그 모든 것을 설명할 엄두를 내지 못합니다. 말의 수는 적지만 암시된 사상은 무수합니다. 또한 여기에는 헬라어 원문으로 볼 때 숙고해 볼 가치가 있는 미묘한 의미들이 있고, 분석하고 규명해 볼 만한 암시들이 포함되어 있습니다. 나는 이번에 한 가지 요점에 한정해서 설교할 작정입니다. 그리고 여러분에게도 그 한 가지를 깊이 숙고하도록 요청할 것입니다. 이 묵상을 위해 하나님의 영이 우리 마음을 준비시키시고, 그 진리를 마음에 각인시켜 주시기를 기도합니다. 내가 전할 한 가지 요점은 이것입니다. 우리 주님께서는 베드로에게 그가 '그분에 대한(to His person)' 사랑을 가지고 있는지를 물으셨습니다. 그 질문은 하나님 나라에 대해서나, 혹은 하나님의 백성을 향한 사랑에 관계된 것이 아니라, 철저하게 하나님의 아들을 향한 그의 사랑을 묻는 것이었습니다. "요한의 아들 시몬아, 네가 나를(Me) 사랑하느냐?" 그분은 이렇게 말씀하시지 않았습니다: "내가 너에게 깨어 기도하라고 했을 때에 내 경고가 얼마나 세심한 것이었는지 이제 알겠느냐? 요한의 아들 시몬아, 그러므로 너는 자기 확신을 버리고, 내 훈계에 주의를 기울이겠느냐?" 이렇게 말씀하시지도 않았습니다: "이제 너는 내 가르침을 믿느냐? 이제 너는 얼마 전에 네가 부인했던 이를 의지하느냐?' 또한 이렇게 묻지도 않으셨습니다: "너는 내 계명들을 기뻐하느냐? 너는 내가 주장하는 일들을 믿느냐? 너는 나를 지존하신 분의 아들이라고 믿고 고백하느냐?' 아닙니다, 이런 문제들을 질문하신 것이 아닙니다. 질문은 이것입니다. "네가 나를 사랑하느냐? 나를 향하여, 나 자신을 향하여 개인적인 애정이 있느냐?' 그분은 그를 회심하지 않았을 때의 이름인 요한의 아들 시몬이라 부르시며, 그에게 어떤 은혜가 주어졌는지를 상기시키시고, 오직 그의 사랑에 대해서만 물으십니다. 그 질문은 인격적인 그리스도에 대한 인격적인 애정(personal attachment to a personal Christ)의 문제를 다루고 있으며, 그것이 오늘 내 설교의 유일한 주제입니다.

지혜로우시고 온유하신 우리 구주께서 베드로에게 아주 분명한 말투로 그의 사랑에 대해 물으신 것에 주목하십시오. 넌지시 떠보는 것도 없이, 그분은 즉시로 요점으로 들어가십니다. 그것이 모호하거나 의심스러운 것이 용납될 수 없는 문제이기 때문입니다. 의사가 환자의 심장 상태를 확인하기 위해 맥박을 재듯이, 주 예수님께서도 즉시 베드로의 영혼의 맥박을 테스트하셨습니다. 그분은 이런 식으로 말씀하시지 않았습니다. "요한의 아들 시몬아, 너는 네 어리석음을 회개하였느냐?' 회개는 매우 복된 은혜이고 또 매우 필요한 것이지만, 즉시로 베드로의 사랑을 살펴보는 것이 더 현명합니다. 왜냐하면, 만약 제자가 자기 스승을 사랑한다면, 그는 자기 스승을 부인한 것에 대해 깊은 슬픔을 느낄 것이 확실하기 때문입니다. 주님께서는 심지어 그 제자에게 믿음에 대해 묻지도 않으십니다. 그는 맹세하고서 "나는 그 사람을 알지 못하노라"(마 26:72)고 부인했기 때문에, 그의 믿음에 관해 질문하는 것이 마땅할 것 같습니다. 그것은 매우 중요한 질문이었을 것입니다. 하지만 그것은 베드로가 그의 사랑을 분명히 고백했을 때 확인되었습니다. 왜냐하면 사랑하는 자는 믿는 자이며, 믿지 않는 구주를 사랑하는 자는 없기 때문입니다. 주님은 다른 모든 문제를 고려하지 않으시고, 혹은 아마도 다른 모든 문제들을 이 한 가지 질문에 압축시키셨다고 말하는 편이 좋겠습니다. "네가 나를 사랑하느냐?' 이 사실에서 이 한 가지가 꼭 필요한 것이라는 교훈을 얻으십시오. 예수님을 사랑하는 것이 으뜸이며, 살펴보아야 할 중요한 요점입니다.

그 문제를 주님께서는 세 번씩 물으셨습니다. 마치 그것이 첫째로도, 둘째로도, 셋째로도 중요한 문제이며, 그것이 다른 모든 문제들을 포함하고 있음을 보이시는 듯합니다. 그래서 그분은 마치 웅변가들이 청중들의 마음속에 새기고 자 하는 주제들을 강조하는 문장으로 반복하여 말하듯이, 그 문제를 다짐하시고, 다짐하시고, 또 다짐하시는 것입니다. 이 못은 아주 잘 박혀야 하며, 그래서 그 못 머리를 때리고 또 때리기를 반복하는 것입니다. 변함이 없는 어조와 표정으로 주님은 물으십니다. "요한의 아들 시몬아, 네가 나를 사랑하느냐?" 이는 우리 구주께서 그의 사랑의 문제에 얼마나 많은 중요성을 부여하시는지를 보여줍니다. 그분은 그에게 그것에(that) 대해 물으시고, 오직 그것에(only that) 관해서만 물으시고, 세 번씩이나 그것에 대해서(that three times over) 물으십니다. 여러분이 여러분 스스로를 살필 때에 주로 여러분의 마음을 살피고, 여러분의 사랑을 철저히 조사하십시오. 예수님은 진정 여러분에게 사랑을 받으십니까? 여러분은 그분에게 깊은 애정을 가지고 있습니까? 다른 모든 문제들을 가볍게 여기더라도, 이 문제에서는 진지하십시오.

주 예수님께서 친히 그 질문을 하신 것과, 또한 그분이 베드로가 근심하기까지 그렇게 물으신 것을 기억하십시오. 제자로서 인정되기만 한다면 틀림없이 베드로는 기꺼이 가장 혹독한 책망이라도 받아들일 기분이었을 것입니다. 그러고도 관대한 처분을 받았다고 스스로 생각했을 것입니다. 그렇기 때문에 그를 근심하게 만들기란 쉽지 않았습니다. 우리 주님은 또한 어느 때에라도 진실한 마음에 고통을 느끼도록 하는 일을 좀처럼 하지 않으십니다. 하지만 이 경우에는, 슬기로운 이유들을 가지고, 그분이 베드로의 치유되지 못한 상처들을 건드리고 욱신거리게 만들 때까지 그 질문을 되풀이하셨습니다. 베드로가 자기 주님의 마음에 피를 흘리게 하지 않았더라면, 그 자신이 '마음의 상처(heart-wounds)'를 느낄 필요는 없지 않았을까요? 삼중의 부인은 삼중의 고백을 요구했으며, 그가 주님께 끼쳤던 비통함은 그가 느낀 비통함에 의해 기억으로 되살아날 필요가 있었습니다.

자, 오늘 아침에 만일 내가 여러분 중 몇몇 사람을 근심하도록 만들기까지, 그리고 나 자신도 역시 근심할 정도로 이 질문으로 압박한다 해도, 그것 때문에 내가 비난을 받아야 하는 것은 아닙니다. 여러분을 위로하는 것은 좋은 일이겠지만, 때로는 여러분을 근심시키는 것이 더 좋을 수 있습니다. 우리가 여러분에게 가져올 수 있는 최상의 양식이 언제나 달콤한 음식은 아닙니다. 쓴 약이 때로는 더 필요한 법입니다. 물론 내가 여러분의 마음을 근심스럽게 하기 위해 이 질문을 제시하겠지만, 적정한 범위를 넘어서까지 무리하게 압박하지는 않겠습니다. 참 사랑에는 어느 정도는 고통의 요소가 있습니다. 오직 겉치레만 하는 자가 진지한 질문이나 마음을 살피는 일도 없이 온 세상을 돌아다닙니다. 여러분이 오늘 근심하고 마지막에 옳은 자로 판명되는 편이, 주제넘게 스스로 안전하다고 느끼고 마지막에 자기를 속이는 자가 되는 것보다는 훨씬 낫습니다.

　　우리는 이 질문이 주님에 의해 제기된 것에 주목합니다. 만약 주 예수님께서 오늘 여러분을 만나서 여러분 각 사람에게 "네가 나를 사랑하느냐"라고 물으신다면 어떨까요? 만약 그 질문이 우리의 설교나 가르침이 끝날 무렵에 제시된다면, 그것이 우리를 깜짝 놀라게 만들더라도 나는 이상히 여기지 않을 것입니다. 우리가 조금 전 순간까지 그분의 집에서, 그분을 높이는 아름다운 찬송을 불렀다고 가정합시다. 연합하여 기도하였고 진심으로 그분을 경배하는 일에 참여했다고 합시다. 그런데 그 순간에 그분에 대한 우리의 사랑에 대해 질문을 받는다면 이상하게 보일 수 있을 것입니다. 그러나 그것이 불필요한 것은 아닙니다. 이번에는, 여러분이 홀로 있을 때에, 주님께서 여러분 앞에 서 계신다고 상상해 보십시오. 여러분에게 손을 얹으시고서 "네가 나를 사랑하느냐"고 부드럽게 물어보시는 그분을 생각해 보십시오. 그런 질문을 받고서 여러분은 어떻게 느낄까요? 여러분은 약간 놀라게 될 것입니다. 그리고 아마도 부끄러운 마음으로 떨기 시작할 것이고, 왜 바로 그 때에 마음을 살피는 그런 질문을 하셨는지에 대해 열 가지도 넘는 이유들을 생각해 볼 것입니다. 그리고 만약 주께서 그 질문을 세 번씩이나 반복하시고, 매번 분명하게 당신을 지칭하여 물으시고, 오직 당신에게만 물으신다면, 여러분은 마음의 큰 가책을 느끼지 않을까요? 하지만 나는 여러분이 그 질문을 받기를 바랍니다. 예수님이 직접 하신 질문으로서, 여러분이 그 질문에 대면하기를 바랍니다. 이 질문이 목사가 말한 것이라든지, 혹은 본문에 기록된 내용이라는 것을 잊어버리십시오. 오직 예수님이 말씀하신 것으로 들으십시오. 가장 소중한 피를 흘려 여러분을 사망과 지옥에서 속량하신 그 동일한 예수님이 직접 물으시는 질문으로 들으십시오. 그분은 다른 사람들이 아닌 당신에게 말씀하십니다. 그럴 이유가 없겠습니까? 이 무리 중에서 당신 한 사람을 지목하시고, 당신에게 시선을 고정하시고서, 이렇게 말씀하십니다. "요한의 아들 시몬아, 네가 나를 사랑하느냐?" 당신은 당신에게 이 질문을 하시는 이유가 무엇인지를 압니다. 스스로 대답하십시오. 그분이 오직 당신에게만 물으셨기 때문입니다. 지금 나다나엘을 신경 쓰지 말고, 도마도, 세베대의 두 아들들도 의식하지 마십시오. "네가 나를 사랑하느냐?" 진정으로, 참으로, 당신의 가슴은 나사렛 예수를 향하여 두근거리고 있습니까? 자, 베드로여, 그렇습니까, 아닙니까? 당신은 "예"라고 말합니다. 하지만 그렇습니까? 그렇습니까? 정말 그렇습니까? 나는 그 질문이 오늘 아침에 나 자신의 영혼과 여러분의 영혼에게 들리기를 원합니다. 실제로 예수님이 우리 각 사람 앞에 서 계시듯이, 우리에게 반복하여 이렇게 물으시기를 원합니다. "네가 나를 사랑하느냐?" 주께서 우리에게 이 엄숙한 질문을 하시는 은혜를 허락하시고, 또한 우리로 정직한 증언을 하게 하시고, 오직 전적으로 진실한 고백만을 할 수 있도록 은혜 주시길 빕니다.

1. 내적 조사: 우리 속에 그리스도에 대한 사랑이 있는가?

우리가 첫 번째로 살펴볼 것은 이것입니다. 즉 그리스도에 대한 사랑이 우리 가슴에 없을 수도 있다(Love to the person of Christ may be absent from our bosoms)는 것입니다. 불행한 생각이지만, 그러면서도 아주 확실한 사실입니다! 우리의 마음에 그리스도에 대한 사랑이 없을 수도 있습니다! 나는 이토록 중요한 질문에서 우리 중 한 사람이라도 숨겨줄 수 있는 것은 없다고 생각합니다. 우리의 은사들과 겉으로 드러나는 은혜들로써, 우리는 동료 인간들이 그 질문으로 우리를 심문하지 못하게 막을 수 있습니다. 하지만 그 어떤 것으로도 우리가 스스로에게 질문하는 것을 막아서는 안 됩니다. 주님께서 친히 우리에게 그렇게 질문하시는 것을 어떤 것도 막을 수는 없기 때문입니다.

어떤 외관상의 신앙적인 모습(outward religiousness)도 이 질문을 불필요하게 하지 않습니다. 우리는 신앙을 고백하고, 외적으로는 매우 꾸준하게 예배 모임에 참여하고 있지 않습니까? 우리는 열의를 가지고 하나님의 집에서 모든 공적인 집회에 참석하고 있지 않습니까? 예, 하지만 수천 명의 사람들이 그렇게 하고 있고, 수십만 명의 사람들이 주일에 그렇게 하고 있지만, 그럼에도 그들이 그리스도를 사랑하지는 않습니다! 나의 형제들이여, 많은 무리가 형식과 예배 의식들에 정신을 빼앗기고 있지 않습니까? 만일 예배가 눈과 귀를 즐겁게 해 준다면 그들은 상당히 만족하지 않습니까? 예수님을 예배하는 자들이라고 공언하는 무리들에게 그리스도의 인격에 대한 사랑이 없습니다. 우리는 정통 교리의 진술을 신앙의 모든 것이자 궁극적인 것으로 여기는 사람들을 알고 있습니다. 설교가 신앙

고백에 일치하기만 하면, 또한 모든 말과 행동이 신앙적으로 올바르기만 하면, 그들은 아주 만족합니다. 하지만 그들의 가슴에서 예수님에 대한 사랑의 격동은 일어나지 않습니다. 그들에게 신앙이란 전혀 마음에 작용하는 일이 아닙니다. 그것은 단지 두뇌의 활동이며, 그나마 겨우 그 정도라도 되는 것입니다. 그들은 살아 있는 인격을 향해 가는 살아 있는 영혼에 대해 알지 못합니다. 피 흘리는 가슴이 또 다른 피 흘리는 가슴과 연결되는 것을 알지 못합니다. 한 생명이 또 다른 생명을 보존해 주고 또한 그 생명을 사랑하는 것에 대해서는 알지 못합니다. 우리는 이런 것에서 아주 멀어진 형제들을 알고 있습니다. 그들은 설교의 내용이 조금이라도 그들의 생각과 다르면, 설교자가 '불건전'하다고 여겨 종교적인 두려움에 압도되고, 다시는 그 설교자에게 들으려고 하지 않습니다. 심지어 그 설교자가 나머지 설교의 대부분에서 그리스도를 아주 귀하게 전하였더라도, 설교자가 "쉽볼렛"을 그들과는 다르게 발음하기 때문에(참조. 삿 12:6), 설교 전체를 아무것도 아닌 것으로 간주합니다. 사랑 없는 정통이란 무엇이겠습니까? 그저 죽은 신앙을 묻는 지하무덤에 지나지 않을 것입니다. 그것은 새 없는 새장이며, 생명이 떠나버린 사람의 섬뜩한 해골에 지나지 않을 것입니다. 나는 교회 생활의 일반적인 추세가 너무 외적으로 흐르는 것을 염려하고, 그리스도의 인격을 향하여 깊이 불붙은 사랑이 너무 적은 것을 안타까워합니다. 만일 여러분이 정서적인 신앙(emotional religion)과 마음에 역사하는 경건(heart-work of godliness)에 대해 많이 설교하면, 냉혈적인 신앙고백자들은 여러분에게 신비주의적이라는 딱지를 붙일 것이며, 귀용 부인(Madame Guyon)과 정적주의(Quietist) 교파의 위험성에 대해 말하기 시작할 것입니다. 우리는 비록 비난을 받더라도 그런 색채를 조금 지니는 것을 싫어하지 않습니다. 결국에는 그리스도를 실감하는 것이 중요하기 때문입니다. 아주 복된 믿음은 예수 그리스도의 인격과 아주 깊이 교제하는 믿음이며, 가장 참된 회개는 그분의 상처를 보고 우는 회개이고, 또한 가장 달콤한 사랑은 저 복되신 분의 지극히 사랑스럽고 흠모할만한 인격을 향하는 사랑입니다. 나는 은혜의 교리들을 마치 내 주님의 의복들처럼 바라봅니다. 거기에는 몰약과 침향과 육계의 향기가 있습니다(참조. 시 45:8). 나는 그분의 계명들을 그분의 홀(笏)처럼 바라봅니다. 그것은 끝을 은으로 장식한 지팡이입니다. 나는 그것을 만져보고 기뻐하며 또한 그 권세에서 위안을 발견합니다. 나는 복음적인 성례들을 그분이 앉아 계신 보좌처럼 바라보며, 순금을 입힌 그 상아 보좌를 기뻐합니다. 하지만 오, 그분의 인격은 그분의 의복보다 향기롭고, 그분의 홀보다 귀중하며, 그분의 보좌보다도 영광스럽습니다. 그분 자신이 전적으로 사랑스러우시며, 그분을(Him) 향한 사랑은 참된 종교의 심장이자 핵심입니다. 하지만 아마 여러분은 결국 그분을(Him) 사랑하지 않을 수도 있습니다. 여러분에게 외적인 신앙생활의 모든 형식들이 있을지 모르지만, 주님의 비밀은 여러분에게 없습니다. 만일 여러분이 안식일의 주님을 잊어버리면 안식일을 존중하는 것은 헛된 일입니다. 저 위대한 대제사장을 사랑하지 않고 성소를 사랑하는 것도 헛된 일입니다. 신랑을 사랑하지 않고 혼인잔치를 사랑하는 것도 헛된 일입니다. 여러분은 그분을(Him) 사랑하십니까? 그것이 질문입니다. "요한의 아들 시몬아, 네가 나를(Me) 사랑하느냐?"

형제들이여, 또한 교회 안에서 최고의 직분(the highest office)조차 그 질문을 불필요하게 만들지 않습니다. 베드로는 사도였고, 그들 중 어느 누구에게 조금도 뒤지지 않는 자였습니다. 어떤 면에서 그는 교회의 주춧돌이었습니다. 하지만 그에게도 "네가 나를 사랑하느냐"고 물어보실 필요가 있었습니다. 한때 주님을 사랑하지 않는 사도가 있었습니다. 은돈 삼십을 탐내던 한 사도가 있었습니다. 그가 자기 스승을 판 상당한 액수입니다. 유다의 이름은, 우리의 직분상의 위치에 의지하는 모든 뻔뻔한 확신에 조종(弔鐘)을 울릴 것입니다. 우리는 교회 안에서 매우 높은 지위에 서고서도 멸망으로 떨어질 수 있습니다. 우리의 이름이 종교 지도자의 명단에 오르고서도 어린 양의 생명책에는 기록되지 않을 수도 있습니다. 그러므로, 내 형제들인 목사와, 집사와, 혹은 장로들이여, 우리에게 이 질문이 필요하지 않겠습니까? "당신은 주님을 사랑합니까?"

그리스도인의 최대의 특권들을 누리는 것(the enjoyment of the greatest privileges) 역시 이 질문을 불필요하게 만들지 않습니다. 베드로와 야고보와 요한은 사도들 중에서도 아주 크게 호의를 입은 자들입니다. 그들은 우리 주님께서 은밀하게 행하신 어떤 기적들을 목격했으며, 다른 사람들의 눈이 보지 못한 것을 보았습니다. 그들은 변화산에서 그분의 영광을 보았으며, 또한 겟세마네 동산에서 크게 고뇌하시는 그분의 모습을 보았습니다. 하지만, 그들이 이런 큰 은혜를 받긴 했지만, 그들의 주님은 그들의 우두머리에게 이렇게 묻는 것이 필요하다고 느끼셨습니다. "네가 나를 사랑하느냐?" 오 나의 형제여, 당신은 높은 특권을 누려왔습니다. 당신은 다볼(Tabor, 변화산일 것으로 추정됨 — 역주)에 오른 적이 있으며,

변화되신 그분의 빛에 감싸인 적이 있습니다. 또한 당신은 그리스도의 고난에 참여하기도 했으며, 혹은 실제로 그런지는 몰라도 하여간 당신이 그렇게 생각하고 있습니다. 당신은 내적인 고통과 영적인 기쁨들에 대해 잘 알고 있고, 주님과 더불어 떡을 먹는 것에도 익숙합니다. 하지만 그런 일을 경험하고서도 그분에게 발꿈치를 든 자가 있었다는 것을 기억하십시오. 그러므로 내 형제여, 당신에게 이렇게 물어보는 것이 필요합니다. "당신은 주님을 사랑합니까?" 당신은 진정으로 그분을 사랑합니까? 당신이 보고 누린 체험 때문에 당신이 그분을 사랑하는지는 확실하지 않습니다. 대단한 체험을 날조하기는 쉽지만, 정작 한 가지 필요한 것은 사랑하는 마음입니다. 당신에게 이 사랑이 있는지를 살펴보십시오.

내 사랑하는 형제들이여, 또한 대단히 뜨거운 열심(the greatest warmth of zeal)이 있더라도 이 질문이 불필요한 것은 아닙니다. 베드로는 열광적인 제자였습니다. 그는 주님을 위해서라면 무슨 일이라도 할 태세가 되어 있던 사람입니다. 갈릴리 호수에서 그가 얼마나 흥분해서 소리쳤던가요?"주여, 만일 주님이시거든 나를 명하사 물 위로 오라 하소서"(마 14:28). 얼마나 대담합니까! 어떤 믿음입니까! 얼마나 맹렬한 열심입니까! 그리고 바로 이곳에서도, 이 이야기의 배경이 되는 그 동일한 디베랴 바다에 주님이 나타나셨을 때에도, 베드로는 앞뒤 가리지 않는 열정으로 인해 배가 기슭에 닿을 때까지 기다릴 수 없었습니다. 그는 어부의 겉옷을 대충 걸치고는, 그가 사랑하는 주님을 맞이하기 위해 바다로 풍덩 뛰어내렸습니다. 하지만 그 무모할 정도의 열심을 가진 사람을 앞에 두고서, 주님께서는 이렇게 물으십니다. "네가 나를 사랑하느냐?" 예, 젊은이여, 당신은 주일학교에서 아주 열심입니다. 당신은 어린 소자들과 대화하려고 애써왔으며 다른 많은 교사들에 비해 성공을 거두었습니다. 당신은 다른 사람들을 격려하고, 매 순간 당신이 종사하는 일에 추진력을 불어넣습니다. 그럼에도 불구하고 당신이 진정으로 주님을 사랑하고 있는지 아닌지를 살펴볼 필요가 있습니다. 내 사랑하는 형제여, 아마도 당신은 거리의 모퉁이에 서서, 경건하지 않은 무리들의 면전에서, 사람들이 반대하든지 말든지, 기쁘게 예수님에 대해 말할 것입니다. 하지만 당신이 예수님을 사랑하는 것이 확실합니까? 자매여, 당신은 가난한 사람들을 방문하고 궁핍한 자들을 보살핍니다. 당신은 어린이들에게 유익한 일이라면 몸을 사리지 않고 수고하며, 주님과 관계된 일이라면 모든 면에서 열정으로 가득합니다. 우리는 당신을 칭송합니다. 그리고 당신의 그 열심이 결코 식지 않기를 바랍니다. 하지만 그 모든 것에도 불구하고, 당신에게도 이 질문을 해야 합니다. "당신은 주 예수님을 사랑하십니까?" 열심(zeal)이란 다른 사람들의 평판에 대한 의식으로 부채질되기도 하고, 성실하고 필요한 인물로 생각되기를 바라는 희망에 의해 지탱되기도 합니다. 은혜의 거룩한 불이라기보다는 기질상의 뜨거움에 가까운 열심이 있습니다. 이 열심이 많은 사람들로 하여금 큰 일을 할 수 있도록 했습니다. 하지만 그들이 모든 것을 마쳤을 때, 그들은 소리 나는 구리와 울리는 꽹과리처럼 되고 말았습니다. 그들이 예수 그리스도를 사랑하지 않았기 때문입니다. 가장 열심 있는 행동들은, 비록 우리가 그런 열심을 가진 사람들은 예수님을 사랑하는 자들이라고 생각하는 것이 자연스럽기는 하지만, 그 자체가 결정적인 증거는 아닙니다. 그러므로 우리는 여전히 그들에게도 이렇게 물어야 합니다. "당신은 주님을 사랑하십니까?"

아아, 사랑하는 친구들이여, 조금 더 나아가도록 하겠습니다. 가장 위대한 자기 부인(the greatest self-denial)도 그 사랑을 입증하지 못합니다. 베드로는 이렇게 말할 수 있었습니다. "주님, 우리가 모든 것을 버리고 주를 따랐습니다"(마 19:27). 그가 가진 것이 많지는 않았지만, 어쨌든 베드로는 선한 목적을 위해서 그가 가진 모든 것을 버렸으며, 그로 인해 어떤 세속의 좋은 보상을 받지 않았습니다. 그는 예수님을 위해 빈번하게 능욕을 받았으며, 그 이상의 비난을 당할 것이 예상되었습니다. 하지만 그는 여전히 충성스럽고, 기꺼이 최후까지 견디고자 하였습니다. 하지만 주님께서는 베드로가 그분을 위해 희생했던 모든 것을 아시고서도, 그에게 물으셨습니다. "네가 나를 사랑하느냐?" 슬프게도, 매우 이상한 사실은, 신앙을 공언하는 그리스도인이 되기 위해 상당한 희생을 무릅쓴 사람들이, 그들 속에 그 문제의 뿌리가 없다는 것입니다. 심지어 어떤 이들은 진리를 위해 감옥에 가기도 하였지만, 그러면서도 여전히 신실한 그리스도인들은 아니었습니다. 우리가 말하기도 두려운 것은, 순교의 시대에 어떤 이들은 자기 몸을 불사르도록 내어주었음에도 불구하고, 그들이 사랑하지 않았기 때문에 그것이 그들에게 아무 유익을 주지 못했다는 것입니다. 사랑은 본질적인 것입니다. 다른 무엇으로도 사랑의 결핍을 대체할 수는 없습니다. 하지만 이 고귀한 것이 여러분의 마음에 없을 수도 있습니다! 오 하나님, 어쩌면 제 속에도 그것이 없을지 모른다는 것을 기억하고 저는 떨고 있습니다. 우리 각 사람이 이 질문을 들어야 합니다. "요한의 아들 시몬아, 네가 나를 사랑하느냐?"

이 요점을 좀 더 밀고 나가야겠습니다. 우리에게 이 질문을 제기하는 것이 자주 필요한 이유는, 여기에 감정적인 부분 외에 신앙의 다른 요점들이 있기 때문입니다. 사람은 마음이 전부가 아니고, 머리도 있습니다. 머리 또한 구별되고 성화되어야 합니다. 그러므로 우리가 하나님의 말씀을 연구하고 천국의 서기관들처럼 가르침을 잘 받는 것이 옳습니다. 베드로는 삼 년제 대학에 들어갔습니다. 예수 그리스도를 지도교수(Tutor)로 모시고서 상당히 많은 것을 배웠습니다. 또 그렇게 위대한 교사(Teacher)로부터 그 정도 배우지 못할 자가 어디 있겠습니까? 하지만 그가 모든 과정을 마친 후에, 그의 스승(Master)은 일생의 사역을 위해 그를 보내시기 전에 "네가 나를 사랑하느냐"고 묻는 것이 필요하다고 느끼셨습니다. 형제여, 당신은 당신의 책장들을 넘길 수 있고, 교리들을 계속해서 습득할 수도 있습니다. 신학적인 진술과 주제들을 붙들고 그 난제를 풀기 위해, 그리고 그와 관련된 성경 본문을 해석하기 위해 애를 쓸 수도 있습니다. 그러다가 마침내 또 다른 질문에 봉착하게 되는데, 어떻게 된 일인지 마음이 점차 책장들처럼 건조해지는 것입니다. 책벌레가 종이뿐 아니라 그의 열정까지도 좀먹고, 계속해서 그 영혼까지도 좀먹는 것입니다. 그러므로 주께서 연구실로 들어오셔서 책을 덮으시고, 그 학생에게 이렇게 말씀하시는 것이 건강에도 좋습니다. "잠시 앉아 보거라. 너에게 물어볼 것이 있다. '네가 나를 사랑하느냐? 모든 책들이나 연구보다도 내가 더 낫단다. 너는 나에 대해 따뜻하고, 인정 있고, 활기찬 사랑을 가지고 있니?' 나는 여러분 중에 많은 분들이 아주 부지런한 학생들이 되기를 바랍니다. 만약 여러분이 주일학교에서 가르치고 있다면 반드시 그래야만 되고, 또한 길모퉁이에서나 오두막 집회에서 말씀을 전하는 자도 반드시 그래야 할 것입니다. 여러분 자신이 채워지지 않고서 어떻게 다른 사람들을 채우겠습니까? 하지만 그와 동시에, 가장 우선적으로, 그리스도를 향해 여러분의 마음 상태가 어떤지를 살피십시오. 아는 것은 좋지만, 사랑하는 것이 더 좋습니다. 여러분이 연구를 한다면, 모든 문제들을 풀 수도 있을 것입니다. 하지만 여러분이 사랑하지 않으면, 여러분은 신비 중의 신비를 이해하는데 실패할 것이며, 가장 뛰어난 학문에 대해 알지 못할 것입니다. 지식은 교만하게 하지만 사랑은 덕을 세웁니다. 그러므로 이 질문에 주의하십시오. "네가 나를 사랑하느냐?"

또한 그리스도인의 생활에서 대부분의 시간은 활동적인 노동에 소비됩니다. 우리는 일어나서 일해야 합니다. 만약 해야 할 일이 있었다면, 베드로가 그 일을 할 사람이었습니다. 그는 앞장서서 복음을 전했으며, 귀신들도 그에게 굴복했습니다. 베드로는 예수의 이름으로 놀라운 일들을 행했으며, 앞으로 더 놀라운 일들을 행할 예정이었습니다. 하지만, 베드로가 한 모든 일에도 불구하고, 그의 사랑은 조사를 받을 필요가 있었습니다. 비록 베드로가 두 발로 물 위를 걸었다고 해도, 그를 제외하고는 다른 누구도 그렇게 한 적이 없다고 해도, 그럼에도 베드로는 질문을 받아야 했습니다. "네가 나를 사랑하느냐?" 그는 조금 전에 일백 쉰세 마리의 큰 물고기들로 가득한 거대한 그물을 뭍으로 끌어올렸습니다. 대단한 기술과 힘을 기울여 그는 물고기 전체를 뭍으로 올려놓았습니다. 하지만 이것이 그의 사랑을 입증하지는 않습니다. 우리들 중에는 직접 잡은 큰 물고기들로 가득 찬 그물을 뭍으로 끌어올린 복음 설교자들이 있습니다. 그들은 위대하고 성공적인 사역자들이었습니다. 하지만 그것 때문에 주님께서 그들의 마음을 조사해 보는 일이 불필요하게 되는 것은 아닙니다. 그분은 그들에게 그물을 잠시 내려놓고 이야기하자고 하십니다. 성경 공부 교재도 덮어두고, 교인 명부도 접고, 물고기 수를 세는 것도 그치십시오. 따로 여러분의 내실로 들어오십시오. 예수님이 여러분에게 물어보실 것이 있습니다. "내 이름으로 너는 귀신들을 쫓아내었구나. 하지만 너는 나를 사랑하느냐? 너는 내가 말한 대로 그물을 배 오른편에 던졌구나. 하지만 너는 나를 사랑하느냐? 너는 저 많은 물고기들을 육지로 끌어올렸구나. 하지만 너는 나를 사랑했느냐?" 형제들이여, 이는 진지한 두려움입니다. "내가 남에게 전파한 후에 자신이 도리어 버림을 당할까 두려워함이로다"(고전 9:27). 다른 사람들을 예수님께로 데려온 후에, 주일학교나 혹은 다른 분야에서 하나님을 잘 섬긴 후에, 그럼에도 불구하고 여러분이 예수님을 사랑하지 않은 것 때문에 치명적인 실패에 빠지는 일이 없도록 하십시오. 나는 반복적으로 그 질문을 강조해야 합니다. 성령께서 우리 모두에게 그 질문의 힘을 느끼게 해 주시길 기도합니다.

어쩌면 우리가 진리를 위해 열심히 논쟁하도록 부름을 받았을 수도 있습니다. 우리는 진리 편에 서서 우리의 왕의 원수들과 싸움을 해왔을 수도 있으며, 목숨을 걸고서라도 진리를 위해 분연히 떨쳐 일어섰을 수도 있습니다. 그리스도 예수의 좋은 군사가 되는 것은 좋은 일입니다. 이 시대는, 비난받기를 두려워하지 않고서 강하고 단호한 말로 진리를 밝히 말할 수 있는 사람들을 필요로 합니다. 하지만 이러한 정신보다도 훨씬 더 중요한 것이 바로 이 질문입니다. "네가 나를 사랑하느냐?" 어떤 사람이 매우 확고한 기독교인(Protestant)이면서도, 그리스도를 사랑하지 않을 수도 있습니다. 그가 하나님의 진리의 매우 진지한 옹호자이면서, 그 진리 자체이신 그분을 사랑하지 않을 수도 있습니다. 그가 세례에 대해 성경적인 견해들을 주장하면서도, 결코 그리스도와 "합하여(into)" 세례를 받지 않았을 수도 있습니다(참조. 롬 6:3). 어떤 사람이 철두철미한 비국교도(Nonconformist)이고, 그래서 비국교도가 반대하는 모든 악에 맞서 저항하면서도, 여전히 세상에는 순응하는(conformed) 잃어버린 자일 수 있습니다. 모든 기독교 전사들이 자기 흉패를 자세히 들여다보고, 신속하게 이 질문에 대답할 수 있는지를 점검해 보는 것이 중요합니다. "요한의 아들 시몬아, 네가 나를 사랑하느냐?"

종합해서 여러분에게 말하고자 합니다. 사랑하는 이여, 여러분이 하나님의 교회에서 아무리 저명하다고 해도, 또한 섬김에서나 고난에서 아무리 알려진 자라고 해도, 이 질문을 비켜갈 수는 없습니다. 주님의 심문에 여러분의 마음을 열어 보이십시오. 여러분이 근심될 정도로 그분이 반복해서 "요한의 아들 시몬아, 네가 나를 사랑하느냐"고 물으실 때에, 겸손하고도 단호하게 그분께 대답할 수 있기를 바랍니다.

2. 그리스도를 사랑하지 않는 자는 거짓 고백자이다.

이제 우리는 두 번째의 요점으로 넘어가도록 하겠습니다. 우리는 그리스도의 인격을 사랑해야 하며, 그렇지 않으면 우리의 과거의 모든 고백들이 거짓말이 되고 맙니다. 그리스도를 사랑하지 않는 사람이 그리스도인이 된다는 것은 불가능합니다. 심장을 제거하면 생명이 불가능한 것과 마찬가지입니다. 당신의 으뜸되고 참된 천국의 소망은, 만약 그것이 여러분에게 임한 것이 사실이라면, 예수 그리스도에 의해 온 것입니다. 사랑하는 이여, 여러분은 복음을 들었습니다. 하지만 그리스도를 떠나서는 복음이 여러분에게 결코 좋은 소식일 수 없습니다. 여러분은 성경을 읽었습니다. 하지만 인격적인 그리스도를 떠나서는 여러분에게 성경은 죽은 문자에 지나지 않을 것입니다. 여러분은 많은 진지한 복음의 호소에 귀를 기울였지만, 예수님이 여러분 마음에 오셔서 강권하시기까지 그 모든 호소는 귀머거리의 귀에 대고 외치는 소리에 불과할 것입니다. 내 마음에 처음으로 들어온 위로의 서광은 구속주의 상처에서 번득인 것이었습니다. 고통 중에 나무에 달려 피를 흘리시는 그분을 보기 전까지, 나는 구원받을 소망을 품지 못했습니다. 우리가 처음에 품은 소망은 어떤 교리나 설교자가 아니라 우리의 모든 것 되시는 예수님과 밀접하게 관련이 있습니다. 그러므로 우리가 처음으로 소망을 갖게 된지가 얼마 되지 않았다 하더라도, 그 소망을 주신 예수님을 사랑해야 합니다. 우리는 단지 시작만을 그분과 함께하는 것이 아닙니다. 우리가 받은 모든 언약의 복은 그분의 인격과 관계되어 있으며, 그분과 무관하게 얻을 수 없는 것입니다. 여러분은 용서를 얻었습니다. 하지만 그 용서는 그분의 피를 통해 얻은 것입니다. 여러분은 의로 옷 입었습니다. 하지만 그분이 여러분의 의의 주님이십니다. 그분 자신이 여러분의 영광이며 여러분의 아름다움입니다. 여러분은 회심에 의해 많은 죄들을 씻음받았습니다. 하지만 여러분을 씻은 것은 그분의 찢어진 옆구리에서 흘러나온 물입니다. 여러분은 하나님의 자녀가 되었습니다. 하지만 여러분의 양자됨은 맏형이신(the Elder Brother) 그분과 더욱 가까워지는 것이며, 바로 그분을 통해 여러분이 하나님의 상속자가 된 것입니다. 언약의 복들 중에서 그 어떤 것도 그리스도와 무관한 것이 없으며, 그 어떤 것도 그분과 별개로 누릴 수 없습니다. 빛과 열이 태양으로부터 분리될 수 없는 것과 마찬가지입니다. 우리에게 오는 모든 복들이 그분의 못 박힌 손을 통해 주어지며, 그에 대한 보답으로 감동되어 그분을 사랑하지 않고서는 그분의 무한한 사랑의 선물들을 향유하는 것이 불가능합니다. 태양 아래서 걸으면 반드시 더워지듯이, 그리스도의 충만한 것을 은혜로 얻으면 반드시 감사로 충만하게 되어 있습니다.

기독교회의 모든 성례들은, 만일 우리가 그 속에서 그리스도를 사랑하지 않았다면, 하나의 허울에 불과하고 말았을 것입니다. 세례를 한 예로 들어봅시다. 만일 우리가 그리스도와 함께 장사되어 그분의 죽으심과 연합하고 또한 그분이 아버지의 능력으로 죽은 자 가운데서 살아나신 것처럼 우리가 새 생명 가운데 행하는 것이 아니라면, 세례라는 것이 무엇이겠습니까? 그것은 단지 육체의 더러움을 씻는 것에 불과하며, 그 이상 아무것도 아닐 것입니다. 주의 만찬은 또 무엇이겠습니까? 만일 그리스도가 빠졌다면, 그것은 떡을 먹고 포도주를 마시는 공동식사에 불과하지 않겠습니까? 하지만 우리가 거짓된 마음을 가진 위선자들로서가 아니라 진실한 마음으로 주의 만찬에 참여한다면, 우리는 그분의 살을 먹고 그분의 피를 마시는 것입니다. 그분을 사랑하지 않고서 그렇게 하는 것이 가능할까요? 그럴 수 없습니다. 그리스도와의 교제는 성례에서 절대적으로 필요한 것이며, 또한 그 교제가 틀림없이 우리 마음속에서 우리가 교제하는 그분을 향한 사랑을 불러일으킬 것입니다. 또한 사랑하는 이여, 우리가 그리스도인으로 살아온 모든 세월 동안 하나님께 가까이 나아갈 때에도 마찬가지였습니다. 내 형제여, 당신은 기도하였습니까? 당신은 진정 기도 중에 하나님께 말하였습니까? 중보자이신 예수님을 통해서가 아니라면 당신이 그렇게 할 수 없었을 것입니다. 또한 만약 당신이 중보자를 통해 하나님께 아뢰었다면, 당신은 아버지께 접근할 수 있는 문이 되어주신 그분을 사랑하지 않고 지낼 수가 없었을 것입니다. 당신이 신앙고백을 해왔다면, 당신의 마음이 저 위대하신 구원의 주님을 향해 애정으로 불붙지 않고서야 그 고백이 어찌 참되고 정직한 것이라고 할 수 있겠습니까? 여러분은 큰 소망을 가지고 있습니다. 그러나 여러분이 무엇을 소망하는 것입니까? 여러분의 모든 소망이 그분 안에 감싸여져 있습니까? 여러분은 그분이 나타나실 때에 여러분이 그분처럼 될 것을 바라는 것이 아닙니까? 여러분은 의기양양하게 죽기를 바라겠지만, 그분이 여러분의 임종의 침상을 솜털 베개처럼 부드럽게 해 주시지 않고서는 그럴 수 없습니다. 여러분은 다시 살기를 바라겠지만, 그분의 부활과 관련이 없고서는 그럴 수 없습니다. 그분은 부활이라는 추수의 첫 열매이시기 때문입니다. 여러분은 땅에서 왕 노릇 하기를 기대할 것입니다(참조. 계 5:10). 하지만 그것은 그분과 함께(with Him)이며, 그 왕(the King)과 상관없이 천년왕국을 기대할 수 없습니다. 여러분은 죽음이 없는 천국을 기대하지만, 그 천국이란 그곳에 계신 예수님과 함께 있는 것이며, 그분의 영광을 보는 것입니다. 여러분이 얻은 모든 것은 − 진정 여러분이 주님께 속한 것을 얻었다면 − 그 위에 그리스도의 이름이 새겨져 있습니다. 그 모든 것이 그분의 못 박힌 손으로부터 여러분에게 직접 전달된 것이며, 여러분이 그분을 사랑하지 않는 데도 그것을 받았을 리가 없습니다. 자, 내가 이 질문을 제시할 때, 그에 대한 여러분의 대답에는 이런 양자택일이 걸려 있다는 것을 상기하십시오. 위선자이거나 참된 사람, 거짓 신앙고백자이거나 진정한 회심자, 하나님의 자녀이거나 진노의 자식, 여러분은 이 둘 중 하나입니다. 그러므로 그 질문에 대답하되, 신중하게 대답하고, 정신을 바짝 차리고 대답하십시오. 마치 지금은 너무나 부드럽게 당신에게 물으시지만, 그 때는 다른 어조로 말씀하시고, 다른 눈초리로 바라보시며, 심지어 불꽃 같은 눈으로 바라보실 그분의 법정에 서 있는 듯이 대답하십시오. "요한의 아들 시몬아, 네가 나를 사랑하느냐?"

3. 그리스도에 대한 사랑이 미래를 위한 준비이다.

우리가 세 번째로 숙고할 것은 이것입니다. 우리에게 그리스도에 대한 사랑이 있어야 하며, 그렇지 않으면 미래를 위해 올바르게 된 것은 아무것도 없습니다(nothing is right for the future). 우리는 아직 생을 끝내지 않았습니다. 아마도 순례의 많은 부분이 우리 앞에 놓여 있을 것입니다. 자, 우리가 그리스도를 사랑하면 모든 것이 올바를 것이며, 예수님에 대한 사랑이 우리에게 결핍되어 있다면 어떤 것도 마땅히 되어야 할 대로 진척되지 못합니다. 예를 들어 보겠습니다. 베드로는 어린 양들을 먹이고 돌보도록 부름을 받습니다. 하지만 참된 목자에게 첫 번째의 자격 요건은 그리스도에 대한 사랑입니다. 나는 이 주장을 이 경우에서 끌어냈으며, 부당한 주장이 아니라고 확신합니다. 예수 그리스도께서는 베드로를 어린 양들과 양 떼를 먹이는 자로 삼으실 것을 염두에 두시고서, 마치 시험관으로서 그에게 적격한 자질이 있는지의 여부를 보려고 행동하시는 것입니다. 그분은 베드로의 지식이나 말의 재능에 관해서는 많은 것을 묻지 않으시고, 그의 사랑에 관해 물으셨습니다. 첫째도, 둘째도, 셋째도, 참된 목자를 위한 자격 요건은 사랑하는 마음입니다. 자, 목자에게 사실인 것은 그리스도를 위한 모든 쓸모 있는 일꾼들에게도 사실임을 주목하십시오. 내 사랑하는 친구여, 사랑이 제일 중요합니다. 당신이 그리스도를 사랑하지 않으면 그분을 위해 일하지 못합니다. "하지만 나는 주일학교에서 가르칠 수 있어요"라고 한 사람이 말하는군요. 아니요, 예수님을 사랑하지 않으면, 주일학교에서 가르쳐서는 안 됩니다. "하지만 저는 흥미로운 부서에 관계하고 있어요, 그 부서는 많은 유익을 끼치는걸요." 하지만 당신이 예수님을 사랑하기 때문에 그 부서에 관련되어 일하는 것이 아니라면, 당신은 하나님께 영광을 돌리고 있는 것이 아닙니다. 당신의 장비들을 내려놓으십시오. 당신의 마음이 그분을 사랑하지 않으면, 당신은 그분의 포도원에서 유익을 끼치며 일할 수 없습니다. 그분의 포도나무 가지들은 성난 손으로 가지치기를 당하느니 차라리 손대지 않고 그냥 두는 편이 낫습니다. 어린 양들을 그냥 두십시오, 선생. 당신의 마음이 완고하고 거칠다면 당신은 결코 그들을 사육해서는 안 됩니다. 당신이 주님을 사랑하지 않으면, 당신은 그분의 일도 사랑하지 않을 것이며, 혹은 그분의 종들이나, 혹은 그분의 집의 규칙들도 사랑하지 않을 것입니다. 그리고 우리는 당신이 있는 것보다 당신 없이 더 잘 할 수 있습니다. 사랑하지 않고서 주의 집과 포도원에 대해 불평을 늘어놓는 일꾼을 얻는 것은 가족 전체에 괴로운 일입니다. 사랑이 마음에 있어야 하고, 그렇지 않으면 참된 섬김은 손으로부터 나오지 않습니다.

또한, 아마도 고난이 당신 앞에 놓여 있을 것입니다. 만일 당신의 마음이 그리스도를 향해 진실하지 않다면, 당신은 그분의 이름을 위해 인내하며 견딜 수가 없을 것입니다. 머지않아, 베드로에게는 죽음으로써 하나님께 영광을 돌릴 때가 올 것입니다. 베드로는 띠를 띠우고 원치 않는 곳으로 이끌려갈 것입니다. 베드로가 예수님을 사랑하지 않는다면 그는 순교를 위해 준비될 수가 없습니다. 전승(傳承)에 의하면, 그가 머리를 아래로 하고 십자가에 못 박혔다고 합니다. 주님과 같은 위치에서 죽임을 당하는 것이 그에게는 감당하지 못할 영광이라고 그가 느꼈기 때문입니다. 그랬을 것입니다. 의심의 여지 없이 그는 십자가형으로 죽임을 당했으며, 그로 영광스러운 승리자가 되게 한 것은 그의 강하고도 깊은 사랑이었습니다. 사랑은 영웅을 만듭니다. 하나님의 영이 사랑의 불을 붙이실 때 그분은 또한 용기도 불어넣으십니다. 그러므로 오, 성도들이여, 미래를 위해 여러분이 얼마나 많은 사랑을 필요로 하는지를 보십시오. 젊은 그리스도인들이여, 천국에 들어가기 전에 여러분은 시련의 길을 거쳐야 할 것입니다. 여러분이 삶의 어느 계층에 속하든지 간에, 만약 누군가 여러분을 조롱하지도 핍박하지도 않는다면, 매우 특별한 혜택을 입은 것입니다. 일반적으로 여기와 천국 사이에서 여러분은 시련을 겪을 것이며, 아마도 여러분을 대적하는 자들이 바로 여러분의 식구들일 수도 있습니다. 많은 사람들이 여러분이 비틀거리는지를 감시할 것이고, 심지어 여러분이 가는 길에 거치는 돌들을 둘 것입니다. 안전하게 걷기 위해서 여러분은 마음속에 사랑의 횃불을 지니고 있어야 합니다. 여러분이 예수님을 열렬히 사랑하지 않으면 죄가 여러분을 주관하려 할 것입니다. 자기부인과 겸손은 사랑이 있으면 쉽겠지만, 그것이 없이는 불가능할 것입니다. 올바르게 일하고, 고난을 이기고, 또 죽기 위해, 우리는 온 마음으로 예수님을 사랑해야 합니다.

내 형제들이여, 우리에게 예수 그리스도의 인격에 대한 사랑이 없다면, 우리의 경건에는 밀착시키는 요소(adhesive element)가 결핍된 것입니다. 따라서 경건이 우리로 하여금 오래되고 선한 길을 끝까지 고수하고 끝까지 붙들도록 돕지 못할 것입니다. 사람들은 종종 그들이 좋아하는 것에서 떠나지만, 결코 그들이 사랑하는 것에서 떠나지는 않습니다. 사람들은 그들이 단지 정신적으로 수긍하는 사실로서 믿는 것을 부인할 수 있지만, 참되다고 느끼고 진심어린 애정을 가지고 받아들인 것을 부인하지는 않습니다. 여러분이 끝까지 인내하려면, 사랑의 힘이 있어야만 합니다.

사랑은 용기를 북돋우는 커다란 힘(great inspiriting force)입니다. 그리스도인의 삶에서 모든 것이 있어도 불가능한 행동들이 사랑이 있으면 달라집니다. 그리스도를 섬길 때에, 여러분은 판단력과 분별력으로는 너무 크고 어렵다고 여겨지는 역경을 만나게 됩니다. 불신앙은 주저앉아서 역경의 무게를 재어 보고 또 계산해 봅니다. 하지만 사랑은, 강력한 사랑은, 불가능을 비웃고 예수 그리스도를 위해 그 일을 성취해 냅니다. 사랑은 적군 사이를 뚫고 달리게 하며 또한 담을 뛰어넘게 만듭니다(참조. 시 18:29). 믿음과 손을 맞잡았을 때 사랑은 거의 전능에 가깝게 됩니다. 아니, 그 위에 임한 하나님의 능력을 통하여, 사랑은 주 예수 그리스도를 위하여 모든 것을 할 수 있습니다. 만약 여러분에게 사랑이 결핍되어 있다면, 여러분의 힘도 사라진 것입니다. 사랑이 없다면, 사람을 강하게 하고 그 원수들을 이기게 만드는 힘도 결핍된 것입니다.

사랑이 없다면, 여러분에게 변화시키는 힘(transforming force)도 없는 것입니다. 그리스도에 대한 사랑은 우리를 그분처럼 되게 만듭니다. 사랑의 눈은 마치 유리창처럼 구주의 형상을 우리 속에 비쳐 들어오게 하고, 사랑의 마음은 마치 감광성(感光性)이 뛰어난 얇은 막처럼 그분의 형상을 수용하며, 마침내 우리의 성품 전체에 구주의 형상이 새겨지게 합니다. 여러분은 여러분이 사랑하는 것과 같거나, 혹은 그것을 점점 닮게 되어 있습니다. 만약 그리스도가 여러분의 사랑의 대상이라면, 여러분은 그분을 닮아가는 것입니다. 하지만 사랑이 없다면 여러분에게서 저 거룩한 분의 형상을 찾을 수 없습니다. 오 하나님의 영이시여, 사랑의 날개로 우리를 덮으시고, 마침내 우리 안에 그리스도의 형상이 새겨지게 하소서.

나의 형제들이여, 한 가지 더 숙고할 점이 있습니다. 그리스도를 향한 사랑이 없다면 온전하게 하는 요소(perfecting element)가 우리에게 결핍된 것입니다. 우리는 곧 그분과 함께 있을 것입니다. 몇 주 후일지 혹은 몇 달 후일지, 아무도 남은 날수를 알 수 없지만, 우리는 곧 영광에 이르게 될 것입니다. 예, 여러분과 나, 우리 중에 많은 이들이 흰옷을 입고 종려나무를 손에 쥐게 될 것입니다. 우리는 고작해야 두세 권의 달력을 더 구입할 것이고, 그 다음에는 더 이상 날수를 헤아

릴 필요가 없을 것입니다. 영원히 지속될 세계에서는, 시간과, 시간 속에서 소용
돌이치는 모든 작은 물결들이 모두 잊혀질 것이기 때문입니다. 하지만 우리에게
예수님에 대한 사랑이 없다면 우리는 그분이 계시는 곳에 있지 않을 것입니다.
천국에는, 먼저 이 아래 지상에서 그분을 사랑하도록 배우지 않은 자는 아무도
없기 때문입니다. 그러니 우리에게 예수님을 향한 사랑이 있어야 합니다. 미래
가 그것을 절박하게 요구합니다. 그러므로 나는 더욱 진지하고 간절하게 이 질
문을 제기합니다. "요한의 아들 시몬아, 네가 나를 사랑하느냐?"

4. 그리스도를 사랑한다면, 그 다음엔 어떻게 해야 하나?

하지만 이제 나는 여러분에게서 대답을 얻었다고 생각합니다. 여러분은 여
러분이 예수님을 사랑한다고 대답할 수 있습니다. 그렇다면 나의 네 번째이자
마지막 요점은 이것이 되어야 할 것입니다. 우리가 그분을 사랑하면, 그 다음은 무엇
입니까(what then)? 바로 이것입니다. 만약 우리가 그분을 사랑한다면, 곧바로 그
분을 위해 무언가를 하도록 합시다. 예수 그리스도께서 그 순간 "주님 모든 것을
아시오매 내가 주님을 사랑하는 줄을 주님께서 아시나이다"는 베드로의 고백을
들으시고, "내 양을 먹이라"고 말씀하셨기 때문입니다. 그 말씀은 매우 친절한 말
씀이었습니다. 사랑이 있는 곳에 행동을 위한 소원도 있다는 것을, 구주께서는
마음으로 잘 아셨기 때문입니다. 예수님께서도 많이 사랑하셨기 때문에, 하늘
아버지의 뜻을 행하는 것을 자기 양식과 음료로 삼으셨습니다. 그래서 예수님은
이렇게 생각하셨습니다. "베드로는 나를 사랑한다. 내가 그에게 무언가 할 일을
주지 않으면 그의 마음이 아플 것이다. 가서 내 어린 양을 먹이라. 내 양을 치라."
형제여, 자매여, 여러분이 그리스도를 사랑한다면, 이 주일 오후를 헛되이 보내
지 마십시오. 여러분이 그리스도를 사랑하면, 가서 일하십시오. 무엇을 할 것입
니까? 은혜의 통로인 예배에 참석하고 좋은 양식을 얻으십시오. 그것이 전부입
니까? 음, 그것은 여러분 자신을 위해 할 일이군요. 세상에 있는 많은 사람들이
'먹는 일'에 매우 바쁩니다. 대부분의 사람들이 나이프와 포크를 활발하게 움직
이고 있습니다. 하지만 나는 어떤 사람의 떡을 먹는 것이 그를 사랑하는 증거인
지는 모르겠군요. 신앙을 고백한다는 그리스도인들 중에서 매우 많은 사람들이
그리스도를 사랑한다는 증거를 제시하지 않습니다. 단 한 가지, 설교를 맛보는
것을 빼고는 말입니다. 하지만 이제는, 여러분이 말한 것처럼 예수 그리스도를

사랑한다면, 다른 사람들을 섬기는 일로써 그것을 증명하십시오. "내 양을 치라." 나는 한 무리의 형제들이 은혜 안에서 자라기 위해 모여서 수련회를 개최하는 것을 봅니다. 정말이지 아주 훌륭한 일입니다. 형제들이여, 할 수 있는 대로 빨리 자라십시오. 화단의 꽃처럼 자라나며 바람에 나부끼는 여러분의 모습이 나에게는 보기가 좋습니다. 하지만 수련회를 마치고서, 여러분이 마치 대단히 훌륭한 일을 끝낸 듯이 스스로를 축하하지 않기를 요청합니다. 왜냐하면 그 수련회가 다른 사람들을 위해 일하도록 여러분을 이끌어 주는 것이 아니라면, 그 속에는 아무것도 없는 것이기 때문입니다. 그토록 행복한 집회가 성황리에 마쳤다고 발표하는 것은, 마치 시장과 시의원들이 바다거북 수프(turtle soup)로 멋진 연회를 개최했다는 것을 그 도시의 가난한 사람들에게 알리는 것이나 마찬가지일 것입니다. 여러분이 일련의 화려한 모임을 가졌다는 기사를 내가 읽었다고 가정해봅시다. 물론 나는 여러분이 즐거운 시간을 보냈다니 기쁠 것입니다. 하지만 내말의 요점은 이렇습니다. 만일 그 모임에 무언가 있었다면, 일을 시작하십시오. 여러분이 그리스도를 사랑한다면, 그분의 양들을 치고, 그분의 어린 양들을 먹이십시오. 단지 담화만 나누고 그친 것이 아니라면, 야단법석만 떤 것이 아니라면, 공연히 소란만 일으킨 것이 아니라면, 영혼을 얻는 일에 착수하십시오. 가난한 자들과 궁핍한 자들 중에서, 잃어버린 자들과 방황하는 자들 중에서, 어둡고 무지한 자들 중에서, 활동을 시작하여 예수 그리스도를 길르앗의 향유(치유의 상징)로서 또한 죄인들의 구주로서 그들에게 전하십시오. 결국, 이것이 여러분이 은혜 안에서 얼마나 자랐는지에 대한 테스트가 될 것입니다. 이것이 여러분의 고상한 삶에 대한 검증이 될 것이고, 여러분이 얼마나 예수님처럼 되었는지를 보여주는 증거가 될 것입니다. 그분을 위해 무엇을 할 것입니까? 여러분이 지금 가서 그분의 양을 치고 그분의 어린 양을 먹이지 않으면, 여러분이 즐기는 것을 말하고 생각하는 것은 중요한 것이 아닙니다. 여러분은 예수님이 물어보신 사랑의 증거를 제시하지 않은 것입니다.

끝맺으면서 이 말을 덧붙이도록 하겠습니다. 다음에 여러분이 주일학교에서나 여러분의 가정에서 가르칠 때, 예수님의 사랑을 위해 그 일을 하십시오. 당신의 마음을 향해 이렇게 말하십시오. "나는 그리스도를 사랑한다. 이제 나는 그분의 사랑을 위해 가르칠 것이다." 오, 오늘 오후에 주일학교 모임이 있을 것입니다. 내 자매여, 당신이 그리스도의 사랑을 위해 가르치면 대단히 잘 진행될 것입니다. 그리스도의 사랑으로 하는 말이기에, 당신의 모든 말에는 힘이 있을 것입니다. 많이 떠들고, 당신을 무척 힘들게 하는 그 소녀를, 당신은 그분의 사랑으로 감당할 수 있을 것입니다. 끊임없이 움직여대고, 한 가지 이야기를 하면 또 다른 이야기를 요구하고, 진리를 심어줄 수 없던 그 어린 개구쟁이 소년이 있지요? 그리스도의 사랑 때문에, 당신은 참을성 있게 그를 가르칠 수 있을 것입니다. 어린 아이들과 함께 기도할 때에, 그리스도를 위하여 그들을 사랑하기 때문에 기도하십시오. 여러분이 전도하러 간다면, 그리스도의 사랑을 위해 전도하십시오. 우리는 때때로 우리가 맡은 순서가 되었기 때문에 전도합니다만, 그래서는 안 됩니다. 만약 하인들이 사랑 때문에 여러분에게 시중을 든다면 얼마나 즐겁게 그렇게 하는지를 여러분은 압니다. 여러분이 몇 주간 출타했다가 마침내 집에 돌아왔습니다. 방을 보십시오! 눈앞에 환영의 표시가 펼쳐져 있습니다! 그들은 식탁을 근사하게 장식할 꽃을 따오느라고 화단을 거의 황폐화시킬 정도입니다. 그날 저녁 식사는 어떨까요? 음, 그것은 아마도 누구라도 할 수 있었던 동일한 요리일 것입니다. 하지만 그것이 식탁에 어떻게 올려져 있는지를 보십시오! 차려진 모든 것들이 주인이나 안주인을 사랑해서, 우리를 사랑하고 존중해서 차려진 것임을 스스로 말해주는 듯합니다. 그러면 여러분은 형언할 수 없을 정도로 즐거워하지요. 그 모든 것이 사랑을 말하기 때문입니다. 자, 내일, 그리고 당신이 사는 날 동안, 모든 것을 그리스도를 향한 사랑으로 하십시오. 그 사랑이 여러분의 일에 꽃을 장식해 줄 것이며, 그 일이 그분 보시기에 아름다울 것입니다. 모든 일을 할 때 사랑의 손가락으로 만지고, 사랑의 머리를 쓰고, 사랑의 눈으로 보며, 사랑의 손으로 다루십시오. 사랑으로 생각하고, 사랑으로 기도하며, 사랑으로 말하고, 사랑으로 살아가십시오. 이렇게 하는 중에 여러분은 능력 있는 삶을 살게 될 것입니다. 하나님께서 예수님을 위하여 여러분에게 복을 주시길 빕니다. 아멘.

제
91
장

—

예수께서 사랑하시는 그 제자

—

"베드로가 돌이켜 예수께서 사랑하시는 그 제자가 따르는
것을 보니 그는 만찬석에서 예수의 품에 의지하여 주님 주
님을 파는 자가 누구오니이까 묻던 자더라." —요 21:20

우리 주님은 모든 제자들을 사랑하셨습니다. "세상에 있는 자기 사람들을 사
랑하시되 끝까지 사랑하시니라"(요 13:1). 주님께서는 모든 사도들에게 이렇게
말씀하셨습니다. "이제부터는 너희를 종이라 하지 아니하리니 종은 주인이 하는
것을 알지 못함이라. 너희를 친구라 하였노니 내가 내 아버지께 들은 것을 다 너
희에게 알게 하였음이라"(요 15:15). 그러나 이런 사랑의 범위 안에는 사랑 받는
요한만이 머무를 수 있는 지성소(innermost place)가 있었습니다. 요한이 특별히
사랑을 받았다는 이유 때문에 예수 그리스도께서 나머지 제자들에게 베푸신 사
랑을 조금이라도 과소 평가하지는 맙시다.

한 사람에게 특별한 사랑을 보이는 사람들은 그만큼 많은 사람들에게 큰 사
랑을 베풀 수 있는 능력이 있다고 나는 생각합니다. 그러므로 예수님께서 요한
을 가장 사랑하셨기 때문에 나는 다른 제자들에 대한 예수님의 사랑을 더욱 높
이 평가합니다. 예수님께서 요한을 최고로 사랑하신 사실로 인하여 어느 누가
괴로워했다는 것은 잠시도 상상할 수 없는 일입니다. 요한이 높임을 받음으로
인해 다른 제자들이 떨어진 것이 아니라 도리어 그와 함께 높임을 받았습니다.

모든 신자들은 구세주의 귀중한 선택의 대상이며, 피로 값 주고 사신 바 된

자들이고, 그의 소유요 기업이며, 그의 면류관의 보석들입니다. 요한의 경우처럼 한 사람이 다른 사람들보다 더 큰 사랑을 받는다 해도 모두가 큰 사랑을 받고 있는 것이며, 요한의 높은 자리에 다른 제자들이 이른다는 것은 감히 바랄 수 없다 할지라도 "예수께서 사랑하시는 그 제자" 요한이 다른 제자들보다 더 뛰어나 보일 수 없습니다. 오히려 각자가 "주님께서 나를 사랑하시고 나를 위해 자신을 바치셨습니다"라고 고백할 수 있고, 우리는 이러한 형제가 됨을 크게 감사할 수 있습니다.

　　요한처럼 특별한 사랑을 받는 것은 지금까지 모든 신자들이 받아온 동일한 은혜 중에서도 가장 진한 은혜의 형태(innermost form)입니다. 나는 요한의 성격에서 사랑받을 만한 특징 몇 가지를 여러분에게 보여드리려고 합니다. 그렇다고 하여 그리스도께서 은혜의 법이 아닌 다른 어떤 방법으로 요한에게 사랑을 베푸셨음을 내가 말하려 한다고 생각해서는 절대로 안 됩니다. 요한에게 사랑받을 만한 그 무엇이 있었든지 이는 하나님의 은혜로 말미암은 것이었습니다. 천성적으로 사랑받을 만한 성품이 그에게 있었다 치더라도 사람 속에 있는 존경할 만한 것은 전부 창조주 하나님께서 만들어 주신 것입니다. 그리고 이런 자연적인 성품이 은혜로 말미암아 영적인 성품으로 변화될 때에 비로소 그리스도 예수를 흡족하게 해 드리는 주체가 될 수 있는 것입니다.

　　내가 오늘 요한에 대하여 말할 때 마치 요한이 자신의 공로로 사랑을 받거나 혹은 그의 자랑할 만한 개인적인 장점 때문에 그리스도께서 그를 귀하게 여기신 것처럼 나는 말하지 않습니다. 다른 모든 형제들처럼 그 또한 예수님께서 너무나 사랑하시고, 주님의 마음을 요한에게 주시기로 택하셨기 때문에 요한이 사랑을 받은 것입니다. 우리 주님은 사랑의 주권을 행사하셔서, 주님의 이름을 위하여 요한을 택하셨습니다. 그러면서 요한에게는 그리스도의 사랑을 받을 만한 것들을 조성하셨습니다. 예수님의 사랑이 요한의 가슴속에 흘렀기 때문에 요한 자신도 사랑의 향기를 발하게 되었습니다. 요한이 사랑을 받은 것은 전적으로 은혜였습니다. 은혜 외에 다른 어떤 것을 상상한다는 것은 있을 수 없습니다. 이와 같이 주님의 특별한 사랑의 모습을 우리는 "최고의 은사"의 하나로 바라보며, 이에 우리는 이 특별한 사랑을 간절히 사모하게 됩니다. 주님의 사랑은 단연코 은사이지, 삯이나 구입할 수 있는 상품이 아닙니다. 주님의 사랑은 돈으로 살 수 없습니다. 주님의 사랑은 결단코 값으로 흥정하거나 권리를 주장할 수 없는 것입니다. 주님의 사랑에서 우리가 느끼는 기분은 거저 주시는 선물입니다. "사람이 그의 온 가산을 다 주고 사랑과 바꾸려 할지라도 오히려 멸시를 받으리라"(아 8:7).

사랑하는 친구들이여, 이제 본문으로 돌아가 "예수께서 사랑하시는 그 제자"라는 이름의 의미를 살펴봅시다.

1. 이름의 의미

제일 먼저 주목할 사실은 이 이름이 요한이 자신을 표현한 호칭이라는 사실입니다. 생각해 보건대, 요한은 이 이름을 다섯 번 반복하였습니다. 성경의 다른 어떤 저자도 요한을 "예수께서 사랑하시는 그 제자"라고 부르지 않았습니다. 그렇다고 요한을 이기주의자가 아닌가라고 의심하지는 마십시오. 이는 이기주의와는 거리가 먼 경우입니다. 당연히 저와 여러분은 이러한 이름을 취하기를 꺼려할 것입니다. 설령 그런 이름이 우리에게 어울린다고 느낄지라도 우리는 선뜻 그런 이름을 취하지 않을 것입니다. 왜냐하면 우리는 우리의 명예를 지켜야 하며, 다른 사람들이 우리에 대하여 주제넘다고 생각하지 않을까 염려되기 때문입니다. 하지만 요한은 너무나 순진한 나머지 자기 자신을 잊은 채 이 이름을 취하였습니다. 다른 사람들이 트집을 잡든지 말든지 이 이름이야말로 자신의 존재를 정확하게 설명해 주기 때문이었습니다. 이 이름에는 교만이 조금도 들어 있지 않으며, 다만 요한의 꾸밈없는 영혼, 솔직함, 그의 투명한 성품, 그의 온전한 무사 무욕의 정신을 보여줄 뿐입니다. 하나님께서 우리를 위해 행하신 일을 말하는 것이 교만이 아니라 오히려 증거하지 않는 것이 정말로 교만입니다. 나는 철저한 겸손으로 확신에 차서 하나님의 사랑을 말하는 형제의 이야기를 들어보았습니다. 어떤 이들은 그가 주제넘다고 생각하였지만, 내가 속으로 느끼기에는 그의 적극적인 증거가 오히려 그의 철저한 겸손과 완전히 일치하였습니다. 그는 매우 순진하였기 때문에 자신을 완전히 잊어버리고 사람들 앞에 자신을 드러내고, 이기적이라는 사람들의 판단도 감수하였던 것입니다. 그는 어떻게 하면 자신이 하나님을 영화롭게 할 것인가에 몰두하였기에 자신을 드러내는 상황을 두려워하지 않았던 것입니다. 왜냐하면 그는 주님 안에서 자신을 잊었기 때문입니다.

요한은 이 이름 안에 자신을 감추고 있습니다. 그는 요한이라는 자신의 이름 밖히기를 조심스러워하고 있습니다. 그는 자신을 "또 다른 제자," "그 다른 제자," "예수께서 사랑하시는 그 제자"라고 말합니다. 이런 이름들은 요한이 직접 쓴 복음서에서 자신의 이름을 밝히지 않기 위해 사용한 "익명"(incognito)들입니다. 하지만 그의 변장술은 매우 서툴기에 우리는 그를 금세 알아봅니다. 하지만 그는 여전히 구세주 뒤에 자신을 감추려고 애를 씁니다. 그는 베일처럼 주님의 사랑을 입었습니다. 하긴 그 베일이 빛의 베일이라는 사실이 드러났지만 말입니다. 그가 마음만 먹었다면 "하나님의 계시를 본 그 제자"라고 자신을 소개하였을 것이나, 그는 예언보다는 사랑을 말하고 싶어합니다. 초대교회 때에 우리는 요한에 대하여 기록한 작품들을 보게 되는데, 거기서 그의 이름이 "예수의 품에 의지한 그 제자"라고 소개되어 있습니다. 이는 본문에서 요한이 소개한 이름과 같습니다. 요한은 "복음서들 중에 한 권을 기록한 그 제자" 혹은 "누구보다도 그리스도의 마음을 잘 알았던 그 제자"라고 소개될 수도 있었습니다. 그러나 요한은 사랑이라는 말을 선호합니다. 그는 무엇인가를 행한 그 제자가 아니라 예수님으로부터 사랑을 받은 그 제자입니다. 그는 예수님을 사랑하는 그 제자가 아니라 "예수께서 사랑하시는" 그 제자입니다. 우리는 이 사람이 주님과 가진 교제를 알고 있습니다. 그는 이렇게 말하였습니다. "하나님이 우리를 사랑하시는 사랑을 우리가 알고 믿었노니 하나님은 사랑이시라. 사랑 안에 거하는 자는 하나님 안에 거하고 하나님도 그의 안에 거하시느니라"(요일 4:16).

　우리가 본 이 이름은 요한이 가장 마음 편하게 생각한 이름입니다. 다른 어떤 칭호도 그를 이처럼 잘 설명하지는 못할 것입니다. 그의 본 이름인 "요한"은 "하나님의 선물"이라는 뜻입니다. 즉, 그는 하나님 아버지께서 고난받을 아들에게 주신 고귀한 선물이었으며, 또한 구주께서 사람들과 함께 계시는 동안에 큰 위로가 되어 드렸습니다. 그가 스스로 "예수께서 사랑하시는 그 제자"라고 부른 까닭은 주님의 큰 사랑에서 흘러나오는 즐거운 은혜를 감사하며 그 멋진 감동을 늘 받기를 소원하였기 때문입니다. 요한은 예수님의 사랑을 은혜롭고 칭찬할 만한 자신의 모든 덕의 근원과 뿌리로 생각하였습니다. 무슨 용기가 그에게 있든지, 무슨 충성됨이 그에게 있든지, 무슨 깊은 지식이 그에게 있든지, 그것은 모두 다 예수님께서 그를 사랑하셔서 그에게 그러한 덕을 허락하셨기 때문이었습니다. 그의 마음의 정원에서 만발한 아름다운 모든 꽃들은 그리스도의 사랑의 손으로 심으신 것들이며, 따라서 요한이 자신을 가리켜 "예수께서 사랑하시는 그 제자"

라고 불렀을 때, 그가 본질의 뿌리와 기초로 내려가 자신의 존재의 진정한 이유를 그 이름을 통해 설명하였다고 생각하였습니다.

이 사랑스러운 이름이 그의 평생에 가장 밝은 기억을 불러일으켰기 때문에 요한에게는 너무나 소중한 이름이었습니다. 요한이 나이가 들어 예수님과 함께 지낸 그 짧은 햇수들을 바라보았을 때 그는 틀림없이 큰 기쁨을 느꼈으며, 그 때가 그의 존재의 면류관이요 영광으로 보였습니다. 요한이 팔레스타인에서 그리스도를 뵌 이후에 다시금 밧모 섬에서 주님을 뵈었다고 나는 믿어 의심치 않습니다. 왜냐하면 주님의 모습을 그는 여러 번 반복하여 보여주고 있기 때문입니다. 주님에 대한 요한의 관찰은 비범한 것이었습니다. 그는 주님의 음성뿐만 아니라 주님의 모습에서도 때때로 메아리 소리를 들을 정도였습니다.

요한은 독수리의 눈으로, 사려 깊은 내면의 눈으로 주님을 바라보았습니다. 그러한 요한은 전 세계에서 주님을 관찰할 최고의 적임자였습니다. 실제로 그는 에게 해의 바위들(밧모 섬을 의미함) 틈에서 본 환상 중에서 주님의 모습을 상세히 관찰하였습니다. 그가 사용한 이름으로 말미암아 그는 자신의 생애에서 가장 좋았던 때를 모두 회상할 수 있었습니다. 또한 그 이름의 힘으로 말미암아 요한은 십자가의 무서운 고난을 받는 동안에도 살아 계신 주님과 친밀한 교제를 나누는 가운데 그 교제를 자주 갱신하였으며, 그의 생애 마지막까지 주님과의 교제를 지속하였습니다. 그 매력적인 이름이 그의 영혼의 종들을 모두 울리게 하였습니다. "예수께서 사랑하시는 그 제자." 그 이름이 아름다운 곡조로 들리지 않습니까? 그 이름은 요한이 살아 있는 동안에 그의 행동의 강력한 동기가 되었습니다. 자신을 그토록 사랑하시는 주님인데 어찌 그가 그런 주님 앞에서 거짓될 수 있겠습니까? 예수님께서 사랑하시는 그 제자인데 어찌 아무리 먼 길인들 그 발로 가지 않을 수 있겠습니까? 예수님께서 사랑하시는 제자인데 아무리 잔인한 폭도들이라도 어찌 그런 제자의 마음을 위협할 수 있겠습니까? 예수님께서 사랑하시는 제자인데 어떤 형태의 추방이나 죽음이라도 어찌 그런 제자를 놀라게 할 수 있겠습니까? 그럴 수 없습니다. 이와 같이 그 이름의 힘으로 요한은 담대하고 성실할 수 있었으며, 그의 온 마음으로 그의 사랑하는 친구(주님)를 섬길 수 있었습니다.

이 이름은 결코 논쟁의 대상이 되지 않았습니다. 요한이 자신을 이런 이름으로 밝히고 있는데 대하여 어느 누구도 불평하는 것을 여러분은 찾아볼 수 없습니다. 요한에게 그런 이름을 주는 것에 대하여 전체가 동의한 것입니다. 그의 형제들이 그와 약간 다툰 일은 있었습니다. 요한의 맹신적인 어머니, 살로메가 자기의 두 아들을 메시야의 우편과 좌편에 앉게 해 달라고 하였을 때 그런 약간의 다툼이 있었습니다. 하지만 요한에 대한 예수님의 사랑은 형제들 가운데 어떠한 갈등도 일으키지 않았으며, 요한이 부당한 이득을 취하지도 않았습니다. 내가 믿기에, 요한에 대한 주님의 특별한 사랑은 아주 당연한 일이라고 다른 사도들이 말없이 인정했을 것입니다. 요한에게는 그의 형제들이 그를 사랑할 수밖에 없었던 상당한 매력이 있었습니다. 그러하기에 주님께서 요한을 가장 친한 친구로 삼으시는 것을 그들이 놀라지 않고 받아들였던 것입니다. 참으로 하나님의 사랑을 받는 사람은 일반적으로 형제들의 사랑을 받으며, 심지어 얼마간 불신자들의 사랑까지도 받습니다. "사람의 행위가 여호와를 기쁘시게 하면 그 사람의 원수라도 그와 더불어 화목하게 하시느니라"(잠 16:7). 다윗이 하나님과 동행하는 동안 온 이스라엘이 그를 사랑하였습니다. 심지어 사울 왕까지도 다윗에게 "너는 나보다 의롭도다"(삼상 24:17)라고 어쩔 수 없이 외쳤습니다. 요한은 어디에서나 사랑을 받을 만큼 사랑스러웠습니다. 성도들 자신부터 큰 사랑을 받기를 원하는 만큼 그런 축복받은 사람들을 만나면 기뻐합니다. 우리가 몰약과 침향과 계피향 맡기를 원한다면, 향기로운 옷을 입은 사람 만나는 것을 즐거워할 것입니다.

2. 이 이름 이면에 있는 성품

요한의 이름의 경우도 그와 마찬가지입니다. 두 번째로, 그 이름 이면에 있는 성품을 살펴봅시다. 나는 오직 요한의 축소된 그림(miniature)을 보여드릴 뿐입니다. 짧은 한 편의 설교에서 요한의 전신 초상화를 그린다는 것은 불가능한 일입니다. 참으로 내가 시도는 해 보겠지만 그런 일을 충분히 완수할 수 있는 실력 있는 화가가 아닙니다. 요한의 성품에서 우리는 존경할 만한 것을 많이 볼 수 있습니다.

첫째, 그의 개인적인 성격을 살펴봅시다. 그의 마음은 크고 따뜻하였습니다. 아마도 요한의 주요한 영향력은 그의 강렬한 성품에 있었을 것입니다. 그는 열정적이지는 않았지만 심원하고 힘이 있었습니다. 그는 무슨 일을 하더라도 매우 충심으로(heartily) 하였습니다. 그는 순진하였고, 그 안에는 간사한 것이 없었습니다. 그의 본성에는 불일치가 없었고, 그의 모든 생각이나 행동은 하나였으며 나뉘지 않았습니다. 그는 질문을 숨기지 않았고, 말꼬리를 잡고 늘어지지 않았으며, 다른 사람들의 허물을 염탐하지도 않았습니다. 그리고 정신적으로나 육체적으로 어려움 없이 행복하게 지낸 듯합니다.

깊이 생각하고 결론에 이르면, 그의 온 성품이 일치 단결하여 힘있게 전진하였습니다. 어떤 길로 가든지 그는 온전히 행하였고, 아주 단호하게 행하였습니다. 어떤 이들은 두 길로 가거나, 혹 그때그때 진로를 바꾸거나, 똑바르지 않은 방법으로 목표를 향해 갑니다. 하지만 요한은 불을 뿜으며 곧장 앞으로 나아갔고, 엔진을 전속력으로 가동하였습니다. 그는 주님의 뜻에 온 영혼을 드렸습니다. 왜냐하면 그는 깊이 생각하고 조용히 연구한 다음에 강력하게 실천하는 행동가였기 때문입니다. 요한은 성급한 베드로같이 충동적이지 않았으나 결단력이 있었고, 목적을 끝까지 관철하였으며, 불 같은 열심으로 일을 하였습니다.

그의 믿음은 대단히 힘이 있었습니다. 그는 주님에 대하여 배운 바를 최대한 믿었습니다. 그의 서신서를 다 읽어보세요. 그러면 "우리가 안다, 우리가 안다, 우리가 안다"라는 말을 얼마나 많이 사용하였는지 알 수 있을 것입니다. 그에게는 "만약에"라는 개념이 없습니다. 그는 심원하고 강한 믿음의 소유자였습니다. 그의 마음은 사실 그대로 거짓없이 동의하였습니다.

게다가 요한에게는 따뜻함이 있었습니다. 그는 주님을 사랑하였고, 그의 형제들을 사랑하였습니다. 그는 큰 마음으로 사랑하였는데 이는 그의 마음 그릇이 컸기 때문입니다. 그는 끊임없이 사랑하였고, 주님께 실제로 용기를 드릴 정도로 그렇게 사랑하였습니다. 그는 담대한 사람이었고, 진정 우레의 아들이었기 때문입니다. 만일 앞에 나설 수밖에 없는 상황이라면 그는 선봉에 설 준비가 되어 있었습니다. 하지만 돌발적인 행동이나 소란 없이 아주 조용하게 앞에 나섰습니다. 그의 성격은 일시에 떨어지는 큰 폭포와 같지 않고, 언제나 변함없이 흐르는 깊은 강과 같았습니다.

우리가 요한의 성격에 대하여 아는 바를 종합해 볼 때, 그는 여러분의 차갑고 계산적인 성격과는 반대였으며, 수줍어서 행동이 굼뜬 그런 성격과도 반대였습니다. 내가 말하는 그런 유의 사람들을 여러분은 아실 것입니다. 그들은 나름대로 착하지만 결코 매력적이지 않으며, 또는 본받을 만한 것도 없습니다. 요한은 인간성이 결여된 무미건조한 그런 형제들과는 정반대였습니다. 그런 사람들은 어떤 부분에서는 거의 완벽에 가깝습니다. 하지만 이는 활기가 너무 없어서 죄를 짓지 못할 뿐입니다. 그들은 잘못을 범하지 않습니다. 왜냐하면 그들은 아무 일도 하지 않기 때문입니다. 나는 이런 사람들을 약간 알고 있습니다. 그들은 다른 사람들을 예리하게 비판하는 사람들이며, 자신들은 나무랄 데가 없습니다. 그러나 단 한 가지 이례적으로 그들은 무정합니다. 요한은 정이 많은 사람이었습니다. 그는 지적이면서도 영적인 사람이었습니다. 그의 영성은 철저하였으며, 그는 열정적이면서도 조용한 삶이 몸에 배어 있었고, 사람들에게 사랑받는 사람이었습니다. 그의 표정에는 절정의 자신감이 넘쳤으며, 그의 거동에는 기운이 넘쳤고, 그의 모든 활동에는 지칠 줄 모르는 힘이 있었습니다. 그가 전에 스승으로 모셨던 세례 요한처럼 그는 "불붙고 빛나는 빛"이었습니다. 그에게는 빛뿐만 아니라 따스함이 있었습니다. 그는 열정적이고 진지하였으며, 성격상 이기적이지 못하였습니다. 그에게 충만한 은혜가 임하여 그의 이러한 미덕들이 성별되었던 것입니다.

　이제 주님과의 관계 속에서 요한을 고찰해 봅시다. 요한이 스스로 자처한 이름은 "예수께서 사랑하시는 그 제자"입니다. 예수님은 요한을 제자로서 사랑하셨습니다. 선생님들은 어떤 제자들을 사랑할까요? 어린이들을 가르쳐 본 분들은 아실 것입니다. 만약 선생님들이 아이들을 선택한다면, 다른 아이들보다 먼저 선택하는 아이들이 있을 것입니다. 만일 내가 선생님이 되어 학생들을 가르친다면 나는 말을 잘 알아듣는 학생들을 사랑할 것입니다. 요한이 그런 제자였습니다. 그는 빨리 배우는 제자였습니다. 그는 굼뜨고 따지기 좋아하고 지나치게 조심스러운 도마와 같지 않았습니다. 자신이 모신 선생님이 참된 선생이라는 확신이 들었다 하면 그는 자신을 선생님께 바쳤으며, 선생님이 보여주시는 진리를 적극적으로 받아들였습니다.

　그는 예리한 눈을 가진 제자였습니다. 그 눈으로, 가르치시는 선생님의 영혼을 간파하였습니다. 초대교회에서 요한의 상징물은 독수리였습니다. 독수리는 높이 날지만 아울러 멀리 봅니다. 요한은 모형과 상징의 영적인 의미를 보았습니다. 그는 다른 제자들과 달리 외적인 상징에 머물지 않고 통찰력 있는 영혼으로 진리의 깊이를 해석해 냈습니다. 여러분은 요한복음과 요한 서신에서 이와 같은 사실을 알 수 있습니다. 그는 영적인 깊이가 있는 사람이었습니다. 그는 문자에 머물지 않고 문자 이면에 있는 진리 속으로 뛰어들었습니다. 그는 문자의 껍질을 파고 들어가 그 내면의 교훈에 도달하였습니다.

그의 첫 번째 스승이 세례 요한이었습니다. 그가 제일 먼저 그의 스승을 떠난 것은 그가 좋은 제자였기 때문입니다. 좋은 제자였다면 어찌 그럴 수 있느냐고 여러분은 생각합니다. 정말 좋은 제자였기 때문에 요한이 그리했던 것입니다. 왜냐하면 세례 요한의 목적은 자기의 제자들을 예수님께로 보내는 것이었기 때문입니다. 세례 요한은 "보라 세상 죄를 지고 가는 하나님의 어린 양이로다"라고 말했습니다. 요한은 이 선구자의 훌륭한 제자였기에 선구자가 그에게 소개해준 주님을 즉시 따랐던 것입니다. 요한은 누가 잡아끌지 않았는 데도 그리하였습니다. 그의 행동은 자연스럽고 균형 잡혀 있습니다.

그는 자신이 배운 바를 확신을 가지고 받아들였습니다. 그는 진리를 믿되 그 진리를 실제로 그리고 철저하게 믿었습니다. 사람들이 자신의 알량한 이성으로 이해하려고 한 것처럼 요한은 그렇게 믿지 않았습니다. 오히려 그는 진리를 양 손으로 붙잡았고, 그 진리를 마음속에 두었으며, 중심으로 흘러가게 하여 그의 존재 전체를 흠뻑 적시게 하였습니다. 그는 내면의 영혼으로 믿는 신자였습니다. 주님께서 십자가에서 피와 물을 쏟으시는 모습을 보았을 때, 그리고 무덤 안에 세마포가 개켜 있는 모습을 보았을 때, 그는 보고 그대로 믿었습니다. 그의 믿음은 그 안에 강하고 인내하는 사랑을 낳았습니다. 왜냐하면, 믿음은 사랑으로 말미암아 생기기 때문입니다. 그는 아주 친밀한 방식으로 그의 주님을 믿었습니다. "사랑 안에 두려움이 없고 온전한 사랑이 두려움을 내쫓나니"(요일 4:18). 그와 같이 믿고 신뢰하는 제자는 확실히 그의 선생의 사랑을 받습니다.

요한은 감수성이 뛰어났습니다. 그는 배운 바를 흡수하였습니다. 그는 언제든지 하늘의 이슬을 흡수하려는 기드온의 양털 같았습니다. 그의 온전한 본바탕은 예수님 안에 있는 진리를 있는 그대로 흡수하였습니다. 그는 말을 많이 하는 사람이 아니었습니다. 나는 그가 말이 거의 없는 제자였다고 생각합니다. 복음서에 보면 그가 한 말은 오직 한번 뿐일 정도로 그는 거의 말이 없었습니다.

"왜요? 두세 번 정도 있는데요?" 요한이 그리스도 우편에 앉게 해 달라고 요구했다는 사실을 여러분은 상기시키시나요? 나도 그 요청을 알고 있습니다. 하지만 내가 대답하건대, 그것은 그의 어머니 살로메가 한 말이었습니다. 만찬 때에 요한이 "주여 누구니이까?"(요 13:25)라고 질문한 사실을 또다시 말씀하십니까? 그 말은 맞습니다. 하지만 그 질문을 하도록 부추긴 사람은 베드로였습니다

(24절). 내가 기억하는 바로는 복음서에서 순전히 요한이 스스로 한 말은 오직 한 번뿐이었습니다. 즉, 디베랴 바다에서 "주님이시라"(요 21:7)고 베드로에게 한 말이었습니다. 이 말은 간단하지만 매우 의미 있는 말이었습니다. 그는 재빠른 사랑의 눈으로 주님을 알아본 것입니다. 예수님의 가장 가까이서 지낸 그였기에 예수께서 해변가에 서 계신 것을 보고는 잘 알아볼 수 있었던 것입니다. "주님이시라," 이 소리는 사랑에서 우러나온 즐거운 외침이요, 사랑하는 분의 모습을 보고 너무 기쁜 나머지 자기도 모르게 튀어나온 소리였습니다.

　　제자로서 요한의 성격의 한 가지 큰 특성은 자기 선생님에 대한 열렬한 사랑이었습니다. 그는 진리만 받아들이지 않고 선생님도 받아들였습니다. 사람의 허물은 종종 그의 장점보다는 그의 마음을 드러낸다고 생각합니다. 이상한 말인 듯하지만 이는 사실입니다. 진실한 마음은 훌륭한 모습 속에서도 보이지만 연약한 모습 속에서도 보입니다. 사람들이 지적하는 바 요한의 단점은 무엇이었습니까? 한 번은 요한이 편협함을 보인 적이 있었습니다. 어떤 사람들이 귀신을 쫓아냈을 때, 그들이 예수님의 제자들과 함께 따르지 않았다는 이유로 그들의 행위를 금하였습니다. 자, 그러한 편협함은 잘못된 것이었지만 알고 보면 주님에 대한 그의 사랑에서 비롯된 것이었습니다. 요한은 이런 주제넘은 자들이 자기 주님의 경쟁자가 될까봐 염려했던 것이며, 그래서 사랑하는 예수님의 지배 아래 그들이 나아오기를 원했던 것입니다. 또 다른 때에 사마리아 사람들이 예수님의 일행을 영접하지 않았던 적이 있었습니다. 그 때에 요한은 그들에게 하늘에서 불이 떨어지게 해 달라고 주님께 요청하였습니다. 이러한 그의 모습은 칭찬받을 모습은 아니지만 이 역시 예수님을 너무나 사랑한 나머지 자신의 가장 좋은 친구에 대한 그들의 비열한 행동에 분개하였던 것입니다. 사람들에게 복을 주시려고 세상에 오신 구세주를 그들이 환대하지 않은 데 대하여 너무나 분개하여 그만 하늘로부터 불이 떨어지기를 요청하였던 것입니다. 이는 예수님에 대한 그의 불타는 사랑을 보여줍니다. 요한과 그의 형제가 그리스도 우편과 좌편에 앉게 해 달라고 그의 어머니가 요청하였는데, 이 또한 예수님에 대한 깊은 신앙이 없었다면 그리하지 못했을 것입니다. 명예와 영광에 대한 그의 개념은 예수님과 밀접한 관계가 있었습니다. 그가 야망을 포기한다면, 그것은 멸시당하는 갈릴리 사람들에게 군림하는 야망일 것입니다. 그는 그의 지도자이신 주님 편이 되지 않는 한 어떠한 권세를 바라지 않았습니다. 더구나 얼마나 큰 믿음을 가졌기에 그러한 요청을 할 수 있었단 말입니까! 나는 그러한 요청을 정당화하지는 않지만 여러분의 비난을 완화시킬 만한 상당한 근거를 말씀드리겠습니다.

우리 주님께서 예루살렘에 올라가신 목적은 침 뱉음을 당하고, 죽임당하시기 위함이었습니다. 그런데 요한은 그의 위대하신 왕의 운명에 기꺼이 참여하고자 주님의 이력 속으로 자신을 온전히 던졌으며, 그 마지막은 반드시 주님의 즉위로 끝날 것이라고 확신하였습니다. 요한은 주님의 (고난의) 세례에 동참하는 것을 기뻐하였으며, 주님의 잔을 함께 마시는 것을 즐거워하였습니다. 그가 요청한 한 가지는 예수님과 모든 것을 나누게 해 달라는 것이었습니다. 훌륭한 작가의 말대로, 그의 이런 모습은 로마가 적의 수중에 떨어졌을 때 오히려 성 안에 집을 구입한 로마인의 용기를 기억나게 해 줍니다. 요한은 십자가 위에서 이제 막 죽으려 하시는 주님 바로 옆에서 용맹스럽게 권세를 요구했습니다. 이는 그가 주님의 승리를 확신하였기 때문입니다. 그리스도의 뜻과 그리스도의 나라가 이제 막 몰락할 것처럼 보이는 때에 요한은 진심으로 하나님을 믿었고, 주님을 사랑하였던 것입니다. 이처럼 그의 최고의 야망은, 예수님께서 행하시는 무슨 일이든 예수님께서 처하시는 어떤 처지든 언제나 그와 함께 하는 것이었습니다. 줄곧 그는 온 마음으로 주님을 사랑하였습니다. 이 때문에 예수 그리스도께서 그를 사랑하신 것입니다. 이를 달리 표현하자면, 주님께서 요한을 사랑하셨으며, 이에 요한이 주 예수님을 사랑한 것입니다. 이러한 사실을 요한은 다음과 같이 설명합니다. "우리가 사랑함은 그가 먼저 우리를 사랑하셨음이라"(요일 4:19).

다시 한 번 요한이 **교육받은** 사람이었다는 사실을 살펴봅시다. 그는 사랑 받는 제자였으며, 그의 지식은 점점 더 늘어갔습니다. 그런 입장에서 나는 요한에 대하여 말씀드릴 것입니다. 요한은 따뜻한 마음을 타고난 데다 은혜로 말미암아 생긴 친절 때문에 우리 주 예수님께서 그를 사랑하신 것이 틀림없습니다. 베드로가 애석하게도 넘어진 후에 요한은 그 사도에게 얼마나 친절했는지요. 이른 아침에 요한은 베드로와 함께 무덤으로 갔습니다. 그는 타락한 자를 회복시킨 사람입니다. 요한은 너무나 다정다감하였기 때문에 우리 주님께서 "내 어린 양을 먹이라"고 그에게 말씀하실 필요가 없었습니다. 왜냐하면 꼭 그렇게 해야 한다는 사실을 그는 알고 있었기 때문입니다. 그래서 주님께서 베드로에게 말씀하신 대로 "내 양을 치라"고 그에게 말씀하시지 않았습니다. 그의 애정이 넘치는 성품을 직감하시므로 그가 그렇게 하리라고 주님은 아셨던 것입니다. 요한은 그리스도의 지도 하에서 영적으로 매우 깊이 성장한 사람이었습니다.

요한이 그의 서신에서 사용한 단어들은 대부분 단음절어들(monosyllables)이지만 그 단어들은 엄청난 의미를 포함하고 있습니다. 우리가 성경의 저자들을 서로 비교할 수 있다면, 나는 감히 말하건대 어떤 복음서 저자라도 깊이 면에서 요한과 비교될 수 없습니다. 다른 복음서 저자들은 그리스도께서 행하신 기적들, 그의 설교들을 우리에게 보여줍니다. 하지만 그리스도의 심오한 강화들, 비길 데 없는 기도는 예수님께서 사랑하시는 그 제자가 기록하기로 예약해 둔 주제였습니다. 요한은 하나님의 깊은 것을 장엄하고 단순한 문체로 다루었으며, 자신이 직접 맛보고 손으로 만진 일들을 우리에게 선포하였습니다.

모든 제자들 가운데 요한이 그리스도를 가장 많이 닮았습니다. 좋아하는 감정은 상대방을 닮고자 할 것입니다. 예수님은 요한 안에서 은혜로 말미암아 만들어진 자신의 모습을 보셨기 때문에 요한을 사랑하셨습니다. 요한이 어떤 공로를 세웠다고 추정할 수는 없을지라도, 생각하건대, 그의 인격, 제자로서의 품성, 교육받은 영적인 사람으로서의 성품이 요한으로 하여금 우리 구세주의 가장 친밀한 사랑을 받게 하는 근거가 되었다는 사실을 여러분은 아실 것입니다.

3. 그리스도의 이러한 특별한 사랑에서 비롯된 삶을 고찰해 봅시다.

요한의 삶은 어떠했습니까? 첫째, 친밀한 교제의 삶이었습니다. 요한은 그리스도께서 계신 곳에 언제나 있었습니다. 다른 제자들은 배제되었어도 베드로와 야고보와 요한은 주님과 함께 하였습니다. 모든 제자들이 식탁에 둘러앉았을 때 베드로조차도 주 예수님과 가장 가까운 자리에 앉지 못하였으나 요한은 주님의 품에 머리를 기댔습니다. 그들의 교제는 매우 가깝고 친밀하였습니다. 예수님과 요한은 다윗과 요나단의 재판(再版)이었습니다. 여러분이 주님의 사랑을 크게 받는 사람이라면, 여러분은 예수님 안에서 살 것이며 주님과의 교제는 날마다 계속될 것입니다.

요한의 삶은 특별한 교육을 받은 삶이었습니다. 그는 다른 사람들이 알지 못하는 사실들을 배웠습니다. 다른 사람들은 그런 사실들을 배웠어도 감당하지 못하였을 것입니다. 생애 마지막에 그는 은혜로 말미암아 바울도 보지 못한 계시를 받았습니다. 그에 대한 주님의 사랑이 너무나 큰 나머지 주님은 그에게 미래에 될 일들을 보여주셨으며, 베일을 걷고 그 나라와 영광을 보게 해 주셨습니다.

가장 많이 사랑하는 자들이 가장 많이 볼 것입니다. 교리에 마음을 가장 많이 쏟은 사람들이 가장 많이 배울 것입니다.

차후에 요한은 **놀랄 만큼 깊이 있는** 삶을 살았습니다. 주님께서 그와 함께 계시는 동안에는 대체로 말을 많이 하지 않았지만 그는 미래에 사용하기 위해 그 모든 말을 간직해 두었습니다. 그는 내적인 삶을 살았습니다. 그는 우레의 아들이었기에 진리를 담대하게 소리지를 수 있었습니다. 뇌운(雷雲)이 전기를 충전하듯이 그는 주님의 생명, 사랑, 그리고 진리의 신비로운 힘을 모아 두었습니다. 그가 말하기 시작하였을 때 그 속에는 하나님의 음성과 같은 소리가 있었습니다. 곧 그에게는 하나님의 오묘하고 신비로운 불가항력적인 힘이 있었습니다. 요한계시록은 번갯불처럼 번쩍입니다! 유리병과 트럼펫 속에 얼마나 큰 우레가 잠자고 있습니까! 내부에서 타오르는 불로 인해 요한의 삶은 거룩한 능력으로 충만한 삶이었습니다. 그의 불은 냄비 밑에서 우지직거리며 타는 가시덤불의 불이 아니었으며, 하얀 불꽃으로 전부를 녹여 버리는 용광로 속의 달아오른 숯불이었습니다.

그러므로 그의 삶은 **특별히 쓰임받은** 삶이었습니다. 그는 아주 명예롭고 훌륭한 임무를 맡았습니다. 주님은 아주 다정다감하고 섬세한 일을 그에게 맡기셨습니다. 유감스럽게도 주님은 오늘날 우리들에게 그런 일을 맡기지 않으십니다. 구주께서 나무에 달려 죽어가실 때 군중 속에 서 있는 모친을 보셨습니다. 그 때에 주님은 모친을 베드로에게 맡기지 않으시고 요한에게 맡기셨습니다. 나는 확신하는데 주님께서 베드로에게 모친을 맡기셨다면 그는 기쁘게 주님의 모친을 모셨을 것입니다. 도마도 야고보도 그리했을 것입니다. 하지만 주님은 요한에게 "보라, 네 어머니라"고 말씀하셨고, 모친에게는 "여자여, 보소서. 아들이니이다"라고 말씀하셨습니다. 그 시간 이후로 그 제자는 주님의 어머니를 자기 집에 모셨습니다. 요한은 아주 온건하고 가정적이며 신사적이었다고 말하고 싶은 사람이었기에 마음이 상한 주님의 모친을 맡을 적임자였던 것입니다. 그가 진짜 신사였다고 내가 말한다면 잘못 말한 것일까요? 신사(gentleman)라는 단어를 쪼개어 표현한다면, 그는 사람들 중에 가장 신사다운 사람이었습니다. 요한은 귀부인을 돌보는데 꼭 필요한 섬세한 기질과 사려 깊은 태도를 갖춘 사람이었습니다. 베드로는 좋은 사람이지만 다듬어지지 않았습니다. 도마는 친절하지만 냉정합니다. 요한은 부드럽고 정이 있습니다. 여러분이 예수님을 많이 사랑한다면,

여러분은 섬세한 일들을 맡게 될 것이며, 이는 여러분의 주님께서 여러분을 신뢰한다는 증거가 될 것이며, 주님의 사랑에 대한 새로운 증표가 될 것입니다.

또한 요한의 삶은 남달리 거룩한 삶이었습니다. 사람들은 그를 성 요한이라고 불렀으며, 실제로 요한은 거룩하였습니다. 그는 독수리 날개로 거룩한 곳으로 날아 올랐으며, 그곳에서 주님의 영광을 목격하였습니다. 예루살렘이든 안디옥이든, 에베소든 밧모 섬이든, 그의 교제는 하늘에 속한 것이었습니다. 요한계시록에 보면, 그는 주님의 날에 성령 안에서 구름을 타고 오시는 주님을 기다렸습니다. 너무나 간절히 주님의 날을 기다리자 알파와 오메가 되신 주님께서 서둘러 그에게 자신의 모습을 보이셨습니다. 주님의 사랑이 그로 하여금 영광스러운 계시를 받을 채비를 갖추게 하였던 것입니다. 주님의 사랑에 감동된 나머지 주님을 향한 요한의 사랑이 불타오름으로써 십자가에서 고난당하시는 동안 내내 주님을 충실하게 따르지 않았더라면, 그는 결단코 주님의 보좌를 바라볼 수 없었을 것입니다. 그는 "하나님의 어린 양"이라고 지목되신 주님을 충성스럽게 따랐으며, 이에 보좌에 앉으사 천사들과 구속받은 성도들의 경배를 받으시는 어린 양을 뵐 수 있는 자격을 얻었던 것입니다. 우리도 역시 세상의 추잡함에서 벗어나서 영적이고 천국 같은 순수한 경지로 높이 올라갈 수 있기를 바랍니다.

4. 우리를 위한 교훈

이제 마지막으로 예수님께서 사랑하신 그 제자로부터 우리를 위한 교훈들을 배워 봅시다. 성령께서 우리의 마음 깊은 곳에 이러한 교훈들을 말씀해 주시기를 축원합니다.

첫째, 아직 젊은 여러분들에게 말씀드립니다. 여러분이 "예수님께서 사랑하시는 그 제자"가 되고자 한다면 일찍 시작하십시오. 요한이 회심하였을 때 나이가 20세 내지 25세였다고 추측합니다. 어쨌든 그는 아주 젊었을 때 회심하였습니다. 우리에게 전해지는 요한에 대한 모든 기록들은, 나는 그것들에 큰 가치를 부여하지는 않지만, 그의 젊음이라는 사실 안에서 통합됩니다. 젊은이의 경건은 훌륭한 경건이 될 가능성이 아주 높습니다. 여러분이 속히 그리스도와 동행하기 시작한다면 여러분의 발걸음은 개선될 것이며, 습관은 향상될 것입니다. 생애 말년에 그리스도인이 된 사람은 최고의 단계에 이르지 못할 것인데, 그 이유는 시간이 부족하고 옛 습관으로 말미암아 성장하는데 방해를 받기 때문입니다. 그러나 일찍 주님과의 동행을 시작한 여러분은 양지바른 좋은 땅에 심겨져서 반드시 성숙하게 될 것입니다.

둘째, 우리가 요한처럼 그리스도의 사랑을 받는 자가 되고자 한다면, 영적인 것에 우리의 마음을 최대한 드립시다. 형제 자매들이여, 외적인 의식들을 중단하지 마십시오. 하지만 그 의식의 깊은 의미 속으로 뛰어드십시오. 예를 들어, 주일에 단순히 예배 장소에 참석했다는 이유만으로 여러분의 심령에 절대로 만족을 주지 마십시오. 여러분 자신에게 "내가 과연 예배드렸는가? 나의 영혼이 하나님과 교제하였는가?"라고 물어보십시오. 세례와 성만찬의 두 의식을 행할 때, 그 의식의 껍데기만으로 만족하지 말고 그 속에 있는 참 뜻을 깨달으려고 노력하십시오. 하나님의 성령께서 여러분 속에 거하실 때까지 안심하지 마십시오. "율법 조문은 죽이는 것이요 영은 살리는 것"(고후 3:6)임을 기억하십시오. "아버지께 참되게 예배하는 자들은 영과 진리로 예배할 때가 오나니 곧 이때라. 아버지께서는 자기에게 이렇게 예배하는 자들을 찾으시느니라"(요 4:23). 영적인 사람이 되십시오. 그리하면 여러분은 주님의 큰 사랑을 받는 사람들이 될 것입니다.

셋째, 거룩한 열심을 품으십시오. 여러분의 감정을 억제하지 말고 여러분의 심령을 얼게 하지 마십시오. 아시다시피 냉동시키는 능력을 타고난 형제들이 있습니다. 여러분이 그들과 악수를 하면, 한 마리의 물고기를 잡았다는 착각을 하게 될 정도로 냉기가 여러분의 심령으로 전해집니다. 그들의 노래를 들어보세요. 아니, 여러분은 그들의 노래를 들을 수 없습니다! 그들 옆자리에 앉아 보세요. 여러분은 그들이 노래하는 소리를 조금도 듣지 못할 것입니다. 그들의 가게에서는 소리가 일 마일 밖에까지 들리지만, 그들이 집회 시간에 기도하면 여러분은 그들의 소리를 듣기 위해 열심히 귀를 기울여야 겨우 들을 수 있을 정도입니다. 그들 모두는 마치 적은 품삯을 받고 하루 동안 나쁜 주인을 위해 일하는 사람들처럼 그렇게 썰렁하게 예배를 드립니다. 그들이 세상에 나가면 마치 소중한 생명을 위해 일하는 것처럼 맡은 일을 충실히 해냅니다. 그런 형제들에게 애정이 있을 수 없습니다. 그들은 결코 젊은이를 격려하지 않습니다. 왜냐하면 그들의 큰 격려가 젊은이를 터무니없이 높여 준다고 걱정하기 때문입니다. 적은 격려는 힘들어하는 젊은이들에게 큰 도움을 줄 것입니다. 하지만 그들은 아무런 격려도 하지 않습니다. 그들은 계산하고 판단하고 타산적으로 행동합니다. 하나님을 담대히 믿는 행동을 그들은 무모하고 어리석은 짓으로 여깁니다. 열심은 이런 냉장고와 같은 사람들이 빠질 수 없는 감정입니다. 여러분이 그런 형제들을 철저하게 추적한다면, 그들은 스스로도 기쁨이 없으며 다른 사람들에게도 기쁨을 주지 못한다는 사실을 여러분은 알게 될 것입니다. 그들은 구원의 확신을 결코 가질 수 없습니다. 그들에게 구원의 확신이 없다면 다른 사람들도 구원의 확신이 없다는 것을 우리는 쉽게 추측할 수 있을 것입니다. 그들은 풍성한 사랑에 바쳐야 할 힘을 불안한 생각 때문에 소모합니다. 예수 그리스도는 따뜻한 사람들을 사랑하십니다. 주님은 빙산과 같은 사람들이 그 빙산을 녹이기 전에는 그들에게 결코 빛을 비추지 않으십니다. 주님 자신의 삶이 사랑으로 충만하여서 그 거룩한 불이 다른 사람들 속에서 타오르게 하셨습니다. 따라서 주님은 마음이 뜨거운 사람들과 교제하십니다. 사랑받을 자격은 바로 사랑입니다. 예수님의 사랑을 받기 위해 우리는 사랑으로 넘쳐나야 합니다. 열렬하고 간절하며 격렬한 사랑을 위해 기도하십시오.

여러분이 예수님께서 사랑하시는 사람이 되기를 원한다면, 사랑을 많이 베푸십시오. 그리고 온유하고 친절한 성품을 가집시다. 습관적으로 화를 잘내며 자주 노하는 사람은 하나님과 동행할 수 없습니다. 성급하고 화를 억제하지 못하는 다혈질의 사람, 또는 타다 남은 재에서 연기를 피우는 불처럼 자신이 받은 손해를 악의적으로 기억하는 사람은 예수님의 친구가 될 수 없습니다. 왜냐하면 그의 정신은 예수님과 반대이기 때문입니다. 동정심 많고, 인정 많고, 이타적이며, 관대한 마음을 우리 주님께서 좋아하십니다. 동료를 용서하되 마치 아무것도 용서할 것이 없는 것처럼 용서하십시오. 형제들이 여러분에게 해를 끼치거든 그들이 실수를 한 것이라고 생각하거나, 혹은 그들이 여러분을 더 잘 알았다면 그들이 여러분을 더 나쁘게 대하였을 것이라고 생각하십시오. 그들에 대한 여러분의 마음가짐은 그들로 하여금 성나게 하지 말아야 할 것이며, 또 여러분 스스로도 성을 내지 말아야 할 것입니다. 여러분의 마음의 평안뿐 아니라 여러분이 형제들을 위해 살기 위해서라도 자신을 기꺼이 버리십시오. 성도들이 천국에서 행하듯이 다른 사람의 기쁨 속에서 살아가십시오. 그리하면 여러분은 큰 사랑을 받는 사람이 될 것입니다.

마지막으로, 하나님의 성령께서 여러분으로 하여금 거룩한 곳으로 올라가게 하여 주시기를 축원합니다. 고약한 수전노나 더러운 벌레 같은 인간이 되지 마세요. 쾌락을 따르는 사람과 신기로움을 찾는 사람들이 되지 마십시오. 곧 해체되고 말 이런 아이들 장난감 같은 것들에 애착을 두지 마십시오. 더 이상 어린아이들이 되지 말고 하나님의 사람들이 되십시오. 그리스도 안에서 기쁨을 얻고, 그리스도 안에서 행복을 누리며, 그리스도 안에서 명예를 얻고, 그리스도 안에서 모든 것을 가지는 것이야말로 진정한 평화입니다. 세상에서 살되 세상에 속하지는 마십시오. 마치 사람들 가운데 잠시 거하기 위해 천국으로부터 보냄받은 천사처럼 이 땅에서 지내며, 사람들에게 천국을 알리며, 천국 가는 길을 그들에게 알려 주십시오. 이러한 삶이야말로 그리스도의 사랑 안에 거하는 것입니다. 항상 올라갈 준비를 하는 가운데 발끝으로 서서 하늘의 부르심을 기다리며, 주님의 재림을 알리는 나팔소리를 기대하십시오. 이러한 삶이야말로 그리스도와 교제하는 삶입니다. 이 세상은 놓고, 대신 장차 올 세상을 굳게 잡으십시요. 그러면 예수님의 사랑이 여러분 속에 솟구치게 될 것입니다. 험한 바다 아래로 닻을 던지는 선원과 달리, 여러분의 닻을 하나님의 사랑의 바다 위로 던지십시요. 영원한 보좌에 닻을 내리고, 우리 주 예수 그리스도 안에 있는 하나님의 사랑에서 분리될 것은 생각하지도 마십시오. 동이 트고 어둠이 물러갈 때까지, 우리의 머리를 예수님의 품에 기대는 것이 우리의 특권이 되기를 바랍니다. 아멘, 아멘.

제
92
장

—

그리스도를 따르는 것

—

"네게 무슨 상관이냐 너는 나를 따르라." —요 21:22

아주 조금 전에 우리 주님께서 베드로에게 "나를 따르라"고 말씀하셨지만 (19절), 주님은 다시 그 명령을 반복하는 것이 필요하다고 보셨습니다. 이로써 우리가 분명히 알 수 있는 것은, 주 예수님께서 여기 계셔서 아주 명확한 표현으로 우리에게 말씀하신다 해도, 그분의 말씀이 우리 마음에 새겨지지 않을 수 있다는 것입니다. 주 예수님께서 친히 말씀하신다 해도 하나님의 영이 그 말씀을 우리 마음에 적용되도록 하시지 않으면 우리가 그분 말씀의 힘을 온전히 느끼지는 못합니다. 이 사실은 예수님이 여기 몸으로 함께 계시지 않는 것에 대해 한가한 슬픔에 빠지지 않도록 우리를 가르칩니다. 말하자면, "내가 그리스도께서 지상에 계시던 시대에 살았더라면 좋았을 것이야"라는 식으로 생각하지 않도록 교훈을 주는 것입니다. 사실은, 생존하는 가장 천한 그리스도인에 의해 여러분에게 주어진 말씀이라도, 만약 성령께서 그 말씀을 축복하신다면, 그 말씀은 마치 주님께서 여기 계시어서 그 입술에서 나온 말씀으로 직접 여러분의 귀에 들려주시는 진리와 꼭 마찬가지로 여러분의 영혼에 유익이 될 것입니다.

아주 단순한 사건에 의해, 베드로의 정신은 "나를 따르라"는 구주의 명령에서 흐트러진 듯합니다. 베드로가 "돌이켜(turning about)" 요한이 따르는 것을 보았고, 그 동료 제자를 본 것이 그에게 궁금증을 일으켰으며, 그래서 그가 요한의 미래에 대해 호기심어린 질문을 제기했다고 기록되어 있습니다(20-21절)."주여,

이 사람은 어떻게 되겠사옵나이까?" 그 질문에 대해 주님은 오늘 본문의 말씀대로 이렇게 대답하셨습니다. "네게 무슨 상관이냐? 너는 나를 따르라." 이것이 우리에게 가르쳐 주는 것은, 심지어 가장 경건한 사람의 존재조차도 때로는 우리 주님을 따르는 것에서 우리 주의를 딴 데로 돌릴 수 있다는 것입니다. 사람들은 설교를 통해 받은 많은 진지한 감명들을 설교 후의 한가한 잡담을 통해 잃어버리곤 했습니다. 생각을 몰두시켜야 할 한 가지 주제에 대해 이야기하기보다는 이것저것 온갖 잡다한 일들에 대해 이야기하는 일상적인 대화 습관을 통해서, 주일 예배를 통해 얻은 많은 유익들을 예배당에서 집으로 가는 도중에 잃어버리는 것입니다. 세상에서 최상이라고 하는 사람들도, 주께서 우리로 달려가기를 원하는 생각의 선(線)에서 무의식적으로 벗어날 수 있습니다. 그러므로 우리는 끊임없이 이렇게 기도해야 할 것입니다. "오 주여, 우리의 눈과, 우리의 귀와, 우리의 마음을 지켜 주시어, 당신에게서 멀어져 방황하지 않게 하소서. 그렇지 않으면, 우리는 당신이 친히 들려주신 음성과 우리 마음에 임한 감동을 곧 잊어버리고 말 것입니다!"

나는 우리가 주님께 더 많은 진리를 주시도록 요청드릴 이유보다는, 이미 우리가 받은 진리를 더 깊이 새겨 주시도록 요청드릴 이유가 더 크다고 생각합니다. 이미 우리가 아는 것들은, 우리가 그것을 더 잘 알게 되면, 그것으로 우리에게 충분하기 때문입니다. 우리가 이미 들은 것을 마음에 간직한다면, 설혹 더 이상 듣는 것이 없다 하여도, 우리는 거의 만족한 상태가 될 것입니다. 우리가 한 주일에 한 편의 설교를 듣고, 그 설교가 정녕 다이아몬드의 뾰족한 끝부분처럼 우리 영혼 속으로 파고든다면, 그것이 한 주일에 두 편씩의 설교를 듣고 쉽게 잊어버리는 것보다 더 실제적이고 지속적인 가치가 있을 것입니다. 우리는 집으로 가는 중에 아는 사람을 만난다거나, 혹은 다른 단순한 일들에 의해 생각을 다른 곳으로 빼앗기기가 쉽습니다.

사랑하는 친구들이여, 이번에는 우리 생각을 딴 곳으로 빼앗기지 말도록 합시다. 중요한 요점을 파악하고, 그것을 간직하도록 합시다. 그 요점은 바로 이것입니다. 첫째로, 우리 삶에서의 주된 일(main business)은 예수님을 따르는 것입니다. 두 번째로, 그런 목적을 위해 모든 한가로운 사변들(idle speculations)을 피하는 것이 좋습니다. 우리 삶의 한 가지 주된 일에 매진하기 위해서 전적으로 한가로운 질문들은 그냥 남겨두는 편이 좋은 것입니다. 이렇게 해야 할 이유들(the reasons for doing this)은 매우 분명하며, 나는 그 이유들을 제기함으로써 설교를 맺으려고 합니다.

1. 삶의 주된 일로서 예수님을 따르기

먼저, 우리 삶의 주된 일은 주님을 따르는 것입니다. 나는 진실로 여러분에게 말할 수 있습니다. 세상에서 여러분이 해야 할 가장 중요하면서도 우선되는 일은, 그리스도를 따르고, 마침내 그분을 여러분의 구주로 발견하는 것입니다. 달리 말하자면, 여러분이 해야 할 첫 번째 일은 그분을 바라보고, 그분을 신뢰하는 일입니다. 만일 우리가 하나님을 향해 살지 않으면, 또한 믿음으로 유일한 구주이신 예수 그리스도 안에서 살지 않으면, 우리는 헛되이 사는 것입니다. 내가 "헛되이 산다(live in vain)"고 말했습니까? 사랑하는 청중이여, 여러분이나 저나, 만약 우리가 예수 그리스도에 대한 믿음이 없이 살다가 죽는다면, 차라리 태어나지 않은 편이 나을 것입니다. 여러분은 할 일을 소홀히 할 수 있고, 여러분이 바라는 것을 게을리할 수 있습니다. 하지만 여러분의 영혼을 소홀히 하지는 마십시오. 먼저, 가장 먼저, 다른 모든 것에 우선하여, 여러분 자신의 구원이 중요시되어야 합니다. 침몰하고 있는 배에 있는 사람은 자신의 수하물과 소지한 많은 보물들을 잊어버릴 수 있습니다. 그가 염려하는 것은 자기 목숨입니다. 사탄조차도 한때 이렇게 말했을 때에 진리를 말한 셈입니다. "가죽으로 가죽을 바꾸오니 사람이 그의 모든 소유물로 자기의 생명을 바꾸올지라"(욥 2:4). 가장 고상한 의미에서 그렇게 되도록 하십시오. 여러분의 영혼을 여러분의 첫 번째 관심사로 삼으십시오. 여러분이 온 세상을 얻고서도 여러분 자신의 영혼을 잃어버리면 그 모든 것이 무슨 유익이겠습니까? 그러니 여러분이 첫 번째로 해야 할 일은 생명을 위해, 구원을 위해, 그리스도를 따르는 것입니다. 믿음으로 그분을 바라보면서 이러한 복음의 명령에 순종하는 것입니다. "주 예수 그리스도를 믿으라, 그리하면 구원을 받으리라."

지체하기는 종종 복음의 엄숙한 선언들을 점점 덜 진지하게 여기도록 만듭니다. 사람들은 말합니다. "시간이 많다. 우리는 아직 젊고, 이 문제들을 생각해 볼 세월이 많이 남아 있다." 시들고 색 바랜 나뭇잎이 떨어지기 시작한 때에는, 영원에 대한 생각을 제쳐놓을 또 다른 무언가가 있습니다. 결혼시켜야 할 딸이 아직 하나 남아 있고, 그래서 수백 파운드의 돈을 그 딸을 위해 저축해 두어야 합니다. 그 다음에, 여러분이 조용한 시골집으로 은퇴했을 때 "하나님과의 화평을 이루는" 일에 대해 여러분은 어떻게 생각할까요? 여러분은 "하나님의 독생자의 이름을 믿지 아니하므로 벌써 심판을 받은 것"(요 3:18)을 아무 일도 아닌 것처럼 여길 것입니다. 또한 하나님의 원수가 되는 것과, 오륙십년 동안 지속된 죄에서 구원받지 못하는 일을 대수롭지 않게 여길 것입니다. 나병에 걸린 것과, 그 병이 여러분의 불멸의 영혼을 갉아먹고 있는 것을 작은 일로 여길 것입니다! 설혹 지옥이 없다 해도, 건전한 정신을 가진 사람은 죄를 너무나 해롭게 여겨 거기에서 빠져나오기를 갈망하며, 또한 마치 지옥의 고통을 두려워하듯이 죄를 두려워합니다. 오, 여기에 있는 모든 사람들이, 내가 지금 말하고 있는 문제들에 대해 그리스도께서 의식하신 엄숙함의 절반이라도 의식할 수 있다면 좋겠습니다! 그 의식은 우리로 무릎을 꿇게 할 것이며, 구원받지 못한 채 감히 이 예배당을 나갈 수 없도록 만들 것입니다. 이 건물 어느 곳에서든지 우리는 오순절 날 예루살렘에서 사람들이 외쳤던 소리를 듣게 될 것입니다. "형제들아, 우리가 어찌 할꼬"(행 2:37).

이 본문을 좀 더 면밀히 관찰하면서 나는 이렇게 말할 수밖에 없습니다. 즉, 구원받은 이후에도 우리 삶의 주된 일은 여전히 그리스도를 따르는 것입니다. 죄가 용서되었을 때, 영혼의 영원한 안전이 확보되었을 때, 다음으로 할 일은 영혼의 순결을 추구하는 것이며, 또한 영원토록 소유할 가치가 있는 성품을 확보하는 일입니다. 그리스도의 성품을 따라 형성된 성품이 아니라면 소유할 가치가 없는 것입니다. 그분은 절대 완벽하신 분입니다. 그분 안에는 불필요하게 과다한 것도 없으며, 있어야만 할 것이 빠진 것도 없습니다. 온전하게 되기 위해, 우리는 예수님처럼 되어야 합니다. "믿음의 주요 또 온전하게 하시는 이인 예수를 바라보면서"(히 12:2), 우리는 이 죄를 이기고 세상 정욕을 극복해야 합니다. 또한 하나님의 성령의 능력으로, 우리 속에 있는 약한 은혜를 북돋우고 좀 더 담대한 덕성을 함양해야 합니다. 우리가 목표로 하는 한 가지 일은, 그분이 행하신 일을 하기 위해 그리스도의 발자국을 따라 걷는 것입니다. 또, 그분을 본받을 수 있는 대로, 그가 행하신 것처럼 행하고, 그분이 사람들 가운데 계실 때의 모습을 따라 살아가는 것입니다. 내가 만일 그리스도인이라면, 나는 칼빈이나 아르미니우스나 다른 어떤 지상의 지도자를 따라서도 안 됩니다. 내가 교리적인 견해들을 형성하고, 또한 내 사상과 언어들과 성품과 행동들을 형성하는 것은, 오직 그리스도의 모범을 따르는 것이어야 합니다.

  같은 법칙이 우리의 일생 동안의 섬김 전체에(to the whole of our life-service) 해당됩니다. 만일 우리가 지음을 받은 목적대로 행하고자 한다면, 마치 하나님이 심으신 나무들처럼 그분이 원하시는 열매들을 맺고자 한다면, 우리는 예수 그리스도를 따라야 합니다. 우리는 그분에 의해 세상으로 보냄을 받았고, 잃어버린 자들을 찾으라는 위대한 임무를 부여받았습니다.

> "여기 지상에서 우리가 할 모든 일은
> '어린 양을 보라'고 외치는 것일세!"

  어떤 이는 강단에서 그렇게 해야 하지만, 모든 그리스도인이 다른 곳곳에서도 그렇게 해야 합니다. 모든 신자 개개인에게, 그리스도께서는 다른 어느 누구에게보다도 더 적합한 위치를 부여하셨고, 그 위치에서 그는 하나님이 그를 통해 복을 주시는 대로 다른 사람들에게 영향력을 미칠 수 있습니다. 나는 어떤 그리스도인이 단지 가게를 운영하도록 지음을 받았다고는 믿지 않습니다. 그는 장사하는 일 안에서 하나님을 섬기도록 지음을 받았습니다. 인간의 모든 죄에도 불구하고, 인간은 하나님의 귀한 걸작품이기 때문에, 그의 존재의 목적이 단지 비단 옷감의 길이를 재거나, 설탕 무게를 달거나, 골목을 쓸거나, 혹은 왕관을 쓰고, 의복을 입고, 보석을 착용하는 것이 전부일 수 없습니다. 인간에게는 해야 할 일로서 그것보다는 더 큰 일이 있습니다. 작은 새들은 하나님을 찬미하는 노래를 부르기 위해 지음을 받았습니다. 그리고 많은 참새들보다 더 가치가 있는 나 역시 하나님께 찬미의 노래를 불러야 합니다. 이는 그리스도의 보혈로써 구속받았고 성령으로 거듭났다고 고백하는 우리에게 특별히 해당되는 진실입니다. 우리의 삶의 전망은 무한하신 분(the Infinite)을 향하고 있습니다. 우리 삶에는 하나님을 향해서 난 창들이 있습니다. 오 그리스도인이여, 그 창들을 통해 밖을 내다보십시오! 여러분의 창문을 하나님을 향해 활짝 열고서, 그분의 얼굴 빛 인에서 살아가고, 모든 일에서 그분을 기쁘시게 하고 영화롭게 하도록 힘쓰십시오. 하나님을 높여드리고, 주 예수 그리스도께 영광을 돌리며, 또한 여러분을 도구로 하나님께서 자신의 전능의 능력을 나타내시고, 어둠의 장소에서 그분의 은혜의 광채를 나타내시도록 하는 것이 여러분의 일생의 일입니다. 여러분은 그리스도의 이름의 향기를 온 세상에 널리 퍼뜨리는 수단이 되어야 합니다. 하지만 이런 일은 여러분이 그리스도를 따르지 않고는 할 수 없는 일입니다.

또한 우리들 각자에게는 특별한 소명(vocation)이 있으며, 그 소명 안에서 그리스도를 따를 수 있다는 것을 주목하십시오. 나는 여러분 모두가 설교자가 되려고 시도함으로써 그리스도를 따를 것이라고 믿지 않습니다. 그리스도께서는 아버지께서 원치 않으시는 일을 하려고 시도하신 적이 결코 없습니다. 한 번은 어떤 사람이 그분에게 재판장이나 법률가로서 역할을 해 주시기를 요청한 적이 있었습니다. 하지만 그분은 이렇게 대답하셨습니다. "누가 나를 너희의 재판장이나 물건 나누는 자로 세웠느냐"(눅 12:14). 그리스도의 생애에서 아름다운 일면은 그분이 자신의 소명(calling)을 지키셨고, 자신의 사명을 넘어서지 않으셨다는 것입니다. 여러분이 똑같이 행한다면 지혜롭게 행하는 것입니다. 여러분이 종이라면, 여러분은 집 안의 모든 사람들을 편안히 섬김으로써 그리스도를 따를 수 있습니다. 여러분이 어머니라면, 그리스도를 위해 자녀들을 양육함으로써 그분을 따를 수 있습니다. 모든 사람은 자기 자신만의 특별한 소명이 있으며, 모든 그리스도인의 소명은 특별히 하나님을 위한 것이어야 합니다. 어떤 사람은 외국 선교 사역을 위해 부름을 받습니다. 하나님의 이름으로, 그를 저 너머의 땅으로 가게 하십시오. 그를 본국에 붙잡아 두지 마십시오. 또 어떤 사람은 집집마다 다니면서 환자들을 방문하고, 가난한 이들을 돌보는 일을 위해 부름을 받습니다. 또 어떤 이들은 각각 성경 교사 혹은 도시 선교사 등으로 부름을 받습니다. 나는 그리스도의 이름으로 여러분에게 문안하며, 여러분 자신의 일을 지키고, 결코 그 일에서 벗어나지 말라고 당부합니다. 한 사람은 유아반에서 가르치도록 부름을 받고, 또 한 사람은 소년반이나 소녀반을 맡도록 부름을 받습니다. 그리고 모든 사람이 하나님이 부르신 그 일에 적합합니다. 그들 각 사람에게 주님께서 이렇게 말씀하십니다. "나를 따르라. 내가 나 스스로 선택한 일로써 나를 기쁘게 하려고 하지 않고, 오직 내 아버지께서 내게 명하신 일을 행하기를 기뻐했듯이, 너도 내 아버지께서 네게 하라고 주신 일을 지속하라."

2. 예수님을 따르기 위해 다른 많은 것들을 제쳐두기

두 번째로, 그리스도를 따르기 위해 다른 많은 것들을 내버려 두는 것(to let a great many other things alone)이 지혜로운 것입니다.

　　베드로는 요한에 대해 알기를 원했습니다. "이 사람은 어떻게 되겠사옵나이까?" 하지만 예수님은 이렇게 대답하셨습니다. "네게 무슨 상관이냐? 너는 나를 따르라." 그리스도의 이러한 대답에서 우리는 하나님께서 다른 사람들에게 무엇을 행하실 것인지를 굳이 알려고 해서는 안 된다고 배웁니다. 우리 중 일부가 어떤 생각들을 했는지에 대해 말하겠습니다. 한 사람이 이렇게 말했습니다. "저는 예수님을 믿는 자 중에서 가난하고 천한 자입니다. 저는 가난과 궁핍과 더불어 싸워야 합니다. 하지만 하나님께서 은혜로 저를 도우시며, 그래서 저는 그분이 은혜로 건져주신 많은 일들에 대해 말할 수 있습니다." 사랑하는 친구여, 좋습니다. 하나님께서 이 간증을 통해 크게 영광을 얻으십니다. 하지만 당신이 마음에 원하는 모든 것을 가진 부유한 사람들에 대해서 "하나님께서 저들에게는 어떻게 하실까요"라고 계속해서 묻는다면, 나는 오직 이렇게만 대답할 수 있습니다. "당신에게 무슨 상관입니까? 그리스도를 따르고, 다른 사람들에 대해서는 꼬치꼬치 알려고 하지 마십시오." 만일 한 부자가 이런 식으로 말한다면 마찬가지로 잘못된 것입니다. "저기 가난한 사람들이 있습니다. 그들은 회심하였습니다. 하지만 그들은 하나님을 위한 일에 많은 것을 드릴 수 없고, 다른 사람들을 가르칠 수 있기 위해서는 교육이 필요합니다. 주께서는 그들에게 어떤 일을 하실까요?" 내 형제여, 그것은 당신과는 아무런 상관이 없습니다. 당신은 주님을 따를 것이며, 당신 자신의 일에나 신경 쓰십시오. 또 어떤 이가 말합니다. "여기에 이러저러한 한 사람이 있습니다. 정말이지 저는 그에게서 어떤 능력도 볼 수 없습니다. 그가 일전에 말씀을 전하려고 시도했었지만, 그가 그 시도를 중단했을 때 나는 기뻤습니다. 아주 형편없는 말솜씨였거든요." 나 역시도 한 친구가 말씀을 전하는 것을 들을 때에 이따금씩 그와 같은 느낌을 가진 적이 있었다는 것을 고백해야겠습니다. 하지만 나는 스스로에게 이렇게 생각했습니다. "그것이 네게 무슨 상관이냐? 하나님께서는 자기 종들을 우리보다 더 잘 알고 계신다. 또한 그분은 그들을 어느 곳에 배정하실지도 아시고, 또 그들을 어떻게 해야 가장 잘 선용할지를 아신다." 아마도, 누군가 어떤 뛰어난 웅변가에 대해 이렇게 말할 것입니다. "저 정도로 흥분해서 말하는 사람은 자기 자신을 대단하게 생각하기 때문에 하나님이 그에게 복을 주실 수 없을 거야." 하지만 그리스도께서 말씀하십니다. "그것이 네게 무슨 상관이냐? 너는 나를 따르라." 하나님께서는 자기 성전에 모든 종류의 돌들을 가지고 계십니다. 그들 중 어떤 돌들은 너무나 기이한 모양새여서, 그들을 배치시켜야 할 일이 내게 맡겨지지 않은 것이 나는 기쁩니다. 나는 그 일을 할 수 없기 때문입니다. 저는 하나님께서 저를 세상에 가서 사람들을 완전하게 만들라고 보내시지 않고, 다만 그들을 발견하는 대로 사용하라고 하신 것에 대해 감사하고 있습니다. 또한 저는 그분 역시 그들을 발견하시는 대로 사용하실 것이라고 믿으며, 점차 더 높은 용도를 위해 그들을 준비시키시고, 그분의 성전 높은 곳에 그분이 의도하신 곳에 배치하실 것이라고 믿습니다. 그러니 "이 사람이 무엇을 할 것인지, 저 사람은 무엇을 할 것인지, 그리고 내 주변의 다른 사람들은 무슨 일을 할 것인지 궁금하네요"라고 말하지 마십시오. 오직 당신 자신이 그리스도를 위해 할 수 있는 일을 하십시오. 그리고 다른 사람들에 대해서는, 그들의 주님께 맡겨 두십시오.

더 나아가, 이 규칙은 다른 사람들의 성품(character)에 대해서도 적용됩니다. 어떤 사람들은 어떤 특정한 사람이 대단히 거만하다고 해서 얼마나 많은 걱정을 하는지 모릅니다! 마치 그들 자신이 그 사람보다 훨씬 낫다고 생각하면서 일종의 위로를 얻는 것처럼 보입니다. 또 한 사람은 매우 경솔합니다. 그리고 사람들은 빈번하게 그의 성품을 대화의 소재로 삼고, 그 대화를 마치 그들이 침착성에 있어서 그 사람보다 얼마나 우월한지를 나타내는 수단으로 삼는 것 같습니다. 내가 볼 때는, 그런 유형의 사람들 모두를 향해 그리스도께서 이렇게 말씀하시는 듯합니다. "'네게 무슨 상관이냐? 너는 나를 따르라.' 그러면 네 이웃의 결점들이 네 마음에 그다지 신경 쓰일 걱정거리가 되지는 않을 것이다." 어느 목회자에 대해서 이런 이야기를 들은 적이 있습니다. 그는 진리를 교인들의 마음과 양심에 전달하고픈 소원을 가지고, '개혁 결의서(Reform Act)'를 통과시키고 싶다고 말했습니다. 모든 사람이 한 사람을 개혁시키고, 그러면 모든 사람이 개혁될 것이라고 하는 내용이었습니다. 그 목사님의 의도는 모두가 자기 스스로를 개혁하도록 하기 위한 것이었습니다. 그러나 한 사람이 말했습니다. "목사님의 의견이 아주 옳습니다. 모든 사람이 한 사람을 개혁시켜야 한다면, 저는 집으로 가서 제 아내 메리(Mary)를 개혁시킬 것입니다." 우리들의 사고방식이라는 것이 종종 그런 식입니다. 다른 누군가를 개혁해야 한다는 것이지요. 하지만 만약 우리가 우리 자신의 정원에서 잡초를 뽑고, 우리 자신의 화초에 물을 주면서, 그것이 하나님이 우리에게 요구하시는 소명을 이루는 것이라고 느낄 수 있다면, 그리스도의 전 교회를 위해서 얼마나 좋은 일이겠습니까?

　　나는 동일한 규칙이, 넓은 의미에서, 기독교회들의 일반적인 상태와 관련한 진술들에도 적용된다고 생각합니다. 내 형제들 중에서 더러는 이 시대가 세상이 존재한 이후로 가장 끔찍한 시대라고 단언합니다. 그들은 어떤 기뻐할 만한 이유도 발견하지 못하고, 모든 것이 그들이 보기에 매우 우울한 양상을 띠고 있는 듯합니다. 그럴지도 모릅니다. 하지만 나로서는 슬픔과 낙심의 이유 못지않게 감사의 큰 이유도 볼 수 있다고 생각합니다. 우리는 지금이 위기라는 말을 끊임없이 듣고 있습니다. 하지만 나는 내가 처음 런던으로 왔을 때인 이십년 전을 회상합니다. 그 때 나는 그 시대가 위기라는 말을 들었고, 또한 그 이후로도 매번 몇 주가 지나갈 때마다 위기였던 것처럼 보입니다. 어떤 사람들은 온 세상의 미래가 마치 그들이 매달 개최하자고 제안하는 어떤 회의에 달려 있다고 상상하는 듯 합니다. 하지만, 지금까지 하나님께서는 세상의 문제들을 그들의 도움 없이도 관리해 오셨고, 교황과 마귀와 「시론과 비평」(*Essays and Review*: 당시의 성경에 관한 고등비평지 – 역주) 등의 책동에도 불구하고, 여전히 그분은 온 세상의 왕이시며 주로서 다스리십니다. 나는 내 주님의 모든 종들을 단번에 바로잡으려고 시도하는 대신에, 내가 할 가장 우선적이고 중요한 일이 내 주님을 따르는 것이라는 결론을 내렸습니다. 내 형제여, 나는 당신 역시 나와 동일한 결론에 이르는 것이 현명할 것이라고 생각합니다.

　　자기 주인에 의해 밭을 갈도록 임무를 받은 한 사람을 상상해 보십시오. 그의 주된 일은 그 밭을 오르내리면서 마침내 밭 전체를 다 가는 것입니다. 하지만 그가 그렇게 하는 대신에, 울타리 아래 편안한 구석에 자리 잡고서, 동료 일꾼에게 이런 식의 이야기를 늘어놓는다고 상상해 보십시오. "주인이 채택한 농사 방식 전체가 잘못이다. 이 밭에는 잘못된 종자의 씨앗들이 뿌려지고 있다. 주인은 최상의 비료를 사용하는 법을 이해하지 못하고 있다. 만약 나에게 관리인의 지위를 맡겨 준다면, 농사 전체의 수확이 지금보다 훨씬 더 좋을 것이다." 그가 이런 식으로 말하고 있을 때 그의 주인이 와서 "존, 무얼 하고 있었나?"라고 물으면, 그는 이렇게 대답합니다. "제가 윌리엄에게 당신이 채택한 것보다 더 나은 농사 계획에 대해 설명하고 있었습니다." 그러면 아마도 그의 주인은 이렇게 말하겠지요. "이런 공론(空論)들을 그만두지 않으면 너를 쫓아내는 수밖에 없다. 농사의 경영은 내게 맡겨두고, 너는 즉시 쟁기질이나 계속하여라." 나는 많은 그리스도인들에게도 그 말을 하고 싶습니다. 쟁기질이나 계속하십시오. 여러분에게 맡겨진 일에 착념하십시오. 주일학교에서 분반을 가르치는 일에 힘쓰고, 할 수 있을 때마다 죄인들에게 그리스도에 대해 말하는 일에 힘을 쏟고, 더 크고 더 심오한 일들은 여러분의 주님에게 맡겨 두십시오. 그분에게는 개혁이라는 큰 일을 위해 부르실 종들이 있습니다. 그분이 그들을 나팔처럼 사용하시어, 우리들 대부분에게는 큰 관계가 없는 중대한 문제들에 대해 진리를 선포하게 하실 것입니다.

같은 규칙들이 많은 신학적인 질문들에 대해서도 적용됩니다. 예를 들어, 악의 기원(the origin of evil)에 관한 당혹스러운 문제들 같은 것입니다. 나로서는 어떻게 해서 악이 세상으로 들어오게 되었는지에 대한 문제로 곤혹을 느끼기보다는, 오히려 어떻게 하면 거기에서 나오도록 도울 것인지에 대한 문제로 곤혹을 느낍니다. 이렇게 말하는 것이 실제적이고 상식에 맞는 듯이 보입니다. "만약 집에 도둑이 있다면, 우리가 그를 잡든지, 그렇지 않으면 그를 쫓아내도록 하자. 그 후에 우리는 그가 어떻게 집에 들어올 수 있었는지를 조사해 볼 것이다." 우리 주 예수 그리스도께서는 우리에게 어떻게 죄가 이곳에 오게 되었는지를 보여주기 위해 오신 것이 아닙니다. 오히려 그분은 죄가 세상에서 추방될 수 있는 유일한 길을 보여주시기 위해, 즉 그분이 자기 옆구리에 열어 놓으신 그 문을 보여주시기 위해 오셨습니다. 죄가 지구에서 추방될 수 있는 것은 그분의 죽으심에 의해서입니다.

다음으로 하나님의 주권과 인간의 책임 사이의 관계(the relation between divine sovereignty and human responsibility)에 대하여 크고 무거운 질문이 있습니다. 여러분은 어떤 예배당에 갈 수 있고, 거기서 여러분은 하나님의 주권에 대한 것 외에는 거의 듣지 못할 것입니다. 그리고 여러분이 또 다른 예배당에 가서는, 인간의 책임에 대한 것 외에는 거의 듣지 못할 것입니다. 혹은 여러분은 내가 그 두 진리 모두를 "조화시키려(to reconcile)" 시도하지 않고 그대로 전하는 것을 들을 것입니다. 나는 그들이 서로에 대해 결코 반목한 적이 없다고 믿으며, 그래서 어떤 "화해(reconciliation)"의 필요성도 없다고 믿습니다. 많은 선한 사람들에게 있어서, 그리스도의 속죄를 가르치는 일을 더 잘 감당하기 위해 이 두 가지 진리들과 씨름해 보고 싶은 것이 큰 유혹입니다. 나로서는 세상의 기초가 놓여지기 전에, 하나님께서 그리스도 안에서 영원히 구원하실 자들을 선택하셨다고 믿습니다. 또한 나는 동일하게 누구든지 주 예수 그리스도를 믿는 자마다 영원히 구원을 얻는 것을 믿습니다. 나는 구원이 전적으로 은혜로 인한 것이며, 저주는 전적으로 인간의 죄로 인한 것임을 믿습니다. 나는 또한 하나님께서 구원받은 모든 영혼에게서 영광을 얻으실 것과, 모든 잃어버린 영혼들이 자기 파멸에 대해 책임을 질 것임을 믿습니다.

나는 이 본문이 예언적인 연구들에도 마찬가지로 적용된다고 생각하는데, 너무 많은 사람들이 그 연구에서 길을 잃은 듯이 보입니다. 나는 예언서의 연구자들이 서로를 비난하고 서로의 연구 이론들을 인정하지 않는 본을 따르고 싶은 마음이 추호도 없습니다. 지속적으로 설교되어야 할 어떤 예언적인 진리들이 있습니다. 예를 들면, 주님께서 반드시 오신다는 것과, 최후의 심판이 있다는 것과, 의인들이 천국의 기쁨을 가득히 누리게 될 때 악인들은 지옥의 화를 받게 된다는 것 등입니다. 하지만 예언에서 예고되었으나 아직 성취되지 않은 다양한 사건들의 날짜에 관해서는, 나로서는 그 문제로 머리를 아프게 하느니 다른 좋은 일을 하는 편이 더 낫다고 생각합니다. 어떤 사람들은 말합니다. "오! 하지만 우리는 지금 올바른 해석을 얻었습니다." 다른 사람들도 이십 년 전에 그렇게 생각했습니다만, 그렇게 입증되지 않더군요. 아니, 그런 학설은 백 년 전에도 주장되었었고, 심지어 그 이전에도 그랬답니다. 하지만 사람들은 억측과 사변의 '종이 집(card-house)'을 계속 쌓아올리다가, 때가 되면 그 모든 것을 스스로의 손가락으로 무너뜨리고 맙니다. 나는 여러분에게 마태복음과 마가, 누가, 요한복음을 십자가에 못 박히신 구주를 전하기 위해 연구하라고 조언합니다. 복음서들과 서신서들이 여러분에게 들려주는 것은 그분에 관한 것입니다. 그리고 요한계시록을 대할 때에는, 올바른 입장을 유지하려 하면서, 그 신비의 의미들을 가르쳐 주시도록 성령님께 요청하십시오. 하나님께서 이 세대를 이미 앞서간 세대들의 어리석음에서 건져 주시고, 우리들 대다수가 거듭나는 문제에 대해서와 예수님을 믿는 믿음에 관심을 가지게 하시고, 그분의 복음을 전하는 일과, 우리 생의 모든 날 동안 그분을 따르는 일에 전념하게 해 주시길 빕니다!

3. 일생의 과업을 그리스도를 따르는 것으로 한정해야 할 이유들

이제 마지막으로, 우리가 일생의 과업을 그리스도를 따르는 일에 한정해야 하는 것에는 많은 이유들이 있습니다. 그 이유들은 다음과 같습니다.

먼저, 우리의 능력이 제한되어 있습니다. 내 능력의 한계를 내가 압니다. 그러므로 나는 내가 가진 능력을 그리스도를 따르는 일에 사용하기를 원합니다. 복음을 전하면서, 또 다른 사람들을 그분을 따르는 삶으로 인도하도록 애쓰면서 그렇게 하기를 원합니다.

다음으로, 우리의 시간이 제한되어 있습니다. 우리 모두는 아주 짧은 시간에 불과한 삶을 살 것이며, 아무리 길다 해도 그것 역시 짧은 일생일 뿐입니다. 어느 목사님에 대해서 들었던 말이 기억납니다. 그는 생의 마지막 때에, 하나님의 은혜로 자기 시간의 더 많은 부분을 죄인들을 구주께로 초대하는 데 쓸 수 있다면 감사하겠노라고 말하곤 했습니다. 나 역시 그런 삶을 살고 싶습니다. 그리고 사랑하는 형제들과 자매들이여, 나는 여러분도 그리스도 안에서 그런 삶을 살기를 바랍니다. 우리가 죽게 되었을 때, 우리는 이렇게 말할 수 있어야 합니다. "저기, 내가 살기를 바랐던 종류의 삶이 있다. 나는 그 길을 걸었고 이제 그 끝에 이르렀다."어떤 사람이 침례교단을 위해 싸우는 삶을 살았다고 상상해 보십시오. 그가 죽을 때, 사람들이 이렇게 말할 것입니다. "음, 그는 철저한 침례교도였군. 그는 자기 교단을 위해 잘 싸웠지." 하지만 그런 것은 그의 관 위에 놓인 초라한 화환일 뿐입니다. 여러분은 여러분의 무덤 비석에 '어떤 중요한 교리를 언제나 강조했었다'는 긴 라틴어 비문이 새겨지기를 바라겠습니까? 혹은 사람들이 당신에 대해 이런 말을 하는 것을 원합니까?"저기 깊은 영성이 있는 가르침으로 소수의 기독교인들을 매혹시켰던 사람이 누워 있다. 하지만 그것이 그가 한 일의 전부이다." 하지만 나는 이런 말을 듣는 영예를 얻기를 바라며, 또 그렇게 살고 있다고 생각합니다. "저 사람은 불붙는 가운데서 나무 조각들을 건져내듯이 죄인들을 구해냈다." 여러분들이 세상을 떠났을 때 사람들이 여러분에 대해 이런 말을 하는 삶을 살기를 바랍니다. "저 여인은 자기 자녀들을 그리스도께로 인도하는 삶을 살았다. 저 소녀는 만나는 사람들에게 귀하신 구주에 대해 말하는 삶을 살았다. 그녀에게 구주는 너무도 귀한 분이셨고, 그녀는 다른 모든 사람들도 같은 은총을 누리게 되기를 바랐다." 오, 우리들 각 사람이 하나님의 영광을 위해 살기를 바랍니다. 우리의 삶이 그리스도의 활시위에서 그리스도의 못 자국난 손으로 친히 당겨 쏜 화살처럼 되고, 하나님의 영광이라고 하는 목표물 중심을 향해 곧장 나아가는 추진력을 느끼는 삶이 되기를 바랍니다. 선하다고 생각되는 것이든지, 위대하다고 생각되는 것이든지, 혹은 학식 있는 자로 생각되는 것이나, 혹은 영예를 얻고 동료 인간들로부터 존경을 받고 싶은 것이든지, 그 어떤 것도 우리를 바른 목표에서 빗나가지 못하게 하기를 바랍니다. 오직 우리의 수고에 함께 하시는 성령의 은총으로 말미암아, 죄인들을 회심에 이르도록 돕고, 그로써 하나님께 영광을 돌리는 삶을 살 수 있기를 바랍니다!

　　우리가 가진 힘은 적기 때문에, 우리가 그것을 한 가지 방향에 전부 사용하는 것이 최선입니다. 어떤 사람들은 너무 많이 알아서 어떤 일에도 힘을 발휘하지 못합니다. 그들은 마치 목초지에 뿌려진 물과도 같고, 좁은 계곡을 따라 흐르는 시냇물과 같지 않으며, 따라서 그 힘을 집중하지 못하고 인류에게 참된 봉사를 하지 못합니다. "이 한 가지 일을 내가 한다(This one thing I do)." 이것이 각 사람의 모토가 되어야 합니다. 만일 우리가 그 한 가지 일을 하면 그 일을 잘 할 것이며, 또한 예수님을 따름으로써 하고자 애쓰는 그 한 가지 일이 하나님께 영광이 될 것입니다. 내 형제들이여, 여러분과 내가 예정의 신비를 이해하고, 예언에 정통한 자들이 되고, 천 가지의 주제들에 대해 매우 학식 있는 자들이 되었다고 가정하고, 그러면서도 하나님께 영광을 돌리지 않고 무덤으로 내려간다고 가정해 보십시오. 그렇다면 우리가 한 모든 일에서 우리의 태만을 변명할 여지가 없을 것입니다. 내가 아는 한, 내가 예언에 대해 그릇된 견해를 가졌다고 해서, 그것 때문에 어느 누구도 잃어버린 자가 되지는 않을 것입니다. 하지만 내가 그리스도와 그분의 십자가에 관한 진리를 알고, 또한 온 힘을 다해 그분을 전한다면, 수천 명의 사람들이 구원받을 수 있습니다. 내가 하나님 나라의 위대한 신비들에 대해 일부 오해를 한다고 해서 내 구주를 덜 사랑하게 되는지 나는 모르겠습니다. 하지만 나는 이것은 알고 있습니다. 즉, 만약 내가 나 자신을 전적으로 그분을 섬기는 일에 바치고, 또한 다른 사람들도 같은 일을 하도록 이끄는 일에 수단이 된다면, 내가 이토록 중요한 문제를 태만히 했을 때 느꼈을 것과 비교하면 전혀 후회가 없으리라는 것입니다. 사람들이여, 형제들이여, 여러분에게 호소합니다. 이 악한 시대에 예수님을 가까이 따르십시오. 가장 큰 관심과 경외심과 사랑을 가지고 그분을 따르십시오. 강렬한 열정과, 온 마음과 뜻과 힘을 다해서 그분을 따르고, 오직 그 한 가지 일을 여러분의 삶의 목표로 삼으십시오. 그 어떤 것도 여러분을 여러분의 주님을 향한 순종의 올곧은 길에서 벗어나지 못하게 하십시오. 왜냐하면 여러분은 다른 무엇보다도 바로 그 일을 위해 위로부터 부름을 받았기 때문입니다. 만일 사람들이 여러분에게 와서 정신적인 교양과 현대 사상에 대해 이야기하더라도, 굳게 서서, 어디든지 그리스도께서 여러분을 이끄시는 대로 그분만을 따르십시오.

나는 하나님께서 여기 있는 우리 각 사람에게 어떤 일들을 행하실지 궁금합니다. 만약 내가 이 점을 강조하면, 여러분은 내가 베드로의 오류에 빠지고 있다고 생각할 것입니다. 나는 우리가 하나의 교회로서 해야 할 일이 무엇인지 궁금합니다. 사랑하는 친구들이여, 여러분은 우리가 이웃을 위해 해야 할 모든 일들을 하고 있다고 생각하십니까? 우리는 우리의 선교사들이 외국 땅에서 어떤 일을 해오고 있는지에 대해 들었습니다. 그리고 우리들 대부분은 그 일에 어느 정도는 관련이 있습니다. 하지만 나는 우리를 위한 중요한 요점이 이것이라고 생각합니다. 우리 동네 뉴잉턴(Newington)에서 무엇이 행해져야 합니까? 이 주변 지역에서 그리스도를 위해 어떤 일들을 해야 합니까? 전도 소책자를 배포하는 분들이여, 여러분은 여러분의 일에 열심히 참여하고 있습니까? 주일학교 교사들이여, 여러분은 하나님을 위해 신실하게 맡겨진 일을 하고 있습니까? 나는 여러분이 외국 땅을 잊으라고 말하는 것이 아닙니다. 하지만 여전히, 우리의 첫 번째 관심사는 우리 자신이 맡은 학급이어야 하며, 우리의 가까운 이웃이어야 합니다. 여러분 중에 많은 이들이 런던의 각기 다른 구역에서 오셨습니다. 여러분이 살고 있는 구역에서 여러분은 무슨 일을 하고 있습니까? 모든 그리스도인은 자기 집 문에서 가장 가까운 이들의 유익을 먼저 구해야 합니다. 여러분 중에서 일부는 시골에서 오셨습니다. 여러분의 마을에서 여러분은 무슨 일을 하고 계십니까? 여러분은 하나님의 사람이 진리를 전하는 것을 들어왔다고 말합니다. 아주 옳은 말입니다만, 그것이 하나님을 위해 일하고 있는 것입니까? 저기 한 젊은이가 있습니다. 그리스도를 따르는 자라고 고백하고 있고, 종종 토론 클럽에서 발표도 하는 친구입니다. 내 친구여, 당신은 거리에서 전도하거나 혹은 주일학교에서 가르치는 일을 결코 하지 않을 것입니까? 그렇다면 나는 당신이 부끄럽습니다. 아니, 어쩌면 당신 스스로가 부끄러울 것입니다. 저기 돈을 벌고 있는 한 남자가 있습니다. 나는 그가 나쁜 짓을 하고 있다고 말하지 않습니다. 하지만 내 친구여, 당신은 하나님께 속한 부분을 하나님께 구별하여 드린 적이 있습니까? 만약 당신이 그것을 당신을 위해 소유한다면, 그것이 나머지 모든 부분을 썩게 만들 것입니다. 나는 여기 있는 누군가를 향해 말하고 싶습니다. "당신은 젊은 여성들을 위한 성경 공부 반을 맡아야 합니다!" 다른 사람들을 향해 말하고 싶습니다. "당신은 주일학교에서 가르치고 있어야 해요. 당신은 주일에 두 번씩 여기에 오지만, 당신이 여기 두 번씩 올 일이 없습니다. 당신은 최소한 한 번은 그리스도를 위해 섬기러 가야 합니다." 여러분 중에서 양심이 찔려서 속으로 이렇게 말하는 몇몇 분들을 보고 기쁩니다. "사랑하는 목사님, 우리가 당신의 기대를 저버리고 있다고 생각하지 마세요. 우리는 여기 있어야 즐겁답니다. 하지만 우리는 저 하숙집 촌에도 들렀고, 또 골든 레인(Golden Lane)과, 또 저 윗동네인 베드널 그린(Betnal Green)에서 전도했답니다." 아주 좋습니다, 그런데 저는 그들의 자리에 다른 누군가가 앉아 있는 것을 볼 때 기쁘답니다. 교회에는 사오천 명의 정식 회원인 교인들이 있는데, 그들이 모두 매번 이곳 예배에 참석한다면, 새로운 회심자들은 어디에 앉을까요? 내가 복음의 그물을 이미 잡힌 물고기들 한가운데로 던져야 할까요? 만약 여러분이 한 죄인이 이곳에 들어와 여러분의 자리에 앉도록 물러나 준다면, 그리고 여러분 자신이 죄인들을 그리스도께로 데리고 온다면, 여러분은 두 가지 좋은 일을 하는 셈입니다. 나는 여러분 모두가 여러분의 동료 인간들에게 선을 행하며 살기를 바라며, 하나님의 영광을 위해 영혼들을 구하는 일에 힘쓰기를 바랍니다. 믿음의 원수들은 매우 분주하고 또 매우 열심입니다. 또한 그들은 그들의 모든 재료를 활용하는 듯이 보입니다. 한 사람이 로마교회 안으로 들어가는 순간, 틀림없이 그에게는 무언가 할 일이 주어집니다. 나는 여러분 모두가 여러분의 힘을 최대한 활용하는 것을 보고 싶습니다. 여러분은 자유인들이기 때문에, 나에게 통제받을 필요는 없습니다. 나는 여러분이 할 일을 지시하지는 않습니다. 하지만 여러분이, 독립적인 남자와 여자들로서, 하나님의 영의 거룩한 명령에 순종하여 각자의 적절한 위치로 찾아갈 수 있지 않을까요?

여러분에게 호소합니다. 모든 억측공론을 버리십시오. 단지 호기심을 위해 책을 읽는 것을 그만두십시오. 그리고 하나님의 이름으로, 그분을 위한 일에 착수하십시오. 무덤들이 채워지고 있습니다. 우리의 묘지들이 채워지고 있고, 지옥 역시 채워지고 있습니다. 그러는 와중에 사탄의 앞잡이들이 할 수 있는 모든 악을 행하려고 바다와 육지를 에워싸고 있습니다. 만일 여러분이 진정 여러분이 말하는 대로의 사람이라면, 예루살렘을 위해 우셨던 그분의 종들이고, 진정 그분이 골고다의 십자가에서 흘리신 피로 값 주고 사신 바 된 사람들이라면, 바로 이 시간 여러분에게 그리스도의 일에 헌신하라고 호소합니다. 여러분의 주님이 여러분을 부르신 바로 그 일에 헌신하며, 소문의 좋고 나쁨에 관계없이, 그분을 따라가십시오. 의무를 다하는 길 안에서 그분을 따르고, 그 어느 것도 하나님께 영광을 돌리는 여러분의 일생의 일에서 여러분을 벗어나게 하지 못하도록 하십시오.

하나님께서 예수님을 위하여 여러분 모두에게 복을 주시길 빕니다. 아멘.

스펄전 설교전집 25

요한복음 II

1판 1쇄 발행 2012년 3월 25일
1판 중쇄 발행 2024년 4월 1일

지은이 찰스 스펄전
옮긴이 이광식
발행인 박명곤 **CEO** 박지성 **CFO** 김영은
기획편집1팀 채대광, 김준원, 이승미, 이상지
기획편집2팀 박일귀, 이은빈, 강민형, 이지은
디자인팀 구경표, 구혜민, 임지선
마케팅팀 임우열, 김은지, 이호, 최고은

펴낸곳 CH북스
출판등록 제406-1999-000038호
전화 070-4917-2074 **팩스** 0303-3444-2136
주소 서울시 강서구 마곡중앙6로 40, 장흥빌딩 10층
홈페이지 www.hdjisung.com **이메일** support@hdjisung.com
제작처 영신사

ⓒ CH북스 2012

"크리스천의 영적 성장을 돕는 고전"
세계기독교고전 목록